인간 경제 국가

경제원리에 대한 새로운 전문서

CFE 자유기업원

자유주의시리즈 74
인간 경제 국가
경제원리에 대한 새로운 전문서

2019년 6월 27일 초판 1쇄 인쇄
2019년 7월 8일 초판 1쇄 발행

저자_ 머레이 N. 라스바드
역자_ 전용덕 · 김이석
발행자_ 최승노
디자인_ 인그루출판인쇄협동조합
발행처_ 자유기업원
주소_ 서울시 영등포구 국회대로62길 9
전화_ 02-3774-5000

ISBN 978-89-8429-167-6 (93320)
책값은 뒤표지에 있습니다.

자유주의시리즈 74

인간 경제 국가
경제원리에 대한 새로운 전문서

머레이 N. 라스바드 / 전용덕 · 김이석 공역

Man, Economy, and State

A Treatise on Economic Principlesby

by

Murray N. Rothbard

Copyright ©2001 by The Ludwig von Mises Institute

All rights reserved.

Korean Translation Copyright © 2019 by Center for Free Enterprise.
Korean Translation rights arranged with The Ludwig von Mises Institute,
518 West Magnolia Avenue, Auburn, Alabama, 36832- 4528, U.S.A.; www.
mises.org. Translated with permission.

이 책의 한국어판 저작권은 The Ludwig von Mises Institute와의 독점
계약으로 자유기업원에 있습니다. 저작권법에 의해 한국 내에서 보호를
받는 저작물이므로 무단전재와 복제를 금합니다.

역자 서문

오늘날 누구나 우리나라가 채택해야 할 경제체제로서 자유시장경제 또는 시장경제를 꼽는 데 주저하지 않는다. 그러나 무엇이 자유시장경제인가 하는 질문에는 대답이 모두 다른 것이 안타깝지만 현실이다. 서점에는 경제원론서로 넘쳐나지만 자유시장원리를 철저히 분석한 이론서는 거의 없기 때문이다.

머레이 N. 라스바드의 《인간 경제 국가》는 시종일관하게 자유시장원리에 입각하여 경제현상을 설명한 대작 중의 대작이다. 이 점에 대해서는 더 이상의 설명이 필요치 않다고 생각된다. 독자가 잠시 시간을 내어 그의 책을 아주 조금이라도 읽어보면 그 점을 쉽게 확인할 수 있을 것이기 때문이다.

근래에 자유시장을 체계적으로 연구하고 교육하는 곳은 오스트리아학파이다. 오스트리아학파는 칼 멩거를 창시자로 루드비히 폰 미제스가 설립했다. 물론 뵘바베르크, 페터 등이 오스트리아학파에 이론적 기여를 한 것이 사실이지만 미제스야말로 작금의 오스트리아학파를 있게 한 장본인이다. 라스바드는 그런 미제스가 뉴욕대학에서 열었던 고급경제이론 세미나에서 오스트리아학파의 전통을 이어받았다. 라스바드의 이 대작은 미제스의 《인간행동》이래로 경제학 분야에만 국한하여 볼 때 가장 기초적이고 철두철미하게 자유시장을 설파하는 입문서이다. 자유시장이 어떻게 작동하는가를 이해하고자 한다면, 그리하여 정부의 간섭적 정책이 어떤 부정적 결과를 가져올 것인가를 알고자 한다면 라스바드의 책을 반드시 읽어야 한다.

그러나 그의 책은 1962년에 출판되어 그동안 미국에서는 스테디셀러로 자리잡았을 뿐 아니라 다른 많은 나라에서 번역되었음에도 불구하고 우리나라에는 불행하게도 소개되지 않았다. 이제 역자들이 번역실력의 부끄러움을 무릅쓰고 그의 책을 번역하기로 한 것은 갈수록 정부의 영향력이 커지고 있는 현실에서 진정한 자유시장 원리 입문서가 어느 때보다 절실히 필요하다고 여겼기 때문이다.

라스바드의 책을 번역하도록 물심양면의 지원을 아끼지 않은 김정호 자유기업원 원장에게 진심으로 감사드린다. 번역작업을 기꺼이 도와 준 박현철에게도 감사한다.

2006년 9월
전용덕 · 김이석

개정판 서문

제1차 세계대전으로 불행히 잃어버리게 된 것들 중의 하나는 경제 '원리들'을 다룬 구식의 긴 전문서(treatise)였던 것처럼 보인다. 제1차 세계대전 이전에는 경제사상(economic thought)을 소개하고 증진하는 표준적 방법은 경제과학의 총체에 대한 자신의 통찰력을 설명하는 긴 논문을 쓰는 것이었다. 이런 종류의 저작은 현대세계에서는 전혀 없는 많은 장점을 지녔다. 한편으로, 경제학을 거의 모르거나 경제학에 대한 사전 지식이 없는 식자층 아마추어가 그런 작품을 읽을 수 있었다. 다른 한 편, 구식 전문서의 저자는 교과서 형식에 자신을 얽매지 않았는데, 그런 형식이란 작금의 유행하는 주장을 일관성이 없고 과도하게 단순화하여 복잡하게 만들었던 것이다. 좋든 싫든 간에 전문서의 저자는 경제이론의 원초적 구조물(architectonic)—체계—을 스스로 만들었다. 그 체계는 때로는 최초이자 훌륭한 것이었고, 때로는 불완전한 것이었다. 그러나 초심자가 보거나 동료학자가 채택하거나 비판하는 그런 체계가 적어도 있었다. 세부적 내용을 초정밀화하는 것은 전체로서의 경제과학을 조망하는 데 방해가 된다는 이유로 일반적으로 생략되었고, 그런일은 논문집들에 맡겨졌다. 대학생도 역시 '경제원리들'을 다룬 구식의 전문서로 경제학을 배웠다. 그런 전문서의 장(chapter)의 길이를 수업과정의 필요에 맞추고 최초의 주장(original doctrine)을 없애는 특별한 작업이 필요하다고 추정되지 않았다. 그 다음에, 그 구식의 전문서를 학생들,

식자층 아마추어들, 탁월한 경제학자들 등이 읽었는데, 그들은 모두 그 전문서로부터 이득을 보았다.

그런 전문서를 쓰는 사람의 정신은 마지막 탁월한 인물 중의 한 사람의 서언적 인용문에 가장 잘 설명되어 있다.

> 나는 이 책에서 예전에 경제학을 조금이라도 체계적으로 배우지 않았던 교육받은 식자층을 쉽게 이해시킬 수 있는 그런 형태로 경제학 원리들을 서술하고자 노력했다. 이 책은 이 점에서 초심자를 위하여 계획된 것이지만, 어려운 것들을 그럴싸하게 얼버무리지 않고 심각한 추론을 피하지도 않는다. 지속적 주의를 요구하는 추론의 꼬리를 따라가기 원하지 않는 사람은 누구도 경제현상을 이해할 수 없거나 경제문제를 다루기 위하여 스스로 준비할 수 없다. 나는 내용을 분명히 하는 데 최선을 다했고, 결론들 그 자체뿐만 아니라 내 결론들이 의존하는 기초들도 또한 조심스럽게 서술하고자 최선을 다했지만, 모든 사물을 단순화하려는 헛된 겉치레는 하지 않았다.[1]

빅스테드(Wicksteed, 1910), 타우시그(Taussig, 1911), 페터(Fetter, 1915) 등의 작품을 우리에게 안겨주었던 찬란한 폭발 이래로 이런 종류의 전문서는 경제사상에서 사라졌고, 경제학은 더 이상 거의 경제학이라고 할 수 없을 정도로 형편없이 조각나고 분리되었다. 그 대신에 우리는 무수히 작은 조각으로 된 통합되지 않은 분석을 발견한다. 먼저 경제학은 '응용'분야—'도시토지경제학', '농업경제학', '노동경제학', '재정경제학' 등—로 조각났는데, 각 분야는 다른 분야에 대해서 크게 관심이 없었다. 더욱더 슬픈 것은 '경제이론' 범주로만 분류되었던 것의 분열이었다. 효용이론, 독점이론, 국제경제이론 등에서부터 선형계획과 게임이론에 이르기까지, 각각은 초정밀화된 문헌이 있으면서 뚜렷이 격리된 세부분야로 나뉜 것이다. 근래에 이렇게 분열된 것을 점차 알게 된 것이 경제이론에 모든 다른 '사회과학'을 섞어서 경제이론을 모호한 '학제간'(interdisciplinary) 혼합물로 만들어왔다. 혼란은 경제학을 다른 영역으로 확산시키기보다는 수많은 다른 분야가 경제학을 침략하는 결과를 가져옴으로써 더 나쁘게 뒤죽박죽되었다. 여하튼 경제학 자체가 통일체가 되기 이전에 경제학을 모든

---

1. Frank W. Taussig, *Principles of Economics*(New York: Macmillan, 1911), p.vii.

다른 것과 통합하려는 시도는 다소 무모한 것이다. 오직 경제학 자체가 통일체가 될 때만이 다른 분야들 사이에서 경제학의 적절한 위치가 분명해질 것이다.

제1차 세계대전 이래로 오직 하나의 예외[루드비히 폰 미제스(Ludwig von Mises)의 《인간행동》(*Human Action*)은 《인간행위의 경제학》 그리고 《인간행동》이라는 제목으로 번역되었음.—역주]를 제외하고 경제원리를 다룬 **단 한 권**의 일반적 전문서도 출현하지 **않았다고** 말하는 것이 공평하다고 생각한다. 아마도 그런 전문서에 가장 가까이 접근한 것은 프랭크 H. 나이트(Frank H. Knight)의 《위험, 불확실성, 그리고 이윤》(*Risk, Uncertainty, and Profit*)이었고, 그 책은 한참 거슬러 올라가 1921년에 출판되었다. 그때, 즉 미제스의 《인간행동》 출판 이래로, 미제스의 책만큼 관련분야를 광범위하게 포함하는 그런 서적은 없었다.

경제학을 어느 정도라도 폭넓게 다루는 유일한 곳은 초보용 교과서들이다. 그러나 초보용 교과서들은 옛 시대의 진정한 원론서(*Principles*)의 빈약한 대체물이다. 초보용 교과서들에는 본질상 오직 현재 받아들여진 주장만 소개되기 때문에 기성의 경제학자들은 그런 교과서들에 관심이 없다. 더구나, 그 교과서들은 현존 문헌을 요약만 할 수 있기 때문에 학생에게 단편적 장들의 뒤범벅을 필연적으로 제공하는 것이 틀림없어서, 교과서의 각 장은 다른 장과 거의 또는 전혀 관계가 없다.

다수의 경제학자가 이 모든 것에서 잃는 것이 없다. 사실 그들 경제학자는 이런 식의 발전을 경제과학이 모든 전선에서 이룩한 엄청난 진보의 표시로 광고한다. 지식은 그렇게 광범위하게 증가하여 누구도 그 모든 것을 품을 수는 없다. 그럼에도 불구하고 경제학자들은 경제학—경제원리 본체의 본질적 요소—을 이해하는 데 최소한 책임을 져야 한다. 그러면 명백히 그런 본질적 요소들이 지금쯤 소개될 수 있었을 것이다. 분명한 사실은 경제학이 체제로서 더 이상 간주되지 않는다는 바로 그 이유 때문에 조각나 있다는 것이다. 경제학이 격리된 파편들의 덩어리로 간주되기 때문에 그렇게 취급되고 있다.

아마도 이런 변화의 핵심은 옛날에는 경제학이 논리적 구조물(*logical structure*)로 간주되었다는 점이다. 근본적으로는 정도의 차이가 무엇이든 또는 심지어 선언된 방법론의 차이가 무엇이든, 경제학은 구두로 표현된 논리(*verbal logic*)를 사용하는 연역적 과학(*deductive science*)으로 간주되었다. 소수의 공리(*axiom*)를 기초로 하여 경제사상의 체계가 착착 연역되었다. 심지어 분석이 원시적이었을 때나 발표된 방법론이 훨씬 더 귀납적이었을 때도, 구두논리로 된 연역적 과학이라는 점이 19세기 경제학의 본질이었다. 이 사실에서 경제 '원리들'에 대한 전문서가 유래하는데—왜냐 하면, 만약 두세 개의 단순하고 명백한 공리에 기초한 연역적 논리에 의해 나아가면, 경제학의 본체는 각 주제가 연결된 전체로서 궁극적 엄밀함의 손실 없이 식자층 아마추어에게 소개될 수 있기 때문이다. 식자층 아마추어는 단순하고 명백한 진리로부터 더 복잡하고 덜 분명한 진리로 한 걸음 한 걸음 안내된다.

'오스트리안'(Austrian) 경제학자들은 이 방법을 가장 잘 파악했고, 또한 가장 완전하고 설득력 있게 사용했다. 요컨대 오스트리안 경제학자들은 '인간행의학적'(praxeological) 방법의 고전적 채용자이다. 그러나 오늘날에는 지배적 인식론이 인간행위학을 거부했는데, 그것을 거부한 것은 너무 실증적인 동시에 너무 '이론적'인 방법을 위해서였다. 경험주의(empiricism)는 아무도 완전한 체제를 찾을 생각을 하지 않을 정도로 경제학을 분해하였다. 그리고 모순적이게도 경험주의는 경제학자들이 자신의 이론을 더 쉽게 '검증할 수 있도록' 하게 하기 위하여 명백히 거짓이고 손쉬운 가정들을 열렬히 도입하도록 만듦으로써 경제학을 왜곡했다. 그런 손쉬움을 도입하고자 하는 케임브리지(Cambridge)의 전적인 추진력뿐 아니라 알프레드 마셜(Alfred Marshall)의 '연역의 긴 고리'에 대한 불신도 또한 경제학의 이러한 붕괴에 상당히 기여했다. 다른 한편, 경제이론에서 구두로 표현된 논리는 보기에 더 정확해 보이고 물리학의 영광이 반영된 은혜를 입은 수학으로 교체되었다. 경제수학자들이 사용하는 유력한 계량경제학이라는 날개는 또한 경험적 증명을 찾고 있고, 그것으로 양쪽 방법, 즉 수학과 계량경제학의 오류를 배가한다. 순전히 이론적 통합의 수준에서마저도 수학은 어떤 인간행위과학을 위해서도 매우 부적절하다. 사실, 수학은 경제학을 구획하는 일—즉, 행렬, 등식, 기하학적 도표 등과 같은 초정밀화된 미로를 특징으로 하는 전문화된 연구논문—에 기여했다. 그러나 정말로 중요한 것은 비수학자가 전문화된 연구논문을 이해할 수 없다는 것이 아니다. 결정적인 점은 수학이 경제지식에 기여할 수 없다는 것이다. 사실 최근 계량경제학에 의한 경제수학의 정복은 경제학 내에서 순수 수학이론의 내용이 빈약하다는 것을 인정하는 신호이다.

그래서 이 책은 미제스의 책이 발행되고 난 후 40년이라는 매우 긴 시간간격의 일부를 메우고자 하는 시도이다. 경제 '원리들'을 다룬 마지막 전문서, 즉 미제스의 책 이후로 경제학은 많은 분야에서 발전하였고, 경제학의 방법론은 인간행위학적 전통 내에서 연구자들의 지속된 노력에 의해 헤아릴 수 없을 정도로 개선되었고 보강되었다. 하지만 매우 적은 수의 경제학자가 인간행위학의 총체를 만드는 작업을 해왔기 때문에 그 총체는 여전히 많은 문제를 안고 있다. 따라서 구식방법으로 경제과학의 체제를 개발하기 위한 이 책에서의 시도는 경제과학의 '원리들'에 대해 작업을 계속하는 것으로 천천히, 그리고 논리적으로 기초공리들에 의거하여 경제진리라는 통합되고 시종일관된 체제를 건설하는 것이다. 초정밀화는 최대한 피하고자 했다. 요컨대, 타우시그 교수의 인용문에 적힌 의도가 또한 나의 것이었지만, 주요 반대주장의 일부에 대한 반박을 요령껏 포함하는 것이 필요하다고 느꼈음을 추가해 둔다. 그런 일이 특히 필요했던 것은 경제학에서의 오류가 타우시그 때보다 훨씬 넓게 퍼진 때문이다.

    제1차 세계대전 이래로 하나의 일반적 전문서가 있었음을 간략히 지적했다. 폴 사무엘슨(Paul Samuelson) 교수는 케인스(Keynes)의 《일반이론》(General Theory)이 출간된 시점에 자신이 30세 이하였던 즐거움을 열광적으로 썼다. 저자도 루드비히 폰 미제스가 1949년에 《인간행동》이라는 저작을 출판했을 때 사무엘슨과 같았다고 할 수 있다. 《인간행동》에서 경제학은 드디어 다시 한번 **전체**가 되었고, 경제학은 한 번 더 체제가 되었다. 그것뿐만 아니라 《인간행동》은 미제스 교수 자신에 의해 새롭게 기여된 많은 구성요소가 포함된 경제학이라는 구조물이 되었다. 이 책에서 미제스가 경제학에 끼친 위대한 공로를 소개하고 해설하는 공간은 없다. 그 일은 다른 곳에서 행해져야 할 것이다. 만약 경제학이 《인간행동》으로부터 출발하지 않는다면 앞으로 경제학에서 어떠한 건설적 작업도 이루어질 수 없을 것이라고 말하는 것으로 충분하다.

    《인간행동》은 일반적 전문서이지만 옛 시대의 원론서는 아니다. 사실 《인간행동》은 이전의 경제지식을 상당히 가정하고 공간적 제약 아래에서 다수의 철학적 통찰과 역사적 통찰을 포함하고 있다. 어떤 점에서 이 책은 미제스가 만든 구조물에서 경제학적인 것을 분리하고, 갈리진 틈을 메우며, 내가 이해한 그 구조물의 세부적 함의를 발견하는 것을 시도한 것이다. 그러나 미제스 교수가 이 책에 대해서 여하튼 책임이 있다고 생각하지 말아야 한다. 사실, 그가 이 책의 많은 부분과 확연하게 다르다는 것은 당연하다. 그럼에도 불구하고 이 저작이 《인간행동》이라는 책에서 가장 현대화되고 발전된 형태에 도달한 경제과학이라는 고상한 구조물에 몇 개의 벽돌을 보태는데 성공하는 것이야말로 나의 희망이다.

현재의 저작은 몇 가지 단순하고 필연적으로(apodictically) 진실인 공리들로부터 경제학의 온전한 총체를 연역한다. 그 공리란 **행위**의 기초공리(fundamental axiom of action)로, 인간은 목적을 달성하기 위하여 수단을 사용하며, 두 개의 보조적 가정(posulates)을 포함한다. 그 가정이란, 인간과 자연자원은 **다양**하고 여가는 하나의 소비재라는 것이다. 제1장은 행위공리로부터 시작해서 그 공리의 즉각적 함의들을 연역한다. 그리고 여기에서 나온 결론들은 '크루소 경제학'(Crusoeeconomics)에 응용된다. 크루소 경제학이란 개별 인간을 자연에 삭막하게 대항하게 하여 크루소의 결과적 행동을 분석하는 것으로, 많은 비방을 받지만 매우 유용한 분석이다. 제2장은 다른 한 인간을 추가하여 그 결과 발생하는 사회관계를 소개한다. 다양한 종류의 개인 간의(interpersonal) 관계가 분석되고 **직접교환**(direct exchange: 물물교환)의 경제학이 설명된다. 재산권이 완전히 정의될 때까지 교환은 적절하게 분석될 수 없다. 그래서 제2장은 자유사회에서의 재산을 분석한다. 사실, 제2장은 이 책 본체의 시작을 명시하는데—본체란 자발적 교환의 경제학을 분석한 것이다. 제2장은 물물교환이 이루어지는 자유시장을 토론하고 차후의 장들은 간접(indirect)교환 또는 화폐교환(monetary exchange)의 경제학을 다룬다. 따라서 분석적으로 이 책은 자유시장 경제학, 시장에서의 재산관계로부터 화폐경제학까지 완벽하게 다룬다.

제3장은 화폐를 도입하고 시장에서 간접교환의 패턴을 추적한다. 제4장은 소비의 경제학과 소비재의 가격설정을 다룬다. 제5장에서 제9장까지는 자유시장에서의 생산을 다룬다. 이 책의 소비이론과 생산이론의 특징 중의 하나는 프랭크 A. 페터(Frank A. Fetter) 교수의 탁월하지만 완전히 무시된 **임대차료**—즉, 단위서비스(unit service)의 고용가격으로서 임대차료의 개념—이론의 부활이다. 그 다음에, 자본화(capitalization)는 어떤 한 재화의 기대되는 미래임대차료의 현재가치를 결정하는 과정이다. 이자율이 시간선호(time preference)에 의해 결정된다는 페터-미제스의 순수 시간선호 이론(pure time-preference theory of interest)은 페터의 임대차료 이론과 합성되고, 생산구조에 관한 오스트리안 이론과 합성되며, **생산된**(produced) 생산요소에서

격리된 본원적(*original*) 생산요소와 합성된다. 생산에 대한 분석에서 하나의 '근본적' 특징은 현재 유행하는 기업의 '단기' 이론과 완전히 관계를 끊은 것이고, 이 이론 대신에 한계가치생산과 자본화를 일반화한 이론으로 대체하는 것이다. 이런 일반이론은 오스트리안의 동태적 '일반균형'(*general equilibrium*) 분석이지 현재 유행하는 왈라시안(*Walrasian*)의 정태적 '일반균형' 분석은 아니다.

제10장은 독점에 대한 완전히 새로운 이론을 상술한다. 이때 독점이란 국가에 의한 특혜의 수여로서만 의미 있게 정의될 수 있고, 독점가격은 그러한 수여로부터만 획득될 수 있다. 요컨대 자유시장에서는 독점 또는 독점가격은 존재할 수 없다. 독점적 경쟁(*monopolistic competition*)도 또한 토론한다. 그리고 제11장은 케인지언(*Keynesian*) 이론에 대한 수많은 토론과 함께 자유시장에서의 화폐이론을 설명한다.

그 다음에 순전히 자유시장 이론을 완성하기 위하여 저자는 마지막 장에서 인간행위학적 분석을 다양한 형태와 정도의 강제적 간섭과 그 결과들에 대한 체계적 분석에 응용하는 데 눈을 돌린다. 순수한 자유시장이라는 구조물을 완전하게 분석하고 난 후에만 강제적 간섭의 효과는 연구될 수 있다. 제12장은 간섭의 유형학을 소개하고, 그 간섭의 직접적인 결과들, 간접적인 결과들, 간섭이 효용에 미치는 영향 등을 토론하며, 주요한 각종 종류의 간섭에 대한 분석을 부득이하게 간략하게 설명한다. 이러한 간섭에는 가격통제, 독점특권(*monopoly grants*), 과세, 인플레이션, 정부기업(*government enterprise*)과 정부재정지출 등이 포함된다. 제12장은 간섭주의자와 다른 강제적 체제와 대조해서 자유시장을 평가하는 간략한 요약으로 끝을 맺는다.

이 개정판에서 저자는 초판의 본문과 각주를 본래대로 두기로 결정했고, 어떤 정도 이 개정판 서문에만 국한하기로 했다. 미제스 교수가 1973년 작고했고, 그 이듬해에 다행히도 미제스가 살았던 때에 거의 지하에 존재했던 오스트리아학파(*Austrian school*)의 경제학이 화려한 부활을 향해 폭발했다. 이 부활이 이전에 지배적인 케인지언 패러다임의 실제적 붕괴와 동시에 일어났던 것이야말로 우연이 아니다. 케인지언들은 인플레이션을 동반하는 경기상승, 경기후퇴와 실업 등의 반복이라는 함정으로부터 쉽게 나오도록 경제를 조종할 것을 약속했었다. 그보다도 그들은 인플레이션 없는 완전고용을 가져오는 영원하고 안정적인 번영을 보증했다. 하지만 30년의 케인지언식 계획 이후에 우리는 케인지언 패러다임에서는 심지어 존재할 수도 없으며, 하물며 설명할 수는 더욱 없는 새로운 현상에 직면했다. 그 새로운 현상이란 인플레이션이 경기후퇴와 높은 실업 등과 **결합**된 것이다. 이 달갑지 않은 유령은 1973~1974년 시기의 인플레이션을 동반한 경기후퇴에서 처음 나타났고, 그 이래로 반복되었으며, 마지막 시기는 1990년대의 불황이 될 것이다.

1974년에 오스트리안이 부활한 것은 그해에 노벨경제학상을 받은 하이에크(F. A. Hayek)에 의해 또한 자극받았는데, 하이에크는 그런 명예에 걸맞은 최초의 자유시장 경제학자이자 수학을 사용하지 않는 경제학자이다. 노벨상에 대한 경제학계의 집착이 하이에크와 오스트리아학파에 대한 관심을 다시 일깨웠다. 그러나 하이에크에게 준 노벨상 자체는 우연의 일치라고 할 수 없는데, 왜냐하면 그 상이 케인지언 거시모형에 대한 경제학자들의 각성을 반영하기 때문이다.

1974년 이래로 오스트리안의 수, 오스트리안이 쓴 책과 논문, 오스트리아학파에 대한 관심이 크게 늘어났다. 비록 미국에 비해 영국에서 상대적으로 적은 오스트리아학파 경제학자가 존재했지만, 오스트리안 경제학이 영국에서 훨씬 더 존경받는 것이야말로 두 나라에서 학계의 질적 차이를 반영한다. 영국의 교과서와 사상조사에서 오스트리안 경제학은 부분적이기는 하지만 경제사상의 존경할 만한 진영으로서 객관적이고 공평하게 다루어진다. 이에 반하여 미국에서는 오스트리안 경제학계를 지지하는 신봉자와 다수의 동조자가 있는 반면에, 여전히 대부분의 경제학자는 오스트리안을 무시하고, 배려하지 않으며, 읽지도 않는다.

그러나 지적 호기심은 특히 대학생들과 대학원생들 사이에서 현실을 타파하는 습관을 가지고 있다. 그 결과 모진 제도적 장벽에도 불구하고 오스트리아학파는 지난 20년 이상 번성해왔다.

사실 오스트리안의 수가 매우 커지고, 토론이 매우 광범위하게 이루어진 결과, 오스트리안 내에서 의견의 차이와 사상의 분파가 발생했고, 어떤 경우에는 사상의 진정한 충돌로 발전했다. 그럼에도 불구하고 오스트리안들은 모두 비오스트리안들(non-Austrians)과 다 함께 융합되었고, 어우러졌다. 그리고 심지어 오스트리아학파 내의 일부에 의해 엄청난 지적 혼동, 명확함의 부족, 완전한 오류 등의 현상이 나타났다. 논박의 이러한 진전의 좋은 점은 오스트리안과 비오스트리안 양측이 각자의 기초가 되는 전제들과 세계관을 명확하게, 그리고 또렷하게 하도록 했다. 사실 오스트리안 경제학 내에 세 가지의 아주 다른 조화되지 않는 패러다임이 있음이 최근에 명백해지고 있다. 하나는 저자가 지지하는 최초의 미제시언(Misesian) 패러다임 또는 인간행위학적 패러다임이다. 다른 하나는 인간행위학적 '행동'과 '선택'보다는 '지식'과 '발견'을 강조하는 하이에키언(Haykeian) 패러다임인데, 현재 지도적 옹호자는 이스라엘 커츠너(Israel Kirzner) 교수이다. 그리고 작고한 루드비히 라흐만(Ludwig Lachmann)의 허무주의적 접근법인데, 그것은 영국의 '주관주의자'(subjectivist)이자 케인지언인 새클(G. L. Shackle)로부터 받은 제도주의적이면서 반이론적(anti-theory) 접근법이다. 다행히도 지금은 논문집인《오스트리안 경제학연구》(The Review of Austrian Economics)가 있고, 그곳에서 독자는 루드비히 폰미제스 연구소(Ludwig von Mises Institute)의 다른 출판물들, 회의들, 교육과정들 뿐 아니라 오스트리안 경제학에서 진행되는 발전을 계속해서 알 수 있다. 미제스 탄생 100주년을 기념하여 만들어진 미제스 연구소는 미제스가 학문과 세계에 남긴 패러다임뿐만 아니라 미제스의 정신도 또한 활발하게 유지하고 있다. 세 종류의 오스트리안 패러다임에 대한 최근 뉴스에 대해서 독자는 저자의 미제스 연구소 워킹페이퍼인《오스트리안 경제학의 현재 상태》(The Present State of Austrian Economics, November, 1992)를 참고할 수 있다.

물론 내가 결정적으로 지적 부채를 진 사람은 루드비히 폰 미제스이다. 그러나 그것은 그렇다고 치더라도 나는 미제스에 대한 개인적 부채를 결코 완전하게 표현할 수는 없다. 그의 지혜, 친절, 정열, 좋은 유머, 그의 학생들 가운데 장래성이 있다는 아주 미미한 표시마저도 놓치지 않고 지칠 줄 모르고 격려하는 일 등은 미제스를 알았던 사람들에게는 평생의 영감이었다. 그는 위대한 경제학자 중의 한 사람이었을 뿐 아니라 위대한 경제학 교사 중의 한 사람이었고, 저자는 그가 뉴욕대학(New York University)에서 열었던 고급경제이론 세미나에서 다년간 수학할 수 있는 기회를 가졌던 일에 감사한다.

저자는 또한 류웰른 H. 락웰 주니어(Llewellyn H. Rockwell, Jr.)에게 결코 감사를 다 표시할 수 없는데, 그는 미제시안 경제학이 의기소침한 때에, 자원도 없이, 지원해 줄 것이라는 많은 언질도 없이, 오직 아이디어로만 무장한 채로 루드비히 폰 미제스 연구소를 설립했고, 그의 삶을 그곳에 바쳤던 인물이다. 그는 연구소를 창립하고, 확장하며, 그 자신을 미제시안 패러다임에 헌신하는 주목할 만한 일을 했다.

추가적으로, 그는 오랫동안 저자의 가깝고도 귀중한 친구이자 지적으로는 동료학자이다. 그의 노력이 없었다면 이 개정판이 결코 세상의 빛을 보지 못했을 것은 분명하다.

마지막으로, 저자는 미제스 연구소의 긴 기간 동안의 다른 동학이면서 캘리포니아 버린게임 소재의 리버테리언연구센터(Center for Libertarian Studies)의 센터장인 벌튼 S. 블루멀트(Burton S. Blumert)에게도 무한한 감사를 전한다. 자기를 내세우지 않지만 없어서는 안 되는 사람인 벌튼은 위트, 지혜, 친절, 우정 등을 지닌 채로 언제나 거기에 있다.

오스트리안 경제학 영역에서 또는 그보다 더 넓은 정치경제영역에서, 그리고 자유를 억압하는 본질에 대해서, 다년간 저자를 가르쳤고 고무했던 친구와 아는 사람 전부를 나열하는 일은 불가능하다. 저자는 그들 모두에게 감사한다. 물론 그들 중의 누구도 이 책 속의 어떤 오류에 대해 책임이 없다.

1993년 5월
라스베이거스, 네바다
머레이 N. 라스바드

일러두기

- 이 책의 번역은 제1권(제1~7장)은 전용덕 교수, 제2권(제8~12장)은 김이석 박사가 분담하였다.
- 이 책은 2006년에 1,2권으로 출간된 책의 재판이다.
- 이 책은 그 자체의 방대한 양 때문에 가능하면 역자 주를 안 붙이는 것을 원칙으로 하였다. 그러나 정말로 필요한 경우에만 본문에서 괄호로 역자 주를 짧게 삽입했다.
- 라스바드의 책은 본인이 자신의 책에서 밝혔듯이 루드비히 폰 미제스의 사상과 이론에 크게 기초하고 있다. 그러므로 상당수 용어는 미제스의 용어를 그대로 사용하고 있다. 예를 들어, 'Evenly Rotating Economy'(ERE)라는 용어가 대표적인 것이다. ERE를 이 책에서는 '항등순환경제'로 번역하였다.
- 혼란의 우려가 있는 몇몇 용어를 여기에서 분명히 하고자 한다. 'action'은 '행위', '행동'을 혼용하였다. 'money'는 '화폐', '돈', '통화' 등을 혼용하였다. 'hoarding', 'dishoarding'은 개인이 가진 화폐재고의 순증과 순감을 의미하는 용어이다. 그런데 케인지언은 이 용어를 '퇴장'으로 번역하였다. 그러나 여기에서는 '화폐저장', '화폐음저장'으로 의역하였고, 케인지언을 비판할 때는 '퇴장'이라는 용어로 그대로 번역하여 구분하였다. 'Catallatics'는 적절한 용어가 없어서 '캐털래틱스'로 발음 나는 대로 표기하였다. 이 책의 134쪽을 보면 그 뜻은 자폐적 교환을 제외한 '개인간 행동에서 자발적 교환'을 지칭하는 것이다. 'balance of payment'는 '지급수지'로, 'arbitrage'는 '중재' 또는 '재정'으로 번역하였다. 그런데 'rent'는 '임대차'(경우에 따라 '임대차료')로 번역하였지만, 신고전학파가 사용하는 의미로는 '지대'로 번역하여 서로 구분하였다. 기타 기존의 용어가 부적절한 경우에는 영어 원문을 붙여서 이해를 도왔다.

차 례

역자 서문 / 5

개정판 서문 / 7

제1장   인간행위의 기초들   23

1. 행위의 개념 / 23
2. 인간행위 개념의 첫 번째 함의 / 24
3. 추가적 함의들: 수단 / 29
4. 추가적 함의들: 시간 / 34
5. 추가적 함의들 / 38
6. 생산요소들: 수확의 법칙 / 53
7. 생산요소들: 전환가능성과 가치평가 / 57
8. 생산요소들: 노동 대 여가 / 61
9. 자본형성 / 65
10. 교환으로서의 행동 / 85

제2장   직접교환   95

1. 개인간 행동의 유형들: 폭력 / 95
2. 개인간 행동의 유형들: 자발적 교환과 계약사회 / 100
3. 교환과 분업 / 108
4. 교환조건들 / 115
5. 가격결정: 균형가격 / 119
6. 수요의 탄력성 / 137
7. 투기, 그리고 공급스케줄과 수요스케줄 / 140
8. 재고와 총보유수요 / 146
9. 시장들의 연속성과 가격들의 변화 / 151
10. 특화와 재고의 생산 / 160
11. 교환가능한 재화들의 종류들 / 168
12. 재산: 미개척 토지의 전유 / 174
13. 재산침해 다스리기 / 180

제3장   간접교환의 패턴   193

    1. 직접교환의 한계들 / 193
    2. 간접교환의 출현 / 195
    3. 화폐의 출현이 가진 함의들 / 199
    4. 화폐단위 / 201
    5. 화폐소득과 화폐지출 / 203
    6. 생산자들의 지출 / 209
    7. 소득 극대화와 자원배분하기 / 215

제4장   가격들과 소비   235

    1. 화폐가격들 / 235
    2. 화폐가격들의 결정 / 240
    3. 공급스케줄들과 수요스케줄들의 결정 / 250
    4. 교환의 이득 / 256
    5. 화폐의 한계효용 / 260
    6. 소비재 가격들간의 상호관계 / 275
    7. 내구재의 가격들과 그 서비스 / 282
    8. 후생 비교와 소비자의 궁극적 만족 / 290
    9. 효용과 관련한 몇 가지 오류 / 294

제5장   생산: 구조   313

    1. 행동의 몇 가지 근본원리 / 313
    2. 항등순환경제 / 315
    3. 생산의 구조: 특수요소들의 세계 / 321
    4. 요소들의 소유자들에 의한 생산물의 공동소유권 / 324
    5. 비용 / 330
    6. 자본가들이 생산물의 소유권을 가짐: 융합단계 / 334
    7. 현재재들과 미래재들: 순 이자율 / 337
    8. 화폐비용과 가격과 알프레드 마셜 / 341
    9. 가격설정과 협상이론 / 348

제6장   생산: 이자율과 그 결정   357

  1. 많은 단계: 순 이자율 / 357
  2. 순 이자율의 결정: 시간시장 / 363
  3. 시간선호와 개인의 가치척도들 / 367
  4. 시간시장과 생산구조 / 376
  5. 시간선호, 자본가들, 그리고 개별 화폐재고 / 392
  6. 소득발생 후 수요자들 / 398
  7. 생산자대부시장이 중요하다는 미신 / 402
  8. 공동주식회사 / 407
  9. 공동주식회사들과 생산자대부시장 / 414
  10. 시간선호에 영향을 주는 힘들 / 421
  11. 이자율들의 시간구조 / 422

제7장   생산: 요소들의 일반적 가격설정   433

  1. 할인한계가치생산의 귀속 / 433
  2. 할인한계가치생산의 결정 / 444
  3. 요소소득들의 원천 / 455
  4. 토지와 자본재들 / 456
  5. 자본화와 임대차료 / 463
  6. 자연자원의 고갈 / 469

제8장   생산: 기업가정신과 변화   485

  1. 기업가적 이윤과 손실 / 485
  2. 순 투자의 효과 / 491
  3. 변화하는 경제에서의 자본가치와 총이윤 / 500
  4. 자본축적과 생산구조의 길이 / 507
  5. 신기술의 채택 / 512
  6. 저축-투자의 수혜자들 / 515
  7. 진보하는 경제와 순수 이자율 / 516
  8. 시장이자율의 기업가적 구성요소 / 517
  9. 위험, 불확실성, 그리고 보험 / 518

제9장 생산: 특정 요소의 가격과 생산소득   527

    1. 서론 / 527
    2. 토지, 노동, 그리고 임대료 / 528
    3. 기업가정신과 소득 / 553
    4. 입지와 공간적 관계의 경제학 / 575
    5. '분배'의 오류에 관한 노트 / 579
    6. 시장의 요약 / 580

제10장 독점과 경쟁   591

    1. 소비자주권의 개념 / 591
    2. 카르텔과 그 결과 / 597
    3. 독점가격의 환상 / 617
    4. 노동조합 / 650
    5. 독점적 혹은 불완전경쟁이론 / 662
    6. 복수가격들과 독점 / 676
    7. 특허와 저작권 / 682

제11장 화폐와 구매력   701

    1. 서론 / 701
    2. 화폐관계: 화폐의 수요와 공급 / 702
    3. 화폐관계의 변화 / 707
    4. 일정 수량의 화폐가 주는 효용 / 709
    5. 화폐에 대한 수요 / 711
    6. 화폐의 공급 / 737
    7. 화폐관계 변화 속에서의 이득과 손실 / 747
    8. 가격들의 결정: 재화와 화폐의 측면 / 750
    9. 지역간 교환 / 753
    10. 지급수지 / 756
    11. 재화의 화폐적 속성 / 760
    12. 공존하는 화폐들간의 교환비율 / 762

13. 교환방정식의 오류 / 764
14. 구매력 측정과 구매력 안정화의 오류 / 774
15. 경기변동 / 782
16. 슘페터의 경기변동이론 / 784
17. 케인지언시스템의 여타 오류들 / 788
18. 가속도원리의 오류 / 796

제12장 시장에 대한 폭력적 간섭의 경제학   809

1. 서론 / 809
2. 간섭의 유형 / 810
3. 간섭이 효용에 미치는 직접효과 / 812
4. 사후적 효용: 자유시장과 정부 / 816
5. 삼각관계형 간섭: 가격통제 / 821
6. 삼각관계형 간섭: 생산통제 / 829
7. 쌍방형 간섭: 정부예산 / 834
8. 쌍방형 간섭: 과세 / 839
9. 쌍방형 간섭: 정부지출 / 858
10. 성장, 풍요, 그리고 정부 / 875
11. 쌍방형 간섭: 인플레이션과 경기변동 / 893
12. 결론: 자유시장과 강제 / 922

찾아보기 / 953
약력 / 959

제1장

인간행위의 기초들[1]

1. 행위의 개념

인간을 연구하는 데 있어 두드러지고 주요한 특징은 **행위**의 개념이다. **인간행위는 목적이 있는**(purposeful) **행위로 단순히 정의된다**. 그 결과 인간의 관점에서 인간행위는 목적이 있는 것이 아닌 관찰된 운동들과 명백히 구분가능하다. 이러한 운동들에는 무기물질들의 모든 관측된 운동들이 포함되고, 어떤 자극들에 단순하게 비자발적으로 반응하는 순전히 반사적 인간행위의 유형들도 포함된다. 다른 한편, **인간행위**는 다른 사람에 의해 **의미 있게 해석될** 수 있는데, 왜냐하면 그 행위는 행위자가 고려중인 어떤 **목적**에 의해 지배되기 때문이다.[2] 한 인간이 행동하는 의도는 그가 가진 **목적**(end)이다. 이 목적을 달성하고자 하는 욕구는 그 인간의 행동을 유발하는 **동기**이다.

모든 인간존재는 인간으로서 그들의 존재와 그들의 본질 덕택으로 **행동한다**.[3] 우리는 목적의식을 가지고 행동하지 않는 인간존재들, 인간들이 원하고 성취하기를 시도하는 고려중인 목적들이 없는 인간존재들을 생각할 수 없다. **행동하지 않는 사물**

들, 목적의식을 가지고 행동하지 않는 사물들은 더 이상 인간으로 분류되지 않는다.

이 근본적 진리—인간행위의 공리—야말로 우리 연구의 열쇠이다. 인간행위학의 전 영역과 인간행위학의 잘 발달된 하부부문(subdi-vision)인 경제학은 인간행위 개념으로부터 유도된 필수적인 논리적 함의들의 분석에 기초한다.[4] 인간들이 자신들이 인간이기 때문에 행동한다는 사실은 의문의 여지가 없고 논쟁의 여지가 없다. 그 반대를 가정한다는 것은 어리석은 일일 것이다. 그 반대—동기에 의해 유발된 행위가 없는 것—는 오직 식물들과 무기물질에만 응용될 것이다.[5]

2. 인간행위 개념의 첫 번째 함의

인간행위에 관한 첫 번째 진리는 **인간행위가 오직 개별 '행위자들'에 의해서만 행해질 수 있다**는 것이다. 오직 개인만이 목적을 가지고 그것을 성취하기 위해 행동할 수 있다. 다양하면서 구체적인 개인의 행위로서 표출되지 않는 것으로, '집단들'의 목적들 또는 행동들, 또는 '공동체들'의 목적들 또는 행동들, 또는 '국가들'의 목적들 또는 행동들 등과 같은 그런 것은 없다. '사회들' 또는 '집단들'은 그 사회들 또는 그 집단들의 개별 구성원들의 행동과 분리된 독립적 실체를 가지고 있지 않다.

따라서 정부들이 행동한다고 말하는 것은 단순한 은유이다. 실제로 어떤 개인들은 다른 개인들과 어떤 관계를 가지고, 어떤 개인들은 그들과 다른 개인들이 '정부적인 것'(governmental)으로서 인식할 수 있는 방법으로 행동한다.[6] 그런 은유가 정부와 같은 공동체적 기관 자체가 다양한 개인의 행위로부터 분리된 어떤 실체인 것을 의미하는 것이 되어서는 안 된다. 마찬가지로, 한 개인은 다른 개인을 대표하거나 그의 가족을 위하여 대리인으로 행동할 수 있는 계약을 체결할 수 있다. 그 경우에도 여전히 오직 개인만이 원하고(desire) 행동할 수 있다. 정부와 같은 제도의 존재는 그 조직의 구성원이라고 여겨지거나 구성원이라고 여겨지지 않는 그런 개인의 행동에 영향을 미치는 것을 통해서만이 의미가 있다.[7]

행동을 유발하기 위해서는, 개별 인간이 그가 충족시키고자 하는 미달성의 목적들을 가지고 있는 것으로는 충분하지 않다. **그는 어떤 행위유형들이 자신의 목적들을 성취할 수 있게 하는가를 또한 예상할 수 있어야 한다.** 어떤 인간이 일광욕을 하고 싶다는 욕구를 가질 수 있다. 그러나 만약 그가 자신의 욕구를 성취하기 위하여 아무것도 할 수 없다는 것을 안다면 그 욕구를 성취하기 위하여 행동하지 않는다. 그는 자신의 목적들을 어떻게 성취할 것인가에 대한 어떤 **아이디어**를 가지고 있어야 한다. 따라서 행동은 개인이 자신의 목적들을 달성할 수 있다고 믿는 방법들로 그 목적들을 성취하고자 하는 개인의 행위로 구성된다. 행동은 성취하고자 하는 목적에 대한 어떤 이미지(*image*)를 필요로 하고, 그 목적에 도달하기 위한 방법에 대한 '과학기술적(*technological*) 아이디어' 또는 계획들을 필요로 한다.

인간은 어떤 **환경** 또는 **상황**에 놓인 자신을 발견한다. 개인이 그의 목적을 성취하기 위하여 어떤 방법으로 변화시키고자 결정하는 것이야말로 이 상황이라는 것이다. 그러나 인간은 그의 목적들을 성취하기 위하여 요소들(*elements*)을 재배열(*rearrange*)함으로써 그가 놓인 환경에서 발견하는 그 다양한 요소들만으로 작업할 수 있다. 어떤 주어진 행위를 놓고 볼 때, 개인에게 외부적인 것이 되는 환경은 두 부분으로 나눌 수 있다. 즉, 그가 통제할 수 없어서 그대로 두어야만 한다고 믿는 그런 요소들과 그의 목적에 도달하기 위하여 자신이 변경할(또는 차라리, 그가 변경할 수 있다고 생각하는) 수 있는 그런 요소들이다. 전자는 인간행동을 둘러싼 **일반적 조건들**(*general conditions*)이라고 명명할 수 있고, 후자는 사용할 **수단**(*means*)이라고 명명할 수 있다. 따라서 개별 행위자는 자신의 목적들을 성취하기 위하여 그가 변경하고 싶어하는 환경에 직면한다. 목적에 도달하기 위한 행동을 하기 위해서, 그는 환경적 요소들의 일부를 어떻게 이용할 것인가에 관한 기술적 아이디어를 그 **수단들로서**, 통로들로서 가져야만 한다. 그러므로 모든 행위는 어떤 성취하고자 하는 목적에 도달하기 위하여 개별 행위자들이 채택하는 수단을 포함해야 한다. 외부환경 중에서 일반적 조건들은 어떤 인간행동의 대상물들이 될 수 없다. 단지 수단만이 행동하는 데 채택될 수 있다.[8]

인간의 모든 삶은 **시간 속에서** 일어나는 것이 틀림없다. 인간의 이성은 시간을 통해서 일어나지 않는 존재나 행동을 이해하는 것조차도 가능하지 않다. 한 인간존재가 한 가지 목적을 이루기 위하여 행동하기로 결정할 때, 그의 목표 또는 목적은 **미**

래의 어떤 시점에서만 최종적으로 또 완전히 성취될 수 있다. 만약 성취하고자 하는 목적들이 모두 현재 즉각적으로 달성될 수 있다면, 그러면 인간의 목적들은 모두 성취될 것이고 행동해야 할 이유가 없을 것이다. 그리고 행동이 인간의 본성에 필수적임을 보았다. 그러므로 행위자는 미래의 어떤 시점에서만 완전히 성취가능한 예정된 하나의 목적에 도달하기 위하여 그의 아이디어와 부합하는 수단을 자신의 환경으로부터 선택한다. 어떤 주어진 행동을 놓고 본다면, 행동과 관련된 시간을 세 기간으로 구분할 수 있다. 즉, 행동이 있기 전 기간, 행동이 이루어지는 기간, 그리고 행동이 완성된 후의 기간이다. 모든 행동은 그 행동이 없었다면 만들어졌을 조건들보다 미래의 어떤 시점에 그 조건들을 행위자에게 더 유리하게 만들고자 하는 것을 목적으로 한다.

인간이 가진 **시간**은 언제나 희소하다. 인간은 영생하지 않는다. 지상에서 인간의 시간은 제한되어 있다. 그의 삶의 하루하루는 오직 24시간 만이고, 그 24시간 속에서 자신의 목적들을 달성할 수 있다. 더구나, 모든 행동은 시간을 통해서 일어나야만 한다. 그러므로 시간은 인간이 자신의 목적들에 도달하기 위하여 사용해야만 하는 한 가지 **수단**이다. 시간은 모든 인간행동에 동시에 어디에나 존재하는(omnipresent) 수단이다.

행동은 수단을 동원함으로써 어떤 목적들이 만족되어야 하는가를 **선택함**으로써 일어난다. 시간은 인간에게는 **희소**한데, 왜냐하면 그가 달성하고자 하는 목적으로 어떤 것을 선택하든지 충족되지 않는 채로 남아 있는 다른 목적이 있다는 오직 그 이유 때문이다. 우리가 하나의 수단만을 사용해야 한다면, 그 결과 어떤 목적들을 달성하지 못한 채로 두어야 한다면, **목적들 중에서의 선택**은 불가피하다. 예를 들어, 존스(Jones)는 TV로 야구중계를 시청하고 있다고 하자. 그는 다음 한 시간을 어떻게 보낼 것인가 하는 선택에 직면하게 된다. 즉, ① 계속해서 야구중계를 시청하는 것, 또는 ② 브리지(bridge) 게임을 하는 것, 또는 ③ 드라이브를 가는 것. 그는 세 가지 모두를 하고 싶어할 수도 있지만 그의 수단(시간)은 불충분하다. 그 결과, 그는 **선택**해야만 한다. 한 가지 목적은 충족할 수 있지만 다른 목적들은 충족할 수 없는 것이 틀림없다. 그가 ①의 경우를 선택한다고 가정하자. 이것은 그가 목적 ②나 목적 ③보다 목적 ①의 달성을 **순위상** 우위에 두고 있음을 명백히 보여준다.

상기의 행동 예제로부터 많은 함의를 연역해 낼 수 있다. 첫째, **모든 수단들은 희소하다는 것**, 즉 수단들이 어떻게든지 이바지할 수 있는 목적들이라는 관점에서 수단들은 제한적이라는 것이다. 만약 수단들이 무한정으로 풍부하다면, 수단들이 인간행동의 대상물로서 쓸모가 있을 필요가 없다. 예를 들어, 대부분의 상황에서 공기는 무한정으로 풍부하다. 그 결과 공기는 수단이 아니고 목적의 충족을 위한 수단으로서 동원되지 않는다. 공기는 마치 시간처럼 더 중요한 목적들의 충족에 배분될 필요가 없는데, 왜냐하면 공기는 모든 인간의 필요를 충족시킬 만큼 충분히 풍부하기 때문이다. 그렇다면 공기는 비록 없어서 안 되는 것이지만 수단이 아니라 인간행동과 인간복지의 하나의 **일반적 조건**이다.

둘째, 행위자는 어떤 목적들을 성취하기 위하여 이러한 희소한 수단들을 배분해야만 하고, 다른 목적들은 달성하지 못한 채로 놓아두어야 한다. 이러한 **선택**행위는 가장 원하는 목적들을 이룩하기 위하여 수단들을 **경제적으로 쓰는**(economizing) 행위라고 부를 수 있다. 예를 들어, 행위자는 가장 원하는 목적들을 성취하기 위하여 시간을 경제적으로 사용해야만 한다. 행위자는 그의 여러 대안적 목적들이 그에게 주는 **가치**에 따라 그 목적들의 순위를 매기는 것으로 해석할 수 있다. 목적들에 이렇게 순위를 매기는 것은 행위자가 목적들에 **가치의 순위를 부여하거나 가치평가**(valuation)의 과정으로 묘사할 수 있다. 그래서 존스가 한 시간의 시간을 다음과 같이 사용하기로 그의 여러 대안적 목적들에 순위를 매겼다고 생각해보자.

(첫 번째) 1. 계속해서 야구경기를 시청하는 것
(두 번째) 2. 드라이브를 가는 것
(세 번째) 3. 브리지를 하는 것

위의 것이 **존스의 가치척도**(scale of values) 또는 **선호척도**(scale of preferences)였다. 이용가능한 수단들(시간)의 공급은 세 가지 목적들 중에서 오직 하나만을 충족시키기에 충분했고, 그가 야구경기를 선택했다는 사실은 야구경기 시청을 가장 높은 순위(또는 제1순위)에 두었음을 보여준다. 이제 그가 두 시간의 시간을 배분하기로 하고 각각의 일에 한 시간을 사용할 수 있다고 가정하자. 만약 그가 야구경기 시청에 한 시간을 쓰고, 그 다음에 다른 한 시간을 드라이브에 쓴다면 그의 선호척도가 위와 같음을 의미한다. 가장 순위가 낮은 목적—브리지를 하는 것—은 충족되지 않는다. 따라서 이용가능한 수단들의 공급이 많으면 많을수록, 점점 더 많은 목적들이 충족될 수 있고, 점점 더 낮은 순위의 목적들이 충족되지 않은 상태로 남아 있어야 한다.

여기서 얻을 수 있는 또 다른 교훈은 **행동**이, 개인이 일상대화에서 사용하는 의미에서의 '수동적인' 것과 반대되는 의미의 '능동적인' 것을 반드시 의미하지 않는다는 것이다. 행동은 개인이 지금까지 해왔던 일을 멈추어야 하고, 다른 어떤 것을 해야 하는 것을 반드시 의미하지는 않는다. 상기의 경우에서처럼, 그가 이전의 선택을 계속 유지하기로 선택하는 경우도 또한 행동하는 것인데, 비록 그가 그의 선택을 변경할 기회가 있었음에도 불구하고 말이다. 야구경기 시청을 계속하는 것은 드라이브를 가는 것과 정말로 같은 행동임에 틀림없다.

더구나, 행동이라는 것이 개인이 행동하기 위한 결정을 하는 데 많은 시간을 써야 한다는 것을 전혀 의미하지 않는다. 개인은 그가 원하는 선택에 따라 행동하기 위해서 성급히 결정하거나 또는 많은 심사숙고 후에 결정할 수도 있다. 그는 냉정하게 또는 흥분한 상태에서 행동하기로 결정할 수도 있다. 어떤 경우도 행동이 행해지고 있다는 사실에 영향을 주지 않는다.[9]

인간행위의 존재로부터 유도할 수 있는 또 다른 기초적 함의는 **미래의 불확실성**이다. 이것은 진실임에 틀림없는데, 왜냐하면 그 반대는 행동의 가능성을 전적으로 부정하기 때문이다. 만약 인간이 미래에 일어날 일들을 완전히 안다면, 그의 어떤 행동도 상황을 바꿀 수 없기 때문에 결코 행동하지 않을 것이다. 따라서 행동한다는 사실은 미래가 행위자들에게 불확실하다는 것을 의미한다. 미래에 일어날 일들에 대한 이런 불확실성은 기본적으로 두 가지 원천으로부터 발생한다. 즉, 인간의 선택행위의 예측 불가능성과 자연현상에 대한 불충분한 지식이다. 인간은 자연현상의 모든 미래 전개를 예측할 정도로 자연현상에 대해 충분히 알고 있지 않고, 인간은 미래에 인간이 하는 선택들의 내용을 알 수 없다. 인간의 모든 선택들은 가치판단이 바뀐 결과, 그리고 목적들에 도달하기 위한 가장 적절한 수단들에 관한 지식이 바뀐 결과 끊임없이 변하고 있다. 물론 이런 변화가 사람들이 미래의 일을 예측하는 데 있어 최선을 다하지 않는다는 것을 의미하지는 않는다. 사실, 수단을 채택할 때 어떤 행위자도 그렇게 해서 그가 원하는 목표에 도달할 수 있는가를 예측한다. 그러나 그는 결코 미래에 대해 확실한 지식을 가지고 있지 않다. 그의 모든 행동은 미래에 일어날 일들에 관한 자신의 **판단**에 의존한다는 점에서 필연적으로 **투기**(speculations)이다. 불확실성이 동시에 어디든지 존재한다는 것은 인간행동에서 **과오**가 항존할 가능성을 초래한다. 행위자는 그의 행동을 완전히 마치고 난 후에 수단들이 그의 목적을 성취하는 데 있어 **부적절했음**을 발견할 수도 있다.

인간행동에 관해서 지금까지 배운 것을 요약하면, 인간존재의 출중한 특징은 모든 인간들은 **행동한다**는 것이다. 행동은 미래의 언젠가 목적들을 성취하기 위해 나아가는 목적적 행위인데, 여기에서 목적들의 성취란 다른 방법으로는 달성되지 않은 채로 남아 있는 욕구의 충족을 의미한다. 행동은 그 행동의 결과 욕구의 충족상태가 덜 불완전하게 된 상태를 기대하는 것을 의미한다. 개별 행위자는 그의 목적들의 예정된 달성을 위하여 그의 환경에서 요소들을 수단들로서 채택할 것을 선택한다. 그리고 그 수단들을 그의 가장 가치 있는 목적들을(가장 가치가 낮은 그의 목적들은 미달성인 채로 놓아두고) 향하게 함으로써 수단들을 **경제적으로 쓰고**, 그의 이성이 가리키는 바에 따라 이러한 목적들을 성취하기 위해서 가장 적절하다고 여겨지는 방법들로 요소들을 수단들로 채택한다. 그가 채택한 방법—그가 선택한 수단들—이 부적절한지 또는 부적절하지 않은지가 판명된다.

3. 추가적 함의들: 수단

인간의 욕망들을 충족시킬 수단들을 **재화**(goods)라고 부른다. 경제행위의 대상물의 전부는 이런 재화뿐이다.[10] 그런 재화는 모두 두 종류로 구분할 수 있다. 즉, ① 행위자의 욕망들을 만족시키는 데 즉각적으로, 그리고 **직접적으로 봉사할**(serviceable) 수 있는 것, 또는 ② 미래의 언젠가 직접적으로 봉사할 수 있는 재화로 바꿀 수 있는 것, 즉 **간접적으로 봉사할 수 있는** 수단들이다. 전자를 **소비재**(consumption goods) 또는 **소비자들의 재화**(consumers' goods) 또는 **제1차수 재화**(goods of the first order)

라고 부른다. 후자를 **생산자들의 재화**(producers' goods) 또는 **생산요소들**(factors of production) 또는 **더 높은 차수의 재화**(goods of higher order)라고 부른다.

인간의 대표적 목적 하나—**햄으로 만든 샌드위치를 먹는 것**—를 고려함으로써 이런 재화들간의 관계를 추적해보자. 햄 샌드위치를 먹고자 하는 욕구를 가진 상태에서, 그 사람은 이것이 충족되어야 할 욕구라고 결정하고, 햄 샌드위치를 만들 수 있는 방법들에 대한 그의 판단에 따라 행동을 계속한다. **소비자들의 재화**(이하에서는 편의상 '소비재'로 줄여서 표기한다—역주)는 먹기 위해 준비된 햄 샌드위치이다. 모든 직접적인 수단들이 그런 것처럼 이 소비재도 희소한 것이 명백하다. 만약 그렇지 않으면 그 재화는 공기처럼 항상 이용가능할 것이고, 행동의 목표물이 아닐 것이다. 그러나 만약 소비재가 희소하고 명백히 이용가능하지 않다면, 어떻게 그 재화를 이용가능하게 만들 수 있는가? 그 대답은 인간이 자신이 원하는 장소에서 햄 샌드위치—소비재—를 **생산하기** 위하여 그가 직면한 환경 가운데 여러 요소들을 재배열해야만 한다는 것이다. 다시 말하면, 인간은 직접적인 수단들에 도달하기 위하여 다양한 **간접적**인 수단들을 사용해야만 하는데, 그런 간접적인 수단들이 생산요소들로서 협력하는 것이다. 모든 행동에 관련된 이러한 필수적 과정을 **생산**이라고 부른다. 생산이란 하나의 소비재에 궁극적으로 도달하기 위하여 인간이 그의 환경 가운데서 이용가능한 요소들을 간접적인 수단들—요소들로 협력하게 하는—로서 이용하는 것인데, 이때 인간은 그의 목적에 도달하기 위하여 그 소비재를 직접적으로 이용한다.

현대의 발전된 경제에서 한 소비자의 이용을 위하여 생산되는 하나의 소비재인 햄 샌드위치를 생산하는 것과 관련된 각종 협력적 요소들 중의 일부 패턴을 보기로 하자. 안락의자에 앉아 있는 존스를 위하여 햄 샌드위치를 생산하기 위해서는, 대략 존스의 부인이 빵 봉지에서 빵을 집어내고, 햄을 썰고, 빵 조각들 사이에 햄을 놓으며, 그것을 존스에게 갖다 주는 일 등을 해야 하는 것이 필수다. 이 모든 일을 전업주부의 **노동**(labor)이라고 부른다. 그러면 소비재를 만들기 위하여 직접적으로 필요한 협력적 요소들은, 전업주부의 노동, 부엌에 놓인 빵, 부엌에 있는 햄, 햄을 썰기 위한 칼 등이다. 또한 필요한 것은 거주할 수 있는 방을 만드는 것이고 취사할 수 있는 땅이다. 더구나, 이 과정은 **시간**이 걸리는 데, 시간은 없어서는 안 되는 다른 협력적 요소이다. 위에서 언급한 요소들은 제1차수 생산자들의 재화(first-order pro-ducers' goods)라고 부를 수 있는데, 이 경우에 소비재를 생산하기 위하여 이러한 요소들이 협력하기 때문이다. 그러나 많은 **제1차수 생산자들의 재화**는 또한 자연에서는 이용가능하지 않고 다른 생산자들의 재화(이하에서는 '생산재' 또는 '생산요소' 등으로 약식표기—역주)의 도움을 받아 생산되어야만 한다. 따라서 부엌의 빵은 다음과 같은 요소들의 협력을 받아 **생산**되어야만 한다. 즉, **구멍가게에 진열된 빵과 그 빵을 운반하기 위한 전업주부의 노동**(빵이 만들어진 항존하는 땅과 시간을 더해야 함). 이 과정에서, 구멍가게에 진열된 빵과 그 빵을 운반하기 위한 전업주부의 노동 등의 요소들은 제2차수 생산자들의 재화인데, 왜냐하면 그것들이 제1차수 생산자들의 재화를 생산하기 위하여 협력하기 때문이다. 높은 차수의 요소들은 낮은 차수의 생산요소들의 생산에 협력하는 것들이다.

그래서 다른 단계들에서 일어나는 어떤 생산과정[또는 **구조**(structure)]도 분석될 수 있다. **초기의** 또는 **'높은'** 단계들에서, 생산재들은 생산되어야 하는데, 그 재화는 나중에 다른 생산재를 생산하는 데 협력하고, 그 다른 생산재는 최종적으로는 원하는 소비재를 생산하는 데 협력할 것이다. 그러므로 선진경제에서 주어진 소비재를 위한 생산구조는 매우 복잡한 것일지도 모르고 많은 단계를 포함할지도 모른다.

그러나 모든 생산과정들에 응용되는 중요하고도 일반적인 결론들을 이끌어 낼 수는 있다. 첫째, 생산의 각 단계는 **시간**이 필요하다. 둘째, 생산요소들은 모두 두 종류로 나눌 수 있다. 즉, **그것들 자체가 생산된 것과 자연에서—인간의 환경에서—이미 이용가능한 것으로 판명난 것**이다. 후자는 이전에 생산되지 않았더라도 간접적인 수단으로 사용될 수 있다. 전자는 **더 나중의**(또는 '낮은') 생산단계들에서 돕기 위하여 생산요소들의 조력으로 먼저 생산되어야 한다. 전자는 **생산된 생산요소들**(produced factors of production)이고, 후자는 **본원적 생산요소들**(original factors of production)이다. 본원적 생산요소들은 두 종류로 나눌 수 있다. 즉, **인간이 지닌 에너지의 사용과 자연에 의해 제공되는 비인간적 요소들의 사용**이다. 전자를 **노동**이라고 부른다. 후자는 **자연**(Nature) 또는 **토지**(Land)이다.[11] 따라서 생산요소들의 종류는 노동, 토지, **자본재**(capital goods)라 불리는 생산된 요소 등이다.

노동과 토지는 한 형태 또는 다른 형태로 각 생산단계에 들어간다. 노동은 종자를 밀로, 밀을 밀가루로, 돼지를 햄으로, 밀가루를 빵 등으로 바꾸는 데 기여한다. 생산의 모든 단계에 노동이 들어갈 뿐만 아니라 자연도 또한 그렇다. 토지는 생산과정의 모든 단계에서 공간을 제공하기 위하여 이용가능해야 하고, 위에서 언급한 것처럼 시간은 모든 단계에서 필수적이다. 더구나, 만약 우리가 생산과정의 각 단계를 추적하여 원초의 자원까지 거슬러 올라가면, 우리는 오직 노동과 자연만이 존재했고 자본재가 없었던 점에 이르게 될 것임에 틀림없다. 논리적 함의에 따라 이 점은 옳은 것이 틀림없는데, 왜냐하면 모든 자본재가 노동의 도움을 받아 더 초기의 단계에서 생산된 것이 틀림없기 때문이다. 만약 우리가 시간을 거슬러 충분히 멀리 각 생산과정을 추적할 수 있다면, 우리는 어떤 점—가장 초기단계—에 도달할 수 있을 것임에 틀림없는데, 그곳에서는 인간이 생산된 생산요소들의 도움 없이 자연에 그의 노동을 혼합했다. 다행히도, 인간 행위자들이 이러한 일, 즉 생산과정을 추적하는 일을 행하는 것이 필수적인 것이 아닌데, 왜냐하면 행동은 **미래**의 원하는 목적들에 도달하기 위하여 현재의 이용가능한 물질들을 사용하기 때문이고, **과거**의 발전과 관계될 필요가 없기 때문이다.

  모든 생산과정의 모든 단계에서 없어서는 안될 또 하나의 유일무이한 형태의 생산요소가 있다. 이것은 '과학기술적 아이디어'로서, 그것은 어떻게 한 단계에서 다른 단계로 진행하고, 그리고 어떻게 원하는 소비재에 최종적으로 도달하는가에 대한 것이다. 이것은 단지 위의 분석을 응용한 것인데, 즉 어떤 행동에 대해서도 원하는 목적들에 도달하기 위한 수단으로서 사물들을 어떻게 이용하는가에 관한 행위자의 어떤 **계획** 또는 아이디어가 있어야 한다는 것이다. 그런 계획들 또는 아이디어 없이는 행동도 없을 것이다. 이러한 계획들을 **조리법**(recipes)이라고 부른다. 즉, 그것들은 행위자가 그의 목적에 도달하기 위하여 사용하는 조리법인 아이디어이다. 하나의 **조리법**이 각 생산과정의 각 단계에 제시되어야 하고, 행위자는 그 단계로부터 더 나중의 단계로 진행한다. 행위자는 철을 강으로, 밀을 밀가루로, 빵과 햄을 샌드위치 등으로 바꾸기 위하여 한 가지 조리법을 가져야만 한다.

  조리법의 두드러진 특징은 **일단 학습되고 나면** 일반적으로 다시 학습할 필요가 없다는 것이다. 그것은 기록되고 기억될 수 있다. 기억되기 때문에 더 이상 생산될 필요도 없다. 조리법은 행위자에게 결코 닳지 않는 것으로, 또는 인간행위에 의해 경제적으로 써야 할 필요가 없는 **무한정한** 생산요소의 하나로서 남아 있게 된다. 조리법

은 공기와 꼭 같은 방법으로 인간복지의 일반적 조건의 하나가 된다.[12]

생산과정의 목적—소비재—은 인간의 목적들을 충족시키는 직접적인 수단이기 때문에 평가되어야 하는 것은 명백한 것이 틀림없다. 소비재는 **소비되고**, 그리고 이런 **소비**행위는 인간의 욕망들을 충족시키는 과정이다. 소비재는 빵과 같은 물질적 대상물일 수도 있고, 우정과 같은 비물질적 목적물일 수도 있다. 소비재의 중요한 특성은 소비재가 물질적인 것이냐 아니냐에 있는 것이 아니라, 소비재가 인간의 목적들을 충족시키는 수단으로서 인간에 의해 평가된다는 것이다. 한 소비재의 이러한 기능을 인간의 욕망들에 봉사하는 그 재화의 **서비스**라고 부른다. 따라서 물질인 빵은 그것 자체가 아니라 욕망들을 충족시키는 서비스에 의해 평가된다. 음악 또는 의료서비스와 같은 비물질적인 것이 그 서비스에 의해 분명히 평가되는 것과 아주 똑같이 말이다. 이러한 모든 서비스는 욕망들을 충족시키기 위하여 '소비된다'. '경제적'이라는 말은 '물질적'이라는 말과 결코 동일하지 않다.

미래의 소비재를 생산하는 데 도와주는 또는 소비재의 생산을 도울 수 있는 낮은 차수의 생산재들을 생산하는 데 도와주는 생산요소들—여러 종류의 높은 차수의 생산재들—은 **그들의 기대되는 유용성**(usefulness)**만으로 평가되어야 하는 것** 또한 명백하다. 생산요소들에 대한 가치평가는 생산요소들이 만들어 낸 물품들(더 낮은 단계들)에 대한 행위자들의 평가에 의존하고, 그런 평가의 전부는 궁극적으로 최종결과—소비재—에 대한 가치평가에서 나온다.[13]

더구나, 소비재의 희소성이 동시에 어디에나 존재한다는 사실은 소비재의 뒤쪽으로 거슬러 올라가 생산요소들의 영역에 반영되는 것이 틀림없다. 소비재의 희소성은 그 소비재를 생산하기 위한 생산요소들의 희소성을 의미하는 것임에 틀림없다. 만약 요소들이 무한정 있다고 가정하면 소비재들도 또한 무한정 있을 것이다. 그러나 그것은 사실이 아니다. 이 점은 조리법들과 같은 **몇몇** 요소들은 무한정 있을 수 있고, 그 결과 그것들은 희소하면서 간접적인 수단이라기보다는 복지의 일반적 조건들이 될 가능성을 배제하지 않는다. 그러나 각 생산단계에서 다른 요소들은 공급이 부족한 것이 틀림없고, 이 점이 최종생산물의 희소성을 설명하는 것이 틀림없다. 인간이 자신의 욕구들을 충족시킬 방법들을 끊임없이 찾는 것—즉, **소비재의 생산을 증가시키는 것**—은 두 가지 형태이다. 즉, 이용가능한 생산요소들의 공급을 증가시키는 것과 조리법들을 개선하는 것이다.

 비록 생산의 각 단계에서 여러 요소들이 협력하는 것이 명백한 것처럼 보일지라도 각 소비재의 생산을 위해서 **한 개 이상의 희소한 생산요소가 언제나 있어야 하는** 것을 깨닫는 것이 중요하다. 이것이 인간행동의 바로 그 실재에 함축된 의미이다. 오직 하나의 생산요소만이 하나의 소비재를 생산하는 상황 또는 오직 하나의 생산요소만이 이전의 생산단계로부터 소비재를 심지어 전진시키는 상황을 생각하는 것은 불가능하다. 따라서 만약 안락의자에 대령된 샌드위치가 그 이전단계의 생산에 들어가는 요소들을 필요로 하지 않는다고 가정하면(생산준비, 운송, 빵, 햄, 시간 등), 그 샌드위치는 항상 하나의 소비재 —안락의자에 대령된 샌드위치—상태에 있을 것이다. 예를 단순화하기 위하여, 샌드위치가 이미 부엌에 준비되어 있다고 가정하자. 그러면 이 단계로부터 하나의 소비재를 생산하기 위하여 앞으로 다음의 요소들을 필요로 한다. ① 샌드위치, ② 샌드위치를 안락의자에 옮기는 일, ③ 시간, ④ 이용가능한 토지 등이다. 만약 하나의 소비재를 만드는 일이 오직 하나의 요소—샌드위치—만을 필요하다고 가정한다면, 샌드위치가 마술에 의해 노력 없이 즉각적으로 부엌에서 안락의자로 옮겨진다고 가정해야 할 것이다. 그러나 이 경우에 소비재는 전혀 생산되지 않을 것이고, 우리가 천국에 있다는 불가능한 가정을 해야 할 것이다. 마찬가지로, 생산과정의 각 단계에서 재화는 적어도 **하나** 이상의(높은 차수의) 희소하고 협력적인 요소에 의해 생산되어야 함에 틀림없다. 만약 그렇지 않으면 이 생산단계는 전혀 존재할 수 없을 것이다.

4. 추가적 함의들: 시간

 시간은 경제적으로 사용되어야 하는 하나의 수단으로서 인간행동의 어디에나 동시에 존재하는 것이다. 모든 행동은 〈그림 1-1〉과 같이 시간과 관련되어 있다. ~A는 행동이 시작되기 전의 시기이다. A는 행동이 시작되는 시간상의 점이다. AB는 행동이 일어나는 동안의 시기이다. B는 행동이 끝나는 점이다. B~는 행동이 종료된 후의 시기이다.

〈그림 1-1〉에서 AB를 **생산기간**(period of production)으로 정의하는데, 이 기간이란 행동의 시작으로부터 소비재가 이용가능해진 때까지를 말한다. 이 기간은 여러 단계로 나눌 수 있고, 각 단계는 일정한 기간의 시간이 소요된다. 생산기간에 소요된 시간은 **노동에너지를 쓰는 시간**(또는 작업시간)과 **숙성하는 시간**(maturing time), 즉 노동하는 시간과 병발할 필요가 없이 요구되는 시간으로 구성된다. 명백한 예제가 농업의 경우이다. 땅을 경작해서 수확을 거두어들이는 데는 아마도 6개월의 시간이 필요할지도 모른다. 노동해야 하는 총 시간은 3주일일 것이고, 반면에 나머지 5개월 이상의 기간은 자연과정에 의해 곡식이 성숙하고 익어야 하는 시간이다. 숙성하는 시간이 긴 다른 예는 품질을 개선하기 위하여 포도주를 묵히는 것이다.

〈그림 1-1〉 행동과 시간과의 관계

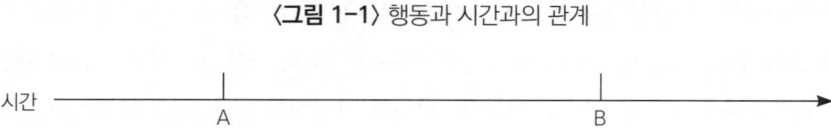

명백히, 각 소비재는 자체의 생산기간이 필요하다. 각종 재화의 생산기간에 관련된 시간은 천차만별일 수 있고 실제로 그러하다.

행동과 생산기간을 고려할 때 강조해야만 하는 한 가지 중요한 점은 행동하는 인간은 과거의 생산과정들을 뒤쪽으로 추적하여 그것들의 최초의 원천까지 거슬러 올라가지 **않는다**는 것이다. 앞 절에서 소비재들과 생산재들로부터 뒤쪽으로 추적하여 최초의 원천까지 거슬러 올라갔고, 모든 자본재는 **최초로** 오직 노동과 자연에 의해 생산되었음을 논증했다. 그러나 행동하는 인간은 과거의 과정에 관심이 없고, 기대되는 미래의 목적을 성취하기 위하여 **현재 이용가능한 수단**을 이용하는 데만 오직 관심이 있다. 한 시점(말하자면 A)에서 그가 행동을 시작한다면 그에게는 다음과 같은 수단들이 이용가능하다. 즉, 노동, 자연이 준 요소들, 그리고 **예전에 생산된 자본재들** 등이다. 그는 시점 B에서 그의 목적에 도달하기를 기대하면서 시점 A에서 행동을 시작한다. 그에게 있어 생산기간은 AB인데, 왜냐하면 그는 그가 가진 자본재 생산을 위해 과거에 들어간 시간이나 자본재를 생산하기 위한 방법들에 들어간 시간에는 관

심이 없기 때문이다.[14]

따라서 다가오는 계절에 곡물을 경작하기 위하여 땅을 갈기로 한 농부는 그의 땅이 최초의, 자연이 준 요소인지 또는 어느 정도가 자연이 준 요소인지 또는 그의 땅이 평탄작업을 하는 사람과 농부가 이전에 토질개선작업을 한 것인지 또는 어느 정도가 개선작업의 결과인지에 대해서 염려하지 않는다. 그는 이런 과거의 개선자가 쓴 이전의 시간에 대해 관심이 없다. 그는 현재와 미래에서 오직 자본재(그리고 다른 재화)에만 관심이 있다. 이 점은 행동이 현재에 일어나고 미래를 지향한다는 사실의 필연적 결과이다. 따라서 행동하는 인간은 현재 이용가능한 생산요소들을 고려하고 가치평가하는 데 있어서 그 생산요소들이 소비재의 미래생산에 기여할 것으로 기대되는 서비스에 따르고, 과거 요소들에 일어났던 일에 따르지 않는다.

인간행동에 관한 기초적이고 변함없는 진리는 **인간은 가능한 한 가장 짧은 시간 내에 그의 목적을 달성하는 것을 선호한다**는 것이다. 달성할 목적이 구체적으로 주어진 상태에서, 그 목적을 빨리 달성하면 할수록 더욱더 좋다. 이 점은 시간이 항상 희소하고 수단은 경제적으로 사용되어야 한다는 사실에서 온다. 어떤 목적이라도 그것이 더 빨리 달성되면 될수록 더욱더 좋다. 따라서 달성해야 할 **목적**이 무엇이라도 **주어지면**, 행위기간, 즉 생산기간이 짧으면 짧을수록, 행위자는 그것을 더욱더 선호한다. **이것이 시간선호에 관한 보편적 사실이다**. 어떤 시간, 그리고 어떤 행동에도, 행위자는 현 시점에서 즉각적으로 그의 목적이 달성되는 것을 가장 선호한다. 행위자에게 차선은 바로 인접한 미래이고, 목적의 달성이 더 먼 미래인 것처럼 보일수록 덜 선호된다. **기다리는 시간이 적으면 적을수록** 행위자는 그것을 더욱더 선호한다.[15]

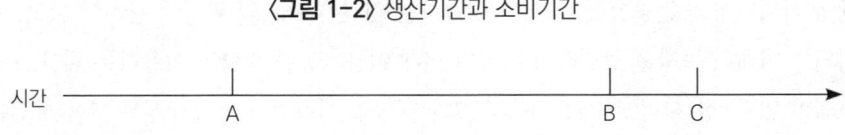

〈그림 1-2〉 생산기간과 소비기간

시간은 생산에서는 기다리는 시간과 관련하여 인간행동에 투입될 뿐만 아니라 **소비재가 소비자의 욕구를 만족시키는 시간의 길이로** 인간행동에 또한 투입된다. 어떤 소비재는 짧은 시간에 그의 욕구를 충족시키는 것, 즉 그의 목적을 성취하게 하지만, 다른 소비재는 더 긴 시간이 필요하다. 소비재는 짧은 시간 또는 긴 시간 동안에 소비될 수 있다. 행동에 대한 이 점을 〈그림 1-2〉로 보여줄 수 있다. BC라는 기간 동안의 시간은 소비재의 **서비스가 지속되는 기간**(duration of serviceableness)이다. 그 기간은 소비재가 돕고자 하는 **목적**이 지속적으로 성취되도록 하는 시간의 길이를 말한다. 서비스가 지속되는 기간은 각 소비재마다 다르다. 햄 샌드위치의 경우는 이 기간이 4시간이 될 수 있고, 그 기간이란 행위자가 다른 음식이나 또 다른 샌드위치를 원할 때까지의 기간을 말한다. 주택건축업자는 주택이 십 년 동안 그의 욕구를 성취하는 일을 돕도록 기대할 수 있다. 확실히, 그의 목적을 성취하는 일을 돕도록 하는 소비재의 예상되는 서비스 지속기간은 행위자의 계획들의 일부가 될 것이다.[16]

분명히, 다른 모든 조건이 같다면 행위자는 서비스가 지속되는 기간이 긴 소비재를 그렇지 않은 재화보다 좋아할 것인데, 왜냐하면 전자가 더 많은 총 서비스를 제공하기 때문이다. 다른 한편, 만약 행위자가 두 소비재가 제공하는 총 서비스의 가치를 동일하게 평가한다면, 시간선호 때문에 그는 내구연한이 짧은 재화를 선택할 것인데, 왜냐하면 그는 내구연한이 긴 재화에 비해 총 서비스를 빨리 얻을 수 있기 때문이다. 그는 내구연한이 짧은 재화의 총 서비스를 얻는 데 더 짧게 기다려도 될 것이다.

생산기간과 서비스가 지속되는 기간의 의미들은 모든 인간행동에 실재한다. 행동에 들어가는 세 번째 기간(third-time period)이 또한 있다. 개인은 현재에서 미래로 뻗어나간 각자의 일반적 시간지평선(time-horizon)을 가지고 있는데, 바로 그 이유로 그는 여러 종류의 행동을 계획한다. 생산기간과 서비스가 지속되는 기간은 구체적 소비재에 적용되고 각 소비재마다 다른 반면에, **예비기간**(period of provi-sion, 시간지평선)은 각 행위자가 자신의 욕망을 충족시킬 계획을 할 수 있는 미래시간의 길이이다. 그러므로 예비기간은 엄청나게 다양한 소비재를 위한 계획된 행동을 포함하는데, 그런 각 재화는 자체의 생산기간과 서비스가 지속되는 기간을 가지고 있다. 이러한 예비기간은 행위자의 선택에 따라 행위자마다 다르다. 어떤 사람은 하루살이 인생을 살면서 미래에 대한 대비를 거의 하지 않지만, 어떤 사람은 자신의 삶뿐 아니라 자식의 삶까지도 똑같이 잘 계획한다.

5. 추가적 함의들

1) 목적들과 가치들

행동은 가장 가치 있는 목적들을 성취하기 위한 희소한 수단들의 이용을 필요로 한다. 인간은 다양한 목적들을 달성하기 위하여 희소한 수단들을 이용하는 방법을 선택하고, 그가 선택하는 목적들은 그가 가장 높게 평가하는 것들이다. 덜 절박한 욕구들은 충족되지 않은 채로 남아 있는 것들이다. 이는 행위자들이 가치척도 또는 선호척도에 따라 그들의 목적들에 **순위를 매기는 것**(ranking)으로 해석될 수 있다. 이 척도들은 내용에서나 선호의 순서에서나 각 개인마다 다르다. 더구나, 그 척도들은 동일한 개인이라도 시기에 따라 다르다. 따라서 위의 제2절에서 언급한 행위자는, 다른 시점에서는 야구게임을 시청하는 것을 계속하는 것보다는 차라리 드라이브를 가거나 먼저 드라이브를 가고 그 다음에 브리지를 하는 선택을 할 수도 있다. 그 경우에, 그의 선호척도에 있는 순위는 아래의 순서로 바뀐다.

(첫 번째) 1. 드라이브를 가는 것
(두 번째) 2. 브리지를 하는 것
(세 번째) 3. 야구게임 시청을 계속하는 것

더구나, 그 사이에 하나의 새로운 목적이 추가되어, 그 결과 행위자가 음악회를 가는 것을 좋아한다면, 이것은 그의 가치척도를 다음과 같이 바꿀 것이다.

(첫 번째) 1. 드라이브를 가는 것
(두 번째) 2. 음악회를 가는 것
(세 번째) 3. 브리지를 하는 것
(네 번째) 4. 야구게임 시청을 계속하는 것

행위자의 가치척도에 포함될 목적들을 선택하는 일과 다양한 목적들에 순위를 매기는 일이 **가치판단**(value judgement) 과정을 구성한다. 행위자는 매번 다양한 목적들 간에 순위를 매기고 선택하면서, 그는 그 목적들의 가치에 대한 판단을 하고 있다.

모든 인간 행위자가 지닌 이 가치척도에 어떤 **명칭**을 부여하는 것이 매우 유용하다. 우리는 인간들이 가진 목적들의 구체적 **내용**에는 전혀 관심이 없고 다양한 목적들이 그 중요성의 순서에 따라 순위가 매겨진다는 사실에만 오직 관심이 있다. 이러한 선호척도들을 **행복**, **복지**(welfare), **효용**(utility), **만족** 또는 **만족감**(contentment)이라고 부를 수 있다. 가치척도에 어떤 이름을 부여하는가는 중요하지 않다. 여하튼, 한 행위자가 어떤 목적을 성취할 때마다 그는 자신의 만족감 또는 만족, 행복 등을 **증가시켰다고** 말할 수 있게 해준다. 반대로, 어떤 이가 그 자신이 더 나빠졌다고 생각하고 더 적은 수의 목적이 달성된 것이면, 그의 만족감, 행복, 복지 등은 감소되었다고 할 수 있다.

행복이나 만족감의 증감은 결코 **측정할** 수 있는 가능성이 없음을 깨닫는 것은 중요하다. 다른 사람의 만족의 변화를 측정하거나 비교하는 것이 불가능할 뿐만 아니라, 어떤 한 사람의 행복의 변화를 측정하는 것도 가능하지 않다. 어떤 측정이라도 가능하기 위해서는, 영구적으로 고정되고 객관적으로 주어진 단위가 있어야 하고, 그것으로 다른 단위와 비교될 수 있다. 인간이 하는 가치평가의 영역에는 그런 객관적 단위는 없다. 어떤 변화의 결과로서 개인이 좋아진 것인가 또는 나빠진 것인가 하는 것은 그 자신의 힘으로 주관적으로 결정해야 한다. 그의 선호는 단순한 선택 또는 **순위**(rank)로서만 오직 표현될 수 있다. 따라서 그는 브리지를 하는 대신에 음악회를 갔기 때문에 "나는 좋아진 것이다" 또는 "나는 더 행복하다"고 (또는 음악회를 간다면 '나는 좋아질 것'이라고) 말할 수 있다. 그러나 그가 그의 선호에 단위를 부여하고자 시도한다면 그 일은 전적으로 무의미할 것인데, 예를 들어, "브리지를 하는 것보다 음악회를 가기로 한 선택 때문에 내가 2.5배 더 행복하다고 말하는 것"은 무의미하다. 무엇의 2.5배인가? 비교의 목적으로 사용될 수 있는 행복의 단위는 가능하지 않으므로 더하거나 곱할 수는 없다. 따라서 가치는 계측될 수 없다. 가치 또는 효용은 더하거나 빼거나 곱해질 수는 없다. 가치는 오직 순위만이 정해질 수 있는데, 좋아진 것으로 또는 나빠진 것으로 말이다. 인간은 그가 더 행복하거나 더 행복할 것 또는 덜 행복하거나 덜 행복할 것임을 알 수 있지만, '얼마나' 또는 계측가능한 양으로 얼마나 그런지를 알 수는 없다.[17]

모든 행동은 사물의 덜 만족한 상태를 더 만족한 상태로 교환하고자하는 하나의 시도이다. 행위자는 그 자신이 완전하지 못한 상태에 있음을 발견하고(또는 발견할 것을 기대하고), 가장 긴박히 원하는 자신의 목적들의 성취를 시도함으로써 더 나은 상태에 이를 것임을 기대한다. 그는 만족의 증대를 계측할 수는 없다. 그러나 그는 욕구들 중에 어떤 것이 다른 것보다 더 긴급한가를 알고, 그는 언제 그의 조건이 개선되었는가를 안다. 그 결과 **모든 행동은 교환을 포함하는데**, 사물의 한 상태인 X를 행위자가 기대하기를 X보다 더 만족한 상태(그러므로 그의 가치척도에서 더 높은 수준)인 Y와 교환하는 것이다. 만약 그의 예측이 정확하다는 것이 판명되면 그의 선호척도에서 Y의 가치는 X의 가치보다 높을 것이고, 그는 만족이나 효용의 상태에서 **순 이득**(net gain)을 얻는다. 만약 그가 과오를 범하여, 그가 포기한 상태—X—의 가치가 Y의 가치보다 높다면, 그는 **순 손실**(net loss)을 입는다. 이러한 심적(psychic) 이득[또는 이윤(profit)]과 심적 손실은 단위를 이용하여 측정될 수는 없으나, 행위자는 어떤 행위-교환(action-exchange)의 결과 심적 이윤 또는 심적 손실을 입었음을 언제나 알 수 있다.[18]

인간 행위자들은 목적들에 대한 자신들의 가치평가에 따라 **수단들**을 엄격하게 평가하는데, 그 수단들이란 목적들에 봉사할 수 있다고 행위자들이 믿는 것이다. 명백히, 소비재는 인간들이 그 재화들로 달성하고자 기대하는 목적들에 따라 가치의 순위가 매겨진다. 따라서 햄 샌드위치 또는 주택이 만족감에 기여하는 정도에 대한 가치평가가 한 인간이 햄 샌드위치 또는 주택 자체에 매기는 가치를 결정할 것이다. 마찬가지로, 생산재는 소비재의 생산에 기여하는 예상치에 따라 평가된다. 고차수의 생산재들은 저차수 생산재들의 생산에 기여하는 봉사의 기대치에 따라 평가된다. 그러므로 더 높이 평가되는 목적들을 성취하는 데 봉사하는 그런 소비재들은 덜 높이 평가되는 목적들에 봉사하는 그런 소비재들보다 더 높이 평가받을 것이다. 그리고 더 높이 평가되는 소비재들을 생산하기 위하여 봉사하는 생산재들은 다른 생산요소들보다 더 높이 평가될 것이다. 따라서 **재화들에 가치를 매기는**(imputing) **과정**은 생산과정에 가치를 매기는 과정과 반대방향으로 일어난다. 가치는 목적들에서부터 소비재들로, 다양한 제1차수 생산요소들로, 제2차수 생산요소들 등으로 진행한다.[19] 가치의 최초의 원천은 인간 행위자들이 목적들에 매기는 순위이다. 그 다음에 행위자들의 다양한 목적들에 봉사하는 데 기여하는 능력의 예상치에 따라 그들은 소비재들과 계속해서 각종 차수의 생산요소들에 가치를 매긴다.[20]

2) 한계효용의 법칙

사물들은 다소간 긴박한 것으로 평가되는 목적들을 이룰 수 있는 능력에 따라 수단들로서 평가된다는 것은 명백하다. 인간행위에 들어가는 (직접적 또는 간접적) **어떤 수단의 각각의 물리적 단위**는 분리하여 평가된다. 따라서 행위자는 그의 구체적 행동에 들어가는 또는 들어갈 것으로 여겨지는 수단의 단위들만을 오직 평가하는 데 관심을 가진다. 행위자들은 일반적인 '석탄'과 '버터'가 아니라, 구체적 단위의 석탄과 버터 사이에서 선택하고 평가한다. 암소와 말, 둘 중에 어느 쪽을 구입할 것인가 하는 선택에서, 행위자는 암소 종류와 말 종류 사이에서 선택하는 것이 아니라, 구체적 단위의 두 동물—예를 들어, 두 마리의 암소와 세 마리의 말—중에서 선택한다. 구체적 행동에 들어가는 각 단위는 분리하여 등급이 매겨지고 평가된다. 여러 단위가 다 함께 인간행동에 들어갈 때만 그것들 모두가 다 함께 평가된다.

상이한 재화들의 구체적 단위들을 가치평가하는 과정을 위의 예제로 설명해보자.[21] 두 마리의 암소와 세 마리의 말을 소유한 개인은 한 마리의 암소 또는 한 마리의 말 중에서 어느 쪽을 포기할 것인가를 선택해야 할지도 모른다. 이 경우에, 그가 말을 그대로 보유하기로 결정한다면, 암소와 말의 현재 재고상태에서 그의 결정은 한 마리의 말이 한 마리의 암소보다 가치가 있다는 것을 의미한다. 다른 한편, 그는 암소 전부와 말 전부 중에서 어느 하나만을 보존하는 선택에 직면할 수도 있다. 예를 들어, 그의 마구간과 우사가 모두 불타고, 그가 암소와 말 중에서 어느 한 종류의 짐승을 보존해야 하는 선택에 직면한다고 하자. 이 경우에, 그에게는 두 마리의 암소가 세 마리의 말보다 가치가 있을 수 있고, 그 결과 그는 암소들을 보존하는 것을 선호할 것이다. 그가 가진 재고를 한 단위씩 비교하여 결정할 때 행위자는 재화 Y보다 재화 X를 선호할 수 있고, 반면에 만약 그가 **각 재화의 전체 재고를 두고 결정해야 한**

다면 그는 재화 Y를 선택할 수도 있다.

관련된 구체적 단위들에 따라 가치평가하는 이 과정은 수세기 동안 저자들을 곤혹하게 만들었던 유명한 '가치역설'(value paradox)에 대한 해결책을 제시한다. 그 질문이란, '빵'이 '백금'보다 명백히 유용할 때, 어떻게 인간들이 빵을 백금보다 낮게 평가하는가? 그에 대한 대답은 행동하는 인간은 그가 이용가능한 재화들을 추상적 종류에 따라 평가하지 않고 구체적 단위들의 관점에서 평가한다는 것이다. 그는 '빵 일반'(bread-in-general)이 '백금 일반'(platinum-in-general)보다 그에게 다소 가치가 있는지 여부를 숙고하지는 않는다. 현재 이용가능한 빵과 백금 재고가 주어진 상태에서, 그는 '한 조각의 빵'이 '1온스의 백금'보다 그에게 다소 가치가 있는지 여부를 고려한다. 대부분의 경우에 인간들이 백금을 선호하는 것은 더 이상 놀랄 일이 아니다.[22]

위에서 설명했듯이, 가치 또는 효용은 측정될 수 없고, 그 결과 효용 또는 가치를 더하거나, 빼거나, 곱할 수 없다. 이 점을 가치의 다른 모든 비교에 적용할 수 있는 것과 같은 방법으로 동일한 재화의 구체적 단위들에도 적용할 수 있다. 따라서 만약 버터가 인간의 목적들에 봉사하는 사물이라면 2파운드의 버터가 1파운드의 버터보다 높게 평가될 것이다. 버터가 인간의 욕구들을 충족시키기에 무한정으로 이용가능한 점에 도착할 때까지는, 그래서 버터가 수단의 상태에서 인간복지의 일반적 조건의 지위로 이전하는 점에 도착할 때까지는, 이 점은 진실일 것이다. 그러나 2파운드의 버터가 1파운드의 버터보다 "두 배 유용하다거나 또는 두 배 가치가 있다고" 말할 수는 없다.

'재화의 구체적 단위들'이라는 이 주요 개념에 포함되었던 것은 무엇인가? 이들 예제들에서, **행위자의 관점에서 보면** 재화의 단위들은 **교환가능한**(interchangeable) 것이었다. 따라서 이 경우에 어떤 구체적 파운드의 버터는 다른 파운드의 버터가 평가되는 것과 같이 완벽히 동일하게 평가되었다. 암소 A와 암소 B는 개인에 의해 동등하게 평가되었고, 그가 어느 암소를 보존할 것인가 하는 선택에서 차이가 없었다. 마찬가지로, 말 A는 말 B와 동등하게 평가되었고, 말 C도 말 A와 동등하게 평가되었으며, 그가 선택해야만 할 말이 구체적으로 어떤 말인지에 행위자는 관심을 가지지 않았다. 어떤 상품의 **구체적인 동일 단위가 행위자에게 동일한 서비스를 동등하게 제공할 수 있는** 그런 방법으로 이용가능하다면, 이 이용가능한 재고를 **공급**이라고 부른다. **한 재화의 공급**은 그 재화의 각각이 서로 완벽히 대체가능한 구체적 단위들로 이용가능하다. 위에서 언급한 개인은 이용가능한 두 마리 암소와 세 마리 말의 공급과 몇 파운드의 버터 공급을 가졌다.

만약 행위자가 1파운드 버터의 품질을 다른 1파운드 버터의 품질보다 좋다고 여겼다면 어떻게 하겠는가? 그 경우에, 두 '버터'는 행위자의 관점에서는 정말로 **다른 재화**이고 다르게 평가될 것이다. 2파운드의 버터는 이제 두 개의 다른 재화이고 더 이상 한 재화의 두 단위 공급이 아니다. 마찬가지로, 행위자가 말이나 암소 각각을 동일하게 평가하는 것이 틀림없다. 만약 그가 다른 두 마리의 말 하나하나보다 한 마리의 말을 선호한다면, 또는 암소 한 마리를 다른 암소보다 선호한다면, 말들과 암소들은 동일한 재화의 공급단위들이 아니다. 더 이상 그의 말들은 세 마리간에 대체가능한 것이 아니다. 만약 그가 말 A를 다른 두 마리 말보다 높게 매기고, 말 B와 말 C를 무차별하게 여긴다면, 그는 동일하지 않는 두 개의 재화를 공급한다(암소들을 생략한다면). 말하자면, 'A등급 말-한 단위', 그리고 'B등급 말-두 단위'이다. 만약 어떤 구체적 한 단위가 모든 다른 단위들과 다르게 평가된다면 그 재화의 공급은 오직 한 단위이다.

여기에서 다시, 인간행위를 위해서 의미가 있는 것은 어떤 재화의 물리적 특성이 **아니라**, 그 재화에 대한 행위자의 평가라는 점을 인식하는 것은 매우 중요하다. 따라서 물리적으로는 1파운드의 버터가 다른 1파운드의 버터, 또는 한 마리의 암소가 다른 한 마리의 암소와 분간할 수 있을 정도의 차이가 없을지도 모른다. 그러나 만약 행위자가 그것들을 다르게 평가하기로 한다면, 그것들은 이제 더 이상 동일한 재화의 공급의 일부가 아니다.

어떤 재화의 공급에서 단위들의 대체가능성이 구체적 단위들이 실제로 동일하게 평가된다는 것을 의미하지는 않는다. 구체적 단위들이 **공급**에서 그들의 **위치가** 다를 때마다 다르게 평가될 수 있고, 다르게 평가될 것이다. 따라서 세상과 고립된 개인이 첫 번째 말, 그 다음에 두 번째 말, 그 다음에 세 번째 말을 순차적으로 발견한다고 가정하자. 각각의 말은 나머지 말들과 동일하고 서로 대체가능할 수 있다. 첫 번째 말은 말 한 마리가 봉사할 수 있는 가장 긴급한 욕구들을 채워 줄 것이다. 이 점은 행동이 희소한 수단들을 사용하여 아직 충족되지 않은 욕구들 중에서 가장 긴급한 것을 채우고자 한다는 보편적 사실로부터 온다. 두 번째 말이 발견되면, 그는 충족되지 않은 채로 남아 있는 욕구들 중에서 가장 긴급한 것을 채우고자 그 말을 이용할 것이다. 그러나 이 욕구들은 첫 번째 말이 충족했던 욕구들에 비한다면 낮은 순위임에 틀림없다. 마찬가지로, 세 번째 말도 다른 두 말들과 동일한 서비스를 실행할 수 있겠지만, 그러나 그는 남아 있는 욕구들 중에서 가장 높은 순위의 것—그러나 이것은 첫 번째 말과 두 번째 말이 채운 욕구들보다 이미 낮은 가치를 가진다—을 채우기 위하여 그 말을 사용한다.

중요한 고려사항은 획득하거나 포기해야 할 단위와 행위자에게 이미 이용가능한 공급량(재고) 간의 관계이다. 따라서 만약 어떤 재화(그 재화가 무엇이든 간에)가 하나도 없는 상태에서 첫 번째 단위는 그런 재화가 충족할 수 있는 욕구들 중에서 가장 긴급한 것을 충족할 것이다. 만약 두 번째 단위가 추가되어 공급되면, 그 두 번째 단위는 남아 있는 욕구들 중에서 가장 긴급한 욕구들을 충족할 것이다. 그러나 그 욕구들은 첫 번째 단위가 충족한 욕구들보다 덜 긴급한 것이다. 그 결과 행위자에게 두 번째 단위의 가치는 첫 번째 단위의 가치보다 적을 것이다. 마찬가지로, (두 단위의 공급에 보태진) 공급에서 세 번째 단위의 가치는 두 번째 단위의 가치보다 적을 것이다. 개인은 어떤 말을 처음으로 선택하는지, 그리고 두 번째로 선택하는지, 또는 그가 몇 파운드의 버터를 소비하는지에 관심이 없을 수 있지만, 그러나 그가 첫 번째로 사용하는 단위들은 다른 것보다 더 높게 평가하는 것들일 것이다. **따라서 모든 인간행동에서, 어떤 재화의 공급량(재고)이 증가하면, 그 재화의 추가적 한 단위의 효용(또는 가치)은 감소한다.**

증가하기는커녕 **감소**가 가능하다는 관점에서 이제 공급을 보기로 하자. 여섯 마리(대체 가능한) 말의 공급이 있다고 가정하자. 그 말들이 그의 욕구들을 충족시켜 준다. 이제 그가 반드시 한 마리의 말을 포기해야 한다고 가정하자. 이제 수단으로서의 재고감소가 그에게 공급이 더 많을 때만큼의 서비스를 제공할 수 없다는 결론에 이른다. 이 점은 수단으로서 재화의 바로 그 존재로부터 온다.[23] 그 결과 **어떤 재화의 X단위의 효용은 'X-1'단위의 효용보다 항상 크다**. 효용측정의 불가능성 때문에 하나의 가치가 다른 하나의 가치보다 **얼마나 더 큰지를** 결정하는 것은 불가능하다.

이제 다음과 같은 질문이 생긴다. 한 단위가 줄어들기 때문에 행위자는 어떤 효용,

어떤 목적을 포기해야 하는가? 확실히, 그는 **더 많은 재고로 달성할 수 있었던 욕구들 중에서 가장 덜 긴급한 것을** 포기한다. 따라서 만약 개인이 즐거운 승마를 위해 한 마리의 말을 이용했고, 그가 승마를 여섯 마리의 말에 의해 충족되었던 그의 욕구들 중에서 가장 덜 중요한 것으로 여긴다면, 한 마리 말의 손실은 그로 하여금 즐거운 승마를 포기하도록 할 것이다.

공급의 효용에 관련된 원칙들은 가치척도를 나타낸 〈그림 1-3〉을 이용하여 설명할 수 있다. 우리는 어떤 주어진 수단을 고려하고 있다. 그 수단이란 동일한 공급단위로 분할할 수 있는 것인데, 각 단위는 대체가능하고, 그리고 다른 단위가 제공하는 서비스와 동일한 서비스를 제공할 수 있다. 공급은 그 공급이 충족할 수 있는 목적들과 관련하여 희소한 것이 틀림없다. 만약 그렇지 않으면 그것은 재화가 아니라 인간복지의 조건일 것이다. 단순화를 위하여 수단을 이용해서 충족할 수 있는 목적이 열 가지가 있고, 한 단위의 수단을 이용해서 그 목적들 중에 하나를 달성할 수 있다고 가정하자. 만약 재화의 공급이 여섯 단위라면, 그 목적들을 평가하는 개인에 의해 중요성에 따라 순위가 매겨진 처음 여섯 가지 목적들은 달성될 수 있는 것이다. 일곱 번째에서 열 번째의 순위가 매겨진 목적들은 달성되지 않은 채로 남아 있게 된다. 만약 재고가 추가로 하나씩 공급되었다고 가정하면, 첫 번째 단위는 제1목적을 달성하기 위하여 사용되었고, 두 번째 단위는 제2목적을 달성하기 위하여 사용되었다. 그런 과정은 계속되어, 여섯 번째 단위가 제6목적을 달성하기 위하여 사용되었다. 그림에서의 점들은 어떻게 단위들이 다른 목적들을 위해 사용되었는가를 보여주고, 화살표는 과정이 진행되었던 방향, 즉 가장 중요한 목적이 처음에, 그 다음 중요한 목적이 두 번째 등으로 충족되었음을 가리킨다. 그림은 전술한 법칙들을 설명한다. 그 법칙들이란, 많은 단위의 효용(가치)은 적은 단위의 효용보다 크고, 공급량이 증가함에 따라 추가로 공급되는 각 단위의 효용은 적다는 것이다.

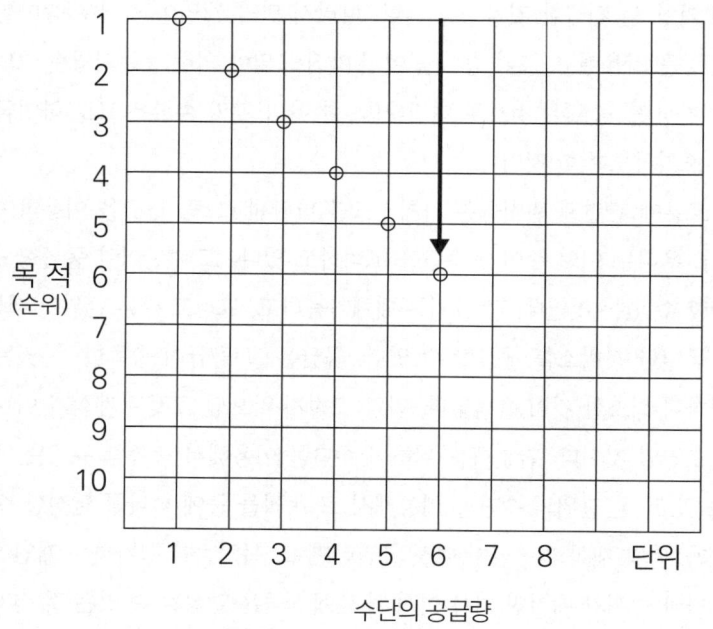

〈그림 1-3〉 가치척도 다이어그램

이제 행위자가 그의 재고에서 한 단위를 반드시 포기해야만 한다고 가정하자. 그의 총량은 여섯 단위가 아니라 다섯 단위일 것이다. 분명히, 그는 여섯 번째 순위의 목적을 달성하는 것을 포기하고 그것보다 중요한 목적인 첫 번째부터 다섯 번째 목적을 충족하는 일을 계속한다. 단위들간의 대체가능성 때문에 그는 잃어야만 하는 여섯 번째 단위가 **무엇이 되든** 상관하지 않는다. 요점은 그가 여섯 번째 목적의 달성을 포기할 것이라는 점이다. 행동은 오직 현재와 미래만을 고려하고 과거는 고려하지 않기 때문에, 그가 과거에 **어떤** 단위들을 먼저 획득했는가는 상관하지 않는다. 그는 오직 현재 이용가능한 재고만을 다룬다. 다시 말하면, 그가 이전에 구입했던 여섯 번째 말('시비스키트'라고 부른다)을 즐거운 승마에 사용해왔다고 가정하자. 이제 그는 더 일찍 그의 수중에 들어왔던, (그에게는) 마차를 끄는 더 중요한 임무를 맡았던 다른 말 한 마리 ('군함새')를 잃어야 한다고 가정하자. 그는 시비스키트를 승마에서 마차를 끄는 임무로 간단히 바꿈으로써 여전히 여섯 번째 목적을 포기할 것이다. 이러한 결과는 위에서 정의한 단위들간의 대체가능성에서 연유하고, 또한 현재와 미래에 영향력이 미치지 않는 과거 사건들을 무시하는 데서 초래된다.

따라서 행위자는 최초의 재고(이 경우에, 여섯 단위)가 충족할 수 있었던 욕구 중에서 가장 순위가 낮은 욕구를 포기한다. 그가 포기할 것을 고려해야 하는 이 한 단위를 **한계단위**(marginal unit)라고 부른다. 그것은 '한계에 있는'(at the margin) 단위이다. 재고에 의해 충족되는 가장 덜 중요한 목적을 **한계단위에 의해 제공되는 만족**이라고 하거나 **한계단위의 효용**(utility of the marginal unit)이라고 한다. 요컨대 한계만족 또는 **한계효용**이라고 한다. 만약 한계단위가 한 단위라면, **공급의 한계효용**은 한 단위를 잃어버린 결과로서 포기해야만 하는 목적이다. 〈그림 1-3〉에서 한계효용은 목적들 중에서 여섯 번째의 목적이다. 만약 공급이 네 단위였고 행위자가 한 단위를 포기해야 하는 필요성에 직면한다고 가정하면, 한계단위의 가치 또는 **한계효용**은 네 번째 목적일 것이다. 만약 재고가 한 단위이고 이 한 단위를 포기해야 한다고 가정하면, 한계단위의 가치는 첫 번째 목적―가장 높은 순위의 목적의 가치―일 것이다.

이제 우리는 위에서 지적했던 한 중요한 법칙을 다른 말로 서술하여 완성할 위치에 있다. **재화의 공급이 증가할수록 한계효용은 점점 더 낮아진다. 공급이 작아질수록 한계효용은 점점 더 높아진다**. 경제학의 이런 기초법칙은 인간행동의 기초공리부터 유도되었다. 이것이 **한계효용의 법칙**이고, 때로는 **한계효용 하락의 법칙**(law of diminishing marginal utility)이라고 알려진 것이다. 여기에서 다시 '효용'은 덧셈, 곱셈 등과 같은 측정과정에 지배되는 기수적 수량(cardinal quantity)이 아님이 강조되어야 한다. 효용은 인간의 선호에 의해 높은 순서 또는 낮은 순서라는 관점에서만 오직 표현될 수 있는 **순위가 매겨진 숫자**(ranked number)이다.

이와 같은 한계효용의 법칙은 고려하는 단위의 크기와 상관없이 모든 재화에 성립한다. 단위의 크기는 구체적 인간행동에 적용되는 것이지만, 그 단위가 무엇이든지 간에 같은 원리가 적용된다. 예를 들어, 만약 어떤 상황에서, 행위자가 말 한 마리씩을 고려하는 대신에 오직 **두 마리의 말**을 짝지어 그의 재고에 더하거나 뺄 것을 고려해야 한다면, 그는 두 마리를 한 단위로 함으로써 고려해야 할 공급단위가 줄어든 상태에서 새롭지만 더 짧은 척도(shorter scale)로 된 목적들을 고안할 것이다. 그 다음에 그는 목적을 달성하기 위해 수단을 할당하는 지금까지와 유사한 과정을 거치게 될 것이고, 만약 그가 한 단위의 공급을 잃어야 한다면 가장 낮게 평가되는 목적을 포기할 것이다. 목적들은 한 마리의 말이 아니라 한 쌍의 말의 대안적 용도라는 관점에서 단지 순위가 매겨질 것이다.

만약 어떤 재화가 행동의 목적을 위해서 동일한 단위로 나뉠 수 없다면 어떻게 하겠는가? 인간행동에서 재화를 전체로서 다루어야 하는 경우들이 있다. 이런 경우에도 한계효용의 법칙은 성립하는가? 그 법칙은 물론 성립하는데, 왜냐하면 우리는 이번에는 전체공급을 **한 단위**로 이루어진 것으로 다루기 때문이다. 이 경우에, 한계단위는 행위자에 의해 소유되거나 요구되는 총 공급의 크기와 동일하다. 한계단위의 가치는 **총 재화가 봉사할 수 있는 목적들의 첫 번째 순위와** 동일하다. 따라서 만약 어떤 개인이 그가 가진 말 여섯 마리 전부를 처분해야 하거나 말 여섯 마리를 동시에 구입해야 한다면, 여섯 마리의 말은 한 단위로 취급된다. 그러면 그 공급의 한계효용은 **말 여섯 마리**가 한 단위가 되어 공급할 수 있는 첫 번째 순위의 목적과 동일할 것이다.

위에서 본 바와 같이, 만약 우리가 재고의 감소 대신에 재고가 **증가**하는 경우를 고려하면, 이 상황에 적용할 수 있는 법칙은 공급량이 증가함에 따라 추가되는 각 단위의 효용은 감소한다는 점을 상기하자. 그럼에도 불구하고 이렇게 추가되는 단위는 정확히 **한계단위**이다. 예를 들어, 만약 말을 여섯 마리에서 다섯 마리로 줄이는 대신에 말을 다섯 마리에서 여섯 마리로 **증가시키면**, 추가되는 말의 가치는 여섯 번째 순위의 목적—예를 들어, 즐거운 승마—의 가치와 동일하다. 재고가 여섯 단위에서 다섯 단위로 감소하는 경우에서처럼, 증가된 한 단위는 동일한 효용을 가진 동일한 한계단위이다. 따라서 이전에 유도한 법칙은 단순히 한계효용 법칙의 다른 형태였다. 어떤 재화의 공급이 크면 클수록 한계효용은 점점 더 낮아진다. 공급이 작으면 작을수록 한계효용은 점점 더 높아진다. 이 점은 행위자에 의해 재고의 감소와 추가가 고려될 때 한계단위의 재고가 감소하는 단위인가 또는 재고가 추가되는 단위인가와 상관없이 옳다. 만약 한 사람이 공급하는 어떤 재화의 공급이 X단위이고 한 단위를 추가할 것을 고려한다면, 이것이 한계단위이다. 만약 그의 공급이 'X+1' 단위이고 한 단위를 줄일 것을 고려한다면, 이것 역시 그의 한계단위이고 그 가치는 전자, 즉 한 단위를 추가하는 경우의 가치와 동일하다(만약 그의 목적들과 목적들의 순위가 두 경우에 동일하다면).

우리는 인간행동에서 취급되는 개별 재화에 효용의 법칙들을 응용함으로써 효용의 법칙들을 다루어왔다. 이제 다양한 재화들간의 관계를 지적해야 한다. 인간행동에서 하나 이상의 재화가 존재하는 것은 명백하다. 이 점은 이미 명확하게 증명되었는데, 왜냐하면 한 개 이상의 생산요소, 그러므로 하나 이상의 재화가 존재하는 것이 틀림없음이 증명되었기 때문이다. 〈그림 1-4〉는 인간행동에서 다양한 재화들간의 관계를 보여준다. 여기에서 두 재화—X와 Y—의 가치척도를 고려하자. 각 재화의 경우에는 한계효용의 법칙이 성립하고, 그림에는 각 재화를 위한 공급과 가치의 관계가 나타나 있다. 단순화를 위해, X는 말이고 Y를 암소로 가정하고, 개인이 소유하는 말과 암소를 나타내는

가치척도가 다음과 같다고 가정하자(수평선들은 두 재화들이 달성가능한 목적들의 순위관계를 보여주기 위하여 한 줄에 한 목적을 배당한다). 목적 Y-1은 가장 높게 평가된 것(예를 들어, 암소 1), 그 다음에 목적X-1, X-2, X-3 등(말 1, 2, 3), Y-2, Y-3, X-4, Y-4, X-5, Y-5, X-6, X-7, Y-6, Y-7 등이다.

이제 한 인간의 가치척도가 두 재화와 관련하여 행동대안을 포함하는 그의 선택들을 보여줄 것이다. 그의 재고가 3Y(암소)와 4X(말)라고 가정하자. 그는 **한 마리의 암소와 한 마리의 말** 중에서 어느 한쪽을 포기해야 하는 선택에 직면해 있다. 그는 그에게서 가능한 한 가장 가치가 적은 목적을 빼앗는 선택지를 선택할 것이다. 각 재화의 한계효용은 그가 포기해야 되는 것 중에서 가장 중요하지 않은 목적의 가치와 동일하기 때문에, **그는 X의 한계효용과 Y의 한계효용을 비교한다.** 이 경우에 X의 한계단위는 X-4의 등급이고, Y의 한계단위는 Y-3의 등급이다. 그러나 그의 가치척도에서 목적 Y-3은 목적 X-4보다 순위가 더 높다. 그 결과, 이 경우에 Y의 한계효용은 X의 한계효용보다 높다(또는 크다). 그는 가능한 한 가장 낮은 효용을 포기할 것이기 때문에 한 단위의 X를 포기할 것이다. 따라서 **포기해야 할 재화의 단위들의 선택에 직면하게 되면, 그는 가치척도에서 가장 낮은 한계효용을 가진 단위의 재화를 포기할 것이다.** 그의 재고가 세 마리의 말과 두 마리의 암소인 다른 예제를 가정하자. 한 단위의 X 또는 한 단위의 Y를 포기해야 하는 선택을 해야 한다. 이 경우에 Y의 한계효용은 Y-2에서 순위가 결정되고, X의 한계효용은 X-3에서 순위가 결정된다. 그러나 그의 가치척도에서 X-3은 Y-2보다 높은 위치를 점하므로 이 점에서 Y의 한계효용은 X의 한계효용보다 낮다. 그는 한 단위의 Y를 포기한다.

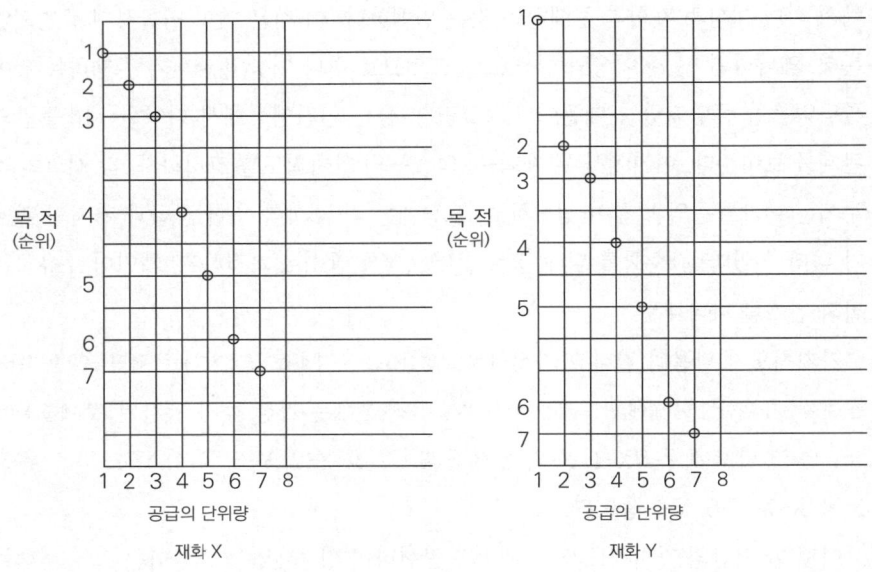

〈그림 1-4〉 가치척도

어떤 사람이 X 한 단위를 **증가시키거나** Y 한 단위를 **증가시키는** 경우 중에서 하나의 선택지를 선택해야만 한다면 위의 경우와는 반대 상황이 일어난다. 예를 들어, 그의 재고가 X 네 단위, Y 네 단위라고 가정하자. 그는 한 마리의 말을 추가할 것인지 또는 한 마리의 암소를 추가할 것인지 선택해야 한다. 그러면 그는 증가의 한계효용, 즉 아직 충족되지 않은 욕구들 중에서 가장 중요한 것의 가치를 비교한다. 그러면 X의 한계효용은 X-5에서 순위가 결정되고, Y는 Y-5에서 순위가 결정된다. 그러나 그의 가치척도에서 X-5가 Y-5보다 순위가 높으므로 그는 X-5를 선택할 것이다. **따라서 재화들의 단위들을 추가하는 선택에 직면하면 그는 자신의 가치척도에서 가장 높은 한계효용을 가진 단위를 선택할 것이다.**

또 다른 예를 들면, 이전에 (4X, 3Y)를 가진 사람이, 만약 그가 X나 Y 중에서 한 단위를 포기해야만 한다면, 더 낮은 한계효용을 가진 X 한 단위를 포기한다는 것을 우리는 보았다. 다시 말하면, 그는 (4X, 2Y)보다는 (3X, 3Y) 상태를 선호할 것이다. 이제 그는 (3X, 3Y) 상태에 있고, 한 단위의 X나 한 단위의 Y를 추가하는 선택에 직면한다고 가정하자. 증가된 X의 한계효용은 증가된 Y의 한계효용보다 더 크기 때문에, 그는 X를 한 단위 추가하여, (3X, 4Y)보다는 (4X, 3Y)의 상태에 도달할 것을 선택할 것이다. 독자는 행위자가 소유한 재고의 모든 가능한 조합들에 대한 가상적 선택을 만들어낼 수 있다.

    X나 Y 중에서 하나를 포기하거나 하나를 추가하는 선택행위에서, 행위자는 두 재화에 사실상 **하나의 일원적**(single unitary) **가치척도**를 적용해야 하는 것은 명백하다. 만약 그가 비교를 위해 X와 Y에 **하나의 가치척도**를 적용할 수 없다면, X의 네 번째 단위의 한계효용이 Y의 네 번째 단위의 한계효용보다 높음을 결정할 수 없을 것이다. 한 개 이상의 재화 중에서 선택하는 행위가 존재한다는 바로 그 사실은 그런 재화들의 단위들이 행위자가 가진 하나의 가치척도상에서 비교를 위하여 순위가 결정되었음이 틀림없음을 의미한다. 행위자는 효용의 차이를 **측정할** 수 없을지도 모르고 측정할 수 없지만, 고려중인 모든 재화들을 하나의 가치척도에 의하여 순위를 매겨야 한다. 따라서 우리는 두 가지 수단에 의해 달성될 수 있는 목적들을 하나의 가치척도로 순위를 매기는 일을 다음과 같이 실제로 숙고해야 한다.

목적들(순위)
1-Y-1
2-X-1
3-X-2
4-X-3
5-Y-2
6-Y-3
7-X-4
8-Y-4
9-X-5
10-Y-5
11-X-6
12-X-7
13-Y-6
14-Y-7

이런 원리들은 두 재화에서 여럿의 재화들로 확장하는 곳에 적용가능하다. 재화의 수와 상관없이 어떤 인간이라도 그의 재고에서 재화들의 단위들의 어떤 조합을 항상 가지고 있을 것이다. 그는 그가 선택한 어떤 재화 한 단위를 포기해야 하는 선택에 직면할지도 모른다. 다양한 재화와 그 재화의 적절한 수량에 의해 달성되는 목적들에 순위를 매김으로써, 행위자는 그에게 한계효용이 가장 낮은 바로 그 재화 한 단위를 포기할 것이다. 마찬가지로, 그가 적절하게 재화들을 조합해서 보유한 상태에서, 이용가능한 재화들 중에서 어떤 재화 한 단위를 추가해야 하는 선택에 직면하면, 행위자는 재화의 증가로 한계효용이 가장 높은 바로 그 재화를 선택할 것이다. 다시 말하면, 모든 재화는 재화가 봉사하는 목적들에 따라 하나의 가치척도상에서 순위가 매겨진다.

만약 행위자가 어떤 재화를 하나도 소유하고 있지 않더라도 그 점이 그 원리에 영향을 주지 않는다. 따라서 만약 그가 수중에 X나 Y 중에 어느 한쪽을 전혀 가지고 있지 않지만, 한 단위의 X를 증가시키는 것과 한 단위의 Y를 증가시키는 것 가운데 선택해야 한다면, 그는 가장 큰 효용의 한계단위, 이 경우에는 한 단위의 Y를 증가시키는 것을 선택할 것이다. 이 원리는 재화의 수가 n개인 경우까지 쉽게 확장된다.

가치척도가 행동이라는 구체적 선택과는 별개인 진공상태에서 존재하지 않는다는 것이 여기에서 되풀이되어야 한다. 따라서 만약 행위자가 (3X, 4Y, 2Z 등)의 재고를 보유하고 있다고 하면 재고에 가감하는 선택은 이 영역에서 일어나고, 만약 그의 재고가 (6X, 8Y, 5Z 등)이었다고 가정하면 그가 어떤 선택을 했을 것인가를 결정하기 위하여 가상적 가치척도를 공식화할 필요는 없다. 누구도 확실하게 그가 선택하는 코스를 예측할 수는 없는데, 그가 하는 선택들이 행동공리로부터 유도되었던 한계효용의 법칙을 따를 것이라는 점을 제외하고는 말이다.

위에서 언급한 가치의 역설에 대한 해법은 이제 충분히 명확하다. 만약 한 인간이 다섯 조각의 빵보다는 1온스의 백금을 선호한다면 그는 이용가능한 공급에 기초하여 두 재화의 일정 단위들간에 선택하고 있다. 백금과 빵의 이용가능한 공급을 기초로 하여 한 단위의 백금의 한계효용이 한 단위의 빵의 한계효용보다 크다.[24]

6. 생산요소들: 수확의 법칙

어떤 재화의 각 단위의 가치는 일정 시점에서 그 재화의 한계효용과 동일하다는 결론을 내렸고, 이 가치는 행위자의 욕구에 대한 척도와 이용가능한 재화들의 재고 간의 관계에 의해 결정된다는 결론을 내렸다. 우리는 두 가지 종류의 재화, 즉 인간의 욕구를 직접적으로 만족시키는 소비재들과 궁극적으로 그런 소비재들을 생산하기 위하여 생산과정에 투입되는 생산요소들이 있다는 것을 안다. 어떤 소비재의 효용은 그 재화가 직접적으로 봉사하는 목적임이 분명하다. 생산재의 효용은 소비재를 생산하는 데 기여한 것이다. 가치는 인간의 목적들로부터, 소비재들로, 이어서 여러 차수의 생산재들로 후방을 향하여 귀속되면서, 어떤 생산재의 효용은 생산재로서 그 생산물—낮은 단계에 있는 생산재 또는 소비재—에 기여한 것이다.

위에서 논의했던 바와 같이, 소비재를 생산할 필요가 있다는 바로 그 사실은 생산요소의 희소성을 의미한다. 만약 생산의 각 단계에서 생산요소가 희소하지 않다고 가정하면 다음의 더 낮은 단계에서 요소들의 이용가능한 양이 무한정일 것이다. 마찬가지로, 생산의 각 단계에서 생산물은 **하나 이상의** 희소한 더 높은 차수의 생산요소에 의해 생산되어야 한다는 결론을 내렸다. 만약 오직 하나의 요소만이 생산과정을 위해 필요하다고 가정하면 생산과정 그 자체가 필요하지 않을 것이고, 소비재는 무한정 풍부하게 이용가능할 것이다. 따라서 각 생산단계에서 생산된 재화는 하나 이상의 요소의 도움으로 생산되었음에 틀림없다. 이 요소들은 생산과정에서 협력하는 보완적(complementary) **요소들이라고** 부른다.

생산요소들은 소비재와 똑같이 동일한 공급단위들로서 이용가능하다. 행위자가 어떤 원리들에 의거하여 어떤 생산요소 한 단위를 평가하는가? 만약 그가 한 단위의 요소를 빼앗겨야 한다고 가정하면 가장 중요하지 않게 평가되기 때문에 포기해야 하는 생산물을 기초로 하여 생산요소의 공급 한 단위를 평가할 것이다. 다시 말하면, 그는 어떤 요소의 각 단위를 그 요소의 한계단위가 제공하는 만족감—이 경우에 **요소의 한계생산물의 효용**(utility of its marginal product)—과 동일한 것으로 평가할 것이다. 한계생산물은 한계단위의 손실에 의해 잃어버린 생산물이고, 한계생산물의 가치는 다음 생산단계에서 **요소의** 한계생산물에 의해 결정되거나 또는 그것이 하나의 소비재이면 그 재화가 충족하고자 하는 목적의 효용에 의해 결정된다. 따라서 한 단위의 생산요소에 할당되는 가치는 **그 생산요소의 한계생산물의 가치**(value of its marginal product) 또는 **그 생산요소의 한계생산성의 가치**(value of its marginal productivity)와 동일하다.

인간은 가능한 많은 목적을 가능한 가장 짧은 시간에 달성하고자 원하기 때문에, **각 생산단계에서 주어진 생산요소들로부터 최대한의 생산물을** 얻으려고 애쓴다는 결론에 이른다. 재화가 동일한 단위로 구성되어 있는 한, 그 재화의 양은 이 단위로 측정할 수 있고, 행위자는 언제 그 재화들이 많이 또는 적게 공급되는가 알 수 있다. 따라서 가치와 효용은 측정될 수 없거나, 더하기, 빼기 등을 할 수 없지만, 동일한 단위로 된 어떤 공급의 양은 측정될 수 있다. 사람은 자신이 얼마나 많은 말이나 암소를 가지고 있는지 알고, 또한 그는 네 마리의 말이 두 마리 말의 두 배인 것을 안다.

생산물 P(이것은 하나의 생산재 또는 하나의 소비재일 수가 있다)가 세 가지의 보완적 요소인 X, Y, Z로 생산된다고 가정하자. 이것들은 모두 더 높은 차수의 생산요소이다. 재화의 공급은 수량적으로 정의될 수 있고, 본질적으로 수량적 동기들은 수량적으로 관찰할 수 있는 효과를 유발하기 때문에, 우리는 항상 다음과 같이 말하는 위치에 있게 된다. 즉, X의 a수량에 Y의 b수량과 Z의 c수량을 결합하면 생산물 P를 p수량만큼 얻는다.

이제 우리가 b와 c라는 수량을 그대로 유지한다고 가정하자. 수량 a와 p는 자유롭게 변한다. 최대의 p/a를 생산하는 a의 가치, 즉 한 생산요소에 의한 생산물의 최대 평균수확을 X의 **최적량**이라고 부른다. **수확의 법칙**(law of returns)**이란 보완적 요소들의 수량이 일정할 때 가변요소**(varying factor)**의 최적량이 항상 존재한다는 것이다.** 가변요소의 수량이 최적치로부터 감소하거나 증가함에 따라 p/a, 즉 **평균단위생산물**(average unit product)은 떨어진다. 평균단위생산물이 감소하는 수량의 크기는 각 경우의 구체적 조건들에 달려있다. 가변요소의 공급이 증가함에 따라 이 최적치의 바로 아래에서는 가변요소의 생산물에 대한 평균수확은 증가하고, 최적치 이후에는 평균수확은 감소한다. 이것들을 생산요소의 **수확증가**(increasing returns), 그리고 **수확감소**(decreasing returns)의 상태라고 부르고, 최적점에서는 최대수확(maximum return)에 이른다.

　이런 최적이 존재하는 것이 틀림없다는 법칙은 반대 경우의 함의들을 심사숙고하면 증명할 수 있다. 만약 최적이 없다고 가정하면 요소 X가 증가함에 따라 평균생산물은 무한정으로 증가했을 것이다[생산요소의 수량이 감소함에 따라 평균생산물은 무한정으로 증가할 수 없는데, 왜냐하면 생산요소의 수량이 영(zero)일 때 생산물이 영이 될 것이기 때문이다]. 그러나 만약 a를 단순히 증가시키는 것만으로 p/a가 항상 증가될 수 있다면, 이는 X의 공급을 단순히 증가시키는 것만으로 어떤 수량의 P도 얻을 수 있다는 것을 의미한다. 이것은 Y와 Z 요소의 비례적 공급이 항상 그렇게 작을 수 있다는 것을 의미할 것이다. 생산을 증가시키기 위한 요소 Y와 요소 Z의 공급감소는 X의 공급증가에 의해 언제나 상쇄될 수 있다. 이 점은 요소 X가 요소 Y와 요소 Z를 완전하게 대체가능(substituable)하다는 것을 의미할 것이고, X가 무한정으로 이용가능했던 한에서는 요소 Y와 요소 Z의 희소성은 행위자의 관심사항이 아님을 의미할 것이다. 그러나 이러한 희소성을 고려하지 않는다는 것은 Y와 Z가 **더 이상 희소한 요소가 아닐** 것을 의미한다. 오직 하나의 희소한 요소 X만이 남을 것이다. 그러나 생산의 각 단계에서 하나 이상의 요소가 있어야 한다는 점을 보았다. 따라서 다양한 생산요소의 바로 그 존재는 한 요소의 생산물의 평균수확이 어떤 점에서 최대치 또는 최적치가 될 것이 틀림없음을 의미한다.

　어떤 경우에, 한 요소의 최적량은 생산과정에서 효과적으로 협동할 수 있는 **유일한** 양뿐일지도 모른다. 따라서 알려진 화학공식에 의하면, 한 단위의 물을 생산하기 위하여 정확히 수소 두 요소와 산소 한 요소가 필요하다. 만약 산소의 공급이 한 단위에 고정되어 있다면 두 단위 이하의 수소의 공급은 어떤 생산물을 전혀 생산할 수 없을 것이고, 두 단위 이상의 수소를 넘는 모든 수소는 전적으로 소용없을 것이다. 두 단위의 수소와 한 단위의 산소의 배합이 최적의 배합이 될 뿐 아니라, 두 단위의 수소가 생산과정에서 전적으로 유용할 유일한 수소의 양일 것이다.

　가변요소의 **평균생산물**(average product)과 **한계생산물**(marginal product)의 관계는 〈표 1-1〉의 가상적 예에서 볼 수 있다.

　여기에서는 예를 통해서 다른 요소들이 고정된 상태에서 가변요소의 수확을 가상적으로 보여준다. X가 5단위가 될 때 평균단위생산물이 8로서 정점에 이를 때까지 증가한다. 이것이 가변요소의 최적점이다. **한계생산물은 한계단위에 의해 만들어지는 총생산물의 증가이다.** 요소 X의 공급단위가 주어진 어떤 경우에도, 요소 X 한 단위의 감소는 한계생산물과 동일한 총생산물의 감소를 일으킬 것이다. 따라서 만약 X의 공급이 3단위에서 4단위로 증가하면, 총생산물은 18단위에서 30단위로 증가하고, 이 증가분이 X가 4단위일 때의 한계생산물이다. 마찬가지로, 공급이 4단위에서 3단위로 감소하면, 총생산물은 30단위에서 18단위로 줄어들 것이 틀림없고, 따라서 한계생산물은 12이다.

최적평균생산물을 생산할 X의 양이 그 요소의 한계생산물을 최대화하는 양과 반드시 같지 않다는 것은 명백하다. 종종 한계생산물은 평균생산물이 정점에 이르기 전에 정점에 이른다. 한 생산요소의 평균생산물과 한계생산물 간에 수학적으로 항상 성립되는 관계는 **평균생산물이 증가하는 곳에서는**(수확증가) **한계생산물이 평균생산물보다 크다는 것이다. 반대로, 평균생산물이 감소하는 곳에서는**(수확감소) **한계생산물이 평균생산물보다 작다.**[25]

평균생산물이 최대가 될 때 평균생산물은 한계생산물과 같아진다는 결론에 이른다.

〈표 1-1〉 평균생산물과 한계생산물의 관계

요소 Y b단위	요소 X a단위	총생산물 p단위	평균단위생산물 p/a	한계생산물 $\triangle p/\triangle a$
3	0	0	0	-
3	1	4	4	4
3	2	10	5	6
3	3	18	6	8
3	4	30	7.5	12
3	5	40	8	10
3	6	45	7.5	5
3	7	49	7	4

한 개의 요소가 가변적일 때, 행위자가 그 요소의 최적수확을 산출하기 위하여 요소들의 비율을 정하는 것이 쉽다는 것은 분명하다. 그러나 모든 생산요소의 공급이 가변적일 수 있다면 행위자는 어떻게 요소들의 최적배합을 결정할 수 있는가? 만약 X, Y, Z의 한 가지 배합이 생산요소 X의 최적수확을 산출하고, 다른 배합이 생산요소 Y의 최적수확을 산출하며, 다른 요소 등에도 그런 일이 일어난다면, 어떻게 행위자는 어떤 배합을 선택할 것인가를 결정할 수 있는가? 그는 X의 단위들과 Y 단위들 또는 Z 단위들을 양적으로는 비교할 수 없는데, 어떻게 그가 요소들의 최적비율을 결정할 수 있는가? 이것이 인간행위에서 하나의 근본적 문제이고, 그것을 풀기 위한 방법들은 아래의 장들에서 언급될 것이다.

7. 생산요소들: 전환가능성과 가치평가

　생산요소들은 소비재들의 최종생산에 기여할 것이라고 기대되는 정도에 따라 평가된다. 그러나 요소들은 **특수성**(specificity)의 정도가 모두 다른데, 특수성이란 요소들이 얼마나 다양한 소비재들을 생산하는 데 기여할 수 있는가 하는 정도를 말한다. 어떤 요소들은 **전적으로 특수하다.** 즉, 오직 하나의 소비재만을 생산하는 데 유용하다. 따라서 과거에 흰독말풀 추출물이 질병을 치료한다고 알려졌을 때 흰독말풀은 완전히 특수한 하나의 생산요소였는데, 흰독말풀은 순전히 이 목적에만 유용했다. 사람들의 지식이 바뀌어서 흰독말풀이 무가치하다고 여겨졌을 때, 그 풀은 가치를 완전히 잃었다. 다른 생산재, 즉 생산요소는 상대적으로 비특수적일(nonspecific)지도 모르고 광범위하게 다양한 용도에 사용될 수 있을지도 모른다. 요소들은 결코 완전히 비특수적일 —소비재들의 모든 생산에 똑같이 유용할—수는 없는데, 왜냐하면 완전히 범용적인 경우에 그 생산요소들은 모든 목적을 위해 무한정으로 풍부하게 이용 가능한 것으로 복지의 일반적 조건들이 될 것이기 때문이다. 그 생산요소들의 사용을 절약해야 할 필요는 없을 것이다. 그러나 상대적으로 비특수적 요소들을 포함해서 희소한 요소들은 가장 절박한 용도들에 사용되어야만 한다. 소비재들의 공급이 가장 절박한 욕구들을 먼저 충족시키기 위하여 사용되고, 그 다음으로 절박한 용도들에 사용되는 것처럼, 행위자들이 소비재들의 생산에서 요소들의 공급을 가장 절박한 용도들에 먼저 배당하고, 그 다음으로 절박한 용도들에 배당한다. 어떤 요소의 공급 한 단위의 손실은 현재 충족되는 용도들 중에서 가장 덜 절박한 것을 잃게 할 것이다.

어떤 요소가 덜 특수하면 할수록 그 요소를 하나의 용도에서 다른 용도로의 **전환가능성이** 점점 더 커진다. 흰독말풀은 다른 용도로 전환될 수 없었기 때문에 그 가치를 잃었다. 그러나 철 또는 나무와 같은 요소들은 광범위하게 다양한 용도로 전환될 수 있다. 만약 한 종류의 소비재가 쓰이지 않게 되면 철로 만든 산출물은 그 생산라인에서 다른 생산라인으로 이동될 수 있다. 다른 한편, 일단 철광석이 한 대의 기계로 전환되고 나면, 그 철광석은 전환이 쉽지 않고, 그리고 종종 그 생산물에 완전히 한정된다. 요소들이 소비재의 가치하락의 결과로서 가치의 대부분을 잃는 때는 만약 가능하다면 요소들은 가치가 더 큰 다른 용도로 전환될 것이다. 만약 생산물의 가치하락에도 불구하고 그 요소가 전환될 수 있는 더 좋은 용도가 없다면, 그 요소는 그 생산물의 생산라인에 머무르게 될 것이다. 또는 그 요소는 만약 소비재가 전적으로 가치가 없다면 용도폐기될 것이다.

예를 들어, 여송연이 갑자기 소비재로서의 가치를 잃는다고 가정하자. 그러면 여송연이 더 이상 필요하지 않은 것이다. 다른 용도로 사용될 수 없는 여송연 제조기계는 가치가 없을 것이다. 그러나 담배 잎은 가치의 일부를 잃을 것이지만 가치의 손실이 거의 없는 상태로 궐련생산과 같은 용도로 전환가능할지도 모른다(그러나 담배에 대한 모든 욕구의 손실은 요소들의 가치의 심각한 손실을 초래할 것인데, 비록 토지의 일부를 담배로부터 목화생산으로 이전함으로써 그만큼의 토지가 구제될 수 있을지라도 말이다).

다른 한편, 궐련이 가치를 잃고 일정한 시간이 흐른 뒤에, 대중이 궐련을 다시 좋아하게 되어 궐련이 예전의 가치를 회복한다고 가정하자. 지금까지 가치가 없었던 궐련 제조기계들은 가치의 큰 손실을 이제 벌충한다. 다른 한편, 궐련으로부터 다른 목적으로 이동했던 담배 잎, 토지 등은 궐련의 생산으로 재이동할 것이다. 이런 생산요소들도 가치를 회복할 것이지만, 그 회복의 크기는 그 생산요소들의 예전 손실이 그랬던 것처럼 전적으로 특수한 요소의 가치회복보다 적을 것이다. 이것들이 **생**

산물의 가치변화는 상대적으로 비특수적 요소들의 가치변화보다 특수한 요소들의 가치변화를 크게 한다는 일반적 법칙의 예제이다.

전환가능성과 가치평가의 관계를 더 설명하기 위하여, 서로 보완적 요소들인 10X, 5Y, 8Z가 20P를 생산한다고 가정하자. 첫째, 이 요소들 하나하나가 완전히 특수하고, 각 요소들이 다른 요소들로 대체될 수 없다고 가정하자. 그러면 요소들 중 하나(예를 들어, 10X)의 공급을 잃으면 전체 생산물을 잃게 되고 남은 요소들은 가치가 없게 된다. 그 경우에 포기되어야 하거나 잃어버린 그 요소의 공급가치는 전체 생산물―20P―의 가치와 동일하지만 나머지 다른 요소들의 가치는 영이다. 순전히 특수한 요소들이 있는 생산의 예제는 한 켤레의 구두이다. 구두 한 짝의 손실에 대한 예상은 구두 한 켤레의 가치로 평가되지만, 반면에 다른 한 짝의 구두의 손실은 가치가 없다. 따라서 요소들인 10X, 5Y, 8Z는 공동으로 행위자의 가치척도에서, 말하자면 11위로 순위가 평가되는 하나의 생산물을 생산한다. 그 요소들 중의 한 요소의 공급을 잃는다면 다른 보완적 요소들은 완전히 가치를 잃게 된다.

둘째, 이제 요소들 각각이 특수하지 않다고 가정하자. 10X가 가치척도에서, 말하자면 11번째 순위로 가치가 평가되는 생산물을 생산하는 다른 라인에서 사용될 수 있다고 가정하자. 다른 용도에서 5Y는 행위자의 가치척도에서 15번째로 평가되는 생산물을 생산할 것이라고 가정하자. 8Z는 30번째로 평가되는 생산물을 생산하기 위하여 사용될 수 있다고 가정하자. 그 경우에 10X의 손실은 11번째 순위의 욕구를 만족시키는 대신에, Y와 Z가 11번째보다 다음으로 가장 가치가 있는 사용으로 이동될 것이고, 그 대신에 15번째, 그리고 30번째 순위의 욕구가 만족될 것이다. 우리는 행위자가 15번째와 30번째 순위가 매겨진 욕구의 충족보다는 11번째 순위가 매겨진 하나의 욕구충족을 선호했다는 것을 안다. 만약 그렇지 않다면 요소들은 가장 먼저 P를 생산하는 데 관여하지 않았을 것이다. 그러나 가치의 손실은 전부는 아닌데, 왜냐하면 다른 요소들은 다른 용도들에서 여전히 수확을 산출할 수 있기 때문이다.

소비재들이 그것들이 봉사할 수 있는 목적들간에 배분되는 것과 똑같은 원리들에 따라 전환가능한 요소들은 생산라인들간에 배분될 것이다. 요소공급의 각 단위는 아직 충족되지 않은 욕구들 중에서 가장 긴급한 것을 충족시키기 위하여 배분될 것인데, 이때 가장 긴급한 것이란 그 요소의 한계생산물 가치가 가장 높은 곳이다. 요소한 단위의 손실은 행위자에게 현재 충족되는 용도들 중에서 가장 덜 중요한 것, 즉 요소의 한계생산물 가치가 가장 낮은 바로 그 용도를 빼앗는다. 이러한 선택은 한 재화의 한계효용과 다른 재화의 한계효용을 비교하는 이전의 예제들에 포함된 선택과 유사하다. 요소의 모든 용도가 고려된 상태에서, 이렇게 가장 낮게 평가되는 한계생산물이 어떤 단위요소의 한계생산물 가치라고 할 수 있다. 따라서 위의 경우에 X가 수없이 많은 다른 용도에 사용될 수 있는 전환가능한 요소라고 가정하자. 만약 한 단위 X의 한계생산물이 예를 들어 3P이고, 다른 용도에 사용할 경우에 한계생산물을 2Q, 5R 등이라고 하면, 행위자는 그의 가치척도상에서 X의 한계생산물 가치들을 평가한다. 그가 생산물을 4S, 3P, 2Q, 5R 등의 순서로 평가한다고 가정하자. 그 경우에 그가 한 단위의 X를 잃어야 한다고 가정하자. 그는 한계생산물의 순위가 가장 낮은 R의 생산에 들어가는 X의 한 단위의 사용을 포기할 것이다. 비록 손실이 P의 생산에서 발생하더라도 그는 3P를 포기하지 않을 것이고, 한 단위의 X를 가치가 낮은 용도인 R로부터 이동시키고 5R을 포기할 것이다. 따라서 행위자가 말을 승마용에서 마차용으로 전환함으로써 말을 승마목적으로 사용하는 것을 포기하고 마차를 끄는 목적으로 사용하는 것을 포기하지 않았던 것과 똑같이, 주택을 짓기 위하여 한 묶음의 나무를 (예를 들어) 포기해야 하는 행위자는 그에게 가치가 낮다고 여겨지는 서비스—예를 들어, 썰매를 만드는 것—에 제공될 한 묶음의 나무를 포기할 것이다. 따라서 어떤 요소 한 단위의 한계생산물의 가치는 그 요소의 한계용도(marginal use)의 가치와 동일할 것인데, 그 용도란 요소의 공급에 의해 봉사되는 것으로, 그 요소의 한계생산물이 그의 가치척도상에서 가장 낮게 평가되는 것이다.

생산물들이 특수한 요소들과 전환가능한 요소들로서 만들어지는 경우에, P의 가치의 변화 또는 P의 생산조건의 변화에 응하여 전환가능한 요소들의 가치가 특수한 생산요소들의 가치보다 적게 변한다는 일반적 법칙이 왜 성립하는가를 이제 좀더 볼 수 있다. 어떤 전환가능한 요소 한 단위의 가치는 **한 가지** 종류의 생산물에 고용되는 조건들에 의해서가 아니라, 그 생산요소의 **모든** 용도가 고려될 때의 그 생산요소의 한계생산물에 의해 결정된다. 하나의 특수한 요소는 오직 하나의 생산라인에만 사용될 수 있기 때문에 그 요소의 단위가치는 오직 그 생산라인에서의 한계생산물 가치와 동일한 것으로 결정된다. 그러므로 가치평가 과정에서 특수한 요소들은 비특수적

요소들에 비하여 **어떤 주어진 생산과정의** 조건들에 훨씬 더 많이 반응한다.[26]

최적비율의 문제처럼, 소비재들로부터 요소들로의 가치귀속(value imputation) 과정은 엄청나게 많은 문제를 제기하는데, 그것은 이후의 장들에서 논의될 것이다. 하나의 생산물은 다른 생산물과 대조하여 측정될 수 없기 때문에, 그리고 다른 생산요소들의 단위들은 서로 비교될 수 없기 때문에, 수없이 많은 생산물과 전환가능한 요소들과 전환 불가능한 요소들이 있는 현대경제에서처럼, 생산구조가 매우 복잡할 때는 어떻게 가치가 귀속될 수 있는가? 가치귀속은 고립된 크루소와 같은 행위자들에게는 쉬운 일처럼 보이지만, 그러나 요소배분 과정뿐만 아니라 가치귀속 과정도 또한 복잡한 경제에서 일어나게 하기 위해서는 특수한 조건들이 필요한 것처럼 보일 것이다. 특히, 다양한 단위의 생산물들과 요소들(물론, 가치들은 **아니다**)은 동일한 단위로 계량할 수 있어야 하고, 비교할 수 있어야 한다.

8. 생산요소들: 노동 대 여가

가장 원하는 생산라인을 따라 생산을 배분하는 문제와 한 생산물을 다른 생산물과 대비하여 측정하는 문제를 제쳐둔다면, 모든 인간은 **시간당 소비재들의 생산을 최대화하기** 원한다는 것은 명백하다. 그는 중요한 목적들을 가능한 많이, 그리고 가능한 가장 빠른 시간에 달성하려고 노력한다. 그러나 소비재들의 생산을 증가시키기 위하여, 그는 희소한 생산요소들의 희소성을 경감해야 한다. 그는 이 희소한 생산요소들의 이용가능한 공급을 증가시켜야 한다. **자연이 준** 요소들은 그의 환경에 의해 제약되고, 그 결과 증가될 수는 없다. 이 점은 그에게 **자본재들**의 공급을 증가시킬 것인가 또는 **노동시간**(expenditure of labor)을 증가시킬 것인가를 선택하도록 한다.

그의 생산을 증가시키는 다른 방법은 원하는 재화를 생산하는 방법에 대한 그의 기술적 지식을 개선하는 것—그의 조리법들을 개선하는 것—이라고 주장할지도 모른다. 그러나 하나의 조리법은 그의 생산증가에 **외부한계**(outer limits)를 오직 정하기만 한다. 실질적 생산증가는 생산요소들의 공급증가에 의해서만 오로지 달성될 수 있다. 따라서 로빈슨 크루소가 장비 없이 무인도에 상륙한다고 가정하자. 그는 유능한 엔지니어이고 혼자의 힘으로 저택을 짓는 데 관련된 필수과정에 대한 충분한 지식을 가지고 있을 수 있다. 그러나 이용가능한 필수적 생산요소들의 공급 없이는 이 지식은 저택을 짓는 데 충분할 수가 없다.

그러면 인간이 시간당 생산을 증가시킬 수 있는 한 가지 방법은 그의 노동시간을 늘리는 것이다. 그러나 첫째로 노동시간 증대의 가능성은 어떤 시점에 존재하는 사람의 수와 하루의 시간에 의해 엄격히 제한된다. 둘째, 노동시간 증대는 각 노동자의 능력에 의해 제한되고, 이 능력은 변하기 쉽다. 그리고 마지막으로 노동공급에 가해진 세 번째 제약이 있다. 즉, 일 자체가 직접적으로 만족을 주느냐에 따라 노동은 바람직한 재화인 **여가**(leisure)의 포기를 언제나 필요로 한다.[27]

우리는 여가가 바람직하지 않고, 노동이 절약해서 사용해야 하는 그저 유용하고 희소한 요소가 되는 어떤 세상을 상상할 수 있다. 그런 세상에서는, 이용가능한 노동의 총 공급은 인간이 제공할 수 있는 노동의 총량(total quantity of labor)과 같을 것이다. 모든 사람은 능력(capacity)의 최대까지 일하기를 갈망할 것인데, 왜냐하면 증가된 노력이 바람직한 소비재들의 생산증가를 초래할 것이기 때문이다. 일할 능력을 유지하고 보존하는 데 필요하지 않는 모든 시간은 노동에 투입될 것이다.[28] 그런 상황이 상상적으로 존재할 수 있고, 그런 기초 위에 경제분석이 실시될 수 있을 것이다. 그러나 실증적 관찰로부터 그런 상황은 인간행동에서는 매우 드물다. 거의 대부분의 행위자들에게는, **여가는 하나의 소비재**인데, 그런 여가는 다른 소비재들의 획득가능성에 대비하여 균형 있게 평가되어야 하고, 그 평가에는 노동 그 자체로부터 오는 가능한 만족을 포함해야 한다. 인간이 많이 노동하면 할수록 그가 즐길 수 있는 여가는 점점 더 적어진다. 그 결과 노동의 증가는 여가의 이용가능한 공급과 여가가 제공하는 효용을 감소시킨다. 결과적으로, "사람들은 노동의 대가가 여가의 감소에 의해 초래되는 만족의 감소보다 크다고 평가할 때만 일한다."[29] 노동에 의해 산출되는 만족이라는 '대가'에 포함되어야 하는 것은 노동 그 자체에 대한 만족, 즉 생산적 일에 에너지를 자발적으로 쏟음으로써 생겨나는 만족일 수 있다. 노동으로 인한 그런 만족이 없을 때는 단순히 노동에 의해 산출되는 생산물의 기대가치와 여가를 포기함으로써 발생하는 **비효용**(disutility)—포기한 여가의 효용—이 비교될 것이다.

노동이 고유의 만족을 주는 경우에, 산출된 생산물의 효용은 노동 그 자체로부터 발생하는 효용을 포함해야 할 것이다. 그러나 노동량이 증가함에 따라 노동 자체가 주는 만족의 효용은 감소하고, 연속적으로 추가되는 최종생산물의 효용도 또한 감소한다. 최종생산물의 한계효용과 노동-만족의 한계효용, 둘 모두는 생산물의 양과 노동량의 증가에 따라 감소하는데, 왜냐하면 생산물과 노동이라는 두 재화는 한계효용의 보편적 법칙을 따르기 때문이다.

노동시간을 결정하고자 할 때, 인간은 그 노동이 봉사할 수 있는 가장 가치가 있는 목적들이 무엇인가를 고려할 뿐만 아니라(그가 모든 다른 요소들에게 한 것처럼), 이 목적들에는 생산적 노동 그 자체로부터 유도되는 만족을 어쩌면 포함할 수 있으며, **또한** 그는 소비재인 여가를 얻기 **위하여** 포기해야 하는 노동시간에 대한 전망을 심사숙고해야 한다. 다른 어떤 재화와 마찬가지로 여가는 한계효용의 법칙에 지배된다. 여가의 첫 번째 단위는 가장 긴급하다고 느끼는 욕망을 충족한다. 두 번째 단위는 첫 번째보다 덜 높게 평가되는 목적에 봉사한다. 세 번째 단위는 더욱 덜 높게 평가되는 목적에 봉사한다. 여가의 공급이 증가하면 여가의 한계효용은 감소하고, 이 효용은 여가 한 단위의 손실로 포기해야 하는 목적의 가치와 동일하다. 그러나 그 경우에 노동의 한계비효용(포기한 여가라는 관점에서)은 작업한 노동량의 증가 때마다 증가한다.

어떤 경우에 노동 그 자체는 정말로 불유쾌한 것일지도 모르는데, 왜냐하면 포기한 여가뿐 아니라 행위자가 불유쾌하다고 생각하는 구체적 노동에 부착된 특수한 조건들 때문이기도 하다. 이 경우에 노동의 한계비효용은 특수한 조건들로 인한 비효용과 포기한 여가로 인한 비효용, 둘 모두를 포함한다. 여가의 포기와 같이 노동의 고통이 최종생산물의 산출을 위해 인내된다. 노동시간이 증가함에 따라 어떤 종류의 노동에서는 불유쾌한 요소가 추가되는데, 불유쾌한 요소의 그런 추가는 포기한 여가의 누적으로 증가되는 한계비효용을 강화할 수도 있고, 확실히 중화하지는 않는다.

따라서 각 개인과 수행하는 노동의 종류에 따라, 노동의 한계비효용에 대비하여 예상 노동시간에 의한 생산물의 한계효용에 균형을 맞추기 위해서, 행위자는 최종생산물에 대한 평가와 포기한 여가의 평가에 노동 그 자체에 대한 만족이나 불만족을 추가해야 할 것이다. 노동 그 자체는 긍정적 만족 또는 확실한 고통 또는 불만족을 줄지도 모르지만 노동 그 자체가 중립적일 수도 있다. 그러나 노동 그 자체가 긍정적 만족을 제공하는 경우에, **이 만족은 최종생산물을 얻음으로써 오는 예상과 뒤얽혀있거나 분리될 수 없다.** 노동의 최종생산물을 빼앗긴다면, 인간은 자신의 노동을 무의미하고 무용한 것으로 여길 것이고, 노동 그 자체는 더 이상 긍정적 만족을 주지 않을 것이다. **순전히** 그 자체만을 위해서 하는 그런 행위는 노동이 아니라 순수한 **놀이**이고, 그것 자체가 소비재이다. 하나의 소비재로서의 놀이는 모든 재화처럼 한계효용의 법칙에 지배되고, 놀이에 소비된 시간은 다른 획득가능한 재화들로부터 얻을 수 있는 효용에 대비하여 이해득실이 견주어질 것이다.[30]

그 결과 얼마의 노동을 하든, 인간은 생산과 관련된 노동의 비효용(포기한 여가에 노동 그 자체로부터 오는 불만족을 포함하여)을 그가 그 시간에 원하는 재화(미래재와 노동 그 자체에서 오는 어떤 즐거움을 포함하여)의 생산에 기여함으로써 오는 효용, 즉 **그의 한계생산물의 가치**와 비교하여 평가한다. 매 시간 그는 가치척도에서 한계생산물의 가치가 가장 높은 그런 재화를 생산하기 위하여 노력을 쏟을 것이다. 만약 그가 한 시간의 노동을 포기해야 한다면 그의 가치척도에서 한계효용이 가장 낮은 그런 재화 한 단위를 포기할 것이다. 각 시점에서 그는 자신의 추가적 노동의 비효용에 대비하여 생산물의 효용을 그의 가치척도상에서 비교평가할 것이다. 노동시간이 증가함에 따라 노동에서 산출되는 재화에 대한 어떤 인간의 한계효용은 감소할 것이라는 점을 우리는 안다. 다른 한편, 새로운 노동시간 각각에 대하여 노동의 한계비효용이 계속해서 증가한다. 그러므로 인간은 수확에서 오는 한계효용이 노동의 한계비효용을 **초과하는** 한 노동할 것이다. 인간은 노동의 한계비효용이 노동에 의해 증가된 재화의 한계효용보다 클 때 일하는 것을 멈출 것이다.[31]

그러면 그의 여가시간이 길어짐에 따라 최종적으로 포기한 한계생산물의 효용이 여가의 한계효용보다 커질 때까지, 행위자가 노동을 다시 재개할 때까지, 포기한 재화들의 한계효용은 증가하는 반면에 여가의 한계효용은 감소할 것이다.

노동법칙들에 대한 이러한 분석은 행동공리의 함의들과 여가가 하나의 소비재라는 가정으로부터 연역되었다.

9. 자본형성

자연이 주는 요소들은 환경에 의해 한정되고, 노동은 이용가능한 공급과 노동으로 인한 비효용에 의해 제한된다면, 인간이 시간당 소비재의 생산을 증가시킬 수 있는 방법은 오직 한 가지가 있다—자본재들의 양을 증가시키는 것이다. 생산성을 증가시키기 위하여, 조력을 받지 않은 노동과 자연에서 시작하는 인간은 자본재들을 만들기 위하여 자연요소들에 그의 노동에너지를 혼합해야만 한다. 이런 자본재들은 그의 욕구를 충족시키는 일에 직접적으로 쓸모 있는 것이 아니라, 그 자본재들에 더 많은 노동을 투입하여 더 차수가 낮은 자본재들로, 최종적으로는 바람직한 소비재들로 전환되어야만 한다.

자본형성의 본질과 생산에서 자본의 위치를 명확히 설명하기 위하여, 무인도에 좌초된 로빈슨 크루소라는 가상적 예제로부터 시작하자. 로빈슨은 상륙하면서 어떤 종류의 자본재의 도움도 받을 수 없음을 안다고 가정하자. 이용가능한 모든 것은 그 자신의 노동과 자연이 그에게 주는 요소들이다. 자본 없이 그가 오직 적은 수의 욕구를 충족시킬 수 있을 것이고, 그는 그 중에서 가장 절박한 것을 선택할 것이 명백하다. 자본의 도움 없이 이용가능한 재화가 베리와 여가뿐이라고 하자. 그가 시간당 20개의 식용 베리를 딸 수 있음을 발견하고, 그것을 기초로 베리를 따는 데 10시간의 노동을 하고, 하루에 14시간의 여가를 즐길 수 있다고 가정하자. 자본의 도움 없이 소비를 위해 그에게 유일하게 입수가능한 재화는 **생산기간이 가장 짧은** 재화임이 명백하다. 베리는 매우 짧은 생산기간을 가진 반면에 여가는 거의 즉각적으로 생산되는 하나의 재화이다. 20개의 베리는 한 시간의 생산기간이 소요된다. 만약 그가 자본재를 획득하지 못하면 베리보다 더 긴 생산기간을 가진 재화들은 이용가능하지 않다.

자본 사용을 통해 더 긴 생산과정이 생산성을 증가시킬 수 있는 두 가지 길이 있다. 즉, ① **동일한** 재화의 시간당 생산을 더 크게 하는 것, 또는 ② 더 짧은 생산과정으로는 **전혀 이용가능하지 않은** 재화를 행위자가 소비하도록 허용하는 것이다.

첫 번째 유형의 생산성 증가의 예제는, 만약 로빈슨이 긴 막대기 하나를 사용할 수 있다고 가정하면 손으로 베리를 따는 대신에 막대기로 나무를 흔들어 베리를 딸 수 있다고 결정할 수 있다. 그 방법으로 그는 베리의 생산을 시간당 50개까지 증가시킬 수 있을지도 모른다. 어떻게 그가 막대기를 획득하는 일에 달라붙을 수 있는가? 명백히, 그는 막대기를 만들 수 있는 재료를 구하고, 운반하며, 다듬는 등의 노동을 해야 한다. 이 일을 위해 10시간의 노동이 필요할 것이라고 가정하자. 이것은 그 막대기를 얻기 위하여 크루소가 10시간의 소비재 생산을 **포기해야** 한다는 것을 의미한다. 그는 10시간의 여가 또는 시간당 20개를 생산하는 10시간분의 베리(200개의 베리) 또는 여가와 베리를 적절히 조합한 것 중에서 하나를 포기해야 한다. 그는 10시간 동안 소비재를 즐기는 것을 희생해야 하고, 그에게 **즉각적으로는** 소용이 없는 **하나의 자본재**—막대기—를 생산하는 데 그의 노동을 투입해야 한다. 그는 오직 10시간이 지난 다음에만 그 자본재를 미래의 생산을 위한 간접적인 보조물로 사용하기 시작할 수 있을 것이다. 그동안에 그는 욕구충족을 포기해야 한다. 그는 10시간 동안 **그의 소비를 제한**해야 하고, 그 기간 동안 **그의 노동을** 즉각적으로 욕구를 충족할 수 있는 소비재의 생산에서 그 유용성이 오직 **미래에만** 증명될 자본재의 생산으로 **이전**해야 한다. 소비의 제한을 **저축**(saving)이라고 부르고, 노동과 토지를 자본재의 형성으로 이전하는 것을 **투자**(investment)라고 부른다.

이제 무엇이 자본형성 과정과 관련된 것인가를 본다. 행위자는 다음과 같은 요소들을 숙고함으로써 그의 소비를 제한하고 자본재의 생산에 투자할 것인지 아닌지 결정해야 한다. 더 긴 생산과정에 의한 생산성의 증가가 만들어내는 효용이 **미래**에 소비재를 얻기 위하여 **현재**의 재화로 해야 하는 희생보다 가치가 있는가? 우리는 이미 위에서 **시간선호**—인간은 주어진 만족을 얻는 것을 나중에 하는 것보다 일찍 하는 것을 언제나 선호하는 것—라는 보편적 진실을 보았다. 여기에서 행위자는 **시간단위당 더 많은 만족**을 얻기 위한 그의 욕구를 그렇게 하기 위하여 그가 **미래의** 생산을 증가시키기 위해 **현재의** 만족을 포기해야 한다는 사실과 대조하여 이해득실을 견주어보아야 한다. 미래보다는 현재를 소중히 하는 그의 시간선호는 **기다림으로 인한 비효용**을 설명하는데, 그 비효용은 자본재와 더 긴 생산과정에 의해 종국적으로 제공될 효용과 대비하여 평가되어야 한다. 어떻게 선택할 것인가 하는 것은 그의 가치척도에 의존한다. 예를 들어, 다음과 같은 일이 가능하다. 만약 막대기는 그에게 시간당 오직 30개의 베리만을 제공하고, 막대기를 만드는 데 20시간이 필요할 것이라고 그가 생각한다고 가정하면, 그는 저축-투자를 하기로 결정하지 않을 것이다. 다른 한편, 만약 막대기를 만드는 데 5시간이 걸리고, 그 막대기가 시간당 100개의 베리를 제공할 수 있다고 가정하면, 막대기를 만들기로 쉽게 결정할 수 있을지도 모른다.

만약 그가 자본재를 추가하는 데 10시간을 투자하기로 결정하면, 그의 소비를 제한할 수 있는 많은 방법이 있다. 위에서 언급한 것처럼, 그는 베리와 여가의 어떤 조합이라도 제한할 수 있다. 단순화를 위해 여가를 제쳐둔다면, 그는 즉시 하루 동안 베리를 생산하는 일을 전적으로 그만두고 하루 동안에 막대기를 완성할 것을 결정할지도 모른다. 또는 그는 10시간 대신에 8시간 동안 베리를 따고 하루에 두 시간을 막대기를 만드는 데 쓰기로 결정한다면, 그 경우에 막대기를 완성하는 데 5일이 걸릴 것이다. 그가 어떤 방법을 선택할 것인가는 그의 가치척도의 특징에 의존한다. 어떤 경우라도, 그는 소비를 10시간의 노동가치—200개의 베리—까지 제한해야 한다. 그의 제한율은 그가 베리의 현재 공급을 유지하기 원하는 절박한 정도와 비교하여 그가 얼마나 증가된 생산을 절박하게 원하는가에 달려있을 것이다.

분석적으로는, 소비재를 생산해서 그것을 쌓아두고 **그 다음에** 자본재 생산에 전적으로 매달리는 것과 자본재와 소비재를 동시에 생산하는 것의 차이는 거의 없다. 그러나 다른 조건이 동일하다면, 그 방법들 중의 하나가 더 생산적임을 증명하는 것은 가능하다. 예를 들어, 만약 행위자가 어떤 일을 지속적으로 수행한다면 그는 그 임무를 더 적은 시간에 완성할 수 있을지도 모른다. 그 경우에 그는 전자의 방법, 즉 소비재를 생산하고 나서 자본재를 생산하는 방법을 선택하기 쉬울 것이다. 다른 한편, 만약 베리를 쌓아두면 부패하기 쉬울지도 모르는데, 이 점은 그를 후자의 길, 즉 소비재와 생산재를 동시에 생산하는 방법을 택하도록 이끌 것이다. 그의 가치척도상에 있는 다양한 요소의 균형이 결정을 초래할 것이다.

로빈슨이 결정을 했고 닷새 후에 그 막대기를 사용하기 시작한다고 가정하자. 그러면 여섯 번째 날과 그 이후로, 하루에 500개의 베리가 쏟아지기 시작할 것이고, 그는 자본재에 들어간 그의 투자의 과실을 수확할 수 있을 것이다.

크루소는 증가된 생산성을 이용하여 베리 생산을 증가시킬 뿐만 아니라 **그의 여가 시간도** 또한 **증가**시킬 수 있다. 따라서 그는 매일의 노동시간을 10시간에서 8시간으로 줄이기로 결정할지도 모른다. 그러면 막대기 때문에 그의 생산물인 베리는 하루에 200개에서 400개로 증가될 것이지만, 반면에 크루소는 그의 여가시간을 하루에 14시간에서 16시간으로 증가시킬 수 있다. 명백히, 크루소는 증가된 생산성을 재화 그 자체의 증가와 여가의 증가를 여러 가지로 조합한 형태로 선택할 수 있다.[32]

시간당 산출물을 증가시키기 위하여 자본을 사용하는 것보다 훨씬 더 중요한 것은 인간이 자본이 없었다면 **전혀** 얻을 수 없는 재화를 획득하는 것을 가능하게 하는 자본의 기능이다. 매우 짧은 생산기간은 크루소가 여가와 적어도 얼마간의 베리를 생산할 수 있게 하지만, 그러나 자본의 도움이 없다면 그는 **어떤** 다른 욕구들도 전혀 얻을 수 없다. 고기를 얻기 위하여 그는 활과 화살을 가져야 하고, 생선을 얻기 위하여 그는 막대기나 그물을 가져야 하며, 주택을 짓기 위하여 그는 통나무 또는 덮개와 나무를 자르기 위한 도끼를 가져야 한다. 그런 욕구를 어떤 것이라도 충족하기 위해서, 그는 소비를 제한하고 노동을 자본재의 생산에 투자해야 한다. 다시 말하면, 그는 베리를 따는 일에 관련되었던 것보다 더 긴 생산과정에 투자해야 한다. 그가 소비재를 즐기기 위하여 자본재를 사용할 수 있기 이전에 자본재 자체를 생산하기 위해 짬을 내야 한다. 위의 각각의 경우에, 자본형성에 투자하기로 하는 결정은 그의 가치척도상에서 예상되는 생산성 증가로 인한 효용과 미래 만족과 비교하여 현재의 시간선호로 인한 비효용을 비교평가한 결과일 것이다.

모든 인간들로 하여금 점점 더 많은 토지와 노동을 자본재에 투자하는 일에서 멀어지게 하는 요인은 현재재에 대한 그의 시간선호임이 분명하다. 다른 조건이 동일한 상태에서, 만약 인간이 미래의 만족에 비해 현재의 만족을 선호하지 않는다고 가정하면, 그는 결코 소비하지 않을 것이다. 그는 모든 시간과 노동을 미래재의 생산을 증가시키는 일에 투자할 것이다. 그러나 '결코 소비하지 않는 것'은 어리석은데, 왜냐하면 소비하는 일이 모든 생산의 목적이기 때문이다. 그 결과 어떤 일정 시점에 모든 인간은 조리법에 관한 그의 지식이 허용하는 한에서 가장 절박하다고 느끼는 욕구를 충족하기 위하여 **더 짧은** 생산기간에 모두 투자할 것이다. **그 이상의 어떤 자본형성은 더 긴 생산과정으로 들어갈 것이다**. 다른 조건(즉, 충족되어야 할 욕구들의 상대적 절박성과 행위자의 조리법에 관한 지식)이 동일하다면, 그 이상의 어떤 투자라도 지금 진행 중인 것보다 긴 생산과정으로 들어갈 것이다.

여기에서 '생산기간'이란 현실의 자본재를 만들기 위하여 소비된 시간의 양만을 포함하는 것이 아니라, 자본재를 생산하는 시점부터 **소비재**가 생산될 때까지의 기다리는 시간의 양을 말한다는 것을 깨닫는 것은 중요하다. 막대기와 베리의 경우에, 두 종류의 시간이 동일하지만, 그러나 그렇게 되었던 것은 막대기가 1차수 자본재, 즉 막대기가 소비재의 생산으로부터 오직 한 단계 옮긴 것이기 때문일 뿐이다. 예를 들어, 더 복잡한 경우—크루소가 자신의 집을 한 채 마련하기 위한 나무를 자르기 위하여 도끼를 만드는 것—를 보자. 크루소는 그가 수중에 넣을 집이 도끼를 만드는 동안에 포기한 소비재만큼 가치가 있는지 여부를 결정해야 한다. 크루소가 도끼를 만드는 데 50시간이 걸리고, 그러고도 도끼를 사용하여 집을 짓기 위하여 나무를 자르고 운반하는 데 200시간이 더 필요하다고 하자. 크루소가 결정해야 할 더 길어진 생산과정은 이제 3단계로서 총 250시간이 필요하다. 첫째, 노동과 자연으로 2차수 자본재(second-order capital good)인 도끼를 생산한다. 둘째, 노동에 도끼와 자연이 준 요소들이 합쳐져서 통나무, 즉 1차수 자본재를 생산한다. 마지막으로, 노동과 통나무가 합쳐져서 원하는 소비재—한 채의 집—를 생산한다. 생산과정의 길이란 행위자가 노동을 시작하는 시점부터 소비재가 산출되는 시점까지의 전체 시간 길이이다.

다시 한번, 생산과정의 길이에 대해서 알고자 할 때, 행위자는 과거 역사 그 자체에 관심을 가지지 않는다는 것을 진술해야 한다. 행위자에게 있어 생산과정의 길이는 **그의 행위가 시작되는 시점부터 기다리는 시간**이다. 따라서 만약 크루소가 매우 운 좋게도 이전의 어떤 거주자가 남겨둔 좋은 상태의 도끼를 발견한다고 가정하면, 그는 생산기간을 250시간 대신에 200시간으로 간주할 것이다. 앞에서 도끼를 발견했다고 가정했기 때문에 환경이 그에게 그 도끼를 준 것이다.

이 예제는 자본재들에 관한 근본적 진리를 설명한다. 자본은 소비재들을 즐기는 길로 가는 도중에 있는 하나의 중간역(way station)이다. 자본을 소유한 사람은 원하는 소비재로 가는 길 위에서 그 자본재만큼 많이 **시간상으로 더 나아간** 것이다. 도끼가 없는 크루소는 그가 원하는 주택으로부터 250시간 떨어져 있다. 도끼를 가진 크루소는 주택으로부터 오직 200시간만 떨어져 있다. 만약 그가 섬에 도착했을 때 통나무들이 기성품으로 만들어져 쌓여있었다고 가정하면, 그는 그만큼 그의 목적에 가까이 다가갔을 것이다. 그리고 만약 주택이 처음부터 거기에 있었다고 가정하면, 그는 욕구를 즉각적으로 성취했을 것이다. 더 이상 소비를 제한할 필요성이 없이 그는 목적을 향해 더 나아갔을 것이다. 따라서 자본의 역할은 인간으로 하여금 소비재를 생산하고자 하는 그의 목표를 향해 시간상으로 더 나아가도록 하는 것이다. 이 점은 **새로운** 소비재가 생산되는 경우나 **구**(old)**재화가 더 많이** 생산되는 경우나 모두 진실이다. 따라서 이전의 예에서처럼 막대기를 가지지 않은 크루소는 500개의 베리 생산으로부터 25시간 떨어져 있었다. 막대기를 가진 그는 오직 10시간만 떨어져 있다. 자본이 새로운 재화―자본재가 없었다면 획득될 수 없었던 재화―의 획득을 가능하게 하는 경우에, 자본은 원하는 소비재를 향하는 편리한 중간역일 뿐 아니라 **절대적으로 없어서는 안 되는** 중간역이다.

자본을 형성하기 위해서는, 저축―현재 시점에서 소비재를 즐기는 것을 제한하는 것―이 있어야 하고, 자본재의 생산에 저축과 맞먹는 자원의 투자가 있어야 하는 것은 명백하다. 이렇게 소비재를 즐기는 것―욕구의 만족―을 **소비**라고 부른다. 저축은 소비재의 이용가능한 공급증가의 결과로서 실현될 수도 있는데, 그 경우에 행위자는 전부를 소비하는 대신에 일부를 저축하기로 결정한 것이다. 여하튼, 소비는 획득할 수 있는 양보다 언제나 적어야 한다. 따라서 만약 무인도에서의 수확이 개선되고, 막대기의 도움 없이도 크루소가 10시간 동안에 240개의 베리를 딸 수 있다는 것을 안다면, 그는 이제 하루 40개의 베리를 5일 동안 절약할 수 있을 것인데, 그것은 베리의 소비를 최초의 200개로부터 줄이지 않고 그의 노동을 막대기 생산에 투자할 수 있게 한다. 저축은 소비할 수 있는 양과 비교하여 소비의 제한을 의미한다. 저축은 이전의 저축수준(이전의 소비수준으로 표기되어 있으나 오류인 것처럼 보임―역주)을 능가하여 소비액의 실제적 감소를 항상 의미하지는 않는다.

모든 자본재는 사라진다. 모든 의도와 목적에 대하여 사라지지 않고 영원한 그런 몇 안 되는 생산물은 **토지**의 일부이다. 만약 그렇지 않으면 모든 자본재는 생산과정 동안에 사용되어 사라진다. 그러므로 생산하는 동안 자본재는 자본재의 생산물들로 **변환된다고** 말할 수 있다. 어떤 자본재의 경우에 이 점은 물리적으로 아주 분명하다. 따라서 예를 들어, 도매점에서 100파운드의 빵이 다른 요소와 합쳐져서 소매점에서 100파운드의 빵으로 생산된다면, 전자의 요소가 즉각적으로, 그리고 완전하게 후자의 요소로 변환된 것이다. 자본재를 사용한다는 것은 여기에서는 극적으로 명확하다. 자본재의 전부는 각각의 생산-사건(production-event)에서 사용된다. 그러나 다른 자본재도 또한 사용되지만 갑자기 그렇게 되는 것은 아니다. 빵을 운반하는 한 대의 트럭은 15년의 수명일 것이지만, 예를 들어 그 수명은 도매점 단계에서 소매점 단계로 빵을 전환하는 것을 3000번이나 한 것과 마찬가지다. 이 경우에 생산과정이 생길 때마다 매 번 트럭의 3000분의 1이 사용된다고 말할 수 있다. 마찬가지로, 밀을 밀가루로 전환하는 제분소는 사용기간이 20년이고, 그 경우에 제분소의 20분의 1이 각 년도의 밀가루 생산에 사용되었다고 말할 수 있을 것이다. 각 특정 자본재는 사용연한이 다르므로 사용되는 율 또는 **감가상각**이라 지칭되는 율이 다르다. 자본재는 유용성의 기간이 가지각색이다.

이제 크루소와 그 막대기로 돌아가 보자. 막대기의 사용수명을 10일간으로 가정하자. 크루소는 그렇게 추정하고, 그 이후에 그 막대기는 닳아 없어질 것이며, 크루소의 산출물이 예전의 수준인 시간당 20개의 베리로 돌아간다고 가정하자. 크루소는 그가 출발했던 곳으로 돌아온다.

그 결과 막대기를 사용하고부터 크루소는 어떤 선택에 직면한다. 그의 '생활수준'(이제 예를 들어, 하루에 500개의 베리에 14시간의 여가를 합한 것)은 개선되었고, 막대기가 닳아 없어질 때 베리가 200개로 감소된다는 전망을 그는 좋아하지 않을 것이다. 그 결과 만약 그가 그의 생활수준을 떨어뜨리지 않고 유지하기를 원한다면, 그는 헌 막대기가 닳아 없어질 때 그것을 대신하여 사용할 수 있는 다른 막대기를 만드는 작업을 10일 동안 해야 한다. 다른 막대기를 만드는 행위는 **추가적 저축행위**를 의미한다. 막대기를 교체하는 일에 투자하기 위해서 그는 다시 저축—이용가능한 생산과 비교하여 소비를 제한하는—을 해야 한다. 예를 들어, 그는 베리(또는 여가)에 들어가는 10시간 가치의 노동을 다시 절약해야 할 것이고, 미래생산에 오직 간접적으로만 쓸모가 있는 재화에 투자하는 데 그의 노동을 바쳐야 한다. 그가 하루 한 시간 동안 베리를 생산하는 대신에 다른 막대기를 생산하는 일로 옮겨감으로써 이 일을 한다고 가정하자. 그렇게 함으로써 그는 베리 소비를 10일 동안에 하루에 450개로 제한한다. 그는 소비를 최대한 제한했는데, 비록 그의 소비제한 상태가 막대기의 도움이 없는 원래의 상태보다 여전히 많이 좋을지라도 말이다.

따라서 막대기를 교체하는 일에 저축하고 투자함으로써 **자본구조**(capital structure)

가 10일의 마지막에 갱신된다. 그러고 나서, 크루소는 하루에 최대 500개의 베리를 생산하고 10일이 더 지나서 하루에 200개 수준으로 돌아갈 것인지 또는 두 번째 막대기가 닳아 없어지면 그것을 교체하기 위하여 **세 번째** 저축행위를 할 것인지 하는 선택에 다시 직면한다.[33]

만약 크루소가 첫 번째 또는 두 번째 막대기를 교체하지 **않기로** 결정하고, 진행중인 현재의 저축을 피하기 위해 나중에 산출물이 감소하는 것을 받아들인다면, 그는 **자본을 소비하는**(consuming capital) 것이 된다. 다시 말하면, 그는 자본구조와 생산물의 미래 산출률(future rate of product)을 보호하고 유지하는 대신에 소비를 선택한 것이다. 그의 자본을 소비하는 것은 크루소로 하여금 그의 소비를 **현재** 하루에 450개에서 500개로 증가시킬 수 있게 하지만, 미래 언젠가(여기에서는 10일) 그는 소비를 200개의 베리로 줄일 것을 강요당할 것이다. 크루소로 하여금 자본을 소비하도록 이끌었던 것은 그의 **시간선호**임이 분명한데, 이 경우에 그 시간선호가 그를 미래 소비의 더 큰 손실보다는 더 많은 현재 소비를 선호하도록 이끌었다.

따라서 어떤 시점의 어떤 행위자는 다음과 같은 선택의 여지를 가진다. 즉, ① 그의 자본구조에 추가하는 것, 또는 ② 그의 자본을 원래대로 유지하는 것, 또는 ③ 그의 자본을 소비하는 것 등이다. ①과 ②를 선택하는 것은 저축하는 행위를 의미한다. 어떤 코스를 선택하느냐 하는 것은 행위자가 그의 시간선호에 의해 결정되는 기다림으로 인한 비효용과 미래에 소비재 섭취 증가로 제공되는 효용을 비교함으로써 결정될 것이다.

자본재의 마모와 교체를 토론하는 이 시점에서, 하나의 자본재는 생산을 조력하는데 있어 그 자본재가 가진 최대한의 '힘'(power)을 유지하다가 그 다음에 갑자기 유용성을 모두 잃는 경우는 거의 없음을 알 수 있다. 벤햄(Benham) 교수의 표현에 의하면, "자본재는 아름다운 '한 마리 말이 끄는 유람마차'처럼 통상적으로 기술적으로 완벽한 조건에 있다가 갑자기 붕괴하는 것이 아니다."[34] 크루소의 베리 산출물이 10일 동안에 500개이다가 그 다음에 11일째 날에 200개로 떨어지는 것이 아니라 막대기가 완전히 소용이 없어지기 전에 어떤 율로 감소하는 경향이 있다.

이제 자본을 유지하는 다른 방법이 가능하다. 즉, 막대기를 보수하거나 약한 부분을 끊어냄으로써, 크루소는 막대기의 수명을 연장하고 베리 산출물을 더 길게 유지할 수 있음을 발견할 수 있다. 요컨대, 그는 **보수**(repairs)를 통해 그의 자본구조에 추가할 수도 있다.

여기에서 다시 한번 그는 보수에 그의 노력을 기울임으로써 인내해야 할 소비재의 **현재 시점에서의** 손실에 대비하여 소비재의 미래 산출물의 증가를 평가해야 할 것이다. 그 결과 보수한다는 것은 독립적 저축행위와 저축하겠다는 선택을 필요로 한다. 예를 들어, 크루소가 막대기를 교체하기로 하고, 교체를 위한 노동을 결정하는 것이 전적으로 가능하지만, 그는 막대기를 보수하는 것이 가치가 없다고 여길 수도 있다. 그가 어떤 코스를 선택하는가 하는 것은 다양한 대안적 산출물에 대한 그의 가치평가와 그의 시간선호율에 달려있다.

어떤 목적에 투자할 것인가에 대한 행위자의 결정은 출현할 소비재에 대한 기대효용, 그 소비재의 내구성, 행위자가 기다리는 시간의 길이 등에 달려있을 것이다. 따라서 그는 하나의 막대기에 처음 투자하고, 그 다음에 두 번째 막대기에 투자하는 것이 가치가 없다고 결정할 수도 있다. 그 대신에, 집을 한 채 짓기 위하여 도끼를 만들기 시작하는 것이 더 나을 것이다. 또는 사냥하기 위해서 활과 화살을 먼저 만들고, 그리고 난 다음에 집 짓는 일을 시작할 수 있다. 어떤 재화의 재고의 한계효용은 재고가 증가함에 따라 감소하기 때문에, 그가 하나의 소비재의 재고를 많이 가지면 가질수록, 그는 점점 더 그의 새로운 저축을 다른 소비재에 쓰게 될 것 같은데, 왜냐하면 투자된 그의 노동과 기다림에 비해 두 번째 재화의 한계효용은 높아지고 첫 번째 소비재의 한계효용은 낮아질 것이기 때문이다.

만약 매일의 쓰임새에서 두 소비재의 예상되는 한계효용이 같고 기다리는 시간이 동일하지만, 하나가 다른 하나보다 내구성이 크다면 행위자는 내구성이 큰 소비재에 투자하는 것을 선택할 것이다. 다른 한편, 만약 예상되는 두 소비재의 총 쓰임새가 동일하고 그 둘의 생산기간의 길이가 동일하다면, 행위자는 내구성이 적은 재화에 투자할 것인데, 왜냐하면 내구성이 적은 재화의 총 만족이 다른 하나의 재화인 내구성이 큰 재화의 총 만족보다 빨리 오기 때문이다. 또한 두 소비재 중의 하나에 투자할 것을 선택하는 경우에 다른 조건이 같다면, 행위자는 위에서 토론한 것처럼 더 짧은 생산기간을 가진 재화를 선택할 것이다.

현재 시점에서 고려할 때, 저축하고 투자된 각 단위의 한계생산물의 효용이 그 저축을 하지 않음으로써 그가 얻을 수 있는 현재 소비재의 효용보다 큰 동안에는 어떤 행위자도 예상되는 미래의 다양한 소비재에 그의 자원을 저축하고 투자하는 것을 계속할 것이다. 후자의 효용 —포기한 현재 소비재의 효용—은 '기다림의 비효용'이다. 일단 후자, 즉 기다림으로 인한 비효용이 저축을 통해 미래에 더 많은 재화를 얻음으로써 오는 효용보다 크다면 행위자는 저축을 그만두려 할 것이다.

욕구의 상대적 절박성에 따라 위에서 입증했던 것처럼 인간은 가장 짧은 생산과정을 가진 그런 소비재에 먼저 투자하는 경향이 있다. 그 결과 어떤 저축이라도 현재의 자본구조를 유지하는 데 투자되거나 어떤 저축이라도 현재의 자본구조보다 **더욱더 먼** 생산단계들, 즉 더 긴 생산과정들에 자본이 추가되도록 투자될 것이다. 따라서 (현재의 구조를 유지하는 것을 넘어서는) 어떤 새로운 저축도 생산과정들을 길게 늘이고 **더욱 더 높은** 차수의 자본재에 투자되는 경향이 있다.

현대경제의 자본구조는 최종 소비재로부터 거의 무한정하게 멀리 있는 재화를 내포하고 있다. 우리는 위에서 햄 샌드위치와 같은 비교적 매우 단순한 재화의 생산에 관련된 몇몇 단계를 보았다. 철광산의 노동자는 존스의 안락의자에 놓인 햄 샌드위치부터 정말 멀리 떨어져 있다.

앞 절들에서 발생했던 측정과 관련한 문제들은 저축과 투자에서 엄청난 어려움을 초래하는 경향이 있음은 명백하다. 자본재와 소비재의 종류가 다수일 때, 행위자가 자신의 생산구조가 추가되고 있는지 또는 소비되고 있는지 어떻게 알겠는가? 분명히, 크루소는 언제 베리를 더 많이 또는 더 적게 가진지 알지만, 셀 수 없이 많은 자본재와 소비재가 있는 복잡한 현대경제가 어떻게 그런 결정을 하겠는가? 이 문제에 대한 해답은 서로 다른 재화를 동일한 단위로 계량할 수 있느냐에 또한 달렸는데, 그 해답은 다음 장들에서 토론할 것이다.

자본재를 사용하여 가능하게 된 산출물의 증가를 관찰하면, 어떤 종류의 독립적이고 생산적인 힘이 자본의 탓이고, 세 종류의 생산력(productive forces)이 소비재의 생산에 들어간다고 쉽게 말할 수 있을 것이다. 즉, 노동, 자연, 자본 등. 이런 결론을 내리기 쉽지만 그런 결론은 전적으로 틀린 것이다. 자본재는 자체적으로 독립적 생산력을 가지고 있지 않다. 지난번의 분석에서 자본재는 자본재를 생산했던 노동과 토지, 시간 등으로 전적으로 환원가능하다. 자본재는 노동, 토지, 시간 등이 '저장된'(stored-up) 것이다. 자본재는 전환되어서 소비재의 최종적 완성에 들어가는 길에 있는 중간역이다. 그 길의 모든 단계에서 자본재는 생산과정을 지속시키기 위해서 자연과 협력하여 노동에 의해 움직여야 한다. 자본은 노동과 토지처럼 독립적 생산요소가 아니다. 이러한 진리에 대한 빼어난 설명이 뵘바베르크(Böhm-Bawerk)에 의해 다음과 같이 제시되었다.

> 다음과 같은 비유가 그것을 완전히 명백하게 할 것이다. 어떤 사람이 다른 사람에게 돌을 던져 죽인다. 돌이 그 사람을 죽였는가? 만약 질문이 어떤 특별한 강조 없이 제시되면 주저 없이 긍정적으로 답변할 것이다. 그러나 만약 그 사람을 죽였던 것은 그가 아니라 돌이었다고 말함으로써 법정에서 살인자가 그 자신을 방어했다고 가정하면 어떻게 하겠는가? 이 점을 정말로 받아들여, 돌이 그 사람을 죽였고 그래서 그를 방면해야 한다고 여전히 말할 수 있는가? 이제 이와 같은 강조점을 가지고 경제학자들이 자본의 독립적 생산성에 대해 조사해야 한다.…우리는 종속적이고 중간적인 원인들에 대해서가 아니라 궁극적이고 독립적인 요소들에 대해서 묻고 있다. 질문은 자본이 어떤 생산적 결과—돌이 사람을 살해하는 것과 같은—를 초래하는 데 어떤 부분적 역할을 하는가 하는 것이 아니다. 질문은 생산적 결과라 하더라도 생산적 결과의 일부가 전적으로, 그리고 특별히 자본의 탓인 결과로 그 생산적 결과가 자연과 노동이라는 다른 두 인지된 기초요소들의 탓으로 전적으로 돌릴 수 없는가 하는 것이다.

뵘바베르크는, 자본재는 생산과정에서 순전히 중간역들이고, 가능한 모든 단계에서 노동과 토지의 힘에 의해 작동되는 것임을 지적하면서, 다음과 같이 부정적으로 대답한다.

> 만약 오늘 내 노동을 자연력들에 결합함으로써 나는 진흙으로 벽돌을 만들고, 내일은 내 노동에 자연이 준 선물을 결합함으로써 나는 석회를 얻고, 그 다음 날에는 회반죽을 만들어 벽을 쌓으면, 나와 자연력이 만들지 않은 벽의 일부가 있다고 말할 수 있는가? 다시 한번, 집 한 채를 짓는 것과 같은 긴 작업이 완전히 끝나기 전에, 그 작업은 자연적으로 한 번에 4분의 1이 완성되어야 하고, 그 다음에는 2분의 1이 완성되어야 하며, 그 다음에는 4분의 3이 완성되어야 한다. 만약 어떤 이가 작업의 이러한 필수불가결한 단계들을 주택건설에서 독립적 필수품

이라고 설명했다고 가정하고, 그리고 집 한 채를 짓기 위해서는 건축자재들과 노동을 제외하고도, 4분의 1이 완성된 집, 2분의 1이 완성된 집, 4분의 3이 완성된 집이 필요하다고 주장한다면, 이제 무엇이라고 말할 것인가? 외관상으로 자본을 형성하는 작업과정에 있는 그런 중간 단계들을 독립적으로 생산을 수행하는 자로서 자연과 노동의 동급으로 올려놓는 것은 형식에서는 아마도 덜 틀린 것이지만 실제에서는 조금도 정확한 것이 아니다.[35]

그리고 이 점은 얼마나 많은 단계들이 관계되어 있는지 또는 자본재가 궁극적 소비재로부터 얼마나 멀리 있는지와 상관없이 진리이다.

자본재에 투자하는 것은 미래를 향해 바라보는 것을 의미하기 때문에 어떤 행위자가 언제나 대처해야만 하는 위험들 중의 하나가 미래조건들의 **불확실성**이다. 소비재를 직접 생산하는 것은 매우 짧은 생산기간이 필요하고, 그 결과 초래되는 불확실성은 더 긴 생산과정들에 관련된 불확실성만큼 도저히 크지 않고, 그 불확실성은 생산기간이 길어짐에 따라서 점점 더 중요해진다.[36]

크루소가 막대기에 투자할 것을 결정해야 할 때에 베리가 엄청나게 많이 있는 작은 숲을 발견할 가능성이 있음을 믿는다고 가정하고, 또한 그 숲에서는 베리가 매우 가까이 있어서 그가 막대기를 사용하지 않고도 한 시간에 50개 또는 그 이상의 베리를 딸 수 있다고 가정하자. 그 경우에 그가 생각하기를 작은 숲을 발견할 기회가 크면 클수록 그에게 도움이 되지 않는 막대기에 투자하기로 결정할 가능성은 점점 더 적어진다. 막대기를 만들고 난 후에 막대기의 유용성에 대한 의심이 크면 클수록 막대기에 투자할 가능성은 점점 더 적어지고, 다른 재화에 투자하거나 저축 대신에 소비할 가능성은 점점 더 많아진다. 투자로 예상되는 미래효용에 대해서 어떤 종류의 '불확실성 할인'(*uncertainty discount*)이 너무 커서 행위자가 투자하지 않도록 만드는 경우를 고려할 수 있다. 이 경우에 불확실성 요소는 시간선호 요소와 함께 투자에 불리하게 작용하는데, 행위자는 그 두 요소를 미래 산출물의 기대효용과 대비하여 평가한다.

다른 한편, 불확실성은 투자를 자극하는 추가적 요소로 작동할 수 있다. 따라서 크루소가 마름병이 아주 잠깐 동안 베리에 타격을 가한다고 믿는다면, 그리고 만약 이런 일이 일어나면 막대기의 도움이 없는 베리 산출물은 위험할 정도로 감소할 것이라고 믿는다고 가정하자. 만약 마름병이 베리에 타격을 가한다고 가정하면 크루소는 심지어 현재의 낮은 수준의 산출물을 유지하기 위해서라도 막대기의 필요성은 커질 것이다. 따라서 막대기가 그가 예상한 것보다 더 큰 용도가 있을 가능성은 그의 투자의 기대효용에 추가될 것이고, 크루소의 관점에서 이 가능성의 기회가 커지면 커질수록 그가 막대기에 투자할 일은 더욱더 있음직하다. 따라서 불확실성 요소는 관계되는 특수한 상황에 따라 투자를 증가시키기도 하고 감소시키기도 하는, 양쪽 방향으로 작동할 수 있다.

자본재의 효용과 그에 따른 비효용을 비교한 그런 상대적 효용들을 행위자의 시간선호율과 또한 불확실성 요소로 '할인함'으로써 자본형성 행위를 할 것인가 말 것인가 하는 결정을 하는 전체 행위를 설명할 수 있다. 예를 들어, 단순화를 위해서 막대기를 만드는 데 있어 크루소가 10시간 가치의 현재재, 즉 200개의 베리를 포기하고, 투자의 결과 3일 후에 1500개의 베리를 획득한다고 먼저 가정하자. 만약 1500개의 베리가 즉각적으로 이용가능하다고 가정하면 1500개를 얻기 위하여 200개를 포기할 것이라는 점은 의심의 여지가 없을 것이다. 따라서 현재의 1500개의 베리는 그의 가치척도상에서 4순위일 것이고, 반면에 200개의 베리가 11순위이다.

```
┌── 4—현재의 1500개 베리
│
└── 11—현재의 200개 베리
```

이제, 어떻게 크루소가 현재의 200개 베리와 지금부터 사흘 후에 1500개의 베리 간에 결정할 것인가? 모든 선택은 하나의 가치척도로 이루어져야 하기 때문에 지금부터 사흘 후의 1500개의 효용을 지금의 베리 200개의 효용과 대비하여 평가해야 한다. 만약 전자가 더 크다면(그의 가치척도상에서 더 높다면) 그는 막대기를 만들기 위해서 저축하고 투자하는 결정을 할 것이다. 만약 후자가 더 큰 것, 즉 포기한 200개의 베리가 지금부터 사흘 후에 기대되는 1500개의 베리보다 가치가 크다면, 그의 시간선호가 베리 재고의 증가된 효용을 이긴 것으로 저축-투자결정을 하지 않을 것이다. 따라서 행위자의 가치척도는 다음과 같다.

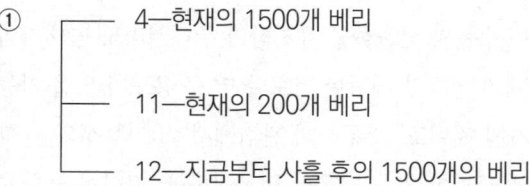

또는 다음과 같다.

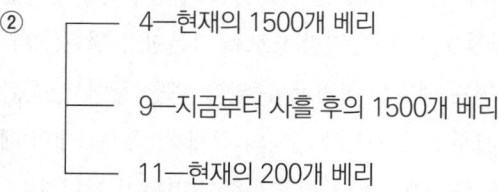

②의 경우에 그는 투자를 결정할 것이다. ①의 경우에 그는 그런 결정을 하지 않을 것이다. 지금부터 사흘 후의 1500개의 가치는 **미래재의 현재가치**(present value of the future good)라고 말할 수 있다. 예상되는 미래재는 행위자의 **시간선호율**에 따라 할인된다. 행위자의 가치척도상에서, 그의 기대되는 미래재의 현재가치는 현재재의 현재가치와 비교되고 그에 따라 저축과 투자결정이 이루어진다. 할인율이 높으면 높을수록 미래재의 현재가치는 점점 더 낮아지고, 투자하지 않을 가능성이 점점 더 커진다는 것은 명백하다. 다른 한편, 할인율이 낮으면 낮을수록 행위자의 가치척도에서 미래재의 현재가치는 점점 더 높아지고, 미래재의 현재가치가 포기한 현재재의 가치보다 커질 가능성은 점점 더 커져서, 그 결과 그가 투자할 가능성도 점점 더 커진다.

따라서 투자결정은 둘 중에서 큰 쪽에 의해 결정될 것인데, 그 둘이란 미래재의 현재가치 또는 포기한 현재재의 현재가치이다. 그 다음에 미래재의 현재가치는 미래재가 만약 즉각적인 현재에 존재한다면 가질 가치에 의해 결정될 것이다[말하자면, '미래재의 예상되는 미래가치' (expected future value of the future good)]. 그리고 미래재의 현재가치는 시간선호율에 의해 결정될 것이다. 전자, 즉 미래재의 예상되는 미래가치가 크면 클수록 미래재의 현재가치는 점점 더 커질 것이다. 후자(현재재에 비교한 미래의 할인율)가 크면 클수록 현재가치는 점점 더 낮아질 것이다.

어떤 시점에, 공급될 생산물들의 잠재적 효용들이 변하는 일단의 투자결정들이 행위자에게 열려있다.[37] 그는 또한 어떤 시간선호율을 가지는데, 그 시간선호율로 재화들의 기대되는 미래효용을 현재가치로 할인할 것이다. 어떤 기간에 얼마나 저축하고 투자할 것인지는 투자결정에서 포기한 소비재의 가치와 이 현재가치를 비교하여 결정할 것이다. 그가 차례로 투자결정을 할 때 현재가치가 가장 높은 투자에 자원을 먼저 배분하는 것을 선택할 것이고, 그 다음에는 그 다음으로 현재가치가 높은 투자에 자원을 배분한다. 그가 (어떤 주어진 시간에) 투자를 계속함에 따라 미래효용의 현재가치는 감소할 것이다. 다른 한편, 그가 현재에 소비재들의 공급을 점점 더 많이 포기하기 때문에 그가 포기한 소비재들(여가와 다른 것들)의 효용은 증가할 것이다―한계효용의 법칙에 따라. 그는 포기한 재화들의 가치가 획득될 미래효용들의 현재가치를 초과하는 점에서 저축과 투자를 그만둘 것이다. 이 점이 일정 시점에서 한 행위자의 **저축률**과 **투자율**을 결정할 것이다.

문제가 다시 발생한다는 것은 명백하다. 어떻게 행위자들이 무수하게 가능한 재화들의 시간선호율들을 결정하여 비교할 수 있고, 복잡한 현대경제에서 그렇게 할 수 있을까? 그리고 여기에서도 역시, 복잡한 경제를 위한 해답은 현재와 미래의 모든 다양한 상품들간에 동일한 단위로 계측하는 것을 확립하는 데 있고, 그 점은 다음 장들에서 토론할 것이다.

이제, 불확실성 요인들이 어떤 방법으로든지 행위자의 결정에 들어간다. 어떤 상황에서 모든 다양한 요인들을 평가하는 미묘한 과정은 상황에 대한 행위자의 이해에 따라 모든 행위자의 마음에 일어나는 복잡한 과정이다. 그 결정은 각 행위자의 개인적 판단, 주관적 추정에 순전히 의존하는 결정이다. '최선의' 결정이 객관적 방법들에 의하여 사전에 정확히 또는 양적으로(quantitatively) 내려질 수는 없다. 그가 행동하는 과정 동안에 일어날 미래조건들을 **예측하는**(forecasting) 과정은 모든 행위자가 참가해야만 하는 과정이다. 닥쳐 올 행동을 위하여 관계되는 조건들의 진행과 조건들의 가능한 변화를 추측해야 할 필요성을 **기업가 정신에서 나온 행동**(act of entrepreneurship)이라 부른다. 따라서 적어도 어느 정도까지는 모든 인간은 기업가(entrepreneur)이다. 모든 행위자는 그의 미래에 일어날 행동에 관한 불확실한 상황을 예측한다.

　기업가 정신에서의 **성공과 실패**의 개념은 그래서 행동의 존재로부터 연역될 수 있다. 상대적으로 성공한 기업가는 행동하는 동안에 일어나는 조건들의 변화를 정확히 추측했고 그에 따라 투자했던 사람이다. 그는 막대기를 만들지 않기로 결정했던 크루소인데, 왜냐하면 그가 곧 새로운 베리 숲을 발견할 것이라고 판단하고, 그 다음에 그 숲을 발견하기 때문이다. 다른 한편, 상대적으로 성공하지 못한 기업가는 그의 행동 경과 동안에 일어나는 조건들의 상대적 변화들에 대한 그의 예측이 대단히 잘못되었던 사람이다. 그는 마름병에 대비하여 스스로 막대기를 준비하는 데 실패했던 크루소이다. 성공한 행위자, 성공한 기업가는 정확한 예측을 한다. 성공하지 못한 기업가는 틀린 예측을 하는 사람이다.

　이제 투자가 이미 이루어졌다고 가정하자. 그리고 바뀐 조건들이 과오가 저질러졌음을 폭로할 즈음에 자본재들이 고려중인 목표에 따라 이미 만들어졌다고 가정하자. 그 다음에 그 행위자는 그 자본재를 어떻게 할 것인가를 결정해야 하는 문제에 직면한다. 이에 대한 대답은 그 자본재의 **전환가능성**에 의존한다. 만약 그 재화가 목적한 용도에 쓸모가 없다면, 자본재에 대한 투자에 맨 먼저 과오를 범한 행위자라도 이제 그 자본재를 손에 쥐고 그것을 최대한 이용해야 한다. 만약 행위자가 자본재를 편리하게 전환할 수 있는 다른 용도가 있다면 그는 그렇게 할 것이다. 따라서 만약 크루소가 새로운 작은 숲이 베리를 따는 일에서 그의 막대기를 쓸모없게 만들었다는 것을 발견한다면, 그는 그 막대기를 보행자용 막대기로 사용할 수 있다. 만약 그가 베리를 따는 데 막대기가 쓸모가 없을 것을 알았다고 가정하면, 그는 최초부터 막대기를 만드는 일에 투자하지 않았을 것이다. 그러나 이제 그는 그 막대기를 가지고 있고, 그것을 이용가능한 가장 절박한 용도로 돌린다. 다른 한편, 그는 막대기를 교체하는 일에 시간을 쓰는 것이 거의 가치가 없음을 느끼고, 이제 보행을 보조하는 목적으로만 사용하기로 한다. 또는 50시간을 써서 도끼를 만들고 난 후에, 그는 예전의 어떤 거주자가 남긴 집 한 채를 발견할 수 있다. 그러나 도끼는 조금 낮은 가치가 있는 어떤 일에 사용하기 위해 전환가능하다고 하자―예를 들어, 사냥을 위해 활과 화살을 만들거나 고기잡이를 위해 작은 배를 건조하는 것이다. 도끼가 이런 용도들에는 매우 가치가 있어서 크루소는 도끼를 다른 용도에 쓸 수 있도록 대체하고 유지하기 위해 여전히 작업할 것이다.

자본재들(또는 바로 그 이유로 내구소비재들)의 재고누적은 오늘날의 행위에 보수적 힘을 가하는 것은 명백하다. 현재 시점의 행위자는 과거의 그의(또는 다른 사람들의) 행동들에 의해 영향을 받는데, 비록 과거의 행동들이 어느 정도 잘못된 것이었음에도 불구하고 말이다. 따라서 크루소는 예전의 한 거주자가 만든 도끼가 이미 이용가능하다는 것을 발견할 수 있다. 그 도끼는 크루소가 이용가능한 최선이라고 여길 수 있는 그런 종류의 것이 아닐지도 모른다. 그러나 그 도끼가 쓸모가 있는 도끼라면, 그는 그것을 하나의 자본재로 쓸 것을 결정하고, 그가 만든 것으로 교체하기 전에 그 도끼가 닳아 없어질 때까지 기다리기로 결정할 수 있다. 다른 한편, 그는 그 도끼가 매우 무뎌서 거의 쓸모가 없다고 느끼고, 그 자신의 도끼를 만드는 일을 즉각적으로 시작할 수도 있다.

과거를 존중하는 보수주의가 **위치**(location)의 문제에 유사한 영향을 미치는 데, 이것은 위와 같은 문제의 다른 국면이다. 따라서 크루소는 섬의 한쪽에 이미 그의 집을 지었고, 벌판을 개간했다. 그런데 어느 날 섬을 둘러보고, 그는 섬의 다른 한쪽 끝에서 낚시, 과일 등에서 훨씬 더 이점이 있는 부지를 발견할 수 있다. 만약 그가 다른 자본재들이나 내구소비재들에 투자하지 않았다고 가정하면, 그는 즉각적으로 그의 소재지를 이 더 풍부한 지역으로 옮겼을 것이다. 그러나 그는 이미 어떤 자본재들에 투자했다. 도끼와 같은 그런 것은 새로운 지역으로 쉽게 전용가능하지만, 개간한 부지와 집 같은 것은 다른 장소로 이전할 수 없다. 그 결과 그는 가치척도에서 이동의 이점과 이동의 불이익을 비교하여 결정해야 한다. 즉, 더 풍부한 생선과 과일 대 새로운 집의 건축과 개간을 위한 노동의 필요성 등. 예를 들어, 교체작업을 하지 않고 예전의 집과 개간지가 어떤 점까지 닳아 없어질 때까지 그 집과 개간지에 남아 있기로 결정할지도 모른다.

만약 행위자가 다른 자본재와 소비재 생산을 선호하여 막대기 또는 개간한 부지와 같은 전용할 수 없는 자본을 포기하기로 결정한다면, 그 경우에 일부 사람이 생각하는 것처럼 그가 그의 자원을 '미사용 능력'(unused capacity)으로 놓아둠으로써 자원을 낭비하고 있는 것이 아니다. 크루소가 그의 개간지 또는 막대기 또는 집(이런 것들이 이 접점에서는 자본과 동일한 것으로 간주될 수 있는 것이다)을 포기할 때, 그는 그가 믿기에 그에게 더 큰 효용을 줄 것인 자연적 요소들 또는 자본재들을 결합하는 데 노동을 사용하기 위하여 전용할 수 없는 자본재를 포기하고 있는 것이다. 마찬가지로, 만약 그가 베리를 따기 위하여 정글 깊숙이 가기를 거부한다면, 그는 베리를 딸 수 있는 토지라는 전용할 수 없는 공급을 '낭비하는' 것이 아닌데, 왜냐하면 그가 정글로 가는 것을 그의 노동과 시간을 이용하여 할 수 있는 다른 용도보다 효용이 훨씬 적은 그런 일로 판단한 것이기 때문이다. 사용하지 않는 어떤 자본재의 존재는 이 일에 의해 저질러진 과오 또는 **과거의** 어떤 행위자에 의해 저질러진 과오를 보여준다. 그러나 사용하지 않는 자본재의 존재는 행위자가 자본재를 원래의 목적대로 사용하거나, 그 자본재를 어떤 다른 용도로 이전함으로써, 그가 얻을 수 있는 효용보다 그의 노동을 다른 용도에 사용함으로써 더 큰 효용을 기대한다는 것을 의미한다.[38]

이러한 토론은 행위자가 어떻게 최초의 자연이 준 생산요소들을 사용하는가를 분석하는 데 실마리를 제공한다. 많은 경우에 행위자는 자연이 제공한 가지각색의 요인들 가운데 선택한다. 따라서 무인도 탐험에서 크루소는 그가 정착할 수 있는 가능한 장소들 중에서, 어떤 곳은 베리의 생산(다른 소비재의 생산을 제쳐두면)이 풍성하고, 어떤 곳은 무척 적으며, 어떤 곳은 황폐해서 쓸모가 없다는 것을 발견한다고 가정하자. 명백히, 다른 사항이 동일하다면 그는 가장 비옥한 곳—'최선'의 땅—에 정착할 것이고, 그 땅을 요소로서 사용할 것인데, 땅의 생산물인 베리의 효용, 그 토지 위에 만들 수 있는 유용한 자본재들에 투자할 가능성, 그가 여가에 매기는 가치 등이 그 땅을 요소로 결정하는 한에서 말이다. 땅의 비옥도가 낮은 지역은 사용되지 않을 것이다. 위에서 서술한 것처럼 이러한 발전은 예상된 것이다. '미사용 자원'의 그런 흔적에 놀랄 이유가 없다. 다른 한편, 만약 비옥한 지역이 모두 사용되고 나면, 생산된 공급의 효용이 포기한 여가의 효용을 능가하는 한, 크루소는 그 다음으로 좋은 땅의 일부를 이용하는 것을 계속할 것이다('다음으로 좋은' 땅이란 생산성, 가장 좋은 땅에 접근할 수 있는 편리성 등과 같은 모든 관련요소를 포함한다).

잠재용도지역이지만 포기한 효용이란 관점에서 대가를 '지불하지' 않기 때문에 행위자가 사용하지 **않기로** 선택한 땅을 한계 이하 지역(submarginal areas)이라고 부른다. 그런 지역은 바로 지금 행동의 대상물은 아니지만 행위자는 미래의 가능한 사용을 위하여 그런 지역을 염두에 둔다.

다른 한편, 크루소의 무인도는 아마도 너무 작거나 또는 너무 황폐해서 손에 넣을 수 있는 모든 유용한 토지나 취수지역을 이용해야 할지도 모른다. 예를 들어, 크루소는 하루 200개의 베리 산출물을 위해서 섬 전체를 탐험해야 할지도 모른다. 그 경우에 만약 자연이 준 가능한 모든 유용한 요소를 언제나 사용해야 할 정도로 그의 자원이 부족하다면 행위자는 겨우 목숨을 부지하는 수준에 아주 근접해 있는 것이 명백하다.

인간이 노동으로 자연이 준 요소들을 활용하고, '개선하며', 유지하는 경우에, 사실상 그것들은 인간노동에 의해 자본재들로 바뀐다. 따라서 인간의 노동에 의해 정리되고, 갈아지며, 경작된 토지는 하나의 자본재가 된다. 이 토지는 하나의 생산된 재화이지 최초로 주어진 재화가 아니다. 흙을 개선할 것인지 여부와 얼마나 개선할 것인지에 관한 결정 또는 흙의 질을 유지하거나 미래의 손실을 대가로 현재의 소비재들을 최대로 뽑아낼 것인지 여부[부식(erosion)]에 관한 결정은 모든 자본형성 결정과 정확히 동일한 발판 위에 있다. 그런 결정은 포기한 현재 소비재의 효용에 대비하여 미래생산의 기대효용을 비교하는 것에 달려있다.

자본형성과 생산기간의 부수적 연장이 행위자의 **예비기간**을 늘리는 것은 명백하다. 자본형성은 그가 욕구충족을 위해 준비하는 미래기간을 연장한다. **행동**은 미래에 느껴질 욕구들에 대한 기대, 그 욕구들에 대한 상대적 절박성의 예측, 욕구들을 충족하기 위한 착수 등을 포함한다. 인간들이 자본에 투자를 많이 하면 할수록 그들의 예비기간은 점점 더 길어지는 경향이 있다. 직접, 그리고 즉시 소비될 수 있는 재화들은 **현재재들**이다. 하나의 **미래재**는 미래 언젠가 하나의 소비재를 즐기고자 하는 현재의 기대이다. 미래재는 미래의 소비재들에 대한 청구권(claim)일 수 있거나 미래에 소비재로 전환될 예정인 자본재일 수 있다. 하나의 자본재는 소비재들로 가는 길에 있는 하나의 중간역(그리고 자연이 준 요소들은 최초의 역들이다)이기 때문에 자본재들과 자연이 준 요소들, 그 둘은 미래재들이다.

마찬가지로, 예비기간은 생산된 소비재의 유용성 기간을 늘림으로써 연장될 수 있다. 예를 들어, 주택은 베리보다 긴 내구성을 가지고, 크루소가 집에 투자한 것은 그의 예비기간을 상당히 연장한다. 하나의 내구소비재는 매일 일부만 소비되고, 그 결과 하루의 소비는 현재재의 소비지만 그 나머지 부분은 미래재이다. 예를 들어, 만약 한 채의 주택이 건설되고 3000 일 동안 견딜 것이라면, 하루의 사용은 그 집의 3000분의 1을 소비하는 것이고, 그 나머지는 미래에 소비될 것이다. 그 집의 3000분의 1은 현재재인 반면에 그 나머지 부분은 미래재이다.[39]

생산기간을 연장하는 다른 방법은 현재 대신에 미래에 소비될 소비재들의 재고를 단순히 누적하는 것임을 부언할 수 있다. 예를 들어, 크루소는 며칠 또는 일주일 후에 소비할 100개의 베리 재고를 저축할지도 모른다. 이것은 종종 **단순 저축**(plain saving)이라 부르며, 저축이 자본형성 과정에 들어가는 **자본가 저축**(capitalist saving)과 구별된다.[40] 그러나 두 종류의 저축이 본질적으로 차이가 없고, 단순 저축도 역시 자본형성을 초래한다는 점에서 또한 자본가 저축이라는 점을 보게 될 것이다. '재화'라는 개념은 어떤 사물을 의미하는데, 그 사물의 단위가 동일한 유용성을 제공할 것이라고 행위자가 믿는 그런 사물을 의미한다는 결정적 사실을 염두에 두어야 한다. 재화라는 개념은 그 재화의 물리적 특성들 또는 화학적 특성들을 의미하지 않는다. 시간선호라는 보편적 사실에 대한 인기 있지만 오류가 있는 반대를 우리가 비판했던 것을 기억해야 한다—그 오류란, 어떤 겨울에 다음 해 여름의 얼음이 그 겨울 당시의 얼음보다 선호된다는 것이다.[41] 이것은 **동일한** 재화의 현재 소비보다 미래 소비를 선호하는 경우가 아니었다. 만약 크루소가 겨울에 얼음 재고를 보유해서 다음 해 여름까지 얼마간의 얼음을 '저축'하기로 결정한다면, 이것은 '여름의 얼음'과 '겨울의 얼음'이 물리적으로 유사함에도 불구하고 다른 만족도를 지닌 다른 재화인 것을 의미한다. 베리의 경우나 다른 재화의 경우도 마찬가지다. 만약 크루소가 베리 재고 일부의 소비를 연기하기로 결정하고, 그 일부가 지금보다 나중에 소비된다면 더 큰 만족도를 가져올 것이라는 점을 의미하는 것이 틀림없다—사실, 현재에 대한 그의 시간선호를 극복할 수 있을 정도로 충분히 더 큰 만족도를 가져올 것이라는 점을 말한다. 그런 차이가 나는 이유들은 그 미래 날짜에 기대되는 맛과 공급의 조건들을 포함해서 다수일 수가 있다. 여하튼, '지금부터 일주일 후에 먹을 베리'는 '지금 먹을 베리'보다 더 높게 가치평가된 재화가 되고, 오늘의 소비에서 다음 주일의 소비로 이전될 베리의 수는 다음 주 베리의 하락하는 한계효용(공급이 증가함에 따라), 오늘 소비하는 베리의 증가하는 한계효용(공급이 감소함에 따라), 시간선호율 등이 어떻게 되느냐에 따라 결정될 것이다. 이러한 요인들의 결과로서, 크루소가 이 목적을 위해 100개의 베리를 이전하기로 결정한다고 가정하자. 그 경우에 이 100개의 베리는 소비재의 범주에서 제외되고 자본재의 범주로 이전된다. 그러나 100개의 베리는 와인처럼 소비재로 이전되기 위해서는 노동시간 없이 단지 **숙성기간**만이 필요한 그런 종류의 자본재이다(베리를 저장하고 꺼내오는 데 들어가는 있음직한 추가적 노동만을 제외하면).

그러므로 소비재의 재고를 누적하는 것도 또한 자본형성에 들어가는 저축이다.[42] 저축된 재화들은 즉각적으로 자본재들이 되는 데, 그 자본재들은 그 이후에 더 높게 평가되는 소비재들로 숙성된다. 단순 저축과 자본가 저축에 어떤 본질적 차이는 없다.

10. 교환으로서의 행동

모든 행동은 교환을 필요로 한다고 기술했다—교환이란 행위자가 기대하는 더 만족스러운 상태를 위하여 사물의 한 상태를 포기하는 것이다.[43] 우리는 이 장에 나왔던 다양한 예제에 비추어 교환이라는 진리의 함의들을 이제 설명할 수 있다. 행동의 모든 양상은 선택지들(alternatives) 중에서 하나를 선택하는 것을 의미했다—선택이란 다른 재화를 얻기 위하여 어떤 재화를 포기하는 것이다. 선택이 일어났던 곳이라면 어디라도—내구소비재들의 사용들 중에서 선택하는 것 또는 자본재들의 사용들 중에서 선택하는 것, 저축 대 소비 중에서 선택하는 것, 노동 대 여가 중에서 선택하는 것 등—선택지들 중에서 선택하는 것, 다른 사물을 선호하여 한 사물을 포기하는 그러한 선택이 언제나 존재했다. 각각의 경우에 행위자는 그의 가치척도상에서 가장 높은 효용을 줄 것이라고 믿었던 코스를 택했다. 그리고 각각의 경우에 행위자는 더 적은 효용을 줄 것이라고 믿었던 것을 포기했다.

선택지들의 범위를 더 분석하기 전에 **인간은 언제나 행동해야 한다**는 점을 강조할 필요가 있다. 그는 언제나 자신의 운명을 개선하기 위한 위치에 있기 때문에 심지어 '아무것도 하지 않는 것'도 행동의 한 형태이다. '아무것도 하지 않는 것'—또는 그의 모든 시간을 여가에 쓰는 것—은 그의 소비재 공급에 영향을 미칠 하나의 선택이다.

그러므로 인간은 언제나 선택하고 행동하는 것이 틀림없다.

  인간은 항상 행동하기 때문에 고려중인 선택의 유형이 무엇이든 간에 그는 **가치척도에서 가장 높은 것**을 얻기 위한 시도에 언제나 참가하는 것이 틀림없다. 그의 가치척도에는 개선의 여지가 **언제나** 있을 것이 틀림없다. 만약 그렇지 않으면 모든 인간의 욕구가 완전히 충족되었을 것이고 행동은 사라졌을 것이다. 이것이 실은 그렇지 않기 때문에, 그것이 의미하는 바는 각 행위자가 그의 운명을 개선할 수 있는 전망, 그가 포기하는 것보다 더 높은 가치를 얻을 수 있는 전망, 즉 **심적 이윤을 만들 것**이라는 전망이 언제나 열려 있다는 것이다. 그가 포기하는 것을 그의 **비용**이라고 부르는 데, 즉 비용이란 더 나은 상태를 얻기 위하여 그가 포기한 효용들이다. 따라서 어떤 행위자의 비용이란 소비재를 즐기기 위해 그가 포기한 기회들이다. 마찬가지로 행동 때문에 그가 얻을 것이라고 기대하는 (더 큰) 효용을 그의 **심적 소득**(*psychic income*) 또는 **심적 수익**(*psychic revenue*)이라고 할 수 있고, 다음에는 그것은 행동의 결과로서 그가 소비할 재화의 효용과 동일할 것이다. 그러므로 어떤 행동을 시작할 때, 그의 선택지들 중에서 자신이 취한 행동 코스가 그의 **심적 소득 또는 심적 수익을 최대화할 것**, 즉 그의 가치척도에서 가장 큰 높이를 차지하는 것이라고 행위자는 믿을 것이다.

:: 부록 A: 인간행위학과 경제학

이 장은 **인간행위학적 분석**의 일부를 개진했다―그 분석은 경제이론의 본체를 이루는 것이다. 이 분석은 인간행동이 실재함을 분석의 근본 전제로 삼는다. 일단 인간행동이 인간존재들이 존재하기 위한 필수적 속성이라는 점이 입증되면, 인간행위학의 나머지 부분(그리고 그것의 하부부문인 경제이론)은 행동이라는 개념의 논리적 함의들을 설명하는 것으로 이루어진다. 경제분석은 다음과 같은 형태이다.

(1) A를 명언한다―행동공리
(2) 만약 A라면, 그러면 B이다. 만약 B라면, 그러면 C이다. 만약 C라면, 그러면 D이고 등―논리의 규칙들에 의해
(3) 그러므로 우리는 B, C, D 등(의 진리)을 명언한다.

경제학은 인간이 가지는 목적들의 **내용**에 대해서는 어떤 법칙도 제의하지 않는다는 점을 깨닫는 것은 중요하다. 지금까지 제시했던 햄 샌드위치, 베리 등과 같은 예제들은 단순히 설명을 위한 사례들이고, 어떤 주어진 시간에 한 인간의 목표들의 내용에 대해서 어떤 것을 주장하려는 의미는 아니다. 행동개념은 미래 어떤 시점에 가장 절박한 욕구들을 충족하기 위해 희소한 수단들의 사용을 필요로 하고, 경제이론의 진리들은 목적들과 수단들 간의 공식적 관계를 포함하지만 욕구들의 구체적 내용들을 포함하지는 않는다. 한 사람의 목적들은 '이기적'일 수도 있고 '이타적'일 수도 있으며, '품위가 있는' 것일 수도 있고 '세속적인' 것일 수도 있다. 목적들은 '물적 재화'나 안락의 향유를 즐기는 것을 강조하는 것일 수도 있거나, 금욕적 삶을 역설하는 것일 수도 있다. 경제학은 목적들의 내용에 주의를 기울이지 않고 경제학 법칙들은 인간의 목적들의 본질과 관계없이 응용된다.

그러므로 인간행위학은 **심리학** 또는 **윤리학**(philosophy of ethics)과 다르다. 인간행위학, 심리학, 윤리학 등의 모든 원리는 개별 인간 마음의 주관적 결정을 다루기 때문에 많은 평자가 그 셋이 근본적으로 동일하다고 믿어왔다. 이것은 실은 전적으로

그렇지 않다. 심리학과 윤리학은 인간 목적들의 내용을 다룬다. 심리학과 윤리학은 묻기를, 왜 인간은 그렇고 그런 목적들을 선택하는가 또는 **어떤** 목적을 인간은 가치 있다고 **해야만** 하는가? 인간행위학과 경제학은 **어떤** 주어진 목적들을 다루고, 인간행위학과 경제학은 인간들이 목적들을 가지고 그것들을 달성하기 위해 수단들을 채용한다는 사실로부터 나오는 공적 함의들을 다룬다. 그 결과 인간행동학과 경제학은 심리학 또는 윤리학과 같은 것들과 분리된 별개의 원리들이다.

따라서 심리적 또는 생리적 기초 위에 한계효용의 법칙을 설명하는 것은 모두 틀린 것이다. 예를 들어, 많은 저자는 한계효용의 법칙을 이른바 '욕구만족의 법칙'(law of the satisfaction of wants)에 의존하는 데, 그 법칙에 따르면 인간은 한 번에 그렇게 많은 양의 아이스크림 등을 먹을 수 있으며 그 다음에 만족하는 것이다. 심리학에서 이것이 진실인가 또는 아닌가 하는 것은 경제학과 전적으로 관련이 없다. 이러한 저자들은 공급의 초기에는 두 번째 단위가 첫 번째 단위보다 더 만족스럽고, 그 결과 한계효용은 감소하기 전에 먼저 증가한다고 잘못 결론내렸다. 이 점은 전적으로 틀린 것이다. 한계효용의 법칙은 생리적 가정들 또는 심리적 가정들에 의존하는 것이 아니라 인간행위학적 진리에 의존하는 데, 그 진리란 어떤 재화의 첫 번째 단위는 가장 절박한 욕구를 충족시키기 위하여 사용될 것이고, 두 번째 단위는 그 다음 가장 절박한 욕구를 충족시키는 데 사용될 것이다. 이 '단위들'은 동일한 잠재유용성이 있어야 함을 기억해야 한다.

예를 들어, 다음과 같이 주장하면 틀린 것이다. 계란이 문제의 재화이다. 한 사람이 과자를 굽기 위하여 4개의 계란이 필요할 수 있다. 그 경우에 두 번째 계란은 첫 번째 계란보다 덜 절박한 목적에 사용될 수 있고, 세 번째 계란은 두 번째 계란보다 덜 절박한 목적에 사용될 수 있다. 그러나 네 번째 계란은 만약 그것이 없으면 손에 넣을 수 없는 과자를 생산하도록 하기 때문에 네 번째 계란의 한계효용은 세 번째 계란의 한계효용보다 크다.

앞의 주장은, 하나의 '재화'는 자연적 물질이 아니라 그 물질이 무엇이든 간에 그 물질의 단위들이 동일한 유용성을 공급하는 물질이라는 사실을 무시하고 있다. 네 번째 계란이 첫 번째 계란과 동일하게 쓸모가 있고 교환할 수 있는 것이 아니기 때문에, 두 계란은 동일한 공급단위들이 **아니므로** 한계효용의 법칙은 이 경우에 전혀 응용되지 않는다. 이 경우에 계란들을 한 재화의 동일한 단위들로 취급하기 위해서는, **4개의 계란으로 된 한 세트**를 하나의 단위로 간주하는 것이 필수적일 것이다.

인간행위학과 다른 원리들 간의 관계와 구분을 요약하면 다음과 같다.

- 왜 인간은 다양한 목적들을 선택하는가: **심리학**
- 무엇이 인간의 목적이 되어야만 하는가: **윤리학** 또는 **미학**
- 목적들에 도달하기 위하여 수단을 어떻게 사용하는가: **과학기술**
- 인간의 목적들이 무엇이고, 무엇이었고, 그리고 목적들을 달성하기 위해 인간이 어떻게 수단들을 사용했는가: **역사**
- 인간들이 선택된 다양한 목적들을 달성하기 위하여 수단들을 사용한다는 사실로부터 나오는 공적 함의들: **인간행위학**

인간행위학과 경제분석의 관계는 어떤 것인가? 경제학은 인간행위학의 하부부문이다―지금까지는 충분하게 다듬어진 유일한 하부부문이다. 인간행위학이 인간행동의 일반적이고 공적인 이론이라면, 경제학은 격리된 개인의 행위에 대한 분석(크루소 경제학)을 포함하고 개인간의 캐털래틱스(catallactics)를 특별히 다룬다. 인간행위학의 남은 부분은 미개척 분야이다. 전쟁과 폭력적 행동에 대한 논리적 이론을 공식화하려는 시도들이 이루어졌고, 정부가 행하는 폭력이 정치철학에 의해서 다루어졌으며, 자유시장에서 폭력적 간섭의 효과를 다루는 일이 인간행동학에서 다루어졌다. 게임이론이 다듬어졌고, 투표의 논리적 분석이 흥미롭게도 초기단계에 있다.

인간행위학과 경제학은 소수의 널리 알려진 전제들에 기초한 추론의 논리적 사슬들이기 때문에, 경제학이 진실로 과학적이 되기 위해서는 수학적 논리의 상징적 기호들에 따라 다듬어져야 한다는 제안이 있었다.[44] 이것은 수학적 논리 또는 '기호논리학'(logistic)(본문은 병참학으로 표기하나 오류인 것 같음, 이하 동일하게 수정―역주)의 역할에 대한 이상하게 그릇된 생각을 표현한다. 무엇보다도 **각각의 명제가** 의미가 있는 것이야말로 구두로 표현한 명제들의 큰 장점이다. 다른 한편, 기호논리학에서 사용되는 것처럼, 대수나 논리적 기호들은 그것들 자체로는 의미가 없다. 인간행위학은 행동공리를 진리로 주장하고, 논리적 추론의 규칙에 따라, 이 공리로부터 (몇 개의 실증적 공리들—다양한 자원의 존재와 다양한 개인의 존재와 같은 그런 공리들—과 함께) 경제학의 모든 명제들이 유도되는 데, 그 명제들의 각각은 구두로 표현되어 있고 의미가 있다. 만약 기호의 논리적 배열이 사용되었다고 가정하면, 각각의 명제는 의미가 없었을 것이다. 그러므로 인간행동과학과 대조적으로 기호논리학은 공리들보다는 결론들이 알려진 자연과학에 훨씬 더 적합하다. 자연과학에서는, 전제들은 오직 가상적이고 그 전제들로부터 논리적 연역들이 만들어진다. 이러한 경우들에 연역적 과정의 각 단계에서 의미 있는 명제들을 얻겠다는 목적이 없으므로 상징적 언어와 수학적 언어가 더 유용하다.

경제학을 단순히 구두로 표현하고, 그 다음에 그것을 기호논리학적 상징들로 번역하며, 최종적으로는 명제들을 다시 영어로 재번역하는 것은 이치에 맞지 않는다. 그리고 그렇게 하는 것은 오캄의 면도날(*Occam's razor*)이라는 근본적인 과학적 원칙을 어긴 것인데, 오캄의 면도날은 과학에서는 가능한 최대의 단순성과 실체들 또는 과정들의 불필요한 증식을 피할 것을 요구한다.

믿는 바와는 반대로, 구두로 표현한 논리의 사용은 기호논리학보다 못하지 않다. 이에 반하여 기호논리학은 구두로 표현한 논리에 의존하는 단순한 보조적 수단이다. 왜냐하면 공식적 논리학은 사고의 필수적이고 기초적인 법칙들을 다루는데, 그 법칙들은 구두로 표현되어야만 하고, 기호논리학은 이러한 구두로 표현된 공식적 논리를 기초로 사용하는 오직 상징적 제도이기 때문이다. 그러므로 인간행동학과 경제학은 구두로 표현한 논리—상징적 논리의 근본적 기초이고 사고과정의 각 단계에서 의미가 있는—의 사용을 조금이라도 변명할 필요가 없다.[45]

:: 부록 B: 수단들과 목적들에 대하여

 수단들과 목적들을 논리적으로 분리하는 것에 기초를 두는 어떤 이론이라도 비현실적인데, 왜냐하면 그 둘이 종종 하나로 융합되거나 녹여지기 때문이라고 자주 주장된다. 그럼에도 불구하고 만약 인간이 목적을 이루기 위하여 행동한다면, 그 결과 그는 **목적들**을 향해 질주하고, 그가 어떤 루트를 택하든지, 어떤 루트를 택한다는 **바로 그 사실에 의하여**(ipso facto), 목적들을 성취하기 위하여 **수단들**을 채택해야만 한다. 수단들과 목적들을 구분하는 것은 모든 인간—사실, 모든 목적이 있는—행동에 뿌리를 두고 있는 필수적인 논리적 구분이다. 이 최초의(primordial) 진리를 부정하는 것에 어떤 타당성이 있다고 보기 어렵다. 수단들과 목적들을 구분하는 것이 비현실적이라는 주장이 타당한 유일한 경우는 어떤 **목적들** 또는 차라리 어떤 **행동과정들**이 다른 목적들이 될 뿐 아니라 그것들 자체가 목적들이 되는 그런 경우들이다. 물론 이런 일이 종종 일어날 수 있다. 그러나 위에서 그랬던 것처럼, 그런 경우들을 분석에 통합하는 것은 어렵지 않다. 따라서 인간은 돈뿐만 아니라 그가 일이나 장소를 즐기기 때문에 어떤 일터에서 일할 수도 있다. 더욱이 돈에 대한 욕망은 다른 목적들을 위한 수단에 대한 욕망이다. 인간행위학에 대한 비판자는 다음과 같은 점을 혼동한다. 그는 목적들과 방법들을 **범주들**(categories)로서 필연적으로, 그리고 영원히 분리하는 것과 어떤 특별히 구체적인 자원과 행동과정에서는 목적들과 방법들이 빈번하게 동시에 발생하는 것을 혼동한다.

NOTES

1   이 주제에 대해 더 읽고 싶다면, 최선의 출처는 전대미문의 걸작인 Ludwig von Mises, *Human Action*(New Haven: Yale University Press, 1949), pp.1~143과 이 책의 곳곳에 있는 내용을 참조하라.
2   *Ibid*., p.11; F. A. Hayek, "The Facts of the Social Sciences," *Individualism and Economic Oder*(Chicago: University of Chicago Press, 1948), pp.57~76; Hayek, *The Counter-Revolution of Science*(Glencoe, Ill.: The Free Press, 1952), pp.25~35; and Edith T. Penrose, "Biological Analogies in the Theory of the Firm," *American Economic Review*, December, 1952, pp.804~819, especially pp.818~819.
3   Aristole, *Ethica Nicomachea*, Bk., I, especially ch. vii.
4   이 장은 인간행위의 존재에 대한 논리적 함의들을 개발하는 것으로 구성되었다. 이 장 이후의 장들─구조물의 더 많은 부분들─은 매우 적은 수의 보조가정들의 도움으로 개발된 것이다. Murray N. Rothbard, "Praxeology: Reply to Mr. Schuller," *American Economic Review*, December, 1951, pp.943~946; and "In Defense of 'Extreme Apriorism,'" *Southern Economic Journal*, January, 1957, pp.314~320.
5   여기에서 어려운 질문인 하등생물로부터 고등생물인 영장류를 포함하는 동물행위, 즉 순전히 반사적인 행위와 동기에 의해 유발된 행위의 경계선에 있는 것으로 여겨지는 동물행위에 들어갈 필요는 없다. 하여간, 인간은 동물의 행위를 그가 이해할 수 있는 동물의 동기 탓으로 돌릴 수 있는 한에서만, 그런 동물의 행위를 **이해할**(단순히 관찰하는 것과 구분할) 수 있다.
6   오직 개인만이 행동한다고 말하는 것은, 그의 욕구나 행동이 다양한 사회들이나 집단들의 동료 구성원인 다른 개인의 행동에 의해 영향받는다는 것을 부정하는 것은 아니다. 몇몇 경제학 비판자들이 주장하는 것처럼, 개인들이 서로 고립된 '원자들'이라고 가정하는 것은 전혀 아니다.
7   F. A. Hayek, *The Counter-Revolution of Science*, p.34; Mises, *op. cit*., p.42.
8   Talcott Parsons, *The Structure of Social Action*(Glencoe, Ill.: The Free Press, 1949), pp.44ff.
9   어떤 저자들은 인간행위학과 경제학이, 모든 행동이 냉정하고 계산적이며 신중하다고 가정한다고 근거 없이 믿어왔다.
10 '경제재'와 '자유재'(공기처럼)로 나누는 일반적 구분은 틀린 것이다. 위에서 설명했듯이, 공기는 수단이 아니고 인간복지의 일반적 조건이며, 행동의 대상물이 아니다.
11 여기에 사용한 '토지'라는 용어는 일반적 의미로 사용하지 않기 때문에 오해의 소지가 있다. 토지는 물, 기름, 광물질 등과 같은 **자연**자원들을 의미한다.
12 이 시점에서 행위자가 인간행위의 대상물인 조리법을 처음 배우는 것과 관련된 복잡성을 다룰 필요는 없다.
13 Carl Menger, *Principles of Economics*(Glencoe, Ill.: The Free Press, 1950), pp.51~67.
14 그러면 각 행위자에게 있어 생산기간은 기다리는 시간과 동일하다. 이때의 시간이란 그가 행동을 시작하고 난 뒤에 그의 목적을 성취할 것이라고 기대하는 시간을 말한다.
15 **시간선호**는 미래 만족(*satisfaction*)보다는 **현재 만족**, 또는 **미래재**(*future good*)보다는 **현재재**(*present good*)를 선호한다고 할 수 있다. 만약 일정기간 동안에 비교해야 할 만족도(또는 '재화')가 **같다는** 전제하에서 말이다. 따라서 보편적 시간선호를 주장하는 것에 대한 공통적 반대는, 인간은 겨울에는 얼음을 현재 배달하는 것보다는 다음 해 여름(미래)에 배달하는 것을 선호한다는 것이다. 그러나 이것은 '재화'의 의미와 어떤 사물의 물질적 특성들을 혼동한 것이다. 반면에 재화는 실제로는 주관적 만족을 의미한다. 여름의 얼음은 겨울의 얼음과 다른

(그리고 더 큰) 만족들을 제공하기 때문에 그 둘은 **같은** 것이 아니고 **다른** 재화이다. 이 경우에, 얼음의 **물리적** 특성이 같다는 사실에도 불구하고 비교해야 할 것이야말로 두 재화간의 다른 만족들이다.

16 긴 서비스 지속기간을 가진 소비재를 가리켜 **내구재**(*durable goods*), 짧은 서비스 지속기간을 가진 소비재를 가리켜 **비내구재**(*nondurable goods*)라고 부르는 것이 관행이다. 그러나 내구의 정도는 천차만별이므로 그렇게 이분법적으로 구분하는 것은 단지 비과학적이고 임의적일 뿐이다.

17 따라서 어떤 목적들이 가치척도에 따라 순위가 매겨지는 번호들은 **서수적**(*ordinal*) 숫자이고 **기수적**(*cardinal*) 숫자가 아니다. 서수적 숫자는 오직 순위만 매겨진다. 그것은 계측의 과정에 지배될 수 없다. 따라서 위의 보기에서 우리가 말할 수 있는 전부는 음악회를 가는 것은 브리지를 하는 것보다 가치가 있고, 음악회를 가는 것이나 브리지를 하는 것은 어느 것이라도 야구경기를 관람하는 것보다 가치가 있다고 하는 것이다. 우리는 음악회를 가는 것이 야구경기를 관람하는 것보다 '2배 더' 가치가 있다고 말할 수는 없다. 그의 가치척도에 쓰인 숫자 2와 4는 덧셈, 곱셈 등의 과정에 지배될 수 없다.

18 잘못된 행동의 결과로 손실을 입는 사례는 음악회에 가서 전혀 재미가 없었음을 발견하게 되는 경우일 것이다. 그러면 행위자는 야구경기를 시청하는 것을 계속하거나 브리지를 했다면 훨씬 더 행복했을 것임을 알게 된다.

19 이 책의 상당부분은 가치를 매기는 과정이 복잡한 현대경제에서 어떻게 달성될 수 있는가 하는 문제로 채워져 있다.

20 이것이 오랫동안 경제분야의 저자들에 만연했던 문제, 즉 재화들의 가치원천에 대한 해결책이다.

21 Ludwig von Mises, *The Theory of Money and Credit*(New Haven: Yale University Press, 1953), p.46.

22 T. N. Carver, *The Distribution of Wealth*(New York: Macmillan & Co., 1994), pp.4~12. 이용가능한 재고의 크기가 구체적 단위들에 대한 인간의 가치평가에 영향을 주는 점을 더 많이 토론한 것은 아래를 보라.

23 만약 '재화'가 수단이 아니고 인간복지의 일반적 조건일 때만 이 점은 진실이 아닐 것이다. 그 경우에, 공급한 단위의 감소가 인간행동을 위해서 아무런 차이가 없을 것이다. 그러나 그 경우에 그것은 인간행동이라는 경제적으로 써야 하는 행위에 지배되는 하나의 **재화**가 아니다.

24 한계효용의 모든 주제에 대해서는, Eugen Von Böhm-Bawerk, *The Positive Theory of Capital*(New York: G. E. Stechert & Co., 1930), pp.138~165, 특히, pp.146~155 참조.

25 대수적 증명을 위해서는, George J. Stigler, *The Theory of Price*(New York: Macmillan & Co., 1946), pp.44~45 참조.

26 이 주제에 관한 더 많은 독서를 위해서는, Böhm-Bawerk, *op. cit*., pp.170~188; F. A. Hayek, *The Counter-Revolution of Science*, pp.32~33 참조.

27 이것이 이 장에서 행동공리로부터 연역되지 않은 첫 번째 명제이다. 그것은 실제의 인간행위에 대한 실증적 관찰에 의존하는 하나의 보조가정이다. 그것은 인간행동으로부터 연역될 수 없는데, 왜냐하면 그 반대도 있을 법하기 때문이다. 비록 그 반대가 일반적으로 존재하는 것은 아니지만 말이다. 다른 한편, 원인과 결과의 수량적 관계에 대한 위의 가정들은 행동공리에 논리적으로 암묵되어 있었는데, 왜냐하면 원인과 결과의 단정적 관계에 대한 정보는 행동하기 위한 결정에 필수적이기 때문이다.

28 Mises, *Human Action*, p.131.

29 *Ibid*., p.132.

30 여가는 노동에 소비되지 않은 시간의 양이다. 그리고 놀이는 만족감을 만들어내기 위하여 여가가 취할지도 모르는 형태들 중의 하나인 것으로 간주될 수 있을 것이다. 노동과 놀이에 대해서는, Frank A. Fetter, *Economic Principles*(New York: The Century Co., 1915), pp.171~177, 191, 197~206 참조.

31 L. Albert Hahn, *Common Sense Economics*(New York: Abelard-Schuman Co., 1956), pp.1ff.

32 이 점에서 막대기를 '노동-절약적 도구'(*labor-saving device*)라고 부를 수 있는데, 비록 그 용어가 오해하게 만들지만 말이다. 행위자가 증가된 생산성을 여가의 형태로 이용할 것을 선택할 때만이 막대기는 '노동절약적'이다.

33 재화의 교체를 위해 독립적 저축행위가 필요하다는 것을 강조할 필요가 있는데, 왜냐하면 많은 저자가[예를 들어, 클락(J. B. Clark), 프랭크 나이트] 한번 생산된 자본은 더 이상 저축행위의 필요성 없이 어떤 신비한 방법으로

스스로 재생산된다고 가정하는 경향이 있기 때문이다.

34 Frederic Benham, *Economics*(New York: Pitman Publishing Co., 1941), p.162.
35 Böhm-Bawerk, *op. cit.*, pp.95~96; Mises, *Human Action*, pp.480~490, and pp.476~514.
36 이 불확실성은 주관적 감정[예감(hunch) 또는 추정]이고 어떤 방법으로도 측정할 수 없다. 미래에 일어날 역사적 사건의 불확실성에 수학 '확률론'을 응용하고자 한 많은 인기 있는 저자들의 노력은 전적으로 헛된 것이다. Mises, *Human Action*, pp.105~118 참조.
37 그러한 일단의 투자결정들이 그에게 더 큰 미래 산출물을 가능하게 할 것이 언제나 그에게 개방된 것임이 틀림없다는 점은 인간행위의 가정으로부터 유도된 기초진리이다. 만약 그런 결정들이 그에게 개방되어 있지 않다고 가정하면, 인간은 그의 운명을 개선할 수 없음(또는 차라리, 그가 운명을 개선하기 위하여 행동할 수 없다는 것을 믿음)을 의미하는 것이고, 또한 그 결과 행동의 가능성은 없다는 것을 의미할 것이다. 행동 없이는 인간존재를 이해하는 것마저도 할 수 없기 때문에 '투자기회들'은 언제나 손에 넣을 수 있다는 결론에 이르게 된다.
38 '미사용 능력'이라는 개념이 지닌 문제점에 대해서는, Benham, *op. cit.*, pp.147~149 참조.
39 Böhm-Bawerk, *op. cit.*, pp.238~244.
40 단순 저축은 앞의 예제와 혼동하지 말아야 한다. 앞의 예제에서 크루소는 그의 노동을 자본생산에 바치면서 소비될 소비재들의 재고를 저축했다.
41 위의 각주 15를 보라.
42 투자의 모든 다른 경우에서처럼, 생산기간은 저축하는 행위와 미래에 소비하는 행위 간의 시간차이와 동일할 것이다.
43 이 책의 42쪽을 보라.
44 G. J. Schuller, "Rejoinder," *American Economic Review*, March, 1951, p.188. 응답에 대해서는, Murray N. Rothbard, "Toward a Reconstruction of Utility and Welfare Economics," in M. Sennholz, ed., *On Freedom and Free Enterprise*, Essays in Honor of Ludwig von Mises (Princeton, N. J.: D. Van Nostrand Co., 1956), p.227; Boris Ischboldin, "A Critique of Econometrics," *Review of Social Economy*, September, 1960, pp.110~127; and Vladmir Niksa, "The Role of Quantitative Thinking in Modern Economic Theory," *Review of Social Economy*, September, 1959, pp.151~173 참조.
45 Rene Poirier, "Sur Logique," in Andre Lalande, *Vocabulaire technique et critique de la philosophie*(Paris: Presses Universitaires de France, 1951), pp.574~575.

제2장

직접교환

1. 개인간 행동의 유형들: 폭력

제1장의 분석은 행동이라는 가정으로부터 나온 논리적 함의들에 기초한 것이었고, 그 분석의 결과들은 모든 인간행동에 유효하다. 그러나 이러한 원리들의 응용은 고립된 개인들의 행동이 따로 떨어져서 고려되는 곳인 '크루소 경제학'에 국한되었다. 이러한 상황에서는 사람들간의 상호작용은 없다. 따라서 그 분석은 n개의 섬이나 다른 고립된 지역에 있는 n명의 크루소에 쉽고도 직접적으로 응용될 수 있다. 다음으로 해야 할 일은 그 분석을 개별 인간존재들간의 상호작용을 검토하는 데 응용하고 확장하는 것이다.

드디어 크루소가 예를 들어, 잭슨(Jackson)이라는 또 한 사람의 개인이 섬의 다른 쪽 끝에서 역시 홀로 살고 있음을 안다고 가정하자. 어떤 종류의 상호작용이 이제 그들간에 일어날 수 있는가? 한 가지 종류의 행동은 **폭력**(*violence*)이다. 따라서 크루소가 잭슨에 대한 단호한 증오심을 즐기고 그를 죽이거나 그렇지 않다면 다치게 하기로 결정할 수 있다. 그 경우에 크루소가 폭력을 휘두름으로써 그의 목적—잭슨을 살인하는 것—을 성취할 것이다. 또는 크루소가 잭슨의 집과 모아둔 모피를 약탈하려는 목적을 위한 하나의 수단으로서 잭슨을 살해할 것을 결정할 수 있다. 어느 경우에나 결과는 크루소가 잭슨을 희생하여 만족을 얻는데, 잭슨은 적게 잡아도 큰 심적 손실을 입는다. 두 경우에 근본적으로 유사한 것은 **폭력**에 의한 **협박** 또는 **위협**에 기초한 행동이다. 따라서 크루소는 칼끝으로 잭슨을 위협하여 그가 모아 둔 모피와 저장품을 강탈할 수 있다. 두 예제는 **폭력적 행동**의 사례이고, 다른 사람의 희생으로 한 사람이 이득을 얻는 경우이다.

다음 요소들은, 단독으로 또는 집단으로 크루소(또는 잭슨)로 하여금 다른 사람에게 폭력행위를 **억제하도록 하는** 것들이다.

(1) 그는 다른 인간존재에게 폭력을 가하는 것은 **부도덕한** 것이라고 느낄 수 있다. 즉, 다른 사람에게 폭력을 가하는 것을 삼가는 것이 목적 그 자체인데, 이 목적의 순위는 그의 가치척도상에서 폭력으로부터 획득할 수 있는 자본재나 소비재의 형태로부터 얻는 어떤 이익의 순위보다 높다.

(2) 폭력행위를 제도화(instituting)하는 것은 환영받지 못하는 선례를 남기는 것이 당연할 것이고, 그것은 다른 사람이 그에게 무기를 들이댈 것이기 때문에 그 결과 승리자가 되는 대신에 희생자가 되는 것으로 끝이 날 수 있다고 결정할 수 있다. 만약 그가 다른 사람의 희생을 대가로 한 사람이 이득을 얻는 그런 종류의 행동을 시작한다면, 그는 그 행동의 결과로서 **그가** 패자로 판명날 수도 있을 것이라는 사실에 직면해야 한다.

(3) 그의 폭력행위가 최종적으로 다른 사람에 대한 승리로 끝날 것이라고 크루소가 느낀다 하더라도, '전쟁비용'(costs of the war)은 승리로부터 얻을 수 있는 순 이득을 초과할 것이라고 결론내릴 수 있다. 따라서 시간의 비효용과 **전쟁을 수행**하고(전쟁이란 둘 또는 그 이상의 적대자들이 사용하는 폭력행위로 정의한다) 전쟁에 필요한 **무기**(전쟁목적을 위한 자본재들)를 축적하는 데 들어간 노동-에너지 등이 예상컨대, 정복의 전리품을 초과할 수 있다.

(4) 비록 크루소가 상당히 승리를 확신하고 전쟁의 비용이 전리품의 효용보다 훨씬 적을 것이라고 믿는다 하더라도, 그의 결정에서 장기손실이 이러한 단기이득보다 초과하는 것은 당연하다. 따라서 잭슨의 모피와 집을 정복한 것은 '생산기간'(=전쟁준

비+전쟁 자체의 길이) 이후에 잠시 동안 그의 만족에 추가되지만, 그러나 일정 시간 후에 집은 낡을 것이고 모피는 쓸모 없게 될 것이다. 잭슨을 살해함으로써 잭슨의 계속 생존이 제공했을지도 모를 많은 서비스를 영원히 잃게 되었다고 이제 결론내릴 수 있다. 잃는 것은 교우관계일지도 모르고, 다른 형태의 소비재 또는 생산재일지도 모른다. **어떻게** 잭슨이 폭력에 호소하지 않는 크루소에게 봉사할 것인가 하는 점은 아래에서 다룰 것이지만, 그러나 여하튼 크루소는 장기적 결과의 비효용을 예상되는 단기이득의 효용보다 더 높게 추정함으로써 폭력을 사용하는 것을 유보할 수 있다. 다른 한편, 그의 결정에서 단기이득이 장기손실보다 우월할 만큼 그의 시간선호가 매우 높을 수 있다.

크루소가 전쟁비용 또는 장기적 결과를 고려치 않고 폭력행위를 저지르는 일이 가능한데, 그 경우에 그의 폭력행위는 잘못되었음이 판명날 것인데, 즉 그가 사용했던 수단들이 그의 심적 수익을 최대화하기에는 적절한 것이 아니었다는 것이다.

크루소는 적을 살해하는 대신에 그를 **노예로 삼는** 것이 더 유용한 것임을 발견할 수 있고, 폭력에 의한 지속적 협박으로 잭슨을 그 자신보다는 크루소의 욕구충족을 위해 노동하는 데 동의하도록 강제하는 것이 더 유용한 것임을 발견할 수 있다.[1] **노예제도**하에서 주인은 그가 가축, 말, 다른 동물 등을 취급하는 것처럼 노예를 취급하는데, 가축을 그의 욕구를 충족시킬 생산요소로서 이용하고, 주인에게 서비스를 계속할 수 있을 정도로 충분하게 먹이를 주고, 잠자리를 제공하는 등을 하는 것처럼 말이다. 노예가 이러한 협정에 동의하는 것은 진실이지만, 그러나 이 동의는 주인을 위해 일할 것과 폭력으로 다치는 것 중에서 선택한 결과이다. 이러한 조건하에서의 노동은 폭력의 협박하에 있지 않는 노동과는 질적으로 다르고, **자유노동**(free labor) 또는 **자발적 노동**(voluntary labor)과 비교하여 **강제노동**(compulsory labor)이라고 부른다. 만약 잭슨이 크루소의 명령하에 노예로서 일하는 것을 계속할 것을 동의하면, 그것이 잭슨 자신이 노예가 되는 일을 진심으로 찬성하는 것을 의미하지는 **않는다**. 그것은 단지 잭슨이 그의 주인에 대한 **반란**이 그의 조건을 개선할 것이라는 것을 믿지 않는다는 것을 의미하는데, 왜냐하면 그에게 가해질 폭력의 가능성, 반란을 준비하고 싸우는 데 드는 노동 등의 관점에서 본 반란의 **비용** 때문이다.

노예는 그의 주인에 의해 제공되는 음식 등 때문에 노예제의 열렬한 지지자일지도 모른다는 주장은, 그 경우에 주인에 의한 폭력과 폭력에 의한 협박이 불필요할 것이라는 사실을 무시하고 있다. 잭슨이 단순히 자발적으로 크루소에게 봉사할 것이라면, 그런 협정은 노예제가 아니라 다음 절에서 고려할 다른 종류일 것이다.[2,3] 노예는 주인에 의한 폭력의 위협이 없을 때의 상태일 때보다 언제나 나쁘므로 주인은 노예의 희생을 대가로 항상 이득을 얻는다는 것은 명백하다.

노예제하에서 개인간의 관계는 패권적인(hegemonic) 것으로 알려져 있다.[4] 그 관계는 명령과 복종의 관계이고, 명령은 폭력의 협박에 의해 집행된다. 주인은 그의 욕구를 충족하기 위하여 노예를 도구로서, 생산요소로서 사용한다. 따라서 노예제 또는 패권은 한 사람이 폭력의 협박하에 다른 사람의 명령에 따라 노동을 해야만 하는 제도로 정의된다. 패권하에서는 복종해야 하는 사람—'노예', '농노'(serf), '피감시자'(ward), 또는 '피지배자'—은 다음 두 가지 선택지 중에서 오직 하나만을 선택한다. 즉, ① 그 자신이 '주인' 또는 '독재자'에게 지배를 받는 것, 또는 ② 그 자신이 폭력을 사용하거나 명령에 복종하는 것을 거절함으로써 폭력체제(regime of violence)에 반란하는 것. 만약 그가 첫 번째 코스를 선택한다면, 그는 패권적 지배자에게 복종하고, 그 이외의 모든 다른 결정과 행동은 지배자에 의해 이루어진다. 피지배자는 지배자에게 복종하는 것을 선택할 때 **한 번** 선택한다. 그것을 제외한 다른 선택은 지배자에 의해 이루어진다. 피지배자는 주인에 의해 사용되기 위한 수동적 생산요소로서 행동한다. 노예에 의해 한 번의 (계속적인) 선택이 있은 후에 노예는 강요된 노동 또는 강제노동에 종사하고 오직 독재자만 선택하고 행동할 자유가 있다.

폭력행동은 다음과 같은 전개를 가져올 수 있다. 즉, ① 싸움이 승패가 나지 않는 것으로 어떤 적도 승리자가 아니고, 그 경우에 전쟁은 긴 기간 동안에 간헐적으로 계속되거나 또는 폭력적 행동을 그만두고 **평화**가 구축된다(전쟁이 없는 것). ② 승리자가 패배자를 죽이고 그 경우에 둘간에는 더 이상의 개인간 행동은 없다. ③ 승리자가 패배자를 단순히 약탈하고 놓아주어 고립상태로 돌아가거나, 아마도 간헐적인 폭력적 약탈을 한다. ④ 승리자가 폭력으로 위협하여 희생자 위에 군림하여 지속적인 패권적 폭정을 구축할 수 있다.

코스 ①의 경우에 폭력적 행동은 실패했고 과오를 저질렀음이 증명되었다. ②의 경우에 더 이상의 개인간 상호작용은 없다. ③의 경우에 약탈과 고립의 반복이 있다.

④의 경우에 지속적인 패권적 약정(bond)이 구축된다.

네 가지 결과들 중에서, 오직 ④에서만 지속적 패턴의 개인간 관계가 제도화되었다. 이런 관계는 다음과 같은 강제된 '교환'을 포함하는 강제적인 것이다. 노예는 식품과 다른 양식과 교환하는 대가로 생산요소로서 취급된다. 주인은 양식을 포함한 공급품을 공급하는 대가로 생산요소를 얻는다. 지속적 패턴의 개인간 교환을 **사회**라고 부르고, 오직 ④의 경우에만 사회가 구축되었던 것이 명백하다.[5] 크루소가 잭슨을 노예로 만든 경우에, 구축된 사회는 전적으로 패권적 사회이다.

이제 '사회'라는 말은 인간존재들 사이에서 이루어지는 개인간 교환의 패턴을 의미한다. '사회'를 그 자신이 어떤 독립적 힘을 가진 '실재하는'(real) 것으로 취급하는 것은 명백히 어리석다. 사회를 이루는 개인들과 개인들의 행동이 구축될 사회패턴의 유형을 결정하는 그런 개인들로부터 떨어져서 사회가 실재하는 것은 아니다.

제1장에서 모든 행동은 교환이라는 것을 보았고, 이제 교환을 두 가지 범주로 나눌 수 있다. 하나는 **자폐성**(autistic) 교환이다. 자폐성 교환은 그 형태가 무엇이든지 서비스의 **개인간 교환**을 포함하지 않는 거래로 이루어진다. 따라서 고립된 크루소의 교환은 모두 자폐성이었다. 다른 한편, 노예제의 경우는 개인간 교환을 포함했는데, 그 경우에 각자는 다른 사람으로부터 다른 재화를 얻기 위하여 일부 재화를 포기한다. 그러나 이러한 형태의 강제교환에서는 오직 지배자만이 교환으로부터 이익을 보는데, 왜냐하면 그는 그 자신의 자유로운 선택으로 교환한 유일한 사람이기 때문이다. 피지배자로 하여금 교환하도록 유도하기 위해서는 지배자가 폭력으로 협박해야 하기 때문에 교환으로 피지배자가 잃는 것은 분명하다. 주인은 하인을 생산요소로서 사용하여 하인의 희생으로 주인 자신의 이윤을 얻는 이러한 패권적 관계를 **착취**(exploitation)라고 부른다. 패권적 교환하에서는 지배자가 그의 이익을 위하여 피지배자를 착취한다.[6]

2. 개인간 행동의 유형들: 자발적 교환과 계약사회[7]

이 시점에서부터 순전히 자발적 행동에 기초한 사회의 작동을 분석할 것인데, 자발적 행동이란 폭력이나 폭력에 의한 협박에 의해 전혀 **방해받지 않는**(unhampered) 행동을 말한다. 우리는 순전히 자발적인 개인간 행동을 고찰하고 패권적 관계는 추적하지 않는다. 그러면, **방해받지 않는 시장**(unhampered market)의 법칙들을 이해하고 난 다음에, 패권적 관계—폭력 또는 폭력에 의한 협박에 기초한 행위들의 관계—의 본질과 결과를 추적할 것이다. 우리는 자발적 행동에 폭력을 써서 간섭하는 행위의 다양한 효과를 주목할 것이고, 그런 접근법을 순수한 노예제 또는 복종관계로 된 완전한 패권체제에 응용한 결과를 논의할 것이다. 현재는 인간이 인간에게 가하는 폭력의 존재에 의해 방해받지 않는 행동들의 분석에 토론을 국한할 것이다.

자발적 상호작용의 주요 형식은 개인간 자발적 교환이다. A는 B가 A에게 준 어떤 재화에 대한 대가로 B에게 어떤 재화를 준다. 교환의 본질은 **쌍방이 교환하고자 하는 데 있는데, 왜냐하면 교환이 그들에게 이익이 될 것이라고 기대하기 때문이다.** 만약 그렇지 않으면 그들은 교환할 것에 동의하지 않았을 것이다. 교환이 일어나기 위한 필요조건은 **교환참가자 각자의 가치척도상에서 두 재화가 역의**(reverse) **가치평가를 가지는 것이다**. 예를 들어, A와 B가 두 사람의 교환참가자이고, A가 B에게 재화 Y를 대가로 재화 X를 준다고 가정하자. 이 교환이 일어나기 위해서는 교환이 일어나기 전에 그들의 가치척도가 다음과 같았음에 틀림없다.

A	B
1-(재화 Y)	1-(재화 X)
2-재화 X	2-재화 Y

(재화 주위의 괄호는 두 사람이 가지고 있지 않은 재화를 표시한다. 괄호가 없는 재화는 두 사람이 가진 재화를 말한다) A는 재화 X, B는 재화 Y를 소유하고, 두 사람은 각자 자신이 가진 재화보다 자신이 가지지 못한 재화를 더 높게 평가한다. 교환이 일어나고 난 후에는, A와 B 모두가 그들 각자의 가치척도에서 더 높은 위치로 이동했다.

따라서 교환이 일어나기 위한 조건들은 재화들이 두 당사자에 의해 역순으로 평가되고, 교환 당사자 각자는 다른 한 사람의 존재와 그가 소유한 재화의 존재를 **아는** 것이다. 다른 한 사람이 재산(assets)을 소유하고 있음을 모른다면 이런 재산의 교환은 일어날 수 없다.

교환되어야 하는 것은 **재화들**이고, 그것들은 재화를 받는 사람에게 유용할 것임은 명백하다. 재화는 현재재 또는 미래재(또는 미래재와 동일하다고 여겨질 수 있는 미래재에 대한 청구권)일 수도 있고, 자본재 또는 소비재일 수도 있으며, 노동 또는 자연이 준 요소들일 수도 있다. 여하튼, 교환의 대상물들은 인간의 목적들을 위한 **희소한 수단들**이어야 하는데, 왜냐하면 만약 수단들이 모두를 위해 풍부하게 이용 가능하다고 가정하면, 그것들은 인간복지의 일반적 조건이지 인간행동의 대상물들이 아닐 것이다. 만약 어떤 것이 인간복지의 일반적 조건이라고 가정하면, 그것을 얻기 위해 어떤 것을 포기해야 할 필요는 없을 것이고, 그것은 교환의 대상물이 아닐 것이다.

만약 문제의 재화가 공급이 한 단위밖에 없는 독특한 재화라면, 언제 교환이 이루어질 것이고 이루어지지 않을 것인지 하는 문제는 단순한 것이다. 만약 A가 꽃병을 가지고 있고, B가 타자기를 가지고 있으며, 각자가 다른 한 사람이 가진 물건을 아는 상태에서, 만약 A는 타자기를 더 높게 평가하고 B는 꽃병을 더 높게 평가하면 교환이 일어날 것이다. 다른 한편, 만약 A 또는 B, 둘 중의 **어느 하나가** 다른 한 사람이 가진 것보다 그가 가진 것은 무엇이라도 높게 평가한다면, 교환은 일어나지 않을 것이다. 마찬가지로, 만약 어느 한쪽이 다른 한쪽이 꽃병이나 타자기를 가진 것을 모른다면 교환은 일어나지 않을 것이다.

다른 한편, 만약 이용가능한 재화들이 동일한 단위로 공급되면 문제는 더 복잡해진다. 여기에서는 두 재화의 교환이 얼마나 멀리까지 갈 것인가를 결정하는 데 있어서는 한계효용의 법칙이 결정적 요인이 된다.[8] 만약 존스와 스미스가 재화 X와 재화 Y를 일정량 가지고 있으면, 존스가 **한 단위**의 Y를 위하여 **한 단위**의 X를 거래하기 위해서는 다음과 같은 조건들이 충족되어야 한다. 존스에게는 추가된 한 단위의 Y의 한계효용이 포기한 X의 한 단위의 한계효용보다 커야 한다. 그리고 스미스에게는 추가된 한 단위의 X의 한계효용이 포기한 한 단위의 Y의 한계효용보다 커야 한다. 그래서:

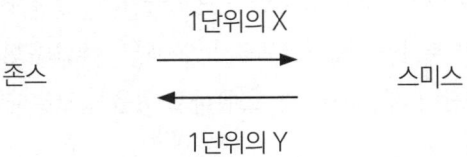

위의 교환이 일어나려면 만약:
존스에게는, 추가된 Y의 한계효용 > X의 한계효용
스미스에게는, 추가된 X의 한계효용 > Y의 한계효용

(물론, 존스에게도 스미스에게도 재화의 한계효용은 비교할 수 있는 것이 아닌 데, 왜냐하면 효용은 측정될 수 없고 두 가치척도가 하나의 측정수단 또는 척도로 줄여질 수는 없기 때문이다.)

그러나 존스가 Y를 받고 X를 주는 교환을 계속함에 따라 한계효용의 법칙 때문에 존스에게 X의 한계효용은 증가한다. 더구나, 이 법칙의 작동 때문에 존스가 소유한 Y의 재고가 증가함에 따라 추가된 Y의 한계효용은 계속적으로 감소한다. 그 결과 Y와 X의 교환을 계속함에 따라 X의 한계효용이 추가되는 Y의 한계효용보다 큰 점에 최종적으로 이르게 될 것이고, 그 결과 그는 더 이상의 교환을 하지 않을 것이다. 더군다나 스미스도 비슷한 입장에 있다. 그가 X를 받고 Y를 주는 교환을 계속함에 따라, 한계효용의 법칙의 작동으로 Y의 한계효용은 증가하고 추가되는 X의 한계효용은 감소한다. 그도 역시 추가적 교환이 그의 가치척도에서 그의 위치를 올리기보다는 낮추는 점에 궁극적으로 도달할 것이고, 그 결과 추가적 교환을 하지 않으려 할 것이다. 거래가 성사되기 위해서는 두 사람이 필요하기 때문에, 존스와 스미스는 **둘 중의 하나가** 추가적 교환이 이윤보다는 손실을 가져오는 점을 넘을 **때까지** 그들은 X 몇 단위들과 Y 몇 단위들을 교환할 것이다.

예를 들어, 존스가 그의 **재산**(재화의 재고)으로 말 다섯 마리와 암소는 한 마리도 없는 위치에서 시작하고, 스미스는 암소 다섯 마리와 말은 한 마리도 없는 위치에서 시작한다고 가정하자. 한 마리의 말과 한 마리의 암소를 교환하는 것이 얼마나 많이 실행될지는 두 사람의 가치척도에 나타난다. 따라서 존스의 가치도표가 〈그림 2-1〉이라고 가정하자. 점들(dots)은 존스가 암소 한 마리를 얻기 위하여 한 마리의 말을 교환함에 따라 추가되는 암소 한 마리의 한계효용의 가치를 나타낸다. X표시는 존스가 교환함에 따라 포기하는 각 말의 증가하는 한계효용을 나타낸다. 존스는 세 번째 교환 후에 거래를 멈출 것인 데, 왜냐하면 추가적 교환이 그를 더 나쁘게 만들 것이기 때문이다. 그때 그의 재산은 두 마리의 말과 세 마리의 암소이다.

다른 한편, 스미스의 가치도표가 〈그림 2-2〉라고 가정하자. 점들은 추가되는 말이 스미스에게 주는 한계효용을 나타내는 반면에 X표시는 포기하는 각 암소의 한계효용을 나타낸다. 스미스는 두 번의 교환 후에 거래를 멈출 것이므로 존스 역시 두 번의 교환 후에 멈추어야 할 것이다. 존스가 말 세 마리와 암소 두 마리의 재고, 스미스는 암소 세 마리와 말 두 마리의 재고를 가진 상태에서 거래는 끝날 것이다.

선진경제체제에서 교환의 중요성을 과대평가하는 것은 거의 불가능하다. 개인 간 교환들은 생산적 행위들에 엄청난 영향을 미친다. 교환이 존재한다는 것은 재화와 재화의 단위가 생산자를 위해 **직접사용가치**(direct use-value)뿐만 아니라 **교환가치**(exchange-value)도 또한 가진다는 것을 의미한다. 다시 말하면, 재화들은 행위자에게 더 큰 유용성을 가진 다른 재화들과 이제 교환될 수 있다. 어떤 재화와 교환할 만한 가치가 있는 재화들이 그에게 주는 가치가 그 재화를 직접 사용하는 경우에 가졌을 가치보다 큰 경우에는, 즉 그 재화의 교환가치가 그 재화의 직접사용가치보다 큰 경우에는, 인간은 어떤 재화 한 단위를 교환할 것이다. 위의 예에서 존스가 교환했던 처음 두 마리의 말과 스미스가 양도했던 처음 두 마리 암소는 그들의 소유자가 말과 암소에 가졌던 직접사용가치보다 큰 교환가치를 가졌다. 다른 한편, 그 이후부터 각자의 재산은 주인들에게 교환가치보다 사용가치가 컸다.[9]

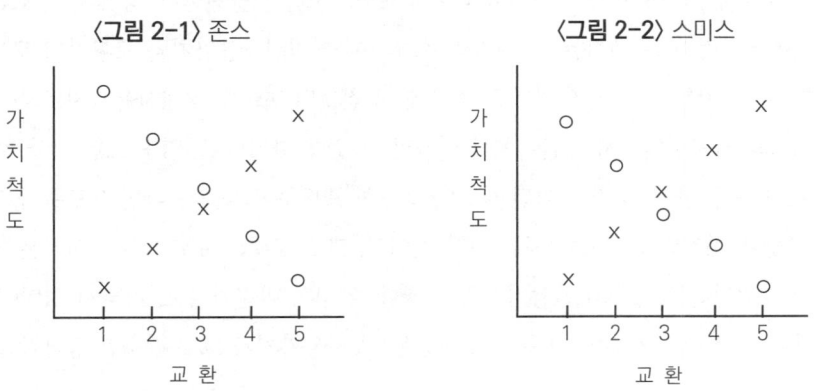

〈그림 2-1〉 존스   〈그림 2-2〉 스미스

교환의 존재와 가능성은 생산자들이 자신보다 '시장'을 위해 생산하는 길을 연다. 재화를 그 자신만의 사용을 위해 생산함으로써 고립하여 그 생산물을 최대화하는 시도 대신에, 각 개인은 이제 재화들의 교환가치를 기대하고 그 재화들을 생산할 수 있고, 다른 사람들에게 더 가치가 있는 그 재화들을 그들과 교환할 수 있다. 교환이 재화들의 효용을 위해 새로운 길을 열기 때문에 각 개인이 그의 생산성을 증가시킬 가능성이 있음은 명백하다. 그러므로 인간행위학을 통해 오직 이득만이 교환의 모든 참가자에게 돌아가고 각자는 거래에 의해 혜택을 보는 것이 틀림없다. 만약 그렇지 않으면 그는 거래에 참여하지 않을 것이다. 실증적으로는 교환경제(exchange economy)가 생산성의 엄청난 증가와 모든 참가자의 만족을 가능케 했다는 점을 우리는 안다.

따라서 누구라도 그 자신의 직접사용을 위해 또는 그가 원하는 재화를 남들과 교환할 목적으로 생산할 수 있다. 전자의 경우에, 그가 그 자신이 만든 재화의 **소비자**이다. 후자의 경우에, 그는 **다른 소비자들**에게 봉사하기 위해 생산하는 것, 즉 그가 "시장을 위해 생산한다." 어느 경우에나 방해받지 않는 '시장'에서는 생산코스를 지시하는 것이야말로 소비자이다.

언제라도 어떤 재화 또는 어떤 재화의 한 단위는 그 재화의 소유자를 위해 직접사용가치 또는 교환가치 또는 두 가지를 조합한 가치가 있고, 어느 쪽이든지 더 큰 쪽이 그의 행동을 결정하는 요인이다. 재화의 소유자에게 오직 직접사용가치만이 있는 재화의 예는 고립된 경제에서의 재화이거나 개별 처방에 따라 연마된 안경과 같은 그런 재화이다. 다른 한편, 그런 안경의 생산자 또는 외과수술기구의 생산자는 그런 제품에 대해 직접사용가치가 아니라 오직 교환가치만을 발견한다. 앞에서 본 교환의 예제에서처럼 많은 재화는 그 재화의 소유자에게 직접사용가치와 교환가치 모두를 준다. 두 가치를 모두 가진 재화의 경우에, 조건들의 변화가 직접사용가치로 하여금 행위자의 가치서열에서 교환가치를 대체할 수 있게 하거나 그 역도 또한 같다. 예를 들어, 포도주 한 병을 가진 어떤 사람이 우연히 포도주 맛을 잃는다면 포도주가 그에게 주었던 예전의 큰 사용가치는 변할 것이고, 그 포도주의 교환가치는 지금은 거의 영에 가까워진 포도주의 사용가치를 지배할 것이다. 마찬가지로, 자라서 성인이 된 사람은 그가 어린 시절에 사용했던, 지금은 그 사용가치가 크게 감소한 장난감을 교환할 수도 있다.

다른 한편, 재화의 교환가치가 감소하면 재화의 소유자는 재화를 교환하기보다는 차라리 직접 사용할 수 있다. 예를 들어, 여자인 여성용 모자 제조자는 교환을 목적으로 모자를 제조하지만, 그러나 어떤 작은 결함이 모자의 기대 교환가치를 떨어뜨릴지도 모르고, 그 결과 그 제조자는 모자를 자신이 쓰기로 결정한다.

직접사용가치와 교환가치 간의 관계를 변하게 하는 가장 중요한 요소들 중의 하나는 이용가능한 공급단위 수의 증가이다. 한계효용의 법칙으로부터, 어떤 재화의 이용가능한 공급의 증가는 직접적인 용도를 위한 공급의 한계효용을 떨어지게 한다. 그 결과 이용가능한 공급의 단위가 많아지면 많아질수록 한계단위의 교환가치가 직접사용가치보다 클 가능성은 점점 더 많아질 것이고, 그 재화의 소유자가 재화를 교환할 가능성은 점점 더 많아질 것이다. 존스가 재고로 말을 더 많이 가졌을수록 스미스가 암소를 더 많이 가졌을수록, 그들은 말과 암소를 교환하기를 더욱더 원했을 것이다. 반대로, 공급의 감소는 직접사용가치가 지배할 가능성을 증가시킬 것이다.

개인간 자발적 교환의 네트워크가 사회를 형성한다. 그 네트워크가 **시장**이라고 알려진 상호관계의 패턴을 또한 형성한다. 오직 시장으로만 이루어진 사회는 **방해받지 않는 시장** 또는 **자유시장**(free market)을 포함하는데, 이때 시장이란 폭력행위에 의한 간섭의 부담이 없는 상태이다. 자발적 교환에 기초하는 사회는 **계약사회**(contractual society)라고 부른다. 폭력에 의한 지배에 기초하는 패권사회와 대조적으로, 사회에서의 계약형태는 개인간에 자유롭게 체결된 계약관계에 의존한다. 교환을 위해 개인간에 행해지는 동의를 **계약**이라 부르고, 자발적 계약에 의한 동의에 기초한 사회는 계약사회이다. 계약사회가 방해받지 않는 시장으로 된 사회이다.

계약사회에서 각 개인은 그가 결정한 교환-계약(exchange-contract)에 의해 이익을 본다. 각 개인은 교환과정의 모든 단계에서 자유롭게 자신의 결정을 내리는 행위자이다. 따라서 방해받지 않는 시장에서 개인간의 관계는 '대칭적'(symmetric)이다. 각자가 자신의 교환-결정에서 동등한 힘을 가지고 있다는 의미에서 동등하다. 이 점이 힘이 비대칭적인(asymmetrical) 패권적 관계와 대조되는데—패권적 관계란, 말하자면 총칼 앞에서 피지배자가 복종한다는 결정을 하는 것을 제외하고는 독재자가 피지배자를 위해 모든 결정을 하는 관계를 말한다.

따라서 계약사회, 방해받지 않는 시장의 특징적 단면은 자기 책임성, 폭력으로부터의 자유로움, 자신이 결정할 수 있는 전적인 힘(다른 폭력에 대항하는 폭력을 제도화하는 결정을 제외하고), 계약에 참가하는 모든 개인이 이익을 보는 것 등이다. 패권사회의 특징적 단면은 폭력에 의한 지배, 독재자에게 자신이 결정할 수 있는 힘을 넘겨주는 것, 주인이 자신의 이익을 위하여 피지배자를 약탈하는 것 등이다. 현존하는 사회들은 전적으로 패권적일 수 있거나, 전적으로 계약적일 수 있거나, 두 사회를 다양하게 혼합한 것일 수 있을 것이라는 점을 아래에서 볼 것이고, 이런 다양한 '혼합경제'(mixed economies)와 전적으로 패권적 사회의 본질과 결과가 분석될 것이다.

우리가 교환과정을 더 분석하기 전에, 개인이 어떤 것을 교환하기 위해서 그는 먼저 그것을 보유하거나 **소유**해야 한다는 점을 알아야 한다. 그는 재화 Y의 **소유권**(ownership)을 얻기 위하여 재화 X의 **소유권**을 포기해야 한다. 한 명 또는 그 이상의 소유자에 의한 소유권은 소유된 재화의 배타적 통제와 사용을 의미하고, 소유된 재화를 **재산**(property)이라고 부른다. 폭력으로부터의 자유는 누구도 폭력이나 폭력에 의한 협박으로 다른 사람의 재산을 빼앗을 수 없음과 각 개인의 재산은 그런 공격으로부터 안전하거나 '위험이 없는' 것을 의미한다.

무슨 재화가 재산이 되는가? 명백히, 오직 **희소한 수단**만 재산이다. 복지의 일반적 조건들은 어떤 행동의 대상물이 아니므로 소유되거나 재산이 될 수 없는데, 왜냐하면 일반적 조건들은 모두에게 풍부하기 때문이다. 자유시장에서 어떤 이가 공기를 '소유'한다고 말하는 것은 터무니없다. 하나의 재화가 희소할 때만 어떤 이가 사용을 위하여 그 재화를 획득하거나 소유권을 획득하는 것이 필수적이다. 어떤 이가 공기의 소유권을 가정할 수 있는 유일한 길은 폭력을 사용하여 이 주장을 강요하는 것이다. 그런 행동은 방해받지 않는 시장에서는 일어날 수 없다.

자유롭고 방해받지 않는 시장에서는, 인간은 희소한 재화인 재산을 다음과 같이 획득할 수 있다. ① **각자는 자기 자신에 대한 소유권을 가지는데**(each man has ownership over his own self), 여기에서 자기 자신이란 그의 의지와 행동과 자신의 노동을 쓰는 방법을 말한다. ② 그는 자신의 사용을 위해 지금까지는 미사용된 요소를 전유함(appropriating)으로써 또는 앞의 분석에서 지금까지 미사용된 요소를 전유한 어떤 이로부터 그 요소를 선물로 받음으로써, 자연이 준 희소한 요소들을 획득한다.[10]

③ 그는 자본재 또는 소비재를 생산하기 위해 자신의 노동을 자연이 준 요소에 혼합하거나 어떤 이로부터 선물로 받음으로써 자본재 또는 소비재를 얻는다. 이전의 경우에서처럼, 선물은 어떤 행위자가 그 자신의 노동을 사용하여 생산한 재화로 최종적으로 귀결되어야 한다. 명백히, 선물로서 전해질 수 있음직한 것이야말로 자연이 준 요소들, 자본재들, **내구**소비재들 등일 것인데, 왜냐하면 비내구소비재는 아마도 빠르게 소비될 것이기 때문이다. ④ 그는 어떤 종류의 요소를 대가로 어떤 종류의 요소(노동서비스, 자연이 준 요소, 자본재, 소비재)로 **교환**할 수도 있다. 재산이 만들어지는 원천인 선물과 교환은 다음과 같이 최종적으로 분해되어야 하는 것이 명백하다. **자기소유권**(self-ownership), **미사용의 자연이 준 요소들의 전유**, **생산재의 생산과 소비재의 생산** 등이고, 이것들이 자유경제체제에서 재산을 획득하는 궁극적 원천이다. 재화를 주거나 교환하는 일이 일어나기 위해서는, 그 재화가 앞에서 언급한 방법들 중에서 한 가지 방법으로 개인 행위자에 의해 먼저 획득되어야 한다. 그러므로 사건의 논리적 결과는, 사람은 그 자신을 소유한다. 그는 미사용의 자연이 준 요소를 자신의 소유권으로 전유한다. 그는 이 요소를 이용하여 그 자신의 소유인 생산재와 소비재를 생산한다. 그는 소비재를 써버리거나 그 소비재와 자본재를 다른 사람에게 주어버린다. 그는 이 재화의 일부와 다른 사람에 의해 똑같은 방법으로 소유하게 되었던 다른 재화와 교환한다.[11,12] 이런 것들이 자유시장에서 재화를 획득하는 방법들이고, 그 방법들은 다른 사람의 재산을 폭력적이거나 다른 **침략적으로** 약탈하는 방법을 제외한 모든 방법을 포함한다.[13]

자유시장에서 재산으로서 전유의 대상이 될 수 없는 복지의 일반적 조건들과 대조적으로, 생산에 사용되는 희소한 수단은 언제나 **어떤 이**의 통제하에 있는 것이 분명하므로 언제나 **재산**이 되는 것이 틀림없다. 자유시장에서 재화는 그 재화를 생산했던 사람, 처음으로 그 재화를 사용했던 사람, 그 재화를 선물로 받은 사람 중의 한 사람에 의해 소유될 것이다. 마찬가지로, 폭력과 패권적 약정체제하에서는, 어떤 사람은 이런 재화들의 작동을 지배하고 감독해야 한다. 소유권의 법적 정의와 상관없이 사실상 지배하고 감독하는 기능들을 수행하는 사람이면 누구라도 재산으로서 이런 재화를 소유한다. 이 점은 실물로서의 재화뿐만 아니라 사람과 사람이 하는 서비스에도 또한 응용된다. 자유시장에서는 각 개인은 자기 자신의 완전한 소유자이고,

반면에 패권적 약정체제하에서 그는 소유자의 권위에 반란하지 말아야 한다는 한 가지 결정을 제외하고는 다른 사람의 소유권에 지배된다. 따라서 폭력적 체제 또는 패권적 체제는 인간행위의 기본으로부터 유도된 것인 재산을 **폐지하지** 않고(*do not abolish*), **폐지할** 수 없으며(*cannot abolish*), 그 체제는 재산을 한 사람이나 일단의 사람으로부터 다른 일단의 사람(생산자들 또는 자연적 자기소유자들)으로 오직 이전할 수 있을 뿐이다.

이제 인간행동의 여러 가지 종류를 다음과 같이 간단히 요약할 수 있다.

인간행위

1. 고립하여 혼자 사는 것(자폐적 교환)
2. 개인간 행동
 (1) 공격적 행동   (2) 비공격적 행동
  ① 전쟁   ① 선물
  ② 살인, 폭행   ② 자발적 교환
  ③ 강도
  ④ 노예

이 장과 이후의 장들은 비공격적 사회를 분석할 것인데, 특히 자발적 개인간 교환에 의해 조직되는 사회를 분석한다.

3. 교환과 분업

개인간 교환이 성공적으로 일어나도록 하기 위한 조건들(역순의 가치평가와 같이)을 서술함에 있어 교환되어야 할 것으로 **두 개의 상이한 재화**가 있어야 한다는 것을 암묵적으로 가정했다. 만약 섬의 한쪽 끝에 사는 크루소가 오직 베리만을 생산했고, 다른 쪽 끝에 있는 잭슨도 오직 같은 종류의 베리만을 생산한다고 가정하면, 그들간의 교환을 위한 어떤 기초도 마련되지 않을 것이다. 만약 잭슨이 2백 개의 베리, 크루소가

150개의 베리를 생산한다고 가정하면, 그들 사이에 베리의 교환이 이루어질 것이라고 가정하는 것은 터무니없을 것이다.[14] 베리와 관련하여 일어날 수 있는 유일한 자발적 개인간 행동은 한 사람이 다른 사람에게 선물하는 것이다.

만약 교환참가자들이 두 개의 상이한 재화를 교환한다면, 이것은 각자가 그의 욕구에 비교해 재화라는 자산을 다른 비율로 보유하고 있어야 함을 의미한다. 그는 상대방이 생산했던 재화와 상이한 재화의 획득에 상대적으로 **특화**(specialized)해야 한다. 각 개인에 의한 이러한 특화는 다음과 같이 세 가지 다른 이유 중의 어느 하나 또는 그 셋의 어떤 조합에 의해 일어날 수 있다. 즉, ① 자연이 준 요소의 적합성과 산출의 차이, ② 주어진 자본재와 내구소비재의 차이, ③ 기술의 차이와 다른 종류의 노동의 필요성의 차이.[15] 재화의 잠재적 교환가치와 사용가치와 함께 앞에서 언급한 요인들은 행위자가 추구하는 생산라인을 결정할 것이다. 만약 생산이 교환을 염두에 둔 것이라면 교환가치가 그의 결정에서 주요한 역할을 할 것이다. 따라서 크루소가 그가 사는 섬의 한쪽에서 엄청난 농작물을 발견할 수 있다. 이 농작물은 그를 농업에 종사하게 할 텐데, 그의 더 뛰어난 농사기술과 그가 농사일을 좋아하기 때문에 농사일에 대한 더 낮은 비효용이 그를 농업에 종사하게 만드는 추가적 요인이다. 반면에 잭슨의 더 뛰어난 사냥기술과 더 풍부한 사냥도구는 그를 사냥과 덫을 놓는 일에 특화하도록 유도한다. 두 사람의 교환참가자를 위한 생산적 과정인 교환은 생산특화 또는 **분업**(division of labor)을 의미한다.

한 사회 내에서 분업의 정도는 **생산물 시장의 크기**(extent of the market for the products)에 의존한다. 후자, 즉 시장의 크기는 생산자가 재화를 얻을 수 있는 교환가치를 결정한다. 따라서 만약 잭슨이 그가 잡은 사냥감의 일부를 크루소의 식량, 과일 등과 교환할 수 있을 것을 안다면, 그는 모든 노동을 사냥에 쏟는 것은 당연하다. 그러면 잭슨은 그의 모든 노동시간을 사냥에 바칠 수 있을 것이고, 그런데 한편으로 크루소는 그의 모든 노동시간을 농업에 바칠 수 있으며, 그들의 '잉여' 재고는 앞 절에서 분석한 한계까지 교환될 것이다. 다른 한편, 예를 들어 만약 크루소가 고기가 거의 필요치 않다면 잭슨은 많은 고기를 교환할 수 없을 것이고, 잭슨은 고기뿐만 아니라 자신의 식량과 과일도 또한 생산하는 훨씬 더 직접적으로 자급자족적이 되도록 강요받을 것이다.

인간행위학적으로는, 교환과 분업이라는 바로 그 존재가 교환과 분업이 고립되고 자폐적인 노동보다 모든 관계자에게 더 생산적임이 틀림없음을 의미하는 것은 명백하다. 그러나 오직 경제분석만이 우리에게 분업이 엄청난 생산성의 증가를 사회에 가져온다는 지식을 전해주는 것은 아니다. 그런 지식은 추가적인 실증적 통찰에 기초하는데, 즉 그 통찰이란 인간존재의 엄청난 **다양성**과 인간존재 주위를 둘러싼 세계의 엄청난 **다양성**을 말한다. 자연에 있는 종(species)과 사물의 기본적 단위는 엄청나게 다양하다는 것이 사실이다. 특히 특화를 초래하는 것으로서 앞에서 언급한 요인들의 다양성이 있다. 즉, 자연자원의 위치와 종류의 다양성과 인간존재의 능력, 기술, 취미 등의 다양성 말이다.

폰 미제스(von Mises) 교수의 말에서:

> 누구든 이 두 가지 사실을 하나이자 동일한 사실로서 생각하는 편이 좋을 것 같은데, 즉 우주를 무한정하게 다양한 복합체로 만드는 자연의 다면성(manifoldness) 말이다. 만약 지구의 표면이 아주 동일해져서 생산의 물리적 조건들이 모든 시점에서 동일하다고 가정하면, 그리고 만약 한 사람이⋯모든 다른 사람과 동일하다고 가정하면⋯분업은 행동하는 인간에게 어떤 이점도 제공하지 않을 것이다.[16]

교환을 위한 조건들과 그 결과 교환참가자의 증가된 생산성은 **각자가 교환되는 재화들 중의 하나에서 생산성의 우위를 가지는 곳에서** 발생할 것이 명백하다—그 우위는 자연이 준 더 좋은 요소 또는 생산자의 능력, 둘 중의 하나에서 연유할 수 있다. 만약 개인들이 홀로 그들의 욕구를 충족하려는 시도를 포기한다면, 그리고 만약 각자는 그가 타인을 능가하는 그런 장기(specialty)에 그의 노동시간을 바친다면, 각각의 생산물의 총 생산성이 증가한다는 것은 명백하다. 만약 크루소가 시간당 더 많은 베리를 생산할 수 있고, 잭슨이 더 많은 사냥감을 잡을 수 있다면, 두 라인에서 생산성이 증가하는 것은 명백한데, 만약 크루소가 베리를 생산하는 데 전적으로 종사하고, 잭슨이 사냥에 전적으로 종사하며, 그 이후에 그들이 베리의 일부와 사냥감의 일부를 교환할 수 있다면 말이다. 이 점에 추가하여 한 생산라인에 전적으로 특화하는 것은, 그 라인에서 각자의 생산성을 개선하고 각자의 상대적 우월성을 강화하는 경향이 있다.

앞의 경우보다 더 어려운 것은 한 개인이 다른 개인보다 생산의 전 라인에서 우수한 경우이다. 예를 들어, 크루소가 베리와 사냥, 두 부문 모두에서 잭슨보다 우수하다고 가정하자. 이 상황에서 교환의 어떤 가능성이 있는가? 피상적으로는, 그런 가능성은 없고 두 사람 모두 고립하여 사는 것을 계속할 것이라고 대답할지도 모른다. 실제로는, 크루소가 생산에서 **상대적으로** 가장 큰 우위에 있는 생산라인에 특화하고, 그리고 그가 생산한 생산물을 잭슨이 특화한 생산물과 교환하는 것이 크루소에게 이익이 된다. 열등한 생산자는 우수한 생산자의 생산물의 일부를 받음으로써 이득을 보는 것은 명백하다. 그러나 후자인 우수한 생산자도 그의 생산적 우수성이 가장 큰 바로 그 생산물에 자유롭게 헌신함으로써 또한 이득을 본다. 따라서 만약 크루소가 베리 생산에서 크게 우수하고 사냥고기 생산에서 작게 우수하다면, 그의 전 노동시간을 베리 생산에 바치고, 그 다음에 베리의 일부를 잭슨의 사냥감 고기와 교환하는 것은 여전히 크루소에게 이득을 줄 것이다.

볼딩(Boulding) 교수가 언급한 예를 보면:

> 정원 일을 우수하게 하는 의사는 정원사로서 그 자신보다 열등한 고용인을 채용하는 것을 선호하는 것은 매우 당연한데, 왜냐하면 그것으로 그는 더 많은 시간을 의료행위에 바칠 수 있기 때문이다.[17]

이 중요한 원리—심지어 한 당사자가 두 생산라인에서 우수한 때에도 교환은 유익하게 일어날 수 있는 것—를 **제휴의 법칙**(law of association) 또는 **비교비용의 법칙**(law of comparative costs) 또는 **비교우위의 법칙**(law of comparative advantage)이라 부른다.

특화의 가능성을 제공하는 모든 분야에 확산된 변이(variation)와 심지어 한쪽이 두 직업에서 우수한 경우에도 교환이 일어날 수 있는 유리한 조건들에는 분업을 널리 퍼져나가게 하고 시장을 확대케 하는 기회가 충만하다. 점점 더 많은 사람이 다 함께 교환네트워크에 연결함에 따라, 각 생산물 시장은 점점 더 '확대되고', 생산자의 결정에서 직접사용가치와 비교하여 교환가치가 점점 더 지배할 것이다. 따라서 무인도에 다섯 명의 사람이 있고, 각자는 비교우위 또는 절대우위를 가진 생산물 라인에 특화한다고 가정하자. 각자는 다음과 같은 생산물에 집중한다고 가정하자.

A ································· 베리
B ································· 사냥고기
C ································· 생선
D ································· 계란
E ································· 우유

　더 많은 사람이 시장과정에 참가함에 따라 각 행위자가 교환할 기회는 이제 크게 증가한다. 이 점은 진실인데, 비록 각각의 구체적 거래행위가 오직 두 사람 사이에서만 일어나고 두 재화를 필요다고 하더라도 말이다. 따라서 〈그림 2-3〉에서 보듯이 다음과 같은 교환네트워크가 생겨난다. 교환가치가 생산자의 결정에서 이제 훨씬 더 지배적인 위치를 차지한다. 크루소(만약 A가 크루소라면)는 만약 그가 베리에 특화하면 베리를 교환하기 위하여 잭슨에만 전적으로 의존할 필요가 없고, 베리를 여러 다른 사람의 생산물과 교환할 수 있다. 잭슨이 베리에 대한 입맛을 갑자기 잃는 것이 예전에 그런 일이 일어났을 때처럼 크루소를 곤궁하게 만들지 않을 것이고, 그에게서 모든 다른 필수품을 빼앗아가지 않을 것이다. 더구나, 베리는 이제 크루소에게 다양한 생산물을 가져다 줄 것이고, 각 생산물은 이전보다 훨씬 더 풍부하며, 이전에는 없었던 일부가 이제 이용가능해지고 있다. 시장의 모든 참가자에게 더 커진 생산성, 더 확대된 시장, 교환가치에 대한 강조 등이 통용된다.

　시장이라는 계약사회는 진정으로 **협력사회**(co-operative society)인 것은 명백하다. 이 점은 간접교환을 다룬 이후의 절에서 좀더 설명할 것이다. 각 개인은 그가 가장 잘 어울린다고 생각되는 업무에 특화하고, 각자는 교환을 통해 자신에게 봉사하기 위하여 그의 동료에게 봉사한다. 교환을 위해 생산함으로써 각 개인은 자발적이고 강제 없이 그의 동료와 협력한다. 한 사람 또는 한 그룹의 사람이 다른 사람들을 약탈하는 패권적 형태의 사회와 대조적으로, 계약사회는 시장에서 각자가 자유롭게 자신을 이롭게 하도록 놓아두고, 그 결과 다른 사람들에게도 또한 이득을 주도록 자유롭게 놓아둔다.

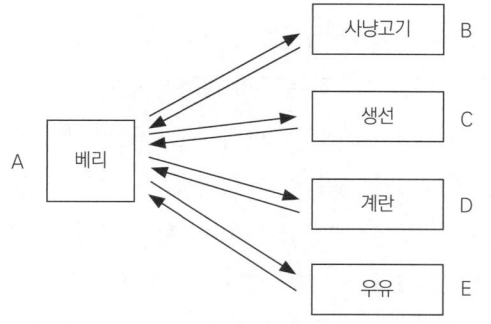

<그림 2-3> A의 교환패턴

이 그림은 A의 교환패턴을 묘사한 것이다. 그는 다른 행위자들 각각과 교환하고 있다. 다른 행위자들 개개인의 교환패턴도 A의 교환패턴과 유사할것이다

    이러한 인간행위학적 진리의 재미있는 면은 다른 사람에게 돌아가는 이러한 이득은 교환에 관련된 사람들의 **동기**와 상관없이 발생한다는 것이다. 예를 들어, 잭슨은 사냥에 특화해서 고기를 다른 생산물과 교환할 수 있는데, 비록 그가 동료 교환참가자에 대해 무관심하거나 심지어 매우 혐오함에도 불구하고 말이다. 그럼에도 불구하고 그의 동기와 상관없이, 다른 참가자들은 그의 행동으로 이익을 보는데, 그 이익은 그 자신의 이익을 추구한 결과로서 나오는 간접적이지만 필연적인 것이다. 인간이 자신의 이득을 추구하는 과정에서 다른 사람에게도 또한 이득을 준다는 이 불가사의한 과정이야말로 아담 스미스(Adam Smith)로 하여금 '보이지 않는 손'(invisible hand)이 그 과정을 이끌었던 것처럼 거의 그렇게 보였다고 감탄적으로 외치도록 만들었던 것이다.[18]

    따라서 사회의 기원을 설명하는 데 있어 개인들간의 어떤 신비한 교우 또는 '소속감'을 마법으로 불러낼 필요가 없다. 이성(reason)의 사용을 통해, 개인들은 분업의 더 높은 생산성으로부터 유래하는 교환의 이익을 인식하고, 그들은 이 유리한 코스를 따라서 나아간다. 사실 우정과 교우라는 감정은 (계약적) 사회협력체제의 원인이라기보다는 **결과**라는 점이 훨씬 더 일어날 개연성이 크다. 예를 들어, 분업이 생산적이지 않거나 인간이 분업의 생산성을 인식하지 못한다고 가정하자. 그 경우에 교환의 기회는 거의 없거나 전혀 없을 것이고, 각자는 자폐적 독립하에서 재화를 구하고자 시도할 것이다. 그 결과는 희소한 재화를 소유하고자 하는 치열한 싸움이 의심할 여

제2장 직접교환 113

지없이 있었을 것인데, 왜냐하면 그런 세계에서는 한 사람에게 돌아가는 유용한 재화의 이익은 어떤 다른 사람의 손실이 될 것이기 때문이다. 그런 자폐적 세계의 강한 특징이 폭력적이고 영구적인 전쟁임은 거의 부득이할 것이다. 각자는 오직 동료들의 희생의 대가로 이익을 얻을 수 있기 때문에 폭력은 널리 행해질 것이고, 상호 적대감이 지배할 가능성이 높은 것처럼 보인다. 먹이를 두고 다투는 동물의 경우에서처럼, 그런 다툼의 세계가 인간과 인간 간에 오직 증오와 적대감만을 유발할 수 있다. 삶은 쓰라린 '생존경쟁'(*struggle for survival*)일 것이다. 다른 한편, 한 사람의 이익이 다른 사람의 **이익**이 되는 곳인 상호이익적 교환을 통한 자발적 사회협력의 세계에서는, 사회적 공감과 인간에 대한 우호가 발전할 여지가 큰 것은 명백하다. 평화롭고 협력적인 사회야말로 인간간에 우정을 위한 유리한 조건들을 만든다.

교환에 의해 창출된 상호이득은 잠재적 **공격자**가 공격을 삼가고 그들의 동료와 평화롭게 협력하도록 하는 주요 유인(위에서 본 크루소의 경우에서처럼)을 제공한다. 그러면 개인은 특화와 교환에 종사함으로써 얻는 이득이 전쟁이 가져다줄지도 모르는 이득을 능가하는지 결정한다.

분업에 의해 형성되는 시장사회(*market society*)의 다른 특징은 그 사회의 영원성이다. 인간의 욕구는 매번 갱신되고, 그래서 인간은 자신을 위하여 매번 재화를 새로 획득하는 시도를 해야 한다. 크루소는 사냥고기가 일정하게 공급되기를 원하고, 잭슨은 베리의 지속적 공급을 기대할 것이다. 그러므로 개인이 서로 다른 업무에 특화하고 그 분야에서 생산을 계속하기 때문에 분업에 의해 형성되는 사회관계는 영원한 경향이 있다.

분업을 필요로 하지 **않는** 하나의 덜 중요한 교환의 종류가 있다. 어떤 업무를 위한 **동일한 종류의 노동**의 교환이 그것이다. 예를 들어, 크루소와 잭슨과 스미스가 그들의 통나무 숲을 개간한다고 가정하자. 만약 각자가 자신의 숲만을 오직 개간한다고 가정하면 긴 기간의 시간이 걸릴 것이다. 그러나 만약 각자가 일정 시간에 공동으로 다른 동료의 통나무를 굴려준다고 가정하면 통나무를 굴리는 작업의 생산성은 크게 증가할 것이다. 각자는 작업을 더 짧은 기간에 마칠 수 있을 것이다. 이 점은 무거운 통나무를 굴리는 것과 같은 작업에 특히 맞는데, 그 작업이란 각자가 혼자서는 전혀 마칠 가능성이 없고 오직 합의한 공동행동에 의해서만 수행할 수 있는 것이다. 이런 경우에, 자기 숲에서 타인의 노동을 얻는 대가로 타인의 숲에서 자신의 노동을 바치는데, 타인의 노동이 자신에게 더 가치가 있다. 그러한 교환은 고립된 개인의 준비된 능력을 넘어서는 작업을 수행하기 위해서, 분업을 통해 다른 종류의 노동에 종사하기보다는 차라리 같은 종류의 노동의 **결합**을 필요로 한다. 그러나 협력적 '통나무 굴리기'와 같은 종류는 특별한 임무를 위한 단지 일시적 제휴를 일으킬 것이고, 특화와 분업이 하는 것과 같은 영구적 교환기반(exchange-ties)과 사회관계를 구축하지는 않을 것이다.[19]

분업의 여지가 큰 것은 위에서 있었던 경우처럼 각 개인이 하나의 특정한 생산물을 전적으로 만드는 상황에 국한하지 않는다. 분업은 개인으로 하여금 어떤 특정한 소비재를 생산하기 위해 필요한 다른 **생산단계**에 특화하게 만들 수 있다. 따라서 더 확대된 시장이 허용하는 대로 다른 개인은 다른 단계에 특화하는데, 예를 들어 앞장에서 토론했던 햄 샌드위치의 생산에 관련되었던 단계처럼 말이다. 어떤 사람과 지역이 철광석 생산에, 어떤 이는 다른 종류의 기계생산에, 어떤 이는 빵을 굽는데, 어떤 이는 고기를 포장하고, 어떤 이는 소매 등에 특화함으로써 일반적 생산성은 크게 증가한다. 선진시장경제의 요체는 그런 특화와 함께 출현하는 협력적 교환체제에 있다.[20]

4. 교환조건들

교환조건(terms of exchange)의 문제를 분석하기 전에 교환이 발생하는 이유를 상기하는 것이 바람직하다―그 이유란, 각 개인은 그가 포기하는 재화보다 얻는 재화를 더 높게 평가한다는 사실이다. 이 사실은 잘못된 견해, 즉 만약 크루소와 잭슨이 5백 개의 베리와 한 마리의 암소를 교환하면, 암소 한 마리와 베리 5백 개 간에 일종의 '가치의 동등'(equality of value)이 있다는 견해를 없애버리기에 충분하다. 가치는 가치를 평가하는 개인들의 마음에 존재하고, 이러한 개인들은 그들 각자에게 암소와 베리 간에 가치의 **불평등**이 존재한다는 바로 그 이유 때문에 교환한다. 크루소에게 암소는 베리 5백 개보다 가치가 있고, 잭슨에게 암소는 베리보다 가치가 적다. 만약 그렇지 않으면 교환은 이루어질 수 없다. 그러므로 각각의 교환에서 가치의 동등보다는 **가치들의 이중불평등**(double inequality of values)이 있으므로 어떤 방법으로도 '측정되는' '동일한 가치들'은 없다.[21]

교환이 일어나기 위한 조건들이 무엇이고, 주어진 조건들에서 교환이 일어날 수 있는 정도가 얼마인가를 이미 보았다. 그 다음에 다음과 같은 질문이 떠오른다. 교환이 이루어지는 **조건**을 결정하는 어떤 원리들이 있는가? 왜 크루소는 한 마리의 암소에 대한 대가로 5백 개의 베리를 잭슨과 교환하는가?, 또는 왜 한 마리의 암소에 대한 대가로 2백 개의 베리와 교환하는가?

한 마리의 암소에 대한 대가로 5천 개의 베리를 교환하는 가상적인 경우를 보자. 이것이 교환조건 또는 **교환율**(rate of exchange, 암소 한 마리에 5천 개의 베리)이다. 만약 다른 상품으로 환산하여 한 상품을 표현하면 그 상품의 가격을 얻는다. 따라서 **다른 재화로 환산한 한 재화의 가격은 교환의 첫 번째 재화의 양으로 나눈 다른 재화의 양이다**. 만약 두 마리의 암소와 천 개의 베리를 교환하면, 베리로 환산한 암소의 **가격**(암소의 베리가격)은 암소당 5백 개의 베리이다. 반대로, 암소로 환산한 베리의 **가격**(베리의 암소가격)은 베리당 암소 5백분의 1이다. **가격**은 두 상품 중의 하나로 환산하여 표현된 두 상품간의 교환율이다.

교환을 분석하는 데 있어 다른 유용한 개념은 '파는 것'(selling)과 '사는 것'(buying)이라는 개념이다. 따라서 위의 교환에서 크루소는 교환에서 천 개의 베리를 **팔았고** 두 마리의 암소를 **샀다**. 다른 한편, 잭슨은 두 마리의 암소를 **팔았고** 천 개의 베리를 **샀다**. **판매**는 교환에서 포기되는 재화이고, 반면에 **구입**은 받는 재화이다.

교환의 목적에 주의를 다시 기울이자. 제1장에서 모든 행동의 목적은 **심적 수익을 극대화하는 것**임을 기억하고, 그렇게 하기 위해 행동으로 생기는 심적 수익이 심적 비용을 능가하여, 그 결과 심적 이윤을 얻도록 행위자는 노력한다. 이 점이 개인간 교환에서의 확실한 진리이다. 그러한 교환에서 각 당사자의 목적은 수익을 극대화하는 것, 기대되는 심적 수익이 심적 비용을 초과하는 한에서는 교환하는 것이다. 어떤 교환의 심적 수익은 그 교환에서 받는 재화의 가치이다. 심적 수익은 그의 재고에 재화를 추가하는 구매자의 한계효용과 같다. 더 복잡한 것은 교환의 심적 비용 문제이다. **심적 비용**이란 교환함으로써 행위자가 포기하는 모든 것을 포함한다. 이 모든 것이란 그가 사용했던 자원을 이용하여 할 수 있었던 **차선의 용도**(*next best use*)와 동일하다.

예를 들어, 잭슨이 다섯 마리의 암소를 소유하고 있고, 한 마리의 암소를 교환을 통해 팔 것인지 여부를 고려하고 있다고 가정하자. 그는 가치척도상에서 암소의 가능한 용도의 가치순위가 다음과 같은 상태에서 결정한다.

1. 크루소가 제안한 5천 개의 베리
2. 스미스가 제안한 100배럴의 생선
3. 존스가 제안한 4천 개의 베리
4. 암소를 직접 사용할 경우의 한계효용

이 경우에 1번에서 3번까지의 선택은 암소의 교환가치를, 네 번째는 암소의 직접 사용가치를 나타낸다. 잭슨은 크루소와 교환함으로써 그의 자원을 가장 잘 이용할 것이다. 크루소의 5천 개의 베리는 교환으로부터 오는 잭슨의 심적 수익이고, 반면에 생선 100배럴의 손실이 잭슨의 심적 비용을 구성한다. 교환이 일어나기 위해서는 받은 재화의 한계효용이 포기한 재화의 한계효용보다 커야 한다는 점을 위에서 보았다. 즉, 어떤 **구체적** 교환이 일어나기 위해서는 받은 재화의 한계효용이 포기한 한계효용—다른 종류의 교환에서 받았을 것—보다 또한 커야 한다는 점을 이제 이해한다.

잭슨은 한 종류의 재화의 매매제의(*offer*)에서 적은 양보다 많은 양을 항상 선호할 것이 명백하다. 다른 말로 하면, 판매자는 **그의 재화에 대해서 가능한 한 가장 높은 판매가격**을 언제나 선호할 것이다. 잭슨은 암소의 가격이 존스가 제안한 4천 개의 베리보다는 크루소가 제안한 5천 개의 베리가 되는 것을 선호할 것이다. 이 점은 항상 옳지 않을 수 있고, 다른 요인들에 의해 상쇄될 수 있다는 반대가 있을 수 있다. 예를 들어, 존스가 제안한 4천 개의 베리에 대한 기대가 크루소가 제안한 5천 개의 베리에 대한 기대보다 더 높게 평가될 수 있는데, 만약 ① 베리의 높은 가격에도 불구하고 더 먼 거리에 있는 크루소에게 물건을 배달하는 데 드는 노동, 시간 등의 심적 비효용은 크루소에게 암소를 파는 일로부터 생기는 기대를 덜 매력적이게 하거나, 또는 ② 크루소에 대한 특별한 우정 또는 존스에 대한 증오심이 잭슨의 가치척도 상의 효용을 바꾸도록 하는 경우이다. 그러나 앞으로의 분석에서 이러한 점들은 전혀 방해요소들이 **아님**이 판명된다. 행위자는 다른 재화로 환산한 그의 재화의 판매가격을 가장 높게 받는 것을 선호할 것이라는 법칙은 언제나 유효하다. **하나의 재화**는 그것의 물리적 특성이 아니라 그 재화의 단위가 행위자에게 주는 동일한 유용성에 의해 정의된다는 점을 반복해야 한다. 멀리 있는 베리와 가까이 있는 베리는 비록 물리적으로 같은 것이지만 같은 종류의 재화가 **아닌 것이** 이제 명백한데, 왜냐하면 멀리 있는 베리는 운반하는 데 노동의 비효용을 불러일으키기 때문이다. 첫 번째 베리가 더 멀리 있다는 바로 그 사실은 그것이 다른 베리만큼 유용하지 않으므로 그 둘이 같지 않음을 의미한다. 하나의 '가격'을 다른 가격과 비교할 수 있기 위해서는 재화가 같아야만 한다. 따라서 만약 잭슨이 그의 암소를 크루소가 가진 5천 개의 베리보다 존스가 가진 4천 개의 베리를 받고 팔기를 선호한다면, 그가 동일한 재화(베리)로 환산하여 그의 생산물에 대해 **더 낮은** 가격을 선택한 것을 의미하지는 **않는다**. 그것은 그가 전적으로 다른 재화(크루소로부터의 베리)로 환산한 가격보다는 하나의 재화(존스로부터의 베리)로 환산한 가격을 선택한 것을 의미한다. 마찬가지로, 우정이나 적대감정 때문에 만약 크루소로부터 베리를 받는 것이 존스로부터 베리를 받는 것과는 다른 품질상에 있다면, 두 묶음의 베리가 잭슨에게는 더 이상 동일한 유용성이 있는 것이 아니므로 두 베리는 그에게는 **두 개의 상이한 재화**가 된다. 만약 그런 감정이 그를 5천 개의 베리를 대가로 크루소에게 파는 것보다는 4천 개의 베리를 대가로 존스에게 팔게 한 것이라면, 그것은 그가 동일한 재화에 대하여 더 낮은 가격을 선택한 것을 의미하지 않는다. 그는 두 개의 상이한 재화—크루소의 베리와 존스의 베리—간에 선택한다. 따라서 행위자는 언제나 상대로부터 받는 재화로 환산한 가능한 한 최고 높은 가격에 그의 생산물을 팔 것이다.

명백히, 구매자에게는 그 반대가 진리이다. **구매자는 재화를 가능한 한 가장 낮은 가격에 언제나 구매할 것이다**. 이 진리를 방금 토론했던 예에서 추적할 수 있는데, 왜냐하면 잭슨이 암소의 판매자였던 시점에서 그는 또한 **베리의 구매자**였기 때문이다. 문제의 재화—베리—가 비교가능했던 곳에서 그는 가능한 한 가장 낮은 가격에 샀다 ―예를 들어, 베리당 암소 4천분의 1보다 암소 5천분의 1을 선호한다. 잭슨이 베리당 암소 4천분의 1을 선택하는 경우에, 두 베리는 더 이상 동일한 것이 아닌 다른 재화이다. 베리를 사기 위해, 만약 구매자가 더 먼 밭을 찾아다녀야 하거나, 그가 싫어하는 사람으로부터 베리를 사야 한다면, 이 재화는 더 가까이 있는 재화나 친구로부터 사는 재화와 종류에서 다른 것이 된다.

5. 가격결정: 균형가격[22]

경제분석에서 가장 중요한 문제들 중의 하나는 다음과 같은 질문이다. 어떤 원리들이 자유시장에서 가격들의 형성을 결정하는가? 개인간 교환에서, 과거, 현재, 미래 등의 모든 가격결정을 설명하기 위해 인간행동의 기초가정으로부터 논리적으로 유도된 것을 가지고 무엇을 말할 수 있는가?

격리된 교환(isolated exchange)의 경우에서 시작하는 것이 가장 편리한데, 그 경우란 오직 두 격리된 당사자만이 두 재화의 교환에 관계되는 경우이다. 예를 들어, 존슨과 스미스가 존슨 소유의 말 한 마리와 스미스 소유의 몇 배럴의 생선의 교환가능성을 고려하고 있다. 그렇다면 교환되는 두 재화간에 이뤄지는 교환율의 결정요인에 관해 경제분석이 무엇을 말해 줄 수 있는가?

개인은 그의 가치척도상에서 두 재화의 상대적 위치에 기초하여 교환할 것인지 여부를 결정할 것이다. 따라서 생선의 소유자인 스미스의 가치척도가 〈그림 2-4〉와 같다고 가정하자(다양한 양에 어떤 번호라도 원하는 순위번호를 부여할 수 있지만 그런 일은 여기에서는 필수적인 것이 아니다).

스미스는 말 한 마리에 **생선 100배럴 또는 그 보다 적은 양**을 포기할 수 있다면 존슨으로부터 말 한 마리를 구입하고자 할 것은 명백하다. 스미스에게는 100배럴 또는 그것보다 더 적은 양은 말 한 마리보다 가치가 적다. 다른 한편, 그에게 생선 101배럴 또는 그 보다 많은 양은 말 한 마리보다 가치가 있다. 예를 들어, 만약 스미스가 제안한 생선으로 환산한 말의 **가격이 100배럴 또는 그 보다 적은 양**이라면 스미스는 교환할 것이다. 만약 가격이 101배럴 또는 그 보다 많은 양이라면 교환은 성사되지 않을 것이다.

존슨의 가치척도가 〈그림 2-5〉와 같다고 가정하자. 그러면 존슨은 생선 102배럴 이하를 받고 그의 말을 포기하지 않을 것이다. 만약 그의 말에 대해 매매제의된 가격이 생선 102배럴보다 적다면 그는 교환하지 않을 것이다. 여기에서는 **어떤 교환도 성사되지 않을 것**은 명백하다. 왜냐하면 존슨의 최저판매가격이 생선 102배럴인 점에서는 스미스가 말을 구입하는 것보다 생선을 보유하는 것이 더 이득이 되기 때문이다.

〈그림 2-4〉 스미스의 가치척도

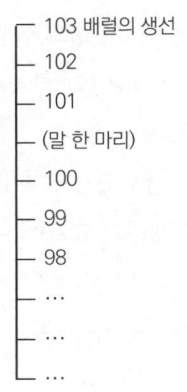

그러면 교환이 성사되기 위해서는 **판매자의 최저판매가격이 그 재화에 대한 구매자의 최고구매가격보다 낮아야 하는 것은 틀림없다**. 이 경우에 그 가격은 말 한 마리당 생선 100배럴의 가격보다 낮아야 한다. 이 조건이 만족되고 존슨의 가치척도가 〈그림 2-6〉과 같다고 가정하자.

존슨은 생선 81배럴 또는 그 이상의 양을 대가로 받고 말을 팔고자 할 것이다. 그러면 이것이 존슨의 말 한 마리의 최저판매가격이다. 〈그림 2-6〉에 나와 있는 존슨의 가치척도와 〈그림 2-4〉의 스미스의 가치척도를 가지고, 그들이 말에 대해서 어떤 가격을 합의할 것인가(그리고 반대로, 생선의 가격은)? 이 문제에 대한 분석이 말해 줄 수 있는 모든 것은 다음과 같다. 교환은 양 당사자에게 상호이득을 주어야 하기 때문에 **격리된 교환에서 재화의 가격은 최고구매가격과 최저판매가격 사이의 어디에서 결정될 것인데**, 즉 말의 가격은 생선 100배럴과 생선 81배럴 사이의 어디에 있을 것이다(마찬가지로, 생선의 가격은 배럴당 한 마리 말의 81분의 1과 100분의 1 사이의 어디에서 결정될 것이다). 우리는 가격이 어느 점에서 결정될 것인가를 말할 수는 없다. 그것은 각각의 구체적인 경우의 여건(data), 즉 지배하는 구체적 조건에 의존한다. 특히, 가격은 두 개인의 **협상기술**(bargaining skill)에 의존하게 될 것이다. 분명히 존슨은 말의 가격을 가능한 한 높게 정하고자 노력할 것이고, 한편으로 스미스는 가격을 가능한 한 낮게 정하고자 할 것이다. 이것은 생산물의 판매자는 가장 높은 가격을 받고자 노력하는 반면에 구매자는 가장 낮은 가격을 확보하고자 노력한다는 원리에 의존한다. 가격이 두 점, 즉 최고구매가격과 최저판매가격에 의해 결정된 범위 안의 어디에 있을 것이라는 점을 제외하고는, 두 사람이 동의할 점을 예측할 수는 없다.[23]

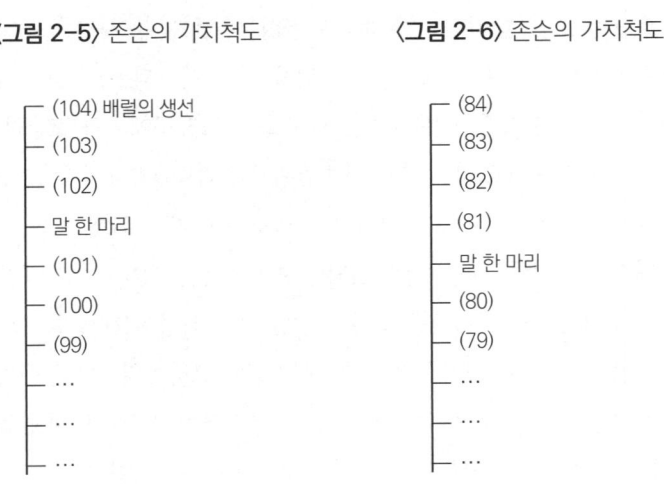

〈그림 2-5〉 존슨의 가치척도   〈그림 2-6〉 존슨의 가치척도

이제 격리된 교환이라는 가정을 점차적으로 제거하자. 스미스에게는 브라운이라는 경쟁자가 있고, 그 브라운은 존슨의 말을 생선과 교환하기를 원하는 스미스의 라이벌이라고 먼저 가정하자. 존슨에게 브라운이 제시하는 생선은 스미스가 제시하는 생선과 유용성에서 동일하다고 가정하자. 스미스의 가치척도는 예전과 같지만 브라

운의 가치척도는, 말 한 마리가 생선 90배럴보다는 가치가 있고 91배럴보다는 가치가 없는 그런 상태라고 가정하자. 세 사람 각각의 가치척도는 〈그림 2-7〉과 같다.

브라운과 스미스는 존슨이 보유한 말을 구매하고자 경쟁하고 있다.

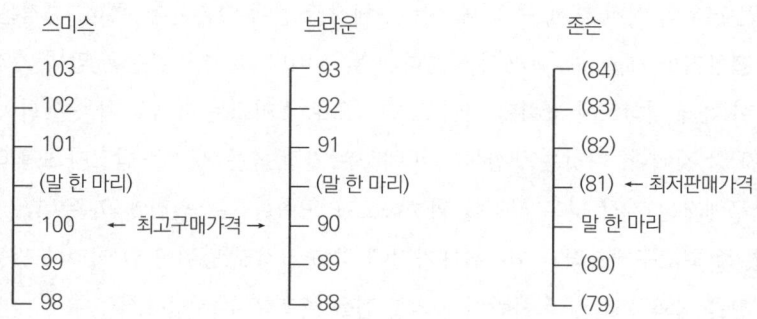

〈그림 2-7〉 세 사람의 가치척도

분명히 그들 중 오직 한 사람만이 말과 교환할 수 있고, 두 사람의 재화가 존슨에게는 동일하기 때문에 존슨의 교환결정은 말을 위해 제시되는 가격에 의해 결정될 것이다. 명백히 존슨은 가장 높은 가격을 제시할 그 잠재구매자와 교환하고자 할 것이다. 그들의 가치척도가 그러한 결과 가격범위가 말 한 마리당 생선 81배럴과 생선 90배럴 사이에 있는 한, 스미스와 브라운은 서로를 이기기 위해 높은 가격을 제시하는 것을 계속할 것이다. 예를 들어, 만약 스미스가 존슨에게 말 한 마리당 82배럴로 교환할 것을 제안하면 브라운은 입찰가를 말 한 마리당 84배럴 등으로 올림으로써 경쟁할 수 있다. 그러나 스미스의 구매제시가격이 브라운의 최고구매가격을 능가할 때까지만 이 일은 계속된다. 만약 스미스가 말에 대한 대가로 91배럴을 제시하면 브라운에게는 그 가격에 교환하는 것이 더 이상 수지맞는 일이 아니고 브라운은 경쟁에서 탈락한다. 따라서 교환에서 가격은 '덜 유망한' 또는 '덜 절박한' 구매자—그 구매자란 그의 가치척도가 다른 사람, 즉 '더 유망한' 구매자만큼 높은 가격을 제시하는 것을 허용하지 않는 그런 사람—를 제외할 수 있을 정도로 충분히 높을 것이다. 가격이 얼마가 될 것인지 정확하게 알지 못하지만, 그 가격은 협상에 의해 **가장 유망한 구매자의 최고구매가격이나 그 아래의 어디거나 차선의 유망한 구매자의 최고구**

매가격보다 높은 어디에서 결정될 것이다. 그 가격은 100배럴과 91배럴의 사이의 어디에 있을 것이고, 교환은 스미스와 이루어질 것이다. 그 생산물에 대한 다른 경쟁적 구매자를 추가하는 것은 가격을 결정하는 데 있어 협상지대(zone of bargaining)를 상당히 좁게 만든다.

이 분석은 한 명의 판매자와 n명의 구매자가 있는 경우로 쉽게 확대할 수 있다(교환에서 각자가 동일한 상품을 제시한다면). 따라서 말을 사고자 하는 잠재구매자가 5명이 있고 그들 모두가 대가로 생선을 제시하고 그들의 가치척도가 〈그림 2-8〉과 같다고 가정하자. 오직 한 마리의 말만이 한 사람의 구매자에게 양도되어야 한다면, 구매자들은 각자가 경쟁에서 탈락할 때까지 서로를 이기려고 높은 가격을 제시한다. 최종적으로 스미스는 단지 100이라는 가격으로 자신보다 차선의 유망한 경쟁자인 A를 경매에서 이길 수 있다. 이 경우에 교환가격은 유일무이하게—일단 다양한 가치척도가 주어지면—100에서 결정되는데, 왜냐하면 100보다 낮은 가격에서는 A가 여전히 입찰에 참여할 것이고 100보다 높은 가격에서는 어떤 구매자도 교환을 체결할 의지가 없을 것이기 때문이다. 여하튼, 비록 가치척도가 가격을 유일하게 결정하지 못한다 하더라도 더 많은 경쟁자들이 추가되는 것은 협상지대를 더욱 좁게 만든다. 일반적 법칙이 여전히 유효하다. 가격은 가장 유망한 경쟁자의 최고구매가격과 차선의 유망한 경쟁자의 최고구매가격의 사이에서 결정되는데, 그 가격에서 전자는 교환에 포함되고 후자는 제외된다.[24]

〈그림 2-8〉 잠재구매자 다섯 명의 가치척도

스미스	A	B	C	브라운
⌈ 101	⌈ 100	⌈ 98	⌈ 95	⌈ 91
⊢ (말 한 마리)	⊢ (말 한 마리)	⊢ (말 한 마리)	⊢ (말 한 마리)	⊢ (말 한 마리)
⌊ 100	⌊ 99	⌊ 97	⌊ 94	⌊ 90

또한 협상지대가 좁아지는 것이 위쪽 방향에서 일어나고 그것이 생산물의 판매자에게 유리하게 작용하는 것이 명백하다.

다수의 판매자와 단 하나의 구매자만 있는 한쪽만의 경쟁의 경우는 위의 경우의 정확한 역이다. 그리고 앞의 예제를 단지 거꾸로 하고 말 가격 대신에 생선가격을 고려함으로써 한쪽만의 경쟁의 경우를 고찰 할 수 있다. 한 사람의 구매자와 거래를 체결하기 위해 더 많은 생선판매자가 경쟁했기 때문에 생선가격의 결정지대는 좁아졌는데, 비록 이 번에는 결정지대가 좁아지는 것이 아래쪽 방향이고 구매자에게 더 많은 이득이 돌아갈지라도 말이다. 더 많은 판매자가 추가된다고 가정하면 각 판매자는 그의 라이벌보다 **낮은 가격을 제시하고자**(underbid)—생산물의 가격을 그의 경쟁자보다 낮게 제시하는 것—노력할 것이다. 하나의 판매자를 제외하고 모든 판매자가 시장에서 제외될 때까지 판매자들은 서로 낮은 가격을 제시하는 것을 계속할 것이다. 다수의 판매자와 하나의 구매자가 있는 경우에, 가격은 **차선의 유망한 경쟁자의 최저판매가격과 가장 유망한 경쟁자의 최저판매가격의 사이의 한 점**에서 결정될 것이다—엄격히는, 전자보다 낮은 점에서, 그리고 후자를 향해 내려가거나 후자를 포함하는 점이다. 위의 마지막 예에서, 그 점은 밀려 내려가서 후자의 점에서 유일하게 결정될 것이다—배럴당 말 100분의 1.

지금까지 하나의 구매자와 하나 이상의 판매자의 경우와 하나의 판매자와 하나 이상의 구매자의 경우를 고려했다. 이제 우리는 교환의 정교한 네트워크에 기초하는 현대의 복잡한 경제에 매우 중요한 오직 한 가지의 경우, 즉 **구매자들과 판매자들에 의한 쌍방향**(two-sided) **경쟁**을 보자. 요컨대 경쟁하는 구매자와 판매자가 얼마든지 있는 시장을 고려해보자. 어떤 생산물이라도 좋지만 생선을 받고 말을 파는 우리의 가상적 예를 계속해서 보자(모든 당사자가 생선을 포함한 말까지도 같은 재화의 동질한 단위들로 간주한다). 다음은 다양한 구매자의 최고구매가격표인데, 그것은 각자의 가치척도에 의한 가치평가를 기초로 만들어진 것이다.

말의 구매자들	최고구매가격
X1	100배럴의 생선
X2	98
X3	95
X4	91
X5	89
X6	88
X7	86

X8	85
X9	83

다음은 시장의 다양한 판매자의 최저판매가격표이다.

말의 판매자들	최저판매가격
Z1	81배럴의 생선
Z2	83
Z3	85
Z4	88
Z5	89
Z6	90
Z7	92
Z8	96

말의 '가장 유망한 구매자'는 스미스이고 구매가격은 100배럴의 생선이다. 존슨이 '가장 유망한 판매자'—가장 낮은 최저가격의 판매자—이고 가격은 81배럴이다. 문제는 말의 교환가격 또는 교환가격들이 결정되는 원리를 발견하는 것이다.

이제 X1의 경우—스미스—를 먼저 보자. 한 마리의 말에 생선 100배럴의 가격으로 교환하는 것은 스미스에게 이득이 되는 것은 명백하다. 그런데도 그 재화를 가능한 최저가격에 사는 것은 스미스에게 더 큰 이득이다. 그가 단지 비싼 값을 위하여 그의 경쟁자들보다 비싼 값을 내지는 않는다. 그는 할 수 있는 한 가장 낮은 가격에 그 재화를 얻고자 노력할 것이다. 그 결과 스미스는 그의 경쟁자들이 제시한 가장 낮은 가격에 말가격을 제시하기 시작하는 것을 선호할 것이고, 시장에서 내쫓기는 것을 피하기 위하여 필요할 때만 매매제시가격을 겨우 올릴 것이다. 마찬가지로, 존슨은 81배럴의 가격에 이득이 되는 판매를 할 것이다. 그러나 그는 그 생산물을 가능한 가장 높은 가격에 파는 것에 관심이 있다. 그는 팔지 못하고 시장에서 내쫓기는 것을 피하기 위하여 필요한 경우에만 그의 경쟁자보다 싸게 가격을 매길 것이다.

구매자들은 가능한 한 낮은 가격을 제시함으로써 협상을 시작하는 경향이 있을 것이고, 한편으로 판매자들은 그들이 판단컨대 얻을 수 있는 가장 높은 가격을 요청함으로써 협상을 시작하는 경향이 있을 것임은 명백하다. 분명히, 이런 예비적 '시장시험'(testing of the market)은 조건들이 익숙하지 않은 '신'(new)시장에서는 더 오래 끌게 되는 경향이 있을 것이고, 반면에 시장참가자들이 과거의 가격형성 과정의 결과에 상대적으로 익숙하고 결과가 어떻게 될 것인가를 더 정확히 예측할 수 있는 '구'(old) 시장에서는 시장시험은 덜 오래 끌게 되는 경향이 있을 것이다.

구매자들이 말 한 마리에 82배럴이라는 낮은 가격을 제시하면서 시작한다고 가정하자. 그 가격은 구매자 각자가 구매하기를 즐겨하는 낮은 가격이지만 오직 한 명의 판매자인 Z1만이 82배럴에 기꺼이 팔고자 한다. 더 높은 가격을 받는지도 모른다는 것을 깨닫지 못하는 무지한 Z1이 82배럴에 구매자들 중의 어떤 이와 계약을 체결하는 일이 가능하다. 무지한 다른 구매자들이 이 저렴한 말에 대하여 그 구매자보다 높은 가격을 제시하지 않아 우연한 횡재를 그 구매자에게 허용하는 것도 또한 가능하다. 그러나 그러한 결과는 있음직하지 않다. Z1이 그렇게 낮은 가격에 팔지 않을 것이고, 구매자들이 그 가격에 계약을 체결하기 위하여 즉각적으로 높은 가격을 제시하려는 어떤 시도를 할 것이 가장 있음직한 것처럼 보인다. 비록 우연히 하나의 교환이 82배럴에 체결되었다 하더라도 그런 가격이 지속될 수 없음은 명백하다. 어떤 판매자도 그 가격에 교환하지 않을 것이기 때문에 구매자들의 가격올리기 제안(upbidding)의 결과, 이후의 교환가격은 더 올라야 할 것이다.

구매자들의 이후의 가격올리기와 이러한 사실을 판매자들이 알기 때문에, 이 가격에 교환이 이루어지지 않을 것이라고 이 시점에서 가정하자. 매매제시가격이 오름에 따라 앞의 경우에서처럼 가장 덜 유망한 구매자들은 시장에서 제외되기 시작한다. 84라는 가격은 두 명의 판매자를 시장에 들어오게 하지만 구매자 쪽에서는 X9를 제외할 것이다. 매매제시가격이 올라감에 따라 주어진 가격에서 **판매를 위해 제공된 양과 구매 요구량** 간의 불균형은 감소하지만, 후자가 전자보다 큰 한에서는 구매자들의 상호 가격올리기는 가격을 계속해서 올릴 것이다. 각 가격에서 판매를 위해 제공되는 양을 **공급**이라 하고, 각 가격에서의 구매 요구량을 **수요**(demand)라고 한다. 명백히, 82라는 첫 번째 가격에서 시장에서의 말의 공급은 1이고, 시장에서 말의 수요는 9이다. 이 가격에 오직 한 명의 판매자가 기꺼이 팔려고 할 것이고, 반면에 9명의 구매자 전부는 기꺼이 구매하려고 할 것이다. 최고구매가격과 최저판매가격에 관한 위의 자료에 기초하여, 우리는 각 가상적 가격에서 수요되고 공급될 재화의 양을 보여줄 수 있다.

〈표 2-1〉은 가격이 상승함에 따라 공급자가 시장에 점진적으로 들어오는 것과 가격이 상승함에 따라 구매자가 떨어져나가는 것을 보여준다. 위에서 보았듯이, 어떤 가격에서 수요가 공급을 초과하는 한, 구매자들은 비싼 값을 제시하는 것을 계속할 것이고, 가격은 계속해서 오를 것이다.

만약 가격이 가장 높은 점에 접근하기 시작하면 지금까지와는 반대가 일어난다. 예를 들어, 만약 판매자들이 말 한 마리에 101배럴의 가격을 처음 요구하면 여덟 명의 간절한 판매자는 있지만 구매자는 없을 것이다. 99의 가격에서는 판매자들은 한 명의 간절한 구매자를 발견하지만 판매가 이루어지지 않을 가능성이 있다. 그 구매자는 그렇게 높은 가격을 지불할 이유가 없다고 깨달을 것이고, 다른 판매자들은 99라는 가격에 판매하기 원하는 사람보다 간절하게 낮은 가격을 제시하려고 할 것이다. 따라서 가격이 그렇게 높아서 그 결과 그 가격에 **공급이 수요를 초과할** 때는 공급자들의 가격내리기 제안은 가격을 아래쪽으로 움직이게 할 것이다. 임시가격이 내려감에 따라 더 많은 판매자들이 시장에서 제외되고, 더 많은 구매자들이 시장으로 들어온다.

〈표 2-1〉 가격에 따른 수요와 공급 (단위: 마리)

가격	공급	수요	가격	공급	수요
80	말 0	말 9	91	말 6	말 4
81	1	9	92	7	3
82	1	9	93	7	3
83	2	9	94	7	3
84	2	8	95	7	3
85	3	8	96	8	2
86	3	7	97	8	2
87	3	6	98	8	2
88	4	6	99	8	1
89	5	5	100	8	1
90	6	4	101	8	0

수요량(quantity demanded)이 공급량(quantity supplied)을 초과할 때마다 구매자들의 가격올리기 제안이 가격을 밀어 올릴 것이라면, 그리고 공급이 수요보다 클 때마다 판매자들의 가격내리기 제안이 가격을 아래쪽으로 밀어 내릴 것이라면, 수요량이 공급량과 같아지는 곳, 즉 공급과 수요가 같아지는 곳에서 재화의 가격은 안착점(resting point)을 찾을 것이 명백하다. 이 가격에서, 그리고 오직 이 가격에서만 **시장이 청산되는**(cleared) 것, 즉 구매자들이 가격을 더 올리는 제안을 하거나 공급자들이 가격을 내리는 제안을 할 유인이 없는 것이다. 우리의 예에서, 이런 최종적 가격 또는 **균형가격**(equilibrium price)은 89이고, 이 가격에서 다섯 마리의 말이 다섯 명의 구매자에게 판매될 것이다. 이 균형가격은 그 가격에서 재화가 결정되고 판매가 이루어지는 그런 가격이다.[25]

특히 그 가격에서는 X_1, X_2, X_3, X_4, X_5 등 다섯 명의 가장 유망한 구매자에게 판매가 이루어질 것이다. 다른 덜 유망한(또는 덜 절박한) 구매자들은 시장에서 제외될 것인데, 왜냐하면 그들의 가치척도가 그들에게 그 가격에 말을 사도록 허용하지 않기 때문이다. 마찬가지로, Z_1~Z_5 판매자들은 89에 판매하는 사람이다. 다른 판매자들 역시 시장에서 제외되는데, 왜냐하면 그들의 가치척도가 그 가격에 그들을 시장에 있도록 허용하지 않기 때문이다.

말과 생선시장에서 Z_5는 시장에 남아 있을 수 있었던 판매자들 중에서 가장 덜 유망한 판매자이다. 최저판매가격이 89인 Z_5는 89에 판매할 수 있을 뿐이다. 그는 **한계판매자**, 즉 한계에 있는 판매자로서 가격이 조금만 낮아지면 제외될 사람이다. 다른 한편 X_5는 시장에 머물러 있을 수 있었던 구매자들 중에서는 가장 덜 유망한 사람이다. 그는 **한계구매자**, 즉 가격이 조금만 올라도 제외될 사람이다. 한계구매자를 제외한 다른 구매자들이 공급을 획득하기 위하여 지불해야 하는 것보다 더 많이 지불하는 것이 어리석기 때문에 그들도 또한 한계구매자와 같은 가격, 즉 89를 지불할 것이다. 마찬가지로, 한계판매자를 제외한 다른 판매자들도 그들이 받을 수 있는 것보다 더 낮게 판매하지 않는다. 그들은 한계판매자가 시장에서 머무를 수 있도록 허용되는 가격에 판매할 것이다.

분명히 더 유망한 또는 '더 절박한' 구매자들(그리고 판매자들)―**한계 이상 구매자들**(supramarginal, 한계구매자를 포함한)―이 이 교환에서 심적 잉여(psychic surplus)를 얻는

데, 왜냐하면 만약 가격이 더 높아졌다면(또는 더 낮아졌다면) 그들이 있었을 상태에 비한다면 더 좋아진 것이기 때문이다. 그러나 재화들은 각자의 가치척도 위에서만 순위를 매길 수 있고, 또한 한 개인을 위해서 또는 상이한 개인들간을 비교하기 위한 심적 이득(psychic gain)을 **측정**할 수 없기 때문에, 심적 이득이 존재한다는 점을 제외하고는 그것의 가치를 말할 수 없다(예를 들어, 교환에서 X1이 얻는 심적 이득이 X5가 얻는 심적 이득보다 크다는 말까지도 할 수 없다). 배제된 구매자들과 판매자들을 **한계 이하**(submarginal) 구매자들과 **한계 이하** 판매자들이라고 부른다.

균형가격에 의해 행해진 '시장청산'의 구체적 특징은 기꺼이 교환하고자 하는 모든 구매자와 판매자가 오직 이 가격에서만 그렇게 할 수 있다는 것이다. 이 가격에서 말을 가진 다섯 명의 판매자가 다섯 명의 구매자를 발견한다. 이 가격에서 매매를 원하는 모든 사람은 그렇게 할 수 있다. 그 가격을 제외한 다른 가격에서는, 좌절한 구매자들 또는 좌절한 판매자들이 있다. 따라서 84라는 가격에서 8명의 사람이 사고 싶어할 것이지만 오직 두 마리의 말만 이용가능하다. 이 가격에서는 많은 양의 '충족되지 않은 수요'(unsatisfied demand) 또는 **'초과수요'**(excess demand)가 있다. 반대로, 예를 들어 95의 가격에서는 말을 공급하기를 갈망하는 공급자가 7명이 있지만 오직 3명만이 말을 기꺼이 수요하려고 한다. 따라서 이 가격에서는 '충족되지 않은 공급'(unsatisfied demand) 또는 **'초과공급'**(excess supply)이 있다. 초과수요와 초과공급의 다른 표현은 재화의 '부족' 또는 '잉여'이다. 모든 재화의 희소성이라는 보편적 사실을 제외하면, 균형가격 이하의 가격은 구매자에게 공급의 추가적 부족을 만들어내고, 반면에 균형 이상의 가격은 구매를 위한 수요와 비교하여 판매하고자 하는 재화의 잉여를 만들어낸다. 시장과정은 언제나 그런 부족과 잉여를 제거하는 경향이 있다. 그리고 수요자들이 공급을 발견할 수 있고 공급자들이 수요를 발견할 수 있는 그런 가격을 확립하는 경향이 있다.

구매자들에 의한 가격올리기 제안과 판매자들에 의한 가격내리기 제안의 이런 과정은 시장에서 언제나 일어난다는 것을 깨닫는 것은 중요한데, 비록 어떤 구체적인 경우의 표면적 양상이 오직 공급자들(또는 수요자들)만이 가격을 결정하는 것처럼 보이는 경우일지라도 말이다. 따라서 가격이 개별 판매자에 의해 단순히 '시세가 매겨지는' 어떤 재화가 구멍가게에서 판매될지도 모른다. 그러나 그런 시장에서도 다른 시장에서와 같이 입찰이라는 똑같은 과정이 진행된다. 만약 판매자들이 가격을 균형가격 이하로 설정하면 구매자들이 구매를 위해 쇄도할 것이고, 입수 불가능한 재화를 열렬히 사고자 하는 구매자들의 대열과 함께 판매자들은 부족이 발생하고 있음을 발견할 것이다. 판매자들이 그들의 재화에 대해 더 높은 가격을 받을 수 있음을 깨닫고, 그들이 부르는 가격을 올린다. 다른 한편, 만약 판매자들이 가격을 균형가격 이상으로 매기면 팔리지 않는 재고가 남아돌 것이고, 그들은 원하지 않는 누적된 재고를 '처분하고' 시장을 청산하기 위하여 가격을 낮추어야 할 것이다.

구매자들이 가격을 부르므로 구매자들이 가격을 정하는 것처럼 보이는 경우도 유사하다. 만약 구매자들이 균형가격 이하로 가격을 부르면 그들은 그 가격에 모든 수요를 충족할 수 없음을 발견할 것이다. 그 결과, 그들은 부르는 가격을 올려야만 할 것이다. 다른 한편, 구매자들이 가격을 너무 높게 정하면 미판매재고를 가진 판매자들이 쇄도하는 것을 발견할 것이고, 가격을 더 낮추어 시장을 청산할 기회를 이용하려 할 것이다. 따라서 시장의 **형태**(*form*)와 상관없이, 시장과정의 결과는 구매자들과 판매자들의 상호 매매제의를 통해 균형가격의 확립을 향해 나아가는 경향이 언제나 있다.

만약 균형가격이 확립되기 전에 예비판매를 하지 않았다는 가정을 제거하더라도, 이것이 분석의 결과를 변하게 만들지 않는 것은 명백하다. 무지와 과오를 통해, 비록 판매가 81 또는 99라는 가격에 이루어졌음에도 불구하고 이러한 가격들은 여전히 단명하고 임시적일 것이며, 그 재화의 최종가격은 균형가격이 되는 경향이 있을 것이다.

일단 시장가격이 형성되고 나면 **하나의 가격이 시장 전체를 지배하는 것이 틀림없다**. 이 점은 모든 구매자와 판매자가 그들의 한계경쟁자들과 같은 가격에 교환하는 경향이 있다는 사실에 이미 함축되어 있었다. 시장에서는 언제라도 하나의 재화에 대하여 오직 하나의 가격만이 형성되는 경향이 항상 있을 것이다. 따라서 시장가격이 89에 형성되었고 한 교활한 판매자가 구매자로 하여금 92에 사도록 유도하고 있다고 가정하자. 그가 정규시장에서 89에 살 수 있다는 점을 알 때는 어떤 구매자도 92에 사고자 하지 않을 것이 명백하다. 마찬가지로, 그가 89에 쉽게 판매할 수 있다는 것을 안다면 어떤 판매자도 시장 이하의 가격에 기꺼이 팔려고 하지 않을 것이다. 예를 들어, 만약 무지한 판매자가 말을 87에 판다면 구매자가 말을 89에 파는 판매자로서 시장에 들어감직하다. **중재이득**(arbitrage gain, 재화의 가격차이에서 오는 이득을 노린 구매와 판매)을 위한 그런 추진력은 시장 전체에 걸쳐서 한 재화에 하나의 가격이 빠르게 확립되도록 움직인다. 지금까지 설명한 그런 시장가격은 균형가격이 성립되고 난 후에 공급조건들과 수요조건들이 변할 때만 변하는 경향이 있을 것이고, 그런 시장가격은 시장이 청산되기 전에는 초과공급 또는 초과수요라는 상태를 만들어내는 경향이 있을 것이다.

공급조건들과 수요조건들에 의해 결정되는 균형가격의 더 명확한 모습은 〈그림 2-9〉의 그래프에서 알 수 있다.

가격이 상승함에 따라 더 높은 최저판매가격을 가진 새로운 공급자들이 시장으로 들어오고, 반면에 낮은 최고구매가격을 가진 수요자들은 떨어져나가기 시작한다는 것은 명백하다. 그러므로 가격이 하락할 때는 수요량은 항상 예전과 같거나 증가하지만 결코 감소하지는 않는다. 마찬가지로, 가격이 하락함에 따라 공급에서 매매 제시된 양은 항상 감소하거나 예전과 같지만 결코 증가하지는 않는다. 그러므로 가격이 하락할 때는 수요곡선은 항상 수직이거나 우하향(rightward-sloping)하는 것이 틀림없고, 반면에 가격이 하락함에 따라 공급곡선은 항상 수직이거나 우상향(leftward-sloping)하는 것이 틀림없다. 두 곡선은 공급과 수요가 동일해지는 균형가격에서 교차할 것이다.

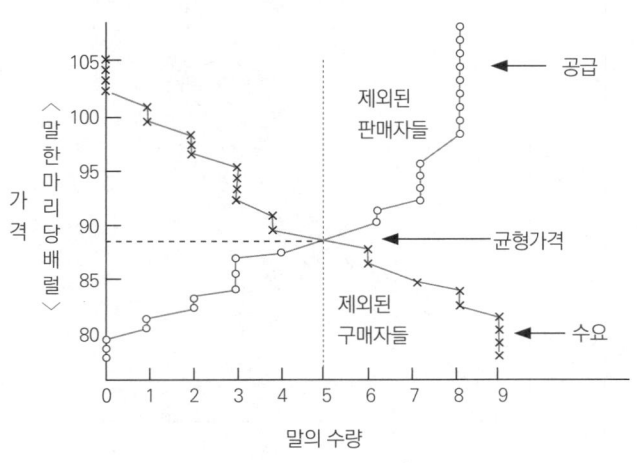

〈그림 2-9〉 균형가격의 결정

명백히, 공급곡선과 수요곡선의 교차지대가 일단 결정되고 나면, 한계에 있는 - 균형점 부근에 있는 - 구매자들과 판매자들이야말로 균형가격과 교환되는 양이 얼마가 될 것인가를 결정하는 사람이다.

어떤 주어진 가격에서 매매제시된 공급을 표로 만든 것이 **공급스케줄**(supply schedule)이라 하고, 반면에 명확하게 하기 위하여 그 점들을 여기에서 연결하여 그림으로 나타낸 것이 **공급곡선**(supply curve)이다. 마찬가지로, 각 재화와 시장을 위한 수요를 표로 만든 것이 **수요스케줄**(demand schedule)이고 그림으로 나타낸 것이 **수요곡선**(demand curve)이다. 교차점이 주어진 상태에서 그 점의 위와 아래의 수요곡선과 공급곡선은 균형가격에 영향을 주지 않고 여러 가지 상상할 수 있는 모양을 할 수 있다. 그 결과 가격의 직접적 결정요인들은 한계구매자들과 한계공급자들이고, 반면에 한계 이상인 사람의 가치평가는 **어떤** 구매자들과 **어떤** 판매자들이 한계구매자들과 한계판매자들이 될 것인가를 결정하는 데 있어 중요하다. 한계를 훨씬 벗어나서 시장에서 **제외된 구매자들**(excluded buyers)과 시장에서 **제외된 판매자들**의 가치평가는 가격에 직접적인 영향을 미치지 않고 시장수요스케줄의 변화와 시장공급스케줄의 변화가 그들을 교차점에 가까이 오게 하는 경우에만 중요하게 될 것이다.

따라서 교차점이 주어지면 공급곡선의 패턴과 수요곡선의 패턴(실선과 점선으로 나타낸)이 적어도 〈그림 2-10〉에 나타난 변형들 중의 어느 하나가 될 수 있을 것이다.

〈그림 2-10〉 공급곡선과 수요곡선의 가능한 패턴들

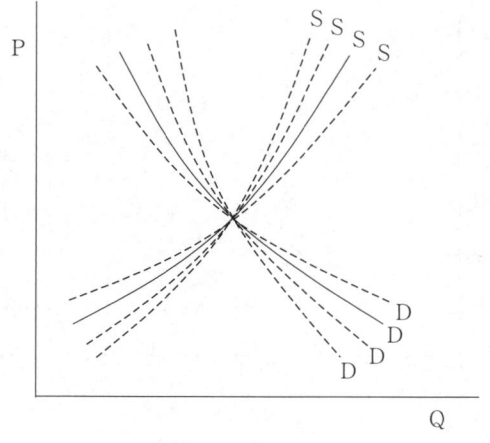

이 시점까지 단순화와 명료화를 위해 각 공급자뿐 아니라 각 수요자까지도 말이라는 재화의 한 단위에 국한한다고 가정했고, 우리가 집중했던 것은 그 재화의 가격이라고 가정했다. 이제 한 단위만 거래한다는 제약을 제거할 수 있고, 공급자들과 수요자들이 그들이 원하면 어떤 수의 말이라도 교환할 수 있도록 허용함으로써 현실세계의 교환으로 된 분석을 완성할 수 있다.

우리의 암묵적 제약을 제거하는 것은 분석의 주요 내용을 변하게 만들지 않는다는 것을 즉각적으로 알 수 있을 것이다. 따라서 존슨의 경우, 그가 가진 말의 최저판매가격이 생선 81배럴이었던 경우로 되돌아가자. 이제 존슨이 여러 마리의 말 재고를 가지고 있다고 가정하자. 그는 81배럴이라는 최저가격에 말 한 마리—첫 번째 말—를 팔고 싶어하는데, 왜냐하면 그의 가치척도상에서는 그 말을 생선 81배럴과 80배럴 사이에 두고 있기 때문이다. 그의 두 번째 말을 내놓을 존슨의 최저판매가격은 얼마일까? 한계효용의 법칙에 따르면 어떤 사람의 재화의 재고가 감소하면 남아 있는 각 단위에 두는 가치는 증가한다는 것을 이 장의 앞 쪽에서 보았다. 반대로, 한 사람의 재화의 재고가 증가하면 각 단위의 한계효용은 감소한다. 그 결과 두 번째 말의 한계효용(또는 엄격히, 첫 번째 말이 팔리고 난 뒤에 각 말의 한계효용)은 첫 번째 말의 한계효용보다 클 것이다. 이 점은 비록 각 말이 모든 다른 말처럼 동일한 서비스를 제공할 수 있는 경우에도 진리일 것이다. 마찬가지로, 그 다음에 내놓는 세 번째 말의 가치는 여전히 더 클 것이다. 다른 한편, 포기한 각 말에 두는 한계효용은 증가하는 반면에, 교환으로 얻는 추가적 생선의 한계효용은 감소할 것이다. 이 두 요소들이 미치는 결과는 잇달아 팔려나가는 각 말의 최저판매가격을 필연적으로 올린다. 따라서 첫 번째 말의 최저판매가격이 생선 81배럴이라고 가정하자. 두 번째 교환을 할 때가 오면 두 번째 말을 위해서 포기할 가치는 더 커질 것이고, 교환으로 받는 동일한 배럴의 가치는 감소할 것이다. 그 결과, 존슨이 그 이하로 말을 팔지 않을 최저판매가격은 예를 들어 88까지 증가할 것이다. 따라서 판매자의 재고가 감소됨에 따라 그의 최저판매가격은 상승한다. 존슨의 가치척도는 〈그림 2-11〉과 같을 것이다.

이 가치척도에 기초하여 존슨 자신의 개인 공급스케줄을 구성할 수 있다. 그는 가격이 80까지는 0마리의 말을 공급할 것이고, 가격이 81과 87 사이에서는 1마리의 말, 가격이 88과 94 사이에서는 2마리의 말, 가격이 95에서 98까지는 3마리의 말,

가격이 99와 그 이상에서는 4마리의 말을 공급할 것이다. 시장에 있는 각 판매자를 위해서 같은 일을 할 수 있다(판매자가 팔기 위해서 오직 한 마리 말만을 소유하는 곳에서는 공급스케줄은 예전과 같이 만들어진다). 주어진 가격에서 시장에 있는 다양한 개별 판매자들에 의해 매매제시될 공급을 단순히 더함으로써 시장공급스케줄(market-supply schedule)을 만들 수 있다.

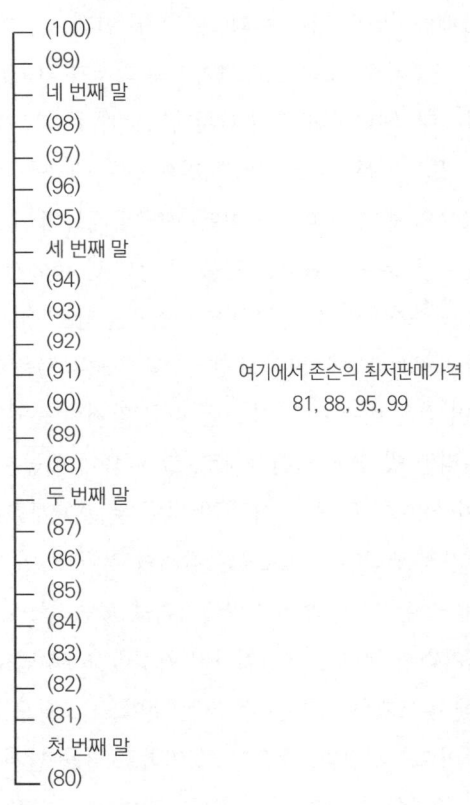

〈그림 2-11〉 존슨의 가치척도

여기에서 존슨의 최저판매가격
81, 88, 95, 99

전술한 시장공급에 대한 분석의 본질은 변하지 않는다. 따라서 이 경우에 시장공급스케줄을 그린 결과는 **마치 4명의 판매자가 있어서 각자가 한 마리의 말을 공급하고, 각자는 81, 88, 95, 99라는 최저판매가격을 가졌던 경우와 동일하다.** 새로운 단위들을 공급하는 사람이야말로 다른 사람이 아니라 한 사람이라는 사실은 분석의 결과를 바꾸지 않는다. 이 사실은 가격이 상승함에 따라 공급곡선은 언제나 수직적이거나 우상향하는 것이 틀림없다는 법칙, 즉 **가격이 상승함에 따라 공급은 언제나 변화가 없거나 증가하는 것이 틀림없다는** 법칙을 강화한다. 왜냐하면 가격의 상승으로 새로운 공급자들이 시장에 들어올 것이라는 사실에 덧붙여서, 동일한 공급자가 그 재화의 더 많은 단위들을 공급할 것이기 때문이다. 따라서 한계효용의 법칙의 작동은 더 높은 가격에서는 공급이 감소할 수 없고 증가하거나 동일해야 한다는 법칙을 강화하는 데 기여한다.

정확하게 반대가 수요의 경우에 일어난다. 구매자들에게 그들이 원하는 숫자의 말을 구매할 것을 허락한다고 가정하자. 첫 번째 말에 대한 스미스의 최고구매가격은 생선 100배럴이었음을 기억한다. 만약 그가 두 번째 말을 살 것을 고려한다면, 추가하는 말의 한계효용은 첫 번째 말의 한계효용보다 적을 것이고, 그가 포기해야만 하는 동일한 양의 생선의 한계효용은 증가할 것이다. 만약 더 많은 구매를 할수록 구매의 한계효용이 감소하고 포기한 재화의 한계효용이 증가하면, 이런 요소들은 잇따라 구입하는 각 말의 최고구매가격을 더 낮추는 결과를 가져온다. 따라서 스미스의 가치척도는 〈그림 2-12〉처럼 될 것이다.

시장에서 이러한 개별 수요스케줄들을 각 구매자를 위해 만들 수 있고, 그 스케줄들은 시장에 있는 모든 구매자들을 위한 수요곡선을 만들기 위하여 더해질 수 있다.

여기에서 다시 한번 시장수요곡선의 본질은 변화가 없다는 것은 명백하다. 위에서 본 최고구매가격을 가진 스미스의 개별 수요곡선은 83, 89, 94, 100이라는 최고구매가격을 각각 가진 4명의 구매자와 분석적으로는 동등하다. 각 구매자가 하나 이상의 재화를 수요하도록 허용하는 것의 영향은 한계효용의 법칙이 가격이 하락함에 따라 수요곡선은 우하향한다는 전술한 법칙, 즉 **가격이 하락함에 따라 수요는 증가하거나 변화가 없는 것이 틀림없다는 법칙**을 강화하도록 한다는 것이다. 더 낮은 가격이 이전에 제외되었던 구매자들을 끌어들인다는 사실에 덧붙여서, 가격이 하락함에 따라 각 개인은 더 많이 수요하는데, 왜냐하면 한계효용의 법칙에 비추어 더 많은 단위를 구매함으로써 최고구매가격이 더 낮아질 것이기 때문이다.

이제 개인간 교환에서 가격을 결정하는 요인들을 정리하자. 시장에는 하나의 재화에 대한 하나의 가격이 성립하는 경향이 있고, 그 가격은 시장공급스케줄과 시장수요스케줄의 교차에 의해 결정되는 균형가격일 것이다. 이 가격에 교환하는 사람들은 한계 이상의 구매자들과 한계 이상의 판매자들과 한계구매자들과 한계판매자들일 것이고, 반면에 덜 유망한 구매자들과 판매자들 또는 한계 이하의 구매자들과 한계 이하의 판매자들은 판매에서 제외될 것인데, 왜냐하면 그들의 가치척도가 그들로 하여금 교환하는 것을 허용하지 않기 때문이다. 그들의 최고구매가격이 너무 낮거나 최저판매가격이 너무 높다. 시장공급스케줄과 시장수요스케줄 그 자체는 시장에서 모든 개인들의 최저판매가격들과 최고구매가격들에 의해 결정된다. 다음에는 후자 즉, 최저판매가격과 최고구매가격은 구매되고 판매되는 단위들에 두는 개인들의 가치척도들에 의해 결정되는데, 이 가치척도의 순위들은 한계효용의 법칙에 의해 영향을 받는다.

〈그림 2-12〉 스미스의 가치척도

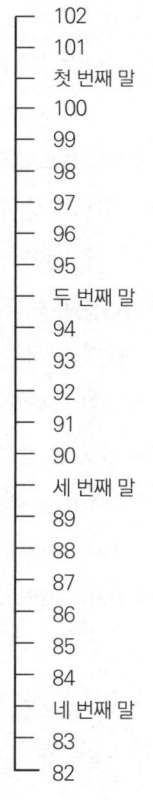

이 표를 기초로 스미스의 개별 수요스케줄을 만들 수 있다. 스미스는 83배럴과 그 이하의 가격에서는 4마리의 말을 수요할 것이고, 84에서 89까지의 가격에서는 3마리의 말을 수요할 것이며, 90에서 94까지의 가격에서는 2마리의 말을 수요할 것이고, 95에서 100까지의 가격에서는 1마리의 말을 수요할 것이며, 101 또는 그 이상의 가격에서는 0마리의 말을 수요할 것이다.

한계효용의 법칙에 덧붙여서, 각 개인의 가치척도상의 순위들에 영향을 주는 다른 요인이 있다. 존슨이 어떤 가격에 공급할 예정인 양은 그가 가진 재화들의 **재고**에 의해 제한받는 것은 명백하다. 예를 들어, 존슨은 99의 가격에 네 번째 말을 기꺼이 공급할지도 모르지만, 이 일이 그가 가진 말의 재고를 소진시키면 더 높은 가격이 존슨으로 하여금 더 많은 공급을 하도록 하지는 않을 것이다. 적어도 이 점은 진리인데, 존슨이 판매하기 위해 이용가능한 재고가 더 이상 없는 한에서는 말이다. 따라서 어떤 주어진 시간에 이용가능한 재화의 총재고는 시장에 공급될 수 있는 재화의 최대량을 제약한다. 반대로, 구매하는 재화의 총재고는 어떤 개인 또는 시장이 수요할 수 있는 총판매재화의 최대총량을 제한할 것이다.

시장공급스케줄과 시장수요스케줄이 균형가격을 결정하는 동시에, 두 스케줄이 교환될 두 재화의 **균형량**을 또한 명확히 결정한다. 이전의 예에서, 시장총량으로서의 교환되는 균형량은 말 다섯 마리와 5×89 또는 445배럴의 생선이다.

6. 수요의 탄력성[26]

수요스케줄은 가상적인 각 가격에 얼마나 많은 단위의 구매재화를 살 수 있는가를 우리에게 말해준다. 이 스케줄로부터 **각 가격에서 소비될 것인 판매재화의 총량**을 쉽게 발견할 수 있다. 따라서 〈표 2-1〉로부터 95라는 가격에서는 세 마리 말을 수요할 것이라는 것을 발견한다. 만약 세 마리의 말이 95배럴의 생선이라는 가격에 수요되면, 교환에서 제시되는 판매재화의 총량은 3×95 또는 285배럴의 생선일 것이다. 그러면 이것이 그 가격에 시장에서 매매제시될 판매재화의 **총지출**(total outlay)이다.

가상적인 각 가격에서 판매재화의 총지출이 〈표 2-2〉에 나와 있다.

〈그림 2-13〉은 총지출곡선을 그림으로 나타낸 것이다. 이것은 수요곡선으로부터 논리적으로 유도된 것이 명백하고, 그 결과 그것은 가상적인 각 가격에서 구매자들의 지출곡선임이 또한 명백하다.

총지출곡선의 두드러진 특징은 다른 곡선들(예를 들어, 수요곡선)과 대조적으로 가격이 상승하거나 하락함에 따라 그 곡선은 어떤 방향으로도 기울 수 있다는 것이다. 어떤 방향으로도 기울기를 가질 수 있는 가능성은 곡선의 위치를 결정하는 두 요인의 작동으로부터 발생한다. 지출=가격×(구매재화의) 수요량. 그러나 가격이 하락함에 따라 수요는 틀림없이 증가하거나 동일하다. 그 결과 가격의 하락은 재화의 양의 증가로 중화되는 경향이 있고, 그 결과로서 가격이 변함에 따라 판매재화의 총지출은 증가하거나 감소할 수 있다.

〈표 2-2〉 가상적 가격에서 판매재화의 총지출

가격	구매자들	
	수요량	판매재화의 총지출
80	말 9마리	생선 720배럴
81	9	729
82	9	738
83	9	747
84	8	672
85	8	680
86	7	602
87	6	522
88	6	528
89	5	445
90	4	360
91	4	364
92	3	276
93	3	279
94	3	282
95	3	285
96	2	192
97	2	194
98	2	196
99	1	99
100	1	100
101	0	0

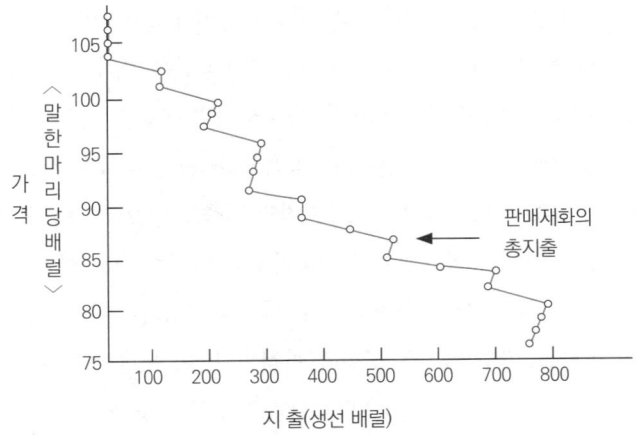

〈그림 2-13〉 총지출곡선

　어떤 두 가격에서 구매자들이 판매재화에 지출하게 될 총지출을 비교할 수 있다. 만약 낮은 가격이 높은 가격보다 총지출을 크게 한다면 총지출곡선은 그 범위에서 **탄력적**(elastic)이라고 정의한다. 낮은 가격이 높은 가격보다 총지출을 적게 한다면 그 범위에서 그 곡선은 **비탄력적**(inelastic)이다. 다르게 표현하면, 전자의 경우는 **탄력도가 1보다 큰 경우**이고, 후자는 **탄력도가 1보다 작으며**, 두 가격에서 총지출이 같은 것은 **단위탄력적이거나** 또는 탄력도가 1과 같다고 말할 수 있다. 탄력성 개념에서 수치적 정확성은 중요하지 않기 때문에 우리는 '비탄력적', '탄력적', (마지막 경우에) '중립적'이라는 용어를 단순히 사용한다.

　몇몇의 예가 이러한 개념들을 명확히 할 것이다. 예를 들어, 96과 95라는 가격에서 총지출스케줄을 분석한다고 가정하자. 96에서는 총지출이 192배럴이다. 95에서는 총지출이 285배럴이다. 지출은 낮은 가격에서 크고, 그 결과 이 범위 내에서 지출스케줄은 **탄력적**이다. 다른 한편, 95와 94라는 가격을 보자. 94에서는 지출은 282이다. 결과적으로 여기에서 총지출스케줄은 **비탄력적**이다. 가상적인 두 가격 사이에서 수요곡선이 탄력적인가 또는 비탄력적인가 하는 것을 결정하기 위한 간단한 기하학적 수단이 있는 것은 명백하다. 만약 낮은 가격에서 지출곡선이 오른쪽으로 더 나아가면 수요곡선은 탄력적이며, 만약 왼쪽으로 더 나아가면 수요곡선은 비탄력적이다.

탄력성 개념이 서로 근접한 두 가격에 국한해야 할 이유는 없다. 스케줄상의 어떤 두 가격이라도 비교될 수 있다. 지출곡선 전체를 분석해보면 전술한 수요곡선이 기본적으로 탄력적임을 입증하는 것은 명백하다. 수요곡선은 가격차이가 작은 두세 군데를 제외하고는 대부분의 범위에서 탄력적이다. 만약 우리가 간격이 큰 두 가격을 비교하면 높은 가격에서 지출이 적은 것은 명백하다. 만약 가격이 충분히 높다면 어떤 재화에 대한 수요도 영으로 축소되고, 그 결과 지출도 영으로 축소될 것이다.

특히 관심이 있는 것은 균형가격에서 수요곡선의 탄력성이다. 한 단계를 올려 90의 가격으로 가면 곡선은 명백히 탄력적이다—총지출은 높은 가격에서 적어진다. 한 단계를 내려가서 88로 가면 곡선은 또한 탄력적이다. 이 특별한 수요곡선은 균형가격 주위에서 탄력적이다. 물론 다른 수요곡선들은 그들의 균형가격에서 비탄력적일 수 있다.

애초에 생각되었던 바와 다르게 '공급탄력성'(elasticity of supply) 개념은 '수요탄력성'과 같이 의미가 있는 것은 아니다. 만약 우리가 각 가격에서의 공급량에 가격을 곱하면 교환에서 판매자들이 요구하는 생선(판매재) 배럴의 수를 구할 것이다. 그러나 가격이 상승함에 따라 이 양은 **항상 증가하고**, 그리고 **역도 또한 같다는 것**을 쉽게 알 수 있다. 82에서 배럴의 양은 82이고, 84에서는 168이고, 88에서는 352 등이다. 생선 배럴이 증가하는 이유는 수요량이 가격과 반대방향으로 움직이는 것과는 다르게, 지출의 다른 결정요인인 공급량은 가격과 **같은** 방향으로 변한다는 것이다. 그 결과 공급은 항상 탄력적이고 공급탄력성 개념은 시시한 것이다.[27]

7. 투기, 그리고 공급스케줄과 수요스케줄

지난 마지막 분석에서 시장가격이 공급스케줄과 수요스케줄의 교차에 의해 결정되는 것을 보았다. 지금이 이 특별한 스케줄들의 결정요인들을 더 고려해야 할 차례이다. 공급스케줄과 수요스케줄 자체의 모양과 위치를 결정하는 원인들에 관해 어떤 다른 결론을 내릴 수 있는가?

어떤 주어진 가격에서 한 개인이 살 예정이거나 팔 예정인 재화의 양은 그의 가치척도 위에서 판매재의 위치와 구매재의 위치에 의해 결정된다는 것을 기억한다. 만약 구매재 한 단위를 추가함으로써 얻는 한계효용이 그가 포기해야 하는 판매재의 한계효용보다 크다면 그는 그 재화를 수요할 것이다. 다른 한편, 다른 개인의 단위들에 대한 가치평가가 역순이라면 그는 판매자가 될 것이다. 이 기초 위에, 그리고 한계효용의 법칙에 의해 강화되어, 가격이 낮아질 때는 시장수요곡선은 결코 감소하지 않고 가격이 하락하면 공급곡선은 결코 증가하지 않을 것임을 보았다.

구매자들과 판매자들의 가치척도를 더 분석하자. 한 재화가 가질지도 모르는 가치의 두 가지 원천은 직접사용가치와 교환가치이고, 두 가치 중에서 더 높은 가치가 행위자를 위한 결정요소인 것을 위에서 보았다. 그 결과 개인은 두 가지 중의 한 가지 이유로 교환에서 말을 수요할 수 있다. 즉, 그가 가지는 말의 직접사용가치 또는 말이 교환을 강제할 수 있다고 그가 믿는 가치. 만약 전자라면 그는 말이 제공하는 서비스의 소비자일 것이며, 만약 후자라면 그는 나중에 더 이득이 되는 교환을 위하여 구매한다. 예를 들어, 전술한 예에서 현존하는 시장가격이 균형에 이르지 않았다고 가정하자—지금 말 한 마리당 85배럴이다. 많은 수요자가 이 가격은 균형 이하라는 것을 깨달을 수 있고, 그 결과 그들은 85에 사서 최종적이고 더 높은 가격에 재판매함으로써 중재이윤(arbitrage profit)을 얻을 수 있다는 것을 깨달을지도 모른다.

우리는 지금 전술한 절에서의 분석을 다듬을 위치에 있는데, 거기에서는 균형가격에 도달하기 전에 판매가 일어났는지 여부에 관한 질문을 조사하지 않았다. 〈표 2-1〉에 있는 수요스케줄이 소비자에 의한 직접소비수요를 나타낸다고 이제 명시적으로 가정하자. 설명을 목적으로 단순화하기 위하여 〈그림 2-9〉에 있는 수요곡선의 계단들을 부드럽게 만들어 〈그림 2-14〉로 그릴 수 있다. 이것은 재화의 직접용도를 위한 수요곡선이라고 말할 수 있다. 그러면 이 수요곡선의 경우에 균형에 접근하는 것은 다양한 가격에서의 **실제**구매를 통해 일어나고, 그 다음에 균형가격에 최종적으로 도달할 때까지 부족이나 잉여는 가격올리기 제안이나 가격내리기 제안을 촉발한다. 그러나 구매자들이 최종균형가격을 예측할 수 있는 한에서는 더 높은 가격에 구매하는 것이 아니라(만약 **그 높은 가격**이 최종가격이었다고 가정하면 비록 구매자들이 구매했을 것임에도 불구하고 말이다), 가격이 떨어질 때까지 기다릴 것이다. 마찬가지로, 만약 가격이 균형가격 아래에 있다면, 구매자들이 최종가격을 예측할 수 있는 한에서는 최종 가격에 이윤을 내고 재판매하기 위하여 재화(예를 들어, 말)의 얼마를 사려고 하기 쉬울 것이다. 따라서 만약 교환가치가 그림에 포함되고 상당수의 구매자가 그들의 기대에 따라 행동한다면, 수요곡선은 〈그림 2-15〉처럼 바뀔 것이다. 오직 사용을 위한 수요에만 의존하는 구수요곡선은 DD이고, 기대에 의하여 행해지는 균형가격의 예측을 포함하는 신수요곡선은 D'D'이다. 그런 기대는 수요곡선을 훨씬 더 **탄력적**으로 만드는 것이 명백한데, 왜냐하면 낮은 가격에서는 많이 살 것이고, 높은 가격에서는 적게 살 것이기 때문이다.

〈그림 2-14〉 단순화된 수요곡선

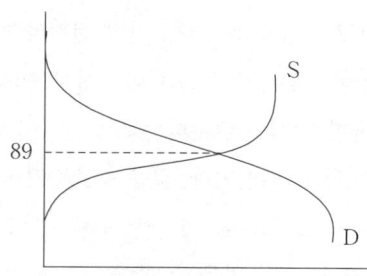

따라서 교환가치의 도입은 기대균형가격(anticipated equilibrium price) 이상에서는 수요를 제한할 수 있고, 기대균형가격 이하에서는 수요를 증가시킬 수 있는데, 비록 균형가격에서의 최종수요—소비하기 위한—는 동일할 것임에도 불구하고 말이다.

이제 상품판매자의 상황을 고려해보자. 〈그림 2-9〉의 공급곡선은 있음직한 균형가격을 예상하지 않는 상태에서 어떤 가격에서의 공급량을 그린 것이다. 따라서 이러한 공급곡선에서는 판매는 최종가격에 이르는 도중에 이루어질 것이고, 재화의 부족과 잉여는 최종적으로 최종가격에 이르는 길을 밝힐 것이라고 말할 수 있다. 다른 한편, 많은 판매자가 최종균형가격을 예상한다고 가정하자. 명백히, 판매자들은 **낮은 가격**이 최종가격이었다고 가정하면 판매했을 것임에도 불구하고 그들은 그 가격에 판매하기를 거절할 것이다. 다른 한편, 균형가격 이상에서는 더 많이 팔려고 할 것인데, 왜냐하면 그들의 말을 균형가격 이상에서 팔고 균형가격에서 되삼으로써 중재이윤을 얻을 수 있을 것이기 때문이다. 따라서 그런 기대가 포함된 공급곡선은 〈그림 2-16〉으로 바뀔 수 있다. 균형가격을 예상한 결과로서 공급곡선은 SS에서 S'S'로 바뀐다.

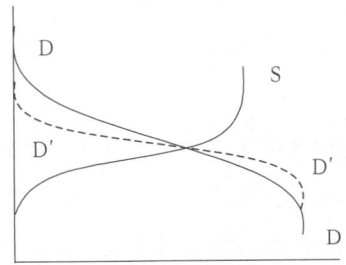

〈그림 2-15〉 투기에 의해 수정된 수요곡선

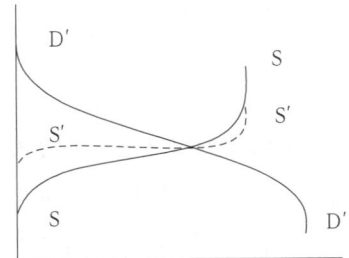

〈그림 2-16〉 투기에 의해 수정된 공급곡선

모든 수요자와 공급자가 최종균형가격을 정확히 예측할 수 있는 극히 드문 경우를 가정해 보자. 그런 극단적인 경우에 시장의 공급곡선의 패턴과 수요곡선의 패턴은 어떻게 될 것인가? 그것은 다음과 같을 것이다. 균형 이상의 가격(예를 들어, 89)에서는 누구도 재화를 수요하지 않고 공급자들은 그들의 전 재고를 공급할 것이다. 〈그림 2-17〉에서 보듯이 균형 이하의 가격에서는 누구도 재화를 공급하지 않을 것이고, 모든 이가 구매할 수 있는 만큼 많이 수요할 것이다. 그런 만장일치의 정확한 예측은 인간행동에서는 십중팔구 일어날 것 같지는 않다. 그러나 이 경우는 이런 기대적 요소 또는 **투기적** 요소가 공급과 수요에 많이 들어가면 갈수록 점점 더 빨리 시장가격이 균형을 향할 것이라는 사실을 두드러지게 한다. 명백히, 더 많은 행위자가 최종가격을 예측하면 할수록, 어떤 가격에서의 공급과 수요가 균형으로부터 더 멀리 떨어져 있을수록, 부족과 잉여가 점점 더 격렬해질 것이고, 최종가격이 점점 더 빨리 확립될 것이다.

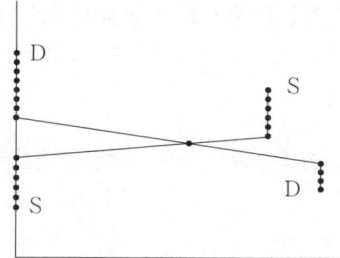

〈그림 2-17〉 최종가격을 만장일치로 정확히 예측한 경우

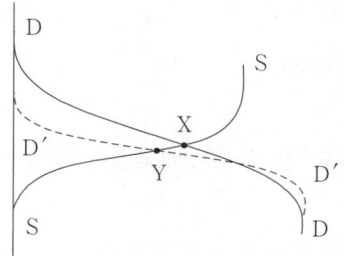

〈그림 2-18〉 과오가 있는 기대로 수정된 수요곡선

지금까지 이런 **투기적** 공급과 **투기적** 수요, 균형가격의 이러한 예측이 정확했다고 가정했고, 이러한 정확한 기대가 균형의 확립을 앞당겼다는 것을 보았다. 그러나 이런 기대의 대부분이 과오라고 가정하자. 예를 들어, 균형가격이 실제보다 낮아질 것임을 구매자들이 가정하는 경향이 있다고 가정하자. 이것이 균형가격을 변화시키는가 또는 균형가격으로의 변화를 방해하는가? 수요스케줄과 공급스케줄이 〈그림 2-18〉에 그려져 있다고 가정하자. 기본수요곡선은 DD이지만, 수요자들이 더 낮은 균형가격을 기대하여 수요곡선이 D'D'로 변하여 낮아진다고 가정하자. 공급곡선이 SS로 주어진 상태에서, 이것은 공급스케줄과 수요스케줄의 교차가 X가 아니라 Y, 예를 들어 89가 아니라 85에서 이루어진다는 것을 의미한다. 그러나 이것은 오직 가격의 잠정적 안착점일 것이 명백하다. 가격이 85에 자리잡자말자, 수요자들은 이 가격에서 부족이 발생할 것을 알고 이용가능한 것보다 더 많이 사기를 원한다는 것을 알게 되며, 그리고 수요자들의 가격올리기 제안은 가격을 진정한 균형가격으로 다시 끌어올린다.

공급자들의 예측이 틀린 경우에 예측이 틀린 것을 폭로하는 동일 과정이 일어난다. 따라서 시장의 힘은 투기적 과오에 의해 왜곡되지 않은 진정한 균형가격을 확립하는 데 냉정하게 작용하고, 그 투기적 과오는 자체가 폭로되고 제거된다. 공급자들과 수요자들이 그들의 투기적 과오가 결정한 가격이 진정한 균형가격이 아니고 부족, 또는 잉여가 생겨나는 것을 알자마자, 그들의 행동은 다시 한번 균형위치를 확립하게 할 것이다.

시장에서 구매자들과 판매자들, 양쪽 모두의 행동은 심적 수익 개념, 심적 이윤 개념, 심적 비용 개념 등과 관련이 있을 것이다. 모든 행위자의 목적은 가장 높은 위치의 심적 수익을 얻는 것이므로 그의 차선의 선택지—그의 비용—와 비교하여 심적 이윤을 만드는 것이라는 것을 기억한다. 개인이 **구매할 것인가** 말 것인가 하는 것은 그것이 그의 주어진 자원—이 경우에는 그의 생선—과 대조하여 최선의 선택지인가 하는 것이다. 어떤 행동에서도 그의 기대수익은 그의 기대비용—그의 차선의 선택지—에 대비하여 평가될 것이다. 이 경우에 수익은, ① 말의 직접사용으로 인한 목적의 달성, 또는 ② 더 높은 가격에 말을 되팔 것을 기대하는 것 중에서 하나이고—그에게 가장 높은 효용을 주는 것은 어느 것이라도 좋다. 그의 비용은, ① 포기한 생선의 직접용도의 한계효용, 또는 ② (가능하다면) 다른 재화와 바꿀 수 있는 생선의 교환가치, 또는 ③ 말을 미래에 더 낮은 가격에 구매하기를 기대하는 것 중에서 하나이고—그에게 가장 높은 효용을 주는 것은 어느 것이라도 좋다. 만약 기대수익이 기대비용보다 크다면 말을 살 것이며, 기대비용이 기대수익보다 크다면 말을 사지 않을 것이다. 기대수익이란 구매자가 가지는 추가되는 말의 한계효용이다. 기대비용은 포기한 생선의 한계효용이다. 수익이든지 비용이든지, 직접사용 또는 교환, 둘 중에서 높은 가치가 재화의 한계효용으로 선택될 것이다.

이제 판매자를 생각해보자. 구매자뿐만 아니라 판매자도 또한 그의 심적 비용—그의 행동에서 그가 포기해야 할 차선의 선택지의 효용—보다 높은 수익을 얻기 위하여 노력함으로써 심적 수익을 극대화하고자 시도한다. 어떤 구체적 가격에서 판매여부를 결정함에서 판매자는 포기하는 구매재(말)의 한계효용에 대비하여 추가되는 판매재(이 경우에, 생선)의 한계효용을 평가할 것이다.

판매자의 심적 수익은 다음의 원천 중의 하나에서 발생하는 효용 중에 더 높은 것이다. 즉, ① 판매재(생선)의 직접사용가치, 또는 ② 미래에 더 낮은 가격에 말과 생선을 재교환하는(re-exchanging) 투기적 가치. 판매자의 행동비용은 다음과 같은 선택지 중에서 포기한 가장 높은 효용일 것이다. 즉, ① 포기한 말의 직접사용가치, 또는 ② 미래에 더 높은 가격에 판매하는 투기적 가치, 또는 ③ 말을 대가로 얻는 다른 재화의 교환가치. 만약 기대수익이 더 크면 그는 말을 팔 것이다. 만약 기대비용이 더 크면 그는 끝내 팔지 않을 것이다. 판매자들과 구매자들의 상황이 비교가능하다는 것을 알 수 있다. 둘 모두는 가장 높은 효용을 그들에게 제공하는 선택지의 추정치에 비추어 행동하거나 끝내 행동하지 않을 것이다. 시장가격과 그 가격에 교환될 재화의 양을 결정하는 것이야말로 두 조의 가치척도—개별 구매자들과 개별 판매자들의—상에서 효용의 위치이다. 다시 말하면, 모든 재화에 대하여 오직 효용만이 교환되는 가격과 양을 결정한다. 즉, 효용만이 공급스케줄의 본질과 수요스케줄의 본질을 결정한다.

그러므로 효용과 '비용'이 가격결정에서 동일하게, 그리고 독립적으로 효능이 있다고 믿는 인기 있는 가정은 명백히 틀린 것이다. '비용'은 단지 어떤 행동에서 포기해야 하는 차선의 선택지의 효용이고, 그 결과 그것은 개인의 가치척도상의 효용의 일부이고 효용과 한 조(parcel)이다. 물론 이 비용은 언제나 **미래**사건의 **현재적** 고려인데, 비록 이 '미래'가 매우 가까운 것이라 하더라도 말이다. 따라서 구매결정에서 포기한 효용은 행위자가 몇 시간 내에 했을지도 모를 생선의 직접적인 소비일 것이다. 또는 그 효용은 암소 한 마리와 교환할 가능성일 수도 있는데, 그 암소의 효용은 긴 기간 동안에 즐길 수 있는 것이다. 앞 장에서 보여주었던 것처럼, 어떤 행동에서 현재 시점에서의 수익과 비용의 고려는 기대되는 미래수익과 미래비용의 현재가치에 기초한다는 것은 말할 것도 없다. 요점은 어떤 행동에서 획득하는 효용과 포기하는 효용은 미래의 어떤 시점을 참고로 한 것인데, 비록 그 미래가 매우 가까운 미래라 하더라도 말이다. 그리고 요점은 **과거비용**은 인간행동에서 가격결정에 어떤 역할도 하지 않는다는 것이다. 이 근본적 진리의 중요성은 이후의 장들에서 명확해질 것이다.

8. 재고와 총보유수요

공급스케줄과 수요스케줄을 다루는 다른 방법이 있고, 그 방법은 어떤 문제를 분석하기 위해서는 위에서 제시했던 공급스케줄과 수요스케줄보다 유용하다. 시장의 어떤 시점에서 공급자들은 그들이 보유한 재고의 일부를 팔려고 내놓고 그 나머지를 팔지 않고 유보한다(withhold). 예를 들어, 86이라는 가격에서 공급자들은 세 마리의 말을 시장에 공급하고 나머지 다섯 마리를 그들의 재고로 유보한다. 이렇게 유보하는 것은 있음직한 교환의 비용으로서 위에서 언급한 요인들 중의 하나에 의해 유발된다. 즉, 재화(예를 들어, 말)의 직접사용이 말의 대가로 받는 생선의 직접사용보다 큰 효용을 가지는 경우, 또는 그렇지 않으면 말이 어떤 다른 재화와 교환되는 경우, 또는 최종적으로 판매자가 최종가격이 올라갈 것을 예측하여 그가 판매를 연기하여 이윤을 볼 수 있는 경우 등이다. 시장에서 판매자들이 유보하고자 하는 양을 **유보수요**(reservation demand)라고 부른다. 유보수요는 위에서 논의했던 수요처럼 **교환에서의** 재화에 대한 수요가 아니다. 유보수요는 **재고보유**(hold stock)를 위한 수요이다. 따라서 '재화의 재고를 보유하기 위한 수요'(demand to hold a stock of goods)라는 개념은 수요의 두 가지 요소들을 언제나 포함할 것이다. 그것은 교환을 통한 비소유자의 재화에 대한 수요를 포함할 것이고, 여기에 소유자에 의한 재고를 보유하기 위한 수요가 **추가된다**. 교환에서 재화의 수요는 또한 보유하기 위한 수요인데, 왜냐하면 수요자는 교환에 의하여 그 재화의 소유권을 가져서 소유하는 때부터 그 재화를 보유해야 하기 때문인데, 구매자가 미래에 그 재화로 하고자 하는 바가 무엇이든 상관없이 말이다. 그러므로 어떤 재화에 대한 '총보유수요'(total demand to hold)라는 개념에 도달하고, 그 개념은 교환-수요(exchange-demand)라는 예전 개념과는 다른데, 비록 보유하기 위한 총수요는 교환수요를 포함하고 판매자들에 의한 예비수요가 추가될지라도 말이다.

만약 재화의 존재하는 총재고(여기에서는, 말 여덟 마리)를 안다면 공급스케줄과 수요스케줄을 점검함으로써 '총보유수요'—또는 시장의 **총수요스케줄**(total demand schedule)—에 도달할 수 있다. 예를 들어, 가격이 82인 경우에 아홉 마리 말이 교환으로 구매자에 의해 수요되고 8-1=7 마리의 말이 공급자들에 의해 유보되는 것, 즉 보유하기 위하여 공급자들에 의해 수요되는 것이다. 그 결과 시장에서 말을 보유하고자 하는 총수요는 9+7=16마리이다. 다른 한편, 97의 가격에서는 공급자들에 의해 보유되는 말, 공급자들의 유보수요는 0이며, 구매자들의 수요는 2이다. 이 가격에서 총보유수요는 0+2=2마리이다.

〈표 2-3〉은 잠시 고정된 것으로 간주되는 총재고와 함께 〈표 2-1〉에 있는 공급스케줄과 수요스케줄로부터 유도된 총보유수요를 보여준다. 〈그림 2-19〉는 총보유수요와 재고를 나타낸다.

⟨표 2-3⟩ 총보유수요와 총재고

가격	총보유수요	총재고	가격	총보유수요	총재고
80	말 17마리	말 8마리	91	말 6마리	말 8마리
81	16	8	92	4	8
82	16	8	93	4	8
83	15	8	94	4	8
84	14	8	95	4	8
85	13	8	96	2	8
86	12	8	97	2	8
87	11	8	98	2	8
88	10	8	99	1	8
89	8	8	100	1	8
90	6	8	101	0	8

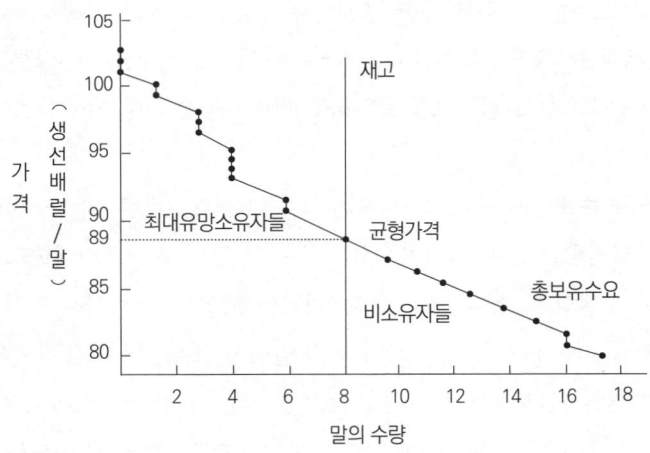

⟨그림 2-19⟩ 재고와 총보유수요

    수요곡선에서보다 총수요곡선에서 우하향하는 성질이 훨씬 두드러지는 것은 명백하다. 가격이 내려감에 따라 수요스케줄은 증가하거나 동일하지만, 반면에 가격이 떨어짐에 따라 공급자들의 유보수요스케줄은 또한 증가하는 경향이 있다. 총수요스케줄은 두 스케줄을 합산한 결과이다. 명백히, 구매자들이 수요곡선에서 하는 것과 같은 동일한 이유로 가격이 하락하면 공급자들의 유보수요는 증가한다. 가격이 낮아지면 직접사용을 위한 구매재의 가치 또는 다른 교환과 미래교환에서 구매재의 가치는 상대적으로 증가하고, 그 결과 판매자는 교환으로부터 재화를 더 많이 유보하려 할 것이다. 다시 말하면, 유보수요곡선은 공급곡선의 이면(*obverse*)이다.

다른 관심점은 89라는 균형가격에서 총보유수요는 8이고, 존재하는 총재고와 같다. 따라서 균형가격은 시장에서 공급과 수요를 같게 만들 뿐 아니라 **균형가격은 또한 수요자들과 공급자들을 포함하는 사람들의 재화 보유욕구와 재화의 보유재고를 일치시킨다.** 전술한 그림에서 총재고는 8이라는 고정된 수이다.

시장은 항상 재화의 재고와 총보유수요가 일치하도록 가격을 정하는 경향이 있다. 어떤 재화의 가격이 재고와 총보유수요를 일치시키는 균형가격보다 높다고 가정하자. 예를 들어, 가격은 92이고 그 가격에 재고는 8이며 총보유수요는 4라고 하자. 이것은 소유자들이 소유하기를 원하지 않는 말이 네 마리가 있음을 의미한다. **누군가가** 이 재고를 소유해야 하는 것은 명백한데, 왜냐하면 모든 재화는 재산임에 틀림없기 때문이다. 만약 그렇지 않으면 그런 재화는 인간행동의 대상물이 아닐 것이다. 모든 재고는 언제나 누군가에 의해 소유되어야 하기 때문에 재고가 총수요보다 크다는 사실은 경제 내에서 불균형이 있다는 것, 소유자들의 일부가 그 재고를 소유함으로써 불행하다는 것을 의미한다. 그들은 재고를 팔기 위하여 가격을 낮추고, 최종적으로 재고가 보유수요와 같아질 때까지 가격은 떨어진다. 반대로, 가격이 균형 이하 예를 들어, 85라고 하면 그 가격에서는 8이라는 재고에 비하여 13마리의 말을 수요한다. 희소한 재화를 간절히 원하는 비소유자들의 가격높이기 제안이 균형에 도달할 때까지 가격을 밀어올린다.

개인들이 균형가격을 정확하게 예측하는 경우에, 투기적 요소는 총수요곡선을 훨씬 더 '탄력적'이고 평평하게 만드는 경향이 있다. 균형가격보다 높은 가격에서는 재고를 유지하기 원하는 사람은 거의 없을 것이고—구매자들은 거의 수요하지 않을 것이며, 판매자들은 그 재화를 열렬히 팔아버리려 할 것이다. 다른 한편, 낮은 가격에서는 보유수요는 재고보다 훨씬 클 것이다. 구매자들은 엄청나게 수요하고 판매자들은 그들의 재고를 팔기 꺼려할 것이다. 총수요와 재고의 차이는 훨씬 더 클 것이고, 가격내리기 제안과 가격올리기 제안은 더 빨리 균형가격을 초래할 것이다.

균형가격에서는 가장 유망한(또는 '가장 절실한') 구매자들이 가장 유망한 공급자들과 교환했다는 것을 위에서 보았다. 교환과정의 결과는 재고가 최종적으로는 **가장 유망한 소유자들**의 손으로 들어간다는 것을 여기에서 본다. 여덟 마리의 말을 판매하는 경우에 가장 유망한 구매자들인 X1~X5가 그 재화의 가장 유망한 판매자들인 Z1~Z5로부터 구매했다는 것을 기억한다. 그러면 교환이 체결되어 소유자들은 X1~X5이고, 교환에서 제외된 판매자들은 Z6~Z8이다. 여덟 마리의 말을 소유함으로써 거래를 종결한 사람이야말로 이들 개인이고, 이들이 가장 유망한 소유자들이다. 말 한 마리당 생선 89배럴의 가격에서는 이들이 자신들의 가치척도에서 89배럴의 생선보다 말을 선호하는 사람들이었고, 그들은 이 선호에 기초하여 행동했다. 5명의 개인들에게서 이 선호는 그들의 생선을 말과 교환하는 것을 의미했다. 세 명에게는 그것은 생선을 받고 그들의 말을 내주기를 거절하는 것을 의미했다. 시장에서 나머지 9명은 덜 유망한 소유자였고, 그들은 말 대신에 생선을 소유함으로써 교환을 끝냈다(비록 그들이 말을 소유함으로써 시작했다고 가정하더라도 말이다). 이들은 그들의 가치척도상의 순위에서 말 한 마리보다 생선 89배럴을 우위에 두었던 사람이었다. 이들 중에 다섯은 말을 최초로 소유했던 사람으로 말을 생선과 교환했지만, 넷은 말을 구매하지 않고 생선을 단지 간직했다.

총수요-재고(*total demand-stock*)분석은 공급-수요(*supply-demand*)분석의 유용한 쌍둥이 동반자이다. 각각은 다른 분야의 용도에 이점을 가진다. 총수요-재고분석의 상대적 결점의 하나는 그 분석이 구매자들과 판매자들 간의 차이를 드러내지 않는다는 점이다. 총수요의 분석에서 그 수요는 실제적 교환으로부터 추출한 것이므로 공급-수요곡선과 대조적으로 총수요는 교환량을 결정하지 않는다. 총수요는 교환되는 균형량을 보여주지 않고 오직 균형가격만 드러낸다. 그러나 그것은 가격이 오직 **효용**만으로 결정된다는 근본적 진리에 더 예리하게 집중한다. 공급곡선은 **유보수요곡선과 실물재고량**(*quantity of physical stock*)으로 환원된다. 그러므로 총수요-재고분석은 공급곡선이 개별 가치척도상에서 효용과 독립적인 어떤 종류의 '비용'에 기초를 두지 않는다는 것을 보여준다. 가격의 근본적 결정요인들은 시장에 있는 모든 개인의 (구매자들과 판매자들) 가치척도들이고, 실물재고는 단지 이런 가치척도들 위에서 그것의 위치를 나타낸다.[28]

유용한 재화를 직접교환하는 경우에, 비록 구매자들을 위한 효용 또는 판매자들을 위한 재화의 효용이 개인의 재화에 대한 주관적 교환가치에 의해 현재 시점에서 결정된다 하더라도, 각 재화의 효용의 유일한 **궁극적** 원천은 그 재화의 직접사용가치임은 명백하다. 만약 말의 소유자에게 있어 말의 주요 효용은 그가 교환을 통해 구입할 수 있는 생선이나 암소이고, 생선이나 암소의 소유자에게서 그것들의 가치는 교환에서 획득가능한 말 등이라면, 각 재화의 효용의 궁극적 결정요인은 그 재화의 개별 소비자가 갖는 직접사용가치이다.

9. 시장들의 연속성과 가격들의 변화

그러면 우리의 가상적인 말-생선시장 분석을 어떻게 요약할 수 있는가? 말 여덟 마리의 재고가 있고(그리고 일정한 생선 재고도 또한 있는), 각기 다른 사람들의 가치척도상에서 말과 생선의 상대적 위치가 두 재화의 교환을 위한 조건들을 확립했을 수 있을 정도의 그런 상황에서, 우리는 시작했다. 최초의 소유자들 중에서 '가장 유망한 판매자들'은 그들의 말 재고를 팔았고, 반면에 최초의 비소유자들 중에서 '가장 유망한 구매자들'이 그들의 생선으로 몇 마리 말을 구입했다. 말 판매의 최종가격은 그들의 다양한 가치척도에 의해 궁극적으로 결정되는 균형가격이었는데, 그 가치척도는 균형가격에서 거래되었던 교환량을 또한 결정했다. 최종적 결과는 그들의 가치척도상에서 상대적 순위에 따라 각 재화의 재고를 가장 유망한 소유자들의 손으로 이동시킨 것이었다. 교환은 종결되었고, 상대적으로 가장 유망한 소유자들이 재고를 가지며 **이 재화시장은 끝났다**.

균형에 도달하면서, 교환은 재화를 가장 유망한 소유자들에게 이동시켰고 교환할 더 이상의 동기는 없다. 시장은 종결되었고 어느 재화에 대해서도 능동적이고 '지배적인 시장가격'은 더 이상 없는데, 왜냐하면 교환하고자 하는 어떤 동기도 더 이상 없기 때문이다. 하지만 우리의 경험에 의하면 거의 모든 재화시장은 끊임없이 새로워지고(renewed) 있다.

만약 적어도 두 사람의 가치척도상에서 고려중인 두 재화의 상대적 위치에 변화가 있을 때만 시장은 다시 한번 새로워질 수 있는데, 이때 둘 중의 한 사람은 한 재화의 소유자이고, 나머지 다른 한 사람은 두 번째 재화의 소유자이다. 그러면 **새로운** 조합의 공급스케줄과 수요스케줄이 교차하여 결정하는 양과 최종가격에서 교환이 일어날 것이다. 이 조합은 교환의 구체적 내용에 따라 구(old)균형가격 또는 신(new)가격에서 교환량을 다르게 만들 수 있다. 또는 우연히도 새로운 조합의 공급스케줄과 수요스케줄은—새로운 기간 동안의—옛날 조합의 공급스케줄과 수요스케줄과 동일할 것이고, 그 결과 새로운 조합이 결정한 교환량과 가격은 구시장에서 결정되었던 것과 동일해지는 일이 일어날 수 있다.

시장은 언제나 빠르게 균형위치로 향하는 경향이 있고, 시장이 넓어지면 넓어질수록, 그리고 시장참가자간에 의사소통이 좋아지면 좋아질수록, 어떤 공급스케줄과 수요스케줄의 경우에도 이 균형위치는 점점 더 빨리 확립될 것이다. 더구나, 전문화된 투기의 발달은 균형점의 예측을 개선하고, 균형에 도달하는 것을 촉진하는 경향이 있을 것이다. 그러나 공급스케줄과 수요스케줄 자체가 변하기 이전에 시장이 균형에 도달하지 않는 경우에, 그 시장은 균형점에 도달하지 않는다. 그런 시장은 변화 이전의 두 스케줄이 균형점에 도달하기 전에 새로운 균형점을 향해 **연속적으로** 움직이게 된다.[29]

공급스케줄의 이동, 그리고 수요스케줄의 이동에 의해 생긴 변화의 유형은 〈그림 2-20〉에 나와 있다.

이런 네 가지 도표는 공급스케줄과 수요스케줄의 변화로부터 발달할 수 있는 여덟 가지 상황을 보여준다. 네 가지 도표는 다음과 같이 둘 중의 **하나**에 응용할 수 있음을 지적해야 한다. 하나는 이미 균형에 도달했지만 그 다음에 이후의 언젠가 **새로워지는** 시장이고, 다른 하나는 구균형점에 도달하기 전에 공급조건의 변화, 또는 수요조건의 변화를 겪고 있는 연속적 시장이다. 실선들은 구스케줄들이고, 반면에 점선들은 신스케줄들이다.

모든 이런 도표에서 순전히 편의를 위하여 스케줄들을 직선으로 가정하는데, 왜냐하면 스케줄들은 어떤 모양도 할 수 있기 때문인데, 만약 스케줄들의 기울기에 가해진 전술한 조건들이 충족된다면 말이다(우하향하는 수요스케줄 등).

도표 (1)에서는 시장에서 개인들의 **수요스케줄이 상승한다**. 가상적인 각 가격에서 사람들은 그들의 재화재고에 이전보다 더 많이 추가하기를 원한다―그리고 이런 개인들이 이미 그 재화를 몇 단위 소유하고 있는지 여부와 상관이 없다. 공급곡선은 그대로이다. **그 결과 신균형가격은 구균형가격보다 높고 신균형점에서 교환되는 양은 구균형점에서보다 크다.**

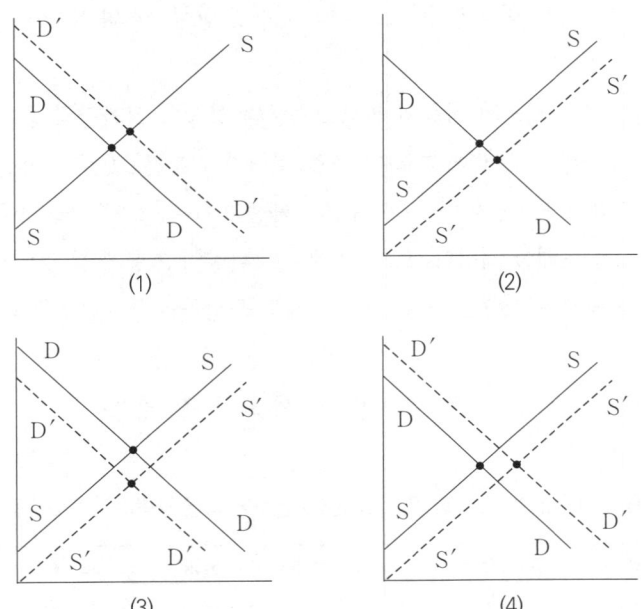

〈그림 2-20〉 공급스케줄과 수요스케줄의 변화

도표 (2)에서는 **공급스케줄이 상승하고**, 반면에 수요스케줄은 그대로이다. 가상적인 각 가격에서 사람들은 그들의 재화를 더 많이 처분하고자 원할 것이다. 결과는 신균형가격은 구균형가격보다 **낮고** 교환되는 **균형량은 더 커진다**는 것이다.

도표 (1)과 도표 (2)는 다른 스케줄이 그대로인 상태에서 수요곡선이 하락하고 공급곡선이 하락할 때 무슨 일이 일어날 수 있는가를 또한 보여준다. 우리가 해야 할 필요가 있는 모든 것은 점선들을 구스케줄들로, 실선들을 신스케줄로 생각하는 것이다. 도표 (1)에서는 **수요스케줄의 하락**은 가격의 하락과 교환량의 하락을 초래한다는 것을 나타낸 것이다. 도표 (2)에서는 **공급스케줄의 하락**은 가격의 상승과 교환량의 하락을 초래한다는 것을 나타낸 것이다.

도표 (3)과 도표 (4)에서는 하나의 스케줄은 그대로 있어야 하고 다른 것은 변한다는 제약을 제거한다. 도표 (3)에서는 수요곡선이 하락하고 공급곡선이 상승한다. 이것은 **균형가격의 하락**을 분명히 가져올 것인데, 비록 교환량이 어떻게 될 것인가 하는 것은 두 곡선의 상대적 변화율에 의존하고, 그 결과 공급스케줄의 상승과 수요스케줄의 하락이라는 사실로부터 교환량의 변화를 예측할 수는 없을지라도 말이다. 다른 한편, 공급스케줄의 하락과 수요스케줄의 상승은 **균형가격의 상승**을 분명히 초래할 것이다.

도표 (4)는 수요스케줄의 **상승**과 공급스케줄의 **상승**이 **교환량의 증가**를 분명히 초래할 것을 보여주는데, 비록 가격이 내릴 것인지 여부는 그 두 스케줄의 상대적 변화율에 의존할지라도 말이다. 또한 공급스케줄과 수요스케줄, 둘 모두의 하락은 **교환량의 감소**를 초래할 것이다. 도표 (3)에서 교환량이 어떻게 될 것인지, 도표 (4)에서 가격이 어떻게 될 것인지 하는 것은 문제의 곡선들의 구체적 모양과 변화에 달려있다.

이들 도표들로부터 나오는 결론이 〈표 2-4〉에 요약되어 있다.

〈표 2-4〉 수요스케줄과 공급스케줄의 변화에 따른 균형가격과 교환량

수요스케줄	공급스케줄	균형가격	교환량
상승	동일	상승	상승
하락	동일	하락	하락
동일	상승	하락	상승
동일	하락	상승	하락
하락	상승	하락	
상승	하락	상승	
상승	상승		상승
하락	하락		하락

만약 이런 것들이 한 기간에서부터 다른 기간까지의 수요스케줄들과 공급스케줄

들의 변화 결과라면, 다음 문제는 이런 변화들 자체의 원인들을 설명하는 것이다. 수요스케줄의 변화는 순전히 시장에 있는 개별 구매자들의 가치척도상에서 두 재화(구매재와 판매재)의 상대적 효용순위(utility-rankings)의 변화 때문이다. 예를 들어, 수요스케줄의 상승은 구매자들의 가치척도상에서 구매재의 일반적 증가를 의미한다. 이러한 증가는, ① 그 재화의 직접사용가치의 증가 때문이거나, ② 판매재를 어떤 다른 재화와 교환할 기회가 더 나빠진 때문이거나―예를 들어, 생선으로 환산한 암소의 가격이 더 높아진 결과이거나, ③ 그 재화의 가격이 더 떨어지기를 기대하여 기다리는(speculative waiting) 시간이 감소하기 때문이다. 마지막의 경우는 상세히 토론했고, 자기 교정(self-correcting)하여 시장을 진정한 균형으로 더 빨리 가게 재촉한다는 것을 보여주었다. 그 결과 지금 마지막 경우를 제외할 수 있고, 수요곡선의 상승은 재화의 직접사용가치의 증가에 기인하거나 구매자들이 교환을 위해 내놓을 판매재로 환산한 다른 잠재구매재의 가격이 더 높아진 것에 기인한다는 결론을 내릴 수 있다. 수요스케줄의 하락은 정확히 반대의 경우에 기인한다―직접사용가치의 하락 또는 이 판매재를 대가로 다른 구매재를 사기 위한 더 큰 기회 때문이다. 후자는 교환의 다른 분야―예를 들어, 생선―에서 더 큰 교환가치를 의미할 것이다. 다른 종류의 교환을 위한 기회의 변화는 다른 구매재의 더 높은 가격 또는 더 낮은 가격의 결과이거나, 그 변화는 새로운 종류의 재화가 시장에서 생선과 교환하기 위하여 제안되었다는 사실의 결과일 수 있다. 이전에 누구도 매매했던 적이 없는 생선을 위해 갑자기 암소가 매매제시된 것은 생선을 위한 교환기회를 넓히고 생선으로 환산한 말에 대한 수요곡선의 일반적 감소를 초래할 것이다.

물론 시장공급곡선의 변화도 또한 판매자들의 가치척도상에서 효용의 상대적 순위의 변화 결과이다. 그러나 이 곡선은 실물재고량과 판매자의 예비유보수요스케줄로 분해할 수 있다. 만약 비교하는 두 기간 동안에 **실물재고량이 일정하다고** 가정하면 공급곡선의 변화는 순전히 유보수요곡선의 변화 결과이다. 재고에 대한 유보수요의 증가에 의해 유발된 공급곡선의 하락은, ① 그 재화에 대한 판매자들의 직접사용가치의 증가에 기인하거나, ② 다른 구매재와 교환할 수 있는 기회가 커진 데 기인하거나, ③ 미래에 가격이 오를 것이라는 투기적 기대가 커지기 때문이다. 수요곡선에서 토론했던 내용과 동일한 이유로 마지막 경우를 여기에서 빼기로 한다. 반대로, 유보수요곡선의 하락은, ① 그 재화에 대한 판매자들의 직접사용가치의 감소, 또는 ② 다른 구매재와 교환할 기회의 축소에 기인한다.

〈그림 2-21〉 총보유수요의 증가

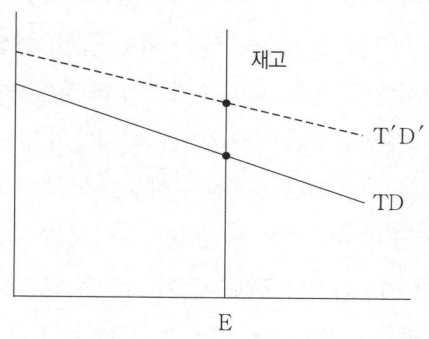

따라서 총재고가 일정한 상황에서, 수요곡선과 공급곡선 둘 모두의 변화는 판매자들 또는 구매자들의 그 재화에 대한 유보수요의 변화에만 기인하고, 그 다음에 유보수요의 변화는 두 재화의 상대효용의 변화 때문이다. 따라서 〈그림 2-20〉의 도표 (1)과 도표 (2)에서 수요스케줄의 **상승**과 S'S'로부터 SS로의 공급스케줄의 **하락**은 총보유수요의 증가의 결과이다. 한 경우에는 총보유수요의 증가는 구매자들에게서 온 것이고, 다른 경우에는 판매자들에게서 온 것이다. 관련된 도표가 〈그림 2-21〉에 나와 있다. 총보유수요가 상승하는 두 가지 경우, 말하자면 TD에서 T'D'로 증가하는 경우에 **균형가격은 상승한다**. 이에 반하여 수요스케줄이 하락하고, 그리고 공급스케줄이 상승하는 경우에, 이것들은 총보유수요의 일반적 감소를 의미하고 결과적으로 **균형가격의 하락**을 의미한다.

총수요-재고 도표는 교환량에 대해서는 어떤 정보도 전해줄 수 없고 오직 균형가격에 대해서만 정보를 전해줄 수 있다. 따라서 도표 (3)에서 두 점선은 보유수요의 감소를 나타내고, 그 결과 보유 총수요와 가격이 하락했다는 것을 확신할 수 있다(반대는 점선에서 실선으로 이동하는 경우일 것이다). 그러나 도표 (4)에서 공급스케줄의 상승은 보유수요의 하락을 나타냈고, 수요의 증가가 보유수요의 상승이었기 때문에 두 곡선의 변화가 총보유수요와 그 결과 균형가격에 미칠 순 효과는 언제나 확신할 수 있는 것은 아니다.

수요-공급분석의 시작에서부터 이 시점까지 일정한 실물재고의 존재를 가정했다. 예를 들어, 여덟 마리 말의 존재를 가정했고, 이 재고가 다른 소유자의 손으로 들어가는 원리들을 숙고했다. 위의 분석은 **모든 재화**에 응용된다—현존하는 재고가 다른 재화의 재고와 교환되는 모든 경우에 응용된다. 어떤 재화의 경우에 이 점은 분석이 적용될 수 있는 한까지 가능하다. 지금까지의 분석은 재고가 고정되어 있고 생산을 통해 증가될 수 없는 그런 재화들에 응용된다. 그 재화들은 인간에 의해 일단 생산된 것이거나 자연에 의해 주어진 것이지만, 그 재화의 재고는 인간행동에 의해 증가될 수는 없다. 예를 들어, 그런 재화는 렘브란트(Rembrandt)가 죽은 후의 렘브란트 그림이다. 그런 그림은 다른 재화와의 교환에서 높은 가격을 요구할 수 있을 정도로 개인의 가치척도상에서 충분히 높은 순위가 매겨질 것이다. 그러나 그림의 재고는 결코 증가될 수 없고, 앞에서 분석한 현존하는 재고의 교환이라는 관점에만 의거하여 그 그림의 교환과 가격설정은 다양한 가치척도상에서 그림과 다른 재화들의 상대적 순위들에 의해 결정된다. 또는 얼마간의 다이아몬드가 생산되었고 어디에도 더 이상의 다이아몬드가 나지 않는다고 가정하자. 다시 한번 문제는 오로지 현존하는 재고를 교환하는 문제일 것이다. 이런 경우들에는 더 이상 생산의 문제—일정기간에 얼마의 재고를 생산해야 하는가를 결정하는 문제—는 없다. 그러나 대부분의 재화의 경우에 얼마나 생산할 것인가를 결정하는 문제는 결정적인 것이다. 사실 이 책의 나머지 상당부분은 생산의 문제를 분석하는 데 바쳐진다.

이제 우리는 한 재화의 현존재고가 기간별로 변하는 경우로 나아갈 예정이다. 한 기간에서부터 다음 기간까지 재고는 증가할 수 있는데, 왜냐하면 그동안에 재화가 **새롭게 생산되기** 때문이다. 새롭게 생산된 양은 **재고의 증가**를 가져온다. 예를 들어, 위에서 언급한 말 시장이 개설되고 난 3일 후에 두 마리의 말이 생산되었고 현존재고에 추가되었다고 하자. 만약 구매자들의 수요스케줄과 판매자들의 유보수요스케줄이 동일하다면, 일어날 수 있는 일이 〈그림 2-22〉에 나와 있다.

증가된 재고는 그 재화의 가격을 낮출 것이다. 구균형가격에서는 개인들의 재고가 총보유수요를 초과한다는 것을 개인들이 발견하고, 그 결과는 판매가격을 내리는 제안을 하게 하며, 그 제안은 가격을 낮추어 새로운 균형으로 가게 한다.

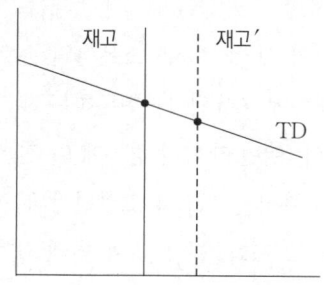
〈그림 2-22〉재고 증가의 효과

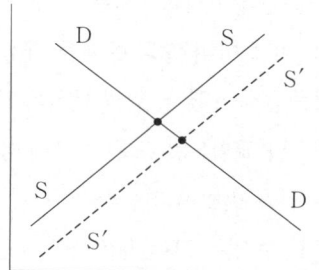
〈그림 2-23〉공급스케줄 상승의 효과

　수요스케줄과 유보수요스케줄이 그대로인 상태에서, 공급곡선과 수요곡선의 관점에서 재고의 증가는 증가된 재고량만큼 **공급스케줄의 획일적 증가**—이 경우에는 말 두 마리의 증가—와 동일하다. 공급되는 양은 이전의 총계에 추가되는 둘을 더하는 것이다. 구균형가격에서 초과재고를 가진 소유자들은 증가된 재고를 팔기 위하여 가격내리기 제안을 해야 한다. 만약 〈표 2-1〉을 되돌아보면 두 마리의 공급스케줄의 증가는 균형가격을 88로 낮춘다는 것을 알 수 있으며, 그곳에서는 수요가 6이고 새로운 공급이 6이라는 것을 발견한다.
　그림으로 상황을 묘사한 것이 〈그림 2-23〉이다.
　증가된 재고는 공급곡선을 획일적으로 증가시키고, 그 결과 가격은 하락하고 교환량은 증가한다.
　물론 현실에서 증가된 재고가 변화되지 않은 유보수요곡선을 반드시 수반한다고 가정해야 할 이유가 없다. 그러나 실제적인 역사적 결과를 형성하는 데 상호작용하는 다양한 원인요소들을 연구하기 위하여 그 요소들 중의 하나하나를 따로 떼어 다른 요소들이 변하지 않는다면 각 요소의 영향이 무엇인가를 고려하는 것이 필수적이다. 따라서 만약 증가된 재고가 동일한 양의 유보수요스케줄의 증가에 의해 동시에 흡수되었다고 가정하면, 공급곡선은 전혀 상승하지 않을 것이고, 가격과 교환량은 변하지 않은 채로 있을 것이다(총수요-재고스케줄상에서, 이 상황은 재고의 증가에 반영될 것이지만, 총수요곡선의 증가에 의해 상쇄되고 가격은 최초의 수준에 있도록 할 것이다).
　한 기간에서부터 다른 기간까지 재고가 감소하는 것은 재고를 **써버림으로써** 생겨나는 결과이다. 예를 들어, 만약 우리가 오직 소비재만을 고려하면 재고의 일부가 소비될 수 있다. 일반적으로 재화를 소비과정에서 써버리기 때문에, 만약 고려하는 시간 동안에 충분한 생산이 없다면 존재하는 총재고는 감소할 수 있다. 예를 들어, 한 시점에서부터 다음 시점까지 새로운 말 한 마리가 태어나지만 두 마리가 죽는다면 결과는 시장에서 존재하는 말의 수가 한 마리 줄어드는 것이다. 수요가 그대로인 상태에서 재고의 **감소**는 정확히 재고증가의 반대 효과를 나타내는데, 도표에서는 점선에서 실선으로 옮김으로써 볼 수 있는 것처럼 말이다. 구균형가격에서는 이용가능한 재고에 비하여 초과보유수요(excess demand to hold)가 있고, 그 결과는 신균형을 향하여 가격올리기 제안을 하는 것이다. 공급스케줄은 재고의 하락만큼 일률적으로 감소하고, 그 결과는 높아진 가격과 교환되는 재화의 양이 작아지는 것이다.

한 기간(한 기간이란 재고가 변하지 않는 기간 동안의 기간으로 정의된다고 가정하면)의 재고가 이전 기간의 재고와 어떻게 관계되어 있는가를 다음과 같이 서술함으로써 재고, 생산, 시간 간의 관계를 다음과 같이 요약할 수 있다.

만약 S_t가 어떤 시점(t)의 재고이고

S_{t-n}이 t시점보다 n단위만큼 빠른 시점(t-n)의 재고이고

P_n이 n기간 동안의 재화의 생산이고

U_n이 n기간 동안에 사용해버린 재화의 양이라면

그러면: $S_t = S_{t-n} + P_n - U_n$

예를 들어, 방금 언급한 경우에, 만약 최초의 재고가 말 여덟 마리이고 오직 한 마리의 새로운 말이 태어나고 그 동안에 두 마리가 죽는다면, 말이라는 재화의 새로운 재고는 8+1-2=7마리이다.

여기에서 '수요의 증가'(increase in demand)와 같은 용어에 대한 공통적 혼동에 대해 조심하는 것이 중요하다. 이 표현이 홀로 이 책에서 쓰일 때마다 그것은 언제나 **수요스케줄의 상승**, 즉 각 가상적 가격에서 수요되는 양의 증가를 의미한다. 이런 '수요스케줄의 우상향 이동'은 언제나 가격의 증가를 초래하는 경향이 있다. 수요의 증가는 예를 들어, 증가된 공급에 반응하여 일어나는 '수요량의 증가'와 결코 혼동하

지 말아야 한다. 공급스케줄의 상승은 가격의 하락을 통해 매매제시된 더 많은 양을 수요하도록 시장을 유도한다. 그러나 이것은 수요스케줄의 증가는 **아니고 동일한 수요스케줄을 따라 확장하는** 것이다. 그것은 더 매력적인 가격제의에 반응하여 증가된 수요량이다. 동일한 스케줄에 따라 움직이는 이 단순한 움직임은 각 가능한 가격에서 수요스케줄의 상승과 혼동하지 말아야 한다. 〈그림 2-24〉가 둘의 차이를 두드러지게 한다.

도표 (1)은 수요스케줄의 상승을 묘사하고, 도표 (2)는 매매제시된 공급상승의 결과로서 동일한 스케줄을 따라 일어나는 수요량의 확장을 묘사한다. 두 경우에 다양한 개인의 가치척도가 최종결과를 결정하지만, 만약 수요의 '상승' 또는 '감소'와 같은 용어가 사용될 때 두 개념이 명확히 구분되지 않는다면 큰 혼동이 일어날 수 있다.

〈그림 2-24〉 수요스케줄의 상승과 수요량의 증가

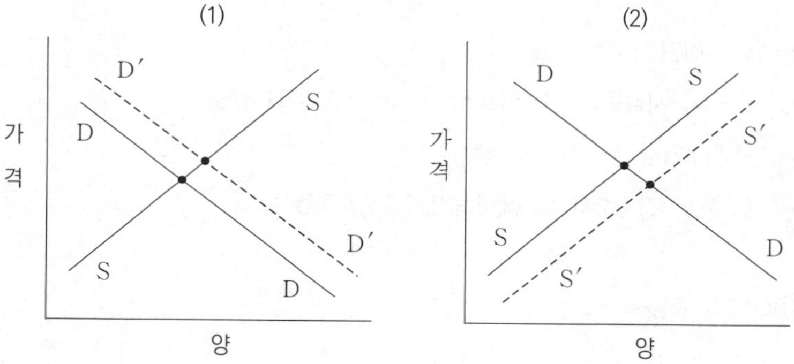

10. 특화와 재고의 생산

우리는 현존하는 재고로 하는 교환을 분석했고, 어떤 재화의 재고**변화**의 효과를 분석했다. 질문은 여전히 남아 있다. 어떤 원리들에 의해 재고의 크기 자체가 결정되는가? 자연이 직접 우리에게 주는 소비재 또는 생산요소를 제쳐두면, **모든 재화는 인간에 의해 생산되어야 한다**(그리고 심지어 외관상 자연이 준 생산물들도 인간에 의해 탐색되어야 하고, 사용되어야 하므로 그 생산물들은 궁극적으로 인간노력의 산물이다). 어떤 재화의 재고 크기는 재화가 있어 왔고 **생산되는** 율에 달려있다. 그리고 모든 재화에 대한 인간의 욕구가 지속적이기 때문에 사용에 의해 닳아 없어지는 재화는 새로운 생산에 의해 끊임없이 대체되어야 한다. 따라서 생산율(the rate of production)과 생산율의 결정요인을 분석하는 것은 인간행동의 분석에서 중추적 중요성을 지닌다.

 이 문제에 대한 완전한 대답은 이 시점에서 할 수 없지만 생산에 관한 어떤 일반적 결론들을 내릴 수 있다. 첫째로, 어떤 한 개인은 다른 시점에서는 현존재고의 구매자와 판매자 둘 모두가 될 수 있는 반면에, 그 재고의 **생산**에는 **특화**를 해야 한다. 특화의 이러한 동시 존재성(omnipresence)은 위에서 다루었고, 교환경제가 발달하면 할수록 특화과정은 점점 더 심화될 것이다. 특화의 기초는 인간의 다양한 능력과 부존 자연자원이 서로 다른 것임을 보았다. 특화의 결과는 생산에 의해 먼저 하나의 재화가 존재하게 되고, 다음에는 그 하나의 재화와 동일한 방법으로 생산된 다른 재화와 교환하여 그 재화가 생산자에 의해 판매된다는 것이다. 어떤 새로운 재고의 최초 판매는 모두 그 재화의 최초 생산자에 의해 이루어질 것이다. 구매는 그 재화를 이용할 구매자들에 의해 이루어질 것이고, 그 재화는 구매자가 직접 사용하기 위한 것이거나 투기적 기대하에 더 높은 가격에 나중에 되팔 목적으로 보유하기 위한 것이다. 그 결과 어떤 주어진 시점에 새로운 재고(new stock)는 그 재화의 최초의 생산자에 의해 판매될 것이다. 구재고(old stock)는, ① 과거의 유보수요를 통해 구재고를 축적했던 최초의 생산자에 의해 판매되고, ② 투기적 기대하에 더 높은 가격에 되팔 목적으로 재화를 구매해 두었던 이전의 구매자에 의해 판매되며, ③ 자신의 가치척도상에서 그 재화의 직접적인 용도의 상대적 효용이 떨어진 이전의 구매자들에 의해 판매될 것이다.

 그러면 언제라도 **시장공급스케줄**은 아래의 판매자 집단들의 공급스케줄의 합산으로 만들어진다.[30]

  (1) 재화의 생산자들에 의해 매매제시된 공급.
   ① 신재고의 최초 공급.
   ② 생산자들에 의해 이전에 비축된 구재고의 공급.

(2) 이전의 구매자들에 의해 매매제시된 구재고의 공급.

　① 더 높은 가격에 되팔 것을 기대했던 투기적 구매자들에 의한 판매.

　② 직접 사용할 목적으로 구매했지만 그의 가치척도상에서 재화의 상대적 효용이 하락한 구매자들에 의한 판매.

어떤 시점에서 시장수요스케줄은 다음 구매자들의 수요스케줄의 합이다.

　(3) 직접사용을 위한 구매자들.

　(4) 더 높은 가격에 되팔기 위해 구매하는 투기적 구매자들.

　재화는 동일하게 유용성 있는 단위들로 이루어지기 때문에 구매자들은 그들이 구매하는 재고의 신구 여부에 대하여 무관심한 것이 필연적이다. 만약 그들이 무관심하지 않다면 그 '재고'는 두 개의 다른 재화이지 동일한 재화가 아니다.

　유형 (2)의 판매자들의 공급곡선은 위에서 이미 충분히 분석되었는데, 즉 재고와 투기적 재판매자들(resellers)을 위한 유보수요의 관계와 재고와 효용의 위치가 변해 버린 구매자들을 위한 유보수요의 관계에 대해서 말이다. 그러나 유형 (1)의 판매자들—그 재화의 최초 생산자들—의 공급스케줄에 대하여 무엇을 더 말할 수 있는가?

　첫째, 생산자들의 손에 쥐어진 새롭게 생산된 재화의 재고는 어떤 주어진 시점에는 또한 **고정된** 것이다. 예를 들어, 12월 한 달 동안 동(copper) 생산자들이 5천 톤의 동을 생산하기로 결정한다고 하자. 12월 말에는 새롭게 생산된 동의 재고는 5천 톤이다. 그들이 그런 결정을 후회할지도 모르고, 만약 그들이 동을 다시 만들 수 있다면 예를 들어, 천 톤을 생산했을 것이라고 믿을지도 모른다. 그러나 그들은 5천 톤의 재고를 보유하고 그들이 할 수 있는 한 최선을 다해 그 동을 이용해야 한다. 최초의 생산자들의 두드러진 특징은 특화의 결과로서 그들의 생산물이 그들에게 주는 직접사용가치는 거의 존재하지 않을 것 같다는 것이다. 특화가 더 진행되면 될수록 그 생산물이 생산자에게 주는 가능한 사용가치는 점점 더 적어질 수 있다. 예를 들어, 동 제조업자는 개인적 용도로 얼마의 동을 소비할 수 있는가를, 엄청나게 많은 양이 생산된 자동차가 포드(Ford) 가족에게 주는 직접적 사용가치를 상상해 보라. 그 결과 생산자들의 공급스케줄에 포함된 유보수요에서 직접사용 요소는 사라진다. 생산자가

재고의 얼마를 비축하고 보
유하는 유일한 이유는 투기적인 것이다—미래에 그 재화의 가격이 더 오를 것이라고 기대하는 것이다(직접교환에서는, 세 번째 재화—우리의 예에서 말하자면 생선 대신에 암소—와 교환할 가능성이 있다).

만약 잠깐 동안 시장에는 유형 (2)의 생산자들은 없고, 생산자들은 현재의 유보수요 또는 누적된 과거의 유보수요를 가지고 있지 않다는

제한적 가정을 한다면, 시장의 공급-수요스케줄은 〈그림 2-25〉에서 SS와 DD로 나타낼 수 있다. 따라서 유보수요가 없는 상태에서, 공급곡선은 새로운 재고수준에서 수직선(SS)일 것이다. 그러나 균형 이하의 가격은 더 높은 가격을 기대하여 생산자들에 의해 보유되는 예비수요를 불러일으키는 경향이 더 높아지는 것처럼 보인다('재고를 쌓는다'고 부른다). 그리고 균형 이상의 가격은 과거 유보수요의 결과로서 누적되었던 구재고를 처분하는 결과를 가져올 경향이 더 높아지는 것처럼 보인다('재고를 처분한다'고 부른다). 그 경우에, 공급곡선은 더 익숙한 형태를 나타낸다(그림의 점선 S'S').

〈그림 2-25〉 유형 (1) 생산자들의 신재고 효과

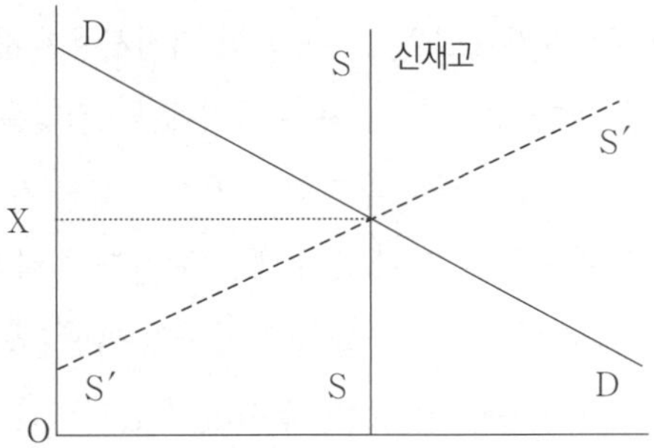

판매자들의 계산에서 직접사용가치를 제거하는 것은 모든 재고가 언젠가는 팔려야 한다는 것을 의미하고, 그 결과 **궁극적으로** 어떤 재고도 판매를 위해 판매자들에 의해 비축될 수는 없다. 생산자들은 그들이 손에 넣을 수 있는 시장가격이 가장 높을 것이라고 기대하는 바로 그때에 재화를 판매할 것이다—즉, 그때란 주어진 재고에

대한 시장수요가 가장 크다고 기대될 때이다.[31] 생산자들이 공급을 유보할 수 있는 기간은 물론 재화의 내구성에 달려있다. 예를 들어, 딸기와 같은 매우 썩기 쉬운 재화는 오랫동안 유보할 수 없으므로 딸기의 시장공급곡선은 십중팔구 수직선이 되기 쉽다.

어떤 재화가 시장에서 균형가격에 도달했다고 가정하자. 이 경우에 유보수요의 투기적 요소가 떨어져나간다. 그러나 **현존하는 재고**의 재교환 시장과 대조적으로, **새로운 생산**(new production) 시장은 끝나지 않는다. 욕구는 잇따른 각 기간 동안에 언제나 새로워지기 때문에 새로운 재고가 각 기간에 또한 생산될 것이고, 만약 재고량이 동일하고 수요스케줄이 주어지면 동일한 양이 동일한 균형가격에 계속해서 판매될 것이다. 예를 들어, 동 생산자들이 한 달에 5천 톤을 생산한다고 가정하자. 이 양은 앞의 그림에서 OX의 균형가격에 팔린다(예비수요 없이). 균형량은 OS이다. 다음 달에 만약 5천 톤이 생산되면 균형가격은 동일할 것이다. 만약 5천 톤보다 더 생산되면 위에서 보았던 것처럼 균형가격은 더 낮아지고, 만약 그것보다 적게 생산되면 균형가격은 더 높아질 것이다.

만약 투기적 요소들이 수요스케줄에서 제거되면 이 스케줄은 재화를 직접 사용함으로써 오는 효용에 의해서만 결정될 것은 명백하다(판매재의 효용과 비교하여). 어떤 재화의 가치에서 유일한 두 가지 요소는 그 재화의 직접사용가치와 교환가치이고, 수요스케줄은 직접사용을 위한 수요와 더 높은 가격에 되팔 것을 기대하는 투기적 수요의 합으로 이루어진다. 만약 우리가 후자인 투기적 수요를 제거하면(즉, 균형가격에서는), 수요의 유일한 궁극적 원천은 그 재화에 대한 구매자의 직접사용가치이다. 그러므로 만약 우리가 시장에서 투기적 요소들을 제거하면 어떤 재화의 재고의 시장가격을 결정하는 **유일한** 요인은 구매자가 갖는 그 재화의 상대적인 직접사용가치이다.

앞 절들에서 보여주었던 것처럼, 생산은 일정한 기간에 걸쳐서 일어나야 하는 것이다. 미래의 언제가 일정량의 새로운 재고를 얻기 위하여, 생산자는 먼저 노동, 자연, 자본재 등을 이용하여 일련의 행위를 투입해야 하고, 그 과정은 처음 행동을 시작해서 중간행동을 하고 최종재고가 생산될 때까지 시간이 걸리는 것이 틀림없다. 그 결과 특화된 생산의 본질은 **생산자들이 시장의 미래상태를 예상하는 것이다**. 미래의 어느 날까지 일정량의 재고를 생산할 것인지 여부를 결정하는 경우에, 생산자는 그의 재고를 팔 수 있는 시장가격의 추정에 그의 판단을 이용해야 한다. 이 시장가격은 어떤 균형에 있음직하지만 그러나 하나의 균형은 짧은 시간 이상의 기간 동안 지속될 것 같지는 않다. 이 점은 (지속적으로 변하는 가치척도의 결과로서) 재화의 수요곡선이 지속적으로 이동할 때 특히 옳다. 각 생산자는 재고의 생산에서 최대의 심적 수익, 즉 심적 이윤을 얻을 수 있는 그런 방법으로 그의 자원—그의 노동과 유용한 재화들—을 사용하고자 노력한다. 그는 언제나 과오를 저지르기가 쉽고 시장을 예상하는 데 있어 저지르는 과오는 그에게 심적 손실을 가져다 줄 것이다. 그 결과 시장생산의 본질은 기업가정신이다. 핵심 고찰사항은 수요스케줄들과 그 결과 미래가격들은 생산자들에게 알려진 것이 아니고, 결코 확정적이며 자동적으로 알려질 수도 없다는 것이다. 생산자들은 그들이 할 수 있는 한 최선을 다해 수요의 미래상태를 예측해야 한다.

 기업가정신은 또한 투기적으로 행동하는, 미래의 더 높은 가격 또는 더 낮은 가격을 예측하는 데 특화한 구매자들과 판매자들의 지배적 특징이다. 그들의 전 행위가 미래 시장가격을 예측하고자 하는 시도에 있고, 그들의 성공은 그들의 예측이 얼마나 정확한가 또는 과오가 있는가에 달려있다. 위에서 보았던 것처럼, 정확한 투기는 균형으로 향하는 움직임을 단축하고, 과오가 있는 투기는 그 자체가 교정하는 경향이 있기 때문에, 이런 투기자들의 행동은 균형위치에 도달하는 것을 단축하는 경향이 있다.

 어떤 재화를 직접 사용하는 사람들도 그것을 구매할 때 **그 재화에 대한 욕망을 또한 예측**해야 한다. 구매시점에서는 그 재화의 실제적 사용은 미래의 어떤 날일 것인데, 비록 그 날이 바로 가까운 미래라 할지라도 말이다. 사용자들의 가치척도상에서 그 재화의 위치는 이 기간 동안에 시간선호에 의해 할인된 그 재화의 기대되는 미래가치의 예측치에 달려있다. 구매자가 미래에 그 재화가 주는 가치의 예측에서 과오를 범할 가능성이 크고, 재화의 내구성이 크면 클수록 과오를 범할 가능성은 점점 더 커진다. 예를 들어, 그 자신의 미래가치평가의 예측에서 집의 구매자가 딸기의 구매자보다 과오를 범할 가능성이 클 것이다. 그 결과 기업가정신은 구매자 행위의 한 특징이고, 심지어 재화의 직접적 사용에서도 그렇다. 그러나 특화된 생산자들의 경우에, 기업가정신은 **다른 사람의** 미래욕구를 예측하는 형태를 취하고, 이 일이 **자신의** 가치평가를 예측하는 것보다 훨씬 어렵고 도전적인 일임은 분명하다.

인간행동은 단계별로 일어나고, 각 단계에서 행위자는 기대되는 미래발달이라는 관점에서 그의 자원을 가능한 한 최선으로 이용해야 한다. 과거는 영원히 지나간 것이다. 인간행동의 다른 단계들에서 과오의 역할은 직접사용을 위해 어떤 재화를 사는 사람의 경우인 비교적 단순한 사례에서 관찰해 볼 수 있다. 예를 들어, 미래사용의 예측결과에 따라 그가 생선 100배럴과 교환하여 한 재화—즉, 10쿼터의 우유—를 산다고 하자. 그런데 생선 100배럴은 우연히도 또한 10쿼터의 우유에 대한 최고구매가격이다. 우유를 구매하고 난 후에 어떤 이유로 그의 가치평가가 바뀌었고, 우유는 이제 그의 가치척도상에서 훨씬 더 낮다는 것을 안다고 가정하자. 이제 그는 10쿼터의 우유를 가장 잘 이용하는 문제에 직면한다. 생선 100배럴의 자원사용에서 과오를 저질렀다는 사실이 10쿼터의 우유를 가장 잘 이용해야 하는 문제를 없애지는 않는다. 만약에 우유의 가격이 여전히 생선 100배럴이라면 현 시점에서 그가 택할 수 있는 최선의 코스는 우유를 되팔고 100배럴의 생선을 재구입하는 것이다. 만약 가격이 이제 100 이상이라면 그는 투기적 이득을 얻었고, 더 많은 생선을 받고 우유를 되팔 수 있다. 그리고 만약 우유의 가격이 떨어졌지만 그의 가치척도상에서 생선이 10쿼터의 우유보다 여전히 높으면, 100배럴 이하의 생선을 받고 우유를 파는 것이 심적 수익을 극대화할 것이다.

그는 두 교환에서 X배럴의 생선을 명백히 잃었다고 말함으로써 그런 행동을 비판하는 것이 어리석다는 점을 인식하는 것은 중요하다. 확실히, 만약 그가 어떤 일의 추후 전개를 정확히 예측한다고 가정하면 그 사람은 최초의 교환을 하지 않을 것이다. 그 결과 그의 **최초의** 교환은 되돌아보면 과오라고 부를 수 있을 것이다. 그러므로 일단 첫 번째 교환이 이루어지고 나면 과거의 과오와 상관없이 그는 우유를 현재와 미래의 가능한 사용에서 최선을 다해야만 하고, 그 결과 그의 두 번째 교환은 그런 환경에서 가능한 최선의 선택이었다.

다른 한편, 만약 우유의 가격이 그의 새로운 최고구매가격 이하로 떨어진다면 그의 최선의 선택지는 우유를 가장 가치가 있는 일에 직접 사용하는 것이다.

마찬가지로, 한 생산자가 일정 양의 재고를 생산하기로 결정할지도 모르고, 그 재고가 만들어지고 난 다음에 시장의 상태가 그의 생산결정을 후회하게끔 그렇게 되는 것으로 결국 판명된다. 그러나 일단 그 재고가 생산되고 나면 그것을 가지고 그가 할 수 있는 최선을 다해야 하고, 그 재고로부터 최대의 심적 수익을 얻어야 한다. 다시 말하면, 만약 초기부터 그의 행동을 고찰하면―초기란 그가 자원을 생산에 **투자했던 때**―회고해 볼 때 그의 행동은 심적 손실을 유발했는데, 왜냐하면 그의 행동이 그러한 자원으로부터 최선의 이용가능한 선택지를 산출하지 않았기 때문이다. 그러나 일단 재고가 생산되고 나면 **이 재고**가 그의 이용가능한 자원이고, 가능한 최선의 가격에 그것을 파는 것이 그에게 심적 수익을 올리도록 한다.

이 시점에서 우리는 〈표 2-5〉와 같이 기대(심적)수익과 기대(심적)비용을 요약할 수 있는데, 수익과 비용은 두 재화의 어떤 종류의 직접교환에서도 구매자들과 판매자들의 결정에 들어가는 요인들이다.

〈표 2-5〉 기대수익과 기대비용

구매자 수익	판매자 수익
(1)* 구매재의 직접사용 또는 (2) 나중에 기대되는 더 높은 가격에 판매 　　(그의 가치척도상에서 어느 것이라도 더 큰 것)	(1)* 판매재의 직접사용 또는 (2) 나중에 기대되는 더 낮은 가격에 구매 　　(그의 가치척도상에서 어느 것이라도 더 큰 것)
구매자 비용	판매자 비용
(1) 판매재의 직접사용 또는 (2) 나중에 기대되는 더 낮은 가격에 구매 또는 (3)* 세 번째 재화와 교환 　　(그의 가치척도상에서 어느 것이라도 가장 큰 것)	(1) 구매재의 직접사용 또는 (2)* 세 번째 재화와의 교환 또는 (3) 나중에 더 높은 가격에 판매 　　(그의 가치척도상에서 어느 것이라도 가장 큰 것)

만약 우리가 임시적인 투기적 요소를 제거하면 다음과 같은 요소들이 남는다. 즉, 구매자의 수익(1), 비용(1), 비용(3), 그리고 판매자의 수익(1), 비용(1), 비용(2) 등이다. 마찬가지로, 만약 우리가 판매자들을 특화된 최초의 생산자들로서 간주하면―그리고 생산율의 더 큰 부분이 재고의 누적에 쓰이면 쓰일수록 이 점은 점점 더 진실이다―판매자의 비용(1)이 빠져나간다. 교환이 두 재화와 관계가 있기 때문에 한 재화의 구매자들은 다른 재화의 판매자들**이라는 점**을 또한 기억한다면 구매자의 비용(1)도 결정요소로서 똑같이 잘 제거된다. 〈표 2-5〉에서 별표가 붙은 요소들만 궁극적으

로 남는다. 구매자들과 판매자들의 수익은 획득한 재화의 기대되는 직접용도이고, 구매자들과 판매자들의 비용은 이 교환 때문에 포기한 세 번째 재화이다.

지적했던 것처럼, **재고의 생산에 관한 최초의 결정**에 관련된 수익과 비용은 다른 순서이고, 이후의 장들에서 이것들을 탐구할 것이다.

11. 교환가능한 재화들의 종류들

명료화를 위해, 이 장에서는 교환가능한 재화들의 예제로는 말, 생선, 계란 등과 같은 유형의 **상품들**을 주로 사용했다. 그러나 그런 상품들만이 교환할 수 있는 재화의 유일한 종류가 아니다. A는 그의 **개인서비스**와 B의 상품과 교환할 수 있다. 따라서 예를 들어, A는 농산물과 교환하기 위하여 농부 B에게 그의 노동서비스를 제공할 수 있다. 더구나, A는 다른 재화와 교환하기 위하여 **소비재**로서 직접적으로 쓰이는 개인서비스를 제공할 수 있다. 그래서 한 개인은 그의 의료진료 또는 음악연주를 음식이나 의복과 교환할 수 있다. 이런 서비스는 유형의 물적 상품으로 구체화된 그런 재화만큼이나 정당한 소비재이다. 마찬가지로, 개인 노동서비스는 유형의 자본재만큼이나 생산재이다. 사실 유형의 재화는 그것의 물적 구성물로 평가되는 것이 아니라 사용자에게 제공되는 **서비스**에 의해 평가되는데, 그 사용자가 소비자이건 생산자이건 상관없이 말이다. 행위자는 빵의 가치를 자양물을 제공하는 서비스로 평가하고, 집은 거주를 제공하는 서비스, 기계는 더 낮은 차수의 재화(*lower-order good*)를 생산하는 서비스로 평가한다. 직전의 분석에서, 유형의 상품도 또한 그것의 서비스로서 평가되므로 유형의 상품은 무형의 개인'서비스'와 동일한 평면 위에 있다.

그러므로 경제학은 '물질적 재화' 또는 '물질적 복지'만을 특별히 다루는 과학은 **아니다**. 일반적으로 경제학은 인간들이 자신들의 욕구를 충족하기 위한 행동을 다루고, 구체적으로 경제학은 각 개인이 그의 욕구충족을 '생산'하기 위한 하나의 수단인 재화들의 교환과정을 다룬다. 이 재화들은 유형의 상품일 수도 있고, 무형의 개인서비스일 수도 있다. 공급과 수요의 원리들, 가격결정의 원리들은 어떤 재화에도 꼭 같은데, 그 재화가 한 범주에 속하든지 또는 다른 범주에 속하든지 상관없이 말이다. 전술한 분석은 모든 재화에 응용가능하다.

따라서 다음 종류의 가능한 교환이 우리 분석에 포함되었다.

(1) 상품과 상품의 교환: 예를 들어, 생선과 말의 교환
(2) 개인서비스와 상품의 교환: 예를 들어, 의료서비스와 버터의 교환 또는 농장노동과 식품의 교환
(3) 개인서비스와 개인서비스의 교환: 예를 들어, 두 거주자의 협동에 의한 통나무 굴리기 또는 의료서비스와 정원가꾸기 노동의 교환 또는 교육서비스와 음악연주의 교환[32]

다수의 경쟁하는 동질의 단위들이 있는 경우에, 공급스케줄들과 수요스케줄들을 합산할 수 있다. 일방 당사자 또는 쌍방 당사자가 격리되거나 그들이 교환하는 유일한 당사자들인 경우에는, 가격결정지대는 위에서 지적했던 바와 같이 확립될 것이다. 예를 들어, 만약 한 수학교사가 한 바이올린 연주자와 서비스의 교환을 위해 흥정하고 있다면 그들 각각의 효용순위가 가격결정지대를 정할 것이다. 만약 동질의 서비스를 제공하는 여러 명의 수학교사와 여러 명의 바이올린 연주자는 두 재화를 위한 시장을 형성하고, 시장가격은 공급스케줄들과 수요스케줄들의 합산과 그 둘의 교차에 의해 형성될 것이다. 만약 다른 개인들의 서비스가 수요자가 보기에 동일한 품질이 아니라면, 서비스는 분리하여 평가될 것이고, 각 서비스는 독립적으로 가격이 설정될 것이다.[33] 그러면 그 공급곡선은 오직 한 개인에 소유된 어떤 상품단위들의 공급이 될 것이다. 이 개인공급곡선은 물론 우상향한다. 오직 한 개인이 시장에서 한 재화의 공급자인 곳에서는 그의 공급곡선은 시장공급곡선과 일치한다.

물적 대상물의 단순한 거래만을 교환으로 간주하는 혼란이 발생하는 명백한 한 가지 이유는, 많은 무형의 재산은 그 재산의 본질상 교환될 **수 없다**는 사실이다. 바이올린 연주자는 그의 음악적 재능을 **소유할** 수 있고, 의사의 의료서비스에 대한 대가로 서비스의 형태로 몇 단위 교환할 수 있다. 그러나 교환할 수 없는 다른 개인적 특성이 재화로서 요구될 수 있다. 예를 들어, 브라운이 한 가지 원하는 목적을 가질 수 있다. 스미스로부터 진정한 인정을 받는 것이다. 이것은 브라운이 다른 재화로 교환

할 수 없는 특별한 소비재인데, 왜냐하면 그가 원하는 것은 구입가능한 겉치레 인정보다는 차라리 진정한 인정이기 때문이다. 이 경우에, 소비재는 교환할 수 없는 스미스 소유의 재화라는 재산이다. 그것은 어떤 방법으로 획득될 수 있지만 교환으로는 획득될 수 없을 것이다. 교환과 관련하여 이 무형의 재화는 스미스의 재화라는 **양도할 수 없는** 재산인데, 즉 그 재화는 포기될 수 없는 것이다. 다른 예는 인간은 영원히 그의 의지를 이전할 수 없다는 점인데, 비록 그가 그의 서비스와 재산의 상당부분을 이전할 수 있음에도 불구하고 말이다. 위에서 언급했듯이, 인간은 그의 남은 일생 동안 다른 사람을 위하여 일하기로 계약함으로써 영원한 노예가 되기로 합의할 수는 없다. 그는 훗날에 그의 마음을 바꿀지도 모르고, 그러면 자유시장에서 그는 그 이후에 노예 일을 계속할 것을 강요당할 수는 없다. 인간은 자신의 의지에 대한 자기소유권을 양도할 수 없기 때문에 방해받지 않는 시장에서는 그가 그의 의지를 다른 사람의 명령에 복종하도록 하는 합의를 계속하도록 강요받을 수는 없는데, 비록 그가 이전에 그런 합의에 동의했을지도 모르는 데도 불구하고 말이다.[34,35] 다른 한편, 양도할 수 있는 재산은 이전될 때 물론 교환을 통해 그 재산을 받은 사람의 재산—유일하고 배타적인 지배하에—이 되고, 교환 이후에 최초 소유자가 후회하더라도 그 재산에 대한 어떤 청구권도 행사할 수 없다.

따라서 교환은 양도가능한 재화들로 이루어질 것이다. 그 재화들은 내구성의 정도가 모두 다른 소비재들일 수 있고, 또는 그 재화들은 생산요소들일 수 있다. 그 재화들은 유형의 상품들일 수 있고 또는 무형의 개인서비스일 수 있다. 이러한 양도가능한 재화에 기초하는 다른 종류의 교환가능한 품목이 있다. 예를 들어, 존스가 안전을 위해 창고에 어떤 재화—예를 들어, 천 부셸의 밀—를 보관한다고 가정하자. 그는 그 재화의 소유권을 가지지만 안전한 보관을 위해 창고의 주인인 그린(Green)에게 실물의 소유를 넘겨준다. 그린은 존스에게 그 밀에 대한 **창고인수증**을 주는데, 그 인수증은 보관을 위해 밀이 그곳에 있다는 것을 증명하고, 인수증의 소유자에게 그가 창고에 그 인수증을 제시할 때는 언제라도 밀을 받을 수 있는 청구권을 주는 것이다. 밀의 보관이라는 이 서비스의 교환에서, 존스는 어떤 다른 재화, 예를 들어 상호 동의한 어떤 양의 에메랄드를 그린에게 지불한다. 따라서 청구권은 보관서비스에 대한 상품의 교환—보관에 대한 대가로 제공하는 에메랄드—으로부터 발생하고, 이 교환의 가격은 전술한 분석의 원리들에 따라 결정된다. 그래서 이제 창고인수증이 밀에 대한 청구권으로 존재하게 되었다. 방해받지 않는 시장에서, 청구권은 완전히 안전한 것으로 간주될 것이고, 존중될 것이 확실할 것이며, 그 결과 존스는 밀의 실제적이고 물질적인 교환의 한 **대체재**로서 청구권을 교환할 수 있을 것이다. 존스는 말을 지불하고 밀을 구매하고자 원하는 다른 당사자인 로빈슨(Robinson)을 발견할 수 있다. 그 둘은 가격에 합의하고 나서 로빈슨은 밀의 실제적 이전을 위해 재화의 완전한 대체재인 밀에 대한 **청구권**을 받는다. 로빈슨이 밀을 사용하기 원할 때는 창고에서 청구권을 **태환**(redeem)할 수 있을 것이라는 것을 안다. 그 결과 여기에서 청구권은 **재화-대체재**(goods-substitute)로 기능한다. 이 경우에 청구권은 하나의 **현재재**로서 사용하기 위한 것인데, 왜냐하면 소유자가 원하면 언제라도 재화로 태환될 수 있기 때문이다.

여기에서 청구권의 본질과 기능은 단순하다. 청구권은 재화에 대한 소유권의 안전한 증거물이다. 청구권보다 훨씬 단순한 것이 예를 들어, 농장과 같은 재산의 소유권이 A로부터 B로 이전되는 경우인데, 이 경우에 청구권으로 간주할 수 있는 문서로 된 **권리증서**(title) 또는 소유권 증명서가 이전된다. 그러나 소유권이 몇 개의 조각으로 나뉘어져서 이 조각들이 개인간에 이전될 때 상황은 더 복잡해진다. 예를 들어, 해리슨이 철광산의 소유자라고 가정하자. 그가 소유권을 분할하여 철광산의 분할된 조각 또는 **몫**을 다른 개인에게 팔기로 결심한다. 광산의 전체 소유권을 백등분하여 100장의 **증명서**를 만들고, 그리고 나서 10장을 제외한 모두를 다른 이들에게 판다고 가정하자. 그러면 두 몫을 가진 소유자는 광산의 100분의 2를 소유하는 사람이 된다. **직접**교환체제에서 그런 행위가 실제로 일어날 여지는 거의 없기 때문에 이 상황을 분석하는 일은 이후의 장들로 미뤄둘 것이다. 그러나 100분의 2를 소유한 주인은 공동으로 소유하는 재산을 그의 몫만큼 관리하고, 통제하며, 재산에서 나오는 수익을 가져갈 자격이 있음은 명백하다. 다시 말하면, 그 몫은 광산이라는 재화의 부분소유권(part-ownership)의 증거물이거나 부분소유권에 대한 청구권이다. 재화 사용의 비례적 몫에 해당하는 이런 재산권도 교환에서 매매될 수 있다.

세 번째 종류의 청구권은 **신용교환**[credit exchange, 또는 **신용거래**(credit transaction)]으로부터 발생한다. 현재까지 하나의 **현재재**와 다른 현재재를 교환하는 것을 토론했는데, 즉 현재재란 교환을 통해 재화를 받는 사람이 **현재**-또는 어떤 원하는 시간-**에** 사용가능한 재화를 말한다. 신용거래에서 현재재는 **미래재**, 또는 **미래재에 대한 청구권**과 교환된다. 예를 들어, 잭슨이 한 번에 100파운드의 목화를 구입하기 원한다고 가정하자. 그는 피터(Peter)와 다음과 같은 거래를 한다. 피터는 잭슨에게 지금 100파운드의 목화(현재재)를 준다. 그리고 보상으로 잭슨은 피터에게 지금부터 1년 후에 목화 110파운드에 대한 **청구권**을 준다. 이것이 미래재에 대한 청구권—지금부터 1년 후에 목화 110파운드—이다. 미래재로 환산한 현재재의 가격은 현재 목화 파운드당 미래 목화(지금부터 1년) 1.1파운드이다. 그런 교환들에서 가격들은 현재재들의 교환에서의 경우와 똑같이 가치척도들과 공급스케줄들과 수요스케줄들에 의해 결정된다. 신용거래의 가격설정을 더 분석하는 것은 이후의 장들로 남겨두어야 한다. 앞 장에서 설명했듯이 모든 인간은 동일한 재화에 대해서 그것을 얻을 수 있는 가능성이 시간적으로 더 빠른 것을 더 높게 평가할 것이라는 점을 여기에서 지적해 둘 수 있다. 개인의 시간선호에 맞추어, 하나의 현재재(동일한 만족을 줄 수 있는 단위들로 이루어진 하나의 재화)는 미래시점의 동일한 재화보다 언제나 더 높게 평가될 것이다. 다양한 시간선호율—개인의 가치척도상에서 상대적 위치에 의해 궁극적으로 결정되는—이 신용교환의 가격을 결정하도록 움직일 것은 명백하다. 더욱이 현재재의 수령인—**채무자**(debtor)—은 채권자—청구권을 받는 사람—에게 미래에 **더 많은 양**의 재화를 언제나 되돌려주어야 할 것인데, 왜냐하면 단위가 동수라면 미래재로서보다는 현재재로서 더 가치가 있기 때문이다. 채권자는 채무자에게 **현 시점에서** 어떤 재화를 사용하도록 하는 서비스를 제공하고 있지만, 반면에 채무자는 이 서비스에 대한 대가로 미래에 더 많은 양의 재화로 보상한다.

청구권이 최종적으로 만기가 되는 날에 채권자는 청구권을 태환하여 재화 자체를 받고, 그 결과 청구권의 존재가 끝이 난다. 그러나 그동안에 청구권은 존재하고 다른 재화와 교환되어 매매될 수 있다. 예를 들어, 채권자인 피터는 윌리암스에게 마차를 받고 그 청구권—또는 약속증서—을 팔기로 결정할 수 있다. 이 교환에서 가격은 재차 공급스케줄과 수요스케줄에 의해 결정될 것이다. 그 증서에 대한 수요는 목화에 대한 청구권으로서 그 증서의 안전성에 의존할 것이다. 따라서 마차로 환산한 그 증서에 대한 윌리암스의 수요(또는 피터가 그 증서를 보유할 수요)는 다음과 같은 요인에 기초할 것이다. 즉, ① 마차의 직접효용과 교환가치, 그리고 ② 목화의 추가되는 단위의 한계효용. 그런데 그 둘은 윌리암스에 의해 다음과 같은 두 가지 가능한 근거에 의해 **할인된다**. 즉, ① '만기일'(maturity)까지 청구권이 남아 있는 기간, 그리고 ② 그 증서의 안전성에 대한 추정 등이다. 따라서 어떤 재화에 대한 청구권이 만기일까지 시간이 적게 남아 있으면 있을수록 시장에서 그 증서는 점점 더 높게 평가될 것이다. 또한 태환의 실패가능성 때문에 만약 최종 지불의 안전성이 낮으면 낮을수록 청구권은 실패가능성에 대한 사람들의 추정에 따라 점점 더 낮게 평가될 것이다. 어떤 증서가 이전되고 나면 그 증서는 새로운 소유주의 재산이 되고, 그는 채권자가 되고 만기일이 되면 그 청구권을 태환할 자격이 있을 것이다.

그래서 하나의 청구권이 어떤 다른 재화(또는 **청구권**)와 교환되기 위하여 이전될 때는 이 거래 자체는 신용거래가 **아니다**. 신용교환은 채무자 쪽에서 **종료되지 않은 지급**을 설정하는 것이다. 이 경우에 피터는 윌리암스에게 다른 재화에 대한 보상으로 청구권을 넘겨주고 거래는 종료된다. 다른 한편, 잭슨은 최초 거래의 결과로서 채무자로 남아 있는데, 그 최초의 거래는 잭슨이 만기일에 채권자에게 그가 동의한 대가를 지불할 때까지 종료되지 않은 채로 남아 있게 된다.[36]

그러므로 여러 종류의 청구권은, 현재재로서는 창고인수증 또는 어떤 재화에 대한 공동소유권의 몫과 같은 것이고, 미래재로서는 신용거래로부터 발생하는 것이다. 이런 것들은 소유권의 증거물 또는 후자, 즉 미래재의 경우에는 미래의 언젠가 소유권의 증거물이 **될 것인** 대상물이다.

따라서 다른 세 가지 종류의 교환이 위에서 언급한 세 가지 종류의 교환에 추가되는데, 그 교환의 조건들과 원리들이 이 장의 전술한 분석에 포함된다.

(4) 청구권과 상품의 교환: 이것의 예제는, ① 창고인수증을 받고 상품을 보관하는 것—현재재에 대한 청구권, ② 신용거래, 미래상품에 대한 청구권과 상품의 교환, ③ 또 다른 종류의 상품에 대한 재고와 교환하여 어떤 상품의 재고에 대한 몫을 구입하는 것, ④ 상품과 교환하여 채무자의 약속증서를 구입하는 것. 이 네 경우는 위에서 서술했다.

(5) 서비스와 청구권의 교환: 예제는 개인서비스를 약속증서 또는 창고인수증 또는 주식과 교환하는 것.

(6) 청구권과 청구권의 교환: 예제는 하나의 약속증서를 또 다른 약속증서와 교환하는 것, 주식의 몫과 약속증서를 교환하는 것, 한 종류의 주식과 다른 종류의 주식을 교환하는 것, 창고인수증과 창고인수증이 아닌 어떤 다른 종류의 청구권의 교환.

모든 재화들은 유형의 상품, 서비스, 재화에 대한 청구권(재화대체재) 중의 하나로 분해될 수 있고, 이 장의 효용과 공급-수요분석이 위에서 언급한 여섯 가지의 모든 가능한 교환에 응용된다. 각각의 경우에, 다른 구체적 고려사항이 가치척도의 형성에 들어가야 한다―신용교환의 경우에는 시간선호와 같은 것이다. 그리고 그렇게 하는 것이 다양한 구체적인 교환종류에 대해서 더 많은 것을 말할 수 있게 한다. 그러나 이 장에서 제시된 분석의 수준은 재화의 모든 가능한 교환을 포함한다. 이후의 장들에서, **간접교환**이 소개되면 현재의 분석을 또한 적용할 것이지만, 신용교환(시간선호), 자본재와 소비재를 위한 교환, 노동서비스의 교환(임금)에 관련된 생산의 문제와 교환의 문제에 대한 더 많은 분석이 이루어질 것이다.

12. 재산: 미개척 토지의 전유

위에서 서술했던 것처럼, 인간에 의한 자연이 준 미사용 요소의 전유와 자본재나 소비재를 생산하기 위하여 이런 자연요소에 인간의 노동을 '혼합'하는 것에서 모든 재산의 기원을 궁극적으로 찾을 수 있다. 왜냐하면 선물과 교환과정을 거슬러 올라가면 우리는 인간과 소유되지 않는 자연자원에 도달하는 것이 틀림없기 때문이다. 자유사회에서 결코 사용된 적이 없었던 자연은 어떤 조각이라도 **소유되지 않은 것**이고, 그것은 인간이 처음 사용함으로써 또는 그의 노동을 그 자원에 혼합함으로써 인간의 소유권하에 놓인다.

자연이 준 요소에 대한 개인의 권리증이 어떻게 결정될 것인가? 만약 콜럼버스가 신대륙에 상륙한다면, 그가 신대륙 전부를 자신의 것이라고 선언하거나 심지어 '그의 눈이 볼 수 있는 한' 멀리까지의 지역을 자신의 것이라고 주장하는 것이 정당한

가? 명백히, 이것은 우리가 마음속에 품고 있는 자유사회에서는 그렇지 않을 것이다. 콜럼버스나 크루소가 그 땅을 소유한다고 주장할 수 있기 전에 그 땅을 **이용**해야 하는 것, 어떤 방법으로든지 그 땅을 '경작'해야 할 것이다. 이때 '경작'은 땅을 갈아엎는 것을 필요로 하지 않는데, 비록 이 방법이 경작의 한 가지 가능한 형태일지라도 말이다. 만약 자연자원이 토지라면, 그는 집 또는 목초지를 만들기 위하여 그 땅을 개간을 할 수 있거나, 조림단지를 만들기 위하여 주위를 돌보는 등을 할 수 있다. 만약 제한된 노동공급에 의해 사용될 수 있는 면적 이상으로 많은 땅이 있다면 사용되지 않은 땅은 첫 사용자가 그 자리에 도착할 때까지 미소유로 남아 있을 것이 틀림없다. 누구도 사용한 적이 없는 새로운 자원이라고 주장하는 어떤 시도도 그 자원의 첫 사용자가 누군지 밝혀지면 그 시도는 그 사람의 재산권을 침해하는 것으로 여겨져야만 할 것이다.

그러나 땅이 인간의 재산으로 계속 존재하기 위해서 그 토지가 **계속적으로** 사용되어야 한다는 필요조건이 있는 것은 아니다. 존스가 어떤 새로운 땅을 사용하고, 그 다음에 재미가 없다는 것을 발견하고 그 땅을 사용하지 않기로 한다고 가정하자. 또는 그가 새로운 땅을 개간하고, 그 결과 그 땅에 대한 권리증서를 획득하지만 그 다음에 그 땅이 생산에 더 이상 유용하지 않다는 것을 발견하고 그 토지를 놀려두기로 한다고 가정하자. 자유사회에서 그는 권리증서를 잃을 것인가? 대답은 부정적인데, 왜냐하면 일단 그의 노동이 자연자원과 혼합되면 그것은 그가 소유한 토지로 남아 있기 때문이다. 그의 노동이 토지에 회복할 수 없게 혼합되었고, 그 결과 토지는 영원히 그의 것이거나 그의 양수인(assigns)의 것이다. 노동이 토지에 혼합되었는지 여부가 토지의 시장가격 또는 토지의 자본가치와 무관한 것인가 하는 질문을 나중의 장들에서 볼 것이다. 캐털래틱스에서는 과거는 관심이 없다. 그러나 재산의 소유권을 확립하는 경우에는 그 질문은 중요한데, 왜냐하면 일단 노동과 토지의 혼합이 있고 나면 그 사람과 그의 상속자들은 자연이 준 요소를 전유하기 때문이고, 그것을 빼앗는 사람은 누구라도 침략행위를 하는 것이기 때문이다.

월오우스키(Wolowski)와 레바수우르(Levasseur)가 썼듯이:

> 자연은 사용을 위해 그(인간)에 의해 전유되었다. 자연은 인간 **자신의** 것이 되었고, 자연은 인

간의 **재산**이다. 이 재산은 정당하다. 인간이 자신의 재능을 자유롭게 행사하는 것이 신성한 것처럼, 그 재산이 인간을 위한 신성한 권리를 이룬다. 그것은 순전히 그 자신으로부터 왔기 때문에 그의 것이고, 그것은 오로지 그의 존재로부터 발산되는 것이다. 인간보다 이전에는 오로지 물질만이 있었다. 인간 이래로, 그리고 그에 의해서 상호교환할 수 있는 부가 존재한다. 생산자는 그 자신의 일부를 사물 안에 남김으로써 그래서 그것은 가치가 있게 되고, 그 결과 그 사물은 외부자연에 행동을 가하는 인간능력의 연장으로 간주될 수 있다. 자유로운 존재로서 인간은 그 자신에 속하기 때문에, 이제 그 원인, 말하자면 생산력은 그 자신의 것이고, 그 결과 말하자면 생산된 부도 여전히 그 자신의 것이다. 누가 감히 그의 개성이라는 봉인으로 그렇게 분명히 표시한 소유권 권리증서에 이의를 제기할 것인가?[37]

어떤 비판자들, 특히 헨리 조지스트들(Henry Georgists)은 한 인간과 그의 양수인은 그 자신의 노동생산물 또는 그것과 교환하는 어떤 것에 대한 권리가 있는 반면에 최초의 자연이 준 요소, '자연의 선물'에 대한 권리는 없다고 주장한다. 한 인간이 이 선물을 전유하는 것은 모든 인간이 동등하게 이용할 가치가 있는 공동의 유산을 침입하는 것이라고 주장한다. 그러나 이것은 자기모순적 주장이다. 어떤 인간도 최초의 자연이 준 요소들의 협력 없이는 서 있는 공간과 같은 것마저도 생산할 수 없다. 그러므로 어떤 자본재 또는 어떤 소비재를 생산하여 소유하기 위해서 인간은 자연이 준 본원적 생산요소를 전유하고 사용해야 한다. 인간은 순전히 그의 노동만으로 생산물을 만들어 낼 수는 없다. 그는 노동을 자연이 준 본원적 생산요소들에 혼합해야 한다. 그러므로 토지나 자연이 준 다른 요소들에 대한 재산을 인간에게 부정하면 그는 노동의 과실인 재산을 얻을 수 없다.

더구나, 토지라는 질문에는 자연이 준 자원에 노동을 혼합한 사람에게 이 토지를 단순히 무가치한 사물에서 생산의 영역으로 처음으로 끌어들였다는 것보다 더 좋은 제목을 찾기가 어렵다. 왜냐하면 그것이 자연의 처음 사용자가 하는 일이기 때문이다. 그는 이전에는 소유되지 않았고 사용되지 않았으며, 그 결과 누구에게도 무가치한 한 요소를 손에 넣어서, 그것을 자본재와 소비재의 생산을 위한 도구로 바꾼다. 재산의 공산화(communism of property)와 같은 질문은 이 책의 더 나중 부분에서 다룰 것이지만, 태어났다는 단순한 사실이 그에게 전 세계 토지의 균등한 일정부분을 자동적으로 수여해야 하는 이유가 되는 것을 이해하는 것은 사실 어렵다. 왜냐하면 첫 사용자는 그의 노동을 토지에 혼합하였지만, 반면에 신생아도 그의 조상 누구도 토지에 전혀 어떤 일을 하지 않았기 때문이다.

만약 우리가 **동물**의 경우를 고려하면 문제는 더 명백해질 것이다. 동물은 '경제토지'(economic land)인데, 왜냐하면 동물은 최초의 자연이 준 생산요소라는 점에서 실물토지(physical land)와 동등하기 때문이다. 그런데 암소 한 마리를 발견하고 길들여서 사용할 수 있도록 만든 사람에게 그 암소에 대한 권리를 누가 부정할 것인가? 왜냐하면 이 점이 정확히 토지의 경우에 일어난 일이기 때문이다. 야생동물처럼 이전에 가치가 없었던 '황무지'가 어떤 한 사람에 의해 수용되고 인간에게 유용한 재화로 전환된다. 노동을 '혼합하는' 것이 동물의 경우에서처럼 토지의 경우에도 동등한 권리를 준다.

우리는 '생산'이 함의하는 바가 무엇인가를 또한 기억해야 한다. 인간이 '생산할' 때 그는 사물을 창조하지는 않는다. 그는 주어진 물질을 이용하고, 그 물질을 그가 원하는 재화로 전환하고 재배열한다. 요컨대, 인간은 물질을 소비를 향해 더 가까이 이동시킨다. 그가 토지나 동물을 발견하고 그것들을 이용하는 것도 또한 그런 전환의 일종이다.

그러므로 비록 현재 한 조각의 땅에 자연증가로 생긴 가치가 엄청난 경우에도 그 땅은 오직 '경제토지'인데, 왜냐하면 인간이 그 땅에 작업한 과거의 엄청난 노력 때문이다. 우리가 권리증서의 정당성을 고려할 때에 토지는 언제나 과거의 노동을 담고 있다는 사실은 극히 중요하다.[38]

만약 동물이 주어진 최초의 자연요소라는 점에서 역시 '토지'라면 물과 공기도 그렇다. '공기'는 소유될 수 있는 희소한 재화라기보다는 인간복지의 조건으로서 전유할 수 있는 것이 아니라는 것을 보았다. 그러나 이 점은 통상적 조건에서 숨쉬기 위한 공기에 국한하여 진리이다. 예를 들어, 만약 어떤 사람들이 공기를 변하게 하거나 '조절하기를'(conditioned) 원한다면 그들은 이 서비스에 대가를 지불해야만 할 것이고, '조절된 공기'는 그 생산자에 의해 소유된 희소한 재화가 된다.

더구나, 만약 '공기'가 라디오 파장과 텔레비전 영상과 같은 것을 전송하는 수단이라는 점을 이해한다면 라디오와 텔레비전을 위한 목적으로 이용가능한 파장(wave *lengths*)이 오직 제한된 양이 있다는 것이다. 이 희소한 요소는 인간에 의해 전유될 수 **있고 소유될 수 있다.** 자유사회에서는 방송과 텔레비전 채널의 소유권은 토지 또는 동물의 소유권과 똑같이 개인에게 생길 것이다. 첫 사용자들이 그 재산을 획득한다. 천 킬로사이클의 파장을 처음 사용한 사람인 존스는 파장이 미치는 범위 내에서는 이 파장의 절대적 소유자일 것이고, 파장을 계속해서 사용하든지, 포기하든지, 팔든지 등은 그의 권리일 것이다. 소유자의 파장에 맞추어 전송장치를 설치하는 사람은 누구라도 어떤 이의 땅을 침범하는 사람 또는 어떤 이의 가축을 도둑질하는 사람이 죄를 범하는 것과 같이 다른 사람의 재산권을 침입하는 죄를 범하는 것이다.[39,40]

똑같은 진리가 물의 경우에도 적용된다. 많은 사람이 적어도 강이나 대양의 물은 또한 전유할 수 없고 소유할 수 없다고 생각했는데, 비록 (작은) 호수와 우물의 물은 소유할 수 있는 것으로 여기고 있지만 말이다. 지금은 해운항로와 관련하여 대양은 아마도 전유할 수 없다는 것이 진리인데, 왜냐하면 해운항로와 관련하여 대양의 물이 풍부하기 때문이다.[41] 그러나 이 점은 대양에서의 **어업권**(*fishing rights*)에서는 진리가 **아니다.** 생선은 인간욕구에 비하여 상대적으로 무한정한 양이 이용가능한 것은 확실히 아니다. 그 결과 생선은 전유할 수 있고–생선의 재고와 원천은 포획한 생선 자체만이다. 사실, 국가들은 '어업권'을 놓고 언제나 분쟁중이다. 자유사회에서 대양의 적절한 지역에서의 어업권은 그 지역의 첫 사용자들에 의해 소유될 것이고, 그 다음에 사용될 수 있거나 다른 개인들에게 판매될 수 있다. 생선이 서식하고 있는 수역의 소유권은 사냥동물이 서식하고 있는 토지나 숲의 사적 소유권에 직접적으로 비유된다. 어떤 이는 물은 흐르고 토지처럼 고정된 위치를 가지지 않는다는 어려움을 제기한다. 그러나 이 점은 완전히 근거 없는 반대이다. 흙이 먼지폭풍으로 통째로 날아가 버릴 때처럼 땅도 역시 '움직인다'. 무엇보다 중요한 것은 물을 위도와 경도로 표시할 수 있음이 확실하다. 그러면 이 경계선이 개인에 의해 소유되는 지역의 경계를 정할 것인데, 생선과 물이 한 사람의 재산에서 다른 사람의 재산으로 움직인다는 사실을 완전히 이해하고서 말이다. 그 재산의 가치는 이 사실에 따라 계측될 것이다.[42]

또 다른 주장은 첫 사용자에 의한 소유권의 전유는 자연이 준 요소들의 비경제적 배분을 초래한다는 것이다. 예를 들어, 한 사람이 단지 5에이커의 땅을 울타리를 칠 수 있거나, 경작할 수 있거나, 그렇지 않다면 사용할 수 있는데, 한편으로 가장 경제적 배분은 15에이커라고 가정하자. 그러나 자유사회에서 채택하는 **첫 사용자에 의한 첫 소유권** 규칙은 소유권이 이런 배분, 즉 5에이커만 소유하는 것으로 끝나야 한다는 것을 의미하는 것은 아닐 것이다. 그 정반대이다. 이 경우에 소유자들이 하나의 회사형태로 그들의 재산을 모으거나 가장 효율적인 개인소유자들이 다른 사람의 것을 사들일 것이고, 생산에서 각 단위 토지의 최종크기는 15에이커가 될 것이다.

여기에서 개진된 자유사회에서의 토지소유권 이론, 즉 첫 사용자에 의한 첫 소유권은 토지소유권에 대한 피상적으로 유사한 다른 이론과 공통점이 없다는 점은 추가되어야 한다-그 유사이론은 19세기 후반에 인겔스(J. K. Ingalls)와 그의 신봉자에 의해 주창된 것이다. 인겔스는 오직 토지의 실제적 점유자들과 개인적 사용자들만에 의한 **지속적** 소유권을 주장했다. 이것은 첫 사용자에 의한 **최초** 소유권과 대조되는 것이다.

첫째, 인겔스 체제는 토지라는 요소의 엄청난 비경제적 배분을 초래할 것이다. '첫 점유자가 소유권을 갖는 것'(homestead)에 의한 작은 양의 토지소유가 비경제적으로 되는 토지용지는 그런 비경제성에도 불구하고 사용이 강제될 것이고, 토지가 소비자들에 의해 크게 요구되는 다른 용도로의 사용으로 들어가는 것이 억제될 것이다. 어떤 토지는 인위적이며 강제적으로 사용이 철회될 것인데, 왜냐하면 소유자들에 의해 **개인적으로** 사용될 수 없는 토지는 놀려야 하기 때문일 것이다. 더구나, 이 이론은 자기모순적인데, 왜냐하면 그 이론이 진정으로 소유권을 전혀 허용하지 않을 것이기 때문이다. 소유권의 근본적 조건들 중의 하나는 소유자나 소유자들이 적절하다고 여겨질 때 재산을 사고, 팔고, 처분하는 권리이다. 작은 양의 소유자는 땅을 점유하지 않는 대량의 소유자에게 땅을 팔 수 있는 권리가 없을 것이기 때문에 그 소유자는 토지의 진정한 소유자가 전혀 아닐 것이다. 그 결과는 소유권 질문에 대해서 인겔스 이론은 궁극적으로는 (사람으로 추정되는 국가 내에서) 사회가 토지를 소유해야 한다는 조지스트의 관점으로 되돌아간다.[43]

13. 재산침해 다스리기

이 책은 방해받지 않는 시장사회를 주로 분석하는데, 그런 사회란 폭력을 사용하거나 도둑질로 어떤 사람의 신체나 재산을 침해하지 않는 사회를 말한다. 이런 조건은 어떤 **수단**에 의해 가장 잘 확립되는 데, 그 수단에 관한 질문은 현재 고려하지 않는다. 현재의 목적을 위하여, 이런 조건이 다른 사람을 **침해하는 것을 삼가기로 한** 모든 사람의 결정에 의해 확립되든지 또는 어떤 기관이 만들어져서 모든 개인에 의한 폭력이나 침입의 포기를 강제하든지, 그 둘간의 차이는 없다(**침해행위**는 그의 동의 없이 그 사람의 개인적 자유 또는 재산을 빼앗는 어떤 행동—폭력 또는 도둑질 또는 사기—으로 정의될 수 있다). 법집행이 각 개인에 의해 행해지든 어떤 종류의 기관에 의해 행해지든, 그런 조건—방해받지 않는 시장을 존재하게 하는 것—은 어떤 방법으로든 유지된다고 여기에서 가정한다.

자유시장을 위한 조건들을 유지하는 데 있어 문제점들 중의 하나는 교환계약에서 법집행기관—개인이든 조직이든—의 역할이다. 방해받지 않는 시장을 위한 조건들을 유지하기 위하여 어떤 종류의 계약이 집행되어야 하는가? 개인의 의지를 양도해버리는 계약들은 자유시장에서는 집행될 수 없다는 것을 이미 보았는데, 왜냐하면 각자의 의지는 그 본질상 양도할 수 없기 때문이다. 다른 한편, 만약 개인이 그런 계약을 했고 대가로 다른 사람의 재산을 받는다고 가정하면, 그가 그 동의를 끝내기로 결정할 때 재산의 일부나 전부를 몰수당해야 한다. 사기는 절도로 여겨져야 한다는 것을 볼 것인데, 왜냐하면 한 개인이 다른 개인의 재산을 받지만 교환계약에서 자신의 몫을 완수하지 않고, 그것으로 그의 동의 없이 다른 사람의 재산을 가져가기 때문이다. 이 경우는 자유사회에서 계약의 역할과 계약의 집행이 하는 역할에 대한 단서를 제공한다. 계약은 두 재화, 즉 현재재화 또는 미래재화를 두고 두 사람간에 합의한 교환으로 여겨져야 한다. 인간들은 원한다면 어떤 재산계약과 모든 재산계약을 하는 것이 자유로울 것이다. 그리고 자유사회가 존립하기 위해서는, 모든 계약은 집행되어야 하는 데, 그곳에서 재화는 본질적으로 양도가능한 것이다. 계약을 이행하지 않는 것은 다른 사람의 재산을 도둑질하는 것으로 여겨져야 한다. 따라서 채무자가 미래 지급을 약속하는 증서를 대가로 재화를 구입할 때는 동의한 계약이 이행되고 지급이 이루어질 때까지 그 재화는 그의 재산으로 간주될 수 없다. 그때까지 그 재화는 채권자의 재산으로 남아 있고 지급하지 않는 것은 채권자의 재산을 도둑질하는 것과 동등할 것이다.

여기에서 한 가지 중요하게 검토할 점은 지키지 않는 약속을 했기 때문에 계약이 집행되어서는 **안 된다**는 것이다. 약속을 집행하는 것은 자유사회에서 집행기관 또는 집행기관들의 업무가 아닌데, 왜냐하면 그것은 단지 약속이기 때문이다. 집행기관의 업무는 재산을 도둑질하는 것을 막는 것이고, 계약은 암묵적 도둑질이 관련되기 때문에 집행된다.

재산을 지불한다는 약속의 증거물은 집행가능한 청구권인데, 왜냐하면 이 청구권의 소유자는 관련된 재산의 사실상의 소유자이고, 이 청구권을 태환하지 못하는 것은 재산을 도둑질하는 것과 동등하기 때문이다. 다른 한편, 재산의 사전교환 없이 개인서비스를 제공하기로 한 약속의 경우를 보자. 예를 들어, 한 영화배우가 일 년 동안 한 스튜디오에서 세 영화를 만드는 데 출연하기로 동의한다고 가정하자. 교환의 어떤 대가(보수)를 받기 전에 그가 계약을 깨고 그런 일을 하지 않기로 결정한다. 그의 개인적 의지는 양도할 수 없기 때문에 자유사회에서는 그가 스튜디오에서 그 일을 할 것을 강요받을 수는 없다. 게다가, 그는 영화사로부터 교환의 대가로 아무것도 받지 않았기 때문에 그는 어떤 도둑질도 하지 않았고, 그래서 자유시장에서 그 계약은 집행될 수 없다. 방해받지 않는 시장에서는 '손실'에 대한 어떤 소송도 받아들여질 수 없다. 배우가 출연약속을 지킬 것이라는 기대하에 영화사가 엄청난 계획과 투자를 했다는 사실은 영화사에게는 불행한 일이 될 수도 있지만, 회사는 배우가 예측력이 없고 기업가정신이 형편없는 데 대하여 대가를 지불하기를 기대할 수는 없다. 영화사는 사람에 대한 너무 많은 믿음을 둔 것에 대한 대가를 치르는 것이다. 영화배우는 어떤 영화사 재산도 받아서 보관하지 않았고, 그 결과 재화의 지급이라는 형태로 '배상금'을 지급할 책임을 질 수는 없다.[44]

자유시장에서 그런 강요된 지급은 침해에 대한 공격이라기보다는 그의 재산권에 대한 침해일 것이다. 약속을 지키는 것이 깨는 것보다 더 도덕적인 것으로 여겨질 수 있지만, 자유시장을 위한 조건은 사람과 재산에 대한 각 개인의 권리는 보존되어야 한다는 것이지 어떤 **추가적** 도덕기준이 강제적으로 모두에게 강요되어야 한다는 것은 아니다. 침해행위를 제거하는 것을 넘어서서, 그런 도덕규칙의 어떤 강제적 집행도 그것 자체가 사람과 재산에 대한 개인의 권리를 침해하고, 그것 자체가 자유시장에서는 하나의 간섭이다.[45]

그러나 영화사가 계약을 이행하지 않은 대가로 배우에게 일정한 금액을 요구하고, 그리고 만약 배우가 거절하면 영화사가 다시 고용할 것을 거절하며, 그 배우의 행동에 대해서 다른 예상되는 계약자들(예를 들어, 영화사들)에게 통보하는 것은 자유시장과 조화로운 것임이 분명하다. 그의 행동 때문에 미래의 교환에 참여할 것이라는 배우의 기대는 손실을 입을 수 있는 것처럼 보인다. 따라서 자유시장에서 '요시찰인명부'(blacklist)는 허용가능하다. 자유시장에서 또 다른 정당한 행동은 **보이콧**(boycott)인데, 보이콧이란 이유를 불문하고 A가 B에게 C와 거래하지 말 것을 몰아대는 것이다. A와 B의 그런 행동은 순전히 자발적이고 비침해적이기 때문에 방해받지 않는 시장에서 보이콧이 허용되지 말아야 할 이유가 없다. 이에 반하여, 보이콧을 억제하는 어떤 강제적 행동도 자유인의 권리를 침해한다.

만약 계약된 채무에 대한 불이행이 도둑질과 동등한 것으로 여겨진다면, 방해받지 않는 시장에서 법집행기관에서 그런 불이행을 다루는 방법은 도둑질과 유사할 것이다. 예를 들어, 강도의 경우에는 훔친 물건을 주인에게 돌려주는 것이 법집행기관의 기본적 관심사항임은 명백할 것이다. 범죄자를 처벌하는 것은 물건을 주인에게 돌려주는 것의 보조 관심사항일 것이다. 예를 들어, A가 B로부터 금 100온스를 훔쳤다고 가정하자. A가 집행기관에 의해 체포되었을 당시에 그는 100온스를 낭비해버려서 돌려줄 수 있는 재산을 가지고 있지 않다. 법집행기관의 주요 목표는 A가 100온스를 돌려주도록 강제하는 것이어야 한다. 따라서 그를 단순히 가두는 대신에, 집행기관은 도둑이 노동을 해서 그의 소득을 압류하여 도둑질한 금액과 시간이 지연되는 데 따른 보상금을 모두 갚도록 강제할 수 있어야 한다. 이 강제노동이 감방 안에서 또는 감방 밖에서 행해지느냐 하는 것은 여기에서 중요하지 않다. 핵심은 자유시장에서 다른 사람의 권리를 침해한 사람은 동일한 정도로 그의 권리를 포기한다는 것이다. 자유시장에서 재산에 대한 공격행위를 한 자의 처벌에서 첫 번째 고려사항은 동등한 재산을 돌려주도록 강제하는 것이다.[46] 다른 한편, B가 자발적으로 A를 용서하기로 결정하고, A에게 그 재산을 선물로 주기로 결정한다고 가정하자. 그는 도둑을 '고소하는 것'을 거부한 것이다. 그 경우에 법집행기관은 도둑에게 어떤 행위도 하지 않을 것인데, 왜냐하면 A는 지금 재산을 선물로 받는 사람의 입장에 있기 때문이다.

이 분석은 자유시장에서 채무자가 빚을 갚지 않는 경우를 다루는 단서를 제공한다. 만약 채권자가 빚에 대해서 잊고 고소하지 않기로 결정하면 그는 사실상 그의 재산을 채무자에게 선물로 준 것이고, 계약의 이행을 집행할 더 이상의 여지는 없다. 만약 채권자가 그의 재산을 돌려줄 것을 주장하면 어떻게 해야 하는가? 만약 채무자가 필요한 액수를 갚을 수 있지만 그렇게 하기를 거부한다면, 그는 순수한 사기범죄를 저지른 것이고, 법집행기관은 그의 행동을 그렇게 취급할 것은 명백하다. 법집행기관의 핵심적 조치는 채무자의 재산을 그 재산의 정당한 소유자인 채권자에게 이전하는 것을 확실히 하는 것이다. 그러나 채무자가 재산을 가지고 있지 않다고 가정하고, 만약 그가 재산을 가졌다면 빚을 갚을 의지가 있을 것이라고 가정하자? 이것이 그에게 파산법의 경우에서처럼 특별한 혜택 또는 채무를 강제적으로 탕감해 주는가? 명백히 아니다. 채무자를 취급하는 데 있어 가장 중요한 관심사항은 채권자의 재산을 돌려주기 위한 채무자의 지속적이며 근본적인 책임감일 것이다. 채무자에 대한 이러한 취급이 제거될 수 있는 유일한 길은, 최초 계약의 일부로서 채무자와 채권자가 어떤 동의를 하는 것인데, 그 동의란 만약 채무자가 투자해서 정해진 날짜에 재산을 보유하지 못한다면 채권자가 빚을 용서해준다는 것이다. 요컨대, 채권자가 채무자에게 그 재산의 부분적 공동소유자의 권리를 부여한다.

우리가 지금까지 윤곽을 그린 자유사회에서, '양도가능법(law of negotiability)에 의한 양도가능한 수단들'(negotiable instruments)이 들어설 여지는 있을 수 없다. 정부가 어떤 재화를 '유통가능한' 것으로 지정하는 곳에서는, 만약 A가 B로부터 그 재화를 훔쳐서 그 다음에 그것을 C가 훔친 사실을 모르는 상태에서 C에게 판다면, B는 C로부터 그 재화를 돌려받을 수 없다. A가 도독놈이었고 그 재화에 대해 적절한 권리증을 가지고 있지 않았다는 사실에도 불구하고 C가 정당한 소유자로 포고되고, B는 그의 재산을 되찾을 방법이 없다. 양도가능법은 재산권을 명백히 침해하는 것이 분명하다. 재산권이 완전히 보호되는 곳에서는 도둑질이 이런 방법으로 혼합될 수는 없다. 구매자는 자신의 책임하에 구매해야 할 것이고, 재화가 장물이 아님을 확인해야 한다. 만약 장물이지만 그 재화를 구매한다면 그 도둑으로부터 배상받도록 노력해야 하고, 정당한 소유자가 대가를 지불하도록 해서는 안 된다.

카르텔협정은 어떤가? 자유사회에서 그런 협정이 집행가능할 것인가? 만약 재산의 교환이 없었고, 그리고 A, B, C…등의 기업이 어떤 재화의 생산에서 자신들 스스로 쿼터를 가하기로 동의한다면 이 동의는 분명히 불법이 아닐 것이지만, 누구도 그 동의를 집행할 수는 없을 것이다. 그 동의는 오직 단순한 약속일 수 있을 것이고, 그것을 어기는 자를 암묵적 도둑으로 간주하여 법을 집행할 수는 없다.[47]

개인의 재산권으로 이루어진 자유사회에서, 종종 제기되는 한 가지 어려움은 자유사회가 '외부불경제'(external diseconomies) 또는 '외부비용'(external costs)의 문제를 무시한다는 것이다. 그러나 '외부불경제'의 경우는 모두 개인의 재산권을 적절히 집행해야 하는 **정부실패**(failure of government)—여기에서 정부는 법집행기관—의 사례라는 것이 드러난다. 그러므로 '비난'은 개인재산제도에 놓여져야 하는 것이 아니라 여러 가지 미묘한 형태의 침해에 대해 이 재산권을 집행하는 데 실패한 정부에 놓여져야 하는데—즉, 자유사회를 유지하는 데 실패한 것에 놓여져야 한다.

이러한 정부실패의 한 가지 사례가 일반적 공기오염뿐 아니라 매연의 경우이다. 공장의 매연이 공기를 오염하고 다른 사람의 신체와 재산에 피해를 주는 한에서는, 공기오염 행위는 하나의 침해행위이다. 그런 행위는 만행(vandalism)과 동등하고 진정한 자유사회에서는 피해자들이 제기한 재판절차를 거쳐서 벌을 받았어야 했다. 그러면 공기오염은 절대적 재산권체제의 약점 사례가 아니라 재산권을 보전해야 하는 정부부문에서의 실패사례이다. 자유사회에서 공기오염의 해결책은 매연통제를 위한 규제들을 처방하는 국가행정당국의 창설이 아니라는 점에 주의하라. 해결책은 다른 이의 신체와 재산에 가해지는 오염피해를 벌하고 금지하는 **사법적**(judicial) 행동이다.[48]

우리가 서술했듯이 자유사회에서 모든 사람은 자기소유자이다. 누구에게도 노예제의 본질인 다른 사람의 신체나 마음을 소유하는 것이 허락되지 않는다. 이 조건은 명예훼손, 즉 문서에 의한 비방(libel, 문서에 의한 명예훼손) 또는 구두비난(slander, 구두에 의한 명예훼손)을 금지하는 법의 기초를 전적으로 뒤엎는다. 명예훼손을 금지하는 기초는, 모든 사람은 '그 자신의 명예라는 재산'을 가지고 있으므로, 그나 그의 인격(또는 그것보다 더 심한 것은, 내용이 진실인 공격!)에 대한 어떤 악의적 공격 또는 진실이 아닌 공격은 그의 명예를 손상하므로 벌을 받아야 한다는 것이다. 그러나 사람은 '명예'와 같은 그런 객관적 재산을 가지고 있지 않다. 그의 명예는 단순히 다른 사람이 그에 대해 생각하는 바인데, 즉 그것은 순전히 다른 사람의 **주관적** 사고의 기능이다. 그러나 사람은 다른 사람의 마음이나 사고를 소유할 수 없다. 그러므로 나는 한 인간을 공개적으로 비판함으로써 그의 재산권을 침해할 수는 없다. 게다가, 나는 제3자의 마음도 소유하지 않고 있기 때문에 나의 비판으로 내가 제3자를 강압하여 그를 나쁘게 생각하게 만들 수는 없다.[49]

전술한 관찰은 우리에게 다음과 같은 점을 단단히 상기시킨다. 자유사회에서 법집행기관이 싸우는 대상은 **생물적** 인간과 **물적** 재산에 대한 침해이지 재산의 **가치**에 대한 손해가 **아니다**. 왜냐하면 물적 재산이 인간이 소유한 것이기 때문이다. 그는 **다른 사람이** 그의 재산에 대하여 지불할 것의 함수인 금전적 가치에 어떤 소유권을 가진 것이 아니다. 예를 들어, 어떤 공장에 대한 어떤 이의 잘못된 행동이나 그 공장을 훔치는 것은 물적 재산을 침해하는 것이고 불법이다. 다른 한편, 어떤 이가 이 공장의 생산물을 구매하던 것을 그 공장의 경쟁사의 생산물을 구매하는 것으로 이동하면 그런 이동은 그 공장 재산의 금전적 가치를 낮출 수 있지만 이런 행위가 벌을 받아야 할 행위는 분명히 아니다. 재산의 한 소유자가 다른 사람의 재산에 대해 노력하지 않고 얻는 **청구권**을 갖지 않는다는 것이야말로 자유사회를 위한 틀림없는 조건이다. 그러므로 그는 재산가치에 귀속하는 권리를 가진 것이 아니고, 오직 재산이라는 물적 존재에 귀속하는 권리를 가진다. 가치에 관해서는, 자유시장에서는 이 점을 분명히 해야 한다. 이 점이 다음과 같은 사람들에게는 그 답인데, 그들은 예를 들어, '달갑지 않은' 장사 또는 사람이 어떤 이웃지역으로 들어오는 것이 법적으로 금지되어야 한다고 믿는 사람들인데, 왜냐하면 이러한 이동이 '현존하는 재산가치를 더 낮게' 할 수 있거나 할 것이기 때문이라는 것이다.

지금까지 토론하지 않았던 재산획득방법 중의 하나는 **사기**(fraud)이다. 사기는 교환의 한 당사자가 계약에서 그가 책임져야 할 부분을 수행하는 것을 고의적으로 거절하는 경우이다. 예를 들어, 그는 다른 사람의 재산을 획득하지만 계약한 재화의 전부를 제공하지 않거나 그가 동의했던 것보다 적게 제공하는 것이다. 채무자가 채권자에게 고의적으로 지불을 거절하는 것은 채권자의 재산을 명백히 도둑질하는 것과 동등하다는 것을 보았다.

사기행각의 다른 예는 다음의 교환이다. 즉, 스미스는 존스가 파는 어떤 도자기 한 꾸러미를 구입하는 대가로 금 15온스를 주기로 동의한다. 금을 주고 그 꾸러미를 받았을 때 스미스는 두 사람이 동의했던 재화 대신에 빈 상자를 받았다는 것을 발견한다. 존스는 교환하고자 하는 재화를 거짓으로 표시했고, 여기에서 다시 이런 행위는 스미스의 재산을 명백히 도둑질한 것과 동일하다. 교환의 다른 당사자가 속지 않았다면 이루어지지 않았을 교환의 실제적 형태를 거짓으로 했었기 때문에, 이런 행위는 자발적 교환의 예가 아니라 일방적 도둑질의 예이다. 그러므로 우리는 시장—개인간 자발적 교환의 패턴—의 정의에서 명시적 폭력과 사기에 의한 묵시적 폭력을 제외한다. 지금 우리는 사기나 폭력에 의해 방해받지 않는 시장만을 분석하고 있다.

우리는 여기에서 어떤 종류의 법집행기관이 세워질 것인지 또는 그 기관이 사용할 수단에 대해서 토론하지 않았고, 그 기관이 어떤 종류의 행위들을 상대로 싸워야 할 것인지, 그리고 어떤 종류의 행동이 허용될 것인지를 토론했다. 자유시장에서는, 법집행기관 또는 법집행기관들은 한 사람이 다른 사람의 재산, 즉 그의 신체 또는 그의 물적 재화에 가한 모든 침해행위를 상대로 싸워야 할 것이다. 우리는 여기에서 사회에는 침략적 행동이 없다고 가정하는 데, 왜냐하면 어떤 개인들도 침략적 행동을 하지 않거나 침략적 행동들이 법집행기관의 일종에 의해 성공적으로 항쟁되거나 억제되기 때문이다. 그러면 문제는 비침략적 행동과 구분되는 침략적 행동을 정의하는 것이고, 이 점을 여기에서 여러 사례로 다루었다. 각자는 자기 자신과 그 자신의 재산에 대해 소유권을 가질 자격이 있을 것인데, 그 재산은 그가 생산에 의하거나, 소유하지 않은 요소들을 전유하거나, 선물로 받거나, 자발적 교환에 의하여 취득한 것이다. 비침략적인 자유로운 사회 또는 자유로운 '자발주의자'(*voluntaryist*) 사회의 기초를 영국 정치철학자 아버런 헐버트(Auberon Herbert)보다 더 명확하고 간결하게 서술했던 사람은 없다.

(1) 각자는 독립된 마음과 독립된 신체를 가지고 태어난다는 위대하고 자연적인 사실은 각자가 그런 마음과 신체에 대하여 소유권을 가진다는 것과 그런 마음과 신체에 대한 지휘권

을 가진다는 것을 의미한다. 그런 사실은 다른 추론이 합리적일 수 없다는 고찰에 근거를 둘 것이다.

(2) 그런 자기소유권은 자기소유권에 대한 침략적 공격 또는 사기적 공격의 제한을 의미한다.
(3) 그러므로 개인들은 폭력적으로 또는 사기적으로 행해지는 그런 공격에 대항해서 무력을 사용하여 그들 자신을 보호할 권리를 가지고, 개인들은 그런 자기방어(self-defence)적 행위를 정부라 부르는 특별한 조직에 위임할 수 있다.…

몇 마디 말로 압축하면, 우리의 자발주의자 공식은 다음과 같을 것이다. "개인의 주권은 본래 대로 남아 있어야 하는데, 폭력적인 개인이 다른 비공격적인 개인의 주권을 공격하는 경우를 제외하고는 말이다."

헐버트는 위의 내용 중에 첫 번째 점을 상세히 설명하기 위하여 다음과 같이 계속한다.

만약 우리가 그 위에 안전하게 무엇을 지을 수 있는 한 가지가 있다면, 그것은 각자의 인간존재는 그의 또는 그녀의 신체와 마음으로 이루어진 독립된 실체라는 위대하고 자연적인 사실이다—그런 사실로부터 우리는, 그 실체는 각자에 속하고 다른 사람에게 속하지 않는다고 결론내려야 한다. 내가 말했던 것처럼 다른 추론은 가능하지 않다. 만약 그 실체가 각자에게 속하지 않는다면, 우리는 가장 어리석은 결론에 이른다. A 또는 B가 그 자신을 소유할 수 없다. 그러나 A 또는 B는 C 또는 D를 소유할 수 있거나 부분 소유할 수 있다.[50]

NOTES

1 살인에서 노예로 전환하는 것에 대한 토론은, Franz Oppenheimer, *The State*(New York: Vanguard Press, 1914, reprinted 1928), pp.55~70 참조.
2 현재 존재하는 형태로서의 인간은 자발적 협정하에 다른 사람에게 평생 동안의 서비스를 절대적으로 보장할 수 없다는 것은 진실이다. 예를 들어, 현 시점에서 잭슨은 음식, 의복 등에 대한 대가로 평생 동안 크루소의 지시에 따라 노동할 것을 동의할지도 모른다. 그러나 그는 미래 언젠가 그의 마음을 바꾸지 않고, 그래서 떠나지 않는다고 보장할 수는 없다. 이 점에서 한 인간 자신과 의지는 '양도할 수 없는'(*inalienable*) 것, 즉 어떤 미래 기간 동안에 다른 사람에게 주어버릴 수 있는 것이 아니다.
3 그런 협정은 물품공급의 '안전성'을 **보증**하는 것은 아닌데, 왜냐하면 누구도 그런 재화의 안정적 공급을 보증할 수 없기 때문이다. 그런 협정은 A가 **믿기를** 단지 B가 그 자신보다 그런 재화를 공급하는 데 있어 더 잘할 것이라는 것을 의미할 뿐이다.
4 Mises, *Human Action*(New Haven: Yale University Press, 1949), pp.196~199; 그리고 노예들과 동물들을 비교한 것은, *Ibid*., pp.624~630 참조.
5 이 시점에서 어떤 사회 또는 그런 사회의 구축이 좋은 발전인지, 나쁜 발전인지, 좋지도 나쁘지도 않은 발전인지에 관한 판단은 물론 없다.
6 이 제도를 때로는 '강제협력'(*compulsory co-operation*)이라고 불렀지만, 우리는 '협력'이라는 용어를 자발적 선택의 결과에만 국한하는 것을 선호한다.
7 교환에 대한 분석을 위해서는, Carl Menger, *Principles of Economics* (Glencoe, Ill.: The Free Press, 1950), pp.175~190. 교환에 대한 명료한 토론을 위해서는, Frederic Bastiat, *Harmonies of Political Economy* (Santa Ana, Calif.: The Register Publishing Co., 1944), I. pp.96~130 참조.
8 엄밀히, 한계효용의 법칙은 공급이 오직 한 단위인 경우에도 또한 적용할 수 있고, 위의 예제에서 만약 A에게는 재화 Y의 한계효용이 재화 X의 한계효용보다 크고, B에게는 그 반대라면 교환은 일어날 것이라고 말할 수는 있다.
9 사용가치와 교환가치에 대해서는, Menger, *op. cit*., pp.226~235 참조.
10 분석적으로는, 어떤 이로부터 요소를 선물로 받는 것은 문제를 뒤의 다른 단계로 미루는 것이다. 어떤 시점에서, 행위자는 요소를 미사용 요소의 영역에서부터 전유해야만 하는 데, 크루소가 무인도에서 미사용의 땅을 전유했듯이 말이다.
11 자기소유권과 재산의 획득에 대해서는, 고전문헌인 John Locke, "An Essay Concerning the True Original Extent and End of Civil Government, Second Treatise," in Ernest Barker, ed., *Social Contract*(London; Oxford University Press, 1948), pp.15~30 참조.
12 **어린이**의 소유권에 관한 의문은 자기소유권 문제를 복잡하게 만든다. 어린이는 자기소유자(*self-owners*)라고 간주할 수 없는데, 왜냐하면 어린이는 자신의 행동을 지휘하는 데 필수적인 이성의 힘을 아직 소유하지 못하고 있기 때문이다. 그 결과 어린이가 자기소유적 존재가 되기에 충분한 나이가 들 때까지 부모의 패권적 권위하에 있어야 한다는 사실은 순수한 자유시장을 위한 가정과 배치되지 않는다. 어린이는 자기소유권을 가질 수 없기 때문에 어린이를 지배하는 권한은 어떤 개인에게 지워질 것이다. 방해받지 않는 시장에서, 그 권한은 어린이의 **생산자**인 부모에게 지워질 것이다. 다른 한편, 이 독특한 경우에 부모의 재산인 어린이는 부모의 독점물이 아니다. 부모는 마음 내키는 대로 자신의 의지에 따라 어린에게 피해를 입힐 수 없다. 어린이는 태어나고 오래지 않아 인간존재를 추론할 수 있는 힘을 얻기 시작하고, 완전한 자기소유자로 발전할 잠재성을 구체화하기 시작한다.

13 그 결과 자유시장에서 어린이는 성인과 같은 방법으로 폭력행위로부터 보호될 것이다. 어린이에 대하여, *Ibid.*, pp.30~38 참조.
13 자유시장에서의 침략행위 또는 비침략행위에 대한 더 많은 것은, 아래의 13절을 보라.
14 크루소와 잭슨은 서로의 재미를 위해 베리 50개를 주고받는 일이 가능하다. 그러나 이것은 진정한 의미의 교환이 아니라 하나의 즐길 수 있는 소비재-게임 또는 유희-에 공동으로 참여하는 것이다.
15 기본적으로 종류 ②는 ②의 생산을 맡고 있는 종류 ①과 종류 ③의 차이로 분해할 수 있다.
16 Mises, *op. cit.*, pp.157ff. 변이의 확산에 대해서는, F. A. Harper, *Liberty, A Path to Its Recovery*(Irvington-on-Hudson, N. Y.: Foundation for Economic Education, 1949), pp.65~77, 139~141 참조.
17 Kenneth E. Boulding, *Economic Analysis*(1st ed., New York: Harper & Bros., 1941), p.30; also *Ibid.*, pp.22~32.
18 신 또는 자연이 시장의 모든 참가자들을 위해서 '보이지 않는 손'에 의해 시장과정을 지시하고 있다고 '가정'했다는 이유로 아담 스미스와 다른 경제학자들을 비난한 그들의 비판자들은 완전히 빗나간 것이다. 시장이 시장에 참가하는 각 개인에게 복지를 제공한다는 사실은 과학적 분석에 기초한 결론이지 그 분석이 기초하는 가정이 아니다. '보이지 않는 손'은 이 과정과 그 결과들을 논평하는 데 사용되었던 단순한 비유였다. William D. Grampp, "Adam Smith and the Economic Man," *Journal of Political Economy*, August, 1948, pp.315~336, 특히 pp.319~320.
19 Mises, *op. cit.*, pp.157~158.
20 그런 단계별 특화는 다음 장들에서 논의할 **간접교환**의 채택을 필요로 한다.
21 Mises, *op. cit.*, pp.204~206; Menger, *op. cit.*, pp.192~194, 305~306.
22 Böhm-Bawerk, *The Positive Theory of Capital*(New York: G. E. Stechert & Co., 1930), pp.195~222; Fetter, *Economic Principles*(New York: The Century Co., 1915), pp.42~72; Menger, *op. cit.*, pp.191~197.
23 물론, 다른 가치척도가 주어지면 최종가격은 우리가 정한 점이나 그보다 좁은 범위 내에서 결정될지도 모른다. 따라서 만약 스미스의 최고구매가격이 87이고 존슨의 최저판매가격이 87이라면, 가격은 87에서 유일하게 결정될 것이다.
24 경매에 의한 판매가 한 명의 판매자와 여러 명의 구매자가 있으면서 하나의 재화를 한 단위씩으로 파는 시장의 예이다. Boulding, *op. cit.*, pp.41~43 참조.
25 균형점이 한 일정한 점에서 유일무이하게 결정되지 않을 가능성도 있다. 따라서 공급스케줄 패턴과 수요스케줄 패턴이 다음과 같을지도 모른다.

가격	공급	수요
89	5	6
90	6	5

부등가는 가능한 한 가장 좁지만 같아지는 점이 하나도 없다. 그 경우에, 만약 단위를 더 나눌 수 있다면, 가격은 시장을 청산할 수 있도록 그 둘 사이의 한 점, 예를 들어 말 한 마리당 생선 89.5배럴에 결정될 것이다. 그러나 만약 교환되는 두 재화를 더 나눌 수 없다면, 예를 들어 말에 대한 암소처럼, 그러면 균형가격은 89 또는 90이 될 것이고, 이것은 균형 자체라기보다는 차라리 균형에 가장 근접한 것이다.
26 Frederic Benham, *Economics*(New York: Pitman Publishing Co., 1941), pp.60~63.
27 몇몇 저자의 공급탄력성에 대한 관심은 효용, 공급, 수요 등의 분석 전체에 대한 잘못된 접근에서 연유한다. 그들은 인간행동을 '무한정하게 작은' 차이로 환산하여 다루는 결과, 경제문제에 수학적으로 우아한 개념인 미적분학 등을 응용하는 것이 가능하다고 가정한다. 그러나 그런 취급은 오류가 있고 오해하게 만드는데, 왜냐하면 인간행동은 오직 불연속적인 단계(*discrete steps*)라는 관점에서만 모든 사물을 다루어야 하기 때문이다. 예를 들어, 만약 X의 한계효용이 Y의 효용보다 거의 작지 않다면 X와 Y가 동일한 재화이거나 서로 다른 것을 무시할 수 있는 것으로 여길 수 있고, 그러면 인간행동은 그것들을 그렇게 즉, 동일한 재화로 취급할 것이다.

효용을 측정하는 것이 개념적으로 불가능하기 때문에 심지어 연속적 효용곡선을 그리는 것마저도 치명적이다. 공급스케줄과 수요스케줄에서, 명료화를 위해 두 곡선을 연속적으로 그리는 것은 해악을 끼치지 않지만, 연속성(continuity)이라는 수학적 개념과 미적분학은 적용할 수 있는 것이 아니다. 그 결과 언뜻 보기에 정확한 개념인 '점탄력성'(elasticity at a point, 수요의 백분비 증가를 가격을 '무시할 정도로 작은' 백분비 감소로 나눈 것)은 전적으로 어긋난 것이다. 인간행동이라는 실재를 수학적 우아함으로 잘못 대체한 것이야말로 수요탄력성 개념에 필적하는 '공급탄력성' 개념에 외관상의 중요성을 부여하도록 한다.

28 총수요-재고분석에 대해서는, Phillip H. Wicksteed, *The Common Sense of Political Economy and Selected Papers*(London: Routledge and Kegan Paul, 1933), I, pp.213~238; II, pp.493~526 and 784~788; Boulding, op. cit., pp.51~80 참조.

29 이런 상황은 위에서 서술한 **시장균형**들의 경우에는 십중팔구 발생할 것 같지 않다. 일반적으로 시장은 균형가격을 확립함으로써 '시장 자체'를 빠르게 '청산하는' 경향이 있는데, 그 균형가격 이후에 일정한 수의 교환이 일어나고 교환은 **단순안정상태**(plain state of rest)-이것은 다양한 교환이 일어나고 난 다음의 상태이다-로 향하게 된다. 그러나 다음에는 이러한 균형시장가격들은 (이후의 장들에서 볼 것이지만) 수요스케줄과 그 스케줄이 생산된 재고의 크기에 미친 영향에 따라 어떤 장기균형들로 향하는 경향이 있다. 이런 **최종안정상태**와 관련된 공급곡선은 상품의 생산에서 궁극적 결정들과 관련되어 있고, 그 공급곡선은 시장공급곡선과 다르다. 이 '최종적 상태'로 나아감에 있어 수요곡선과 같은 조건들은 그동안 항상 변하고, 그 결과 그 조건들이 시장가격이라는 목표로서의 새로운 최종상태를 결정한다. 최종상태는 결코 도달되지 않는다. Mises, op. cit., pp.245ff 참조.

30 공급스케줄들을 **합산**하는 것은 이해가능한 단순과정이다. 만약 가격 X에서, ①유형의 판매자들이 T톤의 어떤 재화를 공급하고, ②유형의 판매자들이 T'톤을 공급한다면, 그 가격에서 총시장공급(total market supply)은 T+T'톤이다. 동일한 과정을 각 가상적 가격에 응용한다.

31 엄격히 말해, 물론 보관비용은 그들의 계산에 고려되어야 할 것이다.

32 서비스의 중요성에 대해서는, Arthur Latham Perry, *Political Economy* (21st ed., New York: Charles Scribner's Sons, 1892), pp.124~139 참조.

33 이것은 물론 다른 실력을 가진 **여러 명**의 바이올린 연주자의 존재가 각 연주자에 대한 소비자의 평가에 영향을 미칠 것이라는 점을 부정하지 않는다.

34 만약 그가 그런 계약에 의해 다른 사람의 재산을 갖는다면, 자유시장에서 그는 그 재산을 돌려주어야 할 것이다. 예를 들어, 만약 A가 만 그램의 금을 받고 B를 위하여 일생 동안 일하기로 동의했다면, 그리고 그 후에 만약 그가 그런 계약을 종결하여 일을 그만둔다면 그는 그에 상응하는 금을 돌려주어야 할 것이다.

35 다시 말하면, 그는 미래의 개인행동을 제약하는 집행가능한 계약을 체결할 수 없다(방해받지 않는 시장에서의 계약집행에 대해서는 아래의 13절을 보라). 이 점은 **결혼계약**에도 적용된다. 인간의 자기소유권은 양도가능하지 않기 때문에, 자유시장에서 남자 또는 여자는 결혼생활을 계속 유지할 것을 강요받을 수 없는데, 만약 그 남자 또는 그 여자가 더 이상 그렇게 하기를 원하지 않는다면 말이다. 이 점은 이전의 어떤 동의와 상관없이 유효하다. 따라서 결혼계약은 개인의 노동계약처럼 방해받지 않은 시장에서는 두 당사자 중의 **어느 한 사람**의 의지에 따라 종결할 수 있다.

36 신용거래에서, 교환되는 현재재와 미래재가 동일한 상품일 필요는 없다. 예를 들어, 어떤 사람이 미래 언젠가 일정량의 옥수수를 대가로 현재 시점에 밀을 팔 수 있다. 그러나 본문에서의 예제는 시간선호의 중요성을 강조한 것이고, 실제로 더 잘 일어나는 것이다.

37 Leon Wolowski and Emile Levasseur, "Property," *Labor's Cyclopedia of Political Science*, etc.(Chicago: M. B. Cary & Co., 1884), III, p.392.

38 생생한 토론을 보라. Edmond About, *Handbook of Social Economy* (London: Strahan & Co., 1872), pp.19~30. 심지어 도시용지도 많은 과거 노동을 담고 있다. Herbert B. Dorau and Albert G. Hinman, *Urban Land Economics*(New York: Macmillan & Co. 1928), pp.205~213.

39 만약 어떤 채널이 깨끗한 전송을 위해 파장이 일정한 대역을 가져야 한다면, 그 대역의 범위 내에서 그 재산은 첫 사용자에게 갈 것이다.

40 1920년대 방송전파의 소유권을 연방정부가 가로채게 된 것은 그 이전의 '혼란'을 경감하기 위해서가 아니라, 법원이 보통법 원리들에 따라 확립과정에 있었던 방송전파의 사적 소유권의 바로 그 획득을 매점하기 위한 것임을 코즈(Coase) 교수는 보여주었다. Ronald H. Coase, "The Federal Communication Commission," *The Journal of Law and Economics*, October, 1959, pp.5, 30~32.

41 비행기를 위한 창공의 항로는 희소해지고 **있다는** 것이 점점 명백해지고 있고, 자유사회에서 그 항로는 첫 사용자에 의해 소유될 것인데-그 결과 엄청나게 많은 항공기 충돌을 피할 수 있을 것이다.

42 **흐르는** 물은 첫 사용자에 의해 사용률(*rate of use*)에 비례하여 소유되어야 하는데, 즉 소유권은 '강기슭 소유자'(*riparian*)가 갖는 방법이 아니라 '전유'하는 방법에 의해 소유되어야 한다. 그러나 전유자는 그의 재산에 대해서 완전한 통제를 할 것이고, 그의 몫을 이전하는 등을 하며, 그런 것은 예를 들어 지금은 강기슭 소유권(본문은 전유소유권이나 오류로 여겨짐-역주)에 대한 하나의 접근법이 지배적인 서부의 주들에서는 행해질 수는 없는 것이다. Murray N. Rothbard, "Concerning Water," *The Freeman*, March, 1956, pp.61~64. 또한 다음의 훌륭한 논문을 보라. Jerome W. Milliman, "Water Law and Private Decision-Making: A Critique," *The Journal of Law and Economics*, October, 1959, pp.41~63; Milliman, "Commonality, the Price System, and Use of Water Supplies," *Southern Economic Journal*, April, 1956, pp.426~437.

43 인겔스와 그의 주장에 대해서는, James J. Martin, *Men Against the State* (Dekalb, Ill.: Adrian Allen Associates, 1953), pp.142~152, 220ff., 246ff 참조. 인겔스의 가장 유능한 제자의 관점에 대해서는, Benjamin R. Tucker, *Interest of a Book*(2nd ed., New York: B. R. Tucker, 1897), pp.299~357 참조. 인겔스-터커 그룹은, 그들 기초의 유사성과 많은 경제적 과오에도 불구하고, 조지스트의 주장에 대해 몇 가지 재미있고 효과적인 비판을 했다. 경제학자들이 조지스트의 주장에 종종 베푸는 과잉친절의 관점에 비추어 볼 때 이런 비판은 가치가 있다.

44 **비록** 배우자 배상금을 지불할 것이라는 계약에 이전에 동의했음에도 불구하고 이 점은 옳다. 왜냐하면 이 계약도 여전히 단순한 하나의 약속이기 때문이다. 그는 어떤 이의 재산을 암묵적으로 탈취하지 않았다. 자유사회에서 집행기관의 목적은 무력에 의하여 약속을 지키도록 하는 것이 아니라 사람과 재산에 대한 침해를 시정하는 것이다.

45 그래서 프레데릭 폴락 경(Sir Frederick Pollock)은 영국 최초의 계약법을 기술한다. "고대시대부터 금전부채는 되찾을 수 있었다는 것은 진실이다. 그러나 이 점은 채무자가 빚을 갚기로 약속했었기 때문이었던 것이 아니었다. 그것은 돈은 여전히 채권자에게 속했던 것으로 여겨졌기 때문이었는데, 마치 동일한 동전들이 단순히 채무자의 보호하에 있었던 것처럼 말이다. 채권자는 돈을 되찾기 위한 소송을 걸었는데…채권자가 토지의 소유를 요구하곤 했던 정확히 동일한 형태로 말이다.…그리고 블랙스톤(Blackstone)의 시대로 내려와서 채권자는 빚의 형태로 된 재산을 가지고 있다고 한다.…그 재산이란 채무자가 채권자에게 승인해주었던 것이다. 이러한 사고방법으로, 돈을 빌려준다는 것은 대출 이후에 채무자가 행해야 할 의무를 요구할 수 있는 권리에 의존하는 것이 아니라…그러나 자신의 특정한 돈을 소유할 수 있는 즉각적 권리를 단순히 중지하는 것인데, 마치 집의 소유자가 그것을 점유할 권리를 중지하는 것처럼 말이다.…원고의 권리의 기초는 협상이나 약속이 아니었고 피고가 원고의 돈이나 재화를 부당하게 억류했던 것에 있었다." Sir Frederick Pollock, "Contract," *Encyclopaedia Britannica*(14th ed.; London, 1929), VI, pp.339~340.

46 "로마에서는 누구나 도둑당한 물건이나 피해를 회복할 수 있었는데, 그 과정을 우리는 시민과정(*civil process*)이라고 불러야 할 것이고, 이때 도둑질 때문에 도둑과 대중 간의 관계가 적어도 영향을 받지 않는다. 배상 먼저, 그리고 처벌 나중이 규칙이었다." Wordsworth Donistorpe, *Law in A Free State*(London: Macmillan & Co., 1895), p.135.

47 자유사회에서 카르텔 협정을 강제로 집행할 수 없는 이러한 이유는 이른바 '거래의 제한'(*in restraint of trade*)이라는 협정에 대한 보통법 원리에 있는 여하한 적대감과 아무런 관련이 없다. 그러나 카르텔을 강제로 집행할 수 없는 점은 모굴증기선사례(*Mogul Steamship Case*)에서 최종적으로 나왔던 영국 보통법에 있는 주의와 매우 유사하다. William L. Letwin, "The English Common Law Concerning Monopolies," *University of Chicago Law Review*, Spring, pp.382ff 참조.

48 **소음**도 또한 다른 이를 침해하는 행위, 다른 사람의 고막에 폭행을 가하는 소리파장의 전달이다. '외부불경제'에 대한 경제학자의 토론 중에 유일하게 훌륭한 것은 미제스의 탁월한 토론이다. Mises, *op. cit*, pp.650~653. 재산권과 정부의 법집행 개념을 잘 파악하기 위해서 뿐 아니라 자유사회에서 사법적 행동과 행정적 행동의 구분을 평가하기 위해, 그 둘의 혼합물을 토론한 다음의 고전을 보라. Donisthorpe, *op. cit.*, pp.132~158.

49 마찬가지로, 자유사회에서 **블랙메일**(*blackmail*)은 불법이 아닐 것이다. 왜냐하면 블랙메일은 다른 사람에 대한 어떤 정보를 공개하지 않기로 하는 것, 그것 자체가 하나의 서비스인데 그런 서비스를 하는 대가로 돈을 받기 때문이다. 여기에 신체나 재산에 대한 폭력이나 폭력을 가할 것이라는 협박은 제외된다.

50 Auberon Herbert, in A. Herbert and J. H. Levy, *Taxation and Anarchism*(London: The Personal Rights Assn., 1912), pp.24, 36~39; and in "A Cabinet Minister's Vade Mecum," in Michael Goodwin, ed., *Nineteenth-Century Opinion*(London: Penguin Books, 1951), pp.206~207.

제3장

간접교환의 패턴

1. 직접교환의 한계들

이전 장에서 어떻게 교환이 각 참가자를 이롭게 하고, 어떻게 시장에서 분업이 생산성을 높이는가를 보았다. 그러나 지금까지 토론했던 교환은 **직접교환** 또는 **물물교환**—한 유용한 재화와 다른 유용한 재화의 교환, 각 재화는 교환 당사자가 직접사용을 목적으로 한 것—만이었다. 비록 직접교환을 다루는 것이 경제분석에서 중요하긴 하지만, 사회에서 직접교환의 범위는 극도로 제한된다. 예를 들어, 매우 원시적인 사회에서 크루소는 잭슨에게 농산물의 일부를 주는 대가로 그의 농장에서 일하도록 잭슨을 고용할 수 있다. 그러나 직접교환 사회에서는 진보된 생산체제가 있을 수 없고 더 높은 생산단계에서 자본이 축적될 수 없다—사실 가장 원시적인 수준을 넘어서는 어떤 생산도 없다. 예를 들어, A가 주택건축업자라고 가정하자. 그가 집을 한 채 짓기로 계약하고, 벽돌공, 목수 등을 채용한다. 직접교환체제에서 어떻게 이들에게 대가를 지불하는 것이 가능할 것인가? 그는 집을 조각으로 나누어 이들 노동자들 각자에게 지불할 수는 없다. 주택건축업자는 자신이 건축한 집을 노동자 한 사람 한 사람과 원자재 판매자 한 사람 한 사람이 받아들일 유용한 재화들의 조합과 정확히 일치하는 것을 받고 팔도록 노력해야 할 것이다. 집의 건축은 진행될 수 없을 것이고, 어려움은 극복할 수 없을 것이라는 것이 명백하다.

'욕구의 동시발생'(coincidence of wants)이 이루어지지 않아 발생하는 이 문제는 생산에서 해결할 수 없는 문제일 뿐 아니라 심지어 소비재의 단순하고 직접적인 교환에서조차도 유효하다. 예를 들어, 판매용 계란을 공급하는 A가 한 켤레의 구두와 교환하기를 원한다고 가정하자. B는 구두를 가지고 있지만 계란을 원하지 않는다. 두 사람이 협조할 길은 없다. 어떤 이가 가장 단순한 상품을 팔기 위해서 그 상품을 구매하기 원하는 사람을 찾아야 할 뿐 아니라, 그가 구매하고자 원하는 것이 틀림없는 판매용 상품을 가진 사람도 찾아야 한다. 그 결과 어떤 이의 상품에 대한 시장은 극도로 제한되고, 어떤 생산물에 대한 시장의 크기는 매우 작으며, 분업의 범위는 무시해도 좋다. 더구나, 쟁기와 같은 분할하기 쉽지 않은 상품을 가진 이는 더욱 곤란하다. D는 쟁기를 계란, 버터, 구두, 각종 다른 상품 등과 교환하고 싶어할 것이라고 가정하자. 명백히, 그는 쟁기를 여러 조각으로 나누고, 그 다음에 몇 개의 조각으로 계란, 버터 등과 교환할 수는 없다. 다른 사람에게 쟁기 한 조각의 가치는 실제로 없을 것이다. 직접교환체제하에서 하나의 쟁기는 교환에서 **시장성**(marketability)을 거의 가지고 있지 않고 비록 생산된다 하더라도 거의 생산되지 않을 것이다.

직접교환체제를 실제적으로 불가능하게 만드는 모든 이런 어려움에 추가하여, 그런 사회는 각종 측정의 문제들을 풀 수 없는데, 그 문제들은 (제1장에서 보았듯이) 심지어 크루소마저도 직면해야 했던 것이었다.[1] 단위들의 공통분모가 없을 것이기 때문에 각종 생산요소가 어떤 생산라인에 들어가야 하는가를 측정하는 방법이 있을 수 없다. 자동차, 트랙터, 집 또는 철강, 어느 것을 생산하는 것이 더 나은가? 어떤 생산물을 위하여 더 적은 인력과 더 많은 토지를 고용하는 것이 더 생산적인가 또는 더 적은 토지와 더 많은 인력을 고용하는 것이 더 생산적인가? 자본구조가 유지되어야 하는가 또는 소비되어야 하는가? 이 문제들 중에서 어느 것도 대답할 수 없는데, 왜냐하면 즉각적 소비를 넘어서는 단계에서는 다른 생산요소 또는 다른 생산물의 유용성 또는 생산성을 비교할 방법이 없을 것이기 때문이다.

결론은 어떤 종류의 문명화된 사회도 직접교환의 기초 위에 건설할 수 없다는 것과 크루소와 같은 고립뿐만 아니라 직접교환도 또한 가장 원시적인 형태의 경제만을 창출할 수 있다는 것은 명백하다.[2]

2. 간접교환의 출현

직접교환에서 발생하는 어마어마한 어려움은 오직 **간접교환**에 의해서만 극복될 수 있다. 간접교환에서는 한 개인이 교환으로 상품을 사는데, 그의 욕구를 직접적으로 만족시키기 위한 소비재로서가 아니라 또는 소비재를 생산하기 위한 소비재로서가 아니라, 소비하거나 생산하기 위하여 그가 요구하는 다른 상품과 단지 **다시 교환하기** 위해서이다. 그 자리에서는, 이런 교환은 서투르고 완곡한 작동인 것처럼 보일지도 모른다. 실제로는, 간접교환은 겨우 원시적 수준을 넘어서는 어떤 경제에서도 없어서는 안 되는 것이다.

예를 들어, 계란을 공급하는 대가로 구두 한 켤레를 교환하기 원하는 A의 경우로 되돌아가자. 구두제조업자인 B는 판매용 구두를 보유하지만 그가 가진 재고 이상의 계란을 원하지는 않는다. A는 직접교환에 의하여 구두를 구입할 수는 없다. 만약 A가 구두 한 켤레를 구매하기 원한다면, 그는 B가 교환하기 원하는 상품을 발견하고 그것을 조달해야 한다. 만약 B가 버터를 구입하기 원한다는 것을 발견하면 A는 그의 계란을 C의 버터와 교환하고 **그 다음에** 이 버터를 B의 구두와 교환할 수 있다. 이 경우에, 버터는 간접교환의 한 **수단**(medium)으로 사용된다. A에게는 버터가 계란보다 더 가치가 있었는데(말하자면, 10다스의 계란과 10파운드의 버터와 교환했고, 그 다음에 그 버터를 한 켤레의 구두와 교환했다), 그가 버터를 소비하기 원했거나 생산의 더 나중 단계에 있는 다른 재화를 생산하기 위하여 버터를 사용하기 원했기 때문이 **아니라**, 버터가 교환에서 구두를 구입하는 것을 크게 용이하게 만들어주었기 때문이다. 예를 들어, A에게는 버터가 그의 계란보다 더 **시장성**이 있었고, 버터의 우수한 시장성 **때문에** 살 만한 가치가 있었다. 교환의 패턴은 〈그림 3-1〉에 나타난 것과 같았다.

또는 쟁기의 소유자인 D가 교환수단(medium of exchange)을 사용함으로써 얻는 커다란 혜택을 생각해보자. 많은 상품을 구입하기 원하지만, 그의 쟁기가 매우 제한적인 시장성을 가진 것을 발견한 D는 더 시장성이 있는 상품, 즉 버터의 일정량과 교환하여 쟁기를 팔 수 있다. 무엇보다도 버터는 더 시장성이 있는데, 왜냐하면 쟁기와 달리 버터의 성질이 버터를 더 작은 조각으로 나눌 때 전부의 가치를 잃지 않기 때문이다. D는 이제 그가 소비하기 원하는 각종 상품을 얻기 위하여 버터를 간접교환의 한 수단으로 사용한다.

〈그림 3-1〉 간접교환의 패턴

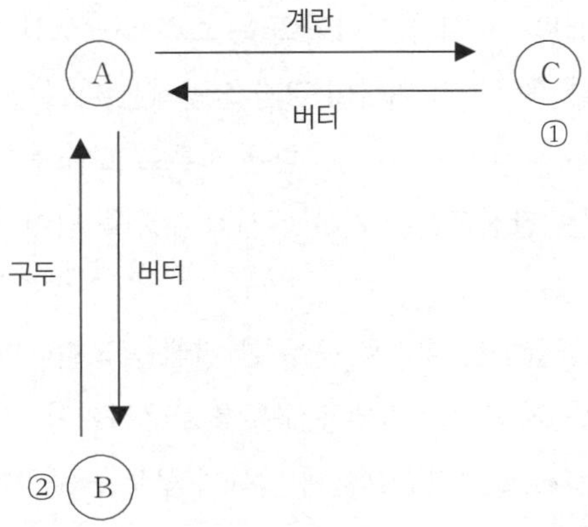

자원, 필요한 재화, 인간기술에서 큰 다양성이 존재한다는 점이 인간의 경험에 비추어 근본적인 것이듯이, 여러 종류의 상품의 시장성도 매우 다양하다는 점이 그와 꼭 같이 근본적인 것이다. 어떤 상품의 시장성을 증가시킬 수 있는 데 도움이 되는 길은 그 상품을 더 많은 사람이 사용하고자 하는 수요, 가치의 손실이 없는 작은 단위로의 분할성, 내구성, 먼 거리로의 운반가능성 등이다. 사람들은 그들 자신의 생산물과 재화를 더 시장성이 있는 상품들과 교환하여 그것들을 그들이 원하는 재화와 교환하기 위한 수단으로 사용함으로써 시장의 크기를 굉장히 넓힐 수 있음은 명백하다. 따라서 쟁기의 생산자인 D의 교환패턴이 〈그림 3-2〉에 나와 있다.

D는 먼저 그의 쟁기와 X1의 버터와 교환하고, 그 다음에 그가 사용하기 바라는 다

양한 재화와 교환하기 위하여 그 버터를 사용하는데, X2와는 계란을, X3과는 구두를, X4와는 말을 교환한다.

<그림 3-2> 시장성이 적은 상품을 시장성이 많은 상품으로 교환한 결과

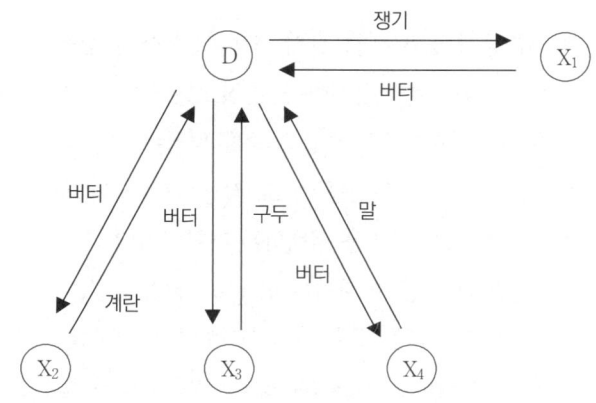

어떤 사회에서 시장성이 더 많은 상품들이 교환수단들로서 개인들에 의해 뽑히기 시작하면 그들의 선택은 이용가능한 몇 개의 **가장 시장성이 있는** 상품들에 빠르게 초점을 맞출 것이다. 만약 예를 들어, D가 버터보다 계란이 더 시장성이 있었던 상품으로 보았다고 가정하면 그는 쟁기를 버터 대신에 계란과 교환했을 것이고, 그것을 다른 교환에서 그의 수단으로 이용했을 것이다. 개인들이 교환수단으로서 몇 개의 선택된 상품에 집중함에 따라 시장에서 이런 상품들에 대한 수요가 크게 증가하는 것은 명백하다. 왜냐하면 상품들이 수단으로서 사용되는 한에서는 그 상품은 그에 대한 수요에서 추가적 구성요소를 가지기 때문이다—직접사용을 위한 수요뿐만 아니라 간접교환의 수단으로 사용하기 위한 수요가 또한 있다. 수단으로 사용하기 위한 수요는 재화의 직접사용을 위한 수요에 겹쳐지고, 수단으로 채택된 상품에 대한 복합수요의 증가는 **그 상품의 시장성을 크게 증가시킨다**. 예를 들어, 만약 버터가 가장 시장성 있는 상품들 중의 하나로 되기 시작하고, 그 결과 점점 더 하나의 수단으로 선택되면, 버터에 대한 시장수요의 이러한 증가는 무엇보다도 버터를 수단으로서 유용하게 만드는 바로 그 시장성을 크게 증가시킨다. 그 과정은 누적적이 되는데, 가

장 시장성 있는 상품들이 굉장히 더 시장성을 가지게 되고, 이러한 시장성의 증가가 교환수단으로서의 사용을 자극한다. 수단의 시장성과 다른 상품의 시장성 간의 차이는 계속적으로 벌어지고, 최종적으로 하나 또는 두 개의 상품이 다른 상품보다 훨씬 더 시장성을 가질 때까지, 그리고 그 상품들이 일반적 교환수단으로 사용될 때까지 그 과정은 계속된다.³

경제분석은 어떤 상품들이 교환수단으로서 선택되는가에 관심을 갖지 않는다. 그것은 **경제사**(economic history)의 관심주제이다. 간접교환에 대한 경제분석은 어떤 특정한 지역사회에서 수단으로 사용되는 상품의 종류와 상관없이 진실이다. 역사적으로는, 많은 다른 상품들이 수단으로서 공통으로 사용되었다. 각 지역사회의 사람들은 이용가능한 가장 시장성 있는 상품을 선택하는 경향이 있었다. 즉, 식민지 버지니아(Virginia)의 담배, 서인도의 설탕, 아비시니아(Abyssinia)의 소금, 고대 그리스의 소, 스코틀랜드의 못, 고대 이집트의 동, 구슬, 차, 자패(紫貝), 낚싯바늘 등을 포함하는 많은 다른 것 등.⁴ 수세기에 걸쳐서 금과 은(정화, specie)이 교환수단으로서 가장 널리 사용되는 상품으로서 천천히 진화했다. 금과 은이 높은 시장성을 가지게 된 데에는 그 재화의 장식품으로서의 큰 수요, 다른 상품과 비교하여 희소한 점, 편리한 분할가능성, 큰 내구성 등이었다. 지난 수백 년 동안 금과 은의 시장성에서의 장점이 금과 은을 전 세계적으로 일반적 교환수단으로서 채용되게 이끌었다.

교환수단으로서 **일반적으로 사용**되는 상품이 **화폐**(money)로 정의된다. '교환수단'이라는 개념은 정교하고 간접교환은 직접교환과 분명히 구분할 수 있는 것이지만 '화폐'라는 개념은 덜 정교한 것이 명백하다. 교환수단이 어느 시점에서 '공동'으로 사용되거나 '일반적'으로 사용되는지는 엄격히 정의내릴 수 있는 것이 아니고, 어떤 수단이 화폐인지 아닌지 여부는 오직 역사적 탐구와 역사가의 판단에 의해서만 결정될 수 있다. 그러나 단순화를 위해서, 그리고 시장에서는 어떤 교환수단이 화폐가 되기 위한 큰 자극이 있다는 것을 보았기 때문에, 이후에는 모든 교환수단들을 **화폐들**이라고 부를 것이다.

3. 화폐의 출현이 가진 함의들

  시장에서 어떤 화폐의 정립은 특화와 분업의 범위를 굉장하게 증가시키고, 모든 생산물의 시장을 막대하게 확대하며, 한 사회를 문명화된 생산수준으로 끌어올리는 것을 가능하게 만든다. 욕구의 동시발생과 재화의 불가분성 문제가 제거될 뿐 아니라 개인들은 이제 원하는 재화에 도달하기 위하여 소비재로부터 먼 생산단계까지 상시 확대된 조직을 구축할 수 있다. 정교하면서 먼 생산단계가 이제 가능하고, 특화는 생산되는 재화의 종류뿐 아니라 생산과정의 모든 부분까지 확대될 수 있다. 예를 들어, 자동차 생산자는 화폐, 예를 들어 버터 또는 금을 받고 자동차를 팔 수 있고, 그 다음에 금의 일부를 노동과 교환하고, 철강과 교환하며, 크롬과 교환하고, 고무타이어 등과 교환한다. 철강생산자는 금의 일부를 노동과 교환하고, 철광석과 교환하며, 기계 등과 교환한다. 그 다음에 생산과정에서 금을 받은 다양한 노동자, 토지소유자 등이 그들이 원하는 계란 또는 자동차 또는 옷을 사기 위한 수단으로서 금을 사용할 수 있다.

  따라서 현대사회의 전체 패턴이 화폐의 사용 위에 구축되고, 화폐 사용의 엄청난 중요성이 분석을 계속함에 따라 점점 더 명백해질 것이다.[5] 오직 직접교환만을 분석하고 그 다음에 분석의 끝 부근 어디에 화폐를 끼워 넣고는 자신의 임무가 끝난 것처럼 생각하는 것은 현대경제학의 학설들을 설명하기 원하는 다수 저자의 실수임이 명백하다. 이에 반하여, 직접교환에 대한 분석은 유용성에서 간접교환사회의 분석에 오직 입문적 도움만을 준다. 직접교환은 시장 또는 생산을 위한 여지를 거의 남겨두지 않을 것이다.

  인간이 가진 기술의 큰 다양성과 자연자원의 큰 다양성이 분업으로 인한 엄청난 이점을 가져오는 것과 동시에, 화폐의 존재는 생산을 미세한 부문으로 분리하는 것을 허용하고, 각자는 화폐를 받고 그의 생산물을 팔며, 그 화폐를 이용하여 자신이 원하는 생산물을 산다. 소비재의 분야에서는, 의사 또는 교사는 화폐를 받고 자신의 서비스를 팔 수 있고, 그 다음에 그 화폐를 이용하여 그가 수요하는 재화를 구매할 수 있다. 생산에서는, 인간은 자본재를 생산하고, 그것을 화폐를 받고 팔며, 받은 금을 이용하여 그의 생산에 필요한 노동, 토지, 더 높은 차수의 자본재 등을 구매할 수 있다. 생산자는 그 자신이 필요한 소비재를 구매하기 위하여 생산요소에 지불하는 화폐지출(money outlay)보다 큰 화폐소득(money income)에서 생긴 잉여를 이용할 수 있다. 따라서 여하한 생산물 생산의 어떤 단계에서도 인간은 필요한 자본재뿐 아니라 화폐와 교환하여 토지요소와 노동요소의 서비스를 고용하고, 그 다음에 생산물을 화폐를 받고 팔아서 더 낮은 단계의 생산을 돕는다. 이 과정은 최종소비재가 소비자에게 팔리기까지 계속된다. 다른 한편, 이런 소비자들은 그들 자신의 재화—내구성이 있는 소비재 또는 생산에서의 서비스—를 팔아서 화폐를 **구매함**(purchasing)으로써 그 화폐를 획득한다. 생산에서의 서비스란 노동서비스의 판매 또는 토지가 제공하는 서비스의 판매 또는 자본재의 판매 또는 이전에 그런 용역에 기여했던 사람으로부터의 상속 등을 포함할 것이다.[6]

〈표 3-1〉 화폐경제의 복잡한 패턴

생산자들	
판 매	구 매
소비재들 생산재들 　노동 　토지 　자본재들	생산재들 　노동 　토지 　자본재들
화폐를 대가로 받고	화폐를 사용하여
소비자들	
	구 매
	소비재들 화폐를 사용하여

따라서 거의 모든 교환은 화폐와의 교환으로 이루어지고, 화폐가 전 경제체제에 자국을 남긴다. 내구소비재의 소유자들, 자본재의 소유자들, 노동서비스의 판매자들뿐만 아니라 소비재의 생산자들도 또한, 모두 그들의 재화를 화폐와 교환하여 팔고, 그들이 필요로 하는 요소들을 화폐를 주고 구매한다. 그들은 사회 내의 다른 이가 생

산한 소비재를 구매하기 위하여 그들의 순(net) 화폐소득을 사용한다. 따라서 모든 개인은 생산자와 소유자로서 그들의 능력에 따라 재화(상품들과 서비스들)를 공급하고 교환으로 화폐를 수요한다. 그리고 소비자로서 그들의 능력뿐 아니라 요소들을 구매하는 공급자로서 그들의 능력에 따라 모든 개인은 화폐를 공급하고 그것과 교환하여 거의 무한한 종류의 재화를 수요한다. 그 결과 경제는 '화폐경제'(money economy)이고, 거의 모든 재화가 화폐상품(money commodity)과 비교되고 교환된다.

이 사실은 가장 원시적인 수준을 넘어서는 어떤 사회라도 그 사회를 분석하는 데는 결정적으로 중요하다. 〈표 3-1〉과 같이 화폐경제의 복잡한 교환패턴을 요약할 수 있다.

4. 화폐단위

만약 재화가 단위들로 분할될 수 있고, 각 단위는 모든 다른 단위와 동질적이면, 모든 재화는 '공급상태'에 있다는 것을 보았다. 재화들은 오직 그런 동질적 단위들로 환산하여 구매될 수 있거나 팔릴 수 있고, 분할할 수 없는 유일무이한 그런 재화들은 오직 한 단위만이 공급된다고 묘사될 수 있다. 유형의 상품은 일반적으로 **중량단위**(units of weight)로 거래되는데, 예를 들어, 톤, 파운드, 온스, 그레인(grain), 그램 등으로 말이다. 화폐상품도 이 법칙에서 예외는 아니다. 사회 내에서 가장 널리 거래되는 상품인 화폐도 언제나 중량단위로 구매되고 판매된다. 각 단위가 모든 단위로 환산될 수 있다는 것이야말로 다른 측량용 척도처럼 중량단위의 특징이다. 예를 들어, 1파운드는 16온스이다. 그리고 1온스는 437.5그레인 또는 28.35그램과 동일하다. 그 결과 만약 존스가 그의 트랙터를 15파운드의 금을 받고 판다면 그는 트랙터를 240온스의 금 또는 6,804그램의 금 등을 받고 팔았다고 묘사할 수 있을 것이다.

어떤 거래를 위하여 선택한 화폐상품 단위의 크기는 경제분석에는 영향을 미치지 않고 다양한 당사자를 순전히 편리하게 하기 위함이 명백하다. 모든 단위는 중량단위일 것이고, 그 단위는 어떤 일정한 수를 곱하거나 나눔으로써 파운드, 온스 등으로 전환할 수 있을 것이며, 그 결과 모든 단위는 동일한 방법으로 서로 다른 단위로 전환할 수 있을 것이다. 예를 들어, 1파운드의 금은 16온스와 동일할 것이고, 만약 시장에서 그런 거래가 요구되면 1파운드의 금은 16온스의 금과 교환될 것이다. 단위들의 이름이나 크기가 경제분석에 영향을 미치지 않는다는 점은 다음 예제에서 볼 것이다. 텍사스 주민은 교환에서 20그레인의 금과 동일한 휴스턴(Houston)으로 알려진 단위를 사용하고, 반면에 메사추세츠 주민은 10그레인의 금과 동일한 아담스(Adams)라는 단위를 사용한다고 가정하자. 두 지역의 시민은 교환과 계산을 각자의 단위들로 할 것이다. 예를 들어, 존스는 차를 '2천 휴스턴의 금' 또는 더 간단히 '2천 휴스턴'을 받고 팔거나 존스는 계란의 화폐가격을 '한 다스당 2분의 1의 휴스턴'으로 생각할 것이다. 다른 한편, 스미스는 '1만 아담스'를 주고 집 한 채를 살 수 있다. 다른 이름을 사용하는 것이 사물을 복잡하게 만들 것이지만 경제적으로는 **무의미한** 것은 명백하다. '휴스턴'은 여전히 금의 중량을 재는 하나의 단위이고 '20그레인의 금'의 단축된 이름이다. 시장에서 1휴스턴이 2아담스와 교환될 것이라는 점은 명백하다.[7]

그러므로 불필요한 복잡함을 피하고 분석을 명확하게 하기 위하여, 이 책에서 사용할 화폐단위의 명칭은 지역적 특성만을 가진 우연한 이름(달러 또는 프랑과 같은 것)보다는 널리 받아들일 수 있는 중량단위(온스, 그램 등과 같은 것)일 것이다.

명백히, 상품의 단위가 가치가 있으면 있을수록 매일의 거래에서는 단위의 크기가 점점 더 작은 것이 사용될 것이다. 예를 들어, 백금은 온스단위로 거래될 것이지만, 반면에 철은 톤단위로 거래될 것이다. 금과 은과 같이 상대적으로 가치가 있는 화폐상품은 더 작은 중량단위로 거래되는 경향을 가질 것이다. 여기에서 다시 한번, 이러한 사실은 특별한 경제적 의미를 가지지 않는다.

거래되는 어떤 상품의 단위중량의 **형태**는 어떤 구체적인 원하는 목적을 위한 유용성에 달려있다. 예를 들어, 철은 괴나 덩어리 형태로, 치즈는 직사각형 또는 삼각형 형태 등으로 팔릴 것이다. 다른 상품이 생산이나 소비에 적절한 형태로 거래될 것인 반면에, 화폐는 교환이 이루어질 때까지 교환 또는 저장에 적절한 형태로 거래될 것이다. 역사적으로 화폐의 모양은 무수히 많았다.[8] 최근 수세기 동안에 커다란 봉 형태의 금 또는 은이 저장과 더 큰 거래에서의 교환을 위해 사용되었고, 그런데 **주화**로 알려진 더 작은 원형형태의 조각이 더 작은 거래를 위해 사용되고 있다.

5. 화폐소득과 화폐지출

화폐경제에서 각 개인은 화폐를 위하여 그가 소유한 재화와 서비스를 팔고 화폐를 이용하여 원하는 재화를 구매한다. 사람들은 어떤 기간 동안에 그러한 화폐로 한 교환을 기록할 수 있다. 그런 기록은 그 기간 동안 그의 **지급수지**(balance of payments)라고 부를 수 있다.

하나의 기록은 일정기간 동안에 다른 개인들에게 화폐를 받고 판 재화의 거래일 수 있다. 예를 들어, 브라운이 1961년 9월 한 달 동안에 화폐를 받고 판매한 재화의 기록을 작성한다고 가정하자. 그가 존스에게 집을 짓는 목공서비스를 했고, 같은 기간 동안에 존스 부인과 스미스에게 또한 잡역서비스를 했다고 가정하자. 또한 그는 존슨에게 중고 라디오를 팔았다. 그가 받은 화폐의 기록, 즉 **판매한** 재화와 서비스에 대해서 **구매한** 화폐는 〈표 3-2〉와 같다.

〈표 3-2〉 제임스 브라운(1961년 9월)

구매한 화폐	판매한 재화와 서비스
20온스의 금 5온스의 금 1온스의 금	존스에게 제공한 목공서비스 존스 부인과 스미스에게 제공한 잡역부서비스 존슨에게 판매한 중고 라디오
26온스의 금	

이 계정으로부터 이 기간 동안에 브라운이 재화와 서비스를 팔아 26온스의 금을 구매했음을 안다. 구매한 화폐의 총량은 그 기간 동안의 **화폐소득**의 총계이다.

어떤 기간 동안에 한 사람이 많은 소득을 벌면 벌수록 그가 원하는 재화에 점점 더 많은 화폐를 소비할 수 있음은 명백하다. **다른 조건이 같다면**(더 나중의 절에서 중요한 수정을 할 예정인데), **그는 장래의 어떤 기간 동안에 그가 할 수 있는 한 많은 화폐소득을 얻고자 노력할 것이다.**

브라운은 노동서비스와 내구소비재를 팔아서 그의 소득을 벌었다. 방해받지 않는 시장에서 화폐소득을 획득하는 다른 방법들이 있다. 토지의 소유자는 다른 목적뿐 아니라 농업목적 또는 임대목적 또는 산업목적을 위하여 그 땅을 팔 수 있다. 자본재의 소유자는 자본재를 생산요소로 사용하는 데 관심이 있는 사람에게 그것을 팔 것이다. 유형의 토지와 자본재는 전적으로 돈을 받고 팔거나, 소유자가 재화의 소유권을 가지고 있으면서 어떤 기간 동안에 걸쳐서 그 재화가 제공하는 **서비스**의 소유권을 팔 수 있다. 어떤 재화라도 그것이 제공할 수 있는 서비스만이 구매되기 때문에 어떤 재화가 서비스하는 어떤 기간이라도 구매되지 않을 이유가 없다. 물론 이런 일은 기술적으로 가능할 때만 행해질 수 있다. 예를 들어, 일정 면적의 토지 소유자 또는 재봉틀 기계의 소유자 또는 집의 소유자는 화폐와 교환하여 일정기간 동안에 '각각을 세놓을' 수 있다. 그런 **임대**(hire)는 '지주'(landlord)의 손에 그 재화의 법적 소유권을 남겨두겠지만, **임대기간 동안의** 그 재화가 제공하는 서비스의 실제적 소유자는 임차인(renter) 또는 '소작인'(tenant)이다. 임대기간이 끝나면 그 재화가 제공하는 잔여 서비스를 사용할 수 있거나 팔 수 있는 원래의 소유자에게 그 재화는 반납된다.

재화와 서비스의 판매에 추가하여 인간은 화폐를 선물로 받을 수 있다. 인간은 선물로 받는 화폐를 **구매하지**는 않는다. 어떤 기간 동안에 그의 화폐소득은 구매한 화폐와 선물로 받은 화폐를 합한 것과 같다(선물로 받는 하나의 일반적 형태는 상속, 죽을 때 증여한 결과이다).

따라서 1961년 6월부터 12월까지 그린의 화폐소득계정은 〈표 3-3〉과 같을 것이다.

이전 장에서 보았듯이, 사람이 돈을 얻기 위하여 팔 수 있는 재화 또는 서비스를 먼저 획득하기 위해서는 먼저 그 자신이 재화 또는 서비스를 생산해야 하거나 그것을 생산한 사람으로부터 사야 한다(또는 다음에는 최초의 생산자로부터 그것을 샀던 사람으로부터 사야 한다). 만약 누군가 그에게 돈을 주었다면 그 돈의 최초 소유자는 재화 등을 생산함으로써 돈을 획득했어야 한다. 따라서 앞의 분석에서 자본재나 내구소비재의 첫 판매자는 최초의 생산자이고, 그 이후의 구매자는 자본재나 소비재 구입에 필요한 돈을 얻기 위하여 자신의 서비스 얼마를 생산해야 한다. 물론 노동서비스의 판매자는 판매시에 서비스를 직접 생산한다. 단순토지의(pure land) 판매자는 그가 발견했고 형질을 변경했던 미사용 토지를 최초로 전유했다. 화폐경제로 된 방해받지 않는 시장에서는 상품과 서비스의 생산자는 화폐상품을 받고 그들의 재화를 팔고, 그 다음에 다른 필요한 재화를 사기 위하여 획득한 화폐를 사용한다.

⟨표 3-3⟩ 그린의 화폐소득계정(1961년 6월~12월)

화폐소득		재화와 서비스의 판매
구매	금 28온스 금 300온스 금 15온스	존스에게 토지임대 포레스트에게 (다른) 토지 판매 우드에게 탈곡기 판매
증여	금 400온스	선물
		삼촌으로부터 상속
	금 753온스	

시장에서 돈은 모든 사람에 의해 이런 방법으로 획득되는데, 최초의 금 생산자—금을 캤고 상품화했던 사람—를 제외하고는 말이다. 그러나 모든 가치 있는 상품처럼 화폐상품의 생산은 그 자체가 토지, 노동, 자본재 등의 사용을 필요로 하고, 돈을 사용하여 이런 것에 대한 대가를 지불해야 한다. 그 다음에 금광업자는 선물로 돈을 받는 것이 아니라 돈을 획득하기 위하여 금을 적극적으로 발견하고 생산해야 한다.

이러한 다양한 방법으로 획득한 돈을 이용하여 개인들은 원하는 재화를 구입한다. 그들은 두 가지 자격, 즉 소비자들로서 그리고 생산자들로서 그렇게 한다. 소비자들로서 그들은 원하는 소비재를 구매한다. 내구재의 경우에 소비자는 제품 전체를 구매하거나 어떤 일정기간 동안에 재화의 서비스를 임차할 수 있다. 생산자들로서 그들은 소비재나 더 낮은 차수의 자본재를 생산하기 위하여 필요한 생산요소들의 서비스를 구매하기 위하여 돈을 사용한다. 생산자들은 생산재가 제공하는 모든 기대되는 미래 서비스를 사용하기 위하여 몇몇 생산요소를 완전히 구매할 수 있다. 생산자들은 어떤 일정한 기간 동안 몇몇 생산요소의 서비스를 임차할 수 있다. 따라서 생산자들은 '원자재'로서 기능하는 자본재들을 구매할 수 있다. 생산자들은 '기계'라 부르는 몇몇 자본재를 구매할 수 있고 다른 것을 임차할 수 있다. 생산자들은 작업에 필요한 토지를 임차하거나 구매할 수 있다. 일반적으로, 소비자들이 수명이 짧은 비내구성의 재화들을 잘 임차할 수 없는 것과 똑같이, 생산자들도 생산과정에서 빨리 닳아 없어지는 자본재들 또는 재사용된 '원자재' 또는 '재고'를 잘 임차할 수 없다. 앞 장에서 설명했던 것처럼, 자유시장에서 생산자들은 노동서비스를 완전히 구매할 수는 없다. 인간의 개인적 의지는 양도할 수 없기 때문에, 자발적 사회에서 그는 현재 의지에 반하여 다른 사람을 위하여 일하는 것을 강요당할 수 없고, 그 결과 노동자의 미래의지를 구입하겠다는 계약을 할 수가 없다. 그러므로 노동서비스는 '현금지급'(pay-as-you-go)을 기초로 '임차'조건으로만 구매할 수 있다.

어떤 개인도 일정기간 동안에 화폐로 다른 재화를 구매한 계정을 그릴 수 있다. 그런 교환에서 포기한 화폐의 총액이 그 기간 동안 그의 **화폐지출**(money expenditures) 또는 **화폐비용**(money outlays)이다. 그의 소득계정뿐 아니라 지출계정도 또한 각각의 거래에서 항목별로 나눌 수 있거나 다양한 종류로 묶을 수 있다는 점을 여기에서 강조해야 한다. 따라서 위에 나온 브라운의 계정에서, 브라운은 그의 소득을 노동 일반 항목으로 25온스와 라디오 항목으로 1온스로 나누어 표로 만들었을지도 모를 것이다. 분류종목이 넓고 좁음은 계정을 작성하는 사람의 편리함에 달려있다. 물론 총계는 언제나 선택한 분류종류에 영향을 받지 않는다.

화폐소득이 재화와 용역을 팔아 **구매한 화폐**(money purchased)에 선물로 받은 화폐를 **더하기 한** 것과 똑같이, 화폐지출도 재화와 용역을 사기 위하여 **판매한 화폐**(money sold)에 선물로 주어버린 화폐를 더하기 한 것이다. 따라서 1961년 9월 한 달 동안의 브라운의 화폐지출 계정은 〈표 3-4〉와 같을 것이다.

〈표 3-4〉 제임스 브라운의 화폐지출(1961년 9월)

판매한 화폐	구매한 재화와 서비스
금 12온스 금 6온스 금 3온스 금 2온스	음식 의복 월세 오락비
기부받은 화폐	
금 1온스	자선금
금 24온스	

이 계정에서 브라운은 순전히 **한 사람의 소비자**로서 돈을 지출하고 있고, 9월 한 달 동안의 총화폐지출은 24온스이다. 만약 그가 원했었다면 그의 계정을 사과 5분의 1 온스, 모자 1온스 등과 같은 항목으로 더 자세하게 나눌 수도 있었을 것이다.

어떤 기간 동안의 한 개인의 총화폐소득을 그의 **수출**(exports)이라고 부를 수 있고, 판매한 재화는 '수출재화'로 부를 수 있다는 것을 여기에서 강조해야 할 것이다. 다른 한편, 그의 총화폐지출은 그의 **수입**(imports)이라고 부를 수 있고, 사들인 재화와 용역은 '수입재화'로 부를 수 있다. 수출과 수입이라는 용어는 생산자들 또는 소비자들이 구매한 재화들에 응용한다.

이제 1961년 9월의 브라운의 소득계정과 지출계정을 관찰하고 비교하자. 브라운의 총화폐소득은 26온스의 금이었고, 화폐지출은 24온스였다. 이것은 이 기간에 번 26온스 중에서 2온스는 **소비하지 않고 남아 있음을** 의미하는 것이 틀림없다. 이 2온스는 브라운의 소유로 남고, 그 결과 브라운이 소유했을지도 모를 이전의 금 재고수준과 상관없이 2온스가 브라운의 금 재고에 추가된다. 만약 1961년 9월 1일 현재 브라운의 화폐재고가 금 6온스라면 1961년 10월 1일 현재 그의 화폐재고는 금 8온스이다. 어떤 시점에 어떤 개인이 소유한 화폐재고는 그 시점에서 그의 **현금보유**(cash holding) 또는 **현금잔고**(cash balance)라고 부른다. 재화와 용역에 소비하지 않고 남아 있는 2온스의 소득은 9월 한 달 동안에 브라운의 현금잔고에 **순 추가**(net addition)되는 것이었다. 그러므로 어떤 기간 동안에 한 개인의 화폐소득은 그의 화폐비용에 그의 현금잔고를 더한 것과 동일하다.

만약 우리가 이 소득-지출계정을 더 작은 기간으로 세분한다면 더 긴 기간 내에 현금잔고에 일어난 변화의 모습은 단순한 2온스의 추가와는 크게 다르기 쉽다. 예를 들어, 브라운의 모든 화폐소득은 9월 1일과 15일에 두 번 들어왔고, 그의 지출은 각기 다른 금액으로 매일 일어났다고 가정하자. 그 결과, 그의 현금잔고는 9월 1일에 말하자면 6온스에 13온스를 합한 것 또는 총 19온스로 급격히 증가하였다. 그 다음에 현금잔고는 15일에 다시 6이 될 때까지 매일 천천히 줄어들었다. 그 다음에 현금잔고는 19일에 다시 급격히 올랐다가 최종적으로는 월말에 8로 줄어들었다.

시장에서 브라운의 공급패턴과 수요패턴은 명백하다. 브라운은 시장에 다양한 재화와 용역을 **공급했고** 그것과 교환으로 화폐를 **수요했다**. 이 화폐소득으로 그는 시장에서 다양한 재화와 용역을 **수요했고** 그것과 교환으로 화폐를 **공급했다**. 화폐는 재화와 용역에 지출될 수 있기 전에 **현금잔고로 들어가야 한다**.[9]

다른 한편, 브라운의 9월 지출이 24온스 대신에 29온스였다고 가정하자. 이것은 브라운의 이전의 현금잔고를 3온스 줄이고 브라운의 현금잔고를 3온스로 만듦으로써 이루어진다. 이 경우에 이 기간 동안 브라운의 화폐지출은 그의 화폐소득에 현금잔고의 감소를 **더한** 것과 동일했다. 요컨대 다음의 공식이 일정기간 동안의 어떤 개인에게도 언제나 성립한다.

화폐소득=화폐지출+현금잔고의 순증-현금잔고의 순감

다른 방법으로는, 위의 등식에서 소득이라는 용어를 수출이라는 용어로 대체할 수 있고, 지출이라는 용어를 수입이라는 용어로 대체할 수 있다.

단순화를 위하여 사회 내의 화폐상품의 총재고가 정해진 기간 동안에 변화가 없다고 가정하자(이것은 비현실적 가정은 아닌데, 왜냐하면 새로 채광한 금은 현존하는 금 재고에 비하면 작기 때문이다). 모든 가치 있는 재산처럼 모든 화폐는 일정 시점에서 **누군가**에 의해 소유되어야 하는 것은 이제 명백하다. 일정 시점에서 모든 개인의 현금보유의 합은 사회 내의 화폐의 **총재고**와 동일하다. 예를 들어, 만약 브라운이 한 마을에 사는 다섯 사람으로 된 **그룹**의 일원이고, 9월 1일 현재 각자의 현금잔고가 6온스, 8온스, 3온스, 12온스, 5온스라면, 그날 그 마을에 존재하는 화폐의 총재고는 34온스이다. 만약 자료를 구할 수 있다고 가정하면, 동일한 종류의 합산이 전체로서 전 세계 차원에서 행해질 수 있을 것이고, 화폐의 총재고를 찾아낼 수 있을 것이다. **9월에 브라운의 현금잔고에 2온스가 추가된 것은 한 명 또는 다수의 다른 개인의 현금잔고에서 2온스의 공제로 상쇄되었음에 틀림없는 것은 이제 명백하다**. 화폐의 재고는 변하지 않았기 때문에 브라운이 그의 현금잔고를 추가한 것은 다른 개인들이 현금잔고를 소모함으로써 이루어졌음에 틀림없다. 마찬가지로, 만약 브라운이 현금잔고를 3온스 소모했었다고 가정하면, 그런 소모는 한 명 또는 더 많은 개인의 현금잔고의 3온스 추가로 상쇄되었음에 틀림없다.

현금잔고의 추가나 감소는 관련되는 개인들의 편에서는 모두 자발적 행위라는 것을 인식하는 것은 중요하다. 매번 어떤 개인들은 그들의 현금잔고를 증가시키기로 결정하고, 다른 개인들은 현금잔고를 줄이기로 결정하며, 각자는 그에게 가장 많은 혜택을 줄 것이라고 믿는 그런 결정을 한다.[10] 그러나 수세기 동안에 소득이 지출보다 큰(수출이 수입보다 큰) 사람은 '유리한 무역수지'(favorable balance of trade)를 가지고, 반면에 일정기간 동안에 지출이 소득보다 큰(수입이 수출보다 큰) 사람은 '불리한 무역수지'(unfavorable balance of trade)를 겪는다고 하는 잘못된 주장이 인기가 있었다. 그런 견해는 지급수지의 적극적이고 중요한 부분이 '무역'부문, 즉 수출과 수입이고, 개인의 현금잔고의 변화는 단순히 수동적 '균형을 맞추는 요소들', 즉 총지급(total payments)을 항상 균형 있게 유지하도록 도와주는 것임을 의미한다. 다시 말하면, 그런 견해는 개인이 재화와 서비스에 대하여 그가 원하는 만큼 많이 소비하고, 그의 현금잔고의 추가나 빼기는 결과론으로서 나타난다는 것을 가정하는 것이다. 이에 반하여, 현금잔고의 변화는 각 개인에 의해 그의 시장행동 과정에서 적극적으로 결정된 것이다. 예를 들어, 브라운은 현금잔고를 2온스 증가시키기로 결정했고, 2온스 값어치의 소비재 구입을 포기하면서 돈을 얻기 위하여 그의 노동서비스를 팔았다. 반대로, 더 나중의 예제에서, 브라운이 그 달에 그가 벌었던 것보다 3온스를 더 썼을 때 그의 현금잔고는 과도했었고, 그의 현금잔고의 일부를 소비재와 서비스에 지출하기로 결정했다. **그러므로 누구라도 다른 사람의 지급수지에 대해서 걱정할 필요는 결코 없다.** 어떤 개인의 '불리한' 무역수지는 그 개인이 그의 잔고를 줄이고자 원하는 한에서는 계속될 것이다(그리고 다른 이들은 재화를 대가로 그 개인의 화폐를 구매하고자 한다). 물론 그의 최대 한계는 그의 현금잔고가 영(zero)이 되는 점이다. 그러나 대부분의 경우에 그는 이 점에 도달하기 오래 전에 그의 현금잔고를 감소시키는 것을 멈출 것이다.[11]

6. 생산자들의 지출

앞 절은 그의 전체 화폐지출이 **소비재**에 있었던 브라운의 경우에 집중했다. 이전에 생산되었던 중고판매를 제외하면, 그의 화폐소득은 현재의 생산적 노동서비스의 판매로부터 왔다. 그의 지출은 순전히 소비에 놓여졌다. 그의 소득은 거의 전적으로 그의 노동서비스의 생산으로부터만 온 것이었다. 모든 사람은 소비자임에 틀림없고, 그 결과 소비자 지출에 대한 이런 분석은 모든 사람에게 응용된다. 대부분의 사람은 그들의 노동서비스를 팔아 소득을 번다. 그러나 만약 어떤 이가 이전에 생산된 재화를 최초로 생산했다는 이유로 예외로 한다면, 노동서비스로부터 오는 화폐소득을 제외한 모든 다른 화폐소득은 자본재 또는 소비재의 새로운 생산으로부터 연유해야 한다(이것은 토지나 토지서비스의 판매자를 별도로 한 것인데, 그 경우에 토지의 소유권이 전유되지 않은 토지를 발견하고 가공하는 것으로부터 최초로 연유했음에 틀림없기 때문이다).

자본재의 생산자와 소비재의 생산자는 오직 노동서비스만을 파는 판매자와 다른 위치에 있다. 예를 들어, 오로지 노동서비스 판매자인 브라운은 자본재를 구매하는 데 어떤 화폐도 지출할 필요가 없다. 원하는 소비재에만 순전히 지출함으로써 시장에서 그는 노동서비스를 생산해서 팔 수 있는 에너지를 끌어낸다. 그러나 자본재의 생산자와 소비재의 생산자—문명사회의 골자인데, 왜냐하면 노동서비스만으로는 자본재와 소비재를 거의 생산할 수 없기 때문에—는 노동자와 같은 그런 행운의 위치에 있지도 않고 있을 수도 없다. 어떤 사람이 하나의 소비재를 생산하기 위해서는, 그는 재화의 생산에 이용가능한 기술적 '노하우'를 이용하기 위하여 노동서비스, 토지서비스, 자본재서비스 등을 획득해야 한다. 문제를 뒤로 돌려보면, 어떤 자본재를 생산하기 위하여 잠재생산자는 필요한 토지, 노동, 자본재 등을 획득해야 한다는 것을 발견한다. 그런 개별 생산자(또는 파트너십을 형성한 개인의 집단)는 필요한 요소들을 구입하고, 그 다음에 요소들을 조합하여 자본재를 생산하도록 통제한다. 이 과정은 생산의 가장 낮은 단계까지 도달하여 소비재가 생산될 때까지 다수의 개인간에 반복된다. 자본재의 생산자는 화폐와의 교환으로 필요한 요소(토지, 노동, 자본 등)를 획득해야 하고 (더 낮은 차수의) 자본재가 완성되면 그는 그것을 화폐를 대가로 판다. 다음에는 이 자본재가 여전히 더 낮은 차수의 자본재 생산에 사용되고, 생산된 자본재는 화폐와의 교환으로 팔린다. 이 과정은 소비재의 최종생산자가 최후의 소비자에게 화폐를 대가로 그 소비재를 팔 때까지 계속된다.

이 과정을 단순화한 개략도가 〈그림 3-3〉에 나와 있다.

실선 화살표는 교환되는 **재화**의 이동을 묘사하는데, 각 단계에서 요소가 생산자에 의해 구매되고, 요소가 더 낮은 차수의 자본재로 들어가며, 그 다음에 자본재가 더 낮은 차수의 생산자에게 팔리는 것을 보여준다. 실선과 반대로 흐르는 점선 화살표는 동일한 교환에서 **화폐**의 이동을 묘사한다. 자본재의 생산자는 생산요소를 구매하기 위하여 그가 소유했던 화폐를 사용했다. 그 다음에 그는 더 낮은 차수의 자본재를 생산하기 위하여 고용한 노동서비스와 함께 이 요소를 사용했고, 그 자본재를 다른 생산자에게 화폐를 대가로 팔 때까지 소유했다. 어떤 소비재의 생산자도 자본재 생산과 동일한 과정을 거쳤는데, 화폐를 대가로 판매한 대상이 최종적 소비자였던 것만을 제외하고는 말이다.

이제 요소들의 구매(완전히 또는 임차하는)에 그들의 화폐를 **투자하는** 그런 생산자들을 **자본가들**(capitalists)이라고 부르자. 이 다음에 자본가들은 여러 단계의 자본재들을 생산하여 소유하고, 그들의 생산물들이 소비자들에게 이를 때까지 그것들을 화폐와 교환한다. 그러므로 생산과정에 참여하는 사람들은 자본가들, 토지서비스의 판매자들, 노동서비스의 판매자들 등이다. 자본가들은 **생산재들에 화폐를 지출하는** 유일한 사람이므로 그들은 여기에서 '생산자들'(producers)이라고 부를 수 있다.

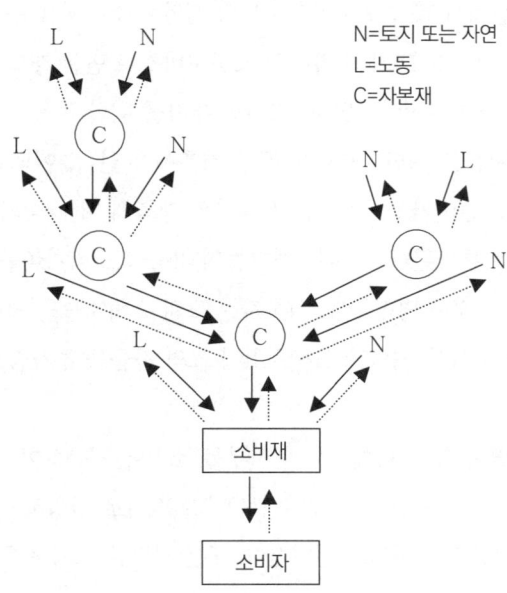

〈그림 3-3〉 최종소비자를 향한 생산과정의 단계들

생산과정의 결정적 특징은, 각 개인은 그의 생산물 판매를 **예상하여** 생산해야 하는 것임이 명백하다. 생산에 들어가는 어떤 투자도 더 낮은 차수의 생산자에게, 그리고 최종적으로는 소비자에게 하게 될 더 나중의 판매를 예상하여 이루어진다.

명백히, 소비자는 소비재에 지출하기 위해서 그의 현금잔고에 돈을 가지고 있어야 하고, 마찬가지로 생산자는 요소에 투자할 최초의 돈을 가지고 있어야 한다. 어디에서 소비자는 돈을 얻는가? 위에서 보았듯이 소비자는 돈을 선물로서 받거나 이전에 생산된 재화를 판매하여 얻을 수 있지만, 그러나 바로 전의 분석에서 그는 얼마의 생산적 서비스를 팔아서 돈을 획득했음에 틀림없다. 독자는 점선으로 된 화살표의 최종목적지를 조사할 수 있다. 이들은 노동서비스의 판매자들과 토지서비스의 판매자들이다. 이들 노동자들과 토지소유자들이 그렇게 해서 획득한 돈을 생산체제의 최종생산물을 구매하는 데 쓴다. 자본가-생산자들은 생산과정의 각 단계에서 소득을 또한 받는다. 명백히, 이러한 소득을 결정하는 원리들은 조심스러운 조사가 필요한 데, 그 조사는 아래에서 이루어질 것이다. 자본재의 소유자에게 돌아가는 순 소득은 자본재가 생산에 기여한 결과가 전혀 아니라는 점을 여기에서 지적할 필요가 있는데, 왜냐하면 이 자본재가 다음에는 다른 요소들의 생산물이기 때문이다.

그러면 **생산자들**은 어디에서 투자를 위한 돈을 획득하는가? 분명히, 오직 같은 원천으로부터만. 생산에서 획득한 소득으로부터 개인은 소비재를 구매할 뿐 아니라 생산요소를 구매할 수 있고, 그 개인 자신의 노동서비스로 만든 재화가 아닌 재화의 생산자로서 생산과정에 참여할 수 있다. 그러면 투자를 위한 돈을 획득하기 위하여 개인은 가능한 소비지출을 제한함으로써 **돈을 저축**해야 한다. 이렇게 저축된 돈은 먼저 그의 현금잔고로 들어가고, 그 다음에 생산된 재화의 더 나중의 판매를 기대하면서 요소들의 구매에 **투자된다**. 투자는 개인들의 가능한 소비지출을 저축한 자금으로부터만 올 수 있다는 것은 명백하다. 생산자는 그의 소비지출을 제한하고, 돈을 저축하며, 미래에 그에게 생산물을 안겨줄 요소에 그의 자금을 투자함으로써 '사업에 발을 내딛는다'.[12]

따라서 모든 사람이 그의 화폐소득의 일부를 소비에 지출해야 하는 반면에, 일부 사람은 자본재의 생산자 또는 소비재의 생산자가 되기로 결정하고 필요한 요소들에 투자하기 위하여 돈을 저축하기로 결정한다. 모든 사람은 그의 소득을 소비에 지출할 수 있거나, 재화의 생산에 투자할 수 있거나, 그의 현금잔고를 추가하는 데 지출할 수 있다. 어떤 기간 동안에 어떤 개인의 **화폐소득=소비지출+투자지출+현금잔고의 추가-현금잔고로부터의 빼기**(투자지출은 생산요소들에 투자한 화폐지출의 합으로 정의할 수 있다).

프레드 존스의 1961년 11월의 가상적 '지급수지'를 보자. 11월 한 달 동안의 다양한 원천으로부터 생긴 그의 소득이 50온스라고 가정하자. 같은 달에 그는 소비재에 18온스를 지출하기로 결정하고, 그의 현금잔고에 2온스를 추가하기로 결정하며, 나머지 30온스를 어떤 재화의 생산에 필요한 '사업'에 투자하기로 결정한다. 이 사업으로 어떤 재화라도 생산할 수 있음은 강조되어야 한다. 그 사업이 철강공장 또는 농장 또는 구두소매점일 수 있다. 그 사업이 일 년의 한 철에 밀을 구매하여 다른 철에 팔 것을 기대하는 것일 수도 있다. 이런 모든 것이 생산기업인데, 왜냐하면 각각의 경우에 어떤 재화가 생산되므로, 즉 재화는 최종소비자를 향하여 한 단계 앞으로 전진하기 때문이다. 투자는 언제나 더 나중의 판매를 기대하는 것이기 때문에 투자자도 또한 **기업가정신**의 소유자이고, 기업에 종사한다.

존스가 저축한 자금을 제지공장 투자에 지출한다고 가정하자. 11월의 그의 소득-지출계정은 〈표 3-5〉와 같다. 물론 이 표는 순전히 설명을 목적으로 가능한 상황을 작성한 것이다. 다양한 다른 설명이 있는데, 예를 들어 더 많은 투자를 위해서 현금잔고를 줄일 수도 있다.

〈**표 3-5**〉 프레드 존스의 소득-지출계정(1961년 11월)

소득	지출
토지의 매매 ·············· 20온스 건물의 매매 ·············· 30온스	음식 ·············· 7온스 의복 ·············· 4온스 주거비 ·············· 4온스 오락비 ·············· 3온스
50온스	소비지출 ·············· 18온스
	제지기계 ·············· 12온스 나무펄프 ·············· 10온스 노동서비스 ·············· 8온스
	투자지출 ·············· 30온스
	현금잔고에 추가하기 ········ 2온스
	총 계 ·············· 50온스

투자지출은 언제나 미래판매를 기대하여 이루어진다. 요소들이 구매되고, 그 요소들이 전환되며, 그 다음에 생산물이 기업가에 의해 화폐를 대가로 판매된다. '실업가'는 미래의 언젠가 어떤 가격에 생산물을 팔 수 있을 것이라는 기대를 가지고 지출한다. 존스는 그의 요소들을 생산물(이 경우에, 종이)로 전환하여, 1962년 11월 어느 날에 40온스에 팔 수 있을 것이라는 기대하에 30온스를 투자한다고 가정하자. 만약 그의 예상이 정확하다면 그는 그날에 그 종이를 40온스에 파는 데 성공할 것이고, 1962년 11월의 그날을 포함하는 기간 동안 존스의 소득계정은 '종이의 판매로부터 40온스'라는 항목을 포함할 것이다.

다른 조건이 같다면, 투자자는 투자로부터 가능한 가장 큰 순 소득을 얻기 위하여 애쓰는 것은 명백한데, 동일한 자격으로 모든 사람이 다른 종류의 판매로부터 최대한의 소득을 얻고자 애쓰는 것과 똑같이 말이다. 만약 존스가 다른 가능한 생산라인이나 생산과정에 30온스를 투자할 기회를 가지고, 그가 하나의 기회는 1년에 40온스를, 다른 기회는 37온스를, 또 다른 기회는 34온스 등을 예상한다면, 존스는 가장 큰 수익을 약속하는 바로 그 투자를 선택할 것이다. 그러면 기업가로서의 인간과 소비자로서 인간의 결정적 차이는 소비자로서 인간의 경우에는 수출을 수입보다 크게 만들어야 한다는 추진력이 없다는 것이다. 한 사람의 수입은 소비재의 구매이고, 그 결과 그 수입은 그의 행위의 목적이다. 그가 수입하는 재화들은 그에게 만족을 주는 원천이다. 다른 한편, 실업가는 오직 생산재들만을 '수입하고', 그런데 그 재화들은 정의상 그 실업가에게는 직접적으로는 소용이 없다. 그는 그 재화들만이나 그 재화들의 생산물들만을 팔아서 이득을 취할 수 있고, 그 결과 그 수입은 더 나중의 '수출'을 위해 단순히 필요한 수단이다. 그 결과 그는 최대한의 순 소득을 얻고자 노력하거나 수출과 수입의 차이인 잉여를 가장 크게 만들려고 노력한다. 그의 영업상의 소득이 커지면 커질수록 그가 원하는 소비재에 더 많은 지출(즉, 수입하는 것)을 할 수 있을 것이다.

그러나 **전체로서 고려해 볼 때** 인간은 수입하는 것보다 더 많이 수출하기 원하는 또는 '유리한 무역수지'를 가지기 원하는 특별한 욕구를 가지고 있지 않는 것이 명백하다. 인간은 그의 사업에서는 **생산재의** 수입보다는 수출을 더 많이 하려고 노력한다. 그 다음에 그는 이 잉여를 그의 개인적 욕구를 위해 **소비재의 수입**에 이용한다.

위의 브라운처럼, 전체 수지에서 인간은 그의 현금잔고에 추가하거나 현금잔고에서 빼는 것 중의 하나를 선택할 수 있는데, 그것은 그가 적합하다고 보고 가장 바람직하다고 여기는 것이다.[13] 존스가 그의 영업을 시작하고 난 뒤를 사례로서 보자. 일정기간 동안에 그는 5온스를 현금잔고로부터 **뺄** 것을 결정할 수 있다. 비록 그가 영업으로부터 가장 큰 순 소득을 얻고자 최선을 다하고, 따라서 **이 원천**으로부터 가능한 한 많은 금액을 그의 현금잔고에 추가할 것을 노력함에도 불구하고, 총계로서 그는 현금잔고를 줄이기로 결정하는 것은 당연하다(〈표 3-6〉참조).

〈**표 3-6**〉 프레드 존스의 소득-지출계정

소득	지출	
영업 ············· 150온스	영업을 위한 생산요소들 (생산재)의 구매 ·············	100온스
	소비재를 위한 지출 ·············	55온스
		155온스
	현금잔고로부터 빼기	5온스

7. 소득 극대화와 자원배분하기

다른 조건이 같다면, 화폐경제에서 인간들은 가능한 가장 높은 화폐소득을 획득하고자 노력할 것이라는 점을 보았다. 만약 그들이 투자자라면 가장 큰 순 수익을 얻고자 노력할 것이다. 또한 그들이 자신의 노동서비스를 판다면 그 서비스를 가장 큰 대가를 받고 팔고자 할 것이다. 그들의 화폐소득이 높으면 높을수록 그들은 소비재에 지출하기 위하여 이용가능한 돈을 점점 더 많이 가질 것이다. 화폐경제를 더 깊이 분석하는 것을 계속하기 전에 '다른 조건이 같다면' 또는 **다른 사정이 동일하다고** 한 것에서, 그 다른 조건 또는 그 다른 사정을 수정하는 경우를 분석하는 것이 중요하다.

제1장에서, 인간들은 모든 행동에서 최대의 이익을 얻기 위하여, 즉 그들의 가치척도상에서 가능한 가장 높은 점에 위치한 목적을 달성하기 위하여 노력한다는 진리를 고찰했다. 이것을 '심적 수익의 극대화' 또는 '심적 소득의 극대화' 시도라고 불렀다. 이것은 인간행위학적 진리, 어떤 수정도 필요 없는 모든 인간행동에 유효한 일반적 법칙이다. 이제 간접교환의 확립 또는 화폐경제의 확립은 모든 사람으로 하여금 고립이나 물물교환에 의해서는 획득할 수 없거나 거의 획득할 수 없는 광범위한 종류의 소비재를 획득할 수 있게 해준다. 이 장에서 논증했던 것처럼, 이런 소비재들은 화폐상품을 대가로 재화를 생산하고 팔아서 그 다음에 그 화폐를 이용하여 소비재들을 구매함으로써 획득된 것이다. 그러나 화폐경제의 발달에도 불구하고 모든 재화가 시장에서 매매될 수 있는 것은 결코 아니다. 어떤 재화는 이런 방법으로 획득 가능하다. 어떤 재화는 그렇게 할 수 없다. 제2장에서 설명했던 것처럼, 어떤 재화는 사람으로부터 양도될 수 없고, 그 결과 교환될 수 없다. 그 재화들은 화폐연계(money nexus) 내로 들어오지 않는다. 그 재화들은 화폐를 대가로 매매될 수 없다. 이 사실은 개인들이 그 때문에 그 재화들을 얕보거나 숭배하는 것을 의미하는 것은 아니다. 어떤 사람들에게는 교환할 수 없는 소비재들의 상당수가 매우 귀중하고, 그들의 가치척도상에서 높은 위치를 점한다. 다른 사람들에게는, 교환할 수 없는 재화들이 교환에서 구매될 수 있는 그런 소비재들과 비교하여 거의 가치가 없음을 의미한다. 그의 가치척도상에서 재화들의 순위는 각 개인의 자발적 선택에 전적으로 의존한다. 일부 사람이 교환할 수 없는 재화들에 비하여 교환할 수 있는 재화들을 높이 평가하는 경향에 대해서 '화폐'를 비난하는 것은 터무니없는 생각이다. 화폐경제 내에서 사람들로 하여금 그런 선택을 하도록 강요하는 힘은 없다. 화폐는 단지 인간들로 하여금 교환할 수 있는 재화들을 획득하는 것을 엄청나게 확대하게 할 수 있도록 해준다. 그러나 교환할 수 없는 재화들에 대비하여, 각 개인이 화폐를 어떻게 평가할 것인가를 결정하고, 화폐로 구매할 재화들을 어떻게 평가할 것인가를 결정하는 것을, 시장은 그들에게 맡긴다.

사실 화폐경제의 존재는 역의 효과를 가진다. 효용의 법칙에서 아는 것처럼, 어떤 재화 한 단위의 한계효용은 그 재화의 공급이 증가함에 따라 하락하고, 화폐의 확립은 교환가능한 재화의 공급을 엄청나게 증가하도록 이끌기 때문에, 이 거대한 공급은 인간들로 하여금 화폐가 확립되지 않았을 때보다 교환할 수 없는 재화를 훨씬 더 많이 즐기는 것을 가능하게 하는 것은 명백하다. **교환할 수 있는 소비재들이 더 풍부해진다는 바로 그 사실이 각 개인으로 하여금 교환할 수 없는 재화를 더 많이 즐기는 것을 가능하게 한다.**

어떤 사람의 가치척도상에서 교환할 수 있는 재화와 교환할 수 없는 재화의 등급을 매기는 가능한 많은 예가 있다. 어떤 사람이 심미적 이유로 높이 평가하는 역사적 기념물을 포함하는 얼마간의 땅을 소유하고 있다고 가정하자. 또한 그가 얼마간의 돈을 받고 그 토지를 팔 것을 제안 받고 있고, 토지의 구매자가 그 기념물을 파괴하고 토지를 다른 목적으로 사용할 것을 안다고 가정하자. 그 재산을 팔 것인지 여부의 결정에서, 그는 토지를 매각하여 받은 돈으로 궁극적으로 살 수 있는 소비재가 그에게 주는 가치와 그 기념물을 그대로 보존하는 것이 그에게 주는 가치를 비교평가해야 한다. 어느 것이 우세할 것인가는 그 특정 시간에 개인의 가치척도의 구조에 달려 있다. 그러나 이미 자기에게 처분권이 있는 소비재가 더 많이 풍부해지는 것은 주어진 화폐의 총합에 비교하여 그에게 (교환할 수 없는) 심미적 재화의 가치를 상승하게 하는 경향이 있을 것임은 명백하다. 그러므로 화폐경제의 확립이 인간들로 하여금 교환할 수 없는 재화의 중요성을 경멸하도록 이끄는 경향이 있다는 통상적 비난과 반대로, 화폐경제 확립의 효과는 통상적 비난과 정확히 반대된다. 교환할 수 있는 재화로 환산하여 '생활수준'이 높은 사람보다 빈곤한 사람이 교환할 수 있는 재화에 비해 교환할 수 없는 재화를 훨씬 덜 좋아하는 것 같다.[14]

교환할 수 없는 재화들에 대한 이러한 예들은 인간행위에서는 매우 중요하지만 간접교환의 체제하에서 시장을 분석하는 데 주로 관심이 있는 이 책의 나머지 부분에서는 거의 중요하지 않다. 화폐교환—캐털랙틱스로 알려진 인간행위학의 하위부문—에 대한 이 책의 연구에서 교환할 수 없는 재화문제에 대해서 지금까지 말한 것보다 더 많은 것을 말할 것은 없다. 그러나 그런 선택의 다른 예들은 **캐털랙틱스**를 위해 더 중요하다. 자신의 노동서비스를 구매하려는 세 가지 제안에 직면한 어떤 사람의 경우를 고려해보자. 그 제안의 첫 번째는 한 달에 30온스의 화폐소득, 두 번째는 24온스, 세 번째는 21온스를 주는 것이다. 이제 여기에서 이 절의 최초의 문제로 돌아가서, 그 사람은 30온스를 주겠다는 제안을 받아들일 것을 분명히 선택할 것인데, 심적 요소들, 또는 더 정확히는 교환할 수 없는 요소들이 다양한 선택지간에 '동일'하다고 **가정하면 말이다**. 만약 그 사람이 세 가지 제안의 작업조건들의 어떤 차이에 대해서도 무관심하다면 화폐소득과 여가를 제외한 다른 요소들이 그의 선택에 들어가지는 않는다. 그리고 만약 그가 전적으로 노동만 한다면 30온스의 소득을 선택할 것이다. 다른 한편, 그가 일 그 자체와 각기 다른 작업조건에 대한 좋아함이 크게 다른 것은 당연하다. 예를 들어, 30온스를 벌 수 있는 일자리는 그가 싫어하는 회사에 있거나 노동의 종류일 수 있다. 또는 24온스를 주는 일자리는 그 사람이 엄청나게 좋아하는 긍정적인 점들을 가질 수 있다. 제1장에서 노동은 화폐수익뿐 아니라 일 그 자체에 대한 개인의 선호 또는 혐오라는 관점에 기초하여 평가된다는 것을 보았다. 어떤 인간이 일 그 자체에 부치는 가치평가는 교환할 수 없는 긍정적 재화들 또는 교환할 수 없는 부정적 재화들인데, 왜냐하면 행위자에게 그런 평가는 일 자체에 부착된 것으로 일과 분리할 수 없는 것이기 때문이다. 그런 평가는 화폐적 고려사항과 비교평가될 수 있지만 그런 평가가 교환될 수 있거나 무시될 수 있는 것은 아니다. 예를 들어, 위의 경우에, 예상되는 화폐소득과 함께 그 인간은 그의 가치척도에서 상이한 일자리들에 부착된 교환 불가능한 '소비재들'을 평가해야 한다. 본질적으로 그가 평가하는 것은 두 '묶음'의 효용인데, 즉 ① 월 30온스의 효용에 그가 비윤리적 거래를 해야 하는 일자리에서의 또는 불쾌한 작업환경에서의 작업을 더한 것 대 (vs.) ② 월 24온스의 효용에 그가 좋아하는 일자리에서의 작업을 더한 것. 선택은 각 개인의 가치척도에 따라 이루어질 것이다. 한 사람은 30온스 일자리를 선택할지도 모르고 다른 사람은 24온스 일자리를 선택할지도 모른다. 캐털래틱스에서 중요한 사실은 인간은 **화폐소득에 다른 심적 요소들을 추가한** 묶음을 언제나 선택하고, 만약 심적 요소들이 그의 선택에 관하여 중립적일 때만 그는 화폐소득을 극대화할 것이라는 사실이다. 만약 심적 요소들이 중립적이지 않다면 경제학자는 그런 요소들을 언제나 유의해야 할 것이다.

다른 유사한 예는 장래 투자자의 경우이다. 어떤 투자자가 저축한 돈을 다양한 선택적 생산프로젝트에 투자하는 선택에 직면한다고 가정하자. 예를 들어, 그는 100온스를 투자하는데, 첫 번째 프로젝트는 예상되는 연간 순 수익이 10%, 두 번째는 8%, 세 번째는 6%라고 하자. 다른 교환할 수 없는 심적 요소들이 동일하다고 하면, 그는 순 화폐수익이 가장 클 것으로 예상되는 생산라인에 투자하려고 할 것인데 —이 경우에는 10% 라인이다. 그러나 그가 10%의 수익을 제공하는 라인의 생산물을 매우 싫어하지만 8%의 수익을 약속하는 과정과 생산물은 매우 좋아한다고 가정하자. 여기에서 다시 한번 각각의 투자예상은 투자와 분리할 수 없는 긍정적인 심적 요소 또는 부정적인 심적 요소를 수반한다. 한 생산물을 생산하는 즐거움과 대비하여 다른 생산물을 생산하는 데 따르는 혐오는 **교환할 수 없는 소비재**로서, 전자는 긍정적인 것이고 후자는 부정적인 것인데, 그런 즐거움과 혐오는 행위자가 그의 투자처를 결정해야 할 경우에 평가하는 요소들이다. 그는 단순히 10% 대 8%를 비교하는 것이 아니라, '10%에 싫어하는 생산과정과 생산물을 더한 것'과 '8%에 유쾌한 생산과정을 더한 것'을 비교평가 할 것이다. 어떤 선택지를 선택하는가는 그의 개인적 가치척도에 달려있다. 따라서 노동의 경우뿐만 아니라 기업의 경우에도, 또한 기업가는 예상되는 화폐소득을 극대화하는 코스를 선택하는 경향이 있을 것이라고 우리는 말해야 하는데, **만약** 다른 교환할 수 없는 요소들이 다양한 선택지에 대하여 중립적**이라면 말이다**. 물론 그것이 무엇이든 어떤 경우에도 모든 교환가능한 재화와 모든 교환불가능한 재화가 척도 위에 들어간 그의 가치척도상에서 각 인간은 **심적** 소득을 극대화하기 위하여 움직일 것이다.[15]

그러므로 그의 심적 소득을 극대화할 코스를 정하는 데 있어 인간은 모든 관련된 요소들을 고려하는데, 그 요소들은 교환가능한 것과 교환 불가능한 것이 있다. 일을 할 것인지 여부와 어떤 직업을 가질 것인가를 고려하는 중에서, 그는 또한 거의 보편적으로 요구되는 소비재인 여가를 고려해야 한다. 화폐수익과 그것에 부착된 교환불가능한 가치를 기초로, 위의 예제에 나오는 노동자가 24온스 일자리에서 일하기로 선택한다고 가정하자. 그가 그 일자리에서 노동을 계속함에 따라 그가 버는 단위시간당 화폐임금(그 소득이 한 달에 24온스, 시간당 4분의 1 온스 등이든 상관없이)의 한계효용은 떨어질 것이다. 더 많은 화폐가 획득됨에 따라 화폐소득의 한계효용은 떨어지는 경향이 있을 것인데, 왜냐하면 화폐도 하나의 재화이기 때문이다. 화폐가 (장식품과 같은) 비금전적 용도 또는 어떤 이의 현금잔고를 추가하기 위한 용도(화폐수요의 구성요소들에 대한 토론은 아래를 보라)로 요구되는 한에서는, 어떤 다른 재화의 경우와 똑같이 화폐재고를 추가하는 것은 화폐의 한계효용의 하락을 초래할 것이다. 화폐가 소비재의 구매를 위해 요구되는 한에서는, 새로운 온스가 획득됨에 따라 소비재의 '온스당 가치' (ounce-worth)의 효용도 또한 하락할 것이다. 소비재에 지출한 화폐의 첫 번째 온스는 그 인간의 가치척도에서 가장 높은 순위의 욕구를 충족할 것이고, 다음 온스는 두 번째로 가장 높은 순위의 욕구에 쓸 것이다(물론 이 점은 1온스 이상이 드는 재화에는 맞지 않지만, 이런 어려움은 화폐단위의 크기를 증가시킴으로써 해결할 수 있고, 그 결과 각 재화는 화폐단위가 살 수 있는 것 내에서 동질적이다). 결론적으로, 소득이 증가함에 따라 화폐소득의 한계효용은 하락하는 경향이 있다.

다른 한편, 노동투입이 증가함에 따라 가능한 여가단위의 재고가 하락하고 포기한 여가의 한계효용은 증가한다. 제1장에서 보았듯이, 개인의 가치척도상에서 노동으로부터 거둔 한계효용이 여가의 한계효용을 더 이상 초과하지 않는 점까지 노동이 공급되는 경향이 있을 것이다. 화폐경제에서는 단위시간당 추가적 화폐소득의 한계효용이 추가적 시간 동안 노동함으로써 포기한 여가의 한계효용을 더 이상 초과하지 않을 때 노동은 멈출 것이다.[16]

따라서 인간은 그의 심적 소득을 극대화하는 원리에 의해서, 그의 시간을 여가와 생산적 노동 사이에 나누어 배분하고, 돈을 벌기 위한 노동과 교환 불가능한 항목들을 위한 노동 사이에 나누어 배분한다. 노동과 여가 사이의 결정에서 그는 노동의 한계이익과 여가의 한계이익을 비교평가한다.

마찬가지로, 장래의 투자자로서 인간은 장래의 각 투자로부터 생길 이익과 손실, 그것은 화폐적인 것과 그렇지 못한 것이 있는데, 그것들을 비교평가해야 할 뿐만 아니라, 투자할 것인가 하는 여부도 또한 평가해야 한다. **모든 인간은 그의 화폐자원을 세 가지, 그리고 오로지 세 가지 영역에만 배분해야 한다. 즉, 소비지출에, 투자지출에, 그의 현금잔고의 추가에.** 위에서 인용한 투자자의 경우에 모든 요소들을 고려하고 나서 10% 프로젝트가 그의 가치척도에서 효용이 가장 높다고 가정하자. 그렇지만 그 다음에 그는 투자를 할 것인가 또는 지금 소비재를 살 것인가 또는 그의 화폐를 현금잔고에 추가할 것인가를 결정해야 한다. 투자에서 한계이득은 예상화폐수익에 투자와 관련된 교환 불가능한 효용 또는 교환 불가능한 비효용을 비교평가한 것이다. 화폐수익의 이득은 미래에 소비재에 지출할 수 있는 화폐를 더 많이 가질 것이라는 사실이다. 만약 그가 지금 100온스의 돈을 가지고 투자한다면 일 년 후에 그가 소비재에 지출할 수 있는 110온스를 가지게 될 것이다. 다른 한편, 제1장에서 설명했던 것처럼, 투자에 불리하게 주로 영향을 미치는 것은 시간선호라는 사실, 그 사실이란 그가 **현재**에 가능한 소비를 포기하는 것이다. 만약 1온스의 화폐로 지금부터 일 년 후에 동일한 양의 재화를 살 수 있다고 가정하면(이 가정은 더 나중의 장들에서 제거될 것이다), 현재 1온스의 화폐는 지금부터 일 년 후의 1온스보다 언제나 **더** 가치가 있을 것인데, 왜냐하면 **주어진 재화**를 가능한 한 빨리 즐기는 것이 언제나 선호될 것이라는 단순한 이유 때문이다. 그 결과 투자여부의 결정에서 그는 미래보다는 현재에 소비하고자 하는 욕구와 **추가적** 수익을 비교해야 한다. 그는 결정해야 하는데, 만약 내가 현재의 100온스를 지금부터 일 년 후의 100온스보다 더 가치 있게 여긴다면, 나는 현재의 100온스를 지금부터 일 년 후의 약 110온스보다 더 가치 있게 평가하는가? 그는 가치척도에 따라 결정할 것이다. 마찬가지로, 그는 100온스와 110온스 각각을 현금잔고에 추가하는 것이 가져올 한계효용과 비교평가해야 한다(어떤 요소가 현금잔고에 들어있는지 아래에서 토론할 것이다).

따라서 한 인간의 재고(그가 소유한 화폐자원)에서 화폐상품의 모든 단위는 그의 가치척도에 따라 세 가지 용도의 범주에 언제나 배분되고 있다. 그가 소비에 많은 화폐를 배분하면 할수록 소비하는 재화의 한계효용은 점점 더 낮아질 것이다. 지출되는 추가적 각 단위는 덜 급박히 필요한 재화에 바쳐질 것이다. 그리고 그렇게 지출된 추가적 각 단위는 이용가능한 투자재의 재고와 이용가능한 현금잔고를 감소시킬 것이고, 그 결과 효용의 법칙에 따라 투자재와 현금잔고 용도 각각에서 포기한 한계효용을 끌어올린다. 다른 용도의 각각을 위해서도 똑같이 진리이다. 그가 각 용도에 많은 화폐를 지출하면 할수록, 그 용도로부터의 한계효용이 점점 더 낮아질 것이고, 포기한 다른 용도의 한계효용은 점점 더 높아질 것이다. 모든 인간은 위의 제1장에서 가상적 행위자가 그의 말 재고를 배분했던 원리와 동일한 원리로 그의 화폐재고를 배분할 것이다. 각 단위는 아직 달성하지 못한 가장 유용한 목적을 위해서 사용될 것이다. 각자가 그의 화폐재고를 배분하는 것이야말로 이런 원리들―그의 심적 소득의 극대화―에 따르는 것이다. 그의 가치척도에 따라 각자는 각 용도에서 각 화폐단위로 얻을 수 있는 한계효용을 판단할 것이고, 그의 지급수지에 나타난 화폐지출의 배분은 그런 판단에 의해 결정될 것이다.

투자지출이라는 일반적 범주 내에서 다른 수익이 예상되는 다른 프로젝트가 있는 것과 똑같이 소비의 일반적 범주 내에서도 무수히 다양한 소비재가 존재한다. 어떤 원리에 의거하여 인간은 이용가능한 다양한 종류의 소비재들간에 그의 지출을 배분하는가? 투자지출과 정확히 일치하는 원리들에 의거하여. 소비재에 지출하는 화폐의 첫 번째 단위는 가장 높이 평가되는 목적을 충족하는 바로 그 재화에 지출될 것이고, 다음 단위는 다음으로 가장 높이 평가되는 목적에 사용된다. 구매한 어떤 소비재의 각 꾸러미는 이 소비재가 그 인간에게 주는 한계효용을 감소시키고 포기한 모든 다른 재화의 한계효용을 증가시킨다. 다시 한번, 인간은 그의 가치척도상에서 가장 높은 한계효용을 가진 바로 그 재화에 화폐의 각 단위를 배분함으로써 소비범주(consumption category) 내에서 그의 화폐자원을 배분할 것이다. 상대적 한계효용에 대한 판단은 그의 화폐지출의 배분을 결정할 것이다. 소비재 범주 내와 소비재 범주간에 인간의 화폐배분 전부를 지배하는 원리에 도달하기 위해서, 그런 원리에 대한 논의를 진행하기 전에 논의에서 '소비재 범주 내에서'라는 말을 제거할 수 있음은 명백하다.

이제 우리의 분석은 여전히 더 일반화될 수 있다. 각 시점에서 각자는 일정한 재고의 유용한 재화, 일정한 재고의 **자원** 또는 **자산**(assets)의 소유권을 가진다. 이러한 자원에는 **화폐**뿐 아니라 **소비재**, **비인격적**(nonpersonal) **생산재**(토지와 자본재), **개인적 에너지**, **시간** 등이 포함된다. 그는 화폐를 배분했던 원칙과 동일한 원칙에 따라 이러한 자원의 **각각**을 배분할 것이고, 그 결과 각 단위는 그의 가치척도상에서 가장 높은 한계효용이 예상되는 용도에 사용된다.

개인적 노동서비스 판매가 돈을 주고 노동서비스를 사서 그 다음에 그 결과물인 생산물을 팔려고 노력하는 투자한 '고용주'(employer)에게 언제나 이루어지는 것은 아니라는 점을 여기에서 강조해야 한다. 많은 경우에 투자한 사람이 또한 생산물의 생산에 직접 일한다. 어떤 경우에 투자자는 저축한 자금을 생산요소에 지출하고 다른 이의 노동을 고용하여 실제적 생산작업을 관리한다. 다른 경우에 투자자는 또한 그의 노동시간을 생산과정의 세부분야에서 보낸다. 이런 노동은 생산물을 소유하지 않고 팔지 않는 피고용자의 '노동'과 너무나 똑같은 노동임은 명백하다.

장래의 투자자가 그 자신이 투자한 생산에 그의 노동을 사용할 것인지(즉, '자가고용'할 것인지) 또는 그의 화폐만을 투자하고 피고용자로서 그의 노동을 다른 곳에 팔 것인지를 결정할 원리는 무엇인가? 분명히 반복하건대 원리는 행동으로부터 생기는 최선의 심적 이득일 것이다. 예를 들어, 존스가 최선과 최대의 보상을 주는 투자 프로젝트를 발견한다고 가정하자. 그가 프로젝트 자체에서 노동하지 않고 그 투자의 지시와 관리를 위해 다른 이를 고용한다고 가정할 때, 그가 추정하기로 그 투자 프로젝트는 다가오는 해에 150온스의 순 화폐소득을 가져다줄 것이라고 가정하자. 만약 관리를 위해 경영자를 고용하는 대신에 그 자신이 관리한다고 가정하면 그는 또한 그 프로젝트로부터 일 년에 50온스의 추가소득을 올릴 수 있다고 추정한다. 그 자신의 노동을 프로젝트 관리에 쓰면 그 프로젝트의 순 소득은 일 년에 2백 온스가 될 것이다. 이 수치는 그의 관리기술이 그가 고용하고자 하는 사람보다 더 좋다면 더 높을 것이고, 그의 관리기술이 비교적 열등하다면 그 수치는 낮아질 것이다. 이 경우에 2백 온스의 순 소득은 150온스의 투자소득과 50온스의 관리에 대한 노동소득을 포함할 것이다. 그가 이 코스를 택할 것인지 여부는 (여가를 무시한다면) 다른 곳에 더 높은 소득을 받고 그의 노동서비스를 팔 수 있는가에 달려있다. 물론 이 '더 큰 소득'은 심적 소득으로 환산할 것이지만, 만약 이 경우에 교환 불가능한 요소들이 중립적이라고 가정하면, 그 '더 큰 소득'은 더 큰 화폐소득일 것이다. **다른 조건이 같다면**, 만약 존스가 어떤 다른 투자한 생산자를 위한 피고용자가 되어 60온스를 벌 수가 있다면, 그는 이 직업을 택할 것이고, 그의 투자에서는 다른 이의 노동을 이용하기 위하여 그를 고용할 것이다. 그러면 그의 총화폐소득은, 그의 프로젝트로부터 오는 150온스에 그의 노동서비스를 생산자에게 판 금액 60온스를 더하여 총 210온스가 된다. 물론 만약 그의 노동의 사용에서 자신이 스스로 고용되는 것을 크게 선호하는 것과 같은 교환 불가능한 심적 요소가 고려된다면, 그는 2백 온스의 소득을 받아들일 것이다.

생산노동자라는 것이 작업장이나 조립라인에서 일하는 사람에 국한된다는 일반적 개념은 전적으로 틀린다는 것은 이 토론에서 분명해진다. 노동자란 생산과정에 자신의 노동을 바치는 모든 사람이다. 이 노동은 화폐소득(이는 다른 심적 요소들에 의해 비교평가된다)을 벌기 위하여 쓰인 것이다. 만약 노동서비스가 협동하는 요소에 의해 생산되는 최종재화를 소유하는 투자한 고용자에게 판매된다면 그 일은 육체노동자에서 회사 사장에 이르기까지 어떤 필요한 업무로도 표현될 수 있을 것이다. 다른 한편, 노동소득이 투자한 기업가의 '자가고용'(self-employment)의 결과일 수 있다. 이러한 종류의 노동자는 또한 최종생산물의 소유자이고, 생산물 판매로부터 얻는 순 화폐수익은 투자한 화폐로부터 오는 수익뿐 아니라 그의 노동소득도 포함할 것이다. 기업과 생산과정이 커지면 커질수록, 그리고 복잡해지면 복잡해질수록 특화된 경영기술의 개발이 점점 더 커질 것이고, 그 결과 기업가의 자가고용 경향은 점점 더 적어질 것이다. 기업이 작으면 작을수록, 그리고 생산방법이 직접적이면 직접적일수록 자가고용이 점점 더 많이 일어날 것이라는 것이 법칙이 될 것이다.

우리는 지금까지 특히 노동과 화폐를 배분하는 원리들을 다루었다. 인간이 소유한 나머지의 교환가능한 자원은(그리고 캐털랙틱스에서 관심을 가지는 것이야말로 **교환가능한** 자원이다) 소비재들과 비인격적 생산재들(토지와 자본재들)이다.

인간이 소유한 재고 중에서 소비재는 **내구재**이다. 비내구의 재화와 서비스는 그것들을 소비하는 과정에서 사라질 것이다. 제2장에서 보았던 것처럼, 이제 어떤 재화라도 그 재화의 소유자에게 **직접사용가치** 또는 **교환가치** 또는 그 둘을 혼합한 가치가 있을 것이다. 어느 때라도 어떤 소비재의 각 소유자는 그의 가치척도에서 그 재화의 교환가치 또는 그 재화의 가장 높은 직접사용가치 중에서 어느 쪽이 큰지 판단해야 한다. 화폐경제에서 교환가치의 문제는 단순화되는데, 왜냐하면 특별히 중요한 것은 화폐와의 교환이기 때문이다. 그의 가치척도에서 가장 높은 직접사용가치의 효용은 교환을 통해 그 재화로 조달할 수 있는 화폐총량의 효용과 비교될 것이다. 예를 들어, 윌리엄스가 한 채의 집을 소유하고 있다고 가정하자. 그는 그 집을 금 2백 온스에 팔 수 있는지 결정한다. 이제 그는 가치척도에서 교환가치와 대비하여 직접사용의 순위를 평가한다. 따라서 그는 그 집을 세 가지 직접적인 용도에 쓸지도 모르는데, ① 그 집에서 사는 것, ② 그 집에서 일부 시간은 그가 살고 일부 시간은 그의 형제가 살도록 하는 것, ③ 그가 일부 시간을 그 집에서 살지만 그의 형제는 그 집에서 살지 않는 것 등이다. 그리고 그는 이 세 가지 각각을 다음과 같은 교환가치와 비교 평가할 것이다.

- **윌리암스의 가치척도**

  (순위)

  1. 직접사용(1)
  2. 집을 2백 온스의 화폐와 교환
  3. 직접사용(2)
  4. 직접사용(3)

이 경우에 윌리암스는 그 집에서 살기로 결정하고 집을 팔지 않을 것이다. 그의 결정은 오로지 그의 가치척도에 의해서만 결정될 것이다. 어떤 이는 집을 직접 사용하는 것보다 화폐와 교환하는 것에 우위를 둘지도 모르고, 그 결과 화폐를 받고 그 집을 팔 것이다.

판매자가 재화를 가능한 한 높은 화폐가격을 받기를 노력할 것이라는 점이야말로 **어떤 재화**에 대해서도 수정 없이 진리라는 것은 명백하다. 이 점을 증명하는 것은 제2장에서 한 논증과 유사한데, 그 증명이란 어떤 재화의 판매자라도 항상 가장 높은 가격을 받고자 노력한다는 것인데, 다만 제2장과 달리 여기에서는 **화폐**만을 교환대상으로 함으로써 시장이 단순화되어 있고, 그 결과 중요한 것은 **화폐가격**이라는 것을 제외하고는 말이다. **인간이 어떤 재화의 판매로부터 얻을 화폐소득은 그 재화 판매의 화폐가격에 판매량을 곱한 것과 언제나 같을 것이다**. 예를 들어, 만약 그가 집을 한 채당 2백 온스의 화폐가격에 판다면 그 재화로부터 나오는 총화폐소득은 2백 온스일 것이다. 가장 높은 가격에 팔고자 하는 그의 욕구는 그가 **언제나** 그 가격에 팔 것이라는 것을 의미하는 것은 물론 아니다. 윌리암스의 경우처럼, 어떤 재화의 가장 높은 화폐가격은 직접사용의 심적 가치보다 여전히 낮을 수도 있을 것이다. 그러나 만약 그 집을 파는 화폐가격이 250온스로 올랐다고 가정하면 그 집의 교환가치는 직접사용(1)의 경우보다도 높은 순위를 가졌을 것이고, 따라서 그는 그 집을 팔았을 것이다.

만약 소비재의 소유자가 또한 최초의 생산자라면 그에게 그 소비재의 직접사용가치는 거의 없다는 것은 명백하다. 주택 또는 텔레비전 수상기 또는 세탁기를 생산하는 특화된 생산자는 이런 재화의 재고가 그에게 주는 직접사용가치는 실제적으로 거의 존재하지 않는다는 것을 발견한다. 그런 생산자에게는 교환가치가 유일하게 중요한 요소이고, 그의 관심은 재고를 팔아 얻는 화폐소득을 **오직** 극대화하는 데**만** 있으며, 그 결과 각 재화의 판매에서 가장 높은 화폐가격을 얻는 데**만** 관심이 있다. 어떤 생산라인에서 장래의 투자자나 노동자에게 크게 보이는 교환 불가능한 요소들은 이미 그 재화의 재고를 가진 생산자에게는 무시할 만한 것일 텐데, 왜냐하면 그가 최초의 투자나 최초의 직업을 선택했을 때 교환 불가능한 요소들을 이미 고려했었기 때문이다. 따라서 소비재의 생산자에게 재화의 판매로 인한 수익으로부터 얻는 심적 소득을 극대화하는 방법은 그 재화의 판매로부터 가능한 가장 높은 화폐가격을 받는 것이다.

언제 소유자가 재화를 팔 것이고, 언제 소유자가 그 재화의 서비스를 임대할 것인가? 분명히, 그는 그가 믿기에 가장 높은 화폐소득, 또는 더 정확히는 화폐소득의 가장 높은 현재가치를 주는 코스를 택할 것이다.

비인격적 생산재 재고의 소유자는 무엇을 하는가? 어떻게 그가 가장 높은 심적 소득을 얻기 위하여 이 재화를 배분할 것인가? 첫째, 정의상 생산재는 소유자에게 소비재로서 어떤 직접적 사용가치도 있을 수 없음이 명백하다. 그러나 생산재는 **생산재로서** 직접적 사용가치를 가지는 것은 당연한데, 즉 소비재로서 전환되는 과정을 더 따라가면서 생산물을 만듦에서 생산요소로서 직접적 사용가치를 가진다. 어떤 생산재의 일정한 재고 또는 그 재고의 일정한 단위에서, 생산재는 교환가치가 있거나, 교환가치를 가질 다른 생산물로 전환하기 위해서 사용할 수 있는 가치를 가지거나, 그 둘 모두를 가진다. 교환 불가능한 요소들은 일반적으로 거의 역할하지 않을 것이라는 점은 생산재의 소유자에게도 또한 진실이다. 그가 이미 투자했고 아마도 이런 생산재를 생산하고 구매하는 작업을 했다는 사실은 그가 작업 그 자체에 들어있는 가능한 긍정적인 심적 가치 또는 부정적인 심적 가치를 이미 고려했음을 의미한다. 더구나, 간접교환의 경제에서 물물교환의 여지가 거의 없을 것이기 때문에 중요한 것은 생산된 재화를 화폐와 오직 교환하는 것뿐이다. 그러므로 생산재의 소유자는 그 생산재를 화폐와 직접 교환함으로써 더 높은 화폐소득을 얻을 것인지 또는 그 생산재를 생산을 거쳐 '더 낮은 차수'의 생산물로 전환하여 그 다음에 그것을 화폐를 받고 팔 것인지 여부를 판단하는 데 주의를 기울인다.

생산재의 소유자가 직면하는 선택의 예로 로빗슨을 보자. 로빗슨은 다음 요소들에 투자하여 소유하고 있다.

X라는 생산재 10단위
Y라는 생산재 5단위
Z라는 생산재 6단위

기술적 지식 때문에 그는 X 10단위, Y 5단위, Z 6단위를 협력적 요소들로 사용하여 P라는 최종생산물 10단위로 전환할 수 있음을 안다(물론 다양한 '단위들'이란 다양한 재화의 순전히 물리적 단위들이고, 그 결과 전적으로 서로 동일한 단위로 계량할 수가 없다). 그는 10단위의 P를 단위당 15온스, 총화폐소득 150온스에 팔 수 있을 것으로 추정한다.

다른 한편, X, Y, Z를 P로 바꾸지 않고 화폐를 직접 받고 다음과 같이 팔(또는 되팔) 수 있음을 안다.

10단위의 X @ 단위당 6온스의 금(X의 화폐가격),
X 판매로부터 얻는 화폐소득   60온스
5단위의 Y @ 단위당 9온스, 화폐소득   45온스
6단위의 Z @ 단위당 4온스, 화폐소득   24온스

각 생산재의 재고를 분리하여 직접 판매하여 얻는 그의 총화폐소득은 129온스이다. 그러나 로빗슨은 P로 전환하는 것을 도와주는 노동서비스를 사는 데 지불해야 할 화폐지출을 또한 고려해야 한다. 자유경제에서 그는 노동자들을 재화의 재고처럼 소유할 수는 없다. 만약 노동서비스에 대한 지출이 21온스 이하이면 요소들을 전환하여 생산물 P를 150온스를 받고 파는 것은 그에게 이익을 줄 것이다. 만약 노동서비스에 대한 필요한 지출이 21온스 이상이면 생산재들을 화폐를 받고 직접 팔아버리는 것이 그에게 이익을 줄 것이다.

이러한 장래의 판매 하나하나에서 소유자의 관심은 물론 가능한 가장 높은 가격에 팔아서 그 결과 각 재화로부터 가장 높은 화폐소득을 생기게 하는 것이다.

로벗슨이 생산을 추진하기로 결정했고 10단위의 P를 이제 재고로 가지고 있다고 가정하자. 그가 P를 하나의 요소로 이용하여 다른 생산물을 만드는 사업을 즉각적으로 시작할 전망은 없다. 그 결과 이 소유자에게 오직 하나의 선택지만 남는다—그가 얻을 수 있는 가장 높은 가격에 그 생산물을 돈을 받고 파는 것이다. 그러나 P가 내구재인 경우에, 미래에 P의 화폐가격이 더 높아질 것이라고 믿는다면, 그리고 더 높은 가격이 기다림으로 인한 불이익(그의 시간선호)과 판매가 이루어질 때까지 P를 저장하는 비용을 포함한다면, 그는 그 재화의 판매를 유보하는 선택권을 여전히 가지고 있다.

생산재가 생산재의 소유자에게 생산물이든 생산요소이든, 그는 만약 재화를 통째로 팔지 않는다면 임대할 수 있다. 임대가 가능하기 위해서 물론 그 재화는 상대적으로 내구성이 있어야 할 것이다. 여기에서 다시 한번 소비재의 경우처럼 생산재의 소유자는 그 재화를 완전히 팔 것인지 또는 일정기간 동안에 서비스를 임대할 것인지 결정할 것인데, 이 경우에 어느 쪽이 그에게 가장 높은 화폐소득(정확히는 가장 높은 현재가치)을 줄 것인지의 판단에 따라 결정할 것이다.

가장 높게 평가되는 목적을 성취하려고 시도하는 것, 즉 심적 소득을 극대화하려고 시도하는 소비재의 소유자 또는 생산재의 소유자의 행동을 이만큼 분석했다. 소유자에게 교환 불가능한 요소들은 일반적으로 중요성에서 무시할 정도인데, 왜냐하면 소비재나 생산재에 투자했을 때 이미 교환 불가능한 요소들은 할인되었기 때문이다. 만약 우리가 어떤 소유자의 경우에 내구소비재의 직접사용가치를 무시한다면 소유자의 목적은 그 재화의 재고로부터 화폐소득을 극대화하는 것이다. 어떤 재화의 판매로부터 얻는 화폐소득은 그 재화의 화폐가격에 판매한 양을 곱한 것이기 때문에, 이 점은 판매자는 그들의 재고에 대해 가장 높은 화폐가격을 받으려고 노력할 것이라는 것을 의미한다.

이 시점에서 제2장에서 대답할 수 있는 정보가 없었던 의문을 비록 적어도 간략하게나마 풀 수 있다. 어떤 재고 소유자의 행동이 주어진 상태에서, 무엇이 그 재화의 바로 그 재고의 **크기**를 결정하는가? 이제 분명히, 개인적 에너지의 경우를 제외하고는, 그 재화는 **이전에 누군가에 의해 생산**되었음에 틀림없다(또는 순전히 자연이 준 요소인 경우에, 이전에 발견되고 전환되었음에 틀림없다). 이런 이전의 생산은 현재의 소유자에 의해 행해졌거나 과거의 누군가에 의해 행해졌는데, 그는 그 재화의 재고를 교환이나 선물로 획득했던 것이었다. 과거의 투자는 우리가 위에서 보았던 이유로 행해졌음이 틀림없다. 투자로부터 생겨나는 미래 화폐수익의 예상에 현재 대신에 미래에 소비하기 위하여 기다리는 희생을 보상한 것이다. 이 이전의 투자자는 생산요소에 했던 화폐지출보다 큰 화폐소득을 받고 그 재화를 팔 수 있을 것이라고 예상했다. 예로서 로벗슨이 10단위의 P를 가진 경우를 보자. 어떻게 그가 이 재고를 획득했는가? 일정한 순 화폐소득을 만든다는 희망을 가지고, 즉 P의 판매로부터 발생하는 화폐소득이 다양한 생산요소에 투자한 화폐지출보다 일정한 액수만큼 클 것이라는 예상을 하고, 화폐로 생산요소를 구매하는 데 투자하고, 그 다음에 P를 생산함으로써 그 재고를 획득했다. 이제 어떻게 이전에 생산된 X, Y, Z 등과 같은 요소들의 재고는 존재하게 되었는가? P의 생산과 동일한 과정에 의해서 존재하게 된다. 다양한 투자자가 그 투자로부터 순 화폐소득(투자로부터 생겨난 총화폐소득이 총화폐지출보다 큰)을 예상하고 이러한 요소들의 생산에 참여했다. 이런 투자결정이 어떤 일정 시점, 어떤 사회에서의 모든 생산재와 내구소비재의 모든 재고의 존재를 설명한다. 게다가, 순전히 자연이 준 요소의 재고는 소유자 또는 이전의 어떤 개인이 그 요소를 발견하고 생산과정에서 이전에 미사용의 요소들을 사용함으로써 획득되었다. 소비재의 재고와 생산재의 재고처럼, 화폐상품의 재고도 화폐소득이 화폐지출보다 클 것을 예상했던 투자한 생산자에 의한 투자결정의 결과였다. 다른 한편, 어떤 개인에 소유된 **개인적 에너지**의 재고는 인간존재의 하나로서 그의 본성에 내재된 것이다.

  한 개인이 가질 수 있는 각종 교환가능한 자원을 이 정도까지 분석했고, 심적 소득을 극대화하기 위하여 무엇이 그의 자원사용을 지배하는가를 분석했으며, 어느 정도까지 그런 극대화가 그 자원으로부터 화폐소득을 극대화하려는 시도와 관련이 있는지 분석했다. 재화의 판매로부터 얻는 화폐소득의 결정요인들을 분석하면서, 그 결정요인들은 재화의 수량과 화폐가격임을 보았고, 어떤 재화의 '주어진 재고'에 관련된 수량이 어떻게 설명될 수 있는가를 방금 보았다. 아직 설명하지 않고 남아 있는 것은 화폐가격들(money prices)이다. 지금까지 화폐가격에 대해 우리가 아는 모든 것은 어떤 재화—소비재 또는 생산재 또는 노동서비스—의 **판매자**는 그 재화를 **가능한 한 높은 화폐가격에** 팔기를 원한다는 것이다. 소유자의 가치척도상에서 교환 불가능한 재화들은 이 법칙을 수정할지도 모르지만, 일반적으로 이러한 수정들은 오직 노동서비스의 판매자들에게만 중요할 것이다.

지금까지 우리는 인간을 어떤 주어진 재화를 배분하는 자(allocator) 또는 판매자로 간주했었다. 어떤 재화의 **구매자**로서 인간은 무엇인가(그리고 여기에서 우리는 이 장의 초기에 했던 토론을 상기한다)? 구매자로서 그는 돈을 투자지출과 소비지출에 사용한다. 개인의 소비지출에 대한 토론에서, 우리는 그가 재화의 '단위당 가치'를 고려하여 소비지출을 결정했다는 것을 보았다. 그러나 무엇이 그의 단위당 가치가 얼마가 될 것인가를 결정하는가? 계란 또는 모자 또는 버터 등에 지출한 화폐 1온스의 가치는 얼마인가? 이것은 구매자가 그 재화에 대해 지불해야 할 **화폐가격**에 의해서만 오직 결정될 수 있다. 만약 어떤 사람이 한 다스의 계란을 10분의 1 온스에 살 수 있다면, 1온스 가치의 계란은 10다스이다. 화폐를 보유한 소비재 구매자로서의 자격에 따라 인간은 **가능한 가장 낮은 화폐가격**에 각 특정한 재화를 구매하기 시도할 것이라는 점은 이제 명백하다. 돈을 소유하고 소비재를 구매하기 시도하는 사람에게 그가 사고자 하는 재화의 화폐가격이 낮으면 낮을수록 **그의 심적 소득은 점점 더 클 것**이 명백하다. 그가 더 많은 재화를 구매할 수 있을수록 동일한 액수의 화폐를 점점 더 많은 용도에 쓸 수 있다. 그러므로 구매자는 그가 구매하고자 하는 재화의 가장 낮은 화폐가격을 찾고자 할 것이다.

따라서 **다른 조건이 일정하다면** 화폐를 구매하기 위한 재화의 판매자로서 인간의 심적 소득은 그 재화를 받을 수 있는 가장 높은 화폐가격에 판매함으로써 극대화된다. 화폐를 파는 위치에 있는 재화의 구매자로서 인간의 심적 소득은 그 재화를 살 수 있는 가장 낮은 화폐가격에 구매함으로써 극대화된다.

이제 이 장의 분석결과를 요약하기로 하자. 우리는 어떻게 공동의 교환수단이 시장에서 직접교환으로부터 출현하는가를 보았다. 우리는 간접교환의 경제에서 화폐의 매매와 연관된 교환의 패턴에 주의를 기울였다. 우리는 어떻게 각 개인이 어떤 패턴의 화폐소득과 화폐지출을 가지는가 서술했다. 그 다음에, 화폐경제에서 무엇이 심적 소득 극대화에 관련되어 있는지 연구했고, 어떻게 극대화의 원리가 사람의 다양한 역할—각종 상이한 종류의 자원소유자로서, 그리고 노동자 또는 투자자로서—내에서 인간의 행동을 통제하는지 연구했다. 가장 높게 평가되는 목적을 넘어서는 추구가 다양한 경우에 화폐소득의 극대화에 어느 정도 관련되어 있는지, 그리고 어느 정도 관련되어 있지 않는지 보았다. 심적 소득의 그러한 극대화가 재화의 판매자로 하여금 그 재화의 가장 높은 화폐가격을 찾도록 항상 이끈다는 점, 재화의 구매자로 하여금 가장 낮은 화폐가격을 찾도록 항상 이끈다는 점을 우리는 방금 결론내렸는데, 노동자가 노동에 부착된 교환 불가능한 조건들 때문에 그의 노동에 대한 더 높은 화폐가격을 퇴짜놓는 경우와 투자자가 그 자신을 위해 자신이 좋아하는 생산라인에 투자할 목적으로 더 높을 것으로 예상되는 소득을 퇴짜놓는 경우를 예외로 하고 말이다. 이러한 예외들을 무시한다면, 추구하는 법칙이란, "가장 저렴한 시장에서 구매하고 가장 값비싼 시장에서 팔아라"라는 법칙은 각 개인을 가장 높이 평가되는 목적들의 달성으로 이끄는데, 이때 그 개인은 소비자로서의 개인, 그리고 생산자로서의 개인, 둘 모두이다.

우리는 인간이 그의 심적 소득을 극대화하려고 노력한다는 것을 알고, 그 결과 **다른 조건이 같다면** 그의 화폐소득을 극대화하고자 노력한다는 것을 알고 있음에도 불구하고, 우리는 그가 획득하는 화폐소득이 무엇을 기초로 결정되는가는 여전히 모른다. 우리는 교환 불가능한 가치가 각 개인의 가치척도에 의해 단지 결정된다는 것을 안다. 그러나 **다른 조건이 같다면** 인간은 어떤 서비스나 재화를 적은 화폐가격과 화폐소득보다 많은 화폐가격과 화폐소득을 받고 팔 것이라는 점을 알고 있음에도 불구하고, 무엇이 있는 그대로의 화폐가격들을 만드는지 아직 모른다. 무엇이 소비재들의 화폐가격들, 노동서비스의 화폐가격들, 자본재들의 화폐가격들, 자연이 준 요소들의 화폐가격들을 결정하는가? 무엇이 내구재의 화폐가격과 '임대해준' 서비스의 화폐가격을 결정하는가? 그리고 모든 재화의 주어진 재고의 결정요소로서 투자의 엄청난 중요성과 함께, 무엇이 재화로부터 얻는 총화폐소득(gross money income)과 그 재화를 생산하기 위해 필요한 요소들에 들어간 화폐지출의 차액을 결정하는가? 투자와 생산을 초래하는 것이야말로 생산물의 판매로부터 얻는 화폐소득과 생산요소들에 들어간 화폐지출의 이러한 차액에 대한 예상뿐이다. 그리고 다양한 가격들간에 확립될 것으로 여겨지는 관계가 만일 있다면 그것은 무엇인가?

다시 말하면, 모든 인간행동은 아직 달성하지 못한 목적들 가운데서 가장 가치가 있다고 평가되는 것에 도달하기 위하여, 즉 심적 소득을 극대화하기 위하여 희소한 자원을 사용한다. 우리는 어떻게 심적 소득 극대화가 고립된 개인에 의해, 그리고 직접교환에서 개인에 의해 이루어지는가를 보았는데—비록 두 경우가 극히 제한된 범위에서만 존재할 수 있음에도 불구하고 말이다. 우리는 어떻게 인간의 심적 소득 극대화 행위가 화폐경제에서 엄청나게 대규모로 행해지는가를 보았고, 그리고 화폐경제에서 심적 극대화의 구체적 구성요소가 궁극적으로는 교환 불가능한 가치들, 재화들의 재고 물량들, 시장에서 이러한 재화들로 교환할 수 있는 화폐가격들 등임을 보았다. 우리는 교환 불가능한 가치들의 작동을 설명했고, 각 재화의 주어진 재고량이 어떻게 결정되는가를 매우 간략하게 지적했다. 우리는 이제 간접교환의 분석에서 고전적 문제를 탐구해야 한다. 즉, **화폐가격들의 결정**. 더욱이 화폐가격들의 분석은 재화의 판매로부터 얻을 것으로 예상되는 총화폐소득과 요소들에 지불하는 지출 간의 '차액'이 발생하는 이유들과 결정요인들의 조사를 가능하게 할 것인데, 이 차액이 사람들로 하여금 재고의 생산에 투자하도록 유도한다.

NOTES

1. 위의 제1장 76쪽에 있는 예를 보라.
2. 시장사회에서 인간의 조건과 원시사회에서 인간의 조건을 명료하고 정확하게 비교한 것으로는, Edmond About, *Handbook of Social Economy* (London: Strahan & Co., 1872), pp.5~17 참조.
3. 공통수단의 이러한 출현과정에 대한 추가분석은, Mises, *The Theory of Money and Credit* (New Haven: Yale University Press, 1953), pp.30~33, and *Human Action* (New Haven: Yale University Press, 1949), pp.402~404; Menger, *Principles of Economics* (Glencoe, Ill.: The Free Press, 1950), pp.257~263. 역사적 설명을 위해서는, J. Laurence Laughlin, *Money, Credit, and Prices* (Chicago: University of Chicago Press, 1931), I, pp.3~15, 28~31 참조.
4. Adam Smith, *The Wealth of Nations* (New York: Modern Library, 1937), pp.22~24; Menger, *op. cit.*, pp.263~271; Laughlin, *op. cit.*, pp.15~23, 38~43.
5. 문명사회를 위한 화폐의 중요성에 대해서는, Phillip H. Wicksteed, *The Common Sense of Political Economy and Selected Papers* (London: Routledge and Kegan Paul, 1933), I, pp.140ff 참조.
6. 더 나중의 절들에서 생산과정에서 화폐소득의 수수를 더 다룰 것이다. 자본재의 소유자와 판매자는 자본재의 생산에 필요한 토지, 노동, 자본재 등에 대가를 지불해야 하기 때문에, 바로 전의 분석에서 자본의 소유자는 일정기간 동안 재화의 보유자로서만 소득을 받는다는 점을 여기에서 지적해 두어야 한다.
7. 단위들의 이름들은 습관, 언어 등에 의존하는 있을 법한 어떤 것일 수 있다. 달러, 프랑, 마르크, 새클(*shekel*)과 같은 그런 이름들이 예제이다. '달러'라는 이름은 보헤미아(Bohemia)의 쉬릭(Schlick) 공작에 의해 주조된 은의 온스 무게를 일반적으로 응용한 이름에서 기원했다. 조아힘(Joachim, 또는 조아힘스탈 Joachimsthal) 계곡에 살았던 공작은 1518년에 은으로 된 온스를 주조하기 시작했고, 그 주화의 통일성과 정교성이 유럽에서 명성을 얻었다. 그 주화들은 조하임스탈러(*Joachimsthalers*)로 알려졌고, 최종적으로 **탈러**(*thalers*)로 줄여졌다. '달러'라는 이름은 '탈러'에서 기원한 것이다. Charles A. Conant, *The Principles of Money and Banking* (New York: Harper & Bros., 1905), I, pp.135~140; Menger, *op. cit.*, p.283.
8. 예를 들어, 금은 화폐로서는 원시적 형태의 작은 덩어리로 거래되었거나, 봉지에 들어 있는 금 부스러기로 거래되었거나, 보석이나 다른 장식용으로 거래되었다. 화폐의 형태에 관한 하나의 재미있는 예는 중부 아프리카의 철화폐(*iron money*)였다. 철은 괭이로 사용되는 가치 있는 상품이었다. 화폐형태는 두 부분으로 분할할 수 있게 만들어졌고, 괭이로 쉽게 바꿀 수 있었다. Laughlin, *op. cit.*, p.40 참조.
9. 이 점은 만약 소득이 순차적이고 지출이 불연속적 합일 때 또는 어떤 다른 패턴의 화폐소득과 화폐지출에 대해서도 마찬가지이다.
10. 이 절은 소비재에 대한 지출의 토론에 국한한다. 다음 절은 생산재에 대한 생산자의 지출을 토론할 것이다. 그러나 생산자가 입는 현금잔고의 원하지 않는 손실마저도 더 나중의 기간에 과오였음이 증명될 것이지만, 순전히 자발적 행동의 결과임을 보게 될 것이다.
11. 음식과 의복에 대부분의 소득 또는 모든 소득을 지출하는 사람도 또한 '불리한 무역지수'를 가진 것이 **틀림없다는** 주장도 있었는데, 왜냐하면 그의 화폐지출이 어떤 최소액에 이르러야 **하기** 때문이라는 것이다. 그러나 만약 그 사람이 그의 모든 현금잔고를 소비했다면 그는 더 이상 계속해서 불리한 수지를 가질 수 없는데, 그가 구매하는 재화가 무엇이든지 또는 그의 생활수준이 어느 정도이든지 간에 말이다.
12. 생산자는 다른 사람의 저축된 자금을 또한 빌릴 수 있지만, 그러나 분석을 명확하게 하기 위하여 이 절에서는

대출과 차용의 전 과정은 생략된다. 대부(*loans*)는 나중의 장에서 분석될 것이다.
13 저자들이 실업가들의 행위를 토대로 외삽하여(*extrapolate*) 만약 '그들이' 수입한 것보다도 수출한 것이 많다면 '국가들'이 '나아진다고' 결론내리는 것이야말로 개인의 **전체** 행동과 한 실업가로서 그의 행동의 차이를 혼동한 데서 부분적 원인이 있다.
14 '교환 불가능한'(또는 '교환하지 않는') 재화와 '교환가능한' 재화라는 용어는 '이상적', 그리고 '물질적'이라는 용어보다 훨씬 우수하다. 후자의 분류는 두 종류의 재화들의 본질적 차이를 전달하는 데 실패한 것은 차치하고라도 두 가지 점에서 틀린다. 첫째로, 위에서 서술했던 것처럼, 많은 교환가능한 재화가 유형의 '물질적인' 것이라기보다는 차라리 무형의 서비스이다. 두 번째로는, 어떤 사람에 의해 가치 있다고 평가되는 많은 교환 불가능한 재화가 다른 사람의 입장에서는 거의 '이상적'이라고 여겨지지 않은 결과, 덜 채색이 된 용어가 필요하다.
15 고전파 경제학의 비판자들뿐 아니라 고전파 경제학자들의 믿음, 그 중에서도 특히 존 스튜어트 밀(John Stuart Mill)의 믿음, 즉 경제학이 화폐소득을 획득하는 일에만 관심이 있는 가공의 '경제인간'(*economic man*)을 공리로 간주해야 한다는 점은 전적으로 틀린 것이다.
16 물론 구체적 결과는 개인마다 다르고 고려하는 **시간단위**에 따라 다르다. 시간당 소득의 관점에서는 노동이 멈추는 점은 매우 빨리 올지도 모른다. 연간소득의 관점에서는 노동이 멈추는 점은 결코 오지 않을지도 모른다. 다시 말하면, 시간당 화폐소득과 상관없이 그는 몇 시간 일하고 난 후에는 쉽게 일을 멈출 것이지만, 그에 반하여 그의 연간소득이 엄청난 경우에만 일 년간 일을 그만두기 쉬울 것이다.

제4장

가격들과 소비

1. 화폐가격들

간접교환경제에서 재화들의 화폐가격들이 엄청나게 중요함을 보았다. 생산자의 화폐소득 또는 노동자의 화폐소득과 소비자의 심적 소득은 이런 가격들의 형성에 의존한다. 어떻게 가격들이 결정되는가? 이 가격결정 분석에서 우리는 제2장의 토론 내용으로부터 광범위하게 끌어낼 수 있다. 그곳에서 우리는 직접교환이라는 조건하에서 다른 재화들로 환산하여 한 재화의 가격들이 어떻게 결정되는가를 보았다. 단지 매우 제한되게 존재할 수밖에 없는 사물의 상태에 그렇게 많은 관심을 기울였던 이유는 직접교환에서 한 것과 같은 유사한 분석을 간접교환이라는 조건에 응용할 수 있다는 것이었다.

물물교환 사회에서 가격들을 확립했던 **시장들**은(가격제도가 작동할 수 있다고 가정한다면) 모든 다른 재화에 대해 한 재화의 셀 수 없이 많은 시장들이었다. 화폐경제의 확립으로 필요한 시장들의 수는 엄청나게 줄어든다. 많은 다양한 종류의 재화가 화폐상품과 교환되고, 화폐상품은 많은 다양한 종류의 재화와 교환된다. 그러면 모든 단일한 시장에서 (물물교환이라는 격리된 경우를 예외로 한다면) 화폐상품이 두 요소 중의 하나가 된다.

대부와 청구권(이것들은 아래에서 고려될 것인데)을 제외한다면, 화폐와의 교환으로 다음과 같은 종류의 교환이 이루어진다.

중고 소비재	화폐와 교환함
새로 만든 소비재와 서비스	화폐와 교환함
자본재	화폐와 교환함
노동서비스	화폐와 교환함
토지요소	화폐와 교환함

내구재의 경우에는 각 단위는 **전체로서** 팔 수 있거나 내구재의 서비스를 일정기간 동안 임대할 수 있다.

이제 제2장에서 다른 재화로 환산한 한 재화의 가격은 교환에서 다른 재화의 양을 한 재화의 양으로 나눈 것이라는 것을 기억한다. 어떤 교환에서 만약 생선 150배럴이 말 3마리와 교환되었다면, 그 교환에서 생선으로 환산한 말의 가격, '말의 생선가격'(fish-price of horses)은 말 한 마리당 생선 50배럴이었다. 이제 화폐경제에서 말 3마리가 금(화폐) 15온스와 교환된다고 가정하자. 이 교환에서 말의 **화폐가격**은 **말 한 마리당 5온스**이다. 그러므로 어떤 교환에서 한 재화의 화폐가격은 금의 양을 재화의 양으로 나눈 숫자로 나타낸 비율(numerical ratio)을 나타낸다.

어떤 교환에서 화폐가격이 어떻게 계산되는가 설명하기 위하여 다음과 같은 교환이 이루어진다고 가정하자.

말 3마리를 15온스의 금과 교환
생선 100배럴을 5온스의 금과 교환
계란 2다스를 8분의 1 온스의 금과 교환
X의 노동 8(원문은 3시간이나 오타로 보임—역주)시간을 24온스의 금과 교환

이런 각종 교환의 화폐가격들은:

$$\frac{15온스}{말 3마리} = \frac{5온스}{말 1마리}$$

$$\frac{5온스}{생선 백 배럴} = \frac{1온스}{생선 20배럴} = \frac{1/20온스}{생선 1배럴}$$

$$\frac{1/8온스}{계란 2다스} = \frac{1/16온스}{계란 1다스}$$

$$\frac{24온스}{X의 노동 8시간} = \frac{3온스}{X의 노동 1시간}$$

각 줄의 마지막 비율이 각 교환에서 각 재화의 화폐가격이다.

화폐가 모든 교환에 사용됨으로써 화폐가격이 모든 교환비율의 **공통분모**로서 봉사하는 것이 명백하다. 따라서 위의 화폐가격을 가지면 누구라도 만약 말 1마리를 5온스와 교환하고, 생선 1배럴에 20분의 1 온스와 교환하면, 말 1마리는 생선 100배럴 또는 계란 80다스 또는 X의 노동(5/3)시간 등과 간접적으로 교환할 수 있음을 계산해낼 수 있다. 각 재화와 모든 다른 재화로 된 무수한 격리된 시장 대신에, 각 재화는 화폐와 교환되고 모든 재화와 모든 다른 재화의 교환비율들은 그들의 화폐가격을 관찰함으로써 쉽게 계산할 수 있다. 이런 교환비율들이 오직 가상적이라는 것과 이런 교환비율들이 단지 화폐와의 교환 때문에 어쨌든 계산될 수 있다는 것을 여기에서 강조해야 한다.

우리가 이런 '물물교환비율들'(barter ratios)을 가상적으로 계산할 수 있는 것이야말로 화폐의 사용을 통해서 뿐이고, 하나의 재화가 다른 재화와 가상적 비율에 최종적으로 교환될 수 있는 것이야말로 화폐와 교환되는 중간교환(intermediate exchanges)을 통해서 뿐이다.[1] 많은 저자가 화폐가 여하튼 화폐가격의 형성으로부터 삭제될 수 있다고 믿는 과오를 범했고, 분석이 '마치' 교환이 물물교환에 의해 실제로 일어났던 것처럼 사태들을 정확히 서술할 수 있다고 믿는 과오를 범했다. 모든 교환에 스며들어 있는 화폐와 화폐가격들로 된 간접교환경제에서 가격들 형성의 분석에서 화폐를 빼낼 수는 없다.

직접교환의 경우와 똑같이 시장에서 **각 재화에 대해 하나의 화폐가격이 확립되는** 경향이 언제나 있을 것이다. 각 판매자는 그의 재화를 획득가능한 가장 높은 화폐가격에 팔고자 노력한다는 기본법칙과, 각 구매자는 그 재화를 획득가능한 가장 낮은 화폐가격에 사고자 노력한다는 기본법칙을 우리는 알았다. 어떤 주어진 때에 시장에서 구매자들의 행동과 판매자들의 행동이 하나의 가격을 항상, 그리고 바르게 확립하는 경향이 있을 것이다. 만약 예를 들어, 생선 100배럴의 '지배적' 시장가격이 5온스이고—즉 만약 판매자들과 구매자들이 원하는 생선을 100배럴당 5온스에 매매할 수 있다고 믿는다면—그러면 어떤 구매자도 그 생선에 6온스를 지불하지 않을 것이고, 어떤 판매자도 4온스를 받아들이지 않을 것이다. 그런 행동은 시장의 모든 재화에 통용될 것인데, 전체 시장사회에서 어떤 주어진 시간에 모든 동질의 재화는 하나의 특정한 화폐가격에 매매되는 경향이 있을 것이라는 법칙을 확립하면서 말이다.

그러면 각 재화의 이러한 균일한 화폐가격이 결정되는 점을 결정하는 힘들은 무엇인가? 제2장에서 설명했던 것처럼 그 결정요인들이란 수요스케줄과 공급스케줄을 통해 표현된 개인의 가치척도들임을 곧 보게 될 것이다.

말과 생선의 직접교환에서 '말의 생선가격'을 결정하는 과정에서 '생선의 말가격'이 동시에 또한 결정되었음을 기억해야 한다. 화폐경제의 교환에서 '화폐의 재화가격'(goods-price of money)은 무엇이고, 그것이 어떻게 결정되는가?

화폐와 교환되는 전형적 교환의 전술한 목록을 고려해보자. 이러한 교환은 시장에서 네 가지 다른 재화의 가격을 확립했다. 이제 그 과정을 반대로 하여 그 교환에서 재화의 양을 화폐의 양으로 나누어보자. 이것은 우리에게 다음과 같은 수치를 준다:

$$\frac{\text{말 5분의 1마리}}{\text{1온스}} : \frac{\text{생선 20배럴}}{\text{1온스}} :$$

$$\frac{\text{계란 16다스}}{\text{1온스}} : \frac{\text{X의 노동, 3분의 1시간}}{\text{1온스}}$$

이러한 종류의 목록 또는 '배열'은 화폐와 교환되는 무수한 재화의 각각을 위해 계속된다. **어떤 재화의 화폐가격의 역은 그 특정 재화로 환산한 화폐의 '재화가격'을 우리에게 준다.** 어떤 의미에서 화폐는 그 가격에 관한 한 물물교환체제에서 모든 재화가 존재했던 것과 같은 상태로 남는 유일한 재화이다. 물물교환에서 모든 재화는 **모든 다른 재화**로 환산한 그 자체의 지배적 시장가격만을 가졌다. 즉, 계란의 생선 가격, 영화의 말가격 등. 화폐경제에서 화폐를 제외한 모든 재화는 이제 화폐로 환산한 **하나의** 시장가격을 가진다. 다른 한편, 화폐는 '화폐의 재화가격'(goods-price of money)을 확립한 '재화가격들'(goods- prices)의 거의 무한정한 **배열**을 여전히 가진다. 다 함께 고려할 때 그 전체 배열은 우리에게 일반적 '화폐의 재화가격'을 제공한다. 왜냐하면 만약 우리가 재화가격들의 전체 배열을 고려하면, 어떤 원하는 재화의 조합으로 환산하여 화폐 1온스로 얼마나 살 수 있을 것인가를 알기 때문인데, 즉 우리는 화폐 '1온스의 가치'(이것은 소비자의 결정과 매우 크게 관계한다)가 얼마인가를 알기 때문이다.

다시 말하면, 어떤 재화의 화폐가격은 시장에서 그 재화의 '구매력'(purchasing power)이 얼마일 것인가를 드러낸다고 말할 수 있다. 어떤 사람이 생선 2백 배럴을 소유한다고 가정하자. 생선의 지배적 시장가격이 100배럴당 6온스라고 추정하고 그 결과 그는 2백 배럴을 12온스에 팔 수 있을 것이라고 추정한다. 시장에서 100배럴의 '구매력'은 화폐 6온스이다. 마찬가지로, 말 한 마리의 구매력은 5온스 등일 것이다. **어떤 재화의 재고의 구매력은 시장에서 그 재고로 '구매할' 수 있는 화폐량과 동일하고**, 그 결과 그 구매력은 그 재고로 획득할 수 있는 화폐가격에 의해 직접적으로 결정된다. 사실, **어떤 재화의 양과 상관없이 그 재화 한 단위의 구매력은 그 재화의 화폐가격과 동일하다.** 만약 계란 한 다스(한 단위)의 시장화폐가격이 금 8분의 1 온스라면, 계란 한 다스의 구매력도 또한 8분의 1 온스이다. 마찬가지로, 위의 예에서 말 한 마리의 구매력은 5온스였고, X의 한 시간의 노동은 3온스였다.

그러면 화폐를 제외한 모든 재화의 경우에 그 재화 한 단위의 구매력은 그 단위가 시장에서 획득할 수 있는 화폐가격과 동일하다. **화폐단위의 구매력은 얼마인가?** 명백히, 예를 들어 금 1온스의 구매력은 그 1온스가 구매할 수 있거나 구매하는 것을 도와줄 수 있는 **모든** 재화와 관련하여서만 검토될 수 있다. **화폐단위의 구매력은 각 재화의 단위로 환산한 그 사회 내의 모든 특정한 재화가격들의 배열로 이루어진다.**[2] 구매력은 위와 같은 재화 종류의 엄청난 배열로 이루어진다. 즉, 온스당 말 5분의 1, 온스당 생선 20배럴, 온스당 계란 16다스 등.

화폐상품과 화폐상품의 구매력 결정요인들은 제2장의 수요스케줄과 공급스케줄에 복잡한 문제를 도입하는 것은 틀림없지만, 그 수요스케줄과 공급스케줄은 반드시 그려져야 한다. 화폐상품에 대한 수요스케줄과 공급스케줄이 물물교환조건에서의 수요스케줄과 공급스케줄의 단순한 복사일 수는 없는데, 왜냐하면 화폐에 대한 수요와 화폐의 공급상황은 특이한 것이기 때문이다. 화폐의 '가격'과 그 결정요인들을 조사하기 이전에 우리는 먼저 먼 우회로를 택해서 경제에서 화폐를 제외한 모든 다른 재화의 화폐가격들의 결정을 조사해야 한다.

2. 화폐가격들의 결정

먼저 하나의 전형적 재화를 가져와서 시장에서 그 재화의 화폐가격의 결정요인들을 분석하자(여기에서 독자는 뒤로 돌아가 제2장에 있는 가격에 대한 더 자세한 분석을 참조할 수 있다). 화폐와 교환하고자 하는 동질의 재화인 A급 버터 하나를 가져오자.

화폐가격은 개인의 가치척도에 따라 결정된 행동들에 의해 결정된다. 예를 들어, 한 전형적 구매자의 가치척도는 〈그림 4-1〉과 같다.

괄호 안의 수량들은 그 사람이 소유하고 있지 않지만 구매하여 소유할 것을 고려하고 있는 것들이다. 괄호가 없는 다른 것들은 그가 소유하고 있는 것들이다. 이 경우에, 구매자가 첫 번째 파운드의 버터에 지불하고자 하는 **최고구매화폐가격**(maximum buying money price)은 금 6그레인이다. 6그레인 또는 그 이하의 어떤 시장가격에서도 그는 버터와 금을 교환하고자 할 것이다. 7그레인 또는 그 이상의 시장가격에서는 그는 구매하지 않을 것이다. 두 번째 파운드의 버터에 대해 그의 최고구매가격은 상당히 낮아질 것이다. 이 결과는 언제나 옳고 효용의 법칙으로부터 유래한다. 그가 버터를 그의 소유에 추가함에 따라 각 파운드의 한계효용은 떨어진다. 다른 한편, 그가 금을 써버림에 따라 남아 있는 각 그레인이 그에게 주는 한계효용은 증가한다. 구매하는 수량이 증가함에 따라 이런 두 가지 힘이 추가하는 단위의 최고구매가격을 떨어지도록 몰아댄다.[3] 이 가치척도로부터 우리는 이 구매자의 **수요스케**

줄, 시장에서의 각 가상적 화폐가격에서 그가 소비할 예정인 각 재화의 양을 집계할 수 있다. 만약 우리가 그 스케줄을 그래프 형태로 보기 원한다면 우리는 그의 수요곡선을 또한 그릴 수 있다. 위에서 검토한 구매자의 개별 수요스케줄은 〈표 4-1〉에 나와 있다. 효용의 법칙 때문에 가상적 가격이 떨어짐에 따라 개별 수요곡선은 '수직적'이거나, 그렇지 않으면 우하향하며(즉, 화폐가격이 하락함에 따라 수요량은 전과 동일하거나 더 커지는 것은 틀림없다), 좌하향하지 않을 것임이(더 적은 수요량이 아닌) 틀림없음을 지적한다.

〈그림 4-1〉 전형적 구매자의 가치척도

- 금 7그레인
- (첫 번째 파운드의 버터)
- 금 6그레인
- 금 5그레인
- (두 번째 파운드의 버터)
- 금 4그레인
- 금 3그레인
- (세 번째 파운드의 버터)
- 금 2그레인

만약 이것이 모든 구매자의 수요스케줄의 필수적 형태라면 한 사람 이상의 구매자의 존재는 이러한 행위를 크게 **강화하는** 경향을 가질 것임은 명백하다. 서로 다른 사람들의 가치척도는 두 가지, 그리고 오직 두 가지 가능한 종류가 있는데, 그 가치척도가 모두 동일하거나 그렇지 않다면 그 가치척도가 다르다는 것이다. 그러면 예를 들어, 모든 사람의 관련된 가치척도가 모든 다른 이의 가치척도와 동일한 극히 드문 경우에(인간존재의 가치판단이 극히 다양하기 때문에 이 경우는 극도로 드물 것인데), B, C, D 등의 구매자들은 동일한 가치척도와 그 결과 방금 서술한 구매자 A와 동일한 개별 수요스케줄을 가질 것이다. 그 경우에 총시장수요곡선(aggregate market-demand curve)의 모양(개별구매자들의 수요곡선의 합)은 구매자 A의 곡선과 동일할 것인데, 비록 총량은 물론 훨씬 더 클 것임에도 불구하고 말이다. 확실히 구매자들의 가치척도는 거의 언제나 다를 것이고, 그것은 어떤 주어진 파운드의 버터에 대한 구매자들의 최고구매가격은 다를 것임을 의미한다. 결과는 시장가격이 낮아짐에 따라 다른 단위를 사고자 하는 더욱더 많은 구매자가 시장으로 들어온다는 것이다. 이 효과는 시장수요곡선의 우하향하는 특징을 크게 강화한다.

〈표 4-1〉 특정 구매자의 개별 수요스케줄

시장가격	수요량(구매한)
버터 1파운드당 금의 양(그레인)	버터(파운드)
8	0
7	0
6	1
5	1
4	2
3	2
2	3
1	3

개인의 가치척도로부터 시장수요곡선의 형성을 보여주기 위한 예로서 위에서 기술했던 구매자 A를 구매자로 가져오고, 시장에서 〈그림 4-2〉와 같은 가치척도를 가진 다른 두 구매자인 B와 C를 가정하자.

이러한 가치척도로부터 우리는 그들의 개별 수요스케줄을 만들 수 있다(〈표 4-2〉참조). 가상적 가격이 하락함으로써 다양한 형태의 각각의 개별 수요스케줄이 어느 것도 좌하향할 수는 결코 없다는 점을 우리는 지적한다.

이제 우리는 A, B, C 등의 개별 수요스케줄을 더하여 **시장수요스케줄**을 그릴 수 있다. 시장수요스케줄은 그 재화의 주어진 화폐가격에서 시장의 모든 구매자들이 구매할 예정인 재화의 총량을 보여준다. 구매자 A, B, C 등의 시장수요스케줄이 〈표 4-3〉에 나와 있다. 〈그림 4-3〉은 개별 수요스케줄을 그래프로 그린 것이고, 그것들을 더하여 시장수요스케줄을 만든 것이다.

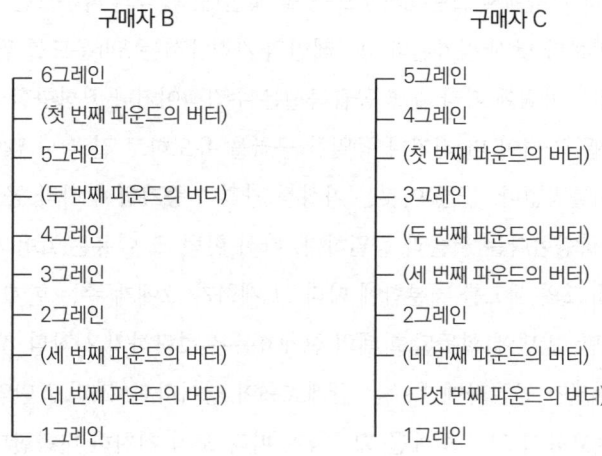

〈그림 4-2〉 구매자의 가치척도

〈표 4-2〉 개별 수요스케줄

구매자 B		구매자 C	
1파운드당 가격 (그레인)	수요량 (버터, 파운드)	1파운드당 가격 (그레인)	수요량 (버터, 파운드)
7	0	5	0
6	0	4	0
5	1	3	1
4	2	2	3
3	2	1	5
2	2		
1	4		

    시장공급스케줄을 만드는 원리는 유사한데, 비록 가치척도 뒤에 있는 원인이 되는 힘은 다를 것임에도 불구하고 말이다.[4] 각 공급자는 팔리는 각 단위와 교환에서 얻을 수 있는 화폐액을 그의 가치척도상에서 순위를 매긴다. 따라서 하나의 판매자의 가치척도는 〈그림 4-4〉와 같을 것이다. 만약 시장가격이 금 2그레인이었다고 가정하면 이 판매자는 버터를 팔지 않을 것인데, 왜냐하면 그의 재고에서 심지어 첫 번째

파운드마저도 그의 가치척도에서 2그레인을 획득하는 것보다 높이 평가되기 때문이다. 3그레인의 가격에서 그는 2파운드를 팔 것인데, 각각의 파운드는 그의 가치척도에서 3그레인보다 낮게 평가된다. 4그레인의 가격에서는 3파운드를 팔 것이다. 가상적 가격이 더 낮아짐에 따라 개별 공급곡선은 수직적이거나 좌하향할 것이 틀림없는데, 즉 더 낮은 가격이 더 적거나 동일한 공급을 유도하고 결코 더 많이 공급하지는 않을 것임에 틀림없다. 물론 이것은 가상적 가격이 **증가함에** 따라 공급곡선은 수직적이거나 우상향한다는 서술과 동일하다. 다시 한번 그 이유는 효용의 법칙 때문이다. 판매자가 그의 재고를 처분함에 따라 그 재화가 그에게 주는 한계효용은 상승하기 시작하지만, 반면에 획득된 화폐의 한계효용은 하락하기 시작할 것이다. 물론 만약 재화의 재고가 공급자에게 주는 한계효용이 영이라면, 그리고 만약 화폐가 그에게 주는 한계효용이 그가 화폐를 획득함에 따라 오직 천천히 하락한다면, 시장에서는 일정한 행동 기간 동안에는 효용의 법칙이 공급하는 양을 변화시키지 않을 수 있고, 그 결과 공급곡선은 거의 전 범위에 걸쳐서 수직적일 수 있다. 따라서 공급자 Y는 〈그림 4-5〉와 같은 가치척도를 가질 수 있다. 이 판매자는 최저가격이 1그레인이 넘는다면 그가 가진 재고에서 모든 단위를 기꺼이 팔고자 할 것이다. 그의 공급곡선은 〈그림 4-6〉과 같은 모습일 것이다.

〈표 4-3〉 총시장수요스케줄

가격	수요량
8	0
7	0
6	1
5	2
4	4
3	5
2	8
1	12

판매자 X의 경우에, 그의 최저판매가격은 첫 번째 파운드의 버터와 두 번째 파운드의 버터에 대해서는 3그레인, 세 번째 파운드에 대해서는 4그레인, 네 번째 파운드와 다섯 번째 파운드에 대해서는 5그레인, 여섯 번째 파운드에 대해서는 6그레인 등이었다. 첫 번째 파운드와 그 이후의 모든 파운드에 대해서 판매자 Y의 최저판매가격은 1그레인이었다. 그러나 어떤 경우에도 가격이 하락함에 따라 공급곡선이 우하향할 수는 없는 데, 즉 어떤 경우에도 낮은 가격이 많은 공급으로 이끌 수는 없다.

〈그림 4-3〉 시장수요와 공급스케줄

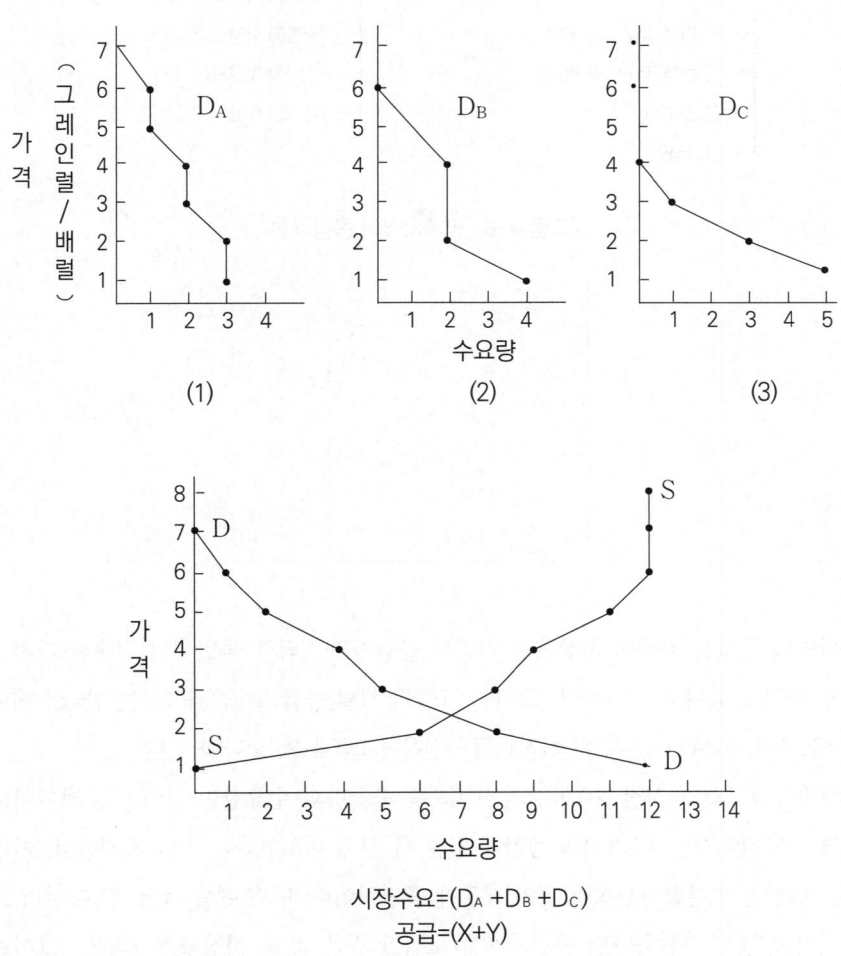

시장수요=($D_A + D_B + D_C$)
공급=(X+Y)

제4장 가격들과 소비 245

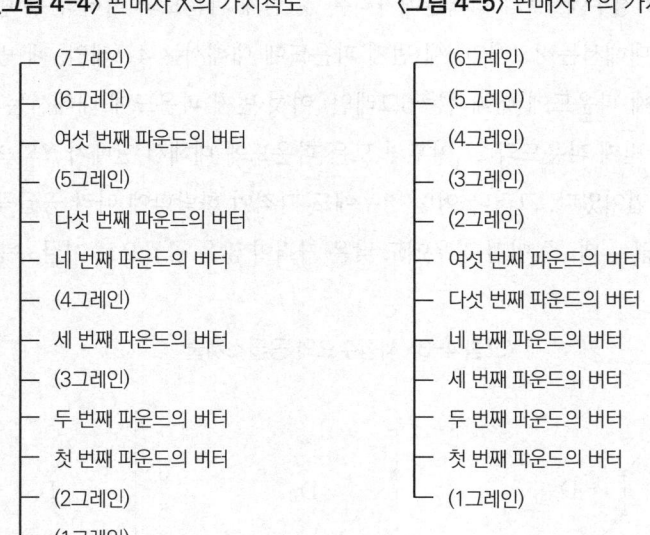

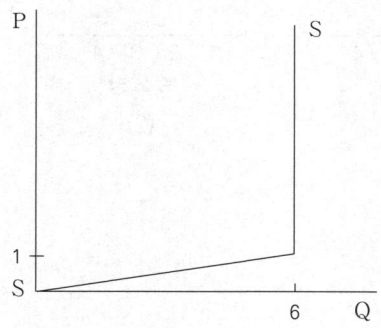

〈그림 4-6〉 판매자 Y의 공급곡선

    설명의 목적을 위하여 시장에는 버터의 공급자가 X와 Y 둘만이고 전술한 가치척도를 가지고 있다고 가정하자. 그러면 그들의 개별 공급스케줄과 총시장공급스케줄이 〈표 4-4〉에 나와 있다. 이 시장공급곡선은 〈그림 4-3〉에 나와 있다.

    시장공급곡선과 시장수요곡선의 **교차**, 즉 공급량과 수요량이 같아지는 점에서의 가격은 여기에서는 두 가격의 **중간에 있는** 한 점에 위치한다는 것을 지적한다. 이런 일은 단위들의 **분할가능성**이 없기 때문에 필연적이다. 만약 예를 들어, 한 단위의 그레인이 분할 불가능하다면 중간가격을 도입할 길은 없고, **시장균형가격**은 2그레인 또는 3그레인 중의 어느 하나가 될 것이다. 이것이 시장이 **정확히** 청산될 수 있는 하나의 가격에 대해서 이루어질 수 있는 최선의 근사치, 즉 그 가격에 잠재적 공급자들과 잠재적 수요자들이 만족하는 가격이다. 그러나 화폐단위가 더 분할가능하고, 그 결과 균형가격이 예를 들어 2와 2분의 1 그레인이라고 가정하자. 이렇게 하는 것은 가격형성의 설명을 단순화할 뿐만 아니라, 그것은 또한 현실적 가정이기도 한데, 왜냐하면 화폐상품의 중요한 특징들 중의 하나는 그것을 시장에서 교환할 수 있는 아주 작은 단위들로 정확히 **분할가능하기** 때문이다. 우리로 하여금 공급스케줄과 수요스케줄상의 점들 사이를 연속적인 선으로 긋는 것을 가능케 하는 것이야말로 화폐단위의 이러한 분할가능성이다.

⟨표 4-4⟩ 개별 공급스케줄과 총시장공급스케줄

가격	공급량		
	X	Y	시장
8	6	6	12
7	6	6	12
6	6	6	12
5	5	6	11
4	3	6	9
3	2	6	8
2	0	6	6
1	0	0	0

시장에서 화폐가격은 균형가격에서 결정되기 쉬운데—이 경우에는 2와 2분의 1 그레인이다. 그것보다 더 높은 가격에서는 공급하기 위해 제시된 양이 수요량보다 클 것이다. 그 결과 공급의 일부는 팔릴 수 없을 것이고, 판매자들은 그들의 재고를 팔기 위하여 그 가격보다 더 싼 가격을 매기고자 할 것이다. 시장에서는 오직 하나의 가격만이 존속할 수 있고, 구매자들은 최선의 이득을 언제나 구하기 때문에, 그 결과는 가격이 균형점을 향하여 일반적으로 낮아질 것이라는 사실이다. 다른 한편, 만약 가격이 2와 2분의 1 그레인보다 낮다면 이 가격에서는 자신의 수요를 충족하지 못한 잠재적 구매자들이 있다. 이런 수요자들이 가격을 다투어 올리고 판매자들이 획득가

능한 가장 높은 가격을 찾음으로써, 시장가격은 균형점을 향해 상승한다. 따라서 인간들이 가장 큰 효용을 얻으려고 한다는 사실은 어떤 균형점에 화폐가격을 확립하고자 하는 운동에 힘을 가하는데, 그 균형점에서 그 이후의 교환이 이루어지기 쉽다. 수요스케줄 또는 공급스케줄이 변할 때까지 그 화폐가격은 그 재화의 가격결정 이후의 교환을 위해 균형점에 머물러 있을 것이다. 수요조건들의 변화 또는 공급조건들의 변화는 새로운 균형가격을 확립하는데, 시장가격이 새로운 균형가격을 향해 다시 움직일 것이다.

균형가격이 얼마가 될 것인가는 공급스케줄의 형태와 수요스케줄의 형태에 달려 있고, 두 스케줄의 원인들은 아래에서 추가적 검토를 필요로 할 것이다.

어떤 재화의 재고는 그 재화의 존재하는 총량이다. 총량의 일부는 교환을 통해 공급될 것이고 그 나머지는 **유보될** 것이다. 어떤 가상적 가격에서 구매하고자 하는 수요에 공급자의 **유보수요**를 더하면 수요자와 공급자의 양쪽 그룹에서 **총보유수요**를 산출한다는 것을 상기해야 한다.[5] 총보유수요는 현재의 비소유자에 의한 교환수요와 현재의 소유자에 의해 보유되는 유보수요를 포함한다. 공급곡선은 수직적이거나 가격의 상승에 따라 증가하기 때문에 판매자들의 유보수요는 가격의 상승에 따라 감소하거나 없어지게 될 것이다. 어느 쪽이든 총보유수요는 가격의 하락에 따라 증가한다.

유보수요가 상승하는 곳에서는 총보유수요의 증가는—총보유수요 곡선은 훨씬 더 탄력적이 되는 데—정규수요곡선보다 더 큰데, 왜냐하면 유보수요라는 구성요소가 추가되기 때문이다.[6] 따라서 재고의 시장가격이 높으면 높을수록 시장에서 그 재고를 보유하여 소유하고자 하는 의지는 점점 더 작아지고, 그 재고를 팔고자 하는 욕구는 점점 더 커진다. 반대로, 시장에서 어떤 재화의 가격이 낮아지면 낮아질수록 그 재화를 소유하고자 하는 의지는 점점 더 커지고 팔고자 하는 의지는 점점 더 작아진다.

수요스케줄과 공급스케줄이 만나는 곳에서 정해지는 가격과 동일한 균형가격에서 총수요곡선이 이용가능한 물적 재고와 **언제나** 교차한다는 것이야말로 총수요곡선의 특징이다. 그러므로 총수요곡선과 재고곡선은 수요스케줄과 공급스케줄이 만나는 곳에서 정해지는 동일한 시장균형가격을 산출할 것인데, 비록 교환되는 양은 두 곡선, 즉 총수요곡선과 재고곡선에 의해 알려지지 않음에도 불구하고 말이다. 그러나 현존하는 재고의 모든 단위는 누군가에 의해 소유되어야 하기 때문에 어떤 재화의 시장가격은 그 재고를 보유하고자 하는 총수요가 재고 그 자체와 같아지게 만들 정도로 그렇게 될 것이라는 점을 두 곡선은 나타낸다. 그러면 그 재고는 가장 열망하는 또는 가장 유망한 소유자들의 손에 있게 될 것이다. 이 소유자들이 그 재고를 가장 열렬히 자발적으로 수요하는 사람들이다. 만약 가격이 조금 오른다면 곧바로 그의 재고를 팔아버릴 그런 소유자는 **한계소유자**(marginal possessor)이고, 만약 가격이 조금 내린다면 구매할 그런 비소유자는 **한계비소유자**(marginal nonpossessor)이다.[7]

〈그림 4-7〉은 어떤 재화의 공급곡선, 수요곡선, 총수요곡선, 재고곡선 등을 그린 것이다.

총수요곡선은 수요에 유보공급(reserved supply)을 더하기 한 것이다. 가격이 하락함에 따라 총수요곡선과 수요곡선의 기울기는 우하향 한다. 균형가격은 S곡선과 D곡선이 만나는 점과 TD와 재고가 만나는 점에서 동일하다.

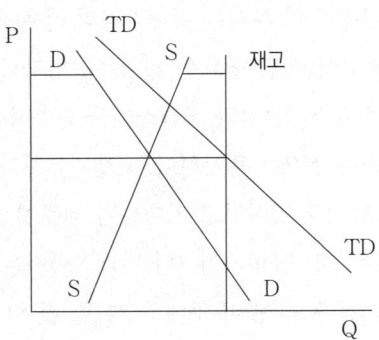

〈그림 4-7〉 공급곡선, 수요곡선, 총수요곡선, 그리고 재고곡선

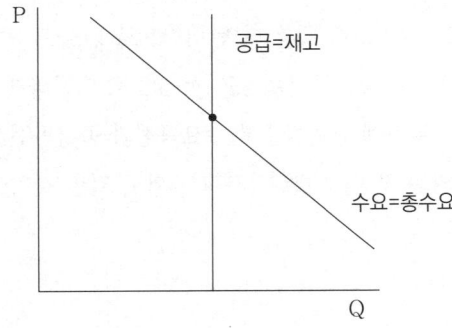

〈그림 4-8〉 유보수요 부재의 효과

만약 유보수요가 없다면 공급곡선은 수직적일 것이고, 재고와 같을 것이다. 그 경우에 도표는 〈그림 4-8〉에 나와 있는 것처럼 된다.

3. 공급스케줄들과 수요스케줄들의 결정

그러므로 시장에서 어떤 재화의 모든 화폐가격은 개별 구매자들과 개별 판매자들의 공급스케줄들과 수요스케줄들에 의해 결정되고, 그들의 행동이 시장에서 공급스케줄과 수요스케줄이 교차하는 점에서 획일적 균형가격을 확립할 것인데, 그 가격은 공급스케줄들과 수요스케줄들이 변할 때만 변한다.[8] 이제 다음과 같은 질문이 떠오른다. 수요스케줄들과 공급스케줄들, 그것들 자체의 결정요인들은 무엇인가? 가치척도와 그 결과로 생긴 스케줄들에 대해서 어떤 결론을 내릴 수 있는가?

첫째로, 제2장에서 한 투기에 대한 분석은 화폐가격의 경우에 직접적으로 응용할 수 있다. 그 분석을 여기에서 되풀이할 필요는 없다.[9] 균형가격이 투기자들에 의해 정확히 예상되는 한에서는 수요스케줄들과 공급스케줄들이 다음과 같은 사실을 반영한다는 것을 요약하여 말하는 것으로 충분하다. 균형가격보다 위쪽에서는 수요자들은 화폐가격이 더 나중에 떨어질 것이라고 기대하기 때문에 그런 기대를 하지 않을 때보다 더 적게 구매할 것이다. 균형가격보다 아래쪽에서는 화폐가격이 상승할 것이라는 기대 때문에 수요자들은 더 많이 구매하고자할 것이다. 마찬가지로, 판매자들은 곧 더 낮아질 것으로 예상되는 가격에서는 더 많이 팔고자 할 것이다. 그들은 곧 상승할 것으로 기대하는 가격에서는 더 적게 팔고자 할 것이다. 투기의 일반적 효과는 공급곡선과 수요곡선, 둘 모두를 더 탄력적으로 만들고, 즉〈그림 4-9〉에서 수요곡선을 DD에서 D'D'로, 공급곡선은 SS에서 S'S'로 이동하게 만든다. 점점 더 많은 사람이 그런 (정확한) 투기에 참여할수록 수요곡선과 공급곡선은 점점 더 탄력적이 될 것이고, 그것의 함의는 점점 더 빨리 균형가격에 도달할 것이라는 점이다.

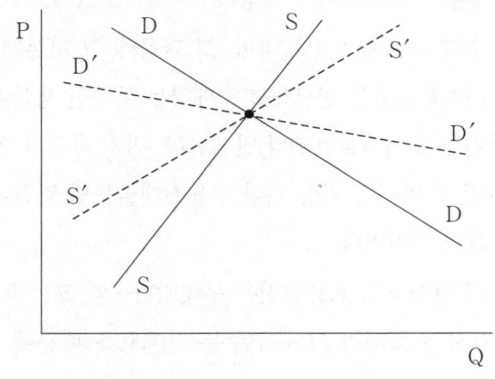

〈그림 4-9〉 투기가 공급곡선들과 수요곡선들에 미치는 효과

　투기할 때 저지르는 압도적 과오는 냉혹하게 자가수정(self-correcting)되는 경향이 있음을 또한 보았다. 만약 투기적 수요스케줄들과 투기적 공급스케줄들(D'D'-S'S')이 정확한 균형가격을 압도적으로 예상하지 않고 결과적으로 다른 가격에서 교차한다면, 그 가격이 시장을 정말로 청산하지 않는다는 것이 곧 명백해진다. 만약 투기스케줄들에 의해 정해진 균형점이 투기적 요소들을 뺀 스케줄들에 의해 결정되는 점과 같지 않다면, 시장은 다시 한번 가격(그리고 판매량)을 진정한 균형점으로 데려갈 것이다. 왜냐하면 만약 투기적 스케줄들이 계란의 가격을 2그레인으로 정하고 투기 없는 스케줄들이 가격을 3그레인으로 정하면, 2그레인에서는 수요량이 공급량보다 초과하고 구매자들의 가격올리기가 최종적으로 계란의 가격을 3그레인으로 이끈다.[10]

　이번에는 투기를 제쳐두고, 구매자의 수요스케줄들로 돌아가자. 그 구매자가 그의 가치척도에서 어떤 재화 한 단위를 일정한 온스의 금보다 높게 순위를 매긴다고 가정하자. **그가 그 재화를 수요하는** 가능한 **원천**은 무엇인가? 다시 말하면, 그 재화가 그에게 주는 효용의 원천은 무엇인가? 어떤 구매재화가 어떤 개인에게 줄 수 있는 효용은 오직 세 가지 원천에서 온다.[11] 세 가지 중의 하나는, ① 동일한 재화를 더 높은 화폐가격을 받을 것을 **예상하여 더 나중에 판매하는 것**이다. 이것은 투기수요이고, 기본적으로 매우 단명한데—이 수요는 더 근본적인 수요요소들을 밝히는 데 유용한 통로이다. 이 수요는 방금 분석을 마쳤다. 수요의 두 번째 원천은, ② 소비재로서 직접 사용하는 것이다. 수요의 세 번째 원천은, ③ 생산재로서 직접 사용하는 것

이다. 원천 ②는 오직 소비재에만 응용할 수 있고, ③은 오직 생산재에만 응용가능하다. 전자는 직접 소비된다. 후자는 생산과정에 사용되고, 그리고 다른 협력적 요소들과 함께 더 낮은 차수의 자본재로 변화되며, 그 다음에 그 자본재는 화폐를 대가로 판매된다. 따라서 세 번째 원천은 생산재를 구매하는 투자한 생산자들에게만 응용할 수 있다. 두 번째 원천은 소비자들로부터 발생한다. 만약 우리가 임시적 투기원천을 무시한다면, ②는 모든 소비재를 위한 개별 수요스케줄들의 원천이고, ③은 모든 생산재들을 위한 수요들의 원천이다.

소비재 또는 생산재 **판매자**의 효용원천은 무엇인가—왜 그는 교환에서 화폐를 수요하고 있는가? 판매자는 화폐가 그에게 주는 한계효용 때문에 화폐를 수요하고, 이 이유 때문에 그는 획득한 화폐를 그가 판매하는 재화를 소유하는 것보다 높게 순위를 매긴다. 화폐효용의 구성요소들과 결정요인들은 더 나중의 절에서 분석될 것이다.

따라서 어떤 재화의 구매자는 소비 또는 생산 어느 한쪽에서 그 재화의 직접사용가치 때문에 그 재화를 수요한다. 판매자는 교환을 통해 얻을 수 있는 화폐의 한계효용 때문에 화폐를 수요한다. 그러나 이런 설명이 시장공급곡선들과 시장수요곡선들의 구성요소들에 대한 설명을 남김없이 한 것은 아닌데, 왜냐하면 우리는 판매자의 가치척도에서 재화의 순위들과 구매자의 가치척도에서 화폐의 순위들을 여전히 설명하지 않았기 때문이다. 어떤 판매자가 그의 재고를 파는 대신에 보존할 때, 그 재화에 대한 그의 **유보수요**의 원천은 무엇인가? 어떤 시점에 유보된 재화의 양은 판매자가 주어진 가격에 팔기를 거부하는 재고의 양이라는 것을 우리는 보았다. 판매자에 의한 유보수요의 원천은 둘이다. ① 더 나중에 더 높은 가격으로 판매할 것을 기대하는 것, 이것은 위에서 분석한 투기적 요소이다. 그리고 ② 판매자가 그 재화를 직접 사용하는 것. 이 두 번째 요소는 생산재의 경우에는 자주 적용할 수 있는 것이 아닌데, 왜냐하면 판매자는 생산재 판매를 위해 생산했고 현재의 생산과정 이후의 생산과정에서 일반적으로 그 생산재를 직접적으로, 그리고 즉각적으로 사용할 준비가 되어 있는 것은 아니기 때문이다. 그러나 어떤 경우에는 현재의 생산과정 이후의 생산과정을 위해 직접 사용하는 이러한 대안이 존재한다. 예를 들어, 원유생산자는 원유를 팔거나, 만약 원유의 화폐가격이 어떤 최소치보다 아래로 떨어지면 휘발유를 생산하기 위해 그 원유를 자신의 정유시설에서 사용할 수 있다. 우리가 여기에서 다루는 소비재의 경우에 직접사용은 또한 있을 법한데, 특히 이전에 판매자에 의해 직접 사용되었던 중고 소비재—중고 주택, 그림 등과 같은—를 판매하는 경우에는 말이다. 그러나 화폐경제에서 특화가 크게 발달한 경우에 이러한 사례는 자주 일어나지 않는다.

만약 우리가 ①을 임시적 요소로 제쳐놓고, ②가 소비재나 생산재의 경우에 자주 나타나지 않는다는 것을 인식한다면, 많은 시장공급곡선이 거의 수직적 형태를 나타낼 것은 명백하다. 그런 경우에, 생산에 대한 투자가 이루어지고 난 후에 재화의 재고를 마침 갖고 있으면, 생산자는 시장가격이 얼마나 낮은가와 상관없이 그가 받을 수 있는 가격에 그 재화를 종종 기꺼이 팔려고 할 것이다. 물론 이것은 만약 판매자가 생산물의 판매로부터 매우 낮은 화폐가격을 **예상하는** 데도 **그 이상의 생산에 투자**할 것이라고 말하는 것과 결코 동일한 것은 아니다. 후자, 즉 생산에 대한 투자의 경우에, 문제는 **미래의** 어떤 시점에서 생산되어 팔릴 재화의 생산을 위해 **현재에** 얼마나 투자할 것인가를 결정하는 것이다. 나날의 균형가격의 결정을 돕는 시장공급곡선의 경우에, 우리는 이미 주어진 재고와 이 재고의 유보수요를 다루고 있다. 다른 한편, 생산의 경우에 우리는 더 나중에 얼마나 많은 재고를 생산할 것인가에 관한 투자결정을 다루고 있다. 우리가 토론했던 것은 시장공급곡선이었다. 여기에서 판매자의 문제는 **주어진 재고**, 이미 생산된 재화로 **무엇을 할 것인가** 하는 것이다. 생산의 문제는 제5장과 그 이후의 장들에서 다뤄질 것이다.

시장에서 확보되어야 할 다른 조건은 이전의 구매자가 시장에 재진입해서 재화를 되파는 것이다. 그가 그렇게 할 수 있기 위해서는 그 재화는 내구적이어야 하는 것이 분명하다(예를 들어, 바이올린 연주서비스는 너무 비내구적이므로 그 서비스를 구매하는 청중은 그것을 재판매할 수 없다). 그러면 그 재화의 존재하는 총재고는 생산자들의 새로운 공급에 생산자들의 유보수요를 **더하고**, 옛날 소유자들에 의해 매매제시된 공급을 **더하고**, 옛날 소유자들의 유보수요를 **더한 것**(즉, 옛날의 구매자들이 보유하고 있는 양)과 동일할 것이다. 가격이 상승함에 따라 구소유자들의 시장공급곡선은 증가하거나 수직적일 것이다. 그리고 가격이 하락함에 따라 구소유자들의 유보수요곡선은 증가하거나 일정할 것이다. 다시 말하면, 구소유자들의 공급스케줄들은 그에 대응하는 생산자들의 공급스케줄들과 유사하게 움직인다. 총시장공급곡선은 공급자들의 공급곡선들과 구소유자들의 공급곡선들을 단순히 더하여 만들어질 것이다. 총보유수요스케줄은 구매자들의 수요에 생산자들의 유보수요와 구소유자들의 유보수요(만일 있으면)를 더한 것과 동일할 것이다.

만약 재화가 더 이상 생산될 수 없는 치펜데일(Chippendale)의 의자라면 시장공급곡선들은 구소유자들의 공급곡선들과 **일치한다**. 새로운 생산은 없고 재고에 추가되는 것은 없다.

다른 조건이 같다면, 새로운 생산에 비해 구재고의 비율이 커지면 커질수록 새로운 생산자들의 공급에 비해 구소유자들의 공급의 중요성이 점점 더 커질 것은 명백하다. 재화의 내구성이 크면 클수록 구재고가 점점 더 중요해지는 경향을 가질 것이다.

한 종류의 소비재가 있는데, 그 소비재의 공급곡선은 노동과 소득을 다루는 더 나중의 절에서 다루어져야 할 것이다. 이것은 의사, 변호사, 바이올린 연주자, 사무원 등의 서비스와 같은 **개인서비스**(personal service)이다. 우리가 위에서 지적했던 것처럼 이런 서비스는 물론 비내구적이다. 사실 이런 서비스는 판매자에 의해 생산되는 즉시 소비된다. '상품'과 같은 물질적 객체가 아닌 그런 서비스는 공급자 자신의 노력의 직접적 발산이고, 그는 자신의 결정과 동시에 그 서비스를 생산한다. 그 공급곡선은 개인적 노력—공급—을 생산할 것인지 여부의 결정에 달려있고, 이미 생산된 재고의 판매에 달려있지 않다. 이 영역에서는 '재고'가 존재하지 않는데, 왜냐하면 그런 서비스는 생산되면 즉각적으로 소비되어 사라진다. '재고'라는 개념은 유형의 사물에만 적용할 수 있음은 명백하다. 그러나 개인서비스의 가격은 유형재화의 경우처럼 공급과 수요의 힘의 교차에 의해 결정된다.

모든 재화의 경우에 균형가격의 확립은 **정지상태**(state of rest), 교환이 중지된 상태를 자리잡게 하기 쉽다. 가격이 확립되고 나면 가치척도에 따라 재고가 가장 유망한 소유자들의 손에 들어갈 때까지 판매는 일어날 것이다. 그러나 새로운 생산이 계속되는 곳에서 시장은 **계속될** 것인데, 왜냐하면 생산자들로부터 새로운 재고가 시장으로 유입될 것이기 때문이다. 이 유입이 정지상태를 바꾸고, 이 유입이 재고를 팔려고 하는 생산자들과 구매하고자 하는 소비자들로 이루어진 새로운 교환을 위한 무대를 준비한다. 다른 한편, 총재고가 고정되어 있고 새로운 생산이 없을 때, 정지상태는 중요해지기 쉽다. 가격의 어떠한 변화 또는 새로운 교환은 가치평가의 변화결과로 일어날 것인데, 즉 가치평가의 변화란 시장에서 적어도 두 개인의 가치척도에서 화폐와 재화의 상대적 지위가 변하는 것인데, 이 변화가 그들로 하여금 재화를 화폐와 교환하고자 하는 그 이후의 교환을 이끌어낼 것이다. 물론, 변화하는 세상에 가치척도들은 거의 언제나 존재하기 때문에 가치평가가 변하는 경우에 중고 재고시장도 다시금 계속될 것이다.[12]

시장이 연속적이라기보다는 간헐적인 그런 드문 종류의 재화의 예가 치펜데일의 의자인데, 그 의자의 재고는 매우 제한적이고 화폐가격은 상대적으로 높다. 그 의자의 재고는 언제나 가장 열망하는 소유자의 손에 분배되고 거래는 드물다. 수집가들 중의 한 사람이 그의 치펜데일을 일정한 액수의 화폐보다 낮게 평가하고 또 다른 수집가가 자기 소유의 그 액수를 그 가구를 구입하는 것보다 낮게 평가하는 경우에는 언제라도 교환은 십중팔구 일어날 것이다. 그러나 대부분의 재화, 심지어 재생산할 수 없는 재화까지도 활기차고 연속적인 시장이 있는데, 왜냐하면 가치평가가 끊임없이 변하고 많은 수의 시장 참가자가 있기 때문이다.

요컨대, 구매자들은 **소비재들을 직접 사용하고자 하는 수요** 때문에(이전에 분석한 투기적 요소들을 제쳐둔다면) 가격의 다양한 범위에서 소비재들을 구매하기로 결정한다. 그들은 **화폐에 대한 유보수요 때문에 구매하는 것을 삼가기로** 하는데, 그 화폐란 그들이 그 특정한 재화에 소비하기보다는 보유하기를 선호하는 것이다. 판매자들은 그들의 **화폐에 대한 수요** 때문에 어떤 경우라도 재화들을 공급하고, 그들이 그들 자신을 위한 재고를 유보하기로 하는 경우는(가격상승으로 투기하는 것을 제쳐둔다면) 그 재화를 직접 사용하고자 하는 그들의 수요 때문이다. 따라서 **시장에서 모든 사람이 가진** 어떤 소비재와 모든 소비재의 공급스케줄들과 수요스케줄들을 결정하는 일반적 요소들은 그 재화를 직접 사용하기 위한 수요와 화폐에 대한 수요를 비교하여 그들의 가치척도상에서 견주어보는 것이고, 화폐에 대한 수요는 재화를 유보하거나 교환함으로써 결정된다. 비록 우리가 아래에서 투자-생산결정을 더 토론할 것임에도 불구하고 투자결정은 **미래에** 기대되는 화폐수익에 대한 수요 때문이라는 것은 명백하다. 위에서 보았듯이 투자하지 **않기로** 하는 결정은 **현재에** 화폐재고를 쓰고자 하는 경합하는 수요 때문이다.

제4장 가격들과 소비

4. 교환의 이득

　제2장에서 고려했던 경우에서처럼 균형가격에서 판매하는 판매자들은 그들의 가치척도가 그들을 가장 유망한 판매자들, 가장 열망하는 판매자들로 만드는 그런 사람들이다. 마찬가지로, 균형가격에서 재화를 구매할 사람은 가장 유망한 구매자들, 가장 열망하는 구매자들일 것이다. 버터의 파운드당 가격이 금 2와 2분의 1 그레인에서는 판매자들은 금 2와 2분의 1 그레인이 1파운드의 버터보다 더 가치가 있다고 여기는 사람들일 것이다. 구매자들은 판매자들과 반대의 가치평가를 하는 사람들일 것이다. 그들 자신의 가치척도 때문에 판매 또는 구매로부터 제외된 사람들은 '덜 유망한' 또는 '덜 열망하는' 구매자들 또는 판매자들이고, 그들을 '한계 이하'라고 부를 수 있다. '한계'구매자와 '한계'판매자는 그들의 스케줄이 그들을 아주 간신히 시장에 머물러 있게 허용되는 사람들이다. 한계판매자는 최저판매가격이 정확히 2와 2분의 1 그레인인 사람이다. 그것보다 약간 낮은 판매가격은 그를 시장에서 몰아낼 것이다. 한계구매자는 최고구매가격이 정확히 2와 2분의 1 그레인인 사람이다. 그것보다 약간 높은 판매가격은 그를 시장에서 몰아낼 것이다. 가격균일(price uniformity)의 법칙 아래에서, 모든 교환은 균형가격에서 이루어지는데(일단 그 가격이 확립되면), 즉 교환은 한계구매자의 가치평가와 한계판매자의 가치평가 사이에서 수요스케줄과 공급스케줄이 교차하여 한계점을 결정한다. 모든 구매자는 교환으로부터 이득을 볼 것이라는 것이(또는 그들이 교환으로부터 이득을 얻기로 결정하는 것이) 인간행동의 본질에 비추어 명백하다. 재화를 구매하는 것을 절제하는 사람들은 그 교환으로부터 잃는다는 것을 결정했다. 이 정리들은 모든 재화에 대해 유효하다.

　어떤 저자들은 가장 유망한 구매자들과 가장 유망한 판매자들이 교환을 통해 얻는 '심적 잉여'에 많은 중요성을 부여했고, 두 집단의 이런 '잉여'를 측정하거나 비교하고자 하는 시도들이 있었다. 버터 1파운드를 4그레인에 사고자 했었던 구매자는 그 재화를 2와 2분의 1 그레인에 살 수 있기 때문에 명백히 주관적 이득을 얻고 있다. 같은 양을 2그레인에 기꺼이 팔고자 했을지도 모를 판매자에게도 방금 말한 것이 유효하다. 그러나 '한계 이상' 구매자 또는 한계 이상 판매자의 심적 잉여는 한계구매자 또는 한계판매자의 심적 잉여와 대조하거나 비교하여 측정될 수는 없다. 왜냐하면 한계구매자 또는 한계판매자도 심적 잉여를 또한 얻는 것을 기억해야 하기 때문이다. 한계구매자 또는 한계판매자는 교환으로 이득을 얻고 그렇지 않다면 교환하지 않을 것이다. 각 개인의 가치척도는 **순전히 서수적이고**, 가치의 순위들간에 거리를 측정하는 길은 어떤 경우에도 없다. 사실, 어떤 종류의 그런 거리 개념이라도 틀린 것이다. 결과적으로 개인간 비교나 측정할 길은 없고 한 사람이 다른 사람보다 주관적으로 더 많이 이득을 본다고 말할 수 있는 기초는 없다.[13]

우리는 다음과 같은 방법으로 효용 또는 이득을 측정하는 일이 불가능함을 설명할 수 있다. 계란의 균형시장가격이 다스당 3그레인에 확립되었다고 가정하자.〈그림 4-10〉은 몇몇 선택된 구매자와 잠재구매자의 가치척도이다. 화폐가격은 2분의 1 그레인 단위로 나뉘어 있다. 단순화를 위해 각 구매자는 **한 단위**—1다스의 계란—를 구매할 것을 검토한다고 가정한다. C는 분명히 한계 이하의 구매자이다. 그는 구매로부터 막 제외되는데, 왜냐하면 3그레인은 그의 가치척도에서 1다스의 계란보다 높기 때문이다. 그러나 A와 B는 구매할 것이다. 이제 A가 한계구매자이다. 그는 구매를 가까스로 할 수 있다. 3과 2분의 1 그레인의 가격에서 그는 가치척도의 순위 때문에 시장에서 제외될 것이다. 다른 한편, B는 한계 이상의 구매자이다. 그는 1다스의 계란을 구매할 것인데 비록 가격이 4와 2분의 1 그레인으로 올랐다고 할지라도 말이다. 그러나 B가 그의 구매로부터 **A보다 더** 이득을 얻는다고 우리가 말할 수 있는가? **아니오, 우리는 그렇게 할 수는 없다**. 위에서 설명했듯이 각 가치척도는 순전히 서수적이고, 순위의 문제이다. 비록 B가 계란을 4와 2분의 1 그레인보다 선호하고, A가 3과 2분의 1 그레인을 계란보다 선호한다고 하더라도, 우리는 두 잉여를 비교하기 위한 기준을 여전히 가지고 있지 않다. 우리가 말할 수 있는 모든 것은 3그레인의 가격 **이상에서는** B는 교환으로부터 심적 잉여를 얻고, 그런데 한편으로 A는 한계 이하로서 잉여가 없다고 하는 것이다. 그러나 비록 우리가 잠시 동안 순위간의 '거리' 개념이 일리가 있다고 가정하더라도, 우리가 알 수 있는 전부는 3그레인 이상에서 A의 잉여는 B의 잉여보다 A에게 훨씬 큰 주관적 효용을 줄 것이라는 것인데, 비록 후자, 즉 B는 또한 4와 2분의 1 그레인 이상에서 잉여가 있지만 말이다. 효용을 개인간에 비교할 수는 없고, 다른 가치척도 위에서 화폐와 재화의 상대적 순위는 개인간 비교를 위해 사용될 수는 없다.

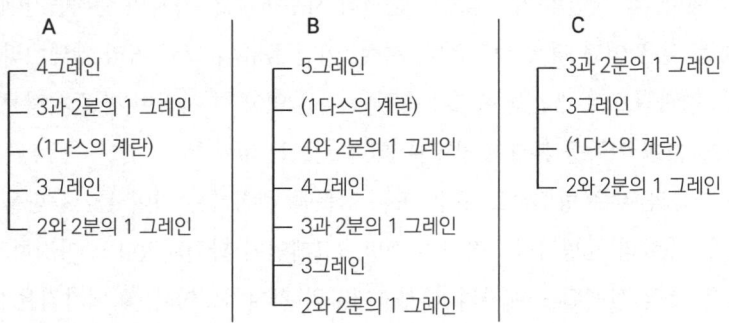

〈**그림 4-10**〉 특정 구매자와 잠재구매자의 가치척도

교환으로부터의 심적 이득을 측정하는 헛된 시도를 해왔던 저자들은 '소비자잉여'(*consumer surplus*)에 집중했다. 가장 최근의 시도는 사람이 재화를 뺏길 가능성에 직면했다면 그 재화에 대해 지불했을 가격을 기초로 소비자잉여를 측정하려는 것이다. 이런 방법들은 전적으로 틀린 것이다. A가 옷 한 벌에 50그레인의 시장가격뿐 아니라 80그레인에 구매했고 반면에 만약 가격이 52그레인만큼 높았다면 B는 그 옷을 구매하지 않았을 것이라는 사실은, 우리가 보았듯이 심적 잉여의 어떤 측정을 허용하지도 않지만, 그 사실이 A의 이득이 B의 이득보다 '컷'었다고 말하는 것을 허용하지도 않는다. 비록 우리가 한계구매자와 한계 이상의 구매자를 식별할 수 있음에도 불구하고 한 사람의 이득이 다른 사람의 이득보다 크다고 결코 주장할 수 없다는 사실은 소비자의 잉여 또는 다른 심적 잉여를 측정하고자 하는 모든 시도를 부인하는 결정적 이유이다.

그런 측정과정에는 몇 가지 다른 근본적 방법론상의 오류가 있다. 첫째, 여기서는 개인의 가치척도는 구체적 행동으로부터 분리된 것이다. 그러나 경제학은 실재행위(*real action*)의 보편적 특징을 다루지 행위자의 내적 심리작용을 다루지는 않는다. 우리는 실재의 행동을 기초로 하여 어떤 특정한 가치척도의 존재를 유도한다. 우리는 **실재의** 행위에 표출되지 않는 가치척도의 바로 그 부분에 대한 지식은 없다. 만약 어떤 재화의 전체 재고를 빼앗길 것이라는 위협을 받는다면 어떤 사람이 얼마를 지불할 것인가 하는 질문은 인간행동과 관련이 없는 엄격히 학구적인 질문이다. 모든 다른 그런 작업과 마찬가지로 그 질문은 경제학에서는 자리가 없다. 더구나, 이 특정 개념은 고전파 경제학이 저지른 오류의 역인데, 그 오류란 어떤 재화의 전체공급을 다룰 때 마치 그 전체공급이 개인행동과 관련이 있는 것처럼 취급했던 것이다. 오직 **한계의** 단위만이 행동과 관련이 있음과 한 단위의 한계효용과 전체로서 공급의 효용 간에 결정적 관계가 전혀 없다는 것을 이해해야 한다.

어떤 공급의 총효용은 공급의 크기에 따라 증가하는 것이 진실이다. 이것은 어떤 재화의 바로 그 본질로부터 추론할 수 있다. 어떤 재화 10단위는 어떤 개인의 가치척도에서 4단위보다 더 높게 순위가 매겨질 것이다. 그러나 공급이 4, 9, 10 또는 어떤 다른 양일 때 재화 10단위가 4단위보다 높은 순위는 **각 단위**의 효용순서와 전적으로 관계가 없다. 이 점은 단위의 크기와 상관없이 진리다. 우리는 단지 사소한 서수적 관계만을 확언할 수 있는데, 즉 다섯 단위가 한 단위보다 더 높은 한계효용을 가질 것이라는 것과, 첫 번째 단위가 두 번째 단위, 세 번째 단위 등보다 더 높은 한계효용을 가질 것이라는 사실이다. 그러나 단일효용(single utility)을 '꾸러미' 효용(package utility)과 일렬로 정렬시킬 결정적 방법은 없다.[14] 사실 전체공급에 대해서 실제적 결정이 내려져야 할 때만 총효용은 가상적 개념으로서라기보다는 차라리 실재적이면서 관련된 개념으로서 일리가 있다. 그 경우에 총효용은 여전히 **한계**효용인데, 비록 지금은 한계의 크기 또는 단위의 크기가 전체공급임에도 불구하고 말이다.

만약 우리가 **모든** 소비재를 동시에 고려한다고 가정하고—왜냐하면 우리가 논리적으로 그렇게 할 수 있기 때문에—그리고 만약 교환을 위한 생산이 전적으로 존재한다는 사실로부터 발생하는 의심할 바 없는 '소비자잉여'를 어떻게 하든지 측정하고자 시도한다고 가정하면, 소비자잉여를 측정하고자 하는 시도의 어리석음은 더 명백할 것이다. 이런 시도는 결코 이루어진 적이 없었다.[15]

5. 화폐의 한계효용

1) 소비자

우리는 아직도 가장 중요한 문제 중의 하나인 다양한 개인의 가치척도상에서 화폐의 순위를 설명하지 않았다. 우리는 개인들의 가치척도상에서 단위당 재화들의 순위가 단위당 한계효용의 상대적 순위에 의해 결정된다는 것을 안다. 물물교환의 경우에 상대적 순위는 다양한 재화가 가진 직접적인 용도의 한계적 중요성을 사람들이 평가한 결과였다는 것은 명백했다. 그러나 화폐경제의 경우에, 화폐상품의 직접적 사용가치는 화폐상품의 교환가치에 의해 가려진다.

제1장 제5절의 한계효용의 법칙에 관한 서술에서, 어떤 재화 한 단위의 한계효용은 다음과 같은 방법으로 결정되는 것을 보았다. ① 만약 그 한 단위가 행위자의 소유라면 그 한 단위의 한계효용은 그가 가장 덜 중요하다고 순위를 매긴 목적 또는 용도의 가치와 같은데, 그 목적 또는 용도란 그가 그 단위를 잃는다면 **포기해야** 할 것이다. 또는 ② 만약 그 단위가 아직 그의 소유가 아니라면 그 단위를 **추가함**으로써 얻는 한계효용은 그 단위가 봉사할 수 있는 가장 중요한 목적의 가치와 동일하다. 이 기초 위에, 인간은 어떤 재화의 여러 단위로 된 그의 재고를 그의 가장 중요한 용도에 첫 번째로 배분하고, 그리고 연달아 그의 덜 중요한 용도들에 배분하며, 반면에 그는 중요성이 **가장 적은** 용도를 첫 번째로 포기한다. 이제 제3장에서 우리는 어떻게 모든 인간이 그의 화폐 재고를 다양한 용도에 배분하는가를 보았다. 화폐상품은 엄청나게 다른 용도를 가지고, 화폐경제, 분업, 자본구조 등이 더 발달하고 진보하면 할수록 화폐용도의 가지 수는 증가한다. 다수의 소비재, 다수의 투자프로젝트, 현재의 소비 대 미래에 증가가 예상되는 수익, 현금잔고의 추가 등에 관한 그 모든 결정이 내려져야 한다. 각 개인은 화폐상품의 각 단위를 가장 중요한 용도에 첫 번째로 배분하고, 그 다음으로 그 다음 중요한 용도에 배분하는 등, 그 결과 화폐를 각 가능한 용도와 소비종류에 배분하는 것을 결정한다고 우리는 말한다. 다른 상품에서와 같이 화폐상품에서도 중요성이 가장 적은 용도가 첫 번째로 포기된다.

우리는 여기에서 화폐의 한계효용에 대한 분석의 모든 단면들, 특히 현금잔고 결정을 탐구하는 데 관심이 없는데, 그 결정에 대한 것은 더 뒤에서 다루도록 남겨두어야 한다. 여기에서 우리는 소비결정과 관련하여서 화폐의 한계효용에 관심이 있다. 모든 사람은 소비자이므로 그 분석은 화폐교환의 연계에 참가하는 모든 사람에 응용된다.

소비자는 다른 종류의 소비간에 배분하는 각 연속적 단위를 그 단위가 봉사할 수 있는 가장 높게 평가되는 용도에 배분하기를 원한다. 그의 **심적 수익**은 한계효용인데—그 효용이란 충족될 가장 중요한 용도의 가치이다. 그의 **심적 비용**은 포기되어야 하는 그 다음으로 중요한 용도인데—그 용도란 가장 중요한 목적을 달성하기 위하여 희생해야 하는 용도이다. 그러므로 **포기한** 가장 높게 순위가 매겨진 효용이 어떤 행동의 **비용**으로 규정된다.

어떤 사람이 교환행위로부터 손에 넣거나 손에 넣을 것으로 예상하는 효용은 구매한 재화의 추가로 인한 한계효용인데, 즉 그 효용이란 그 단위로 획득할 수 있는 가장 중요한 용도이다. 그가 포기한 효용은 교환에서 그가 포기한 재화단위로부터 손에 넣었을지도 모르는 가장 높은 효용이다. 그가 어떤 재화를 구매하고자 하는 소비자일 때 그 재화의 추가로부터 생기는 한계효용은 그가 그 재화의 단위에 놓을 수 있는 가장 높게 평가하는 용도이다. 이것이 그가 교환으로부터 예상하는 심적 수익이다. 다른 한편, 그가 포기한 것은 그가 '팔거나' 또는 포기한 화폐단위의 용도이다. 그러면 그의 **비용**은 그가 그 화폐에 놓았을지도 모르는 가장 중요한 용도의 가치이다.[16] 모든 사람은 행위에서 심적 수익을 그의 심적 비용보다 크게 하려고 노력하고, 그 결과 심적 이윤을 얻고자 노력한다. 이 점은 소비자의 구매들에 대해 똑같이 진실이다. 그의 선택이 잘못되었음이 증명될 때 과오가 드러나고, 그가 포기한 다른 행동진로를 추구했다면 나아졌을 것임을 깨닫는다.

이제 소비자가 어떤 재화의 구매를 추가할 때 한계효용의 법칙에 따라 추가된 재화가 그에게 주는 한계효용은 **하락하는** 것이 틀림없다. 다른 한편, 그가 판매하는 재화단위를 포기할 때 같은 법칙에 따라 이 재화가 그에게 주는 한계효용은 커진다. 궁극적으로 그는 그 재화를 구매하는 것을 그만두어야 하는데, 왜냐하면 포기한 재화의 한계효용은 구매한 재화의 한계효용보다 커지기 때문이다. 이 점이 직접 사용하는 재화에서는 진실이지만, 화폐에 대해서는 어떤가?

화폐가 하나의 유용한 재화일 뿐만 아니라 화폐경제에서 가장 유용한 재화 중의 하나인 것도 또한 명백하다. 화폐는 실제로 모든 교환에서 하나의 수단으로 사용된다. 우리는 인간의 가장 중요한 행위들 중의 하나는 그의 화폐 재고를 다양하게 요구되는 용도에 배분하는 것임을 보았다. 그러므로 **어떤 상품이라도 한계효용의 법칙을 따르는 것과 똑같이 화폐도 한계효용의 법칙을 따른다는 것**은 명백하다. 화폐는 동질의 단위로 분할가능한 상품이다. 사실, 상품이 화폐로서 뽑힌 이유들 중의 하나는 상대적으로 작은 동질적 단위들로 편리하게 분할할 수 있음이다. 화폐의 첫 단위는 어떤 개인에게 가장 중요하고 가치가 있는 용도에 배분될 것이다. 두 번째 단위는 두 번째로 중요하다고 평가되는 용도에 배분될 것이다. 포기되어야 하는 화폐의 어떤 양도 이전에 봉사되었던 또는 화폐의 포기가 없다면 봉사되었을 가장 덜 높게 평가되는 용도를 희생으로 양도될 것이다. 그러므로 상품에 대하여 진실인 것은 화폐에 대하여도 진실인데, 그것은 **화폐의 재고가 증가함에 따라 화폐의 한계효용은 떨어진다는 것**이다. 그리고 그것은 **화폐의 재고가 감소함에 따라 그 사람에게 가는 화폐의 한계효용은 증가한다**는 것이다.[17] 화폐를 추가함에 따른 한계효용은 그 화폐단위가 획득할 수 있는 가장 높게 평가되는 목적의 순위와 동일하다. 그리고 화폐의 한계효용은 만약 그 화폐단위가 양도되었다면 **희생되었어야 하는** 가장 높게 평가되는 목적과 가치상으로 동일하다.

화폐가 봉사할 수 있는 다양한 목적들이란 무엇인가? 그 목적들이란, ① 화폐상품의 비화폐적 사용(예를 들어, 장식용으로 금을 사용함), ② 많은 상이한 종류의 소비재에 지출하는 것, ③ 다양한 조합의 생산요소에 투자하는 것, ④ 현금잔고에 추가하는 것 등이다. 이렇게 넓은 범위의 용도의 각각은 엄청나게 많은 재화의 종류와 양을 포함하고, 각 특정한 선택지는 개인의 가치척도상에서 순위가 매겨진다. 소비재들의 용도가 무엇인가 하는 것은 명확하다. 소비재는 개인의 욕구를 즉각적으로 만족시키고, 따라서 소비재는 그의 가치척도상에서 즉각적으로 순위가 매겨진다. 화폐가 비화폐적 용도로 사용될 때 화폐는 교환수단 대신에 욕구를 직접적으로 만족시키는 소비재 자체가 된다는 것이 명백하다. 아래에서 더 토론할 예정인 투자는 현재의 자본재 투자를 통해 더 높은 수준의 미래소비를 목표로 한다.

현금잔고의 유지 또는 추가의 유용성은 무엇인가? 이 질문은 더 뒤의 장들에서 탐구되겠지만, 여기에서 우리는 현금잔고를 유지하고자 하는 욕구가 자본재 또는 소비재를 구매하는 적절한 시기에 대한 근본적 **불확실성**으로부터 발생한다는 것을 말할 수 있다. 또한 중요한 것은 개인 자신의 미래의 가치척도에 관한 기본적 **불확실성**과 일어날지도 모르는 어떤 변화에 대응하기 위하여 자신의 손 가까이에 현금을 유지하고자 하는 욕구이다. 사실, 불확실성은 모든 인간행동의 근본적 특징이고, 변하는 가격들에 관한 불확실성과 변하는 가치척도들에 관한 불확실성이 이 기본적 불확실성의 특징들이다. 만약 예를 들어, 어떤 개인이 가까운 장래에 화폐단위의 구매력이 상승할 것을 예상한다면, 그는 그날까지 그의 구매를 연기하고자 할 것이고, 지금 그의 현금잔고를 증가시키고자 할 것이다. 다른 한편, 만약 그가 화폐의 구매력이 떨어질 것을 예상한다면, 그는 현재 더 많이 구매하기 위하여 그의 현금잔고를 줄이고자 할 것이다. 일반적 불확실성의 예는 방향을 예상하지 못하는 자금지출을 필요로 하는 비상사태 또는 '만일의 경우에' 손 가까이에 일정한 양의 현금을 보유하고자 하는 개인의 전형적 욕구이다. 그런 경우에 그가 '더 안전하다는 느낌'을 갖는 것은 화폐의 유일한 가치가 그 화폐로 교환을 할 때만은 단순히 아니라는 것을 입증한다. 화폐의 바로 그 시장성 때문에 개인이 손에 화폐를 단지 **소유**하는 것만으로도 그 사람을 위한 어떤 서비스를 한다.

어떤 사람의 현금잔고에 든 돈이 어떤 서비스를 하고 있다는 점은 어떤 저자들이 '순환하는'(circulating) 돈과 '놀고 있는 저장물'(idle hoards) 상태의 돈 사이를 구분하는 것이 오류임을 입증한다. 첫째, 모든 화폐는 **언제나** 어떤 이의 현금잔고에 속한다. 화폐가 기괴하게 '순환'하여 '움직이는' 것은 결코 아니다. 화폐는 A의 현금잔고로 있고, 그 다음에 A가 B로부터 계란을 살 때 화폐가 B의 현금잔고로 이전된다. 두 번째로, 어떤 양의 화폐가 한 사람의 현금잔고로 있는 시간의 길이와 상관없이, 화폐는 그에게 서비스를 행하고 있고, 그 결과 '놀고 있는 저장물'은 결코 아니다.

소비라는 어떤 교환행위에 관련된 한계효용과 비용은 무엇인가? 어떤 소비자가 1다스의 계란에 금 5그레인을 지출하는 경우에, 이것은 그가 금 5그레인으로 하는 가장 가치 있는 용도가 그 1다스의 계란을 획득하는 것임을 예상하고 있음을 의미한다. 이것이 5그레인으로 추가하는 한계효용이다. 이 효용이 그가 그 교환으로부터 예상하는 심적 수익이다. 그러면 그 교환의 '기회비용' 또는 단순히 교환의 '비용', 즉 포기한 차선의 선택지는 무엇인가? 이것은 그가 금 5그레인으로 했을지도 모르는 가장 가치가 있는 용도이다. 이것은 다음 선택지들 중의 어느 하나일 것인데, 어느 것이든 그의 가치척도상에서 가장 높은 것이다. 즉, ① 계란을 제외한 어떤 다른 소비재에 지출하는 것, ② 직접 소비의 목적으로 화폐상품을 사용하는 것, ③ 미래의 화폐소득과 미래소비를 증가시키기 위하여 생산요소 몇몇 분야에 투자하는 것, ④ 그의 현금잔고에 추가하는 것 등이다. 이 비용은 그 단위의 크기가 무엇이든지 간에 한계단위에서의 결정을 언급하고 있기 때문에 이것은 그 결정의 '한계비용'임은 강조되어야 한다. 이 비용은 주관적이고 개인의 가치척도 위에서 순위가 매겨진다.

　어떤 특정 소비재에 화폐를 지출하기로 한 결정의 비용 또는 포기한 효용의 본질은 비용이 다른 소비행위로부터 유도되었을지도 모르는 가치인 경우에는 명백하다. 비용이 포기한 투자일 때, 포기한 것은 그 개인의 시간선호율에 의하여 표현된 미래의 예상되는 소비증가인데, 그 시간선호율은 아래에서 더 탐구될 것이다. 여하튼, 어떤 개인이 계란과 같은 어떤 특정한 재화를 구매할 때, 그가 계속해서 더 많이 구매하면 할수록 각 연속적 단위가 그에게 가져다주는 추가되는 한계효용은 점점 더 낮아질 것이다. 물론 이것은 한계효용의 법칙과 일치한다. 다른 한편, 그가 더 많은 화폐를 계란에 지출할수록 차선의 재화—예를 들어, 버터—가 무엇이든 간에 그 재화를 포기한 한계효용은 점점 더 클 것이다. 따라서 그가 계란에 더 많이 지출하면 지출할수록 계란으로부터 획득되는 그의 한계효용은 점점 더 적어질 것이고, 계란을 구매하는 한계비용, 즉 그가 포기해야 하는 가치는 점점 더 커질 것이다. 궁극적으로 후자 즉, 한계비용이 전자 즉, 한계효용보다 커지게 된다. 이런 일이 일어날 때, 계란을 구매하는 한계비용이 그 상품을 추가하는 한계효용보다 클 때, 그는 구매를 버터로 바꾸며, 그리고 이와 동일한 과정이 계속된다. 화폐의 재고가 얼마이든지 어떤 인간의 소비지출이 먼저 이루어지고 각 재화에 대한 지출은 위와 동일한 법칙을 따른다. 어떤 경우에, 어떤 소비재에 대한 소비의 한계비용은 어떤 생사라인에 대한 투자이고, 그 인간은 얼마의 화폐를 생산요소들에 투자할 수 있다. 이 투자는 포기한 소비 또는 현금잔고로 환산한 투자의 한계비용이 예상되는 수익의 현재가치를 능가할 때까지 계속된다. 때때로 가장 높게 평가되는 화폐용도는 현금잔고를 추가하는 것이고, 이런 추가는 이 용도로부터 획득되는 한계효용이 어떤 다른 사업에서의 한계비용보다 적어 질 때까지 계속된다. 이렇게 하여 한 인간의 화폐 재고는 가장 높게 평가되는 용도들에 모두 배분된다.

그리고 이렇게 하여 모든 소비재의 개별 수요스케줄이 만들어지고 시장수요스케줄은 시장에서 개별 수요스케줄들의 합산으로 결정된다. 모든 소비재의 재고가 주어진 상황에서(이 **주어진**이라는 의미는 이어지는 장들에서 분석될 것이다), 그 재화들의 시장가격이 그것 즉, 시장수요스케줄에 의해 결정된다.

화폐가 상이한 개인들의 효용을 비교할 수 있도록 측정하고 표현하는 기능을 여기에서 수행한다고 생각되었고, 그리고 많은 저자는 그 점을 가정했다. 그러나 화폐는 그런 종류의 기능은 아무것도 하지 않는다. 화폐를 제외한 어떤 다른 재화의 한계효용이 그런 것과 똑같이 화폐의 한계효용도 개인마다 다르다. 금 1온스로 시장에서 다양한 재화를 구매할 수 있다는 사실과 그런 기회가 모두에게 개방되어 있다는 사실이 다양한 인간이 재화의 이런 상이한 조합에 순위를 매기는 방법에 관한 어떤 정보도 우리에게 주지 않는다. **가치나 순위의 분야에서 측정가능성 또는 비교가능성은 없다**. 화폐는 모든 재화의 화폐가격을 확립함으로써 오직 **가격들**만으로 비교할 수 있도록 허용한다.

각 개인이 가치척도상에서 순위를 매기고 비교하는 과정이 소비재의 가격을 확립하고 결정한다는 점은 더 이상의 분석이 필요 없는 것처럼 보인다. 그러나 문제는 거의 그렇게 단순하지 않다. 관련된 어려움들을 무시하거나 회피하는 일이 오랫동안 경제학에 만연되었다. 물물교환제도하에서 분석의 어려움은 없다. 모든 가능한 소비재는 각 개인에 의해 순위가 매겨져서 비교될 것이고, 다른 재화로 환산한 각 재화의 수요스케줄이 확립된다. 상대효용들이 개별 수요스케줄들을 확립하고 이 수요스케줄들이 합쳐져서 시장수요스케줄들을 만들어낸다. 그러나 화폐경제에서는 쉽지 않는 분석의 어려움이 발생한다.

어떤 재화의 가격을 결정하기 위해서 그 재화의 시장수요스케줄을 분석한다. 시장수요스케줄은 다음에는 개별 수요스케줄들에 의존한다. 화폐를 다양하게 선택적으로 사용할 수 있는 상태에서 개별 수요스케줄들은 다음에는 그 재화단위들과 화폐단위들에 대한 개인들의 가치순위매기기에 의해 결정된다. **그럼에도 불구하고 후자**

의 선택지들, 즉 화폐단위들에 대한 개인들의 가치순위매기기가 다음에는 다른 재화들의 주어진 가격에 의존한다. 계란에 대한 가상적 수요는 버터, 의복 등의 화폐가격을 주어진 것으로 가정해야 한다. 그러나 그 다음에 어떻게 가치척도들과 효용들이 화폐가격들의 형성을 설명하기 위하여 이용될 수 있는가, 이런 가치척도들과 효용들 자체가 화폐가격들의 존재에 의존할 때는 말이다?

2) 화폐회귀

순환성(X가 Y에 의존하고, 반면에 Y는 X에 의존한다)이라는 참으로 중요한 문제는 화폐경제에서 소비자들이 결정을 고려할 때도 존재할 뿐 아니라 어떤 교환이든지 교환을 위한 결정을 고려할 때도 존재한다. 따라서 어떤 소비재 재고의 **판매자**를 고려해 보자. 매매제의된 화폐가격이 주어진 상태에서, 그는 재고단위들을 판매할 것인지 또는 그것들을 보유할 것인지 여부를 결정해야 한다. 그가 화폐를 획득할 목적으로 교환을 통해서 판매하고자 열망하는 것은 화폐가 그에게 줄 유용함 때문이다. 화폐는 그에게서 가장 중요한 용도에 사용될 것이고, 이것이 화폐에 대한 그의 평가—또는 화폐를 추가함에 따른 한계효용—를 결정할 것이다. 그러나 **재고의 판매자에게 화폐의 추가가 주는 화폐의 한계효용은 이미 존재하는 화폐**에 기초하고 판매자가 구매할 수 있는 다른 재화들—소비재들이나 생산요소들이나 다 같이—에 대한 그 화폐의 준비된 지배력에 기초한다. 그러므로 판매자의 한계효용도 경제 내의 다양한 재화들의 이전(previous) 화폐가격들의 존재에 의존한다.

마찬가지로, 노동자, 토지소유자, 투자자 또는 자본재 소유자의 경우에 그의 서비스 또는 재화의 판매에서, 화폐의 추가에는 한계효용이 있고, 그런데 화폐추가의 한계효용은 재화를 팔기 위한 결정에서 필수적이면서 사전조건이고, 그 결과 화폐추가의 한계효용은 화폐를 대가로 한 그 재화의 공급곡선의 하나의 결정요소이다. 그럼에도 불구하고 이 한계효용은 존재하는 화폐가격들의 이전 배열에 언제나 의존한다. 그러므로 화폐를 대가로 하는 어떤 재화 또는 어떤 서비스의 판매자는 그가 획득할 예정인 화폐의 한계효용을 그 재화 또는 서비스를 팔지 않고 보유함으로써 발생하는 한계효용과 대비하여 평가한다. 어떤 재화나 서비스를 구매하기 위하여 화폐를 지출하는 사람은 누구라도 화폐를 보유하는 것이 그에게 가져다 줄 한계효용을 그 재화를 획득함으로써 얻는 한계효용에 대비하여 평가한다. 다양한 구매자와 판매자의 이런 가치척도들이 개별 공급-수요스케줄과 그 결과 모든 화폐가격들을 결정한다. 하지만 그의 가치척도상에서 화폐와 재화들의 순위를 매기기 위하여, 화폐는 각 개인을 위하여 이미 한계효용을 가져야 하고, 이 한계효용은 각종 재화의 화폐가격들이 사전에 존재하는(pre-existing) 사실에 기초해야 한다.[18]

순환성이라는 이 결정적 문제에 대한 해결책은 루드비히 폰 미제스 교수에 의해 그의 유명한 화폐회귀(money regression)이론에서 제시되었다.[19] 화폐회귀이론은 분석의 각 부분에서 고려되는 기간(period of time)을 검토함으로써 설명될 수 있다. 우리가 '하루'를 사회 내의 모든 재화의 시장가격을 결정하기에 정말로 충분한 기간으로서 규정하자. 그러면 X일에 각 재화의 화폐가격은 바로 그날에 구매자들과 판매자들의 화폐공급스케줄들과 화폐수요스케줄들과 재화공급스케줄들과 재화수요스케줄들의 교차에 의해 결정된다. 각 구매자와 판매자는 화폐와 주어진 재화가 각자에게 주는 상대적 한계효용에 따라 그 둘의 순위를 매긴다. 그러므로 어떤 화폐가격은 X일의 **끝**에 화폐의 한계효용과 그 재화의 한계효용에 의해 결정되는데, 화폐의 한계효용과 그 재화의 한계효용은 X일의 초에 존재했기 때문이다. 그러나 우리가 위에서 보았듯이 화폐의 한계효용은 이전에 존재한 화폐가격들의 배열에 기초하고 있다. 화폐는 수요되고 유용한 것으로 여겨지는데, 왜냐하면 **이미 존재하는** 화폐가격들 때문이다. 그러므로 X일에 어떤 재화의 가격은 X일에 그 재화의 한계효용과 X일에 화폐의 한계효용에 의해 결정되고, X일에 화폐의 한계효용은 가장 최근 차례로는 X-1일에 재화들의 가격에 의존한다.

그러므로 화폐가격들에 대한 경제분석은 순환적이 **아니다**. 만약 오늘의 가격들이 오늘 화폐의 한계효용에 의존한다면 후자, 즉 오늘 화폐의 한계효용은 **어제의** 화폐가격들에 의존한다. 따라서 어떤 날의 모든 화폐가격에는 **시간성분**(time component)이 포함되어 있고, 그 결과 이 가격은 부분적으로는 어제의 화폐가격들에 의해 결정된다. 이것은 구체적으로 오늘의 계란가격이 부분적으로 어제의 계란가격에 의해 결정되고, 오늘의 버터가격이 부분적으로 어제의 버터가격에 의해 결정되는 등을 의미하지는 **않는다**. 그와는 반대로, 오늘의 각 구체적 가격에 필수인 시간성분이란 모든 재화의 어제 화폐가격들의 **일반적 배열**이고, 물론 사회 내의 개인들에 의한 화폐단위에 대한 차후의 평가이다. 그러나 만약 우리가 오늘의 가격들의 **일반적 배열**을 고려하면 그 가격들의 결정에서 없어서는 안될 시간성분은 어제 가격들의 일반적 배열이다.

이 시간성분은 가격을 결정하는 요인들의 순전히 화폐적 측면이다. **물물교환의 사회에서는** 어떤 날의 가격들에도 **시간성분은 없다**. 말이 생선과 교환될 때 시장의 개인들은 상품들의 직접적인 용도들에만 오로지 기초하여 상대적 한계효용을 결정한다. 이 직접적인 용도들은 즉각적이고, 이전에 시장에 존재했던 어떤 가격들을 필요로 하지 않는다. 그 결과 말과 생선과 같은 직접사용을 위한 재화들의 한계효용은 이전의 시간성분을 포함하고 있지 않다. 그러므로 물물교환체제에서 순환성의 문제는 없다. 그런 사회에서는, 만약 이전의 모든 시장과 이전의 가격들에 관한 모든 정보가 흔적 없이 지워진다고 가정하면, 각 개인은 자신의 가치척도를 참고하고 다른 사람의 가치척도를 예측하려고 노력하는 초기에는 물론 혼란이 있겠지만 빠르게 교환시장들을 재확립하는 데 큰 어려움이 없을 것이다. 화폐경제에서의 경우는 다르다. 화폐상품의 한계효용은 이전에 존재한 화폐가격들에 의존하기 때문에, 현존하는 시장들과 화폐가격들의 정보를 흔적 없이 지워버리는 것은 화폐경제를 직접 재확립하는 것을 불가능하게 만든다. 경제는 파손될 것이고 매우 원시적 상태의 물물교환 상태로 되던져질 것이며, 그 이후에 이전에 경제가 확립되었던 것처럼 화폐경제는 오직 천천히 재확립될 수 있다.

이제 다음과 같은 의문이 제기될 수 있다. 화폐가격들의 결정에서 순환성이 없다고 하더라도, 원인들이 부분적이지만 시간적으로 뒤로 **회귀한다는** 사실은 단순히 설명되지 않은 구성요소들을 끝없이 더 뒤로 밀지 않는가? 만약 오늘의 가격들이 부분적으로 어제의 가격들에 의해 결정되고, 어제의 가격들이 그저께의 가격들에 의해 결정되는 등이면, 회귀는 단지 무한정으로 뒤로 밀리지 않는가, 그리고 가격들의 결정의 일부는 설명되지 않은 채로 남아 있는가?

그에 대한 대답은, 회귀는 무한정하지 않고, 회귀가 중단되는 점의 단서는 방금 만들었던 화폐경제의 조건들과 물물교환 상태의 조건들 간의 구분이다. 우리는 화폐의 한계효용은 **두 가지** 주요 요소로 이루어진다는 것을 기억한다. 즉, 교환수단으로서 화폐의 한계효용과 화폐상품이 직접적으로 상품용도로 사용되는 효용(장식용으로 금을 사용하는 것과 같은 것)이다. 현대경제에서 화폐상품이 교환수단으로서 충분히 발달되고 난 후에는 화폐를 수단으로서 사용하는 것이 화폐상품을 소비에 직접 사용하는 것을 크게 볼품없이 보이게 하는 경향이 있다. 화폐로서의 금에 대한 수요는 보석으로서의 금에 대한 수요를 훨씬 초과한다. 그러나 후자 즉, 보석으로서의 사용과 수요는 계속해서 존재하고, 화폐상품에 대한 총수요에 어느 정도 영향을 미치는 것이 계속되고 있다.

화폐경제가 된 어떤 날에 금의 한계효용과 그 결과 금에 대한 수요는 모든 화폐가격의 결정에 들어간다. 오늘의 금의 한계효용과 금에 대한 수요는 어제 존재한 화폐가격들의 배열에 의존하고, 다음에 그 배열은 어제의 금의 한계효용과 금에 대한 수요에 의존한다. 이제 우리가 시간적으로 뒤로 회귀함에 따라 사람들이 금을 교환수단으로서 처음 사용하기 시작했을 때인 최초의 점에 궁극적으로 도착하는 것이 틀림없다. 사람들이 순수한 물물교환체제를 통과해서 금을 교환수단으로 사용하기 시작했던 **첫째** 날을 숙고하자. 그날 모든 다른 재화의 화폐가격 또는 차라리 금 가격은 금의 한계효용에 부분적으로 의존한다. 이 한계효용은 **시간성분**을 가졌는데, 즉 시간성분이란 물물교환에서 결정되었던 금 가격들의 이전의 배열이다. 다시 말하면, 금이 교환수단으로서 처음 사용되기 시작했을 때, 금을 교환수단으로서 사용함으로써 생기는 한계효용은 **물물교환**을 통해 확립되었던 이전에 존재하는 금 가격들의 배열에 의존했다. 그러나 만약 **물물교환의 마지막 날**로 하루 더 회귀하면 그날의 다양한 재화의 금 가격은 모든 다른 가격처럼 시간성분을 가지지 **않았다**. 모든 다른 물물교환 가격이 그랬던 것처럼 다양한 각종 재화의 금 가격은 오로지 그날의 금의 한계효용과 다른 재화들의 한계효용에 의해 결정되었고, 금은 단지 직접 소비를 위하여 사용되었기 때문에 금의 한계효용은 시간요소를 가지지 **않았다**.

그러므로 화폐가격들(금 가격들)의 결정은 순환성과 무한정의 회귀 없이 완전히 설명된다. 금에 대한 수요는 모든 금 가격에 들어가고, 금이 **교환수단**으로 사용되는 한에서는, 오늘의 금에 대한 수요는 어제의 금 가격들의 배열에 의존하는 시간성분을 가진다. 이 시간성분이 물물교환의 마지막 날, 금이 교환수단으로 사용되기 시작했던 하루 전 날까지 회귀한다. 그날, 즉 물물교환의 마지막 날에 금은 교환수단의 용도로는 효용이 없었다. 금에 대한 수요는 오로지 직접 사용하는 것이었고, 결과적으로 그날과 그 이전의 모든 날 동안의 금 가격의 결정에는 시간적 성분은 어떤 것도 포함되지 않았다.[20, 21]

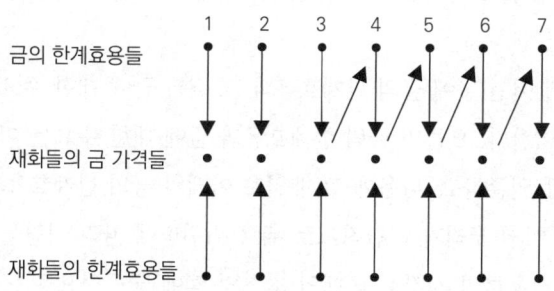

〈그림 4-11〉 화폐회귀의 인과론적-시간적 패턴

회귀의 인과론적이고 시간적인 패턴은 〈그림 4-11〉에 묘사되어 있다. 연속적인 날들에 1, 2, 3 등의 번호를 부여하고, 각 기간마다 화살표는 시장에서 재화들의 금 가격들을 결정하는 기초가 되는 인과론적 요소들을 묘사한다. 각 기간마다 재화들의 금 가격들은 개인의 가치척도상에서 금과 다른 재화들의 상대적 한계효용들에 의해 기본적으로 결정되고, 금의 한계효용은 그 이전 기간 동안의 금 가격들에 의존한다. 화살표로 묘사된 시간적 요소는 물물교환 기간까지 후퇴를 계속할 것인데, 그 기간에는 금은 직접소비 목적 또는 생산의 목적으로만 사용되고 교환수단으로서는 사용되지 않는다. 그 지점에서는 그 이전의 금 가격들에 의존하는 시간적 종속성은 없고 시간을 표시하는 화살표는 사라진다. 이 그림에서 물물교환체제는 1, 2, 3으로 표시된 날들에 지배적이고, 금이 교환수단으로 사용되는 것은 4로 표시된 날과 그 이후이다.

회귀이론이 이룩한 중요한 성과 중의 하나는 화폐가 제3장에서 서술한 방법으로 발생하는 것이 **틀림없다**는 사실의 확립이다. 즉, 화폐는 이미 직접적인 용도를 위해 수요되는 상품에서 발전되어 나온 것이 틀림없다는 것인데, 그 상품은 그 다음에는 더욱더 일반적 교환수단으로 사용되는 것이다. 교환수단으로서의 어떤 재화에 대한 수요는 다른 재화들로 환산한 이전에 존재하는 가격들의 배열에 의존하는 것이 **틀림없다**. 그러므로 교환수단은 오직 우리가 이전에 한 서술과 전술한 그림에 따라서**만 시작될** 수 있다. 교환수단은 **물물교환 상황에서** 이전에 **직접적으로 사용되었던** 어떤 상품에서만 오직 발생할 수 있고, 그 결과 그 상품은 다른 재화들로 환산한 가격들의 배열을 가지고 있었다. **금과 은이 이전에 존재하는 구매력을 가지고 있었던 것과 같이, 화폐는 이전에 존재하는 구매력을 가진 상품으로부터 발전되어 나오는 것이 틀림없다.** 화폐는 어떤 갑작스런 '사회협약' 또는 정부의 포고에 의해 허공에서 창조될 수는 없다.

다른 한편, 만약 현존하는 화폐가 그 자체의 직접적인 용도를 잃었다고 가정하면 그것이 화폐로서 더 이상 사용될 수 없었을 것이라는 점이 이 분석으로부터 당연한 것이 되지는 **않는다**. 예를 들어, 만약 금이 화폐로서 확립되고 난 후에 장식품 또는 산업용도로서의 가치를 갑자기 잃는다고 가정하면 금이 화폐로서의 특징을 반드시 잃지는 않을 것이다. 일단 어떤 교환수단이 하나의 화폐로서 확립되었다면 화폐가격들은 계속해서 결정된다. 만약 X일에 금이 직접적인 용도를 잃는다면 'X-1'일에 확립되었던 이전에 존재하는 화폐가격들은 여전히 있을 것이고, 이 가격들이 X일에 금의 한계효용을 위한 기초가 된다. 마찬가지로, 그것에 의해서 X일에 결정되었던 화폐가격들은 'X+1'일의 화폐의 한계효용의 기초가 된다. X일 이후로 금은 오직 교환가치만을 위해서 수요될 수 있고 금을 직접적으로 사용하기 위해서 전혀 수요되지 않는다. 그러므로 화폐가 직접적인 용도를 가진 어떤 상품에서 **시작하는** 것이 절대적으로 필수적인 반면에, 화폐가 확립되고 난 후에는 직접적인 용도가 계속된다는 것이 절대적으로 필수적인 것이 아니다.

이제 소비재들의 화폐가격들은 전적으로 개인의 가치척도들에 의해 설명되었고, 이 가치척도들은 각 재화의 사용에 대한 주관적 가치평가의 내용이라는 점까지 설명되었다. 경제학은 이 목적들의 구체적 내용에는 관심을 가지지 않지만, **어떤** 주어진 목적들에 기초한 행동의 다양한 현상을 설명하는 데 관심이 있으며, 그 결과 이 영역에서 경제학의 역할은 이러한 행동현상을 유용한 재화들에 대한 주관적 가치평가로까지 거슬러 추적하는 것으로 전적으로 달성된다.[22]

3) 효용과 비용들

우리는 소비재들의 구매자들과 판매자들 또는 차라리 잠재적 구매자들과 판매자들의 결정에서 효용과 비용을 고려하는 것을 다음과 같이 요약할 수 있다(제2장 208쪽 참조).

- **판매자:**

    수익: 추가하는 단위당 화폐의 한계효용=가장 가치 있는 장래 용도의 가치순위

    비용: 둘 중의 택일

    1) 재화의 직접사용으로 얻는 한계효용—희생해야 할 가장 높은 순위의 용도

       또는

    2) 미래에 더 높은 가격에 팔기 위하여 보유하는 한계효용—그의 가치척도에서 더 높은 것은 무엇이든지

두 가지 종류의 비용이 존재하지 않는 경우에 판매는 비용이 들지 않는다.

- **구매자:**

    수익: 추가하는 단위당 재화의 한계효용=그 단위의 가장 높은 순위로 평가된 직접적인 용도

    비용: 단위당 화폐의 한계효용—교환함으로써 희생해야 하는 것으로 가장 높게 순위가 매겨진 용도에서의 가치순위

행위자의 목적은 그의 한계수익을 그의 한계비용보다 초과하게 만듦으로써 어떤 행동으로부터 심적 이윤을 언제나 획득하는 것이다. 결정이 내려지고 행위가 취해지고 결과가 평가되고 난 다음에만 행위자는 그의 결정이 옳았는지, 즉 그의 심적 수익이 정말로 그의 비용을 초과했는지 여부를 알 수 있다. 그의 비용이 그의 수익보다 컸음이 입증될 수 있고, 그 결과 그가 그 교환에서 손실을 입었음이 있을 수 있다.

행위자가 그의 행동을 판단하는 것으로 **사전**(*ex ante*)과 **사후**(*ex post*)라는 두 가지 유익한 점을 구별하는 것이 편리하다. **사전**이라는 것은 행위자가 행동과정에서 결정해야 할 때 그의 위치이다. 그것은 인간이 행동할 때 관련이 있는 지배적 고려사항이

다. 그것은 행위자가 그가 선택하는 과정과 각 선택의 결과를 고려하는 것이다. **사후**라는 것은 행위자가 과거에 한 행동의 결과를 기록한 관찰이다. 그것은 그의 과거 행동과 그 결과들을 판단하는 것이다. 그러면 **사전**에 행위자는 가장 이득이 나는 행동과정을 언제나 택할 것이고, 수익이 비용을 초과하여 심적 이윤을 언제나 가질 것이다. **사후**에 그는 한 행동과정으로부터 이윤을 얻거나 또는 잃을 것이다. 수익은 기대비용을 초과할 수도 있고 초과하지 못할 수도 있는데, 그것은 그가 최초의 행동에서 얼마나 훌륭한 기업가이냐에 달려있다. 그의 **사후**판단은 미래에 있을 행동을 위해 **사전적으로** 고려사항을 비교평가하고자 할 때 그에게 주로 유용한 것은 명백하다.

어떤 궁극적 소비자가 어떤 생산물을 구매하고, 그 다음에 그가 그 구매에서 실수를 저질렀고, 그 재화가 그에게 거의 가치가 없거나 아무 가치가 없다는 것을 안다고 가정하자. 예를 들어, 어떤 사람이 케이크를 사고, 그가 그것을 전혀 좋아하지 않는다는 것을 발견할지도 모른다. **사전적으로는** 그 케이크의 (기대)효용은 케이크를 구매하기 위하여 포기한 화폐의 한계효용보다 컸다. **사후적으로는** 그는 과오를 범했고, 그가 그 일을 다시 한다고 가정하면 그 케이크를 사지 않을 것임을 발견한다. 케이크의 구매는 소비자의 책임이고, 소비자는 그의 자발적 거래로부터 이득뿐 아니라 손실까지도 부담해야 한다. 물론 누구도 과거를 재생할 수 없지만 그는 예를 들어, 그러한 케이크를 다시 구매하는 것을 회피하기 위하여 이런 지식을 이용할 수 있다. 일단 구매한 케이크는 가치가 거의 없거나 전혀 없는 것이 명백한데, 비록 그 사람이 몇 그레인의 금을 최초에 지불했음에도 불구하고 말이다. 케이크의 **비용**은 그것을 사기 위하여 지불했던 포기한 금 3그레인의 한계효용이었다. 그러나 **과거에** 부담했던 이 비용은 **지금의** 케이크에 어떤 가치도 주지 않는다. 이것은 분명한 것처럼 보이지만, 그럼에도 불구하고 특히 19세기 동안에 경제학은 가치를 설명하는 다양한 '비용'이론들의 모양을 따서 이 진리를 언제나 무시했다. 이런 비용이론들은 재화의 가치는 과거에 그 재화를 획득하는 데 부담했던 비용 또는 희생에 의해 수여되는 것이라고 주장했다. 그와는 반대로, 가치는 **현재에** 그 재화를 직접적으로 사용하고자 하는 개인들의 욕망에 의해서만 재화에 수여될 수 있음이 명백하고, 또는 가치는 그 재화를 직접 사용하고자 하는 그런 개인들에게 **미래에** 팔 것을 현재에 기대하는 것에 의해서만 재화에 수여될 수 있음이 명백하다.[23] 우리는 구매자가 궁극적 소비자가 아니고 차라리 미래가격이 오를 것을 예상하는 투기적 구매자인 경우를 고려함으로써 위의 구매자 요약표를 수정할 수 있다. 그 경우에, 그를 위한 더 높은 수익은 더 높은 가격에 예상되는 미래판매를 위하여 재화를 보유하는 한계효용일 것이고, 여기에는 저장비용을 차감한 것이다.

4) 계획하기와 선택의 범위

화폐의 확립은 모든 사람에게 개방된 선택의 범위를 어마어마하게 확장하는 것은 틀림없다. 화폐단위로 충족될 수 있는 선택적 용도의 범위는 개별 재화들이 줄 수 있는 용도의 수보다 훨씬 넓다. 말들 또는 주택들은 다양한 용도에 배분될 수 있고, 원자재는 많은 생산분야에 배분될 수 있지만, 화폐는 지출되면서 사회 내의 모든 단일한 종류의 교환가능한 재화에 배분될 수 있는데, 그 재화가 유형의 상품이든 또는 무형의 서비스이든, 소비재, 자본재, 자연재(natural good) 또는 이런 재화에 대한 청구권이든 상관없이 말이다. 화폐는 선택의 범위를 크게 확장하는 데 봉사한다. 그리고 화폐 자체는 선택적 목적들 중에서 가장 높게 평가되는 것에 배분하기 위한 핵심적 수단이 된다.[24]

이 시점에서 각 개인이 행동에서 하고자 하는 것을 검토하는 것은 가치가 있을 것이다. 그는 수단을 그의 선택적 목적들 중에서 가장 높게 평가되는 것에 배분하는 일에 언제나 관계하는데, 그 목적들은 그의 가치척도 위에서 순위가 매겨진 것이다. 그의 행동 일반, 그리고 특히 **교환하는** 그의 행위는 그의 편에서 언제나 어떤 예상의 결과인데, 그 예상이란 그가 좇을 수 있는 가장 만족스러운 과정에 대한 것이다. 그는 그가 **예상하기를** 어떤 미래의 시간(어떤 경우에 미래란 매우 가까워서 거의 즉각적인 것일 수도 있다)에 가장 높게 순위가 매겨지는 이용가능한 목적과 그 결과 그 행동으로부터 심적 이윤을 그에게 줄 것으로 여겨지는 방법을 언제나 좇을 것이다. 만약 그가 잘못 행동했다는 것이 증명되면, 그 결과 다른 행동과정이 그에게 더 큰 심적 수익을 주었을 것이었다면 그는 손실을 입었다. **사전적으로** 그는 현재상황과 예상되는 미래의 상황을 평가하고, 그의 가치평가들 중에서 선택하고, 그의 '노하우'에 따라 가장 높은 가치를 얻고자 노력하며, 다음에 이 **계획들**에 기초하여 행동과정을 선택한다. 계획들은 미래의 행동에 관한 그의 결정인데, 그 결정은 목적에 대한 그의 순위매기기와 어떻게 목적을 달성할 것인가에 관해 그가 상상해낸 지식에 의존한다. 그러므로 모든 개인은 끊임없이 **계획**한다. 이 계획하기는 새로운 철강공장에 인상적 투자를 하는 것에서부터 작은 소년이 캔디에 2센트를 지출하기로 한 결정을 포함하지만, 그럼에도 불구하고 그것은 계획하기이다.[25] 그러므로 자유시장사회가 '무계획적'(unplanned)이라고 주장하는 것은 틀린 것이다. 이에 반하여 각 개인은 자신을 위해 계획한다.

그러나 개별 계획이 조정되지(co-ordinated) 않는 것처럼 보인다는 사실로부터 '혼란'이 발생하지 않는가? 이에 반하여 첫째, 교환체제는 모든 교환의 양쪽 당사자를 이롭게 함으로써 개별 계획들을 조정한다. 둘째, 이 책의 대부분은 화폐경제에서 다양한 교환현상을 결정하는 원리와 질서를 설명하고 분석하는 데 바친다. 즉, 가격들, 산출물, 지출들 등. 화폐경제의 구조는 혼란스럽기는커녕 정교하고 체계적인 모습을 보여주고, 그 구조는 인간행동과 간접교환이라는 기본적 실체로부터 유도될 수 있다.[26]

6. 소비재 가격들간의 상호관계

따라서 어떤 주어진 때에 소비자는 시장에서 다양한 소비재의 이전에 존재한 화폐가격들에 직면한다. 그의 효용척도에 기초하여 소비자는 여러 재화와 화폐의 다양한 단위의 순위를 결정하고, 이 순위로 그가 얼마나 많은 화폐를 각종 재화 각각에 소비할 것인가를 결정한다. 특히, 그는 **추가하는 어떤 재화 한 단위의 한계효용이 시장에서 그 재화의 화폐가격이 그에게 주는 한계효용보다 작아질 때까지 화폐를 각 특정 재화에 소비할 것이다.** 이것이 시장경제에서 소비자행동의 법칙이다. 그가 화폐를 어떤 재화에 지출함에 따라 추가되는 새로운 단위의 한계효용은 떨어지고 반면에 포기한 화폐의 한계효용은 상승하는데, 그가 그 재화에 지출하는 것을 멈출 때까지 말이다. 어떤 재화 심지어 한 단위의 한계효용이 그 재화의 화폐가격의 한계효용보다 낮은 경우에 개인은 그 재화를 조금도 구매하지 않을 것이다.

이런 방법으로 각 재화에 대한 개별 수요스케줄이 결정되고, 그 결과 모든 구매자의 총시장수요스케줄(aggregate market-demand schedules)이 결정된다. 시장수요스케줄의 위치가 가까운 미래에 시장가격이 얼마가 될 것인가 결정한다. 예를 들어, 만약 우리가 행동을 '기일들' (days)로 이루어진 기간으로 나누어서 생각한다면, 개별 구매자들이 제1일의 끝에 존재한 가격들을 기초로 그들의 가치척도의 순위들과 수요스케줄들을 결정하고, 이 수요스케줄들이 제2일의 끝 때까지 가격들이 얼마가 될 것인가 결정한다.

독자는 위의 제2장 제9절과 제10절에서 한 토론을 이제 되돌아본다. 그곳에서 물물교환 조건에 응용했던 분석은 화폐가격에도 똑같이 잘 응용된다. 매일의 끝에 수요스케줄(또는 차라리 총수요스케줄)과 그날에 존재하는 재고가 그날의 시장균형가격을 결정한다. 화폐경제에서 이런 요소들이 그날 하루 동안의 다양한 재화의 화폐가격들을 결정한다. 제2장에서 설명한 어떤 재화의 가격변화에 대한 분석은 여기에 직접적으로 응용가능하다. 화폐경제에서 대부분의 중요한 시장은 자연히 연속적인데, 왜냐하면 재화들이 매일 계속해서 생산되기 때문이다. 공급스케줄들과 수요스케줄들의 변화 또는 총수요스케줄의 변화와 재고량은 물물교환에서와 정확히 똑같은 방향으로 효과를 만들어낸다. 이전 날보다 시장의 총수요스케줄이 상승한 것은 그날의 화폐가격을 올라가게 만들 것이다. 이용가능한 재고의 증가는 가격을 낮게 만들 것이다. 물물교환에서처럼 매일의 끝에 각 재화의 재고는 가장 열망하는 소유자의 손으로 이전된다.

지금까지 우리는 각 소비재의 화폐가격 결정에 집중했는데, 이 가격들간의 관계에 대해서는 많은 주의를 기울이지 않고서 말이다. 그러나 가격들의 상호관계는 명백함이 틀림없다. 이용가능한 재화들은 각 개인의 가치척도상에서 순위가 매겨지는데, 화폐상품을 그의 현금잔고에 유지하고자 하는 가능성과 함께 말이다. 그러면 효용의 순위와 효용의 법칙에 따라 개인은 그의 화폐단위를 가장 높게 평가하는 용도에 배분한다. 즉, 각종 소비재, 다양한 요소에의 투자, 그의 현금잔고에 추가하는 것 등이다. 여기에서는 소비와 투자 간에 자원을 분배하는 문제와 현금잔고에 얼마나 추가할 것인지 하는 문제는 더 나중의 장들까지 제쳐두기로 하고, 오직 소비재의 가격들간의 상호관계만을 고려하자.

소비재들간 상호관계의 법칙은 **어떤 주어진 재화에 대해 더 많은 대체재가 이용가능하면 할수록 그 재화의 수요스케줄**(개별, 그리고 시장)**은 점점 더 탄력적이 될 것이다.** '재화'의 정의에 의하면, 두 재화는 서로에게 '완벽한 대체재'가 될 수 없는데, 왜냐하면 만약 소비자가 두 재화를 완전히 동일한 것으로 간주한다고 가정하면 그 두 재화는 정의상 하나의 재화일 것이기 때문이다. 다른 한편, 모든 소비재는 서로에게 **부분적**으로(partial) 대체재이다. 어떤 사람이 그의 가치척도 내에서 이용가능한 무수한 재화의 순위를 매기고 각 재화의 감소하는 효용을 대조할 때, 그는 그 재화들 모두를 상호간에 부분적 대체재로 취급하고 있다. 한 재화의 순위변화는 필연적으로 모든 다른 재화의 순위를 변하게 하는데, 왜냐하면 모든 순위는 서수적이고 상대적이기 때문이다. (예를 들어, 생산된 재고의 감소로) 한 재화의 더 높은 가격은 소비자들의 수요를 그 재화로부터 다른 소비재로 이동하게 할 것이고, 그 결과 다른 재화의 수요스케줄들이 상승할 것이다. 반대로, 어떤 재화 공급의 증가와 그로 인한 가격의 하락은 수요를 다른 재화들로부터 이 재화로 이동하게 할 것이고, 그 재화를 제외한 다른 재화들의 수요스케줄들을(물론, 다른 재화들 중의 일부는 다른 일부 재화에 비해 더) 내려가게 할 것이다.

기술적으로 유사한 재화들만이 서로 대체재라고 가정하는 것은 틀린 것이다. 소비자들이 돼지고기에 돈을 많이 지출하면 할수록 그들은 소고기에 점점 적게 지출해야 하거나, 그들이 여행에 돈을 많이 지출하면 할수록 그들은 텔레비전 수상기 구매에 점점 적게 지출해야 한다. 돼지고기 공급의 감소가 시장에서 돼지고기 가격을 올린다고 가정하자. 소고기의 수요량과 가격은 이 변화에 영향을 받을 것이 틀림없다. 만약 돼지고기에 대한 수요스케줄의 탄력성이 변화의 범위 내에서 단위 탄력성보다 크다면, 높은 가격은 적은 돈을 돼지고기에 지출하게 할 것이고, 많은 돈이 소고기와 같은 그런 대체재로 이동할 것이다. 소고기의 수요스케줄은 상승할 것이고 가격 또한 상승할 것이다. 다른 한편, 만약 돼지고기의 수요스케줄이 비탄력적이면 소비자들이 많은 돈을 돼지고기에 지출할 것이고, 그 결과 소고기에 대한 수요스케줄이 하락하고 결과적으로 소고기의 가격이 하락할 것이다. 그러나 대체재의 그런 상호관계는 모든 재화에 대해 어느 정도는 진실인데, 왜냐하면 모든 재화는 상호 대체재이기 때문이다. 왜냐하면 모든 재화는 소비자들의 화폐 재고를 두고 경쟁하기 때문이다. 물론 어떤 재화는 다른 재화보다 '더 가까운' 대체재이고, 그들간의 상호관계는 다른 재화들의 상호관계에 비해 더 강할 것이다. 그러나 대체의 가까움은 기술적 유사성보다는 소비자의 특정한 환경과 그의 선호에 달려있다.

따라서 소비재들이 상호 대체재인 한에서는 그것들은 다음과 같이 관련된다. A의 재고가 증가하여 A의 가격이 **하락할** 때, ① **만약** A의 수요스케줄이 탄력적이면, B, C, D 등에 대한 수요스케줄이 하락하는 경향과 그 결과 B, C, D 등의 가격이 하락하는 경향이 있을 것이다. ② 만약 A에 대한 수요스케줄이 비탄력적이라면, B, C, D 등에 대한 수요스케줄이 상승할 것이고, 그 결과 B, C, D 등의 가격이 **상승할** 것이다. ③ 만약 수요스케줄이 정확히 중립적(또는 단위) 탄력성을 가진다면, 그 결과 A에 지출하는 화폐의 양에 변화가 없다면 다른 재화들에 대한 수요와 가격에 영향을 미치지 않을 것이다.

화폐경제가 발달하고 문명이 꽃핌에 따라 이용가능한 재화의 종류가 크게 확장되고, 그 결과 상호대체할 수 있는 재화의 수가 크게 늘어난다. 결과적으로, 각종 소비재의 수요가 더 탄력적이 되는 경향이 있는데, 비록 그 재화들이 매우 탄력적인 것에서부터 매우 비탄력적인 것으로까지 변하는 것이 계속될 것임에도 불구하고 말이다. 대체재의 증식이 개별 재화들의 수요곡선들을 탄력적으로 만드는 한에서는 위에서 언급한 세 가지 중에서 첫 번째 종류의 상호작용이 우세하게 될 것이다. 더구나, **새로운** 종류의 재화들이 시장에 자리잡을 때 이런 재화들은 다른 대체재로부터 화폐수요를 빼앗을 것이고, 그 결과는 위에서 서술한 첫 번째 종류의 반응을 초래할 것이다.

소비재들의 대체적 상호관계는 빅스테드의 다음과 같은 인용문에서 설득력 있게 설명되었다.

> 어떤 여자가 새로운 토마토 또는 닭고기를 살 것인지 또는 사지 않을 것인지가 불확실한 상태에서 시장에 갈 때 그녀가 발견한 그것들의 구입가능한 가격이 그녀가 무엇을 살 것인지를 결정할 것이라는 것은 충분히 명백하다.…왜냐하면 그녀가 포기하는 선택지의 본질을 첫 번째로, 그리고 가장 명백하게 지시하는 것은 가격인데, 만약 그녀가 구매를 심사숙고한다면 말이

다. 그러나 신선한 토마토와 닭고기의 가격뿐만 아니라 그것들을 제외한 일군의 다른 재화들의 가격도 또한 문제에 영향을 미칠 것은 거의 동일하게 명백하다. 만약 좋고, 상하지 않고, 오래된 토마토를 낮은 가격에 구입한다면 장 보러 가는 사람은 신선한 토마토에 대해 높은 가격을 지불할 가능성은 적은데, 왜냐하면 좋은 조건들로 된 양호한 선택지가 있기 때문이다.…만약 주부가 저녁에 즐기기 위하여 닭 두 마리를 제공함으로써 일단의 이웃들에게 면목을 서게할 생각을 갖고 있다면 그녀는 몇 파운드의 대구(cod)로 대체함으로써 신선한 토마토와 닭고기를 구분하지 않고 그것들을 적절히 존중하여 다룰 수 있는 것이 가능하다. 그리고 그 경우에 닭고기의 가격뿐 아니라 대구의 가격도 그녀의 선택에 영향을 미칠 것이다.…

그러나(닭고기와 대구의 가격차이의)…중요성은 무엇에 의존하는가? 닭고기 또는 대구, 어느 하나와 명백히 관계가 없는 사물들의 가격에 아마도 의존한다. 어떤 아버지와 어머니는 그들 자식의 교육과 성공에 의욕을 가질 수 있고, 그들의 의욕을 충족시키기 위하여 교육을 제외한 다른 일들에 지출하는 것을 상당히 줄일 의사를 가지고 있을 수 있다. 그런 부모들은 통상적 수요보다 덜 사치스럽게 그들의 손님을 즐겁게 하는 비용과 동시에 그들 자식들의 불어 또는 바이올린 개인교습 비용을…부담하려 할 것이다. 그런 경우에 새로운 토마토 또는 오래된 토마토를 구매할 것인지 여부 또는 닭고기 또는 대구로 친구를 대접할 것인지 여부 또는 어느 쪽도 하지 않을 것인지 하는 문제는 만족할 만한 양질의 불어 개인교습 또는 음악 개인교습이 구해질 수 있는 조건들에 의해 영향을 받을 것이다.[27]

모든 소비재는 소비자가 구매해 줄 것을 바라고 서로 경쟁하는 반면에 몇몇 재화는 또한 상호**보완적**(complementary)이다. 이런 것들은 소비자에 의해 그 재화의 용도가 가까이 연결되어 있고, 그 결과 그 재화들에 대한 수요의 변동은 밀접하게 함께 묶여 있을 것 같다. 보완적 소비재의 예로서는 **골프클럽**과 **골프공**인데, 두 재화에 대한 수요는 함께 오르고 내릴 것이다. 예를 들어, 이 경우에 골프공의 공급증가는 골프공 가격의 하락을 초래할 것이고, 그런 하락은 골프공 수요량의 증가뿐 아니라 **골프클럽**의 수요스케줄을 상승하게 할 것이다. 이것이 골프클럽의 가격을 상승하게 할 것이다. 그러면 두 재화가 상호**보완적인** 한에서는 A의 재고가 증가하고, 그 결과 A의 가격이 하락할 때, B에 대한 수요스케줄은 상승하고 그 가격은 **올라갈** 것이다. 어떤 재화 가격의 하락은 그 재화의 수요량을 언제나 증가시킬 것이기 때문에(수요 법칙에 의해), 이것은 보완재의 수요스케줄을 언제나 자극할 것이고, 따라서 그 가격을 증가시킬 것이다.[28] 시장에 최초로 도입되는 재화의 수요탄력성은 이 효과와 관련이 없다.

소비재들간의 이런 상호관계를 요약하면:

- **대체가능한 재화들**:
  만약 A의 재고가 증가하고 A의 가격이 **하락**하면, 그리고 **A에 대한 수요곡선은**:

  비탄력적이면: B, C, D…의 수요와 가격은 **상승**

  탄력적이면: B, C, D…의 수요와 가격은 **하락**

  중립적이면: B, C, D…에 영향을 주지 않음

- **보완적 재화들**:
  만약 A의 재고가 증가하여 A의 가격이 **하락하면**, B, C, D…의 수요와 가격은 **상승**한다(만약 A에 대한 수요곡선이 수직이라면(수직이 아니라면으로 되어 있으나 오타로 보임—역주), B, C, D…의 수요와 가격에 미치는 효과가 없을 것이다).

모든 재화는 상호 대체적일 수 있지만, 반면에 보완적인 것은 대체적인 것보다 수가 적다. 재화들이 또한 보완적일 때, 보완적 효과는 대체적 효과와 혼합될 것이고, 어떤 특정한 경우의 성질이 두 효과 중에 어느 효과가 클 것인지 결정할 것이다.

소비재의 상호관계에 대한 지금까지의 토론은 **재고** 또는 공급 쪽에서의 변화만의 효과를 다루었다. 변화가 재고량 대신에 **수요스케줄**에서 일어날 때는 그 효과는 다르다. 재화 A에 대한 시장수요스케줄이 **상승한다고** 가정하자—오른쪽으로 이동하는 것이다. 이것은 모든 가상적 가격에서 A의 구매량이 **증가**하고, 그 결과 A에 지출한 화폐금액이 **증가한다는** 것을 의미한다. 그러나 사회 내의 화폐공급(재고)이 주어진 경우에, A에 대한 수요가 증가한다는 것은 하나 또는 둘 이상의 다른 재화의 수요스케줄이 감소할 것이라는 것을 의미한다.[29] 화폐 재고가 주어진 상태에서, 재화 A에 더 많은 화폐를 지출한다는 것은 더 적은 화폐가 B, C, D…에 지출된다는 것을 의미한다. 후자, 즉 B, C, D…에 대한 수요곡선은 '왼쪽으로 이동하고' 이 재화들의 가격은 **하락한다**. 그러므로 모든 재화의 상호간 대체성 효과는 A의 가격상승을 초

래한 A에 대한 수요의 증가는 재화 B, C, D…에 대한 수요스케줄의 감소와 가격의 **하락**을 초래할 것이다. 수요스케줄들이 개인의 가치척도들에 의해 결정된다는 점과 재화 A 한 단위의 한계효용의 증가가 A를 제외한 다른 소비재의 효용의 상대적 하락을 꼭 의미한다는 점을 깨달을 때 우리가 재화들의 이런 상호관계를 더 완전하게 이해할 수 있다.

두 재화가 보완적인 한에서는 다른 효과도 일어날 것 같다. 만약 골프클럽에 대한 수요스케줄이 상승한다면 골프공에 대한 수요스케줄의 증가가 수반될 것인데, 왜냐하면 두 재화는 골프를 치고 싶어하는 증가된 상대적 욕구에 의해 결정되기 때문이다. 변화가 수요 쪽에서 올 때는 보완재들의 가격은 상승과 하락을 함께 한다. 이 경우에 A에 대한 수요증가가 그것의 보완재인 B에 대한 수요의 상승을 **이끌어냈다고** 말하지 말아야 하는데, 왜냐하면 두 경우의 상승은 두 재화가 밀접히 연결된 '꾸러미' 소비에 대한 증가된 수요의 탓으로 돌려야 할 것이기 때문이었다.

우리는 이제 재고의 변화와 수요의 변화로 인한 두 종류의 소비재의 상호관계를 요약할 수 있다(공급자의 유보수요는 여기에서는 생략될 수 있는데, 왜냐하면 이 투기적 요소는 소비자 수요라는 기초적 결정요인을 정확하게 예측하는 경향이 있기 때문이다).

〈표 4-5〉 B, C, D…재화의 가격변화

A와 재화의 관계가:	A재화의 재고변화	A재화의 수요변화
상호대체재라면	+ 만약 A에 대한 수요가 탄력적이면 − 만약 A에 대한 수요가 비탄력적이면 0 만약 A에 대한 수요가 단위탄력적이면	−
상호보완재라면	−	+

〈표 4-5〉는 재화 A의 결정요인들의 변화에 따라 다른 재화들인 B, C, D 등의 반응을 보인 것인데, B, C, D라는 재화들이 A와 대체적이거나 A와 보완적인 관계로서 말이다. +표시는 다른 재화들의 가격들이 재화 A의 가격과 동일한 방향으로 반응한다는 것을 의미한다. −표시는 다른 재화들의 가격들이 재화 A의 가격과 **반대**방향으로 반응한다는 것을 의미한다.

어떤 경우에, 어떤 재화의 **구재고**는 신재고와 다르게 평가될 수 있으므로 구재고는 신재고와 독립된 재화이다. 예를 들어, 잘 저장된 중고 못은 새로 생산된 못과 동일하게 여길 수 있는 반면에, 중고 포드자동차는 새로 생산된 포드자동차와 같은 것으로 여겨지지 않을 것이다. 그러나 두 재화간에 밀접한 관계가 있음은 확실할 것이다. 만약 신형 포드자동차의 공급스케줄이 감소하고 가격이 오른다면 소비자들은 중고 포드의 구매로 이전할 것이고, 중고 포드의 가격을 오르게 할 것이다. 따라서 기술적으로 유사한 중고와 신형상품들은 서로간에 매우 밀접한 대체재일 것이고, 그들의 수요와 가격은 밀접히 관련되어 있을 것이다.

소비이론에 관한 많은 경제문헌이 각각의 소비재가 다른 소비재들과 완전히 독립적으로 수요된다는 '가정' 위에 씌어졌다. 실제로는 우리가 보았던 것처럼 각종 재화에 대한 욕구는 상호의존적임이 필연적인데, 왜냐하면 모든 재화가 소비자의 가치척도 위에 늘어놓아지기 때문이다. 재화들 각각의 효용은 상호간에 관련되어 있다. 재화들과 화폐에 대해 이렇게 순위를 매긴 가치는 화폐로 표시한 각 특정 재화에 대한 개별 수요스케줄과 총수요스케줄의 형성을 가능케 한다.

7. 내구재의 가격들과 그 서비스

왜 인간은 소비재를 구매하는가? 앞쪽의 제1장에서 보았던 것처럼, 어떤 소비재를 수요하고 구하려고 애쓰는데, 왜냐하면 그 소비재가 그의 절박하다고 평가되는 욕구를 만족시키는 데 봉사할 것이라고, 그 소비재가 그가 가치가 있다고 평가하는 목적들을 달성하는 것을 가능하게 할 것이라고 믿기 때문이다. 다시 말하면, 그 재화는 그 재화가 제공할 것으로 예상되는 **서비스** 때문에 가치가 있다. 그러면 음식물, 의복, 주택 등과 같은 유형의 상품과 의료서비스와 연주공연과 같은 무형의 개인서비스는 소비자의 삶에서는 유사한 것이다. 두 가지 모두는 소비자에게 만족을 제공하는 서비스 관점에서 소비자에 의해 평가된다.

모든 종류의 소비재는 **시간단위당** 일정량의 **서비스**를 산출할 것이다. 이것을 **단**

위서비스라고 부를 수 있다. 그런 서비스가 교환가능할 때는 그것을 낱개로 팔 수 있다. 다른 한편, 어떤 재화가 유형의 상품이고 내구적일 때 그 재화는 소비자에게 하나의 물건으로 팔릴 수 있고, 그 결과 그 재화는 많은 단위서비스라는 미래의 예상되는 금액(*accrual*)을 구체화한 것이다. 단위서비스 시장과 내구소비재 시장 간의 상호관계와 단위서비스의 가격과 내구소비재의 가격 간의 상호관계는 무엇인가?

다른 조건이 같다면, **더** 내구적인 재화가 **덜** 내구적인 재화보다 가치가 있는 것은 명백한데, 왜냐하면 더 내구적인 재화가 더 많은 미래의 단위서비스를 포함하고 있기 때문이다. 예를 들어, 두 대의 텔레비전 수상기가 있고 시청자에게 두 대의 서비스가 동일하지만, A의 예상수명이 5년이고 B의 예상수명이 10년이라고 가정하자. 서비스가 동일함에도 불구하고, B가 A보다 두 배의 서비스를 소비자에게 제공한다. 그러면 시장에서 B의 가격은 A의 가격의 두 배가 되기 쉬울 것이다.[30]

비내구재의 경우에 재화의 서비스와 재화 그 자체를 분리하여 판매하는 문제는 발생하지 않는다. 비내구재는 상대적으로 짧은 기간 동안에 서비스를 실현하기 때문에 거의 언제나 통째로 판매된다. 버터, 계란, 밀 등은 그 재화의 모든 서비스를 포함한 채로 통째로 팔린다. 계란을 '임대차한다고'(*renting*) 상상하는 사람은 없다. 다른 한편, 개인서비스는 통째로는 결코 판매되지 않는데, 왜냐하면 자유시장에서는 노예계약이 집행가능하지 않기 때문이다. 예를 들어, 더 이상의 대가를 지불하지 않고 자신의 뜻대로 서비스를 받기 위하여 누구도 의사 또는 변호사 또는 피아노연주자를 종신으로 구매할 수는 없다. 따라서 개인서비스는 언제나 그 서비스의 개별 단위로 팔린다.

서비스가 분리되어 판매되어야 하는지 또는 통째로 재화로 판매되어야 하는지 하는 문제는 주택, 피아노, 턱시도, 텔레비전 수상기 등과 같은 내구상품의 경우에 발생한다. 재화가 전체 부류, 즉 '빵' 또는 '계란'으로서 판매되는 것이 아니라 '몇 조각의 빵' 또는 '몇 다스의 계란' 등과 같이 독립적이고 동질적인 공급단위로 판매된다는 것을 보았다. 지금의 토론에서, 어떤 재화는 완전한 실물단위―한 채의 주택, 한 대의 텔레비전 수상기 등―또는 일정기간 동안의 서비스단위로 판매될 수 있다. 어떤 내구재를 이렇게 서비스단위로 판매하는 것을 그 재화를 **임대차하는 것** 또는 **임대해버리는 것** 또는 **빌려주는 것**이라고 부른다. 서비스단위의 가격을 **임대차료**라고 부른다.

재화 자체는 오직 예상되는 서비스단위의 묶음이기 때문에 우리의 분석을 **서비스**

단위에 기초를 두는 것이 적절하다. 어떤 소비재의 서비스단위에 대한 수요와 가격은 이 장의 전술한 분석에서 설명된 것과 정확히 똑같은 원리들에 의하여 결정될 것이다.

어떤 내구소비재는 서비스단위가 일정기간 동안에 생겨나는 그런 서비스단위를 구현한다. 예를 들어, 주택 한 채의 수명이 20년이 될 것을 예상한다고 가정하자. 그 주택의 일 년치의 임대차료(rental)가 시장공급스케줄과 시장수요스케줄에 결정되는 시장가격으로서 금 10온스라고 가정하자. 이제 그 집이 판매된다면 집 자체의 시장가격은 얼마일 것인가? 연간 임대차가격(rental price)이 10온스이기 때문에 (그리고 이 임대차료가 지속될 것이라고 가정하면) 그 집의 구매자는 예상되는 임대료 소득이 20×10 또는 2백 온스에 달하는 것을 획득할 것이다. 통째로서 그 주택의 가격은 2백 온스의 현재가치와 움직일 수 없게 동일할 것이다. 이 시점에서 편의를 위하여 시간선호 현상이 없고, 그 결과 2백 온스의 현재가치는 2백 온스와 동일하다고 가정하자. 그 경우에 통째로서 그 주택의 가격은 2백 온스와 같을 것이다.

통째로서 그 주택의 시장가격이 180온스라고 가정하자. 그 경우에 그 집을 구매하기 위하여 돌진할 것인데, 왜냐하면 180온스에 구매해서 그 다음에 200온스의 총소득을 위해 임대함으로써 예상되는 화폐이윤을 거둬들일 수 있기 때문이다. 이 행위는 투기적 구매자가 어떤 재화를 구매해서 더 높은 가격에 되팔기를 기대하는 것과 유사한 것이다. 다른 한편, 그런 주택들의 현재 소유자(또는 그 주택의 소유자인데, 만약 시장에서 그와 같다고 판단되는 다른 집이 없다면)는 180온스에 파는 것을 크게 싫어할 것인데, 왜냐하면 그 주택을 파는 것보다 임대하는 것이 더 이윤이 나기 때문이다. 따라서 이런 조건들하에서 180온스의 가격에서는 이런 종류의 주택판매에는 수요가 공급을 상당히 초과할 것이다. 초과수요로 인한 가격올리기가 가격을 2백을 향해 상승하도록 할 것이다. 다른 한편, 시장가격이 2백 이상이라고 가정하자. 그 경우에 구매하고자 하는 수요는 부족할 것인데, 왜냐하면 그 집을 구매하기 위하여 몫돈을 지불하는 대신에 임대해서 임대차료를 지불하는 것이 저렴할 것이기 때문이다. 이에 반하여, 소유자는 그 주택을 임대하는 것보다 판매하기를 열렬히 원할 것인데, 왜냐하면 판매하는 가격이 더 좋기 때문이다. 2백 이상의 가격에서 수요보다 공급이 초과하는 것은 가격을 균형점을 향해 하락하는 방향으로 몰아갈 것이다.

따라서 모든 종류의 시장가격이 이 장의 전술한 절들에서처럼 결정되는 반면에, 시장은 **가격관계들**(relations)을 또한 결정한다. 어떤 내구소비재의 단위서비스의 가격과 통째로서 그 재화의 가격 간에는 명확한 관계가 있다는 것을 알고 있다. 만약 그 관계가 교란되거나 어떤 특정 시간에 적용되지 않는다면 시장에서 개인의 행동은 그 관계를 확립하고자 할 것인데, 왜냐하면 그 관계가 확립될 때까지 화폐이득을 볼 가능성이 발생하고, 그리고 그런 이득을 획득하기 위한 행동은 그런 기회를 필연적으로 없애기 쉽기 때문이다. 이것은 시장에서 어떤 재화에 대해 **하나의 가격**이 확립되는 것과 같은 동일한 의미를 지닌 하나의 '중재거래'의 경우이다. 만약 하나의 재화에 대해 두 가격이 존재하면 사람들이 저렴한 시장에서 구매하기 위하여 돌진하고 비싼 시장에서 그 재화를 많이 팔기 위하여 돌진할 것인데, 각 시장에서 공급과 수요의 작용이 '균형'가격을 확립하고 중재거래 기회를 제거할 때까지 그렇게 할 것이다. 내구재와 그 서비스의 경우에는, 시장이 확립하고자 하는 **균형-가격관계**가 존재한다. **통째로서 재화의 시장가격은 그 재화의 기대되는 (미래의) 임대소득 또는 임대차가격의 총합의 현재가치와 동일하다.**

예상되는 미래의 임대소득은 물론 반드시 현재의 임대차가격의 단순한 외삽(extrapolation)이 아니다. 사실 가격은 언제나 변하고 있기 때문에 임대차가격이 미래에 변하는 경우는 거의 언제나 있을 것이다. 어떤 사람이 어떤 내구재를 구매할 때 그는 미래로 확장된 일정기간 동안에 그 재화의 서비스를 구매하고 있다. 그러므로 그는 **현재의** 시세보다도 **미래의** 시세에 더 관심이 있다. 그는 현재의 시세를 미래에 대한 가능한 안내자로서 단순히 취하는 것이다.[31] 이제 시장에서 개인들이 다음 10년쯤에 이 주택가격의 임대차료가 현재보다 훨씬 낮을 것으로 일반적으로 예상한다고 가정하자. 그 주택의 가격은 그러면 20×10 온스가 아니라 그에 상응하게 더 적은 금액일 것이다.

이 시점에서 시장에서 '통째로서 재화의 가격'을 그 재화의 **자본가치**(capital value)로 규정할 것인데, 비록 '자본재'라는 개념과 혼동할 위험이 있음에도 불구하고 말이다. 어떤 재화(그것이 소비재이든 또는 자본재이든 또는 자연이 준 요소이든)의 **자본가치**는 내구재로서 시장에서 현재 팔리고 있는 화폐가격이다. 자본가치 개념은 미래 서비스를 실현하는 내구재화에 응용된다.[32] 어떤 소비재의 자본가치는 예상되는 단위 임대차료의 총합의 현재가치와 동일할 것이다.

어떤 때라도 자본가치는 미래의 임대차가격의 기대에 의존한다. 이런 기대가 틀릴 때는 무슨 일이 일어나는가? 예를 들어, 시장이 앞으로 수 년 내에 이 집의 임대차가격이 상승하여 자본가치를 2백 온스 이상으로 결정한다고 가정하자. 그 위에, 임대차가격은 그 대신에 실제로 하락한다고 가정하자. 이것은 시장에서 최초의 자본가치가 그 집으로부터 나오는 임대소득을 과대평가했다는 것을 의미한다. 예를 들어, 250에 그 집을 팔았던 사람은 이득을 얻었지만, 그 집을 임대하기 위하여 샀던 사람은 그 거래에서 손실을 입었다. 따라서 그들의 투기적 거래의 결과로서 그들의 동료보다 잘 예측한 사람은 이득을 얻고 잘 예측하지 못한 사람은 손해를 본다.

그런 화폐이윤이 단지 정확한 예측으로부터 오는 것이 아니라 **다른 개인들보다 더 정확히 예측하는 것으로부터** 온다는 것은 명백하다. 만약 모든 개인이 정확하게 예측했다고 가정하면 최초의 자본가치는 궁극적으로 더 낮아진 임대가격을 반영하기 위하여 2백 이하, 예를 들어 150이 되었을 것이다. 그 경우에 이러한 화폐이윤은 나타나지 않았을 것이다.[33] 이득 또는 손실은 이득을 본 사람들과 손실을 본 사람들 자신이 자유롭게 택한 행동의 결과인 것은 명백하다. 과도한 자본가치가 있음을 증명할 목적으로 임대하기 위하여 재화를 구매했던 사람은 그가 한 투자의 화폐수익에 관해서 너무 낙관적이었음에 대하여 그 자신만을 비난할 수 있다. 최종적 임대소득보다 높은 자본가치에 재화를 판매한 사람은 모든 당사자가 자발적으로 한 결정을 통해서 그의 총명함에 대하여 대가를 받는다. 그리고 성공적 예상자는 사실상 보상을 받고 형편없는 예상자는 대가를 지불하고, 그 정도는 각각 잘하고 못한 정도에 비례하기 때문에, 시장은 인력으로 획득가능한 최고 품질의 예측을 확립하고 유지하게 하기 쉽다.

시장에서 자본가치와 **예상되는** 미래임대료의 총합 간의 균형관계는 시장에 의해 언제나 결정되는 나날의(day-to-day) 균형이다. 그 관계는 공급과 수요에 의해 결정되는 어떤 재화의 나날의 **시장균형**가격과 유사하다. 다른 한편, 현재의 자본가치와 **실제의** 미래임대차료 간의 균형관계는 시장이 성공적 예상자를 격려함으로써 조장되는 오직 장기적 범위의 추세이다. 이 관계는 **최종적** 균형으로 **최종적 균형**가격과 유사한 것인데, 이때 균형가격이 나날의 가격이 도달하고자 하는 목표를 정한다.

자본가치와 임대차가격의 연구는 공급-수요분석을 추가적으로 필요로 한다. 단위 임대차가격의 결정은 아무런 문제가 없다. 그러나 자본가치의 가격결정은 그 가치가 임대차가격에 의존하는 점과 그 가치와 임대차가격과의 관련성을 고려하기 위하여 수정될 필요가 있다. 내구재에 대한 수요는 이제 직접적인 용도 때문일 뿐 아니라 다른 사람들 쪽에서는 **미래에 임대하기 위한 투자수요도 또한** 있을 것이다. 만약 어떤 인간이 어떤 재화의 자본가치의 시장가격이 미래의 임대차료로부터 획득할 수 있는 소득보다 낮다고 느낀다면 그는 그 재화를 구입하여 공급자로서 임대시장(renting-out market)에 들어갈 것이다. 마찬가지로 통째로서 그 재화에 대한 **유보수요**는 직접적 사용 또는 투기적 가격상승을 위한 것일 뿐만 아니라 그 재화를 미래에 임대하기 위한 것도 **또한** 있을 것이다. 만약 내구재의 소유자가 그 내구재의 판매가격(자본가치)이 그가 임대해서 얻을 수 있는 것보다 낮다고 믿는다면 그는 공급을 유보하고 그 재화를 임대할 것이다. 그 재화의 자본가치는 총재고를 청산할 수 있을 그런 정도가 될 것이고, 그 재화에 대한 모든 이런 수요의 총계가 균형상태에 있을 것이다. 구매자의 유보수요는 이전처럼 화폐에 대한 구매자의 유보수요에 기인할 것이고, 반면에 전체로서 그 재화의 판매자와 그 재화의 단위서비스의 판매자는 교환에서 화폐를 수요하는 것이다.

다른 말로 하면, 어떤 소비재에 대해서도 그 소유자는 그 재화를 직접 소비하거나 화폐를 대가로 파는 선택을 한다. 내구소비재의 경우에, 그 재화의 소유자는 그 재화로 다음에 열거하는 것 중의 어떤 하나를 할 수 있다. 즉, 그 재화를 직접 사용하는 것 또는 그 재화를 통째로 파는 것 또는 **그 재화를 임대하는 것**—임대하는 것이란 일정기간에 걸쳐 그 재화의 단위서비스를 파는 것이다. 만약에 그 재화를 직접 사용하는 것이 그의 가치척도에서 가장 높으면 그 사람은 그 재화를 사용하기 위하여 시장에 팔지 않고 재고를 유보할 것이라는 것을 이미 보았다. 만약 그 재화를 통째로 파는 것이 그의 가치척도에서 가장 높으면 그는 공급자로서 그 재화의 '자본'시장에 들어간다. 만약 그 재화를 임대하는 것이 그의 가치척도에서 가장 높으면 그는 공급자로서 그 재화의 '임대'시장에 들어간다. 뒤의 두 가지 선택지 중에서 어느 것이 그의 가치척도에서 더 높을 것인가 하는 것은 어떤 선택지가 그에게 더 높은 화폐소득을 줄 것인지 하는 그의 예측에 달려있다. 자본시장과 임대시장이라는 두 시장에서 공급곡선의 형태는 우상향하거나 수직일 것인데, 왜냐하면 기대소득이 크면 클수록 직접사용을 위하여 유보되는 양은 점점 더 적어질 것이기 때문이다. 두 시장에서의 공급스케줄은 상호연결되어 있는 것이 명백하다. 그 두 시장간에 균형-가격관계가 확립될 때 두 시장의 균형이 이루어질 것이다.

마찬가지로, 어떤 주어진 때에 어떤 재화의 비소유자는, ① 그 재화를 구매하지 않고 자신의 화폐를 유보하는 것과, ② 그 재화를 통째로 구매하는 것과, ③ 그 재화를 임차하는 것 중에서 선택할 것이다. 비소유자는 자신의 가치척도에서 가장 높은 위치에 있는 코스를 선택할 것인데, 그 선택은 부분적으로는 자신의 화폐에 대한 수요에 의존하고, 부분적으로는 어떤 종류의 구매가 더 저렴할 것인지에 대한 예측에 의존한다. 만약 비소유자가 구매하기로 결정한다면 그가 저렴한 시장이라고 예측한 곳에서 구매할 것이다. 그러면 비소유자는 그 재화를 직접 사용할 수 있거나 비싼 시장에서 그 재화를 되팔 수 있다. 예를 들어, 만약 그 주택의 자본가치가 2백이고 어떤 구매자가 총임대차가격이 220일 것으로 예측하면, 그는 2백에 그 집을 통째로 구매한 연후에 그 주택을 직접 사용하거나 예상되는 220온스를 얻기 위하여 공급자로서 임대시장에 들어갈 수 있다. 임대시장으로 들어갈 것인지 여부는 다시 한번 그의 가치척도에 달려있다. 이것이 이미 설명했던 중재거래 행위의 다른 예이고, 그 행위의 효과는 두 종류의 내구재 시장의 수요곡선을 연결하는 것이다.

여기에서 어떤 경우에 임대차계약 그 자체가 자본계약의 성격들을 가지고 미래수익의 예측에 달려있는가를 지적해야 한다. 그런 경우는 **장기** 임대차 계약의 경우이다. A가 B에게 어떤 주택을 정해진 연간가격(annual price)에 30년 동안 임대할 계획이라고 가정하자. 그러면 임대차가격의 계속적 변화 대신에 연간가격은 최초의 계약에서 **고정된다**. 여기에서 다시 한번 수요스케줄과 공급스케줄이 동일한 종류의 재화의 다른 변동하는 임대차료의 변화과정에 대한 다양한 개별 예측에 따라 결정된다. 예를 들어, 만약 두 채의 동일한 주택이 있고 다음 30년 동안 주택 A의 변동하는 임대차료의 총합이 3백 온스가 될 것이 예측된다면, 주택 B에 대한 장기 임대차가격은 연간 10온스에 결정될 것이다. 여기에서 다시, 시장들간에 유사한 연결관계가 존재한다. **현재 확립된 장기 임대차가격은 동일한 재화의 변동하는 예상 임대차료 총합의 현재가치와 같아지게 될 것이다.** 만약 임대차료의 총합이 360온스가 되는 것이 일반적 예상이라면 3백 온스에 장기임대를 구매하고자 하는 엄청난 수요가 있을 것이고, 그 가격에 임대차 공급이 줄어들 것이며, 그런 상황은 장기 임대차가격이 연간 12온스로 올라갈 때까지 계속될 것인데, 그때는 총합이 동일해진다. 그리고 여기에서 다시 한번 미래에 항존하는 불확실성이 더 유능한 예상자가 이득을 얻도록 하고 덜 유능한 예상자가 손실을 입도록 한다.[34]

실제로는, 시간선호는 존재하고 미래임대차료의 현재가치는 이 임대차료의 총합을 일정하게 할인한 만큼 언제나 작아진다. 만약 이것이 그렇게 되지 않는다고 가정하면 오직 알아차릴 수 없을 만큼 적게 닳는 재화인 매우 내구적인 재화의 자본가치는 거의 무한대가 될 것이다. 수백 년 동안 수요가 지속되리라 예상되는 부동산은 거의 무한대로 높은 판매가격을 가질 것이다. 이런 일이 일어나지 않는 이유는 **시간선호**가 고려하는 시간의 길이에 따라 미래재를 할인하기 때문이다. 시간선호율이 어떻게 도래하느냐 하는 것은 이후의 장들에서 다루어질 것이다. 그러나 다음은 시간선호가 어떤 재화의 자본가치에 미치는 영향을 설명한 것이다. 10년간 지속될 예정인 어떤 내구소비재가 있고 예상되는 임대차가치가 매년 10온스라고 가정하자. 만약 시간선호율이 연간 10%라면 미래임대료와 그것의 **현재가치**는 다음과 같다.

연도:	1	2	3	4	5	6	7	8	9	10
예상임대료:	10	10	10	10	10	10	10	10	10	10
현재가치:	9	8.1	7.3	6.7	6.0	5.4	4.9	4.4	4.0	3.6

(첫 해의 지불을 현 시점에서 1년 후로 가정하면)

현재가치의 총합=59.4온스=자본가치, 100온스라는 미래임대차료의 총합과 비교할 때.

시간이 미래로 감에 따라 복리할인은 더 커지고 최종적으로 현재가치는 하찮은 금액으로 줄어든다.

시간선호 요소는 불확실한 상황을 상대적으로 정확히 예측할 때처럼 화폐이윤 또는 화폐손실을 주지 **않는다는** 점을 인식하는 것이 중요하다. 만약 시간선호율이 10%이면, 전술한 재화를 59.4온스에 구입해서 보유하면서 10년 동안에 걸쳐 임대하여 100온스를 버는 것은 어떤 화폐이윤을 제공하지 **않는다**. 현재의 화폐는 미래의 화폐보다 이 정도의 프리미엄을 가졌고, 이 사람이 획득했던 것은 시장이 현재의 화폐 59.4온스와 동일하게 평가했던 단지 미래소득금액이었다.

일반적으로 내구소비재 분야에서 기업가들의 행위를 다음과 같이 요약할 수 있다. 기업가들이 시장에서 내구소비재의 현재 자본가치가 그들이 받을 수 있을 미래임대차료(시간선호에 의해 할인된)의 총합보다 적다고 믿을 때 그들은 (이미 존재하는) 내구소비재를 통째로 구매하는 일에 **투자하기** 쉬울 것이다. 기업가들은 현재의 자본가치가 미래임대차료의 할인된 총합보다 높다고 그들이 믿을 때 그런 내구재를 통째로 판매하고자 할 것이다. 더 나은 예상자는 이윤을 얻고 더 서투른 예상자는 손실을 볼 것이다. 예측이 정확한 한에서는 이러한 '중재거래' 기회는 사라질 것이다.

우리가 임대차와 비교하여 재화를 통째로 파는 경우에 기업가정신을 통한 중재거래의 이윤과 손실을 분석했음에도 불구하고 우리는 아직도 기업가 소득—생산자들이 생산과정에서 얻으려고 애쓰는 소득—을 지배하는 법칙들을 완전히 해명하지 않았다. 이 문제는 이후의 장들에서 분석될 것이다.[35]

8. 후생 비교와 소비자의 궁극적 만족

화폐경제에서의 인간행동을 분석하는 데 몰두하면서 제1장에 제시되었던 일반적 진리들이 더 이상 유효하지 않다고 생각해서는 안 된다. 이에 반하여, 제1장에서는 그 진리들이 격리된 크루소 형태의 상황에 응용되었던 것인데, 왜냐하면 우리는 화폐경제의 더 복잡한 상호관계를 분석할 수 있도록 하기 위하여 논리적으로 그런 상황에서 시작하기 때문이다. 그러나 제1장에서 공식화된 진리들은 논리적 추론을 통해서 여전히 화폐연계에 응용가능할 뿐만 아니라 화폐경제에서 화폐가 관련되어 있지 않는 모든 상황에도 또한 직접적으로 응용가능하다.

제1장의 분석이 화폐경제에 직접적으로 응용가능한 다른 경우가 있다. 우리는 교환에 대한 분석에서 개인의 가치척도에 기초하여 소비자가 그의 화폐를 가장 높게 평가되는 용도에 배분하는 일에 중점적으로 주의를 기울일 수 있다. 그러나 우리는

소비자가 화폐지출을 하는 **궁극적** 목적을 잊지 말아야 한다. 이 목적은 그가 가장 높게 평가하는 목적들을 이루는 데 구매한 재화를 실제로 사용하는 것이다. 예를 들어, **시장**을 분석할 목적을 위해서, 일단 존스가 버터 3파운드를 구매했다면 우리는 버터에 대한 관심을 잃는다(버터를 팔기 위하여 존스가 시장에 다시 진입하는 기회가 없다고 가정하면). 우리는 버터의 소매판매를 **소비재**의 판매로 부르는데, 왜냐하면 이것이 버터의 생산과정을 따라 **화폐를 대가로 하는 마지막 판매**이기 때문이다. 이제 그 재화는 최종소비자의 손에 있다. 소비자는 그의 가치척도에 의거 구매를 비교평가하고 구매를 결정했다.

엄격히는, 우리가 인간행동을 전체로서 고려할 때 소비자에 의한 이런 구매가 버터의 마지막 종착점이 **아니라는** 사실을 결코 잊지 말아야 한다. 그 버터는 그 사람의 집으로 운반되어야 한다. 그러면 존스는 버터를 단위당으로 가장 높게 평가되는 용도에 배분한다. 즉, 버터 바른 토스트, 케이크 안에 넣은 버터, 둥근 빵에 바른 버터 등. 예를 들어, 케이크나 샌드위치에 버터를 사용하기 위하여 존스 부인은 케이크를 굽거나 샌드위치를 준비하고, 그리고 나서 그녀는 버터를 존스가 먹는 테이블로 가져온다. 소비자의 손에 놓인 유용한 재화들—말들 또는 버터 또는 무엇이든—은 그것들의 효용에 따라 가장 높게 평가되는 용도에 배분된다는 제1장의 분석이 유효하다는 것을 알 수 있다. 또한 **실제로 화폐를 얻기 위해 마지막으로 팔린 버터**는 소비재가 아니라 **자본재**였다는 것을 알 수 있는데—비록 그것이 버터생산의 다른 이전의 단계보다 더 낮은 순서의 것 중의 하나임에도 불구하고 말이다. 자본재들이란 소비재—소비자에게 궁극적 만족을 최종적으로 주는 재화—를 생산하기 위하여 다른 요소들과 여전히 더 결합되어야 하는 생산된 재화들이다. 전적으로 인간행위학적 관점에서 볼 때, 버터는 소비자가 실제로 그것을 먹고 있거나 그렇지 않다면 '소비하고' 있을 때만 하나의 소비재가 된다.

엄격한 의미에서의 인간행위학적 관점—모든 면에서 인간행위를 완전히 공식적으로 분석하는 것—에서는 소비자에게 마지막으로 소매판매 되는 재화를 '소비재'라고 부르는 것은 승인할 수 없다. 그러나 전통 경제학을 포함하는 인간행위학의 바로 그 하부부문—**캐털래틱스**라 부르는 화폐로 이루어지는 교환의 과학—의 관점에서는 마지막 소매단계에 있는 재화를 '소비재'로 부르는 것이 편리하다. 소매단계가 화폐연계에서 그 재화의 마지막 단계—대부분의 경우에 요소들에 화폐를 투자하는 일이 생산자들에게 열려있는 마지막 점—이다. 만약 우리가 언제나 전술한 수정들을 안다면, 이 최종적 화폐단계에 있는 재화를 '소비재'로 부르는 것은 허용가능하다. 소비자에 의한 최종적 단계와 최종적 배분이 없다면 전체 화폐교환 과정의 **존재이유**가 없다는 것을 언제나 기억해야 한다. 경제학은 최종적 소비단계가 화폐연계를 넘어서 지나쳐 갔다는 단순한 이유로 그 단계를 무시할 수는 없다. 최종 소비단계가 사회 내의 개인들이 화폐거래에 참가하는 최종적 목표와 목적이다.

이 점에 주의를 기울이는 것은 많은 혼란을 해결할 것이다. 예를 들어, 소비자의 소득문제가 있다. 제3장에서 소비자의 화폐소득과 심적 소득을 극대화하고자 하는 보편적 목적을 분석했고, 화폐소득과 심적 소득 간의 관계를 어느 정도 지적했다. 모든 사람은 후자, 즉 심적 소득을 극대화하고자 꾀하는데, 그 심적 소득은 그 사람의 가치척도 위에서 광범위한 모든 소비재, 교환가능한 것과 교환 불가능한 것을 모두 포함한다. 교환가능한 재화는 일반적으로 화폐연계 내에 있고, 그 결과 화폐를 주고 구입할 수 있지만, 교환 불가능한 재화는 그렇지 않다. 극대화하고자 하는 것은 **심적 소득**이지 **화폐소득**이 아니라는 사실로부터 나오는 결과의 일부를 지적했고, 이러한 사실이 노력 또는 노동행위와 생산재의 투자에 어떻게 수정을 가하는가를 지적했다. 순전히 주관적인 심적 소득은 측정할 수는 없다는 것이 또한 옳다. 더구나, 인간행위학 관점에서는 한 사람의 심적 소득 또는 효용을 다른 사람의 심적 소득 또는 효용과 심지어 서수적으로도 비교할 수 없다. A의 소득 또는 '효용'이 B의 소득 또는 효용보다 크다고 말할 수는 없다.

적어도 이론적으로는, 각자가 획득한 화폐소득 금액을 더함으로써 화폐소득을 측정할 수는 있지만, 그것이 결코 심적 소득의 크기는 아니다. 더구나, 화폐소득은 각 개인이 순전히 **교환가능한** 소비재로부터 획득하는 서비스의 양을 정확히 지시하지는 않는데, 우리가 아마도 그렇게 생각할 수도 있지만 말이다. 교환가능한 재화의 서비스라는 관점에서 어떤 해의 금 50온스의 소득이 그에게 어떤 다른 해의 50온스의 소득과 같은 것을 의미하지 않을 수 있고, 그리고 대부분 경우에 같지 않을 것이다. 화폐상품을 뺀 모든 다른 상품으로 환산한 화폐의 구매력은 끊임없이 변하고 있고, 그러한 변화를 측정할 길은 없다.

물론 경제학자가 아니라 역사학자로서, 우리는 어떤 기간들간에 화폐소득 대신에 '실질'소득을 비교함으로써 부정확한 판단을 할 수 있다. 예를 들어, 만약 존스가 한 해에는 천 온스와 그 다음 해는 천2백 온스의 소득을 받았고, 가격들이 그 기간 동안 일반적으로 올랐다면, 화폐로 구매할 수 있는 재화로 환산한 존스의 '실질소득'은 명목화폐 증가보다 상당히 낮게 증가했을 것이거나 아마도 떨어졌을 것이다. 그러나 아래에서 더 볼 것이지만 화폐의 구매력과 구매력의 변화를 측정하거나 심지어 확인하는 정확한 방법은 없다.

비록 우리가 주의를 동일한 시기에 한정함에도 불구하고 화폐소득이 의심할 여지 없는 안내자는 아니다. 예를 들어, 화폐교환을 통해서, 그리고 화폐연계를 벗어나서, **양쪽 모두의** 방법을 통해서 획득가능한 많은 소비재가 있다. 예를 들어, 존스가 음식, 임대차료, 주택관리비 등에 한 달에 18온스를 소비하고 있고, 반면에 스미스는 한 달에 오직 9온스만 지출한다고 하자. 이것이 반드시 존스가 이러한 서비스를 스미스의 두 배만큼 획득하는 것이라고 의미하지는 않는다. 존스는 이러한 서비스를 화폐를 받고 제공하는 호텔에 살고 있을 수 있다. 다른 한편, 스미스는 결혼을 해서 화폐연계의 바깥쪽, 즉 가정 내에서 가사와 음식서비스를 받을 수 있다. 이러한 서비스로부터 얻는 스미스의 심적 소득은 존스의 심적 소득과 같거나 클 수 있을 것인데, 존스보다 낮은 화폐지출에도 불구하고 말이다.

만약 우리가 화폐연계 내의 재화들에 국한하더라도 심적 소득을 측정할 수는 없다. A와 B가 같은 종류의 주택에 살고 있다고 하자. 그러나 어떻게 경제학자-관찰자가 이 점으로부터 두 사람이 그 주택으로부터 동일한 양의 즐거움을 얻고 있다고 추론할 수 있는가? 명백히, 즐거움의 정도는 대부분 다를 것이고 소득이나 재산의 크기와 같은 단순한 사실은 그 차이의 방향이나 정도에 대한 어떤 단서도 제공하지 않을 것이다.

화폐의 한계효용이 하락한다는 법칙은 **각 개인**의 가치평가에만 응용할 수 있음은 당연하다. 사람들간에 그런 효용을 비교할 수는 없다. 예를 들어, 어떤 가난한 사람과 비교해서 록펠러(Rockefeller)가 여분의 1달러로부터 즐거움을 적게 누린다고 주장할 수는 없는데, 몇몇 저자가 그렇게 주장해왔지만 말이다. 만약 록펠러가 갑자기 가난해졌다고 가정하면 각 달러는 지금보다 그에게 더 가치가 있을 것이다. 마찬가지로, 만약 가난한 사람이 부자가 되었다고 가정하면, 그의 가치척도가 이전과 동일한 상태에서, 각 달러는 현재보다 그에게 덜 가치가 있을 것이다. 그러나 이것은 상이한 개인들의 즐거움 또는 주관적 가치판단을 비교하는 시도와는 아주 다른 것이다. 록펠러가 가난하지만 매우 금욕적인 어떤 개인보다도 각 달러가 제공하는 서비스를 더욱 즐기는 것이 확실히 가능하다.

9. 효용과 관련한 몇 가지 오류

효용에 대해서 저자들이 공통으로 지닌 원리는, 소비자가 어떤 재화가 그에게 주는 한계효용을 그 재화의 가격과 **동일하게** 만들기 위해 행동한다는 것이다. 이 주장을 이해하기 위해서 한 벌 또는 그 이상의 옷을 구매할 것을 숙고하고 있는 존스의 선호척도를 검토해보자(그리고 옷은 같은 품질을 가져서 동일한 '재화'라고 가정한다). 그의 가치척도가 〈그림 4-12〉와 같다고 가정하자. 그리고 옷의 시장가격이 한 벌당 2.9그레인이라고 가정하자. 존스는 한 벌 또는 세 벌이 아니라 두 벌의 옷을 구매할 것이다. **옷이 그에게 주는 하락하는 한계효용이 화폐의 증가하는 한계효용을 초과하는 점에서 마지막 단위까지 구매할 것이다.**[36] 이것은 명백하다. 이제 만약 어떤 저자가 앞의 표현을 버터와 같은 매우 분할가능한 상품과 페니와 같은 작은 단위의 화폐라는 관점에서 표현한다면, 각 재화를 구매하고자 하는 소비자는 시장가격에서 화폐의 총합의 한계효용과 재화의 한계효용을 동일하게 하기 위한 그러한 방법으로 행동할 것이라는 결론에 이르게 된다는 것은 생각할 필요 없이 쉬운 것이다. 그러나 그런 '동일화'가 결코 일어나지 않는 것은 명백하다. 옷의 경우에, 두 번째 옷의 순위는 2.9온스의 순위보다 여전히 상당히 위에 있다. 그러므로 동일화는 없다. 매우 분할가능한 재화의 경우마저도 두 효용간에 **순위의 차이**는 여전히 있을 것이고 동일화는 없을 것이다. 어떤 사람이 그의 효용척도에서 버터 11번째 온스와 10센트 간에 순위차이가 없을 때까지 버터 온스당 10센트에 버터 11온스를 구매할 수 있다. 그럼에도 불구하고 여전히 **같아지는 점**은 없고 순위에 차이가 있을 것인데, 구매한 마지막 온스의 버터 순위가 지출한 마지막 단위의 화폐 순위보다 높은 상태에서 말이다. 물론 소비자는 그 둘을 가능한 한 가깝게 만드는 방향으로 그의 화폐를 지출하려 노력할 것이지만 그 둘이 결코 동일해 질 수는 없다.

〈그림 4-12〉 존스의 가치척도

― 금 3.4그레인
― 금 3.3그레인
― (첫 번째 옷)
― 금 3.2그레인
― 금 3.1그레인
― (두 번째 옷)
― 금 3.0그레인
― 금 2.9그레인
― 금 2.8그레인
― (세 번째 옷)
― 금 2.7그레인

더구나, 구매가 이루어지고 난 뒤에 각 특정 재화의 한계효용은 순위에서 모든 다른 재화의 한계효용과 다르다. 예를 들어, 금 1그레인을 고려중인 화폐단위로서 간주하기로 하자. 각종 재화의 주어진 시장가격이 다음과 같다고 하자.

계란 ············· 1다스/1그레인
버터 ············· 1파운드/1그레인
식빵 ············· 1조각/1그레인
캔디 ············· 1개/1그레인

이제 각자는 재화 한 단위의 한계효용이 금 1그레인의 한계효용을 초과하는 마지막 지점까지 각 상품을 구매할 것이다. 어떤 사람에게는 이것이 버터 5파운드, 식빵 3조각, 캔디 2개 등의 구매를 의미하는 것일 수 있다. 이것은 여섯 번째 파운드의 버터 또는 네 번째(본문은 세 번째 조각이나 오타로 보임―역주) 조각의 식빵이 포기한 금 1그레인보다 낮은 한계효용을 가지고 있음을 의미할 것이다. 그러나 각 재화의 한계효용은 모든 다른 재화의 한계효용과 순위에서 여전히 다를 것이고, 어떤 다른 재화의 한계효용과는 같지 않을 것이다.

다른, 심지어 더 이상한 원리는 균형에서 각종 재화의 한계효용 비율이 그들 재화의 가격비율과 동일하다는 것이다. 이것을 믿는 저자들이 이러한 결론에 도달한 방법을 자세하게 조사하기 전에 그 주장의 어리석음을 명백히 볼 수 있는데, 왜냐하면 효용은 양이 아니고, 그 결과로 나눌 수는 없다.

이런 오류들은 그와 같은 종류의 다음과 같은 아이디어에서 온다. 개인은 어떤 재화가 각각의 용도에서 가질 한계효용을 **동일화시키기** 위하여 행동할 것이라는 아이디어이다. 이 아이디어를 화폐에 응용하면, 이것은 화폐 한 단위의 한계효용은 각 개인이 지출하는 각 분야에서 동일하다는 것을 의미할 것이다. 이것은 부정확한데, 왜냐하면 각종 재화의 한계효용이 동일화되지 않는다는 것을 방금 보았기 때문이다. 어떤 재화의 연속적 단위들은 가장 절실히 요구되는 목적에 배분되고, 다음에는 그 다음으로 절실히 요구되는 욕구에 배분된다. 만약 그 재화를 다양한 용도에 쓸 수 있고, 하나의 재화가 많은 가능한 단위를 포함한다면, 각 용도에서 한 단위의 한계효용은 공급이 증가함에 따라 계속 하락할 것이다. 재화를 구매함에 따라 구매된 각 재화의 한계효용은 하락하고, 어떤 사람은 그의 화폐를 처음에는 한 가지 용도에 배분하고, 그 다음에는 다른 용도에, 그 다음에는 첫 번째 용도에 다시 배분할 수 있다. 그러나 어떤 경우에도 한계효용의 동일화는 없다.

한계효용 동일화의 정리는 아마도 한계효용 동일화 주장의 창안자의 다음과 같은 구절에서 가장 잘 설명될 수 있을 것이다.

> s를 어떤 상품의 전체 재고라고 하고, 그것을 두 가지 분명한 용도에 쓸 수 있다고 하자. 그러면 두 용도에 적절한 양을 x1과 y1로 표시하고 x1과 y1의 합이 s와 같다는 조건이라고 하자. 그 사람은 그 상품을 작은 양으로 나누어 연속적으로 지출할 수 있다고 이해할 수 있다. 이제 바로 지금 최대의 이득을 주는 것처럼 보이는 바로 그 과정을 선택하는 것은 인간본성상 피할 수 없는 속성이다. 그 결과, 그 사람이 그가 한 분배에 만족할 때는 어떤 다른 선택지도 그에게 더 많은 기쁨을 가져다주지 않을 것이라는 결론에 이르게 된다. 그것은 상품의 증가는 한 용

도에서 효용의 양만큼 다른 용도에서의 정확히 동일한 양의 효용을 산출할 것이라고 말하는 것과 다름이 없다. △u1, △u2를 효용의 증가분이라 하고, 그 증가분은 두 가지 다른 방법에 쓰이는 상품의 증가분을 소비함으로써 각각 발생한다. 분배가 끝나면 우리는 △u1=△u2⋯를 가지는 것이 틀림없다. 똑같은 추론을⋯어떤 두 가지 용도에도 명백히 응용할 것이고, 그 결과 모든 용도에 동시에 응용할 것이며, 그 결과 우리는 일련의 등식을 가지게 되는 데, 그 등식의 수는 상품을 사용하는 방식의 수보다 1이 적은 것이다. 일반적 결과는 완벽히 현명한 존재에 의하여 소비된다면 그 상품은 최대효용을 생산하는 방식으로 소비되는 것이 틀림없다는 것이다.[37]

여기에서 주요 오류는 효용을 상품 증가와 명백히 함수관계를 가지는 어떤 양으로 이해하는 데 있고, 무한히 작은 단계의 관점에서 문제를 다루는 데 있다. 그 두 가지 과정은 틀린 것이다. 효용은 양이 아니라 순위이고, 사용되는 어떤 상품의 연속적 양은 언제나 불연속적 단위이지 무한정하게 작은 단위는 아니다. 만약 단위가 불연속적이면 각 단위의 순위는 모든 다른 단위의 순위와 다르고 동일화가 있을 수 없다.

효용에 대한 토론에 내포된 많은 오류는 하나의 가정, 즉 효용이 적어도 원리적으로는 측정할 수 있는 어떤 종류의 양이라는 것에서 발생한다. 예를 들어, 우리가 어떤 소비자의 효용 '극대화'(maximization)를 언급할 때 우리는 극대화되어야 할 어떤 것의 일정한 재고 또는 양을 언급하는 것이 아니다. 개인의 가치척도상에서 **가장 높은 순위의 위치**(highest-ranking position)를 말한다. 마찬가지로, 효용을 무한정하게 작은 양으로서 누적할 수 있다는 가정이 한계효용을 어떤 재화의 여러 단위를 적분한 '총효용'의 수학적 미분으로서 취급하는 오류를 범하게 한다. 실제로 그런 관계는 없고, 총효용과 같은 그런 것은 없는데 오직 **크기가 더 커진** 단위의 한계효용만이 있다. 단위의 크기는 그것이 특정한 행동과 관련되어 있는 상태에 의존한다.[38]

이것은 경제학에서 수학적 방법의 엄청난 위험 중의 하나를 설명하는데, 왜냐하면 이 방법이 연속성 또는 무한정하게 작은 단계라는 비뚤어진 가정을 경제학에 가져온 것이기 때문이다. 경제학에 관해 쓰는 대부분의 저자들은 이 가정을 무해하지만 잠재적으로 매우 유용한 허구라고 생각하고, 그 가정이 물리학에서 거둔 커다란 성공을 지적한다. 그들은 물리학의 세계와 인간행위의 세계 간의 엄청난 차이들을 간과

한다. 문제는 물리학이 개발한 미시적 측정도구들을 채용하는 단순한 문제가 아니다. 물리학과 인간행위학의 결정적 차이는 물리학은 **움직이지만 행동하지** 않는 생명이 없는 물체를 다룬다는 것이다. 이러한 물체의 움직임은 정확하고 양적으로 단호한 법칙들에 의해 지배되는 것처럼 조사될 수 있는데, 그 법칙들은 수학함수로 치환하여 잘 표현된다. 이런 법칙들은 물체의 움직임의 일정한 경로를 정확히 묘사하기 때문에 연속성과 무한정하게 작은 단계라는 단순화된 가정을 도입하는 것은 전혀 유해하지 않다.

그러나 인간존재는 물체와 같은 그러한 방법으로 움직이지 않고 목적을 획득하는데 수단을 응용하면서 목적 지향적으로 행동한다. 그러면 인간행동의 원인들을 탐구하는 것은 물체의 움직임의 법칙들을 탐구하는 것과는 근본적으로 다르다. 특히 인간존재는 그들의 행동과 **관련된** 사물들을 기초로 행동한다. 인간존재는 무한정으로 작은 단계를 볼 수 없다. 그 결과 그런 작은 단계는 그에게는 의미가 없고, 그의 행동과는 관련이 없다. 예를 들어, 만약 어떤 재화 1온스가 인간존재가 구분하는 것을 귀찮게 여기는 가장 작은 단위라면, 그 1온스가 기본단위이고, 1온스보다 작은 조각이라는 관점에서 무한정한 연속성을 단지 가정할 수는 없다.

경제학에 수학을 사용하는 저자가 무시한 효용이론에서의 주요 문제는 **단위의 크기**(the size of the unit)이다. 수학적 연속성의 가정하에서는 단위의 크기는 전혀 문제가 아니다. 수학적으로 이해되는 단위가 무한정으로 작고 그 결과 문자 그대로 **크기가 없을**(sizeless) 때는 단위의 크기는 문제가 거의 될 수 없다. 그러나 인간행동의 인간행위학적 분석에서는 단위의 크기는 기본적 질문이 된다. 단위의 적절한 크기는 특정한 상황에 따라 변하고, 이런 상황의 각각에서 그런 적절한 단위가 **한계**단위가 된다. 다양한 크기로 된 단위의 효용들간에는 단순한 서수적 관계만이 존재한다.

효용의 동일화와 무한정하게 작은 단계라는 관점에서 인간행동의 문제들을 다루려는 경향은 '무차별 지도'(indifference maps)에 대한 최근의 저작물에도 또한 명백하다. 소비이론 내에서 현대 경제수학의 거의 전 체계는 '무차별' 가정 위에 구축되었다. 그 개념의 기초는 두 재화를 조합하여 큰 크기의 종류로 다루는 것인데, 그 두 종류간에는 개인은 그의 가치평가에서 무차별하다. 더구나, 두 종류간의 차이는 무한정으로 작아서, 그 결과 부드러운 선과 접선을 그릴 수 있다. 무차별 개념의 결정적 오류는 '**무차별**'이 행동의 기초가 될 수는 없다는 것이다. 만약 어떤 인간이 두 선택지간에 정말로 무관심하다고 가정하면, 그는 그 두 선택지간에 선택할 수 없을 것이고, 그 결과 선택이 행동으로 나타날 수는 없다. 우리는 인간행동을 분석하는 데 관심이 있다. 어떤 행동도 선호를 기초로 선택을 드러낸다. 즉, 다른 선택지들에 비해 한 선택지를 선호하는 것. 그러므로 경제학이나 어떤 다른 인간행위학적 과학에서는 무차별 개념이 할 역할은 없다. 예를 들어, 한 인간이 5.1온스의 버터와 5.2온스의 버터를 사용하는 것이 무차별한 문제라면—왜냐하면 그 단위가 너무 작아서 그가 고려할 수 없기 때문에—이 선택지에 대해 그가 행동할 이유는 없을 것이다. 그는 버터를 1온스의 10분의 1 단위 대신에 1온스 단위로 사용할 것이다. 그와 같은 이유로 인간행동에는 무한정하게 작은 단계들이라는 것은 없다. 단계들이란 인간존재에 오직 유의한 것 만이다. 그러므로 단계들은 언제나 유한하고 불연속적일 것이다.

'무차별'이라는 기초 위에 있는 추론의 오류는 **심리학**의 영역에서 중요한 어떤 문제는 경제학이 속한 인간행위학의 영역에서는 의미가 없을 수 있다는 사실을 인정하는 것을 실패한 것이다. 심리학은 **어떻게** 또는 왜 개인이 가치척도를 형성하는가 하는 문제를 다루고, 이 의문 때문에 심리학이 개인이 단호한지 또는 다양한 선택지간에 '무차별한' 경향이 있는지 하는 것을 고려하는 것과 관련이 있다. 그러나 인간행위학은 행동 **그 자체**의 존재에 기초하는 논리과학(*logical science*)이다. 인간행위학은 구체적 내용보다는 오히려 보편적 의미에서 실재의 행동을 설명하고 해석하는 데 관심이 있다. 그러므로 인간행위학의 가치척도에 대한 토론은 인간행동의 본질로부터의 연역이고 마음의 내부 작동에 대한 모험적 에세이가 아니다. A와 B라는 선택지간의 결정에서 어떤 인간이 확고하고 결정적으로 선택하는지 여부 또는 그가 동전을 던져 결정하는지 여부는 결과적으로는 인간행위학과 관련이 없다. 그것은 심리학의 문제이고, 인간행위학은 예를 들어, 그가 B보다는 A를 선택하고 그 결과 그의 선호체계에서 B보다는 A가 높은 순위에 놓여졌다는 사실에만 관심을 가진다. 효용이론은 심리학 또는 마음 내부의 움직임에는 관심을 가지지 않으며, 행동이 단순히 존재한다는 것으로부터 나오는 논리적 결론에 기초한 독립된 과학의 일부이다.

인간행위학은 행동주의자적(*behaviorist*) 심리학에도 역시 기초를 두지 않는다. 사실 인간행위학이 심리학에 관계하는 한에서는 인간행위학의 원리들은 행동주의 원리들의 역이다. 우리가 돌의 움직임을 관찰하고 기록하는 것과 똑같은 방법으로 인간행동을 단순히 관찰하기는커녕, 인간행위학은 인간행동과 무생물의 운동 간의 근본적 구분에 기초하는데, 즉 인간행동은 어떤 목적들을 성취하기 위하여 **동기유발된** 것이라는 것을 보았다. 수단과 자원은 이러한 목적들을 성취하기 위하여 사용된다. 마음을 그림에 넣지 않기는커녕, 인간행위학은 행동이라는 기초공리에 근본적으로 의존하는데, 이때 행동이란 인간의 마음에 의해 유발되고 실시되는 것이다. 그러나 인간행위학은 인간의 목적들의 내용 또는 그 목적들에 도달하는 방법 또는 목적들의 순서에는 관심이 없다. 인간행위학은 이런 목적들의 존재로부터 나오는 논리적 함의들을 분석하는 데 관심이 있다.

가치척도와 실재행동을 인위적으로 분리하면서 몇몇 저자는 설문지 방법에 의해 인간의 무차별 지도를 발견하려는 시도를 할 정도로 실제로 극단으로 흘렀다. 그런 시도가 무차별이 인간행위학적으로 유효하지 않다는 비난에 노출되는 것 이외에도, 그런 시도는 가치척도가 끊임없이 변할 수 있고, 그 결과 그런 설문조사표가 경제학의 관심사와 아무 관련이 없다는 것을 깨닫는 데 실패한 것이다. 경제학은 설문조사표에 반응하여 고백된 가치척도에는 관심이 없고 실재행동에 의해 암시된 가치에는 관심이 있다. 가치척도를 행동으로부터 분리하려는 모든 시도에 관하여 루드비히 폰 미제스는 다음과 같이 주장한다.

> …가치척도는 사고에 의해 고안된 도구일 뿐이다. 가치척도는 오직 실재행동을 통해서만 그 자신을 드러낸다. 가치척도는 실재행동의 관찰로부터만 식별될 수 있다. 그러므로 가치척도를 실재행동과 대조하는 것과 가치척도를 실재행동의 평가를 위한 표준으로 사용하는 것은 허용가능하지 않다.[39]

무차별은 인간행동과는 관련이 없기 때문에 선택을 위한 두 선택지가 어떤 개인의 가치척도 위에서 동등하게 순위 매겨질 수는 없다는 결론에 이른다. 만약에 두 선택지가 정말로 동등하게 순위가 매겨진다면, 그것들은 선택을 위한 선택지가 될 수 없고, 그 결과 선택지는 행동과 관련이 없다. 그러므로 선택지들은 모든 인간의 가치척도상에서 서수적으로 순위가 매겨질 뿐만 아니라 선택지들은 또한 동점 없이 순위가 매겨지는 것, 즉 모든 선택지는 다른 순위를 가진다.

　무차별이 인간행동과 관련이 있음을 입증하기 위하여 무차별이론가들에 의해 이용되는 유명한 사례는 뷰리던의 당나귀(Buridan's ass)이다. 이것은 두 개의 동등하게 매력적인 건초 꾸러미로부터 같은 거리만큼 떨어져서 배고파서 서 있는 당나귀의 우화 또는 두 개의 우물로부터 같은 거리만큼 떨어져서 목말라 하는 당나귀의 우화이다. 건초 두 꾸러미 또는 두 우물은 모든 면에서 동등하게 매력적이기 때문에 당나귀는 어느 하나도 선택할 수 없고 그 결과 굶을 것이 틀림없다. 이 예는 무차별이 행동과 큰 관련이 있음을 증명한다고 기대되고, 무차별이 행동으로 **나타나는** 방법을 암시하는 것으로 기대된다. 혼동이 배가된 슘페터(Schumpeter)는 이 당나귀를 '완벽하게 합리적'이라고 언급한다.[40]

　첫째, 그보다 **덜** 합리적일 수 있는 당나귀나 인간을 생각하는 것은 물론 어렵다. 그는 **두 가지** 선택에 직면한 것이 아니라 **세 가지** 선택에 직면하는데, 세 번째는 그가 있는 곳에서 굶는 것이다. 무차별 개념을 옹호하는 사람 자신의 근거 위에서마저도, 이 세 번째 선택이 행위자의 가치척도 위에서 다른 두 선택보다 순위가 낮을 수가 있을 것이다. 그는 굶는 것을 선택하지 **않을** 것이다.

　만약 왼쪽과 오른쪽의 우물, 둘 모두가 동일하게 매력적이고 그가 어느 하나를 선호할 이유를 발견할 수 없다면, 그 당나귀 또는 그 인간은 동전던지기와 같은 방법으로 어느 한쪽을 결정하는 순수한 기회를 가질 것이다. 그러나 그는 하나를 결정해야 하고 결정할 것이다. 다시 한번 **선택을 통해 표출되는** 선호에 관심이 있고, 선호의 **심리학**에는 관심이 없다. 만약 동전던지기가 왼쪽 우물을 지시했다면 그가 왼쪽 우물로 걸어갔을 때 표출되었던 것처럼 왼쪽 우물이 최종적으로 행위자의 가치척도에서 더 높게 위치를 차지했던 것이다. 무차별의 중요성을 증명하기는커녕 뷰리던의 당나귀는 무차별이 인간행동의 분석에서 어떤 역할도 할 수 없다는 사실을 입증하는 훌륭한 사례이다.

　무차별분석의 정당화를 시도하는 다른 방법은 존스와 같은 한 인간이 반복되는 기회에서 한정된 시간에 선택지 A와 B 중의 어느 하나를 각각 50%씩 선택한다고 가정하는 것이다. 선택의 이러한 이동은 존스가 두 선택지간에 정말로 무차별하다는 것을 입증하는 것이라고 주장된다. 하지만 합리적 추론은 무엇인가? 명백히, 어떤 경우에는 존스의 가치척도에서 A가 B보다 **선호되었고**, 다른 경우에는 그의 입장이 이동하였으며, 그 결과 B가 A보다 **선호되었다**. **어떤 경우에도** 두 선택지간에 무차별은 없었다. 선택의 이러한 이동은 선호척도의 이동을 의미하고, 어떤 부동한 가치척도상에서의 무차별을 의미하지는 않는다. 물론, 만약 우리가 심리학을 다루고 있다고 가정하면, 우리는 선호의 강도에 대한 토론으로 들어갈 수 있을 것이고, 그의 내부 성격에 비추어 보아 그 인간은 두 선택지간의 선택에서 한쪽으로 심하게 치우치는 것보다는 상대적으로 무차별했다라고 생각했을 수도 있다. 그러나 인간행위학에서는 그의 가치척도의 구체적 내용에 관심이 없을 뿐 아니라 그의 내부 성격에도 관심이 없다. 우리는 선택을 통해 표출되는 것으로서의 가치척도에 관심이 있다.

:: 부록 A: 화폐의 하락하는 한계효용

　모든 다른 재화에 대해 한계효용 하락 법칙의 타당성을 인정하는 몇몇 저자들도 그 법칙을 화폐에 적용하는 것을 부정한다. 따라서 예를 들어, 어떤 인간이 화폐를 1온스씩 그의 가장 선호하는 용도에 배분할 수 있다. 그러나 자동차 한 대를 구매하는 데 금 60온스가 든다고 가정하자. 그러면 그로 하여금 자동차를 구매할 수 있도록 하는 60번째 온스의 획득이 그로 하여금 자동차를 구매하는 것을 허락하지 않는 58번째 온스 또는 59번째 온스의 획득보다 훨씬 더 가치를 가질 것이다.

　이 주장은 위의 제1장에서 토론했던 '계란들의 증가하는 한계효용'의 주장에 내포된 잘못된 생각과 동일한 잘못된 생각을 포함한다.[41] 그곳에서 네 번째 계란이 처음 세 개의 계란으로 할 수 없는 케이크를 구울 수 있게 하기 때문에 계란들의 한계효용은 증가한다고 주장하는 것은 틀린 것이라는 것을 보았다. 어떤 '재화', 그리고 결과적으로 어떤 재화의 '단위'는 그 양이 얼마가 되든지 그 단위들이 **동등하게 유용한 공급**(equally serviceable supply)을 제공하느냐 라는 관점에서 규정된다는 것을 보았다. 동등하게 유용한 공급이라는 구문이 핵심개념이다. 네 번째 계란은 첫 번째 계란과 동등하게 쓸모 있는 것이 아니었고, 그 결과 첫 번째 계란과 바꿀 수 있는 것이 아니었으며, 또한 **단 하나의 계란**은 **단위**로서 채택될 수는 없다. 어떤 재화의 단위는 그 단위의 유용성에서 동질적이어야 하고, 효용의 법칙이 적용되는 것은 그러한 단위에만 국한한다.

　상황은 화폐의 경우에도 유사하다. 화폐상품의 유용성은 그것을 직접 사용하는 데 있기보다는 교환을 위하여 사용하는 데 있다. 그러므로 여기에서 개인의 가치척도와 관련하여 화폐의 한 '단위'는 교환가치에서 모든 다른 단위와 동질적인 것이어야 한다. 만약 또 다른 온스가 자동차의 구매를 허용하고 쟁점이 문제의 경우와 관련이 있다면, 그러면 화폐상품의 '단위'는 1온스가 아니라 60온스가 되어야 한다.

　그러면 큰 구매의 가능성 때문에 '불연속성'을 밝히고 설명하기 위하여 해야 할 필요가 있는 모든 것은 한계효용의 법칙과 선호와 선택이 응용되도록 **화폐단위의 크기를 다양하게 하는 것이다.**[42] 이것이 각 인간이 실제로 하는 것이다. 예를 들어, 어떤 인간이 금 60온스로 무엇을 할 것인가를 숙고하고 있다고 가정하자. 단순화를 위해서 그가 60온스를 5온스 단위로 묶을 수 있다고 가정하자. 이것을 선택지 A라고 부를 것이다. 그 경우에 그의 가치척도상에서 가장 높은 순위에 따라서 5온스 단위로 각각 분배할 것을 결정한다. 첫 5온스는 **5온스로 봉사할 수 있는** 가장 높게 평가되는 용도에 배분되거나 소비될 것이다. 다음 5온스는 다음으로 높게 평가되는 용도에 배분된다. 최종적으로 그는 12번째의 5온스를 12번째로 높게 평가되는 용도에 배분할 것이다. 그러나 이제 그는 또한 선택지 B에 직면한다. 이 선택지는 60온스 전체를 그의 가치척도에서 가장 가치가 있을 무엇이든 단일한 용도에 지출하는 것이다. 이것이 화폐 60온스라는 한 **단위**에 단일하게 가장 높게 순위가 매겨진 용도일 것이다. 이제 어떤 선택지를 선택할 것인지 결정하기 위하여 그 사람은 60온스를 한 몫에 단일하게 가장 순위가 높게 매겨진 용도(예를 들어, 자동차 한 대를 구매하는 것)에 사용하는 효용과 '꾸러미'—5온스를 a에 지출하고, 5온스를 b에 지출하는 등—의 효용을 비교한다. 그 사람은 자신의 선호척도를 알기 때문에—그렇지 않다면 그는 어떤 행동도 결코 선택할 수 없을 텐데—5온스 단위로 각 용도의 순위를 매길 수 있다고 가정하는 것보다 5온스 단위의 전체 꾸러미의 효용과 자동차 한 대를 구매하는 효용의 순위를 매길 수 있다고 가정하는 것이 더 어렵지 않다. 다시 말하면, 그가 60온스를 한 단위로 놓고 그의 가치척도에서 어느 선택지가 더 높은 순위를 차지하는가를 결정한다. 즉, 차를 구매하는 것 또는 5온스(또는 다른 크기의) 단위에 의한 어떤 꾸러미 분배. 여하튼 60온스는 각자가 믿기에 가장 높은 순위의 용도에 배분되고 그의 화폐교환 결정의 각각에 동일한 일이 일어난다고 말할 수 있다.

여기에서 여럿의 5온스 단위의 한계효용과 60온스 단위의 효용 간에 수적 관계가 없다—순전히 서수적 순위를 제외하고—는 사실을 강조해야 하고, 이 점은 우리가 고려했던 5온스 단위로 분배한 전체로 묶은 꾸러미의 한계효용에도 심지어 진실이다. 우리가 말할 수 있는 모든 것은 60온스 단위의 효용이 5온스 단위의 효용들의 어떤 **하나**보다 분명히 높을 것이라는 점이다. 그러나 그 둘간의 수적 차이를 결정할 수 있는 방법은 없다. 더구나, 5온스를 전체로 묶은 이러한 **꾸러미** 효용의 순서가 자동차 구매의 효용보다 높은지 또는 낮은지 여부는 오직 개인 그 자신에 의해서만 결정될 수 있다.

효용은 단지 순위를 매기는 것이고 결코 측정할 수 없는 것이라는 점을 여러 번 반복했다. 어떤 재화의 큰 크기의 단위와 어떤 재화의 작은 크기의 단위의 효용간에 수적 관계는 조금도 없다. 또한 동일한 크기의 한 단위와 동일한 크기의 여러 단위의 효용간에 어떤 수적 관계도 없다. 그러므로 어떤 종류의 '총효용'을 산출하기 위하여 한계효용을 더하거나 결합하는 방법은 가능하지 않다. 후자, 즉 총효용은 오직 큰 크기의 단위의 **한계**효용일 수 있고, 그것과 작은 단위의 효용간에 어떤 수적 관계도 없다.

루드비히 폰 미제스가 쓴 것처럼:

> 가치는 평가하는 구체적 행위와 관련하여서만 정당하게 말할 수 있다.…총가치는 어떤 개인의 특별한 경우에 비추어서만 말할 수 있다.…어떤 경제재의 총 이용가능한 양들간에 선택하는 경우에는 말이다. 가치평가의 모든 다른 행위처럼 이것이 그것 자체로는 완전한 것이다.…어떤 재고가 전체로서 평가될 때는 그 재고의 한계효용, 말하자면 그 재고의 마지막 이용가능한 단위의 효용은 그 재고 전체의 효용과 일치하는 데, 왜냐하면 총공급이 하나의 분할할 수 없는 양이기 때문이다.[43]

그러면 효용의 두 가지 법칙이 있는데, 둘 모두는 인간행동이라는 필연적 조건으로부터 도출되고 있다. 첫째, **어떤 재화 한 단위의 크기가 주어진 상태에서, 그 재화 단위의 공급이 증가함에 따라 각 단위의 (한계)효용이 감소한다. 둘째, 더 큰 크기의 단위의 (한계)효용은 더 작은 크기의 단위의 (한계)효용보다 크다.** 첫 번째 것은 한계효용 하락의 법칙이다. 두 번째 것은 총효용 증가의 법칙이라고 불린다. 두 법칙간의 관계, 그리고 두 법칙에서 고려되는 항목들간의 관계는 순전히 순위의 관계, 즉 서수적이다. 따라서 4개의 계란(파운드의 버터 또는 온스의 금)은 가치척도에서 3개의 계란보다 가치가 있고, 다음으로 그 3개의 계란이 2개의 계란보다 가치가 있으며, 2개의 계란은 1개의 계란보다 가치가 있다. 이것은 두 번째 법칙을 설명한다. 첫 번째 계란이 두 번째 계란보다 가치가 있을 것이고, 그 두 번째 계란은 세 번째 계란보다 가치가 있을 것이다. 이것은 첫 번째 법칙을 설명한다. 그러나 이러한 순위는 별도의 문제로 하고 계란의 가치들간에 산술적 관계는 없다.[44]

어떤 재화의 단위가 유용성에서 동질적이어야 한다는 사실은 화폐의 경우에 화폐가격의 주어진 배열이 일정하다는 것을 의미한다. 화폐 한 단위의 유용성은 화폐의 직접사용가치와 특히 교환가치에 있는데, 그 교환가치는 무수한 다른 재화를 구매할 수 있는 화폐의 힘에 달려있다. 화폐회귀와 화폐의 한계효용 연구에서 화폐상품의 평가와 한계효용은 다양한 재화에 대한 이미 주어진 화폐가격의 구조에 달린 것을 보았다. 전술한 법칙의 특정한 응용에서, 화폐가격들은 그 사이에는 변하지 않는다는 것이 명백하다. 만약 화폐가격들이 바뀐다면, 예들 들어 화폐가격들의 그 사이에 일어난 변화 때문에 다섯 번째 화폐단위가 네 번째 화폐단위보다 가치가 있다면, 그러면 '단위들'은 더 이상 동등하게 유용한 것이 아니고, 그 결과 그 단위들은 동질적인 것으로 간주될 수 없다.

위에서 본 것처럼 다양한 재화의 일정 양을 구매할 수 있는 화폐단위의 이러한 힘을 **화폐단위의 구매력**이라고 부른다. 화폐의 이런 구매력은 화폐단위당 재화들의 가격들로 환산하여 고려할 때 어떤 특정한 때에 시장에서 모든 주어진 화폐가격들의 배열로 이루어진다. 위의 회귀정리에서 보았던 것처럼 화폐단위의 오늘의 구매력은 수요스케줄들에 표현된 화폐와 재화들의 오늘의 한계효용에 의해 결정되고, 그런데 화폐의 오늘의 한계효용은 화폐의 어제의 구매력에 직접적으로 의존한다.[45]

:: 부록 B: 가치에 대하여

경제학은 '가치'라는 용어를 그렇게 자주 사용하기 때문에 그 용어를 지금 포기한다는 것은 득책이 아니다. 그러나 그 용어가 각종 다른 방법으로 사용되기 때문에 혼란이 있는 것은 의심할 여지가 없다. **가치평가**와 선호라는 의미에서 그 용어의 주관적 사용과 시장에서 **구매력** 또는 가격이라는 의미에서 그 용어의 '객관적' 사용을 구분하는 것은 더욱 중요하다. 지금까지 '가치'는 개인의 '가치척도'에서 재화의 순위를 매기는 개인의 주관적 '가치평가' 과정을 의미하는 것이었다.

이 장에서 '자본의 가치'라는 용어는 시장에서 화폐로 환산한 내구재의 구매력을 의미한다. 만약 어떤 주택이 시장에서 금 250온스에 판매될 수 있다면 그 집의 '자본가치'는 250온스이다. 이것과 주관적 종류의 가치 간의 차이는 명백하다. 어떤 재화가 주관적으로 평가될 때는 어떤 사람의 가치척도 위에서 그 재화와 다른 재화들과의 관계가 그 사람에 의해 순위가 매겨진다. 어떤 재화가 그 재화의 자본가치를 찾아낸다는 의미에서 '평가될' 때는 평가자는 그 재화가 화폐로 환산하여 얼마에 판매될 수 있는가를 **예상한다**. 이러한 종류의 행위는 **감정**(appraisement)으로 알려져 있고 주관적 평가와는 구분되는 것이다. 만약 존스가 "나는 다음 주에 이 집을 250온스에 팔 수 있을 것"이라고 말한다면 그는 금 250온스에 그 주택의 구매력 또는 '객관적 교환가치'를 '감정하고' 있다. 그것으로 그는 가치척도 위에서 그 주택과 금의 순위를 매기고 있는 것이 아니라 미래의 어떤 시점에 그 주택의 화폐가격을 예상하고 있는 것이다. 간접교환경제 내에서 감정이 전체 경제체제에 근본적임을 아래에서 볼 것이다. 소비재들의 임대차와 판매뿐 아니라 전 생산체제의 종석(keystone)인 모든 투자한 생산자들의 행위도 감정과 화폐이윤을 얻겠다는 희망에 의존한다. 자본가치라는 용어는 내구소비재들에 적용될 뿐 아니라 모든 비인격적 생산요소들—즉, 토지와 자본재들 단독으로, 그리고 그것들의 다양한 종합으로—에도 아주 잘 적용된다는 것을 보게 될 것이다. 이러한 요소들의 사용과 구매는 기업가들이 시장에서 화폐소득으로 환산한 그 요소들의 최종적 수익에 대한 감정에 의존하고, 시장에서 그 요소들의 자본가치는 요소들의 미래수익이라는 화폐소득의 할인된 합계와 또한 동일하게 될 것이라는 점을 볼 것이다.[46]

NOTES

1. 여기에 대한 예외는 시장에서 두 재화의 가상적 교환비율들에 기초하여 두 재화간에 이루어지는 직접교환들이다. 그러나 이런 교환들은 상대적으로 고립되어 있고 중요하지 않으며 두 재화의 화폐가격들에 의존한다.
2. 많은 저자가 '화폐단위의 구매력'을 어떤 종류의 '물가수준'(price level)으로서 해석하는 데, 이때 물가수준이란 '결합된 모든 재화'의 평균의 일종으로 이루어진 측정가능한 실체라는 것이다. 고전파의 주요 경제학자는 이런 틀린 주장을 하지 않았다. "그들이 명시적 수정 없이 화폐의 가치 또는 가격들의 수준이라고 말할 때, 그들은 상품과 서비스, 둘 모두의 가격들의 배열을 의미하는데, 모든 특질에서, 그리고 어떤 종류의 통계적 평균이라는 분명한 의미 없이 말이다." Jacob Viner, *Studies in the Theory of International Trade*(New York: Harper & Bros., 1937), p.314; Joseph A., Schumpeter, *History of Economic Analysis*(New York: Oxford University Press, 1954), p.1094.
3. 본문에 있는〈그림 4-1〉은 편의를 위해 단순화한 것이고 엄밀하게는 부정확하다. 그 사람이 첫 번째 파운드의 버터에 대하여 금 6그레인을 이미 지불했다고 가정하자. 그가 다른 1파운드의 버터를 구매하고자 결정할 때 화폐의 **모든** 단위의 순위는 상승할 것인데, 왜냐하면 지금 그는 이전보다는 더 적은 화폐재고를 가지고 있기 때문이다. 그 결과 우리의 그림은 화폐가 지출됨에 따라 화폐의 한계효용이 상승하는 것을 완전하게 묘사하고 있지 않다. 그러나 그러한 수정은 우리의 결론을 수정하기보다는 **강화해주는데**, 그 결론이란 수량이 증가함에 따라 최대수요가격은 떨어진다는 것인데, 왜냐하면 최대수요가격은 그림에서 우리가 묘사했던 것보다 여전히 더 떨어질 것을 우리가 알기 때문이다.
4. 시장공급스케줄에 대해서는, Friedrich von Wieser, *Social Economics* (London: George Allen & Unwin, 1927), pp.179~184 참조.
5. 독자는 위의 제2장의 181~186쪽에 있는 '재고와 총보유수요' 절을 참고하기 바란다.
6. 만약 판매자 편에서 유보수요스케줄이 없다면, 총보유수요는 정규수요스케줄과 **동일**하다.
7. 총보유수요곡선과 재고곡선, 수요곡선과 공급곡선, 그 두 조합이 동일한 균형가격을 언제나 산출한다는 증명은 다음과 같다. 어떤 가격에서 수요량=D, 공급량=S, 현존 재고량=K, 유보수요량=R, 총보유수요=T라고 하자. 정의상 다음과 같은 식이 언제나 성립한다.

    S = K - R
    T = D + R

    이제 S와 D가 교차하는 균형가격에서 S는 D와 분명히 같다. 그러나 만약 S=D이면, T=K-R+R 또는 T=K이다.
8. 물론, 한계구매자의 가치평가와 한계판매자의 가치평가 사이에 어떤 **지대**(zone)가 존재하는 경우들에는 이 균형가격은 단일가격이라기보다는 어떤 지대일 것이다. 위의 제2장 148~151쪽에서 하나의 구매자와 하나의 판매자를 분석한 경우를 보라. 일반적으로 구매자와 판매자가 거의 없는 것이 틀림없는 그런 드문 경우들에는, 시장이 그 안의 어떤 점에서 청산되는 어떤 지대가 있고 '협상기술'이 작동할 여지가 있다. 그러나 화폐경제라는 확장된 시장들에서는, 심지어 하나의 구매자와 하나의 판매자라도 하나의 확정적 가격을 가지거나, 하나의 구매자와 하나의 판매자의 최고구매가격들과 최저판매가격들 사이에는 매우 좁은 지대가 있다.
9. 제2장 제7절 참조.
10. 이것과 제2장의 분석은 투기가 '자가 정당화'(self-justifying)된다는 몇몇 저자들의 주장을 반박하는 데,

그 주장이란 시장에서 가짜균형(pseudoequilibrium)가격을 확립하는 척함으로써 투기가 그 기초가 되는 공급요소들과 수요요소들의 효과를 왜곡한다는 것이다. 진리는 그 역인데, 그 기초가 되는 요소들을 예상하는 데 있어 저지르는 투기적 과오들은 자가수정되고, 기대는 진정한 균형시장가격을 더 빨리 확립하도록 하기 쉽다.

11 여기에서의 분석과 제2장의 205~206쪽에서의 직접교환에 대한 분석을 비교하라.
12 제2장의 187~189쪽 참조.
13 어떤 상황에서는 역사가로서 우리는 부정확한 판단을 이용하여 그런 비교를 할지도 모른다. 그러나 우리가 인간행위학자 또는 경제학자로서 그렇게 할 수는 없다.
14 이 문제에 대해 더 알고 싶다면, Rothbard, "Toward a Reconstruction, etc." *The Freeman*, March, 1956, pp.224~243; Mises, *Theory of Money and Credit*(New Haven: Yale University Press, 1953), pp.38~47 참조.
15 소비자 잉여를 측정하고자 시도하는 사람들은 모든 재화 또는 소비자의 예산에서 '큰 몫'을 차지한다고 여겨지는 어떤 재화를 고려대상에서 명시적으로 제외하는 것은 흥미롭다. 그렇게 하는 것은 편리하지만 비논리적이고 분석의 근본적 어려움들을 용케 숨긴 것이다. 그러나 그것은 마셜리언(Marshallian) 전통을 가진 경제학에서는 흔한 일이다. 오늘날의 지도적인 마셜리언이 쓴 명시적 문장으로서는, D. H. Robertson, *Utility and All That*(London: George Allen & Unwin, 1952), p.16 참조.
16 제2장의 188~189쪽 참조.
17 이 점에 대한 더 많은 토론은 아래의 부록 A, "화폐의 하락하는 한계효용" (*The Diminishing Marginal Utility of Money*)을 보라.
18 "화폐를 획득하거나 팔아버릴 것을 고려하는 사람은 물론 무엇보다도 화폐의 미래구매력과 가격들의 미래구조에 관심이 있다. 그러나 그가 가까운 과거의 화폐가격의 배열을 보지 않고 딴 방법으로 화폐의 미래구매력에 대한 판단을 내릴 수가 없다"는 것은 진실이다. Mises, *Human Action*(New Haven: Yale University Press, 1949), p.407.
19 Mises, *Theory of Money and Credit*, pp.97~123, and *Human Action*, pp.405~408; Schumpeter, *op. cit*., p.1090. 이 문제는 미제스가 그 해결책을 제시했을 때까지 경제과학의 발달을 방해했다. 그 문제의 해결에 실패한 것은 많은 경제학자를 이제껏 화폐가격에 대한 만족할 만한 경제분석을 구축하는 데 절망하도록 만들었다. 그들은 화폐가격의 근본적 분석을 포기하게 되었고, 재화들의 가격들로부터 화폐적 구성요소들을 완전히 분리하게 되었다. 이 잘못된 과정에서, 개별 가격들은 화폐적 구성요소들 없이 전적으로 물물교환에서처럼 결정된다고 가정했지만, 화폐의 공급과 수요가 '일반물가수준'이라 불리는 상상해낸 허구를 결정했다고 경제학자들은 가정했다. 경제학자들은 따로 '가격이론'(theory of price)을 전문으로 다루기 시작했는데, 그 이론에는 화폐의 실질적 기능이라는 점에서 화폐는 전적으로 제거되었고, 그리고 따로 '화폐이론'(theory of money)을 전문으로 다루기 시작했는데, 그 이론에는 개별 가격들은 제거되었고 가공의 '물가수준'만을 전적으로 다루었다. 전자, 즉 가격이론은 하나의 특정한 가격과 그 결정요인들에 전적으로 열중케 되었다. 후자, 즉 화폐이론은 개별 구성요소들과의 관련 없이 '전체로서의 경제'에만 전적으로 열중케 되었다—둘을 '미시경제학'과 '거시경제학'으로 각각 불렀다. 실제로 그런 잘못된 전제는 필연적으로 틀린 결론으로 이끌었다. 경제학이 진실한 분석을 산출하고자 분석이 진행됨에 따라 집중을 위하여 상이한 단면들을 분리하는 것은 확실히 정당하고 필요하다. 그러나 이러한 분리과정에서 진실을 왜곡하는 것은 정당하지 않고, 그 결과 최종분석이 개별 부분과 그 부분들의 상호관계의 정확한 모습을 제시하지 않는다.
20 우리가 시간에 따라 회귀해서 물물교환을 했던 날들에 접근함에 따라 금을 직접 사용하는 데 비하여 금을 교환수단 용도로 사용하고자 하는 수요는 상대적으로 약해지고, 최종적으로는 물물교환의 마지막 날에 금을 교환수단 용도로 사용하는 것은 전적으로 소멸하고 시간성분은 그것과 함께 소멸한다.
21 회귀를 결정적으로 멈추는 점은 금을 '화폐'로서 사용하는 것을 중단하는 것이 아니라 하나의 **교환수단**으로서 금을 사용하는 것을 중단하는 것이라는 점을 지적해야 한다. 교환의 '일반적' 수단(화폐)이라는 개념은 여기에서 중요하지 않다는 것은 명백하다. 금이 교환수단으로 사용되는 한, 금 가격들은 시간적 요소를 계속해서 가질 것이다. 어떤 상품이 **제한된** 교환수단으로서 사용된다면, 그 상품의 효용을 고려할 때 가격들의 제한된 배열만이

22   파틴킨(Patinkin) 교수는 회귀이론에서 화폐의 한계효용이 화폐보유의 한계효용이기보다는 오히려 화폐와 교환되는 재화의 한계효용을 나타내는 관점에 잘못 의존한다는 이유로 미제스를 비판하고, 그는 미제스의《화폐와 신용이론》(Theory of Money and Credit)의 곳곳에서 후자 견해, 즉 화폐의 한계효용이 화폐보유의 한계효용이라는 견해를 비일관적으로 유지한다는 이유로 미제스를 비난한다. 사실 미제스가 가진 화폐의 한계효용 개념은 화폐를 보유하는 데 따르는 효용을 나타내고, 회귀이론에 대한 미제스의 주장은 다른 것인데, 즉 회귀이론이란 화폐를 보유하는 데 따르는 한계효용은 본질적으로 화폐가 재화와 교환될 수 있는 것보다는 이전의(prior) 사실, 즉 재화의 이전 화폐가격들에 의존한다는 것이다. 그러므로 이 순환성을 깨뜨리는 것이 필수적이다—회귀이론에 의해서. 요컨대, 재화들의 가격들은 화폐보유에 따르는 한계효용을 가지기 위해 **차례대로**(in order) 존재해야 한다.

　　그 자신의 이론에서, 파틴킨은 시장(시장 '실험')의 분석에서 효용으로 시작하고 효용의 분석에서 그는 가격들(개별 '실험')로 시작한다고 말함으로써 순환성을 정당화하기 위하여 매우 무기력하게 노력한다. 그러나 그가 헤어날 수 없는 순환성 함정에 빠진 것은 사실인데, 그런 사실은 원인-결과(cause-and-effect) 방법론(상호 결정하는 수학종류의 방법론과 대조적으로)이 빠르게 드러낸다. Don Pantin, Money, Interest, and Prices(Evanston, Ill.,: Row, Peterson & Co., 1956), pp.71~72, 414.

23   빅스테드가 서술한 것처럼, "노력은 예상되는 가치에 규제되지만, 가치는 이전의 노력에 의해 통제되지 않는다." 그리고 "당신이 가진 것의 가치는 그것을 얻기 위하여 단념했던 또는 포기했던 것의 가치에 의해 영향을 받지 않는다. 그러나 어떤 것을 얻기 위하여 당신이 기꺼이 포기하고자 하는 이득의 크기는 당신이 그것을 얻었을 때 당신이 그것이 가질 것으로 예상한 가치에 의해 결정된다." Wicksteed, The Common Sense of Political Economy and Selected Papers(London: Routledge and Kegan Paul, 1933), I, pp.88~93.

24   일단 화폐가 시장에서 확립되고 나면 화폐의 공급증가가 어떤 일반적 이득도 주지 않는 독특한 것이라는 점을 우리는 제2권 제11장에서 볼 것이다.

25   '계획하기'가 인간이 내린 어떤 결정과 그 이후의 행동에 대해서 오래 숙고하기 어렵다는 것을 반드시 의미하지는 않는다. 그는 결정을 거의 즉각적으로 내렸을지도 모른다. 그럼에도 불구하고 이것도 여전히 계획된 행동이다. 모든 행동은 반성적인 것이기보다는 차라리 목적에 합치하는 것이기 때문에, 행동이 있기 전에 가치평가뿐 아니라 행동하기 위한 결정도 언제나 있었음에 틀림없다. 그러므로 언제나 계획하기가 있다.

26   경제학은 "여하튼 방법을 연구하는 것을 포함하고 방법을 연구하는 것을 의미하는 것이어야 하는데, 그 방법이란 사회의…구성원들이 그들 자신의 자원을 자발적으로 관리하는 방법일 것이고, 그 구성원들이 다른 사람과 자진해서 맺을 수 있는 관계를 자발적으로 관리하는 방법일 것이다." Wicksteed, op. cit., I, pp.15~16.

27   Wicksteed, op. cit., I, pp.21~22.

28   예외는 그 재화의 수요곡선이 바로 수직인 그런 경우들이고, 그러면 그 재화가 보완적 재화에 미치는 영향은 없을 것이다.

29   이 시점에서는 수요의 증가가 현금잔고의 감소 또는 투자의 감소로부터 발생하는 경우에 대한 분석을 생략한다.

30   엄격히는, 이 말은 정확하지 않고 아래에서 중요한 수정이 추가될 것이다. 시간선호의 결과로서 현재의 서비스는 미래의 동일한 서비스보다 가치가 있고, 가까운 미래의 서비스는 먼 미래의 서비스보다 가치가 있기 때문에, B의 가격은 A 가격의 두 배보다 **적을** 것이다.

31   엄격히는, 시장에 의해 확립된 '현재' 가격과 같은 그러한 것은 없다는 점을 명심할 필요가 있다. 어떤 사람이 어떤 재화의 가격을 고려할 때 그는 시장에서 마지막으로 기록된 거래에서 합의된 바로 그 가격을 고려하는 것이다. '현재' 가격은 언제나 실제로는 가장 가까운 과거(예를 들어, 30분 전)의 역사적으로 기록된 가격이다. 언제나 행위자에게 흥미를 일으키게 하는 것은 미래의 다양한 시간에 각종 가격이 얼마가 될 것인가 하는 것이다.

32   가치라는 용어의 다른 용도들에 대해서는, 아래의 부록 B, "가치에 대하여"를 보라.

33   화폐이윤과 화폐손실이라는 두 개념과 자본화의 관계는 아래에서 탐구할 것이다.

34   Fetter, Economic Principles(New York: The Century Co., 1915), pp.158~160.

35   내구재의 가치에 대한 토론에 대해서는 뵘바베르크의 훌륭한 책을 보라. Positive Theory, etc., pp.339~357;

Fetter, *op. cit*., pp.111~121; Wicksteed, *op. cit*., I, pp.101~111.

36 화폐의 증가하는 효용으로부터 발생하는 순위의 이동가능성은 문제를 불필요하게 복잡하게만 만들기 때문에 제외하고 있다.

37 W. Stanley Jevons, *The Theory of Political Economy*(3rd ed.; London: Macmillan & Co., 1888), pp.59~60.

38 아래의 부록 A "화폐의 하락하는 한계효용," 그리고 Rothbard, "Toward a Reconstruction, etc.," *op. cit.* 참조.

39 Mises, *Human Action*, p.102. 베르나르델리(Bernardelli) 박사는 공정하게 말하기를, "만약 어떤 사람이 내게 내 조국애가 자유에 대한 내 욕구보다 더 큰지 여부를 **추상적으로**(*in abstracto*) 묻는다면, 나는 어떻게 대답해야할지 어느 정도 당황할 것이다. 그러나 내 조국을 여행하는 것과 나의 자유를 잃어버릴 위험 중에서 실제로 선택해야 한다면 내 욕구의 강도의 순서는 정말이지 매우 결정적이 된다." Harro F. Bernardelli, "What has Philosophy to Contribute to the Social Sciences, and to Economics in Particular?" *Economica*, November, 1936, p.451. 또한 위의 제4절의 '소비자 잉여'에 대한 토론을 보라.

40 Schumpeter, *op. cit*., pp.94 n. and 1064.

41 제1장의 111~112쪽 참조.

42 단위의 크기에 대한 탁월한 토론에 대해서는, Wicksteed, *op. cit*., I, pp.96~101, and 84.

43 Mises, *Theory of Money and Credit*, pp.46~47; Harro F. Bernardelli, "The End of the Marginal Utility Theory?" *Economica*, May, 1938, pp.205~207; and Bernardelli, "A Reply to Mr. Samuelson's Note," *Economica*, February, 1939, pp.88~89.

44 '총'과 '한계'가 미적분학에 나오는 것과 같은 의미 또는 상호관계를 가지고 있지 않다는 점을 언제나 유념해야 한다. 여기에서 '총'은 '한계'의 또 다른 형태이다. 제본스(Jevons)와 왈라스(Walras)의 시대 이래로 이 점을 인식하는 데 있어 실패가 경제학에 만연했다.

45 화폐의 구매력 결정과 화폐의 수요와 공급의 결정에 대한 더 자세한 분석은 제2권의 제11장, '화폐와 화폐의 구매력'을 보라.

46 감정과 가치평가에 대해서는, Mises, *Human Action*, pp.328~330 참조.

제5장

생산: 구조

1. 행동의 몇 가지 근본원리

 생산활동—소비재에 도달하는 것을 궁극적으로 초래하는 행동—에 대한 분석은 복잡한 화폐시장경제에서는 매우 난해한 것이다. 그러므로 제1장에서 공식화했던 근본적 원리들 중에서 가장 응용력 있는 몇 가지를 이제 요약하는 것이 최선이다. 제1장에서는 그런 원리들을 오직 크루소 경제에만 응용했다. 그러나 실제로는 그것들은 어떤 종류의 경제에도 응용가능하고 복잡한 현대경제를 분석하는 데 없어서는 안 될 열쇠들이다. 그런 근본적 원리들 중의 몇 가지란:

 첫째, 각 개인은 그의 행동결과로 예상되는 심적 소득 또는 획득될 효용이 그의 행동의 심적 비용을 초과할 것이다. 후자, 즉 심적 비용이란 이용가능한 수단으로 그가 채택할 수 있었던 차선의 선택지라는 포기한 효용이다. 심적 수익과 심적 비용, 그 둘은 그 개인에게는 순전히 주관적인 것이다. 모든 행동은 어떤 재화의 공급을 단위별로 다루고 있기 때문에 심적 수익과 심적 비용이라는 이러한 주관적 측정치를 한계효용과 한계비용이라는 이름으로 부르는데, 이때 **한계**란 단계별 행동을 의미한다.

둘째, 각 개인은 **미래에 예상되는** 최종결과를 얻기 위하여 현재의 가치척도를 기초로 하여 **현재의** 순간에 행동한다. 그러므로 각 개인은 미래에 어떤 만족할 만한 상태에 도달하기 위하여 행동한다. 각 개인은 그의 행동이 지향하는 미래 일자까지 시간적 시계(*temporal horizon*)를 가진다. 그는 미래에 그의 목적을 달성하기 위하여 그의 기술적 아이디어에 따라 현재의 주어진 **수단**을 이용한다.

셋째, 모든 사람은 현재에 주어진 목적을 달성하는 것을 미래에 그 목적을 달성하는 것보다 선호하고 그렇게 성취하고자 시도할 것이다. 이것이 시간선호의 법칙이다.

넷째, 모든 재화는 그 재화가 각 개인에게 주는 효용에 따라 분배된다. 단위별로 묶어진 어떤 재화의 재고는 첫 번째로 가장 가치가 높은 용도에 배분되고, 다음으로는 그 다음으로 가장 가치가 높은 용도에 배분되면 그 다음도 동일하다. 어떤 **재화**라 함은 그 재화 하나 또는 그 이상의 단위로 된 교환가능한 공급으로 이루어진 것을 말한다. 그러므로 모든 단위는 모든 다른 단위와 언제나 동일하게 평가될 것이다. 만약 어떤 재고의 한 단위가 포기되거나 처분된다면 **가장 낮게 평가되는 용도를** 가진 한 단위가 포기되는 하나가 될 것이다. 그러므로 어떤 재화의 공급에서 각 단위의 가치는 그 재화의 가장 낮게 평가되는 현재 용도의 효용과 동일하다. 각 재화의 재고가 증가하면 이 한계효용은 하락한다. 재고에 한 단위를 **추가**하는 한계효용은 그 한 단위를 다음으로 가장 가치가 있는 용도에 둠으로써 생기는 효용, 즉 **아직 달성되지 않은 목적들 중에서 가장 높게 평가되는 목적**과 같다. 이것이 재화의 한계효용의 법칙이고 재화배분의 법칙이다.

다섯째, 어떤 생산물을 생산하기 위한 생산요소의 기술적 조합에서, 한 요소가 변동하고 다른 요소들이 일정한 때는, 한 최적점이 있는데, 그 최적점은 변동하는 요소에 의해 생산되는 평균생산물이 최대가 되는 점이다. 이것이 수확의 법칙이다. 그 법칙은 인간행동이 존재한다는 바로 그 사실에 기초한다.

여섯째, 그리고 시장에서 어떤 재화의 가격은 시장 전체에 걸쳐서 **균일하게** 될 것임을 제2장에서 알고 있다. 가격은 공급스케줄과 수요스케줄에 의해 결정되고, 공급스케줄과 수요스케줄 자체는 시장 내 개인들의 가치척도들에 의해 결정된다.

2. 항등순환경제

　화폐시장경제에서 생산활동의 분석은 상당히 복잡한 일이다. 생산행위에 대한 설명, 특히 가격의 결정에 대한 설명과 그 결과 요소들의 수익, 요소들의 배분, 자본형성에 대한 설명 등은 오직 **항등순환경제**라는 지적 구조물을 사용할 때만 개발될 수 있다.

　그 구조물은 다음과 같이 개발된다. 현실세계의 행동은 연속적 변화의 세계라는 것을 깨닫는다. 개인의 가치척도, 기술적 아이디어, 이용가능한 수단의 양 등이 언제나 변하고 있다. 이러한 변화는 끊임없이 경제를 다양한 방향으로 나아가게 한다. 가치척도들은 변하고, 소비자 수요는 한 재화에서 다른 재화로 이동한다. 기술적 아이디어는 변하고, 요소들은 상이한 방법으로 사용된다. 두 종류의 변화는 가격에 미치는 효과가 다르다. 시간선호는 이자와 자본형성에 어떤 효과를 미치면서 변한다. 결정적인 점은 이것이다. 즉, 어떤 한 변화의 효과가 완전히 실현되기 전에 다른 변화가 끼어든다. 그러나 추론에 의거하여 우리가 고려해야 할 것은 만약 다른 변화가 끼어들지 않는다면 어떤 일이 일어나겠는가 하는 것이다. 다른 말로 하면, 만약 가치척도, 기술적 아이디어, 주어진 자원 등이 일정하다면 무슨 일이 일어나겠는가? 그러면 가격들과 생산과 그 둘의 관계에 무슨 일이 일어나겠는가? 가치들, 기술, 자원 등이 주어진 상태에서, 그것들의 구체적 형태가 어떤 것이든 상관없이 변함없이 일정하다. 그 경우에, 경제는 하나의 상태를 향해 나아가게 되는데, 그 상태 내에서 경제는 **항등적으로 순환하는 것**, 즉 그 상태 내에서 동일한 행위들이 동일한 패턴으로 몇 번이고 되풀이하여 반복되는 것이다. 각 재화의 생산율이 일정하고, 모든 가격이 일정하며, 총인구가 일정한 것 등이다. 따라서 만약 가치들, 기술, 자원 등이 일정하다면 사물의 두 가지 연속적 상태를 맞는다. 즉, ① 변화하지 않는 항등순환경제로 이행하는 시기와, ② 항등순환경제 자체의 변함없는 순환. 이 후자의 단계는 **최종균형**상태이다. 최종균형은 공급과 수요의 상호작용에 의해 매일 결정되는 시장균형가격과 구분된다. **최종균형상태란 경제가 언제나 도달하고자 하는 상태이다.** 만약 우리의 **여건**—가치들, 기술, 자원 등—이 일정하다고 가정하면 경제는 최종균형위치를 향해 움직일 것이고 거기에 남아 있을 것이다. 그러나 현실의 삶에서 여건은 언제나 변하고 있고, 그 결과 최종균형점에 도달하기 전에 경제는 어떤 다른 최종균형위치를 향해 방향을 이동할 것이 틀림없다.

그러므로 최종균형위치는 언제나 변하고 있고, 결과적으로 실제로는 그런 위치 하나에도 결코 도달되지 않는다. 그러나 그 위치가 실제로 결코 도달되지 않음에도 불구하고 그 위치는 매우 실제적인 중요성을 가진다. 첫째, 최종균형위치는 개에 의해 추격당하는 기계로 조작하는 토끼와 같다. 토끼는 실제로 결코 도달되지 않고 언제나 변하고 있지만 토끼의 위치는 개가 움직이는 방향을 설명한다. 둘째, 시장체제가 매우 복잡하여 만약 항등순환하는 세계 내에서 요소가격들과 요소소득들의 결정을 먼저 분석하지 않는다면 끊임없이 변하는 세계 내에서 그것들을 분석할 수는 없다. 이때 항등순환하는 세계란 변화가 없고 주어진 조건들이 그 자신을 전적으로 발현하도록 허용된 곳이다.

확실히 이 단계의 탐구에서는 우리들의 지식, 즉 항등순환경제를 윤리적으로 평가하는 데는 관심이 없다. 우리는 그 균형위치에 어떤 윤리적 장점도 붙이지 않는다. 그것, 즉 최종균형위치는 인간행위를 과학적으로 설명하기 위한 하나의 개념이다.

독자는 왜 최종균형과 같은 그런 '비현실적'(unrealistic) 개념이 허용될 수 있는 것인가 질문할지도 모른다. 우리가 경제학에 들어있는 다양한 비현실적 전제들과 반현실적(antirealistic) 전제들의 사용에 대하여 엄청난 비난을 이미 해왔고 앞으로 할 것임에도 말이다. 예를 들어, 오늘날의 저자들 사이에 그렇게 유력한 '순수 경쟁'이론은 불가능한 전제들에 기초한다는 것을 보게 될 것이다. 그 다음에 순수 경쟁이론은 이러한 전제들에 따라 세워진 것이고, 그 이론이 비판 없이 현실세계에 응용될 뿐만 아니라 그 이론으로부터 '일탈'한 현실을 비판하기 위한 윤리적 기초로도 그 이론이 또한 실제로 사용된다. '무차별 등급들'(indifference classes)이라는 개념과 무한정하게 작은 단계라는 개념은 매우 정교한 이론적 구조물들의 기초로 사용되는 잘못된 전제들의 다른 예들이다. 그러나 항등순환경제라는 개념은 조심스럽게만 사용한다면 이러한 비판들을 면할 수 있다. 왜냐하면 항등순환경제는 항존하는 힘이기 때문인데, 왜냐하면 그 경제는 실제 제도가 그곳을 향해 언제나 움직이고 있는 목표이기 때문인데, 그 목표란 주어진, 실제로 존재하는 가치척도상에서의 최종 안착점으로서, 기술과 자원이 주어진 상태에서 주어진 가치척도를 바탕으로 모든 개인이 가장 높은 위치에 도달하고자 했었던 그런 점이다. 그러면 이 개념은 정당하고 현실적 중요성이 있다.

그러나 최종균형이 어떤 특정한 시간에 경제가 도달하고자 하는 목표인 반면에, 여건의 변화는 최종균형위치를 바꾸고 그 결과 경제의 움직임의 방향을 이동시킨다는 것을 언제나 기억해야 한다. **그러므로 동태적 세계에서 최종균형점이 윤리적으로 더 낫다는 것을 의미하는 것은 아니다.** 사실, 욕구가 만족되지 않기 때문에(그렇지 않다면 행동이 없다) 변화가 없는 그런 위치는 가장 불행한 경우일 것인데, 왜냐하면 더 이상의 욕구-충족은 가능하지 않다는 것을 의미할 것이기 때문이다. 더구나, 최종균형상황이 시장행위의 결과일 수도 있지만 실제로는 결코 시장행위의 결과가 될 수 없고, 최종균형상황이 시장행위의 **조건**이 될 수 없다는 것을 기억해야 한다. 예를 들어, 항등순환경제에서는 기업가의 이익과 손실이 모두 영이라고 인식한 엄청나게 많은 저자들이 항등순환경제라는 것이 시장에서 어떤 정당한 행위를 위한 **조건**이어야 한다고 어쩐 일인지 결론내렸다. 그런 결론에서보다도 시장에 대한 더 큰 오해 또는 균형개념에 대한 더 큰 오용이 거의 있을 수 없을 것이다.

항등순환경제 개념을 사용하는 다른 위험은 그 개념의 순전히 정태적이면서 본질적으로 특정시간에 제약을 받지 않는 조건들은 수학의 사용에 모두 잘 맞는다는 것이다. 수학은 둘 또는 그 이상의 '함수'간의 상호관계를 묘사하는 **등식들**에 의존한다. 물론 그런 수학으로 표현한 과정 자체는 중요하지 않은데, 왜냐하면 그 과정이 인과관계를 확립하는 것은 아니기 때문이다. 예를 들어, 수학으로 표현하는 과정은 물리학에서는 엄청나게 중요한데, 왜냐하면 물리학이 우리가 동기유발되지 않은 것으로 간주해야 하는 물체의 미립자가 움직이는 어떤 관찰된 규칙성을 다루기 때문이다. 이런 미립자들은 어떤 정밀하게 관찰가능하고 정확한 양적 법칙들에 따라 움직인다. 수학은 이런 변수들간의 법칙들을 공식화하고 관찰된 현상에 대한 이론적 설명을 공식화하는 데 없어서는 안 되는 것이다. 인간행위에서 상황은 물리학에서의 상황과 비록 대립적으로 정반대는 아니지만 전적으로 다르다. 물리학에서는 인과관계가 오직 가설적으로만 가정될 수 있고 정밀하게 관측가능한 규칙성을 참고함으로써 그 이후에 근사적으로 증명될 수 있는 반면에, 인간행위학에서는 작동하고 있는 원인이 되는 힘을 우리가 **안다**. 이런 원인이 되는 힘이 인간행동이고, **동기유발된** 목적이 있는 행위이며, 어떤 목적을 지향한다. 인간행위의 보편적 특성들은 논리적으로 분석될 수 있다. 우리는 변수들간에 '기능적'이고 양적인 관계가 아니라 인간이성을 다루고 있는데, 인간이성은 외부의 힘에 의해 '결정할 수' 없거나 외부의 힘으로 환원될 수 있는 것이 아닌 어떤 행동을 유발할 것이다. 더구나, 인간행동을 둘러싼 여건은 언제나 변하고 있기 때문에 인간역사에서 정밀하고 수량적인 관계는 없다. 물리학에서는 양적 관계 또는 법칙은 일정하다. 그 관계 또는 법칙은 과거 또는 현재 또는 미래의 인간역사의 어떤 점에서 유효한 것으로 간주된다. 인간행동의 영역에서는 물리학에서와 같은 그런 양적 일정함은 없다. 인간역사의 다른 기간 동안에 두루 유효한 일정한 관계는 없다. 인간행위에서 유일한 '자연법칙들'(natural laws, 만약 우리가 그런 일정한 규칙성에 그렇게 구식이지만 완벽하게 정당한 호칭을 사용할 수 있다면)은 **양적**이기보다는 오히려 **질적**(qualitative)인 것이다. 예를 들어, 그런 법칙들은 틀림없이 인간행위학과 경제학—행동이라는 현실, 목적을 달성하기 수단의 사용, 시간선호, 하락하는 한계효용 등—에서 연역된 법칙들이다.[1]

그러면 수학등식들은 동기유발되지 않은 변수들간에 일정한 양적 관계가 존재하는 경우에는 적절하고 유용하다. 그 등식들은 인간행위학과 경제학에서는 비할 바 없이 부적절하다. 인간행위학과 경제학의 영역에서는 행동과 시간을 통한 행동과정을 구술적(verbal), 논리적으로 분석하는 것이 적절한 방법이다. '경제수학자'의 주요 노력이 등식들에 의거하여 최종균형상태를 묘사하는 데 맞춰진 것은 놀랄 일이 아니다. 왜냐하면 최종균형상태에서는 행위들 자체가 단지 반복되기 때문에 기능적 등식들에 의거 조건들을 묘사할 수 있는 더 많은 여지가 있는 것처럼 보이기 때문이다. 그러나 그런 등식들은 잘 해봐야 이런 균형상태를 묘사하는 것 이상을 할 수는 없다.

구술적 논리가 할 수 있는 것 이상을 하지 않는 것을 제쳐놓고, 그 결과 오캄의 면도날—과학은 가능한 한 단순하고 명확해야 한다는 것—이라는 과학적 원리를 어긴 것을 제쳐놓고, 수학을 그렇게 이용하는 것은 그 자체 내에 엄청난 오류와 결점을 포함한다. 첫째, 수학은 경제가 최종균형위치로 접근하는 **경로**를 묘사할 수 없다. 이런 일은 인간존재의 인과적 행동을 오직 구술적이고 논리적으로 분석하는 방법에 의해서만 행해질 수 있다. 이런 일이 중요한 것은 명백한데, 왜냐하면 인간행동에 의미가 있는 것은 이런 분석이기 때문이다. 행동은 경로를 따라 움직이고, 행동은 변화하지 않는 항등순환하는 세계에서는 묘사될 수 없다. 세상은 불확실한 것이고, 정태적 항등순환경제의 분석으로 논리적 결론을 추구할 수 없다는 것을 곧 보게 될 것이다. 항등순환경제라는 가정은 실제의 행동을 분석하는 것을 도와주는 오직 보조적 도구이다. 수학은 정태적 상태에 가장 덜 나쁘게 적응하기 때문에 수학을 사용하는 저자들은 정태상태에 마음을 빼앗기는 경향이 있었고, 따라서 행동의 세계를 특히 오해하게 만드는 그림을 제공하였다. 마지막으로, 항등순환경제를 분석한 수학등식은 시간을 제외한 오직 정태적 상황만을 묘사한다.[2] 항등순환경제에 사용하는 등식은 **시간을 통한 과정**을 묘사하는 물리학에서 사용하는 수학등식과 극적으로 다르다. 요소들의 **움직임**에서 일정하고 양적인 관계에 대한 수학적 묘사를 통해 수학은 자연과학에서는 어김없이 큰 서비스를 제공한다. 수학이 기껏해야 특정시간에 제한받지 않는 최종결과를 오직 부적절하게 묘사할 수 있는 경제학에서와는 얼마나 다른가![3]

'함수'라는 수학적 개념의 사용은 인간행위의 과학에서는 특히 부적절하다. 먼저, 행동 그 자체가 어떤 것의 함수가 **아닌데**, 왜냐하면 '함수'라는 것은 한정적이고 특이하며, 기계적 규칙성과 결정을 의미하기 때문이다. 다른 한편, 물리학에서 동기유발되지 않은 움직임을 다루는 연립방정식으로 된 수학은 상호결정을 강조한다. 그러나 인간행동에서는 행동을 유발하는 것으로 알려진 인과적 힘이 결과를 단선적으로(unilinearly) 결정한다. 인간행동을 연구하는 수학에 경도된 저자들의 이렇게 엄청나게 잘못된 개념은 조지 스티글러(George Stigler) 교수가 위대한 경제학자들 중의 한 명인 뵘바베르크를 연속적으로 공격하는 동안에 예시되었다.

> … 그럼에도 효용과 수요함수의 연속성이라는 전제(그 전제는 작은 중도로만 비현실적이고 분석적 처리에는 없어서는 안 되는 것이다)는 결코 승인되지 않는다. 더 중요한 약점은 뵘바베르크가 현대경제이론의 가장 없어서는 안 되는 요소들 중의 일부인(연립방정식 이론의 이용에 의해 개발된) 상호결정 개념과 균형개념을 이해하는 데 실패한 것이다. 상호결정은 원인과 결과라는 더 오래된 개념 때문에 경멸된다.[4]

여기에서 제시된 '약점'은 뵘바베르크의 약점이 아니라 수학적 물리학, 특히 고전

기계공학의 모델 위에 경제학을 헛되이, 그리고 틀리게 건축하기를 시도하는 스티글러 교수와 같은 사람들의 약점이다.[5]

항등순환경제라는 개념으로 돌아가서, 경제수학자의 오류는 그 개념을 실제로 존재하는 상태이자 심지어 이상적 상태로 다루지만, 그 개념은 우리로 하여금 시장과 시장에서의 인간행위를 분석할 수 있도록 하는 단지 인간정신이 만들어 낸 개념이다. 그 개념은 없어서는 안 되는 것인데, 왜냐하면 그 개념은 행동과 교환의 목표이기 때문인데, 비록 그 목표가 언제나 이동하고 있지만 말이다. 다른 한편, 그 개념이 존재하게 될 때까지 충분히 긴 기간 동안에 여건이 변하지 않은 채로 있을 수는 결코 없다. 우리는 변화나 불확실성, 그 결과 행동이 있을 때 사물의 상태의 모든 일관성을 이해할 수는 있다. 예를 들어, 항등순환상태는 전체 교환구조의 중심에 있는 바로 그 수단인 화폐의 존재와 조화롭지 않을 것이다. 왜냐하면 화폐상품은 수요되고 보유되는 데, 그 이유가 오직 화폐는 다른 상품보다 더 시장성이 있기 때문인데, 즉 화폐의 보유자가 그것을 다른 것과 교환할 수 있는 능력을 더 확신하기 때문이다. 가격과 수요가 영원히 고정되어 있는 세계에서는, 시장성 때문에 화폐를 수요하는 그런 수요는 불필요할 것이다. 화폐는 수요되고 보유되는 데, 왜냐하면 화폐가 그 보유자에게 시장을 발견할 수 있다는 더 큰 자신감을 주기 때문이고 가까운 미래에 인간의 수요가 불확실하기 때문이다. 예를 들어, 만약 모든 사람이 그의 전 미래에 걸쳐서 정확히 그의 지출을 안다고 가정하면—그리고 항등순환체제하에서는 이 일이 알려졌다—그가 화폐의 현금잔고를 유지해야 할 의미가 없을 것이다. 화폐는 투자되었고, 그 결과 화폐는 지출하는 날에 정확히 필요한 양만큼 돌아올 것이다. 그러나 만약 누구도 화폐를 보유하기를 원하지 않는다면 화폐는 필요 없을 것이고, 화폐가격체제는 없을 것이다. 전체 화폐시장은 붕괴할 것이다. 따라서 항등순환경제는 비현실적인데, 왜냐하면 그 경제는 실제로 확립될 수 없고 그것의 확립을 일관성 있게 심지어 이해할 수도 없기 때문이다. 그러나 항등순환경제라는 아이디어는 현실경제를 분석하는 데 없어서는 안 되는 것이다. 모든 변화가 스스로 빠져나가고 난 세상을 가정함으로써 실제의 변화 있는 방향을 분석할 수 있다.

3. 생산의 구조: 특수요소들의 세계

생산과정을 이해하는 데 결정적인 것은 제1장에서 간단히 언급했던 문제로서 요소의 **특수성**에 대한 의문이다. 하나의 **특수한** 요소는 단지 하나의 생산물의 생산에 적합한 것이다. **순전히 비특수적** 요소는 모든 가능한 생산물의 생산에 동등하게 적합한 것이다. 모든 요소가 순전히 비특수적일 수 없을 것이 명백한데, 왜냐하면 그 경우에 모든 요소는 순전히 교환가능한 것, 즉 오직 하나의 요소가 필요할 것이기 때문이다. 그러나 인간행동은 요소가 하나 이상 존재한다는 것을 의미한다는 것을 보았다. 만약 **기술적** 조건이 아닌 **가치**조건으로 '생산에서의 적합성'을 적절히 고려한다면, 심지어 **하나의** 순전히 비특수적 요소의 존재마저도 상상할 수 없다.[6] 사실 만약 비특수적 요소라는 개념을 분석하면 하나의 요소가 순전히 기술적 조건에서 "동등하게 적합하다"고 말하는 것은 무의미하다는 것을 발견하는데, 왜냐하면 한 생산물의 물질적 양과 다른 생산물의 물질적 양을 비교할 방법은 없기 때문이다. 만약 X가 세 단위의 A 또는 두 단위의 B를 생산하는 데 조력할 수 있다면, 이 두 단위를 비교할 수 있는 방법은 없다. 소비자들의 상호작용이 소비재들의 가격들을 결정하면서 오직 소비자들의 **가치평가**만이 가치가 있는 재화들의 위계질서를 확립한다. 그러면 (상대적으로) 비특수적 요소들은 소비자들이 가장 높게 가치를 매기는 그런 생산물들에 배분된다. 생산의 전 과정에 쓰이는 순전히 비특수적이고 동등하게 가치가 있는 어떤 재화를 상상한다는 것은 어렵다. 그러면 우리가 해야 할 것은 오직 하나의 생산과정에 사용될 수 있는 특수요소와 하나 이상의 생산과정에 사용될 수 있는(전환의 정도가 가변적인) **비특수**요소를 크게 구분하는 것이다.

이제 당분간 모든 재화가 **오직** 여럿의 **특수**요소만에 의해 생산되는 세계를 고려하자. 상상할 수 있지만 크게 있을 것 같지 않은 이런 세계에서는, 모든 인간, 모든 토지, 모든 자본재가 되돌릴 수 없게 하나의 특정한 생산물의 생산에 필연적으로 관여할 것이다. 어떤 재화를 하나의 생산과정에서 다른 생산과정으로 선택적으로 사용하지는 않을 것이다. 그러면 전체 생산세계에서 '경제문제'는 거의 없거나 없는 것, 즉 선택적 목적들에 희소한 수단을 배분하는 문제는 없을 것이다. 확실히 **소비자들은**

그들의 희소한 화폐자원을 가장 선호하는 소비재들에 여전히 배분해야 할 것이다. 비시장적 영역에서 모든 사람—다시 한번 한 사람의 소비자로서—은 그의 시간과 노력을 각종 소비재를 즐기는 데 배분해야 할 것이다. 교환가능한 재화의 생산영역에서는, 모든 사람이 결정하는 하나의 배분이 여전히 있을 것이다. 즉, 얼마나 많은 시간을 노동에 헌신하고, 얼마나 많은 시간을 여가에 쓰느냐 하는 것. 그러나 **어떤** 분야에서 노동을 할 것인가 하는 문제는 없고, 약간의 토지로 무엇을 할 것인가 하는 문제도 없으며, 자본재를 어떻게 배분할 것인가 하는 문제 역시 없을 것이다. 요소들의 고용은 최종생산물에 대한 소비자들의 수요에 모두 의존할 것이다.

〈그림 5-1〉 순전히 특수요소들 세계에서의 생산구조

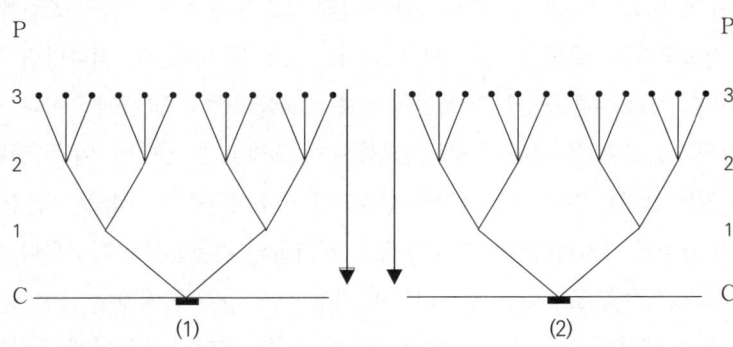

순전히 특수요소들만 존재하는 그런 세계에서의 생산구조는 〈그림 5-1〉과 다소간 같을 것이다. 이 도표에서 (1)과 (2)라는 두 가지의 대표적 소비재를 본다. 도표의 바닥에 있는 짙은 직사각형 하나하나는 P1로 표시된 그 다음의 높은 순위의 협력하는 요소들 또는 제1차수의 생산재에 의해 생산된다. 다음에는 제1순위의 **자본재**가 협력하는 요소들의 도움으로 생산되는데, 이 요소들이 제2순위의 자본재이고, 이 과정은 그 위로 계속된다. 그 과정은 논리적으로 자본재가 토지요소와 노동요소에 의해 완전히 생산될 때까지 위를 향해서 계속되는데, 비록 이 단계가 그림에서 묘사되지 않고 있지만 말이다. 점들을 연결하는 선들은 요소들의 인과패턴을 묘사한다. 도표에서 모든 요소는 순전히 **특수적**인데, 왜냐하면 다른 단계의 생산과정에서나 다른 재화를 위해서 어떤 재화도 이용되지 않기 때문이다. 중간의 화살들은 **노력**이 가장 높은 순위의 생산재에서부터, 중간단계의 순위를 거쳐서, 최종적으로는 소비재로 결말을 맺는 하향하는 인과적 방향을 지시한다. 각 단계에서 노동은 자본재를 생산하기 위하여 자연이 준 요소들을 이용하고, 자본재는 다시 한번 노동과 자연이 준 요소를 결합하여 점점 더 낮은 차수의 자본재로 변형되고, 소비재에 도착할 때까지 이 과정은 계속된다.

생산을 위한 노력의 방향을 추적한 지금, 화폐소득의 방향을 추적해야 한다. 이 방향은 소비자들로부터 생산자들로 후진하는 것으로 생산방향의 역이다. 소비자들은 시장에서 결정된 가격에 어떤 소비재의 재고를 구입하고, 이 구매는 생산자에게 일정한 소득을 지급한다. 생산이론의 두 가지 결정적 문제는 화폐소득이 배분되는 방법과 그 결과적 문제로서 생산요소들의 가격을 설정하는 것이다. 첫째, 오직 '가장 낮은' 단계의 생산만을 고려하기로 하는데, 그 단계란 **최종**생산물을 초래하는 단계이다. 그 단계에서는 많은 요소들이 소비재를 생산하기 위하여 협력하는데, 그 요소들 모두는 지금은 특수적인 것으로 가정되었다. 그런 요소들로는 노동과 최초의 자연과 생산된 자본재들과 같은 세 종류가 있다.[7] 어떤 날에 소비자들이 X라는 재화의 일정한 양, 예를 들어 금 100온스어치를 구매한다고 가정하자. 판매된 재화의 양이 주어진 상태에서, 전체 판매량의 **가격**은 그 재화의 판매로부터 얻는 (총)소득과 동일하다. 어떻게 이 100온스가 생산에 참여한 요소들에 배분될 것인가?

첫째, 소비재가 판매되기 바로 전에 그 소비재의 **소유권**에 관한 가정을 해야 한다. 소비재의 소유자 또는 소유자들은 금 100온스라는 소득의 **즉각적** 수령자일 것은 명백하다. 마지막 단계에서 일곱 가지의 요소가 생산에 참가하고 있다고 가정하자. 즉, 두 종류의 노동과 토지와 세 종류의 자본재(그 생산물이 소비자에게 판매되기 전에). 그 생산물의 최종소유권에 관해서는 두 가지 선택지가 있다. 즉, ① 이 요소들의 모든 소유자가 **공동으로** 최종생산물을 소유하는 것, 또는 ② 각 요소의 소유자는 그 요소의 서비스를 어떤 이에게 판매하고, 그 어떤 이(그 자신이 요소의 역할을 할 수 있다)는 나중에 그 재화를 소비자에게 판매한다. 비록 ②가 거의 보편적 상태이지만 ①을 분석하는 일부터 시작하는 것이 편리할 것이다.

위 두 선택지 중에서 어느 것을 선택하는 것과 상관없이, 최종생산물을 소유하는 사람들은 '자본가들'인데, 왜냐하면 그들이 자본재들의 소유자들이기 때문이다. 그러나 '자본가들'이라는 용어를 요소들을 사기 위하여 화폐자본을 저축하는 사람에 국한하는 것이 나을 것이다. 정의상 이런 일은 요소의 소유자들이 생산물의 공동소유자들이 되는 첫 번째 선택지하에서는 발생하지 않는다. 생산물 소유권에 관해 어떤 선택지를 채택하든지, '생산물-소유자'(product-owner)라는 용어가 자본자산의 소유자를 지칭하는 것으로 충분하다. 생산물 소유자들은 또한 '기업가들'인데, 왜냐하면 생산물 소유자들이 불확실한 미래조건들에 적응하는 주요 기업가적 임무를 떠맡기 때문이다. 그러나 생산물 소유자들을 오직 기업가들이라고만 지칭하는 것은 그들이 또한 자본가들 또는 생산물 소유자들임과 항등순환경제에서 그들이 그 기능을 수행하는 것을 계속할 것이라는 것을 잊어버릴 위험성이 있다.

4. 요소들의 소유자들에 의한 생산물의 공동소유권

먼저 모든 최종적인 협력적 요소의 주인들에 의해 생산물이 공동소유되는 경우를 고려하자.[8] 100온스의 금이 소유자들에게 공동으로 돌아가는 것은 명백하다. 이제 아주 우연히 합계 80온스가 자본재들의 소유자들에게 돌아가고, 합계 20온스가 노동과 자연이 준 요소들에 돌아간다고 가정하자. 배분이 어찌 되었던, 방해받지 않는 시장에서 그 배분은 관련된 각 요소소유자와 모든 요소소유자의 자발적 계약에 의한 합의에 따르게 될 것은 명백하다. 한편으로 **노동자**와 **토지소유자**의 화폐소득에 일어나는 일과 다른 한편으로 **자본재들** 소유자의 화폐소득에 일어나는 일 사이에는 중요한 차이가 있다는 것은 이제 명백하다. 왜냐하면 그 자본재들은 다음에는 노동, 자연, 다른 자본재들 등에 의해 생산되어야 하기 때문이다. 그러므로 개인적 '노동' 에너지의 기여자(그리고 물론 이것은 통상적 의미로 부르는 '노동자들'뿐 아니라 에너지의 방향을 포함한다)가 순 수익을 얻는 반면에, 자본재들의 소유자는 생산을 위해 또는 **그가** 소유한 요소의 구매를 위해 얼마의 돈을 이전에 지출했다.

오직 생산요소들만이 소비자로부터 소득을 획득하기 때문에 **소비재의 가격, 즉 소비재로부터의 소득은 생산요소들에 가는 가격들의 합, 즉 요소들에 가는 소득과 동일한 것**은 이제 명백하다. 공동소유권의 경우에 이 점은 자명한 이치인데, 왜냐하면 **오직 한 요소만이** 어떤 재화의 판매로부터 소득을 받을 수 있기 때문이다. 100온스는 100온스와 동일하다고 말하는 것과 같다.

그러나 자본재들의 소유자들에게 임의적으로 배분했던 80온스는 무엇인가? 그 80온스는 최종적으로는 누구에게 가는가? 이 예에서 모든 생산물들은 그 생산물의 요소-소유자들(factor-owners)에 의해 소유된다는 공동소유권을 가정했기 때문에, **역시 생산물인 자본재들은 그것들 자체가 생산의 두 번째 순위에 있는 요소들에 의해 공동으로 소유된다는** 결론을 내린다. 세 개의 제1차수 자본재 각각은 협력하는 다섯 요소들에 의해 생산되었다고 생각해 보자. 즉, 두 종류의 노동, 한 종류의 토지, 두 종류의 자본재. 이 모든 요소-소유자들이 80온스를 공동으로 소유한다. 제1차수의 자본재들의 각각이 다음과 같이 획득했다고 가정하자.

    자본재 A: 30온스
    자본재 B: 30온스
    자본재 C: 20온스0

그러면 각 자본재에 가는 소득은 생산의 두 번째 순위에 있는 다섯의 요소-소유자에 의해 소유될 것이다.

개념적으로는, **마지막 분석에서 누구도 어떤 자본재의 소유자로서는 수익을 얻지 않는다는 것**은 명백하다. 분석적으로는, 모든 자본재 자체가 최초의 자연이 준 요소와 노동요소로 분해되기 때문에 어떤 화폐도 어떤 자본재의 소유자에게 돌아갈 수 없는 것이 명백하다. 100온스 전부는 궁극적으로 노동과 자연이 준 요소의 소유자들에게 전적으로 배분되는 것이 틀림없다. 따라서 자본재 A의 소유자들에게 가는 30온스는 다섯의 요소-소유자에게 배분될 것이고, 반면에 재화 A를 생산하는 데 도와주는 제3순위의 자본재 중의 하나에게 가는 예를 들어, 4온스는 다음에 제4등급의 토지, 노동, 자본재 요소 등에 배분될 것이다. 궁극적으로, 모든 돈은 오직 노동과 자연이 준 요소들에게만 배분된다. 〈그림 5-2〉는 이 과정을 설명한다.

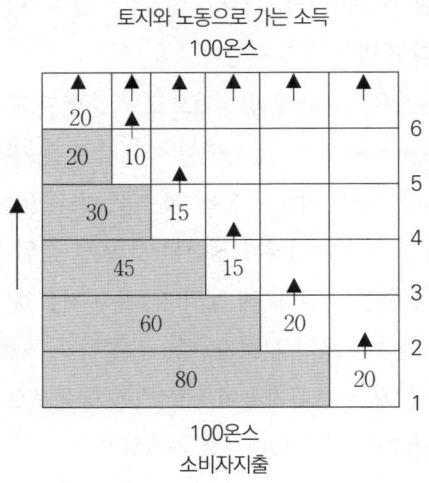

〈그림 5-2〉 생산요소들에 생기는 소득

도표의 바닥에는 100온스의 금이 소비자들로부터 생산자들로 이전되는 것을 본다. 이 돈의 얼마간은 자본재들의 소유자들에게 가고, 얼마간은 토지소유자들에게 가며, 얼마간은 노동의 소유자들에게 간다(한 그룹과 나머지 다른 그룹에 가는 비율은 예제에서 인공적으로 가정된 것이고, 이 분석에서 중요한 것은 아니다). 자본재들의 소유자들에게 가는 금액은 도표의 **음영**부분이고, 노동소유자들과 자연소유자들 **둘 모두**에게 가는 금액은 도표에서 **투명한** 부분이다. 가장 낮은 첫 번째 블록에서는, 토지요소와 노동요소들의 소유자들이 받는 20온스에는 위로 향한 화살표가 표시되어 있고, 도표의 천정에도 그와 유사한 위로 향한 화살표가 뒤따르며, 가장 윗 블록은 화폐가 궁극적으로 다양한 요소들의 소유자들에 의해 소유되는 것을 보여주고 있다. 꼭대기 선의 폭(100온스)은 바닥 선의 폭(100온스)과 같은 것이 틀림없는 데, 왜냐하면 요소들의 소유자들이 궁극적으로 받는 화폐는 소비자들에 의해 지출된 화폐와 동일한 것이 틀림없기 때문이다.

제2라인으로 올라가서, 제1차수의 자본재들의 소유자들에게 발생했던 80온스의 운명을 추적한다. 60온스는 제2차수의 자본재들의 소유자들에게 가고 20온스는 제

2차수의 노동과 자연이 준 요소들에 간다고 가정하자. 다시 한번, 20온스로 된 투명한 지역은 요소들의 소유자들이 궁극적으로 받는 화폐를 지시하는 위로 향한 화살표가 표시되어 있고 도표의 꼭대기 선에 동일하게 화살표가 표시되어 있다. 자본재들의 차수가 점점 더 위로 올라갈수록 동일한 과정이 반복된다. 물론 각 점에서는 자본재들의 소유자들이 얻는 금액은 작아지는데, 왜냐하면 점점 더 많은 금액이 노동소유자들과 자연소유자들에게 가기 때문이다. 최종적으로, 있을 법한 가장 높은 단계에서는 자본재들의 소유자들에 의해 획득된 남아 있는 20온스 전부는 오직 토지요소들과 노동요소들에게만 가게 되는데, 왜냐하면 궁극적으로 자본재는 아직 생산되지 않았고 오직 노동과 자연만이 남아 있는 단계에 이를 것이 틀림없기 때문이다. 그 결과는 100온스는 모두 궁극적으로 투명한 공간, 즉 노동요소들과 토지요소들에 배분된다. 왼쪽의 위로 향한 큰 화살표는 화폐소득의 일반적 상향 코스를 의미한다.

 소비재의 판매로부터 발생하는 소득은 그 재화에 대한 소비자의 지출과 같다는 자명한 이치에, 그 이치에 상응하는 각 생산단계를 위한 자명한 이치를 추가할 수 있다. 즉, 그것은 **어떤 자본재의 판매로부터 발생하는 소득은 그 자본재를 위한 생산요소들에 가는 소득과 동일하다**는 것이다.

 우리가 검토하는 세계, 그곳에서는 어느 단계에서도 모든 생산물이 그들 요소의 소유자들에 의해 공동으로 소유되고 있는 데, **첫 번째** 작업이 가장 높은 단계에서 이루어진다는 것은 명백하다. 토지와 노동의 소유자들은 가장 높은 차수의(이 경우에는 다섯 번째의) 자본재를 생산하기 위하여 그들의 토지와 노동을 **투자한다**. 그 다음에 이 소유자들은 그 재화를 다음으로 낮은 단계에 있는 노동과 토지의 소유자들에게 넘기고, 다음 단계의 소유자들은 제4차수의 자본재를 생산한다. 이 자본재는 다음에는 그 단계의 노동요소들과 토지요소들과 협력하여 더 낮은 차수의 자본재를 생산하는 등이다. 최종적으로는 가장 낮은 단계에 도달하고 최종요소들이 소비재를 생산하기 위하여 협력한다. 그 다음에 소비재는 소비자들에게 팔린다.[9]

 그러면 공동소유권을 가진 경우에 자본재들의 소유자들이라는 어떤 독립된 계급이 발생하지 않는다. 생산된 모든 자본재는 생산에 참여한 토지요소와 노동요소의 소유자들에 의해 공동으로 소유된다. 다음으로 낮은 차수의 자본재들은 이전에 협력한 소유자들과 더불어 그 다음으로 낮은 단계에 있는 토지요소들과 노동요소들의 소유자들에 의해 소유되는 등이다. 요컨대, 어떤 라인의 생산에 관련된 전체 자본재 구조는 토지와 노동의 소유자들에 의해 공동으로 소유된다. 그리고 소비자에게 생산물을 최종적으로 판매하여 얻는 소득은 오직 토지와 노동의 소유자들에게만 가게 된다. 소득이 가게 되는 자본재들의 소유자들이라는 독립된 그룹은 없다.[10]

생산과정은 **시간**이 걸리고 그 과정이 복잡하면 복잡할수록 점점 더 많은 시간이 걸려야 하는 것은 분명하다. 이 시간 동안에 모든 요소는 어떤 보상 없이 일한 것이 틀림없다. 그 요소들은 오직 **미래의** 소득만을 **기대**하고 일한 것이 틀림없다. 요소들의 소득은 오직 훨씬 더 나중에 수취된다.

순전히 특수한 요소들의 세계에서 요소들의 소득은 어떤 특정 최종생산물에 대한 소비자의 수요에 전적으로 의존한다. 만약 소비자가 그 재화에 100온스를 지출하면, 요소들은 공동으로 100온스를 벌 것이다. 만약 소비자가 5백 온스를 지출하면 요소들은 그 금액을 벌 것이다. 만약 소비자가 그 생산물에 한 푼도 지출하지 않고, 생산자들이 소비자들이 사지 않는 재화를 만드는 엄청난 기업가적 과오를 범했다면, 요소들은 정확히 영(zero)을 벌 것이다. 요소들의 소유자들이 벌어들이는 공동화폐소득은 그 생산물에 대한 소비자의 수요에 **보조를 맞춰** 변동한다.

이 시점에서 하나의 질문이 자연스럽게 떠오른다. 즉, 수익을 하나도 벌지 못하는 요소들의 소유자들은 어떻게 되는가? 그들은 '굶어야' 하는가? 근본적으로, 구체적인 개인을 다루는 이런 질문은 대답할 수 없는데, 왜냐하면 경제학은 어떤 한 사람의 전체 소득에 관한 진리가 아니라 생산에서 '기능적'(functional) 소득에 관한 진리를 논증하는 것이기 때문이다. 다시 말하면, 어떤 특정 개인은 이 재화로부터 수익을 얻지 못하는 반면, 그와 동시에 일정한 토지의 소유로부터 엄청난 수익을 벌 수도 있다. 다른 영역에서 그런 소유권이 없는 경우에 그 개인은 화폐수익을 만들어내지 않는 생산을 외로이 추구할 수도 있거나, 만약 그가 저축된 화폐현금잔고를 가지고 있다면 잔고를 줄여서 재화들을 구매할 수도 있다. 더구나, 만약 그가 그런 잔고를 가지고 있다면 그는 그 잔고를 토지나 자본재에 투자하거나 다른 생산라인에서 토지나 자본재를 소유하는 생산조직에 투자할 수도 있다. 그의 노동이 특수요소인 것으로 가정했지만, 그의 돈은 모든 생산라인에 사용할 수 있다.

가능한 가장 나쁜 경우를 가정한다고 해보자—어떤 사람이 현금잔고도 없고, 자본자산도 없으며, 그의 노동은 소비자의 수요가 거의 없는 또는 전혀 없는 생산물의 특수요소인 경우이다.[11] 그가 시장이라는 존재에 의해 타락한 개인의 진정한 예가 아닌가? 그리고 그가 시장에서 널리 행해지는 분업의 진정한 예가 아닌가? 그 자신을 소비자에 종속시킴으로써 그의 행복과 존재를 위험에 빠뜨리지는 않았는가? 심지어 사람들이 시장을 선택했다하더라도 그런 선택이 많은 사람에게는 비극으로 판명되지 않을 수 있는가?

그에 대한 대답으로는 시장과정에 대한 그런 비난은 그것이 무엇이든지 간에 기초가 없다는 것이다. 왜냐하면 심지어 이러한 불가능한 경우에도 개인은 고립이나 물물교환상태에 있을 때보다는 더 나빠지지 않기 때문이다. 만약 그가 시장과정을 통해서 자신의 목적을 이룰 수 없다는 것을 발견하면 고립상태로 언제나 돌아갈 수 있다. 그런 가능성을 바보스럽다고 여기는 바로 그 사실이 시장이 모든 사람에게 엄청난 이득을 준다는 증거이다. 사실 경험적으로는, 현대의 발전된 시장이 없는 고립으로 돌아가면 절대다수의 개인은 생존하기 위하여 교환가능한 재화를 전혀 충분히 획득할 수 없다는 것을 확실히 주장할 수 있다. 그럼에도 불구하고 시장체제로부터 얻을 수 있는 광범위한 이득보다는 어떤 이유로라도 고립을 자발적으로 선호하는 사람에게는 그런 선택이 누구에게나 언제나 열려있다. 그러므로 확실히, 불만을 가진 사람의 시장체제에 대한 불평은 대상을 잘못 택한 것이고 틀린 것이다. 간섭받지 않는 시장에서 어떤 개인이나 그룹은 언제라도 사회시장을 포기하는 것이 자유이고, 시장에서 철수하여 다른 원하는 형태의 협동적 체제로 들어가는 것은 자유이다. 사람들은 시장으로부터 탈퇴하여 개인적 고립으로 들어가거나, 일종의 집단적 고립체제를 확립하거나, 그들 자신만의 시장을 재창조하기 위하여 처음부터 출발할 수 있다. 어떤 경우라도 자유시장에서 사람들의 선택은 전적으로 그들 자신의 것이고, 사람들은 폭력의 사용이나 폭력에 의한 협박에 의해 방해받지 않는 그들의 선호에 따라 결정한다.[12]

'가장 나쁜 경우'인 우리의 예제는 자유사회에 대한 가장 인기 있는 반대들 중의 하나를 분석할 수 있게 한다. 즉, 그 하나란 "자유사회가 사람들을 굶도록 자유롭게 놓아둔다는 것이다." 첫째, 이러한 반대가 매우 광범하다는 사실로부터 그런 불행한 사람들에게 선물을 줄 자비로운 사람이 사회에 충분히 있을 것임을 쉽게 결론내릴 수 있다. 그러나 더 근본적인 반박이 있다. '굶을 자유'(*freedom-to-starve*)라는 주장은 '자유'와 '교환가능한 재화의 풍부함'을 기초수준에서 혼동하는 것에 의존하고 있다. 자유와 교환가능한 재화의 풍부함은 개념적으로 별개임은 틀림없다. 자유는 사람과 사람 사이의 제한이 없는 것으로만 오직 의미 있게 규정될 수 있다. 불모의 섬에 떨어진 로빈슨 크루소는 절대적으로 자유로운데, 왜냐하면 그를 방해하는 다른 사람은 없기 때문이다. 그러나 그가 반드시 풍부한 삶을 살고 있는 것은 아니다. 사실, 그는 끊임없이 굶주림의 위험에 직면하기 쉽다. 인간이 굶주림의 수준 또는 풍부한 수준, 어느 수준에서 삶을 영위하는가 하는 것은 그와 그의 선조가 자연과 대적하여 싸워서 자연이 준 자원들을 자본재들과 소비재들로 얼마나 성공적으로 바꾸는가에 달려있다. 그러므로 두 문제는 논리적으로 별개의 것이다. 크루소는 절대적으로 자유롭지만, 굶주릴 수 있고, 반면에 어떤 주어진 시간에 주어진 사람이 그의 주인에 의해서 부유하게 살지만 노예가 될 수 있는 가능성은 비록 크지는 않지만 확실히 있다. 그럼에도 불구하고 그 둘간에는 중요한 연계가 있는데, 왜냐하면 자유시장은 모든 참가자를 풍부함으로 이끌기 쉽다는 것을 보았고, 시장에 강력하게 간섭하는 것과 헤게모니적 사회는 총체적 빈곤으로 이끈다는 것을 아래에서 볼 것이기 때문이다. 그러므로 어떤 사람이 "굶을 자유가 있다"는 것은 자유시장에 대한 비난이 아니라 자연에서 일어나는 한 가지 단순한 사실이다. 모든 어린이는 그 자신이 소유한 자본이나 자원 없이 세상에 태어난다. 그와 반대로, 자유사회 내의 자유시장이야말로 빈곤을 감소시키거나 제거하고 풍부함을 주는 유일한 도구를 제공하는 것을 아래에서 더 볼 것이다.

5. 비용

이 시점에서 '비용'개념을 분석에 재도입하기로 하자. 어떤 결정의 비용 또는 '한계'비용은 그 결정 때문에 포기해야만 하는 차위의 가장 높은 효용인 것을 위에서 보았다. 수단 M이 목적 E1, E2, E3 등에 분배되어야 하고, E1이 그의 가치척도에서 순위가 가장 높다면, 개인은 그의 가장 높게 평가되는 목적을 획득하기 위하여 수단을 배분하고자 시도하고 더 낮게 순위가 매겨진 목적을 포기하고자 할 것인데, 비록 이용가능한 수단으로 그가 할 수 있는 한 최대한 많은 목적을 얻으려 할 것임에도 불구하고 말이다. 만약 그가 수단을 E1과 E2에 배분하고 E3을 포기해야 한다면 E3이 그의 결정의 한계효용이다. 만약 그가 결정에서 과오를 범해서 E2 대신에 E3에 도달한다면 **사후적으로**—회고하면—그는 그가 취할 수 있었던 코스에 비한다면 손실을 감당했던 것으로 보인다.

요소들의 소유자들이 내린 결정에 관련된 비용들은 무엇인가? 첫째, 이 비용은 주관적이고, 또한 외부 관찰자에 의해 정확하게 결정될 수 없거나 주의 깊은 회계사에 의해서 **사후적으로** 측정될 수 없다는 것은 강조되어야 한다.[13] 둘째, 토지와 생산된 자본재들과 같은 그런 요소들은 오직 한 가지 용도, 즉 (순전히 특수한 덕택으로) 이런 생산물의 생산만을 위한 것이기 **때문에** 그 요소는 생산에 사용될 때 요소들의 소유자들에게 **비용을 수반하지 않는다**. 문제의 바로 그 조건들에 의해, 요소들의 소유자들에게 유일한 선택지는 토지를 사용하지 않고 놀려두어 수익을 벌지 않는 것이다. 그러나 노동의 이용은 노동자들에 의해 포기된 여가의 가치에 따른 비용을 수반한다. 물론 여가의 가치는 화폐단위로 측정할 수 없는 것이고, 그 가치는 개인마다 필연적으로 다른데, 왜냐하면 둘 또는 그 이상의 개인의 가치척도들을 비교할 수는 없기 때문이다.

일단 최종재화가 생산되었다면 앞 장의 분석이 유효하고, 대부분의 경우에 가격이 얼마가 되든지 시장가격에 그 재화를 판매하는 것은 **비용이 들지 않는데**, 생산자에 의해 직접 소비되는 드문 경우거나 가까운 미래에 가격이 오를 것을 기대하는 경우를 제외하고는 말이다. 이러한 판매는 좁은 의미의 관점—행동과 관련되는 순간에 행동하는 인간의 관점—에서는 **비용이 들지 않는다**. 만약 그가 현재가격을 미리 알았다고 가정하면 전혀 노동하지 않을 것이라는 사실은 형편없는 판단을 한 비참한 사례를 암시하지만, 그 사실이 현재의 상황에 영향을 미치지는 않는다. 목하 모든 노동이 이미 행해졌고 생산물이 완성되었는데, 최초의 결정으로 최초의—주관적—비용을 이미 부담했었고 사라졌다. 목하 시장가격에 그 재화를 판매하는 것 이외의 선택지는 없고, 그 결과 판매는 비용이 들지 않는다.[14]

그러므로 일단 생산물이 만들어졌다면 '비용'은 그 생산물의 가격에 **영향을 미치**

지 않는다는 것은 명백하다. 과거비용은 덧없을 뿐 아니라 가격들의 현재 결정과 무관하다. '비용 이하'로 판매한다는 흔한 선동은 이제 적절한 관점에 놓여진다. '비용'과 관련된 의미에서 그런 판매는 일어날 수가 없다는 것은 명백하다. 이미 생산된 생산물의 판매는 십중팔구 비용이 없기 쉽고, 만약 그 판매가 비용이 없는 것이 아니고 가격이 비용보다 낮다면, 판매자는 그 재화를 판매하기보다는 보유할 것이다.

비용이 생산에 영향을 미치는 것은 누구도 부정하지 않을 것이다. 그러나 그 영향은 가격에 직접 미치는 것이 아니라 생산될 양 또는 더 구체적으로 요소들이 사용될 정도에 미친다. 토지와 자본재들은 실행할 수 있는 최대한까지 사용될 것임을 우리의 예제에서 보았는데, 왜냐하면 토지와 자본재들을 놀려두는 것이 아무런 수익이나 이득을 주지 않기 때문이다.[15] 그러나 노동하는 인간은 포기한 여가라는 비용을 부담한다. 그가 기대하는 것이 그의 노동으로부터의 화폐수익이라는 점은 그 생산물에 그의 노동을 얼마나 투입할 것인지 또는 투입여부의 결정에서 결정적 요인이다. 화폐수익은 포기한 여가의 비용과 함께 그의 주관적 가치척도 위에서 순위가 매겨지고, 그는 생산에 투입할 예정인 노동의 양에 대한 결정을 한다. 그러면 개인의 가치척도 위에서 비용의 높이는 생산될 양, 즉 **재고**의 결정요인들 중의 **하나**이다. 물론 이 재고가 **나중에** 시장가격의 결정에 어떤 역할을 하는데, 왜냐하면 재고는 한계효용하락의 법칙에 따라 소비자에 의해 평가될 것이기 때문이다. 그러나 이것은 비용이 가격을 결정하거나 비용이 가격을 결정하는 데 있어 효용과 동격이라고 서술하는 것과는 현격한 차이가 있다. 가격의 법칙을 간략히 요약할 수 있다(그 법칙은 이 시점에서는 특수요소와 공동소유권의 관점에서만 서술될 수 있지만, 나중에 어떤 생산체제에 대해서도 진실인 것으로 볼 수 있을 것이다). 즉, 개인들은 자신의 가치척도상에서 재화들의 효용에 따라 그 재화들의 주어진 재고를 평가하고, 그 효용이 소비재들의 가격을 결정한다. 그 재고는 생산자들이 이전에 한 결정에 따라 생산되는데, 생산자들은 그들의 가치척도에서 소비자들로부터 얻는 기대화폐수익을 생산에 참여하는 주관적 비용(비용 그 자체가 단순히 **포기한 효용**임)과 비교평가했다. 소비재 가격결정의 경우에, 효용에 대한 평가는 일반적으로(비록 언제나 그런 것은 아니지만) **소비자들**에 의해 이루어진 것이다. 생산자의 경우에, 효용에 대한 평가는 **생산자들**에 의해 이루어진 것이다. 그러나 가격의 결정요인들은 주어진 조건들과 선택지들을 평가하는 **오직 개인들의 주관적 효용들만**

임이 명백하다. 가격을 결정하거나 가격을 결정하는 데 동격인 '객관적' 비용들 또는 '실질적' 비용들은 존재하지 않는다.[16]

만약 생산에서 노동자들의 비용을 더 자세하게 조사하면 비용에 관련된 것은 단지 포기한 여가의 문제만이 아니라는 것을 알게 된다. 이 경우에 여가와 뒤얽혀 있지만, 다른 요인이 있다. 즉, **현재재들**은 **미래의** 수익을 기대하고 교환에서 포기되고 있다. 따라서 여가-노동요인에 추가되는 것으로, 이 경우에 노동자들은 수익을 벌기 전에 얼마간의 시간을 기다려야 하고, 반면에 노동자들은 현재 또는 수익이 획득되기 전의 다양한 기간에 그들의 여가를 포기해야 한다. 그러므로 시간은 생산에서 하나의 결정적 요소이고, 시간을 분석하는 일이 어떤 생산이론에도 스며들어야 한다.

요소들의 소유자들이 생산과정에 종사할 때는 그 생산의 산출물은 반드시 미래에 실현될 것인데, 요소소유자들은 일을 하지 않았다면 즐겼거나 더 짧은 생산과정에서는 이미 획득했을 여가와 다른 소비재를 포기하고 있다. 그러면 어떤 생산과정에 노동과 토지를 **투자하기** 위해서 소유자들은 **현재의** 소비를 가능한 최대보다 적은 수준으로 제한해야 한다. 이것은 즉각적(*immediate*) 소비를 포기하거나 더 짧은 생산과정에서 가능했던 소비를 포기하는 것을 의미한다. **현재의** 소비는 **미래의** 소비를 기대하고 포기된다. 어떤 주어진 만족이 나중보다는 빨리 충족되는 것이 선호될 것이라는 시간선호의 보편적 법칙이 성립한다는 것을 봤기 때문에 동등한 만족이라면 가능한 한 빨리 충족되는 것이 선호될 것이다. 어떤 재화의 현재소비는 오직 미래의 **더 큰** 소비가 기대될 때만 포기될 것인데, 그 프리미엄의 크기는 시간선호에 달려있다. 현재 소비의 이러한 제한이 **저축**이다(위의 제1장의 토론을 보라).

생산물들이 요소들의 소유자들에 의해 모두 공동으로 소유되는 세계에서는, 토지와 노동을 최초로 소유한 사람들은 그들 자신이 저축을 해야 한다. 심지어 화폐경제에서도 총저축(*total saving*)을 화폐적으로 표현하는 길은 없다. 토지와 노동의 소유자들은 현재의 소비 또는 현재보다 더 이른 소비의 일정 양을 포기하고 최종생산물을 생산하기 위하여 그들의 시간과 노동을 투자할 목적으로 다양한 액수를 저축한다. 그들의 소득은 그 재화가 소비자들에게 팔릴 때, 예를 들어 1년 후에 최종적으로 획득되고 100온스는 공동소유자들에 의해 수령된다. 그러나 이런 저축 또는 투자가 화폐적 용어들로 무엇이었는가 하는 것을 말하는 것은 불가능하다.

6. 자본가들이 생산물의 소유권을 가짐: 융합단계

이 시점까지 토지의 소유자들과 노동의 소유자들, 즉 본원적 생산요소들의 소유자들은 그들이 할 수 있는 소비를 제한하고 일정 시간 후에 돈을 받고 소비자들에게 판매할 어떤 소비재를 생산하는 어떤 생산과정에 그들의 요소들을 투자하는 경우를 토론했다. 이제 요소들의 소유자들이 최종생산물을 소유하지 **않는** 상황을 고려해보자. 어떻게 이런 일이 일어날 수 있는가? 먼저 여러 단계의 생산과정에 대해서 잊고 당분간 모든 생산단계가 다함께 하나로 통합될 수 있다고 가정하자. 그러면 한 개인이나 공동으로 행동하는 개인의 집단은 **현재 시점에** 토지소유자들과 노동의 소유자들에게 화폐를 지불하기로 제안할 수 있고, 그 결과 그들 요소들의 서비스를 구입한다. 그러면 요소들은 작업하여 생산물을 생산하는데, 그들이 동의한 조건에 따라 그 생산물은 새로운 부류의 생산물-소유자들(product-owners)에게 속한다. 이런 생산물-소유자들은 토지요소들과 노동요소들이 생산에 기여하기 때문에 그들의 서비스를 구입한다. 그 다음에 그들은 그 최종생산물을 소비자들에게 판매한다.

이런 생산물-소유자들 또는 '자본가들'이 생산과정에 기여한 바는 무엇인가? 그것은 다음과 같다. 즉, 저축과 소비의 제한이 토지와 노동의 소유자들에 의해 행해지는 대신에 **자본가**들에 의해 행해졌다. 자본가들은 그때 소비재들에 지출할 수 있었던 예를 들어, 95온스의 금을 최초로 저축했다. 그러나 자본가들은 소비하지 않았고 그 대신에 그 돈을 요소들의 최초 소유자들에게 **선불했다**. 자본가들은 요소들의 소유자들이 했던 서비스에 대한 대가를 **지불했고**, 반면에 요소소유자들은 작업을 했고, 그 결과 그 생산물이 실제로 생산되어 소비자들에게 판매되기 이전에 자본가들이 요소들의 소유자들에게 화폐를 선불했다. 그러므로 자본가들은 생산에 필수불가결한 기여를 했다. 자본가들은 본원적 생산요소 소유자들이 현재재들을 포기하고 미래재들을 기다려야 하는 필요성을 경감해 주었다. **그 대신에**, 자본가들은 **그들 자신의 저축**(즉, 현재재를 구매할 수 있는 화폐)**에서 나온** 현재재들을 본원적 생산요소 소유자들에게 공급한다. 현재재들의 공급에 대한 대가로 후자, 즉 본원적 생산요소 소유자들은 생산물의 소유자들이 되는 자본가들에게 그들의 생산서비스를 제공한다. 더 엄밀하게는, 자본가들은 자본구조의 소유자들, 자본재들이 생산될 때 자본재들의 전체 구조의 소유자들이 된다. 한 자본가 또는 자본가 집단이 어떤 재화를 생산하는 모든 단계를 소유한다는 가정을 고수하면서, 자본가들은 '연도'가 지나감에 따라 요소들의 소유자들에게 현재재들을 선불하는 것을 계속한다. 시간이 이어짐에 따라, 가장 높은 차수의 자본재들이 먼저 생산되고, 그 다음에 그 자본재들이 더 낮은 차수의 자본재들로 변형되는 등, 궁극적으로는 최종생산물로 변형된다. 어떤 주어진 때에 이런 전체 자본구조는 자본가들에 의해 소유된다. 한 자본가가 전체 구조를 소유할 때 이러한 자본재들은 **그 자본가에게 어떤 좋은 것도 하지 않음**을 강조해야 한다. 예를 들어, 한 자본가가 어떤 생산라인에 있는 노동과 토지의 소유자들에게 몇 달 앞서서 80온스를 이미 선불했다고 가정하자. 그 결과, 그는 한 덩어리의 제5차수 자본재들, 제4차수 자본재들, 제3차수 자본재들 등에 대한 소유권을 가진다. 그러나 이런 자본재들은 어떤 것도 그 자본가에게는 아무 소용이 없는데, 그 자본재들에 작업이 더 가해질 수 있고 최종생산물이 만들어져서 소비자에게 판매될 때까지는 말이다.

 대중적 문헌은 자본가에게 엄청난 '힘'이 있다고 주장하고, 그가 한 덩어리의 자본재를 소유하는 것이 엄청나게 중요하다고 보고, 그것이 경제에서 그에게 다른 사람보다 큰 우위를 준다고 염려한다. 그러나 우리는 이 점이 전혀 진실이 아님을 안다. 사실, 그 역이 진실인 것은 당연하다. 왜냐하면 자본가는 있음직한 소비로부터 이미 저축했고, 자본재들을 생산하기 위하여 요소들의 서비스를 고용했기 때문이다. 토지요소의 소유자들과 노동요소의 소유자들은 그렇게 하지 않았다면 저축하고 기다렸어야 할(그리고 불확실성을 대비해야 하는 데) 돈을 이미 가지지만 반면에 자본가는 오직 한 덩어리의 자본재들을 가지는데, 그 덩어리는 만약 그 자본재들에 작업이 더 가해져서 그 생산물이 소비자에게 판매되지 않는다면 그에게는 소용이 없는 것으로 증명될 그런 것이다.

 자본가가 요소서비스를 구매할 때 일어나고 있는 교환은 정확히 무엇인가? 자본가는 요소서비스(노동과 토지)를 받는 대가로 돈(하나의 현재재)을 주고 그 요소서비스는 자본가에게 자본재들을 공급하기 위하여 작업한다. 다시 말하면, 요소소유자들은 자본가에게 **미래재들**을 공급한다. 그가 대가를 지불한 자본재들은 최종생산물—소비재—로 가는 도중에 있는 중간역들이다. 그러므로 자본재들을 생산하기 위하여 토지와 노동이 고용되는 그때에, 이런 자본재들과 그 결과 토지서비스와 노동서비스는 **미래재**들이다. 자본재들은 미래에 어떤 재화—미래에 소비될 수 있는 재화—의 예상되는 수익을 구현한 것을 묘사한다. 궁극적으로 제2년에 판매할 채비를 갖춘 소비재가 될 것인 생산물에 작업하기 위하여 제1년에 토지서비스와 노동서비스를 구매하는 자본가는 미래재에 대한 대가로—최종생산물의 판매에서 오는 미래의 화폐수익을 현재에 기대하고—돈(현재재)을 선불하고 있다. 하나의 현재재는 예상되는 하나의 미래재와 교환되고 있다.

우리의 예제가 가진 조건들하에서, 자본가들은 첫 번째 경우와 대조적으로 본원적 생산요소들을 소유하지 **않는다고** 가정하고 있는데, 첫 번째 경우란 생산물들이 요소소유자들에 의해 공동으로 소유되었던 경우를 말한다. 현재의 경우에는, 자본가들은 최초로 돈을 소유했고, 그 화폐로 자본재들을 생산하기 위하여 토지서비스와 노동서비스를 구매했으며, 그 자본재들은 토지와 노동에 의해 소비재들로 최종적으로 변형된다. 이 예제에서 자본가들은 어느 때도 협력하는 노동요소들 또는 토지요소들을 소유하지 않는다고 가정했다. 물론 실제의 삶에서는 생산과정에서 어떤 경영능력을 발휘하여 작업하고 그 생산을 위해 토지를 또한 소유하는, 두 가지 기능을 하는 자본가들이 있을 수 있다. 그러나 분석적으로는 이런 다양한 기능을 분리하는 것이 필요하다. 오직 자본재들과 판매되기 전의 최종생산물만을 소유한 그런 자본가들만을 '순수 자본가들'(pure capitalists)이라고 부를 것이다.

이제 우리의 분석에 다른 일시적 제한을 추가하자. 즉, 모든 생산재와 서비스를 결코 통째로 구매하지 않고 오직 **임차한다**는 제한이다. 이것은 특수요소들이라는 가정을 떼어내고 난 다음에도 오랫동안 유지될 편리한 가정이다. 순수 자본가들은 본래 여러 서비스 단위를 생산할 수 있는 어떤 요소를 통째로는 결코 구입하지 않는다고 여기에서 가정한다. 순수 자본가들은 오직 시간단위당으로 요소들의 서비스를 고용만 할 수 있다. 이 상황은 위의 제4장 제7절에 묘사했던 조건들과 아주 유사한데, 그곳에서는 소비자들이 전체로서 재화보다는 차라리 재화의 단위서비스를 샀거나 '임차했다'. 자유경제에서 물론 이러한 고용 또는 임차는 노동서비스의 경우에는 언제나 일어나는 것이 틀림없다. 자유인인 노동자를 **구매할 수는 없다**. 즉, 그는 총 미래 기대서비스에 대해 현금가치를 지불 받은 후에 그를 구매한 구매자의 영원한 명령하에 놓여질 수는 없다. 이것은 노예가 되는 조건일 것이고, 심지어 '자발적 노예제도'도 개인의지의 양도불가성 때문에 자유시장에서는 집행될 수 없다는 것을 보았다. 그러면 노동자는 구매될 수 없지만, 그의 **서비스**는 일정기간 동안에 구매될 수 있다. 즉, 노동자는 임차될 수 있거나 고용될 수 있다.

7. 현재재들과 미래재들: 순 이자율

생산서비스와 생산요소들의 가격설정에 대한 분석의 주요 부분은 나중으로 연기한다. 그러나 이 시점에서 노동서비스와 토지서비스의 구매가 아주 유사함을 볼 수 있다. 생산소득에 대해 고전학파는 노동은 임금을 획득하고 반면에 토지는 지대(rent)를 번다는 것이고, 임금과 지대는 완전히 다른 법칙에 지배받는 것으로 되어 있다. 그러나 실제로는 노동서비스의 소득과 토지서비스의 소득은 유사하다. 노동과 토지, 둘 모두 최초이면서 생산적 요소이다. 그리고 토지가 매매되는 것보다 임차되는 경우에는, 둘 모두 완전히 판매되기보다는 시간단위당으로 임차된다. 일반적으로, 경제학을 다루는 저자들은 최종생산물로부터 미래의 화폐수익을 기대하여 노동요소들과 토지요소들을 구매하는 그런 자본가들을 '기업가들'이라고 불렀다. 그러나 그런 자본가들은 불확실성이 존재하는 오직 현실의 경제에서만 기업가들이다. 모든 시장행동이 끝없는 순환으로 반복되고, 그 결과 불확실성이 없는 **항등순환경제에서는 기업가정신**은 사라진다. 기대하고 예상해야 할 불확실한 미래는 없다. 그러면 이런 자본가들을 단순히 기업가들이라고 부르는 것은 항등순환경제에서는 자본가들, 즉 화폐를 저축하고 요소들의 서비스를 고용하여 그 결과 자본재들과 소비자에게 판매할 소비재들을 획득하는 집단이 없을 것이라는 것을 암묵적으로 의미한다. 그러나 실제로는 순수 자본가들이 항등순환경제에서 계속되지 말아야 할 이유가 없다. 비록 최종수익과 소비자 수요가 확실한 경우에도, **자본가들은 노동소유자들과 토지소유자들에게 현재재들을 여전히 제공하고 있고**, 그 결과 미래재들이 생산되어서 최종적으로 소비재들로 변형될 때까지 노동소유자들과 토지소유자들이 기다리는 부담을 경감해주고 있을 것이다. 그러므로 순수 자본가들의 기능은 항등순환경제에서 미래재들을 공급하고 생산과정 기간 동안에 미래수익을 위하여 기다리는 부담을 떠맡기 위하여 남는다. 자본가들이 지불한 합계가 95온스였고 최종판매가 100온스였다고 단순히 가정하자. 자본가들에게 생긴 5온스는 현재재들을 공급하고 미래수익을 기다리는 자본가 기능에 대한 보상이다. 결국, 제1년에 자본가들은 95온스에 미래재들을 구매했고, 그리고 나서 그 미래재들이 하나의 **현재**재가 되었을 때인 제2년에 그 변환된 생산물을 100온스에 판매했다. 다른 말로 하면, 제1년에 100온스라는 기대 (확실한) 소득의 시장가격은 오직 95온스였다. 이것은 시간선호라는 보편적 사실에서 발생하고 주어진 어떤 재화의 **미래획득**에 대한 현재 **예상**을 둘러싸고 현재의 그 재화에 결과적으로 생기는 프리미엄으로부터 발생하는 것은 명백하다.

화폐경제에서는 화폐가 모든 거래에 들어가기 때문에 어떤 현재재와 비교하여 하나의 미래재를 할인하는 것은 모든 경우에 하나의 재화, 즉 화폐로 표현될 수 있다. 이것이 그렇게 되는 이유는 화폐상품은 하나의 현재재이기 때문이고, 미래재들에 대한 청구권은 미래화폐소득으로 환산하여 거의 언제나 표현되기 때문이다.

우리의 토론에서 생산요소들은 모두 어떤 특정한 생산라인에 순전히 특수한 것으로 가정했다. 그러나 자본가들은 화폐(화폐자본)를 절약해서 어떤 생산라인에도 들어갈 요소서비스를 구매할 자유가 있다. **일반적 교환수단인 화폐는 전적으로 비특수적이다**. 예를 들어, 만약 저축자가 전술한 생산과정에 95온스를 투자해서 1년 후에 100온스를 벌 수 있는 것과 어떤 다른 생산라인에서는 95온스를 투자하여 1년 후에 110온스를 벌 수 있는 것을 안다면, 그는 더 큰 수익을 벌 수 있는 과정에 투자할 것이다. 확실히, 투자하기를 재촉받을 것 같은 라인은 그가 투자에서 가장 큰 수익률을 획득하는 라인일 것이다.

수익률이라는 개념은 그가 다른 기간 동안에 다른 화폐금액과 관련된 서로 다른 잠재적 투자를 비교하기 위해서는 필수적이다. 그가 저축한 어떤 액수의 화폐에 대해서도 그는 순 수익이 가장 큰 금액, 즉 가장 큰 순 수익률을 얻고 싶어한다. 절대수익금액은 시간단위로 환원되어야 하고, 이 일은 시간단위당 수익률을 결정함으로써 행해진다. 예를 들어, 5백 온스를 투자하여 2년 후에 20온스의 수익을 얻는다면 수익률은 연간 2%이고, 동일한 투자로 1년 후에 15온스의 수익을 얻는다면 수익률은 연간 3%이다.

여건이 스스로 실현되고 변화 없이 계속된다면 항등순환경제에서는 화폐자본투자에 대한 순 수익률은 모든 생산라인에서 동일해질 것이다. 만약 자본가들이 한 생산라인에서 연간 3%, 다른 생산라인에서는 연간 5%를 번다면 그들은 두 곳에서의 수익률이 균일해질 때까지 전자에 투자하는 것을 중단하고 후자에 더 많이 투자할 것이다. 항등순환경제에서는 기업가적 불확실성은 없고 순 수익률은 현재재들과 미래재들의 순수한 교환비율이다. 이 수익률이 **이자율**(rate of interest)이다. 이 **순 이자율**(pure rate of interest)은 항등순환경제에서는 모든 기간, 모든 생산라인에서 균일할 것이고 변치 않는 채로 있을 것이다.[17]

언젠가 획득된 이자율이 여러 생산라인에서 균일하지 않다고 가정하자. 만약 자본가들이 일반적으로 5%의 이자를 획득하고 있고, 한 자본가가 어떤 특정 라인에서 7%의 이자를 벌고 있다면, 다른 자본가들이 이 생산라인에 들어갈 것이고 요소들의 가격을 올림으로써 그로부터 생산요소들을 스카우트할 것이다. 예를 들어, 만약 한 자본가가 100온스의 소득 중에서 93온스를 요소들에게 지불하고 있다면 그와 경쟁하는 한 자본가는 95온스를 제안할 수 있고 요소의 사용에 첫 번째 자본가보다 더 비싼 값을 매길 수 있다. 그러면 다른 자본가들의 경쟁에 직면한 첫 번째 자본가는 입찰가를 궁극적으로 95로 올려야 할 것이다(단순화를 위해 100에 기초한 것이 아니라 투자금액에 기초한 백분율의 변동을 무시한다면). 물론 이와 동일한 이자율의 균일화 과정이 동일한 생산라인 과정 내—동일한 '산업'—에서 자본가들과 기업들 간에 일어날 것이다. 게다가, 경제 내에는 이자율이 균일해지도록 몰아치는 경쟁압력은 언제나 있다. 이런 경쟁이 동일한 산업 내의 기업들간에 또는 '유사한' 생산물을 생산하는 기업들 간에만 단지 일어나지 않는다는 것은 강조되어야 한다. 화폐는 일반적 교환수단이고 모든 생산물에 투자될 수 있기 때문에, 이렇게 밀접한 경쟁이 생산구조의 전 영역에 확대된다.

이자율의 결정에 대한 더 완전한 토론은 아래의 제6장에서 할 것이다. 그러나 한 가지는 여기에서 명백하다. 즉, 고전학파 저자들은 생산에서의 소득획득 과정에 대한 토론에서 엄청난 과오를 범했다. 그들은 임금이 노동의 '대가'이고, 지대는 토지의 '대가'이며, 이자는 자본재의 '대가'였으며, 세 가지는 아마도 동격의 독립된 생산요소라는 것을 믿었다. 그러나 이자를 그렇게 보는 것은 전적으로 틀렸다. 자본재들은 독립적으로 생산적이 **아니라는** 것을 지금까지 보아왔고, 아래에서 더 볼 것이다. 자본재들은 토지와 노동(그리고 시간)에 귀속되는 창조물이다. 그러므로 자본재들은 이자소득을 만들어내지 않는다. 이런 분석과 함께 자본재의 소유자들에게 그것만으로는 어떤 소득도 발생시키지 **않는다는** 것을 위에서 보았다.[18]

만약 토지요소의 소유자들과 노동요소의 소유자들이 생산물을 공동으로 소유할 때 모든 소득(예를 들어, 100온스)을 수령한다면, 왜 그들 소유자들이 서비스를 '완전한 가치'보다 총 5온스 적게 받고 판매하는 데 동의하는가? 이것이 자본가들에 의한 일종의 '착취'(exploitation)가 아닌가? 대답은 다시 한번 자본가들은 자본재들의 소유로부터 소득을 벌지 **않는다는** 것이거나, 자본재들은 어떤 종류의 화폐소득도 발생시키지 않기 때문이라는 것이다. 자본가들은 **요소의 소유자들에게 현재재들을 공급하는 대가로 미래재들을 구매하는 자로서** 자신의 능력에 따라 소득을 번다. 이자율과 이자소득이 발생하는 것은 이 **시간요소**로부터이고, 다양한 개인의 시간선호의 결과이며, 자본재들의 이른바 독립적 생산성으로부터는 **아니다**.

그러므로 자본가들은 요소들이 만든 생산의 결과물에 앞서 요소의 소유자들에게 현재재들의 서비스를 공급함으로써, 현재재들로 구매하여 요소의 생산물들을 획득함으로써, 그 **생산물들이 현재재들이 되는 더 나중에** 그 생산물들을 판매함으로써 자신들의 이자소득을 번다. 따라서 자본가들은 미래재들과의 교환으로 현재재들을 공급하고, 미래재들을 보유하며, 미래재들이 현재재들이 될 때까지 그 미래재들에 작업한다. 자본가들은 미래에 더 많은 화폐총액을 위하여 현재 시점에서 화폐를 포기하고, 자본가들이 번 이자율은 현재재들과 비교하여 미래재들에 두는 환전수수료(agio) 또는 할인, 즉 현재재들이 미래재들에 대하여 요구하는 프리미엄이다. 현재재들과 미래재들 간의 이 교환율은 그 생산과정에서 뿐만 아니라 전 시장체제에 걸쳐서 또한 균일한 것을 아래에서 볼 것이다. 그 교환율은 '사회시간선호율'이다. 그것은 시장에서 시간이라는 재화에 대한 모든 개인의 가치판단의 결과물로서 '시간의 가격'(price of time)이다.

특정한 시간-교환시장에서 어떻게 환전수수료 또는 순수 이자율이 결정되는가 하는 것은 아래에서 논의할 것이다. 여기에서는 경제 전체에 걸쳐서 균일하게 될 것인 얼마간의 환전수수료가 있고, 현재재들과 대비하여 미래재들의 어떤 예상에 대한 순수 이자율이라는 얼마간의 프리미엄이 있음을 말하는 것으로 단순히 결론내리고자 한다.

8. 화폐비용과 가격과 알프레드 마셜

그러므로 항등순환경제에서는 소비자들에게 판매되는 모든 재화는 어떤 '최종균형'가격과 총판매액에 판매될 것이다. 이 수입액은 일부분은 이자소득의 형태로 자본가에게 갈 것이고, 그 나머지는 토지의 소유자들과 노동의 소유자들에게 갈 것이다. 생산자들에게 소득을 지불하는 것을 또한 일반적으로 '비용'이라고 일컬었다. 이 비용은 분명히 **화폐**비용 또는 화폐지출이고, 포기한 주관적 기회라는 심적 의미에서의 '비용'과 동일한 것은 명백히 아니다. 화폐비용은 **사전적**일 뿐 아니라 **사후적**일 수 있다(항등순환경제에서 물론 사전적 계산과 사후적 계산은 언제나 동일하다). 그러나 가능한 한 많은 심적 비용이 화폐단위로 평가될 때는 심적 비용과 화폐비용이 연결된다. 예를 들어, 요소에 지불한 금액이 95온스이고 그것이 비용으로 기록되지만, 반면에 5온스를 이자로 번 자본가는 100을 기회비용으로 여기는데, 왜냐하면 자본가가 다른 곳에 투자하여 5%(실제로는 그것보다 조금 크게)의 이자를 벌 수 있었기 때문이다.

만약 **잠시 동안** 요소들에 지급한 것과 이자를 화폐비용으로 포함한다면,[19] 항등순환경제에서 화폐비용은 모든 생산라인에 있는 모든 기업의 총화폐판매액과 동일하다. 기업은 수익이 이자보다 많을 때 기업가적 **이윤**을 벌고, 수익이 이자보다 적을 때 기업가적 **손실**을 본다. 우리의 생산과정에서 소비자는 100온스(화폐판매액)를 지불할 것이고, 화폐비용은 100온스(요소소득에 이자소득을 더한 것)이며, 모든 다른 재화와 과정들에 대해서도 유사한 등식이 성립할 것이다. 이것이 의미하는 것은 본질적으로 항등순환경제에서는 기업가적 이윤 또는 기업가적 손실이 없다는 것인데, 왜냐하면 여건의 변화가 없거나 일어날 수 있는 변화에 대한 불확실성이 없기 때문이다. 만약 총화폐판매액이 총화폐비용과 같다면, **판매단위당** 총화폐판매액은 판매단위당 총

화폐비용과 동일할 것이라는 당연한 결론이 나온다. 이것은 초급 산술규칙의 결과로부터 나온다. 그러나 정의에 의하여 단위당 화폐판매액은 그 재화의 **화폐가격**과 동일하다. 반면에 단위당 총화폐비용을 그 재화의 **평균화폐비용**(average money cost)이라고 부를 것이다. 그러므로 **항등순환경제에서는 모든 재화에 대해서 가격은 평균화폐비용과 동일할 것**이라는 결론에 마찬가지로 이른다.

사실 경제학을 다룬 엄청나게 많은 저자들이 앞에서 내린 결론으로부터 별난 결론을 연역해냈는데, 그런 결론이 이상스럽게 보임에도 불구하고 말이다. '장기적으로는'(즉, 항등순환경제에서는) 비용이 판매액과 동일하거나 '비용이 가격과 동일하다'는 사실이 **비용이 가격을 결정한다**는 것을 의미한다고 연역했다. 위에서 토론했던 재화의 가격은 단위당 100온스인데, **왜냐하면** 비용(평균화폐비용)이 단위당 100온스라고 주장되는 바이기 때문이다. 이것이 '장기에서' 가격결정의 법칙인 것으로 되었다. 그러나 진실은 정확히 그 역이라는 것이 매우 분명한 것처럼 보인다. 최종생산물의 가격은 소비자의 가치평가와 소비자의 수요에 의해 결정되고, 이 가격이 **비용이 얼마가 될 것인가를 결정한다**. 만약 소비자들이 위에서 언급한 생산물을 평가한 결과 예를 들어, 소비자의 가치평가의 변화 결과로서 그 가격이 100온스 대신에 50온스이면, 그러면 불확실성의 효과가 제거될 때인 '장기'에서는 정확히 '생산비용'(여기에서는, 요소에 지급한 것에 이자지급을 더함)이 최종가격과 동일할 것이다. 위에서 요소소득들이 어떻게 소비자의 수요에 좌우되고 어떻게 요소소득들이 그 수요에 따라 변동하는가를 보았다. 요소에 대한 지급은 소비자들에게 판매한 **결과**이고, 요소에 대한 지급이 **사전에 후자, 즉 소비자들에게 판매한 결과를 결정하지 않는다**. 그러면 생산비용은 최종가격에 좌우되고 거꾸로 돌지는 않는 것, 즉 생산비용이 최종가격을 결정하지는 않는다. 정확히, 항등순환경제에서 이러한 인과적 현상이 최고로 명백해지는 것이 틀림없는 것은 역설적이다. 왜냐하면 소비자들이 생산물의 최종가격을 지불하고 결정한다는 것을 항등순환경제에서 아주 분명히 보기 때문이고, 소비자들의 지불, 오직 이 지불만을 통해서 요소들에게 대가와 이자가 지급되는 것을 아주 분명히 보기 때문이며, 지급금액과 총 '생산비용'은 가격에 의해 결정되고 그 반대가 아닌 것을 아주 분명히 보기 때문이다. 화폐비용은 기본적 결정요인의 그 반대이다. 화폐비용은 생산물의 가격에 의존하고 소비자의 수요에 의존한다.

불확실성이 있는 실제세계에서는 이 점을 이해한다는 것은 더 어려운데, 왜냐하면 요소들에게는 생산물의 판매 **이전에 선불로** 대가가 지불되기 때문인데, 자본가-기업가들이 소비자들에게 생산물을 판매한 이후에 이자와 이윤이라는 잉여와 함께 자신의 화폐를 되찾을 수 있을 것이라는 **기대**하에 요소들에게 돈을 불확실한 상태에서 사전에 지급하기 때문이다.[20] 자본가들이 그렇게 할 것인지 여부는 소비자 수요의 상태와 소비재들의 미래가격들에 대한 자신의 예상에 달려있다. 물론 즉각적 시장가격들이 실현되는 실제세계에서는 기업가적 이윤과 기업가적 손실의 존재는 비용과 수령액, 비용과 가격이 일치되는 것을 언제나 막을 것이고, 가격이 재고에 대한 가치판단에 의해서만—'효용'에 의해서만—오직 결정되고 화폐비용에 의해서는 전혀 결정되지 않는다는 것은 모두에게 명확하다. 그러나 비록 대부분의 경제학자가 실제세계(이른바 '단기')에서는 비용이 가격을 결정할 수 없다는 것을 인식함에도 불구하고, '비용'을 가격을 결정하는 요인이라는 관점에서 다루려는 개별 기업가의 습관에 의해 유혹되고, 그들 경제학자가 이런 과정을 항등순환경제의 경우와 그 결과 경제의 내재적인 장기적 경향에 응용한다. 그들의 중대한 오류는 경제를 경제학자의 관점보다는 차라리 개별 기업가의 관점에서 보기 때문이라는 것을 아래에서 더 토론할 것이다. 개별 기업가에게서 요소들에게 지급하는 비용은 자신과 그 자신의 판매를 벗어난 외부의 힘에 의해 주로 결정된다. 그러나 경제학자는 어떻게 화폐비용이 결정되는가를 이해해야 하고, 경제 내의 모든 상관관계를 고려하면서 경제학자는 화폐비용이 소비자의 수요와 소비자의 가치평가를 반영한 최종가격에 의해 결정된다는 것을 인식해야 한다.

오류의 원천은 아래에서 특수적 요소들뿐 아니라 비특수적 요소들의 세계를 고려할 때 더 명확해 질 것이다. 그러나 우리의 분석과 그에 따른 결론의 요체는 그런 더 복잡하고 현실적인 경우에서도 동일하다. 고전학파 경제학자들은 최종생산물의 가격이 '생산비용'에 의해 결정되거나, 이 주의, 즉 가격이 생산비용에 의해 결정된다는 주의와 '노동가치론'(labor theory of value) 사이에서 생산비용이 변동한다는 망상에 사로잡혔다. 노동가치론이란 노동의 화폐비용을 분리해서 생산비용에서 그 부분을 가격의 결정요인으로 뽑았던 것을 말한다. 고전학파 경제학자들은 이미 존재했고, 더 이상의 생산이 필요치 않았던 오래된 그림과 같은 그런 재화의 가격결정은 가볍게 처리했다. 위에서 말했던 대요처럼, 가격들과 비용들의 정확한 관계는 오스트리안들인 칼 멩거와 뵘바베르크와 프레데릭 폰 비저와 영국인 W. 스탠리 제본스를 포함하는 '오스트리안' 경제학자들에 의해 개발되었는데, 그들이 경제학에 한 다른 걸출한 기여와 함께 말이다. 1870년대와 1880년대의 오스트리아학파의 저작으로 경제학은 하나의 과학으로 진정으로 확립되었다.[21]

불행하게도, 경제과학에서는 지식의 **후퇴**가 진보만큼이나 거의 자주 일어났다. 다른 점에서처럼 가격과 비용에 관한 점에서도 오스트리아학파에 의해 마련된 엄청난 진보는 알프레드 마셜의 영향에 의해 차단되었고 번복되었는데, 마셜은 고전학파 경제학자들을 복원하고 오스트리아학파 경제학자들의 공헌을 깔보면서 고전학파 경제학자들을 오스트리아학파 경제학자들에 통합하려고 시도했다. 불행하게도, 오스트리안적 접근법이 아니라 마셜적 접근법이 그 이후의 저자들에게 가장 많은 영향을 미쳤다. 이런 영향은 경제학자들이 지닌 현재의 미신에도 책임이 있는데, 그 미신이란 오스트리아학파는 실제로 죽어서 더 이상의 기여하지 못하고 그 학파가 제안했던 것이 틀림없는 것 중에서 보존가치가 있는 것은 모조리 효과적으로 서술되었고 알프레드 마셜의 **원론서**에 통합되었다는 것이다.

마셜은 '단기에서는', 즉시의 시장에서는 소비자의 수요가 가격을 정한다고 시인함으로써 고전학파 경제학자의 생산비용이론을 복원하고자 노력했다. 그러나 장기에서 재생산 가능한 중요한 재화에서는 생산비용이 결정한다는 것이다. 마셜에 따르면, 가위의 양날처럼 효용과 화폐비용, 양자가 가격을 결정하지만 하나의 날이 단기에는 더 중요하고 다른 날이 장기에서는 더 중요하다. 그가 결론내리기를:

> 일반적 규칙으로서, 우리가 고려하는 기간이 짧으면 짧을수록 가치에 미치는 수요의 영향에 주의를 점점 더 많이 기울여야 한다. 그리고 기간이 길면 길수록 생산비용이 가치에 미치는 영향이 점점 더 중요해질 것이다.…종종 시장가치라 불리는 어떤 시점에서의 실제가치는 영속적으로 작동하는 것에 의해서보다는 일시적 사건들과 원인들의 작동이 변덕스럽고 단명하는 그런 원인들에 의해 더 많이 종종 영향을 받는다. 그러나 긴 기간에는 이런 변덕스럽고 비정기적인 원인들은 서로간의 영향을 대부분 지워버린다. 그 결과 장기적으로는 영속하는 원인들이 가치를 전적으로 지배한다.[22]

그 함의는 아주 명백하다. 만약 누군가가 '단기' 시장가치를 다룬다면, 그 사람은 매우 피상적이 될 것이고, 오직 변덕스럽고 일시적인 원인들만 강조하는데—오스트리아학파의 경제학자들에게는 이만하면 충분하다. 그러나 만약 어떤 이가 '정말로 기초적' 문제, 정말로 영속하는 항구적 가격의 원인들을 다루고자 한다면, 그는 생산비용에 집중해야 한다—고전학파 경제학자들에게는 **실례지만**. 오스트리아학파의 경제학자들에 대한 이러한 낙인—그들이 이른바 '장기'를 무시하고, '비용을 일방적으로 무시한 것'—은 그때 이후로 경제학에 각인되었다.

마셜의 분석은 방법론적으로 엄청난 결점—사실 '단기'와 '장기'에 관해서는 거의 희망이 없는 방법론적 혼동—을 가지고 있다. 그는 시장가치라는 변덕스럽고 기본적으로 중요하지 않은 흐름의 아래로 '장기'를 실제로 존재하는 것으로서, 항구적이고 영속하는 관찰가능한 요소로서 간주한다. 그는 "그러나 심지어 가장 중요한 원인들도 변하기 쉽다"(p.350)고 인정하지만, 그 원인들은 변덕스러운 시장가치보다 **훨씬 덜** 변덕스럽다고 명확히 주장한다. 사실 여기에 그 원인들의 장기적 특성이 있다. 게다가 그는 기본적 해수면이 변덕스러운 파도와 조수의 근저에 놓여있는 방법과 유사한 방법으로 장기여건이 임시적 시장가치의 근저에 놓여있는 것으로 간주한다.[23] 그러면 마셜에게 장기여건은 관찰자에 의해 탐지되고 기록될 수 있는 어떤 것이다. 사실 장기여건은 시장가치보다 훨씬 더 천천히 변하기 때문에 더 정확히 관찰될 수 있다.

마셜이 한 장기의 개념화는 전적으로 틀린 것이고, 이런 잘못된 개념화는 그의 이론적 구조의 전 토대를 제거한다. 장기는 바로 그 본질 때문에 **결코 존재하지 않고 결코 존재할 수도 없다**. 이것은 '장기'분석 또는 항등순환경제분석이 중요하지 않다는 것을 의미하는 것은 아니다. 그와 반대로, 오직 항등순환경제라는 개념을 통해서만 기업가적 이윤과 생산구조와 이자율과 생산요소들의 가격설정 등과 같은 결정적 문제들을 캐털래틱스 분석에 맡길 수 있다. 항등순환경제는 시장이 움직여서 도달해야 할 목표(실제적 의미에서는 그 목표가 이동하고 있음에도 불구하고)이다. 문제점은 항등순환경제가 실제의 시장가격처럼 **관찰할 수 있는 것이 아니거나** 실재하는 것이 아니라는 것이다.

위에서 항등순환경제의 특징들을 보았다. 항등순환경제는 현재 존재하는 시장여건(가치평가, 기술, 자원)이 일정할 때 존재하게 되는 조건이고 계속적으로 성취하고자 하는 조건이다. 항등순환경제는 경제학자의 이론적 구조물로서 어떤 주어진 때에 경제가 움직이기 쉬운 방향을 그로 하여금 지적할 수 있게 해주는 것이다. 항등순환경제는 또한 경제학자로 하여금 현실세계의 경제를 분석할 때 다양한 요소를 분리할 수 있게 해준다. 변화의 세계에서 결정하는 힘을 분석하기 위해서는, 경제학자는 가상적으로 변화가 없는 하나의 세계를 건축해야 한다. 이것은 장기가 존재한다거나 장기가 실제의 시장여건보다 여하튼 **더 영구적으로** 존재한다거나 또는 더 영속적으로 존재한다고 말하기는커녕, 사실 그렇게 말하는 것의 역이다. 그와는 반대로, 실제의 시장가격은 **언제나** 존재하는 유일한 것이고, 실제의 시장가격은 자신이 끊임없이 변하는 실제의 시장여건(소비자 수요, 자원 등)의 결과이다. '장기'가 더 안정적인 것은 **아니다**. 장기여건은 시장에서의 여건과 함께 필연적으로 변한다. '장기'에 비용이 가격과 같다는 사실은 비용이 실제로 가격과 동일할 것이라는 것을 의미하기보다는 비용이 가격과 같아지는 그런 경향이 존재한다는 것을 의미하는데, 그런 경향은 마셜이 지적한 시장여건의 바로 그 변덕스러운 변화에 의해 실제로는 끊임없이 **방해받고 있는** 것이다.[24]

    요컨대, 항등순환경제가 실제의 시장보다 어떤 의미에서 더 영속적이고 더 실재하는 것이라기보다는 차라리 항등순환경제라는 '장기'는 전혀 실재하지 않지만 매우 유용한 이론적 구축물인데, 그것은 경제학자로 하여금 어떤 주어진 때에 시장이 움직여야 할 방향—특히 현존하는 여건이 그대로 있다면 이윤과 손실이 없어진 상태—을 지적할 수 있게 해주는 이론적 구축물이다. 따라서 항등순환경제 개념은 이자와 비교하여 이윤과 손실의 분석에 특히 도움이 된다. 그러나 시장여건이 유일한 현실적 실재이다.

    기회비용과 포기한 효용이라는 관점에서 주관적 비용이 생산분석에서 중요하다는 것을 항등순환개념이 부정하는 것은 아니고 오스트리안도 그 점을 결코 부정하지 않았다. 특히 노동의 비효용과 기다림의 비효용—시간선호율로 표현된 것으로서—은 생산과정에 사람들의 에너지가 얼마나 많이, 그리고 사람들의 저축이 얼마나 많이 투입될 것인가를 결정한다. 가장 넓은 의미에서, 이것은 생산될 모든 재화의 총공급을 결정할 것이거나 결정하는 것을 도와 줄 것이다. 그러나 주관적 비용은 그것 자체가 주관적 효용이고, 그 결과 '가위의 양 날'은 개인들의 주관적 효용에 지배된다. 이 것은 **일원적인**(monistic) 인과적 설명이지 이원적인(dualistic) 인과적 설명이 아니다. 더구나, 비용은 생산되어야 할 **각 재화**의 재고의 상대적 양에는 직접적 영향을 미치지 않는다. 소비자들은 이용가능한 재화들의 각종 재고를 평가할 것이다. **얼마나 많은** 생산적 에너지와 저축이 하나의 특정한 재화의 재고 생산에 갈 것이며, 얼마나 많은 에너지와 저축이 다른 재화의 생산에 갈 것인가, 다시 말하면, 각 생산물의 상대적 재고는 어디에서 차례차례 가장 큰 화폐이윤이 발견될 수 있는가에 대한 기업가의 예상에 의존할 것이다. 이러한 예상은 소비자 수요의 예상되는 방향에 기초한다.

다른 조건이 같다면, 그런 예상의 결과로서 **비특수적** 요소들은 그 요소의 소유자들이 가장 높은 소득을 벌 것으로 예상되는 그런 재화들의 생산으로 이동할 것이다. 이 과정에 대한 설명은 아래에 제시될 것이다.

주관적 비용에 대한 마셜의 처리는 또한 매우 오류가 있었다. 기회비용이란 아이디어 대신에 그는 주관적 비용이 측정가능한 단위라는 관점에서 가산해질 수 있는 '실질비용'(real costs)이었다는 견해를 가졌다. 그러면 생산의 화폐비용들은 생산물의 공급을 생산하기 위한 '적절한 양의 노력과 기다림을 초래하기' 위하여 기업가가 지불해야 했던 '필수적 공급가격들'이 되었다. 그러면 이 실질비용들은 생산의 화폐비용들을 보좌하는 근본적이고 영속하는 요소가 되는 것으로 되었고, 이런 실질비용들이 마셜로 하여금 더 영속하고, 장기적이며, 정상적 상황을 말하게 만들었다.[25]

여기에서 마셜의 큰 오류는 전체 경제를 모든 면에서 서로 상호관계가 되어 있는 것으로 보는 것이 아니라 비용과 생산을 격리된 개별 기업가의 관점이나 격리된 개별 산업의 관점에서 전적으로 주목하는 것이고, 마셜의 이러한 오류는 그의 추종자와 오늘날 저자의 작품에 스며들었다.[26] 마셜은 당연히 상이한 재화들의 특정 가격들을 다루고 있고, 그는 이른바 '생산비용들'이 장기에서 이런 가격들을 결정한다는 것을 보여주려고 노력하고 있다. 그러나 특정 재화들을 노동 대 여가와 소비하는 비용 대 기다리는 비용에 단단히 묶는 것은 완전한 오류인데, 왜냐하면 후자, 즉, 여가와 기다리는 비용은 전체 경제체제에 걸쳐서 응용되고 유포되는 **일반적** 현상일 뿐이다. 하나의 비특수적 요소를 불러오는 데 필수적인 가격은 이 요소가 다른 곳에서 벌 수 있는 가장 높은 가격—기회비용—이다. 그 비특수요소가 다른 곳에서 벌 수 있는 것은 다른 곳에서의 소비자 수요의 상태에 의해 기본적으로 결정된다. 일반적으로 포기한 여가와 소비비용(leisure-and- consump-tion costs)은 생산에 응용될 예정인 노동과 저축의 크기—일반적 재고—를 결정하는 것을 오직 도와주기만 한다. 이 모든 것은 아래에서 더 다룰 것이다.

9. 가격설정과 협상이론

모든 재화에 대해서, 판매자들에게 가는 총수입액은 요소들에게 가는 총지급과 동일할 것이고, 이러한 동일함은 항등순환경제에서 확립될 것이라는 것을 보았다. 항등순환경제에서는 자본가들이 전체 경제에 걸쳐서 동일하고 균일한 수익률의 이자소득을 획득할 것이다. 생산해서 소비자에게 판매한 소득 중에서 이자소득을 제외한 나머지는 본원적 생산요소—토지와 노동—소유자들에 의해 획득될 것이다.

다음으로 해야 할 일은 요소서비스의 가격들과 이자율이 경제 내에서 수렴되고 항등순환경제에 도달함에 따라 요소서비스의 가격결정과 이자율의 결정을 분석하는 것이다. 지금까지, 논의는 자본재 구조에 집중되었는데, **마치** 그 구조가 하나의 복합적 생산단계에 있었던 것처럼 취급하면서 말이다. 명백히 많은 단계가 있지만 생산에서의 소득은 궁극적으로 그것 자체가 본원적 생산요소들—토지와 노동—의 소득으로 분해된다는 것과 항등순환경제에서는 확실히 그렇게 되는 것을 위에서 보았다. 나중에, 이 분석을 생산과정에 많은 단계가 있는 경우를 포함하는 곳까지 확장할 것이다. 그리고 현대의 조건하에서의 생산은 '특정 시간에 제한받지 않는다는 것'(timeless)과 본원적 생산요소 분석은 원시시대에나 유용하지 현대경제에는 유용하지 않을 것이라는 현대에 매우 유행하는 견해와 비교하여 이러한 종류의 생산에 대한 시간분석을 옹호할 것이다. 이것에 부차적인 것으로서, 생산과정에서 자본과 시간의 본질을 더 분석할 것이다.

순전히 특수요소들의 세계에서 생산요소들의 가격설정 과정은 어떨까? 통째로서의 재화가 아닌 오직 재화의 **서비스**만이 획득될 수 있다는 것을 가정했다. 노동의 경우에 자유사회의 본질 때문에 앞의 가정은 옳다. 토지와 자본재들의 경우에는, 자본가이자 생산물 소유자들이 어떤 생산요소 전체를 소유하기보다는 차라리 고용하거나 임차한다고 가정하고 있다. 위의 예에서, 95온스는 모든 요소소유자들에게 공동으로 돌아갔다. 어떤 **원리**들에 의해 공동소득이 다양한 **개별** 요소서비스에 배분되는 방법을 결정할 수 있는가? 만약 모든 요소가 순전히 특수적이라면 통상적으로 **협상이론**이라 불리는 것에 의존할 수 있다. 제2장에서 설명한 **두 사람**간의 물물교환이 이와 매우 유사한 상황이다. 왜냐하면 우리가 가진 것은 상대적으로 확정적인 가격이나 비율이 아니라 '한계에 있는 한 쌍'의 가격 사이에 있는 넓은 지역을 가진 교환비율이기 때문이다. 한 사람의 최대가격은 다른 사람의 최저가격으로부터 멀리 떨어진다.

현재의 경우에 예를 들어, 노동요소들과 토지요소들이 12이라고 하고 각각은 재화의 생산에 없어서는 안 된다고 하자. 더구나, 어떤 요소들도 다른 곳, 다른 생산라인에서 사용될 수 없다. 이들 요소소유자들이 풀어야 할 질문은 총공동소득에서 각자의 비례적 몫이다. 각 요소소유자의 최대목표는 소비자들로부터 얻는 소득의 100%보다 조금 적은 어떤 소득이다. 무엇이 최종결정이 될 것인가는 인간행위학에 의해 가리켜질 수는 없다. 모든 실질적 목적을 위한 협상이론은 없다. 말할 수 있는 전부는 모두가 어떤 종류의 자발적 계약관계에 십중팔구 이를 것이라는 것인데, 왜냐하면 각 요소의 소유자는 얼마의 소득을 만드는 데 참가하여 소득을 벌기 원하기 때문이다. 만약 요소들이 공동으로 그 생산물을 소유하면 이 합의는 공식적 종류의 제휴합의가 될 것이다. 또는 만약 어떤 순수 자본가가 요소들의 서비스를 구매한다면 이 계약은 **암묵적** 결과일 것이다.

경제학자들은 이런 종류의 협상을 하는 상황에 대해서는 언제나 매우 불행한데, 왜냐하면 메모 이상의 어떤 것을 말하는 것이 경제분석에서 금지되어 있기 때문이다. 그러나 그런 상황을 어떻든 '약탈적이거나' 나쁜 것으로 비난하려는 유혹을 추구해서는 안 되고, 그것으로 경제분석의 빈약함을 경제의 비극으로 환원해서는 안 된다. 다양한 개인에 의해 합의된 계약이 무엇이든지 간에 그 계약은 계약 참가자의 모든 사람에게 혜택이 돌아갈 것이다. 그렇지 않다면 각자는 그렇게 계약하지 않을 것이다.[27]

각자의 비례적 몫을 위해서 책략을 쓸 때에 노동요소들은 토지요소들보다 '협상력'을 적게 가지는 것처럼 일반적으로 가정된다. 여기에서 협상력이라는 용어에서 볼 수 있는 유일한 의미는 어떤 요소소유자들은 그들의 요소에 대하여 최소한의 유보가격(reservation price)을 가지고 있다는 것인데, 유보가격이란 그 가격 이하에서는 요소소유자들이 생산에 들어가지 않을 가격을 말한다. 그 경우에, 이런 요소들은 **적어도 최소한을 받아야** 할 것이지만, 반면에 최소한이 없는, 유보가격이 없는 요소들은 심지어 단지 영보다 조금 많은 소득에서도 일할 것이라는 사실이다. 이제 모든 노동요소의 소유자는 **어떤** 최소한의 판매가격, 즉 그 가격 이하에서는 일을 하지 않을 가격이 있음이 명백하다. **모든** 요소가 특수하다고 가정한 우리의 경우에(아주 비현실적이라는 것을 볼 것이다) 어떤 노동자도 어떤 다른 종류의 작업에서 수익을 얻을 수 없을 것이라는 것은 진실이다. 그러나 그는 언제나 여가를 즐길 수 있고, 이것이 노동서비스에 대한 최저공급가격을 정한다. 다른 한편, 토지의 사용은 어떤 여가도 희생하지 않는다. 토지의 소유자가 자신 소유의 일정 토지를 사용하지 않기로 계획함으로써 가치 있는 심미적 즐거움을 즐기는 드문 경우를 제외하고는 토지는 그에게 오직 화폐수익만을 가져다 줄 수 있다. 그 결과 토지는 유보가격이 없고 토지소유자는 그의 토지를 놀려두기보다는 거의 영에 가까운 수익이라도 받아야 할 것이다. 그러므로 노동소유자의 협상력은 토지소유자의 협상력보다 거의 언제나 우세하다.

아래에서 볼 것이지만, 현실세계에서 노동은 특이하게 비특수요소이고, 그 결과 협상이론을 노동소득에 결코 응용할 수 없다.[28]

따라서 둘 또는 그 이상의 요소가 어떤 주어진 생산라인에 특수적일 때는 경제분석이 그 요소의 생산물로부터 얻은 공동소득의 배분에 관해 더 말할 수 있는 것은 없다. 그런 소득배분은 요소들간의 자발적 협상의 문제이다. 협상과 불확정적 가격설정은 어떤 희귀한 경우에 심지어 둘 또는 그 이상의 비특수요소간에도 일어나는데, 희귀한 경우란 그런 요소가 사용**되어야** 하는 비율이 각 고용에서 **동일한** 것이다. 그런 경우에 또한 어떤 요소들에게도 독립적으로 확정적인 가격설정은 없고, 결과는 상호협상에 의해 해결되어야 한다.

예를 들어, 두 개의 필수부품을 포함하는 어떤 기계가 여러 분야의 생산에 사용될 수 있다고 가정하자. 그러나 두 부품은 어떤 일정한 비율로 언제나 연립으로 사용되어야 한다. 두 사람(또는 그 이상)의 개인이 이 두 부품을 소유했다는 것, 즉 두 개인이 그들의 토지와 노동으로 다른 부품을 생산했다고 가정하자. 두 부품을 포함한 기계는 그 기계가 산출할 수 있는 가장 높은 화폐소득이 가능한 그런 생산라인에 팔려지거나 사용될 것이다. 그러나 두 요소—두 부품—에 관한 한 확립될 그 기계가격은 필수적으로 **누적적인** 가격이다. 각 부품의 가격과 소득을 두 소유자에게 배분하는 것은 협상과정에 의하여 결정되어야 한다. 경제학은 여기에서 각각의 가격을 결정할 수 없다. 이것은 진실인데, 왜냐하면 둘간의 비율이 언제나 똑같기 때문인데, 비록 조합된 생산물이 여러 가지 다른 방법으로 사용될 수 있더라도 말이다.[29]

협상이론을 현실세계에 응용할 수 있는 경우는 드물 뿐만 아니라, 경제가 물물교환에서 발달된 현대경제로 진화함에 따라 가치평가간의 불확정 영역과 그 결과 가격설정의 불확정 영역의 중요성도 또한 급격하게 줄어들기 쉽다. 이용가능한 재화의 수와 종류가 늘어나면 늘어날수록, 가치평가를 다르게 하는 사람의 수가 많아지면 많아질수록, 불확정성의 영역은 더욱더 무시해도 좋을 것이다.[30]

이 시점에서 다른 희귀하지만 명시적으로 실증적인 요소를 우리의 토론에 도입하자. 지구상에는 노동이 토지보다 훨씬 희소한 요소이다. 크루소의 경우에서처럼, 현대경제의 경우에서도 마찬가지로 인간들은 다양한 직업에 어떤 토지를 사용할 것인지 선택할 수 있고, 어떤 토지를 놀려둘 것인지 선택할 수 있는데, 인간들은 토지를 유휴지로 둠으로써 자신이 '지대가 없는' 토지, 즉 소득을 창출하지 못하는 토지를 가진 것을 발견한다. 물론 경제가 발달하고 인구와 자원의 사용이 증가함에 따라, 토지가 이렇게 남는(새롭고 비옥한 토지의 발견을 막는) 경향은 감소한다.

NOTES

1. 다른 차이는 우리가 이미 토론한 것이다. 수학, 특히 미적분학은 무한정한 작은 단계라는 가정에 주로 의존한다. 그런 가정은 동기유발되지 않은 물체가 연구대상인 분야에서는 완전히 옳은 것일지도 모른다. 그러나 **인간행동**은 무한정하게 작은 단계를 무시하는 데, 그 단계가 무한정하게 작은 것이고, 그 결과 인간존재와 아무 관련이 없다는 틀림없는 이유 때문이다. 그러므로 경제학에서 연구하는 행동은 유한하고, 불연속적 단계로 언제나 일어나는 것이 틀림없다. 그러므로 그런 가정이 물리적 미립자의 연구에서처럼 인간행동의 연구에서도 아주 잘 만들어진 것이라고 말하는 것은 틀린 것이다. 인간행동에서는 우리는 그런 가정을 단순히 비현실적이 아니라 **반현실적**이라고 묘사할 수 있다.

2. 경제수학자 또는 '계량경제학자'는 균형조건들 자체뿐 아니라 균형경로를 분석하는 데 오랜 시간을 헛되이 노력했다. 쥬덴(F. Zeuthen)이라는 계량경제학자는 그런 시도가 성공할 수 없음을 최근에 시인했다. 수학이 묘사할 수 있는 것은 최종균형점이 전부다. 계량경제학 사회 제16차 유럽대회에서 쥬덴이 한 단평을 보라. *Econometrica*, April, 1955, pp.199~200.

3. 경제학에 수학을 사용하는 데 대한 탁월한 비판으로는, Mises, *Human Action*(New Haven: Yale University Press, 1949), pp.251, 347~354, 697~699, 706~711; Mises, "Comments about the Mathematical Treat-ment of Economic Problems," *Studium Generale*, VI, 2(1953)(Springer Verlag: unpublished translation by Helena Ratzka); Niksa, *loc. cit.*; Ischboldin, *loc. cit.*; Paul Painleve, "The Place of Mathematical Reasoning in Economics," in Louise Sommer, ed., *Essays in European Economic Thought*(Princeton: D. Van Nostrand, 1960), pp.120~132; and Wieser, *Social Economics*(London: George Allen & Unwin, 1927), pp.51ff 참조. 경제학에서 논리적 방법의 토론에 대해서는, *Human Action* 그리고 잊혀진 책, J. E. Cairnes, *The Character and Logical Method of Political Economy*(2nd ed.; London: Macmillan & Co., 1888); Marian Bowley, *Nassau Senior and Classical Economics*(New York: Augustus M. Kelley, 1949), pp.55~65 참조. 만약 어떤 수학이라도 이 책에서 사용된다면 아래와 같이 케어네스(Cairnes)에 의해 선언된 방침에 따른 것일 때 만이다. "나는 다른 경로에 의해 도달된 경제원리를 보여줄 목적으로 기하학적 도표 또는 수학공식을 채용하는 것이 가능할 수 있음을 부정할 마음은 없다.…내가 감히 부정하고자 하는 것은 제본스 교수나 다른 사람들이 발전시켰던 학설(*doctrine*)이다―그것은 경제지식이 도표나 공식이라는 수단에 의해 확장될 수 있다는 것, 그것은 수학이 기계공학적 또는 물리학적 진리의 발전에 응용되었던 것처럼 경제진리의 발전에도 응용될 수 있다는 것, 그리고 만약 심적 감정이 정밀한 양적 형태로 표현되는 것을 인정하는 것을 보여줄 수 없다면, 또는 다른 한편으로 만약 경제현상이 심적 감정에 의존하지 않는다는 것을 보여줄 수 없다면, 나는 어떻게 이 결론, 즉 제본스 교수 등이 발전시켰던 학설을 부정하는 것을 피할 수 있는지 이해할 수 없다." Cairnes, *op. cit.*, pp.iv~v.

4. George J. Stigler, *Production and Distribution Theories*(New York: Macmillan & Co., 1946), p.181. 칼 멩거가 한 상호결정 개념에 대한 공격과 경제수학 일반에 대한 비판을 위해서는, T. W. Hutchison, *A Review of Economic Doctrines, 1870~1929*(Oxford: The Clarendon Press, 1953), pp.147~148; 재미있는 논문인, Emil Kauder, "Intellectual an Political Roots of the Older Austrian School," *Zeitschrift fur Nationalokonomie*, XVII, 4(1958), pp.412ff 참조.

5. 스티글러는 위의 인용문에서 뵘바베르크에게 **치명타**라고 여겨지는 각주를 첨부하고 있다. "뵘바베르크는 수학을 훈련하지 않았다." Stigler, *op. cit.* 수학은 오직 논리와 이성의 하인이지 주인이 아니라는 것을 깨달아야 한다.

수학을 '훈련'하는 것이 수학이 인간행위과학에 유용하지 않고 응용할 수 없음을 깨닫는 데 필수적이 아닌 것은, 예를 들어 농업기술을 '훈련'하는 것이 농업기술을 해양정기선에 승선하는 데는 응용할 수 없다는 것을 아는 것에 필수적이 아닌 것과 같다. 사실, 인간행위과학의 인식론에 적절한 주의를 기울임이 없이 수학을 훈련하는 것은, 이 예제가 보여주는 것처럼 수학을 인간행동과학에 응용할 때 십중팔구 불행한 결과를 낳기 쉽다. 경제학자로서 뵘바베르크의 위대함은 오늘날 변명을 필요로 하지 않는다. 뵘바베르크에 대한 주의를 요하는 찬사에 대해서는, Joseph A. Schumpeter, "Eugen von Böhm-Bawerk, 1851~1914" in *Ten Great Economists*(New York: Oxford University Press, 1951), pp.143~190 참조. 경제학자로서 뵘바베르크의 능력을 순전히 독단적으로 증거도 없이 평가절하한 것으로는, Howard S. Ellis' review of Schumpeter's book in the *Journal of Political Economy*, October, 1952, p.434 참조.

6 가치판단이 아니라 기술적 관점에서 문제를 다루는 생산이론을 언급한 저자들은 경제학 문헌에 엄청난 혼란을 가져오고 있다. 이 문제에 대한 탁월한 논문은, Lionel Robbins, "Remarks upon Certain Aspects of the Theory of Costs," *Economic Journal*, March, 1934, pp.1~18 참조.

7 이것이 세 가지 그룹의 생산요소 각각을 동질적인 것으로 다루었던 고전학파의 오래된 오류를 채택한다는 것을 의미하는 것은 **아니라는** 것을 서둘러 추가해야 한다. 명백히, 세 가지 요소는 이질적이며, 가격결정 목적과 인간행동에서는 이질적인 것으로 다루어진다. 인간의 가치판단의 관점에서 동질적이고 동일한 재화만이 공통의 '요소'로서 다루어지며, 모든 요소는 생산자들에 의해 그와 유사하게—요소들이 수익에 기여하는 관점에서—다루어진다. 그러나 '토지와 노동과 자본'이라는 분류는 생산문제들의 더 깊은 분석을 위해서는 필수적인데, 특히 다양한 소득수익과 시간과 생산의 관계를 분석하는 일을 위해서 필수적이다.

8 '생산요소들'은 생산물을 소비단계로 나아가게 하는 모든 서비스를 포함한다는 것을 이해해야 한다. 따라서 '마케팅비용', 광고 등과 같은 그런 서비스는 모든 다른 요소와 아주 똑같이 정당한 생산서비스이다. '생산비용'(*production costs*)과 '판매비용'(*selling costs*)이라는 겉모습만의 구분이 틀린 것이라는 점은 미제스에 의해 단정적으로 입증되었다. Mises, *Human Action*, p.319.

9 생산구조에 대해서는, Wieser, *op. cit.*, pp.47ff 참조.

10 실제로는, 한 명 또는 그 이상의 사람이 어떤 요소들의 소유자들이 될 수 있다. 따라서 본원적 생산요소들도 또한 여러 사람에 의해 공동으로 소유될 수 있다. 이것이 우리의 분석에 영향을 주지 않을 것이다. 유일한 변화는 어떤 요소의 공동소유자들은 자발적 계약에 따라 요소의 소득을 배분해야 할 것이라는 사실이다. 그러나 배분의 형태는 동일할 것이다.

11 실제로 이런 경우는 일어날 수 없는데, 왜냐하면 아래에서 볼 것이지만 노동은 언제나 하나의 비특수적 요소이기 때문이다.

12 그러므로 '소비자주권'(*consumers' sovereignty*)이라는 용어는 크게 부적당한 것이고, '개인주권'(*individual sovereignty*)이 자유시장체제를 묘사하는 데 더 적절한 용어일 것이라고 우리는 주장한다. '소비자주권' 개념의 분석에 대해서는 제2권의 제10장을 보라.

13 비용에 대한 탁월한 토론은, G. F. Thirlby, "The Subjective Theory of Value and Accounting Cost," *Economica*, February, 1946, pp.33f.; Thirlby, "Economists' Cost Rules and Equilibrium Theory," *Economica*, May, 1960, pp.148~153 참조.

14 덜비(Thirlby)가 말한 것처럼, "비용은 덧없다(*ephemeral*). 어떤 특정한 결정에 관련된 비용은 어떤 결정을 할 때 그 비용의 의미를 잃는데, 왜냐하면 그 결정이 행동의 다른 코스를 제거하기 때문이다." Thirlby, "Subjective Theory of Value," *op. cit.*, p.34. 그리고 제본스(Jevons)는, "**한번 행해진 노동은 어떤 물체의 미래가치에 어떤 영향도 미치지 않는다**: 그 노동은 가버리고 영원히 잃은 것이다. 상업에서는 과거는 영원히 과거이고 우리는 언제나 각 순간에 완전하게 출발하고 있고, 미래의 효용이라는 관점에서 사물의 가치를 판단하면서 말이다. 산업은 본질적으로 미래지향적이지 과거지향적이 아니다." Jevons, *The Theory of Political Economy*(3rd ed.; London: Macmillan & Co., 1888), p.164.

15 주인이 토지 또는 자본재들을 놀려둠—토지를 경작하지 않고 둠으로써 원시림을 심미적으로 즐기는 것과 같은 것—으로써 그것들로부터 즐거움을 얻는 경우와 같은 예외가 의심할 여지없이 있을 것이다. 그러면 이런

선택지들, 즉 토지 또는 자본재들을 놀려두는 것은 또한 비용들인데, 토지의 이용에 대해 어떤 결정이 내려질 때 말이다.

16 대략 한 세기의 3분기에 해당하는 시간 전에 '경제학의 오스트리아학파'(몇몇 영국인과 미국인이 포함되었다)에 의해 거의 대부분 공포되었던 이러한 진리는 '실질비용'과 효용은 가격결정에서 동격이지만 '비용'이 '장기'에서는 '정말로' 더 중요하다는 당시 유행한 절충주의에 의해 거의 전적으로 덮어 감춰줘야만 했던 것은 불행한 일이다. 효용과 비용이 '가위의 두 날'이라는 알프레드 마셜의 눈에 익은 비유는 분석을 위한 대체재로서 얼마나 자주 인용되었는가! 에밀 카우더(Emil Kauder)는 영국학파가 이전 몇 세기 동안에 발생기에 있는 주관적 가치접근법을 채용하는 데 실패한 이유에 대해서 재미있는 해석을 내어놓았다. 그는 주관적 효용과 행복에 대비하여 노동과 실질비용을 강조하는 것은 스미스(Smith)와 로크(Locke)로 대표되는 영국 고전학파 학자들의 칼뱅교도 배경의 탓으로 돌린다. 여기에서 특히 관심이 있는 것은 마셜이 가진 강한 복음주의적(*Evangelical*) 배경에 대한 카우더의 인용이다. 그의 논법에서 암묵적인 것은 고전학파 학자들이 주관주의자의 선도를 따라가는 데 실패한 두 번째 주요 이유가 불변하는 가치기준을 찾는 것이었다는 관점이다. 이렇게 불변가치기준을 찾는 행위는 자연과학의 방법을 모방하려는 '과학적' 욕구를 구체화한 것이었다. Emil Kauder, "The Retarded Acceptance of the Marginal Utility Theory," *Quarterly Journal of Economics*, November, 1953, pp.564~575.

17 '순 이자율'이라는 용어는 미제스의 '최초이자율'(*originary rate of interest*)과 일치한다. *Human Action*(New Haven: Yale University Press, 1949), 참조.

18 여기에서 독자는 정확한 이자율 이론의 윤곽이 그려져 있는, 경제사상사에서 위대한 작품 중의 하나인 뵘바베르크의《자본과 이자》(*Capital and Interest*)(New York: Brentano's, 1922)를 참조할 수 있다. 특히 다수의 엉터리 이자율 이론이 탁월하게 해부된다. 이것은 이 책의 저자가 뵘바베르크의《자본의 실증이론》(*Positive Theory of Capital*)에 나온 이자율 이론 모두를 찬성한다고 말하는 것은 아니다.

19 엄밀히는, 이 가정은 부정확하고 이 절에서는 단순화할 목적만으로 그런 가정을 한다. 왜냐하면 이자는 개별 투자자에게는 기회비용일지도 모르지만 전체 자본가들에게는 이자는 화폐비용도 아니고 기회비용도 아니다. 경제문헌에 광범위하게 지속되는 이러한 오류의 함의에 대해서는, Andre Gabor and I. F. Pearce, "The Place of Money Capital in the Theory of Production," *Quarterly Journal of Economics*, November, 1958, pp.537~557; and Gabor and Perace, "A New Approach to the Theory of the Firm," *Oxford Economic Papers*, October, 1952, pp.252~265 참조.

20 Menger, *Principles of Economics*(Glencoe, Ill.: The Free Press, 1950), pp.149ff.

21 에밀 카우더가 한 매우 재미있는 연구는 오스트리아학파의 한계효용이론(가격이 비용을 결정하고 그 반대나 상호결정하는 것이 아니라는 견해의 기초)의 본질은 17세기와 18세기 프랑스와 이탈리아의 경제학자에 의해 이미 공식화되었고, 영국의 고전학파는 경제학을 매우 틀린 길로 돌렸는데, 그 길로부터 경제학이 구출된 것은 오직 오스트리안에 의해서였다고 주장한다. Emil Kauder, "Genesis of the Marginal Utility Theory," *Economic Journal*, 1958, pp.638~650. and Kauder, "The Retarded Acceptance of the Marginal Utility Theory," *loc. cit.*

22 Alfred Marshall, *Principles of Economics*(8th ed.; London: Macmillan & Co., 1920), pp.349ff.

23 이 비유는 비록 이 문맥에서는 사용되지 않았지만 가격과 '가격수준'에서 응용되었던 것처럼 고전학파 경제학자들에 의하여 종종 사용되었는데, 그런 응용도 동등하게 오류가 있다.

24 마셜에 있는 이 오류에 대해서는, F. A. Hayek, *The Pure Theory of Capital*(Chicago: University of Chicago Press, 1941), pp.21, 27~28 참조. 여기에서 마셜은 '개념적 실재주의'(*conceptual realism*)라는 그 유명한 오류를 범하고 있는데, 개념적 실재주의 안에서 이론적 구축물은 현실적으로 존재하는 실체 때문에 잘못된 것이다. Leland B. Yeager, "Some Questions on Growth Economics," *American Economic Review*, March, 1954, p.62.

25 Marshall, *op. cit.*, pp.338ff.

26 이것은 경제학자가 넓은 집합체(*aggregate*)를 다루어야지 개별 경우를 다루지 말아야 한다는 네오-케인지언의 주장과 동일한 비판이 결코 아니라는 것을 서둘러 지적해야 한다. 네오-케인지언 접근법은 마셜보다 심지어

더 나쁜데, 왜냐하면 그 접근법은 전적으로 현실에 기초가 없는 '전체'에서 시작하기 때문이다. 우리가 주장하는 것은 모든 개인이 경제에서 상호작용하는 그런 모든 개인을 다루는 이론이다. 더구나, 최근에 지지를 받는 것은 '오스트리안' 접근법이지 왈라지언 접근법이 아니다. 후자, 즉 왈라지언 접근법은 개인들의 상호관계(일반균형접근법)를 다루지만 오직 항등순환경제 내에서만이고, 항등순환경제 내에서 수학적 추상개념을 다룬다.

27 뵘바베르크 이래로 협상에 관해 어떤 가치 있는 것도 주창되지 않았다. Böhm-Bawerk, *Positive Theory*, pp.198~199. 이 점은, J. Pen's, "A General Theory of Bargaining," *American Economic Review*, March, 1952, pp.24ff에서 볼 수 있다. 펜 자신의 이론은 거의 가치가 없는데, 왜냐하면 효용의 가측성 가정에 명시적으로 의존하고 있기 때문이다. *Ibid.*, p.34n.

28 협상이 오직 노동소득의 토론에서만 시장가격 설정을 설명하는 데 있어 중요한 위치를 차지한다는 대부분의 경제학 교과서의 토론과 대조하라.

29 Mises, *Human Action*, p.336.

30 가격설정에서 불확정적인 어떤 영역이라도 그 재화 또는 서비스의 절대적으로 수직적인 공급곡선과 절대적으로 수직적인 시장수요곡선이 동시에 발생해야 하고, 그 결과 균형가격이 한 점에 있기보다는 차라리 어떤 영역 안에 있다. 허트(Hutt)가 서술한 것처럼, "그것은 이상하고 매우 있을 법하지 않은 수요곡선과 절대적으로 고정된 공급곡선의…우연한 동시발생에 전적으로 의존한다. W. H. Hutt, *The Theory of Collective Bargaining*(Glencoe, Ill.: The Free Press, 1954), pp.90, and 79~109.

제**6**장

생산: 이자율과 그 결정

1. 많은 단계: 순 이자율[1]

지금까지 한 단계로 통합된 생산구조를 취급했다. 하나의 기업 또는 여러 기업이 모두 어떤 생산물 생산(특수적인 모든 요소와 함께)의 모든 단계를 **수직적으로 통합하고 있었는데**, 최종적으로 그 생산물이 소비자에게 판매되는 점까지 말이다. 이것은 분명히 비현실적 가정이다. 이제 현실세계의 생산상황을 고려할 것인데, 그런 세계란, ① 요소들은 특수적이기도 하지만 비특수적이기도 하고, ② 요소들이 끊임없이 작업하여 생산과정의 높은 단계에서 낮은 단계로 전진함에 따라 생산은 여러 단계로 나뉜다.[2] 하나의 기업—일단의 자본가들—이 요소들을 구매하고 생산물을 소비자들에게 판매할 때까지 그 소유권을 보유한다고 가정하는 대신에, 일정한 시간간격들 사이에는 상이한 기업들과 상이한 일단의 자본가들이 존재하고, 각 시간간격 사이에서는 그 단계의 끝에 도달한 생산물을 돈을 대가로 다른 자본가나 자본가 그룹에게 판매한다고 가정하자. 얼마나 많은 독립적 단계가 발생하는지 또는 각 단계 사이의 시간간격이 얼마일지에 관해 어떤 제한적 가정을 할 필요는 없다. 편리함을 위해서

〈그림 5-2〉에 포함된 예제와 도표로 돌아가자. 생산물과 서비스의 교환이 도표에 표시된 각 라인에서 일어난다고 가정하자. 또한 오직 편의를 위해서 각 단계는 동일한 길이의 시간이 걸린다고 가정할 것이다.

이제 마지막 단계에서 한 번에 자본서비스에 대한 이자소득을 통째로 받는 대신에, 자본가 또는 자본가들은 **각 단계에서** 이자소득을 취득한다.[3] 만약 각 단계에 1년이 소요된다면 그 재화를 위한 전체 생산과정은 6년이 걸린다. 생산단계가 모두 함께 한 덩어리이거나 수직적으로 통합되어 있을 때는, 한 자본가(또는 일단의 자본가들)가 자신의 돈을 최초요소의 소유자들에게 6년이나 앞서 선불하고, 그 다음에 수익을 얻기 위하여 이 기간을 기다린다(엄격히는, 생산물이 최종적 형태를 향해 전진함에 따라 생산작업과 토지에 대한 지불과 노동에 대한 지불이 연속적일 것이기 때문에, 가장 일찍 고용된 노동과 토지는 예를 들어, 제1년부터 대가가 지불될 것이고, 가장 늦게 고용된 노동과 토지는 제6년인 마지막에 이르러 대가가 지불된다). 그러나 각 단계가 독립된 만큼 각 자본가는 오직 1년 동안만 돈을 선불한다.

〈그림 6-1〉은 〈그림 5-2〉를 수정한 것이다. 100온스라고 표시한 직사각형이 바닥에 추가되고, 이 가장 낮은 단계에서 자본가에게 발생하는 **이자**소득은 왼쪽으로 가는 표시가 된 화살표에 의해 표시되고 있다. 그러면 상향하는 화살표는 이 단계에서 토지와 노동, 즉 본원적 요소의 소유자들에게 가는 금액을 표시하고, 음영부분은 더 높은 순위, 즉 중간재들이라는 자본재들의 소유자에게 가는 금액을 표시한다. 이전 도표, 즉 〈그림 5-2〉는 이자소득을 표시하지 않았고, 본원적 요소의 소유자들에게 가는 모든 소득을 단순히 제시했다. 시간요소는 아직도 토론에 도입되지 않았었다.

이 기초적 도표인 〈그림 6-1〉에 그려진 생산구조와 지급구조는 다음과 같다. 즉, 소비자들은 문제의 재화에 100온스를 지출한다. 100온스 중에서 5온스는 이자소득으로서 소비재의 판매자들에게 가고, 95는 요소들의 소유자들에게 지불된다. 이 예제에서는, 15온스는 (최초의) 토지요소들과 노동요소들의 사용에 지불되고, 80온스는 더 높은 차수의 자본재들의 서비스를 구매하는 데 지불된다. 두 번째 단계에서 자본가들은 생산물의 판매로부터 80온스의 수익을 얻는다.

<그림 6-1> 다양한 생산단계에 있는 요소들에 발생하는 소득

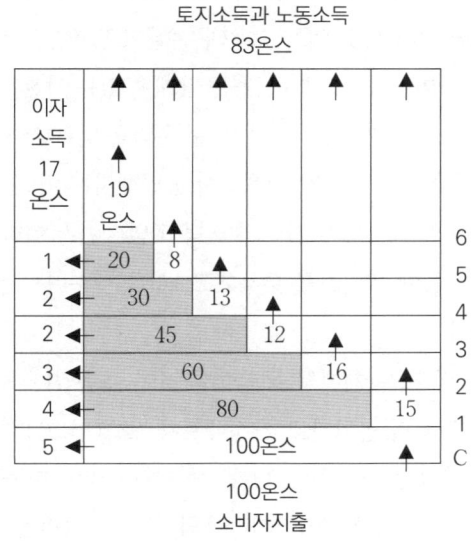

80온스 중에서 16은 토지요소들과 노동요소들의 구매를 위하여 가고, 4는 두 번째 수준의 자본가들에게로 가는 이자소득이 된다. 나머지 60은 더 높은 차수의 자본재들을 구매하기 위하여 사용된다. 가장 높은 단계에서 가장 높은 차수의 자본가들이 20온스의 수익을 얻고, 그 중에서 1온스를 자신들을 위하여 보유하며, 19온스를 토지요소들과 노동요소들에게 지불하는 단계에 이를 때까지 동일한 과정이 반복된다. 토지요소들과 노동요소들에 가는 소득의 합계는 83온스이다. 총이자소득은 17온스이다.

이자에 관해 서술한 절에서 화폐는 언제나 비특수적임을 보았고, 그 결과는 항등순환경제에서 화폐투자(monetary investment)에 대한 이자수익(순 이자율)은 생산물의 종류와 그 생산물 생산의 특수한 조건들과 상관없이 경제 내의 모든 곳에서 동일해진다 것이다. 여기에서 이 원리를 확대한 것을 본다. **이자율이 모든 재화에 대해서 균일한 것이 틀림없을 뿐만 아니라, 이자율이 모든 재화의 모든 단계에서 균일한 것이 틀림없다.** 우리의 도표에서 생산물 소유자들, 즉 자본가들에 의해 수령되는 이자율 수익은 각 단계에서 동일하다. 가장 낮은 단계에서 생산자들은 95온스를 요소들

(자본재들과 최초요소들)에 투자했고 소비자로부터 100온스를 받아서 순 수익이 5온스이다. 이것은 투자수익이 95분의 5 또는 약 5.2%임을 표시한다. 우리가 논의하는 항등순환경제에서는 불확실성으로 인한 이윤과 손실이 없고, 그 결과 이 수익, 즉 약 5.2%는 순 이자율을 의미한다.[4] 그 다음 높은 단계에 있는 자본가는 요소에 60에 16을 더한 것 또는 76온스를 투자하고 4온스의 순 수익을 얻는데, 다시 한번 순 이자율이 약 5.2%이다. 그리고 이자율이 각 단계에서 균일해지는 이런 상태는 각 투자단계에서 계속되는데, 우리의 예제에서 산수의 변덕이 없다면 말이다. 가장 높은 단계에서 자본가는 토지와 노동에 19온스를 투자했고 1이라는 순 수익을 얻어서 다시 한번 수익률이 약 5.2%이다.

    이자율은 생산과정의 각 단계에서 동일해질 것이 틀림없다. 이자율이 낮은 단계에서보다 높은 단계에서 더 높았다고 가정해보자. 그러면 자본가들은 낮은 단계에서 생산하는 것을 포기할 것이고 높은 단계, 즉 이자수익이 더 큰 곳으로 이동할 것이다. 그런 이동의 효과는 무엇인가? 이자율의 차이의 **의미**를 강조함으로써 의문에 대답할 수 있다. B단계에서보다 A단계에서의 더 높은 이자율은 A단계에 들어가는 요소들의 합과 그 단계에서의 생산물 판매가격간의 **가격**차액(price spread)은 B단계에서의 가격차액보다 백분율로 환산하여 **더 크다**는 것을 의미한다. 예를 들어, 만약 〈그림 6-1〉에서 4단계와 1단계를 비교하면, 4단계에서 가격차액이 45에서 43이고, 1단계에서는 100에서 95이며, 순 이자수익율은 각각 약 5.2%인 것을 발견한다. 그러나 4단계에서 요소가격들의 합이 43이 아니라 35이고 1단계에서의 요소가격들의 합이 98이라고 가정하자(여기에서 요소가격들의 합은 물론 이자소득을 **제외한**다). 4단계에 투자하는 자본가들은 8의 순 수익 또는 23%를 획득할 것이고, 반면에 1단계에 투자하는 사람들은 약 2%를 얻을 것이다. 자본가들은 1단계에 투자하던 것을 멈추고 4단계로 이동하기 시작할 것이다. 이러한 이동의 결과 1단계에서의 요소들에 대한 총 수요는 감소하고, 그 결과 1단계에 사용되는 요소들의 가격이 하락한다. 그동안에 4단계에서의 더 많은 투자는 그곳에서의 요소가격들을 끌어올리고, 그 결과 누적가격(cumulative price)은 35에서부터 상승한다. 4단계의 생산물들은 증가하고, 증가된 공급은 판매가격을 낮아지게 하는데, 그 가격은 43에서부터 하락한다. 이런 중재거래 행위는 두 단계에서의 백분율 차액이 같아질 때까지 계속된다.

이자율은 다양한 단계에서의 가격차액률(rate of price spread)**과 동일하다**는 점을 인식하는 것이 중요하다. 너무 많은 저자들이 이자율을 대부시장(loan market)에서의 대부가격(price of loan)으로만 오직 치부한다. 아래에서 더 살펴 볼 것이지만, 현실에서 이자율은 모든 시간시장에 스며들어 있고, 생산을 위한 대부시장은 단지 이차적 중요성만을 가진 엄격히는 보조적 시간시장이다.[5]

항등순환경제에서는 이자율이 어떤 주어진 생산물의 각 단계에서 동일해질 뿐 아니라 **동일한** 이자율이 **모든** 생산물의 **모든** 단계에서 유력할 것이다. 불확실성이 있는 현실세계에서는, 기업가의 행동이 언제나 경제 내의 모든 시간시장에 걸쳐서 균일해지는 이자율을 확립하는 방향으로 작용하는 **경향**이 있다. 균일해지는 이유는 명백하다. 만약 재화 X의 3단계가 8%를 벌고, 재화 Y의 1단계가 2%를 번다면, 자본가들은 1단계에 투자하는 것을 그만두고 3단계로 더 많은 투자를 이동시킬 것이다. 변화하는 수요와 공급에 반응하여 가격차액은 그것에 따라서 변하고 이자율은 균일해진다.

이제 다양한 단계의 존속기간을 동일하다고 가정한 제한을 제거할 수 있다. 어떤 재화의 어떤 단계도 생산기술과 산업의 조직구조의 필요에 따라 길 수도 있고 짧을 수도 있다. 예를 들어, 어떤 생산기술은 어떤 특정한 단계에서 1년의 수확기간을 필요로 할지도 모른다. 다른 한편, 어떤 기업은 두 단계를 '수직적으로 통합하여' 돈을 받고 생산물을 판매하기 전에 **양쪽** 단계를 포함하는 기간 동안에 요소들의 소유자들에게 돈을 선불할지도 모른다. 어떤 단계에서도 투자의 순 수익은 그 단계의 길이에 맞추어 그 자체가 적응할 것이다. 예를 들어, 경제에서 균일한 이자율을 5%로 가정하자. 이것은 시간의 어떤 단위기간, 말하자면 1년에 대한 5%이다. 그러면 2년의 기간이 걸리는 생산과정 또는 투자는 균형에서는 10%, **연간** 5%와 동일한 이자율을 벌 것이다. 동일한 일이 다른 시간 길이를 가진 어떤 생산단계에서도 일어날 것이다. 따라서 **생산단계의 불규칙성 또는 생산단계의 통합이 균형화과정을 조금도 방해하지 않는다**.

'임금과 지대와 이자'를 획득하는 것이 '토지와 노동과 자본'이라는 고전학파의 오래된 3인조는 과감하게 수정되어야 하는 것이 이미 명백하다. 자본이 독립적 생산요소라는 것은 진실이 **아니다**. 또는 토지와 노동이 그들의 소유자를 위하여 소득을 버는 것과 동일한 방법으로 자본이 그 소유자를 위하여 이자를 번다고 하는 것은 진실이 **아니다**. 자본은 독립적 생산요소가 아님을 위에서 보았고 아래에서 더 토론할 것이다. 자본재들은 생산에서 절대로 필요하고 결정적으로 중요하지만 자본재들의 생산은 장기에서는 토지요소들, 노동요소들, 시간요소들 등에 귀속된다. 더구나, 토지와 노동은 그것들 자체 내에서 동질적 요소들이 아니고 특이하게 변동하는 요소들의 **종류**를 일정한 범주로 단순히 묶은 것이다. 그러면 각 토지요소와 노동요소는 자신의 물리적 특성, 생산에 공헌할 수 있는 그 자신의 힘을 가지고 있다. 그러므로 아래에서 상술하겠지만 각각은 생산에서 그 자신의 소득을 받는다. 자본재들도 역시 무한정하게 다양하다. 그러나 항등순환경제에서 자본재들은 소득을 벌지 않는다. 소득을 벌게 하는 것은 미래재들을 현재재들로 변환하기 때문이다. 시간선호라는 보편적 사실 때문에 미래 만족은 현재 만족에 비해 언제나 할인된다. 요소서비스를 구매한 제1일부터 생산물을 판매하는 제2일까지 자본재들을 **소유하고** 계속하여 유지하는 것이 자본가인 투자자들이 성취하고자 하는 것이다. 이것은 돈으로 미래재들(자본재들을 생산하는 요소서비스)을 구매하고 뒤이어 나중에 돈을 받고 현재재들을 판매하는 것과 같은 뜻이다. 돈을 받고 현재재들을 판매하는 것은 소비재들이 판매될 때 일어나는데, 왜냐하면 소비재들은 현재재들이기 때문이다. 중간의, 더 낮은 차수의 자본재들이 돈을 대가로 판매될 때는 판매되는 것은 현재재들은 아니고 현재재들로부터 **덜 멀리 떨어진 미래재들**이다. 다시 말하면, 자본재들은 소비단계를 향하여 전진하는데, 더 앞쪽의, **더 먼 미래**단계로부터 더 나중의 또는 **덜 멀리 떨어진 미래**단계로 전진하는 것이다. 이런 변환을 위한 시간은 시간선호율에 의해 담당될 것이다. 예를 들어, 만약 시장시간선호율, 즉 이자율이 연간 5%이면, 시장에서 100온스 가치의 어떤 현재재는 지금부터 1년 후의 현재재에 대한 청구권으로는 약 95온스 가치가 될 것이다. 지금부터 1년 후의 100온스의 청구권에 대한 **현재가치**는 95온스일 것이다. 이것을 기초로, 재화의 예상가치가 시간의 각 시점별로 산출될 수 있다. 따라서 반 년 후 미래의 청구권은 대략 97.5온스일 것이다. 그 결과는 기간당 이자율이 균일해지는 것이다.

따라서 자본가들은 미래재들을 대가로 요소들의 소유자들에게 현재재들을 선불한다. 그 다음에, 나중에 그들은 현재재들(돈)과 교환으로 현재재들 또는 덜 멀리 있는 미래재들로 성숙되어 온 재화들을 판매한다. 자본가들은 현재재들을 요소의 소유자들에게 선불하고 그에 대한 대가로 미래재들인 이 요소들이 이전보다 **더 현재에 가까운** 재화들로 변형되는 동안 기다린다. 따라서 자본가들의 기능은 **시간기능**(time function)이고, 자본가들의 소득은 틀림없이 미래재들과 비교한 현재재들의 프리미엄을 표시하는 소득이다. 그러면 이 이자소득은 유형이면서 이질적 자본재들로부터 발생하는 것이 **아니라** 시간이라는 일반화된 투자로부터 발생한다.[6] 이자소득은 미래재들(요소서비스)을 구매하기 위하여 현재재들을 희생하고자 하는 자발적 행동으로부터 발생한다. 그런 구매의 결과로서 요소들의 소유자들은 오직 미래에만 완성되는 어떤 재화를 대가로 현재에 돈을 획득한다.

따라서 자본가들은 자신들의 현재의 소비를 제한하고 그렇게 **저축**한 돈(현재재들)을 오직 미래재들을 생산하는 요소소유자들에게 공급한다. 이것이 자본가들이 요소소유자들에게 공급하는 서비스—시간을 선불하는 것—이고, 요소소유자들은 이자율의 형태로 그 서비스에 대한 대가를 자발적으로 지불하는 것이다.

2. 순 이자율의 결정: 시간시장[7]

이자율은 복잡한 화폐경제 생산체제에서 결정적 역할을 한다는 것은 명백하다. 어떻게 이자율이 결정되는가? 우리가 지금 관심이 있는 **순** 이자율은 경제에서 모든 생산과정의 모든 단계에 걸쳐서 동일해질 것이고, 따라서 항등순환경제에서 균일해질 것이라는 것을 보았다.

순 이자율 수준은 미래재들과 비교하여 현재재들을 교환하는 시장, 경제체제의 많은 부분에 스며든 시장에 의해 결정되는 데, 그 시장을 볼 것이다. 화폐가 교환의 일반적 수단으로 확립되는 것은 현재-미래시장(present-future market)을 크게 단순화시키는데, 모든 상품에 대하여 독립적인 현재-미래시장이 있었던 물물교환하에서의 힘든 조건에 비한다면 말이다. 화폐경제에서 현재-미래시장 또는 이른바 '시간시장'은 화폐에 의하여 완전하게 표현된다. **화폐는 빼어난** 현재재가 분명하다. 왜냐하면 화폐로 사용되는 금속 자체의 소비가치를 제외하면 화폐상품이 전 사회에서 완전한 시장성이 있는 하나의 재화이기 때문이다. 화폐는 그 소유자가 원하는 때는 언제라도 소비재들과 교환할 수 있는 해결의 열쇠이다. 그러므로 화폐는 하나의 현재재이다. 소비재들은 일단 판매되고 나면 교환연계에 정상적으로 재진입하지 못하기 때문에 화폐는 시장에서 지배적 현재재이다. 더구나, 화폐가 모든 교환을 위한 수단이기 때문에 시간시장에서도 또한 교환을 위한 수단이다.

무엇이 화폐와 교환되는 미래재들인가? **미래재들은 미래의 언젠가 현재재들이 될 것이 지금 기대되는 재화들이다**. 그 결과 미래재들은 현재가치를 가진다. 시간선호라는 보편적 사실 때문에 어떤 개별 재화는 미래의 언젠가 현재재로서 이용가능해질 때의 현재 **예상**보다 현재에 더 가치가 있다. 다시 말하면, 현재 시점의 어떤 재화는 미래재로서 그 재화의 현재가치보다 지금 더 가치가 있다. 다른 시장에서 뿐 아니라 시간시장에서도 화폐는 교환의 일반적 수단이기 때문에, 화폐는 현재재이고 미래재들은 **화폐를 미래에 획득할 때의 현재 예상**이다. **현재의 화폐가 같은 금액의 미래 화폐에 대한 현재 예상보다 가치가 있는 것은** 시간선호법칙으로부터 당연한 것이다. 다시 말하면, 미래화폐(이른바 미래화폐의 현재 예상)는 현재화폐에 비하면 언제나 할인되어 교환될 것이다.

현재재들과 비교하여 미래재들의 이런 할인(또는 반대로, 미래재들을 지배하는 현재재들에 의해 강요되는 프리미엄)이 이자율이다. 예를 들어, 만약 시간시장에서 100온스의 금이 현재로부터 1년 후에 105온스의 금을 획득할 수 있다는 예상과 교환된다면 이자율은 연간 약 5%이다. 이것이 현재화폐에 대한 미래화폐의 시간할인율(time-discount rate)이다.

'미래에 화폐를 획득할 예상'이란 무엇을 특별히 의미하는가? 이자율 결정에서 모든 인과적 요인을 설명하기 위하여 이 예상이 주의 깊게 분석되어야 한다. 첫째, 현실세계에서 이 예상은 일정기간 동안의 어떤 예상처럼 언제나 다소간 **불확실**하다. 현실세계에서 이런 항존하는 불확실성은 필연적으로 이자요소와 이윤과 손실요소(profit-and-loss element)를 서로 뒤얽히게 하고 복잡함을 만들어내는데, 그런 복잡함은 아래에서 더 분석될 것이다. 시간시장과 기업가적 요인들을 분리하기 위해서는 항등순환경제라는 확실한 세계를 고려해야 하는데, 그런 경제란 예상이 모두 충족되고 순 이자율이 경제 전체에 걸쳐서 동일해진 곳이다. 그러면 **순** 이자율은 현재의 시간할인율, 현재재들의 가격과 미래재들의 가격비율이 될 것이다.

그러면 시간시장에 들어가는 미래재들의 구체적 유형은 무엇인가? 두 가지 그런 유형이 있다. 하나는 **미래 날짜에 일정한 액수의 돈에 대한 문서로 된 청구권**이다. 이 경우에 시간시장에서의 교환은 다음과 같다. A는 미래화폐에 대한 청구권과 교환으로 B에게 돈을 준다. 미래화폐의 구매자인 A를 일반적으로 지칭하는 용어는 '대출인'(lender) 또는 '채권자'(creditor)이고, 반면에 미래화폐를 파는 사람인 B는 '차용인'(borrower) 또는 '채무자'라고 부른다. 그렇게 부르는 이유는 **현금**거래에 비하면 이 **신용**거래는 현재에 **완료되지 않은** 채로 남기 때문이다. 어떤 남자가 현금으로 한 벌의 옷을 구매할 때는 그 옷과 교환으로 돈을 넘겨준다. 그 거래는 완료된다. 신용거래에서 그는 문서로 된 차용증서 또는 어음을 단순히 받는데, 그 증서 또는 어음이 그에게 미래에 일정액의 돈을 청구할 수 있는 권리를 준다. 그 거래는 차용인인 B가 채권자에게 합의한 돈을 건넴으로써 '대부금을 갚는' 미래에 완료된다.

대부시장이 시간거래에서 매우 눈에 띄는 종류임에도 불구하고 그 시장이 결코 유일한 시장 또는 심지어 지배적 시장도 아니다. 전체 생산체제에 스며들어 있는 훨씬 더 포착하기 힘들지만 더 중요한 종류의 거래가 있지만, 그 거래는 시간거래로 종종 인식되지 않는다. 그것은 생산자가 생산한 재화들과 서비스의 구매인데, 그 재화들과 서비스는 일정기간 동안에 변형되고 최종적으로는 소비재들로 떠오른다. 자본가들이 생산요소들의 서비스(또는 나중에 보겠지만, 요소들 자체)를 구매할 때는 일정한 양과 가치를 지닌 순 생산물을 그 생산물의 **현재**가치로 할인하여 구매하고 있다. 왜냐하면 구매된 토지서비스, 노동서비스, 자본서비스 등은 **미래재**들인데, 그것들은 **현재재**들이라는 **최종적 형태**로 변형되기 때문이다.

예를 들어, 어떤 자본가-기업가가 노동서비스를 고용하고, 이 노동서비스의 양이 생산물 소유자에게 금 20온스의 순 수익을 초래할 것이라고 결정될 수 있다고 가정하자. 그 노동서비스에게는 그 생산물에 기여한 순 가치가 지불될 것이라는 것을 아래에서 볼 것이다. 그러나 그 노동서비스는 그 생산물이 판매될 때까지의 시간으로 **할인된** 생산물을 획득할 것이다. 왜냐하면 만약 노동서비스가 지금부터 5년 동안 20온스를 벌어들인다면 노동의 소유자는 자본가로부터 선불로 **지금** 20온스 전체를 받기를 기대할 수 없는 것이 명백하기 때문이다. 그 노동소유자는 현재의 프리미엄, 즉 이자율로 할인한 순 수익을 받을 것이다. 그리고 이자소득은 현재의 돈을 선불하는 임무를 맡아온 자본가가 벌 것이다. 그 다음에 그 자본가는 그의 돈을 되찾기 전에 생산물이 성숙할 때까지 5년을 기다린다.

그러므로 생산체제에서 자본을 선불하는 기능(capital-advancing function)을 수행하는 순수 자본가는 일종의 중개기능을 한다. 그 자본가는 요소들의 서비스(예상되는 미래재)를 대가로 요소소유자들에게 돈(현재재)을 판다. 자본가는 미래재들을 보유하고 그 미래재들이 소비재들(현재재들)로 변형될 때까지 그 미래재들에 작업을 계속하는데, 그 다음에 그 소비재들은 일반인에게 돈(현재재들)을 대가로 판매된다. 미래재들에 대해 그가 지불했던 것과 비교하여 현재재들의 판매로부터 얻는 프리미엄은 그 거래에서 얻는 **이자율**이다.

그러므로 시간시장은 대부시장에 국한되지 않는다. 시간시장은 복잡한 경제의 전 생산구조에 스며든다. 모든 생산요소는 미래재들이다. 미래재들은 그 소유자에게 소비라는 최종적 목적을 향해 나아가고 있다는 기대를 주는데, 그 목적이 모든 생산기업에게 **존재이유**를 제공한다. 판매된 미래재들이 대부시장의 경우에서처럼 신용거래되지 않는 곳이 시간시장이다. 시간시장에서의 거래는 그 자체로 완전하고 거래에 참가하는 어떤 당사자에 의해서도 더 이상의 지불이 필치 않다. 이 경우에, 미래재들의 구매자—자본가—는 미래재들의 최초 판매자에게 청구권을 제시하는 것을 통해 소득을 번다기보다는 이런 미래재들을 현재재들로 변형시키는 과정을 통해 그의 소득을 번다.

그러면 시간시장, 현재재들과 미래재들을 교환하는 시장은 여러 가지 구성부분으로 된 집합체이다. 그 시장의 한 부분에서는, 자본가들은 자신이 절약한 돈(현재재들)과 여러 요소들의 서비스(미래재들)와 교환한다. 이것이 시간시장의 한 부분이고 시간시장의 가장 중요한 부분이다. 다른 부분은 소비자 대부시장(consumers' loan market)인데, 그 시장에서는 저축자들이 미래화폐인 차용증서와 교환하여 신용거래로 저축한 돈을 빌려준다. 저축자들은 현재화폐의 공급자들이고 차용인들은 차용증서라는 형태로 미래화폐를 공급하는 공급자들이다. 여기에서 우리는 소비재들에 지출하기 위해 빌리는 사람만 오직 다루고 생산에 투자하기 위하여 저축을 빌리는 생산자들은 다루지 않을 것이다. 왜냐하면 생산을 위한 대부를 위해 저축을 빌리는 차용인들은 시간시장에서 독립적 세력이 아니기 때문이다. 오히려 그 차용인들은 생산체제에서 결정되는 것인 현재재들과 미래재들 간의 이자 프리미엄에 전적으로 의존하는데, 그 생산체제는 소비재들의 가격과 생산재들의 가격간의 비율과 여러 단계의 생산재들 간의 비율을 동일하게 하는 것이다. 이런 의존성은 아래에서 논의될 것이다.

3. 시간선호와 개인의 가치척도들

시간시장의 구성부분을 더 고려하기 전에 문제의 바로 그 뿌리로 가자. 즉, 개인의 가치척도. 가격설정과 수요의 문제에서 보았듯이 개인의 가치척도가 시장에서 모든 사건을 결정하는 열쇠이다. 이 점은 이자율에 관해서도 마찬가지이다. 여기에서 열쇠는 개인의 시간선호 가치평가(time-preference valuations) 스케줄이다.

경제체제에서 어떤 특정한 역할을 하지 않는 가상적 개인을 고려해보자. 이 개인은 필수적으로 화폐의 한계효용이 하락하고, 그 결과로 획득되는 돈의 각각의 추가 단위는 그의 가치척도에서 순위가 낮아진다. 이 점은 반드시 옳다. 거꾸로 말하면—이것은 화폐의 한계효용이 하락한다는 사실로부터 기인하는데—포기한 화폐의 각각 연속적 단위는 그의 가치척도에서 높게 순위가 매겨진다. 효용에 관한 동일한 법칙이 미래화폐, 즉 미래화폐의 예상에 응용된다. 현재화폐와 미래화폐, 둘 모두에 대해서 일반적 법칙이 적용되는데, 일반적 법칙이란 어떤 재화를 **많이** 가지는 것이 **적게** 가지는 것보다 큰 효용을 줄 것이라는 사실이다. 어떤 개인의 다음과 같은 가상적 가치척도를 이용하여 일반적 법칙을 설명할 수 있다.

- **존 스미스**
  ┌┄┄┄┄┄┄┄┄┄┄┄┄┄┄┄┄┄┄┄┄┄┄┄┄┄┄(19온스 미래)(지금부터 10년)
  ├┄┄┄ 네 번째 단위의 10온스
  ├┄┄┄┄┄┄┄┄┄┄┄┄┄┄┄┄┄┄┄┄ (18온스 미래)
  └┄┄┄┄┄┄┄┄┄┄┄┄┄┄┄┄┄┄┄┄ (17온스 미래)

```
┌┄┄┄┄┄┄┄┄┄┄┄┄┄┄┄┄┄┄┄┄┄┄┄ (16온스 미래)
│┄┄┄┄ 세 번째 단위의 10온스
│┄┄┄┄┄┄┄┄┄┄┄┄┄┄┄┄┄┄┄┄┄┄┄ (15온스 미래)
│┄┄┄┄┄┄┄┄┄┄┄┄┄┄┄┄┄┄┄┄┄┄┄ (14온스 미래)
│┄┄┄┄┄┄┄┄┄┄┄┄┄┄┄┄┄┄┄┄┄┄┄ (13온스 미래)
│┄┄┄┄ 두 번째 단위의 10온스
│┄┄┄┄┄┄┄┄┄┄┄┄┄┄┄┄┄┄┄┄┄┄┄ (12온스 미래)
│┄┄┄┄ 첫 번째 단위의 10온스
│┄┄┄┄┄┄┄┄┄┄┄┄┄┄┄┄┄┄┄┄┄┄┄ (11온스 미래)
│┄┄┄┄ (첫 번째 추가한 단위의 10온스)
│┄┄┄┄┄┄┄┄┄┄┄┄┄┄┄┄┄┄┄┄┄┄┄ (10온스 미래)
└┄┄┄┄ (두 번째 추가한 단위의 10온스)
```

이 가치척도에서 선택을 위한 모든 가능한 선택지가 하나의 척도로 정렬되어 있는 사실을 보여주는 예제와 효용의 법칙이 진리라는 것이 예증되어 있음을 본다. '첫 번째 단위의 10온스'는 포기한 첫 번째 단위의 10온스(여기에서 단위는 임의적으로 선택된 것)에 일치하는 순위가 표시되어 있는 등이다. 포기한 '두 번째 단위'의 화폐 10온스는 더 높은 순위가 부여되어 있다. '첫 번째 추가한 단위의 10온스'는 존이 획득하기를 고려하는 다음 단위의 10온스에 일치하는 순위가 표시되어 있는데, 괄호는 그가 지금 그 재화를 소유하고 있지 않음을 표시한다. 위의 스케줄은 시간에 관한 존 스미스의 가치척도, 즉 그의 시간선호의 척도이다. 그러면 시장이자율이 3%, 즉 그가 10온스의 현재화폐를 팔아 13온스의 미래화폐(여기에서는 지금부터 10년을 고려하자)를 획득할 수 있다고 가정하자. 존이 무엇을 할 것인가를 보기 위해서 그의 시간선호척도를 이용할 수 있는 특권을 받는다. 13온스의 미래화폐가 첫 번째 단위의 10온스보다 선호되고, 또한 두 번째 단위의 10온스보다도 선호되지만, 세 번째 단위의 10온스는 그의 가치척도에서 13온스의 미래화폐보다 더 높은 위치에 있음을 발견한다. 그러므로 시장이자율이 연간 3%인 상태에서 개인은 20온스의 금을 저축할 것이고, 시간시장에서 20온스를 미래화폐를 대가로 판매할 것이다. 존은 20온스까지는 시간시장에서 현재재의 공급자이다.[8]

만약 시장이자율이 2%이면, 그 결과 미래의 12온스가 현재의 10온스의 가격일 것이라면, 존 스미스는 **현재화폐를 10온스 공급하는 공급자**가 될 것이다. 그는 결코 미래화폐의 공급자가 아닌데, 왜냐하면 특정한 그의 경우에 '첫 번째 추가한 단위의 10온스'보다 순위가 낮은 10온스 이상의 미래화폐의 양은 없기 때문이다.

예를 들어, 제임스 로빈슨이 다음과 같은 시간-가치척도를 가지고 있다고 가정하자.

- **제임스 로빈슨**

  ……………………………………… (19온스 미래)(지금부터 10년 후)
  ……… 두 번째 단위의 10온스
  ……………………………………… (18온스 미래)
  ……………………………………… (17온스 미래)
  ……… 첫 번째 단위의 10온스
  ……………………………………… (16온스 미래)
  ……………………………………… (15온스 미래)
  ……………………………………… (14온스 미래)
  ……… (추가한 첫 번째 단위의 10온스)
  ……………………………………… (13온스 미래)
  ……………………………………… (12온스 미래)
  ……… (추가한 두 번째 단위의 10온스)
  ……………………………………… (11온스 미래)
  ……… (추가한 세 번째 단위의 10온스)
  ……………………………………… (10온스 미래)

만약 시장이자율이 3%이면 로빈슨의 가치평가는 저축을 시간시장에 공급하지 않을 그런 정도이다. 이에 반하여, 미래의 13온스가 '추가한 첫 번째 단위의 10온스'보다 **낮다면** 그것은 로빈슨이 현재화폐 10온스를 받고 미래화폐 13온스를 기꺼이 교환하고자 한다는 것을 의미한다. 그것으로 스미스와 대비하여 그는 미래화폐의 공급자가 된다. 만약 이자율이 1%라고 가정하면 그는 20온스의 현재화폐와 교환하여 22온스의 미래화폐를 공급할 것인데, 따라서 더 낮은 가격에서는 로빈슨의 현재화폐에 대한 수요가 증가한다.

현재재 10온스와 비교한 미래재 10온스 이하에 대해서는 목록이 없음을 알 필요가 있다. 그 이유는 모든 사람의 시간선호는 양(positive)이기 때문인데, 즉 현재재 1온스가 미래재 1온스 또는 그 이하보다 언제나 선호될 것이기 때문이다. 그러므로 영(zero) 또는 음(negative)의 순 이자율의 문제는 결코 없을 것이다. 많은 경제학자가 **시간선호스케줄과 저축률이 이자율을 결정하기**보다는 이자율이 시간선호스케줄과 저축률을 결정한다고 믿는 큰 실수를 범했다. 이런 믿음은 완전히 근거 없다. 여기에서 토론한 이자율은 단순히 가상적 스케줄이고, 그 이자율은 각 개인의 시간선호스케줄을 **표시하고** 드러낸다. 총계로는 시간시장에서 개인들의 시간선호의 상호작용과 따라서 개인들의 공급-수요스케줄들이 시장의 순 이자율을 결정하는 것을 곧 보게 될 것이다. 개인의 가치평가들이 재화들의 총공급스케줄과 총수요스케줄을 결정하고, 다음에는 시장가격을 결정하는 것과 똑같은 방식으로 시간선호가 순 이자율을 결정한다. 그리고 다시 한번 여기에서 시간선호의 형태로 된 효용과 오직 효용만이 시장결과를 결정한다. 이런 설명은 선호들과 시장결과들이 '상호결정과정'의 일종이 아니라는 것이다.

분석을 계속하기 위하여, 위에서 예시한 존 스미스와 제임스 로빈슨의 시간-가치 척도로부터 시간시장에서 그들의 위치와 관련한 스미스와 로빈슨의 스케줄을 표로 만들기로 하자. 존 스미스의 스케줄이 〈표 6-1〉이다. 제임스 로빈슨의 스케줄은 〈표 6-2〉이다.

로빈슨의 시간스케줄은 특히 흥미롭다. 그의 시간-가치척도를 참고하면, 9%의 이자율에서는 19온스의 미래화폐가 10온스의 현재화폐의 두 번째 단위보다 위에 있고, 그 결과 또한 첫 번째 단위의 10온스의 현재화폐보다 위에 있다. 이 이자율에서는 시간시장에서 그가 공급하는 현재화폐, 즉 그의 저축은 20온스와 동일하다. 첫 번째 단위(10온스—이 토론을 위해 뽑은 임의적 크기의 단위)에 대한 그의 가치평가가 미래화폐 16온스와 17온스 사이에 있기 때문에, 시장이자율이 6%일 때는 16온스라는 수익은 첫 번째 단위보다 덜 가치가 있다. 그러므로 이 이자율에서 그는 현재화폐의 저축자와 공급자가 되지 않을 것이다. 다른 한편, 그는 미래재들의 공급자(즉, 시간시장에서 현재재의 수요자)도 역시 되지 않을 것이다. 미래재들의 공급자가 되기 위해서는 지배적 이자율에서 그가 포기해야만 하는 미래화폐에 대한 그의 가치평가가 그가 가지게 될 현재화폐보다 낮아야만 한다. 다시 말하면, 그가 예상되는 미래화폐에서 포기하는 것은 그의 가치척도에서 '추가하는 첫 번째 단위의 10온스'의 효용보다 덜 가치가 있어야 할 것이다. 이자율이 4%와 6%의 범위 안에 있을 동안에는 이것, 즉 앞의 서술은 진실이 아닐 것인데, 왜냐하면 그가 공급할 미래화폐 14온스에서 16온스는 그가 교환으로부터 받는 추가적 10단위의 현재화폐보다 가치가 있을 것이기 때문이다. 로빈슨의 경우에, 가상적 이자율이 3%로 떨어질 때 결정적 일이 일어나는 데, 왜냐하면 미래의 13온스가 추가적 10온스의 현재화폐보다 가치가 적고, 그는 미래의 온스를 시장에 공급할 것이기 때문이다. 만약 이자율이 1%라고 가정하면 그는 20온스의 미래재들을 공급할 것이다.[9]

〈표 6-1〉 존 스미스의 시간스케줄에 따른 현재화폐와 미래화폐의 공급과 수요

이자율(%)	현재화폐의 공급= 미래화폐수요=저축(온스)	미래화폐의 공급= 현재화폐수요(온스)
9	40	0
8	30	0
7	30	0
6	30	0
5	20	0
4	20	0
3	20	0
2	10	0
1	0	0

〈표 6-2〉 제임스의 시간스케줄에 따른 현재화폐와 미래화폐의 공급과 수요

이자율(%)	현재화폐의 공급= 미래화폐수요=저축(온스)	미래화폐의 공급= 현재화폐수요(온스)
9	20	0
8	10	0
7	10	0
6	0	0
5	0	0
4	0	0
3	0	10
2	0	10
1	0	20

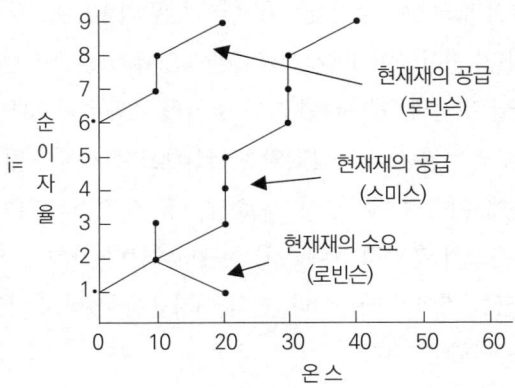

〈그림 6-2〉 시간선호스케줄들의 비교

어떤 때에 한 개인은 순 저축자(즉, 미래재의 순 수요자) 또는 미래재의 순 공급자 또는 시간시장에 전혀 있지 않을 것임이 명백하다. 그 세 가지 범주는 상호 배타적이다.

〈그림 6-2〉의 도표는 그래프식의 형태로 된 스미스와 로빈슨의 스케줄을 그린 것이다. 수직축은 이자율을 표시하고 수평축은 화폐를 표시한다. 현재재화들의 공급은 또한 미래재들에 대한 수요이고, 현재재들에 대한 수요는 또한 미래재들의 공급이다.

사람간의 효용이나 가치를 비교할 수는 없지만 로빈슨의 시간선호스케줄이 스미스의 시간선호스케줄보다도 **높다고** 확실히 말할 수는 있다. 다시 말하면, 두 사람이 어떤 재화의 특정 단위에 부여하는 순위나 효용을 비교하는 것은 도리에 맞다고 할 수 없지만, 그들의 드러난(demonstrated) 시간선호에 순전히 기초하는 그들의 **스케줄**(만약 스케줄을 안다면)은 비교할 수 있다. 로빈슨의 시간선호스케줄이 스미스의 시간선호스케줄보다 **높은데**, 즉 가상적인 각 이자율에서 로빈슨의 가치는 로빈슨이 미래재들과의 교환으로 현재재들을 더 적게 내줄 그런 것이다.[10]

대표적 개별 시간선호스케줄 또는 시간-공급스케줄과 시간-수요스케줄(time-supply-and-demand schedule)을 더 면밀히 탐구하자. 첫째, 선택단위가 10온스일 필요는 없다. 화폐는 아마도 가장 **분할가능한** 재화이기 때문에 단위를 훨씬 더 작은 크기로 나누는 것이 가능하다. 더구나, 시장에서의 중재거래 때문에 현재재들을 미래재들에 투자한 것에 대한 이자수익률은 모든 다양한 크기의 단위에서 동일할 것이다. 그러므로 심지어 각 개별 곡선에 대해서도 비교적 부드러운 곡선을 그릴 수 있다.

개인의 시간선호스케줄의 한 가지 당연한 특징은 궁극적으로는 일정량의 현재화폐가 시장에 공급되고 난 후에는 있을 법한 어떤 이자율도 그로 하여금 더 많은 미래재들을 구매하도록 설득할 수 없다는 것이다. 그 이유는 한 인간의 소유에서 현재화폐가 줄어들고 미래화폐가 증가하면 현재화폐의 한계효용은 그 인간의 가치척도에서 증가하고 미래화폐의 한계효용은 감소한다. 특히 모든 인간은 현재에 소비해야 하고, 이 점은 이자율과 상관없이 그의 저축을 과감하게 제한한다. 그 결과, 어떤 시점 이후에는 어떤 인간의 현재에 대한 시간선호는 무한대가 되고, 그의 현재재들의 공급을 나타내는 라인은 위쪽을 향하여 수직적이 된다. 척도의 다른 쪽 끝에서는 시간선호라는 현실은 어떤 최소의 이자율에서는 그 인간은 전혀 저축하지 않을 것을 의미한다. 어느 점에서 공급곡선이 수직축을 지나는가 하는 것은 개인의 가치평가에 달려있다. 그러나 시간선호법칙의 작동 결과 공급곡선이 수직축을 지나갈 것이 틀림없다. 어떤 인간도 10온스의 현재화폐보다 10온스나 그 이하의 미래화폐를 선호할 수는 없다.[11]

개별공급곡선이 수직축을 지나고 난 다음에는 어떤 일이 일어나는가 하는 것은 개인의 시간선호에 전적으로 의존한다. 위의 존 스미스의 경우에서처럼 어떤 경우에는, 개인의 화폐의 한계효용은 미래화폐의 한계효용에 비한다면 너무 빨리 떨어지는데, 그런 하락은 그로 하여금 낮은 이자율에서 현재재의 순 수요자로 참여하게 한다. 다시 말하면, 스미스의 시간선호율은 이 부근에서 매우 낮아서 그는 현재재들의 수요자와 미래재들의 공급자가 된다. 다른 한편, 로빈슨의 더 높은 시간선호스케줄은 낮은 이자율에서는 그를 현재재들을 대가로 미래재들을 공급하는 공급자가 되게 한다(〈그림 6-2〉참조).

물론 〈그림 6-2〉에서 했던 것처럼 대표적 개인의 공급곡선과 수요곡선을 진부하게 그릴 수 있다. 다른 한편, 시간시장에서 개인의 행동을 연속적 곡선으로 만들기 위하여 이 도표를 또한 수정할 수 있다. 이 곡선을 '개인의 시간시장곡선'이라고 부를 수 있다. 이자율이 높은 곳에서 그 곡선이 수직축을 지나는 곳까지, 이 곡선은 단지 현재재의 개별공급곡선이다. 그러나 이 곡선이 수직축을 지나는 아래에서는 그의 수요곡선을 **뒤집어서** 수평축 위에서 왼쪽을 향하여 계속적으로 긋는다(〈그림 6-3〉 참조).

시장에서 모든 개인은 유사한 종류의 시간시장스케줄을 가지는데, 그 스케줄은 그의 특별한 가치척도를 반영한다. 각자의 스케줄은 높은 이자율에서는 순 저축을 하는 경향이 크고, 낮은 이자율에서는 개인이 저축의 순 수요자가 될 때까지 적은 저축을 하는 경향이 커지게 되는 그러한 형태일 것이다. 각 **가상적** 이자율에서 각 개인은 순 저축의 가능성 또는 저축을 순 수요할 가능성 또는 시장에 참가하지 않을 가능성이 있다. 이자율이 어느 정도 변하는 경우에 저축이 변화하지 않을 것이지만(수직곡선) 낮은 이자율에서 저축의 공급이 크거나 저축의 수요가 적은 그런 상황은 결코 없을 것이다.

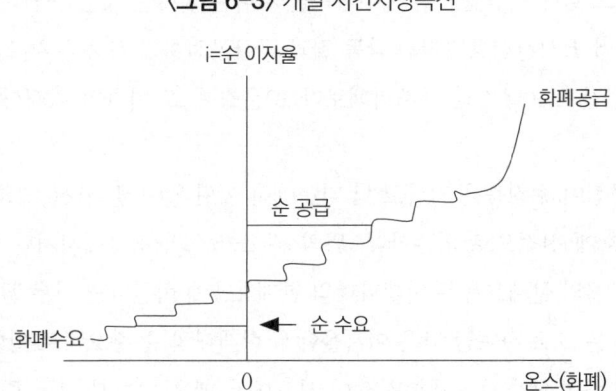

〈그림 6-3〉 개별 시간시장곡선

모든 개인의 시간시장스케줄은 미래재의 관점에서 현재재에 대한 시장공급스케줄과 시장수요스케줄을 만들기 위하여 시장에서 모아진다. 공급스케줄은 이자율이 증가함에 따라 증가하고 수요스케줄은 높은 이자율에서는 하락한다.

대표적 총시장 도표가 〈그림 6-4〉이다. 시장 내의 모든 개인의 시간시장에서의 공급스케줄과 수요스케줄을 집계하면 SS와 DD와 같은 곡선을 얻는다. DD는 미래재들의 공급이라는 관점에서 현재재들에 대한 수요곡선이다. 수요곡선은 이자율이 하락함에 따라 우하향한다. SS는 미래재들에 대한 수요라는 관점에서 현재재들의 공급곡선이다. 공급곡선은 이자율이 증가함에 따라 우상향한다. 두 곡선의 교차가 **균형이자율**—항등순환경제에서나 있을 것 같은 이자율—을 결정한다.

그러면 이 순 이자율은 오로지 **사회 내 개인들의** 시간선호에 **의해서만** 결정되고 **다른 어떤 요소도 관련이 없다**.

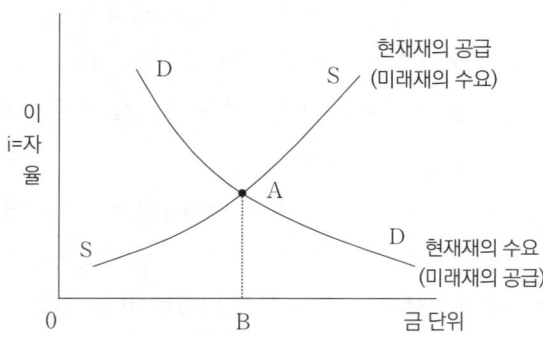

두 곡선의 교차는 BA라는 균형이자율을 결정하고 균형저축량은 OB이다. OB는 저축되어서 미래화폐에 투자될 화폐의 총량이다. BA보다 높은 이자율에서는 교환을 통해 공급되는 현재재들이 공급되는 미래재들을 초과하고, 초과저축은 미래재들의 관점에서 현재재들의 가격이 하락하여 균형에 이를 때까지 현재재들의 공급자들은 서로 경쟁한다. 만약 이자율이 BA보다 낮다고 가정하면 미래재들의 공급자에 의한 현재재들의 수요는 저축의 공급을 초과할 것이고, 현재재들의 수요자간 경쟁이 이자율을 균형을 향해 밀어 올릴 것이다.

경제학의 다른 어떤 영역을 다루는 것보다도 이자율에 관한 토론에서 아마도 더 많은 오류가 저질러졌다. 순 이자율의 결정에서 시간선호가 결정적으로 중요한 것이 경제학에서 인식된 지가 오래되었다. 경제학자들이 시간선호가 순 이자율의 **유일한** 결정요인이라는 것을 인식한 것은 심지어 더 오래되었다. 인과관계에 대한 일원론적 해석을 받아들이기를 거부하는 것이 오늘날까지 경제학에 만연되었다.[12]

4. 시간시장과 생산구조

시간시장도 다른 시장처럼 시장을 구성하는 개인들로 이루어지는데, 그런 개인들의 스케줄들이 모아져서 시장공급스케줄들과 시장수요스케줄들을 만든다. 시간시장의 복잡함(그리고 화폐시장의 복잡함도 마찬가지로)은 그 시장이 각종 구별가능한 하부시장들(submarkets)로 또한 나뉘고 다시 나뉜다는 사실에 있다. 이런 하부시장들을 하나의 총체적 시장으로 모을 수 있지만 보조적 구성부분들은 흥미롭고 의당 매우 의미가 있어 그 이상의 분석을 할 가치가 있다. 그 구성부분들 자체는 물론 개별 공급스케줄들과 개별 수요스케줄들로 구성된다.

위에서 주장했던 것처럼, 현재-미래시장을 **생산구조와 소비자대부시장**의 두 주요 하부부문으로 나눌 수 있다. 먼저 생산구조에 주의를 기울이자. 대표적 생산구조 도표를 다시 한번 논의함으로써 이 일을 가장 명확히 할 수 있다. 이 도표는 〈그림 6-1〉에 하나의 결정적 차이를 고려한 것이다. 〈그림 6-1〉에서 도표는 어떤 특정한 소비재의 대표적 생산구조를 묘사했다. 이제 〈그림 6-1〉과 동일한 도표가 모든 재화의 **총생산구조**(aggregate production structure)**를 묘사한다**. 돈은 소비재들로부터 출발하여 거꾸로 거슬러 생산의 각 단계로 이동하고, 반면에 재화들은 생산의 높은 단계에서부터 낮은 단계로 흘러서 최종적으로는 소비재들로서 판매된다. 생산의 패턴이 특수요소와 비특수요소, 둘 모두가 존재한다는 사실에 의해 바뀌지 않는다. 생산구조가 총체적으로 모아지기 때문에 **어떤 특정생산물**의 특수성 정도가 시간시장의 토론에서는 관련이 없다.

상이한 재화들의 상이한 생산과정에서 다른 길이의 시간이 소요된다는 사실은 문제가 없다. 이것은 어렵지 않은데, 왜냐하면 한 단계에서 다른 단계로 흐르는 것은 어떤 길이(본문은 '수'로 표현—역주)의 과정에서도 총체적으로 모아질 수 있기 때문이다.

그러나 전체 경제의 생산구조를 총체적으로 집계하는 것과 관련된 것으로 보이는 두 가지의 더 심각한 문제가 있다. 하나는 다양한 과정의 각 단계에서 돈을 대가로 자본재들을 교환하는 일이 반드시 일어나지 않을 것이라는 사실이다. 하나의 기업이 그 자체 내에서 하나 또는 그보다 더 많은 단계를 '수직통합'할 수 있고, 그 결과 긴 기간 동안에 현재재들을 선불할 수 있다. 그러나 특정과정의 경우에 어려움이 없었던 것처럼 수직통합에서도 전혀 어려움이 없음을 아래에서 볼 것이다.

두 번째 어려움은 **내구**자본재들의 구매와 사용이다. 자본재들 또는 토지는 **구매되는** 것이 아니라 오직 **고용되는** 것, 즉 소유주로부터 '임차하는' 것이라고 가정했고 계속해서 가정할 것이다. 내구재들을 구매하는 것은 문제를 복잡하게 만들지만 다시 한 번 이것이 분석에 어떤 본질적 변화를 전혀 유도하지 않는다는 것을 보게 될 것이다.

〈그림 6-5〉의 생산구조 도표는 다양한 부문간 지급의 크기를 표시했던 숫자를 생략한 것이고, 그 대신에 현재-미래거래(시간거래)가 일어나는 곳과 어떤 그룹이 이러한 다양한 거래에 종사하고 있는가를 표시하기 위하여 D와 S를 대체한 것이다. D는 현재재들에 대한 수요자들을 표시하고, S는 미래재들을 수요하는 현재재들의 공급자들이다.

그림의 바닥—소비자들이 소비재들에 지출하는 것—에서 시작하자. 돈의 움직임은 화살표로 표시되어 있고, 돈은 소비자들로부터 소비재들의 판매자들로 이동한다. 이것은 시간거래가 **아닌데**, 왜냐하면 그것은 **현재재들**(소비재)을 **현재재들**(돈)과 교환하는 것이기 때문이다.[13]

〈그림 6-5〉 모든 재화의 총생산구조

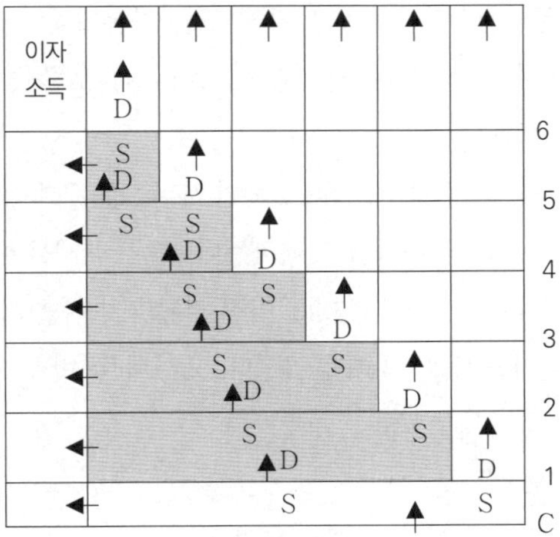

D=미래재에 의한   S=미래재에 대한
현재재의 수요   현재재의 공급

소비재들의 생산자들은 반드시 자본가들인데, 그들은 소비재들을 생산하기 위하여 요소들의 서비스에 투자하고, 그 다음에 요소들의 서비스 생산물들을 판매하는 사람들이다. 자본가들이 요소들에 투자한 것은 토지요소들의 서비스, 노동요소들의 서비스(앞의 둘은 최초요소들), 1차수 자본재들(생산된 요소) 등의 구매로 이루어진다. 이 두 가지 큰 범주의 교환(소비재들의 최종판매보다 한 단계 일찍 이루어지는 교환)에서는 현재재들이 미래재들과 교환되고 있다. 두 경우에 자본가들은 요소들의 서비스에 대한 대가로 **현재화폐**를 공급하고 있는데, 그 요소들의 서비스 산출물이 미래에 구체화될 것이고, 그 결과 그 요소들의 서비스는 **미래재**들이다.

그래서 소비재들을 생산하는 자본가들은 '첫 번째 단계의 자본가들'(first-stage capitalists)이라고 부를 수 있는데, 그 자본가들은 자신의 돈을 투자함으로써 시간거래에 참여한다. 그러면 시간시장의 특정한 하부부문의 구성요소들은:

현재재들의 공급: 자본가들$_1$
미래재들의 공급: 토지소유자들, 노동자들, 자본가들$_2$
(현재재들에 대한 수요)

자본가들$_1$은 소비재들을 생산하는 첫 번째 단계의 자본가들이다. 그 자본가들은 생산자-소유자들—두 번째 단계의 자본가들 또는 자본가들$_2$—로부터 자본재들을 구매한다. 그것에 적절한 S와 D는 이 거래를 표시하고, 위쪽을 가리키는 화살표는 돈의 지급방향을 표시한다.

다음 단계에서는, 자본가들$_2$는 생산요소들의 서비스를 구매해야 한다. 자본가들$_2$는 현재재들을 공급하고 미래재들을 구매하는데, 그 미래재들이란 자본가들$_2$가 생산할 예정인 생산물보다 미래로 심지어 멀어진 것이다.[14] 이들 미래재들은 토지소유자들, 노동자들, 자본가들3등에 의해 공급된다. 요컨대 두 번째 단계에서는:

현재재의 공급: 자본가들$_2$
미래재의 공급: 토지소유자들, 노동자들, 자본가들$_3$

이 거래들은 S와 D로 적절히 표시되어 있고, 위쪽을 가리키는 화살표는 이 거래에서 돈의 지급방향을 표시한다.

이러한 패턴은 바로 그 마지막 단계까지 계속된다. 여기에서는 여섯 번째인 이 마지막 단계에서 여섯 번째 단계의 자본가들은 다섯 번째 단계의 자본가들에게 미래재들을 공급하지만, 그 자본가들은 또한 노동자들과 토지소유자들에게 현재재들을 공급하고 그 대가로 노동자들과 토지소유자들의 엄청나게 먼 미래서비스를 받는다. 그러면 가장 높은 두 단계의 거래는 다음과 같다(마지막 단계는 6 대신에 N으로 표시):

- **다섯 번째 단계:**
  현재재들의 공급: 자본가들$_5$
  미래재들의 공급: 토지소유자들, 노동자들, 자본가들$_N$

- **N번째 단계:**
  현재재들의 공급: 자본가들$_N$
  미래재들의 공급: 토지소유자들, 노동자들

이제 N단계의 어떤 생산구조라도 시간시장을 요약할 수 있다.

- **현재재들의 공급자들** · **미래재들의 공급자들**(현재재들의 수요자들)

  자본가들$_1$ 모든 토지소유자들
  자본가들$_2$ 모든 노동자들
  자본가들$_3$ 자본가들$_2$
  ....   자본가들$_3$
  ....
  ....
  자본가들$_N$ 자본가들$_N$

생산구조의 작동을 명확히 설명하기 위해 〈그림 6-1〉에 주어진 수치로 된 예제로

되돌아가서 시간시장의 각종 구성요소에 의해 공급되고 수령되는 현재재들의 양을 요약하자. 여기에서 동일한 수치를 사용하여 총생산구조에 응용할 수 있는데, 비록 이 경우에는 독자가 단위를 금의 온스를 배가하는 것을 고려해주기를 기대하지만 말이다. 생산과정의 존속기간이 다르고 수직통합의 정도가 다르다는 것이 집계에 어떤 어려움도 만들지 않는다는 사실은 단독생산과정을 위한 도표와 경제 전체를 위한 도표를 거의 교환하여 사용하는 것을 가능케 한다. 더구나, 항등순환경제에서 이자율이 경제 내의 모든 단계와 재화에 동일할 것이라는 사실은 모든 재화의 동등한 단계들을 집계하는 것을 특히 용납한다. 왜냐하면 만약 이자율이 5%이면, 한 재화의 어떤 단계에서 자본가들이 요소소유자들에게 지급하는 것이 50온스이고 생산물의 판매로부터 받는 것이 52.5온스라고 말할 수 있지만, 반면에 같은 기간에 전체 경제를 위한 총지급은 5천 온스이고 생산물의 판매로부터 받는 수입액은 5,250온스라고 또한 가정할 수 있기 때문이다. 동일한 이자율은 투자에 대한 수익이 동일하다는 것을 의미하는데, 특정 재화를 단독으로 고려하든지 모든 재화를 다 함께 묶어서 고려하든지 상관없이 말이다.

그러면 다음은 〈그림 6-1〉의 도표가 이제 전체 경제를 위한 총계로서 다루어진 상태에서 현재재들의 공급과 수요이다.

- **(저축자들)**　　　　　　　　　　• **현재재들의 수요자들**
  현재재들의 공급자들　　　　　　**미래재들의 공급자들**

  자본가들$_1$⋯95온스 → 15온스　토지와 노동소유자들; 자본가들$_2$⋯⋯ 80온스
  자본가들$_2$⋯76온스 → 16온스　토지와 노동소유자들; 자본가들$_3$⋯⋯ 60온스
  자본가들$_3$⋯57온스 → 12온스　토지와 노동소유자들; 자본가들$_4$⋯⋯ 45온스
  자본가들$_4$⋯43온스 → 13온스　토지와 노동소유자들; 자본가들$_5$⋯⋯ 30온스
  자본가들$_5$⋯28온스 →　8온스　토지와 노동소유자들; 자본가들$_N$⋯⋯ 20온스
  자본가들$_N$⋯19온스 → 19온스　토지와 노동소유자들 ⋯⋯⋯⋯⋯⋯⋯⋯
  　　　　　　　―――　　―――　　　　　　　　　　　　　　　　　　―――
  　　　　　　　318온스　83온스　　　　　　　　　　　　　　　　235온스

위의 각 단계에서 수평화살표는 돈이 저축자들로부터 그 단계에서 그 돈을 수령하

는 수요자들로 이동하는 것을 묘사한다.

표를 만드는 과정으로부터 다양한 참가자의 **순** 화폐소득을 유도하는 것은 쉽다. 즉, 그것은 참가자들이 받는 **총화폐소득**에서 화폐지급을 뺀 것인데, 만약 우리가 시간시장에서 참가자들의 모든 거래를 위한 전체 기간을 포함한다면 말이다. 토지소유자들과 노동소유자들의 경우는 간단하다. 즉, 그들은 그들 요소로 산출할 미래재들을 대가로 돈을 받는다. 이 돈은 생산체제로부터 나오는 그들의 총화폐소득과 순 화폐소득이다. 토지소유자들과 노동소유자들에게 가는 순 화폐소득의 합은 83온스이다. 이 금액은 생산의 각 단계에 있는 토지와 노동의 다양한 소유자들에 가는 화폐소득의 합이다.

자본가들의 경우는 훨씬 더 복잡하다. 그들은 미래재들을 대가로 현재재들을 지불하고, 그 다음에는 완성되고 있지만 소비재로부터 덜 멀리 떨어진 미래 생산물들을 더 낮은 단계의 자본가들에게 돈을 받고 판다. 그런 자본가들의 순 화폐소득은 생산단계 기간 동안의 총소득에서 비용으로 지출한 돈을 뺌으로써 산출된다. 우리의 예제에서, 자본가들의 다양한 순소득은 다음과 같다.

- **자본재들을 생산하는 자본가들의 순 소득**

    자본가들$_2$ ·················· 80-74=4온스
    자본가들$_3$ ·················· 60-57=3온스
    자본가들$_4$ ·················· 45-43=2온스
    자본가들$_5$ ·················· 30-28=2온스
    자본가들$_N$ ·················· 20-19=1온스
    　　　　　　　　　　　　12온스

자본재들(차수 2부터 N까지)을 생산하는 자본가들의 총 순 소득(*total net income*)은 12**온스**이다. 그러면 순 소득도 명백히 없을 뿐 아니라 95온스의 적자를 본 자본가들1의 순 소득은 얼마인가? 〈그림 6-1〉에서 보듯이, 자본가들1은 자본가들의 저축으로부터 보상받는 것이 **아니라** 소비자들의 지출로부터 보상받는데, 그 지출은 합이 100온스이고, 그 금액은 자본가들1에게는 5온스의 순 소득을 안겨준다.

생산구조의 일반적 패턴과 시간시장의 일반적 패턴이 항등순환경제 내에서 동일하듯이 불확실성이 있는 현실세계에서도 동일할 것이라는 점은 이 시점에서 강조되어야 한다. 그 둘간의 차이는 각 부문으로 가는 금액과 다양한 가격간의 관계에 있을 것이다. 나중에 그 차이가 무엇인가를 볼 것이다. 예를 들어, 각 부문에 있는 자본가들의 수익률은 현실의 시장에서는 균일하지 않을 것이다. 그러나 지급의 **패턴**, 공급자들과 수요자들의 구성 등은 동일할 것이다.

생산구조상의 소득-소비 수지표의 분석에서, 경제문제들을 다루는 저자들은 우리가 다양한 소득을 통합하여 오직 순 소득만을 고려할 수 있다고 주장했다. 자본가들간의 다양한 거래를 '중복'으로 간주하여 단지 지워버리고 싶은 유혹이 있었을 것이다. 만약 그런 일이 여기에서 행해지면, 시장에서의 총 순 소득은, 자본가들에게는 17온스(자본재를 공급하는 자본가들에게 12온스와 최종소비재를 공급하는 자본가들에게 5온스), 토지요소들과 노동요소들에게는 83온스이다. 그러면 총괄적 총 순 소득은 100온스이다. 이것은 그 기간 동안 소비자 지출의 합계와 정확히 동일하다.

총 순 소득은 100온스이고 소비는 100온스이다. 그 결과 새로운 순 저축은 없다. 아래에서 저축과 저축의 변화를 자세하게 다룰 것이다. 여기에서 요지는 항등순환경제에서의 끝없는 순환에서는 영(zero)의 순 저축은 그렇게 정의된 바와 같이 생산자본을 그대로 유지하게 하는, 생산과정을 굴러가게 하도록 하는, 기간당 생산된 소비재의 양을 일정하게 유지하도록 할 만큼의 정말로 충분한 **총**저축이 있다는 것을 의미할 것이라는 점이다.

순 소득과 순 저축을 고려하는 것이 확실히 정당하고 종종 유용하지만, 그렇게 하는 것이 언제나 사리를 밝게 하는 것은 아니고, 순 소득과 순 저축의 사용은 현대경제학에서는 극도로 잘못 인도되었다.[15] 순 '국민'소득 통계의 사용[화폐를 이용하여 '사회소득'(social income)을 확대하여 시장사회 전체에 걸쳐서 다루는 것이 사회소득의 이용범위를 국경 내로 한정하는 것보다는 낫다]은 생산구조를 유지하게 하는 정말로 중요한 요소가 소비자의 지출이라고 믿게 이끈다. 우리의 항등순환경제에서의 예제에서, 다양한 요소와 자본가들은 자신의 순 소득을 얻고 그 소득을 소비에 재투자하여, 그 결과 생산구조와 미래의 생활수준, 즉 소비재들이라는 산출물을 유지한다. 그러한 개념으로부터의 추론은 명확하다. 자본가들의 저축은 자본구조를 증가하고 심화하는 데 필수적이지만 심지어 저축이 없는 경우에도 소비지출만으로도 생산적 자본구조를 그대로 유지하게 만들기에 충분하다.

이런 결론은 믿지 못할 정도로 명쾌한 것처럼 보인다. 결국, 소비지출은 행위의 보루이고 행위의 최종결과가 아닌가? 그러나 이런 주장은 비참하게도 틀린 것이다. 특히 우리가 항등순환경제라는 확실성의 세계를 떠나면 자본가들의 지출이 단지 자동적으로 이루어지는 것이 아니고, 이런 현실의 세계에서는 그런 개념적 오류가 엉망으로 만든다. 왜냐하면 생산이 단계로 구분된 상태에서 소비지출이 자본구조를 유지하기 위해 준비하는 데 충분하다고 하는 것은 진실이 아니기 때문이다. 우리가 자본구조의 유지를 검토할 때는 현재-미래시장에서 현재재들의 공급과 관련한 모든 결정을 고려해야 한다. 그런 결정들은 **총체적으로 집계된다**. 그런 결정들은 상호 상쇄되지 않는다. 그러면 경제에서 총저축은 영이 아니라 생산과정 동안에 미래재들의 소유자들에게 공급된 모든 현재재들의 총계이다. 총저축은 자본가들1로부터 자본가들N까지가 한 공급의 합인데, 그것은 합이 **318온스이다**. 이것은 총합한 **총저축**(*total gross*)—생산에서 미래재들을 대가로 한 현재재들의 공급—이고 또한 총합한 **총투자**(*total gross investment*)와 같다. 투자는 미래재를 생산하는 요소들에 지출한 돈의 액수이고 반드시 저축과 동일하다. 생산에 지출한 총금액은, 100(소비)에 318(투자=저축)을 더하여 **418온스**와 동일하다. 생산으로부터 총합한 총소득은 자본가들1의 총소득(100온스)에 다른 자본가들의 총소득(235온스)과 토지소유주들과 노동소유주들의 총소득(83온스)을 더하면 또한 **418온스**와 동일하다.

그러면 생산구조 도표에 묘사된 체제는 벌어들인 총소득이 **금 418온스**이고, 소비에 지출된 것이 **100온스**이며, 반면에 **318온스**가 생산구조에 일정한 순서로 저축되고 투자된 그런 경제체제이다. 이런 항등순환경제에서 418온스는 획득되고 그 다음에 소비되어, 순 '화폐저장' 또는 '화폐음저장'(*dishoarding*)이 없는 상태, 즉 전체 기간 동안에 현금잔고의 순증이나 순감이 없는 상태이다.[16]

따라서 자본구조와 생산구조를 그대로 유지하기 위해서 저축이 필요 없는 것이 아니라, 매우 큰 비율의 저축과 투자—우리의 예에서는 소비에 지출되는 액수의 3배—가 생산구조를 단지 그대로 유지하기 위해서 필수적임을 알 수 있다. **누가** 소득을 획득하고 누가 소비할 것인가 또는 투자할 것인가를 결정하는 권한을 가지고 있는가를 고려할 때 차이는 분명해진다. 순-소득 이론가들은 소비하기 대(vs.) 저축하기-투자하기에 관한 유일하게 중요한 결정은 요소소유자들이 그들의 순 소득에 대해 내리는 결정이라고 암묵적으로 가정한다. 자본가들의 순 소득이 명백히 상대적으로 작기 때문에 이 접근법은 자본을 유지하는 데 있어 자본가들의 역할에 거의 중요성을 두지 않는다. 그러나 자본을 유지하는 것은 총지출과 총투자이지 순 투자가 아니다. 그러므로 생산의 각 단계에서 자본가들은 자신의 저축과 투자를 통해서, 총소득으로부터 한 엄청난 저축을 통해서 자본을 유지하는 데 있어 결정적 역할을 한다.

구체적으로, 자본가들1의 경우를 가져오자. 순-소득 주장자에 따르면 자본가들1의 역할은 상대적으로 작은데, 왜냐하면 자본가들1의 순 소득이 단지 5온스이기 때문이다. 그러나 실제로는 자본가들1의 총소득은 100온스이고, **결정적인 것은 총소득 중에서 얼마나 많이 저축하고 얼마나 많이 소비하는가 하는 데 대한 자본가들1의 결정이다.** 물론 항등순환경제에서 자본가들1은 95온스를 저축하고 투자한다고 단순히 서술한다. 그러나 우리가 항등순환경제라는 범위를 떠날 때 이런 투자에 자동적인 것은 아무것도 없다는 것을 깨달아야 한다. 자본가들1이 그 금액을 재투자해야 한다는 자연적 법칙은 없다. 예를 들어, 자본가들1이 95를 투자하는 대신에 100온스를 자신들의 소비를 위하여 모두 지출함으로써 항등순환경제의 부드러운 흐름을 깨기로 결정한다고 가정하자. 시장에서 발생한 전 생산구조는 파괴될 것이 분명하다. 1차수보다 더 높은 차수의 모든 자본재의 소유자들에게 어떤 소득도 전혀 발생하지 않을 것이고, 1차수보다 더 높은 차수의 모든 자본과정, 가장 짧은 생산과정보다 조금이라도 긴 모든 생산과정이 포기되어야 할 것이다. 문명은 생산과정을 길게 늘이는 추가적 자본에 의해 진보한다는 것을 위에서 보았고 아래에서 더 자세하게 볼 것이다. 더 많은 양의 재화들은 더 길어진 과정에서 오직 더 많은 자본이 사용될 때만 가능하다. 만약 자본가들이 저축-투자로부터 소비로 이동하면 모든 생산과정은 필연적으로 포기될 것이고, 경제는 오직 가장 짧고 가장 원시적 생산과정만 작동하는 야만의 상태로 돌아갈 것이다. 생활수준, 생산된 재화들의 종류와 양은 원시적 수준까지 파멸적으로 떨어질 것이다.[17]

소비를 선호하여 저축과 투자를 그렇게 돌연히 회수하는 이유는 무엇인가? 유일한 이유—자유시장에서—는 자본가들의 시간선호스케줄들이 돌연하고도 엄청나게 증가하는 것이고, 그 결과 현재의 만족이 미래의 만족이라는 관점에서 더욱더 가치가 있게 된 것이다. 자본가들의 그런 더 높아진 시간선호는 현재의 이자율이 자본가로 하여금 예전의 비율로 저축하고 투자하게 유도할 만큼 충분하지 않다는 것을 의미한다. 그러므로 자본가들은 자신의 총소득에서 이전보다 큰 비율을 소비하고 작은 비율로 투자한다.

각 개인은 자신의 시간선호스케줄에 기초하여 그의 화폐소득금액 중에서 얼마나 저축하고 얼마나 소비할 것인지를 결정한다. (시간선호에 의해 결정되는) **총시간시장스케줄들**(aggregate time-market schedules)**은 (총)저축과 소비 간의 총사회비율들**(aggregate social proportions)**을 결정한다**. 시간선호스케줄들이 높으면 높을수록 저축 대비 소비의 비율이 점점 커질 것이고, 반면에 시간선호스케줄들이 낮으면 낮을수록 이 비율은 점점 낮아질 것이 명백하다. 그와 동시에 경제에서 높은 시간선호스케줄들은 높은 이자율로 이끌고 낮은 스케줄들은 낮은 이자율로 이끈다는 것을 보았다.

이 점으로부터 **시장에서 개인들의 시간선호들은 시장균형이자율과 소비와 저축**(개별적으로, 그리고 총체적으로) **간의 비율을 동시에 결정하고 오직 개인선호들만의 힘으로 시장균형이자율과 소비와 저축 간의 비율을 결정하는 것**은 명백하다.[18] 뒤쪽의 두 가지, 즉 시장균형이자율과 소비와 저축 간의 비율은 동일한 동전의 이면이다. 우리의 예제에서는, 시간선호스케줄들의 증가는 절대적으로 또 비율적으로 저축의 감소를 초래했고, 이자율의 증가를 초래했다.

순 생산물 주장자의 오류는 경제학자로 하여금 생산물 통계와 소득통계에 어떤 '총'(grossness) 개념을 포함하도록 이끌었다. 현재시점에 경제학자가 선호하는 개념은 '국민총생산'(gross national product)이라는 것과 그것의 짝인 '국민총지출'(gross national expenditure)이라는 개념이다. 이 두 개념은 순 소득 개념이 가졌던 명백한 오류 때문에 채용되었다.[19] 그러나 현재의 '총' 수치는 비논리의 극치에 달하는데, 왜냐하면 그 수치는 전혀 '총'이 아니고 단지 부분적으로 '총'이다. 총 수치는 자본가들에 의한 **내구**자본재들의 총구매와 소유자들에 의해 결정된 감가상각의 근사치인 자본가들 자신이 소유한 내구자본재들의 소비 등만을 포함한다. 내구자본의 문제를 더 자세하게 아래에서 고려할 것이지만 내구적인 자본과 덜 내구적인 자본 간에 큰 차이가 없다고 말하는 것으로 충분하다. 두 종류의 자본은 생산과정 동안에 소비되고,

두 자본은 더 낮은 차수의 자본가들의 총소득과 총저축에서 나온 것으로부터 대가를 받아야 한다. 그러면 생산구조의 지급패턴을 평가함에 있어서 투자라는 그림에서 비내구적 자본재들의 소비를 도외시하는 것은 허락하기 어렵다. 내구재들을 가려 뽑는 것은 완전히 비논리적인데, 내구재들은 자체가 비내구 서비스의 단지 할인된 형태로 구체화된 것이고, 그 결과 비내구 재화들과 다를 것이 없기 때문이다.

저축 없이 자본구조를 그대로 유지되게 한다는 아이디어는 마치 자본구조가 자동적으로 유지되었다면 하는 것과 같이 '순' 접근법의 사용에 의해 촉진된 것이다. 만약 심지어 영의 저축이 자본을 유지하는 데 충분할 것이면, 그것은 마치 자본의 총가치가 줄어들 수 없는 영원한 실체라고 하는 것과 같아 보인다. 자본이 영원하다는 견해는 특히 클락(J. B. Clark)의 저작과 나이트의 저작을 통해서 경제이론에 스며들었는데, 그런 견해는 나이트의 영향을 통해서 미국 내 현재의 '신고전학파' 경제이론을 형성했다. 자본이 영원하다는 주장을 옹호하기 위해서 생산을 단계로 나누어 분석하는 것과, 그뿐 아니라 생산에서 **시간**의 바로 그 영향을 부정하는 것이 필수적이다.[20] 모든 것에 스며드는 시간의 영향은 생산기간 개념과 개별 시간선호스케줄들에 의한 이자율 결정과 투자-소비비율의 결정에서 강조된다. (현대의 복잡한 경제에서) '현재의' 생산은 무시간적이고 시간선호는 이자율에 영향을 주지 **않는다고** 주장한 나이트의 학설은 생산에서 시간의 어떤 역할도 부정한다. 이 주장을 '자본의 신화'라고 부르는 것이 적절하다. 다른 오류들 가운데서, 그 주장이 자본의 대체와 유지와 관련해서는 경제문제가 없다는 믿음으로 이끈다.[21, 22]

순-소득접근법에 의해 직접 조장된 한 가지 공통적 오류는 생산체제에서 가장 중요한 종류의 지출은 소비자지출이라는 것이다. 많은 저자가 경기의 번영은 소비자지출과 직접적인 관련이 있고, 경기의 부진은 소비자지출의 하락과 관련이 있다고까지 했다. '경기변동'(business cycle)에 대한 논의는 나중의 장으로 미룰 것이지만 번영과 소비자지출이 거의 또는 아무 관계가 없음은 명백하다. 사실 거의 그 반대가 진실이다. 경기의 번영에 대해서 말하면, 중요한 고려대상은 다양한 단계간의 가격차액—획득하는 이자수익률—이다. 이 이자율이 자본가들로 하여금 저축하여 생산요소들에 현재재들을 투자하도록 유도하는 것이다. 이자율은 사회에서 개인들의 시간선호 형태들에 의해 결정된다는 것을 논증했다. 자본가들의 수익에 관련이 있는 것은 소비에 지출된 화폐의 총량이 아니라, 각종 단계에서의 생산물 가격들과 요소가격들의 합, 그 둘의 **마진**, 차액이다—이 차액은 경제 전체를 통해서 비례적으로 동일해지는 경향이 있다.

사실, **소비자지출의 유지에 대해서 걱정할 필요는 결코 없다**. 소비는 언제나 있을 것이 틀림없다. 일정 양의 돈을 저축하고 나면 모든 사람이 현재의 소비에 지출할 축소할 수 없는 최소한의 화폐자산이 언제나 있음을 보았다. 인간행동의 진상은 그런 축소할 수 없는 최소한을 보장한다. 그리고 화폐경제가 존재하고 화폐가 사용되는 한에서는 돈은 소비재의 구매에 지출될 것이다. 각종 단계와 **그 단계 전체**에서의 자본에 지출된 비율이 **중요한** 관심사항—경제에서 소비재의 실질산출물—에 대한 실마리를 제공한다. 그러나 지출된 화폐의 총량은 전혀 실마리를 제공하지 않는다. 화폐와 화폐의 가치는 나중의 장에서 체계적으로 연구될 것이다. 그러나 유통되는 화폐상품의 양에 따라서 지출된 단위의 수가 엄청나게 변동할 수 있는 것은 명백하다. 이용가능한 화폐단위의 양이 더 적었거나 더 많았다는 것을 제외하고는 아무런 의미도 없이, 금 100온스 또는 천 온스 또는 만 온스 또는 십만 온스가 소비에 지출될 수 있다. 소비에 지출된 화폐의 총량은 경제가 구매할 수 있는 재화들의 양에 대해 실마리를 제공하지 않는다.

그러므로 중요한 고려사항은 시간선호들과 그 결과로서 생기는 비율인데, 비율이란 소비재들에 지출한 것과 생산재들(투자)에 지출한 것 간의 비율을 말한다. 소비재들에 지출한 비율이 낮으면 낮을수록 자본구조에 투자하는 것이 점점 중요해질 것이고, 그리고 얼마 후에 소비재들의 공급이 점점 더 풍부해지고 경제는 점점 더 생산적이 될 것이다. 동전의 앞면은 시간선호가 경제에서의 이자율과 자본가이자 저축자들-투자자들의 소득을 결정하는 가격차액에 미치는 결정적 영향이다. 우리는 낮아지는 투자가 생산구조의 첫 순위에 미치는 영향을 이미 보았고, 아래에서는 시간선호가 낮아지는 것이 생산과 이자에 미치는 영향과 화폐의 양의 다양한 변화가 시간선호와 생산구조에 미치는 영향을 충분히 분석할 것이다.

그러나 시간선호와 생산구조를 분석하는 일을 계속하기 전에 시간시장의 구성요소들에 대한 고찰을 마무리하자.[23]

시간시장에서 현재재들의 순 수요자들은 각종 노동자집단과 토지소유자집단—본원적 생산요소 서비스의 판매자들—이다. 시장에서 두 집단의 서비스 가격은 그 판매자들의 한계가치생산물(marginal value product)을 지배적 이자율로 **할인한 것**과 동일하게 결정될 것이라는 것을 아래에서 볼 것이다. 이자율이 크면 클수록 판매자들의 서비스 가격은 점점 더 작아질 것이고, 또는 차라리 완성된 현재재로 간주될 때의 한계가치생산물을 점점 더 크게 할인할 것이다. 예를 들어, 만약 어떤 노동요소 또는 토지요소의 한계가치생산물이 단위기간당 10온스이고, 이자율이 10%이며, 최종생산물이 일 년 후에 나오면, 노동 또는 토지가 획득하는 가격은 연간 약 9온스일 것이다. 이자율이 높아지면 높아질수록 가격을 점점 더 낮게 할 것이고, 이자율이 낮아지면 낮아질수록 가격은 점점 더 높아지는데, 비록 노동 또는 토지가 획득하는 최대가격은 할인하지 않은 완전한 MVP(한계가치생산물)보다 약간 낮은 것인데, 왜냐하면 이자율이 결코 사라질 수는 없기 때문이다.

본원적 생산요소들의 현재재들에 대한 수요스케줄은 이자율의 변화에 매우 비탄력적일 것처럼 십중팔구 보인다. 많은 기초자금이 있는 경우에는 각종 이자율에 의한 할인하기가 요소소유자에게 거의 차이가 없을 것처럼 십중팔구 보일 것이다.[24] 이자율의 큰 변화는 자본가들에게는 엄청난 차이를 만들어낼 것이고, 큰 차이의 이자소득을 초래할 것이며, 각종 긴 생산과정의 이윤가능성(profitableness)을 결정할 것인데, 그런 큰 변화는 본원적 생산요소들의 소유자들 소득에는 사소한 영향을 미칠 것이다.

시간시장에서는 모든 요소를 총계로 고려하고 있다. 시간시장의 이자율은 토지요소 서비스와 노동요소 서비스에 대한 모든 구매를 포함하는 현재-미래시장의 모든 특정한 양상에 스며든다. 그러므로 시장에서 어떤 요소의 공급을 검토할 때는 요소의 **일반적** 공급을 검토하지만, 어떤 특별한 목적을 위한 그 요소의 공급스케줄은 검토하지 않는다. 일단의 동질적 토지는 세 가지 용도로 사용될 수 있다. 말하자면, 밀을 재배하거나, 양을 기르거나, 철강공장부지로 이용하는 것이다. 이 세 가지 용도의 각각에 대한 공급스케줄은 탄력적일(상대적으로 수평적 곡선) 것이고, 그 스케줄은 그 요소가 차선의 용도—그 요소의 할인된 한계생산물가치가 그 다음으로 가장 큰 용도—에 사용되어져서 획득할 수 있는 금액에 의해 결정될 것이다. 지금의 분석에는, 어떤 특정 산업 또는 용도를 위한 그 요소의 공급곡선을 검토하고 있지 않다. 우리는 모든 이용자를 위한 그 요소의 공급곡선을 **총계로** 다루고 있는데, 즉 현재재들과의 교환을 위해 시간시장에서 그 요소를 공급하는 공급곡선을 검토하고 있다. 그러므로 우리는 토지라는 동질적 요소의 모든 소유자의(또는 흔히 그렇듯이, 만약 토지요소가 특이하면 하나의 소유자의) 행위를 검토하고 있다. 토지는 유보가격이 **없을** 가능성이 십중팔구인데, 즉 토지는 소유자에게는 주관적 사용가치가 거의 없을 것이다. 아주 적은 수의 땅주인은 미사용 토지의 원시적 미를 찬찬히 감상할 가능성에 가치를 둘 수 있다. 그러나 실제로는 토지에 대한 그런 유보수요의 중요성은 무시할 정도이다. 물론 토지의 소유자가 자신을 위한 작물을 재배하기 위하여 토지를 사용하는 경우에 유보수요의 중요성은 더 커질 것이다.

노동서비스도 또한 이자할인이라는 관점에서 비탄력적이기 쉽지만 아마도 토지보다는 덜 비탄력적일 텐데, 왜냐하면 노동은 심지어 총 노동시장에서마저도 유보수요와 주관적 사용가치를 가지기 때문이다. 이 특별한 유보수요는 하나의 소비재로서 여가의 가치로부터 생겨난다. 노동서비스에 대한 높은 가격은 많은 노동을 시장에 진입하도록 유도하고, 반면에 낮은 가격은 여가의 상대적 이점을 증가시킬 것이다. 그러나 여기에서도 다시 한번 이자율의 상대적으로 큰 변화에 의해 만들어질 차이는 너무나도 크지는 않을 것이고, 그 결과 총노동공급곡선(*aggregate supply-of-labor curve*, 또는 총노동공급곡선들, 각 동질적 노동요소에 대한 하나의 곡선)은 이자율에 대해서 비탄력적이기 쉬울 것이다.

그러면 미래재화를 대가로 현재재들을 수요하는 두 종류의 독립적 수요자는 **토지소유자들**과 **노동자들**이다. 시간시장에서 현재재들의 공급자들은 분명히 **자본가들**인데, 그들은 가능한 소비로부터 저축하여 미래재들에 그 저축을 투자한다. 그러나 의문이 떠오를 수 있다. 자본가들은 현재재들을 공급할 뿐만 아니라 또한 **수요하지 않는가?**

자본가들은 생산의 어떤 단계에 투자하고 난 후에 거기에서 나온 생산물과 교환하여 현재재들을 수요하는 것은 진실이다. 이 특별한 수요는 이자변화에 비탄력적인데, 왜냐하면 이런 자본재들도 또한 그 생산자에게 주관적 사용가치가 없기 때문일 수 있다. 그러나 이런 수요는 엄격히는 파생적이고 종속적이다. 첫째, 소유자가 수요한 현재재들로 생산할 생산물은 물론 하나의 미래재이지만, 그 생산물은 또한 그 생산물을 생산하기 위하여 그 소유자가 구매했던 재화들보다는 한 단계 **덜 멀리 있는 미래재**이다. 다시 말하면, 자본가들3이 자본가들2에게 자신이 생산한 미래재들을 판매할 것이지만, 자본가들3은 토지소유자들과 노동자들로부터 미래재들을 구입했을 뿐 아니라 자본가들4로부터도 미래재들을 구입했다. 그러면 모든 단계의 모든 자본가는 그가 공급하는 생산물보다 **더** 먼 미래에 있는 재화를 **수요하고**, 이 생산물이 만들어질 때까지 생산단계의 존속기간 동안 현재재들을 공급한다. 그러므로 그는 **현재재들의 순 공급자이고 미래재들의 순 수요자이다**. 그러므로 그의 행위는 공급자로서 그의 역할에 의해 안내된다. 그가 벌 수 있는 이자율이 높으면 높을수록, 즉 가격차액이 크면 클수록 생산에 점점 더 많이 투자하고자 할 것이다. 만약 그가 본질적으로 현재재들의 공급자가 아니었다고 가정하면 이 점은 진실이 아닐 것이다.

현재재들의 공급자로서 그의 역할과 현재재들의 수요자로서 그의 역할 간의 관계는 〈그림 6-6〉으로 설명할 수 있다.

〈그림 6-6〉은 생산구조를 간편하게 묘사하는 다른 방법이다. 수평축은 각종 생산단계를 묘사하고, 어떤 점이 원점에 가까울수록 높은 생산단계를 표시하고 원점에서 멀어질수록 낮은 생산단계를 표시한다. 그러면 원점에서 멀어질수록 생산단계는 낮아지고 궁극적으로는 소비재 단계에 이른다. 수직축은 가격을 나타내고, 이 축은 어떤 특정 재화의 생산구조나 모든 재화 일반의 생산구조로 교체할 수 있다. 각 단계에 표시된 가격들은 각 단계에서 요소들의 **누적된** 가격들에서 자본가들의 이자수익을 **제외한** 것이다. 그러면 각 단계에서 오른쪽 방향으로는 점(dots)의 수준은 높아지고 점간의 차이는 그 단계에 있는 자본가들에게 가는 이자수익을 나타낸다. 이 그림에서 두 인접한 단계에 있는 자본가들에게 가는 이자수익이 표시되어 있고 기울기가 일정한 것은 이 수익이 동일하다는 것을 표시한다.

이제 〈그림 6-7〉에 〈그림 6-6〉을 재생해보자.[25] 최초의 생산구조 도표는 점 A, 점 B, 점 C 등으로 표시되어 있다. 자본가들 X는 요소들을 A가격에 구매해서 자신의 생산물을 점 B에서 판매한다. 그런데 한편으로 자본가들 Y는 B에 구매해서 자신의 생산물을 C에 판매한다. 여기에 묘사된 단계 중에서 가장 높은 단계—자본가들 X의 단계—를 먼저 논의해보자. 자본가들 X는 점 A에서 요소들을 구매한다. 여기에서 자본가들은 현재재들을 요소의 소유자들에게 **공급한다**. 물론 자본가들 X는 요소들의 가격이 낮은 것을 선호할 것이다. 따라서 자본가들은 A보다는 A'에서 지불하기를 선호한다. 자본가들의 이자차액은 그들의 생산물 판매가격이 정해질 때까지 결정될 수 없다. 그러므로 이자수익을 대가로 현재재들의 공급자로서 자본가들의 행위는 자본가들이 생산요소들을 구매하는 것으로 진정으로 완성되는 것이 아니다. 명백히, 자본가들은 그렇게 될 수는 없다. 자본가들은 요소들을 생산물들로 변형해야 하고, 현재재들의 공급으로부터 이자수익을 획득하기 전에 돈을 받고 생산물을 판매해야 한다. 미래재들의 공급자들(토지소유자들과 노동자들)은 현재화폐를 획득하자마자 자신들의 거래를 즉각적으로 **완결한다**. 그러나 자본가들의 거래들은 한 번 더 현재화폐를 획득할 때까지 미완결이다. 그러므로 자본가들의 현재재들에 대한 수요는 자본가들의 이전의 공급에 엄격히 의존한다.

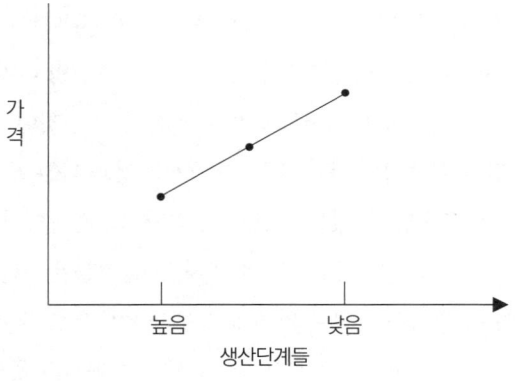

〈그림 6-6〉 누적적 요소가격들과 생산단계 간의 관계

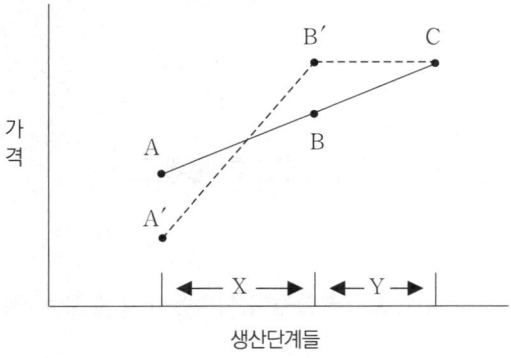

〈그림 6-7〉 이자율을 동일하게 만드는 경향의 효과

자본가들 X는 그 다음 단계의 낮은 순위의 자본가들에게 B가격으로 그들의 생산물을 판매한다는 것을 서술했다. 자연히 그 자본가들은 자신의 생산물에 대해 더 높은 판매가격을 선호할 것이고 점 B'를 점 B보다 선호할 것이다. 만약 오직 이 판매만을 관찰했다고 가정하면, 현재재들의 수요자로서 자본가들 X는 높은 가격과, 그 결과 자신의 생산물에 대한 낮은 할인, 즉 낮은 이자율을 선호한다고 주장하고 싶은 유혹에 빠졌을지도 모른다. 그러나 이것은 피상적 관점일 것인데, 왜냐하면 만약 우리가 자본가들의 **완전한** 거래를 고려하기 위해서는 필수적으로 다 함께 고려해야 하는 두 거래를 자세히 보아야 한다. 자본가들은 낮은 구매점(buying point)과 높은 판매점(selling point), 즉 더 가파른 기울기를 가진 선 또는 **더 높은 할인율**을 선호한다. 다시 말하면, 자본가들은 높은 이자율을 선호하고, 그 결과 언제나 현재재들의 **공급자들**로서 행동한다. 물론 이 특별한 변화(A'B'라는 가격차액으로)의 결과는 다음으로 낮은 단계의 자본가들, 자본가들 Y의 가격차액을 B'C선을 따라 좁게 만든다. 물론 자본가들 X의 수익이 개선되는 한에서는, 만약 자본가들 Y가 이자수익이 낮아지는 것은 자본가들 X에게는 전적으로 모순이 없다. 각 자본가는 그 자신의 이자수익을 개선하는 데 관심이 있고, 이자율 일반에 대해서는 반드시 관심이 있는 것이 아니다. 그러나 **한 단계와 다른 단계 간 이자수익의 차이 또는 한 생산과정과 다른 생산과정 간 이자수익의 차이가 오랫동안 존속할 수 없음**을 보았다. 만약 A'B'C상황이 확립되었다고 가정하면, 최종적으로 이자수익이 동일해질 때까지, 자본가들은 Y단계에서 나와서 X단계로 들어갈 것이고, 증가된 수요는 가격을 A'보다 위쪽으로 밀어 올릴 것이며, B'에서의 판매는 증가할 것이고 수요는 낮아질 것이며, C에서의 공급은 낮아질 것이다. 그런 동일화의 경향은 언제나 존재하고 이 동일화는 항등순환경제에서는 언제나 달성된다.

5. 시간선호, 자본가들, 그리고 개별 화폐재고

사회의 모든 개인의 시간선호스케줄들이 이자율과 소비 대비 저축의 비율을 결정한다고 주장할 때는 **모든** 개인을 의미하고 '자본가들'이라 불리는 어떤 종류의 독립적 계급을 의미하지 않는다. 생산구조가 상이한 계급—토지소유자들, 노동자들, 자본가들 등—의 관점에서 분석되기 때문에 사회에는 이런 분류와 일치하는 세 가지 명확히 계층화된 **인간**집단이 있다는 결론을 내릴 유혹이 있다. 실제로 시장의 경제분석에는 **전체 인간 그 자체**보다는 차라리 기능에 관심이 있다. 현실에서는 노동자들과 토지소유자들로부터 분리된 자본가들이라는 특별한 계급이 없다. 이 점은 심지어 자본가들마저도 또한 소비자들임에 틀림없다는 진부한 사실로부터 기인한다. 그 점은 모든 소비자는 원하기만 하면 **자본가들이 될 수 있다**는 더 중요한 사실에 또한 기인한다. 만약 소비자들의 시간선호스케줄들이 그렇게 지시한다면 소비자들은 자본가들이 될 것이다. 위에서 보인 것과 같은 시간시장 도표는 모든 사람에게 응용되고 자본가들이라 알려진 어떤 가려뽑은 집단에게만 단순히 응용되는 것은 아니다. 전 시간시장에 걸쳐서 각종 총공급도표들과 총수요도표들의 교차는 시장에서 균형이자율을 결정한다. 이 균형이자율에서, 어떤 개인은 현재재들의 공급자들이 될 것이고, 어떤 이는 현재재들의 수요자들이 될 것이며, 다른 이의 공급스케줄들과 수요스케줄들을 표시하는 곡선은 두 선의 원점에서 일치할 것이고, 그런 그들은 시간시장에 전혀 있지 않을 것이다. 이런 이자율에서 자신의 시간선호스케줄이 자신이 공급자가 되는 것을 허락하는 그런 사람은 **저축자**—즉, 그 저축자가 자본가일 것—가 될 것이다.

　만약 다음의 질문을 던진다면 자본가들의 역할이 명확해질 것이다. 자본가들은 자신이 저축하고 투자하는 돈을 어디에서 얻었는가? 첫째, 자본가들은 이른바 '현재의' 생산이라 부르는 것에서 돈을 획득할지도 모른다. 즉, 자본가들은 노동자들, 토지소유자들, 자본가들 등으로서 자신의 현재 능력에 따라 돈을 받을 수 있다. 자본가들이 돈을 받고 난 다음에, 자본가들은 그 돈을 각종 종류의 재화에 어떻게 배분할 것인가와 소비와 투자 간에 어떻게 배분할 것인가를 결정해야 한다. 둘째, 자금의 원천은 **지난** 단계의 생산에서 획득되어 이전에 '화폐저장된', 지금은 '화폐음저장된' 돈일 수 있다. 그러나 현 단계에서의 분석에서는 화폐저장과 화폐음저장을 제외하고 있다. 유일한 다른 원천, 세 번째 원천은 **새로운** 돈이고, 이것도 역시 아래에서 논의할 것이다.

그러므로 잠시 동안 저축되는 돈이 오직 생산으로부터 발생하는 최근의 소득으로부터만 올 수 있다는 점에 주의를 기울일 것이다. 어떤 소득은 자본가들이기 때문에 획득되었고, 어떤 소득은 최소요소의 소유자들이기 때문에 획득되었다.

독자는 여기에서 명백한 모순을 탐지했을지도 모른다. 어떻게 어떤 노동자 또는 어떤 토지소유자가 현재재들의 수요자가 될 수 있고, 그 다음에 방향을 바꾸어 투자를 위해 현재재들의 공급자가 될 수 있는가? 이 점은 특별히 난처하게 만드는 것처럼 보이는데, 왜냐하면 어떤 이가 현재재들의 수요자와 공급자가 동시에 될 수 없고, 어떤 이의 시간선호스케줄이 그를 한 캠프나 다른 캠프에 놓아둘 수 있지만, 둘 모두에 두지 않을 것이라는 것을 위에서 주장했기 때문이다. 이 수수께끼에 대한 해결은 두 행위가 **동시에 행해지지 않는다**는 것인데, 비록 항등순환경제에서의 끝없는 순환에서는 두 행위가 그들의 차례에서는 똑같은 정도로 행해짐에도 불구하고 말이다.

대표적인 개인의 시간선호스케줄을 재생하자〈그림 6-8〉 참조). OA의 시장이자율에서 그 개인은 AB의 저축을 공급할 것이다. OC의 시장이자율에서는 CE 액수만큼의 화폐를 수요할 것이다. 그러나 여기에서 수평축을 더 조심스럽게 분석하고 있다. O점은 원점이다. 그 점은 그 위치에서 그 인간이 그의 행동과정에서 대해 숙고하는 점인데, 즉 그가 이른바 그의 시간선호척도를 참고하여 들어오게 되는 위치이다. 구체적으로, 이것이 최초의 시간에 **그의 화폐재고 크기**에 대한 그의 위치이다. 점 O에서, 그는 일정량의 화폐재고를 가지고, 그는 미래재들을 대가로 얼마나 많은 그의 화폐재고를 기꺼이 포기할 것인지를 심사숙고하고 있거나 미래재들을 포기하는 동안에 그가 얼마나 많은 새로운 화폐재고를 획득하고자 하는지 심사숙고하고 있다. 그가 저축자라고 가정하자. 시간선호곡선을 따라 오른쪽으로 이동하면 미래재들을 대가로 점점 더 많은 현재 화폐재고를 포기하고 있다. 그러므로 그의 최소이자수익은 커진다. 그러면 곡선을 따라 오른쪽으로 갈수록 그의 최종화폐재고는 점점 낮아질 것이다. 다른 한편, 동일 개인인데 그가 현재재의 수요자인 때를 고려해보자. 곡선을 따라 왼쪽으로 나아가면 그는 현재재들의 재고를 증가시키고 미래재들을 포기한다. 그러면 원점의 양쪽 면을 고려하면, 곡선에서 오른쪽으로 멀어질수록 점점 적은 화폐재고를 가진다. 곡선에서 왼쪽으로 멀어질수록 그의 재고는 점점 커진다.

〈그림 6-8〉 개별 시간선호스케줄과 화폐재고의 관계

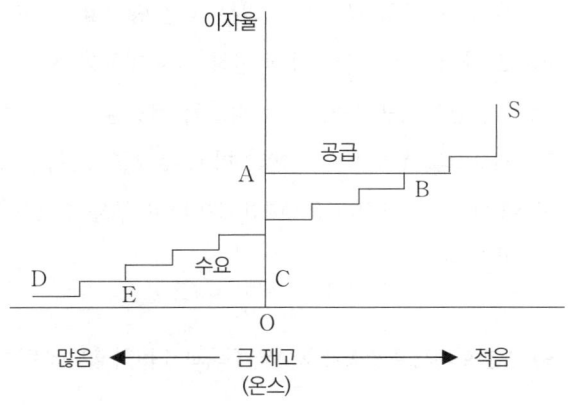

그러므로 그의 시간선호스케줄이 **주어진** 상태에서, 그가 돈을 더 많이 가지고 있으면 공급을 더 많이 하려고 마음먹는 위치에 있고, 그가 돈을 적게 가지고 있으면 수요를 더 많이 하려고 마음먹는 위치에 있다. 노동자 또는 토지소유자가 자신의 서비스를 팔기 전에 일정한 화폐재고—그가 일정한 최소량 이하로 명백히 줄이지 않는 현금잔고—를 가지고 있다. 그가 자신의 서비스를 판매하고 난 후에는 생산으로부터 화폐소득을 획득하고, 그 결과 그 소득을 그의 화폐재고에 추가한다. 그 다음에 그는 이 소득을 소비와 저축-투자 간에 배분하는데, 여기에서 우리는 화폐저장 또는 화폐음저장이 없다고 가정하고 있다. 그 다음에 돈을 배분하는 이 시점에서 그는 예전과 훨씬 다른 위치에 있고 다른 시점에 있다. 이제 그는 화폐재고에 상당한 돈을 추가했다.

두 개의 다른 원점, 즉 서로 다른 화폐재고를 가진 개인의 시간시장 도표(〈그림 6-9〉)를 고찰해보는데, 하나는 그가 소득을 벌기 전의 것이고(1), 다른 하나는 소득을 벌고 난 직후의 것이다(2).

여기에서 화폐재고가 하나의 위치일 때 어떻게 어떤 노동자 또는 어떤 토지소유자가 한때에 수요자가 될 수 있고 다른 때에 공급자가 될 수 있는가를 볼 수 있다. 첫 번째 도표에 표시된 것처럼 화폐재고가 거의 없는 상태에서 그는 수요자이다. 그 다음에 그는 생산장소에서 돈을 획득하여 그의 화폐재고를 크게 증가시키고, 그 결과 그의 화폐소득을 배분하기 위한 결정을 해야 할 원점이 왼쪽으로 이동하고, 그 결과 그는 소득에서 일부를 공급할 공급자가 되는 것은 당연할 것이다. 물론 많은 경우에 그는 여전히 수요자이거나 시간시장에 전혀 있지 않는다. 이 두 위치를 구분하기 위한 새로운 표현을 만들어낸다면, 그의 최초의 조건을 '소득발생 전 위치'(pre-income position, 돈을 받고 그의 서비스를 팔기 전)라 하고 후자를 '소득발생 후 위치'(post-income position, 이 상황이란 그가 화폐소득을 배분한 상황)라고 부를 수 있다. 두 원점은 그의 실제행동과 관련이 있다.

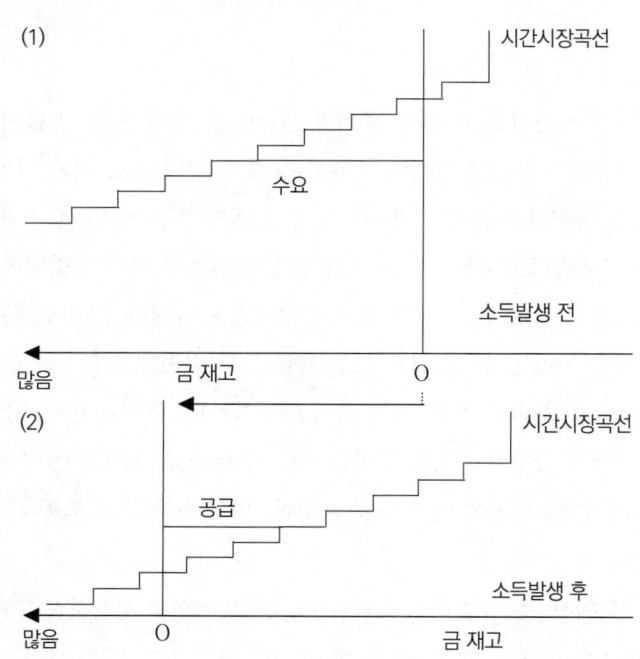

〈그림 6-9〉 개별 화폐재고 변화가 화폐의 저축과 소비의 할당에 미치는 효과

어떤 토지소유자의 소득발생 전 화폐수요는 실질적으로 비탄력적이거나 수직적이기 쉽고, 반면에 어떤 노동자의 소득발생 전 화폐수요는 아마도 더 탄력적일 것임을 위에서 보았다. 소득발생 후 위치에서 어떤 개인은 시장이자율에서 공급자가 될 것이다. 어떤 이는 수요자가 될 것이다. 어떤 이는 중립적일 것이다. 〈그림 6-10〉의 네

가지 도표는 각종 소득발생 전과 소득발생 후의 시간선호 상황을 묘사한 것인데, 동일한 시장이자율이 각자에게 적용되는 경우에 개별 시간시장곡선을 만들어내면서 말이다.

책을 가로지르는 선분 AB는 우리가 가정한 시장이자율인데, 이 이자율은 개별 시간선호척도들의 결과로서 균형에 이르게 된 것이다. 이 이자율에서 토지소유자와 노동자[(1)과 (2)]는 현재화폐에 대한 수요 (소득발생 전)를 가지고, 그림 (3)과 (4)는 각각 이 이자율에서 수요자와 중립자를 묘사하는데, 중립자란 시간시장에서 공급과 수요, 어느 쪽으로도 움직이지 않는 사람이다. (3)과 (4)는 모두 소득발생 후의 상황이다.

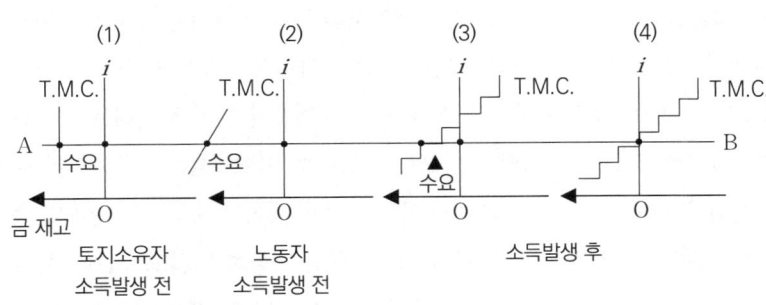

〈그림 6-10〉 지급이자율에 따른 상이한 개별 시간–시장곡선들

어떤 사람이라도 만약 오직 그가 자본가가 되기를 원한다면 그렇게 될 수 있다고 결론내린다. 그는 자금을 이전의 자본가로서의 투자만으로부터 오직 획득할 수 있거나, 과거에 '화폐저장한' 현금잔고로부터 획득할 수 있거나, 노동자 또는 토지소유자로서 그의 소득으로부터만 오직 획득할 수 있다. 그는 물론 이런 소득을 다양한 원천으로부터 자금을 획득할 수도 있다. **어떤 인간이 자본가가 되는 것을 방해하는 유일한 것은 그 자신의 높은 시간선호척도인데**, 다른 말로 하면 현재에 재화를 소비하고자 하는 더 강력한 욕망이 자본가가 되는 것을 방해한다. 완고한 층별화—사회의 실제적 **카스트** 구조—를 가정한 맑스주의자와 다른 사람은 중대한 오류를 범한 것이다. 동일한 인간이 동일한 기간에 노동자, 토지소유자, 자본가 등이 동시에 될 수 있다.[26]

오직 '부유한 사람', 즉 많은 화폐재고를 가진 사람만이 자본가가 될 여유가 있을 수 있다고 주장할지도 모른다. 이 주장은 피상적으로는 그럴 듯한데, 왜냐하면 **어떤 개인**과 시간선호스케줄이 주어지면, 많은 화폐재고는 많은 저축의 공급을 유도할 것이고, 적은 화폐재고는 적은 저축의 공급을 초래할 것을 위의 도표에서 보았기 때문이다. **다른 조건이 같다면**, 같은 이치를 재고를 증가시키는 화폐소득의 변화에 대해서도 응용한다. 그러나 금 만 온스의(소득발생 후) 자산을 가진 사람이 금 100온스를 가진 사람보다 반드시 저축을 더 많이 할 것이라고 결코 가정할 **수는 없다**. 시간선호를 제외한 어떤 다른 종류의 효용을 개인간에 비교하는 법칙을 공식화할 수 없듯이 **시간선호를 개인간에 비교할 수는 없다**. 한 사람을 위한 경제법칙으로 주장할 수 있는 것을 둘 또는 그 이상의 사람을 비교하는 데 주장할 수는 없다. 각 개인은 자신의 시간선호스케줄을 가지고 있는데, 그의 화폐재고의 구체적 크기는 별도의 문제로 하더라도 말이다. 각 개인의 시간선호스케줄은 그의 가치척도의 어떤 다른 요소와 함께 전적으로 그 자신이 만드는 것이다. 우리 모두는 언제나 빚에 쪼들리는 부유한 바람둥이와 비교하여 소문나게 절약적인 프랑스 농부의 이야기를 들어왔다. 더 많이 저축하는 사람은 일반적으로 부자라는 상식적 관찰은 재미있는 역사적 견해일 수 있지만, 그것이 우리에게 전혀 어떤 과학적 경제법칙을 제공하지 않고, 경제과학의 목적은 그런 과학적 경제법칙을 우리에게 제공하는 것이다. 한 개인이 돈을 조금이라도 가지고 있는 한, 그리고 만약 그가 어느 정도라도 시장사회에 참가하기 위해서 얼마간의 돈을 가져야만 하는 한, 그는 한 사람의 자본가가 될 수 있다.

6. 소득발생 후 수요자들

이 시점까지 현재재들에 대한 자본가들의 파생수요뿐 아니라 토지소유자들과 노동자들의 현재재들에 대한 시간시장수요를 분석했다. 이 총수요를 시간시장에서의 현재재들에 대한 **생산자의 수요**(producers' demand)라고 부를 수 있다. 이것은 그들의 서비스를 판매하는 사람의 수요 또는 생산에 앞서서 그들 자신이 소유한 자산의 서비스를 판매하는 사람에 의한 수요이다. 이런 수요는 우리가 정의했던 것처럼 모두 **소득발생 전 수요**(pre-income demand)인데, 즉 이 수요는 생산체제로부터 화폐소득을 획득하기 이전에 일어난다. 그것은 전적으로 현재화폐를 대가로 요소서비스(미래재들)를 판매하는 형태를 취한다. 그러나 시간시장에는 현재재들에 대한 순 수요를 이루는 다른 구성요소가 있다. 이것은 **소득발생 후** 구성요소이다. 그것은 심지어 생산소득이 획득되고 난 후에 발생하는 수요이다. 명백히, 이런 수요는 생산적 수요일 수는 없는데, 왜냐하면 생산에 사용된 미래재들의 소유자들이 그들의 서비스를 판매하기 **이전에** 그 수요를 행사하기 때문이다. 생산자의 수요와 반대로, 그 수요는 **소비자의 수요**(consumers' demand)이다.

이렇게 세분한 시간시장은 다음과 같이 작동한다. 존스는 95온스의 현재재를 받고 100온스의 미래재(예를 들어, 지금부터 1년 후)를 스미스에게 판매한다. 이 미래화폐는 어떤 생산요소에 의해 만들어지는 예상의 형태를 취하는 것이 아니다. 그 대신에 그것은 존스가 1년 후의 어떤 시점에 100온스의 돈을 지불할 것을 약속한 차용증서이다. 그는 미래화폐에 대한 이 **권리**를 현재화폐—95온스—와 교환한다. 현재화폐와 비교한 미래화폐에 대한 할인은 지금까지 우리가 연구했던 시간시장의 다른 부분에 있는 할인과 정확히 동일한데, 현재의 경우가 더 명백하다는 점을 제외하면 말이다. 시장에서 최종적으로 결정되는 이자율은 전 시간시장에 걸쳐서 총 순 공급스케줄들과 총 순 수요스케줄들(aggregate net demand schedules)에 의해 결정되고, 두 스케줄은 시장의 모든 개인의 시간선호에 의해 결정된다는 것을 보았다. 따라서 〈그림 6-10〉의 경우에 도표 (3)은 시장이자율에 순(소득발생 후) 수요자의 경우를 보여준다. 그의 수요가 취하는 형태는 미래화폐의 차용증서를 판매하는 것—일반적으로 현재화폐를 '차용한다고' 말하는 것—이다. 다른 한편, 도표 (4)에 나오는 시간시장곡선을 가진 사람은 그의 소득발생 후 위치에서 현재의 이자율로는 순 공급자도 아니고 순 수요자도 아닌 사람이 되는—그는 시간시장에 전혀 있지 않는—그런 시간선호 형태를 가진다.

그러면 순 차용인은 현재의 이자율에서는 다른 사람보다 상대적으로 높은 시간선호율을 가진 사람인데, 사실 그렇게 높아서 그 차용인은 이 이자율에서 일정한 액수를 빌릴 것이다. 우리가 **오직** 소비를 위한 차용—소비를 위해 차용, 즉 빌린 것을 존스의 화폐재고의 현재사용에 추가하는 것―만을 다루고 있음은 여기에서 강조해야 한다. 존스의 미래화폐 판매는 토지소유자들과 노동자들의 미래화폐 판매와 다른 점에서 상이하다. 토지소유자들과 노동자들의 거래는 종결되지만, 반면에 존스는 그의 거래를 아직 종결하지 않았다. 존스의 차용증서는 구매자인(또는 '대금업자') 스미스 쪽에서는 미래화폐에 대한 청구권임을 입증하고, 그의 거래를 종결하고 이자지급을 벌기 위해서 스미스는 나중에 그 증서를 제시해야 하고 만기가 된 돈을 청구해야 한다.

요컨대, **시간시장의 구성요소들은 다음과 같다**.

(1) 미래재들을 대가로 현재재들을 공급: (모든 이의) 저축
(2) 미래재들의 공급자들에 의한 현재재들에 대한 수요:
    a. 생산자들의 수요
        토지소유자들   노동자들
    b. 소비자들의 수요
        소비자들의 차용

이런 수요는 그 수요가 소득발생 후이냐 또는 소득발생 전이냐 상관없이 집계된다. 두 가지 수요 모두는 상대적으로 짧은 기간 내에 발생하고, 그 수요는 항등순환경제에서는 계속적으로 되풀이된다.

비록 소비와 생산수요들이 집계되어 시장이자율을 결정함에도 불구하고 만약 분석을 위하여 이 수요들을 분리하면 생산체제를 위해 크게 중요한 점이 드러난다. 〈그림 6-11〉은 시간시장에서 이자율의 결정을 묘사한다.

수직축은 이자율이다. 수평축은 금 온스이다. SS곡선은 개별시간선호에 의해 결정되는 저축공급 스케줄이다. CC곡선은 다양한 가상적 이자율에서 결정되는 총 순 수요(소득발생 후)로 이루어진 현재재들에 대한 소비자들의 대부수요스케줄이다. DD곡선은 미래재들의 공급자들에 의한 현재재들에 대한 총수요이고, 그것은 CC곡선에 그림에 나타나지 않은 곡선―본원적 생산요소들, 즉 토지와 노동의 소유자들에 의한 현재재들에 대한 수요―을 **더한** 것으로 이루어진다. CC곡선과 DD곡선, 둘 모두 개별 시간선호에 의해 결정된다. 균형이자율은 시장에

서 SS곡선과 DD곡선이 만나는 E점에서 결정될 것이다.

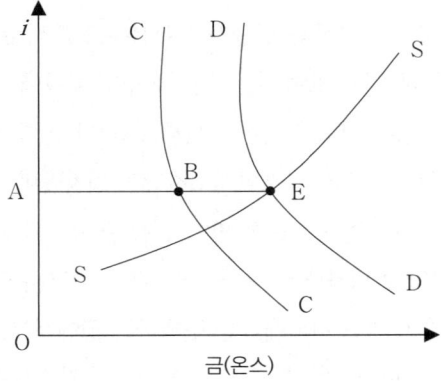

교차점 E는 두 가지 중요한 결과를 결정한다. 즉, OA에서 결정되는 이자율과 저축의 총공급인 AE. 그러나 생산체제를 위해 지극히 중요한 문제는 CC곡선의 위치이다. 어떤 주어진 이자율에서 CC가 크면 클수록 소비자를 위한 대부로 종결되어 생산으로부터 소비자의 대부로 넘어갈 총저축금액은 점점 더 커질 것이다. 우리의 도표에서 생산을 위한 투자로 들어가는 총저축이 BE이다.

사회에서 현재재들에 대한 생산수요와 소비수요의 상대적 강도는 시장에서 다양한 개인의 시간선호스케줄의 형태에 의존한다. 현재재들에 대한 생산수요는 이자율에 대해서 비탄력적이기 쉽다는 것을 보았다. 다른 한편, 소비자대부곡선은 아마도 그것보다는 더 큰 탄력성을 가질 것이다. 수요 측면에서는 시간선호의 변화는 그 자체가 거의 소비수요스케줄에 반영될 것이라는 결론에 이른다. 공급 측면에서는 물론 시간선호의 상승이 SS곡선의 좌측으로의 이동, 즉 각 이자율에서 저축과 투자가 줄어드는 결과를 유도한다. 시간선호의 변화가 이자율과 생산구조에 미치는 영향은 아래에서 더 토론할 것이다.

생산구조를 유지하는 총저축은 '생산적' 저축, 즉 생산적 투자에 들어가는 저축이고, 이 저축은 소비자대부에 들어가는 '소비'저축을 제외한 것이라는 점은 명백하다.

생산체제라는 관점에서 소비자에 의한 차용을 음저축(dissaving)으로 간주할 수 있는데, 왜냐하면 이것은 개인의 소득이 그의 소비를 초과하는 금액인 저축과 대조적으로 **개인의 소비지출이 그의 소득을 초과하는 금액**이기 때문이다. 그 경우에 말하자면 대부된 저축은 소비를 위한 차용자의 음저축에 의해 상쇄된다.

시간시장에서 소비자 하부부문과 생산자 하부부문으로 나누는 것은 전 시장에서 이자율이 어떻게 결정되는가를 보여주는 좋은 예이다. 투자에 대한 수익과 소비자에게 빌려준 대부 간의 연결은 명백한 것이 아니다. 그러나 둘 모두 하나의 시간시장의 일부라는 것이 토론에서 명백하다. 소비대부시장의 이자율이 생산투자의 이자수익률로부터 장기간 이탈할 수 없음도 또한 명백하다. 둘 모두가 하나의 시간시장의 특징이다. 예를 들어, 만약 소비자대부 이자율이 투자의 이자수익률보다 높다고 가정하면, 저축이 요소들의 형태로 미래재들을 구매하는 일에서 더 수익이 나는 차용증서의 구매로 이동할 것이다. 이런 이동은 미래요소들의 가격하락, 즉 투자에 대한 이자율의 상승을 초래하게 만들 것이다. 그리고 소비자대부계로의 더 많은 저축이 유입되어 경쟁한 결과로서 소비자대부 이자율은 하락한다. 그러면 시장에서 매일의 중재거래는 이자율을 시장의 두 부분에서 동일하게 만들기 쉬울 것이다. 따라서 이자율은 경제의 모든 영역에서 동일해지기 쉬울 것인데, 말하자면 삼차원—모든 생산과정에서 '수평적으로', 모든 생산단계에서 '수직적으로', 생산구조에서 뿐 아니라 소비자대부시장에서의 '깊이로'—에서 동일한 것처럼 말이다.

7. 생산자대부시장이 중요하다는 미신

항등순환경제 내에서의 순 이자율—현실세계에서 시장이 접근하는 경향이 있는 이자율—의 결정에 대한 분석을 완결하였다. 어떻게 순 이자율이 시간시장에서 시간선호들에 의해 결정되는가를 보았고, 그 시간시장의 각종 구성요소를 보았다. 이런 서술은 의심할 여지없이 많은 독자를 극도로 어리둥절하게 할 것이다. 생산자대부시장(producers' loan market)은 어디 있는가? 종종 다른 것은 제외하더라도 이 시장은 저자들에 의해 언제나 강조되는 것이다. 사실 '이자율'은 일반적으로 화폐대부와 관련이 있는데, 그 대부는 소비자대부와 생산자대부를 포함하지만, 생산을 위해 일반적으로 양적으로 더 많고 더 중요한 생산자대부를 특히 강조한다. 잠재적 생산자에게 빌려줄 화폐대부의 이자율은 중요한 이자율인 것처럼 되어 있다. 사실 유행하는 신고전학파의 주장은 생산자대부시장이 이자율을 **결정한다**는 것이고, 이 결정이 〈그림 6-12〉에서처럼 일어나는데, 그림에서 SS는 **대부시장으로 들어가는** 저축의 공급이고, DD는 생산자들 또는 기업가들에 의한 **이런 대부에 대한 수요**이다. 신고전학파의 주장에 의하면 두 곡선의 교차가 이자율을 결정한다는 것이다.

〈그림 6-12〉 이자율 결정의 신고전학파적 개념

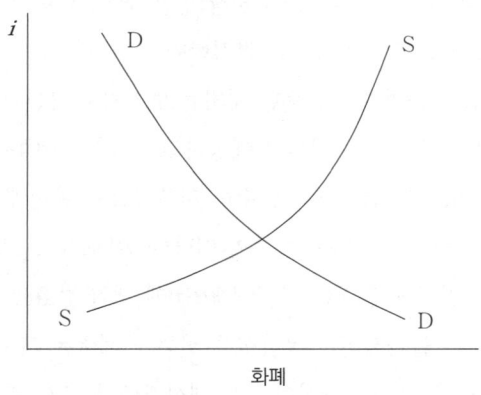

이런 종류의 접근법은 **생산자들의 총저축**과 더 심하게는 **본원적 요소소유자들에 의한 현재재들에 대한 수요**를 완전히 간과하고 있음을 지적해야 할 것이다. 자본가들은 본질적으로 현재재들의 공급자들이 되는 대신에 현재재들의 수요자들로 묘사된다. 이런 신고전학파의 주장에 따르면, 무엇이 SS스케줄들과 DD스케줄들을 결정하는가? SS곡선은 명백히 시간선호에 의해 결정된다. 다른 한편, DD곡선은 '자본의 한계효율성'(marginal efficiency of capital), 즉 투자에 대한 예상수익률에 의해 결정되는 것으로 되어 있다.

신고전학파의 이런 접근법은 아주 나쁘게도 핵심을 놓치고 있는데, 왜냐하면 그 접근법은 경제를 평균적 경영자의 피상적 눈으로 고찰하고 있기 때문이다. 경영자는 생산자대부시장에서 개별 저축자로부터 빌리고, 그가 얼마나 빌릴 것인가를 예상'이윤'율 또는 예상수익률에 기초하여 판단한다. 신고전학파의 저자들은 어떤 프로젝트가 경영자에게 예를 들어, 8%, 어떤 것은 7%, 어떤 것은 3% 등의 수익을 지불하는 이용가능한 일단의 투자프로젝트를 경영자가 가지고 있다고 가정하고, 경영자가 가상적 각 이자율에서 수익이 이자율만큼 높을 것이거나 더 높을 것인 그런 프로젝트에 투자하기 위하여 돈을 빌릴 것이라고 가정한다. 다시 말하면, 만약 이자율이 8%이면 경영자는 8%가 넘는 수익을 주는 그런 프로젝트에 투자하기 위하여 돈을 빌릴 것이다. 만약 이자율이 4%이면 그는 더 많은 프로젝트—그에게 4% 이상의 수익을 주는 프로젝트—에 투자할 것이다. 그런 방법으로 이자율이 하락함에 따라 수요곡선이 일반적으로 그렇듯이 저축에 대한 수요곡선은 우하향할 것인데, 그 점은 각 개인의 저축수요곡선과 여전히 더 많은 양의 시장의 총저축수요곡선에 대해 유효하지만 말이다. 두 곡선의 교차는 시장이자율을 결정한다.

피상적으로는 이런 접근법은 그럴듯한 것처럼 보일지도 모른다. 어떤 경영자는 서로 다른 투자에 그렇게 변동적 수익률을 예상하고, 그는 시장에서 상이한 개인 저축자로부터 돈을 빌리며, 대금업자들은 단순히 저축자들인 반면에 경영자는 널리 '자본가' 또는 기업가로 간주되는 일이 종종 일어난다. 이것이 〈그림 6-12〉의 DD곡선을 자본가들 또는 기업가들에 의한 화폐(현재재들)에 대한 수요로 부를 수 있게 만들어준다. 그리고 그것은 불가사의한 복잡성을 피하게 해주는 것처럼 보이고, 신고전학파와 경제학계의 많은 저자가 관심이 있는 생산자대부—저축자들이 사업가들에게 대부하는 것—를 위한 이자율에만 깔끔하고도 단순하게 초점을 맞출 수 있게 하는 것처럼 보인다. 이 이자율이야말로 경제학자들에 의해 일반적으로 길게 토론되는 것이다.

비록 인기는 있지만 신고전학파의 이 접근법은 철두철미하게 틀리는데, 그 내용은 분석과정에서 밝혀질 것이다. 첫째, DD곡선의 작성을 좀더 자세히 숙고하자. 하나하나의 수익률이 다른, 이른바 일단의 이용가능한 프로젝트의 기초는 무엇인가? **왜 어떤 특정 투자가 순 화폐수익을 조금이라도 산출하는가?** 일반적 대답은 각 1회분의 새로운 투자는 10%, 9%, 4% 등과 같은 그런 '한계가치생산성'을 가지고, 자연적으로 가장 생산적인 투자가 먼저 이루어지고, 그 결과 저축이 증가함에 따라 그 이상의 투자는 점점 덜 가치-생산적일 것이라는 사실이다. 이것은 이른바 '경영자의 수요곡선'을 설명하는 기초를 제공하는데, 저축이 증가하고 이자율이 떨어짐에 따라 그 수요곡선의 기울기는 우하향한다. 여기에서 주요한 오류는 경제학에서 오래된 것인데, 그것은 가치-생산성을 화폐투자의 탓으로 돌리는 것이다. 투자가 인시(man hour)당 생산성뿐 아니라 생산과정의 **물적** 생산성을 증가시키는 것은 의문의 여지가 없다. 사실 그것이 투자와 그에 따른 생산기간의 확대가 전적으로 일어나는 정확한 이유이다. 그러나 특히 항등순환경제라는 장기에서 이것, 즉 투자가 가치-생산성 또는 투자에 대한 화폐수익(monetary return)과 무슨 관련이 있는가?

예를 들어, 일정량의 물적 요소들(그리고 어떻게 이 양을 측정할 수 있는가 하는 질문은 제쳐둘 것이다)이 어떤 생산물을 기간당 10단위 생산하고, 그 생산물의 판매가격이 단위당 금 2온스라고 가정하자. 이제 투자는 생산성이 5배가 증가하는 그런 정도로 더 높은 차수의 자본재들에 이루어지고 처음과 동일한 최초요소들이 기간당 50단위를 생산할 수 있다고 가정하자. 공급량이 더 커진 생산물의 판매가격은 이전보다 낮아질 것이다. 생산물의 가격이 반으로 떨어져서 단위당 1온스가 될 것이라고 가정하자. 기간당 총수익은 20온스에서 50온스로 증가한다. 이것이 물리적 생산성이 5배 증가했던 것처럼 가치-생산성이 2.5배 증가한 것을 의미하는가? 확실히 아니다! 왜냐하면 생산자는 벌어들인 총수익으로부터가 아니라 그들의 판매가와 총요소가격 간의 가격차액으로부터 이득을 얻는 것을 보았기 때문이다. 물리적 생산성의 증가는 단기수익을 확실히 증가시킬 것이지만, 물리적 생산성의 증가는 불확실성이 존재하는 현실세계의 손익상황들을 참고로 한다. 장기적 경향은 그런 것이 아닐 것이다. 항등순환경제에서 일어나는 장기경향은 가격차액의 균등화로 향하는 것이다. 이런 생산자에 의해 지불되는 누적적 요소가격들이 말하자면 18온스에서 47온스로 증가한다면 어떻게 어떤 영구적 이득이 있을 수 있는가? 경쟁자들이 다투어 이런 이윤이 날 수 있는 상황에 투자하기 때문에 이것, 즉 비용의 상승이 시장에서 정확히 일어날 것이다. 가격차액, 즉 **이자율**은 다시 5%가 될 것이다.

따라서 생산과정의 생산성은 기본적으로 사업투자의 수익률과 기초적인 관계가 없다. 이런 수익률은 각 단계간의 가격차액들에 의존하고, 이런 가격차액들은 동일하게 되는 경향이 있을 것이다. 가격차액의 크기, 즉 이자율의 크기는 경제 내의 모든 개인의 시간선호스케줄들에 의해 결정된다는 것을 길게 보았다.

요컨대, 신고전학파 학설은 다음과 같이 주장된다. 주로 생산자대부시장에서 결정되는 것을 의미하는 이자율은 시간선호(이것은 개별저축의 공급을 결정)와 투자(이것은 경영자에 의한 저축수요를 결정한다)의 한계(가치)생산성에 의해 공동으로 결정되는데, 그 다음에 투자의 한계생산성은 투자에서 달성될 수 있는 수익률에 의해 결정된다. 그러나 **바로 이런 수익률들은 실은 이자율이고**, 수익률의 크기는 시간선호들에 의해 결정된다는 것을 보았다. 신고전학파 추종자들은 오직 한 가지 점에서 부분적으로 옳은데, 그것은 생산자대부시장의 이자율은 투자의 수익률에 의존한다는 것이다. 그러나 그들은 이러한 의존성을 거의 인식하지 못한다. 하나의 균일한 율로 동일화될 것인 **이 수익률들이 생산구조에서 중요한 이자율을 만들어낸다는 것이 명백하다**.[27, 28]

신고전학파의 분석을 무시하고 다음과 같이 질문할 수 있다. 그러면 생산자대부시장의 역할과 거기에 결정되어 있는 이자율의 역할은 무엇인가? 이 역할은 위에서 결정된 이자율에 완전하게, 그리고 절대적으로 의존하는 일 중의 하나인데, 한편으로는 이 역할은 투자수익률에 스스로를 나타내고, 다른 한편으로는 소비자대부시장에 스스로를 나타낸다. 생산자대부시장과 소비자대부시장, 이 두 시장은 일반적 시간시장의 독립적이고 중요한 하부부문인데, 생산자대부시장은 생산체제를 위한 중요한 시장이다.

이런 그림에서, 생산자대부시장은 순전히 보조적이고 종속적인 역할을 한다. 사실 근본적 분석의 관점에서는 어떤 생산자대부시장도 전혀 필요가 없다. 이런 결론을 고찰하기 위해서는 생산자대부시장이 없는 상태에서 영업업무의 상태를 고찰해 보자. 이런 일을 초래하기 위해서 필요한 것은 무엇인가? 개인들은 그들의 소득보다 적게 소비하여 저축한다. 그 다음에 그들은 자신의 저축을 생산구조에 **직접 투자하는데**, 투자의 유인은 그 투자에 대한 이자수익률―가격차액―이다. 이 투자수익률은 소비자대부시장의 수익률과 함께 우리가 위에서 묘사했던 시간시장의 각종 구성요소에 의해 결정된다. 그 경우에 생산자대부시장은 없다. 저축하는 그룹으로부터 투자하는 다른 그룹으로의 대부는 없다. 그리고 생산구조에는 이자율이 여전히 존재하는 것이 명백하다. 이자율은 생산자대부시장을 믿는 경제학자들의 통상의 토론과 관련이 없는 요인들에 의해 결정된다.

8. 공동주식회사

생산자대부시장은 중심적으로 중요한 요소이기는커녕 중요성이 작은 것이 명백하고, 생산자대부시장이 전혀 없이 잘 돼가고 있는 생산체제를 가정하는 것은 쉽다. 그러나 이것은 원시경제에 아주 잘 맞을 것이라고 응답할지도 모르는데, 원시경제란 자신의 저축을 투자하는 오직 한 명의 자본가-투자자에 모든 기업이 소유되는 경제이다. 저축과 투자가 **분리되고**, 저축과 투자과정이 다른 그룹의 사람에 의해 운영되는—저축은 분산된 개인에 의하고 투자는 상대적으로 적은 수의 기업 중역에 의해 이루어지는—그런 복잡한 현대경제에서는 무슨 일이 일어나는가? 그러므로 이제 두 번째로 가능한 상황을 고려해보자. 이 시점까지 각 요소 또는 각 사업이 한 사람에 의해 소유되었는지 또는 여러 사람에 의해 공동으로 소유되었는지 하는 질문은 자세하게 다루지 않았다. 현대세계에서 주로 일어나듯이, 요소들이 다수의 사람에 의해 **공동으로 소유되는** 그런 경제를 이제 검토해보고, 이 점이 우리 분석에 어떤 차이를 가져오는지 볼 것이다.

그렇게 공동으로 소유된 회사가 생산자대부시장에 미치는 영향을 분석하기 전에, 이런 회사 자체의 본질을 분석하기 위하여 본제를 벗어나야 한다. 각 개별자본가가 자기 자신의 투자를 결정하고, 자기 자신의 모든 투자와 생산과 관련한 결정을 내리는 대신에, **공동으로** 소유된 기업에서는 다양한 개인이 화폐자본을 공동출자하여 하나의 조직 또는 **기업**에 투자하고 그들의 공동저축으로 한 투자에 대해서 공동으로 결정을 내린다. 그러면 그 기업은 토지요소들, 노동요소들, 자본재요소들 등을 구매하고 나중에 생산물을 소비자들 또는 더 낮은 차수의 자본가들에게 판매한다. 따라서 그 기업은 요소서비스의 공동소유자이고 특히 생산되어 판매를 위해 준비된 **생산물**의 공동소유자이다. 그 기업이 그 생산물이 판매될 때까지 생산물-소유자(product-owner)이다. 그 기업에 저축된 자본을 기여했던 개인들은 잇달아서, ① 초기의 화폐자본-모아진 자본, ② 요소들의 서비스, ③ 요소들의 생산물, ④ 생산물의 판매로부터 얻는 돈 등의 공동소유자이다. 항등순환경제에서 자산의 이런 공동소유는 변화없이 매기마다 동일한 점진적 패턴이 계속된다. 실제로는 공동으로 소유된 기업에서는 기업이 소유하는 생산적 자산의 다양성이 크다. 어떤 한 기업이라도 다양한 생산과정에 보통 종사하는데, 각 개별 과정은 기간이 다르고, 어떤 기업은 어떤 특정한 시점에 각 과정의 다른 단계에 종사하기 쉽다. 어떤 기업은 생산하여 그 결과 그 생산물이 연속적이고 매일 새로운 단위의 생산물을 판매하기 쉽다.

그러면 만약 그 기업이 계속해서 영업을 영위한다면 어떤 한 시점에서 그 기업의 운영은 투자와 생산물의 판매를 혼합한 것일 것은 명백하다. 어떤 한 시점에서 그 기업의 자산은 투자될 예정인 현금, 방금 구매한 요소들, 아직 생기지 않은 생산물들, 생산물들의 판매로부터 방금 받은 돈 등의 혼합물일 것이다. 그 결과는 피상적으로는 그 기업이 자동적으로 계속되는 사물인 것처럼 보이고, 생산이 여하튼 무시간적이고 동시적이면서 생산요소가 투입되는 즉시 계속되는 것처럼 보인다는 것이다.

실제로는 물론 이런 생각은 전혀 근거가 없다. 투자와 생산이 자동적으로 계속되지는 않는다. 생산이 계속되는 것은 소유자들이 생산을 진행하기 위해 계속적으로 결정을 내리고 있기 때문이다. 만약 소유자들이 그렇게 하는 것이 이윤을 만들어낼 수 있다고 판단하지 않는다고 가정하면 어떤 시점에 소유자들은 생산활동과 투자를 변경하거나, 중지하거나, 완전히 중단하는 행위 등을 하거나 그런 행위를 할 수 있다. 그리고 초기의 투자로부터 최종생산물까지는 **시간**이 걸린다.

우리의 토론에 비추어, 어떤 기업(그것이 공동으로 소유된 것이든 개인에 의해 소유된 것이든 상관없이)에 의해 소유된 자산의 종류를 다음과 같이 분류할 수 있다.

(1) 돈
(2) 생산적 자산들
      미래서비스(이것은 아래에서 분석될 것이다)를 구현하는 토지와 자본재들과 같은 그런 요소들의 혼합물, 다양한 단계의 생산물, 완결된 생산물

이런 전체 자산 꾸러미에 대한 화폐적 평가는 시장에 의해 이루어진다. 이 평가가 어떻게 이뤄지는가는 나중에 자세하게 분석할 것이다.

이 시점에서 단 한번으로 이뤄지는 1회성 투자(one-shot investment), 어느 날 요소들에 투자하고 일 년 후에 투자의 결과로 생기는 생산물의 판매라는 단순한 경우로

돌아가자. 이것은 최초의 생산구조 분석에 포함된 가정이다. 그리고 동일한 분석을 다른 생산단계에 자산의 혼합물이 있는 더 복잡한 경우에 응용할 수 있고, 동일한 분석을 한 기업이 여러 가지의 다른 생산과정에 참여하여 다른 재화를 생산하는 경우에도 심지어 응용할 수 있음을 아래에서 볼 것이다. 저축한 화폐자본을 100온스까지 모은 일단의 개인들이 요소들을 100온스에 구매하고, 생산물을 손에 넣으며, 그 생산물을 일 년 후에 105온스에 판매하는 경우를 생각해보자. 이런 사회의 이자율은 연간 5%이고, 이 투자에 대한 이자수익률(the rate of interest return)은 이 조건과 일치한다. 이제 다음과 같은 질문이 떠오른다. **어떤 원칙으로 개별 소유자들이 자산에서 각자의 몫을 공동으로 배분하는가?** 모든 개인은 공동자산에서 자신의 몫을 아는 데 진실로 관심이 있는 경우가 언제나 대부분일 것이고, 그 결과 기업들은 배당원칙이 모든 소유자에게 알려지는 그러한 방법으로 설립된다.

  먼저 이것은 생산물이 모든 생산요소 소유자에 의해 공동으로 소유되는 경우처럼 단순히 협상하는 경우라고 말하고 싶을지도 모른다. 그러나 단순히 협상하는 경우는 여기에 응용할 수 없다. 왜냐하면 위에서 토론한 경우에는 무엇에 의하여 소유권에서 어떤 사람의 몫이 다른 사람의 몫과 구분될 수 있는지를 보여주는 원칙이 없었기 때문이다. 단체 내의 모든 사람이 작업했고, 그들의 토지 등을 생산과정에 바쳤고, 생산물의 판매로 얻는 소득을 그들간에 배당할 방법은 단순한 협상을 제외하고는 없었다. 여기에서는 각 개인이 시작을 위해 일정한 액수의 화폐자본을 공헌하고 있다. 그러므로 그 비율은 시작부터 자연스럽게 확립된다. 100온스의 자본이 다음과 같이 다섯 명의 사람에 의해 모아진다고 하자.

    A ·························· 40온스
    B ·························· 20온스
    C ·························· 20온스
    D ·························· 15온스
    E ·························· 5온스

  다시 말하면, A는 자본의 40%를 기여하고, B 20%, C 20%, D 15%, E 5% 등이다.

그러면 이 기업의 각 개별 소유자는 모든 자산에서 그가 최초에 기여했던 것과 동일한 비율을 소유한다. 이 점은 일의 진행 각 단계에서 적용되고 최종적으로는 생산물의 판매로부터 획득되는 돈에 대해서도 적용된다. 판매로부터 얻는 105온스는 그 과정에 재투자될 것이거나 '회수될' 것이다. 여하튼 이런 105온스의 소유권은 투자한 자본과 동일한 비율로 분배될 것이다.

어떤 기업의 이러한 자연적 구조는 본질적으로 **공동주식회사**(joint-stock company)의 구조이다. 공동주식회사의 경우에 각 투자자-소유자는 **주식**(share)—그가 회사의 총자본에 투자했던 금액과 비례하여 소유권을 증명하는 증서—을 받는다. 예를 들어, 만약 위의 A, B, C, D, E, 다섯 명이 하나의 회사를 설립한다면 그들은 100주를 발행하고, 각 주는 1온스의 가치 또는 자산을 나타낸다. A는 40주를 받을 것이고, B 20주, C 20주 등이다. 생산물의 판매 후에 각 주식의 가치는 그 주식의 최초의 가치 또는 **액면가치**보다 5%가 가치가 더 있을 것이다.

생산물 판매 후에 또는 사실 판매 이전에 언제라도 F라는 또 한 사람이 이 회사에 투자하기를 원한다고 가정하자. 그가 금 30온스를 투자하기 원한다고 가정하자. 그 경우에 회사에 화폐저축으로 투자한 것은 100온스(생산물 판매 이전이라면) 또는 105온스(생산물 판매 이후라면)에서 30온스가 증가한다. 새로운 30주는 발행되어서 F에게 인도될 것이고, 기업의 자본가치는 30온스까지 증가한다. 화폐수익의 재투자가 잇달아 계속되는 대부분의 경우에 어떤 시점의 어떤 기업자산의 자본가치는 현금, 토지, 자본재들, 완성된 생산물들 등을 포함하는 모든 생산적 자산의 평가된 가치일 것이다. 그 기업의 자본가치는 어느 때라도 신규투자에 의해 증가되고 완성된 생산물이 판매되고 난 후에 소유자들에 의한 재투자에 의해 유지된다.

자본의 몫이 일반적으로 **주식**으로 알려진 것이다. 주식자본(capital stock)의 **총액면** 가치는 회사가 설립될 때 최초로 납입된 금액이다. 그 시점에서부터 소득이 획득되거나 불확실성의 세계에서 손실을 입음에 따라, 그리고 자본이 회사에 재투자되거나 회수됨에 따라, 자산의 총자본가치는 변한다. 거기에 따라 주식자본의 총가치는 변하고 각 주의 가치도 거기에 따라서 최초의 가치와 다를 것이다.

소유자들의 집단은 회사의 일을 어떻게 결정할 것인가? 공동으로 이루어져야 할 그런 결정은 어떤 종류의 투표제도에 의해 이루어져야 할 것이다. 사용될 것으로 예상되는 자연적 투표제도는 한 주에 한 표를 가지고 다수결 원칙에 의하여 결정하는 것이다. 이것이 공동주식회사, 그것의 현대적 형태인 **주식회사**에서 이용되는 바로 그 제도이다.

물론 어떤 공동주식회사의 투표제도는 소유자들의 요구에 따라 위의 투표제도와 다르다. 다양한 원칙에 따라서 둘 또는 그 이상의 사람 간의 **협력관계**(partnership)가 만들어질 수 있다. 그러나 일반적으로는 만약 한 협력자가 투자된 자본에서 그의 비례적인 몫보다 더 많이 받는다면 그것은 회사에 그의 노동이나 토지를 더 많이 기여하고 있어서 거기에 따라 대가를 받기 때문이다. '노동을 공여하는' 협력자의 노동에 지불되는 대가는 그가 다른 곳에서 노동할 경우에 벌 수 있는 것과 대략 동일할 것이고, 협력자에 의해 제공된 토지나 다른 최초로 소유된 요소에 지급되는 것에도 동일한 원칙이 적용된다는 것을 볼 것이다. 협력관계는 거의 언제나 소수에 국한되기 때문에 협력자간의 관계는 다소간 비공식적이고 공동주식회사처럼 공식적 협력자들을 필요로 하지 않는다. 그러나 협력관계는 공동주식회사와 매우 유사하게 작동하기 쉬울 것이다. 협력관계는 특이한 투표제도를 만들 수 있는 여지가 더 많다. 따라서 한 협력자가 그가 낸 자본의 몫보다 더 많이 받을 수 있는데, 왜냐하면 그가 다른 사람의 사랑과 존경을 받기 때문이다. 이것은 진실로 본질에서 그를 제외한 다른 협력자가 그에게 주는 선물이다. 공동주식회사는 공식적 원리를 더 열심히 지킨다.

공동주식회사의 큰 장점은 그것이 저축된 자본의 새로운 투자를 위한 더 준비된 출구를 제공한다는 것이다. 신규주식의 발행을 통해 새로운 자본이 얼마나 쉽게 모아지는가를 보았다. 어떤 소유자도 그 기업으로부터 자신의 자본을 철수하기도 또한 더 쉽다. 이렇게 자본철수를 더 쉽게 한 것은 공동주식회사에 투자할 유혹을 크게 높인다. 나중에 불확실성이 존재하는 현실세계에서 주식의 가격설정을 탐구할 것이다. 우리가 사는 현실세계에서는 기업자산의 평가가치에 관해서 견해차가 클 여지가 있고, 그 결과 그 기업주식의 각자의 몫에 대한 화폐평가가치에 관해서도 견해차가 클 여지가 있다. 그러나 항등순환경제에서는 화폐가치의 모든 평가가 합의될 것이고—그런 평가의 원리들은 아래에서 논의될 것이다—그 결과 주식의 평가가치는 모든 사람의 합의로 이루어질 것이고 변하지 않을 것이다.

공동주식회사의 주식시장(share market)은 저축을 축적할 수 있는 준비된 창구를 제공하는 반면에, **그 주식시장은 가격차액에 엄격히 의존한다**. 자본가의 저축 또는 음 저축은 시간선호에 의해 결정되고, 시간선호는 경제의 가격차액을 확립한다. 기업에 투자된 자본, 즉 기업의 생산적 자산의 가치는 자본으로부터 나오는 미래소득의 합을 이자율로 할인한 것이다. 만약 가격차액이 5%이면 주식시장에서 산출되는 이자수익률(주식당 수익을 주식의 시장가격으로 나눈 비율)은 시간시장의 다른 곳에서 결정되는 것인 이자율과 동일해질 것인데, 이 경우에는 5%이다.

자본가들이 자신들이 저축한 자본을 공급하는 상황이 여전히 있을 것인데, 그 자본으로 순 화폐수익을 기대하여 요소들을 구입하는 데 사용하는 것이다. 공동주식회사 또는 주식회사에서 발생하는 유일한 복잡성은 많은 자본가가 기업의 자산에 공동으로 기여하여 소유하고, 소유권의 일정 양의 가격은 시장에 의해 규제될 것이고, 그 결과 이자수익률(rate of interest yield)이 전체 기업에 걸쳐서 동일해지는 것과 같이 각 개별주식에 대해서도 동일해질 것이라는 점이다. 만약 전체 기업이 요소들을 100의 총가격에 구매하고 1년 후에 생산물을 105에 판매하여 5%의 수익을 얻는다면, 예를 들어 이 기업의 주식소유권의 5분의 1은 20온스의 총가격에 판매하고 연간 순 수익 1온스를 얻을 것이다. 따라서 자본의 일부 주식이 얻는 이자율은 전체 자본에서 획득되는 이자율과 모두 동일해질 것이다.[29]

소유된 전체 주식의 관점에서 공동주식회사의 다수결원칙은 소수 소유자의 권리가 무시된다는 것을 의미하는 것은 아니다. 첫째, 자원을 전체로 모으는 일과 자산을 모으게 되는 기초는 관계되는 모든 당사자의 자발성이다. 둘째, 모든 주주 또는 소유자는 단지 하나의 공동 이해—화폐수익과 자산의 증가—를 가지는데, 비록 그들이 그 목적을 이루기 위한 수단과 관련하여서는 물론 다를 수도 있겠지만 말이다. 셋째, 소수 구성원은 원한다면 자신의 주식을 팔고 회사를 떠날 수 있다.

실제로, 협력자들은 그들이 원하는 어떤 방법으로도 투표권과 소유권을 정할 수 있고, 그런 제도들은 많은 편차가 있었다. 각 소유자가 소유한 주식의 수와 상관없이 한 표를 가지는 그런 그룹소유권의 한 형태는 부조리하지만 효과적이게도 자신을 '**협동조합**'(co-operative)이라는 이름으로 사칭했다. 합명합자회사, 공동소유주식회사, 주식회사 등이 **모두** 뛰어나게 **협력적**인 제도이다.[30]

개인에 의해 소유된 기업들에 적용할 수 있는 경제분석은 공동주식회사로 된 현대

경제에는 성립하지 않는다고 많은 사람이 믿는다. 어떤 것도 그런 경제분석으로부터 더 멀리 있을 수는 없다. 주식회사의 도입이 이자율 또는 저축-투자과정에 대한 우리의 분석을 본질적으로 바꾸지 않았다. 주식회사에서 소유권과 '경영'이 분리된 경우는 어떤가? 개인소유회사의 개별 소유자들은 일반적으로 자신이 경영관리 노동을 하는 반면에, 공동주식회사에서 소유자들은 노동자들을 감독하기 위하여 경영관리 노동을 고용하는 것이 정말로 진실이다. 경영자는 어떤 다른 노동자와도 너무나 같은 고용된 노동자이다. 육체노동자와 아주 똑같이 회사의 사장은 소유자들에 의해 고용되고 생산과정에서 노동을 한다. 경영관리 노동의 가격은 다른 노동자의 가격과 동일한 방법으로 결정된다는 것을 아래에서 볼 것이다. 시장에서는 독립적 소유자에게 가는 소득은 그런 종류의 경영관리 노동을 위한 현재의 임금을 **또한** 포함할 것인데, 물론 공동주식 소유자들은 그런 소득을 받지는 않을 것이다. 따라서 경제분석을 쓸모없게 만들기는커녕, 주식회사로 된 현대세계가 생산에서 기능들―특히 경영관리기능―을 분리하고 단순화함으로써 분석을 도와준다.

　주식회사의 자본가들은 자본을 공급하는 기능뿐만 아니라 **기업가적** 기능도 또한 떠맡는다. 즉, 소비자들의 욕구를 충족시키도록 생산과정을 이끌어나가도록 지휘하는 결정적 요소. 불확실성의 현실세계에서 기업가적 기능은 시장이 어떻게 작동하는가를 결정하기 위해 건전한 판단을 필요로 하고, 그 결과 현재의 투자가 미래의 손실이 아니라 미래의 이익을 초래할 것이다. 이익과 손실의 본질을 더 다룰 것이지만 현실세계에서 능동적인 기업가적 요소는 불확실성의 실재에 기인한다는 것을 여기에서 말하는 것으로 충분하다. 우리는 순 이자율의 결정을 토론했는데, 그 이자율은 항등순환경제라는 확실한 세계에서는 언제나 그런 경향이 있고 미래에도 그럴 것이다. 미래를 위한 기술, 시장수요와 시장공급 등, 그 모든 것이 알려진 항등순환경제에서 투자기능은 순전히 수동적이고 기다리는 것이다. 감독 노동기능 또는 경영관리 노동기능이 여전히 있을 것이지만, 이 기능은 노동요소의 가격이라는 제목 아래에서 분석될 수 있다. 그러나 미래사건이 알려진 것이기 때문에 기업가적 기능은 더 이상 필요 없을 것이다.

　최종적으로 어떤 사람은 공동주식회사가 저축과 투자의 분리에 효력이 있다고 주장한다. 주주들은 저축하고 경영자들은 투자하는 일을 한다는 것이다. 이것은 완전히 틀린 것이다. 경영자들은 주주들에 의해 **고용된 대리인들**이고 주주들의 지휘에 복종한다. 다수 소유자들의 결정에 불만인 개별 주주는 그 자신이 소유한 지분을 처분할 수 있다. 그 결과 실제적으로 저축하는 사람도 **주주들**이고 자금을 투자하는 사람도 **주주들**이다.[31]

대부분의 주주가 회사의 일에 '관심이' 없기 때문에 주주들은 기업을 효과적으로 통제하기보다는 고용된 경영자들의 손에 통제를 넘겨주는 것을 허용한다고 어떤 이들은 주장한다. 그런데도 확실히 주주의 관심은 그 자신의 선호 문제이고 그 자신의 통제하에 있다. 무관심을 좋아하는 주주는 경영자들이 현재의 코스를 계속할 것을 허가한다. 그러나 근본적 통제는 여전히 주주의 것이고 주주는 그의 대리인을 절대적으로 통제한다.[32] 대표적 견해는 "단체로서의 주주들을 위해 배당소득을 극대화하는 것은 반드시 특이하거나 굉장한 목적이 아니다. 그 대신에, 경영관리자들은 기업의 장기수익과 경쟁적 위치, 경영자로서 그 자신의 명성 등을 개선하고자 노력할 것이다"[33]라고 주장했다. 그러나 '장기수익을 개선'한다는 것은 주주들의 소득을 극대화하는 것과 동일하고, 주주의 소득을 제외한 다른 무엇으로 경영자들의 '명성'을 신장시킬 수 있는가? 다른 이론가는 '주식회사'—실제의 개인에 의해 소유된 조직에 붙인 개념적 명칭—를 '실제로' 존재하고 독립적으로 행동하는 것으로 간주하는 얇은 신비주의로 빠져든다.[34]

9. 공동주식회사들과 생산자대부시장

이제 공동주식회사가 생산자대부시장에 미치는 영향을 분석하는 일을 착수할 준비가 된 것이다.

총주식자본과 자본가치가 130온스이고 6인의 주주에 의해 소유된 앞에서 서술한 기업을 가져오자. 그 기업은 소유자들을 위해 연간 5%의 순 소득을 벌고, 이 이자율은 경제 내의 모든 기업이 벌어들이는 이자율이다.

어떻게 그 기업이 F에게 새로운 자본주식을 판매하여 30온스까지 자본을 확대했는가를 이미 보았다. 생산대부가 이루어지면 무슨 일이 일어나는가를 보자. 그 기업이 생산자대부시장에서 5년 동안 20온스를 빌린다고 가정하자. 무슨 일이 일어났는가? 그 기업은 미래재―미래에 돈을 지불하기로 한 약속―를 현재재와 교환했다. 현재화폐는 G라는 저축자에 의해 공급되었다. G가 저축을 했고 이 거래에서는 자본가이며, 반면에 공동주주들인 A-F는 여기에서 미래재를 공급하고 있는 것이 명백하다. 더욱 생산체제에 신규자본을 투자한 사람은 주주이다. 표면적으로는 저축과 투자가 분리된 의문의 여지가 없는 경우로 보인다.

그러나 거래를 더 자세히 보자. G는 그 기업에 5년 기간에 20온스 가치의 신규자본을 공급했다. 소유자들인 A-F는 이 신규자본을 받아들여 미래재, 즉 생산요소들에 투자한다. 다시 말하면, 20온스에 관한 한 A-F는 채권자의 저축을 중개한 투자자들이다. 이 대부의 이자율은 얼마일까? 항등순환경제에서 이 이자율은 5%와 동일한데, 즉 그것은 생산구조의 가격차액을 지배하는 이자수익률에 순전히 의존할 것이라는 것이 명백하다. 이렇게 되는 이유는 명백한 것이 틀림없다. 어떻게 이자율이 생산구조에서 결정되는가를 이미 보았다. 이자율을 모든 곳에서 5%로 가정했다. 이제 그 기업이 그 대부에 대해 G에게 3%를 지불하기로 제안한다고 가정하자. 분명히, G가 동일 기업이나 다른 기업에서 주주로서 5%를 받을 수 있다면 그 기업에 3%의 수익을 받고 20온스를 빌려주지 않을 것이다. 다른 한편, 그 기업은 G에게 5% 이상은 조금이라도 지불할 수 있는 처지에 있지 않은데, 왜냐하면 투자의 순 수익이 오직 5%일 것이기 때문이다. 만약 그 기업이 이자로 지급하는 최대가 5%이고 채권자가 받아들일 수 있는 최소가 5%이면 거래는 5%에서 이루어질 것이라는 것은 명백하다.

본질적으로, 예상되는 대부시장에서의 채권자인 G는 주식에 투자했던 F와 다르지 않음은 명백하다. F와 G, 둘 모두 돈을 소비에 써버리는 대신에 저축했고, 둘은 미래재와의 교환으로 그들이 저축한 자본을 팔아 이자를 벌기 원한다. 모든 이의 시간선호스케줄뿐 아니라 F와 G, 둘의 시간선호스케줄까지도 이자율에 도달하기 위하여 시간시장에서 집계된다. F와 G, 둘 모두가 시장이자율에서 순 저축자들이다. 그러면 이자율은 다양한 시간선호스케줄에 의해 결정되고, 최종 이자율은 한편으로는 저축스케줄들과 다른 한편으로는 현재재들에 대한 수요스케줄들에 의해 결정된다. 그 수요스케줄들은 노동자들과 토지소유자들에 의한 생산수요와 돈을 차용하는 소비자에 의한 소비수요로(그리고 오직 그것들로만) 이루어진다. F와 G는 순 저축자들로 그들의 자본을 가장 높은 수익을 주는 곳에 투자하는 데 관심이 있다. F가 그의 자본을 투자하는 방법과 G가 그의 자본을 투자하는 방법 간에 본질적 차이는 없다. **주식에 투자하는 것과 기업들에게 돈을 빌려주는 것의 차이는 주로 기술적인 것이다**. 후자, 즉 회사에 돈을 빌려주는 경우에 발생한 저축과 투자 간의 분리는 전혀 중요하지 않다. 총저축과 요소소유자들에 의한 총수요에 의해 결정된 투자의 이자수익은 주식의 수익률뿐 아니라 **생산자대부시장의 이자율도 완전하게 결정한다**. 생산자대부시장은 본질적 분석이라는 관점에서는 전혀 중요하지 않다. 생산자대부시장을 위한 수요스케줄과 공급스케줄을 그리려고 노력하는 데도 심지어 소용이 없는데, 왜냐하면 생산자대부시장의 가격은 다른 곳에서 결정되기 때문이다.[35] 저축된 자본이 주식을 **통해** 투자로 전해지든지 대부를 **통해** 투자로 전해지든지 중요하지 않다. 둘간의 유일한 차이는 법적 기술성에 있다. 사실, 심지어 채권자와 소유자의 법적 차이는 무시할 만한 것이다. G의 대부는 그 기업의 자산의 자본가치를 130에서 150으로 증가시켰다. 투자된 150은 5% 또는 연간 7.5온스의 수입을 가져온다. 상황을 검토하여 이 자본의 실제적 소유자가 누구인가를 보자(〈그림 6-13〉참조).

〈**그림 6-13**〉 공동주식회사 자산의 소유권 분배

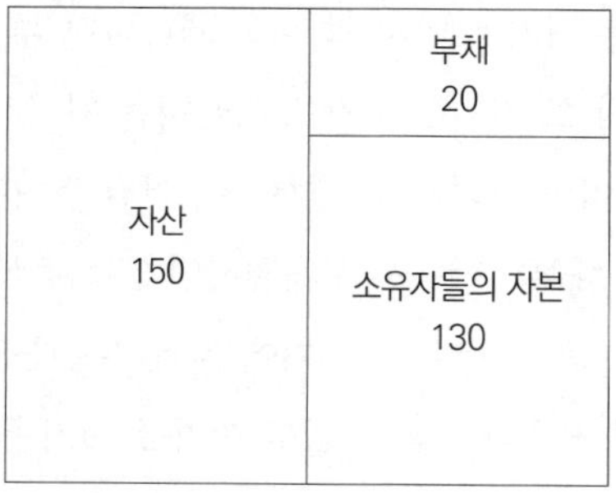

자산 150	부채 20
	소유자들의 자본 130

〈그림 6-13〉에서 좌측 직사각형은 어떤 한 시점의 자산을 나타낸다. 우측 직사각형에서 130온스의 자산이 소유자들의 자본이고 20온스는 부채—즉, 채권자들에게 가는 차용증서—를 나타낸다. 그러나 이러한 '표시'는 무엇을 의미하는가? 만약 예

를 들어, 그 기업이 청산하고 사업을 그만둔다고 가정하면 20온스의 자산은 채권자들에게 빚을 갚는 데 사용될 것이고, 130은 법적 소유자들에게 갈 것이라는 것을 의미한다. 순 수익으로 지불된 연간 7.5온스 중에서 6.5온스는 법적 소유자들에게 가고 1온스는 채권자들에게 가서, 법적 소유자들과 채권자들은 각각 그들의 저축에 대해 5%를 얻는다는 것을 추가로 의미한다. 사실, 각 그룹은 자신의 **투자**에 대해서 5%를 얻는데, 왜냐하면 채권자들이 주주만큼 투자자들이 아니기 때문인가? 사실, 채권자들은 그 기업자산의 20온스 가치의 **소유자들**은 아니고 채권자들은 그 20온스와 비례한 수익을 소유하지 **않는가**? 주주들과 비교하여 채권자들은 소유권의 어떤 기능을 가지고 있지 않는가? 심지어 법적 관점에서도 채권자들은 주식회사의 자산에 대해 **최초의 청구권을 가지고** 주주들보다 앞서 보상받는다. 그러므로 채권자들은 명백히 그 자산의 소유자들이다. 채권자들이 주주들이 아니기 때문에 주식회사의 결정에 투표하지 않는다고 주장되지만 공동주식회사가 **투표권이 없는** 주식을 발행하는 많은 상황이 있다. 그런 주식이란 그 주식의 소유자가 회사업무에 투표하지 않는 주식을 말하는데, 비록 그 주식의 소유자들이 수익의 비례적 가치를 받지만 말이다.

경제적으로, 그리고 심지어 기초 법에서는 주주들과 생산을 위한 채권자들 간에 차이가 없다는 결론을 내려야 한다. 주주들과 채권자들 모두는 똑같이 자본의 공급자들이고, 둘 모두는 일반적 시간시장에서 결정되는 이자수익을 받으며, 둘 모두 회사의 자산에 비례하는 몫을 소유한다. 둘간의 차이는 오직 기술적이고 어의적인 것이다. 지금까지 우리의 토론을 오직 항등순환경제에만 응용했던 것이 사실이지만 불확실성의 세계와 기업가정신이 비록 문제를 복잡하게는 만들지만 지금까지 분석의 본질을 변하게 하지는 않는다는 것을 볼 것이다.[36]

주주들과 채권자들의 뚜렷한 불일치를 가정했던 오래된 전통과 대조적으로, 최근 저작에는 주주들과 채권자들 간의 본질적 동일성을 점점 더 인식했다. 그러나 새로운 문헌이 그런 동일성을 분명히 잘못된 방법으로 해석하는 것은 호기심을 끈다. 채권자들을 주주들과 같이 취급하는 대신에 그런 문헌은 주주들을 채권자들처럼 취급한다. 다시 말하면, 정확한 접근법이란 채권자들을 그 기업의 실제적 부분 소유자들로서 간주하는 것이다. 그러나 새로운 문헌은 고용된 경영자들을 회사의 실제적 통제자들과 소유자들로서 묘사하는 새로운 전통을 유지하면서 주주들을 단지 그 기업의 채권자들로 취급한다. 경영자들은 기업을 소유하면서 어떤 요소에게도 지급하는 것과 똑같이 생산을 위해 마지못해 하는 비용으로서 주주들에게 배당금뿐 아니라 채권자들에게도 이자를 지불하는 것으로 묘사된다. 실제로 경영자들은 오직 주주들에게 고용된 주주들의 대리인들일 뿐이고, 주주들이 수익의 얼마를 그 기업에 재투자할 것인가와 '배당금'의 형태로 '그 기업으로부터' 얼마를 '공제할' 것인가를 결정한다.

'배당금'과 '유보된 수익'(retained earnings)을 흔히 하듯이 구분하는 것은 경제분석의 목적을 위해서는 유용한 것이 아니다. 유보된 수익은 반드시 재투자되지 않는다. 그 수익은 투자에서 회수되어 현금잔고로 보유되고 나중에 배당금으로 지불될 수 있다. 다른 한편, 배당금은 소비에 반드시 지출되지 않는다. 그것은 다른 기업에 재투자될 수 있다. 그러므로 배당금과 유보된 수익의 구분은 잘못된 것이다. 수익은 재투자되거나 재투자되지 않는다. 그리고 주식회사의 모든 수익은 개별 소유자들의 수익이 된다.

저축은 실제의 생산자대부(또는 소비자대부) 시장으로 들어가기 전에 중개인을 거쳐서 흐를 수 있다. 생산적 투자를 **찾는 것**은 기업가의 업무 중의 하나이고, 투자의 적절한 출구에 대해 그 자신이 마음을 정하는 대신에 개인은 투자의 전문가가 되기 위해 특히 세워진 다른 조직에 그의 돈을 빌려주거나 투자하는 것이 모든 관계자에게 종종 훨씬 더 편리하다. 이런 조직들은 개인들이 혼자서 하는 투자는 너무 작아서 자신들을 위한 시장을 발견하는 비용을 지불할 가치가 없는 그런 고립된 개인의 작은 저축을 모으는 경로로서 봉사할 수 있다. 그 다음에 그 조직들은 큰 뭉치의 자금을 총명하게 투자한다. 대표적 예가 **투자트러스트**(investment trust)인데, 그 트러스트는 자신의 주식을 개인들에게 판매하고, 그 다음에 이 자본을 이용하여 다른 회사의 주식을 구매한다. 항등순환경제에서 중개자들을 통해 개인들의 저축으로부터 얻어질 이자는 직접투자로부터 얻는 이자에서 중개서비스의 비용을 뺀 것과 같은데, 이 가격은 다른 가격과 똑같이 시장에서 결정된다. 예를 들어, 만약 시장을 통한 이자율이 5%이고 중개서비스의 비용이 1%이면, 항등순환경제에서 편리한 중개방법을 통해 자신의 저축을 흐르게 하는 사람은 그 저축이라는 투자로부터 4%의 이자수익을 받을 것이다.

그래서 생산자대부시장이 생산체제에서나 시장이자율의 결정에서 독립적 결정요소로서는 중요하지 않음을 보았다.

많은 경우에, 계약에 의한 대부시장의 이자율과 가격차액의 결과로서 투자수익의 형태로 생기는 이자율을 다른 이름으로 명명하는 것이 편리하다. 전자를 **계약이자율**(contractual rate of interest, 계약을 체결할 때 이자가 고정되는 경우)이라고 부르고, 후자를 **자연이자율**(natural rate of interest, 즉 이자가 거래계약에 공식적으로 포함되기보다는 생산과정의 투자를 통해 '자연적으로' 발생하는 것)이라고 부르자. 두 가지 이자는 물론 항등순환경제에서는 일치할 것이다.

지금까지의 분석에서 수정할 수도 있는 하나의 기본가정을 했다. 즉, 개인들은 가장 높은 이자수익을 획득하려고 언제나 노력할 것이라는 사실이다. 이 기초를 전제로 중재행위와 항등순환경제의 궁극적 균일성을 조사했다. 각 투자자는 투자로부터 최대한 많이 획득하려고 노력할 것이라고 가정했다. 이것은 항상 진실이 아닐지도 모르고, 경제학 비판자는 경제학자가 화폐적 목적을 제외한 다른 것을 무시한다고 비판하는 데 결코 지치지 않았다. 그러나 경제학은 그런 목적들을 무시하지 않는다. 사실, 인간행위학적 분석은 그런 목적을 명시적으로 포함한다. 반복해서 지적했던 것처럼, 각 개인은 자신의 **심적** 소득을 극대화하고자 노력하고, 오직 다른 심적 목적이 중립인 한에서만 심적 소득 극대화가 스스로 <u>화폐</u>소득 극대화로 환언될 것이다. 경제학이 비화폐적 목적들을 쉽게 수용할 수 있음을 즉시 볼 수 있다. 사회의 이자율이 5%라고 가정하자. 그러나 투자자들을 포함한 많은 사람이 싫어하는 하나의 생산라인이 있다고 가정하자. 예를 들어, 무기를 만드는 일이 인기가 없는 사회에서는 단순한 중재거래가 군수산업의 수익과 다른 산업의 수익을 동일하게 만들도록 작동하지 않을 것이다. 우리는 여기에서 소비자가 무기를 싫어한다고 말하고 있지 않는데, 그런 혐오가 물론 그 생산물에 대한 수요를 낮게 할 것이지만 말이다. 생산자들, 특히 투자자들의 특정한 혐오를 말하고 있다. 이런 심적 혐오 때문에 투자자들은 다른 산업에서보다 군수산업에서 높은 수익을 요구할 것이다. 예를 들어, 일반 이자율이 5%임에도 불구하고 군수산업 투자자들은 군수산업에서 10%의 이자수익을 요구하는 것이 가능하다. 그러면 어떤 요소들이 이렇게 증가된 할인에 대가를 지불할 것인가? 만약 **비특수**요소들의 소유자들, 즉 다른 곳에 채용될 수 있는 그런 요소들은(또는 엄격히는 그 요소들의 **서비스**가 그래서 채용될 수 있는) 다른 산업에서보다 군수산업에서 낮은 화폐수익을 확실히 받아들이지 않을 것이라고 주장한다면 차후의 분석결과를 지나치게 예상하고 있는 것은 아니다. 그러면 항등순환경제의 군수산업에서 결정된 비특수요소들의 가격은 다른 산업에서 결정된 비특수요소들의 가격과 동일할 것이다. 사실, 비특수요소들의 가격은 심지어 군수산업에서 더 클 수도 있을 것인데, 만약 요소소유자들이 투자자들이 가진 군수산업에 종사하는 것에 대한 특별한 혐오감을 공유한다면 말이다. 그러면 생산의 각 단계에서 더 낮은 가격의 짐은 그 산업의 **순전히** 특수요소들 위에 떨어지는데, 이때 특수요소들이란 만약 그 요소들이 생산체제에서 요소들로서 전적으로 존재하기 위해서는 이 산업에 종사해야 하는 그런 요소를 말한다. 항등순환경제라는 장기에서는 이런 특수요소가 자본재들은 아닐 것인데, 왜냐하면 자본재들은 언제나 재생산되어야 할 필요가 있기 때문이고, 그에 상당하는 자원이 천천히 또는 급격히 그 산업을 떠날 것이기 때문인데, 산업을 떠나는 완급의 정도는 자본재의 존속기간과 그 자본재의 생산과정의 길이에 의존한다. 특수요소는 노동일 수도 있지만 이런 일이 경험적으로는 잘 일어날 것 같지 않은데, 왜냐하면 노동은 여러 직업으로 이동할 수 있는 거의 언제나 비특수요소이기 때문이다. 그러므로 더 낮은 수익을 정면에서 맞는 것은 특수적 **토지**요소들이기 쉽다.

어떤 이유 또는 다른 이유로 대부분의 투자자들이 특히 매우 열렬히 종사하고자 하는 어떤 산업에는 위에서 서술한 그 반대가 일어날 것이다. 그 경우에 투자자들은 다른 산업에서보다 이 생산과정에서 낮은 이자수익을 받아들일 것이다. 시장에서 경쟁의 힘은 다시 한번 비특수요소들의 가격을 산업마다 동일하게 유지하게 만들 것인데, 만약 요소소유자들이 그 산업에서 일하는 것을 또한 특히 원했다면 비록 그 가격은 더 낮아질지도 모르는 데도 불구하고 말이다. 그러므로 다양한 단계에서의 더 높은 가격은 특수요소들의 소유자들, 일반적으로 토지요소들의 소유자들이 향유한다.

그러면 이자율은 각종 하부시장에 걸쳐서 다양한 형태로 동일해지는 방향을 향해 언제나 나아가기 쉽다. 항등순환경제에서 이자율은 어디든지 획일적으로 동일해질 것이다. 그러나 이 결론은 수정되어야 하는데, 그 내용은 특정한 생산과정에 대해 투자자들간에 격심한 호 또는 불호에 의존하여 이자율이 '심적' 구성요소에 따라 긍정적 또는 부정적으로 달라질 것이라는 점이다.[37] 특별히 좋아하는 경우에 투자자들은 특정한 과정에 투자하는 즐거움을 '소비하고' 더 낮은 수익이라는 형태로 대가를 지불하고 있다고 말할 수 있다. 특별히 싫어하는 경우에 투자자들은 특별한 비효용에 대해 더 높은 가격을 부과하고 있다. 그러나 만약 단순히 **한 사람**이 특별히 어떤 분야를 좋아하거나 싫어하는 경우에는 수익의 이러한 차이는 일어나지 않지만, 만약 한 방향 또는 다른 방향으로 강력한 선호의 중요한 총계가 있을 때만 수익의 차이가 발생한다는 점은 강조되어야 한다. 이런 종류의 소비는 그것이 긍정적이든 부정적이든 생산과정에 서로 뒤얽혀 있고 생산과 함께 직접적으로 발생하고, 따라서 그것은 생산과정의 끝에서 일어나는 정상적 소비와 다르다.

10. 시간선호에 영향을 주는 힘들

인간행위학은 인간의 시간선호들에 대해 궁극적 설명을 결코 제공할 수는 없다. 시간선호들은 각 개인에 의해 심리적으로 결정되고 그 결과 최종분석에서 경제학자는 그것들을 여건, 즉 주어진 것으로 받아들여야 한다. 그러나 **다른 조건이 같다면**이라는 가정을 이용한다면, 인간행위학적 분석은 시간선호들에 대한 몇 가지 진실을 제공할 수 있다. 따라서 각 개인은 그의 화폐재고에 관련한 시간선호스케줄을 가지고 있다는 것을 위에서 보았다. 적은 화폐재고는 그의 손에 남아 있는 어떤 단위의 화폐에 대해서도 높은 시간선호율을 유발하고, 최종적으로는 화폐재고―또는 차라리 소비를 위한 화폐―가 매우 낮아서 그의 시간선호율이 무한대까지 상승할 것이다. 여기에서 한 가지 요소, 어떤 인간의 화폐재고는 변동하고, 그의 가치척도는 만약 그렇지 않다면 일정하다고 가정된다. 그러므로 이런 방법으로 하나의 결정요소인 화폐재고의 변화 영향을 측정할 수 있다.

실제로 그의 시간선호와 관련이 있는 것은 그의 **화폐재고**가 아니라 화폐재고의 **실질**가치이다. 물론 화폐단위의 구매력이 변하지 않는 항등순환경제에서는 화폐재고와 화폐재고의 실질가치는 동일하다. **다른 조건이 일정하다면**, 그의 실질소득의 증가―그의 화폐재고에 실질적 추가를 하는 것―는 그의 시간선호스케줄상에서 시간

선호율을 낮출 것이다. 물론 역사적으로는 그의 시간선호스케줄이 변하지 않아야 할 이유가 없다. 그러나 시간선호스케줄이 변하지 않는다는 조건에서 관련된 그의 시간선호율은 하락할 것임을 아는 것은 중요하다.

시간선호스케줄들의 결정에 들어가는 다른 요소들이 있다. 예를 들어, 사람들이 세계가 가까운 미래의 정해진 날에 종말이 올 것이라는 것을 확신한다고 가정하자. 시간선호와 이자율에는 어떤 일이 생길 것인가? 그러면 인간은 미래의 요구에 대비하는 것을 멈출 것이고, 가장 짧은 생산과정보다 더 긴 모든 생산과정에 투자하는 것을 멈출 것이다. 미래재는 현재재에 비교하여 거의 가치가 없어질 것이고, 현재재에 대한 시간선호는 급상승할 것이며, 순 이자율은 거의 무한대까지 치솟을 것이다. 다른 한편, 만약 어떤 신약발견의 결과로 사람이 죽지 않고 건강하다고 가정하면, 시간선호는 매우 낮아질 것이고, 투자는 크게 증가할 것이며, 순 이자율은 급격하게 떨어질 것이다.

11. 이자율들의 시간구조

자연이자율은 유연성이 큰 것이 명백하다. 자연이자율은 균일해지기 쉽고 기업가적 예상이 변함에 따라 쉽게 변한다. 현실세계에서 최종생산물들뿐 아니라 각종 요소와 중간생산물의 가격들도 끊임없이 변동하기 쉬운데, 마치 주식의 가격들과 위의 세 가지에 대한 이자수익이 변동하기 쉬운 것과 마찬가지로 말이다. 단기대부 이자율은 조건이 변화함에 따라 쉽게 변한다는 것도 또한 명백하다. 자연이자율이 변함에 따라 단기의 신규대부는 변화에 쉽게 순응할 수 있다.

그러나 **장기** 생산자대부의 경우에 어려움이 발생하는 것처럼 보인다. 이 점이 경제체제에서 명백하고도 선명하게 완고한 요소이고 오직 긴 시차 후에 투자의 자연이자율에 순응할 수 있는 것이다. 결국, 20년 기간의 대부는 그 기간 동안에 고정되어 있는 최초의 이자율에 계약된다. 이것이 변화하는 조건과 가치평가에 순응할 수 없는 고정된 요소가 아닌가? 이런 피상적 견해는 틀린 것이다. 장기 차용증서는 시장에서 또한 구매되고 판매될 수 있다. 이런 장기부채의 대부분은 **채권**(bonds)이라고 불리고, 채권은 번영하고 유연한 채권시장에서 거래된다. 초기에 고정된 이자율은 중요하지 않다. 예를 들어, 100온스짜리 장기대부는 5%의 고정된 이자 또는 연 5온스에 계약된다. 만약 일반이자율이 상승하면 사람들은 오직 5%의 수익만을 주어왔던 자신의 채권을 팔아서 다른 곳—전체 기업 또는 기업의 주식 또는 단기대부—에 그 돈을 투자하려고 할 것이다. 채권을 자발적으로 팔고자 하는 의지가 증가하는 것—공급스케줄의 증가—은 채권 구매자에게 가는 이자**수익**이 다른 곳의 일반적 이자율과 동일해질 때까지 채권의 **가격**을 억누른다. 따라서 만약 일반 이자율이 5%에서 10%로 오르면 채권의 가격은 100에서 50으로 떨어질 것이고, 그 결과 5라는 고정된 연간수익은 10%의 이자수익을 제공할 것이다. 채권투자에서 중요한 요소는 최초의 이자율[채권의 이른바 '액면가치'에 붙는 고정된 수익]이 아니라 채권의 시장가격에 붙는 이자**수익**이다. 다른 한편, 이자율의 일반적 하락은 채권가격을 액면가 이상으로 상승하게 만들고 수익을 5% 이하로 민다. 채권 상환일자가 가까워짐에 따라 물론 채권의 시장가격은 채권이 최종적으로 액면가로 판매될 때까지 급격히 액면가로 접근할 것인데, 왜냐하면 상환금액은 대부의 최초 액면가치 또는 대부의 원금이기 때문이다.

항등순환경제에서 모든 기간의 이자율이 동일해질 것이 명백하다. 그러나 어떤 한 시점에서 그런 동일한 이자율로 접근하는 **경향**은 이자율이 **미래에 변할 것이라고 예상되는** 경우에는 의문시되었다. 비록 놀랍게도 이 주제에 거의 주의를 기울이지 않았음에도 불구하고 유력한 이론은 대부시장에서 만약 이자율의 변화가 조만간 예상되면 이자율이 동일화되는 방향으로 가는 경향이 없을 것이라는 사실이다.[38] 이자율이 이제 5%이고 거기에 머물러 있을 것이 예상된다고 가정하자. 그러면 모든 만기일의 대부 이자율은 5%로 동일해질 것이다. 그러나 이자율이 가까운 미래에 꾸준히 올라, 예를 들어 매년 1%씩 상승하여 지금부터 4년 후에 9%까지 될 것이라고 가정하자. 그 경우에, 단기 이자율(말하자면, 1년 또는 그 이하가 만기인 대부)이 다음 4년 동안에 오를 것으로 예상되기 때문에 그 기간의 현재 이자율—5년 만기 대부의 현재율—은 이 기간 동안의 예상되는 미래 단기 이자율의 평균이 될 것이다. 따라서 5년 만기 대부의 현재율은 5%에 6%, 7%, 8%, 9%를 더하여 5로 나누면 7이 될 것이다. 장기율은 관련기간 동안의 단기율의 평균일 것이다. 결과적으로 장기율은 단기율이 오를 것으로 예상되면 그것과 비례하여 높아질 것이고, 장기율은 단기율이 내릴 것으로 예상되면 그것과 비례하여 낮아질 것이다(<그림 6-14>참조).

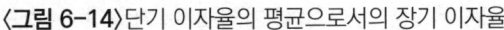
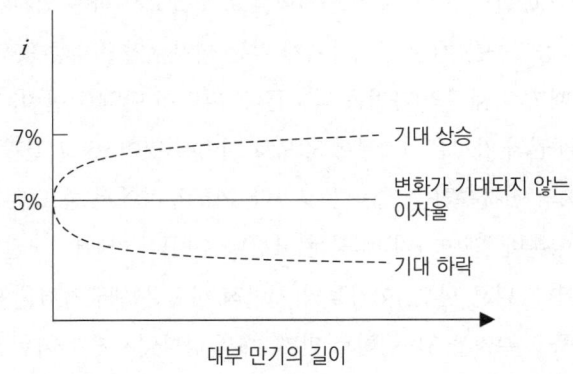

〈그림 6-14〉단기 이자율의 평균으로서의 장기 이자율

그러나 이것은 완전히 논점을 교묘히 피한 이론이다. 이자율이 상승할 것이 예상된다고 가정하자. 왜 이것이 단지 **단기율**의 상승에 국한되는가? 왜 기대가 장기율에 동일하게 적용되지 않아서 그 결과 장기율이 똑같이 잘 오르지 않는가?[39] 그 이론은 그 이론이 증명하기로 착수한 아주 지지할 수 없는 가정에 의존하는데, 즉 그 가정이란 단기율과 장기율이 동일해지는 경향이 없다는 것이다. 이자율의 변화가 오직 단기에서만 일어날 것이라는 가정은 완전히 증명되지 않는 것이고, 단기율과 장기율이 다 함께 움직이는 경향이 있다는 우리의 논증을 거스르는 것이다. 더구나, 그 이론은 다음과 같은 암묵적 가정에 의존한다. 즉, 암묵적 가정이란 개인들이 '단기'에 5%를 받고 대금업자로 남아 있는 것을 만족하고, 반면에 그들의 동료 투자자는 장기시장에서 7%를 받고 있는데, 왜냐하면 개인들이 단기시장에 있다면 궁극적으로 평균 7%를 벌 것이라는 것을 예상하기 때문이라는 것이다. **단기에 현재의 대금업자로 하여금 그의 현재의 5%짜리 대부를 팔고 7%짜리 장기를 사서 2년 후에 단기율이 7% 이상으로 오르기를 기다려서 그 다음에 단기시장으로 재진입하여 8% 또는 9%를 버는**

것을 방해하는 무엇이 거기에는 있는가? 만약 그가 그렇게 한다면 전술한 도표가 보여주듯이 단지 7%만 벌지는 않을 것이다(장기에서는 직접적으로 또는 단기에서는 5%~9%의 평균으로). 그는 7%에 7%, 7%, 8%, 9%를 더하거나 연평균 7.6%를 벌 것이다. 그렇게 하려고 노력함으로써 그는 단기에서 장기로 가는 거역할 수 없는 중재거래 움직임을 만들 것인데, **이자율이 시간구조의 전역에 걸쳐서 균일해질 때까지** 중재거래에 의해서 시장에서 대부의 판매로 단기의 이자율이 상승하고 장기의 이자율은 하락한다.

동일한 일이 미래에 하락이 기대되는 경우에 발생한다. 장기는 균형에서는 어떤 길이의 기간에서도 단기보다 아래일 수 없는데, 왜냐하면 모든 시간구조에서 이자율이 동일해지고 중재 움직임이 그칠 때까지 시장에는 장기에서 단기로 가는 현재의 움직임이 있을 것이기 때문이다.

그러면 이자율은 이자율의 시간구조 전역에서 언제나 균일해질 것이다. 만약 이자율이 가까운 미래에 **변할** 것으로 기대된다면 어떤 일이 일어나는가? 그 경우에 상품 투기의 경우와 유사한 과정이 일어날 것이다. 투기자들은 긴박하게 오를 것으로 예상되는 경우에 이자율을 끌어올릴 것이고, 하락이 예상되는 경우에 이자율을 끌어내린다. 명백히, 이자율의 상승 또는 하락이 빨리 일어날 것이 예상되면 될수록 투기자들에게 미치는 영향이 점점 더 비례적으로 커질 것이고, 이자율의 현재 움직임에 점점 더 큰 영향을 미칠 것이다. 상품의 경우에는, 수요와 가격이 상승할 것이 예상되는 경우에는 재고가 유보될 것이고, 그 다음에 방출되어 그것으로 기초가 되는 수요와 공급에 의해 궁극적으로 확립되는 가격으로 더 빨리 이전하는 결과를 초래할 것이다. 유사하게, 이 경우에 화폐는 투자로부터 유보될 것이고, 이자율이 기대되는 높은 수준으로 도달할 때까지 현금잔고에 유보될 것이거나, 이자율이 낮아질 것으로 예상되면 현금으로부터 돈을 빼서 투자에 추가할 것이다. 이런 행동은 기초적 시간선호의 새로운 정렬에 의해 결정되는 이자율로 이전해 가는 것을 가속화할 것이다. 상품화폐에 관한 투기적 오류가 손실을 초래하고 '실질적' 기초가 되는 가격을 향해 더 많은 변화를 재촉하는 것처럼, 투기적 오류가 여기에서 역시 자기교정적일 것이고, 기초가 되는 시간선호에 의해 결정되는 높이까지 이자율을 이끌 것이다.

그러면 이자의 시간구조는 차라리 〈그림 6-15〉에 묘사된 것처럼 될 것이다.

기본이 되는 이자율이 생산자대부시장의 이자가 아니라 투자에 대한 자연이자율이라는 것을 깨달을 때 장기 이자율과 단기 이자율을 분리하는 어리석음은 명백해진다. 대부시장의 수익률과 주식시장의 수익률이 본질적으로 동일함을 이미 보았다. 만약 주식시장을 고려한다면 단기투자의 이자율과 장기투자의 이자율 간에 차이가 없음은 명백하다. 상이한 기업들은 길이가 다른 생산단계들에 종사한다. 그럼에도 불구하고 주식시장은 모든 투자의 이자율을 동일하게 하고, 시간구조의 차이를 그렇게 완전하게 말살하여 그 결과 많은 저자가 생산기간이라는 바로 그 개념을 이해하지 못한다. 그러나 주식시장과 대부시장의 작동이 본질적으로 동일하기 때문에 단기 이자율과 장기 이자율 간의 인과적 설명에는 차이가 없다는 것은 명백하다. 장기율의 본질과 단기율의 본질 간의 근본적 차이를 가정한 그런 저자들은 사실상 대부시장이 오직 종속적 시장일 때에 시간시장을 대부시장만으로 배타적으로 제한하여 고려했던 일반적 경향에 의해 잘못 인도되었다.[40]

실제로 단기대부시장 또는 장기시장 중에서 어느 하나가 먼저 변하고 그 둘 중의 나머지 시장이 뒤따르는 일이 일어나는 것은 당연하다. 어느 시장이 독자적으로 먼저 변하는가는 구체적 조건들의 결과이다.[41]

〈그림 6-15〉 이자율들의 시간구조

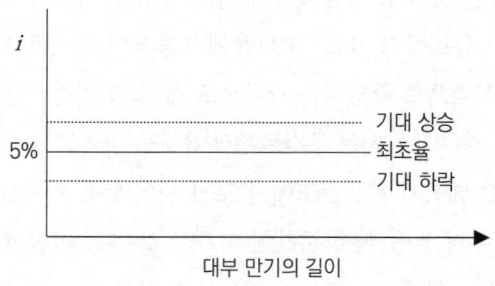

:: 부록: 슘페터와 영의 이자율

작고한 조셉 슘페터 교수는 항등순환경제에서 이자율이 영이 될 것이라는 주장을 담은 이자율 이론을 개척했다. 왜 이자율(항등순환경제에서 순 이자율)이 결코 영이 될 수 없는가는 위의 토론에서 명백해졌다. 이자율은 개별 시간선호들에 의해 결정되는데, 그 시간선호들은 모두 영보다 크다. 프랭크 나이트가 한 것처럼 슘페터는 그의 견해를 주장하기 위하여 항등순환경제에서 자본은 영원히 유지된다고 주장하지 않을 수 없었다. 만약 자본의 유지문제가 없다면 자본구조를 유지하기 위하여 이자율을 지급할 필요는 없는 것처럼 보인다. 슘페터의 견해는 위에서 다루었듯이 클락의 정적 상태로부터 명백히 유도된 것이고, 그 견해는 순전히 **정의에 따른** 결과인 것처럼 보이는데, 왜냐하면 자본의 가치는 항등순환경제에서는 항등순환경제의 정의에 의해 유지되기 때문이다. 그러나 이것은 물론 전혀 대답이 아니다. 중요한 질문은, **어떻게** 자본의 이런 불변성이 유지되는가? 그리고 그 질문에 대한 유일한 대답이 될 수 있는 것은 그 불변성이 이자수익률에 의해 유도된 자본가의 결정에 의해 유지된다는 것이다. 만약 지불된 이자율이 영이라고 가정하면 완전한 자본소비가 결과로서 일어날 것이다.[42]

위에서 제시하고자 노력했던 것, 즉 슘페터의 영의 이자율 이론에 대한 미제스-로빈슨의 단호한 비판은 두 명의 슘페터의 제자에 의해 공격받았다.[43] 첫째, 그 제자들은 자본의 불변성이 슘페터의 항등순환경제에서 정의에 의해 가정된 점을 부인한다. 그 대신에 그 불변성은 "체제의 조건들로부터 유도된 것이다." 이런 조건들이 무엇인가? 첫째, 미래에 관해서 불확실성이 없는 것이다. 사실 불확실성이 없는 것은 여하한 항등순환경제를 위한 조건들일 수 있는 것처럼 보일 것이다. 그러나 클레멘스(Clemence)와 두디(Doody)는 부언하기를, "특별히 가정하는 경우에 시간선호는 우리의 선호에 따라 영보다 크거나 작을 수 있고, 만약 우리가 시간선호를 특별한 가정으로 도입하지 않는다면 어느 경우에도 시간선호는 없으며, 그리고 더 이상 토론할 것은 없다." 두 사람의 시간선호에 대한 그런 견해에는 사실 토론할 것은 아무것도 없다. 이자지급을 요구하는 순 이자를 위한 전체적 기초는 시간선호이고, 만약 시간선호가 존재하지 않거나 식별할 수 있는 영향이 없다고 임의로 가정하면 순 이자율이 영이라는 결론은 매우 쉽게 나온다. 두 저자의 '증명'은 시간선호라는 강력하고도 보편적인 사실을 무시하는 것으로 이루어진 것뿐이다.[44]

NOTES

1 이 장에서의 토론은 순 이자율을 다루는데, 그것은 시간선호에 의해 결정된다. 시장이자율에서 구매력(*purchasing-power*)이라는 구성요소의 역할에 대해서는 제2권의 제11장에서 논의한 화폐를 참조하라.
2 생산이론과 생산단계에 대해서는 하이에크의 중요한 저작들을 보되, 특히 *Prices and Production*(2nd ed.; London: Routledge and Kegan Paul, 1935); and *Profits, Interest, and Investment*(London: Routledge and Kegan Paul, 1939) 참조.
3 Böhm-Bawerk, *Positive Theory*, pp.304~305, 320.
4 항등순환경제인 우리의 예제에서 순 이자율이 이자율인데, 왜냐하면 순 이자율로부터 이탈하는 것은 오직 불확실성 때문이라는 것을 보게 될 것이다.
5 케인즈의《일반이론》(*General Theory*)에 대한 다량의 논평문 중에서, 케인즈가 미제스의 이 점에 대한 토론을 비판한 매우 뜻 깊은 일절이 있음을 누구도 알아채지 못했다. 케인즈는 미제스의 '이상한' 신이자율 이론은 '자본의 한계효율'(*marginal efficiency of capital*, 투자에 대한 순 수익률)과 이자율을 '혼동했다'고 주장했다. 요점은 '자본의 한계효율'이 **사실상 이자율이라는** 것이다! 자본의 한계효율이 시간시장에서의 가격이다. 오랫동안 이자이론의 중심문제였던 것은 대부이자율(*loan rate*)이라기보다는 정확히 이 '자연'율이었다. 이 원리의 핵심은 뵘바베르크에 의해《자본과 이자》에서 개진되었고, 그 결과 케인즈에게는 놀랄 일이 아니었을 것이 틀림없었을 것이다. John Maynard Keynes, *The General Theory of Employment, Interest and Money*(New York: Harcourt, Brace & Co., 1936), pp.192~193. 대부시장이라는 상대적으로 덜 중요한 문제들에 이렇게 몰두하는 것이 케인지언 이자이론의 가장 큰 결점들 중의 하나라고 하는 것이 정확하다.
6 뵘바베르크가 선언했듯이, "이자는…어떤 자본으로부터도 획득될 수 있을 것이다. 그 자본으로 이루어진 재화의 종류가 무엇이든지 말이다. 자연적으로 열매를 맺는 재화뿐 아니라 열매를 맺지 못하는 재화로부터, 내구재뿐 아니라 썩기 쉬운 재화로부터, 대체가 가능한 재화와 대체가 불가능한 재화로부터, 상품뿐 아니라 화폐로부터." Böhm-Bawerk, *Capital and Interest*, p.1.
7 Mises, *Human Action*(New Haven: Yale University Press, 1949), pp.521~542.
8 이것은 가치척도를 매우 간단하게 묘사한 것이다. 설명을 위한 목적으로, 13온스 단위로 추가되는 미래 온스의 두 번째 단위는 첫 번째 단위보다도 가치가 적을 것이고, 세 번째의 13이 두 번째의 13보다 가치가 적을 것이라는 등의 사실을 생략했다. 따라서 실제로는 미래재들의 수요스케줄은 여기에 묘사한 것보다는 낮을 것이다. 그러나 분석의 본질은 변하지 않는데, 왜냐하면 우리가 원하는 어떤 크기의 수요스케줄을 가정할 수 있기 때문이다. 유일하게 의미 있는 결론은 수요곡선이 만들어져서 그 결과 시장이자율이 상승하면 개인은 미래재들을 더 수요한다는 것이고, 이 결론은 우리의 간략화된 버전뿐 아니라 현실적 버전에도 성립한다.
9 독자는 가치척도의 아래쪽 끝 부분에 있는 미래화폐를 둘러싼 괄호들을 제거할 수 있는데, 왜냐하면 로빈슨은 미래화폐를 수요할 뿐 아니라 공급하는 것을 고려하고 있기 때문이다.
10 똑같은 방법으로, 비록 효용을 비교할 수는 없지만 재화들에 대한 개별 **수요**스케줄들을(만약 그것들을 안다면) 비교할 수 있다.
11 어떤 사람은 현재보다 미래에 돈을 **사용하는** 것을 좋아할지도 모른다고 주장하는 것은 타당하지 않다. 그것은 여기에서 쟁점이 아니다. 쟁점은 어느 시점에 돈을 쓰는 것을 선호하느냐의 문제가 아니라 현재 쓸 수 있는 돈이 있느냐의 여부, 즉 현재의 **이용가능성**이다. 만약 어떤 사람이 미래의 어떤 사용을 위해 돈을 '저축하기'를 원한다면 그는 그 돈을 어떤 미래재에 소비하기보다는 오히려 '화폐저장'(*hoard*)할 수 있고, 따라서 그 돈을 언제나 이용가능하게 가지고 있을 수 있다. 우리는 화폐저장을 제외했는데, 그것은 화폐에 관해서 다룰 장에서

12 시간선호의 중요성은 뵘바베르크의《자본과 이자》에서 처음으로 포착되었다. 시간선호의 **독자적** 중요성은 극히 적은 수의 경제학자, 그 중에서도 특히 프랭크 패터와 미제스에 의해 파악되었다. Fetter, *Economics Principles*, pp.235~316; *id*., "Interest Theories, Old and New," *American Economic Review*, March, 1914, pp.68~92; and Mises, *Human Action*, pp.476~534.

13 소비자들이 더 나중에 이런 재화들의 전부 또는 일부를 물리적으로 소비할 수 있다는 사실은 이 결론에 영향을 주지 않는데, 왜냐하면 그 이상의 어떤 소비는 화폐연계 밖에서 일어나고 우리가 분석하는 것은 화폐연계이기 때문이다.

14 더 높은 차수 요소들의 미래성(*futurity*)의 정도가 더 커진 것이 중요한 말썽을 일으키지 않는다. 위에서 지적했던 것처럼 더 멀리 떨어진 미래재들은 시장에서 단순히 더 크게 할인될 것인데, 비록 연간 할인율은 동일하더라도 말이다. 이자율, 즉 미래재들의 시간당 할인율은 그 재화들의 미래성 정도와 상관없이 동일하다. 이 사실은 위에서 언급한 문제 하나를 해결할 수 있도록 도와주는 데, 그 문제란 기업이 하나 또는 그 이상의 단계에 걸쳐서 수직통합한 경우이다. 만약 균형이자율이 연 5%이면, 한 단계의 생산자는 그의 투자에 대해서 5%를 벌 것이고, 반면에 3단계—삼 년 동안—에 걸쳐서 현재재들을 선불한 생산자는 15%, 즉 연간 5%를 벌 것이다.

15 아주 최근에 자본가간의 '화폐흐름'을 고려하는 더 큰 현실성 있는 조치가 사회회계(*social accounting*)에 도입되었다.

16 현금잔고에 화폐저장하는 것과 화폐음저장하는 것의 문제는 제2권의 제11장, 화폐에 대한 장에서 다룰 것이고, 현재의 분석에서는 다루지 않는다.

17 Knut Wicksell, *Lectures on Political Economy*(London: Routledge and Kegan Paul, 1984), I, pp.189~191.

18 이자율, 즉 가격차액 또는 가격마진과 투자와 소비의 비율간의 관계에 대한 더 많은 것은 아래를 보라.

19 총생산물과 순 생산물에 대해서는, Milton Gilbert and George Jaszi, "National Product and Income Statistics as an Aid in Economic Problems," in W. Fellner and B. F. Haley, eds., *Readings in the Theory of Income Distribution*(Philadelphia: Blakiston, 1946), pp.44~57; and Simon Kuznets, *National Income, A Summary of Findings*(New York: National Bureau of Economic Research, 1946), pp.111~121, 그리고 특히 p.120 참조.

20 만약 영원함이 신비로운 실체, 자본의 총가치에 기인한다면, 자본은 노동과 함께 하나의 독립적 생산요소가 되고 이자를 번다.

21 자본에 대한 '순' 접근법의 오류는 적어도 아담 스미스만큼이나 오래된 것이고, 현재까지 계속해서 내려오고 있다. Hayek, *Prices and Production*, pp.37~49 참조. 앞의 책은 생산구조, 총저축과 소비의 분석과 그 분석을 경기변동에 응용하는 탁월한 공헌을 한 것인데, 경기변동은 뵘바베르크의 생산과 미제스의 경기이론 각각에 기초한 것이다. Hayek, "The Mythology of Capital," in *Readings in the Theory of Income Distribution*, pp.355~383; *id*., *Profits, Interest, and Investment*.

22 클락이 가진 유사한 견해에 대한 비판에 대해서는, Frank A. Fetter, "Recent Discussions of the Capital Concept," *Quarterly Journal of Economics*, November, 1900, pp.1~14 참조. 페터는 소비재에 대한 이자율, 영구 자본펀드의 가정, 생산에서의 '동시성'(*synchronization*) 가정 등을 설명하는 데 있어 클락의 실패를 명확하게 비판한다.

23 Böhm-Bawerk, *Positive Theory*, pp.299~322, 329~338.

24 그러나 그가 어떤 내구재의 소유자이자 판매자인 경우에는 이자율은 엄청난 차이를 낳을 것이다. 물론 토지는 대체로 정의에 의해 내구적이고 사실상 일반적으로 영구적이다. 지금까지 우리는 오직 요소서비스의 판매만을 다루어왔는데, 즉 요소를 고용하거나 임차하고 미래서비스를 구현한 내구적 요소의 판매 또는 가치평가를 제외하는 것이다. 내구적 토지는 '자본화'하는데, 즉 전체로서 토지요소의 가치는 그 요소의 미래 한계가치생산물들을 할인한 합계이고, 그곳에서는 이자율이 중대한 차이를 만들 것이라는 것을 보게 될 것이다. 그러나 내구적 토지의 가격은 현재화폐를 수요하는 토지서비스의 공급스케줄과는 관련이 없다.

25 엄격히는, 물론 기울기는 일정하지 않을 것인데, 왜냐하면 수익은 동일한 **백분율**(percentages)이지 동일한 절대량이 아니기 때문이다. 그러나 기울기가 여기에서 일정한 것으로 취급한 것은 분석을 설명하는 데 있어 단순함을 위해서이다.

26 맑스주의자의 이런 오류는 아담 스미스에 의해 경제학에 도입되었던 매우 유사한 오류에서 연유했다. Ronald L. Meek, "Adam Smith and the Classical Concept of Profit," *Scottish Journal of Political Economy*, June, 1954, pp.138~153.

27 여러 가지 형태의 이자율의 '생산성'이론(자본재가 **가치**-생산적이기 때문에 투자가 이자수익을 벌어들인다는 신고전학파적 견해)을 탁월하게 해부한 것에 대해서는 다음 논문들을 보라. Frank A. Fetter: "The Roundabout Process of the Interest Theory," *Quarterly Journal of Economics*, 1902, pp.163~180. 앞의 논문에서는 뵘바베르크가 이자의 생산성이론으로 매우 불행하게 빠져 들어가는 것이 반박된다. "Interest Theories Old and New," *op. cit.*, pp.68~92는 시간선호이론을 심도 있게 발전시킨 것을 제시하고 있는데, 어빙 피셔(Irving Fisher)가 생산성학설에 양보한 것을 비판한 것과 함께 말이다. "Capitalization Versus Productivity, Rejoinder," *American Economic Review*, 1914, pp.856~859 and "Davenport's Competitive Economics," *Journal of Political Economy*, 1914, pp. 555~562 참조. 이자이론에서 페터의 유일한 오류는 시간선호(또는 피셔가 '성급함'이라고 불렀던 것)가 인간행위의 보편적이고 **필수적인** 사실이라는 피셔의 주장을 부인한 것이었다. 이런 중요한 진실을 논증한 것으로는, Mises, *Human Action*, pp.480ff 참조.

28 케인즈가 이 점을 인식하는 데 실패한 것에 대해서는 이 장의 각주 5 참조.

29 전체주식의 일부 주식 또는 재산권의 단위는 "대체가능성의 특징을 가진다. 한 단위가 다른 단위와 정확히 동일하다.…한 세트의 권리를 수학적으로 분할한다. 이런 대체가능한 성질은 조직화된 상품시장과 주식시장 또는 교환…을 가능하게 한다. 대체가능한 단위를 가진…재산권의 경우에 소유권과 그룹의 멤버십을 바꾸는 것을 가능한 한 가속할 수 있다.…만약 한 과정의 시장거래가 발생하면 재산의 한 단위는 부드럽게 현금전환가치를 가진다. 그 주식의 소유자는 그 부의 사용을 지배할 수 있는 현금능력을 쉽게 되찾을 수 있다." Hastings Lyon, *Corporations and their Financing*(Boston: D. C. Heath, 1936), p.11. 따라서 전 재산뿐 아니라 재산의 **일부 몫**도 쉽게 시장성을 가지게 되었다.

30 이른바 '협동조합운동'에 대한 문헌은 현저하게 질이 떨어진다. 가장 좋은 문헌은, *Co-operatives in the Petroleum Industry*, ed. by K. E. Ettinger (New York: Petroleum Industry Research Foundation, 1947), 특히 Pt. I, Ludwig von Mises, "Observations on the Co-operative Movement" 참조.

31 Mises, *Human Action*, pp.301~305, 703~705.

32 최근의 대리권 투쟁은 주주가 회사를 통제하고 있음을 보여주는 결정적 증거를 제공한다.

33 Edgar M. Hoover, "Some Institutional Factors in Business Decisions," *American Economic Review, Papers and Proceedings*, May, 1954, p.203.

34 Gerhard Colm, "The Corporation and the Corporation Income Tax in the American Economy," *American Economic Review, Papers and Proceedings*, May, 1954, p.488.

35 프랭크 페터가 탁월하게 주장했던 것처럼, "계약(이자)은 경제이자(즉, 단계간의 '자연이자' 가격차액)에 기초하고 경제이자에 순응하려는 경향이 있다.…재화의 경제적 본질을 통해 우리가 논리적으로 설명하려고 애쓰는 것은 경제이자이다. 계약이자는 재화를 소유함으로써 발생하는 소득의 혜택을 보고자 하는 사람에게는 부차적 문제—경영문제와 법적 문제—이다. 계약이자는 소유권의 문제와 밀접히 관련이 있다." Fetter, "Recent Discussions of the Capital Concept," *op. cit.*, p.43.

36 "채권자는 언제나 채무자의 실질적 협력자이거나 약속된 재산 또는 저당된 재산의 실질적 소유자이다." Mises, *Human Action*, p.536; Fetter, "Recent Discussions of the Capital Concept," *op. cit.*, p.43 참조.

37 유사한 심적 구성요소가 소비자대부시장에서 발생하는데, 예를 들어, 만약 어떤 차용인을 일반적으로 강하게 좋아하거나 싫어한다면 말이다.

38 Friedrich A. Lutz, "The Structure of Interest Rates," in *Readings in the Theory of Income Distribution*, pp.499~532.

39 이 책을 쓰기 시작한 이래로 러케트(Luckett) 교수가 이 책과 부분적으로 유사한 비판을 출판했다. Dudley G. Luckett, "Professor Lutz and the Structure of Interest Rates," *Quarterly Journal of Economics*, February, 1959, pp.131~144; J. M. Culberston, "The Term Structure of Interest Rates," *Ibid*., November, 1957, pp.485~517.
40 찰스 워커(Charls Walker)는 이자율의 시간구조에 관한 경험적 연구를 했는데, 거기에서 그가 이자율이 동일화되는 거역할 수 없는 경향을 발견했던 것은 주목할 만하지만, 이것이 이자율이 반드시 일치하지 않는다는 이론을 증명하는 증거였다는 것을 논증하기 위하여 가정들을 늘리기를 강요당했다. Charls E. Walker, "Federal Reserve Policy and the Structure of Interest Rates on Government Securities," *Quarterly Journal of Economics*, February, 1954, pp.19~42. 워커의 논문은 시장이 이자율을 동일화하고자 하는 경향에 직면하여 정부가 이자율 패턴의 차이를 유지하고자 하는 것이 불가능하다는 것을 논증하는 상당한 장점을 가진다. Luckett, *op. cit*., p.143n 참조.
41 Mises, *Human Action*, p.541.
42 Mises, *Human Action*, pp.527~529; Lionel Robbins, "On a Certain Ambiguity in the Conception of Stationary Equilibrium," in Richard V. Clemence, ed., *Readings in Economic Analysis*(Cambridge: Addison- Wesley Press, 1950), I, pp.176ff.
43 Richard V. Clemence and Francis S. Doody, *The Schumpeterian Systems*(Cambridge: Addison- Wesley Press, 1950), pp.28~30.
44 시간선호를 부인하고자 노력했던 모든 이론가의 경우에서처럼 클레멘스와 두디는 성급하게 소비자대부를 무시했다. 프랭크 페터가 몇 년 전에 지적했던 것처럼 오직 시간선호만이 생산자대부의 이자율뿐만 아니라 소비자대부의 이자율도 또한 통합하여 단독의 통합된 설명을 할 수 있다. 소비자대부는 이자를 '생산성'으로 설명하는 것과는 분명히 무관하고 시간선호 때문이라는 것은 명백하다. Clemence and Doody, *op. cit*., p.29n.

제**7**장

생산: 요소들의 일반적 가격설정

1. 할인한계가치생산의 귀속

 이 시점까지 이자율을 탐구해왔는데, 이자율이 항등순환경제에서 결정되는 것처럼, 그리고 이자율이 현실세계에서 언제나 결정되는 **경향이** 있는 것처럼 말이다. 이제 동일한 조건으로 다양한 생산요소의 가격설정을 조사할 것인데, 동일한 조건이란 생산요소가 현실세계에 있는 것처럼 하고, 그리고 생산요소가 항등순환경제에서 있는 것처럼 하고 말이다.
 생산요소들의 가격설정을 언급했을 때마다 생산요소들의 **단위서비스**의 가격, 즉 생산요소들의 **임대차료**를 의미했다. 일련의 미래 단위서비스가 체현된 '통째'로서 생산요소들의 가격설정을 논의하는 것을 제외하기 위하여, 사업가들은 요소(그것이 토지, 노동 또는 자본재 등 무엇이든지)를 통째로서 구매하지 않고 오직 그런 요소들의 단위서비스를 구매한다고 가정했다. 이런 가정은 당분간 지속될 것이다. 나중에 이런 제한적 가정을 제거할 것이고, '통째로서의 요소들'(whole factors)의 가격설정을 논의할 것이다.

제5장에서 모든 요소가 특수적일 때는 우리가 가격설정의 원리를 제안할 수 없다는 것을 보았다. 실제로 그런 경우에 생산요소들의 가격설정에 대해 경제분석이 말할 수 있는 유일한 것은 요소소유자들간의 자발적 협상이 문제를 해결할 것이라는 사실이다. 모든 요소가 순전히 특수적인 경우에는 경제분석이 요소들의 가격설정 결정요인들에 관해 앞에서 말한 것보다 조금이라도 더 말할 수는 없다. 그러면 우리가 요소들의 가격설정에 관해 더 확정적이 되기 위해 어떤 조건들이 적용되어야 하는가?

이 주제에 관한 작금의 유행하는 설명은 생산물 단위당 사용되는 결합요소들 비율의 **고정성**(fixity) 또는 **가변성**(variability)에 따라 정해진다는 것이다. 만약 요소들이 일정량의 생산물을 생산하기 위하여 오직 어떤 고정된 비율로 결합될 수만 있다면, 어떤 확정적 가격이 있을 수 없다고 단언된다. 만약 요소들의 비율이 주어진 결과를 생산하기 위하여 변동될 수 있다면, 각 요소의 가격설정은 분리되어 결정될 수 있다. 이 주장을 검토해보자. 금 20온스의 가치가 있는 생산물이 세 가지 생산요소에 의해 생산되는데, 각 요소는 이 생산에 순전히 특수하다고 가정하자. 생산요소들간의 비율은 가변적이고, 그 결과 금 20온스 가치의 생산물은 요소 A 4단위, 요소 B 5단위, 요소 C 3단위에 의해 생산되거나, 요소 A 6단위, 요소 B 4단위, 요소 C 2단위에 의해 생산될 수 있다고 가정하자. 어떻게 이것이 요소들의 가격설정이 협상에 의해 결정될 것이라는 것 이상의 어떤 것을 말할 수 있도록 경제학자를 도와줄 것인가? 가격은 협상에 의해 여전히 결정될 것이고, 요소들 비율의 가변성은 각 특정 생산물의 구체적 가치나 몫의 어떤 결정에도 도움을 주지 않는 것은 명백하다. 각 요소는 순전히 특수적이기 때문에 어떤 생산요소의 가격이 어떻게 결정되는가를 분석적으로 알아낼 수 있는 방법은 없다.

현재의 문헌에서 요소의 가격설정을 위한 기초로서 요소비율의 가변성을 잘못 강조하는 것은 널리 보급되어 있는 분석방법의 결과이다. 대표적인 단 하나의 기업이 고려되는데, 그 기업이 판매하는 생산물의 가격과 **요소의 가격이 주어진 상태**로 말이다. 그 다음에 요소들의 비율은 가변적인 것으로 가정된다. 만약 요소 A의 가격이 요소 B와 비교하여 오르면 그 기업은 생산물을 생산하는 데 있어 A를 적게, 그리고 B를 많이 사용할 것이라는 것을 그에 맞게 설명할 수 있다. 이런 것으로부터 각 요소의 수요곡선이 연역되고, 각 요소의 가격설정이 확립된다.

이상의 접근법은 다수의 오류를 가지고 있다. 주된 오류는 요소의 가격설정 원인에 대한 설명을 **주어진 요소가격이라는 가정**에 기초를 두고 있는 점이다. 이에 반하여, 분석의 바로 그 시초부터 요소가격을 주어진 것으로 가정하면서 요소가격을 설명할 수는 없다.[1] 그 다음에 한 요소의 가격이 변한다고 가정된다. 그러나 **어떻게** 그런 변화가 일어날 수 있는가? 시장에는 원인이 없는 변화는 없다.

이것이 시장이 대표적 기업을 바라보는 방법이라는 것은 진실이다. 그러나 하나의 단독기업과 그 기업 소유자의 반응에 집중하는 것은 생산이론에 이르는 적절한 방법은 아니다. 이에 반하여, 여기에서의 경우처럼 그 방법은 잘못되기 쉽다. 작금의 문헌에서 경제 내의 기업들간 상호의존성보다는 차라리 단독기업에 이렇게 몰두하는 것은 엄청나게 복잡하지만 주로 가치가 없는 생산이론체계의 건립으로 이끌었다.

가변적 비율과 불변적 비율에 대한 모든 토론은 경제적인 것이라기보다는 진실로 과학기술적인 것이고, 이런 사실은 가변성을 가격설정을 설명하는 열쇠로서 치부하는 그런 저자들에게 경고를 발하는 것이 틀림없다.[2] 순전히 **인간행위학**으로부터 알 수 있는 하나의 과학기술적 결론은 제1장 초반에 유도했던 수확의 법칙이다. 수확의 법칙에 따르면, 어떤 주어진 생산물의 생산에서 다른 요소들이 주어진다면 요소들의 최적비율이 존재한다. 이 최적비율은 그 재화가 생산될 수 있는 **유일한** 비율이거나 많은 비율 중의 하나일 수 있다. 전자, 즉 유일한 비율은 고정비율의 경우이고 후자, 즉 많은 비율이 있는 경우는 가변비율의 경우이다. 두 경우 모두는 더 일반적인 수확의 법칙 아래에 요약되고, 요소가격설정에 대한 우리의 분석은 오직 이 인간행위학적 법칙에만 기초하고 더 제한적인 과학기술적 가정에는 기초하지 않는다는 것을 보게 될 것이다.

사실 핵심적 질문은 요소들의 가변성이 아니라 요소들의 **특수성**이다.[3] 요소가격설정이 확정적으로 이루어지기 위해서는 **비특수**요소들이 있어야만 하는데, 비특수요소란 여러 생산과정에 유용한 요소들을 말한다. 이런 비특수요소들의 가격이야말로 결정적이다. 만약 어떤 특별한 경우에 오직 한 요소가 특수적이며, 그 특수요소의 가격은 또한 결정된다. 그 특수요소의 가격은 생산물의 가격에서 비특수요소들의 가격의 합을 뺀 잔여차액(residual difference)이다. 그러나 각 과정에서 하나 이상의 특수요소가 있을 때는 오직 누적적 잔여가격이 결정되고, 각 특수요소의 가격은 오직 협상에 의해서만 하나씩 결정될 수 있다.

가격설정의 원리들에 도달하기 위해서, 먼저 결론을 내리고 그 다음에 이 결론에 도달하는 과정을 추적하자. 모든 자본가는 어떤 생산요소(또는 생산요소의 서비스)를 **그 생산요소의 할인한계가치생산**(discounted marginal value product)**보다** 적어도 **낮은 가격에** 고용하려고 노력할 것이다. **한계가치생산**은 요소서비스의 한 단위의 탓으로 할 수 있는 화폐수익 또는 요소서비스의 한 단위로 '귀속될' 수 있는 화폐수익이다. 그것은 '한계'가치생산인데, 왜냐하면 그 요소의 공급이 불연속적 단위로 되기 때문이다. 이 MVP(한계가치생산)는 사회시간선호율, 즉 현행의 이자율에 의해 **할인된다**. 예를 들어, 어떤 요소 한 단위(예를 들어, 일정 에이커 토지의 하루의 가치 또는 어떤 노동자의 하루 노력의 가치)가 지금부터 1년 후에 금 20온스에 판매될 어떤 생산물을 기업에 귀속할 수 있게 그 생산물을 생산할 것이라고 가정하자. 이 요소의 MVP는 20온스이다. 그러나 이것은 미래재이다. **미래재의 현재가치**는 MVP를 현행의 이자율로 할인한 MVP와 동일할 것이고, **지금** 구매되는 것은 이 현재가치이다. 만약 이자율이 5%이면, 할인된 MVP는 19온스와 동일할 것이다. 그러면 고용자, 즉 자본가에게는 요소 단위가 지금 가진 가치의 극대치는 19온스이다. 자본가는 19온스까지는 어떤 가격에서라도 이 요소를 기꺼이 구매하고자 할 것이다.

이제 한 기업의 자본가이자 소유자 또는 소유자들이 이 요소에게 단위당 15온스를 지불한다고 가정하자. 이것은 자본가가 단위당 4온스의 **순 이윤**을 번다는 것을 의미하는데, 왜냐하면 그 자본가는 최종판매로부터 19온스를 벌기 때문이라는 것을 나중에 더 자세하게 볼 것이다(자본가는 최종판매에서 20온스를 받지만, 그러나 1온스는 시간선호와 기다림의 결과이고 순 이윤이 아니다. 19온스가 최종판매의 **현재가치**다). 그러나 이런 일이 일어나는 것을 보고 다른 기업가들이 이런 이윤을 수확하기 위하여 그 틈새에 뛰어들 것이다. 이런 자본가들은 첫 번째 자본가로부터 그 생산요소를 스카우트해야 할 것이고, 따라서 15온스 이상, 말하자면 17온스를 지불해야 할 것이다. 그 요소가 완전한 DMVP(할인한계가치생산)를 획득할 때까지 이 과정은 계속되고 순 이윤은 남아 있지 않는다. 그 결과는 항등순환경제에서 모든 격리가능한 요소는 DMVP를 획득할 것이고, 이것이 그 요소의 가격일 것이라는 사실이다. 그 결과 각 요소는 DMVP를 획득할 것이고 자본가는 그의 저축으로 미래재를 구매한 데 대해 현행의 이자율을 획득할 것이다. 항등순환경제에서 모든 자본가는 동일한 현행의 이자율을 획득할 것이고, 그러면 순 이윤은 없을 것이라는 것을 보았다. 어떤 재화의 판매가격은 재화의 생산에 들어간 생산요소들의 DMVP들을 합한 것에 투자에 대한 이자수익률을 더한 것과 반드시 동일할 것이다.

만약 정해진 단위의 요소서비스의 한계가치가 격리되어 결정될 수 있다면, 시장에서 경쟁의 힘은 **항등순환경제에서 요소서비스의 가격이 그 요소의 DMVP와 동등하게** 되는 결과를 초래할 것이라는 것은 명백하다. 어떤 요소서비스의 할인한계가치생산보다 높은 어떤 가격도 자본가에 의해 오랫동안 지불되지 않을 것이다. 할인한계가치생산보다 낮은 어떤 가격도, 그것보다 높은 가격의 매매제의를 통해 이 요소를 스카우트하고자 하는 기업가들의 경쟁적 행위에 의해 올라갈 것이다. 항등순환경제에 도달할 때에 이런 행위는 전자의 경우에는 손실을 없애주는 방향으로, 후자의 경우에는 순 이윤을 없애주는 방향으로 이끌 것이다.

어떤 요소가 격리가능할 때, 즉 만약 요소의 서비스가 가치평가에서 다른 요소로부터 격리될 수 있다면, 그 요소의 가격은 요소의 할인한계가치생산과 같아지도록 언제나 정해지기 쉬울 것이다. 만약 요소가 고정비율로 다른 특정한 요소와 언제나 결합해야 한다면 그 요소는 명백히 격리할 수 없다. 만약 이런 일이 일어나면, 가격은 오직 요소들의 누적 생산물에만 주어질 수 있을 것이고 개별가격은 오직 협상을 통해서만 결정될 수 있다. 또한 우리가 주장했듯이, 만약 요소들 모두가 그 생산물에 순전히 특수적이라면, 요소들의 조합비율의 가변성과 상관없이 그 요소들은 격리할 수 없을 것이다.

이번에는 비특수요소들이야말로 직접적으로 격리가능하다. 어떤 특수요소가 생산요소 조합에서 유일한 특수요소이면 그 특수요소는 격리가능한데, 그 경우에 그 요소의 가격은 비특수요소들 가격의 합과 생산물 가격의 차이이다. 그러나 어떤 과정에 의해 시장이 생산으로부터 산출된 소득의 몫(일정 단위의 어떤 요소의 MVP)을 분리하고 결정하는가?

이전의 효용의 기본법칙을 참고하자. 무엇이 어떤 재화 한 단위의 한계가치일까? 그 한계가치는 만약 이 한 단위가 제거된다면 달성되지 않고 남아 있어야 하는 목적에 대해 개인이 부여하는 가치평가와 동일할 것이다. 만약 한 인간이 어떤 재화 20단위를 소유하고 그 재화가 봉사하는 용도를 그의 가치척도상에서 1에서 20까지로(1이 서수적으로 가장 높은) 순위를 매긴다면, 한 단위를 잃는다는 것은—**현재**에 그 한 단위가 공급하는 목적이 무엇이든지 간에—그의 척도에서 20번째로 순위가 매겨진 용도의 손실을 의미할 것이다. 그러므로 그 재화 한 단위의 한계효용은 그 개인의 가치척도상에서 20에 순위가 매겨진다. 획득된 추가적 한 단위는 **아직 충족되지 않고 있는** 목적들 중에서 다음으로 높은 순위, 즉 21번째의 순위—이미 봉사된 목적들보다는 반드시 낮을 순위—를 충족하고자 할 것이다. 그러면 어떤 재화의 공급이 커지면 커질수록 그 재화의 한계효용은 점점 더 낮아질 것이다.

　유사한 분석을 생산재에 아주 잘 응용할 수 있다. 생산재 한 단위는 만약 그 재화 한 단위를 잃는다면 잃게 될 수익으로 환산하여 평가될 것이다. 이 일은 '생산함수'(production function), 즉 어떤 생산물을 산출하기 위하여 요소를 기술적으로 결합하는 다양한 방법에 대한 기업가의 지식에 의해 결정될 것이고, 이 일은 구매자의 생산물에 대한 수요곡선, 즉 그 생산물에 대해 구매자가 기꺼이 지불하고자 하는 가격에 대한 기업가의 예측에 의해 결정될 것이다. 이제 어떤 기업이 다음과 같은 방법으로 요소들을 결합한다고 가정하자.

$$4X + 10Y + 2Z \rightarrow 금\ 100온스$$

위 식은 X 4단위와 Y 10단위와 Z 2단위를 결합하여 금 100온스에 판매될 수 있는 생산물을 생산하는 것을 보여준다. 이제 기업가가 만약 한 단위의 X가 제거된다고 가정할 때 다음과 같은 일이 일어날 것이라고 예상한다고 가정하자.

$$3X + 10Y + 2Z \rightarrow 금\ 80온스$$

다른 요인이 일정하다면, 한 단위의 X의 손실은 **금 20온스의 총수익**의 손실을 초래한다. 그러면 이것이 이 시점과 이 사용에서의 한 단위의 한계가치생산물이다.[4]

　이 과정은 뒤집어도 잘 돌아간다. 예를 들어, 그 기업이 현재 후자의 방법으로 생산하고 있고 금 80온스를 획득하고 있다고 가정하자. 다른 조건이 같고, 만약 그 기업이 네 번째 단위의 X를 위 조합에 추가하면 그 기업은 금 20온스를 더 얻는다. 그 결과 여기에서도 똑같이 X 한 단위의 MVP는 **금 20온스**이다.

이 예제는 암묵적으로 가변적 비율의 경우를 가정했다. 만약 비율이 부득이 고정되어 있다면 어떻게 되는가? 그 경우에 한 단위의 X의 손실은 그와 비례하여 Y, Z 등의 양을 처분해야 할 것이다. 그러면 3X로 만들 수 있는 조합은 다음과 같을 것이다.

3X + 7.5Y + 1.5Z → 금 75온스(최종생산물 가격이 변하지 않는다고 가정하면)

그러면 고정비율의 경우에 변동하는 요소의 한계가치생산물은 더 커질 것인데, 이 경우에는 금 25온스이다.[5]

잠시 동안 각 생산과정 **내에서** MVP의 변동을 무시하고 다른 과정간에서 MVP의 변동만을 고려하자. 이렇게 하는 것은 기본인데, 왜냐하면 결국 어떤 요소의 MVP가 격리될 수 있기 전에 그 생산요소를 하나 이상의 생산과정에 사용할 수 있도록 하는 것이 필수적이다. 그러면 불가피하게도 MVP는 과정마다 다를 것인데, 왜냐하면 요소의 다양한 생산결합과 생산물들의 가격이 다를 것이기 때문이다. 그러면 모든 요소를 위하여 다른 생산과정에 한 묶음의 가능한 투자가 이용 가능하고 각각은 MVP가 다르다. MVP들(또는 엄격히는, 할인된 MVP들)은 낮아지는 순위로 배열할 수 있다. 예를 들어, 요소 X의 경우에:

25온스
24온스
22온스
21온스
20온스
19온스
18온스
등

요소의 공급이 하나도 없는 경제에서 시작하여 그 다음에 한 단위를 추가하는 것으로 가정하자. 어디에 이 한 단위가 고용될 것인가? 그 단위는 DMVP가 가장 높은 용도에 고용될 것이 명백하다. 그 이유는 다양한 생산과정에 있는 자본가들이 그 요소의 사용을 놓고 서로 경쟁할 것이기 때문이다. 그러나 DMVP가 25가 되는 용도에서 다른 경쟁자들로부터 그 생산요소 한 단위를 스카우트할 것이고, 그 한 단위에 오직 금 25온스를 지불함으로써 그런 용도에서 최종적으로 그 한 단위를 스카우트할 수 있다. 두 번째 단위의 공급이 사회에 도착할 때 그 단위는 두 번째로 높은 용도로 가게 되고 그 단위는 24온스의 가격을 받고, 새로운 단위의 공급이 추가됨에 따라 유사한 과정이 일어난다. **새로운 공급이 추가됨에 따라 한 단위의 한계가치생산물은 하락한다.** 이에 반하여, **만약 한 요소의 공급이 감소하면**(즉, 경제 내의 총공급), **한 단위의 한계가치생산물은 증가한다.** 물론 동일한 법칙이 DMVP에도 적용되는데, 왜냐하면 DMVP는 동일한 요소인 시장의 순 이자율로 할인한 MVP 바로 그것이기 때문이다. 그러면 요소의 공급이 증가함에 따라 요소를 위해 이용가능한 한 묶음의 고용기회가 더 많이 사용되고 점점 더 낮은 MVP들에게 고용기회가 생긴다(〈그림 7-1〉참조).

선분 PP는 어떤 요소의 한계가치생산(또는 할인된 MVP) 곡선이다. 그 곡선은 우측으로 이동함에 따라 **언제나 하락할** 것인데, 왜냐하면 새로운 단위의 공급은 수익이 가장 생산적인 용도로 언제나 들어가기 때문이다. 수평축은 그 요소의 공급량이다. 공급이 OA이면 그 점에서 MVP는 AB이다. 공급이 증가하여 OC이면 MVP는 낮아져서 CD가 된다.

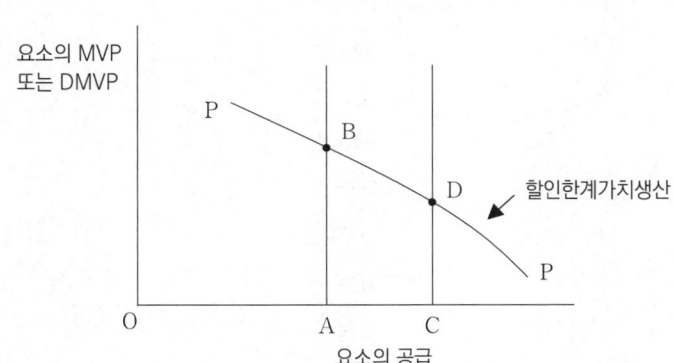

〈그림 7-1〉 요소의 공급이 한계가치생산에 미치는 영향

예를 들어, 경제에서 이용가능한 요소 X가 30단위가 있고, 그런 공급에 일치하는 MVP가 10온스라고 가정하자. 그러면 30번째 단위의 가격은 10온스가 되는 방향으로 향할 것이고, ERE에서 그 가격은 10온스일 것이다. 이 점은 어떤 요소의 가격이 그 요소의 MVP와 동일해지는 경향으로부터 결론낼 수 있다. 그러나 **어떤 재화의 모든 단위들의 가격은 시장 전체에 걸쳐서 균일해진다는** 시장에서의 움직일 수 없는 경향이 발생한다는 것을 이제 상기해야 한다. 이 점은 어떤 다른 재화에 적용하는 것과 똑같이 생산요소에도 적용해야 한다. 사실 이런 결과는 우리가 논의했던 효용의 바로 그 기본법칙에서 연유한다. 왜냐하면, 한 단위의 가치는 어떤 한 시점의 모든 다른 단위의 가치와 동일할 것인데, 정의상 요소단위들은 교환가능하기 때문이다. 어떤 재화의 모든 단위의 가치는 한 단위에 의해 지금 봉사되는 가장 낮은 순위의 용도의 가치와 동일할 것이다. 현재의 경우에, 요소 X의 모든 단위는 금 10온스에 가격이 설정될 것이다.

예를 들어, 우리의 생산라인에서 가장 순위가 높은 용도에 봉사하는 요소단위의 소유자는 자신의 가격으로서 10온스 대신에 24온스를 받을 것을 요구해야 한다고 가정하자. 그 경우에, 그 생산라인의 자본가는 이 요소를 고용하는 것을 거절할 수 있고, 그 대신에 가장 순위가 낮은 용도에 고용된 한 단위를 예를 들어, 10.5온스를 지불하고 스카우트할 수 있다. 24온스를 요구했던 요소의 소유자에게 남아 있는 유일한 선택지는 10온스에 가장 낮은 순위의 위치에 있는 다른 요소의 자리를 차지하는 것이다. 실제적으로 모든 요소는 그들의 서비스에 대하여 획득할 수 있는 가격이 시장에 걸쳐서 균일해질 때까지 이동할 것이다.

그러면 X의 가격은 10온스에 결정된다. 가격은 공급의 MVP(또는 DMVP)에 의해 결정되는데, 그런데 요소의 공급이 증가하면 그 MVP는 감소하고 **요소의 공급이 감소하면 그 MVP는 증가한다**. Y가 또한 비특수요소이고 Z는 위에서 고려했던 특정한 과정에 **특수한** 한 요소라고 가정하자. 유사한 과정을 통해서 DMVP, 그 결과 Y의 가격은 2온스에 결정된다고 추가로 가정하자.

이 시점에서 각 라인 **내에** 생산개념을 재도입하여야 한다. 우리는 하나의 용도에서 다른 용도로 이동하는 요소들의 MVP들을 토론했다. 우리의 예제에서, 한 단위의 X는 어떤 특정한 용도에서 20온스의 MVP(또는 DMVP)를 가질 수 있다. 그런데도 X의 가격은 10온스인데, 그 가격은 X가 채용될 경우의 가장 순위가 낮은 용도의 MVP에 의해 결정되는 가격이다. 이 점은 이 용도에서 자본가는 20온스를 벌게 해주는 어떤 생산요소를 10온스에 고용하고 있음을 의미한다. 이런 이유에 자극받은 자본가는 더 많은 단위의 그 요소를 고용할 것인데, 이 용도에서의 MVP가 가장 낮은 순위의 용도에서의 MVP, 즉 10온스인 그 요소가격과 같아질 때까지 그렇게 할 것이다. 다른 용도의 하나하나에 대해서도 동일한 과정이 일어날 것이다. 그러면 **어떤 요소의 DMVP는 각 생산라인에서 동일해지는** 경향이 언제나 있을 것이다(그리고 ERE에서는 어떤 요소의 DMVP가 각 생산라인에서 언제나 동일해질 것이다). 왜 심지어 각 라인 내에서의 어떤 요소의 구매증가가 그 라인에서의 MVP를 낮출 것인가를 곧 볼 것이다.

그러면 X와 Y의 가격이 각각 10온스와 2온스라고 가정하고, 모든 자본가가 각 라인의 각 요소의 DMVP를 이 가격과 일치하도록 각자의 생산을 그렇게 배치했다고 가정하자. 이 특정 용도에서의 균형점이 다음의 조합이라고 추가로 가정하자.

$$3X + 10Y + 2Z \to 80온스$$

위 식에 X와 Y의 가격을 대입하면,

$$30 + 20 + 2Z \to 80온스$$

$$2Z \to 30온스$$

$$Z \to 15온스$$

그러므로 Z = 15온스

특수요소인 Z의 가격, 다른 요소들에 들어 간 것을 제외한 잔여물은 그것으로 15온스에서 결정된다.

소비자 수요의 변화가 어떤 특수요소에 미칠 영향은 그 변화가 어떤 비특수요소의 채용가격에 미칠 영향보다 양쪽 방향으로 훨씬 더 클 것이라는 것은 분명하다.

왜 요소가격분석에서 기업이 요소가격들을 외부에서 주어진 것으로 여긴다고 하고, 그리고 기업이 요소들의 가격에 따라 생산을 단지 변화시키는 것을 고려한다고 하는 유혹이 있는지가 이제 분명해진다. 그러나 분석적 관점에서 볼 때 전체로서 MVP들의 배열이 결정적 요인임은 명백하고, 요소가격이라는 수단을 통해서 MVP

의 관점에서 가장 낮은 순위의 과정은 자신의 메시지를 말하자면 다양한 기업들에게 전파하고, 각 기업은 자신의 DMVP가 요소의 가격과 일치되는 점까지 그 요소를 사용할 것이다. 그러나 궁극적 결정요인은 DMVP스케줄이지 요소의 가격이 아니다. 구분을 위해서, 어떤 요소의 모든 MVP들의 완전한 배열을 어떤 요소의 **일반적 DMVP스케줄**이라고 명명하고, 반면에 어떤 특정한 생산과정 또는 단계 **내에서의** DMVP의 특수한 배열은 그 요소의 **특정한 DMVP스케줄**이라고 명명하자. **일반적** DMVP스케줄이야말로 요소공급의 가격을 결정하고, 그 다음에 각 생산과정 내에서 **특정한** DMVP스케줄은 일렬로 세워져서, 그 결과 그 요소의 DMVP들은 그 요소의 가격과 동일해진다.〈그림 7-1〉은 **일반적** 스케줄이었다. 특정한 MVP들은 모든 가능한 선택지들의 가장 넓은 배열 —일반적 MVP스케줄—내에 있는 하부 배열들(subarrays)이다.

요컨대 생산요소들의 가격들은 다음과 같이 결정된다. 어떤 요소가 격리가능한 곳에서는 그 요소의 가격은 그 요소의 할인한계가치생산에 도달하는 경향이 있을 것이고, 항등순환경제에서 그 요소의 가격은 그 요소의 할인한계가치생산과 동일할 것이다. 어떤 요소가 비특수적인 경우, 즉 하나의 생산과정 이상에서 유용한 경우이거나 그 요소가 어떤 과정에서 유일한 특수요소인 경우에는 그 요소는 격리가능할 것이다. 비특수요소의 가격은 그 요소의 일반적 DMVP에 의해 결정되는 자체의 DMVP와 동일하게 될 것이다. 일반적 DMVP란 경제에서 그 요소의 공급단위가 다양하게 주어질 때 DMVP의 완전히 가능한 배열이다. 가장 큰 가치가 있는 생산용도가 먼저 선택되기 때문에, 그리고 가장 적은 가치가 있는 용도가 먼저 포기되기 때문에, 공급이 증가함에 따라 일반적 MVP곡선은 하락한다. 다양한 과정에서 각종 특정한 MVP들은 일반적 DMVP스케줄에 의해 결정되는 생산요소가격과 동등해지도록 배열될 것이다. 특수요소에 귀속되는 DMVP는 생산물의 가격과 비특수요소들 가격의 합과의 잔여차이이다.

어떤 재화 한 단위의 한계효용은 그 재화의 일정한 공급 또는 일정한 재고를 평가하는 어떤 한 인간의 하락하는 한계효용스케줄에 의해 결정된다. 마찬가지로, 어떤 소비재 가격의 시장에서의 확립은 총소비자수요스케줄들—하락하는—과 그 재화의 주어진 공급 또는 재고가 그 총소비자수요스케줄들과 교차하여 결정된다. 이제 우리는 문제를 여전히 더 추구하고 있고, 두 가지 일반적 질문에 대한 대답을 찾고자 한다. 무엇이 시장에서 생산요소들의 가격들을 결정하는가와 무엇이 생산될 재화들의 양을 결정하는가? 이 절에서 어떤 요소의 가격은 하락하는 일반적 (할인)한계가치생산성곡선과 경제 내 요소의 주어진 공급(재고)의 교차에 의해 결정된다는 것을 보았다.

2. 할인한계가치생산의 결정

1) 할인하기

만약 DMVP스케줄들이 비특수요소 서비스의 가격들을 결정한다면, 무엇이 DMVP스케줄들의 모양과 위치를 결정하는가? 첫째, 정의에 의해 DMVP스케줄은 그 요소의 MVP스케줄을 **할인한** 것임은 명백하다. **할인하기**에 대해서 애매한 것은 없다. 주장했던 것처럼 요소의 MVP는 시장의 현행 순 이자율에 따라서 할인된다. MVP스케줄과 DMVP스케줄의 관계는〈그림 7-2〉에서 볼 수 있다.

요소의 공급은 OE라는 주어진 양에서 선분 EF이다. 실선은 다양한 공급에서의 MVP스케줄이다. 공급OE에서의 MVP는 EA이다. 이제 점선D1D1은 어떤 이자율에서의 할인한계가치생산스케줄이다. 그 스케줄이 할인되기 때문에 D1D1은 MVP곡선보다 일률적으로 낮다. 절대적 수치로는 도표의 왼쪽에서 D1D1이 MVP곡선보다 상대적으로 더 낮은데, 왜냐하면 동일한 백분율의 하락은 그 액수가 더 클 때 절대적으로 더 크게 떨어지는 것을 의미하기 때문이다. 공급 OE일 때의 DMVP는 EB와 동일하다. EB는 항등순환경제에서 그 요소의 가격일 것이다. 이제 경제의 이자율이 물론 시간선호스케줄들의 상승결과 오른다고 가정하자. 이것은 모든 가상적 MVP에 대한 할인율이 더 커질 것과 절대적 수준이 더 낮아질 것을 의미한다. 새로운 DMVP스케줄은 점선D2D2로 묘사되어 있다. 그 요소의 동일한 공급에 대한 새로운 가격은 EC이고 이전보다 낮은 가격이다.

그러면 DMVP스케줄의 결정요인들 중의 하나는 할인율이고, 그 할인율은 개별시간선호들에 의해 결정됨을 위에서 보았다. 할인율이 크면 클수록 DMVP는 점점 더 낮아지는 경향이 있을 것이고, 그 결과 그 요소의 가격은 점점 더 낮아지기 쉬울 것이다. 이자율이 낮으면 낮을수록 DMVP와 요소의 가격은 점점 더 높아진다.

〈그림 7-2〉 요소공급의 변화에 따른 이자율 변화가 DMVP에 미치는 영향

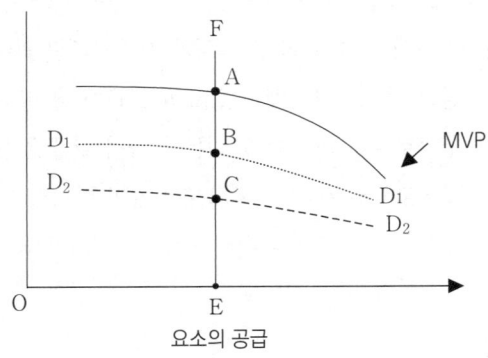

요소의 공급

2) 한계실물생산

그러면 무엇이 MVP스케줄의 위치와 모양을 결정하는가? 한계가치생산은 무엇인가? 한계가치생산은 어떤 요소 한 단위에 기인하는 수익 매상고 액수이다. 그리고 이 수익은 두 가지 요인에 의존한다. 즉, ① 생산된 실물생산물과, ② 그 생산물의 가격. 만약 요소 X의 한 시간이 시장에서 금 20온스 가치를 생산한다고 평가되면 이것이 그렇게 될 수 있는 것은 X가 1시간에 단위당 금 1온스인 가격에 판매되는 실물생산물을 20단위 생산하기 때문이다. 또는 동일한 MVP가 단위당 2온스에 판매되는 생산물을 10단위 생산함으로써 초래될 수 있는 등이다. 요컨대 **어떤 요소서비스 한 단위의 한계가치생산은 그 요소의 한계실물생산에 그 생산물의 가격을 곱한 것과 동일하다.**[6]

그러면 한계실물생산(MPP)의 결정요인들을 탐구하자. 첫째, 일반적 MVP스케줄이 있는 것처럼 일반적 MPP스케줄이 있을 수는 없는데, 왜냐하면 다양한 재화의 **실**

물단위를 비교하지 못하는 단순한 이유 때문이다. 어떻게 한 다스의 계란, 1파운드의 버터, 한 채의 집이 **실물**조건으로 비교될 수 있는가? 그럼에도 불구하고 동일한 요소가 위 재화들의 어떤 것의 생산에도 유용할 수 있다. 그러므로 오직 어떤 **특정한** 조건에서, 즉 그 요소가 종사할 수 있는 각 특별한 생산과정의 관점에서 MPP스케줄이 가능할 수 있다. 각 생산과정을 위해 어떤 형태를 가진 그 요소의 한계실물생산 스케줄이 있을 것이다. **그 과정에서** 공급의 MPP는 그 요소 한 단위에 귀속될 수 있는 한계생산물의 양, 즉 만약 그 요소의 한 단위가 제거된다면 잃어버릴 생산물의 양이다. 다른 요소가 동일한 한, 그 과정에서 요소의 공급이 한 단위 증가하면 공급의 MPP는 그 한 단위의 추가로부터 획득할 수 있는 추가적 실물생산물이 된다. MPP스케줄과 관련이 있는 요소의 공급은 사회 내의 총공급이 아니라 **각 과정에서의** 공급인데, 왜냐하면 MPP스케줄은 각 과정을 위해 독립적으로 확립되기 때문이다.

(1) 수확의 법칙

MPP스케줄을 더 탐구하기 위해서는 제1장에서 설명한 수확의 법칙을 상기하자. 인간행위의 영원한 진리인 수확의 법칙에 따르면, 만약 한 생산요소의 양이 변동하고 다른 요소들의 양이 일정하다면, 요소당 실물생산이 최대에 도달하는 점이 존재한다. 요소당 실물생산물은 평균실물생산(Average Physical Product: APP)이라고 명명할 수 있다. 그 요소의 공급이 요소당 실물생산이 최대에 도달하는 점보다 적거나 많아지는 경우에 APP는 더 적어지는 것이 틀림없다고 수확의 법칙은 추가적으로 의미한다. 대표적 APP곡선은 〈그림 7-3〉과 같다.

〈그림 7-3〉 요소의 공급과 평균실물생산곡선의 관계

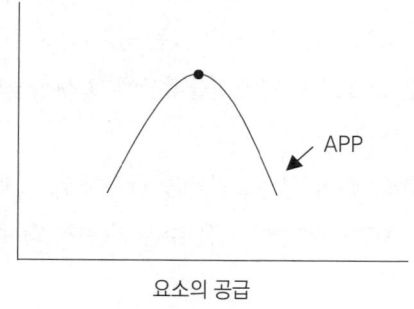

(2) 한계실물생산과 평균실물생산

APP와 MPP의 관계는 무엇인가? MPP는 **다른 요소들이 주어진 상태에서 어떤 요소 한 단위의 추가로 생산될 실물생산물의 양이다. APP는 다른 요소들이 주어진 상태에서 총생산물을 가변요소의 총량으로 나눈 비율이다.** APP와 MPP의 의미를 설명하기 위해서 다른 요소들의 모든 단위가 고정되어 있고, 한 요소의 단위의 수가 가변적이고 가상적인 경우를 고려하자. 〈표 7-1〉의 첫 번째 칼럼은 가변적 요소의 양을 나타내고, 두 번째 칼럼은 이 가변적 단위들이 다른 요소들의 고정된 단위들과 결합될 때 생산되는 총실물생산을 나타낸다. 세 번째 칼럼은 APP=총생산물을 그 요소의 단위 수로 나눈 것, 즉 그 요소 한 단위의 평균실물생산성이다. 네 번째 칼럼은 MPP=가변요소를 한 단위 추가함으로써 산출되는 총생산물의 차이, 즉 현재 열(row)의 총생산물에서 이전 열의 총생산물을 뺀 것이다.

첫째, **어떤 요소도 MPP가 음인 영역에서는 결코 채용되지 않을 것임**은 아주 명백하다. 우리의 예제에서, 7단위의 요소가 고용될 때 이런 일이 발생한다. 주어진 다른 요소들과 결합하여 그 요소 6단위는 생산물 30단위를 생산했다. 다른 한 단위의 추가는 생산물 두 단위의 손실을 초래한다. 7단위가 고용될 때에 그 요소의 MPP는 -2이다. 분명히 어떤 요소도 결코 이 영역에서 고용되지 않을 것이고, 이 점은 생산-소유자가 또한 그 생산물의 소유자이든지 자본가가 그 생산물에 일할 요소를 고용하든지 상관없이 진실이다. 오직 총생산물의 양이 하락하는 데도 노력이나 돈을 요소로 추가하는 데 쓴다는 것은 어리석고 인간행위의 원리들에 반한다.

〈표 7-1〉로부터 수확의 법칙을 이해하는데, 그 법칙이란 물론 처음의 영(zero)단위의 요소에서 APP는 영이고, 이어서 정점까지 오르고, 그 다음에 떨어진다는 것이다. 우리는 〈표 7-1〉로부터 다음과 같은 점을 또한 관찰한다. ① **APP가 상승할 때는**(TP, APP, MPP 등이 모두 같은 바로 그 첫 단계를 제외하고는) **MPP가 APP보다 크다**. ② **APP가 하락하고 있으면 MPP는 APP보다 작다**. ③ **APP가 극대인 점에서는 MPP는 APP와 동일하다**. 이 세 가지 법칙이 언제나 성립하는 것을 이제 대수적으로 증명할 것이다.[7]

다른 요소들이 주어진 상태에서 F를 어떤 가변적 요소의 단위 수라고 하고, P는 요소들의 결합에 의해 산출된 총생산물 단위라고 하자. 그러면 P/F는 평균실물생산이다. 그 요소를 △F만큼 추가할 때 총생산물은 △P만큼 증가한다. 그 요소의 증가

에 해당하는 한계실물생산은 △P/△F이다. 요소들의 증가에 따르는 새로운 평균실물생산은,

⟨표 7-1⟩ 평균실물생산과 한계실물생산

가변요소의 양	총생산물(TP)	평균실물생산(APP)	한계실물생산(MPP)
0	0	0	0
1	3	3	3
2	8	4	5
3	15	5	7
4	22	5.2	7
5	27.5	5.5	5.5
6	30	5	2.5
7	28	4	−2

$$\frac{P + \triangle P}{F + \triangle F}$$

이제 새로운 APP는 이전의 APP보다 높거나 낮을 것이다. 새로운 APP가 이전의 APP보다 높고 그 결과 APP가 **증가하는** 영역에 있다고 가정하자. 이것은 다음을 의미한다.

$$\frac{P + \triangle P}{F + \triangle F} > \frac{P}{F} \qquad \text{> 는 '더 크다는' 뜻의 기호}$$

또는 $\dfrac{P + \triangle P}{F + \triangle F} - \dfrac{P}{F} > 0$

위 식을 풀면:

$$\frac{FP + F\triangle P - PF - P\triangle F}{F(F + \triangle F)} > 0$$

그러면 확실히:

$$FP + F\triangle P - PF - P\triangle F > 0$$
$$F\triangle P - P\triangle F > 0$$
$$F\triangle P > P\triangle F$$
$$\therefore \frac{\triangle P}{\triangle F} > \frac{P}{F}$$

따라서 MPP는 구APP보다 크다. MPP가 더 크기 때문에 다음과 같이 만들 양수의 k가 존재한다는 것을 의미한다.

$$\frac{\triangle P}{\triangle F} = \frac{kP}{F}$$

이제 다음과 같은 대수적 규칙이 존재하는데, 만약:

$$\frac{a}{b} = \frac{c}{d},$$

그러면
$$\frac{a}{b} = \frac{c+a}{d+b}$$

그러므로
$$\frac{\triangle P}{\triangle F} = \frac{kP + \triangle P}{F + \triangle F}$$

k가 양수이기 때문에,
$$\frac{kP + \triangle P}{F + \triangle F} > \frac{P + \triangle P}{F + \triangle F}$$

그 결과,
$$\boxed{\frac{\triangle P}{\triangle F} > \frac{P + \triangle P}{F + \triangle F}}$$

요컨대 MPP는 **신**APP보다 **또한** 크다.

다시 말하면, **만약 APP가 증가하면, 한계실물생산은 이 영역에서 평균실물생산보다 크다.** 이것은 위의 첫 번째 법칙을 증명한다. 이제 증명과정의 앞쪽으로 돌아가 '보다 큰' 기호 대신에 '보다 작은' 기호로 대체하고 유사한 과정을 수행하면 앞에서 내린 결론과 정반대의 결론에 도달한다. **APP가 감소하는 곳에서는 한계실물생산이 평균실물생산보다 낮다.** 이것은 한계실물생산과 평균실물생산 간의 관계에 대한 세 가지 법칙 중에 두 번째 것을 증명한다. 그러나 만약 APP가 상승할 때 MPP가 APP보다 크다면, 그리고 APP가 하락할 때 MPP가 APP보다 작다면, **APP가 극대가 될**

때 MPP는 APP보다 작을 수도 클 수도 없고 APP와 같아진다고 결론내린다. 그리고 이것은 세 번째 법칙을 증명한다.〈표 7-1〉의 이러한 특징은 생산의 모든 가능한 경우에 응용한다는 것을 알 수 있다.

〈그림 7-4〉는 MPP스케줄과 APP스케줄의 대표적 조합을 묘사하고 있다. 그림은 APP와 MPP 간의 다양한 관계를 보여준다. 두 곡선 모두는 원점에서 시작하고 원점 부근에서는 매우 비슷하다. APP곡선은 B점인 정점에 도달할 때까지 증가하고 그 다음에 하락한다. MPP는 APP보다 더 빨리 상승하고, 그 결과 MPP는 APP보다 크고, C점에서 B점보다 먼저 정점에 도달하고, 그 다음에 B점에서 APP와 만날 때까지 하락한다. 그 다음부터 MPP는 APP보다 빨리 하락하고 최종적으로 A점에서 수평축을 지나 음(negative)이 된다. 어떤 기업도 OA영역을 넘어서서 가동하지 않을 것이다.

〈그림 7-4〉 한계실물생산과 평균실물생산의 관계

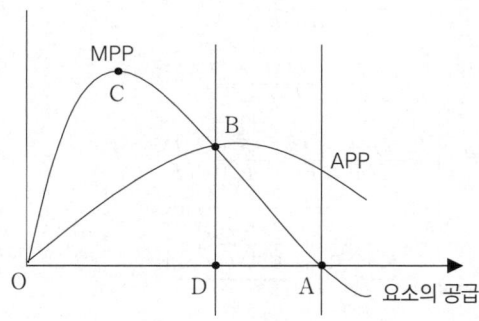

O와 D 사이에서 **APP가 증가하는** 영역을 더 탐구하기로 하자. 다른 가상적인 표 (〈표 7-2〉)를 만드는데, 그 표는 우리의 목적을 위해 앞의 표를 간소하게 만든 것이다.

〈표 7-2〉〈표 7-1〉의 일부분

요소의 양	총생산물(TP)	평균실물생산(APP)
2............	10	5
3............	18	6
4............	25	6.2

〈표 7-2〉는 평균실물생산스케줄의 상승하는 부분의 일부인데, 요소가 4단위, APP가 6.2일 때 정점에 도달하고 있다. 질문은, 이 영역이 기업에 의해 정확한 투입-산출조합으로 정해질 가능성은 있는가?〈표 7-2〉의 맨 윗줄을 보자. 두 단위의 가변적 요소와 이른바 모든 다른 요소들 U단위의 묶음을 합하여 생산물 10단위를 생산한다. 다른 한편, 그 요소의 극대 APP인 점에서는 그 요소 4단위와 다른 요소들 U단위를 추가하여 생산물 25단위를 생산한다. 자연에서의 근본적 진리야말로 동일한 물량적 원인은 동일한 물량적 결과를 낳는다는 것을 위에서 보았다. 그러므로 만약〈표 7-2〉의 세 번째 열에 있는 모든 요소들의 물량을 반으로 줄이면 생산물도 반을 얻을 것이다. 다시 말하면, 그 요소 2단위와 U/2—각 다른 요소단위들의 반—의 결합은 12.5단위의 생산물을 산출할 것이다.

다음 상황을 고려해보자.〈표 7-2〉의 첫 번째 열로부터 가변요소 2단위에 주어진 요소들 U단위를 추가하면 10단위의 생산물을 산출한다는 것을 알 수 있다. 그러나 마지막 열에서 추정하면 가변요소 2단위에 주어진 요소들 U/2의 추가가 12.5단위의 생산물을 산출한다는 것을 본다. OA를 넘어서는 경우처럼 OD영역에 있게 하기 위하여 요소들을 배분했던 어떤 기업도 가장 현명하지 못한 결정을 했을 것이다. 분명히 누구도 요소들('다른' 요소들)에 **더 많은** 노력과 돈을 지불하고 **더 적은** 총산출물의 획득을 기대하지 않거나 더 많은 노력과 돈을 지불하고 동일한 총산출물의 획득을 원하지 않는다. 만약 생산자가 OD영역에 있다면 그는 다른 생산요소들의 **한계실물생산성이** 음인 영역에 있는 것이 명백하다. 그는 다른 요소들의 일부를 내다버린다면 더 큰 총생산물을 얻을 수 있는 상황에 있을 것이다. OA 이후에는 동일한 방법으로 만약 그가 현재의 가변요소의 일부를 던져버린다고 가정하면 더 큰 총생산물을 얻을 것이다. 그러면 **한 요소의 APP가 증가하는 영역에서는 다른 요소들의 MPP가 음인** 영역임을 의미하고 그 **역도 또한 같다**. 그러면 생산자는 그의 요소를 OD영역 내에나 A를 넘어서는 영역에서 요소를 배분하는 일을 결코 원하지 않을 것이다.

생산자는 또한 MPP가 B점 또는 A점에 있게 하는 결과를 가져오게 요소를 결정하지도 않을 것이다. 사실 가변요소가 결정되어져 그 결과 **오직 그 가변요소가 자유재일 때만** 영의 한계생산성(A에서)을 가진다. 그러나 자유재와 같은 그런 것은 없다. 인간행위를 지배하지 않는 오직 인간복지의 조건만이 있고, 그 결과 A는 생산성스케줄의 요소는 아니다. 반대로, APP가 B, 즉 가변요소의 최대점에 있는 것은 오직 **다른 요소들이 자유재이고, 그 결과 이 점에서 다른 요소들이 영의 한계생산성을 가질 때**만이다. 만약 모든 다른 요소들이 자유재이고 계산에서 뺄 수 있다면 생산자는 오직 한 생산요소의 생산성을 극대화하는 일에 단지 집중할 수 있을 것이다. 그러나 제1장에서 보았던 것처럼 오직 한 생산요소만으로 생산할 수는 없다.

그러므로 결론은 피할 수 없다. **하나의 생산요소는 APP가 감소하고 MPP는 감소하지만 양인 영역—〈그림 7-4〉에서는 D점과 A점의 사이—에 있는** 그런 방법으로 생산과정에 언제나 고용될 것이다. 그러므로 모든 생산과정에서 모든 생산요소는 하락하는 MPP와 APP의 영역에서 채용될 것이고, 그 **결과 그 과정에 채용될 요소의 단위를 추가하는 것은 MPP를 낮출 것이며, 그 요소의 단위를 줄이는 것은 MPP를 상승하게 할 것이다.**

3) 한계가치생산

어떤 요소의 MVP는 그 요소의 MPP에 생산물의 판매가격을 곱한 것임을 보았다. 모든 요소는 각 생산과정에서 한계실물생산이 감소하는 영역에서 채용될 것임을 방금 결론내렸다. 한계**가치**생산스케줄의 모양은 어떨까? 어떤 요소의 공급이 증가하고 다른 요소들이 동일한 한에서는, 생산물의 총실물산출물(total physical output)은 더 커진다는 결론에 이른다. 소비재 수요곡선이 주어진 경우에 재화의 더 많은 재고는 그 재화의 시장가격을 낮추는 방향으로 이끌 것이다. 그러면 MPP가 감소함에 따라 생산물의 가격은 하락할 것이고, MPP가 증가함에 따라 생산물의 가격은 상승한다. 그 요소의 MVP곡선은 언제나 하락할 것이고, MPP곡선보다 **더 빠른** 율로 하락할 것이라는 결론에 이른다. **각 특정 생산과정에 대하여 어떤 요소도 하락하는 MVP의 영역에서 채용될 것이다.**[8] 이것은 효용의 법칙에 기초한 이전의 결론, 즉 다양한 생산과정들간에서 일반적으로 그 요소는 MVP가 하락하는 그런 방법으로 채용될 것이라는 점과 상관되어 있다. 그러므로 그 **요소의 일반적** MVP(다양한 용도 사이에서, 그리고 각 용도 내에서)는 하락하고(그 요소의) 다양한 **특정한** MVP들은 하락한다(각 용도 내에서). 그러므로 그 요소의 DMVP는 똑같이 잘 하락하고 있다.

어떤 요소 한 단위의 가격은 시장에서 할인한계가치생산과 동일하게 된다는 것을 보았다. 할인한계가치생산은 그 요소가 놓이는 모든 다양한 용도를 포함하는 일반적 스케줄에 의해 결정되는 DMVP일 것이다. 이제 생산자들은 그 요소의 **DMVP가 모든 용도에서 동일해지는** 그런 방법으로 그 요소를 고용할 것이다. 만약 한 용도에서의 DMVP가 다른 용도에서의 DMVP보다 크다면 전자의 생산라인의 고용주들은 그 요소를 더 많이 고용하려는 위치에 있을 것이고, 사용을 확대하는 요소의 DMVP가 감소하여 사용이 축소되는 용도에 있는 증가하는 DMVP와 동일해지는 점까지(하락하는 MVP 원리에 따라서) 그 요소를 더 많이 사용하고자 할 것이다. 그 요소의 가격은 일반적 DMVP와 같아지도록 정해지고, 그 일반적 DMVP는 항등순환경제에서는 모든 특정 용도들에 걸쳐서 균일해질 것이다.

따라서 요소들의 상호관계의 모든 것에서 어떤 생산요소를 자세히 관찰함으로써, **요소의 가격 그 자체의 존재를 이전에 가정함이 없이 요소의 단위서비스의 가격설정을 설명할 수 있었다.** 기업에 유리한 입장에서 상황을 분석하는 데 초점을 맞추는 것은 그런 과오, 즉 요소의 가격 그 자체의 존재를 이전에 가정하는 것에 굴복하는 것인데, 왜냐하면 개별기업은 분명히 시장에서 어떤 생산요소 가격을 주어진 것으로 이해하기 때문이다. 어떤 요소 한 단위의 가격은 시장에서 확립될 것인데, 그 가격은 한계가치생산을 생산물이 생산될 때까지 기간 동안의 이자율에 의해 할인한 것인데, 만약 그 요소의 몫에 대한 가치판단이 격리가능할 경우에 말이다. 만약 요소가 비특수적이거나 생산과정에서 유일한 잔여 특수요소이면 그 요소는 격리가능하다. 문제의 MVP는 요소의 다양한 용도를 망라한 일반적 MVP스케줄과 경제 내의 이용가능한 그 요소의 공급에 의해 결정된다. 한 요소의 일반적 MVP스케줄은 그 요소의 공급이 증가함에 따라 감소한다. 일반적 MVP스케줄은 그 요소의 다양한 용도를 위한 특정한 MVP스케줄들로 구성되고, 다음에는 특정한 MVP스케줄들은 하락하는 한계실물생산스케줄과 감소하는 생산물 가격이 혼합된 것이다. 그러므로 만약 요소의 공급이 증가하면 경제 내의 MVP스케줄은 그대로 있지만 MVP와 그 결과 그 요소의 가격은 떨어질 것이다. 그리고 **다른 조건이 같다면**, 요소의 공급이 축소됨에 따라 그 요소의 가격은 상승할 것이다.

개별기업에게는 시장에서 확립된 어떤 요소의 가격은 다른 곳에서의 할인한계가치생산을 나타내는 신호이다. 그 가격은 그 생산물을 사용하는 기업의 기회비용인데, 왜냐하면 그것은 다른 곳에서 그 요소 단위를 사용하는 데 실패함으로써 포기한 가치생산물과 같기 때문이다. 모든 생산요소들의 가격이 할인한계가치생산들과 동일해지는 항등순환경제에서는 요소의 가격들과 (기회)'비용들'은 동일할 것이라는 결론을 내릴 수 있다.

한계생산성분석을 비판하는 사람은 '현대의 복잡한 세계'에서는 모든 요소는 어떤 생산물을 생산하는 데 협력하고, 그 결과 생산물의 일부를 협력하는 다양한 생산요소들에게 귀속시키는 어떤 방법을 확립하는 것은 불가능하다고 주장했다. 그러므로 그 비판자들은 생산물을 요소들에 '분배'하는 것은 생산과 격리할 수가 있고 협상이론에 의해 임의적으로 이루어진다고 주장한다. 확실히 누구도 많은 요소가 재화들을 생산하기 위하여 협력한다는 것을 부인하지 않는다. 그러나 대부분의 요소(그리고 모든 노동요소들)는 비특수적이고 어떤 생산과정에서 순전히 특수요소가 하나 이상 있는 경우는 매우 드물다는 사실은 시장이 가치생산성을 격리할 수 있게 하고, 시장이 각 요소에 한계생산물에 따라 지불하는 경향이 있도록 한다. 그러므로 자유시장에서는 각 요소의 가격은 '임의적' 협상이 아니라 엄격히 그 요소의 할인한계가치생산에 따라 결정되기 쉽다. 경제가 더 특화되고 복잡하며 조정이 더 미묘할수록 이런 시장과정의 중요성은 **커진다**. 어떤 요소의 용도가 많이 개발되면 될수록, 그리고 생산요소의 종류가 많아지면 많아질수록, 단순한 협상에 비교하여 이와 같은 시장'귀속' 과정은 점점 더 중요해진다. 왜냐하면 이런 과정이야말로 소비자의 가장 긴박한 수요(생산자들 자신의 비화폐적 요구를 포함해서)에 따라 요소들을 효율적으로 배분하고 생산을 흐르게 하는 것이다. 그러므로 자유시장 과정에는 생산과 '분배' 간에 분리라는 것은 없다. 어디에도 '생산물들'이 임의적으로 던져져서 쌓일 더미는 없고 그 더미로부터 어떤 사람이 다양한 사람들에게 그 생산물을 임의적으로 '분배'하거나 '분배'할 수는 없다. 이에 반하여, 개인들은 재화들을 생산해서 돈을 받고 소비자들에게 그 생산물들을 판매하는데, 다음에는 그 돈을 소비에 지출하거나 미래의 소비를 늘리기 위하여 투자에 지출한다. 독립된 '분배'는 없다. 오직 생산만 있고 그 당연한 결과인 교환이 있다.

가격들을 결정하는 데 이용되는 MVP스케줄들은 할인된 MVP스케줄들이고, 그런

스케줄들이란 최종소비재가 생산될 때까지 남은 기간으로 최종 MVP를 할인한 것이라는 것을 언제나 이해해야 하고 심지어 설명 때문에 본문에서 명시적으로 서술되지 않는 경우에도 이해해야 한다. DMVP들이야말로 요소의 다양한 용도들에 걸쳐서 동일화되는 것이다. 이 사실의 중요성은 그 사실이 동일한 재화 또는 상이한 재화의 다양한 생산**단계들**간에 비특수요소들의 시장배분을 설명한다는 것이다. 예를 들어, 만약 어떤 요소의 DMVP가 금 6온스이고, 그 요소가 실제적으로 즉각 소비될 수 있는 과정에 고용된다면, 그 요소의 MVP는 6일 것이다. 순 이자율이 5%라고 가정하자. 만약 그 요소가 지금부터 5년 후에 최종소비될 수 있게 만들어질 어떤 과정에서 일한다면 DMVP가 6이라는 것은 MVP가 7.5라는 것을 의미한다. 만약 그 요소가 10년 과정에서 일한다면 DMVP가 6이라는 것은 MVP가 10이라는 것이다. 최종생산물이 완성되는 시간으로부터 작업시간이 멀면 멀수록 현재재를 선불하여 그 결과 생산과정의 전 기간을 가능하게 만드는 자본가에 의해 획득되는 연간 이자소득을 위해 허용되는 차이는 점점 더 커져야 할 것이다. 여기에서 MVP로부터 할인하는 액수는 더 커지는데, 왜냐하면 더 높은 단계는 다른 단계보다 최종소비로부터 더 멀어졌기 때문이다. 그러므로 투자가 더 높은 단계에서 일어나게 하기 위해서는 더 높은 단계의 MVP가 더 짧은 과정에서의 MVP보다 훨씬 커야 한다.[9]

3. 요소소득들의 원천

우리의 분석은 경제학에서 바로 그 유서 깊은 논쟁을 이제 해결할 수 있도록 한다. 무엇이 임금의 원천인가—자본 또는 소비? 또는 그 의문을 바꾸어 말해야 한다면, 무엇이 본원적 요소(노동요소들과 토지요소들을 위한)소득들의 원천인가? 자본투자의 최종적 목적은 미래소비라는 것은 명백하다. 그 점에서 소비는 필수적 요소인데 그것 없이는 자본도 없을 것이다. 더구나, 모든 특정 재화에 대해서 소비는 시장수요를 통해서 다양한 생산물의 가격과 (비특수)요소의 한 과정으로부터 다른 과정으로의 이동을 지시한다. 그러나 소비 혼자서는 아무것도 제공하지 않는다. 소비를 조금이라도 허용하기 위해서는 저축과 투자가 필요한데, 왜냐하면 생산과정 또는 자본구조가 전혀 없다면 소비가 거의 획득될 수 없을 것—아마도 오직 베리를 직접 따는 정도의 소비—이기 때문이다.[10]

노동요소들 또는 토지요소들이 소비재들을 **즉각적으로** 생산하여 판매하는 한에서는 노동요소들과 토지요소들에 지급하기 위하여 자본이 필요하지 않다. 노동요소들과 토지요소들은 소비로부터 직접 지급된다. 이것은 크루소의 베리따기에서는 진실이었다. 이것은 고도의 자본주의 경제에서 생산과정의 최종단계들에 있는 노동(그리고 토지)에 대해서도 또한 진실이다. (의사, 예술가, 변호사 등) 개인서비스의 소비자 판매로 획득되는 순수 노동소득을 포함하는 이 마지막 단계들에서, 요소들은 사전에 할인되지 않고 MVP를 직접 획득한다. 생산과정에 참여하는 마지막 단계의 요소들을 제외한 모든 다른 노동요소와 토지요소는 생산물이 생산되고 소비되기에 앞서 저축된 자본으로 지급된다.

임금은 자본에서 지급된다는 고전학파 이론과 임금은 소비되는 연간 생산물에서 지급된다는 헨리 조지(Henry George), 클락, 다른 사람 등의 이론간의 논쟁에서 전자, 즉 고전학파의 이론이 압도적 다수의 경우에 옳고, 사회에서 자본재고가 더 커지면 커질수록 이 다수는 점점 더 압도적이 된다는 결론을 내려야 한다.[11]

4. 토지와 자본재들

그러면 모든 요소의 단위서비스 가격은 할인한계가치생산과 동일하다. 이 점은 모든 요소에 대해 진실인데, 그 요소가 '본원적인'(토지와 노동) 것이든 또는 '생산된'(자본재들) 것이든 상관없이 말이다. 그러나 자본재 소유자들에게는 순 소득이 없다는 것을 보았는데, 왜냐하면 자본재의 가격은 자본재의 생산에 협력한 다양한 요소들의 가격을 포함하고 있기 때문이다. 그러면 본질적으로 순 소득은 오직 토지요소의 소유자들과 노동요소의 소유자들에만 생기고, 순 소득은 자본가들에게는 자본가들의 '시간'서비스에 대하여 생긴다. 그러나 가격설정원리 —할인된 MVP와 동일하게 하기―는 어떤 요소, 그것이 자본재이든 또는 어떤 다른 것이든 상관없이 적용하는 것이 여전히 사실이다.

〈그림 6-1〉로 되돌아가자. 이번에는 어떤 소비재 한 단위를 다루고 있는데, 단순화를 위하여 이 소비재는 100온스에 판매되고, 각 특정 요소의 **한 단위**가 이 소비재의 생산에 들어간다고 가정하자. 따라서 제1열(Rank 1)에서 80은 어떤 자본재 한 단위를 표시한다. 먼저 제1열을 고려하자. 자본가들1은 하나의 자본재를 80온스에, (우리가 가정하기를) 하나의 노동요소를 8온스에, 하나의 토지요소를 7온스에 구매한다. 세 요소의 공동 MVP는 100이다. 그런데도 그 셋의 총가격은 95온스이다. 5라는 나머지는 시간요소 때문에 자본가들에게 가는 **할인**이다. 그러면 할인된 MVP들의 합은 95온스이고, 이것이 세 요소의 소유자가 받았던 총합과 정확히 같다. 노동요소 서비스의 할인된 MVP는 8이었고, 토지서비스의 DMVP는 7이었으며, 자본재 서비스의 DMVP는 80이었다. 따라서 각 요소는 수령가격으로서 자신의 DMVP를 획득한다. 그러나 자본재의 경우에 무슨 일이 일어나고 있나? 자본재는 80에 판매되었지만 생산되었던 것이 틀림없고, 이 생산은 다양한 요소에 소득을 지불하기 위하여 돈을 지불한다. 그러면 자본재의 가격은 예를 들어, 다른 토지요소에 지불한 8온스, 다른 노동요소에 지불한 8온스, 한 자본재 요소에 지불한 60온스 등으로 환원된다. 이 모든 요소의 가격들과 그 결과 모든 요소의 소득은 시간을 계상하기 위하여 다시 한번 할인되고, 이 할인은 자본가들2에 의해 획득된다. 이런 요소소득들의 합은 76이고 다시 한번 각 요소서비스는 자신의 DMVP를 번다.

자본재라는 요소 각각은 항등순환경제에서 생산되어야 하고, 지속적으로 생산되어야 한다. 그렇기 때문에 자본재라는 요소는 자신의 DMVP를 획득하기는 하지만 그것을 **순**(net)으로 벌지는 않는데, 왜냐하면 그 다음에 **자본재 요소의** 소유자는 그 자본재를 생산한 요소들에 돈을 지불해야 하기 때문이다. 궁극적으로 오직 토지요소, 노동요소, 시간요소 등이 순 소득을 번다.

이런 종류의 분석은 다음과 같은 근거로 심각하게 비판받았다. 모든 것을 토지와 노동(그리고 시간!)으로 거꾸로 추적하는 이런 '오스트리안' 방법은 재미있는 역사연습이 될 수 있고, 만약 우리가 생산과 투자를 충분히 멀리 거슬러 올라가면 우리는 맨손으로 자본을 생산하기 시작했던 원시인이 사는 세계에 궁극적으로 도달할 것임은 당연하다. 그러나 이것이 우리를 둘러싼 현대의 복잡한 세계, 엄청난 자본이 이미 존재하고 그 자본으로 일을 할 수 있는 그런 세계와 무슨 관련이 있는가? 현대세계에서 자본의 도움이 없는 생산은 없고, 그 결과 오스트리안 자본분석 전체는 현대경제를 위해 가치가 없다.

역사적 분석보다는 복잡한 경제의 경제분석에 차라리 관심이 있다는 사실은 의문의 여지가 없다. 특히 행동하는 인간은 그가 가진 자원의 역사적 기원에는 관심이 없다. 그는 **미래에** 달성될 목표를 위해서 **현재에** 행동하고 있다.[12] 인간행위학적 분석은 이 점을 인식하고 미래성의 정도가 다른 (즉시로부터 멀리까지) 목적들을 충족하기 위하여 현재 행동하는 개인을 다룬다.

자본이론과 생산이론의 대가인 뵘바베르크가 발표한 이론은 생산구조에 역사적 해석을 가함으로써 혼란의 씨를 뿌렸던 것도 또한 진실이다. 이 점은 그의 '평균생산기간'(average period of production)이라는 개념에는 특히 진실인데, 그 개념은 현재에 작동하지만 시간의 시작점까지 거꾸로 뻗어있는 생산과정의 평균기간을 확립하기 위하여 시도되었다. 뵘바베르크 이론의 가장 약한 부분들 중의 하나에서, 그는 "자신의 칼로 막대기를 자르는 소년은 엄격히 말한다면 광부의 작업을 오직 계속하고 있는데, 그 광부는 몇 세기 전에는 갱도를 파기 위하여 첫 삽을 땅 속에 찔러 넣어 그 갱도로부터 칼날을 만드는 광석을 끌어올렸던 사람이다"라고 시인했다.[13] 그 다음에 그는 생산기간을 평균하고 앞선 세기의 노동이 현재의 생산물에 미친 영향은 너무 작아서(너무 멀리 있어서) 무시할 만한 것이라고 주장함으로써 생산구조의 역사적 관련성을 구제하려고 노력했다.

그러나 미제스는 거의 무한대의 높은 생산구조와 '평균생산기간'이라는 신비한 개념에 의존하는 것을 제거하기 위하여 오스트리안 생산이론을 정교화하는 데 성공했다.

미제는 주장하기를:

> 행동하는 인간은 역사학자의 눈으로 자신의 조건을 보지 않는다. 그는 현재의 상황이 어떻게 기원했던가에 대해서는 관심이 없다. 그의 유일한 관심은 미래의 불편함을 가장 가능하게 제거하기 위하여 오늘 이용가능한 수단을 최선을 다해 이용하는 것이다.…그는 자신의 의지대

로 처분할 수 있는 일정한 양의 실물생산요소들을 가지고 있다. 그는 이 요소들이 자연이 준 것인지 과거의 생산과정에서 완성된 생산물인지를 묻지 않는다. 얼마나 많은 자연이 준 생산요소, 즉 최초의 실물생산요소들과 노동이 실물생산요소를 생산하는 데 소비되었고 얼마나 많은 시간이 이 생산과정에 흡수되었는지는 그에게는 상관없다. 그는 미래의 조건을 더 만족스럽게 만들려는 시도에서 생산요소들이 그에 줄 수 있는 서비스의 관점에서만 오로지 이용가능한 수단을 평가한다. 생산기간과 편리함의 존속기간은 그에게는 미래의 행동을 계획하는 데 쓰이는 종류이고 학문적 회고의 개념은 아니다.…생산기간과 존속기간은 행위자가 다른 길이를 가진 생산기간들 중에서 선택하는 한에서는 어떤 역할을 한다.…

(뵘바베르크)는…생산기간이 인간행위학적 범주라는 사실과 생산기간이 행동에서 하는 역할은 행동하는 인간이 다른 길이의 생산기간들 중에서 하는 선택에 전적으로 달려있다는 사실을 완전히 이해하지 못했다. 오늘 이용가능한 자본재들의 생산을 위해 과거에 소비했던 시간의 길이는 전혀 계산되지 않는다.[14]

그러나 만약 과거가 고려되지 않는다면, 어떻게 우리가 생산구조분석을 이용할 수 있는가? 만약 생산구조가 시간적으로 거의 무한정하게 뒤로 돌아가야만 할 것이라면 어떻게 생산구조를 항등순환경제에 적용할 수 있는가? 만약 우리의 접근법을 현재에 기초를 둔다면 생산구조분석을 폐기한 나이티언(*Knightians*)을 따를 수 없지 않을까?

특정한 논쟁점이 토지와 자본재들을 구분하는 분계선이다. 수세기를 거슬러 생산기간을 추적하자는 아이디어를 비웃는 나이티언들은 **토지**개념을 전적으로 폐기하고 토지를 단지 자본재들의 일부로 간주한다. 물론 이런 변화는 생산이론을 전적으로 변경한다. 예를 들어, 오늘날의 토지는 그 토지와 '혼합된' 다양하고 많은 양의 과거의 노동으로 이루어진다는 사실을 나이티언은 정확히 지적한다. 운하가 파졌고, 숲이 정리되었으며, 토양이 기본적으로 개선되었다는 등이다. 나이티언은 실제로 어떤 것도 더 이상 순수한 '토지'가 아니고, 그 결과 토지개념은 공허한 것이 되었다고 주장한다.

그러나 미제스가 보여주었던 것처럼 뵘바베르크의 이론을 수정할 수 있고, 토지와 자본재들 간의 주요한 구분을 여전히 유지할 수 있다. 나이티언이 한 것처럼, 토지라는 갓난아이를 평균생산기간이라는 목욕물에 던지지 말아야 한다. 그 대신에 '토지'라는 개념을 다시 공식화해야 한다. 단지 이 시점까지 토지는 최초의 자연이 준 요소들이라고 가정했다. 이제 과거보다는 차라리 현재와 미래에 초점을 맞춤으로써 이 가정을 수정해야 한다. 한 조각의 토지가 '최초의' 순수한 토지인가 아닌가 하는 것은 사실 경제적으로는 대수롭지 않은데, 토지에 가해진 변경이 무엇이든지 그것이 영원한 한, 또는 차라리 이런 변경이 재생산되거나 대체될 필요가 없는 한에서는 말이다.[15] 운하로 물을 댔던 토지 또는 숲을 베어 넘김으로써 개조되었던 토지는 현재에는 영원히 **주어진** 것이다. 그 토지는 현재에 주어진, 생산과정에서 닳아 없어지지 않는, 교체될 필요가 없는 것이기 때문에, 그 토지는 우리의 정의하에서는 하나의 **토지**요소가 된다. 항등순환경제에서 이 요소는 추가적 투자 없이 무제한으로 자연적 힘을 계속해서 발휘할 것이다. 그러므로 그것이 우리의 분석에서 **토지**이다. 일단 이런 일이 일어나고 영원한 개조와 영원하지 않은 개조를 구분하면, 생산구조는 더 이상 무한정하게 시간을 거꾸로 연장하지 않고 상대적으로 짧은 기간 이내로 가까이 다가온다.[16] 자본재들은 생산과정에서 지속적으로 닳아 없어지는 것이고, 노동요소들과 토지요소들이 자본재들을 교체하기 위하여 작업해야 하는 것이다. 우리가 물리적으로 닳아 없어지는 것과 교체를 검토할 때, 만약 유지와 교체를 행하지 않았다고 가정하면 전체 자본재 구조가 붕괴하는 데 오랜 시간이 걸리지 않을 것이 분명하고, 이 점은 심지어 현대의 고도자본주의 경제에도 진실이다. 물론 '자본주의'의 발달 정도가 고도화되면 될수록, 생산단계가 많아지면 많아질수록, 모든 자본재들이 닳아 없어지는 기간은 점점 더 길어질 것이다.[17]

우리가 다루는 '영원함'은 물론 재화의 **실물적** 영원함을 지칭하지 재화가치의 영원함을 지칭하지 않는다. **후자, 즉 재화가치의 영원함은 소비자의 바뀌기 쉬운 욕구에 의존하고 영원하다고 결코 부를 수 없다**. 예를 들어, 포도밭과 같은 것에 어울리는 유일무이하고 영원한 토지요소가 있을 수 있다. 그것이 **토지**이고, 그 결과 영원히 그렇게 남는다. 만약 언젠가 소비자가 완전히 포도주에 대한 맛을 잃고 토지가 무가치해져서 더 이상 사용되지 않는다고 해도 **여전히** 영원한 요소이고 토지인데, 비록 지금은 그 토지가 한계 이하이지만 말이다. '영원함'이란 인간행위의 현재의 고려사항과 관련이 있음을 지적해두어야 한다. 한 조각의 토지는 유지의 필요성 없이도 영원한 한계(실물)생산을 줄 수 있을지도 모르고, 갑자기 화산이 폭발하고 그 지역을 허리케인이 할퀴고 지나가서 영원함이 파괴될 수도 있다. 그러나 그런 이해할 수 있는 자연적 사건은 인간행위와 **사전적으로** 관련되지 않고, 그 결과 행위라는 관점에서 이 토지는 자연적 변화가 발생할 때까지 '영원한' 것으로 정당하게 간주된다.[18,19]

그러면 이 책의 전역에 사용되는 '토지'라는 개념은 토지에 대한 대중적 개념과는 전적으로 다르다. 이 절에서는 전자를 **경제토지**, 후자를 **지리적 토지**(geographic land)라고 부름으로써 둘을 구분하기로 하자. 경제적 개념은 자연이 준 가치의 **모든** 원천을 포함한다. 일반적으로 자연자원으로 알려진 것으로 토지, 물, 공기 등인데, 그것들이 자유재가 아닌 한에서는 말이다. 다른 한편, 일반적으로 '토지'로 간주되는 것의 가치의 대부분—즉, 노동을 사용하여 유지되어야 하는 바로 그 부분—은 진정한 하나의 자본재이다.

농업용 토지가 지리적 토지의 예라는 점은 그 토지를 영원히 생산적인 것으로 생각하기 쉬운 독자를 놀라게 할지도 모른다. 이것은 완전히 틀린 것이다. 흙을 사용 또는 미사용하여 흙의 부식과 더 낮은 MPP를 초래하는 것과 비교한다면, (지리적) 토지의 한계실물생산성은 흙을 유지하고 개선하는 데 바치는 노동의 양에 따라 크게 변동한다. 기초적 흙(그리고 여기에서 우리는 만약 유지가 중단되었다고 가정하면 현재 남아 있었을 흙을 지칭하고 있고, 경작하기 전 먼 과거에 있었던 것으로서의 흙을 지칭하지는 **않는다**)은 토지요소이고, 반면에 최종생산물—농업용 토지로 널리 알려진 것—은 통상적으로 이 토지요소를 포함하는 하나의 자본재이다.

그리고 벤 시클(Van Sickle)과 록게(Rogge)는 흙에 대하여 다음과 같이 말한다.

> 곡식, 채소, 풀, 나무 등이 자신의 거의 전체 영양을 취하는 곳인 표피로부터 위쪽 12인치에서 18인치 사이의 토지는 매우 파괴되기 쉽다. 만약 표피층을 사용하기 위해 엄청난 보살핌이 없다면 비교적 수년 이내에 식물이 도달할 수 없게 표피층은 씻겨내려 가거나 날라 가버릴 수 있고(부식되는), 또는 흙의 유기물과 광물은 분해되고 소모될 수 있다. 표피는 주의 깊은 경작으로 또한 재건될 수 있다. 그러므로 모든 흙에 대하여…흙을 유지하는 것은 저축을 필요로 한다고 말할 수 있다.[20]

토지의 불멸성은 이른바 '도시토지'(urban land)에 훨씬 더 명확하게 예시된다. 왜냐하면 도시지역의 토지(그리고 이 토지는 교외의 토지, 공장용 토지 등을 포함한다)는 토지의 가장 근본적인 불멸하는 특징 중의 하나를 분명히 명시하기 때문이다. 즉, **토지의 물질적 공간**—도시토지가 점하는 지구표면의 일부. 왜냐하면 지구표면 위의 각 부분의 지리적 토지의 지리적 위치가 고정되어 있는 것처럼 지구의 표면영역은 예외를 제외하고는 영원히 고정되어 있기 때문이다. 지리적 토지의 이렇게 영구히 고정된, 영원한 **위치적** 특징은 토지의 **장소적**(site) 특성이라고 부르거나, 미제스가 적절히 지적하듯이 그것은 "서있는 공간으로서의 토지"다. 지리적 토지는 영원하고 재생산가능하지 않기 때문에 경제적 토지의 범주에 매우 분명히 속한다. 다시 한번 말하지만 영원함이란 토지의 물리적이며 장소적인 특징을 나타낸다. 토지의 위치적 **가치**는 물론 언제나 변하기 쉽다.[21] 맨해튼의 상업지역과 주택지역의 중간지구는 그것이 1600년대에 있었던 곳과 똑같은 위치—동일한 지리적 위치—에 지금도 있는데, 비록 그 지구에 매기는 화폐가치는 변경되었어도 말이다.

현재 사용되지 않는 한 조각의 토지가 다양한 농업적 목적 또는 도시적 목적을 위하여 사용될 수 있다고 가정하자. 그 경우에, 선택은 교체할 수 없는 경제적 토지로서의 선택적 가치에 따라 이루어질 것이다. 즉, 그 기본토양을 비옥하게 만든 결과로서 할인된 MVP와 도시용지로서 할인된 MVP 간의 선택. 그리고 만약 **지금** 농업에 사용되고 있고 그 목적을 위해서 유지되는 토지가 농업에 그대로 사용되도록 할 것인지 건물을 짓기 위한 용지로 사용되도록 할 것인지를 결정해야만 한다면 선택의 원리들은 동일하다. 농업용 토지 또는 도시용 토지의 한계가치수익은 그 토지의 소유자—'지주'—가 자본으로 하는 유지와 개선에 대한 이자수익과 기본적인 경제적 토지에 대한 할인된 한계가치수익으로 분해된다.

이 책에서의 '기초토지'[또는 '대지토지'(ground land)]는 농업의 경우에는 **유지관리를 하지 않는 토양**을 표시하거나 도시토지의 경우에는 **감가상각하는 상부구조가 없는 순수 용지**를 표시한다. 그러므로 기초토지는 그것이 토양이든 용지이든 상관없이 그 소유자가 토지의 DMVP와 동일한 최종적 단위가격 또는 임대차료를 번다. 이 기초토지에 작업하여 노동과 투자가 완성된 자본재를 만들어낸다. 모든 자본재처럼 이런 자본재도 그 자본재의 DMVP와 동일한 단위임대차료를 또한 번다. 그러나 이 소득은 기초토지에 대한 임대차료와 투자된 자본에 대한 이자수익(물론 기초토지에 작업한 노동에 대한 수익으로서, 즉 기초토지의 DMVP와 동일해지는 것으로서 노동의 임금 또는 '임대차료-가격'과 함께)으로 분해(그리고 이런 분해는 역사적 연습으로서가 아니라 **현재**의 시장에 그렇게 관련된 것으로서)된다. 이런 자본재 토지를 우리는 '지리적 토지', '유행하는 의미의 토지', '최종적 토지', '완성된 토지'라고 다양하게 불렀다. 다른 한편, 단순히 '토지'라고 말할 때는 진정한 경제적 토지—현재 자연이 준 요소—를 언제나 지칭할 것이다.

5. 자본화와 임대차료

'임대차료'라는 주제는 경제문헌 전체에서 가장 혼란한 주제 중의 하나이다. 그러므로 우리는 위에서 설명한 임대차료의 의미를 반복해야 한다. 우리는 '임대차료'를 **어떤 재화의 서비스의 단위가격을 의미하는 것으로** 사용하고 있다. 임대차료의 개념을 오직 토지에만 적용하는 어떤 선입관도 버리는 것이 중요하다. 아마도 최선의 안내는 '임대를 놓다'라는 잘 알려진 관습을 기억하는 것이다. 그러면 임대차는 **고용**과 동일한 종류의 것이다. 임대차는 어떤 재화의 **단위서비스**의 판매와 구매이다.[22] 그러므로 임대차료를 토지나 어떤 다른 요소에 적용하는 것처럼 노동서비스의 가격('임금'으로 불리는)에도 잘 적용한다. 임대차 개념은 모든 재화에 적용하는데, 그 재화가 내구재이든 비내구재이든 상관없이 말이다. 처음 사용할 때 완전하게 사라지는 비내구재의 경우에는 그 재화의 서비스 '단위'는 크기에서 '전체' 재화 그 자체와 단지 동일하다. 물론 내구재의 경우에 임대차 개념은 더 재미있는데, 왜냐하면 단위서비스의 가격은 '통째로서의 재화'(good as a whole)의 가격과 구분가능하기 때문이다. 이 책에서 지금까지는 어떤 내구 생산재도 결코 전적으로 구매되지 않는 것, 내구생산재의 오직 **단위서비스**만이 시장에서 교환된다고 가정했다. 그러므로 가격설정에 대한 모든 토론은 임대차료 가격설정(rental pricing)을 다루었다. **임대차료가 근본적 가격임**은 명백하다. 한계효용분석은 인간은 재화를 **단위**별로 평가하지 통째로서 평가하지는 않는다는 것을 우리에게 가르쳤다. 그러면 **단위가격**(또는 '임대차료')은 시장에서의 근본적 가격이다.

제4장에서 내구소비재의 임대차료 가격설정과 '통째로서 재화의 가격'을 분석했다. 생산재들의 경우에도 원리는 정확히 동일하다. 단위서비스의 임대차료 가치가 기본적인 것이고, 시장에서 개별 가치척도들에 의해 궁극적으로 정해지는 것이다. '통째로의 재화'의 가격, 또한 **그 재화의 자본가치**로 알려져 있는 것은 예상되는 미래임대차료의 합을 제4장에서는 모호하게 시간선호요인이라고 불렀던 것, 즉 지금은 **이자율**이라고 알고 있는 것으로 할인한 것과 동일하다. 그러면 재화의 자본가치 또는 통째로서 재화의 가격은 그 재화의 임대차료 가격, 그 재화의 물적 내구성, 이자율 등에 전적으로 의존한다.[23] 분명히, 어떤 재화의 '자본가치'라는 개념은 오직 그 재화가 내구적이고 사용이 즉각적으로 사라지지 않을 때만 의미를 가진다. 만약 그 재화가 사라진다고 가정하면, 통째로서 그 재화의 독립된 가치평가 없이 오직 순 임대차료만 있을 것이다. 우리가 '통째로서의 재화'라는 용어를 사용할 때는 경제 내의 그 재화의 총공급을 언급하고 있지 않다. 우리는 예를 들어, 어떤 종류의 주택 총공급이 아니라 일정기간 동안에 임대차될 수 있는 한 채의 집을 말하고 있다. 우리는 **통째로서 재화의 단위**를 다루고 있고, 내구적인 이 단위는 일정기간 동안에 임대차될 수 있는 재화를 구성하는 단위서비스보다 필연적으로 크다.

'자본가치', 즉 '통째로서의 재화'의 가격결정원리는 자본화 또는 임대차료의 자본화하기라고 알려진 것이다. 이 원리는 단지 자본재만 아니라 **모든** 재화에 적용되고, 용어의 유사함에 현혹되어서는 안 된다. 예를 들어, 자본화는 주택, 텔레비전 수상기 등과 같은 내구소비재에 적용한다. 자본화는 기본토지를 포함해서 모든 생산요소에 적용한다. 한 생산요소의 임대차 가격 또는 임대차료는 그 요소의 할인된 한계가치생산과 동일한 것을 보았다. **'통째로서 한 요소'의 자본가치는 그 요소의 미래임대차료의 합 또는 그 요소의 DMVP들의 합과 동일하다.**[24] 이 자본가치는 전체 재화가 시장에서 교환되는 경우에 그 재화의 가치일 것이다. 한 채의 주택, 한 대의 피아노, 한 대의 기계, 1에이커의 토지 등과 같은 '전체 재화' 한 단위가 시장에서 판매되는 것이야말로 이런 자본가치에서이다. 만약 '통째로서의 재화'에 대한 시장 또는 가격이 없다면 자본화는 명백히 의미가 없다. 자본가치는 임대차료, 내구성, 이자율 등에 기초하여 시장에서 결정되는 평가된 가치이다.

자본화 과정은 통째로의 재화의 한 단위뿐 아니라 많은 단위도 포함할 수 있다. 제4장 7절의 예를 고려하고, 주택뿐 아니라 모든 내구생산재에 적용할 수 있도록 그 예제를 일반화하자. 그 재화는 10년간 사용할 수 있는 재화이다. (소비재에 대한 소비자 효용에 의해 결정되거나 생산재에 대한 MVP들에 의해 결정되는 것으로)예상되는 미래임대차료는 연간 금 10온스이다. 이자율은 연 10%이다. 이 재화의 현재 자본가치는 금 59.4온스이다. 그러나 이 '통째로서의 재화' 자체는 더 많은 공급의 한 단위이다. 즉, 많은 주택, 기계, 플랜트들 중의 하나. 여하튼, 어떤 재화의 모든 단위는 동일한 가치를 가지기 때문에 두 채의 그런 주택 또는 두 대의 그런 기계 등의 자본가치는 다 함께 합쳐져서 한 채 또는 한 대 금액의 정확히 두 배 또는 118.8온스와 동일하다. 우리는 임대차료 또는 DMVP들을 화폐조건으로 더하고 있기 때문에 더 큰 총량의 내구재 가치를 결정하기 위하여 임대차료 또는 DMVP들을 더하는 것을 계속할 수 있다. 사실 자본가치를 더함에 있어 **우리는 동일한 재화에 국한할 필요는 없다**. 우리가 해야 할 필요가 있는 전부는 우리가 평가하는 데 관심이 있는 내구재는 얼마의 묶음이라도 자본가치를 더하는 것이다. 예를 들어, 하나의 기업, 존스건축회사가 시장에서 모든 자산을 판매하기 원한다고 가정하자. 필연적으로 내구재인 이런 자산은 다음과 같은 것으로 이루어진다.

- 세 대의 기계. 기계 한 대는(DMVP들의 합에 기초하여) 10온스의 자본가치를 가진다. 그 결과 총 자본가치는 30**온스**이다.
- 한 채의 건물, 자본가치가 40**온스**이다.
- 4에이커(원문은 5에이커이나 오타로 보임—역주)의 토지. 1에이커는 10온스의 자본가치를 가진다. 총자본가치는 40**온스**이다.
- 위 자산의 총자본가치는 110**온스**이다.

그러나 자본가치를 더함에 있어 이 가치들이 시장가격이나 잠재적 시장가격으로 표현되는 한에서만 오직 관련된다는 것을 언제나 기억해야 한다. 많은 저자가 이와 유사한 방법으로 한 국가의 전체 자본가치 또는 세계의 전체 자본가치를 더할 수 있고, 그리하여 의미 있는 통계에 도달할 수 있다고 가정하는 함정에 빠졌다. 그러나 국가자본(National Capital) 또는 전 세계 자본(World Capital) 계측치는 전적으로 무의미하다. 전 세계 또는 국가는 시장에서 모든 자본을 팔 수 없다. 그 결과 그런 통계적 연습은 무의미하다. 그 통계는 자본화의 바로 그 목적에 의존함이 없이 존재한다. 즉, 잠재적 시장가격의 정확한 측정.

우리가 지적했듯이 자본화는 **모든** 생산요소 또는 생산요소를 체현한 전체 재화시장에 있는 모든 요소들에 적용한다. 이런 시장을 **자본시장**(capital market)이라고 부른다. 그 시장은 내구생산재의 전체 소유권 또는 부분소유권을 교환하는 시장이다. 자본재들의 경우를 보자. 한 자본재의 임대차료는 그 자본재의 DMVP와 같다. 그 자본재의 자본화된 가치는 미래 DMVP들의 합계이거나 미래 MVP들의 할인된 합계이다. 이것이 그 재화의 **현재**가치이고, 이것이 그 재화가 자본시장에서 판매되는 가치이다.

자본화 과정은 경제에서 매우 중요한 것인데, 왜냐하면 그 과정이 경제의 모든 부문에 퍼져있고, 그 과정은 다른 종류의 자산—어떤 기업의 총자본자산과 같은 그런 것—을 포함할 정도로 충분히 유연하기 때문이다. 그 기업자본의 소유권의 일부 몫의 가격은 자산의 총자본가치의 비례로 결정될 것이다. 이렇게 하여 **MVP들, 내구성, 이자율** 등이 주어지면 자본시장의 모든 가격은 결정되고, 이 모든 가격은 항등순환경제에서의 가격이 될 것이다. 이것이 개별 자본재들(기계, 건물 등)의 가격이 시장에서 결정되는 방법이고, 이것이 재화의 가치가 합해져서 유사한 자본자산 한 묶음의 가격과 유사하지 않은 자본자산 한 묶음의 가격을 결정하는 방법이다. 주식시장의 주식가격은 그 주식이 그 기업 총자산의 자본화된 가치를 품는 비율에 따라 결정될 것이다.

시장에서 '통째로서의 재화'로서 매매될 수 있는 모든 요소는 자본화된다고 주장했다. 여기에는 자본재, 대지토지, 내구소비재 등이 포함된다. 자본재들과 내구소비재들은 자본화될 수 있고 자본화된다는 것이 명백하다. 그러나 대지토지는 어떤가? 어떻게 이 토지가 자본화되는가?

요소들의 궁극적 소득은 노동의 소유자들, 대지토지의 소유자들에게 가고, 이자로서 자본가들에게 간다는 것을 위에서 자세히 보았다. 만약 토지가 자본화될 수 있다면, 이것은 토지와 자본재들이 결국 '실제로 동일한 것'이라는 것을 의미하지 않는가? 이 질문에 대한 대답은, "아니오" 이다.[25] 노동소득처럼 기본토지요소들의 소득이 궁극적이고 환원할 수 없는 것이지만, 반면에 자본재들은 끊임없이 생산되고, 재생산되며, 그 결과 자본재들의 소득은 언제나 대지용 토지, 노동, 시간의 소득으로 환원되는 것은 여전히 단호한 진실이다.

기본토지는 하나의 단순한 이유로 자본화될 수 있다. 그것이 시장에서 '통째로서' 구매되고 판매될 수 있기 때문이다(이 일은 노동에 대해서는 일어날 수 없는데, 예외적으로 노예제도하에서는 그 일이 가능하지만 노예제도는 순수 자유시장에서는 물론 일어날 수 없다). 토지의 자본화가 일어날 수 있고 일어나고 있기 때문에 기본토지의 거래에서 가격들은 어떻게 결정되는가 하는 문제가 발생한다. 이 가격들은 대지토지의 자본가치이다.

자본재들과 비교하여 토지의 주요 특징은 토지에서 발생하는 일련의 미래임대차료가 일반적으로 **무한정하다**는 것인데, 왜냐하면 그 토지가 기초토양(basic soil)이든 또는 용지(site)이든 상관없이 그 토지는 물적으로 파괴될 수 없기 때문이다. 항등순환 경제에서 일련의 미래임대차료는 물론 언제나 동일할 것이다. 그런데 어떤 토지라도 언제나 구매되고 판매된다는 바로 그 사실은 시간선호의 보편성을 입증하는 것이다. 만약 현재시점에 시간선호가 없다고 가정하면 무한히 연속되는 미래임대차료는 결코 자본화될 수 없을 것이다. 한 조각의 땅은 무한대의 현재가격을 가져야 할 것이고, 그 결과 결코 판매될 수 없을 것이다. 토지가격이 **존재한다**는 사실은 언제나 시간선호가 있고 미래임대차료가 현재가치로 환원되기 위하여 할인된다는 것을 의미한다.

어떤 다른 재화의 경우에서처럼 토지의 자본가치는 할인된 미래임대차료의 합과 동일하다. 예를 들어, 만약 일정한 임대차료를 영원히 획득할 수 있다면 그 자산의 자본가치는 연간 임대차료를 이자율로 나눈 것과 동일하다는 것을 수학적으로 입증할 수 있다.[26] 이제 그런 토지에 대해서 투자자는 연간 시장이자율을 획득하는 것이 분명하다. 다시 말하면, 만약 연간 임대차료가 20이고 이자율이 5%이면 그 자산은 20/0.05 또는 천에 판매될 것이다. 천에 그 자산을 구매한 투자자는 그 자산으로부터 연간 20온스 또는 5%의 시장이자율을 벌 것이다.

그러면 대지토지는 자본재들, 자본을 소유하는 기업의 주식들, 내구소비재들 등과 똑같이 '자본화'된다. 이런 자산의 소유자 모두는 동일한 이자수익률을 얻는 경향이 있을 것이고, 항등순환경제에서 그들 모두는 동일한 수익률을 얻게 될 것이다. 요컨대, 모든 소유된 자산은 자본화될 것이다. 물론 항등순환경제에서 모든 자산의 자본가치는 일정할 것이다. 모든 자산의 자본가치는 그 자산의 단위 임대차료인 MVP들의 할인된 합과 또한 동일할 것이다.

위에서 토지와 자본재들 간의 기본적 구분은 토지의 소유자는 현재화폐를 위하여 미래재를 판매하지만 자본재들의 소유자는 현재화폐를 **선불하고** 미래재를 구매하며, 나중에 자신의 생산물을 덜 먼 미래에 판매한다는 것을 보았다. 이 점은 여전히 진실이다. 그러나 그러면 우리는 다음과 같은 질문을 던져야 한다. 어떻게 토지소유자는 이 토지를 소유하게 되는가? 그 대답은 (그나 그의 선조가 미사용의 토지를 발견하여 사용하는 것을 제외하면) 그가 어떤 이로부터 토지를 구매했어야 한다는 것이다. 그런데 만약 그가 항등순환경제에서 그렇게 했다고 가정하면 그는 **토지의 자본화된 가치에** 그 토지를 구매했을 것이 틀림없다. 만약 그가 일정한 토지를 천 온스의 가격에 구매해서 연간 임대차료로 20온스를 받는다면, 그는 **오직 이자만**을 번다. 그는 생산과정에서 미래재(토지서비스)를 판매하지만 **그도 역시 처음에는 돈을 주고 통째로서의 토지를 구매했다**. 그러므로 그도 역시 이자를 버는 한 사람의 자본가-투자자이다.

그러므로 '순 임대차료'(*pure rent*), 즉 이전의 투자에 대한 단순한 수익이 **아니고** 그 결과 자본화되지 않는 임대차료는 미사용 토지를 자신이 **발견했던** 사람(또는 그 발견자로부터 토지를 상속받은 자)에 의해서만 획득되는 것처럼 **보인다**. 그러나 심지어 **그런 사람도** 순 임대차료를 벌지 않는다. 어떤 사람이 주인이 없고 가치가 영인 토지를 발견하고, 그 다음에 그 토지가 연간 20온스의 영구임대차료를 지금 산출할 수 있을 때까지 울타리를 치는 등의 일을 한다고 가정하자. **그가** 어떤 이로부터 자본화된 토지를 구매하지 않았기 때문에 순 임대차료를 얻는다고 말할 수는 없는가? 그러나 이것은 경제생활의 가장 중요한 특징들 중의 하나를 간과한 것이다. 즉, **암묵적 소득**. 비록 이 사람이 그 토지를 구매하지 않았더라도 그 토지는 **지금** 어떤 자본가치, 시장에서 그 토지가 **획득할 수 있었던** 가치를 가지고 있다. 예를 들어, 이 자본가치가 천이라고 하자. 그러므로 그 사람은 어느 때라도 그 토지를 천에 판매할 수 있을 것이다. **그 토지를 소유하고 그 서비스를 임대하기 위해 그가 포기한 기회비용은 천 온스에 그 토지를 판매하는 것이다.** 그가 연간 20온스를 버는 것은 사실이지만, 이 일은 오직 통째로서의 토지를 천 온스에 판매하지 않는 희생을 대가로 한다. 그러므로 그의 토지는 시장에서 구매했던 토지와 정말로 같은 정도로 자본화된다.

그러므로 임금이라는 형태로 받는 것을 제외하고 **누구도** 순 임대차료를 받지 않는다는 것과 생산적 항등순환경제에서 **유일한** 소득은 **임금**(노동요소들에 대한 가격과 소득에 대한 용어)과 **이자**라는 결론을 내려야 한다. 그러나 토지와 자본재들은 여전히 결정적 차이가 있다. 왜냐하면 근본적이고 분해할 수 없는 요소는 **토지의 자본가치**라는 것을 알기 때문이다. 자본재들의 자본가치는 임금과 토지의 자본가치로 여전히 분해된다. **변화하는** 경제에서 소득의 다른 원천이 있다. 즉, **대지토지의 자본가치의 증가**. 대표적인 경우가 미사용의 토지를 발견해서 그 다음에 그 서비스를 판매했던 사람이었다. 최초에는 토지의 자본가치는 영이었다. 그 토지는 가치가 없었다. 이제 그 토지는 임대차료를 획득하기 때문에 금전적 가치가 생겨났다. 그 결과, 자본가치는 천 온스로 올랐다. 그의 소득 또는 이득은 자본가치의 천 온스 **상승**으로 이루어졌다. 이런 일은 물론 항등순환경제에서 일어날 수는 없다. 항등순환경제에서 모든 자본가치는 일정한 것이 틀림없다. 여기에서는 화폐이득의 원천은 토지의 자본가치의 상승, 토지로부터 예상되는 임대차료 수익의 증가로부터 발생한 상승이라는 것을 이해한다.[27] 자본가치가 0에서 천으로 변하고 난 뒤에 만약 경제가 항등순환경제가 되면, 이 소득은 연속적이고 되풀이되는 항목이라기보다는 차라리 '일회성'의 사건이다. 그 토지의 자본가치는 0에서 천으로 올랐고, 그 소유자는 언제라도 이 소득을 수확할 수 있다. 그러나 이런 소득을 일단 한번 수확하고 나면 그것은 결코 두 번 다시 획득되지 않는다. 만약 그가 그 토지를 천에 판매하면 그 토지의 다음 구매자는 자본가치의 상승으로부터 생긴 이득을 벌지 않는다. 그는 오직 시장이자를 받는다. 오직 이자와 임금만이 계속해서 발생한다. 항등순환경제가 계속되는 한 자본가치에서 추가적 이득이나 손실은 없을 것이다.[28]

6. 자연자원의 고갈

토지요소들의 토론에서 한 가지 종류는 지금까지 의도적으로 생략했다. 처음에는 토지를 **자연이 준 본원적 생산요소**로 정의했다. 그 다음에 인간의 손에 의해 개선되었지만, 지금은 영원히 주어진 **토지**로서 간주되어야 한다고 말했다. 그러면 토지는 캐털랙틱스적으로 영원하고 재생불가능한 자원이 되었지만, 자본은 영원하지 않고, 그 결과 교체하기 위하여 다시 생산되어야 하는 것이다. 그러나 교체할 수 없지만 영원하지도 않는 동광산 또는 다이아몬드광산과 같이 고갈되는 자연자원이 있다. 여기에서 그런 요소는 확정적으로 최초이자 자연이 준 것이다. 그런 요소는 인간에 의해 생산될 수는 없다. 다른 한편, 자연자원은 영원한 것이 아니라 **고갈**되는 것인데, 왜냐하면 그 자원의 어떤 사용도 미래에 사용할 절대적 양을 적게 만들기 때문이다. 자연자원은 최초이지만 영원하지는 않다. 자연자원을 토지로 분류할 것인가 또는 자본재로 분류할 것인가?

분류과정의 결정적 테스트는 다음과 같이 묻는 것이다. 즉, 그 재화를 재생산하기 위하여 노동요소들과 토지요소들이 작업해야 하는가? 영원한 요소들의 경우에는 반드시 그렇지 않은데, 왜냐하면 영원한 요소들은 닳아 없어지지 않기 때문이다. 그러나 자연자원의 경우에는 또한 부정적으로 대답해야 하는데, 왜냐하면 자연자원은 고갈되어 비록 영원하지 않지만, 인간에 의해 재생산될 **수 없기** 때문이다. 그러므로 자연자원은 '토지' 범주하의 특수 부분으로 하기에 이른다.[29]

하이에크 교수의 표로부터 개작한〈표 7-3〉은 다양한 자원을 토지 또는 자본재로 분류한 것을 보여준다.[30]

〈표 7-3〉 다양한 자원의 분류

자 원 들	영구적	비영구적(소모품)
최초 자원(생산불가능)	토지	토지
생산된 자원(생산가능)	토지	자본재들

하이에크는 자본재를 분류하기 위한 기준으로 **재생산가능성**(reproducibility)을 비판한다. 그는 단언하기를, "관련된 요점은…어떤 현존 자원이 그 자원과 어떤 과학기술적 의미에서 유사한 다른 것에 의해 교체될 수 있는가 하는 것이 아니라, 만약 소

득흐름이 감소하지 않으려면 그 자원이 유사성과 상관없이 어떤 것에 의하여 교체되어야 한다는 것이다."[31] 그러나 이런 주장은 **가치**와 **실물적** 중요성을 혼동한 것이다. 우리는 여기에서 **실물**재화를 분류하려고 시도하는 것이지 끊임없이 변동할 예정인 재화의 가능한 가치를 토론하고자 노력하는 것이 아니다. 요점은 고갈되는 자원을 교체할 **수 없다**는 것인데, 소유자가 상당히 교체하고 싶어함에도 불구하고 말이다. 그러므로 그 자원들은 **순 임대차료**를 번다. 하이에크는 만약 새로운 하천이 빗물을 받아서 만들어질 수 있다면, 그 하천이 '토지'인지에 대해 의문을 제기한다. 여기에서 다시 한번 하이에크는 쟁점을 물질적인 구체적 재화를 분류하는 대신에 '일정한 소득흐름'을 유지하는 것으로서 잘못 이해한다. 하천은 토지인데, 왜냐하면 실물적으로 교체될 **필요가** 없기 때문이다. 하이에크의 비판이 칼도(Kaldor)의 정의에 대해 유효한 것은 명백하다. 칼도는 자본을 재생산가능한 자원으로 정의했는데, 그 자본을 생산하기 위하여 **경제적으로는** 이윤이 생길 수 있는 것이다. 그 경우에, 쓸모없는 기계는 더 이상 자본재는 아닐 것이다(그 자본이 '토지'일 것인가?). 정의는 **실물적으로** 재생산가능한 자원이어야 한다. 그러면 인공과일 등을 기를 가능성은 모든 토지를 '자본'으로 만들 것이라는 하이에크의 비판은 다시 한번 문제를 잘못 인식한 것이었는데, 그때의 문제란 대리자를 재생산할 수 있는 **실물적 필요성**과 **가능성** 중의 하나이다. 기초토지—토지의 과실이 **아니라**—는 재생산이 필요 없기 때문에 자본재 범주에서 제외된다.

자연자원이 재생산될 수 **없다**는 사실은 자연자원이 **순 임대차료**를 번다는 점과 그 임대차료가 자연자원의 생산에 들어가는 토지요소들과 노동요소들에 흡수되지 않는다는 점을 의미한다. 물론 순 임대차료로부터 자연자원은 자원의 소유자를 위하여 사회의 통상적 이자율을 벌고, 이자소득은 자연자원의 자본가치와 관련되어 있다. 자연자원의 자본가치 상승은 자원소유자 자신에게 궁극적으로 가고 다른 토지요소들과 노동요소들의 이득으로 흡수되지 않는다.

고갈될 수밖에 없는 자원을 자본화하는 것은 문제가 없는데, 왜냐하면 자본화는 한정적인 일련의 미래임대차 소득 또는 무한정적인 일련의 미래임대차소득을 위해서 일어날 수 있기 때문이라는 것을 보았다.

그러나 고갈될 수밖에 없는 자원의 분석에도 스며들어 있고, 그 자원을 모든 다른 종류의 재화와 구분해 주는 하나의 두드러진 문제가 있다. 그것은 항등순환경제에서 그런 자원은 사용될 수 **없다**는 사실이다. 왜냐하면 항등순환경제의 기초는 모든 경제적 수량이 끝없는 순환에서 무한정으로 계속되기 때문이다. 그러나 이런 일은 고갈될 수밖에 없는 자원의 경우에는 일어날 수 없는데, 왜냐하면 그 자원이 사용될 때마다 경제 내의 그 재화의 총재고는 감소하기 때문이다. 그러면 다음 순간의 상황은 이전과 동일할 수는 없다. 이것이 항등순환경제가 분석에서 보조적 구조물이 아니라 자유경제가 흉내내도록 강제되어야 하는 이상(*ideal*)의 일종으로 사용될 때마다 마주치는 극복할 수 없는 어려움을 보여주는 오직 하나의 예제이다.

시장에는 재화의 어떤 다른 재고에 대한 투기적 유보수요가 있는 것과 똑같이 고갈될 수 있는 자원에 대한 유보수요가 있을 수 있다. 그러나 이런 투기가 단지 사악한 것은 아니다. 투기는 확실한 기능이 있는데, 즉 그 기능이란 희소한 고갈가능한 자원을 그 자원에 대한 소비자의 수요가 가장 클 때인 **바로 그 시간에** 바로 그런 용도에 배분하는 것이다. 미래의 어떤 날에 자원이 사용되기를 기다리는 투기자는 소비자가 현재보다 더 수요하는 어떤 때에 자원사용을 이동시킴으로써 소비자에게 이득을 준다. 대지토지의 경우처럼 영원한 자원은 첫 발견자와 첫 사용자에게 속하고, 종종 이 자원의 초기 자본이득의 일부는 그 자원발견사업에 최초로 투자했던 자본에 주는 이자로 흡수된다. 그런 흡수는 일어날 수 있는데, 새로운 자원의 발견이 정규적이고 지속적인 영업인 한에서만 말이다. 그러나 정의상 항등순환경제에서는 존재할 수 없는 이 영업은 결코 완전하게 정규화될 수는 없다.

석탄, 기름 등과 같은 광물질은 분명히 고갈될 수 있는 자원의 가장 중요한 예이다. 숲과 같은 그런 자연자원에 대해서는 무엇을 말할 수 있는가? 자연과정에 의해 양육됨에도 불구하고 숲은 인간에 의해 '생산될' 수 있는데, 만약 더 많은 나무 등을 유지하고 양육하기 위하여 수단들이 취해진다면 말이다. 그러므로 숲은 고갈될 수 있는 자원이라기보다는 차라리 자본재로 분류되어야 할 것이다.

자유시장의 행위에 대한 빈번한 공격 중의 하나는 투기적 목적 때문에 자연자원을 시장으로부터 격리해야 한다는 조지스트(*Georgist*)의 걱정에 기초한다. 이렇게 주장된 문제를 위에서 다루었다. 다른 그리고 전혀 정반대의 공격은 자유시장이 자원, 특히 고갈되는 자원을 낭비한다는 공통적 공격이다. 미래세대가 현재세대의 욕심에 의해 도둑맞고 있다고 주장된다. 그런 추론은 모순적 결론에 도달할 것인데, 그 결론이란 어떤 자원도 전혀 소비되지 **말아야 된다**는 것이다. 왜냐하면 어느 때라도 인간이 고갈가능한 자원을 소비(여기에서 우리는 '소비'를 생산에서 '사용되는 것'을 포함하는 더 넓은 의미로 사용한다)할 때마다 그는 그 자신이나 그의 후손을 위해서 뽑아낼 재고를 더 적게 남겨두기 때문이다. 고갈될 수 있는 자원이 얼마라도 사용될 **때마다** 미래에 그 자원은 적게 남아 있는 것이 삶의 진실이고, 그 결과 그런 소비는 **어떤** 소비라도 '미래를 도둑질하는 것'으로 아주 잘 지칭할 수 있는데, 만약 도둑질을 그렇게 비정상적 용어로 정의할 것을 선택한다면 말이다.[32] 일단 우리가 고갈될 수 있는 자원의 사용을 **얼마라도** 허용하면 미래를 도둑질한다는 주장을 무시해야 하고, 시장의 개별선호들을 받아들여야 한다. 그러면 시장이 자원을 너무 늦게 사용할 것이라고 가정하는 것이 이유가 없듯이, 시장이 자원을 너무 빨리 사용할 것이라고 가정하는 것도 이유가 없다. 시장은 소비자가 요구하는 정확한 비율로 자원을 사용하기 쉬울 것이다.[33]

제1권에서는 격리된 개인, 물물교환, 간접교환 등에 대한 기본경제분석을 발전시켰고, 이제 제2권에서는 변하고 있는 경제의 '동적' 문제들, 특정 종류의 요소들, 화폐와 그 가치, 경쟁과 독점을 다루고, 자유시장에 대한 폭력적 간섭을 필연적으로 더 요약하는 형태로 토론함으로써 분석을 더 진행하고자 한다.

:: 부록 A: 한계실물생산과 한계가치생산

단순화를 위하여 **한계가치생산**(MVP)을 **한계실물생산**(MPP)에 가격을 곱한 것과 같은 것으로 서술했다. 하나의 요소는 감소하는 MPP 영역에 사용되어야 하는 것을 보았기 때문과 요소의 증가된 공급은 그 요소의 가격하락을 초래하기 때문에, 분석의 결론은 모든 요소는 증가된 공급이 MVP의 하락과 그 결과 DMVP의 하락을 초래한 영역에서 작업한다는 것이다. 그러나 첫 문장에서 했던 가정은 엄격히는 정확하지 않다.

그러면 MVP를 산출할 MPP를 배가하면 어떻게 **되는가를** 보기로 하자. MVP는 어떤 한 요소의 추가로부터 얻는 수익의 증가 또는 어떤 한 요소의 감소로부터 잃는 수익의 감소와 동일하다. 그러면 MVP는 한 위치와 다른 위치의 수익의 차이와 동일한데, 한 위치와 다른 위치란 어떤 요소의 한 단위의 증가 또는 감소로부터 발생하는 위치의 변화를 말한다. 그러면 **MVP란 R_2에서 R_1을 뺀 것과 동일한데**, 이때 R은 어떤 생산물의 판매로부터 얻는 총수익(gross revenue)이고, 아래첨자의 숫자가 더 높은 경우는 어떤 요소가 **더 많이** 생산에 사용되었음을 의미한다. 어떤 요소의 증가로 MPP는 P_2-P_1인데, P는 생산된 생산물의 양이고 높은 숫자의 아래첨자는 다시 한번 생산요소가 더 많이 사용되었음을 의미한다.

그래서: $MVP = R_2 - R_1$ 정의에 의해
$MPP = P_2 - P_1$ 정의에 의해

수익은 생산물의 판매에 의해 획득된다. 그 결과 수요곡선상의 어떤 주어진 점에 대해서 총수익은 생산되어 판매된 양에 그 생산물의 가격을 곱한 것과 동일하다.

그러므로 $R = P \cdot p$인데, 이때 p는 생산물의 가격이다.
그래서: $R_2 = P_2 \cdot p_2$
$R_1 = P_1 \cdot p_1$

이제 요소들은 경제재이기 때문에 다른 요소들이 일정한 상태에서 어떤 요소사용의 증가는 생산된 양을 **증가시킬 것이** 틀림없다. 기업가가 생산물을 증가시키지 않는 데 더 많은 요소를 고용한다는 것은 무의미하다는 것은 분명하다. 그러므로 $P_2 > P_1$.

다른 한편, 공급의 증가에 따라 생산물의 가격은 하락하고, 그 결과:

$$p_2 < p_1$$

이제 우리는 MVP를 산출하기 위하여 MPP에 무엇을 곱할 것인가를 찾아야 한다. 이 미지수는 다음과 같을 것인데:

$$\frac{MVP}{MPP} = \frac{R_2 - R_1}{P_2 - P_1}$$

이것을 **한계수익**(marginal revenue)이라 부를 수 있고, 한계수익은 수익의 변화를 산출물의 변화로 나눈 것이다.

우리가 MR이라 부르는 이 값은 p_2 또는 p_1과 동일하지 않거나 p_2와 p_1의 어떤 평균과 동일하지 않은 것은 명백하다. p_2와 p_1, 둘 중의 하나 또는 둘 모두를 분모에 단순히 곱해보면 이 값이 분자와 같아지지 않는 것을 보여줄 것이다. MR과 가격의 관계는 무엇인가?

가격은 **평균수익**(average revenue)인데, 즉 가격은 총수익을 생산되어 판매되는 양으로 나눈 것과 동일하다. 요컨대:

$$p = \frac{R}{P}$$

그러나 상기의 한계생산물과 평균생산물의 토론에서 '평균'과 '한계'의 수학적 관계를 보았고, 이 관계는 생산성뿐 아니라 수익에도 성립한다. 즉, 평균이 증가하는 영역에서는 한계가 평균보다 크다. 평균이 감소하는 영역에서는 한계가 평균보다 작다. 그러나 양(quantity)이 증가함에 따라 수요곡선—즉 가격 또는 평균수익곡선—은 언제나 **하락한다**는 것을 이 책의 초기에 확립했다. 그러므로 한계수익곡선도 또한 하락하고 언제나 평균수익 또는 가격 아래에 있다. 그러나 어떤 두 위치에서도 p_2가 MR보다 크다는 것을 논증함으로써 증명을 굳히자. 공급이 증가할 때 가격이 하락함에 따라 p_2가 p_1보다 작기 때문에 MR이 두 가격보다 작다는 명제가 증명될 것이다.

첫째, $p_2 \langle p_1$는 다음과 같은 의미이다.

$$\frac{R_2}{P_2} < \frac{R_1}{P_1}$$

이제 우리는 점 1을 출발점으로 하고, 그 다음에 점 2로 변화한 것이라고 하면, 그 결과:

$$\frac{R+\triangle P}{P+\triangle P} < \frac{R}{P}$$

따라서 위의 생산성 증명에 사용했던 것과 동일한 기호로 바꾸었다.

이제 이것은 다음과 같고

$$\frac{R}{P} - \frac{R+\triangle P}{P+\triangle P} > 0$$

통분하여 분자만 보면

$$R\triangle P - P\triangle R > 0$$

또는

$$R\triangle P > P\triangle R$$

그 결과

$$\frac{R}{P} > \frac{\triangle R}{\triangle P}$$

(우리는 여기에서 MR이 p_1보다 작다는 것을 증명했는데, p_1은 두 가격 중에서 더 큰 것이다.)

이제 이것은 마지막 부등식에서 더 큰 수를 곱하여 더 작은 비율 (MR)을 산출하는 어떤 미지수가 있다는 것을 의미하는데, 그 미지수란 일정한 양(*positive*)의 분수인 1/k이다. 따라서

$$\frac{R}{kP} = \frac{\triangle R}{\triangle P}$$

이제 대수에 의해

$$\frac{\triangle R}{\triangle P} = \frac{R+\triangle R}{kP+\triangle P}$$

그리고 k가 양수이기 때문에,

$$\frac{R+\triangle R}{P+\triangle P} > \frac{R+\triangle R}{kP+\triangle P}$$

그러나 이것은 다음 결과를 가져온다.

$$\frac{R+\triangle R}{P+\triangle P} > \frac{\triangle R}{\triangle P}$$

즉, **MR이 p_2보다 작다**. 증명.

그러므로 엄격히 가격이 아니라 MR에 MPP를 곱해서 MVP에 도달해야 한다는 것을 고려할 때 우리의 결론—생산은 하락하는 MVP곡선 영역에 언제나 일어난다—이 약화되는 것이 아니라 강화된다는 것을 발견한다. MVP는 MPP와 관련하여 우리가 가정했었던 것보다 심지어 더 빨리 하락한다. 더구나, 우리의 분석은 크게 수정되지 않는데, 왜냐하면 새로운 기본 결정요인—MPP와 소비자 수요곡선에 의해 정해지는 가격을 넘어서—이 우리의 교정적 분석에 도입되지 않기 때문이다. 이 모든 것을 볼 때 MVP를 MPP에 가격을 곱한 것과 동일하게 취급하는 것을 계속할 것인데, 그것이 실제적 결과의 정당하고 단순화된 근사치로서 말이다.[34]

:: 부록 B: 롤프 교수와 할인한계생산성 이론

현재의 경제사상 학파 중에서 가장 인기 있는 학파는 계량경제학파, 케인지언, 제도주의자, 신고전학파 등이다. '신고전학파'란 19세기 후반의 주요한 경제학자들에 의해 결정된 패턴을 지칭한다. 현재 지배적인 신고전학파의 혈통은 프랭크 나이트 교수 체제에서 발견되는데, 나이트 교수 체제의 가장 특징적인 단면은 시간선호의 전 개념을 공격하는 것이다. 시간선호를 부인하고 이자수익을 오직 자본의 이른바 '생산성'에 기초하게 한 나이티언은 **할인된** MVP를 받아들이는 주장을 공격하고, 그 대신에 순수한 MVP이론을 선전한다. 이 접근법을 가장 명확하게 설명한 것은 나이트의 추종자인 얼 롤프 교수의 논문에서 발견된다.[35]

롤프는 '생산물'을 '현재에 가치가 있는 행위'의 어떤 **직접적**인 결과로 정의한다. 이 결과물에는 오직 미래에만 소비될 재화들에 한 작업도 포함된다. 따라서 "건물을 건설하기 시작하는 인부와 기계는 첫날 그들의 작업을 위하여 나타나면 지상에 오직 조금의 몫을 가질 것이지만, 이 몫과 완성되지 않은 구조가 그들의 직접적인 생산물이다. 따라서 어떤 요소가 그 요소의 한계생산물가치를 받는다는 주장은 이런 직접적인 생산물을 지칭한다. 생산과 생산물의 동시성은 어떤 단순화한 가정들을 필요로 하지 않는다. 그것은 명백한 것에 직접적으로 호소한다. 모든 행위는 직접적인 결과를 낳는다."

명백히, 사람이 재화에 작업하여 자본을 조금 더 앞으로 움직이는 것을 누구도 부인하지 않는다. 그러나 이 작업의 직접적인 결과가 어떤 의미심장한 의미에서 하나의 **생산물**인가? 생산물은 최종생산물—소비자에게 판매되는 재화—임이 명백하다. 생산체제의 모든 목적은 최종소비에 이르는 것이다. 모든 중간재의 구매는 소비자에 의한 최종구매가 있을 것이라는 기대에 기초하고 그렇지 않다면 일어나지 않을 것이다. 모든 행위는 즉각적인 '결과물들'을 가질 수 있지만, 만약 최종소비단계까지 요소들의 소유자들 자신이 생산한 모든 것의 공동소유자들이라고 가정하면, 그 결과물은 어떤 이로부터 어떤 화폐소득을 명령할 수 있는 결과물들은 아니다. 그 경우에 요소들의 소유자들은 즉각적으로 보상받지 못한다는 것은 틀림없을 것이다. 그러므로 요소들의 소유자들의 생산물은 즉각적인 것은 아니다. 요소들의 소유자들이 시장에서 즉각적으로(그리고 심지어 여기에서도 엄격한 즉각성은 없다) 보상**받는** 유일한 이유는 자본가들이 **미래재**들을 대가로 현재재들을 **선불하는** 것인데, 자본가들은 그 미래재들에 대해 프리미엄 또는 이자수익을 받기 때문이다. 따라서 요소의 소유자들은 자신의 한계생산물의 **할인된** 가치를 대가로 받는다.

추가적으로, 나이트-롤프 접근법은 가치의 실질비용이론으로 후퇴한 것이다. 현재의 노력은 여하튼 현재의 결과를 언제나 가져올 것이라고 그 접근법은 가정한다. 그러나 언제? '현재의 가치 있는 행위들'에서. 그러나 어떻게 이런 행위들이 가치가 있게 **되는가**? 만약 기대한 것처럼 요소소유자들의 **미래생산물**이 소비자에게 판매된 경우에 그런 행위들은 가치가 있다. 그러나 사람들이 어떤 재화에 수년 동안 작업하고, 자본가들이 그 대가를 지불하고, 그 다음에 그 최종생산물을 소비자들이 구매하지 않는다고 가정하자. 자본가들이 화폐손실을 흡수한다. 한계생산물에 따른 즉각적인 지급은 어디 있었는가? 그 지급은 자본가들이 오직 미래재들에 한 투자일 뿐이다.

그 다음에 롤프는 할인접근법의 이른바 가증스런 다른 오류, 즉 '**요소들의 비협조성 학설**'(doctrine of nonco-ordination of factors)에 주의를 돌린다. 요소들의 비협조성 학설은 어떤 요소는 대가를 지급받는 데 있어 생산물의 **할인된** 가치를 받지만 어떤 요소는 그렇지 않다는 것을 의미한다. 그러나 롤프는 잘못된 판단 아래 노력하고 있다. 어떤 건전한 할인이론도 비협조성을 가정하지는 않는다. 위에서 언급했던 것처럼, 모든 요소—노동, 토지, 자본재들 등—는 자신의 할인한계가치생산을 받는다. 자본재들의 소유자들과 다른 요소소유자들의 차이는 궁극적 분석에서는 자본가들이 어떤 **독립적** 지급을 받지 않는 것인데, 왜냐하면 자본재들은 그 자본재들을 생산했던 요소들, 궁극적으로 토지요소들과 노동요소들로 분해되는 것과 자본가들에 의한 선불지급에 관련된 시간에 대한 이자로 환원되기 때문이다.[36] 롤프는 여기에는 비협조가 관련되어 있는데, 왜냐하면 토지요소 소유자들과 노동요소 소유자들은 '할인된 몫을 받지만' 자본은 '할인되지 않은 몫을 받기' 때문이라고 믿는다. 그러나 이것은 결론을 잘못 서술하는 방법이다. 토지요소들의 소유자들과 노동요소들의 소유자들은 할인된 몫을 받지만 자본(화폐자본)의 소유자들은 **그 할인**을 받는다.

롤프 논문의 나머지는 요소들의 소유자들에게 지급하는 것에는 어떤 시차도 관계되어 있지 않음을 증명하려는 시도에 대부분 바쳐진다. 롤프는 모든 기업 내에서 '생산센터들'(production centers)의 존재를 가정하는데, 그 생산센터들은 실질적으로 동시적인 단계로 분해되고, 생산하며, 그 다음에 암묵적으로 지급을 동시적으로 받는 곳이다. 이렇게 비틀어지고 비현실적인 건축은 전체 요점을 놓치고 있다. 비록 원자화된 '생산센터들'이 있다고 가정하더라도, 요점은 최종생산물이 소비자에게 판매될 때까지 순서와 상관없이 통로를 따라 어떤 사람 또는 사람들이 현재화폐를 선불해야 할 것이라는 점이다. 롤프가 그 존재를 부정하는 현재화폐(화폐자본)를 선불하는 사람이 없는 상태에서 롤프가 경우에 따라 원자화된 생산체제 또는 통합화된 생산체제를 그린다고 하자. 그리고 최종생산물이 소비자를 위하여 준비될 때까지 노동자들과 토지소유자들이 대가를 받지 않고 오랫동안 중간재들에 작업함에 따라, 롤프가 노동자들과 토지소유자들에게 걱정하지 말 것을 권고하게 하자. 왜냐하면 노동자들과 토지소유자들은 그들이 일했을 때 암묵적으로, 그리고 동시적으로 지불되었기 때문이다. 왜냐하면 이것이 나이트-롤프 주장의 논리적 함의이기 때문이다.[37]

NOTES

1 원인과 결과라는 개념 대신에 상호결정을 대체하는 수학적 성향은 순환논법에 몰두하려는 자발적 의지에 기여했다. Rothbard, "Toward a Reconstruction of Utility and Welfare Economics," *op. cit*., p.236; and Kauder, "Intellectual and Political Roots of the Older Austrian School," *loc. cit.*

2 명백히, 기간이 길어지면 길어질수록 요소비율은 점점 더 가변적이 되기 쉬울 것이다. 과학기술적으로는 다양한 요소를 재배치하기 위해서는 각기 다른 양의 시간이 요구된다.

3 이것은 예를 들어, 조지 J. 스티글러의 *Production and Distribution Theories*에 나오는 분석과 비교하여 미제스의 *Human Action*의 336쪽의 결론을 정당화한다. 미제스는 중요한 단서를 첨부하고 있는데, 그 단서란 만약 요소들이 비특수요소로 된 모든 과정에서 동일하게 고정된 비율이라면 여기에서도 또한 오직 협상만이 생산요소들의 가격을 결정할 수 있다는 것이다.

4 엄격히는, 여기에서 할인된 MVP로 해야 하지만, 이 단계에서는 단지 MVP만을 고려하는 것이 문제를 그저 단순화한다.

5 여기에서는 동일한 양의 요소들은 동일한 양의 결과물을 생산한다고 가정하고 있다. 이 조건이 실제로 성립할 것인가 하는 유명한 의문("생산함수가 선형이고 동차적인가"라고 때때로 허세부리는 수학용어로 표현되는 것)은 만약 우리가 "동일한 원인은 동일한 결과를 생산한다"는 명제는 자연에서는 주요한 과학기술적 공리라는 것을 이해한다면 쉽게 해결된다. 이 규칙을 논파한 것처럼 보이는 어떤 경우도 오직 외양적으로 그럴 뿐이다. 실은 예상되는 예외는 언제나 어떤 '불가분성'(indivisibility)이 있는 경우인데, 불가분성이란 요컨대 한 요소가 다른 요소들과 비례적으로 변할 수 없는 경우이다.

6 이것은 엄격히 진실이 아니지만 이 서술에 포함된 기술적 오류는 본문의 인과관계분석에는 영향을 미치지 않는다. 사실 이 주장은 강화되어야 하는데, 왜냐하면 MVP는 실제로는 MPP × '한계수익'과 동일하고 한계수익은 가격보다 언제나 작거나 같기 때문이다. 아래의 부록 A, "한계실물생산과 한계가치생산물"을 보라.

7 경제학에서의 수학적 방법에 대해 비난하고 난 후에 왜 이제 와서 수학을 사용하는지 물어야 한다. 그 이유는 이 특정한 문제에서 우리는 순전히 과학기술적 문제를 다루고 있기 때문이다. 여기에서는 인간의 결정을 다루는 것이 아니라 인간요소들에 주어진 것으로서 이 세계의 필수적인 과학기술적 조건들을 다루고 있다. 이런 외부세계에서는 원인의 양이 일정하면 효과의 양이 일정하도록 산출하고, 이 영역이야말로 전반적인 인간행위학적 영역에서는 매우 제한적이지만, 자연과학 일반처럼, 수학적 방법이 특히 허락되는 곳이다. 평균과 한계의 관계는 수단-목적의 관계라기보다는 명백히 대수적 관계이다. 스티글러의 《가격이론》(*Theory of Price*), pp.44ff에 있는 대수적 증명을 참조하라.

8 이 법칙은 특수요소와 비특수요소 모두에 적용된다.

9 뵘바베르크의 《자본의 실증이론》, pp.304~312에 있는 탁월한 토론을 보라. MVP와 대비하여 DMVP에 대한 추가 토론에 대해서는 아래의 부록 B, "롤프(Rolph) 교수와 할인한계생산성이론"을 보라.

10 Knut Wicksell, *Lectures on Political Economy*(London: Routledge and Kegan Paul, 1984), I, p.108.

11 탁월한 분석으로는 Wicksell, *Ibid*., I, pp.189~191, 193~195 참조.

12 이 점은 칼 멩거에 의해 인식되었다. F. A. Hayek, "Carl Menger," in Henry W. Spiegel, ed., *The Development of Economic Thought*(New York: John Wiley, 1952), pp.530ff 참조.

13 Böhm-Bawerk, *Positive Theory of Capital*, p.88.

14 Mises, *Human Action*, pp.477, 485f; Menger, *op. cit*., pp.166~167.

15 **자본재**와 대조적으로 **토지**를 위한 기준으로서 '교체할 수 없음'이라는 말은 '영원함'과 동일하지 **않다**. '영원함'은 '교체할 수 없음'의 하부부문이다. 영원한 개선은 교체되어야 할 필요가 없는 것은 분명하다. 그러나 석탄, 광석 등과 같은 **고갈될 수 있는** 자연자원은 영원한 것이 아니지만 교체할 수 없는 것 또한 아니다. 기본적 의문은 어떤 자원이 **생산되어**야만 하는가 하는 것인데, 생산되는 경우에는 그 자원은 오직 **총**임대차료를 획득한다. 만약 그 자원이 생산되지 않거나 생산될 수 없다면 그 자원은 **순** 임대차료를 마찬가지로 잘 획득한다. 명백히 고갈되는 자원은 교체**할 수** 없고, 그 결과 **토지**이지 자본재가 아니다. 고갈될 수 있는 자원을 다룬 아래의 절을 보라.

16 이 절에서 '영원한'과 '영원하지 않은'이라는 말을 사용하는데, 왜냐하면 명백히 고갈되는 자원은 어떤 항등순환균형에도 포함될 수 없다. 고갈되는 자원에 대한 더 많은 것은 아래를 보라. 고갈되는 자원을 제쳐두고 '영원한'이라는 말은 '재생산할 수 없는'이라는 말과 동일하다.

17 Wicksell, *op. cit*., I, p.186, and *passim*; and Hayek, *Pure Theory of Capital*, pp.54~58.

18 현재의 영원함 또는 비영원함이라는 쟁점과 물질과 에너지의 영원함에 대한 우주론적 질문과는 어떤 관계도 없다. Mises, *Human Action*, p.634 참조.

19 스티글러는 여기에서 논의한 것과 같은 영원함 또는 최초에 기초하는 토지와 자본재 간의 각종 구분은 경제적이라기보다는 물질적이라고 주장한다. 이런 비난은 핵심을 놓친 것이다. 이런 동질적 요소들이 시간의 흐름에 따라 **가치**가 크게 변할 수 있다는 것을 누구도 부인하지 않는다. 그러나 어떤 주어진 요소가 최초의 것인지 또는 개선된 것인지, 영원한 것인지 또는 관리될 필요가 있는 것인지 하는 문제는 물질적 질문**이고** 경제분석과 매우 관련이 있는 질문이다. 분명히, 어떤 토지도 최초의 것이 아니기 때문에 모든 토지는 자본재들이라는 나이티언의 주장 또한 **물질적** 영역 내에 있는 주장이다. Stigler, *Production and Distribution Theories*, p.274.

20 John V. Van Sickle and Benjamin A. Rogge, *Introduction to Economics* (New York: D. Van Nostrand, 1954), p.141.

21 그러나 표지의 위치는 영원한 반면에 심지어 토지 그 자체는 그 토지의 도시에서의 사용을 준비하기 위하여 인간에 의해 반드시 고쳐졌다. 위의 제2장을 보라.

22 임대차의 이런 개념은 프랭크 페터가 한 최초의 공헌에 기초한 것이다. Fetter, *Economic Principles*, pp.143~170 참조. 불행하게도 페터의 창안은 경제사상에 거의 영향을 미치지 못했다. 페터의 임대차 개념은 보통의 사용법과 일치할 뿐 아니라 그 개념은 단위서비스의 가격결정과 그 단위서비스를 구현한 통째로서 재화의 가격결정을 명석하게 설명할 수 있게 해주는 통일된 원리도 제공한다. 임대차료-가격(rental-price) 개념이 없다면 단위서비스의 가격설정과 통째로서 재화의 가격설정을 구분하기는 어렵다. 페터는 임대차료 개념을 오직 내구재의 서비스에만 적용하는 데 사용했지만 단위서비스가 통째로서의 재화가 되는 비내구재의 경우를 포함하도록 그 개념을 확장할 수 있음은 명백하다.

23 위의 제4장을 보라. 자본화에 대해서는, Fetter, *Economic Principles*, pp.262~284, 308~313; Böhm-Bawerk, *Positive Theory*, pp.339~357.

24 **임대차료**를 DMVP보다는 차라리 MVP와 동일한 것으로 정의하는 것이 종종 더 편리하다. 그 경우에, 통째로서 요소의 자본가치는 그 요소의 미래임대차료의 **할인된** 합계와 동일하다.

25 자본이론에서 페터의 주된 오류는 자본화가 자본재와 토지 간의 어떤 구분도 폐기했다고 믿었던 것이었다.

26 Boulding, *Economic Analysis*, pp.711~712.

27 **장기에서는, 자본재들**의 자본가치 증가는 중요하지 않은데, 왜냐하면 그런 상승은 임금의 상승과 대지토지의 자본가치 증가로 분해되기 때문이다.

28 자본가치의 변화로부터 생긴 이득의 문제는 아래에서 더 다룰 것이다.

29 Fred R. Fairchild, Edgar S. Furniss, and Norman S. Buck, *Elementary Economics*(New York: Macmillan & Co., 1926), II, p.147.

30 Hayek, *Pure Theory of Capital*, p.58n.

31 *Ibid*., p.92.

32 비정상적 용어인데, 왜냐하면 도둑질은 주인의 동의 없이 **그의 자산을** 포획하는 것으로 명백히 정의되었기 때문이고, 도둑질이 **어떤 이 자신의** 재산을 사용하는 것으로 정의되지 않았기 때문이다.

33 스티글러가 시장에서 '낭비되는' 자원을 비난하는 토론에서 말하기를, "낭비적이라는 말을 '이윤이 나지 않는다는' 말과 동의어로 사용하지 않고 그 말을 현명하게 정의하는 것은 재미있는 문제이다." Stigler, *Theory of Price*, p.332n. 자연자원에 대한 토론과 '보존'주의에 대한 비판으로는, Anthony Scott, *Natural Resources: The Economics of Conservation*(Toronto: University of Toronto Press, 1955) 참조.

34 배수로서 가격 대신에 MR을 고려하는 것이 어쩌면 시장에서 소비자의 최적만족을 해친다는 이상한 견해가 발생했다. 그런 가정에 대한 진정한 근거는 없다.

35 Earl Rolph, "The Discounted Marginal Productivity Doctrine," in *Readings in Theory of Income Distribution*, pp.278~293.

36 롤프는 이 오류를 넽 빅셀의 탓으로 돌리지만, 그러한 혼란은 자본, 생산구조, 생산에서 시간의 역할 등에서 탁월한 분석을 한 빅셀의 탓은 아니다. 빅셀은 노동과 토지가 유일한 궁극적 요소이고, 그 결과 자본재의 한계생산성은 노동요소들과 토지요소들의 한계생산성으로 환원될 수 있고, 그 결과 화폐자본은 이자(또는 할인)차액을 획득한다는 것을 정확히 논증하고 있다.

이런 주제들과 그것들과 관련된 주제들에 대한 빅셀의 토론은 기본적으로 중요하다. 예를 들어, 그는 자본재들은 오직 개별기업의 입장에서만 토지요소들과 노동요소들 등과 완전하게, 그리고 기본적으로 협동하지만, 기업과 토지요소들과 노동요소들과 자본재들과의 상호관계의 전체에서 전체 시장을 고려할 때는 그렇지 않다는 것을 인식했다. 빅셀시대의 저자에 비해 작금의 경제이론화는 상호연관된 시장보다는 격리된 기업을 연구하는 데 심지어 더 마음을 빼앗기는데, 그것은 이론화에 손상을 입히는 것이다. Wicksell, *Lectures*, I, pp.148~154, 185~195.

37 롤프는 일관성 있게 이자율에 대한 시간선호의 어떤 영향에 대해서도 회의를 표시하면서 논문을 마치고 있는데, 그는 이자율을 나이트적 특질 내에서 새로운 자본재들을 생산하는 '비용'으로 설명한다.

제8장

생산: 기업가정신과 변화

1. 기업가적 이윤과 손실

앞 장들에서는 기본적 분석을 발전시켰다. 이제 우리는 시장에 대한 간섭의 결과뿐만 아니라 기본적 분석의 동태적이고 구체적인 적용에 대해 논의할 것이다.

ERE(항등순환경제)에서는 생산재 가격과 소득, 즉 (경제 전체에 걸쳐 동일한) '이자'와 (다양한 노동요소의 서비스 가격인) '임금' 이 두 가지 궁극적 범주만 존재한다. 그러나 변화하는 동태적 경제에서는 임금률과 이자율만 변화하는 것이 아니다. 양과 음의 소득, 즉 기업가적 이윤과 손실이라는 또 하나의 범주가 출현한다. 우리는 경제학적으로 중요한 유형의 기업가인 자본가-기업가(*capitalist-entrepreneurs*)에 대해 집중할 것이다. 이들은 생산과정에 사용되는 '자본'(토지, 그리고 자본재)에 투자하는 사람들이다. 그들의 기능은 우리가 묘사한 바와 같이, 요소소유자에게 돈을 지불하고, 현재에 더 가까운 재화가 나중에 팔릴 때까지 결과적으로 그 재화(요소)들을 사용하는 것이다. 우리는 ERE의 법칙들에 대해 자세히 연구하였다. ERE에서는 요소가격들이 DMVP(*Discounted Marginal Value Product*, 할인한계가치생산)와 같아지고, 모든 요소는 가장 가치생산적인 용도에 할당된다. 자본가치들은 DMVP들의 합과 같아지며, 이자율은 똑같아지고 시간선호들에 의해서만 지배받을 것이다.

항등순환경제와 동태적 현실세계는 같지 않다. 현실세계에서는 이들 미래가치들 혹은 사건들은 아무것도 알려져 있지 않다. 모든 것은 자본가들에 의해 추정되어야 하며, 추측되어야 한다. 그들은 미래의 제품이 보상해줄 만큼 높은 가격에 팔릴 수 있으리라는 기대에서 알 수 없는 미래를 향해 현재의 돈을 미리 지출하여야 한다. 따라서 현실세계에서 판단의 질과 전망의 정확성이 자본가에 의해 획득되는 소득에서 매우 중요한 역할을 한다. 기업가들의 중재(arbitrage) 결과 언제나 ERE로 향하는 경향성이 존재한다. 그러나 언제나 변화하는 현실 속에서는 가치척도와 자원이 변화하므로 ERE는 결코 도달되지 않는다.

자본가-기업가는 현재의 요소와 요소서비스를 구매한다. 이에 반해 그의 제품은 미래에 팔린다. 그는 현행 이자율보다 더 많이 벌 수 있는 분야에 대해 언제나 경각심을 켜두고 있다. 이자율이 5%라고 해보자. 존스는 100온스에 어떤 요소들의 조합을 살 수 있다. 그는 2년 후 120온스에 팔 수 있는 제품을 이 요소들의 조합을 사용하여 만들 수 있다고 믿고 있다. 그의 예상 미래수익률은 연 10%이다. 만약 예상이 실현된다면, 그는 연 5% 대신 연 10%의 수익률을 얻을 것이다. 일반이자율과 그의 실제수익률의 차이가 그의 화폐이윤(money profit)이다(지금부터 만약 화폐이윤과 심리적 이윤을 구체적으로 구분하지 않는 한, 단순히 '이윤'이라고 부를 것이다). 이 경우 그의 화폐이윤은 2년간 10온스, 혹은 매년 추가적 5%의 수익률이다.

무엇이 이 실현된 이윤—이 생산자의 사전적(ex ante) 예상을 실현해 주는 사후적(ex post) 이윤—을 가져왔는가? 이 과정에서 생산요소들의 가격이 낮게 정해지고 과소자본화되었다는 사실이 이윤을 가져왔다. 즉, 생산요소들의 단위서비스가 구매되는 가격이 낮게 책정되었고, 생산요소들 자체의 구매에서 자본화의 정도가 과소하여 매입가격이 낮았다. 어떤 경우이든, 시장의 일반적 예상이 그 생산요소의 미래 임대료들(MVP)을 과소평가하는 실수를 저질렀다. 그러나 이 기업가는 동료보다 더 잘 보고, 직관을 실천하였다. 그는 우월한 예견력에 대해 이윤의 형태로 보상받았다. 생산요소에 대한 일반적 저평가를 알아본 그의 행동은 궁극적으로 이윤이 사라지도록 하는 경향성을 촉발시킨다. 그 기업가는 이 과정에서 생산을 확장하면서, 생산요소들에 대한 수요를 증가시키고 이들의 가격을 인상시킨다. 그가 거둔 10%의 수익률을 보고 경쟁자들이 그 분야로 진입하면서 요소가격의 상승이 촉진될 것이다. 요소수요가 증가함에 따라 요소의 가격은 인상되는 반면, 이에 더해 제품생산이 증가함에 따라 그 제품의 가격은 낮아져서 수익률이 하락하는 경향이 나타날 것이다.

그 기업가는 어떤 기능을 수행하는가? 이윤을 추구하면서, 그는 어떤 요소들이 그 잠재적 가치생산물에 비해 저평가되고 있음을 간파하였다. 이 차이를 인식하고 행동으로 옮김으로써, 그는 (명백히 아직 다른 생산과정에 특화되지 않은) 생산요소들을 여타 생산과정으로부터 이동시켰다. 그는 요소가격이 그 요소의 잠재적 DMVP를 제대로 반영하지 못하고 있음을 발견하였다. 이 요소들에 대해 좀더 높은 가격을 제시하고 고용함으로써, 그는 이 요소들을 더 낮은 DMVP밖에 창출하지 못하는 생산으로부터 더 높은 DMVP를 창출하는 생산으로 배분할 수 있었다. 그는 요소들이 더 가치 있게 배치될 곳을 예견함으로써 경쟁자들보다 소비자들에게 더 잘 봉사하였다. 더 큰 요소가치는 오로지 소비자들의 더 많은 수요로부터 기인하기 때문이다. 이것이 더 높은 할인한계가치생산의 의미이다.

현행 이윤율에 대해 말하는 것은 분명히 의미가 없다. 이윤율은 순간적이고 일시적이며, 이를 초월한 항상적 이윤율이란 존재하지 않는다. 실현된 이윤이 얼마였던 상관없이, 이 이윤은 이를 발생시킨 기업가적 행동 그 자체로 인해 사라지는 경향을 지니기 때문이다. 그래서 사라지지 않는 이자율이 기초적 비율로 작용한다. 주어진 가치척도와 주어진 본원적 요소들, 변하지 않는 기술적 지식을 가정하고서, 우리가 동태적 경제로부터 출발한다고 해보자. 우리는 최종적으로 순수 이자율(pure interest rate)만 존재하고, 이윤이 완전히 없어지는 상태인 ERE에 도달할 것이다. 물론 소비자 기호와 자원이 끊임없이 변화하므로 최종적 균형목표가 계속해서 이동하여 기업가적 행동이 지향할 새로운 목표가 될 것이다. ERE는 불확실성의 소멸을 의미하며, 이윤은 불확실성으로부터 나온다. 따라서 새로운 ERE로의 최종적 경향성이 이윤의 소멸을 의미한다.

상당수의 저자들과 경제학자들은 손실에 대해서는 어떤 설명도 하지 않은 채 이윤만을 고려함으로써 중대한 실수를 저지를 때가 많다. 우리는 경제를 '이윤의 경제'가 아니라 '이윤과 손실의 경제'로 불러야 타당하다.[1]

기업가가 미래의 판매가격과 수입을 어설프게 추정하면 손실이 발생한다. 예컨대 천 온스에 요소를 구매해서 제품을 만들고, 9백 온스에 팔았다고 허보자. 그는 요소의 가격이 할인한계가치생산―다시 말해, 생산물의 가격―에 비해 과대평가되고 과대자본화되어 있다는 것을 알아보지 못한 잘못을 저질렀다.

그러므로 모든 기업가는 이윤을 벌 수 있다고 예상하기 때문에, 즉 시장이 그 요소들을 그들의 미래 임대료에 비해 더 낮게 가격을 책정하고 있고, 더 낮게 자본화하고 있다고 믿기 때문에 생산과정에 투자한다. 그 믿음이 정당화되면 이윤을 벌지만 정당화되지 못하면, 예를 들어 시장이 그 요소에 대해 이미 과도한 가격을 책정하고 있었으면 손실을 입는다.

손실의 속성은 조심스럽게 정의되어야 한다. 한 기업가가 현행 시장이자율이 5%인 상태에서 생산요소를 천 온스에 구매하고 자신의 제품을 1년 후 1,020 온스에 판매한다고 해보자. 그 기업가는 '손실'을 보고 있는가 아니면 '이윤'을 벌고 있는가? 얼핏 보면 손실을 보는 것 같지는 않다. 아무튼 그는 원금에 더해 추가적인 20온스를 얻었다. 이는 2%의 순 수입 혹은 이득에 해당한다. 그러나 잘 살펴보면, 그 자본으로 다른 곳에서 현행 이자수익인 5%의 순 수입을 얻을 수 있었음을 알 수 있다. 그는 여타 사업에 투자하거나 소비자-대출자에게 돈을 빌려주어 5%의 수익을 볼 수 있었다. 그는 그 사업에서 이자수익조차 벌지 못했다. 따라서 그의 투자'비용'은 단순히 생산요소에 대한 지출―천―이 아니라 5%의 이자, 즉 추가적 50을 벌었을 기회의 상실이다. 그는 30온스의 손실을 보았다.

이윤율 개념의 불합리성은 손실률(rate of loss)을 생각해 보면 아주 분명해진다. 한마디로 '손실률'은 의미 있게 사용될 수 없다. 기업가들은 손실을 입는 사업으로부터 매우 빠르게 떠나 다른 사업에 자본을 투자할 것이다. 기업가들이 생산라인을 떠나면, 그 요소들의 가격은 떨어질 것이고 (공급이 줄어든) 그 제품의 가격은 오르는 과정이 나타날 것이다. 이 과정은 그 분야에서 순 수익이 여타 모든 분야에서와 같아지는 ERE에서의 동일한 이자율로 될 때까지 계속될 것이다. 경제전반에 걸친 수익률 균등화의 과정, 즉, 균일이자율로 귀결시키는 이 과정이 바로 ERE에서 이윤과 손실이 사라지게 한다. 다시 말해, 실제 경제에서는 기업가 A는 어떤 생산라인에서 10%의 수익률을 얻고, 기업가 B는 또 다른 생산라인에서 2%를 얻는 반면, 다른 기업가들은 여타 생산라인에서 5%를 얻는다. 그런데 이자율은 5%이므로 A는 5%의 순 이윤, B는 3%의 순 손실을 얻는다. A는 시장이 요소의 가격을 이 요소의 DMVP에 비해 과소평가했다는 것을 올바르게 추정하였다. B는 자신의 생산라인에 사용한 요소를 시장에서 과소평가된 것으로(혹은 최소한 정확하게 가격이 정해진 것으로) 잘못 추측하였고, 슬프게도 이 요소들의 그가 택한 용도에 비해 과대평가되었다. 모든 미래가치가 알려져 과소평가나 과대평가가 전혀 없는 ERE에서는, 기업가적 이윤이나 손실은 존재하지 않는다. 단지 순 이자율만 존재한다.

현실세계에서는, 이윤과 손실은 대개 언제나 이자수입과 분리할 수 없을 정도로 뒤엉켜 있다. 우리가 이를 분리하는 것은 개념적으로 유효하며 매우 중요하지만, 실제에서는 쉽게 수량으로 분리할 수 없다.

ERE의 핵심을 요약해보면, 모든 생산요소들은 할인한계가치생산이 가장 큰 곳에 배분된다. 이는 소비자 수요스케줄에 의해 결정된다. 전문화와 분업의 시대인 현대세계에서는, 결정하는 주체는 거의 언제나 오로지 소비자들이다. 자신이 생산한 제품을 정말 무시할 수 있을 정도 이상으로는 소비하지 않는 자본가들은 결과적으로 여기에서 배제된다. 부존자원의 양(특히 노동과 토지요소)이라는 '자연적' 사실들이 주어져 있을 때, 경제시스템의 결정들을 내리는 주체는 소비자들이다. 구매하거나 구매를 연기함으로써, 소비자들은 무엇이 얼마나 생산될지 결정하는 동시에 생산에 참여하는 요소들의 소득을 결정한다. 모든 사람은 소비자이다.

이 규칙의 명백한 예외가 발생하기도 한다. 바로 자본가나 노동자가 특정 생산라인에 대해 강한 선호나 혐오감을 가질 때이다. 매우 혐오하는 생산라인에서의 균형수익률은 ERE에서도 여타 라인에서의 균일수익률보다 상당히 더 높을 것이고, 매우 선호하는 생산라인의 균형수익률은 이보다 낮을 것이다. 물론 균형수익률의 기록적 변화는 이런 혐오감이나 특별한 선호가 아주 강력해서 상당수의 잠재적 투자자나 노동자의 투자 혹은 생산행위에 영향을 줄 수 있어야 가능하다.

이윤은 사회적 기능이 있는가? 많은 비판가들은 이윤(혹은 손실)이 존재하지 않는 ERE에 주목하고, 실제세계에서 기업가들의 이윤획득을 마치 사악한 일 혹은 기껏해야 불필요한 일을 한 것처럼 공격한다. 이윤은 경제에서 무언가 잘못의 오(誤)조정(maladjustment)이 있었다는 징표가 아닌가? 그렇다. 이윤은 오(誤)조정의 지표이다.

그러나 통상의 의미와는 정확하게 반대되는 뜻에서 그렇다. 위에서 살펴본 것처럼, **이윤이란 오(誤)조정이 이윤을 얻는 기업가들에 의해 바로잡히고 있으며, 이에 대항하여 전투가 벌어지고 있다는 징표이다.**

이런 잘못된 조정은 변화하는 현실세계에는 어쩔 수 없이 나타나는 것이다. 우월한 예상과 판단으로 오(誤)조정—구체적으로 시장에서의 특정 요소들의 과소평가—을 밝혀내는 경우에 한해 기업가들은 이윤을 번다. 이런 상황에 들어와서 이윤을 획득함으로써, 기업가는 모든 사람이 오(誤)조정에 주목하도록 만들어서, 이윤이 궁극적으로 배제되는 과정에 불을 지핀다. 누군가가 저주받아야만 한다면, 그는 **이윤을 버는** 기업가가 **아니라** 손실을 보는 기업가이다. 왜냐하면 손실은, 소비자 욕구가 실제에 비해 과대평가된 분야에 요소들을 배분함으로써, 그 기업가가 오(誤)조정을 악화시켰다는 신호이기 때문이다. 이에 비해, 이윤을 버는 기업가는 소비자 욕구가 실제에 비해 과소평가된 곳에 요소를 배분한다. 이윤이 클수록, 그 기업가의 역할은 더 칭찬받을 만하다. 더 큰 이윤은 홀로 발견해내고 싸워 이겨낸, 오(誤)조정의 정도가 더 컸다는 의미이기 때문이다. 손실이 클수록 그는 더 비난받을 만하다. 오(誤)조정에 대한 그의 기여가 더 컸기 때문이다.[2]

물론 우리는 실수로 손실을 입은 사람에게 너무 가혹해서는 안 된다. 그는 손실이라는 형태로 벌을 받는다. 이 손실은 그곳에서 그의 빈약한 생산자 역할로부터 그를 몰아낸다. 생산과정을 시작하는 곳마다 계속 손실을 입으면, 그는 기업가 역할에서 완전히 쫓겨난다. 그는 임금소득을 얻는 일자리로 돌아간다. 사실, 시장은 효율적인 기업가들에게 보상하고, 비효율적인 기업가들에게 비례적으로 벌을 내린다. 이런 식으로, 일관되게 앞을 잘 내다본 기업가들은 자신의 자본과 자원이 성장하는 것을 지켜볼 것이지만, 일관되게 신중하지 못했던 이들은 자신의 자원이 줄어 없어지는 것을 보게 될 것이다. 전자가 생산과정에서 점차 더 큰 역할을 하고, 후자는 기업가정신을 완전히 포기하도록 압력을 받는다. 그러나 이 과정에 자기강화적인 필연적 경향은 존재하지 않는다. 종전에 훌륭한 실적을 내던 기업가라도 갑자기 큰 실수를 저지르면, 실수에 비례하여 손실을 입을 것이다. 종전에 빈약했던 기업가도 좋은 예측을 하면, 이에 비례하여 높은 이득을 얻을 것이다. 시장은 과거의 영광을 존중해 주지 않는다. 이에 더해, 투자의 규모가 대규모 이윤의 획득, 혹은 엄청난 손실의 방지를 보장해 주지 않는다. 자본은 이윤을 '낳지' 않는다. 오직 현명한 기업가적 결정만이 이윤을 낳을 뿐이다. 건전한 모험자본에 50온스를 투자하여 이윤을 확실하게 얻듯이, 이와 마찬가지로 확실하게 건전하지 못한 모험사업에 투자한 사람은 이를 잃을 수 있다.[3]

시장에서 받게 된 벌 이외에 손실을 본 불운한 자본가에게 저주를 보태 줄 수는 없다. 그는 기업가정신의 위험을 자발적으로 짊어지고, 실수에 비례하여 손해를 봄으로써 빈약한 판단에 따른 고통을 받는다. 외부의 비판가가 그를 저주할 권리는 전혀 없다. 미제스가 말한 것처럼:

> 아무도 기업가들이 일을 처리하면서 저지른 실수를 공격하면서, 좀더 솜씨 있게 잘 예견했더라면 사람들이 더 잘 봉사받았을 것임을 강조할 권리가 없다. 불평꾼이 더 잘 알았으면, 왜 스스로 그 차이를 채워 이윤을 벌 기회를 놓쳤는가? 일이 다 끝난 뒤, 예측력을 뽐내기는 정말 쉽다.[4]

2. 순 투자의 효과

앞에서 ERE, 그리고 구체적인 기업가적 이윤과 손실을 고려하였다. 이제 다음 문제로 돌아가자. 언제 경제 내에서 총(aggregate)이윤 혹은 손실이 일어날 것인가? 이것은 다음의 질문과 연계되어 있다. 총저축 혹은 총투자 수준의 변화는 경제에 어떤 효과를 초래하는가?

이제 제5장과 제6장에서 묘사한 균형상태에 있는 경제에서 출발해 보자. 생산은 6년의 총기간에 걸쳐 이루어진다. 전체 총소득은 418온스이고, 총저축-투자는 318온스이며, 총소비는 100온스이고, 순 저축-투자는 영(零)이다. 소득 100온스 가운데, 순소득 83온스는 토지와 노동의 소유자가 번 것이고, 17온스는 자본의 소유자가 번 것이다. 이 생산구조는 변함없이 유지된다. 그 까닭은 자연이자율이 일치하고, 최종적 가격격차가 그 경제 내 개개인의 시간선호스케줄들과 일치하기 때문이다. 하이에크

(F. A. Hayek)가 말한 것처럼:

> 생산구조가 종전과 같이 유지되는지 여부는 전적으로 기업가가 같은 종류의 중간재 (intermediate goods)를 만들어내는 데 있어 제품을 판매해서 얻은 수익 가운데 통상 해오던 비율만큼의 재투자를 사업성이 있다고 여기는가에 달려있다. 이것이 사업성이 있는지 여부는 다시 한편으로는 이 특정 생산단계의 제품에 대해 얻은 가격들과 다른 한편으로는 본원적 생산요소와 앞선 단계로부터 취한 중간재들에 대해 지불하는 가격들에 달려있다. 현행 자본주의적 조직화의 정도가 지속되느냐는 각 생산단계에서 지불되고 취득되는 가격들에 달려있으며, 따라서 이 가격들은 생산의 방향을 결정하는 데 매우 실질적이고도 중요한 요소이다.[5]

어떤 한 시기에 시간선호스케줄이 낮아진 결과, 순 저축이 발생하면 어떤 일이 벌어질까? 예컨대, 소비가 100으로부터 80으로 줄어들고, 저축된 20온스가 시간시장으로 들어온다고 해보자. 총저축은 20온스만큼 증가하였다. 이행의 과도기에 순 저축은 영에서 20으로 변하였다. 그러나 새로운 수준의 저축이 이루어진 후, 총저축이 338, 순 저축이 영인 새로운 균형이 나타날 것이다. 피상적 관찰자에게는 모든 것을 잃어버린 것처럼 보일지 모른다. 소비가 100에서 80으로 줄지 않았는가? 그러면 최종소비판매에 영향을 받는 복잡한 생산활동 전체에는 어떤 일이 벌어지는가? 이것은 모든 기업의 침체라는 파괴적 결과를 초래하지 않겠는가? 어떻게 줄어든 소비가 생산재에 대한 증가된 지출을 이윤이 남는 일이 되게 만들 수 있겠는가? 후자는 하이에크에 의해 적절하게 '저축의 역설'(paradox of saving)—즉, 저축이 증가된 생산의 필요하고도 충분한 조건이지만, 그와 같은 투자는 그 자체 내에 투자자들에 대한 재정적 파탄의 씨앗을 내부에 품고 있다는 역설—로 명명되었다.[6]

만약 우리가 이 책 제1권에 있는 〈그림 5-2〉를 관찰한다면, **자본가 집단** 1에게 주어지는 화폐소득의 크기가 극적으로 줄어든다는 것은 분명하다. **자본가 집단** 1은 100온스 대신 총 80온스를 받을 것이다. **자본가 집단** 1이 본원적 생산요소와 **자본가 집단** 2에게 배분할 액수도 따라서 상당히 줄어든다. 그래서 최종소비자 지출의 측면으로부터, 생산구조를 따라 화폐소득과 가격을 감소하도록 만드는 추진력이 발생한다. 그러나 그동안 **또 다른 힘**이 동시에 작동하기 시작한다. 20온스가 시스템에서 사라진 것이 아니다. 경제 전체에 걸쳐 있는 20온스의 소유자가 자신들의 투자에 대한 최대이자수익을 찾아 나서면서 그 20온스는 경제에 투자되는 과정에 있다. 새로운 저축은 소비에 대한 총투자의 비율을 318:100에서 338:80으로 변화시킨다. '더 좁아진' 소비의 기초가 더 커진 생산재 지출을 지지해 주어야 한다. 특히 저차-생산 순위에 위치한 자본가들(lower-rank capitalists)이 종전보다 낮아진 총소득을 받아야 하는 상황에서 어떻게 이것이 가능할 것인가? 그 대답은, 유일한 방법은—사다리를 종전보다 더 올라가 한층 더 고차생산단계 쪽으로 투자를 옮겨감으로써 가능하다는 것이다. 단순한 조사를 해보더라도, 더 많은 투자가 낮은 단계에서 높은 단계로 이전될 수 있는 유일한 방법이, 동일한 (낮아진) 이자율 차이(축적된 가격격차)를 각 단계에서 유지한 채, 경제에서 **생산단계의 수를 증가시키는 것**, 즉 생산구조를 더 늘리는 것임을 알게 된다. 순 저축, 즉 증가된 총저축이 경제에 주는 충격은 생산구조를 장기화하고 좁히는 것이며, 이 과정은 생산단계와 단계 사이의 가격차이(price spreads)를 유지하기 때문에 살아남으며 스스로를 지지한다.〈그림 8-1〉은 순 저축의 충격을 예시하여 설명하고 있다.

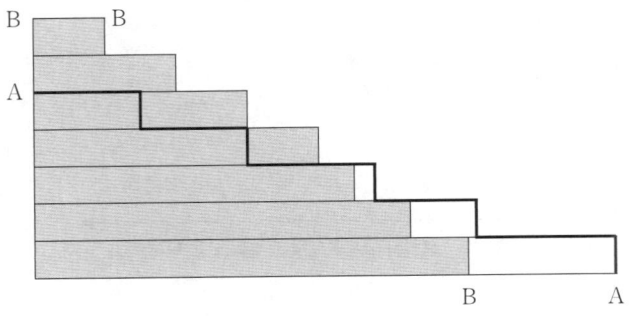

〈그림 8-1〉 순 저축의 영향

이 그림에서 우리는 생산구조의 협소화와 장기화를 볼 수 있다. 굵은 선 AA는 원래 생산구조의 윤곽이다. 가장 밑바탕에 있는 누운 막대기—소비—는 순 저축의 추가로 길이가 좁혀졌다. 우리가 계단을 올라가 보면—이 그림에서 계단은 이자 차(interest spread)를 나타낸다.[7]—새로운 생산구조 BB(음영부분)는 사다리의 위쪽에서 넓어지고 마침내 새로운, 그리고 더 높은 생산단계가 추가될 때까지 원래의 구조에 비해 상대적으로 점차 덜 좁아진다. 독자는 새로운 생산구조 BB에서 계단들(단계들 사이의 차이들)이 AA에서보다 상당히 더 좁다는 것을 눈치 챌 것이다. 이것은 우연이 아니다. 만약 BB에서의 계단들이 AA에서와 마찬가지 넓이를 지닌다면 생산구조의 장기화가 발생할 수 없으며, 총투자는 증가되는 대신 감소할 것이다. 그러나 생산구조에서 넓이가 좁아지는 계단들은 무엇을 의미하는가? 좁아진 계단은, 이 그림을 그린 기초가 된 가정에 있었던, 이자 차의 하락, 즉 자연이자율의 하락과 같은 의미를 가진다. 그러나 우리는 위에서 사회에서 낮아진 시간선호율의 결과가 정확하게 이자율의 하락이라는 것을 살펴보았다. 그래서 낮아진 시간선호는 소비에 대한 저축-투자의 비율증가를 의미하며, 더 작은 가격차와 이와 동등한 의미를 지닌 이자율의 하락으로 귀결된다.

이자 차의 하락은〈그림 8-2〉에서처럼 또 다른 그림으로도 묘사될 수 있다.

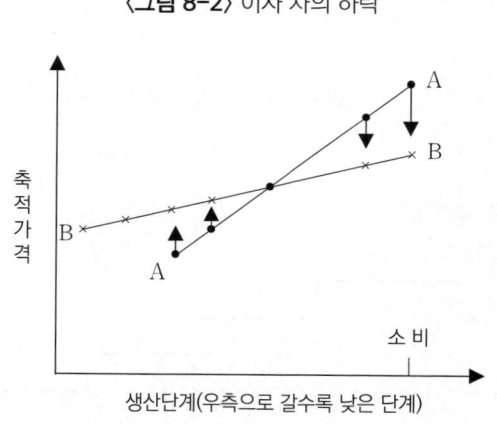

〈그림 8-2〉 이자 차의 하락

이 그림에서, 축적가격(cumulative price)들이 생산단계를 배경으로 그려져 있으며, 오른쪽으로 갈수록 생산단계가 낮아지며, 마침내 소비에 도달한다. AA는 원래 곡선으로 최고점이 가장 높은 축적가격—소비되는 최종제품의 가격—을 나타낸다. 좌측 바로 옆의 점들은 더 높은 생산단계들의 더 낮은 축적가격들을 나타낸다. AA선상의 이 점들 사이의 차이는 이자 차를, 따라서 단계와 단계 사이의 이자수익률을 나타낸다. BB는 저축이 증가된 후 새로운 상황에 적용되는 곡선이다. 소비는 감소하였다. 그래서 BB선상에서 가장 오른쪽에 있는 점은 AA선상에서 가장 오른쪽에 있는 점보다 더 낮다. 아래쪽으로 향한 화살표는 그 변화를 묘사하고 있다. BB곡선의 가장 오른쪽인 점의 왼쪽 바로 다음의 점은 물론 가장 오른쪽 점보다 더 낮지만, AA선상에서 이에 상응하는 점이 낮은 정도보다는 더 작은 양만큼만 낮다. 왜냐하면 이자율은 두 생산단계들의 축적가격들 중 더 작은 차를 의미하기 때문이다. 왼쪽의 바로 옆의 점은 동일한 이자수익률을 가지고 있는데, 대략 같은 기울기 위에 위치할 것이다. 따라서 BB곡선은 AA곡선보다 더 평평하므로—더 낮은 이자 차로 인해—AA곡선과 교차한다. 그 교차점의 왼쪽으로는, 즉 더 높은 생산단계들에서는, BB곡선에서의 축적가격이 AA에서의 가격보다 더 높다. 왼쪽편의 위로 향한 화살표들은 이 변화를 아울러 묘사하고 있다.

〈그림 8-1〉에서 우리는 추가적 저축, 즉 양의 순 저축이 생산구조와 이자율에 미치는 효과를 살펴보았다. 여기에서 우리는 이자율의 변화가 축적가격들의 차를 줄이고, 그래서 총소비가 더 낮아지며, 바로 다음 더 높은 생산단계들의 감소 폭은 줄어들고 마침내 선들이 교차하며 더 높은 생산단계들에서의 가격들은 종전보다 더 높아진다는 것을 알게 된다. 다양한 생산단계들에서의 가격변화와 가격변화가 일어나는 과정들을 고려해보자. 낮은 생산단계들에서는 낮아진 소비자 수요와 이에 따른 소비에 가장 가까운 생산단계들로부터 투자자본이 빠져나감으로써 가격들이 하락한다. 한편, 더 높은 생산단계들에서는 새로운 저축과 투자가 더 낮은 단계들로부터 이동해 오기 때문에 요소수요가 증가한다. 더 높은 단계들에서의 증가된 투자지출은 이 단계에서 요소의 가격을 인상시킨다. 그것은 마치 더 낮은 소비수요의 충격이 더 높은 생산단계들에서는 점차 약해져 없어지는 경향이 있고, 투자자금의 증가와 이동에 의해 점점 더 상쇄되는 것과 같다.

증가된 총저축으로 야기되어, 더 낮은 가격차로 재조정되는 과정은 하이에크에 의해 명확하게 묘사되고 있다. 그가 말하듯이:

> 최종효과는, 나중 생산단계에서의 가격하락과 처음 생산단계에서의 가격상승을 통해, 서로 다른 생산단계들 사이의 가격마진들이 전반적으로 감소할 것이다.[8]

다양한 부문들에서 축적가격들의 변화는 요소들을 축적하여 투입되는 생산단계의 특정 재화들의 가격변화로 이어질 것이다. 이 요소들은 물론, 자본재, 토지, 그리고 노동요소들이며, 궁극적으로 토지와 노동으로 환원된다. 왜냐하면 자본재는 생산된 (그리고 재생산된) 요소들이기 때문이다. 더 낮은 단계에서의 더 낮은 총수요가 그곳의 다양한 요소들의 가격을 하락시킬 것임은 분명하다. 특화된 요소들은 이제 다른 곳으로 갈 곳이 더 이상 없기 때문에 요소가격 하락의 대부분을 차지할 것이다. 이에 반해, 비(非)특화된 요소들은 다른 곳으로—요소에 대한 화폐수요가 증가된 더 빠른 단계들로—갈 수 있고, 실제로 간다.

자본재의 가격결정은 이와 관련해서는 궁극적으로 중요하지 않다. 왜냐하면 그것은 토지, 노동, 그리고 시간의 가격들로 환원될 수 있기 때문이며, 또 그 곡선들의 기울기들, 이자 차는 자본재의 가격결정 양식을 나타내기 때문이다. 그렇다면 궁극적으로 중요한 요소들은 토지, 노동, 그리고 시간이다. 시간요소는 광범위하게 고려되며 이자 차를 설명한다. 이전되거나 생산에 남아 있는 근본적 자원들을 구성하는 것은 토지와 노동요소이다. 어떤 토지는 특화되어 있고, 어떤 것은 특화되지 않은 것이다. 어떤 것은 몇 가지 대체적 유형의 생산과정에 사용될 수 있으며, 어떤 것은 단지 한 가지 유형에만 사용될 수 있다. 한편, 노동은 대부분의 경우 비(非)특화된 요소이다. 단지 한 가지 유형의 일만 수행할 수 있는 사람은 매우 드물 것이다.[9] 물론, 어떤 요소에 대한 비(非)특화의 정도는 서로 다르고, 덜 특화된 것일수록 한 생산단계에서 다른 생산단계로, 한 제품에서 다른 제품으로 이동하기가 더 쉬울 것이다.

그러므로 단지 하나의 특정 생산단계나 생산방법에 특화된 요소들은 나중 단계들에서는 그 가격이 하락할 것이며, 이른 단계들에서는 가격이 상승할 것이다. 모든 노동요소들을 포함하여 비특화된 요소들은 어떻게 되는가? 이들은 나중의 단계들에서 먼저의 단계들로 이전되는 경향이 있을 것이다. 처음에는, 각 비(非)특화된 요소의 가격에 차이가 있을 것이다. 비특화된 요소의 가격은 낮은 단계들에서는 더 낮고, 더 높은 단계들에서는 더 높을 것이다. 그러나 균형에서는, 우리가 여러 번 살펴보았듯이, 어떤 요소에 대해서든 경제 전반에 걸쳐 동일한 가격이 형성되어야 한다. 더 낮은 단계들에서의 더 낮은 수요와 이로 인해 귀결되는 더 낮은 가격이, 더 높은 단계에서의 더 높은 수요와 더 높은 가격과 함께, 그 요소가 나중 단계들에서 먼저 단계들로 이동하도록 하는 원인이 된다. 그 요소의 가격이 전체적으로 동일해질 때 그 요소의 이동은 멈춘다.

우리는 새로운 저축, 즉 소비로부터 투자로 이동의 다양한 수준에서 재화의 가격들에 미치는 영향에 대해 알아보았다. 그러나 총저축의 더 높은 수준으로의 변화가 요소들의 가격들에 주는 **총계적**(aggregate) 영향은 무엇인가? 여기에서 우리는 역설적 상황에 도달한다. **순 소득**(net income)은 궁극적으로 요소들―토지, 노동, 그리고 시간―에 돌아가는 화폐의 총량이다. 그 어떤 균형상태에서도, (저축은 종전의 기간에 대비한 총저축 수준의 변화를 의미하기 때문에) 순 저축은 정의상 영이며, 순 소득은 소비 하나하고만 일치한다. 만약 우리가 제1권의〈그림 6-1〉을 다시 보면, 우리는 본원적 요소들의 총소득과 이자는 총(gross)소득이 아니라 순(net) 소득으로부터 발생한다는 것을 알게 된다. 더 높은 수준의 저축으로 변화가 일어난 **이후** (잠시 변화의 시기 **동안** 적절한 조건들은 무시하고) 새로운 ERE를 고려해 보자. 총저축=총투자는 318에서 338로 증가하였다. 그러나 소비는 100에서 80으로 감소하였으며, 균형상황에서 순 소득을 제공하는 것은 소비이다. 순 소득은 종전에 그러했듯이, 이로부터 화폐가격들과 소득들이 본원적 요소들에게 지불될 '자금'이다. 그리고 이 자금이 **감소하였다**.

순 소득의 수령자들은 본원적 요소들(노동과 토지)이며, 시간에 대한 이자이다. 우리는 이자율이 하락한다는 것을 알고 있다. 더 낮아진 시간선호에 의해 야기된 이자율의 하락은 생산체제에서 저축과 투자의 증가와 같은 의미를 지닌다. 그러나 이자소득의 절대 총액은 이자율×총투자이다. 총투자가 증가하였으나 이자율은 하락하였으므로, 경제분석으로는 이자소득이 감소 혹은 증가했는지 아니면 그대로인지 알 수 없다. 구체적 상황에 따라 그 어떤 것도 가능하기 때문이다.

본원적 요소의 총소득이 어떻게 되는지도 역시 결정되지 않는다. **진보하는 경제**(총투자가 **증가하는** 경제)에서는 두 가지 힘들이 서로 다른 방향으로 끌어당긴다. 한편으로는, 총 순 소득 화폐기금이 줄어들고, 다른 한편으로는 만약 이자 하락이 충분히 크다면, 이자소득의 하락이 총 순 소득의 하락을 앞지르는 것이 가능하며, 그래서 총요소소득은 실제로 증가할 수 있다. 이런 일이 일어날 수는 있겠지만 경험적으로 그 가능성은 매우 희박하다.

하나의 확실한 전망은 요소들에 대한 총 순 소득과 이자가 하락할 것이라는 점이다. 만약 본원적 요소의 총소득이 떨어지면, 암묵적으로 본원적 요소들의 공급이 있었다고 가정하므로, 이자율뿐만 아니라 이 요소들의 가격들도 또한 '일반적으로' 하락할 것이다.

본원적 요소소득과 가격의 일반적 경향이 감소하는 방향이라는 점은 하나의 시작하는 결론이다. 왜냐하면 임금률과 (지표)임대료와 같은 요소가격들이 꾸준히 **감소하는** 그런 **진보하는** 경제를 상상하기는 어렵기 때문이다. 그러나 우리를 흥미롭게 하는 것은 **화폐**소득과 요소가격의 과정이 아니라 **실질**소득과 가격들의 과정, 즉 요소들에게 귀속되는 '재화-소득'(goods-income)의 과정이다. 만약 화폐임금률 혹은 임금소득이 떨어지고, 소비재의 가격이 한층 더 하락하도록 소비재의 공급이 증가한다면, 그 결과는 '실질'임금률과 요소에 귀속되는 '실질'소득의 증가이다. 이것이 바로 정확하게 일어나는 일이라는 사실이, 진보하는 경제에서 하락하는 임금과 임대료가 나타난다는 역설을 해소한다(비록 모든 생각할 수 있는 경우는 아니라고 하더라도). 화폐단위로는 하락할 수 있으나 **실질단위로는** 언제나 상승할 것이다.

실질임금률과 소득의 상승은, 저축과 투자의 증가 결과로 언제나 나타나는 요소들의 한계생산성 상승으로 인한 것이다. 더 긴 생산과정으로 인한 생산성의 증가는 자본재 및 가장 중요하게는 소비재의 공급증가와 이에 따른 소비재 가격의 결과적 하락을 가져온다. 그 결과, 비록 노동과 토지의 화폐가격이 하락한다 하더라도, 소비재의 가격들은 **언제나** 더 많이 하락할 것이며, 그래서 실질요소소득은 상승할 것이다. 이것이 진보하는 경제에서는 언제나 사실이라는 점은 다음의 것들을 고려해 보면 알 수 있다.

언제나 본원적 생산요소의 서비스 임금 혹은 임대료는 그것의 DMVP와 같을 것이다. 이 DMVP는 MVP(marginal value product, 한계가치생산)를 할인요인, 예컨대 d —이자율에 직접 의존하는—로 나눈 값과 같다. 이번에는 MVP가 대략 그 요소의 MPP(marginal physical product, 한계물리적 생산)에 판매가격, 즉 소비재의 최종가격을 곱한 값과 같다. 그래서 요소서비스의 가격은 다음과 같이 표시된다.

$$\text{요소 서비스의 가격} = \frac{MPP \times p}{d}$$

이 논의에서 우리는 소비재 '일반' 혹은 소비재 전체의 가격을 고려하고 있다. 본원적 생산요소들의 '실질'가격은 화폐가격을 소비재 가격들로 나눈 것과 같다. 엄격하게 말해, 이 총량을—혹은 화폐 구매력의 변화에 근거하여 '실질'소득을—측정할 정확한 인간행동학적 방법은 존재하지 않는다. 이 요소들에 대해 우리가 정확한 양적 측정을 할 수 없다 하더라도, 우리는 질적 언급은 할 수 있다.

$$\text{요소 서비스의 실질가격} = \frac{MPP \times P}{d \times P}$$

분모와 분자의 P들은 서로 상쇄되어 없어지므로, 결과적으로

$$\text{요소 서비스의 실질가격} = \frac{MPP}{d}$$

이제 진보하는 경제는 두 가지 대표적 측면을 보인다. 더 생산적이고 더 긴 생산과정으로부터 기인하는 본원적 요소의 MPP 증가, 그리고 하락하는 시간선호와 증가하는 총투자와 동시에 나타나는 할인율 d 혹은 이자율의 하락. 이 두 가지 요소—MPP의 증가와 d의 하락—가 모두 진보하는 경제에서 요소 서비스의 실질가격을 상승시키는 압력으로 작용한다.

결론적으로 진보하는 경제에서는, 즉 총저축과 투자가 증가하는 경제에서는 화폐임금과 지표토지(ground land)의 임대료는 떨어질 수 있지만 **실질**임금과 임대료는 증가할 것이다.[10]

이제 즉각 떠오르는 하나의 질문은 다음과 같다. 총소득이 종전과 같이 유지되고 총투자는 오히려 증가하는데, 어떻게 요소들의 가격이 감소하는가? 그 대답은 투자의 증가가 생산단계를 뒤로 밀어내고 더 긴 생산과정들을 채택하면서 생산단계의 수를 증가하는 데로 들어간다는 것이다. 모든 자본증가가—비록 기술적 **지식**의 진보가 동반되지 않더라도—본원적 요소당 더 높은 물리적 생산성으로 귀결되도록 하는 것은 바로 생산에서 '우회성'(roundaboutness)의 증가이다. 총투자의 증가는 특히, 새로운 생산단계를 유발하고, 기업가들이 요소들을 새로이 흥하는 분야로 이동하도록 유도하면서, 높은 생산단계의 자본재 가격을 인상시킨다. 말하자면 더 커진 총투자자

금이 고차 자본재(higher-order capital goods)의 높은 가격에 의해, 아울러 이 고차 자본재들이 이전되는 새로운 단계들의 창출에 의해, 고차생산단계들에 흡수된다.[11]

3. 변화하는 경제에서의 자본가치와 총이윤

우리가 본 것처럼 순 저축은 경제 내의 총투자를 증대시킨다. 이런 총투자의 증가는 처음에 투자가 증가된 사업을 하는 기업들에게 이윤으로 귀속된다. 이 이윤들은 특히 더 높은 단계에 귀속될 것이며, 그 높은 단계로 예전의 자본이 이동하고 새로운 자본이 투자될 것이다. 손실이 일어나는 만큼 자본가치가 줄어들듯이 어떤 한 기업으로 이윤의 귀속이 증가하면서 그 액수만큼 그 자산들의 자본가치가 올라간다. 새로운 투자의 최초 충격은 경제 내에 총이윤이 더 높은 단계들의 새로운 생산과정들에 집중되어 나타나도록 원인을 제공하는 것이다. 그러나 새로운 ERE로의 이행이 일어나기 시작하면서, 이 이윤들은 점점 더 이 기업가들이 생산과정에서 지불해야 하는 요소들에게로 옮겨간다. 궁극적으로, 만약 더 이상 다른 영향을 미치는 변화가 일어나지 않는다면, 그 결과는 경제 내의 이윤소멸, 새로운 ERE로의 안정, 실질임금과 여타 실질지대의 상승, 그리고 지표토지의 실질자본가치의 상승이 될 것이다. 이 후자의 결과는 물론 진보하는 경제는 지표토지의 실질임대료의 상승과 이자율의 하락으로 귀결된다는 종전의 결론과 완전한 일치를 이룬다.

임대료의 실질가치 증가는 예견될 수도 있고 그렇지 않을 수도 있다. 이것이 **예견되는** 정도만큼 전체 토지의 자본가치에 미래 임대료의 상승이 이미 감안될 것이고, 할인될 것이다. 더 먼 미래에서의 상승이 예견될지 모르지만, 시간선호가 유효한 현재의 '시간차원'(time horizon)을 넘어서는 매우 먼 미래시점에 대해서는 크게 의미를 두지 않는다는 단순한 이유로 토지의 현재가격에는 두드러진 영향을 미치지는 않을 것이다. 물론, 실질가격(비율)의 상승이 예견되지 못한 정도까지 기업가적 실수들이 저질러졌다고 할 수 있으며, 시장은 토지의 가치가 현재가격에 과소하게 자본화된다.[12]

그러므로 토지보유(landholding)의 역사 전체를 통해, **기초 토지**(basic land)로부터의 소득은(토지의 **개선**을 예외로 할 때) 오직 세 가지 방식으로만 획득될 수 있었다. ① 다른 이들의 전망실수를 교정하여 기업가적 이윤을 획득함으로써, ② 이자수익으로서, 혹은 ③ 그 토지의 **최초** 발견자와 사용자에게 자본가치의 증대에 의해. 첫 번째 유형의 소득은 명백하고 독특하지 않다. 이것은 어떤 분야의 기업에도 광범하게 퍼진 것이다. 두 번째 유형의 소득은 지표토지에 의해 획득되는 일반적 소득이다. 자본화라는 시장현상으로 인해 지표토지의 소득은 그 어떤 여타 사업에서와 마찬가지로 대개 투자에 대한 이자수익이다. 따라서 지표토지가 주는 소득 가운데 유일하게 독특한 구성요소는 자신의 토지가치가 영에서 출발했다가 양으로 바뀐 최초 사용자에게 귀속되는 ③이다. 그 이후 그 토지의 구매자는 토지의 자본화된 가치를 지불하여야 한다. 다시 말해 지표토지로부터 임대료를 획득하려면, 우리는 그것을 구매하든지 아니면 발견하여야 하며, 첫 번째 경우 구매자는 순수 임대료가 아니라 이자소득만을 번다. 자본화된 가치는 때때로 증가할 수 있고, 어떤 새롭고 예상치 못한 사태가 일어나는 경우에만(혹은 만약 미래에 관한 더 나은 지식이 세상 빛을 보는 경우에만) 할인되지 않을 것이다. 이 경우 종전의 소유자는 새로운 상황을 예견하지 못함에 따라 잃어버린 이윤에 해당하는 기업가적 손실을 입게 되고 현재의 소유자는 기업가적 이윤을 얻는다.

그렇다면 지표토지에 유일한 독특한 측면은 **첫 번째** 사용자는 그의 최초 발견과 그 토지의 사용으로부터 순수 임대료를 벌 수 있도록 그 지표토지가 발견되고 먼저 특정 시점에 시장에 나와야 한다는 점이다. 그 토지의 나중에 발생하는 모든 자본가치 상승은 더 나은 예측으로부터 귀결되는 기업가적 이윤으로서 혹은 이자수익으로서의 가치로 설명된다.

최초의 사용자는 그의 이득을 처음에만 벌게 되며, 그가 그 토지를 실제로 파는 그 어떤 나중의 시점에는 그 시점이 언제이든 상관없이 그런 이득을 벌지 않는다. 자본가치가 상승한 이후, 그 토지를 팔기를 거부하는 것은 기회비용—토지를 그 자본가치에 팔 때 얻었을, 그러나 얻지 못한 효용—을 포함하고 있다. 그러므로 그의 진정한 이득은 자신의 토지의 자본가치가 상승했을 때인 더 이른 시점에서 이미 거둔 것이며, 그가 화폐의 형태로 그 이득을 '취했던' 나중의 어떤 시점에서 그 이득을 거둔 것이 아니다.

만약 우리가 불확실성과 기업가적 이윤을 잠시 동안 논외로 하고, 모든 미래의 변화들이 시장에 의해 정확하게 예상될 수 있다는 매우 일어나기 어려운 조건을 가정한다면,[13] 그러면 지표임대료들 가치의 모든 미래 증가들이 토지가 처음 발견되어 사용되기 시작할 때 그 토지에 뒤쪽으로 자본화될 것이다. 최초의 발견자는 순 이득을 즉각 거둘 것이고, 그때부터 계속 그와 그를 이은 상속자나 구매자들이 벌어들이는 것은 통상적 이자수익이다. 미래의 상승이 너무 멀리 있어서 자본화된 가격에 들어가지 않는다면, 그것은 단순히 시간선호의 현상이며, 시장의 조정과정에 알기 어려운 어떤 신비스런 고장이 났다는 징조는 아니다. 완전한 할인은 결코 일어나지 않는다는 사실은 불확실성의 존재에 따른 것이며, 그 결과는 상승하는 토지의 자본가치를 통한 기업가적 이득의 지속적 추가이다.

그래서 토지소유자의 관점으로부터 본다면, 자본가치의 총증가분은 총이윤과 동의어라는 것을 알 수 있다.

총이윤은 고차 기업들과 함께 시작한다. 그리고서는 이들이 실질임금과 토지소유자의 총이윤, 특히 고차생산단계에 구체적 토지소유자의 총이윤을 인상할 때까지 아래로 흘러내려 간다(저차생산단계에 구체적 토지는 물론 자본가치의 하락 특히, 진보하는 경제에서 발생하는 손실의 대부분을 감당하게 된다).

지표토지의 유일한 소득이 이윤 혹은 이자가 아니므로, 우리에게 남겨진 것은 토지의 최초 발견자에게 돌아가는 원래의 이득뿐이다. 그러나 **여기에서도 다시**, 자본화는 존재하지만 순수 이윤은 존재하지 않는다. 새로운 토지의, 즉 새로운 자연자원의 선구적 발견은 다른 어떤 것과 마찬가지로 사업이다. 그 발견에 투자하는 것은 자본, 노동, 그리고 기업가적 능력을 필요로 한다. 이에 대해 탐험하고 발견된 토지를 사용될 수 있게 만드는 데 필요한 투자가 이루어질 때 토지의 발견과 사용에 따른 예상 임대료가 감안된다. 그러므로 이 이득도 역시 원래의 투자에 되돌아 자본화되며, 이득이 투자에 대한 통상적 이자수익이 되는 경향이 있을 것이다. 이 수익으로부터의 이탈은 기업가적 이윤과 손실일 것이다. 그러므로 우리는 실질적으로 지표토지로부터의 소득에 관해서도 전혀 독특한 것이 없으며, 생산시스템에서의 모든 순수 소득은 임금, 이자, 이윤으로 귀속된다고 결론내릴 수 있다.

진보하는 경제는 총 순 이윤의 특징을 보인다. 하나의 저축-투자수준으로부터 더 높은 수준으로 이동하면(진보하는 경제), 그 경제에서 특히 생산의 높은 단계에서 총이윤이 획득된다. 증가된 총투자는 처음에 순 이윤을 버는 기업들의 총자본가치를 증가시킨다. 생산과 투자가 높은 생산단계들에서 증가하면서, 그리고 새로운 저축의 효과가 지속되면서 이윤은 사라지고 실질임금률과 실질토지임대료의 상승으로 전이된다. 후자의 효과는 이자율의 하락에 보태어져서 지표토지의 실질자본가치 상승으로 이끌어간다.

역의 방향으로—총저축과 투자가 **감소하고** 소비가 **증가하는** 그런 변화된 비율의 방향으로—이동이 일어나면 무슨 일이 벌어질까? 대부분 우리는 단지 위의 분석을 역으로 추적할 수 있다. 즉, 318:100의 상황으로부터 338:80의 상황으로의 변화를 가정해보자. 새로운 균형으로 이전하는 동안 20온스의 **음의 순 저축**(net dissaving)이 발생할 것이다. 왜냐하면 총저축이 100에서 80으로 감소했기 때문이다. 아울러 동일한 액수의 **음의 순 투자**(net disinvestment)가 발생할 것이다. 그와 같은 이동의 원인은 시장에서 개인들의 시간선호스케줄의 상승일 것이다. 이것은 이자율을 높이고 생산단계들에서 축적가격들 사이의 이자 차를 넓혀놓을 것이다. 이것은 소비기반을 넓힐 것이지만, 저축과 투자에 쓸 돈을 더 적게 남길 것이다. 우리는 단순히 위의 그림을 역전시키고 역으로의 이동, 즉 더 짧고 더 넓은 생산구조로의 이동, 더 작은 수의 생산단계를 지니고 있는 더 가파른 가격곡선으로의 이동을 고려할 수 있을 것이다. 이자 차는 높아지지만 투자기반은 감소한다. 소비재 가격이 더 높아질 것이고, 따라서 이 단계와 여타 더 낮은 단계에서의 요소에 대한 수요가 더 커질 것이다. 한편 더 나중 단계들로 돈이 몰려가고, 투자자금이 감소하며, 이 자금이 높은 단계에서 낮은 생산단계로 이전해 감에 따라 더 높은 생산단계의 일반적 포기가 발생할 것이다. 구체적 요소들은 낮아진 소득과 높은 단계들의 완전한 포기의 부담을 대부분 감당할 것이고, 낮은 생산단계에서의 구체적 요소들은 득을 볼 것이다.

화폐적으로 보면 순 소득과 저축이 상승할 것이고, 따라서 총요소소득도 상승할 것이다. 이자율이 상승하는 반면, 총투자기반은 감소할 것이다. 실질단위로 보면, 대개의 생산과정—가장 긴 생산기간들—의 기각으로 인한 중요한 결과가 노동(과 토지)의 생산성 하락이다. 각 단계에서의 낮은 산출량과 자본재의 더 낮아진 공급, 그리고 결과적인 소비재의 더 낮아진 생산은 '생활수준'의 저하로 이끌어간다(이것은 아마도 더 높아진 이자율로 인해 일어나지 않을 가능성이 더 크지만). 화폐임금률과 화폐임대료는 상승할지 모른다. 그러나 소비재 가격은 소비재가 물리적으로 더 적게 공급되기 때문에 더 많이 오를 것이다.[14]

감소하는 총자본투자의 경우는 **퇴보하는 경제**(retrogressing economy)로 정의된다.[15] 감소된 투자는 가장 먼저 경제에서 총손실로서, 특히 이제 고객들을 잃고 있는 가장 높은 생산단계에 있는 기업들의 손실로서 드러난다. 기업들이 그 산업을 떠나고, 이제 이윤이 나지 않는 생산과정들을 기각함에 따라 시간이 지나면서 이 손실들은 사라지는 경향이 있을 것이다. 손실들은 그래서 더 낮아진 실질임금률과 더 낮아진 실질임대료의 형태로 요소들에게 전이될 것이다. 실질임대료의 감소는 높아진 이자율과 더불어 지표토지의 더 낮아진 실질자본가치의 원인이 된다. 특히 강한 타격을 입을 요소는 이 생산과정에 특화된 요소들일 것이다. 진보하는 경제에 총이윤이 발생하고 퇴보하는 경제에 총손실이 발생하는 이유는, 아마도 다음과 같은 방식으로 설명될 수 있다. 이윤이 출현하려면 시장에서 과소자본화 혹은 생산요소의 과대할인이 있어야 한다. 또한 손실이 출현하려면 시장에서 과대자본화, 혹은 과소할인이 있어야 한다. 그러나 만약 경제가 정체되어 있으면, 즉 만약 한 기간에서 다른 기간으로 총투자가 종전과 같은 수준이라면, 자본의 총가치는 종전과 같은 수준일 것이다. 하나의 생산라인에서 투자의 증가가 있을 수 있으나, 이것은 단지 다른 곳에서의 감소에 의해서만 가능할 것이다. 총자본가치는 종전과 같게 유지될 것이므로 (잘못된 과소자본화의 결과인) 어떤 이윤도 (잘못된 과대자본화의 결과인) 동일한 크기의 손실에 의해 상쇄될 것임에 틀림없다. 한편 진보하는 경제에서는 새로운 저축을 통해 추가적 투자자금이 존재하며, 이것이 그 체제 내부 어디에도 자본화가 아직 되지 않은 새로운 수입의 원천을 제공한다. 이것이 그 변화의 기간 동안 총 순 이윤이 된다. 퇴보하는 경제에서는 투자자금이 줄어들고, 이것은 요소가 순수하게 과대자본화된 영역들을 경제 내부에 만들어 놓는다. 요소의 소유자들은 이 변화의 기간 동안 총 순 손실을 당한다.[16]

그래서 우리 분석의 또 하나의 결론은 **정체하는 경제**에서는 총이윤이 총손실과 같을 것이라는, 즉 이윤과 손실의 합이 영이 될 것이라는 점이다. 이 정체하는 경제는 우리의 분석에서 큰 역할을 하는 ERE와 동일한 개념적 구축물이 아니다. 정체하는 경제에서는 불확실성이 사라지지 않으며, 그 체제 안에서 어떤 끊임없는 동일한 순환이 모든 요소에 해당되지 않는다. 사실, 투자된 총자본이라는 **단 하나의** 변함없는 항상성이 있을 뿐이다. 명백히, 정체된 경제는 (모든 여타 경제와 마찬가지로) 주어진 여건이 변하지 않는다면 ERE로 진화하려는 경향이 있을 것이다. 시간이 지나면 시장의 힘은 총이윤과 총손실뿐만 아니라 모든 **개별적** 이윤들과 손실들을 배제하는 경향을 지닐 것이다.

우리는 여기에서 잠시 숨을 돌려 간략하게 오래된 문제 하나를 고려할 것이다. '자본이득'(capital gain)—자본가치의 증가—이 **소득**인가? 만약 우리가 이윤과 자본이득, 그리고 손실과 자본손실이 동일하다는 것을 완전하게 깨닫는다면 해결책은 명확해진다. 아무도 사업이윤을 화폐소득으로부터 배제하지 않을 것이다. 자본이득에 관해서도 마찬가지여야 한다. ERE에서는 물론 자본이득도 자본손실도 존재하지 않는다.

이제 퇴보하는 경제와 자본투자 감소의 경우로 돌아가 보자. 저축으로부터 소비로 이동하는 폭이 클수록 그 효과가 더 극적인 경향이 있을 것이고, 생산성과 생활수준의 하락이 더 클 것이다. 그와 같은 이동이 일어날 수 있고 일어난다는 사실은 우리의 자본구조가 한번 구축되고 나면, 어떤 신통력의 작용 혹은 숨은 손에 의해 영구적으로 영원히 스스로 재생산한다는 유행하는 가정을 쉽게 반박하도록 해준다. 어떤 자본가들에 의한 적극적인 저축행동도 자본구조를 유지하기 위해 필요한 것으로 여겨지지 않고 있다.[17][18] 로마의 멸망은 이 가정의 오류에 대한 말없는 예시이다.[19]

자본가치의 유지를 거부하는 것, 즉 음의 순 저축 과정은 **자본소비**(consuming capital)로 알려져 있다. 정확하게 사회 내부의 자본가치를 측정하는 것이 불가능함을 인정하더라도, 이것은 여전히 매우 중요한 개념이다. '자본을 소비하는 것'은 물론 일부 비판가들이 조롱하듯이 언급한 것처럼 '기계를 먹는 것'을 의미하는 것이 아니라, 기존의 총투자와 기존의 자본재 구조를 유지하는 데 실패하고 투자자금의 일부를 소비지출에 사용하는 것을 의미한다.[20]

나이트(Frank H. Knight) 교수는 자본이 자동적으로 영구적이라고 가정하는 학파의 지도자였다. 나이트는 이윤이론과 기업가정신의 분석에서 경제학에 커다란 공헌을 하였으나, 그의 자본과 이자이론은 한 세대의 미국 경제학자들을 잘못 이끌었다. 나이트는 뵘바베르크와 하이에크의 '오스트리아학파'(Austrian) 투자이론에 대한 공격에서 아주 간명하게 그의 원칙을 요약하였다. 나이트는 오스트리아학파 이론이 두 가지 오류를 내포하고 있다고 말하였다. 하나는 뵘바베르크가 생산을 구체적 재화들의 생산으로 바라보았다는 점인데, "실제로는 생산되고 소비되는 것은 서비스"라는 것이다. 그러나 여기에는 아무런 실질적 문제가 없다. 재화는 **그 서비스에 대해** 가치 있다고 여겨진다는 점—사실 이 책에서 강조되고 있다—은 부정되어서는 안 된다. 그러나 구체적 자본재 구조가 그 서비스가 획득될 수 있기 이전에 먼저 생산되어야 한다는 사실도 또한 부인할 수 없다. 두 번째 나이트가 잘못되었다고 가상하고 교정한 것이며, 여기에 우리가 자본의 문제에 직접 부딪치는 것이 "어떤 서비스의 생산도 그 생산과정에서 사용된 것들의 재충당을 포함하고 있으며, 이것은 사용되어 없어진 것의 재생산…진정으로 세밀한 재충당을 포함하고 있다."[21]

이것은 명백히 옳지 않다. 서비스들은 적어도 우리의 논의에 적합한 경우들에서 사물에 의해 생산되며, 서비스는 **사물들**과 자본재를 써서 없애는 과정을 통해 생산된다. 그리고 이 생산은 필연적으로 유지와 재생산을 '포함하는' 것은 아니다. 이 옳다고 가정된 '세밀한 부분' (alleged 'detail')은 인간선택의 완전히 별개의 영역이며, 사용으로 닳아 없어진 자본을 대체하기 위해 더 많은 자본을 구축하는 것을 포함하고 있다. 퇴보하는 경제는 **위기국면**(crisis situation)이라고 부를 수 있는 첫 번째 예이다. 위기국면은 기업들이 전반적으로 손실을 보고 있는 상황이다. 그 경우의 위기적 측면은 가장 높은 생산단계의 포기에 따른 생산의 감소에 의해 악화된다. '과소저축'과 '과소투자'로부터, 즉 과거에 시작된 생산과정의 **지속**을 가능하게 하기에 충분한 저축과 투자를 **이제** 하지 않기로 한 사람들의 가치변화로부터 어려움들이 발생한다. 그러나 이 변화에 대해 우리는 단지 비판만 할 수 없다. 왜냐하면 현재의 조건들에서 사람들이 자발적으로 그들의 시간선호가 더 높아지도록 결정하였으며, 비록 미래 생산성을 낮추는 비용이 있음에도 불구하고 그들이 현재 더 많이 소비하기를 원하기 때문이다.

그러므로 일단 총투자가 더 큰 수준으로 증가하면, 이 수준이 자동적으로 유지되는 것이 아니다. 생산자들은 총투자를 유지하여야 하며, 이것은 단지 그들의 시간선호가 더 낮은 비율로 유지되고 계속 그들의 총화폐소득 가운데 더 큰 비율을 저축할 경우에만 가능하다. 게다가 우리는 이런 총투자의 유지와 더 이상의 진보가 화폐공급이나 화폐관계에서 여타 변화가 없더라도 일어날 수 있다는 점을 보여주었다. 사실 모든 제품과 요소들의 가격이 하락하면서도 이런 진보가 일어날 수 있다.[22]

4. 자본축적과 생산구조의 길이

우리는 투자가 생산구조를 장기화한다는 것을 보여주었다. 이제 우리는 이 접근방식에 대한 몇 가지 비판을 고려할 것이다.

뵘바베르크(Böhm-Bawerk)는 생산구조분석을 시작한 위대한 학자이지만, 불행하게도 그는 자본축적을 '더 우회적 생산방식'(more roundabout methods of production)이라고 말함으로써 오해의 소지를 남겨놓았다. 그래서 그의 유명한, 어떤 자본재도 가지지 않고 잡을 수 있는 것보다 더 많은 고기를 잡기 원한다면 먼저 어망을 만들고 이를 보수해야 하는 크루소의 예를 고려해보자. 뵘바베르크는 다음과 같이 말한다. "자본의 우회적 방식은 과실을 많이 얻지만 시간이 많이 걸린다. 우회적 방식은 우리에게 더 많거나 더 나은 소비재를 확보해 주지만, 단지 나중의 시점에 그렇게 해준다."[23] 이 방식을 '우회적'(roundabout)이라고 부르는 것은 확실히 역설적이다. 사람들은 언제나 그들의 목적들을 가능한 한 가장 직접적이고 가장 빠른 방식으로 달성하고자 노력하지 않는가? 우회적 생산방법의 더 높은 생산성에 대해 말하기보다는, 미제스가 그랬던 것처럼 "더 많은 시간을 요하는 생산과정의 더 높은 물리적 생산성을 이야기하는 것이 더 적절하다"(더 긴 생산과정들).[24]

이제 우리가 물리적 생산성의 측면에서 다양한 여러 가능한 생산과정에 직면해 있다고 가정해보자. 생산과정의 길이에 따라, 즉 자원의 투입과 최종생산물의 생산 사이의 기다리는 시간에 따라 우리는 이 과정들의 순위를 정렬할 수 있을 것이다. 최초 투입과 최종산출 사이의 기다리는 기간이 길어질수록 다른 조건이 일정하다면 비효용은 더 커질 것이다. 왜냐하면 만족이 충족될 때까지 더 많은 시간이 지나야 하기 때문이다.

가장 먼저 사용될 생산과정은 (가치와 물리적 의미에서) 가장 생산적이고 가장 시간이 짧은 방식일 것이다. 아무도 모든 긴 생산과정이 모든 짧은 생산과정보다 더 생산적이라고 주장한 적이 없다.[25]

아무튼 핵심은 모든 짧고 초생산적인 생산과정들이 가장 먼저 투자되고 확립될 것이라는 점이다. 어떤 주어진 생산구조에서, 새로운 투자는 더 짧은 생산과정에 투하되지는 않을 것이다. 왜냐하면 더 짧고도 더 생산적인 생산과정은 가장 먼저 선택되고 남아 있지 않을 것이기 때문이다. 우리가 살펴본 것처럼, 자본에 대한 투자는 인간이 초원시적 수준으로부터 상승할 수 있는 유일한 길이다. 그러나 이것은 짧은 생산과정을 통해 성취할 수 없다. 왜냐하면 가장 가치 있는 재화를 생산하는 짧은 생산과정은 먼저 채택될 것이기 때문이다. 어떤 자본재의 증가도 그 구조를 더 길게 하는 데 봉사할 수 있다. 즉, 더 길고 긴 생산과정들의 채택을 가능하도록 한다. 사람들은 종전에 채택했던 것보다 더 생산적인 더 긴 생산과정에 투자할 것이다. 이 생산과정들은 다음의 두 가지 점에서 더 생산적이다. ① 종전에 생산되던 재화를 더 많이 생산하는 것, 그리고/혹은 ② 더 짧은 생산과정으로는 생산될 수 없었던 새로운 재화를 생산하는 것. 이 틀 안에서 더 긴 생산과정들은 그 목표에 도달하기 위해 사용되어야 하는—더 우회적이 아니라—가장 직접적인 방법이다. 그래서 만약 크루소가 자본의 도움 없이 하루에 10마리의 물고기를 직접 잡을 수 있고, 어망을 가지고 있으면 하루에 100마리를 잡을 수 있다면, 어망을 짜는 것은 "물고기를 잡는 더 우회적 방법"으로 간주되지 말아야 하며, "하루에 100마리를 잡을 수 있는 가장 직접적인 방법"으로 간주되어야 한다. 게다가 자본이 없으면 어떤 양의 노동과 토지를 투입하더라도 사람이 자동차를 만들 수 있도록 해주지 않을 것이다. 자동차 생산을 위해서 일정량의 자본이 반드시 필요하다. 적정량의 자본생산은 자동차를 얻는 가장 짧고도 가장 직접적인 방법이다.

그래서 어떤 새로운 투자도 더 길고 더 생산적인 방법에 대해 이루어질 것이다. 그러나 만약 시간선호가 없다면, 가장 생산적인 방법이 시간과 상관없이 가장 먼저 투자될 것이고, 자본의 증가가 더 생산적인 방법이 사용되도록 만들지 않을 것이다. 시간선호의 존재는 더 생산적이지만 더 긴 생산과정의 사용에 대해 일종의 브레이크로 작용한다. 어떤 균형상태도 시간선호의 비율, 혹은 순수 이자율에 기초해 있을 것이며, 이 비율은 저축과 투자될 자본의 양을 결정할 것이다. 시간선호의 비율은 생산과정들의 길이에 대해 제한을 부과하고, 이에 따라 최대생산량에 한계를 지어줌으로써 자본을 결정한다. 그러므로 시간선호의 하락과 이에 따른 순수 이자율의 감소는 사람들이 이제 어떤 정해진 수량의 미래 산출물에 대해 좀더 기다리고자 한다는 것을, 즉 지금까지보다 비례적으로 좀더 많이, 그리고 좀더 긴 생산과정에 투자하려고 한다는 것을 의미한다. 시간선호와 순수 이자율이 상승한다는 것은 사람들이 덜 기다리려고 하며, 소비재에 더 많이 지출하고 더 긴 생산과정에 덜 지출하려고 해서 가장 긴 생산과정들에 대한 투자가 기각되어야 할 것이라는 뜻이다.[26]

증가된 투자가 생산과정을 길게 한다는 법칙에 대한 하나의 예외가 나타나는 경우는 투자가 종전에 획득한 재화보다 덜 유용하면서도 종전 재화들 일부보다 더 짧은 생산과정을 가진 그런 유형의 재화로 변할 때이다. 여기에서 이런 과정에 대한 투자는 생산과정의 길이에 의해서가 아니라 더 열등한 (가치)생산성에 의해 제어된다. 그러나 여기에서조차 생산구조는 더 길어진다. 왜냐하면 사람들이 새로운 재화와 예전의 재화에 대해, 종전에 자신들이 예전의 재화에 대해 기다리던 것보다 좀더 오래 기다려야 하기 때문이다. 새로운 자본투자는 언제나 생산구조를 전체적으로 더 길어지게 만든다.

기술적 발명이 더 적은 양의 자본투자로도 더 생산적인 과정을 허용해 주는 경우는 어떤가? 이것은 증가된 투자가 생산구조를 더 짧게 만드는 경우가 아닌가? 지금까지 우리는 기술적 지식이 주어져 있다고 가정했다. 그러나 동태적 세계에서는 이것은 주어진 것이 아니다. 기술진보는 변화하는 세상의 가장 극적인 특징의 하나이다. 그렇다면 이 '자본-절약적' 발명들은 무엇인가? 하나의 재미있는 사례가 화이트(Horace White)가 뵘바베르크의 비판에서 언급한 것이다.[27]

기름이 처음에는 북극의 고래잡이 선박에 의해 생산되었다. 고래기름이 고래 등으로부터 제조되었는데, 이는 명백히 오랜 시간이 걸리는 생산과정이었다. 나중에 발명 덕분에 사람들은 땅에 구멍을 뚫어 기름을 얻을 수 있었고, 그렇게 함으로써 생산기간을 즉각 단축할 수 있었다. 경험적으로 대개의 발명이 물리적 생산과정을 단축하지 않는다는 사실을 논외로 하더라도, 우리는 어떤 시점에서 투자와 생산성에 대한 한계는 기술적 지식의 상태가 아니라 저축된 자본의 희소성이라고 대답하여야 한다. 다시 말해, 당장 쓸 수 있음에도 활용되지 않고 쉬고 있는 기술적 발명들이 언제나 선반 위에 놓여있다. 이는 새로운 발명이 사회의 모든 기업들에 의해 즉각 채택되지 않는다는 사실에 의해 설명된다. 그러므로 어떤 추가적 투자도 생산과정을 장기화할 것이며, 이들 중 많은 것은 더 우월한 기법으로 인해 더 생산적일 것이다. 새로운 발명은 자동적으로 스스로를 생산으로 몰고 가지 않으며, 일단 먼저 사용되지 않은 발명의 리스트에 합류한다. 게다가 새로운 발명이 사용되기 위해서는 더 많은 자본이 투자되어야 한다. 고래잡이 선박들은 이미 건조되었다. 유전(油田)과 기계류 등은 새롭게 만들어져야 한다. 새로운 발명이라 하더라도 더 긴 과정들에 추가적 투자가 이루어져야만 더 많은 생산에 실제로 활용될 수 있다. 다시 말해 지금 더 많은 기름을 얻는 유일한 방법은 석유시추사업을 할 때 기계류와 더 긴 생산기간에 더 많은 자본을 투자하는 것이다. 뵘바베르크가 지적한 것처럼, 화이트의 비판은 그 발명이 더 자본을 절약하므로 제품의 생산이 생산과정의 단기화와 함께 증가할 경우에만 적용될 것이다. 그러나 그 경우 자본의 도움 없이 맨손으로 석유를 얻기 위해 땅을 파는 것이 기계류를 가지고 석유시추작업을 하는 것보다 더 생산적이어야 화이트의 비판이 유효할 것이다.[28]

뵘바베르크는 두 등급의 토지에 적용된 농업발명의 비유를 들었다. 그 중 한 등급의 토지는 종전에 한계생산 100부셸의 밀을 산출하고 있었고, 더 낮은 등급의 토지는 80부셸을 산출하고 있었다. 이제 그 발명을 사용하면 낮은 등급 토지의 한계생산을 110부셸로 인상시킨다고 해보자. 이것은 더 빈약한 토지가 이제 더 풍요로운 토지에 비해 더 많이 생산하며, 농업발명의 효과가 더 척박한 토지를 비옥한 토지보다 더 생산적으로 만든다는 뜻인가? 그러나 그렇다는 것이 정확하게, 발명이 짧은 생산과정이 더 생산적으로 만들 수 있다고 주장하는 화이트의 입장과 유사하다! 뵘바베르크가 지적한 것처럼 오류의 근원은 이것이다. 발명은 두 등급의 토지 모두의 물리적 생산성을 증가시킨다. 더 좋은 토지일수록 더 나은 것은 (농업발명 이후에도) 여전히 마찬가지이다. 마찬가지로, 어떤 발명이 종전에 더 긴 생산과정보다 더 짧은 과정을 더 생산적으로 만들 것이라는 것은 아마도 사실일 것이다. 그러나 이것은 이 과정이 모든 더 긴 생산과정들보다 우월하다는 것을 의미하는 것은 아니다. 그 발명을 이용하는 더 긴 생산과정들은 여전히 더 짧은 과정들보다 더 생산적일 것이다(기계를 써서 석유시추를 하는 것이 기계를 쓰지 않고 석유시추를 하는 것보다 더 생산적이다).

기술적 발명들은 경제이론에서 마땅히 받아야 할 수준을 넘어서는 중요한 위치를 차지하였다. 생산이 '현재의 기술수준'(state of the arts) ―기술적 지식―에 의해 제약되며, 그래서 기술상의 어떤 개선도 즉각 생산에 적용된다고 가정되었다. 물론 기술은 생산의 한계를 설정한다. 어떤 생산과정도 그것을 어떻게 운영할 것인지에 관한 기술적 지식 없이는 사용될 수 없다. 그러나 지식이 한계가 있는 반면, 자본은 더 좁은 한계를 지니고 있다. 자본이 이미 존재하는 지식을 넘어서 생산에 참여할 수 없는 것은 분명한 반면, 지식이 사용되도록 하는 자본이 없이도 지식이 존재할 수 있고 존재한다는 것은 논리적으로 분명하다. 따라서 기술과 기술의 개선은 생산과정에서 그 어떤 직접적 역할도 하지 않는다. 기술은 중요한 반면, 항상 자본의 투자를 통해 작동한다. 위에서 언급한 것처럼 석유시추와 같은 가장 극적인 자본절약적 발명도 단지 저축과 자본의 투자에 의해서만 실제로 활용될 수 있다.

생산에서 기술이 저축된 자본의 공급에 비해 상대적으로 덜 중요한 것은, 미제스가 지적한 것처럼 단순히 '과거를 되돌아'보거나 '저개발' 국가들을 살펴보면 명백해진다.[29] 이 국가들에서 부족한 것은 서구의 기술(노하우)이 아니다. 그것은 충분히 쉽게 배울 수 있다. 사람이 직접 전하거나 책의 형태로 지식을 전해 주는 서비스는 즉각 돈을 지불하여 구할 수 있다. 부족한 것은 선진기법을 실제로 효력이 발휘하게 하기 위해 필요한 저축된 자본의 공급이다. 아프리카 농부는 미국의 트랙터 그림을 쳐다본다고 별 이득을 얻지 못할 것이다. 그가 부족한 것은 트랙터를 구입하기 위해 필요한 저축된 자본이다. 이것이 그의 투자와 생산에 가해지는 중요한 한계이다.[30]

그러므로 어떤 한 사업가의 더 길고 물리적으로 더 생산적인 생산과정에 대한 새로운 투자는 종전에 알려져 있으나 시간선호의 한계로 사용되지 않던 여러 생산과정들로부터 이루어질 것이다. 시간선호의 하락은 투자자가 처분할 수 있는 저축된 자본의 확대, 그리고 이에 따른 더 긴 생산과정들의 팽창을 의미하고 투자의 시간한계가 약화되었다는 뜻이다.

일부 비판가들은 모든 순 투자가 생산구조를 장기화하는 데 투하되지는 않는다고 ―새로운 투자가 기존의 생산과정을 복제하는 데 투하될 수 있다고 공격한다. 그러나 이 비판은 목표지점을 잘못 선택한 것이다. 왜냐하면 우리의 이론은 순 저축이 반드시 실제로 어떤 구체적 생산라인의 더 긴 생산과정에 투하되어야 한다고 가정하지 않기 때문이다. 더 긴 생산구조는 이미 존재하는 더 짧은 과정에 덜 투자하고, 이미 존재하는 더 긴 생산과정들에 더 많이 투자함으로써 총생산구조를 길게 하는, 소비로부터 투자로의 전환에 의해 마찬가지로 달성될 수 있다. 그래서 앞에서 언급한 크루소의 경우에, 크루소가 이제 하루에 총 150마리의 물고기를 잡게 해줄 두 번째 어망에 투자한다고 해보자. 비록 두 번째 어망이 첫 번째 어망보다 결코 더 생산적이지 않다고 하더라도 생산구조는 더 길어진다. 왜냐하면 그가 총자본을 구축하고 또 재구축한 시점으로부터 그의 산출물이 출현할 시점까지의 총생산기간은 이제 상당히 더 길어지기 때문이다. 그는 이제 다시 (여가를 포함한) 현재소비를 줄이고 두 번째 어망을 만들어야 한다.[31]

5. 신기술의 채택

어떤 일정 시점에 현재 활용이 가능하고 더 생산적이지만 과거 방법을 지속하는 많은 기업들이 아직 사용하지 않는 생산기법들을 선반 위에 두고 있을 것이다. 무엇이 이 기업들로 하여금 더 생산적인 새로운 기법을 채택하는 정도를 결정하는가?

기업들이 과거 방식을 즉각 허물어버리고 새롭게 시작하지 않는 이유는 그들과 그들의 선조가 어떤 특정한 자본재 구조에 투자했기 때문이다. 시간, 선호, 자원, 기술이 변함에 따라 이 자본투자의 상당부분은 사후적으로 기업가적 실수가 된다. 다시 말해, 투자자들은 변화된 패턴의 가치와 방법들에 대해 미리 예견하였더라면, 완전히 다른 방식으로 투자했을 것이다. 그러나 이제 투자는 이미 이루어졌으며, 이에 따라 귀결되는 자본구조는 과거로부터 주어진 잔재이자 우리가 작업해야 할 자원이다. 현재의 비용들은 단지 지나가버린 현재와 미래 기회들이고 지나간 것은 되돌릴 수 없기 때문에, 현존하는 장비들은 가장 이윤이 발생하는 방식으로 사용되어야 한다. 그래서 만약 투자자들이 트럭과 비행기로부터의 경쟁을 미리 예견했었더라면 19세기 말엽의 미국 철도 투자는 훨씬 더 적었을 것임은 의심할 여지가 없다.[32]

그러나 기존 철도장비는 남아 있으므로, 그 가운데 얼마가 사용될지에 관한 결정은 과거에 지출한 경비나 입은 손실이 아니라 현재와 예상되는 미래의 비용에 기초해서 내려야 한다. 그리고 만약 새로운 기계나 방법의 우월성이 새로운 기계를 구매하기 위해 필요한 추가적 경비를 보상하고도 남을 정도로 충분히 크다면, 과거 기계는 새롭고 더 나은 대체재를 위해 폐기처분될 것이다. 마찬가지가 공장을 과거의 입지로부터 새로운 곳으로 이전하는 데에도 적용된다(요소들이나 소비자들에 대한 더 큰 접근성으로 인해 우월하다면). 아무튼, 새로운 기법 혹은 입지의 적용은 이미 주어진 (그리고 구체적인) 자본재 구조의 유용성에 의해 한계가 주어진다. 이것은 언제나 소비자들의 욕구를 가장 잘 충족시키는 그런 공정이나 방법들이 채택된다는 것을 의미한다. 새로운 기법이나 입지가 이윤이 발생하지 않는다는 사실은 과거의 장비를 폐기처분하는 비용을 지불하고 새로운 공정에서 자본을 사용하는 것이 소비자 욕구의 충족이라는 관점에서는 낭비임을 의미한다. 그래서 얼마나 빨리 장비나 입지가 소용이 없는 것으로 폐기처분될지는 사업가들에 의해 자의적으로 결정되는 것이 아니다. 그것은 다양한 재화의 가격과 이윤이 나는 정도, 그리고 이들 재화를 생산하는 데 사용되는 비특화(non-specific) 요소의 가치를 결정하는 주체인 소비자들의 가치관과 욕구에 의해 결정된다.[33]

  종종 그런 일이 벌어지듯이 자유시장의 비판가들은 두 가지 모순되는 관점으로부터 자유시장을 공격하였다. 그 하나는 자유시장이 기술진보의 속도를 실현가능하고 또 마땅히 그래야 하는 속도보다 과도하게 낮춘다는 것이다. 그리고 다른 또 하나는 자유시장이 과도하게 기술진보를 가속화시켜 사회의 평화스런 과정을 동요시킨다는 것이다. 우리는 이 책의 앞부분을 통해 자유시장이 기업가들의 지식과 예견이 허용하는 한 최대한 요소들이 최선의 방식으로 소비자들이 원하는 것을 충족시키거나 배분되도록 생산한다는 것을 알게 되었다. 신기술과 새로운 입지를 통한 생산성의 개선은 기존의 공장을 사용함으로써 발생하는 가치생산의 잃어버린 기회비용을 감안하여 균형이 맞게 이루어질 것이다.[34] 그리고 훌륭한 예측에 대해 '상을 주고' 형편없는 것들은 비례적으로 '벌을 주는' 시장의 '선택'과정에 의해 기업가적 예견의 능력은 가능한 한 최대한 확보될 것이다.

1) 기업가정신과 혁신

슘페터(Schumpeter) 교수의 자극 아래, 기업가정신의 본질은 혁신―새로운 방법을 들여오고 신제품을 개발하는, 대담한 혁신자에 의한 평화롭고, 변하지 않은 기업관행의 교란―이라고 여겨지고 있다. 물론 제품을 만들어내는 더 생산적인 방법의 발견과 적용 혹은 가치 있는 신제품 개발의 중요성을 부정할 수는 없다. 그러나 분석적으로 보면, 이 과정을 과대평가할 위험이 존재한다. 왜냐하면 혁신은 기업가에 의해 수행되는 많은 활동 가운데 하나에 불과하기 때문이다. 우리가 위에서 살펴본 것처럼 대개의 기업가들은 혁신자들이 아니라, 기존의 기술적 기회라는 큰 틀 속에서 자본을 투자하는 과정에 있다. 제품의 공급은 가능한 기술적 노하우에 의해서라기보다는 자본재의 공급에 의해 제한된다.

기업가적 활동들은 불확실성이 존재한다는 사실로부터 도출된다. 기업가는 소비자들의 욕구를 더 만족시키기 위해 시장의 불일치를 조정하는 자이다. 그가 혁신할 때에도 그는 역시 조정자이다. 왜냐하면 그는 새로운 방법이나 신제품의 잠재성에서 드러나는 불일치를 조정하고 있기 때문이다. 다시 말해, 만약 현행 (자연)이자수익이 5%이고, 사업가가 제품생산의 신기술을 적용함으로써 10%를 벌 수 있다고 추정한다면, 그는 다른 경우에서와 마찬가지로, 시장에서 불일치의 틈을 발견하였으며 이를 교정하는 일을 벌일 것이다.

더 많은 신기술의 과정을 출범시키고 생산함으로써, 그는 소비자의 욕구―즉, 그가 소비자의 욕구일 것으로 추정하는 것―에 생산을 조정해 나가는 기업가적 기능을 추구하고 있다. 만약 그가 추정한 대로 성공하여 이윤을 거둔다면, 그와 (그를 모방하는) 다른 사람들이 이 분야에서 소득불일치가 배제되고, 더 이상 '순' 이윤이나 순 '손실'이 존재하지 않을 때까지 활동을 계속할 것이다.

6. 저축-투자의 수혜자들

우리는 저축과 투자의 증가가 노동과 토지와 같은 생산요소 소유자의 실질소득을 증가하도록 한다는 것을 살펴보았다. 후자는 지표토지의 자본가치 증가에 반영된다. 그러나 토지요소에 주어지는 혜택은 특정 토지에만 발생한다. 전체적으로는 토지가치가 증가하더라도 다른 일부 토지는 가치가 떨어질 수 있다. 이것은 보통 토지는 비교적 특화된 요소이기 때문에 그렇다. 현저하게 비(非)특화된 요소인 노동에서는 반대로 아주 일반적인 실질소득의 상승이 발생한다. 이 노동자들은 투자증대의 '외부적 수혜자들'(external beneficiaries)이다. 즉, 그들은 이 혜택에 대해 지불하지 않은 다른 이들의 행동의 수혜자들이다. 투자자들은 스스로 어떤 혜택을 획득하는가? 장기적으로 그 혜택은 별로 크지 않다. 사실 이자율은 감소된다. 그러나 이것은 손실이 아니다. 왜냐하면 그들의 변화된 시간선호의 결과이기 때문이다. 그들의 실질이자수익은 사실 증가될지 모른다. 왜냐하면, 이자율의 하락은 팽창하는 경제에서 화폐단위의 구매력 증가에 의해 상쇄될 수 있기 때문이다.

그러므로 투자자들이 얻는 주요 혜택은 단기적인 기업가적 이윤들이다. 이것은 어떤 특정 분야에 투자할 때 얻을 이윤을 예견한 투자자들에 의해 획득된다. 비록 변화하는 여건은 언제나 새로운 이윤기회들을 기업가적 투자자들에게 제공하지만, 한동안 더 많은 투자자들이 이 분야에 들어오면서 이 이윤들은 사라지는 경향이 있다. 그러나 노동자들과 토지소유자들에 의해 획득되는 단기적 혜택은 더 확실하다. 기업가-자본가는 불확실한 시장에 대해 투기적으로 예상하는 위험을 부담한다. 그들의 투자는 이윤을 낳을 수도 있고, 전혀 이윤도 손실도 없을 수도 있으며, 혹은 즉각적 손실을 입을 수도 있다. 아무도 이들에게 이윤을 보장할 수는 없다.[35] 새로운 투자 전체로 보면 총 순 이윤을 가져오는 것은 확실하지만, 아무도 확실하게 어떤 분야에서 이윤이 실현될지 예측할 수 없다. 한편, 근로자들과 새로운 투자분야의 토지소유자들은 새로운 투자가 더 길어진 과정에서 노동과 토지를 경쟁적으로 획득하고자 함에 따라 즉각 이득을 본다. 이들은 투자가 비경제적이고 이윤이 남지 않은 것으로 판명되더라도 이득을 본다. 왜냐하면 소비자를 만족시키는 데 저지른 실수는 자본가-기업가들의 무거운 손실에 의해 감당될 것이기 때문이다. 그동안 근로자들과 토지소유자들은 이득을 거두어들였다. 그러나 이것은 명백한 이득이 되기 어렵다. 왜냐하면 소비자들은 전체적으로 잘못된 종류의 재화를 생산하는 기업가적 실수로 실질소득에서 손실을 보기 때문이다. 그러나 실수를 저지름으로써 그 손실을 정면으로 감수해야 하는 사람들은 기업가들이라는 것은 명백하다.

7. 진보하는 경제와 순수 이자율

진보하는 경제의 특징은 필연적으로 순수 이자율의 하락임에 틀림없다. 우리는 더 많은 자본이 투자되기 위해서는 시간선호의 일반적 감소를 반영하여 순수 이자율이 하락해야 한다는 사실을 살펴보았다. 만약 순수 이자율이 종전과 같이 유지된다면, 이것은 새로운 투자나 혹은 음(陰)의 투자가 전혀 없을 것이고, 시간선호가 일반적으로 안정적이며 경제가 정체하고 있다는 표시이다. 순수 이자율의 하락은 시간선호의 하락과 총투자의 증대와 같은 뜻이다. 순수 이자율의 상승은 시간선호의 상승과 순음의 투자와 같은 뜻이다. 그러므로 경제가 진보하려면 시간선호와 순수 이자율은 지속적으로 떨어져야 한다. 만약 순수 이자율이 종전과 같이 유지된다면, 자본은 단지 종전과 같은 실질수준에 유지될 수 있을 뿐이다.

인간행동학(*praxeological*)은 결코 수량적 법칙을 확립하지 않으므로, 우리가 순수 이자율과 자본의 변화량 사이의 수량적 관계를 결정할 수 있는 방법은 전혀 없다. 우리가 단언할 수 있는 것이라고는 질적 관계뿐이다.

우리가 말하지 않는 것이 무엇인지 주의할 필요가 있다. 우리는 순수 이자율이 현재 존재하는 자본재의 양 혹은 가치에 의해 결정된다고 단언하는 것이 아니다. 그러므로 우리는 이자율이 '자본의 가격'이므로 (혹은 여타 이유로) 자본재의 양이나 가치의 증대가 순수 이자율을 하락시킨다고 결론내리지 않고 있다. 오히려 반대로 우리는 정확하게 그 역을, 즉 더 낮은 순수 이자율은 공급되는 자본재의 양과 가치를 증가시킨다는 것을 단언하고 있다. 인과적 원칙은 일반적으로 믿는 것과는 정확하게 반대

방향으로 작동한다. 그래서 순수 이자율은 언제나 변할 수 있고 시간선호에 의해 결정된다. 만약 순수 이자율이 낮아지면, 투자된 자본의 양은 증가하고, 만약 높아지면 투자된 자본은 감소할 것이다.

순수 이자율의 변화가 자본재의 양에 역의 효과를 지니고 있다는 사실은 받아들여진 공리들로부터 도출되며, 불확실하고 복잡한 경험적 데이터로부터 추론된 것이 아니다.[36]

이 법칙은 예컨대, 후진국들에서 시장이자율이 선진국들에서보다 높다는 현상을 관찰함으로써 도출된 것이 아니다. 이런 현상은 확실히 적어도 부분적으로는 후진국들에 더 높은 기업가적 위험요소가 존재하기 때문이며, 반드시 순수 이자율의 차이로 인한 것은 아니다.

8. 시장이자율의 기업가적 구성요소

ERE에서는 우리가 살펴본 것처럼 경제 전반에 걸쳐 이자율이 동일할 것이다. 현실세계에서는 특히, 매우 위험한 벤처에서 이자율에 위험의 정도에 따라 덧붙여지는 추가적인 기업가적 (혹은 '위험') 구성요소가 있다('위험'은 통계적으로 '확실하다'는 의미를 내포하고 있으므로, 우리는 이것을 '불확실성의 정도'라고 부르는 것이 나을지 모른다). 그래서 경제 내에서 기본적 사회 시간선호율 혹은 순수 이자율이 5%라고 해보자. 자본가들은 100온스어치의 미래재를 사서, 산 시점보다는 특정 미래의 시점이 더 가까워진 1년 후 그 미래재를 105온스에 팔 것이다. 그래서 5% 수익은 '순수' 수익이다. 즉, 이것은 105온스가 확정적으로 귀속될 것이라고 가정되는 수익이다. 다시 말해 순수 비율은 그 어떤 기업가적 불확실성도 추상화해 생략한다. 이것은 미래재가 알려져 있고 확실하게 출현할 것이라는 가정 아래 현재재의 미래재에 대한 프리미엄을 측정한다.

현실세계에서는 물론 아무것도 절대적으로 확실한 것은 없으므로 시간선호의 결과 순수 이자율은 결코 홀로 나타나지 않는다. 이제 특정한 벤처 혹은 산업에서 어떤 한 제품의 1년 후 미래의 판매로부터 105온스를 벌어들일 수 있다는 것이 거의 확실하다고 가정해보자. 그러면 5%의 사회적 시간선호율과 함께 자본가-기업가는 100온스를 요소에 대해 기꺼이 지불하고 5%의 수익을 거두어들일 것이다. 그러나 기업가들이 매우 위험하다고 생각하는 또 다른 가능한 벤처가 있다고 가정해보자.

그 제품은 105온스에 팔릴 것으로 예상되고 있으나, 갑자기 폭락할 일정한 가능성이 있다. 이 경우 기업가들은 그 요소에 대해 100온스를 기꺼이 지불하려고 하지 않을 것이다. 그들은 그들이 안고 있는 추가적 위험에 대해 보상받아야 할 것이다. 요소의 가격은 최종적으로 90온스가 될 수 있다. 그래서 어떤 사업이 사전적(事前的)으로 더 위험하게 보일수록, 자본가들이 그 투자를 하기 전에 요구하는 예상 이자율 수익은 더 높아질 것이다.

그렇다면 시장에서는 모든 구조의 이자율이 순수 이자율 위에 각 사업의 예상위험에 비례하여 덧붙여질 것이다. 이 구조의 대응부분이 대부시장에서의 이와 유사한 이자율의 다양성일 것이다. 이 대부시장의 이자율도 통상 그렇듯이 재화시장으로부터 도출된 것이다.[37] 물론 장기적으로 여건이 주어졌다면, 사람들이 특정 속성을 지닌 사업은 상당히 일관되게 5%보다 높은 수익을 낸다는 것을 깨닫게 될 것이다. 이 사업의 위험요소는 하락할 것이고, 다른 기업가들이 이 유형의 사업에 뛰어들 것이며, 이자율은 5%로 다시 하락하여 돌아갈 것이다. 그래서 다양한 이자율의 위험구조는 단일이자율을 향한 경향성을 무효화하지는 않는다. 그 반대로 어떤 이자율의 다양성도 시장에 여전히 남아 있는 불확실성의 다양한 '위험'지표와 같은 것이라고 할 수 있으며, 또 만약 여건이 변하지 않은 채 얼어붙어 있고 ERE가 도달된다면 배제될 것이다. 만약 여건이 변하지 않은 채 유지된다면, ERE의 균일성(uniformity)이 뒤따를 것이다. 우리가 ERE의 균일성을 실제로 가지지 못하는 것은 여건이 언제나 변화하고, 그래서 새로운 불확실성들을 만들어내기 때문이다.

9. 위험, 불확실성, 그리고 보험

기업가정신은 미래의 불가피한 불확실성을 다룬다. 그러나 어떤 형태의 불확실성은 보험·통계적 위험으로 전환될 수 있다. '위험'(risk)과 '불확실성'(uncertainty) 간의 구별은 나이트 교수에 의해 발전되었다.[38]

'위험'은 어떤 사건이 더 큰 수의 동질적 사건들의 한 구성요소이고, 이 유형의 사건들의 발생에 대해 상당히 확실한 지식이 있을 때 발생한다. 그래서 한 기업이 볼트를 생산하고 긴 경험을 통해 이 볼트 중 어떤 거의 고정된 비율, 예컨대 1%가 결함이 있다는 것을 안다. 그 기업은 어떤 주어진 볼트가 결함이 있는지의 여부는 모를 것이지만, 전체 가운데 어떤 비율이 결함이 있는지는 안다. 이 지식은 특히, 충분한 볼트가 생산될 경우 결함비율을 그 기업운영의 확정적 비용으로 전환시킬 수 있게 한다. 다른 상황에서는(화재의 위험과 같이) 주어진 손실 혹은 장애가 특정한 한 기업의 평상시 운영에 비해서 아주 크고 자주 일어나지 않을 수 있으나 아주 많은 수의 기업들을 놓고 보면, '측정할 수 있는' 보험·통계적 위험으로 간주될 수 있다. 그와 같은 상황에서 그 기업들은 스스로 자신들의 위험을 함께 모을 수 있거나 혹은 어떤 한 전문화된 기업, 즉 '보험회사'가 그 기업들이 처한 위험을 모으는 일(pooling)을 조직할 수 있다. 보험의 원칙은 기업들 혹은 개인들이 위험 아래 놓여있고, 그 위험이 전체로는 동질적 경우들의 한 집단을 형성하는 것이다. 그래서 1천만 기업들 가운데 어떤 한 기업도 다음 해에 화재를 당할지에 대해 전혀 알 수 없으나, 10개의 기업들은 화재를 당할 것이라는 것이 잘 알려지게 된다. 이 경우 각 기업들이 '보험을 들어' 손실의 위험을 모으는 것이 유리하다. 각 기업은 일정 프리미엄을 지불하고, 이 프리미엄들이 모여 화재를 당하게 될 기업들에게 보상할 합동자금이 될 것이다.

경쟁의 결과 보험서비스를 조직하는 기업은 그 투자에 대해 더 이상 이하도 아닌 통상적 이자율을 얻는 경향이 있을 것이다.

위험과 불확실성 사이의 대비는 루드비히 폰 미제스에 의해 훌륭하게 분석되었다. 미제스는 이 두 가지가 보다 더 일반적 범주인 '계급확률'(class probability)과 '경우확률'(case probability) 아래 포괄될 수 있음을 보여주었다.[39] '경우확률'은 '확률'이란 용어를 유일하게 과학적으로 사용한 것이며, 숫자로 표현할 수 있는 유일한 확률의 형태이다.[40] 확률에 관한 혼란스런 문헌에서 그 누구도 계급확률을 루드비히 폰 미제스처럼 설득력 있게 정의내린 사람은 없다.

계급확률은 다음을 의미한다. 우리가 관련된 문제에 대해 사건이나 현상의 전체 계급의 행위에 대해 모든 것을 알고 있거나 알고 있다고 가정한다. 그러나 실제로 특정 사건이나 현상에 대해서는 그것이 이 계급의 한 요소라는 사실 이외에는 아무것도 알지 못한다.[41]

보험으로 감당할 수 있는 위험은 계급확률의 한 사례이다. 사업가는 얼마나 많은 개수의 볼트들이 전체 볼트들 가운데 결함이 있을지 알고 있다. 그러나 어떤 특정 볼트가 결함이 있을지에 대해서는 알지 못한다. 생명보험에서 사망률 표는 각 연령집단의 사망률을 보여준다. 그러나 이 표는 특정인의 수명에 대해서는 아무것도 알려주지 않는다.

보험회사들은 문제를 가지고 있다. 각 개별 경우에 대해 어떤 특정한 속성이 알려지는 순간, 보험회사들은 경우의 동질성—즉 알려진 한 최대한 계급 내의 개별 구성원의 문제가 된 속성상의 유사성—을 유지하기 위한 노력의 하나로 그 경우들을 하부집단으로 나눈다. 그래서 한 연령집단의 어떤 하부집단은 직업의 특성으로 인한 높은 사망률을 지니고 있을 수 있다. 이들은 분리될 것이고, 두 가지 경우에 서로 다른 프리미엄이 적용될 것이다. 만약 하부집단들 사이의 차이에 대한 지식이 있다면, 그리고 보험회사들이 모두에게 같은 프리미엄을 부과하게 되면, 이것은 건강한 혹은 '덜 위험한' 집단이 더 위험한 집단을 보조하는 것을 의미할 것이다. 그들이 그와 같은 보조금을 구체적으로 주고자 원하는 것이 아니라면, 이 결과는 자유경쟁시장에서 결코 유지될 수 없을 것이다. 자유시장에서 각 동질적 집단은 각 집단의 보험·통계적 위험과 이자소득의 합계와 보험회사들의 필요경비에 비례하여 프리미엄을 지불하는 경향이 있을 것이다.

대개의 불확실성들은 보험으로 감당할 수 없다. 왜냐하면 각각의 불확실한 경우들은 대개 유일한 독특성을 지닌 경우들이며, 같은 계급의 구성원이 아니기 때문이다. 이들은 각 개인 혹은 기업이 직면하는 독특한 경우들이다. 이들은 다른 경우들과 닮은 점들이 있을지 모르지만, 그것들과 동질적이지는 않다. 개인들 혹은 기업가들은 특정 경우들의 결과에 대해 아는 것들이 일부 있지만, 모든 것을 알지는 못한다. 미제스가 정의를 내린 것처럼:

경우확률은 다음을 의미한다. 우리는 특정 사건에 대해 그 결과를 결정하는 요인들에 대해 일부 알고 있다. 그러나 우리가 전혀 알지 못하는 여타 요인들이 존재한다.[42]

기업가들 측에서의 미래비용, 수요 등에 대한 추정치들은 모두 객관적으로 측정하거나 보험을 들 수 있는 '위험'이라기보다는 상황에 대한 특정한 이해와 개인적 판단이 적용되어야 하는 불확실성의 독특한 경우들이다.

위험 혹은 불확실성 그 어느 쪽에 속하는 상황이든 '도박'(gambling) 혹은 '내기'(betting)와 같은 용어들을 적용하는 것은 정확하지 않다. 이 용어들은 바람직하지 않은 감정적 암시를 지니고 있으며, 또 다음의 이유가 있기 때문이다. 이 용어들은 불확실성 자체를 즐기기 위해 새로운 위험 혹은 불확실성이 창출되는 상황을 나타낸다. 주사위던지기에 관한 도박과 경마내기는 돈을 거는 사람 혹은 도박꾼이 그렇지 않았더라면 존재하지 않았을 새로운 불확실성을 의도적으로 창출한 예이다.[43]

한편 기업가는 불확실성 그 자체를 즐기려고 창출하지는 않는다. 반대로 그는 가능한 한 최대한 불확실성을 줄이려고 한다. 그가 직면한 불확실성은 이미 시장상황에서 인간행동의 속성 속에 내재되어 있다. 누군가가 이 불확실성을 다루어야 하며, 그가 가장 숙련되거나 혹은 기꺼이 하고자 하는 의사가 있는 후보자이다. 마찬가지로, 도박시설 혹은 경마시설의 운영자는 새로운 위험을 창출하지 않는다. 그는 도박꾼이거나 내기하는 자가 아니라 시장에서의 상황을 판단하려고 노력하는 기업가이다. 이윤과 손실은 기업가적 불확실성의 결과들이다. 통계적 위험은 기업운영의 비용으로 전환되며, 통계적 추계가 잘못된 경우를 제외하고는 이윤 혹은 손실의 원인이 되지 않는다.

NOTES

1 "이 분야에 대해 일반적으로 논의하면서 한 가지 빠뜨린 것은…이윤이 이윤 혹은 손실을 의미한다는 점을 인식하고 사실 이득이 될 수 있는 것과 마찬가지로 손실일 수 있다는 것이다." Frank H. Knight, "An Appraisal of Economic Change: Discussion," *American Economic Review, Papers and Proceedings*, May, 1954, p.63. 이윤이론에서 나이트 교수의 위대한 기여는 자본과 이자이론에서 그의 실수와 날카로운 대조를 보이고 있다. 그의 다음과 같은 유명한 책을 보라. *Risk, Uncertainty, and Profit*(3rd ed.; London: London School of Economics, 1940). 아마도 미제스의 다음 글이 이윤이론을 가장 잘 제시하고 있을 것이다. Ludwig von Mises, "Profit and Loss," in *Planning for Freedom*(South Holland, Ill.: Libertarian Press, 1952), pp.108~151.

2 물론 우리는 우리가 잘못된 조정을 바로 잡고 소비자들에게 봉사하는 것이 '좋고', 그런 잘못된 조정을 만들어내는 것은 '나쁘다'고 믿는 정도에 한해서만 그와 같은 가치판단을 할 수 있다. 그러므로 이 가치판단은, 비록 대부분의 사람들이 수용할 것이라 할지라도, 인간행동학적 진실인 것은 전혀 아니다. 소비자에게 봉사하는 데 있어 잘못된 조정을 더 선호하는 사람들은 반대의 가치판단을 채택할 것이다.

3 이 모든 것에 대해서는 다음 미제스의 글을 보라. Mises, "Profit and Loss," in *Planning for Freedom*. 공공시설 규제에서 자본이 자동적으로 이윤을 낳는다는 오류의 역할에 대해서는, Arthur S. Dewing, *The Financial Policy of Corporations*(5th ed.; New York: Ronald Press, 1953), I, pp.308~353 참조.

4 Mises, *Planning for Freedom*, p.114.

5 Hayek, *Prices and Production*, pp.48~49.

6 Hayek, "The 'Paradox' of Saving," in *Profits, Interest, and Investment*, pp.199~263.

7 이 생산구조 그림은 우리의 통상적인 것들과는 다르다. 각 단계에서 총투자를 나타내기 위해, 이 그림은 자본구조와 본원적 요소의 소유자에 대한 지불을 같은 막대기에 분리하지 않은 채 보여준다. 그래서 이 그림의 계단들은 (정확하지는 않지만 거친 형태로) 자본가들에게 주는 이자 차들을 나타낸다.

8 Hayek, *Prices and Production*, pp.75~76.

9 물론, 노동요소의 생산성은 맡은 업무에 따라 다를 것이다. 아무도 이 점에 대해 부인하지 않는다. 정말 만약 그렇지 않다면, 그 요소는 완전히 비(非)특화의 성격을 지닐 것이고, 우리는 이것이 불가능하다는 것을 살펴보았다. '특화된'이란 용어는 여기에서 하나의 생산과정에 대한 완전한 구체성을 의미하는 것으로 쓰였다.

10 역사적으로, 자본주의 경제를 발전시키는 것은 화폐공급을 팽창시키는 것과 우연히 일치하였으며, 그래서 우리는 교과서에서 묘사한 '순수' 과정의 경험적 설명을 보여주기가 매우 힘들다. 우리는 우리가 '화폐관계'(*money relation*)—화폐에 대한 수요와 특히 화폐의 공급—가 변하지 않는다고 가정했다는 점을 기억해야 한다. 이 관계변화의 효과는 제11장에서 고려될 것이다. 여기에서 이 가정을 유일하게 완화한 것은 생산단계의 수가 증가한다는 것이며, 이것은 그 정도만큼 화폐의 수요를 증가시키는 경향이 있다.

11 생산단계의 수가 증가함에 따라 금의 각 단위가 이 증가된 생산단계들에서 더 여러 번 '회전하여야 하는' 만큼 화폐수요가 증가한다. 아울러 이에 따라 증가된 화폐수요는 가격의 '일반수준'을 낮추는 경향이 있다.

12 여기에 제시된 것과 유사한 자본화 이득에 대한 견해로는, Roy F. Harrod, *Economic Essays*(New York: Harcourt, Brace & Co., 1952), pp.198~205 참조.

13 이것은 ERE를 가정하는 것과 마찬가지는 아니다. 왜냐하면 ERE에서는 예측해야 할 변화가 존재하지 않기 때문이다.

14 화폐단위로 잰 일반 화폐가격들의 상승은 화폐단위가 '회전하여' 들어오는 생산단계의 낮아진 숫자로 인해 감소된

화폐수요로 설명될 수 있다.
15 진보하는 경제와 퇴보하는 경제의 정의는 미제스의《인간행위》(Human Action)의 것과 다르다. 여기에서는 사회에서의 자본 증가 혹은 감소로 정의되는 반면, 미제스는 1인당 총자본의 증가 혹은 감소로 정의하고 있다. 현재의 정의는 저축과 투자에 초점을 맞추고 있으며, 인구증가 혹은 인구감소는 매우 다른 국면의 정의이다. 그러나 우리가 어떤 경제의 조건에 대한 역사적으로 '후생'의 정도를 평가할 때 1인당 생산의 문제는 중요해진다.
16 투자의 변화가 시장에서 예상되는 것은 가능하다. 증가나 감소가 예상되는 정도까지 총이윤이나 총손실은 투자의 실질적 변화가 발생하기 전에 자본가치 증가의 형태로 귀속될 것이다. 손실이 퇴보의 시기 동안 발생하는데, 이는 종전에 고용되던 생산과정들이 기각되어야 하기 때문이다. 생산자들은 이미 시작된 가장 높은 생산단계들을 포기하여야 한다는 사실을 충분히 예견하지 못했다.
17 넉시(Nurkse)의 생산구조분석에 대한 비판의 밑바닥에 바로 이 가정과 함께 '소비재산업'과 '자본재산업'으로의 완전히 정당화할 수 없는 양분화가 깔려 있다(사실, 자의적으로 양분화할 수 있는 것이 아니라 소비재로 귀결되는 자본재의 생산단계들이 있을 뿐이다). Ragnar Nurkse, "The Schematic Representation of the Structure of Production," *Review of Economic Studies*, II(1935) 참조.
18 사실, 이제 인기 있는 가정은 요소생산성이 '매년 2~3%'씩 증가할 수 있게 숨은 손이 어떻게 하든 자본이 자동적으로 계속 증가하도록 보장한다는 것이다.
19 현대적인 한 예로는 다음을 들 수 있다. 오스트리아는 전 세계적으로 인기 있는 정책을 추진하는 데 성공적이었다. 호주는 다섯 가지 측면에서 가장 인상적인 기록을 가지고 있다. 즉, 공공지출을 늘렸고, 임금을 올렸으며, 사회적 혜택을 올렸고, 은행신용을 증가시켰으며, 소비를 증가시켰다. 아무튼 이 모든 업적을 이루고 난 후, 오스트리아는 파멸의 벼랑 끝에 서게 되었다. Fritz Machlup, "The Consumption of Capital in Austria," *Review of Economic Statistics*, II(1935), p.19 참조.
20 오직 내구 자본재에 대한 감가상각 자금(depreciation fund)만이 자본소비에 충당할 수 있다고 자주 가정하곤 한다. 그러나 이것은 자본의 매우 큰 부분—이른바 '순환자본'(circulation capital), 한 단계에서 다음 단계로 빠르게 지나가는 덜 내구적인 자본재—을 간과하고 있다. 각 단계가 이들 혹은 여타 재화의 판매로부터 자금을 받으면서, 생산자가 순환자본을 계속해서 재구입할 필요가 없게 된다. 이 자금들도 역시 즉각적으로 소비에 쓰일 수 있다. 자본에 대한 올바른 접근과 유행하는 접근방식을 대비하기 위해서는, Hayek, *Pure Theory of Capital*, pp.47ff 참조.
21 Frank H. Knight, "Professor Hayek and the Theory of Investment," *Economic Journal*, March, 1935, p.85n; Knight, *Risk, Uncertainty, and Profit*, pp.xxxvii~xxxix.
22 이를 깨닫고 있는 저술가들은 아주 드물다. Hayek, "The 'Paradox' of Saving," pp.214ff., 253ff 참조.
23 Böhm-Bawerk, *Positive Theory of Capital*, p.82.
24 Mises, *Human Action*, pp.478~479.
25 Hayek, *Pure Theory of Capital*, pp.60ff. 마찬가지로 전혀 생산적이지 않거나 혹은 짧은 생산과정보다 덜 생산적인 무수한 긴 생산과정들이 있다. 이런 긴 생산과정들은 명백히 전혀 선택되지 않을 것이다. 요약하면 모든 새로운 투자는 더 긴 생산과정에서 이루어지는 반면, 이 사실로부터 모든 더 긴 생산과정들이 더 생산적이고, 그래서 투자할 가치가 있다는 결론이 나오는 것은 확실히 아니다. 이 점에 대한 뵘바베르크의 비판에 대해서는, Eugen von Böhm-Bawerk, *Capital and Interest*, Vol.3: *Further Essays on Capital and Interest*(South Holland, Ill.: Libertarian Press, 1959), p.2 참조.
26 미제스가 명확하게 언급했듯이, 본원(순수) 이자는 시장에서 자본 혹은 자본재에 대한 수요와 공급의 상호작용에 의해 결정되는 가격이 아니며, 또한 그 높이는 이 수요와 공급의 크기에 달려 있는 것이 아니다. 자본과 자본재에 대한 수요와 공급 모두를 결정하는 것이 본원 이자율이라고 하는 편이 정확하다. 그것은 현재 공급된 재화의 양 가운데 얼마가 즉각적 미래의 소비에 투하되고 얼마가 더 먼 미래의 시기를 위한 준비에 투하될지 결정한다. 이에 대해서는 Mises, *Human Action*, pp.523~524 참조.
27 Eugen von Böhm-Bawerk, "The Positive Theory of Capital and Its Critics, Part III," *Quarterly Journal of Economics*, January, 1896, pp.121~135. 뵘바베르크의 다음 책도 참조하라. *Further Essays on Capital*

and Interest, pp.31ff.
28 Böhm-Bawerk, "The Positive Theory of Capital and Its Critics, Part III," pp.128ff.
29 Mises, Human Action, pp.492ff.
30 후진국가들의 생산을 증대시키는 데 '논점 4'와 '기술지원'의 무익함은 이 논의로부터 명백해졌다. 선진기법에 대해 논의하면서 뵘바베르크가 논평한 것처럼, "기계들의 존재에 대해 알고 있고, 이 기계들의 사용 이점을 기꺼이 확보하고 싶지만 이를 구입하기 위해 필요한 자본을 지출하지 않는 수천만의 사람들이 항상 있다." Böhm-Bawerk, "The Positive Theory of Capital and Its Critics, Part III," p.127. 아울러 그의 다음 책도 참조하라. Further Essays on Capital and Interest, pp.4~10.
31 하이에크가 언급한 것처럼, 모든 1인당 자본량의 증가가…어떤 상품들이 이제 종전보다 더 긴 생산과정들에 의해 생산될 것이라는 것을 의미하여야 한다고 자주 가정되고 있다. 그러나 생산과정들이 서로 다른 산업들에 사용되는 한, 이것은 결코 필연적 결과가 아니다.…만약 투입요소가 더 짧은 생산과정을 사용하는 산업들에서 더 긴 생산과정을 사용하는 산업들로 이전된다면, 어떤 산업에서도 생산기간의 길이에는 전혀 변화가 없고, 특정상품의 생산방법에도 전혀 변화가 없을 것이지만, 특정 단위의 투입요소가 투자되는 기간만 증가할 뿐이다. 그러나 특정단위의 투입요소의 투자기간의 변화가 지닌 중요성은, 특정 생산과정들의 길이의 변화가 지니는 중요성과 정확하게 일치할 것이다. Hayek, Pure Theory of Capital, pp.77~78. 또한 다음 부분도 참조하라. Hayek, Prices and Production, p.77; Böhm-Bawerk, Further Essays on Capital and Interest, pp.57~71.
32 만약 철도에 대한 토지 무상공여와 여타 정부보조금이 별로 없었더라면! 당시 철도에 관해서는, E. Renshaw, "Utility Regulation: A Re-examination," Journal of Business, October, 1958, pp.339~340 참조.
33 Mises, Human Action 참조. 모든 기술적 진보가 즉각 전 분야에 적용되는 것은 아니라는 사실은 더 나은 차가 출시되거나 새로운 패턴이 유행하자말자 모든 이가 자신의 중고차 혹은 입던 옷을 내던져버리지는 않는다는 사실보다 더 현저한 것은 아니다(p.504). 그리고 같은 책 502~510쪽을 보라. 구체적으로 예전 장비의 운영비용이 새로운 장비의 총설치비용보다 더 낮은 수준인 이상, 예전의 장비는 계속 사용될 것이다. 이에 더해 만약 총비용(자본재의 마모를 회복하는 데 드는 비용을 포함하여)이 과거 장비가 더 크다면, 그 기업은 점차 예전 장비가 닳아 없어지면서 이를 폐기처분하고 새로운 기법에 투자할 것이다. 이에 대한 폭넓은 논의로는 하이에크의 다음 책을 보라. Hayek, Pure Theory of Capital, pp.310~320.
34 '테크노크라트'들은 시장을 시장이 투자에 대해 물리적 (한계)생산성이 아니라 (한계)가치생산에 따라 보상한다는 것을 저주한다. 그러나 우리는 여기에서 물리적 생산의 측면에서는 더 생산적이지만 가치생산의 측면에서는 매우 중요한 이유로 덜 생산적인 기술의 훌륭한 예를 보게 된다. 그 중요한 이유란 이미 생산된 주어진 구체적 자본재가 심하게 마모될 때까지 과거 기술의 '직접적'(out-of-pocket) 운영비용이 새로운 프로젝트의 총비용보다 낮다는 장점을 과거 기술에 제공한다는 점이다. 소비자들은 과거 기술이 이윤을 남기는 한 계속 사용함으로써 혜택을 얻게 된다. 왜냐하면 과거 기술이 쓰이지 않았더라면 신기술에 투입되었을 요소들이 이곳의 사용으로부터는 제외되어 다른 곳에서 더 가치 있는 생산에 쓰일 수 있기 때문이다.
35 아래에서 보게 되겠지만, 통계적 위험은 '보험에 들 수' 있으나, 시장의 기업가적 위험은 그렇지 않다.
36 미제스의 비판(Human Action, p.530)은 자본의 양이 순수 이자율을 결정한다는 원칙에는 적용되지만, 현재의 주장에는 적용되지 않는다.
37 대부시장은 대부의 상환 등의 조건들이 만들어내는 차이가 확정되는 정도만큼 '자연'시장으로부터 괴리될 것이다. 만약 대부가 불확실성으로 인한 기업가적 성격을 가지고 있다고 분명하게 인식된다면, 그래서 그 어떤 의도적 사기가 없는 경우에 차입자가 그 대부를 상환하지 못하더라도 범죄자로 간주되지 않을 수 있다면, 대부시장과 자연시장은 같을 것이다. 그러나 만약, 위의 제2장에서 논의했듯이, 그 어떤 파산법률도 없고 상환을 다 못하는 차입자가 범죄자로 간주된다면, 명백히 모든 대부의 '자연적' 투자에 대비된 '안전성'은 증가할 것이고, 이에 따라 대출에 대한 이자율은 하락할 것이다. 그러나 자유사회에서는 차입자와 대출자(lenders)의 계약이 체결될 때, 차입자가 범죄자에 해당할 정도로 책임을 지고, 그 대부가 진정 기업가적인 것이라는 것을 서로 합의하는 것을 금지할 수 있는 것은 전혀 없다. 혹은 그들은 그들이 선택하는 그 어떤 이득-손실 분할방식에 대해서도 약정을 맺을 수 있을 것이다.

38 Knight, *Risk, Uncertainty, and Profit*, pp.212~255, 특히 p.233.
39 Mises, *Human Action*, pp.106~116. 여기에는 인간행동에 '확률이론'을 적용하는 오류에 대한 논의가 포함되어 있다.
40 Richard von Mises, *Probability, Statistics, and Truth*(2nd ed.; New York: Macmillan & Co., 1957).
41 Mises, *Human Action*, p.107.
42 *Ibid.*, p.110.
43 도박과 내기 간에는 차이가 있다. 도박은 주사위던지기처럼 독특한 특정 사건에 대한 지식은 전혀 없는 계급확률의 사건에 돈을 거는 것을 말한다. 내기는 경마 혹은 대통령 선거처럼, 내기를 거는 양측이 모두 조금은 알고 있는 독특한 사건에 돈을 거는 것을 말한다. 그러나 어느 경우이건 돈을 거는 사람이 새로운 위험 혹은 새로운 불확실성을 만들어내고 있다.

제9장

생산: 특정 요소의 가격과 생산소득

1. 서론

지금까지 우리는 시장에서의 이자율과 생산요소의 결정에 대해 분석하였다. 우리는 또한 변화하는 세계에서 기업가정신의 역할과 저축과 투자의 변화가 몰고 오는 결과에 대해 논의하였다. 이제 우리는 특정한 궁극적 요소들—노동과 토지—의 분석과 기업가의 소득에 대한 자세한 논의로 되돌아간다. 제7장에서의 일반적 요소의 가격결정 분석은 ERE에서 나타났을 가격을—언제나 그쪽으로 향해 움직이는 경향이 있는 상태—다루었다. 제8장에서 기업가정신의 논의는 이 경향성이 자본가-기업가에 의한 이윤을 향한, 그리고 손실에서 벗어나려는 움직임의 결과라는 것을 보여주었다. 이제 특정 요소들로 되돌아가 이들의 가격결정, 공급과 소득, 그리고 변화하는 경제가 이들에 대해 미치는 영향에 대해 분석한다.

2. 토지, 노동, 그리고 임대료

1) 임대료

우리는 재화서비스의 고용가격을 나타내기 위해 우리의 분석에서 임대료라는 용어를 사용하였다. 이 가격은 그 서비스를 만들어내는 전체 요소들의 가격과는 구별되어 단위서비스들에 대해 지불된다. 모든 재화는 단위서비스를 가지고 있으므로, 소비재이든 아니면 어떤 유형의 생산재이든 상관없이 모든 재화는 임대료를 벌 것이다. 내구재의 미래 임대료들은 자본화되어서 자본가치에, 따라서 그 재화를 구매하기 위해 현재 필요한 화폐 속에 내재화되는 경향이 있다. 그 결과 이 재화들의 투자자들과 생산자들은 단순히 그들의 투자에 대해 이자수익을 버는 경향이 있다.

모든 재화는 **총임대료**를 번다. 왜냐하면 모든 재화는 단위서비스들과 그 서비스에 대한 가격들을 가지고 있기 때문이다. 만약 어떤 재화를 '임대료를 받고 빌려주는' 경우, 그 재화는 빌려준 요금으로 총임대료를 벌 것이다. 만약 구매된다면, 그 재화의 현재가격은 할인된 미래 임대료들을 내포하고 있으며, 미래에 그것은 생산에 기여함으로써 이 임대료들을 벌 것이다. 모든 재화는 따라서 총임대료를 벌며, 이 점에서는 하나의 요소와 다른 요소 사이에 분석적 구별이 존재하지 않는다.

그러나 **순 임대료**는 노동과 토지요소에 의해서만 획득되며, 자본재에 의해서는 획득되지 않는다.[1] 왜냐하면 자본재에 의해 획득되는 총임대료는 자본재를 생산하는 요소들의 소유자들에게 지불되는 총임대료로 옮겨갈(imputed) 것이기 때문이다. 따라서 순수하게는 단지 노동과 토지요소—궁극적 요소들—가 임대료를 벌며, ERE에서는 이 임대료가 시간에 대한 이자와 함께 유일한 소득일 것이다.

알프레드 마셜(Alfred Marshall)과 그를 따르는 마셜리언의 이론은 자본재가 일시적으로 '준임대료'(quasi rent)를 버는 반면, 영구적인 토지가 완전한 임대료를 번다고 본다. 이 이론의 오류는 분명하다. 그 내구성이 얼마이든 자본재는 토지가 그렇듯이 변화하는 실제세계에서이든 아니면 ERE에서이든 상관없이 총임대료를 받는다. ERE에서는, 자본재는 어떤 순수 임대료도 전혀 받지 않는다. 왜냐하면 순수 임대료는 토지와 노동으로 전이되기 때문이다. 실제세계에서는 자본재의 자본가치가 변화한다. 그러나 이것이 자본재가 순수 임대료를 번다는 의미는 아니다. 오히려 이 자본재의 가치 변화는 기업가로서의 소유자에게 귀속되는 **이윤**과 **손실**이다. 만약 실제세계에서의 소득이 (노동과 토지요소에 귀속되는) 순 임대료(net rent)와 기업가적 이윤이 합쳐진 것인 반면, 기업가적 이윤은 ERE에서 사라진다면 이 두 세계 **어느 곳에서도** '준임대료'의 개념이 들어설 여지는 존재하지 않는다. 어느 곳에서도 이 특수한 유형의 소득은 존재하지 않는다.

임금은 **노동**요소의 단위서비스에 대한 지불을 묘사하는 용어이다. **그러므로 임금은 임대료의 특별한 경우이다.** 그것은 노동의 '사용료'이다. 자유시장에서는 이 임대료는 물론 자본화될 수 없다. 노동요소 자체 —사람—를 사고팔 수 없고, 그래서 그의 소득이 그 사람의 소유자에게 귀속될 수 없기 때문이다. 물론 이것은 정확하게 노예제 아래에서 일어나는 일이다. 모든 사람은 필연적으로 양도할 수 없는 의지를 지닌 자기 소유자이기 때문에, 임금은 사실 자유시장에서 자본화될 수 없는 유일한 임대료의 원천이다.

임금과 토지임대료 사이의 하나의 중요한 차이는, 후자가 자본화되고 이자수익으로 전환되는 반면 전자는 그렇지 않다는 점이다. 또 하나의 차이는 순전히 경험적인 것이며, 인류에 필연적으로 진리인 것은 아니다. 노동요소가 토지요소에 비해 언제나 상대적으로 더 희소하다는 것은 단지 역사적-경험적 진실이다. 토지와 노동요소는 한계가치생산에 따라 순서를 정할 수 있다. 토지요소의 상대적 과다의 결과는 모든 토지요소가 사용되지는 않으며, 즉 가장 빈약한 토지요소는 사용되지 않으며, 노동이 대부분의 생산적 토지(예컨대, 가장 생산적인 농경지, 도시입지들, 어류 산란장들, '천연자원들' 등)에 자유롭게 적용될 것이라는 점이다. 노동자는 가장 가치생산적인 토지를 우선 사용하고, 그 다음으로 생산적인 토지를 두 번째로 사용하는 등 가치생산성이 큰 순서대로 토지를 사용할 것이다. 어떤 특정 시점에는, 경작되고 사용되는—가장 가치생산적인—일부 토지들이 있을 것이고, 또 사용되지 않는 일부 토지도 있을 것이다. 후자는, ERE에서는 그 임대료 수입이 영이고 따라서 그 가격이 영일 것이기 때문에 무료토지이다.[2] 전자는 '한계 이상'의 토지일 것이며, 후자는 '한계 이하'의 토지일 것이다. 두 가지를 나누는 선상에 지금 사용되는 토지 가운데 가장 빈약한 토지가 존재할 것이고, 그 수입은 영의 임대료에 가까울 것이다.

한계토지가 **영의 임대료**가 아니라 영에 **가까운** 임대료를 벌고 있다는 조건을 인식하는 것은 중요하다.[3] 그 이유는 인간행동에서 무한의 연속성이란 존재하지 않기 때문이며, 행동은 무한하게 작은 단계로 진행될 수 없기 때문이다. 수학적으로 편향된 저술가들은 고려되는 어떤 점의 앞과 뒤의 점들이 모두 하나로 통합되는, 연속적 방식으로 생각하는 경향이 있다. 한계토지의 사용은, 그 한계토지가 작지만 조금의 임대료라도 벌어들이는 경우에만 사용할 가치가 있을 것이다. 그리고 서로 다른 토지에 대한 MVP들 사이에 커다란 불연속성이 있는 경우에 한계토지는 상당한 정도를 벌고 있을지 모른다. '가까운', '상당한' 등과 같은 용어들에 그 어떤 인간행동학적 정확성도 없다는 것은 사실이다. 확실하게 말할 수 있는 것은, 토지들의 MVP들을 크기 순으로 정렬한다면 한계 이하 토지들의 임대료는 영이라는 점뿐이다. 우리는 한계토지의 임대료가 얼마가 될지에 대해서는 한계 이상 토지에 비해 영에 가깝다는 점을 제외하고는 아무것도 말할 수 없다.[4]

이제 우리는 위에서 어떤 한 요소의 한계가치생산이 총공급의 증가에 따라 감소하고 총공급의 감소에 따라 증가한다는 것을 살펴보았다. 경제에서 세 가지 주요 범주의 요소는 토지, 노동, 그리고 자본재이다. 성장하는 경제에서는 1인당 자본의 공급이 증가한다.[5] 모든 순위의 자본재 공급이 증가함으로써 자본재의 한계가치생산성은 낮아지고, 자본재의 가격이 감소한다. 토지와 노동요소의 상대적 MVP는 총량에서 증가하는 경향이 있으며, 이에 따라 이들 요소의 소득은 화폐단위로는 알 수 없지만 실질단위로는 증가할 것이다.

노동과 토지요소의 공급이 변화하는 반면, 자본의 공급이 종전과 같게 유지되면 어떻게 될까? 그래서 동일한 자본구조를 지닌 채, 인구가 증가하고 그래서 노동요소의 총공급이 팽창한다고 가정해보자. 그 결과는 **노동의 MVP의 일반적 감소와 토지요소의 MVP의 증가일 것이다.** 이 증가는 종전에 한계 이하의 영의 임대료를 받던 토지들이 임대료를 벌도록 하고 새로운 노동공급에 의해 경작되도록 할 것이다. 이것은 특히 리카도에 의해 강조된, 인구가 토지공급에 압박을 가하는 과정이다. 그러나 노동의 MVP가 하락하는 경향은 노동의 MPP스케줄의 상승에 의해 상쇄될 수도 있다. 왜냐하면 인구의 증가는 특화와 분업의 이익을 더 많이 활용할 수 있도록 해주기 때문이다. 자본의 일정한 공급은 변화된 조건에 재조정되어야 하지만, 화폐자본의 일정한 양은 물리적으로 더 생산적이고, 따라서 노동의 MVP들이 상승하는 효과를 상쇄하는 경향이 있을 것이다. 어떤 시점에서건 자본과 생산과정의 주어진 조건 아래에서, 경제 내의 1인당 소비재의 총생산량을 극대화시키는 '최적' 인구수준이 있을 것이다. 이보다 더 낮은 수준은 노동분업의 이득과 노동에 대한 기회들을 충분히 활용하지 못해서 노동요소의 MPP가 최적수준에서보다 낮을 것이다. 더 높은 수준의 인구는 노동의 MPP를 낮출 것이고, 그래서 1인당 실질임금을 낮출 것이다.[6]

토지와 자본이 주어졌을 때, 1인당 실질생산량을 극대화시키는 '최적' 인구가 이론적으로 존재한다는 사실에 대한 인식은 황량한 맬더시언(Malthusian) 논란을 종식시키는 의미까지 지닐 것이다. 왜냐하면 어떤 시점에서 인구의 주어진 증가가 1인당 실질산출량의 증가 혹은 감소로 귀결될 것인지의 여부는, 구체적 여건에 달려있는 **경험적** 질문이기 때문이다. 경제이론은 이에 대해 해답을 제공할 수 없다.[7]

증가하는 인구가 MPP와 MVP를 증가시킬 수도 있다고 언급하였는데, 이 언급이 어떻게 다음의 설명, 즉 요소들은 언제나 물리적 수익이 **하락하는** 영역에서 일에 투입될 것이라는 앞의 설명과 조화될 수 있는지 의아해 할 수 있다. 그러나 여기에서의 조건들은 완전히 다르다. 종전의 문제에서는, 우리는 다양한 요소들의 주어진 총공급을 가정하고 있었으며, 이 주어진 생산요소를 최선의 방법으로 상대적으로 할당하는 것을 고려하고 있었다. 여기에서 우리는, 특정 생산방법들과 요소들의 주어진 공급을 다루고 있는 것이 아니라, 일반적 '생산'(production in general)이라는 모호한 개념과 요소의 총공급의 변화효과에 대해 다루고 있다. 이에 더해, 우리는 (그 공급에서 동질적인) 진정한 생산요소를 다루고 있는 것이 아니라, 토지-일반, 혹은 노동-일반과 같은 '요소계급'(class of factors)을 다루고 있다. 모호성을 제외하더라도 우리의 현재 문제의 조건들은 완전히 다르다. 왜냐하면 만약 한 요소의 총공급이 변화하고, 이것이 노동요소의 생산성에 영향을 미친다면, 이것은 위에서 우리가 고려했던 MPP곡선 위에서의 이동이 아니라 MPP곡선(혹은 스케줄) 자체의 이동과 마찬가지이다.[8]

우리는 노동을 은연중에 토지요소보다 더 희소하다고 보는 데 익숙해져 있기 때문에, **영-임대료**(zero-rent) 토지라는 용어를 쓴다. 만약 상황이 역전되어, 토지가 노동요소보다 더 희소하다면, 우리는 영-임금노동자들, 한계 이하 노동 등을 언급해야 할 것이다. 이론적으로, 이것은 확실히 가능하다. 사실, 고대 스파르타와 중세 혹은 후기 중세유럽처럼 제도적으로 제한된 시장을 지니고 있던 정태적 사회에서는, 이 조건이 실제로 널리 퍼져 있었고, 그래서 '잉여노동'이 생산에서 생존 이하의 임금을 받았다. '잉여'에 해당하고 투자된 자본을 소유하지 못했던 사람들은 그 수가 억제되거나 거지로 추락하였다.

한계 이하의 토지가 임대료를 전혀 벌지 못한다는 사실은 임대료라는 바로 그 개념을 '차별적' 개념으로 간주하도록 하는 경향—특히 임대료를 요소들 사이의 **질적 차이**를 말하는 것으로 간주하는 경향—을 야기하였다. 때로는 '절대' 혹은 순수 임대료라는 개념은 귀찮은 것을 내다버리듯이 완전히 기각되었고, 우리는 단지 임대료를 다음과 같은 언급처럼 '차이의 의미'에서만 듣게 된다.

> 만약 토지 A가 한 달에 100골드 온스를 벌고, 토지 B가 영을 번다면, 토지 A는 100이라는 차별적 임대료를 벌고 있다.
>
> 만약 한 달에 노동자 A가 50골드 온스를 벌고, 노동자 B가 30골드 온스를 번다면, A는 20온스라는 '능력의 임대료'(rent of ability)를 벌고 있다.

이와 대조적으로 임대료는 절대적이며, 같은 일반적 범주의 더 열악한 요소의 존재에 의존하지 않는다. 임대료의 '차별적' 기초는 절대임대료에 완전히 의존하며 절대임대료로부터 도출된다. 이것은 단순히 산술적 빼기이다. 그래서 토지 A가 100의 임대료를 벌 수 있고, 토지 B가 영의 임대료를 벌 수 있다. 명백히 100과 영의 차이는 100이다. 그러나 노동자의 경우, 노동자 A의 '임대료', 즉, 임금은 50이고 B의 임대료는 30이다. 만약 우리가 두 가지 소득을 비교한다면, 우리는 A가 B보다 20을 더 벌고 있다고 말할 수 있다. 그러나 이런 의미에서 '임대료'를 사용함으로써 혼돈을 추가하는 것은 별 의미가 없다.

'차별적 임대료'(differential rent) 개념도 어떤 한 생산요소의 한 용도에서의 소득을 같은 요소의 다른 용도에서의 소득과 대비하기 위해 쓰였다. 그래서 만약 한 생산요소가, 그것이 토지이든 노동이든 상관없이 한 달에 50온스를 어떤 한 용도에서 벌고 있고, 다른 용도에서**였더라면** 40온스를 **벌었을** 상황이라면 그것의 '임대료'는 10온스이다. 여기에서 '차별적 임대료'는 실제 DMVP와 잃어버린 기회 혹은 차선의 사용에서 DMVP와의 차이를 의미하기 위해 사용되었다. 때때로 10온스의 차이는 아무튼 '진정으로' 기업가가 부담하는 비용의 일부가 아니라 그 요소에 의해 획득되는 잉여 혹은 심지어 '불로' 임대료라고 믿고 있다. 50의 MVP까지 그 요소의 가격을 호가(呼價)하는 **개별기업들**에게 이것이 비용이 들지 않는 것은 아니라고 일반적으로 인정되고 있다. 그러나 '산업관점'에서는 비용이 발생하지 않는다고 가정된다. 그러나 **산업**의 '**관점**'이라는 것은 전혀 **존재하지 않으며**, 사고팔며 이윤을 추구하는 것은 '산업'이 아니라 **기업들**이다.

사실, 임대료가 "비용이 들지 않는"(costless) 것인지 혹은 비용으로 들어가는 것인지에 관한 논의 전체는 쓸모없는 것이다. 이것은 임대료가 "가격에 의해 결정되는 것인지"(price-determined) 혹은 "가격을 결정하는 것인지"(price-determining)에 관한 오래된 고전학파 논쟁에 속한다. **그 어떤** 비용이든 이것이 가격을 결정한다는 견해는 오래된 가치의 생산-비용이론의 산물이다. 우리는 비용이 가격을 결정하는 것이 아니라 **그 반대**라는 것을 살펴보았다. 혹은 더 정확하게 말하자면 소비재의 가격들이 시장과정을 통해 생산적 요소들(궁극적으로 토지와 노동요소)의 가격을 결정하며, 가격 변화의 대부분은 다양한 분야에 **특화된** 요소에 의해 부담된다.

2) 노동의 속성

우리가 앞에서 언급했듯이 '노동'은 무수한 다양한 서비스를 포함하는 범주이다. 일반적으로 노동은 순수한 생산과정에 쏟는 인간 에너지의 지출이다. 교환학적으로 볼 때 노동은 기업가-자본가들에 의해 고용된다.[9] 노동자들을 자의적 범주로 분리하여 어떤 집단을 '노동'과 '근로자들'로 지칭하는 반면 여타 집단에 다양한 다른 이름을 부여하는 것은 터무니없을 정도로 비과학적이다. 그들에게 다른 이름들을 붙이는 것은 서로 다르게 분류된 집단의 노동에 대한 기여 사이에 차별할 수 있는 **종**(種)의 차이를 암시하지만 이런 차이는 존재하지 않는다. 그래서 흔히 관행적으로 다른 고용된 노동을 '매니저들', '경영자들' 등으로 부르는 반면, 일부 고용된 노동을 '노동'이라고 부른다. '경영'(management)은 특히 흔히 보는 '노동'과 대비되는 범주이고, 우리는 '노동-경영관계'라는 용어를 너무나 많이 듣는다. 그러나 이 범주들은 가치 없는 것이다. '경영진'은 생산을 지시하는 소유자들 혹은 소유자에 의해 고용된다. 경영자들은 그들의 상사인 소유자들의 지시—그들의 고용조건의 일부로 그들이 하기로 합의한 것—를 따를 것으로 여겨진다. 이에 반해 낮은 질의 근로자들, 저울의 아래에 있는 '노동자들'은 이 저술가들에 의해 다른 종(種)인 것처럼 취급되고 있다.[10] 그들의 기능은 지시를 따라서 생산과정에 투입되는 것이 아니라 좀더 다른 방식으로 행동하는—'경영'과 논쟁하며, 그 '권리들'을 주장하면서 독립된 실체로서 행동하는—것으로 상정된다.

그러나 '근로자'와 '경영진' 사이에는 종(種)이 다를 만큼의 차이가 전혀 없다. 한 회사의 부사장은 만약 소유자에 의해 고용되었다면, 고용된 기계공이 노동조합에 가입하기 위해 지니는 정당화와 정당화의 결여를 정확하게 마찬가지 정도로 지니게 될 것이다. 둘 다 그들의 고용조건을 준수하도록, 즉 상사의 적절한 지시를 따르도록 되어 있다. 둘 다 시장에서의 그 어떤 여타 자발적 거래와 마찬가지로 언제라도 자유롭게 그들의 고용조건을 두고 옥신각신할 수 있다. 둘 다 인간 에너지를 재화의 생산에 지출하는 노동자들이다. 노동조합에 가입하는 데 더 혹은 덜 정당화시킬 그 어떤 특별한 자질도 한 집합의 노동자들이나 다른 집합의 노동자들에게 따라다니는 것이 아니다.

노동조합의 문제는 독점과 경쟁에 관한 제10장에서 논의될 것이다. 여기에서는 이 잘못된 '노동-경영' 이분법이 공장장의 노동조합과 관련된 투쟁에서 흥미로운 방식으로 갑자기 노출되었다는 사실에 주목할 것이다.[11] 그 어떤 이유로, 가장 열렬한 노동조합 옹호자조차도 부사장들의 노동조합 참여를 터무니없는 생각으로 여긴다. 노동조합에 더 비판적인 사람들은 만약 노동조합이 하부 '경영'진에 속하는 공장장들을 조직화하려고 시도한다면 이것을 불합리하다고 여기고, 부사장들을 노동조합의 일원이 되게 한다는 생각 그 자체에 공포심을 느낄 것이다. 그러나 만약 진정한 이분법적 구분이 존재하지 않고 모든 피고용인들이 노동자라면, 우리의 노동조합에 대한 견해는 이에 상응하여 변화되어야 한다. 만약 모든 사람이 부사장들의 노동조합을 부조리하다거나 사악한 것으로 본다면, 부조리하고 사악하다는 똑같은 형용사가 그 어떤 노동자들의 노동조합 결성에도 적용되어야 할 것이다.

3) 토지의 공급

우리는 지금까지 계속해서 토지와 노동의 단위서비스에 대한 가격결정 과정이 정확하게 똑같다는 사실을 살펴보았다. 두 가지 집합의 요소들은 그들의 MVP를 벌어들이는 경향이 있다. 두 가지 모두 자본가-기업가들로부터 현재화폐를 선불로 받는다. 본원적 혹은 '영구적'(permanent) 요소들의 단위서비스의 가격결정에 대한 분석은 각각의 요소에 모두 똑같이 적용된다. 그러나 토지와 노동 두 가지 요소의 분리가 중요한 것은 세 가지 기본적 차이들 때문이다. 하나는 우리가 이미 자세히 다루었다. (자유경제에서는) 토지가 '요소 전체'로서 가격에 자본화될 수 있고, 따라서 단순히 이 자율과 자산가치의 변화로 (기업가적) 이득을 버는 데 반해 노동은 자본화될 수 없다. 우리가 고려해온 두 번째 차이는 노동이 토지요소보다 더 희소하다는 경험적 사실이다. 이 경험적 사실에서 나오는 당연한 결과는, 토지는 훨씬 더 특화된 성격을 띠는 경향이 있는 반면, 노동이 모든 생산과정에 적용될 수 있는 탁월한 비(非)특화 요소라는 점이다. 세 번째 차이는 노동자들이 인간이라는 사실과 또 하나의 경험적 사실인 여가는 항상 소비재라는 데에서 나온다. 그 결과, 여가선택이란 대안에 직면하여 노동에 대한 유보가격(reserve price)이 존재한다. 이에 반해—가장 광범한 의미에서의—토지는 유보가격을 가지고 있지 않다. 우리는 이 구별의 결과를 곧 다룰 것이다.

노동이 더 희소하고 특화되지 않은 요소라는 사실은 항상 **사용되지 않은 토지**가 존재할 것이라는 의미이다. 단지 최선, 최고의 생산성을 지닌 토지가, 즉 가장 높은 DMVP를 가진 토지가 사용될 것이다. 이와 유사하게 실수가 저질러지는 불확실성의 현실세계에서는, 또한 사용되지 않는 **자본재**가 존재할 것이다. 즉, 이윤이 나지 않는 것으로 판명된 오(誤)투자(mal-investment)가 이루어진 곳에서의 자본재가 바로 이것들이다.

이제 우리는 토지요소의 공급과 수요곡선을 추적할 수 있다. 우리는 위에서 그 어떤 요소의 특정 용도에 대한 수요를 의미하는 **특정한** 수요곡선—즉, 그 용도에서 한 요소의 특정한 MVP곡선—은 그 요소가 투입되는 영역에서 아래쪽으로 기울어져 있음을 살펴보았다. 또한 우리는 모든 용도의 범위에서 그 요소에 대한 **일반적** 수요곡선이 우하향하는 기울기를 지니고 있음을 살펴보았다. 토지요소의 **공급곡선은 어떤**

가? 만약 우리가 **일반적** 공급곡선(모든 사용과 관련하여 고려된 그 요소의 공급곡선)을 취한다면, 토지에 대해서는 유보수요곡선(reservation demand curve)이 전혀 존재하지 않는다는 것은 분명하다. 적어도 이것은 ERE에서는 사실일 것이다. 각 용도에서의 **특정** 공급곡선들은 토지 일정분의 대체적 용도에 달려 있을 것이다. 만약 이것이 어떤 대체적 용도라도 가지고 있으면, 각 용도에 대한 공급곡선은 가격이 증가함에 따라 우상향하는 기울기를 지닐 것이다. 왜냐하면 더 높은 수익을 줌에 따라 그 토지가 하나의 용도에서 다른 용도로 전환될 수 있기 때문이다.

특정 용도들에서 토지소유자는 다른 대체적 용도로 이동함으로써 더 높은 수익을 얻을 수 있기 때문에 유보수요를 가질 것이다. 대체적 용도의 정도가 더 클수록 특정한 공급곡선이 더 평평해지는 경향이 있을 것이다.

〈그림 9-1〉에서 왼편 그림은 토지요소의 일반적 용도에 대한 공급과 수요곡선을 묘사하고 있다. 공급곡선은 부존량—수직선—이 될 것이다. 오른편 그림은 특정 용도에 대한 전형적 수요와 공급곡선을 묘사하고 있다. 여기에서 공급곡선은 상향하는 기울기를 지니는데, 이는 토지가 대체적 용도나 용도들로 이전될 수 있기 때문이다.

〈그림 9-1〉 토지에 대한 수요와 공급

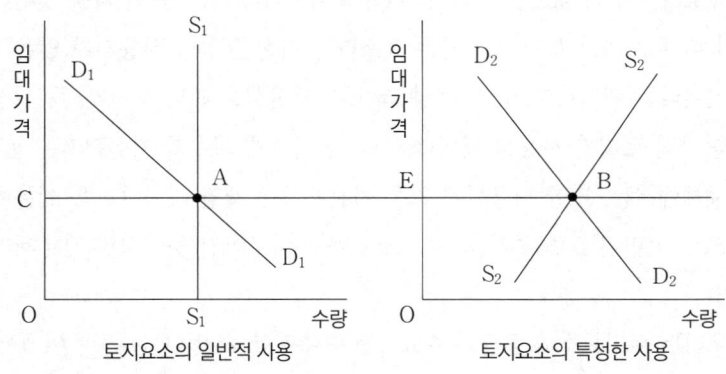

각각의 경우에 수요와 공급곡선의 교점은 이용가능한 그 요소의 총수량에 대한 할인 한계가치생산과 같은 임대료 가격을 표시한다. 일반적 용도들에 대한 가격 OC는 그 어떤 특정 용도에서의 가격 OE 등과 같을 것이다. 왜냐하면 요소의 가격은 균형에서는 모든 용도에서 일치해야 하기 때문이다. 일반적 그림은 또한 임대료를 받고 팔릴 총량, OS1을 결정한다. 이 OS1은 이용가능한 토지요소의 총공급량과 같아질 것이다. 특정 용도들에 대해 공급된 균형수량들의 합(그림에서 EB와 같은)은 모든 용도로 공급된 총량 OS1과 같을 것이다.

우리는 소비재의 가격이 소비자들의 가치척도들에 의해 결정되는, 소비자 수요스케줄들에 의해 정해진다는 것을, 다시 말해 소비재의 가격은 생산자들(1차 자본가들)에 의해 공급되는 수량에 대해 소비자들이 어떻게 가치평가하느냐에 따라 정해진다. 변화하는 경제에서 언제나 생산자들이 투기적 유보수요를 가지면, 가격은 언제라도 주어진 공급량에 대한 총수요에 의해 결정될 것이며, 이것은 진정한 소비자 수요가격에 접근하는 경향이 있을 것이다. 유사한 상황이 토지에 대해서도 통용된다. 토지요소의 가격들은 그 요소의 DMVP들의 일반적 스케줄에 의해 결정될 것이며, 그 요소의 이용가능한 총량, 혹은 스톡이 할인한계가치생산성 스케줄과 만나는 교점에서 정해질 것이다. 이번에는 DMVP가―우리가 자세히 살펴보았듯이―이 요소가 소비자들에게 봉사하는 정도에 의해 결정된다. MVP는 어떤 요소단위가 소비자들에 봉사하는 정도에 의해 직접 결정되며, 할인은 소비자들이 현재소비에 대비한 저축-투자를 선택하는 정도에 의해 결정된다. 그러므로 본원적 요소들의 부존량이 주어졌을 때, 소비자의 가치척도들이 설명이 필요한 시장경제의 다양한 결과들을 모두 결정한다. 본원적 요소들의 가격, 배분, 소득, 시간선호율과 이자율, 사용되는 생산과정의 길이, 그리고 최종생산물의 수량과 유형 등이 모두 소비자의 가치척도들에 의해 결정된다. 변화하는 실제세계에서는 이 아름답고 질서잡힌 자유시장경제의 구조는 기업가들이 이윤을 벌고 손실을 피하려는 원동력에 의해 도달되는 경향이 있다.[12]

이 시점에서 헨리 조지스트(Henry Georgist)의 쓸데없는 걱정거리―토지를 사용으로부터 보류시키는 토지에 대한 투기―를 고려해 보자. 조지스트들에 따르면 경기변동의 침체를 포함하여 수많은 경제적 해악이 전부 지표토지를 사용으로부터 유보하게 만드는 투기로부터 나오며, 이 토지투기는 인위적 희소성을 조장하여 사용중인 용지에 대해 높은 임대료를 유발한다. 우리가 위에서 살펴본 것처럼 소비재에서의 투기(speculation)는 소비자 수요를 최선의 방식으로 만족시키는 방향으로 조정을 가속화하는 매우 유용한 기능을 수행한다(그리고 자본재에 대해서도 마찬가지가 적용될 것이다).

그러나 기묘하게도 토지에 대한 투기는 발생할 가능성이 훨씬 더 적으며, 여타 경제재에 대한 투기보다 훨씬 덜 중요하다. 소비재 혹은 자본재는 비(非)영구적이므로 지금 혹은 (소멸되기 이전의) 가까운 미래에 사용될 수 있다. 현재 사용하거나 미래의 다양한 시점에 사용하는 것 가운데 우리는 선택할 수 있다. 만약 그 재화의 소유자가 그 재화에 대한 수요가 미래에 더 클 것으로 추정하고, 그래서 그 가격이 더 높을 것이라면, 기다리는 시간의 길이가 시간선호와 보관의 측면에서 너무 비용이 크지 않다면, 그는 그날까지 그 재화를 (재고로) 보관할 것이다. 이것은 그 재화를 현재의 사용으로부터 좀더 높은 가치를 지닌 미래의 사용으로 이전시킴으로써 소비자들에게 봉사한다.

그러나 토지는 우리가 살펴본 것처럼 영구적 자원이다. 토지는 언제나 사용될 수 있다. 현재에 혹은 미래에 모두 사용될 수 있다. 그러므로 그 소유자에 의한 토지의 사용유보는 단지 어리석은 일일뿐이다. 이것은 단지 그가 화폐적 임대료를 불필요하게 거부하는 것을 의미한다. 토지소유자가 그의 토지가치가 (미래 임대료들의 증가로 인해) 수년 안에 증가할 것이라고 예상할 수 있다. 그러나 이 사실은 그 소유자가 그동안 임대료의 획득을 거부하는 것을 전혀 정당화시켜 주지 않는다. 그러므로 부지가 사용되지 않은 채 유휴상태가 되는 것은 단지 생산에서 영의 임대료를 번다는 이유가 있을 때뿐이다. 그러나 많은 경우 부지는 한번 특정한 생산라인에 이용되고 나면 쉽게 혹은 상당한 비용을 들이지 않고서는 다른 생산라인으로 이동할 수 없을 것이다. 토지소유자가 더 나은 종류의 용도가 곧 나타날 것이라고 예견하거나 그 토지에 대한 최선의 용도에 대해 의구심을 품고 있는 곳에서는, 만약 '변경비용'(change-over cost)의 절약이 기다리는 데 따른 비용과 현재 얻을 수 있는 임대료를 얻지 못하는 기회비용보다 더 크다면, 그는 그 부지의 사용을 유보할 것이다. 그래서 투기적 부지소유자는 그 토지를 더 빈약한 생산적 용도에 투입하지 않음으로써 소비자들과 시장에 커다란 서비스를 수행하고 있다. 그 토지를 더 우월한 용도로 사용될 수 있도록 함으로써 그는 토지를 소비자들이 가장 원하는 용도로 배분하고 있다.

아마도 조지스트들을 혼돈에 빠뜨린 것은 많은 부지들이 사용되지 않고 있으나 시장에서 자본가치를 받을 수 있다는 사실일 것이다. 부지의 자본가치는 그 부지가 계속 사용되지 않더라도 상승하기조차 한다. 그러나 이것은 어떤 종류의 나쁜 짓이 벌어지고 있다는 것을 의미하지는 않는다. 그것은 단지 처음 몇 년 동안은 그 부지에 대한 임대료를 기대할 수 없다는 것을—비록 그 이후에는 양의 임대료를 벌지라도—의미할 뿐이다. 지표토지의 자본가치는 우리가 살펴보았듯이 모든 미래 임대료들의 할인된 합을 축약하여 나타내며, 이 임대료들은 이자율에 따라서는 상당히 먼 미래 시점부터 상당한 영향력을 행사할 수 있다. 그러므로 놀고 있는 부지에 대해 자본가치가 존재하고, 그 가치가 상승하기도 한다는 사실은 전혀 불가사의한 것이 아니다. 그 부지가 악의적으로 생산으로부터 유보되는 것이 아니다.[13]

이제 토지요소의 공급변화 효과를 고려해 보자. 노동의 공급과 저축이 변화하지 않은 가운데 토지 일반의 공급이 증가하였다고 가정해보자. 새로운 토지가 기존에 사용중인 토지와 관련해서 한계 이하라고 한다면 새로운 토지가 사용되지 않고, 한계 이하의 여타 유휴부지에 속하게 될 것임은 분명하다. 한편 만약 새로운 토지가 우월한 것이고 그래서 양의 임대료를 벌 것이라면 그것은 사용될 것이다. 그러나 노동이나 자본의 증가가 전혀 없어서, 이 요소들이 종전보다 더 많은 토지에 고용되는 것은 이윤을 내지 못할 것이다. 그래서 예전 토지와 경쟁하는 새로운 생산적 토지는 바로 한계수준에 있던 토지를 한계 이하의 범주로 밀어낼 것이다. 노동은 언제나 최선의 토지에 자본을 고용할 것이고, 그래서 새로운 한계 이상의 토지 획득은 종전의 한계토지를 생산으로부터 추방한다. 새로운 토지는 그 토지가 대체하는 종전의 한계토지보다 더 가치생산적이므로, 이런 변화는 사회의 총생산물을 증가시킨다.

4) 노동의 공급

노동요소의 경우 노동의 사용에 대한 특정 수요곡선은 아래쪽으로 기울어져 있으며, 노동요소의 구체적 사용에 대한 특정 공급곡선은 우상향하는 기울기일 것이다. 사실 노동은 상대적으로 비(非)특화요소이므로 노동요소에 대한 특정 공급곡선은 (보통 더 특화된) 토지요소의 공급곡선보다 더 평평할 가능성이 높다. 그래서 노동요소에 대한 특정 공급곡선과 특정 수요곡선은 〈그림 9-2〉에서와 같이 표시될 수 있다.

노동요소에 대한 일반적 수요곡선도 또한 관련영역에서 오른쪽 아래로 기울어져 있다. 노동분석에서 나타나는 복잡성의 하나는 '후방굴절 노동공급곡선'(backward supply curve of labor)이다. 더 높은 임금률에 대한 반응에서 근로자들이 노동시간의 공급을 줄여서 더 높은 소득의 일부로 증가한 여가를 택할 때 이런 일이 발생한다. 이런 일은 충분히 발생할 수 있다. 그러나 한 요소의 임금 결정과는 무관하다. 우선, 우리는 한 요소의 특정 공급곡선들이 대체적 용도들의 경쟁으로 평평하다는 것을 살펴보았다. 그러나 한 요소의 일반 공급곡선은 '우상향'할 것이다. 왜냐하면, 노동은 비록 동질적이라고 보기 어렵지만, 특별히 한 용도에 특화된 요소가 아니기 때문이다. 그러므로 한 유형의 노동요소들에 대한 높은 임금률은 여타 노동자들을 이 '특정' 시장에 진입하기 위해 훈련받거나 분발하도록 자극하는 경향이 있을 것이다. 숙련도가 다르기 때문에 이것은 모든 임금이 동일해질 것을 의미하는 것은 아니다. 그러나 이것은 노동력에 대한 일반적 공급곡선들이 우상향할 것임을 의미한다. 우리는 다양한 노동요소들에 대한 일반적 수요와 공급곡선들을 〈그림 9-3〉과 같이 정렬해 볼 수 있다.

〈그림 9-2〉 특수한 용도에서의 노동에 대한 수요와 공급

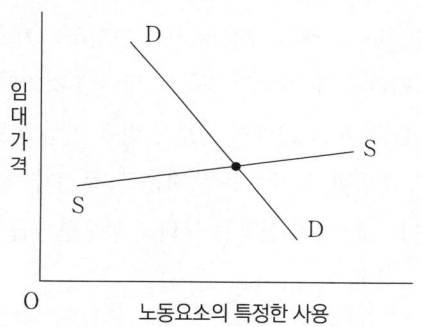

〈그림 9-3〉 다양한 노동요소들에 대한 일반적 수요와 공급곡선들

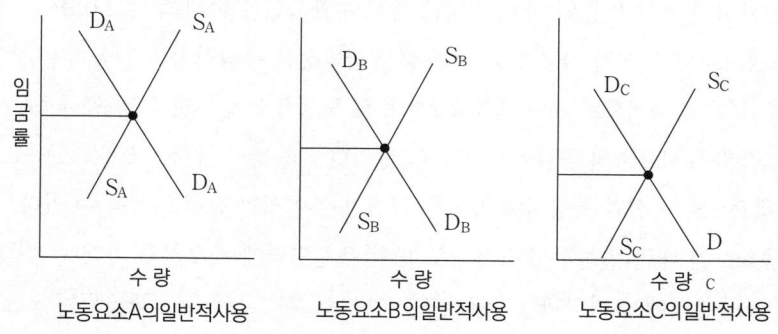

후방굴절 공급곡선이 발생하는 유일한 경우는 모든 노동요소들에 대한 총공급에서인데, 여기에서 이 요소들이 동질적이지 않기 때문에 이 요소들은 너무나 불명확해서 분석에서 그림으로 나타내기 어렵다. 그러나 이것은 중요한 질문이다. 일반적 임금률이 다양한 용도에 특화된 노동시장들간의 모든 관련성에서 상승함에 따라 모든 노동(즉, 노동시간의 양)의 공급은 관련된 개인들의 가치척도에 따라 증가할 수도 있고 감소할 수도 있다. 증가하는 임금들은 일하지 않는 사람들을 노동시장에 들어오도록 하고, 사람들에게 초과근무를 하거나 추가적 파트타임 직업을 얻도록 유도할 수 있다. 다른 한편으로는, 이것은 증가한 여가와 총근로시간을 감소시킬 수도 있다. 상승하는 임금은 인구증가를 초래하여 노동 '일반'의 총공급을 부풀게 하거나 혹은 인구의 감소와 인구 내 개인당 증가된 여가와 생활수준의 향유로 이어질 수도 있다.[14]

노동 일반(labor-in-general)의 총공급량의 변화는 그것이 감소한다면 특정 노동공급의 스케줄들을 왼편으로 이동시킴으로써, 그리고 그 총공급량이 증가한다면 오른쪽으로 이동시킴으로써 특정 시장들에 영향을 줄 것이다. 토지의 소유자가 토지의 사용되지 않은 (교환적 의미에서) 아름다움을 즐기기 위해 그 토지에 대해 높은 유보수요를 지니고 있을 경우에도 마찬가지로 토지요소에 대해서도 후방굴절 공급곡선이 발생할 수 있다. 그 경우 토지는 마치 노동의 지출과정에서 여가가 상실되는 것처럼, 토지의 사용과정에서 잃어버린 토지감상의 즐거움이라는 증가하는 한계비효용을 지닐 것이다. 토지의 경우 토지요소들 사이에는 비(非)특화 노동력만큼 커다란 연관성이 존재하지 않으므로, 사실 이 상황은 시장임대가격에 더 직접적으로 영향을 줄 것이다. 이것은 토지요소에 대한 후방굴절 일반공급곡선으로 나타날 수 있다. 그렇다면 그의 토지에 대한 더 높은 임대가격들은 토지소유자들이 더 높아진 소득을 수령하는 더 많은 돈뿐만 아니라 그 소득을 부분적으로 교환할 수 없는 사용되지 않은 토지의 아름다움을 감상하는 것과 같은 소비재들로 가짐으로써, 더 많은 토지를 팔지 않고 보유하도록 할 것이다. 이 경우들은 실제로는 매우 드물 것이지만 개인들 자신이 자유롭게 가치들을 선택하므로 토지소유자의 가치관이 토지보존을 선호한다면 충분히 발생할 수도 있다.

그래서 기념비 혹은 공원을 보존하려는 사람이, 시장이 그의 보물들을 대접하는 방식에 대해 불평할 이유는 전혀 없다. 자유사회에서는, 이 환경보존주의자들은 이 장소들을 구매하여 이들을 그대로 보존할 수 있는 완전한 자유를 누린다. 이들은 결과적으로 그와 같은 보존으로부터 (기념비나 공원이 주는) 소비서비스를 누릴 것이다.

노동으로 돌아와서, 우리는 임금률에서의 또 다른 요소를 언급하였다. 이것은 어떤 특정 작업에 개재된 심리적 소득과 심리적 비효용이다. 다시 말해, 사람들은 자주 화폐소득 이외의 고려로 특정 작업 혹은 특정 직업에 매력을 느낀다. 특정 유형의 작업이나 노동자들을 고용하는 특정기업으로부터 양의 심리적 혜택과 만족이 있을 수 있다. 마찬가지로 심리적 비효용이 특정 직업에 종사하지 않도록 할 수도 있다.

이 심리적 요소들이 특정 용도들에 대한 곡선들에 반영될 것이다. 그와 같은 요소들을 분리하기 위해, 잠시 모든 노동자들이 동일하게 가치생산적이며, 노동이 동질적 요소라고 가정해보자. 그와 같은 세계에서는 모든 직업들에서의 임금률은 동일할 것이다. 모든 산업들은 이런 결과가 발생하기 위해 동일하게 가치생산적일 필요는 없다. 왜냐하면 노동의 연결성의 결과로, 즉 비(非)특화된 성격으로 인해, 노동자들은 광범한 직업들을 선택할 수 있기 때문이다. 만약 우리가 잠시 그렇게 하고 있듯이, 모든 노동자들이 동일하게 가치생산적이라면, 그들은 고임금산업에 진입하려고 하고, 이에 따라 그 산업에서의 노동공급곡선은 아래로 이동하는 반면, 떠나는 근로자들로 인해 저임금산업에서의 노동공급곡선은 위로 이동할 것이다.

이 결론은 시장에서 재화가격의 일반적 동일화 경향으로부터 나온다. 만약 모든 노동이 동질적이고 하나의 요소라면, 그 가격(임금률)은 마치 순수 이자율이 동일해지려는 경향이 있는 것처럼 전 산업을 통해 동일할 것이다.

이제 우리의 가설적 구축물의 조건들 가운데 하나를 완화해보자.[15] 모든 노동자들의 동일생산성의 가정을 유지하면서, 이제 특정 직업의 근로자들에게 수반되는 심리적 혜택 혹은 심리적 비효용의 가능성을 도입할 것이다. 어떤 직업들은 대부분의 사람들이 정말 좋아하는 반면, 다른 직업들은 싫어한다. 이 직업들은 어떤 산업의 기업들 모두에서 공통되거나, 혹은 더 좁게 특별히 일하기에 유쾌하거나 달갑지 않게 여겨지는 개별기업들에만 공통된 것일 수 있다. 다양한 직업들에서의 화폐임금률과 노동공급에는 어떤 일이 발생할까? 일반적으로 혐오되는 직업이나 기업에서는 그 직업으로 노동력이 들어오게 하고 또 거기에 머물도록 하기 위해 더 높은 임금률이 필요하리라는 것은 명백하다. 다른 한편, 일반적으로 선호되는 직업들에 진입하려는 많은 노동이 경쟁할 것이므로, 그런 직업들은 더 낮은 임금을 지불할 것이다. 다시 말해, 우리는 화폐임금률이 아니라 심리적 임금률이 전체 시장을 통해 동등해질 것이라고 우리의 결론을 수정하게 된다. 여기에서 심리적 임금률이란 화폐임금에다 심리적 혜택 혹은 심리적 비효용요소를 더하거나 뺀 것을 말한다.

많은 경제학자들은 암묵적으로 혹은 명시적으로 노동자들 사이의 본질적 동질성을 가정하였다. 그리고 그들은 순전히 임시적 구축물로서가 아니라 현실세계를 묘사하기 위한 시도로서 이 가정을 하였다. 노동의 동질성에 관한 의문은 경험적인 것이다. 사람들 사이에 노동숙련도, 미래사건들에 대한 통찰력, 능력, 지력 등에서 커다란 차이가 있다는 것이 이 책의 기본적인 경험적 가정이다. 이것이 사실이라는 것은 경험적으로 확실해 보인다.[16] 이를 부인하는 것은 모든 사람은 '정말로' 모든 측면에서 동일하다거나 혹은 적당한 조건들 아래에서는 그렇게 만들어질 수 있다는 단순한 신념에 근거하는 것으로 보인다. 일반적으로 균일성과 동일성의 가정들은 명시적으로 이루어지기보다는 암묵적으로 이루어지는 경우가 많다. 이는 아마도 그렇게 하면 그 입장의 불합리성과 명백한 오류가 분명해지기 때문이 아닌가 싶다. 모든 사람이 오페라 가수 혹은 타격왕이 될 수 있는 것은 아니라는 사실을 누가 부인할 것인가?

일부 저술가들은 임금률에서의 차이들은 오직 일부 직업들에 필요한 높은 훈련비용으로 발생한다는 것을 보여줌으로써 균일성 가정을 구하려고 노력하고 있다. 그래서 의사는 직무의 성격상 수년간의 훈련비용(사무일과 같은 일을 할 때 버는 기회비용과 함께 실제 화폐비용을 포함한 지출들)을 감당해야 할 것이기 때문에 사무원보다 더 많이 벌 것이다. 그러므로 장기균형에서는 화폐임금률은 두 분야에서 같아지지 않을 것이고, 의약분야에서 더 그 손실을 보상할 정도만큼 정확하게 충분히 더 높을 것이므로 개인의 일생을 두고 고려한 순 임금률 혹은 소득률은 같을 것이다.

사실, 훈련비용은 이런 식으로 시장임금률에 반영된다. 그러나 훈련비용이 결코 모든 임금격차들을 설명하는 것은 아니다. 개인적 능력에서의 타고난 차이들도 역시 결정적으로 중요하다. 수십 년간 훈련받는다고 해서 평균적 사람이 오페라 스타 혹은 야구 스타가 되지는 않을 것이다.[17]

많은 저술가들은 모든 근로자들의 동질성의 가정을 기초로 하여 분석하였다. 결과적으로 그들이 일반적으로 TV감독처럼 좋아하는 직업이 있고, 하수구 파기와 같은 직업들보다 더 많은 소득을 얻는다는 것을 발견할 때, 그들은 부패와 속임수가 있다고 가정하는 경향이 있다. 그러나 노동생산성의 차이에 대한 인식은 이 걱정을 배제해 준다.[18] 그런 경우에, 상대적으로 더 좋아하는 직업의 임금을 낮추는 심리적 요소들이 여전히 존재한다. 그러나 이것은 더 높은 한계가치생산성과 TV감독에 따르는 더 높은 숙련도에 의해 상쇄된다. TV감독은 하수구 파기보다 더 많은 기술이 요구되므로 혹은 TV감독은 소수의 사람만이 지니고 있는 기술이므로, 두 직업에서의 임금률은 같아질 수 없는 것이다.

5) 생산성과 한계생산성

생산성 개념을 다룰 때 매우 세심한 주의를 기울여야 한다. 특히, '노동생산성'과 같은 용어를 사용하는 데에는 위험이 따른다. 예컨대, "노동생산성이 지난 세기에 상승하였다"고 말한다고 해보자. 이 말의 시사점은 이 증가의 원인이 노동 자체 내부로부터 나왔다는 것이다. 즉, 현재 노동이 종전의 노동에 비해 더 정열적이고 개인적으로 숙련된 기술을 지니고 있기 때문이라는 것이다. 그러나 이것은 사실과 다르다. 자본구조를 발전시키는 것이 노동의 한계생산성을 상승시킨다. 노동공급이 자본재의 공급보다 덜 증가했기 때문이다. 그러나 노동의 한계생산성 증가는 지출된 노동에너지의 특별한 개선으로 인한 것이 아니다. 이것은 증가된 자본재 공급으로 인한 것이다. 그래서 팽창하는 경제에서 증가된 임금률의 원인을 제공하는 것은 기본적으로 노동자 자신이 아니라 자본재에 투자한 자본가-기업가들이다. 근로자들은 더 많고 나은 도구를 제공받으므로 그들의 노동이 여타 요소들에 비해 상대적으로 더 희소해진다.[19]

각자가 그의 한계가치생산만큼 보상받는다는 것은 소비자들을 위해 생산하는 데 각자가 발휘한 가치만큼 지불받는다는 것을 의미한다. 그러나 이것은 지난 수년에 걸친 그의 가치 증가가 반드시 그 자신의 개선에 의해 야기된다는 의미는 아니다. 이와 대조적으로, 우리가 살펴보았듯이 가치상승은 주로 자본가들에 의해 제공된 자본재의 증가에 따른 것이다.

그렇다면 절대적 '생산성'(absolute productivity)을 어떤 한 생산요소나 계급의 요소들에게 전가하는 것은 분명 불가능하다. 절대적 의미에서 생산성을 어떤 요소에 전가하려고 노력하는 것은 무의미하다. 모든 요소들이 그 제품에 필요하기 때문이다.

우리는 생산성을 단지 한계적 방식으로만 여타 요소들의 존재가 주어졌을 때, 어떤 생산요소 한 단위의 생산적 기여로서 논의할 수 있을 뿐이다. 이것은 정확하게 기업가들이 시장에서 하는 일, 즉 이윤을 가장 많이 창출하는 방식이 되도록 생산요소를 보태고 빼는 일이다.

증가된 '생산성'을 노동자들 자신에게로 귀속시키려는 시도의 오류를 보여주는 또 하나의 예시적 설명은 노동시장의 다양한 부분들 안에서 나타난다. 우리가 살펴본 것처럼, 노동시장의 모든 직업들 사이에는 일정한 관련성이 존재한다. 왜냐하면 노동은 가장 특화되지 않은 요소이기 때문이다. 그 결과 임금률이 똑같이 되지는 않는 반면, 심리적 임금률은 모두 장기적으로는 같이 움직이고 각 직업 사이의 주어진 숙련도 차이를 유지하는 경향이 있을 것이다. 그러므로 어떤 산업분야가 자본과 생산을 팽창시킬 때, DMVP의 증가와 임금률의 증가는 그 특정분야에만 국한되지 않는다. 노동공급의 연관성으로 노동은 마침내 모든 임금률이 노동시장 전체를 통해 종전과 같은 동일한 차이를 유지하면서 오를 때까지 여타 산업들을 떠나 새로운 산업으로 진입하는 경향이 있다.

예컨대, 철강산업에서 자본의 팽창이 있었다고 해보자.[20] 철강근로자의 MVP가 증가하고 그의 임금률도 올라간다. 그러나 이 임금률의 상승은 더 적게 보수를 받는 산업들로부터 노동자들을 끌어들인다. 예컨대, 집안일이 시간당 15그레인(grain)을 받는 데 비해 철강근로자들이 시간당 25골드 그레인을 받고 있다고 해보자. 이제 팽창의 추진력 아래에서 철강근로자의 MVP와 임금률은 30그레인으로 상승한다. 두 직업간 임금률의 차이가 확대되었으며, 이는 집안일을 하던 사람을 철강산업으로 끌어들이며, 철강임금을 낮추고 특히 집안일의 임금률을 높인다. 이 과정은 두 직업간 차이가 다시 확립될 때까지 지속된다. 그래서 철강산업에서 자본투자의 증가는 집안일에 종사하는 근로자의 임금을 상승시킬 것이다. 후자의 상승은 집안하인의 '생산성'이나 생산물의 질의 인상에 의해 야기된 것이 분명 아니다. 오히려 그들의 한계가치생산성이 증가한 것은, 집안 서비스업종에서 더욱 커진 노동의 희소성의 결과라고 할 수 있다.

물론 직업간 임금률의 차이는 실제로 종전과 정확하게 일정하게 유지되지는 않을 것이다. 변화하는 투자와 방법들이 경제에서 요구되는 숙련의 유형도 또한 변화시키기 때문이다.

노동공급의 이동은 보통 우리의 예처럼 갑작스럽지 않을 것이다. 일반적으로, 한 직업 혹은 한 등급으로부터 아주 유사한 등급 혹은 직업으로 이동이 발생할 것이다. 그래서 아마도 더 많은 도랑을 파는 인부(육체노동자)는 십장, 감독자 등이 될 수 있듯이 유사한 등급에서 유사한 등급으로 이동이 벌어질 것이다. 만약 노동시장이 연결된 부분들로 구성되어 있다면, 한 부분에서의 변화는 전체 연결망을 통해 하나의 연결고리에서 다른 연결고리로 그 효과를 파급시킬 것이다.

6) 명시적 임금률과 총임금률

시장에서 결정되는 것은 '총임금률'(total wage rate)이다. 총임금률은 시장에서 같아지는 경향이 있으며 근로자의 DMVP에서 정해진다. 총임금률은 고용자가 노동서비스에 대해 지불하는 화폐이다. 임금률이 반드시 그 근로자가 "집으로 가져가는 지불액"에 상응하는 것은 아니다. 후자는 '명시적 임금률'(overt wage rate)이라고 불릴 수 있을 것이다. 그래서 같은 유형의 노동에 대해 입찰하는 두 사람의 고용자가 경쟁하고 있다고 해보자. 고용자 A는 직접임금이 아닌 연기금이나 여타 '복지'혜택으로 일정한 액수의 돈을 지불한다. 이 혜택은 고용자가 근로자에게 선물로 보태주는 것이 아님을 깨달을 필요가 있다. A가 지불하는 명시적 임금률은 '복지'혜택을 지출하지 않는 경쟁자 B가 지불하는 것보다 낮다.

다시 말해, 고용자에게는 근로자가 어떤 형태로 자신에게 돈이 들게 하는지, 즉 "집에 가져가는 지불"인지 혹은 복지혜택의 형태인지는 아무런 차이도 주지 않는다. 그러나 그는 그 근로자의 DMVP보다 더 많이 주지는 못한다. 즉, 근로자의 총임금소득은 이 DMVP에 의해 한계가 정해진다. 근로자는 결과적으로, 그의 지불이 어떤 형태로 이루어질지, 그리고 순 임금률 중 어느 정도를 복지혜택으로 받고 싶은지 선택한다. 이 혜택의 일부는 고용자가 모든 혹은 일부 피고용자들을 위해 특별히 기분 좋은 근로조건을 제공하는 데 쓸 수도 있다. 이 비용은 총임금의 일부이며 피고용자의 명시적 임금률에서 공제된다.

임금을 지불하는 제도적 방식은 우리의 분석에서 완전히 상관없는 문제이다. 그래서 '작업당' 임금 혹은 '시간당' 임금이 특정 산업에서는 상대적으로 더 편리할 수 있지만, 이들은 그 본질에서는 서로 다르지 않다. 둘 다 일정량의 일에 대해 지불되는 임금이다. 시간당 임금을 줄 때 고용자는 근로자로부터 예상하는 수행된 과제의 표준을 염두에 두고 있으며, 표준과 과제의 비율에 따라 지불한다.[21]

7) 실업'문제'

우리시대의 까닭 없는 경제적 걱정거리는 '실업'이다. 이것은 '경기변동'에서 '침체기'의 두드러진 문제로 간주되고 있을 뿐만 아니라 일반적으로 '자본주의체제', 즉 발전된 자유시장경제의 주요 '문제'로 간주되고 있다. "좋아, 그러나 적어도 사회주의는 실업문제는 해결하잖아." 이것이 사회주의의 가장 설득력 있는 주장으로 가정되고 있다.

우리에게 특별히 흥미로운 것은 경제이론에서의 갑작스런 '실업문제'의 출현이다. 1930년대 중반 케인지언들이 실업을 비난하는 유행을 시작하였다. 신고전파경제학은 특정 영역에서는 괜찮다. 그러나 이것은 '완전고용'을 가정하고 있다. '정통' 경제학은 "완전고용을 가정하기" 때문에, '완전고용'이 지속되는 한에서만 진실을 유지한다. 그렇지 않으면, 우리는 모든 경제적 진리가 무효화되고 역전되는 케인지언의 마술세계로 들어간다.

'완전고용'은 실업이 없는 조건으로 상정되며, 모든 이가 도달하고자 하는 목표로 간주된다. 우선, 경제이론은 완전고용을 '가정하지' 않는다는 점이 강조되어야 한다. 사실, 경제학은, 아무것도 '가정하지' 않는다. 그렇다고 단정된 '가정들'에 대한 논의 전체는 물리학의 인식론의 편견을 반영하고 있다. 물리학의 인식론에서는 '가정들'이 그 유효성에 대해 원래 알지 못하면서도 만들어지고 궁극적으로 그 결과들이 정확한지 보기 위해 테스트된다. 경제학자는 '가정하지' 않는다. 그는 알고 있다. 그는 자명한 공리들, 즉 논리적으로 혹은 경험적으로 부정할 수 없는 공리들로부터 논리적 연역의 기초 위에서 결론내린다.

경제학은 실업 혹은 '완전고용'의 문제에 대해 어떤 결론을 내리고 있는가? 우선, 토지 혹은 자본재의 '실업'에 관해서는 전혀 '문제'가 없다(후자의 조건은 흔히 '유휴' 혹은 '비사용' 설비로 알려져 있다). 위에서 살펴보았듯이 토지와 노동의 결정적 구별은 노동이 상대적으로 더 희소하다는 점이다. 그 결과 항상 사용되지 않는 '실업'상태의 토지가 존재할 것이다.[22]

그 결과, 노동요소는 언제나 자유시장에서 노동자가 원하는 정도만큼 완전히 고용될 것이다. 토지가 충분한 이유가 있어서 사용되지 않고 있으므로, 납득할 만한 이유로 "고용되지 않은 토지"의 문제와 같은 것은 없다. 진정, 만약 이것이 그렇지 않다면(어느 날 갑자기 이런 일이 발생하는 것을 상상할 수 있다), 가장 열악한 상황이 될 것이다. 만약 토지가 노동보다 더 희소한 상황이 한 번이라도 있게 되면, 토지는 완전히 고용될 것이고, 일부 노동요소는 영의 임금을 받거나 아니면 생존 이하의 임금을 받을 것이다. 이것이 과거 고전학파의 (쓸데없는) 걱정거리였던, 식량공급을 생존수준 이하로 압박하는 인구문제였으며, 확실히 이것은 이론적으로는 미래의 어느 시점에 일어날 수도 있다. 이것이 '실업문제'가 자유시장에서 적용된다고 말할 수 있는 유일한 경우이다. 그러나 이런 경우에조차, 만약 우리가 그 문제를 세심하게 고려해보면, 우리는 그 자체로는 실업문제가 전혀 존재하지 않는다는 것을 알게 된다. 왜냐하면, 만약 사람이 원하는 것이 단순히 '직업'이라면, 그는 영의 임금에도 일할 수 있거나 혹은 그의 '고용자'를 자신을 위해 일하도록 지불하기조차 할 수 있다. 다시 말해, 그는 '음의 임금'을 벌 수 있다. 그러나 이제 노동은, 특히 여가 혹은 '놀이'에 비교하여 비효용이라는 훌륭한 이유로 이런 일은 결코 일어날 수 없을 것이다. 그러나 '완전고용'에 대한 모든 걱정은 직업으로부터의 소득이 아니라 '직업'이 정말 절실한 것처럼 보이게 한다. 만약 그것이 정말 그렇다면, 음의 임금이 존재할 것이고 실업의 문제도 없을 것이다. 아무도 영의 혹은 음의 임금에서는 일하지 않을 것이라는 사실은 그가 받는 그 어떤 즐거움이든 이에 더하여 노동자는 그의 일로부터 화폐적 소득을 요구한다는 점을 시사한다. 그래서 근로자가 원하는 것은 단지 '고용'(그가 마지막 수단으로 돈을 지불하고 얻을 수 있는 것)이 아니라 임금을 받는 고용이다.

그러나 이것이 인식되는 순간, 현대 케인지언의 고용에 대한 강조 전체는 재평가되어야 한다. 왜냐하면 그들의 실업논의에서 사라진 커다란 연결고리가 바로 임금률이기 때문이다. 임금률에 대한 언급이 없이 실업과 고용을 이야기하는 것은 가격에 대한 언급 없이 '수요' 혹은 '공급'을 이야기하는 것만큼 의미 없는 일이다. 그리고 이것은 정확하게 닮은꼴이다. 한 재화에 대한 수요는 오직 어떤 가격을 참조할 때에만 이해될 수 있다. 재화에 대한 시장에서 공급으로 어떤 양이 제공되더라도, 그것은 "청산될 것이다"(cleared). 즉, 소비자들의 수요에 의해 결정된 가격에서 팔릴 것이다. 그 어떤 재화도 만약 판매자가 그것을 팔기 원한다면 팔리지 않은 채 남아 있을 필요가 없다. 그가 필요한 것은 가격을 충분히 낮추는 것뿐이다. 만약 그 재화에 대한 수요가 전혀 없고, 그가 그 재화를 손에서 처분해 없애기를 원하는 극단적인 경우에는 영 이하로조차 낮추면 된다. 여기에서 상황이 정확하게 동일하다. 우리는 여기에서 노동서비스를 다루고 있다. 시장에 나와 있는 노동서비스의 공급이 얼마이든, 이 서비스는 다만 임금이 다 팔릴 수 있는 수준에 정해지기만 하면, 그 수준이 무엇이든 시장에서 모두 팔릴 수 있다.

결론적으로 자유시장에서 실업문제가 결코 존재하지 않는다. 만약 어떤 사람이 고용되기를 원한다면, 임금이 그의 DMVP에 따라 조정되기만 한다면 그는 고용될 것이다. 그러나 아무도 충분하다고 생각하는 만큼 지불되지 않으면서 단순히 '고용되기'를 원하지는 않는다. 따라서 우리는 고용 그 자체가 '문제'라고 불릴 수 없는 것은 물론이며, 더 나아가 인간행동의 바람직한 목표라고조차 할 수 없다는 결론을 내릴 수 있다.

그렇다면 문제는 고용이 아니라 생존 이상의 임금에서의 고용이다. 이 상황이 언제나 자유시장에서 달성되리라는 보장은 전혀 없다. 위에서 언급한 경우—토지가 노동에 비해 희소한 경우—는 노동자의 DMVP가 그의 생존임금 이하로 되는 상황으로 나아갈 수 있다. 근로자당 투자되는 자본의 양이 너무나 적어서, 어떤 임금도 많은 사람들에게 생존 이하 수준일 수 있다. 상대적으로 번영하는 사회에서조차 허약하고 기술이 부족하여 그들의 특정한 재능이 생존 이상의 임금을 요구할 수 없는 개인 근로자들이 존재할 수 있다. 이 경우 그들은 생존 이상의 임금을 받는 사람들의 선물을 통해서만 생존할 수 있을 것이다.

그러나 "일자리를 찾지 못한" 건강한 신체를 지닌 근로자의 경우는 어떤가? 이런 상황은 일어날 수 없다. 한 근로자가 어떤 유형의 일자리, 혹은 어떤 최소의 임금률을 고집하는 그런 경우에 물론, 그는 당연히 '실업'상태를 유지할 것이다. 그러나 그는 자신의 의지와 그 자신의 책임 아래 그렇게 하는 것이다. 그래서 노동력의 약 절반가량이 갑자기 만약 뉴욕시의 TV산업에서가 아니면 일하지 않겠다고 고집을 부린다고 해보자. 명백히, '실업'이 갑자기 엄청난 수준이 될 것이다. 이것은 언제나 일어나고 있는 일의 대규모 사례에 불과하다. 어떤 산업이 한 도시나 지역에서 다른 곳으로 이전할 수 있다. 근로자는 종전의 도시에 남아 있을지, 그곳에서의 직업을 고집해야 할지에 대해 결정할 수 있다. 그러나 만약 그가 직업을 얻는 데 실패한다면, 그 잘못은 그에게 있으며 '자본주의체제'에 있는 것이 아니다. TV산업에서만 일하기를 고집하는 사무원의 경우 혹은 TV산업으로 가기를 거부하고 라디오산업에서만 일하기를 고집하는 라디오산업 종사자의 경우에도 마찬가지이다. 우리는 여기에서 이 근로자들을 저주하는 것이 아니다. 우리는 단지 스스로 선택한 결정에 의해 그들이 고용되지 않고 있다는 점을 말하고 있을 뿐이다.

발전된 경제에서 건강한 신체를 지닌 사람들은 언제나 일을, 생존이상의 임금을 지불하는 일을 찾을 수 있다. 이것은 노동이 토지보다 더 희소하기 때문이며, 그와 같은 임금을 주기에 충분한 자본이 노동자의 한계가치생산을 증가시키기 위해 투자되었기 때문이다. 그러나 우리가 살펴본 것처럼, 이것이 일반적 노동시장에서는 사실이지만, 특정 노동시장, 특정 지역들 혹은 직업들에서도 반드시 사실은 아니다.

만약 근로자가 일정한 유형의 일이나 장소를 고집함으로써 노동시장에서 나올 수 있다면, 그는 또한 일정 최저임금 지불을 고집함으로써 노동시장에서 나올 수 있다. 어떤 사람이 그가 1년에 5백 골드 온스를 주지 않으면 어떤 일도 하지 않겠다고 고집한다고 해보자. 만약 그의 최선의 DMVP가 단지 1년에 100골드 온스라면, 그는 고용되지 않을 것이다. 어떤 사람이 그의 DMVP보다 더 높은 임금을 요구할 때는 언제나 그는 고용되지 않는다. 즉, 그가 요구하는 임금에서는 고용되지 않는다. 그러나 이 실업은 '문제'가 아니라 쉬고 있는 사람 측에서 내린 자발적 선택이다.[23]

자유시장에 의해 제공된 '완전고용'이란 근로자들이 고용되기 원하는 정도까지의 고용이다. 만약 그들이 자신이 원하는 장소, 직업, 그리고 임금률이 아니면 고용되기를 거부한다면, 그들은 상당한 기간 동안 실업을 선택할 가능성이 높다.[24]

근로자들은 어떤 직업기회들이 그들을 기다리고 있는지 알 수 없는 경우가 많다고 반론을 펼칠지 모르겠다. 그러나 이것은 판매하고자 하는 어떤 재화의 소유자에게도 적용된다. 마케팅의 기능이 바로 판매가능한 재화나 서비스에 관한 정보의 획득과 배포이다. 모든 사람이 모든 관련된 데이터에 대한 '완전한 지식'(perfect knowledge)을 지닌 환상의 세계를 가정하는 저술가들을 제외하고, 마케팅 기능은 결정적으로 중요한 생산구조의 한 측면이다. 마케팅 기능은 여타 시장들에서 뿐만 아니라 노동시장에서도 누가 특정 서비스에 대한 잠재적 구매자와 판매자이며, 어디에 있는지를 발견하는 일을 하는 중개업자들과 여타 수단을 통해 수행될 수 있다. 노동시장에서 마케팅은 신문에서의 '구인광고'(want ads), 고용자와 피고용자 모두가 이용하는 고용정보회사 등을 통해 이루어진다.

물론 완전한 이상으로서의 '완전고용'은 여가가 양의 재화인 세계에서는 터무니없는 것이다. 어떤 사람은 여가를 얻기 위해 쉬는 것을 선택할 수 있다. 그는 이로부터 직업을 가지고 일하는 것보다 더 큰 이득을 얻는다(혹은 이득을 얻고 있다고 믿는다).[25] 우리는 이 사실을 주당 작업시간을 고려해보면 더 분명하게 알 수 있다. 누가 주당 80시간 근로가 반드시 주당 40시간보다 더 낫다고 주장하는가? 그러나 전자가 후자보다 더 완전고용을 나타낸다는 것은 분명하다.

자유시장에서의 비자발적 실업의 가능한 경우로 단정된 하나의 사례가 하이에크 교수에 의해 제시되었다.[26] 하이에크는 투자에서 소비로 전환하게 되면, 그래서 시장에서 생산구조의 길이가 짧아지면, 높은 생산단계에서 퇴출된 근로자들의 일시적 실업이 필요하며, 이는 이들이 나중 생산단계의 더 짧아진 생산과정에 재흡수될 때까지 계속된다. 더 짧아진 생산과정으로의 이전으로부터 자본의 손실뿐만 아니라 임금의 손실이 발생하는 것은 사실이다. 그리고 생산구조가 짧아진다는 것이 최종임금률에서 더 긴 생산과정으로부터 이탈된 사람들의 실업이 있을 시기인 이행기가 있게 된다는 의미라는 것도 또한 사실이다. 그러나 이 이행기 동안 이 근로자들이 임금률을 모든 근로자들의 이행기 동안의 고용을 가능하게 할 정도로 낮아질 때까지 경쟁적으로 낮추어 부를 수 없는 이유는 전혀 없다. 이 이행기 임금률은 새로운 균형임금률보다 더 낮을 것이다. 실업이 반드시 있어야 할 필연성은 그 어느 시기에도 없다.

항상 재출현하는 '기술적 실업'(technological unemployment)의 원칙—기계에 의한 사람의 대체—은 깊게 분석할 가치가 거의 없다. 이 원칙의 불합리성은 우리가 선진 경제를 살펴보고 이를 원시경제와 비교해보면 명확해진다. 선진경제에는 기계뿐 아니라 원시경제에는 알려지지 않은 생산기법들이 풍부하게 많다. 그러나 전자에서는 훨씬 더 많은 사람들의 생활수준이 훨씬 더 높다. 얼마나 많은 근로자들이 삽의 발명으로 '해고'되었는가? 기술적 실업의 주제는 자본재를 "노동을 절약하는 도구"라는 용어를 사용함에 따라 장려되었다. 이 용어는 일부 사람들에게 단순히 버려진 노동자들의 환상을 불러냈던 것이다. 노동은 현저하게 희소한 재화이고, 교환할 수 있는 재화에 대한 인간의 욕구들은 완전히 충족된 것과는 거리가 멀기 때문에 노동은 '절약'될 필요가 있다. 이에 더해 이 욕구들은 만약 자본재 구조가 유지되지 않으면 전혀 충족될 수 없을 것이다. 노동이 더 '절약'될수록 더 좋을 것이다. 왜냐하면 노동이 더 많고 더 좋은 자본재를 사용하여 더 짧은 시간 안에 인간의 욕구를 더 많이 충족시킬 것이기 때문이다.

물론, 만약 우리가 언급했듯이 근로자들이 일을 위한 자신의 조건을 고집하면, 이 조건이 충족되지 않는 한 '실업'이 나타날 것이다. 이것은 여타 어떤 변화에서 뿐만 아니라 기술적 변화에 대해서도 적용된다. 요즘 어떤 이유로 대장장이를 위해서만 일하고, 혹은 구식의 일반 가게에서만 일하겠다고 고집을 부리는 사무원은 실은 오래 쉬는 것을 선택했을 수 있다. 자동차가 발전된 이후에도 이륜마차산업에서 일하기를 고집하는 근로자들은 의심할 바 없이 아무 일도 찾지 못했을 것이다.

한 산업에서의 기술적 진보는, 만약 그 생산물에 대한 수요가 하방탄력적이라면, 그래서 더 많은 재화의 공급이 더 큰 소비자 지출을 유발한다면, 그 산업에서의 고용을 증가시키는 경향이 있다. 한편 아래쪽으로 비탄력적 수요를 가진 산업에서의 기술혁신은 소비자들이 더 풍부해진 제품에 지출을 덜 하도록 할 것이고, 그 산업에서의 고용을 위축시킨다. 한마디로 기술혁신의 과정은 근로자들을 비탄력적 수요산업에서 탄력적 수요산업으로 이동시킨다. 신규고용수요의 주요 원천의 하나는 새로운 기계들을 만드는 산업들에 있다.[27]

3. 기업가정신과 소득

1) 기업의 비용

우리는 생산요소의 가격들과 이자율이 결정되는 기초를 살펴보았다. 개별 기업가의 관점에서 보면 요소에 대한 지불은 화폐비용이다. 우리가 단순히 가격들이 장기에는 생산의 비용과 같아지는 경향이 있다는 과거 고전학파의 법칙에 의존할 수 없다는 것은 분명하다. 비용들은 어떤 보이지 않는 손(invisible hand)에 의해 고정된 것이 아니라, 정확하게 생산요소에 대한 기업가적 수요의 힘의 합에 의해 결정된다. 기본적으로 뵘바베르크와 오스트리아학파들이 지적했듯이, 비용들이 가격들에 따르게 되는 것이지 그 반대는 아니다. 이 점을 명확하게 인식하지 않으면 혼동이 일어날 수 있다. 경제학자가 아닌 개별기업의 관점에서 보면, 마치 비용들이(적어도 요소의 가격들이라는 점에서) 어떻게든 주어져 있고 개인의 통제를 벗어나 있는 것으로 보이기 때문이다.[28]

만약 어떤 기업이 그 비용을 감당하고도 남도록 판매가격을 정할 수 있다면, 그 기업은 그 사업에서 살아남는다. 만약 그렇지 않으면 그 사업에서 떠나야만 할 것이다. 외부적으로 주어진 비용의 환상은 광범하다. 왜냐하면 우리가 곧 보게 될 것이지만, 대개의 요소들은 다양한 산업들은 아닐지라도 최소한 다양한 기업들에 의해 고용될 수 있기 때문이다. 그러나 만약 우리가 좀더 넓은 경제학자의 관점을 취하면 다양한 '비용들', 즉 그들의 대체적 용도들에서의 다양한 DMVP들에 의해 결정되는 요소가격들은 궁극적으로 모든 용도들에 대한 소비자의 수요에 의해 결정된다. 이에 더하여 수요와 판매가격에서의 변화들은 특화된 요소들의 가격들과 소득을 변화시킬 것이다. 현재의 경제학에서 너무나 유행하는 '비용곡선들'은 고정된 요소가격들을 가정하고 있으며, 그렇게 함으로써 심지어 한 기업에 대해서도 나타나는 요소가격의 가변성을 무시하고 있다.

대부분의 최근 '신고전파' 경제학 저술을 채우고 있는 '비용곡선'들의 만연과 혼잡이 이 책에서는 없다.[29] 이런 생략은 의도적으로 그렇게 한 것이다. 비용곡선은 기껏해야 중복적일 뿐이며[그래서 오캄의 면도날(Occam's razor)의 단순성 원칙을 위배하고 있고] 최악의 경우 독자들을 오도하는 잘못된 것이라고 보기 때문이다.

요소의 가격책정과 생산물 배분의 설명으로서, 비용곡선들은 한계생산성으로 설명하는 것에 아무런 새로운 것도 더 보태지 않는다. 기껏해야 두 가지는 서로 가역적이다. 이 점은 웨일러(E. T. Weiler)의 《경제체제》(The Economic System)와 스티글러(George J. Stigler)의 《가격이론》(Theory of Price)과 같은 교과서에서 분명하게 볼 수 있다.[30] 그러나 이런 비용곡선으로의 이동은 많은 심각한 결함들과 실수들을 동반하고 있다. 이 점은 스티글러가 생산성에 대한 기계적 논의로부터 비용곡선들의 논의로 옮겨간 이유를 설명하는 바로 그 문장들에서 드러난다. 가변비율의 법칙(law of variable proportions)은 이제 개별기업의 비용곡선으로 이행을 허용할 만큼 충분히 탐구되었다. 물론 논의에 도입된 근본적으로 새로운 요소는 생산적 서비스들의 가격이다. 이 이행은 오직 경쟁의 경우에만 이루어지고 있다. 즉, 기업이 그 가격에 영향을 줄 정도로 그 어떤 서비스를 충분히 구매하지 않기 때문에 생산적 서비스들의 가격들이 불변이다.[31]

그러나 주어진 가격들을 도입함으로써 현대의 이론가는 이 가격들을 설명하려는 그 어떤 시도도 포기하고 있다. 이것은 현재 유행하는 기업이론의 기본적 실수 가운데 하나이다. 이 이론은 매우 피상적이다. 이 피상적 측면 가운데 하나가 생산적 서비스들의 가격들을 설명하려고 시도하지 않은 채 이 가격들이 주어졌다고 가정하는 점이다. 설명을 제공하려면 한계생산성 분석이 반드시 필요하다.

한계생산성 분석과 이윤동기는 생산요소들의 가격들과 경제 내 다양한 기업들과 산업들로 이들의 배분을 설명하는 데 충분하다. 이에 더해 생산이론에는 시간과 관련되는 두 가지 중요하고 흥미로운 개념들이 있다. 하나는 우리가 '즉각'(immediate run)이라고 부를 수 있는 것이다. 주어진 재고와 투기적 수요, 그리고 주어진 소비자의 가치평가라는 기초에서 나온 상품들과 요소들의 시장가격들은 '즉각적인' 것들이다. '즉각'은 모든 재화들의 어떤 시점에서 실제 시장가격들의 설명을 제공하므로 중요하다. 또 다른 중요한 개념이 '최종가격'(final price) 혹은 장기균형가격, 즉 ERE에서 확립될 가격이다. 이것이 중요한 이유는 이 가격이 즉각적 시장가격들이 움직이는 경향이 있는 방향을 드러내주기 때문이다. 이것은 또한 기업가적 소득에서 이윤과 손실에 대비된 이자를 분석적으로 분리할 수 있게 해준다. ERE에서는 모든 요소들이 그들의 할인한계가치생산을 받게 될 것이고, 이자는 순수 시간선호가 될 것이다. 거기에서는 이윤도 손실도 존재하지 않을 것이다.

그렇다면 흥미로운 국면들은 '즉각적 기간'과 장기(long run)이다. 그러나 비용곡선 분석은 '단기'(short run)로 알려진 잡종중간국면을 거의 전적으로 다루고 있다. 단기에서는 '비용'이 두 범주로 날카롭게 구분되고 있다. 고정비용(생산된 양과 무관하게 부담해야 하는 비용), 그리고 가변비용(생산량과 함께 변화하는 비용). 이런 개념구조 전체가 극도로 자의적이다. 실제로는 비용의 '고정성'은 존재하지 않는다. 어떤 단언된 고정성도 완전히 이에 개입된 시간의 길이에 달려 있다. 사실, 생산이 영이라고 해보자. '비용곡선 이론가들'은 우리가 영의 생산물에서도 반드시 감당해야 할 고정비용이 있다고 믿도록 할 것이다. 토지의 임대료, 경영진에 대한 지불 등. 그러나 만약 경제여건이 변하지 않는다면—그와 같은 분석에서 당연히 그래야 하는 것처럼—그리고 기업가들이 영의 산출물이 한없이 지속될 것을 예상하고 있다면, 이 '고정'비용들은 '가변적'이 될 것이고, 매우 빠르게 사라질 것이다. 그 기업이 문을 닫음에 따라 토지에 대한 임대계약은 끝날 것이고, 경영진은 해고될 것이다.

'고정'비용은 존재하지 않는다. 차라리 서로 다른 생산요소들에 대해 서로 다른 정도의 가변성이 있을 뿐이다. 어떤 요소들은 특정 범위의 생산물에서는 가장 잘 사용되는 반면, 다른 요소들은 다른 범위의 생산물에서 가장 좋은 결과를 낳는다. 그 결과는 '고정'비용과 '가변'비용으로의 양분이 아니라 다양한 요소들에 대한 다양한 정도의 가변성이라는 조건이다.[32]

이런 어려움이 전혀 존재하지 않는다고 하더라도, 단기는 단지 중요한 기간들, 즉 즉각적 기간과 장기 사이에 존재하는 하나의 경유지, 혹은 여러 집합의 경유지들에 불과한데 왜 '단기'가 상세한 분석을 위해 채택되어야 하는지 그 이유를 알기 어렵다. 분석적으로 비용-곡선 접근법은 기껏해야 별로 흥미로운 것이 아니다.[33]

이런 단서들을 염두에 두고, 이제 기업의 비용분석에 들어가자. 각 생산수준들에서 비용이 어떻게 될 것인지 고려해보자. 평균비용들, 즉 생산물 단위당 총비용들의 움직임을 결정하는 두 가지 요소들이 있다.

(1) 먼저 '물리적 비용들'—즉, 특정한 양의 생산물을 얻기 위해 구매되어야 하는 요소들의 양들—이 있다. 이것들은 '물리적 생산성'—다양한 양의 요소들로 생산될 수 있는 물리적 생산물의 양—의 표면이다. 이것은 기술적 문제이다. 여기에서의 문제는, 다른 요소들이 그 양에서 고정되어 있는 반면 한 요소가 변하는 경우의 한계생산성이 아니다. 여기에서 우리는 모든 요소들이 변할 수 있을 때 생산물의 규모에 집중한다. 모든 요소들과 생산물이 완전히 가분적(可分的)인 경우, 모든 요소들의 비례적 증가는 틀림없이 물리적 생산물과 마찬가지로 비례적 증가를 가져올 것이다.[34] 이것은 '수확불변'(constant returns to scale)의 법칙이라고 불릴 수 있을 것이다.

(2) 평균비용의 두 번째 결정인자는 요소가격들이다. '순수 경쟁'(pure competition) 이론가들은 이 가격들이 생산규모가 변하더라도 불변으로 유지된다고 가정하지만 그것은 불가능하다.[35] 어떤 기업의 생산규모가 증가하면서, 그 기업은 필연적으로 다른 기업들로부터 기존의 생산으로부터 이탈하도록 생산요소들에 대해 더 높은 호가를 제시하고, 그 과정에서 생산요소의 가격을 인상시킨다. 그리고 이는 특히 새로운 생산을 통해 공급을 증가시킬 수 없는 노동과 토지요소들에 대해 특별히 더 그렇다. 생산물이 더 많아짐에 따라 발생하는 요소가격들의 상승은 불변 물리적 비용과 결합하여 단위 생산물당 평균화폐비용을 증가시킨다. 그러므로 우리는 만약 요소들과 생산물이 완전히 가분적이라면 평균비용이 언제나 상승할 것이라고 결론내릴 수 있을 것이다.

생산의 세계에서는, 완전한 가분성이란 언제나 통용되는 것도 아니며 심지어 보통 그런 것도 아니다. 요소들과 생산물의 단위들은 분할되지 않는다. 즉, 그들은 완전히 매우 작은 단위들로 분할되지 않는다. 첫째, 생산물은 분할할 수 없을 수 있다. 그래서 요소 A 3단위+요소 B 2단위가 결합해서 하나의 냉장고를 생산한다고 해보자. 이제 우리의 수확법칙에 따르면, 6A+4B가 2대의 냉장고를 생산할 것임은 사실이다. 그러나 4A+3B가 한 대와 일부의 냉장고들을 생산하지 않는다. 한 단위 생산물의 기술적 불가분성으로 증가된 요소의 공급이 증가된 생산물로 귀결되지 않는 격차들이 반드시 나타나게 마련이다.

격차가 있는 영역들에서는 새로운 요소들이 생산물이 나오지 않으면서 고용되기 때문에 비용이 급격하게 상승한다. 그렇다면, 요소들에 대한 지출이 충분히 상승하여 그 생산물을 더 생산할 때, 격차가 있는 상황에 비해 평균비용이 급격하게 하락할 것이다. 그 결과, 어떤 사업가도 격차들이 존재하는 영역에서는 일부러 투자하지는 않을 것이다. 생산물을 더 산출하지 않으면서 더 투자하는 것은 순전한 낭비이며, 그래서 사업가들은 그 격차지역을 벗어난 골짜기 점들에서만 투자할 것이다.[36]

둘째, 그리고 더 중요한 점으로 생산요소들이 가분적이지 않을 수 있다. 이 불가분성(不可分性)으로 생산적 서비스들 각각의 투입을 동시에 단순히 배증하는 것은 불가능하다. 각 요소는 그 자체의 기술적 단위규모를 가지고 있다. 그 결과, 대부분의 사업결정은 여타 요소들(더 가분적인 것들)이 변하는 반면, 많은 요소들이 불변으로 유지되어야만 하는 영역들에서 발생한다. 그리고 이 상대적 가분성과 불가분성은 기간의 변동으로 인한 것이 아니라 다양한 단위들의 기술적 규모로 인한 것이다. 어떤 생산 활동에서도 많은 다양한 불가분성이 존재할 것이다.

스티글러 교수는 하루에 2백 대의 기차까지 다룰 능력을 지닌 철도트랙의 예를 제시한다.[37] 그 트랙은 기차가 정확하게 하루에 총 2백 대 달릴 때 가장 효율적으로 활용된다. 이것은 기술적으로 '이상적'(*ideal*) 생산량이며, 이 생산수준에 맞추어 그 트랙이 고안된 것일 수 있다. 생산량이 2백을 하회하면 어떤 일이 발생하는가? 생산량이 하루에 100이라고 해보자. 이때 가분적 생산요소는 철도의 주인들에 의해 반으로 감축될 것이다. 그래서 만약 기술자들이 가분적이라면, 그 철도는 종전의 반만큼 기술자를 고용하거나 보통 일하는 시간의 반만큼 고용할 것이다. 그러나 (여기에서 이것이 핵심이다) 그 철도는 그 트랙을 반으로 감축하고 반 트랙만 쓸 수는 없다. '트랙'의 기술적 단위가 현재 그런 것과 같다면, 트랙들의 수는 하나여야 한다. 역으로 생산량이 2백으로 다시 증가하면, 여타 생산적 서비스들은 두 배가 될 수 있겠지만, 트랙의 양은 종전과 마찬가지로 유지된다.[38]

생산량이 혹시라도 계획된 양보다 25% 증가하여 하루 250 열차로 증가하면 무슨 일이 벌어질까? 기술자들과 같은 가분적 서비스들은 4분의 1만큼 증가될 수 있을 것이다. 그러나 그 트랙은 하나로 여전히 남아 있거나—과부하가 되거나—혹은 둘로 증가되어야 할 것이다. 만약 증가되었다면 그 트랙은 250에서 과소활용될 것이다. 왜냐하면 그 트랙을 활용한다는 관점에서 보면, 이번에는 '이상적' 생산량이 4백이기 때문이다.

어떤 중요한 불가분의 요소가 점차 덜 과소활용될 때 그 경향은 '수확체증'(increasing returns)이 될 것이다. 왜냐하면 생산량이 증가함에 따라 평균비용이 감소하기 때문이다. 어떤 한 중요한 불가분의 요소가 점차 더 과다활용되면 평균비용이 증가하는 경향이 나타날 것이다.

어떤 생산분야들에서는 불가분성이 하나의 개별 생산요소의 완전한 활용이 모든 생산요소들의 완전한 활용을 필요로 하는 경우도 있을 것이다.[39] 이런 경우, 모든 불가분의 요소들은 함께 움직이며, 우리의 목적에서는 함께 묶을 수 있을 것이다. 이들은 철도트랙과 같은 하나의 불가분 요소와 동등하게 된다. 그와 같은 경우에 다시 생산량이 증가하면, 이에 따라 그 덩어리로 된 불가분 요소들의 과소활용 문제를 완화함에 따라 평균비용들이 생산량의 증가와 함께 처음에는 감소한다. 그러나 기술적으로 가장 효율적인 지점을 도달한 후에는 주어진 불가분의 요소들 아래에서 비용이 증가할 것이다. 비용이 하락하는 경향은 이에 더해 생산량의 증가로 야기되는 요소가격의 상승에 의해 상쇄될 것이다.

그러나 압도적 다수의 경우에 각 요소는 다른 요소들과 가분성의 규모와 정도에서 서로 다를 것이다. 그 결과 선택된 어떤 규모 혹은 결합이 하나의 불가분적 요소를 가장 효율적으로 활용할 것이다. 그러나 이는 여타 다른 불가분적 요소를 최고의 효율에서 활용하지 못한다는 비용을 치르고서 불가분적인 한 요소의 최대한 효율적 활용이 이루어진다. 각 대체적 생산량에서 모든 평균화폐비용의 가상적 스케줄을 고려한다고 해보자. 우리가 매우 낮은 수준의 생산량에서 출발할 때, 모든 불가분의 요소들은 과소활용될 것이다. 우리가 생산을 확장해감에 따라 생산을 확대하기 위해 필요한 가분적 요소들의 가격상승에 의해 상쇄되지 않는 한 평균비용은 하락할 것이다. 불가분의 요소들 가운데 하나가 완전하게 활용되고 과도한 부하가 걸리자 말자 평균비용은 가파르게 상승할 것이다. 나중에 또 다른 과소활용된 요소가 더 완전하게 활용됨에 따라 (평균)비용이 감소하는 경향이 나타날 것이다. 그 결과는 생산량의 증가에 따라 나타나는 평균비용의 증가와 감소의 교체적 반복이다. 궁극적으로, 더 많은 가분적 요소들이 과소하게 활용되기보다는 과도하게 활용되는 지점에 도달할 것이고, 그 지점 이후에는 계속 평균비용은 생산량이 증대함에 따라 상향할 것이다.

그 지점 이전에는 그 경향은 아래로 향할 것이다.

비용의 기술적 측면들로부터의 영향들과 뒤섞이는 것이 요소가격들의 지속적 상승이며, 이것이 또한 생산량이 증가함에 따라 점차 중요해진다. 한마디로 미제스가 말한 것처럼:

> 다른 조건들이 같다면 어떤 품목의 생산이 더 증가할수록, 더 많은 생산요소들이 다른 품목들의 생산을 위해 사용되었던 여타 고용으로부터 빠져나와야 한다. 그래서—다른 조건들이 일정하다면—평균비용은 생산량의 증가와 함께 증가한다. 그러나 이 일반적 법칙은 분할구역들마다 모든 생산요소들이 완전히 가분적인 것은 아니며, 이 생산요소들이 가분적일 수 있는 한에서도 이 요소들 가운데 하나의 완전한 활용이 여타 불완전한 가분적 요소들도 완전하게 활용하는 결과가 되는 방식으로 가분적이지 않다는 현상에 자리를 빼앗긴다.[40]

철도트랙과 같은 일부 나눌 수 없는 요소들은 오직 하나의 규모로만 이용이 가능하다. 그렇다면 작은 공장은, 대규모 공장에서의 대규모 기계류만큼 효율적인 소규모 기계류를 사용할 수 없는가? 이것은 불가분성을 배제하고 불변비용을 초래하지 않겠는가? 아니다. 왜냐하면 여기에서도 마찬가지로 하나의 특별한 규모가 아마도 가장 효과적일 것이기 때문이다. 가장 효율적인 규모 아래에서는, 그 기계를 작동시키는 것이 더 비용이 들 것이다. 그래서 스티글러의 말처럼, "10마력의 모터 부품조립에 1마력의 모터 조립에 필요한 것보다 반드시 10배의 노동력이 드는 것은 아니다. 마찬가지로 하나의 트럭은 그것이 2분의 1톤 혹은 2톤의 능력을 지녔건 상관없이 한 명의 운전사를 필요로 한다."[41]

과도한 규모의 기계는 최적규모보다 더 많은 비용이 드는 것도 또한 사실이다. 그러나 이것이 기업규모의 한계인 것은 아니다. 왜냐하면 대규모 기업은 하나의 거대한 기계를 사용하는 대신 단순히 몇 개의 (더 작은 규모인) 최적규모의 기계들을 사용할 수 있기 때문이다.

노동은 보통 완전하게 분할할 수 있는 요소, 즉 생산물의 규모와 함께 직접 변할 수 있는 요소로 간주된다. 그러나 이것은 사실이 아니다. 우리가 살펴보았듯이, 트럭 운전사는 일부분으로 분할될 수 없다. 이에 더해, 경영은 분할할 수 없는 생산요소가 되는 경향을 띤다. 외판원, 광고, 채무비용, 조사비용뿐만 아니라 위험에 대한 보험비용조차도 그렇다. 자금을 빌리는 데에도 단순한 조사나 서류작성 등에 따른 기본적 비용이 존재한다. 이 비용은 빌리는 액수가 커질수록 비례적으로 작아지는 경향이 있다—이는 특정 범위를 넘어서면 수확체증을 보이는 불가분성의 또 다른 예이다. 보장범위가 넓어질수록 보험료는 낮아질 것이다.[42]

그리고 잘 알려진 것처럼 생산량이 커질수록 노동분업의 증가로부터 얻을 수 있는 이익이 있다. 노동분업으로부터의 혜택은 불가분(不可分)이라고 간주될 수 있다. 이 혜택은 대규모로 생산할 때 쓰여야 하는 특화된 기계들로부터, 그리고 이와 유사하게 전문가들의 향상된 숙련도로부터 발생한다. 그러나 여기에서도 마찬가지로 그 이상에서는 더 이상의 전문화가 가능하지 않거나 전문화가 비용의 증가를 초래하는 분기점(分岐點)이 존재한다. 경영은 보통 특히 과다하게 활용될 것이라는 점이 강조되었다. 경영이 원하는 만큼 확장될 수 없는 최종결정능력의 요소라는 점이 이보다 더 중요하다.

어떤 주어진 기업의 규모와 생산량의 결정은, 규모에 제한을 강요하는 결정요인, 확장을 권하는 결정요인 등 한 무리의 서로 충돌하는 결정요인들에 달려있다. 어떤 기업이 어떤 결정을 할 것인지는 실제 경우의 구체적 여건들에 달려 있으며, 경제분석에 의해 결정될 수 없다. 오직 실제 기업가가 시장의 주고받는 것을 통해 최대이윤을 내는 규모가 어디인지를 결정하여 그 기업을 그 지점에 이르도록 할 수 있다. 이것은 경제학자들이 아니라 사업가들이 할 일이다.[43]

이에 더해, 교과서에 나와 있는 비용곡선 그림들은 너무나 단순하고 부드러워서 실제조건들을 잘못 이해하고 있다. 우리는 어떤 지점에서 증가하고 또 감소하는 비용을 나타내는 무수한 결정요인들이 있다는 것을 살펴보았다. 물론 기업가가 최대이윤, 즉 비용에 대해 최대 순 수익을 내는 점에서 생산하려고 할 것이라는 점은 사실이다. 그러나 그의 결정에 영향을 주는 요인들은 너무나 많고, 그들의 상호작용은 너무나 복잡해서 비용-곡선 그림에 다 담을 수 없다.

거의 모든 사람들에게 일부 산업들에서 기업의 최적규모는 여타 산업들에서보다 더 크다는 것은 분명하다. 제철소의 경제적 최적규모는 최적 이발소보다 더 크다. 그러나 대규모 기업들이 최고의 효율성을 보이는 산업들에서 많은 사람들은 체감하는 비용이 영구적으로 지속된다고 단언하는 경향이 있으며, 더 규모가 큰 기업이 초래할 '독점'에 대해 많은 걱정을 한다. 그러나 계속된 더 큰 규모에 대한 무한의 경향성은 존재하지 않는다는 것은 명백하다. 이것은 모든 기업이 어느 시점에서이든 항상 유한의 기업규모를 가지고 있다는 바로 그 사실, 그리고 그래서 어떤 방향으로부터 그 기업에 경제적 한계가 부과되었을 것이라는 바로 그 사실로부터 명백하다. 이에 더해, 생산물이 늘어남에 따라 생산물 가격들이 하락하고 요소가격들이 증가하는 경향성이 있다. 이뿐만 아니라 각 요소에 대해 하락하는 한계생산성의 영역에서 운영한다는 일반적 규칙이 존재한다. 우리는 이런 경향성과 규칙이 각 기업의 규모에 제한을 가한다는 것을 살펴보았다. 아울러 간과될 때가 많지만, 우리는 그 기업이 이윤과 손실을 계산할 수 있도록 하기 위해 모든 요소들에 대한 시장들이 존재하여야 하며, 이런 필요성으로 발생하는 궁극적 한계들이 기업의 상대적 규모에 부과된다는 것을 알게 될 것이다.[44]

화폐비용들은 기업가들에게 오직 그가 요소들에 대해 투자를 계획하고 있을 때에만 기회비용들과 같을 것이다. 그의 화폐비용들이 어떤 생산과정에 '매몰되는' 정도만큼, 이 비용들은 취소할 수 없게 그 사업에 매이게 되며, 그 어떤 미래계획들도 이 비용들을 되돌릴 수 없는 지출로 간주하여야 한다.[45] 사업가의 시장공급곡선은 그의 과거 화폐비용이 아니라 그의 현재 기회비용에 달려있을 것이다. 왜냐하면 그 사업가는 자신의 재화들을 팔 때 들어야 하는 그 어떤 추가적 비용들을 넘어서는 가격에서는 어떤 가격에서도 그의 재화를 팔기 때문이다. 자본재가 생산구조의 어떤 단계에서 최종생산물을 향해 나아감에 따라 더 많은 투자가 이 과정에서 매몰된다. 그러므로 추가적 생산의 한계비용(개략적으로 기회비용)은 그 재화가 최종생산물과 판매로 나아감에 따라 점차 더 낮아진다. 이것은 통상적 비용곡선의 단순한 의미이다. 예를 들어, 일부 비용들은 '고정되어' 있으며, 더 이상 단기생산의 관점에서 보면 취소할 수 없는 것일 때, 이 비용들은 사업가의 그와 같은 추가적 생산에 따라 드는 것으로 측정되는 비용에 포함되지 않는다. 위에서 살펴본 것처럼 즉각적 기간에서는 더 이상의 추가비용이 들지 않기 때문에 바로 판매할 수 있는 즉각적 재고판매는 실질적으로 '비용이 들지 않는'(costless)다고 할 수 있다.[46] 물론 ERE에서는 모든 비용들과 투자들이 조정될 것이고, 되돌릴 수 없게 들어간 비용들이 전혀 문제가 되지 않을 것이다. ERE에서는 모든 기업들에 대한 평균화폐비용들이 그 생산물의 가격에서 자본가-기업가에 돌아가는 순수 이자수익을 빼고, 그리고 다시 우리가 보게 될 것처럼 그 기업의 화폐비용에 들어가지 않는 요소인 "소유자의 할인한계생산"을 뺀 것과 같을 것이다.[47,48]

2) 사업소득(Business Income)

경제 전체에서 순 소득들은 임금으로 노동에, 지표토지 임대료(ground rent)로 지주에게(임금과 지표토지 임대료는 '임대료', 즉 생산적 요소들의 단위가격이다), 이자로 자본가에게 (임금, 임대료, 이자는 ERE에서도 계속된다), 이윤과 손실로 기업가들에게 (ERE에서는 지속되지 않을 것이다) 돌아갈 것이다(지표토지 임대료는 토지의 자본가치에 자본화되고, 그러므로 ERE에서 토지는 이자율만큼 수익을 얻는다). 그러나 소유자들은 어떻게 되었나? 그들의 소득은 우리가 제8장에서 연구하였던 기업가적 이윤과 손실에 의해 다 없어진 것인가 아니면 이들이 ERE에서 이자를 넘는 소득을 계속 벌 것인가?

지금까지 우리는 사업소유자들은 "끊임없이 변화하는 세상에서 불확실성을 감당하는" 기업가적 기능을 수행한다는 것을 살펴보았다. 사업의 소유자들은 또한 현재의 자금을 노동과 토지요소들에 미리 지불하고 이자를 버는 자본가들이다. 그들은 그들 자신의 경영자들일 수도 있다. 이 경우, 그들은 피고용자들에 의해 수행될 수 있는 일을 하고 있으므로, 그들은 경영에 대한 암묵적 임금을 벌고 있다.[49] 우리는 교환학적으로 노동은 생산에서 비소유자들의 개인적 에너지이며, 이 요소는 임금을 받는다는 것을 살펴보았다. 소유자가 힘들이는 일을 스스로 할 때, 그는 또한 암묵적 임금을 벌고 있다. 물론 이 임금은 ERE에서도 계속된다.

그러나 자본을 먼저 내놓거나 가능한 기업을 경영하는 것을 넘어서서 소유사업가가 수행하고 있고 또 ERE에서도 여전히 수행할 기능이 있는가? 그 대답은 그들이 다른 요소들을 고용하여서는 수행시킬 수 없는 또 다른 기능을 실행한다는 것이다. 이것은 단순한 자본선불기능을 넘어서는 것이며, ERE에서도 계속된다. 더 나은 용어가 없어서, 이것은 의사결정기능 혹은 소유기능이라고 불릴 수 있을 것이다. 고용된 경영자(관리자)들은 성공적으로 생산을 지시하거나 생산과정을 선택할 수도 있다. 그러나 궁극적 책임과 생산의 통제는 불가피하게 소유자, 즉 자신의 생산물이 팔릴 때까지 그 사람의 자산인 사업가에게 귀속된다. 얼마나 많은 자본을, 어떤 특정한 공정에다 투자할지 결정하는 것은 소유자이다. 그리고 특히 경영진을 선택하는 것은 소유자들이다. 그러므로 자신의 자산의 사용과 이를 관리할 사람에 관한 궁극적 결정들은 소유자들에 의해 이루어져야 하며, 그 어떤 다른 사람에 의해서도 이루어질 수 없다. 이것은 생산에 필수적이며 ERE에서도 계속되는 기능이다. 왜냐하면 ERE에서조차도 적당한 경영자들을 고용하고 가장 효과적인 과정들에 투자하는 기술이 필요하기 때문이다. 이것은 생산에 필수적이며 ERE에서도 계속되는 기능이다. 왜냐하면 ERE에서조차 적당한 경영진을 고용하고 가장 효과적인 공정에 투자하는 필요한 기술이 존재하기 때문이다. 그리고 이 기술들이 불변인 채 유지된다고 하더라도, 이것이 수행되는 효율성은 기업마다 다를 것이며, 이에 따라 기업들은 서로 다른 수익률을 수취할 것이다.[50, 51]

이 임대료는 그 요소의 DMVP, 즉 그 요소가 기업의 수입에 구체적으로 기여하는 양과 같을 것이라는 점은 분명하다. 이 능력은 각 기업의 소유자마다 다를 것이므로 그 임대료도 다를 것이다. 이 차이는 어떤 한 산업 내의 '높은 비용'과 '낮은 비용' 기업들의 현상을 설명해 주며 기업들 사이의 효율성 차이들이 단순히 순간적 불확실성의 함수만은 아니며 ERE에서도 지속될 수 있음을 나타낸다.

한 산업 내부에서 '한계 이상의' 기업들, 즉 낮은 비용 기업들이 그 소유자들의 의사결정능력에 대한 임대료를 번다는 것을 인정한다면, 그 산업에서 '한계'기업들, 즉 겨우 도산하지 않고 남아 있는 '높은 비용' 기업들은 어떻게 되는가? 그 소유자들은 의사결정능력에 대한 임대료를 버는가? 많은 경제학자들은 마치 한계토지가 영의 임대료를 벌 것이라고 믿은 것처럼, 이 한계기업들이 그와 같은 소득을 벌지 않는다고 믿었다. 그러나 우리는, 비록 "영에 가깝지만" 한계토지가 그와 같은 임대료를 번다는 것을 살펴보았다. 이와 비슷하게, 한계기업은 의사결정능력에 대한 일부 임대료를 번다. 우리는 그것이 얼마가 될 것인지 결코 수량적으로 말할 수 없다. 단지 '한계 이상' 기업들의 '의사결정 임대료들'(decision rents)보다 낮을 것이라고 말할 수 있을 뿐이다.

한계적 기업들은 그 어떤 의사결정 임대료도 벌지 못할 것이라는 믿음은 두 가지 오류들로부터 나온다. ① 수학적 연속성(*mathematical continuity*)의 가정, 그래서 연속적 점들이 서로 혼합된다는 가정, 그리고 ② '임대료'는 기본적으로 격차라는 가정, 그래서 가장 열등하게 이용되는 토지 혹은 기업은 그와 같은 차이를 확립하기 위해 영의 임대료를 벌 것임에 틀림없다는 생각. 그러나 우리는 임대료들이 '절대값'(*absolute*)—요소들의 소득과 한계가치생산물—이라는 것을 살펴보았다. 그러므로 임금이 임대료의 하부구성요소(*sub-division*)이며, 아무도 영의 임금을 버는 사람은 없다는 것을 깨달을 때 알 수 있듯이, 가장 열악한 요소가 영의 임대료를 벌어야 할 필연성은 전혀 존재하지 않는다. 마찬가지로 한계기업이 영의 의사결정 임대료를 벌어야 할 필연성도 존재하지 않는다.

한계기업들이 버는 의사결정 임대료가 양이며 영이 아니라는 사실은, 의사결정 임대료가 단지 영에 불과한 기업을 고려해보면 분명해진다. 그러면 그 기업의 소유자는 어떤 기능들—그의 자산과 최고경영자들을 선택하는 최종적 결정을 하고 책임을 떠맡는 것—을 수행하면서도 여전히 아무런 수익도 얻지 못하는 셈이 될 것이다. 그리고 ERE에서는 이것이 단지 기업가적 실수의 예기치 못한 결과가 될 수는 없다! 그러나 그 소유자가 이 기능들을 수익도 없이 계속 수행할 아무런 이유도 없을 것이다. 그는 심리적으로 음의 수익인 것을 계속해서 벌지는 않을 것이다. 왜냐하면 그가 그 분야 사업에 남아 있는 동안 그는 아무런 수익도 받지 않으면서 소유에 에너지를 계속 지출할 것이기 때문이다.

요약하자면, 기업소유자에게 돌아가는 소득은 변화하는 경제에서는 다음의 네 가지 요소들의 합성일 것이다.

- **ERE에서도 남음**
  (1) 투자된 자본에 대한 이자(ERE에서는 일정)
  (2) 경영진의 임금(소유자가 자기고용이 되었을 때, DMVP에 따라 정해짐)
  (3) 소유-의사결정의 임대료(DMVP에 따라 정해짐)
- **ERE에서 사라짐**
  (4) 기업가적 이윤 혹은 손실

지금까지 우리는 거의 배타적으로 자본가-기업가들을 다루었다. 기업가는 자연적 불확실성과 관련된 행위자이므로, 다른 요소들을 고용하고 미리 지불하는 자본투자자는 특이하게도 중요한 기업가적 역할을 한다. 얼마나 많이, 그리고 어디에 투자할지 결정함으로써, 그는 현대경제를 움직이는 원동력이라고 할 수 있다. 노동자들도 또한 노동에 대한 시장에서의 수요를 예측하고 이에 따라 특정한 시장으로 진입할지 여부를 선택한다는 의미에서는 기업가들이다. 더 높은 임금에 대한 기대로 다른 나라로 이민가는 사람은 이런 의미에서 기업가이며, 그는 이민으로 화폐적 이윤을 보거나 손실을 입을 것이다. 자본가-기업가들(capitalist-entrepreneurs)과 노동자-기업가들(laborer-entrepreneurs) 사이의 중요한 한 가지 차이점은 전자만이 생산에서 음의 소득을 얻을 수 있다는 점이다. 비록 노동자가 나중에 알고 보니 예상보다 임금이 더 낮은 다른 나라로 이민을 간다고 하더라도, 그는 단지 그가 다른 곳에 있었더라면 벌었을 것으로부터의 차이, 혹은 '기회'손실만을 감당한다. 그는 여전히 생산에서 양의 임금을 획득한다. 일어날 개연성이 별로 없지만, 토지에 비해 노동이 과잉상태인 경우에도 노동자는 음(陰)이 아닌 영의 임금을 벌 것이다. 그러나 다른 생산요소들을 고용하는 자본가-기업가는 그의 기업가적 노력으로 화폐손실을 입을 수 있고 또 실제로 손실을 입기도 한다.

3) 개인적 소비자 서비스(Personal Consumer Service)

특히 중요한 노동자-기업가의 범주는 개인적 서비스를 소비자들에게 파는 사람들의 범주이다. 이 노동자들은 일반적으로 자본가이기도 하다. 그와 같은 서비스들의 판매자들—의사, 변호사, 콘서트 예술가, 하인 등—은 자기를 고용한 사업가이다. 이들은 얼마를 투자했든 그들이 투자한 자본에 대한 이자에 더해, 자신의 노동에 대한 암묵적 '경영'임금을 번다.[52, 53] 그래서 그들은 "거의 전적으로 노동소득으로 구성된 사업수익"이라는 특이한 유형의 소득을 번다. 이와 같은 유형의 노동은 생산요소로서 고용되기보다는 소비재로서 직접 서비스를 제공하는 노동이기 때문에 우리는 이 유형의 일을 직접노동(direct labor)이라고 부를 수 있을 것이다. 그리고 이것은 소비재이므로, 이 노동서비스는 시장에서 직접 가격이 정해진다.

이 재화들의 가격결정은 수요 측면에서 그 어떤 소비재와도 비슷할 것이다. 소비자들은 그 서비스의 한계단위들을 자신의 가치척도 아래 가치를 평가할 것이고, 구매한다면 얼마나 구매할지 결정한다. 그러나 공급 측면에서는 차이가 존재한다. 소비재의 시장공급곡선들은 대부분 수직선이다. 왜냐하면 그 생산물의 판매는 일단 생산되고 나면 그 기업가에게 비용이 들지 않기 때문이다. 그는 그 생산물에 대한 그 어떤 대체적 용도도 가지고 있지 않다. 그러나 개인적 서비스의 경우는 다르다. 우선, 여가는 일에 대한 명확한 대안이다. 두 번째로, 노동시장들이 연결되어 있어, 노동자는 만약 이 직업에서 소득이 만족스럽지 않으면 생산구조에서 더 위에 위치하는 고임금 직업으로 이동할 수 있다. 그 결과, 이런 유형의 소비재는 그 공급곡선이 오히려 평평하고 위로 기울어져 있을 가능성이 높다.

이 서비스의 판매자 혹은 직접노동자는 모든 요소들이 그렇듯이 소비자에 대한 그의 DMVP를 번다. 그는 어느 생산단계에서이건 자신의 DMVP가 가장 높을 것으로 기대되는 곳에 그의 노동을 배분한다. 그 결과 그의 임금률은 가능한 것 가운데 가장 높아지는 경향이 있을 것이다. 그렇다면 생산에서 직접노동과 간접노동 사이의 배분원칙들은 간접적인 생산적 용도의 다양한 분야들 사이의 배분원칙과 같을 것이다.

4) 시장계산과 암묵적 소득(Market Calculation and Implicit Earnings)

우리는 음악가 혹은 의사가 피고용인이 되지 않으면서 임금을 번다는 것을 살펴보았다. 각자의 임금은 비록 그가 소비자들로부터 직접 받는다고 하더라도, 그가 받는 소득 속에 암묵적으로 포함되어 있다.

현실세계에서 각각의 기능이 반드시 다른 개인에 의해 수행될 필요는 없다. 동일한 사람이 지주이면서 동시에 노동자일 수 있다. 마찬가지로 특정 기업 혹은 그 기업의 소유자들은 토지를 소유하면서 동시에 자본재의 생산에 참여할 수 있다. 그 소유자는 또한 그 자신의 기업을 경영할 수도 있다. 실제로, 소득의 서로 다른 원천들은 오직 시장에서의 가격들에 의해 결정되는 소득들을 참조함으로써만 분리될 수 있다. 예를 들어, 어떤 사람이 기업을 소유하고 있다고 해보자. 이 기업은 자본을 투자하고, 자체 토지를 소유하며 자본재를 생산한다. 그리고 그 자신이 그 공장을 경영한다고 해보자. 그는 한 해에 천 골드 온스의 순 소득을 얻는다. 그의 소득의 서로 다른 원천들에 대해 그는 어떻게 추정할 수 있을까? 그가 5천 골드 온스를 그 사업에 투자했다고 해보자. 그는 경제를 둘러보고 그가 지배적 이자율이라고 부를 만한 것이 5%를 향하고 있음을 발견한다. 그는 250골드 온스가 암묵적 이자라고 결론내린다. 다음으로, 그는 만약 그가 이 사업을 하지 않고 경쟁기업에 일하러 갔더라면, 경영에 대한 임금으로 그가 받았을 것을 대략적으로 추정한다. 이것이 5백 골드 온스였을 것이라고 그가 추정한다고 해보자. 그런 다음 그는 대지로 눈을 돌린다. 그 토지에 대해 만약 그가 이것을 자신의 사업용도로 쓰는 대신 임대하였더라면 얼마나 받을 수 있었을까? 예컨대, 그가 그 토지에 대해 임대소득으로 4백 온스를 받을 수 있었을 것이라고 해보자.

이제, 우리의 소유자는 지주-자본가-노동자-기업가로서 그해에 천 골드 온스의 순 화폐소득을 얻었다. 그런 다음, 그는 비용들이 화폐단위로 얼마였는지 추정한다. 이 비용들은 그의 순 소득을 알기 위해 이미 공제된 그의 명시적 화폐지출들이 아니라 그의 암묵적 지출들, 즉 그 사업에 뛰어들게 됨으로써 잃어버린 기회들이다. 이 비용들을 합해나가면서, 그는 이것이 합계가 다음과 같다는 것을 알게 된다.

250골드 온스	이자
500골드 온스	임금
400골드 온스	임대료
1,150골드 온스	총기회비용

그래서 그 기업가는 그 기간 동안 150온스의 손실을 보았다. 만약 그의 기회비용들이 천보다 적었더라면, 그는 기업가적 이윤을 벌었을 것이다.

그와 같은 추계가 정확하지 않은 것은 사실이다. 그가 받았을 것의 추정들은 결코 전적으로 정확할 수 없다. 그러나 이 사후적(事後的) 계산의 도구는 필수불가결한 것이다. 이것이 어떤 사람이 그의 사전적 결정들, 그의 미래행동들을 안내받을 수 있는 유일한 길이다. 이 계산방법을 통해, 그는 자신의 사업에서 손실을 보고 있음을 깨달을 수 있다. 만약 손실이 상당히 더 오래 지속되면, 그는 다양한 자원들을 다른 생산으로 이전하도록 압력받는다. 그 기업에서 한 가지보다 더 많은 유형의 요소들을 소유한 사람이 어떤 상황에서 그의 이득 혹은 손실을 결정하고, 그의 자원을 가장 큰 이득을 위해 배분할 수 있는 것은 오직 이와 같은 추계의 방법을 통해서이다.

그와 같은 암묵적 소득 추정의 매우 중요한 한 측면이 간과되고 있다. 명시적 시장이 없이는 암묵적 추계가 전혀 존재할 수 없다는 사실! 다시 말해 한 기업가가 소득을 얻을 때, 그는 다양한 기능에 따른 소득의 복합체를 받고 있다. 이들을 계산에 의해 분리하기 위해서는, 기업가가 참조할 수 있는 외부시장이 반드시 존재하여야 한다. 이것은 지극히 중요한 논점이다. 왜냐하면, 우리가 곧 자세히 알게 될 것처럼, 이것이 시장에서 한 기업의 상대적 규모에 가해지는 가장 중요한 제약이 되기 때문이다.

잠시 앞에서 들었던 각 기업이 모든 요소소유자들에 의해 결합적으로 소유되는 그런 가설적 예로 돌아가 보자. 이 경우에는, 노동자, 지주, 자본가, 그리고 기업가들을 전혀 분리할 수 없다. 그렇게 되면, 수령한 이자 혹은 임대료 소득 혹은 이윤으로부터 임금소득을 분리해낼 방법이 전혀 없을 것이다. 그리고 이제 우리는 마지막으로 왜 '생산자협동조합공장'(producers' co-operatives)으로 불리는 그와 같은 기업으로만 이루어진 경제는 존재할 수 없는지에 대한 이유에 도달한다.[54]

왜냐하면 임금률, 임대료, 이자에 대한 외부시장이 없이는 기업가들이 생산요소를 소비자들의 욕구에 따라 배분할 합리적 방법이 존재하지 않게 될 것이기 때문이다. 최대의 화폐이득을 얻기 위해 자신의 토지나 노동을 어디에 배분해야 할지 아무도 모를 것이다. 그 어떤 기업가도 가장 큰 이윤을 얻기 위해 생산요소들을 어떻게 결합하여 배치할지 알지 못할 것이다. 생산에서는 아무런 효율성도 존재하지 않을 것이다. 왜냐하면 적절한 지식이 없을 것이기 때문이다. 생산체제는 완전한 혼돈에 빠질 것이며, 소비자로서 혹은 생산자로서의 능력에서이건, 모든 사람은 이로 인해 크게 손실을 입을 것이다. 생산자협동공장들의 세계는 그 어떤 경제에서도 붕괴되어 가장 원시적 경제로 되돌아갈 것이다. 왜냐하면 그 경제는 계산할 수 없을 것이고, 이에 따라 생산요소를 소비자들의 소망에 따라 생산요소를 배분하지 못하며, 그래서 생산자들에게 가장 큰 소득을 안겨주지 못할 것이기 때문이다.

5) 수직적 통합과 기업의 규모

자유경제에서는 명시적 시간시장, 노동시장과 노동-임대시장이 존재한다. 생산자협동조합의 세계에서는 혼란이 야기될 것이 분명하지만, 이런 본격적 혼란이 일어나기 이전에 여타 핵심적 사항들이 생산시스템에 말하자면 소규모 혼란을 가져올 것이다. 그래서 근로자들이 자본가들로부터 분리되어 있지만 모든 자본가들은 그들의 토지를 소유하고 있다고 가정해보자. 더 나아가 어떤 다른 이유로, 어떤 자본가도 그들의 토지를 다른 기업에 임대해줄 수 없다고 해보자. 이 경우, 토지와 특정 자본과 생산과정은 분리할 수 없을 정도로 서로 결합된다. 생산에 토지를 배분할 합리적 방법이 존재하지 않을 것이다. 왜냐하면 그 어디에도 토지는 명시적 가격을 지니지 않을 것이기 때문이다. 생산자들이 커다란 손실을 입을 것이므로, 자유시장은 결코 그와 같은 상황이 지속되도록 하지 않을 것이다. 왜냐하면 자유시장은 언제나 기업가들이 소비자들에게 서비스를 가장 효과적으로 잘 제공함으로써 최고의 이윤을 얻도록 환경을 만들어 가는 경향이 있기 때문이다. 계산의 부재는 그 시스템에 심각한 비효율을 발생시키므로, 이로 인해 심각한 손실을 야기한다. 그러므로 그와 같은 상황(계산의 부재)은 자유시장에서는, 특히 선진경제가 이미 계산과 시장을 발전시킨 이후에는 결코 성립되지 않을 것이다.

만약 이것이 생산자협동공장들과 임대시장의 부재에서와 같은 경우에 사실이라면, 이것은 더 적은 규모인 '수직적 통합'과 기업의 규모에 대해서도 역시 사실이다. 수직적 통합은 어떤 한 기업이 단지 한 생산단계에서 뿐만 아니라 둘 혹은 더 이상의 단계들에서 생산하는 경우에 발생한다. 예컨대, 어떤 한 기업은 너무나 커져서 노동, 토지, 그리고 5차의 자본재(capital goods of the fifth order)를 구매한다면, 이 기업은 이들을 가지고 4차 자본재를 만들어낸다. 다른 공장에서는, 그 기업은 4차 자본재를 가지고 3차 자본재가 될 때까지 작업한다. 그런 다음, 그 기업은 3차 (자본)재를 판매한다.

수직통합은 물론 그 어떤 기업에 대해서도 생산기간을 늘린다. 즉, 그 기업이 생산과정에서 투자를 회수할 수 있기까지의 시간을 연장한다. 이자수익이 둘 혹은 더 이상의 생산단계들에 대한 시간을 감당한다.[55] 그러나 여기에는 더 중요한 질문이 개재되어 있다. 이것은 수직적으로 통합된 기업에서의 암묵적 소득과 계산의 역할이다. 〈그림9-4〉에서 언급한 통합된 기업의 경우를 들어보자.

〈그림 9-4〉는 수직적으로 통합된 기업을 묘사하고 있다. 화살표들은 (화폐가 아니라) 재화와 서비스들의 움직임을 나타낸다. 그 기업은 노동과 토지요소를 5차와 4차 생산단계들에서 구매한다. 이 기업은 또한 4차 생산단계 자본재 자체를 만들며, 더 낮은 단계의 재화들을 만들기 위해 이 자본재들을 다른 공장에서 사용한다. 기업 내부의 움직임은 점선의 화살표로 나타나 있다.

〈그림 9-4〉 수직·통합된 기업 내부의 재화와 서비스의 흐름

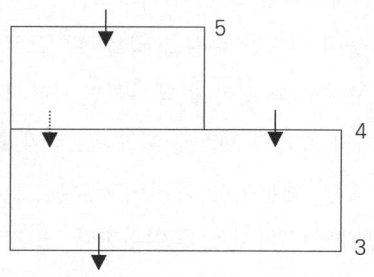

만들어낸 자본재를 직접 사용하는 기업이 내부에서 계산하는가. 만약 그렇다면 어떻게? 그렇다. 그 기업은 자신이 자신에게 4차 자본재를 파는 것으로 가정한다. 그 기업은 4차 자본재 생산자로서의 순 소득을 3차 자본재 생산자로서의 역할로부터 분리한다. 그 기업은 각 별개 본부의 순 소득을 계산하고 각 본부에서의 이윤과 손실에 따라 자원을 배분한다. 그 기업은 그런 내부계산을 할 수 있는 것은 오직 4차 생산단계의 자본재에 대한 현존하는 명시적 시장가격을 참조할 수 있기 때문이다. 다시 말해, 어떤 한 기업은 그 기업이 창출하는 이윤 혹은 손실을 단지 그 내부 생산물에 대한 암묵적 가격을 발견할 수 있으므로 정확하게 추정할 수 있으며, 이것이 가능한 것은 오직 그 생산물에 대한 외부시장가격이 다른 곳에서 확립되는 경우에 한한다.

이를 보여주기 위해, 어떤 한 기업이 두 생산단계에서 수직적으로 통합되어 있으며, 각 단계는 한 해를 걸쳐 있다고 가정해보자. 그 경제에서 일반 이자율은 (연) 5%

를 향하는 경향이 있다. 이 특정 기업 예컨대, 존스 제조회사는 그 요소들을〈그림 9-5〉에서처럼 구매하고 판매한다.

〈그림 9-5〉 수직·통합된 기업 내부의 순환

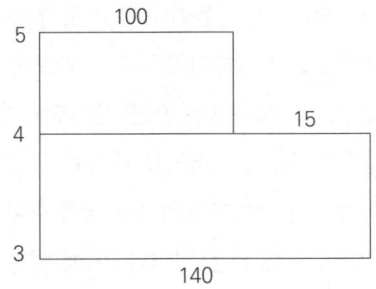

이 수직적으로 통합된 회사는 100온스에 5차 생산단계에서의 생산요소들을, 그리고 15온스에 4차 단계의 본원적 요소들을 구매한다. 이 회사는 최종생산물을 140온스에 판매한다. 이 기업이 운영을 통해 그런대로 괜찮은 기업가적 이윤을 얻는 것처럼 보인다. 그러나 이 기업이 어떤 생산단계 혹은 생산단계들에서 이런 이윤들이 나타나고 있는지 알아낼 수 있을까? 만약 그 기업이 수직적으로 통합한 생산단계(생산단계 4)의 생산물에 대한 외부시장이 존재한다면, 존스회사는 구체적 생산단계들의 이윤율을 계산할 수 있다. 예를 들어, 외부시장에서 4차 자본재의 가격이 103온스라고 하자. 존스회사는 이 중간재에 대한 함축된 가격을, 이 중간재가 시장에서 팔리고 있다면 거기에서 사와야 했을 가격이라고 추정할 것이다. 이것은 대략 103온스가 될 것이다.[56]

그 가격이 103으로 추정된다고 가정하면 존스회사의 저차(低次) 공장에서 생산요소들에 지출된 화폐의 총액은 15(본원적 요소들에 대한 명시적 지출액)에 103(자본재에 대한 암묵적 지출액)을 합해 총 118이다.

이제 존스회사는 이것이 운영하는 각 생산단계에서의 이윤과 손실을 계산할 수 있다. '고차'(高次)단계에서는 생산요소들을 100온스에 사서 103온스에 이들을 팔았다. 이것은 투자에 대해 3%의 수익을 올렸다. 낮은 단계에서는 생산요소를 118온스에 사서 140온스에 그 생산물을 팔았으며, 29%의 수익을 올렸다. 일반적으로 이윤을 획득했다기보다는 존스회사는 초기 생산단계에서는 2%의 기업가적 손실을 보았고, 후기 생산단계에서는 24%의 이윤을 벌었다. 이를 알게 되면, 그 회사는 자원을 각각의 이윤획득가능성에 따라, 즉 소비자들의 희망에 따라, 고차단계에서 저차단계로 이전할 것이다. 아마도 그 회사는 고차생산단계를 완전히 포기하고 자본재를 외부기업으로부터 구매하고 그 자원을 더 이윤율이 높은 저차생산단계로 집중할 것이다.

다른 한편, 아무런 외부시장도 존재하지 않는다고 해보자. 즉, 존스회사가 중간재의 유일한 생산자라고 해보자. 그 경우에는, 어떤 생산단계가 이윤을 얻고 있는지 또는 그렇지 않은지 전혀 알 길이 없다. 그러므로 다양한 생산단계들로 생산요소를 배분할 길도 없을 것이다. 특정 생산단계에서의 자본재에 대해 그 어떤 암묵적 가격 혹은 기회비용을 추정할 방법도 전혀 없을 것이다. 이에 대한 그 어떤 추정도 완전히 자의적일 것이며, 전혀 경제조건들과 의미 있는 관계도 없을 것이다.

한마디로, 만약 생산물에 대한 시장이 없고 모든 교환이 완전히 내부적이라면, 그 기업이나 여타 그 누구도 그 재화에 대한 가격을 결정할 방법이 존재하지 않는다. 어떤 한 기업은 외부시장이 존재할 때 암묵적 가격을 추정할 수 있다. 그러나 시장이 존재하지 않으면, 그 재화는 암묵적이든 명시적이든 그 어떤 가격도 가질 수 없다. 어떤 숫자도 단지 자의적 상징일 뿐이다. 가격을 계산할 수 없으므로, 그 기업은 생산요소들과 자원들을 한 생산단계와 다른 생산단계로 합리적으로 배분할 수 없다.

자유시장은 (재화의 유형, 생산방법, 생산요소의 배분 혹은 기업의 규모 등 무엇에 관해서건) 언제나 가장 효율적이고 이윤이 나는 유형의 생산을 확립하는 경향이 있으므로, 우리는 (원시적 수준을 넘어서는) 자본재 생산물의 완전한 수직적 통합은 자유시장에서 결코 확립될 수 없다고 결론짓지 않을 수 없다. 모든 자본재에 대해, 기업들이 그 재화를 사고팔 수 있는 확실한 시장이 존재해야만 한다. 이 경제법칙은 자유시장에서 특정 기업의 상대적 규모가 일정한 최대한계를 넘지 못하게 한다.[57]

이 법칙으로 인해 기업들은 생산단계들 혹은 생산물들의 완전한 수직적 통합을 위한 통합(merge)이나 카르텔을 할 수 없다. 이 법칙으로 인해 경제 전체를 총괄하는 하나의 거대 카르텔(One Big Cartel)이나 그런 하나의 거대기업이 그 경제의 모든 생산적 자산들을 소유할 때까지 지속되는 기업통합은 결코 존재할 수 없다. 이 법칙의 힘은 경제의 영역이 증대하고, 계산할 수 없는 혼란의 섬들이 부풀어남에 따라 배증한다.

비계산성의 영역이 확대됨에 따라 불합리성, 잘못된 자원배분, 손실, 곤궁 등의 정도는 확대된다. 전 생산체제가 하나의 소유자 혹은 하나의 카르텔 아래 있게 되면, 계산이 가능한 영역이 전혀 남지 않게 되고, 따라서 완전한 경제적 혼돈이 지배할 것이다.[58]

경제계산은 시장경제가 발전하고 진보함에 따라 생산단계와 자본재의 유형과 다양성의 복잡성이 확대되기 때문에 종전보다 점점 더 중요해진다. 진보된 경제를 유지하기 위해 점차 더 중요해지는 것이 모든 자본재와 여타 생산재들의 시장유지이다.

우리의 분석은 40여 년 전 루드비히 폰 미제스 교수에 의해 시작된 사회주의 아래에서 경제계산의 가능성에 대한 유명한 논의를 확대하는 데 기여한다.[59] 이 논쟁에서 처음뿐만 아니라 마지막 말을 하였던 미제스는 논박이 불가능하게 사회주의 경제체제가 경제계산을 할 수 없다는 것을 보여주었다. 그 이유는 사회주의 경제체제는 시장이 없고, 이에 따라 생산재와 특히 자본재에 대한 가격이 없기 때문이라는 것이다.[60] 이제 우리는 역설적으로 왜 사회주의 경제가 계산할 수 없는 이유는 구체적으로 이것이 사회주의이기 때문은 아니라는 것을 알게 된다! 사회주의는 국가가 강제적으로 경제 내의 모든 생산수단의 통제를 장악하는 체제이다. 사회주의 아래에서 계산이 불가능한 이유는 하나의 경제주체가 경제 내의 모든 자원을 소유하거나 혹은 그 사용을 지시하기 때문이다. 그 하나의 주체가 국가이건 혹은 하나의 사적 개인이건 혹은 사적 카르텔이건 전혀 중요하지 않다. 그 어느 것 가운데 한 가지가 발생하면, 생산구조 그 어디에서도 계산의 가능성은 사라진다. 생산과정들은 단지 내부적일 뿐이며 시장이 없을 것이기 때문이다. 그 유일한 소유자가 국가이건 사적 개인들이건, 계산이 존재하지 않게 되고, 그래서 완전한 경제적 불합리성과 혼란이 지배하게 될 것이다.

국가와 사적 개인들의 차이는 자유시장사회에서는 그와 같은 시스템을 확립하고자 하는 것을 우리의 경제법칙이 막을 것이라는 점이다. 계산의 불가능성보다 훨씬 더 적은 부작용만 있더라도 기업가들은 계산가능성을 완전히 배제함으로써 그와 같은 실수를 끝없이 만들어내는 것은 고사하고, 계산 불가능성의 섬들조차 만들려고 하지 않을 것이다. 그러나 국가는 이윤과 손실의 그와 같은 길잡이 역할을 따르지 않고 또 따르지 않을 수 있다. 국가의 관료들은 손실의 두려움에 의해 하나 혹은 그 이상의 수직적으로 통합된 생산물들에 대해 모든 것을 다 포괄하는 카르텔을 만들려는 그들의 시도로부터 위축되지 않는다. 국가는 그와 같은 문제들을 고려하지 않고 자유롭게 사회주의를 출범시킬 수 있다. 그러므로 개인들이 유일-기업 경제, 혹은 유일-기업 수직통합 제품을 시도할 가능성은 없지만, 국가가 사회주의를 시도할 위험은 상당히 높다. 국가와 국가에 의한 간섭에 대해서는 이 책의 제12장에서 더 상세하게 다룰 것이다.

경제계산 논쟁의 사회주의 측 저술가들 사이에 상당히 유명한 괴이한 전설이 있다. 이 소문은 다음과 같다. 미제스는 원래 논문에서 '이론적으로' 사회주의 아래에서는 경제계산이 있을 수 없다고 단언했으며, 바로네(Barone)는 수학적으로 이것은 잘못이며 계산이 가능하다는 것을 증명했다는 것이다. 하이에크와 로빈스는 이 증명의 유효성을 인정하였으나 그 계산이 '실용적일' 수 없다고 단언하였다는 것이다. 이 소문에서 추론하자면 미제스의 주장은 패퇴되었으며, 사회주의가 필요한 것은 몇 가지 실용적 도구들(아마도 계산기들) 혹은 계산을 가능케 하고 "방정식 수를 헤아릴" 경제자문관들이라는 것이다.

이 전설은 처음부터 끝까지 거의 완전히 잘못된 것이다. 우선 '이론적인' 것과 '실용적인' 것의 이분법은 잘못된 것이다. 경제학에서 모든 주장은 이론적이다. 그리고 경제학은 현실세계를 다루기 때문에 이론적 주장은 그 속성상 동시에 '실용적'이다.

잘못된 이분법이 제거되고 나면, 바로네의 '증명'의 진정한 속성이 분명해진다. 이 증명은 '이론적'이 아니라기보다는 부적절하다고 하겠다. 수학적 방정식의 나열에 의한 증명은 전혀 증명이 아니다. 기껏해야 이것은 ERE에만 적용된다. 명백히 우리의 경제계산문제에 대한 논의 전반은 오직 현실세계에만 적용된다. ERE에는 경제계산문제가 존재하지 않는다. 왜냐하면 거기에서는 계산이 전혀 필요하지 않기 때문이다. 확실히 모든 미래 데이터가 처음부터 알려져 있고 이윤과 손실이 전혀 존재하지 않으면 이윤과 손실을 계산할 필요가 없다. ERE에서는 최선의 자원배분이 저절로 이루어진다. 바로네가 ERE에서 계산의 어려움이 존재하지 않는다고 보여준 것은 해법이 아니다. 그것은 단지 명백한 것을 불필요하게 수학적으로 애쓴 것에 불과하다.[61]

계산의 어려움은 현실세계에만 적용된다.[62]

4. 입지와 공간적 관계의 경제학

매우 인기 있는 경제학 분야의 하나가 '국제무역'이었다. 우리가 이 책의 대부분에서 분석하는 완전히 자유로운 시장에서는 '국제무역' 문제와 같은 것은 전혀 존재하지 않는다. 국가들이란 경제적으로 의미 있는 단위로서가 아니라 아마도 문화적 표현으로서 지속될 수 있을 정도일 것이기 때문이다. 국가들 사이에 무역장벽이나 여타 장벽들, 혹은 통화의 차이가 존재하지 않을 것이므로, '국제무역'은 지역간 교역의 일반적 연구의 단순한 부록에 불과하게 될 것이다. 한 국가 내부 혹은 외부의 교역인지는 중요하지 않게 될 것이다.[63]

그러므로 하나씩 설명하는 자유시장의 법칙은 시장 전반에, 즉 '세상' 혹은 '문명화된 세계'에 적용된다. 완전히 고립된 나라의 경우, 경제법칙은 그 지역 전체를 통해 적용될 것이다. 그래서 순수 이자율은 세계 전체를 통해 일정해지는 경향이 있을 것이고, 동일한 재화에 대한 가격도 전체를 통해 동일해지려는 경향이 있을 것이며, 따라서 동일 유형의 노동에 대한 임금도 그럴 것이다.

임금률이 동일 노동에 대해 서로 다른 지리적 지역들간에도, 산업에서 산업으로, 또 기업에서 기업으로 그런 것처럼 정확하게 마찬가지로 일치하려는 경향이 있을 것이다. 어떤 임시적 차이도 노동자들이 저임금지역에서 고임금지역으로 옮겨가고, 기업들이 고임금지역에서 저임금지역으로 옮겨가려는 유인을 줄 것이며, 이것은 균형이 이루어질 때까지 계속될 것이다. 다시 한번, 위에서 고려한 더욱 일반적인 경우에서와 마찬가지로, 근로자들은 특정 지역에서 일하는 것에 대해 특정한 양의 혹은 음의 애착심을 가지고 있을 수 있다. 특정 장소에서 살고 일하는 것으로부터 일반적 심리적 이득이 있을 수 있고, 여타 지역에서 일하는 것에 음의 심리적 효용이 개재될 수 있다. 균형화되는 것은 심리적 임금률이며 화폐임금률이 아니므로, 음이나 양의 심리적 애착 구성요소를 더하거나 뺀 화폐임금률은 전 세계를 통해 균형화될 것이다.

각 재화의 가격들이 전 세계를 통해 일치될 것이라는 사실은 '재화'란 용어의 정확한 정의에 달려있다. 예컨대, 밀이 캔자스에서 자라며, 대부분의 밀 소비자들이 뉴욕에 거주한다고 가정해보자. 캔자스의 밀은 즉각 선적할 상태라 하더라도 뉴욕의 밀과 동일한 재화가 아니다. 똑같은 물리적-화학적 묶음일지라도 소비자들에게 객관적 사용가치를 지닌 똑같은 재화는 아니다. 한마디로 (소비자들이 캔자스보다는 뉴욕에 있을 때) 캔자스의 밀은 뉴욕의 밀보다 더 높은 단계의 자본재이다. 뉴욕으로 그 밀을 운반하는 것은 생산과정에 있는 한 단계이다. 캔자스에 있는 밀의 가격은 뉴욕에 있는 밀의 가격에서 캔자스로부터 뉴욕으로의 운송에 필요한 경비를 뺀 것과 같아지려는 경향이 있을 것이다.

무엇이 사람들과 기업들이 어떻게 지구의 표면에 분포되어 있는지를 결정하는가? 명백히 주요 요인은 노동의 한계생산성이다. 이것은 천연자원의 분포와 조상으로부터 물려받은 자본장비의 분포에 따라 지역마다 다를 것이다. 입지에 영향을 주는 또 하나의 요인은, 우리가 위에서 살펴본 것처럼 특정 지역에 대한 양의 혹은 음의 애착심일 것이다. 지구표면의 실제적 분포는 주로 지구표면에 걸친 생산적 토지와 천연자원의 분포에 의해 야기된다. 이것은 산업의 집중, 각 기업의 규모, 그리고 완전히 산업적인 지역의 인구를 제한하는 주요한 힘 가운데 하나였다.[64]

기업의 입지를 선택할 때 기업가들은 원산지로부터 소비자 인구의 중심지로 운송하는 비용을 고려하여야 한다. 세계의 어떤 지역들은 다른 지역에 비해 운송비용이 더 높은 경향이 있다. 밀은 캔자스보다 뉴욕으로부터 더 멀리 떨어져 있고, 극장은 캔자스로부터 더 멀리 떨어져 있다. 다른 지역들은 더 높은 운송비용을 가지고 있는데 반해 일부 지역들은 소비재에 대해 더 낮은 운송비용을 향유할지 모른다. 그래서 알래스카는 아마도 소비재 운송비용이 샌프란시스코와 같은 지역에 비해 더 높을 것이다. 그러므로 똑같은 제품을 구입하기 위해, 비록 구매력과 가격이 전 세계를 통해 같다고 하더라도, 알래스카 주민들은 샌프란시스코 주민들보다 더 높은 가격을 지불할 의사가 있어야 한다. 그 결과, 알래스카에서 일하는 그 어떤 사람에서도, '비용구성부분'은 양(陽)의 수치일 것이다. 운송의 문제로 알래스카에서 똑같은 화폐임금을 가지고도 샌프란시스코에 비해 더 적은 재화를 구매할 수 있을 것이다. 이런 증가된 '생활비'는 임금에서 양의 비용구성부분을 확립하며, 그래서 유사한 노동에 대해 다른 곳이 아닌 알래스카에서 일하는 데 대해 노동자들은 더 높은 화폐임금을 요구할 것이다.

만약 지리적 특성에 부가되는 비용이 특별히 높거나 낮으면, 그 지역의 임금에 양 혹은 음의 구성요소가 부가될 것이다. 같은 유형의 노동의 화폐임금률이 전 세계를 통해 동일하게 될 것이라고 말하는 대신, 우리는 더 정확하게는 모든 지리적 특성에 따라 붙는 비용요소를 더하거나 뺀 화폐임금률이 동일화하는 경향이 있다고 말해야 한다.[65]

화폐단위의 구매력은 또한 전 세계적으로 동일화할 것이다. 이에 대해서는 화폐에 관한 아래 제11장에서 다룰 것이다. 시장경제의 발전은 물론 운송비용을 낮추는, 즉 운송분야의 노동생산성을 높이는 경향이 있을 것이다. 다른 조건이 일정하다면, 비용구성요소는 경제가 진보함에 따라 점차 상대적으로 덜 중요해지는 경향이 있다.

우리는 물리적 내용에서가 아니라 사용가치에서 어떤 한 '재화'는 동질적이라고 간주되어야 함을 살펴보았다.[66] 캔자스의 밀은 뉴욕의 밀과 서로 다른 재화이다. 일부 경제학자들은 모든 재화가 전 세계를 통해 가격에서 동일해지는 경향이 있다는 법칙을 모든 물리적으로 동질적인 사물들은 가격에서 동일할 것이라는 의미로 받아들였다. 그러나 소비자와 관련한 위치에서의 차이는 물리적으로 동일한 사물을 서로 다른 재화가 되게 한다. 예를 들어, 두 기업이 어떤 제품을 예컨대, 시멘트를 생산하며 하나는 로체스터(Rochester)에 또 하나는 디트로이트에 있다고 해보자. 대부분의 시멘트 소비자들이 뉴욕에 있다고 하자. 로체스터에서 생산된 시멘트를 C_r이라고 부르고, 디트로이트에서 생산된 시멘트를 C_d라고 부르기로 하자. 이제 균형에서는 C_r의 가격은 뉴욕시에서는 로체스터에서의 가격 C_r 더하기 로체스터에서 뉴욕까지의 운송비용이다. 또한 균형에서는 뉴욕에서의 가격 C_d는 디트로이트에서의 가격 C_d 더하기 디트로이트에서 뉴욕까지의 운송비용과 같을 것이다.

어느 시멘트 가격들이 균형에서 서로 같은가? 많은 저술가들은 로체스터의 가격 C_r이 디트로이트에서의 가격 C_d와 같아질 것이라고 본다. 즉, '공장도 가격'(mill prices) 혹은 시멘트의 '본선인도가격'(本船引渡價格)이 균형에서는 두 장소에서 각각 같아질 것이라고 본다. 그러나 이 저술가들은 사용가치라는 의미로서의 '재화'와 기술적 의미로서의 '재화'를 혼동하고 있다.[67]

한마디로, 우리는 소비자—그 재화를 사용하는 사람—의 관점을 택해야 하며, 그는 뉴욕시에 있다. 그의 관점에서는, 로체스터가 그에게 더 가깝고 운송비용이 디트로이트로부터는 더 크기 때문에 디트로이트의 시멘트는 로체스터의 시멘트와 매우 다른 재화이다. 그의 관점에서 동질적 재화는, 뉴욕시에 있는 C_r과 뉴욕시에 있는 C_d이다. 어디에서 왔건 그가 사용해야 하는 장소에서의 시멘트가 그 소비자에게 동질적 재화이다.

그러므로 균형에서 뉴욕시에 있는 C_d와 같아지는 것은 C_r이고—이것은 소비자에게로 시멘트를 전해 주는 '전달가격들'이다.[68] 이 등식을 위의 방정식에 대체하면 이것이 로체스터에 있는 C_r의 가격 더하기 로체스터로부터 뉴욕까지의 운송비용이 디트로이트에 있는 C_d의 가격 더하기 디트로이트에서 뉴욕까지의 운송비용과 같아진다는 사실을 시사한다는 것을 알게 된다. 운송비용은 어느 때라도 계산할 수 있고, 다른 조건이 같다면 그 비용은 더 먼 거리일수록 더 클 것이다. 다시 말해, 자유시장의 균형에서는 로체스터에 있는 C_r의 가격은, 디트로이트에 있는 C_d의 가격에 소비자로부터 더 짧은 거리에 비해 더 먼 거리에 대한 운송비용의 차이를 합한 것과 같아질 것이다. 일반화시키자면, 소비자로부터 더 짧은 거리에 있는 시멘트의 '공장도 가격'은 더 먼 거리에 있는 시멘트의 '공장도 가격' 더하기 운송비용의 차이와 같아질 것이다. 이것은 오직 시멘트에만 적용될 수 있는 것이 아니라 경제시스템 내의 모든 제품에 적용되며, 최종소비자에게 봉사하는 제품뿐 아니라, 낮은 생산단계의 자본가들에 의해 '소비되는' 제품들에도 적용될 수 있다.

기업들이 소비자들로부터 떨어져 있는 데 비례하여, 공장에서의 평균비용이 증가된 운송비용을 상쇄할 만큼 경쟁자들보다 충분히 낮지 않으면, 기업들은 시장에서 살아남지 못할 것이다. 이것은 혹시 그렇게 생각할지 모르지만, 거리가 먼 기업의 '기술적 우위'에 대한 '벌'이 아니다. 왜냐하면 소비자로부터 멀리 떨어진 기업은 중요한 경제적 요인인 입지에 관해 더 열등하기 때문이다. 기업들의 입지를 결정하는 것을 돕고 기업들이 소비자와 관련하여 경제적으로 입지되도록 하는 것은 정확하게 이 메커니즘이다. 제품의 가격에 입지차이의 요인이 미치는 영향은 물론 운송비용이 그 재화를 생산하는 데 드는 여타 비용에 비해 얼마나 큰지 그 비중에 달려 있을 것이다. 그 비중이 높을수록 그 영향도 더 커질 것이다.

소비자시장에 더 가까운 곳에 있는 기업은 이 입지에 따른 공간적 이점을 지닌다. 경쟁자와 입지 이외의 분야에서 동일한 비용이 든다면, 그 기업은 우월한 입지로부터 이득을 얻는다. 입지의 이득은 그 공장의 지표토지의 입지가치로 전이될 것이다.

그 위치의 소유자는 그 한계가치생산을 획득한다. 그러므로 입지적 불리로부터 발생하는 손실뿐만 아니라, 입지적 이점을 개선하여 얻는 이득은 임대료와 자본가치의 변화로서, 그 구체적 위치를 기업 자체 혹은 다른 누가 소유하든 상관없이 그 소유자에게 귀속될 것이다.

5. '분배'의 오류에 관한 노트

초기 고전학파 이후 계속 많은 경제학자들은 '분배이론'을 마치 생산이론과는 완전히 분리된 별개의 이론인 양 논의하였다.[69] 그러나 우리는 '분배'이론은 단순히 생산이론이라는 것을 알 수 있었다. 소득의 수령자는 임금, 임대료, 이자, 그리고 자본가치의 증대분을 벌어들인다. 그리고 이 소득들은 생산적 요소들의 가격들이다. 시장이론이 생산요소에 귀속되는 가격과 소득을 결정하고, 그렇게 함으로써 요소의 '기능적 분배'도 결정한다. '개인적 분배'—각 개인이 생산시스템에서 얼마나 많은 돈을 버는지—는 이렇게 하여 그가 혹은 그의 자산이 이 시스템에서 수행하는 기능에 의해 결정된다. 생산과 분배는 전혀 분리되지 않는다. 일부 저술가들은 마치 생산자가 그들의 제품을 나중에 사회구성원들 사이에 '분배될' 어떤 한 더미에다 쌓아놓는 것처럼 생산시스템을 취급하는데, 이는 완전히 잘못된 것이다. '분배'는 단지 시장에서의 생산이란 동전의 다른 쪽 면일 뿐이다.

많은 사람들이 자유시장을 다음과 같이 비판한다. "그럼, 우리는 물론 생산과 가격이 자유시장에서 소비자들의 필요에 봉사하는 데 가장 적합한 방식으로 배분된다는 것에 동의하지. 그러나 이 법칙은 반드시 초기의 소비자들 사이에 주어진 소득분배에 기초할 수밖에 없지. 어떤 소비자들은 단지 조금밖에 없는 돈으로 시작하고, 다른 소비자들은 많은 돈을 가지고 출발하지. 시장 생산시스템은 본래의 소득분배가 우리의 승인을 받는 경우에만 추천될 수 있어."

그러나 이 소득의 (혹은 화폐자산의) 초기 분배는 갑자기 난데없이 출현한 것이 아니다. 이것도 역시 가격과 생산의 시장배분의 필연적 결과였다. 그것은 종전의 소비자들에 봉사한 결과이다. 그것은 자의적으로 주어진 분배가 아니었으며, 소비자 필요를 충족시키는 과정에서 스스로 출현한 것이다. 그것도 역시 생산과 분리할 수 없는 한 묶음의 과정이었다.

우리가 제2장에서 본 것처럼, 한 사람의 현재 소유자산은 궁극적으로 다음 중 하나의 방식으로 획득될 수 있었다. 개인적 생산을 통해, 개인적 생산물의 자발적 교환을 통해, 전유되지 않은 토지의 발견과 첫 사용을 통해, 혹은 생산자로부터 절도를 통해. 자유시장에서는 단지 처음 세 가지만 통용되며, 생산자에 의해 봉사된 그 어떤 '분배'도 그 자체로 자유로운 생산과 교환의 결과이다.

그러나 어떤 과거의 시점에서 대다수 부자 소비자들이 그들의 자산을 자유시장에서 다른 소비자들에게 봉사함으로써가 아니라 절도를 통해 획득하였다고 가정해보자. 이것이 미래 생산자들이 정당하지 않은 소득으로부터 발생하는 수요를 충족시켜야 하므로 시장경제에 '구조화된 왜곡'(built-in bias)을 심어놓는가?

그 대답은 시간이 지나면서 정당하지 않은 소득으로부터의 효과는 점점 덜 중요해진다는 것이다. 왜냐하면, 부정하게 얻은 이득을 유지하고 증가시키기 위해서는, 이제 자유경제가 확립되었으므로 예전의 강도들은 소비자들에게 정확하게 봉사하도록 자신의 자금을 투자하여 자금을 메워나가야 한다. 만약 이들이 이런 일에 적합하지 않다면, 그리고 강탈하는 데 능란했던 이들이 소비자들에게 봉사하는 일에 스스로를 훈련시키지 않은 것이 확실하다면, 기업가적 손실이 그들의 자산을 줄이고 그 자산을 더 유능한 생산자에게로 옮겨가게 할 것이다.

6. 시장의 요약

자유경제시스템의 설명은 거대한 건축학적 구축물을 이룬다. 인간행동과 그 시사점들로부터 출발하여, 개인의 가치척도와 화폐경제로 나아가면서, 우리는 생산된 재화의 량, 소비재의 가격, 생산요소의 가격, 이자율, 이윤과 손실, 이 모든 것이 동일한 연역도구에 의해 설명될 수 있다는 것을 보여주었다. 토지와 노동의 양, 과거로부터 물려받은 기존의 자본재가 주어지고, 개인의 시간선호가 추가되면, (그리고 보다 넓게 기술적 지식이 주어지면) 자본구조와 총생산이 결정된다. 개인의 선호들이 다양한 소비재의 가격을 정해주고, 다양한 생산요소의 대체적 결합이 이 요소들의 한계가치생산 스케줄을 결정한다. 궁극적으로, 자본재에 귀속되는 한계가치생산은 토지, 노동에 대한 수익과 시간에 대한 이자로 분해된다. 어떤 한 토지나 노동요소가 그것의 DMVP 스케줄에 정착하는 지점은 현재 이용가능한 공급량에 의해 결정될 것이다. 각 요소가 물리적 단위와 가치수익의 측면에서 하락하는 가치수익의 부분에서 작동할 것이기 때문에, 그 어떤 요소의 공급량 증가도 다른 조건이 일정하다면, 더 낮은 DMVP의 지점에서 시장에 진입할 것이다. DMVP 스케줄에서 서로 교차하는 점들은 요소들의 가격—즉, '임대료'(노동요소의 경우에는 '임금률'로도 알려진 가격)—을 산출할 것이다. 순수 이자율은 경제 내 개인들의 시간선호스케줄에 의해 결정될 것이다. 순수 이자율의 주된 표현은 대부시장에서가 아니라 다양한 생산단계들 사이의 가격들 사이의 할인에서 나타날 것이다. 대부시장의 이자율은 이 '자연'이자율의 반영일 것이다. 이자율뿐만 아니라 각 재화의 모든 가격들은 시장 전체를 통해 동일할 것이다. 모든 내구재의 자본가치는 그 재화로부터 얻을 미래 임대료들의 할인된 합의—그 할인에 이자율이 적용되는—가치일 것이다.

이 모든 것은 항등순환경제—실제경제가 언제나 접근하려는 경향을 보이는 균형상태—의 모습이다. 만약 소비자 평가와 자원의 공급이 변함없이 유지될 수만 있다면, 주어진 조건에 적합한 ERE가 도달될 것이다. ERE를 향해 나아가려는 원동력은 실제세계의 불확실성을 감당하는 데 앞장서는 이윤을 추구하는 기업가들이다. 기존의 조건들과 균형상태와의 불일치를 찾아 이를 바로잡음으로써 기업가들은 이윤을 번다. 시장에 존재하는 오(誤)조정을 자기도 모르게 더 심화시키는 사업가들은 손실이란 벌을 받는다. 그래서 생산자들이 돈을 벌고 싶은 정도만큼, 그들은 소비자들의 욕구에 더 효율적으로 서비스하는—가장 가치생산적인 분야 쪽으로 자원을 배분하고 가장 덜 가치생산적인 분야로부터 자원을 빼내어오는—방향으로 경제를 몰고 간다. 어떤 한 행동의 (화폐)가치생산성은 그것이 소비자 필요에 봉사하는 정도에 달려 있다.

그러나 소비자의 평가와 자원의 공급은 언제나 변화한다. 그래서 이와 함께 ERE

목표도 언제나 변화하며 결코 도달되지는 못한다. 우리는 경제에서의 변화하는 요소들의 시사점에 대해 분석하였다. 노동공급의 증가는 노동의 DMVP(임금률)를 감소시킬 수 있거나 혹은 노동 분업의 더 큰 혜택 혹은 더 확장된 시장의 혜택으로 노동의 DMVP(임금률)를 증가시킬 수도 있다. 어느 쪽이 발생할 것인지는 최적인구수준에 달려 있다. 노동은 토지보다 상대적으로 더 희소하고, 상대적으로 덜 특화되어 있기 때문에 토지의 경우에는 언제나 고용되지 않은 상태인 영의 임대료를 얻는 토지가 있는 반면, 노동의 경우에는 비자발적으로 쉬고 있거나 영의 임금을 받는 노동은 결코 존재하지 않을 것이다. '한계 이하'(submarginal) 토지의 증가 혹은 감소는 생산에 아무런 영향도 주지 않을 것이다. 한계 이상(supramarginal) 토지의 증가는 생산을 증가시키고 지금까지 한계상에 있던 토지를 한계 이하의 토지로 만들 것이다.

더 낮은 시간선호는 자본투자를 증가시키고, 이에 따라 생산구조를 더 길게 만들 것이다. 그와 같은 생산구조의 장기화, 자본재 공급의 증가는 사람이 그의 맨손과 비어있는 토지로부터 더 문명화된 생활수준으로 진보해 나가는 유일한 방법이다. 이 자본재들은 더 높은 총생산의 길로 나아가는 필수 경유지들이다. 그러나 만약 사람들이 그들의 더 높은 생활수준을 일정기간 이상 유지하기를 원한다면, 이 자본재들은 일단 생산되어야 할 뿐만 아니라 유지되어야 하고 대체되어야 한다.

생산을 팽창하기 위해 중요하게 고려해야 하는 것은 기술적 개선보다는 더 큰 자본투자이다. 어떤 시점에서든지 투자된 자본이 최선의 기술이 주는 기회들을 모두 다 활용해본 적은 한번도 없다. 많은 기업들이 새로운 생산과정이나 기법에 투자할 충분한 자본을 가지고 있지 않다는 단순한 이유 때문에 여전히 개선되지 않은 과거의 생산과정과 생산기법을 그대로 사용한다. 그들은 자본이 있다면 어떻게 자신의 공장을 개선할지 알지 모른다. 그래서 기술수준은 궁극적으로 매우 중요한 고려인데 반해, 기술수준이 직접적 역할을 한 적은 전혀 없었다. 왜냐하면 생산에 대해 더 좁게 제한하는 역할을 한 것은 언제나 자본의 공급이었기 때문이다.

진보하는 경제에서 화폐공급이 일정하게 주어지면, 증가된 투자와 더 길어진 자본구조는 요소들의 화폐가격을 종전보다 더 낮아지게 하고 소비재의 가격은 요소의 가격보다 더 큰 폭으로 낮아지게 한다. (화폐단위의 구매력 변화를 감안한) '실질' 요소가격은 증가한다. 순 개념으로 보면, 이것은 실질토지임대료와 실질임금률이 진보하는 경제에서는 증가한다는 것을 의미한다. 이자율은 시간선호율이 하락함에 따라 떨어질 것이고 소비에 대한 총투자의 비율은 증가한다.

만약 내구요소(durable factor)가 임대료를 번다면, 그 임대료는 시장에서 '자본화' 될 수 있고 실제로 그렇게 된다. 즉, 그 내구재는 예상되는 미래 임대료들의 할인된 합계와 동일한 자본가치를 가진다. 토지는 시장에서 어떤 기업의 주식과 마찬가지로 시장에서 투자의 한 형태이므로, 토지의 미래 임대료들이 자본화될 것이며, 이에 따라 토지가 여타 다른 투자에서처럼 마찬가지로 동일한 이자율을 벌어들이는 경향을 띠게 될 것이다. 진보하는 경제에서, 토지의 가치는 비록 화폐단위로는 하락한다 하더라도, 그 실질자본가치는 증가할 것이다. 미래의 토지가치의 변화가 예상될 수 있는 정도만큼, 미래가치의 변화들이 즉시 현재의 자본가치에 통합될 것이다. 그러므로 토지의 미래 소유자들은 토지의 실질자본가치의 미래증가로부터 이득을 보는 것은 오직 종전의 소유자들이 이런 증가를 예견하지 못한 정도까지로 그친다. 그것이 예상되는 정도까지 미래 소유자들은 구매가격에서 예상된 가치의 증가에 대해 이미 지불하였을 것이다.

퇴보하는 경제에서의 변화과정은 반대일 것이다. 정체하는 경제에서는, 총생산, 자본구조, 1인당 실질임금, 토지의 실질자본가치, 그리고 이자율은 종전과 같이 유지될 것이고, 이에 반해 생산요소의 배분과 다양한 제품의 상대가격은 변할 것이다.[70]

NOTES

1. 순 임대료는 벌어들인 총임대료에서 요소의 소유자에게 지불된 총임대료를 뺀 것과 같다.
2. 그러나 만약 사람들이 가까운 미래에 임대료를 벌 것이라고 예상한다면, 그것의 자본가치는 양이 될 것이다.
3. 페터(Frank Fetter)가 그의 논문 "The Passing of the Old Rent Concept," *Quarterly Journal of Economics*, May, 1901에서 말한 것처럼, 어떤 유한한 양의 제품의 마지막 단위는…이에 상응하는 임대료를 지불하여야 한다. 그 경우의 엄격한 이론으로 볼 때, 임대료를 지불하지 않고 획득되는 유일한 제품은 극소로 작은 한 단위일 것이다. 쉬운 앵글로색슨 언어로 말하자면, 전혀 아무것도 아닐 것이다. 어떤 유한한 제품단위도 임대료가 전혀 없는 단위라는 것을 보여줄 수 없다(p.489).
4. '한계'(*marginal*), '한계 이상'(*supramarginal*) 등의 용어는 여기에서는 위에서 쓰인 것과는 다르게 사용되고 있다. 동질적 재화나 요소의 공급과 수요를 다루는 대신, 우리는 여기에서 토지와 같은 한 계급의 요소들을 말하고 있으며, 이 계급에 속한 다양한 요소들의 서로 다른 질을 비교하고 있다. 영에 가까운 소득을 얻는 토지는 '한계적'이다. 왜냐하면 간신히 사용되는 토지이기 때문이다.
5. 여기에서 우리는 어떤 한 요소의 공급변화의 효과를 다른 요소의 공급변화의 효과와 대조할 수 있도록 진보하는 경제의 정의를 1인당 증가하는 자본을 의미하는 것으로 바꾸고 있다.
6. 물론, 1인당 최대실질소득이 반드시 윤리적 이상이라고 가정할 아무런 이유도 없다. 최대의 실질소득 플러스 최대인구가 그 이상일 수 있다. 자유사회에서 부모들은 이 문제에 관해 그들 자신의 윤리적 원칙들을 자유롭게 택할 수 있다.
7. 경제학은 인구와 그 규모에 대해 별로 다른 말을 할 수 없다. '인구이론'을 생물학이나 심리학 대신 경제학 아래 포함시키는 것은 인구학적 문제들에 처음으로 초기의 경제학자들이 깊이 연구했다는 역사적 우연에 따른 불행한 결과이다.
8. 이 구분을 언급하는(왈라스와 파레토) 로잔느학파의 방식은 다음과 같을 것이다. 전자의 경우(우리가 그 곡선을 따라 이동하는 경우), 우리는 "그 경제에서 선호, 기술, 그리고 자원들(의 공급)이 주어져 있다"고 암묵적으로 가정하였다. 현재의 경우, 우리는 자원의 변화를(예컨대, 노동공급의 변화를) 고려하고 있다. 우리는 오로지 선호들과 자원들이 주어졌다고 말하는 것으로 고칠 것이다. 우리가 앞의 절에서 본 것처럼, 기술은 생산변화들의 즉각적 결정요인들이 아니다. 생산기술들은 저축과 투자를 통해 활용되어야만 한다. 사실, 만약 시간선호를 '선호' 가운데 포함시킨다면, 경제분석은 오직 선호와 자원을 다룰 수 있을 뿐이다.
9. 소유자가 자신이 피고용자로서 노동활동을 수행하고 이에 대해 수익을 벌 때(예컨대, 소유자-경영자), 그 수익은 암묵적 임금이다. '노동'에 대한 정의에 대해서는, Spencer Heath, *Citadel, Market, and Altar*(Baltimore: Science of Society Foundation, 1957), pp.235~236 참조.
10. 우리가 '질'이라는 용어를 여기에서, 그리고 교환분석의 다른 부분에서 사용할 때, 우리는 이것을 형이상학적 의미로 혹은 어떤 '높은' 윤리적 관점에서 채택하고 있지 않다. 우리는 더 높은 MVP, 그리고 더 높은 임금의 형태로 시장의 선택에 의해 표현되는 질을 의미한다.
11. 잘못된 노동-경영 이분법에 엄격하게 근거한 노동조합과의 협상에 관한 흥미로운 예로는, Lee H. Hill and Charles R. Hook, Jr., *Management at the Bargaining Table*(New York: McGraw-Hill, 1945) 참조. 공장장 노조에 관해서는, Theodore R. Iserman, *Industrial Peace and the Wagner Act*(New York: McGraw-Hill, 1947), pp.49~58 참조.
12. 이 소비자 가치평가에 의한 '규칙'은 기업가들과 요소소유자들이 최대화폐소득을 목표로 하는 한 유효하다.

그들이 비화폐적 목표—예를 들어, 경작되지 않은 토지를 조망한다거나 여가를 즐기는 것—를 추구하기 위해 더 높은 화폐소득을 자제하는 정도까지, 생산자 자신의 가치평가가 영향을 주 것이다. 인간행동학의 일반적 관점에서 볼 때, 이 생산자들은 그 정도까지는 소비자로서 행동하고 있다. 그러므로 소비자의 가치척도의 완전한 규칙은 여기에서도 유효하게 적용된다. 그러나 교환학적 시장분석의 목적을 위해, 비록 전체로 보았을 때에는 같은 사람이 생산자와 소비자 두 기능을 함께 수행하지만, 생산자인 개인과 소비자인 개인을 구분하는 것이 편리할 것이다. 그런 경우 우리는 비화폐적 목표가 들어오는 정도까지 소비자의 가치가 아니라 사회의 모든 개인들의 가치가 영향을 준다고 할 수 있다. '소비자 주권'과 이에 대한 더 자세한 논의는 아래의 제10장을 참조.

13 자유사회에서는 우리가 위에서 나타낸 것처럼, 용지(用地)는 원래 길을 내거나 경작되는 등과 같은 그 어떤 방식으로든 '사용되고 나서' 비로소 누군가의 재산이 될 수 있었다. 그러나 임대료가 획득될 때까지 후속적 사용이 요구되는 것은 아니다.

14 노동의 단위가 더 높은 가격에 판매됨에 따라 화폐의 한계효용이 충분히 빠르게 하락하고, 잃어버린 여가의 한계적 비효용이 충분히 빠르게 증가하면, 그와 같은 후방굴절 공급곡선이 나타날 것이다.

15 우리가 이 책에서 경제분석의 적용에서 매우 유행하는 용어인 '모델'이란 용어의 사용을 피하고 있음에 주목하기 바란다. '모델'이란 용어는 인간행동에 적용될 때에도 물리학이나 공학의 방법을 선호하는 불행한 편견의 한 예이다. 이론적 구축물은 상상의 것이다. 왜냐하면 구축물의 다양한 요소들이 현실에서는 결코 공존하지 않기 때문이다. 그러나 이런 이론적 구축물들이 필요한 것은 연역적 추론과 다른 조건이 같다는 가정을 통해 현실세계의 경향과 인과적 관계들을 도출해내기 위해서이다. 다른 한편, 공학의 '모델'은 모델의 모든 부분들이 현실에서 공존할 수 있고 공존해야 하는 축소판 기계적 구축물이다. 공학모델은 그 자체에서 현실에서 공존할 모든 요소들과 이들간의 관계를 묘사한다. 나의 이론적 구축물과 모델 사이의 구별은 미제스 교수로부터 배운 것이다.

16 인간간의 서로 다른 점에 대한 일부 철학적 논의들로는, Harper, *Liberty*, pp.61~83, 135~141; Roger J. Williams, *Free and Unequal*(Austin: University of Texas Press, 1953); George Harris, *Inequality and Progress*(Boston: Houghton Mifflin, 1898); Herbert Spencer, *Social Statics* (New York: D. Appleton & Co., 1890), pp.474~482; A. H. Hobbs, *The Claims of Sociology*(Harrisburg, Pa.: The Stackpole Co., 1951), pp.23~64; and Hobbs, *Social Problems and Scientism*(Harrisburg, Pa.: The Stackpole Co., 1953), pp.254~304 참조.

17 Van Sickle and Rogge, *Introduction to Economics,* pp.178~181.

18 임금률과 지리에 관해 다룬 것으로는 아래의 "입지와 공간적 관계"의 절을 참조.

19 우리가 팽창하는 경제에서의 임금률 혹은 토지임대료의 상승을 언급할 때, 우리는 반드시 화폐임금률 혹은 임대료가 아니라 실질임금률과 임대료를 의미한다는 점이 이해되어야 한다.

20 이것은 물론 다른 곳에서 자본의 상쇄적 하락이 없었다는 것을 가정하고 있다. 만약 그런 하락이 있으면, 임금의 일반적 상승은 나타나지 않을 것이다.

21 이 문제들에 대한 논의는, Mises, *Human Action*, pp.598~600 참조.

22 자본재는 종전의 기업가적 실수로 인해, 즉 잘못된 유형의 자본재에 투자하였기 때문에 고용되지 않을 수도 있을 것이다.

23 Mises, *Human Action*, pp.595~598. 미제스가 결론내리고 있듯이, "방해받지 않은 시장에서의 실업은 언제나 자발적이다." 특히 추천하고 싶은 것은 미제스의 '마찰적 실업'(*frictional unemployment*)에 대한 비판이다.

24 경제학은 "노동의 이동성을 가정하지" 않는다. 경제학은 단지 '이동거나' '하지 않겠다'는 노동자의 결정 결과를 분석할 뿐이다. 후자의 선택은 적어도 일시적으로 실업을 자발적으로 선택하는 것에 해당한다.

25 여기에서 언급된 '유휴'(*idleness*)는 교환학적(*catallactic*) 의미이며 반드시 바쁜 정도 전체(*total*)를 말하는 것은 아니다. 다시 말해, 이것은 어떤 사람이 그의 노동서비스를 돈을 받고 팔기를 추구하지 않으며, 따라서 사회적 노동시장에 진입하지 않는다는 것을 의미한다. 그는 취미 등에 일하느라 매우 '바쁠' 수도 있다.

26 Hayek, *Prices and Production*, pp.91~93.

27 Fred R. Fairchild and Thomas J. Shelly, *Understanding Our Free Economy*(New York: D. Van

Nostrand, 1952), pp.478~481.

28 따라서 (최근처럼) 경제학자가 단지 하나의 기업만을 고려할 때, 그는 경제적 상호관계의 일반성을 무시함으로써 완전히 길을 잃는다. 목적-수단의 관계를 논리적으로 분석하기 위해서는 경제학이 그렇듯이 모든 관계를 고려하여야 한다. 하나의 기업만을 고려하거나, 혹은 비현실적인 전체 총량치를 다루거나 혹은 로잔느 '일반균형' 학파의 현실적합성이 없는 수학에 피난처를 마련함으로써, 모든 관계를 고려하지 못하게 되면, 이는 경제학을 버리는 것과 같다.

29 경제학을 처음 시작하는 많은 학생들은, 경제학이 소화하기 어려운 암기를 통해 외어야 할, 그리고 칠판에 깔끔하게 그려지는 '비용곡선들'의 제조로 이루어져 있다는 인상을 가지고 떠난다.

30 E. T. Weiler, *The Economic System*(New York: Macmillan & Co., 1952), pp.141~161; Stigler, *Theory of Price*, pp.126ff.

31 Stigler, *Theory of Price*, p.126.

32 로빈스(Robbins)는 생산활동 기간의 길이가 어떤 변화의 영구성과 변화에 대한 기술적 장애요인들에 관한 기업가들의 예상에 달려 있음을 지적하고 있다. Robbins, "Remarks upon Certain Aspects of the Theory of Costs," *Economic Journal*, March, 1934, pp.17~18.

33 비용-곡선이론에 대한 비판으로는, 위에서 인용한 로빈스(Robbins), 써비(Thirlby), 게이버(Gabor)와 피어스(Pearce)의 논문들을 참조. Gabor and Pearce, "A New Approach to the Theory of the Firm"; Milton Fried-man, "Survey of the Empirical Evidence on Economies of Scale: Comment," in *Business Concentration and Price Policy*(Princeton, N.J.: National Bureau of Economic Research, 1955), pp.230~238; Armen Alchian, "Costs and Outputs," in *The Allocation of Economic Resources* (Stanford: Stanford University Press, 1959), pp.23~40; F. A. Hayek, "Unions, Inflation, and Prices," in Philip D. Bradley, ed., *The Public Stake in Union Power*(Charlottesville: University of Virginia Press, 1959), pp.55f.; Hayek, *Pure Theory of Capital*, pp.14, 20~21; Harrod, "Theory of Imperfect Competition Revised," in *Economic Essays*, pp.139~187; G. Warren Nutter, "Competition: Direct and Devious," *American Economic Review, Papers and Proceedings*, May, 1954, pp.69ff.; Scott, *Natural Resources: The Economics of Conservation*, p.5.

34 이 법칙은 모든 수량적으로 관찰할 수 있는 인과관계가 복제될 수 있다는 자연법칙으로부터 나온다. 예를 들어, 만약 $x+2y+3z$가 1p를 형성하기 위한 필요·충분조건이라면, 또 하나의 집합 $x+2y+3zp$가 또 하나의 p를 형성할 것이고, 그래서 $2x+4y+6z$는 2p를 생산할 것이다.

35 순수 경쟁이론에 대한 더 자세한 것은 제10장을 참조.

36 예를 들어, 생산요소에 투입된 천 골드 온스가 100단위의 생산물을 산출하며, 천백 골드 온스는 101단위를 생산한다고 가정하자. 천과 천백 사이의 어떤 점도 100단위보다 더 많이 생산하지 못할 것이다. 천을 넘지만 천백보다 적은 투자는 분명 순전한 낭비이며, 그 어떤 사업가도 이 사이에서 투자하지는 않을 것이다. 그 대신 천과 천백과 같은 평균비용의 각 최저점들에서 투자가 이루어질 것이다.

37 Stigler, *Theory of Price*, pp.132ff.

38 우리는 물론 철도가 서비스하는 지리적 영역을 더 많이 혹은 적게 포함함으로써 트랙의 길이를 줄이거나 늘일 수 있다는 사실을 논의하는 것이 아니다. 그 사례는 철도가 운행되는 지리적 영역이 주어졌다고 가정하고 있다.

39 Mises, *Human Action*, pp.338~340 참조. 이것은 교과서의 '비용곡선'에 암묵적으로 가정되어 있는 비현실적 조건이다.

40 *Ibid.*, p.340.

41 Stigler, *Theory of Price*, p.136.

42 대규모 생산으로부터의 잠재적 효율성을 '공장의 규모'와 같은 좁은 기계적 요인들로 한정하지 않는 것이 특별히 중요하다. 몇 개의 공장을 소유하는 조직으로부터 도출되는 효율성들이 또한 존재한다—예컨대, 경영진 활용, 전문화, 대규모 구매와 판매의 효율성, 연구개발비 등에서 효율성이 발휘될 수 있다. Cf. George G. Hagedorn, *Studies on Concentration*(New York: National Association of Manufacturers, 1951), pp.14ff.

43 Friedman, "Survey of the Empirical Evidence on Economies of Scale: Comment," pp.230~238 참조.
44 기업규모에 대한 경험적인 훌륭한 연구로는, George G. Hagedorn, *Business Size and the Public Interest*(New York: National Association of Manufacturers, 1949); id., *Studies on Concentration*, 그리고 John G. McLean and Robert W. Haigh, "How Business Corporations Grow," *Harvard Business Review*, November-December, 1954, pp.81~93 참조.
45 계획들은 ERE에서 유효할 뿐만 아니라 마모되거나 고장난 자본재의 추가, 그리고 유지와 대체에 관한 모든 의사결정에서도 유효하다.
46 가까운 장래에 그 재화의 가격이 전혀 인상되지 않을 것으로 예견될 때에만 이것이 비용이 전혀 들지 않는다. 만약 예견된다면, 더 높은 가격을 받을 기회를 잃는 기회비용이 발생할 것이다. 따라서 만약 더 높은 가격의 희망이 없으면, 그 사업가는 (계속 저장하는 비용을 뺀 판매비용을 조정하여) 그 가격이 아무리 낮더라도 팔 것이다.
47 통상적 '비용곡선' 분석은 평균비용과 수요곡선을 ERE에서 접하는 것으로 ―즉, 가격=평균비용으로―묘사한다. 그러나 (불연속적인 각이 아니라 부드러운 곡선을 가정하는 비현실성을 논외로 하더라도), 이자수익―소유자의 의사결정능력에 대한 수익뿐만 아니라―이 ERE에서조차 그 기업가에게 귀속될 것이다. 그러므로 그와 같은 접점은 발생하지 않는다. '독점적 경쟁'이론에 대한 이런 수정이 가지는 시사점들에 대해서는 아래 제10장을 참조.
48 비용에 관한 더 많은 읽을거리로는, G. F. Thirlby, "The Marginal Cost Controversy: A Note on Mr. Coase's Model," *Economica*, February, 1947, pp.48~53; F. A. Fetter'의 고전이 된 글 "The Passing of the Old Rent Concept," p.439; R. H. Coase, "Business Organization and the Accountant," *The Accountant*, October 1-November 26, 1938; and id., "Full Costs, Cost Changes, and Prices," in *Business Concentration and Price Policy*, pp.392~394; John E. Hodges, "Some Economic Implications of Cost-Plus Pricing," *Southwestern Social Science Quarterly*, December, 1954, pp.225~234; I. F. Pearce, "A Study in Price Poli-cy," *Economica*, May, 1956, pp.114~127; I. F. Pearce and Lloyd R. Amey, "Price Policy with a Branded Product," *Review of Economic Studies*, Vol.XXIV(1956~1957), No.1, pp.49~60; James S. Earley, "Recent Developments in Cost Accounting and the 'Marginal Analysis'," *Journal of Political Economy*, June, 1955, pp.227~242; 그리고 David Green, Jr., "A Moral to the Direct-Costing Controversy," *Journal of Business*, July, 1960, pp.218~226 참조.
49 이 암묵적 임금은 그 소유자의 경영서비스의 DMVP와 같아질 것이며, 이 DMVP는 그가 다른 곳에서 경영자로서 벌어들일 수 있었던 "잃어버린 기회임금"과 같아지는 경향을 지닐 것이다.
50 의사결정이란 생산요소는 필연적으로 각 기업에 특수하다. 우리는 이 요소가 버는 것을 임금이라고 부를 수 없다. 왜냐하면 이것은 결코 고용될 수 없으며, 따라서 암묵적 임금을 버는 것이 아니다. 그래서 우리는 이 요소의 소득을 "의사결정능력에 대한 임대료"라고 부를 수 있을 것이다.
51 우리가 여기에 제시한 것과 완전히 일치하는 것은 아니지만, 사업소득에 대한 흥미로운 기여로는, Harrod, "Theory of Profit," in *Economic Essays*, pp.190~195; Friedman, "Survey of the Empirical Evidence on Economies of Scale: Comment" 참조.
52 그들의 사업재산과 의사결정의 범위가 그들의 노동서비스에 비해 상대적으로 무시할 정도이므로, 우리는 여기에서 그들의 의사결정 임대료를 무시할 수 있을 것이다.
53 비록 유일한 피고용자가 소유자 자신일지라 하더라도, 이것은 경영임금이다. 집안하인을 '자기 고용된' 것으로 분류하는 것은 이상할 것이지만, 실제로 그는 의사나 변호사가 그의 서비스를 자본가들이 아니라 소비자들에게 판매한다는 점에서는 의사나 변호사와 다르지 않다.
54 생산자협동조합의 경제가 계산할 수 없는 또 다른 이유는 모든 본원적 요소는 분리할 수 없을 정도로 생산의 특수한 라인과 묶여있기 때문이다. 모든 요소들이 완전히 특화된 경우에는 계산이 이루어질 수 없다.
55 우리가 유의할 만한 점은 수직통합은 (다양한 생산단계에서 '회전하는') 화폐에 대한 수요를 감소시키는 경향이 있고 그래서 화폐단위의 구매력을 낮추는 경향이 있다는 점이다. 투자와 생산구조의 분석에서 수직통합의 영향에

대해서는, Hayek, *Prices and Production*, pp.62~68 참조.

56 스스로에게 판매하는 암묵적 가격 혹은 기회비용은 현재의 시장가격보다는 더 적을 것이다. 그 까닭은 존즈회사의 시장진입은 그 재화의 가격을, 예컨대 102온스로 낮추었기 때문이다. 그러나 만약 외부시장과 외부가격이 존재하지 않으면, 암묵적 가격을 추정할 아무런 방법도 존재하지 않는다.

57 기업의 규모에 대해서는 코즈의 매력적인 다음 논문을 보라. R. H. Coase, "The Nature of the Firm," in George J. Stigler and Kenneth E. Boulding, eds., *Readings in Price Theory*(Chicago: Richard D. Irwin, 1952), pp.331~351. 경제규모의 한계에 대한 의미를 잘 밝혀주는 구절에서 코즈가 지적하듯이, 국가 "계획은 산업에 부과되는 반면, 기업들은 자발적으로 형성된다. 왜냐하면 기업은 더 효율적으로 생산을 조직하는 방법을 대변하고 있기 때문이다. 경쟁시스템에서는 '계획의 최적량'이 존재한다." *Ibid*., p.335n.

58 여기에서 자본재가 강조되는 것은 이들이 계산가능성 문제가 중요해지는 생산물이기 때문이다. 소비재 자체는 문제가 되지 않는다. 왜냐하면 재화를 구매하는 무수한 소비자들이 있고, 그래서 소비재는 언제나 시장을 가지기 때문이다.

59 그 입장에 대한 고전적 제시로는, F. A. Hayek, ed., *Collectivist Economic Planning*(London: George Routledge & Sons, 1935), pp.87~130에 재수록된, Ludwig von Mises, "Economic Calculation in the Socialist Commonwealth"를 참조하고, 같은 책의 하이에크(Hayek), 피어슨(Pierson), 그리고 함(Halm)의 논문들도 참조. 미제스는 그의 주장을《사회주의》(*Socialism*)(2nd ed.; New Haven: Yale University Press, 1951), pp.135~163에서 계속하고, 그의《인간행위》(*Human Action*), pp.694~711에서 최근의 비판을 논박하고 있다. 이 저술들 이외에도 사회주의 아래에서 경제계산의 주제에 관한 훌륭한 책은, Trygve J. B. Hoff, *Economic Calculation in the Socialist Society*(London: William Hodge, 1949)이다. 또한 F. A. Hayek, "Socialist Calculation III, the Competitive 'Solution'," in *Individualism and the Economic Order*, pp.181~208과 Henry Hazlitt의 소설형식의 책, *The Great Idea*(New York: Appleton- Century-Crofts, 1951)를 참조.

60 그렇게 많은 반사회주의 저술가들이 이 핵심적 논점을 인식하지 못하고 있었다는 것은 놀라운 일이다.

61 이 논쟁에서 이런 반론에 의해 공격받기는커녕, 미제스는 이 반론을 이미 원래의 논문에서 처리하였다. Hayek, *Collectivist Economic Planning*, p.109 참조. 더 나아가, 미제스의 논문보다 12년 전인 1908년에 쓰인 바로네(Barone)의 논문을 보라. 미제스의 원래 논문을 세심하게 정독해 보면, 사실 그가 모든 이른바 미제스의 주장을 논박하기 위한 '새로운' 시도라고 수십 년 뒤에 나온 미제스가 제기한 문제에 대한 '해결책'이라고 단언된 것들을 이미 처리하고 있음을 알게 된다.

62 그 혼동의 일부는 이 논쟁에서 미제스의 두 추종자, 하이에크와 로빈스의 불행한 입장에서 야기되었다. 그들은 단순히 사회주의 정부가 수백만 개의 방정식들을 계산해낼 필요가 있으나 이를 해낼 수 없으므로 계산할 수 없다고 주장하였다. 이것은 이제 정부가 고성능 컴퓨터를 이용할 수 있게 되었으므로 명백한 반론에 처하게 하였다. 이런 실제적 반론은 이제 더 이상 적합하지 않다. 현실에서 합리적 계산의 문제는 방정식들을 푸는 일과는 무관하다. 수리경제학자를 제외하고는 아무도 현실세계에서 '방정식들'에 대해 걱정할 필요가 없다. Lionel Robbins, *The Great Depression*(New York: Macmillan & Co., 1934), p.151과 Hayek in *Collectivist Economic Planning*, pp.212f를 참조.

63 Gottfried von Haberler, *The Theory of International Trade*(London: William Hodge, 1936), pp.3~8 참조.

64 Mises, *Human Action*: 원료와 음식물의 생산이 중앙집권화될 수 없으며, 사람들이 지표면의 다양한 부분들에 흩어져 살도록 한다는 사실은 가공산업들에 일정한 정도의 분권화를 요구한다. 이는 운송의 문제를 생산비용의 특별한 한 요소로 간주할 필요가 있도록 한다. 운송비용은 더 철저한 전문화로부터 예상되는 경제성에 대비하여 그 중요성이 감안되어야 한다(pp.341~342).

65 Mises, *Human Action*, pp.622~624.

66 '국제무역'이론에 대한 이런 '미제시언' 분석의 중요한 시사점에 대해서는 미제스의 *Theory of Money and Credit* 뿐만 아니라 뛰어난 저술임에도 경시된 다음을 참조. Chi-Yuen Wu, *An Outline of International Price*

Theories (London: George Routledge & Sons, 1939), pp.115, 233~235 등.

67 일부 산업들에서의 '근거지 체계'(*basing-point system*) 가격책정에 대한 공격의 뿌리에 이 오류가 놓여있다. 비판가들은 어떤 재화에 대한 단일한 가격책정이 다양한 제분소들에서의 단일가격책정을 의미한다고 가정하지만, 이것은 실제로는 다양한 기업들이 어떤 주어진 소비자 센터로 재화를 전달하는 '전달된 가격들'(*delivered prices*)이 동일하다는 것을 의미한다. 근거지와 관련된 의문에 관해서는, *United States Steel Corporation T. N. E. C. Papers*(New York: United States Steel Corporation, 1940), II, pp.102~135 참조.

68 단순화를 위해 우리는 로체스터, 디트로이트, 그리고 여타의 소비자들은 제외하였다. 그러나 이들에게도 동일한 법칙이 적용된다. 로체스터와 디트로이트의 소비자들에 대해서, 균형에서는 다음 조건이 만족된다.

로체스터에서의 $P(C_r)$=로체스터에서의 $P(C_d)$,
디트로이트에서의 $P(C_r)$=디트로이트에서의 $P(C_d)$ 등.

69 '신후생경제학'(*new welfare economics*)에서의 이런 분리의 일부 측면에 대한 비판으로는, B. R. Rairikar, "Welfare Economics and Welfare Criteria," *Indian Journal of Economics*, July, 1953, pp.1~15 참조.

70 최근 수년 동안 '오스트리안' 생산이론—이 장들이 쓰인 바탕이 된 전통—이 부활할 조짐을 보이고 있다. 위에 언급된 저술 이외에 다음을 보라. Ludwig M. Lachmann, *Capital and Its Structure*(London: London School of Economics, 1956). *id*., "Mrs. Robinson on the Accumulation of Capital," *South African Journal of Economics*, June, 1958, pp.87~100; Robert Dorfman, "Waiting and the Period of Production," *Quarterly Journal of Economics*, August, 1959, pp.351~372; *id*., "A Graphical Exposition of Böhm-Bawerk's Interest Theory," *Review of Economic Studies*, February, 1959, pp.153~158. 이 논문은 대표적 수리경제학자가 오스트리안 길로 돌아오려는 모색적 시도로서 흥미롭다. 도르프만에 대한 신랄한 비판으로는, Egon Neuberger, "Waiting and the Period of Production: Comment," *Quarterly Journal of Economics*, February, 1960, pp.150~153 참조.

제10장

독점과 경쟁

1. 소비자주권의 개념

1) 소비자주권 대 개인적 주권

앞에서 살펴보았듯이 자유시장경제는 소비자들이 가장 수요하는 재화들을 생산하는 경향이 있다.[1] 일부 경제학자들은 이 시스템을 '소비자주권'(consumer sovereignty)의 체제라고 이름붙였다. 물론 소비자가 생산자에게 강요하는 것은 전혀 없다. 선택은 생산자가 순수하게 독립적으로 행한다. 생산자의 소비자에 대한 의존은 순전히 자발적이며, 효용의 '극대화'를 위해 생산자가 선택한 결과이며, 그는 이를 언제라도 자유롭게 취소할 수 있다. 여러 번 강조한 것처럼, 각 개인은 다른 조건들이 일정한 정도까지만 (소비자들의 수요에 따른 결과인) 화폐수익을 추구한다. 이 다른 조건들이란 개별 생산자의 심리적 평가이며, 이 심리적 평가가 화폐의 영향을 중화시킨다. 한 예가 화폐수익이 다른 곳에서보다 낮은 일에 종사하는 노동자나 노동 이외의 요소소유자이다. 그가 이 일을 하는 것은 특정한 종류의 일과 그 생산물에서 얻는 즐거움이나 다른 대체적 일에 대한 혐오 때문이다. '소비자주권'이 있다기보다는 자유시장에서는 개인의 주권이 있다고 표현하는 것이 더 정확하다. 각 개인이 자신의 인격과 행동, 그리고 자신의 재산에 대해 주권을 지닌다.[2]

이것은 개인적 자기 주권(self-sovereignty)이라고 이름붙일 수 있을 것이다. 화폐소득을 벌기 위해 개별 생산자는 소비자 수요를 충족시켜야 한다. 그러나 이 예상된 화폐수익을 얼마나 쫓을 것인지, 그 외 비화폐적 요인을 얼마나 고려할 것인지는 전적으로 그의 자유로운 선택의 문제이다. '소비자주권'이란 용어는 경제학에서 전형적 남용 사례이다. '주권'이란 용어는 단지 **정치학**의 영역에서 적절하며, 따라서 소비자주권이란 용어는 여타 학문으로부터 빌려온 비유를 적용할 때 발생하는 위험을 보여준다. '주권'은 궁극적인 정치적 권력의 질이다. 이것은 폭력의 사용에 근거하는 권력이다. 완전히 자유로운 사회에서는 각 개인이 그의 신체와 재산에 대해 주권을 지니므로 자유시장에 통용되는 것은 바로 이 자기 주권이다. 아무도 다른 사람의 행동 혹은 교환에 대해 '주권'을 지니지 않는다. 소비자들은 생산자에게 다양한 직업이나 일을 강요할 권한을 지니지 않으므로, 전자가 후자에 대해 '주권'을 가지고 있다고 할 수 없다.

2) 허트 교수와 소비자주권

'소비자주권'이란 은유적 구호는 최고의 경제학자마저 현혹시켰다. 많은 저술가들은 불완전한 자유시장경제시스템에 대비되는 이상(理想)으로 이 용어를 사용하였다. 그 사례가 소비자주권의 개념을 가장 세심하게 방어했던 케이프타운대학(University of Cape Town)의 허트(W. H. Hutt) 교수이다.[3] 그는 이 개념을 창시하였고 광범위한 문헌에서 이 용어를 사용하였으므로, 그의 논문은 특별히 주목할 가치가 있다. 우리는 소비자주권 개념과 이 개념의 경쟁과 독점문제에 대한 시사점을 비판할 때 그의 논문을 기초자료로 사용할 것이다.

허트는 논문의 전반부에서 **생산자들**의 욕구를 무시했다는 비판에 대해 다음과 같이 대응하였다. 만약 생산자가 **수단**을 **목적** 그 자체로서 욕구한다면, 그 생산자는 "소비하고 있다"고 단언함으로써 그는 소비자주권의 개념을 방어하고 있다. 이런 **형**

식적 의미에서 우리가 살펴보았듯이, 소비자주권은 정의상(by definition) 언제나 통용된다. 우리가 이 책을 통해 한 개인이 목적(소비)을 그의 가치척도에 따라 평가하며, 그의 (생산을 위한) 수단에 대한 평가는 이것이 목적(소비)에 기여하는 정도에 달려있다고 강조하였기 때문에 형식적으로는 그런 정의에 아무런 문제가 없다. 그렇다면 이런 의미에서 소비는 언제나 생산을 지배한다.

　불행하게도 이 형식적 의미는 **시장**에서의 상황을 분석하는 데 그렇게 유용하지 않다. 허트 교수와 여타 사람들이 채용하는 것은 정확하게 후자의 의미이다. 생산자 A가 그의 노동력 혹은 토지 혹은 자본서비스를 시장에 내놓지 않고 있다고 가정해 보자. 공급을 유보한 이유가 무엇이든 상관없이, 그는 신체와 재산에 대한 자신의 주권을 행사하고 있다. 한편, 이것들을 시장에 공급한다면, 그는 화폐수익을 목표로 하는 정도까지, 소비자의 수요에 순응하고 있다. 앞에서 말한 일반적 의미에서 '소비'가 그 어느 경우에서도 지배하고 있다. 그러나 핵심적 질문은 이것이다. **어느** '소비자'를 말하는가? 이 재화들을 돈을 주고 사는, 교환가능한 재화의 시장소비자, 혹은 이 재화들을 돈을 받고 파는, 교환가능한 재화의 시장생산자를 말하는가? 이 질문에 답하기 위해, "교환가능한 재화의 생산자"와 "교환가능한 재화의 소비자"를 구별할 필요가 있다. 시장은 그 정의상 교환가능한 재화만 다룰 수 있기 때문이다. 한마디로, 비록 모든 사람이 소비자로 행동하여야 하고, 아울러 다른 맥락에서는 생산자로 (혹은 생산자로부터 선물을 받는 사람으로서) 행동하여야 하지만, 우리는 사람들을 '생산자들', 그리고 '소비자들'로 명명할 수 있다.

　이 구별을 하면서 우리는 허트와는 반대로, 각 개인이 자신의 신체와 재산에 대해 자유시장에서 **자기 주권**을 지니고 있다는 것을 발견한다. 생산자, 그리고 생산자만이 자신의 재산(그 자신의 신체를 포함하여)을 유휴상태로 둘지 아니면 시장에서 돈을 받고 팔지 결정한다. 그의 생산의 결과물들은 소비자들의 돈과 교환되면서 소비자들에게 돌아간다. 이 의사결정—시장에 얼마나 배분하고 얼마를 시장에 내놓지 않을지에 관한—은 개별 생산자의 결정이며, 그 자신만의 결정이다.

　허트는 암묵적으로 이 점을 인식하고 있다. 그는 시장에 대한 사실로서의 '소비자주권'에 대한 주장에서 일관성을 잃고 이탈하여 '소비자주권'을 **자유시장의 활동이 판단될** 하나의 **윤리적 이상**으로 내세우기 시작하고 있다. 소비자주권이 거의 하나의 절대선(絶對善, Absolute Good)이 되고 있으며, 생산자에 의한 소비자주권의 이상을 위축시키는 어떤 행동도 도덕적 배신 못지않게 나쁘게 간주되고 있다. **필연적 사실**로서의 소비자주권, 그리고 침해될 수 있는 **이상**으로서의 소비자주권이라는 모순되는 개념들 사이에서 방황하면서, 허트는 언제 이 주권이 **실제로 침해되는지**를 결정하는 다양한 기준을 확립하고자 시도한다. 예컨대, 그는 한 생산자가 **소비재**로서 즐기려는 목적에 사용하려는 욕구에서 그의 신체 혹은 재산을 시장에 내놓지 않을 때, 이것은 소비자에 의한 규칙과 어울리는 타당한 행위라고 단언한다. 이에 반해 생산자가 다르게 행동하는 것보다 더 많은 화폐소득을 얻기 위해(비록 허트가 이것을 언급하지는 않았으나, 아마도 그의 제품에 대한 비탄력적 수요곡선의 이득을 얻기 위해) 그의 재산을 시장에 내놓지 않으면, 그 생산자는 소비자의 뜻을 사악하게 범하는 것이 된다. 그는 자신의 개인적 생산물의 생산을 제한함으로써, 혹은 만약 그가 다른 생산자들과 동일한 제품을 만들고 있다면, 가격을 올리기 위해 다른 생산자들과 함께 생산을 제한함으로써 이렇게 할 수 있다. 이것이 이른바 독점가격의 원리이다. 이 원리를 이용하여 생산자들이 그들의 올바른 기능을 벗어나고 있다고 단정되고 있으나 이런 단정은 별 근거가 없다.

허트는 구체적인 경우에 생산자의 동기들을 구별하는 엄청난 어려움을 인식하고 있다. 그 자신의 노동을 시장에 내놓지 않는 개인은 여가를 취하기 위해 그럴 수 있다. 그리고 토지나 자본의 소유자조차도 토지와 자본을 시장에 내놓지 않는 것은, 예컨대 자신의 사용되지 않은 재산으로부터 심미적 즐거움을 얻기 위해서 일 수 있다. 진정으로 두 경우 모두 서로 다른 동기들이 **섞여있다**고 가정해보자. 허트는 분명히 생산자에게는 특히 재산의 경우에 의심만 있다면 무죄로 취급하는 **혜택을 주지 않음으로써** 이런 어려움을 극복하고 싶어한다.

그러나 이 어려움은 허트가 상상하는 것보다 훨씬 더 크다. 모든 개별 생산자는 자신의 가치척도에서 가장 높은 위치에 도달하기 위해 언제나 그의 '심리적 소득'(psychic income)을 극대화하고자 한다. 그렇게 하기 위해, 그는 자신의 특정한 가치평가에 따라 화폐소득과 다양한 비(非)화폐 요인들을 서로 균형을 맞춘다. 먼저 생산자를 **노동의 판매자**로 생각해보자. 그의 노동을 얼마나, 그리고 얼마의 가격에 팔 것인지의 판단에서, 그 생산자는 노동으로부터 얻을 화폐소득, 그런 종류의 작업으로부터 얻을 심리적 수익, '작업환경', 그리고 잃어버릴 여가를 고려할 것이다. 그는 이런 여러 요인들에 대해 그의 다양한 한계효용들에 맞추어 이들간에 균형을 맞출 것이다. 만약 그가 더 적게 일하고 더 높은 소득을 벌 수 있다면, 그는 확실히 그렇게 할 것이다. 여가를 더 얻을 수 있기 때문이다. 그리고 이런 의문이 생긴다. 왜 이것이 비도덕적인가?

게다가, ① 여기에서 여가를 화폐적 고려로부터 분리하는 것은 비실제적이 아닐 뿐만 아니라 **불가능하다**. 그 까닭은 두 가지 요소들이 모두 개재되어 있으며 그 사람 자신만이 그 자신의 가치평가에서의 복잡한 균형맞추기에 대해 알고 있기 때문이다. ② 더 중요하게는, 이 행동은 그 생산자가 오직 소비자들에게 봉사함으로써 돈을 벌 수 있다는 사실을 부정하지 **않는다**. 왜 그는 생산을 제한함으로써 '독점가격'을 추출할 수 있는가? 그 까닭은 오로지 그의 서비스에 대한 수요가(소비자들에 의해 직접적으로 수요되거나 혹은 간접적으로 소비자들로부터 더 낮은 순위의 생산단계의 생산자들을 통해 간접적으로 수요되거나), 너무나 **비탄력적이어서** 그 재화의 생산감소와 더 높은 가격이 그의 생산물에 대한 더 증가된 지출과 이에 따른 그에게 돌아가는 증가된 소득으로 이끌 정도이기 때문이다. 그러나 이런 비탄력적 수요스케줄은 순전히 소비자들의 **자발적 수요**의 결과이다. 만약 소비자들이 정말 이 '독점적 행동'에 화가 났다면, 그들은 그 생산자를 **보이콧**함으로써, 그리고 '경쟁적' 생산수준에서 수요를 증가시킴으로써 자신들의 수요곡선을 쉽게 **탄력적으로** 만들 수 있었을 것이다. 소비자들이 그렇게 하지 않는다는 사실은 소비자들의 기존상황에 대한 만족을 의미하며, 생산자들뿐만 아니라 소비자들도 결과적인 자발적 교환들로부터 이득을 얻는다는 것을 나타낸다.

자산 판매자로서 그의 능력 안에서의 생산자—'반독점가격학파'의 주요 타깃—는 어떤가? 우선, 그 원칙은 실질적으로 마찬가지이다. 개별 생산자들은 판매로부터 예상되는 화폐소득을 올리기 위해 생산, 토지 혹은 자본재의 판매를, 개별적으로 혹은 협조하여('카르텔'이라는 수단을 통해) 제한할 수 있다. 다시 한번, 그와 같은 행동에는 두드러지게 비도덕적인 것이라고는 전혀 없다. 생산자들은 다른 조건들이 동일하다면, 그들의 생산요소로부터 화폐소득을 극대화하고자 한다. 이것은 화폐소득을 극대화하고자 하는 그 어떤 다른 시도보다 전혀 더 비도덕적이지 않다. 게다가, 그들은 오로지 **소비자들에게 봉사함으로써** 그렇게 할 수 있다. 그 까닭은 다시 한번 그 판매가 생산자와 소비자 양측으로부터 모두 자발적이기 때문이다. 다시 그와 같은 '독점가격'은—한 개인에 의해 혹은 카르텔에서 협조하는 개인들에 의해 확립되었건 간에—수요곡선(소비자의 직접 혹은 간접적인 수요)이 **비탄력적일** 경우에만 가능하며, 이 비탄력성은 **소비자들의 만족을 극대화하려는 순수하게 자발적인 선택의 결과물이다**. 이 '비탄력성'은 단지 소비자들이 더 낮은 가격에서보다 더 높은 가격에서 더 많은 돈을 지출하는 상황에 대한 명칭에 불과하다. 만약 소비자들이 진정으로 그와 같은 카르텔 행동에 반대한다면, 그리고 이에 따라 귀결되는 교환이 그들의 이익을 침해한다면, 그들은 '독점적' 기업 혹은 기업들을 보이콧했을 것이고, 그들의 수요곡선이 **탄력적**이 될 정도로 구매를 감소시켰을 것이며, 그 기업은 생산을 증대시키고 가격을 다시 인하하지 않을 수 없도록 압력받을 것이다. 만약 '독점가격' 행동이 기업들의 카르텔에 의해 행해졌고, 그 카르텔이 생산을 더 효율적으로 만드는 것에 대해 다른 이득이 전혀 없다면, 카르텔은 이제 명백하게 드러난 수요곡선의 탄력성으로 해체하지 않을 수 없을 것이다.

그러나 이렇게 질문을 던질 수 있다. 소비자들이 더 낮은 가격을 더 선호하였을 것임은 사실이 아닌가? 그러므로 '독점가격'의 달성은 '소비자주권의 좌절'을 의미하는 것이 아닌가? 그 대답은 다음과 같다. 물론 소비자들은 더 낮은 가격을 선호할 것이다. 그들은 언제나 그럴 것이다. 사실, 가격이 낮을수록 그들은 더 좋아할 것이다. 재화의 가격이 영에 가까울수록 소비자들의 희망에 맞춘 생산자의 가장 큰 희생을 의미하기 때문에 이 사실이 모든 재화의 이상적 가격이 영, 혹은 영에 가까운 가격이라는 것을 의미하는가?

소비자로서 그들의 역할에서 사람들은 언제나 자신들의 구매에서 더 낮은 가격을 좋아할 것이다. 생산자로서 자신들의 능력에서는 사람들은 언제나 자신의 물품에 대해 더 높은 가격을 좋아한다. 만약 자연이 원래 물질적 유토피아를 제공했다면, 모든 교환가능한 재화는 공짜로 취할 수 있었을 것이며, 그 어떤 노동도 화폐적 수익을 얻을 필요가 없을 것이다. 이 유토피아는 '선호될' 것이지만, 이것은 완전히 상상 속의 조건이다. 사람은 필연적으로 물려받은 토지와 내구자본재라는 주어진 **실제환경** 안에서 일해야 한다.

우리가 사는 **이** 세상에서는 무엇이 재화의 가격이 될 것인지를 해결하는 데 두 가지, 오직 두 가지 방법 이외에는 없다. 하나는 가격들이 참여하는 개인들 각자에 의해 자발적으로 정해지는 자유시장의 방법이다. 이 상황에서, 모든 교환하는 사람들에게 이득이 되는 조건으로 거래가 이루어진다. 다른 방법은 자유시장에 대한 폭력적 간섭, 계약에 대비된 헤게모니의 방법이다. 그와 같은 가격의 헤게모니적 확립은 자유로운 거래를 불법화하고 사람에 의한 사람의 착취를 제도화하는 것을 의미한다. 왜냐하면 착취는 강제적 교환이 이루어질 때 언제나 발생하기 때문이다. 만약 자유시장의 길―상호혜택의 길―이 채택된다면, 자유시장가격 이외의 정의의 기준은 존재하지 않으며, 이 자유시장가격은 가격을 꾸미는 형용사가 사실로 단정되는, '카르텔' 행동의 가격뿐만 아니라 '경쟁'가격과 '독점'가격을 포함한다. 자유시장에서 소비자들과 생산자들은 자발적 협력에서 그들의 행동들을 조정한다.

물물교환의 경우 이 결론은 명백하다. 다양한 생산자-소비자들이 상호교환의 비율을 자유시장에서 자발적으로 결정하거나 아니면 그 비율이 폭력에 의해 정해진다. 물고기와 말의 상대가격이 자유시장에서보다 더 높거나 낮아야 더 '도덕적'이거나 혹은 덜 '도덕적'이어야 할 이유는 전혀 없는 것 같다. 왜 어떤 화폐가격이 시장에서보다 더 낮거나 높아야 하는지 더 이상 명백하지 않다.[4]

2. 카르텔과 그 결과

1) 카르텔과 '독점가격'

그러나 독점화하는 행동은 생산을 제한하지 않는가? 그리고 이런 생산제한은 명백하게 반사회적 행동이 아닌가? 먼저 그와 같은 행동이 가장 나쁜 경우로 인식되는 사례, 즉 카르텔에 의한 제품 일부의 실제 파괴의 사례를 생각해보자. 이것은 비탄력적 수요곡선을 이용하여 카르텔 전체 집단의 화폐소득을 높이기 위해 가격을 올리려고 행해진다. 우리는 예컨대, 많은 양의 커피를 불지르는 카르텔의 경우를 마음속에 그려볼 수 있다.

최우선적으로 그와 같은 행동은 확실히 매우 드물게 발생한다. 생산물의 실제적 파괴는 카르텔로서도 분명히 매우 낭비적 행동이다. 커피 재배자들이 커피를 생산하면서 지출했던 생산요소들이 허무하게 쓰였다는 것은 명백하다. 분명히 커피의 총생산량 그 자체는 실수였다는 것이 증명되었으며, 커피를 불사르는 것은 단지 그 실수의 여파이며 반영이다. 그러나 미래의 불확실성으로 실수는 종종 저질러진다. 사람은 어떤 재화의 생산을 위해 노동하고 수년간 투자했으나 나중에 보았더니 소비자들이 거의 전혀 원치 않는 것으로 판명날 수 있다. 만약 예를 들어, 소비자의 기호가 변하여서 아무도 커피를 원하지 않는다면, 그 가격과 상관없이 카르텔이 있든 없든 커피는 폐기되어야 할 것이다.

실수는 확실히 불행한 것이지만 비도덕적이거나 반사회적이라고는 할 수 없다. 아무도 의도적으로 실수를 목표로 삼지는 않는다. 만약 커피가 내구재라면 카르텔이 그것을 폐기하지 **않고** 소비자에게 점차 미래에 팔고, 그래서 '잉여' 커피로부터 소득을 얻기 위해 커피를 저장해 두었을 것임은 명백하다. 실수가 정의상 배제된 모든 ERE에서는, 화폐소득을 얻기 위한 최적물량이 생산되었을 것이기 때문에 그와 같은 폐기가 전혀 일어나지 않고 처음부터 더 적은 커피가 생산되었을 것이다. **커피를 실제로 불지르는 데 낭비가 발생하는 것이 아니다. 낭비의 발생은** 커피 대신 생산될 수 있었을 재화를 생산하지 못하는 비용을 지불하면서 **과잉생산된 커피에 있다**. 커피생산이 줄어든 후, 커피생산에 들어갔던 여타 요소들은 낭비되지 않을 것이다. 토지, 노동 등은 이윤이 더 나는 다른 용도로 쓰일 것이다. 과잉상태의 특화된 요소들은 유휴상태로 머물 것임은 사실이다. 그러나 소비자 수요의 현실이 생산에서 이들의 사용을 지속하는 것을 정당화하지 않으면 이는 언제나 특화된 요소들의 운명이다. 예를 들어, 만약 어떤 재화에 대한 소비자 수요가 갑자기 위축되고, 이에 따라 어떤 전문화된 기계들을 가지고 일하는 것이 보상을 얻지 못하면, 이 '유휴기계설비'(*idle capacity*)는 사회적 낭비가 **아니라** 사회적으로 차라리 유용하다고 할 수 있다. 그 기계를 생산했던 것이 실수였음이 드러난 것이다. 그리고 그 기계들이 이미 생산되었으므로, 이 기계들로 일하는 것이 어떤 다른 결과를 얻기 위해 다른 토지나 기계들과 함께 일하는 것보다 덜 채산성이 맞는 것으로 판명되었다. 그러므로 이 과잉설비에 대한 경제적 조치는 이들을 유휴상태로 놓아두거나 혹은 그 물질적 재료를 다른 용도로 전환시키는 것이다. 물론, 실수가 없는 경제에서는 과잉의 특화된 자본재는 아예 생산되지 않을 것이다.

예를 들어, X단위의 노동과 Y단위의 토지로 한 해 1억 파운드의 커피를 생산할 수 있는 커피 카르텔이 작동하기 시작하였다고 해보자. 그러나 그 커피 카르텔은 가장 높은 이윤을 낳는 생산이 6천만 파운드라고 결정하고 한 해 수확량을 이 수준으로 감소시켰다. 물론 한 해 1억 파운드를 계속 생산하고 4천만 파운드를 불사르는 것은 터무니없는 것이다. 그러나 잉여노동과 토지는 어떻게 되는가? 이들은 예컨대, 천억 파운드의 고무, 5만 시간의 정글가이드 등의 생산으로 이동한다. 두 번째 생산구조, 두 번째 요소의 배분이 첫 번째보다 덜 '정의롭다'고 말할 수 있는가? 사실, 우리는 이것이 **더** 정의롭다고 말할 수 있을지 모른다. 왜냐하면 새로운 요소배분이 더 이윤을 얻을 것이고, 따라서 소비자들에게 더 가치생산적이기 때문이다. 이런 가치의 의미에서, 전체 생산은 축소된 것이 아니라 **확대**되었다. 전체적으로 생산이 제약되었다고 말할 수 없다는 점도 분명하다. 커피 이외의 여타 재화들의 생산물이 증가하였으므로 한 재화의 감소와 여타 재화의 증대 간의 유일한 비교는 오직 이런 넓은 가치평가로서만 가능하기 때문이다. 정말, 고무와 정글가이드로의 요소이동은 커피생산을 **제약하지 않는다**. 이는 마치 종전의 커피생산으로 요소가 이동하더라도 이것이 고무나 정글가이드의 생산을 제약한다고 볼 수 없는 것과 마찬가지이다.

그렇다면 '생산제약'(restricting production) 개념 그 자체가 자유시장에 적용되었을 때에는 오류이다. 가능한 목적들에 대비해 자원이 희소한 현실세계에서는, **모든** 생산은 시장참여자들의 선택과 가장 높게 평가된 목적들에 봉사하게 하는 생산요소의 배분을 포함하고 있다. 한마디로, 그 **어떤** 제품의 생산도 필연적으로 '제약되어' 있다. 그와 같은 '제약'은 단순히 생산요소의 보편적 희소성과 어떤 한 생산물의 한계효용 하락으로부터 나온다. 그래서 '제약'을 말하는 것 자체가 불합리하다.[5]

이에 따라 우리는 카르텔이 "생산을 제약하였다"고 말할 수 없다. 최종배분이 생산자의 실수를 배제하고 난 이후, 그 카르텔의 행동은 여타 모든 자유시장 배분과 마찬가지로 소비자들의 봉사에서 생산자의 소득 극대화를 가져올 것이다. 이것은 시장에서 사람들이 기업가로서의 예측하는 기술과 조화되어 달성하는 경향을 띠며, 이것은 소비자로서 사람들이 생산자로서의 사람들과 조화를 이루는 유일한 상황이다.

생산자들의 원래 1억 파운드만큼의 생산이 비록 나중에 수정되기는 하지만, 불행한 실수였다는 것이 우리의 분석으로부터 도출된다. 커피생산의 감축은 소비자들의 희생 아래 이루어진 사악한 생산제한이 아니라, 반대로 종전의 실수를 바로잡는 것이다. 오직 자유시장만이 화폐적 이윤획득가능성에 따라 소비자들에 봉사하도록 자원을 배분할 수 있으므로, 위의 상황에서 '너무 많은' 커피와 '너무 적은' 고무, 정글가이드 서비스 등이 생산되었다. 커피의 생산을 줄이고 고무, 정글가이드 등의 생산증가를 야기한 카르텔 행동은 소비자 욕구들을 만족시키는 생산적 자원들의 힘을 **증가**하는 방향으로 자원배분을 이끌었다.

만약 이 결론에 동의하지 않고 종전의 생산구조가 소비자들에게 더 잘 봉사하였다고 믿는 반(反)카르텔주의자가 있을 수 있다. 만약 그렇다면 그들은 언제나 완전히 자유롭게 토지, 노동, 그리고 자본요소들을 정글가이드회사들, 고무제조자들로부터 더 높은 가격을 제시해 가져와서 '모자라는' 4천만 파운드의 커피생산에 스스로 착수하면 된다. **그들이** 그렇게 하지 않고 있으므로, 그들은 **현존하는** 커피 생산자들을 그렇게 하지 않는다고 공격하는 입장이 되기 어렵다. 미제스가 간결하게 언급한 것처럼:

> 분명 제철업에 종사하는 사람들은 다른 사람들이 그들과 마찬가지로 이 분야의 생산에 뛰어들지 않았다는 사실에 대해 책임이 있다고 할 수 없다.…만약 어떤 사람이 다수의 사람이 자발적으로 민간방어조직에 참여하지 않는다는 사실에 대해 비난하려면, 비난받을 사람은 이미 거기에 참여하는 사람이 아니라 아직 참여하지 않은 사람들이다.[6]

반(反)카르텔주의자의 입장은 카르텔이 결성된 산업 이외에서 누군가 다른 사람이 **너무** 많은 어떤 **여타** 재화를 생산하고 있다는 것을 의미한다. 그러나 그들은 그들의 **어느** 생산이 과도한지를 결정하는 자신들의 자의적 선언들 이외에는 어떤 기준도 제시하지 않고 있다.

'충분한' 강철을 생산하지 않는다고 철강회사 소유자들을 비판하거나, '충분한' 커피를 생산하지 않는다고 커피 경작자들을 비판하는 것은 또한 일정한 신분계급은 영원히 철을 생산하고, 또 다른 신분계급은 커피를 재배하는 등으로 지정되어 있는 카스트제도의 존재를 암시하고 있다. 그와 같은 신분제 사회에서만 그와 같은 비판이 합리적일 것이다. 그러나 자유시장은 카스트제도와는 반대이다. 실제로 여러 대안들 중 선택한다는 것은 대안들 사이의 이동성을 의미하며, 이 이동성은 명백히 생산에 투자할 화폐에 관해 기업가들이나 대부자들 혹은 대출자들에게도 적용된다.

또한 우리가 위에서 언급한 것처럼 비탄력적 수요곡선은 완전히 소비자들의 선택 결과이다. 그래서 1억 파운드의 커피가 생산되어 재고로 남아 있으며, 한 집단의 경작자들이 4천만 파운드의 커피를 태우는 것이, 예컨대 파운드당 1골드 그레인에서 2골드 그레인으로 가격을 두 배 올리게 하여 결합하여 행동하면 더 높은 총소득을 얻을 수 있다고 가정해보자. 커피 경작자들이 더 높은 가격에서는 효과적 소비자 보이콧에 직면할 것이라는 점을 안다면 이것은 불가능할 것이다. 더 나아가 소비자들은 **만약 그들이 그렇게 원한다면**, 그 재화의 파괴를 막을 또 다른 방법을 가지고 있다. 다양한 소비자들이 개별적으로 혹은 결합하여 기존의 커피를 **현재보다 더 높은 가격으로** 구매할 것을 제안할 수 있다. 커피에 대한 욕구로 혹은 유용한 재화의 파괴에 놀라 박애정신의 발로로 혹은 두 가지 동기가 결합하여, 소비자들은 이런 제안을 할 수 있다. 아무튼 만약 그렇게 한다면, 그들은 생산자 카르텔이 시장에서 판매되는 공급을 줄이는 것을 막을 수 있다. 더 높은 가격에서의 불매동맹(보이콧)이나 더 낮은 가격들에서의 더 많은 구매제시는 수요곡선을 변화시킬 것이며, 현재 총공급량 수준에서 수요를 탄력적으로 만들고, 그렇게 함으로써 카르텔 형성의 동기나 필요를 제거할 것이다.

따라서 카르텔을 비도덕적이거나 혹은 어떤 종류의 소비자주권을 방해하는 것으로 간주하는 것은 부당하다. 그리고 카르텔이 순전히 "생산을 제한하는" 목적만을 위해 설립된 경우, 즉 우리가 가정할 수 있는 카르텔 가운데 겉보기에 '최악으로' 보이는 경우에도 이 점은 사실이다. 그리고 이전의 실수와 생산물의 부패가능성의 결과로 실제 생산물의 파괴가 발생할 경우에서조차 이 점은 달라지지 않는다. 만약 소비자들이 진정 이런 행동을 막고자 한다면, 그들은 커피에 대한 기호의 실제 변화, 혹은 불매동맹과 박애심의 결합으로 그 생산물에 대한 수요곡선을 바꾸기만 하면 된다. 어떤 주어진 상황에서 그와 같은 일이 벌어지지 않는다는 사실은 생산자들이―여타 행위를 할 때와 마찬가지로 카르텔 행위를 할 때에도―여전히 소비자들에 봉사하면서 그들의 화폐소득을 극대화하고 있다는 점을 말해 준다. 일부 독자들은 현재의 재고에 대한 더 높은 수요의 제시에 대해, 이것은 소비자들이 생산자들에게 뇌물을 주는 것이며, 생산자 측으로서는 부당한 강요가 된다고 반대할지 모르겠다. 그러나 이 공격은 지지될 수 없다. 생산자들은 화폐소득을 극대화한다는 목표에 의해 움직인다. 그들은 강탈하는 것이 아니라 단지 생산자들과 소비자들에 의해 함께 자발적으로 귀결되는 교환을 통해 이득이 극대화되는 점에서 생산할 뿐이다. 노동자가 저임금에서 고임금 직업으로 이동할 때, 혹은 기업가가 더 적은 이윤보다는 더 큰 이윤을 얻을 것으로 생각하는 프로젝트에 투자할 때, 이들이 '강탈'하는 것이 아니듯이, 이것도 이와 조금도 덜 혹은 조금도 더 강탈하는 것이 아니다.

앞에서 언급한 상황에서처럼 이미 실수가 저질러지면, 합리적 방법은 과거에 대해 통탄하거나 혹은 역사적 비용을 '회복하려고' 시도하는 것이 아니라, 현재의 상황을 최선으로 활용하는 것이다(**다른 조건이 같다면** 가장 많은 돈을 버는 것이다). 이전에 생산된 기계들 혹은 자본재들이 그 생산물에 대한 수요의 상실에 직면한 경우에서 우리는 이 점을 인식하였다. 우리가 보았듯이 생산과정에서 노동에너지는 자연적 생산요소들 혹은 생산된 요소들에 작용하여 가장 시급하게 요청되는 소비재에 도달한다. 실수는 불가피하게 발생하므로, 이 과정에서 어쩔 수 없이 어떤 한 시점에서 상당한 양의 '유휴' 자본재들이 발생하게 된다. 이와 비슷하게, 현재의 노동이 남길 여타 토지와 관련하여 더 많은 이윤을 남길 일을 가지고 있기 때문에 많은 본원적 토지도 유휴 상태로 남아 있을 것이다. 한마디로, '유휴' 커피는 예측을 잘못한 결과이며, 어떤 여타 유형의 자본재에서 나타나는 '유휴능력'보다 더 충격적인 것도 비난받을 일도 아니다.

우리의 주장은 기업들의 카르텔에 적용할 수 있듯이 마찬가지로 비탄력적 수요를 지닌 독특한 제품을 생산하는 하나의 기업에 적용될 수 있다. 그 생산물에 대한 비탄력적 수요를 지닌 하나의 기업도 역시 예측실수를 범한 후 생산물 재고의 일부를 파괴할 수 있다. '반(反)독점가격'과 소비자주권의 원칙에 대한 우리의 비판은 그와 같은 경우에도 마찬가지로 적용된다.

2) 카르텔, 합병, 그리고 회사들

카르텔 행동은 **담합**(collusion)을 내포하고 있다고 보통 주장되고 있다. 하나의 기업은 자연적 능력으로 혹은 소비자들의 그 생산물에 대한 열광으로 '독점가격'을 달성할 수 있겠지만, 많은 기업들의 카르텔은 '담합' 혹은 '음모'를 필요로 한다고 단정되고 있다. 그러나 이 표현들은 단지 불리한 반응을 유도하도록 고안된 용어들일 뿐이다. 여기에서 실제로 개입된 것은 생산자들의 소득을 올리려는 **협력**(co-operation)이다. 카르텔 행동의 핵심은 무엇을 위한 것인가? 개별 생산자들은 그들의 자산들을 공통의 운명, 즉 모든 소유자들을 대신하여 생산과 가격정책에 관한 결정을 내리고, 그후 화폐적 이득을 그들 사이에 배분하는 하나의 중앙조직에 공동출자하기로 합의한다. **그러나 이 과정은 그 어떤 유형의 공동 파트너십이나 단일회사의 형성과 똑같은 것이 아닌가?** 한 파트너십이나 회사가 형성될 때 어떤 일이 일어나는가? 개인들이 그들의 자산을 중앙경영진에 공동출자하기로 합의하고, 이 중앙지시체가 소유자들을 대신하여 정책을 결정하고 그들 사이에 화폐적 이득을 배분한다. 두 경우 모두, 처음부터 모든 이에 의해 합의된 규칙에 따라 공동출자, 권위의 위계, 화폐적 이득의 분배 등이 일어나고 있다. **그러므로 카르텔과 보통의 회사나 파트너십 사이에 본질적 차이는 아무것도 존재하지 않는다.** 보통 회사나 파트너십은 단지 하나의 기업일 뿐이지만, 카르텔은 하나의 '산업' 전체를(즉, 어떤 제품을 생산하는 모든 기업들을) 포괄하는 것이라고 반론이 제기될 수 있다. 그러나 그와 같은 구분이 반드시 성립하는 것은 아니다. 다양한 기업들이 그 카르텔에 가입하기를 거부할 수 있는 반면, 다른 한편 유일한 기업은 특정의 독특한 생산물의 판매에서 '독점자'일 수 있으며, 그래서 이 기업도 역시 '산업' 전체를 포괄할 수 있기 때문이다.

협조적 파트너십이나 회사—비난받아야 한다고 일반적으로 간주되지 않는—와 카르텔 사이의 상응성은 우리가 다양한 기업들의 **기업합병**(merger)을 고려해보면 더욱더 제고된다. 기업합병은 '독점적'이라고 비난받았으나, 카르텔에 가까울 정도로 심하게 비판받지는 않는다. 합병하는 기업들은 그들의 자본재 자산들을 공동으로 모으고, 개별기업들의 소유자들은 이제 하나의 합병된 기업의 부분적 소유자들이 된다. 그들은 서로 다른 회사들의 주식교환 비율에 관한 규칙에 합의할 것이다. 만약 합병하는 기업들이 전체 산업을 포괄하고 있다면, 이 합병은 카르텔의 영구적 형태일 뿐이다. 그러나 명백하게 합병과 **하나의 회사의 최초 형성** 사이의 유일한 차이점은 합병이 기존의 자본재 자산들을 공동출자하는 데 반해, 한 기업의 최초 탄생은 **화폐**자산을 공동출자한다는 점뿐이다. 경제학적으로 볼 때, 이 두 가지 사이에는 별 차이가 없다는 점은 분명하다. 합병은 개인들이 이미 생산한 일정한 수량의 자본재에 관한 행동, 자산을 협동적으로 공동출자함으로써 현재와 예상되는 미래조건에 스스로를 조정해가는 행동이다. 새로운 기업의 형성은 (자본재에 대한 어떤 구체적 투자가 이루어지기 이전에) 자산을 협동적으로 공동출자함으로써 예상되는 미래조건들에 대해 조정하는 것이다. 화폐소득을 증가시키려는 목적으로 더 중앙집권화한 조직에 자산을 자발적으로 출자한다는 점에서 이 둘 사이에는 본질적 유사성이 존재한다.

카르텔과 독점을 공격하는 이론가들은 두 행동의 동일성을 깨닫지 못하고 있다. 그 결과, 기업합병은 카르텔보다 덜 비난받아야 할 대상으로, 그리고 하나의 회사가 기업합병보다 훨씬 덜 위협적인 대상으로 간주된다. 그러나 산업 전체에 걸친 기업합병은 결과적으로 영구적 카르텔, 즉 영구적 결합과 융합이다. 이에 반해 자발적 합의에 의해 각 기업의 분리된 독자성을 유지하는 카르텔은 그 성격상 매우 임시적이고 일시적인 장치이며, 우리가 아래에서 살펴보게 되겠지만, 일반적으로 시장에서 붕괴되는 경향이 있다. 사실 많은 경우 카르텔은 단순히 영구적 합병으로 가는 잠정적 과정으로 간주될 수 있다. 그리고 우리가 앞에서 본 것처럼, 기업합병과 최초의 기업형성은 본질적으로 다르지 않다. 전자는 새로운 조건에 대한 산업에서의 기업규모와 그 수의 적응이거나 종전에 범한 예측실수의 수정이다. 후자는 현재와 미래 시장조건들에 적응하려는 맨 처음(*de novo*) 시도이다.

3) 경제학, 기술, 그리고 기업의 규모

우리는 어떤 주어진 산업에서 한 기업의 최적규모가 무엇인지 알지 못하며, 경제학도 우리에게 이에 대해 알려주지 않는다. 최적규모는 이 산업과 여타 산업들에서의 다양한 요소들의 주어진 공급과 관련하여 소비자 수요의 상태뿐만 아니라 각 상황의 구체적 기술조건에 달려 있다. 다양한 생산라인에서 얼마나 기업이 커야 하는

지에 관한 이 모든 복잡한 질문들이 생산자의 의사결정과 궁극적으로 소비자들의 의사결정 속에 포함된다. 소비자 수요와 다양한 요소들의 기회비용에 맞추어서, 요소 소유자들과 기업가들은 (다른 심리적 요인들이 같다고 하면) 그들이 그들의 화폐소득 혹은 이윤을 극대화하고자 하는 산업들에서 생산활동을 할 것이다. 예측은 기업가들의 기능이므로, 성공적 기업가들은 실수와 이에 따른 손실을 아울러 최소화할 것이다. 그 결과, **그 어떤 기존의 상황도** (여기에 생산자의 비화폐적 희망들도 포함하여) **소비자 수요를 만족하는 데 가장 바람직해지는 경향을 지닐 것이다.**

경제학자이든 엔지니어이든 어떤 상황에서든 가장 효율적인 기업의 규모를 결정할 수 없다. 오직 기업가들 스스로만이 어떤 규모에서 가장 효율적으로 작동할 것인지를 결정할 수 있으며, 경제학자나 혹은 그 어떤 외부관찰자가 다르게 명령을 내리는 것은 주제넘은 것이며, 타당하지 않다. 이 문제와 여타 문제들에서 소비자들의 희망과 수요는 가격시스템을 통해 "전보로 전해지며", 전보의 수신에 따라 취해지는 최대의 화폐소득과 이윤의 추구는 언제나 최적배분과 가격결정을 귀결시키는 경향을 가질 것이다. 경제학자들의 외부적 충고가 필요한 것은 전혀 아니다.

수천 명의 개인들이 개별 제철공장들을 스스로 소유하면서 생산하지 **않기로** 하는 대신 그들의 자본을 조직된 회사에 합치기로 결정할 때—여기에서 이 회사가 요소들을 구매하고, 투자하고 생산을 지시하며, 제품을 팔고, 나중에 소유자들 사이에 화폐이득을 분배하게 되는데—그들은 그들의 효율을 크게 증가시킨다. 조그만 공장들 수백 개에서 생산하는 것에 비해 주어진 각 요소의 1단위 생산량은 크게 증대될 것이다. 대규모 기업은 크게 자본화된 기계류들을 구입할 수 있을 것이고, 더 잘 조직화된 마케팅과 판매망을 위한 자금을 조달할 수 있을 것이다. 수천의 사람들이 그들의 자본을 제철기업의 설립에 공동출자할 때 이 모든 것은 상당히 명백하다. 그렇다면 왜 **몇 군데 소규모 제철기업들이 하나의 큰 회사로 통합할 때에도** 이것이 마찬가지로 사실이 아닐까?

후자인 기업합병의 경우 특히, 카르텔의 경우 효율을 높이기 위해서가 아니라 단지 판매를 제한함으로써 소득을 높이기 위해서만 결합행동이 취해지고 있다고 대답할 수 있다. 그러나 외부관찰자가 '제한적' 활동과 효율증가 활동을 구별할 수 있는 방법은 존재하지 않는다. 우선 우리는 생산설비나 공장이 효율성을 증가시킬 수 있는 유일한 요소들이라고 생각해서는 안 된다. 마케팅, 광고 등도 역시 **생산요소이다**. '생산'은 단지 생산물의 물리적 변형뿐만 아니라 생산물을 운송하고 이를 사용자의 수중에 전달하는 것도 포함하고 있기 때문이다. 후자가 시사하는 점은 사용자에게 그 생산물의 존재와 성격을 알려주는 데, 그리고 그 생산물을 그에게 판매하는 데 비용이 든다는 점이다. 카르텔은 언제나 결합마케팅을 하므로, 카르텔이 마케팅을 더 효율적으로 만들 것이라는 사실을 누가 부인할 수 있는가? 그러므로 어떻게 기업활동의 '제한적' 측면으로부터 효율성이 분리될 수 있겠는가?[7]

게다가 생산에서의 기술적 요소들은 결코 진공상태에서 고려될 수 없다. 기술적 지식은 우리에게 열려있는 다양한 전체 대안들에 대해 말해준다. 그러나 결정적 질문들—어디에다 투자하며, 얼마나 투자할 것이며, 어떤 생산방법을 선택할 것인가?—은 단지 경제적, 즉 **재무적** 고려에 의해서만 답할 수 있다. 이 질문들은 화폐소득과 이윤의 추구에 의해 움직이는 시장에서만 답할 수 있다. 그래서 지하철 터널을 뚫는 데 터널의 건설에 어떤 물질을 사용할지를 생산자는 어떻게 결정할 것인가? 완전히 기술적 관점에서만 보면, 고체백금이 최선의 선택이며, 가장 내구성이 높은 장점 등을 지닐 것이다. 이것이 그가 고체백금을 선택하여야 한다는 것을 의미하는가? 그는 요소들, 생산방법들, 생산할 재화들 사이에서 필요한 (그 요소들이 다른 곳에서 벌 수 있는 소득과 똑같을) 화폐적 지출들을 생산으로부터 얻을 예상 화폐소득과 비교함으로써 선택할 수 있다. 오직 화폐이득을 극대화함으로써만 요소들은 소비자들의 서비스에 봉사하도록 배분될 수 있다. 그렇지 않고 순전히 기술적 고려만 할 경우, 백금철로로 된 대륙간 지하철 터널의 건설을 방지할 것은 아무것도 없다. 현재조건들에서 이것이 실행되지 않는 유일한 이유는 소비자들이 훨씬 더 시급하게 수요하는 용도들로부터 요소들과 자원들을 인출할 때 발생하는 낭비로 인한 과중한 화폐'비용'이다. 그러나 이 시급한 대체적 수요가 있다는 사실—그리고 **낭비라는 사실**—의 발견은 오직 생산자들의 화폐소득에 대한 추구에 의해 작동되는 가격체제에 의해 기록될 때에만 가능하다. 오직 시장의 경험적 관찰만이 우리에게 그와 같은 대륙간 지하철의 완전한 불합리성을 밝혀준다.

게다가 서로 다른 유형의 물리적 요소들과 생산물들을 비교할 수 있도록 해주는 물리적 단위들은 아무것도 존재하지 않는다. 그래서 어떤 한 생산자가 그의 두 시간

노동의 가장 효율적인 사용을 결정하려고 시도한다고 해보자. 그는 '지저분한' 화폐이득으로부터 완전히 벗어나서 이 효율성을 결정하려고 한다고 공상적 가정을 해보자. 그는 세 가지 기술적으로 알려진 대안들에 직면한다. 이 대안들은 〈표 10-1〉과 같다.

A, B 혹은 C 가운데 **어느 대안**이 그의 노동을 배분하는 가장 효율적이며, 가장 기술적으로 '유용한' 방법인가? 스스로 희생하려는 '이상주의적' 생산자가 이에 대해 알 방법이 없다! 그는 항아리, 파이프, 혹은 보트를 생산할지 말지 결정할 합리적 방법을 가지고 있지 않다. 오직 '이기적' 화폐추구 생산자만이 그 배분을 결정할 합리적 방법을 가지고 있다. 화폐이득 극대화를 추구하는 과정에서, 그 생산자는 다양한 생산요소들의 화폐비용들(필요지출들)을 그 생산물의 가격들과 비교한다. A와 B를 고려하면서 예컨대, 만약 진흙과 오븐-시간의 구매가 1골드 온스의 비용이 들고, 그 항아리가 2골드 온스에 팔릴 수 있다면, 그의 노동은 1골드 온스를 벌 것이다. 다른 한편, 만약 목재와 오븐-시간이 1.5골드 온스의 비용이 들도록 하며, 파이프가 4골드 온스에 팔린다면, 그는 2시간 노동으로 2.5골드 온스를 벌 수 있을 것이고, 그는 이 생산물을 만들기로 선택할 것이다. 생산물과 요소들 모두의 가격들은 소비자 수요와 생산자들의 소비자 수요에 부응하여 돈을 벌려는 시도의 반영이다. 만약 보트가 5골드 온스에 팔린다면, 그는 파이프 대신 보트를 만들 것이며, 그래서 그 자신의 화폐소득에 대한 욕구와 함께 더 시급한 소비자 수요를 만족시킨다.

〈표 10-1〉 세 가지 기술적 대안

대 안	생산요소들	생산물
A	2시간의 노동 5파운드의 진흙 1시간의 오븐 사용	1개의 항아리
B	2시간의 노동 1블록의 목재 1시간의 오븐 사용	1개의 파이프
C	2시간의 노동 1블록의 목재 1시간의 오븐 사용	1개의 모형 보트

그러므로 우리는 기술적 효율성을 재무적 고려들로부터 분리할 수 없다. 우리가 어떤 생산물이 다른 것보다 더 수요되고 있는지, 혹은 한 생산공정이 다른 것보다 더 효율적인지 결정할 수 있는 유일한 방법은 자유시장의 구체적 행동들을 통해서이다. 우리는 제철소의 최적규모가 이발소의 그것보다는 더 크다는 것을 자명한 것으로 생각한다. 그러나 우리는 이것을 선험적 혹은 인간행동학적 추론을 통해 경제학자로서 아는 것이 아니라, 순전히 자유시장에 대한 경험적 관찰을 통해 알고 있다. 경제학자들 혹은 여타 외부관찰자들이 어떤 공장이나 기업에 대한 기술적 최적을 정해줄 수는 없다. 이것은 오직 시장 그 자체에서만 이루어질 수 있다. 만약 이것이 일반적으로 사실이라면, 이것은 또한 기업합병이나 카르텔의 구체적인 경우에서도 사실이다. 기술적 요소의 분리 불가능성은 핵심적 문제가 **공장**의 규모가 아니라 **기업**의 규모라는 점을 환기해보면 더욱더 분명해진다. 이 둘은 결코 동의어가 아니다. 기업이 어떤 규모로 운영되건 최적규모의 공장을 고려할 것이고, 이에 더해 더 큰 규모의 공장은 **다른 조건이 같다면**, 더 큰 규모의 기업을 필요로 할 것이라는 점은 사실이다. 그러나 의사결정의 범위는 이보다 훨씬 더 넓은 기초를 포괄하고 있다. 얼마나 투자할 것이며, 어떤 재화 혹은 재화들을 생산할 것인지 등. 한 기업이 하나 혹은 여럿의 재화나 재화들을 포괄할 수 있으며, 언제나 어떤 한 기업은, 그 기업의 공장만을 쳐다보면 간과되기 쉽지만 마케팅 시설들, 재무기구 등을 포괄한다.[8]

이 고려들은 우연하게도 "사용을 위한 생산"과 "이윤을 위한 생산"이라는 매우 유행하는 구분을 반박하는 데 기여한다. 우선, **모든** 생산은 사용을 위한 것이다. 그렇지 않으면 아예 생산되지도 않았을 것이다. 시장경제에서 이것은 거의 언제나 **다른 사람들**, 즉 소비자들의 사용을 위한 재화를 의미한다. 이윤은 생산된 재화를 가지고 소비자들을 만족시킬 때에만 획득될 수 있다. 다른 한편, 기술적 혹은 화폐적 이득으로부터 추상화된 공리주의적 고려들에 근거해서는 가장 원시적 수준 이상으로 합리적 생산은 존재할 수 없다.[9]

우리가 이 절에서 말하지 **않은** 것을 정확히 깨달을 필요가 있다. 우리는 카르텔이 개별기업들보다 항상 더 효율적이라거나 혹은 '거대' 기업들이 언제나 작은 기업들보다 더 효율적일 것이라고 말하지 않았다. 경제학은 시장이 소비자들에게 최대의 서비스를 가져오는 데 가능한 한 가장 근접해갈 것이라는 점 **이외에는** 우리가 기업의 규모를 혹은 생산의 여타 측면들을 고려하더라도 기업의 최적규모에 대해 별로 근거 있는 언급들을 할 수 없다. 이것이 우리의 결론이다. 생산에서의 모든 구체적 문제들—기업의 규모, 산업의 규모, 입지, 가격, 산출물의 규모와 성격 등—은 경제학자들이 아니라 기업가들이 풀어나간다.

우리는 경제저술가들의 공통된 걱정을 고려하지 않은 채 기업규모의 문제를 끝낼 수는 없다. 평균비용곡선이 끝없이 떨어지면 어떻게 되는가? 그 기업이 그렇다면 '독점'이 될 정도로 너무나 커지지 않을까? 그와 같은 경우에 경쟁이 '붕괴'된다는 너무나 많은 탄식이 있다. 그러나 이 문제에 대한 대부분의 강조는 '순수 경쟁'의 경우에 너무 몰두한 데에서 비롯된 것이다. 순수 경쟁은 아래에서 살펴볼 것이지만, 불가능한 가공적 허구이다. 둘째, 그 어떤 기업도 결코 무제한으로 큰 적이 없었으며, 그렇게 클 수도 없을 것이다. 모든 기업에 대해 그 기업의 규모에 한계를 지우는 방해물들—증가하는 혹은 덜 가파르게 하락하는 비용들—이 어디에서인가 적절하게 들어올 것임에 틀림없다.[10] 셋째, 만약 한 기업이 더 큰 효율성을 통해 그 산업에서 어떤 의미에서 '독점'의 지위를 얻는다면, 우리가 고려하는 (하락하는 평균비용의) 경우에서 그 기업은 가격을 낮추거나 소비자들에게 혜택을 줌으로써 그런 지위를 얻는다. 그리고 만약 ('독점'을 공격하는 모든 이론가들이 의견일치를 보이듯이) '독점'에 관해 나쁜 점은 정확하게 생산의 **제한**과 가격의 **인상**이라면, 직접 반대의 길을 추구함으로써 획득된 '독점'은 명백히 잘못된 것이 전혀 없다.[11]

4) 카르텔의 불안정성

분석해보면 카르텔이 내재적으로 불안정한 형태의 운영방식이라는 것을 알 수 있다. 만약 공동의 복지를 위한 자산의 결합공동출자가 장기적으로 카르텔 개인구성원들 각자에게 이윤을 주는 것으로 판명이 되면, 그들은 형식적으로 하나의 대규모 기업으로 **결합**하고자 할 것이다. 그러면 카르텔은 합병되어 사라진다. 한편, 만약 결합행동이 하나 혹은 더 많은 수의 구성원에게 이윤을 주지 않는 것으로 판명되면, 불만족한 기업들은 카르텔을 깨고 나올 것이며, 우리가 살펴보겠지만 그와 같은 독립적 행동은 거의 언제나 그 카르텔을 파괴한다. 그러므로 카르텔 형식은 매우 쉽게 사라지는 성질을 띠며 불안정할 수밖에 없다.

만약 결합행동이 구성원 각자에게 가장 효과적이고 이윤을 내는 길이라면 곧 합병이 일어날 것이다. 카르텔의 각 구성원이 잠재적 독립성을 유지하고 있다는 바로 그 사실은 언제라도 그 카르텔이 붕괴될 수 있다는 것을 의미한다. 제1쿼터(생산량)의 배분에 대해 기업들간에 먼저 서로 더 많은 생산량 쿼터를 얻으려고 시도함에 따라 상당히 많은 언쟁이 일어날 가능성이 높다. 쿼터를 배정하는 기준이 무엇이든 간에 필연적으로 자의적일 수밖에 없고 언제나 하나 혹은 여러 구성원들의 반발을 사게 된다.[12] 기업합병 혹은 하나의 기업설립에서는 주주들이 다수결로 의사결정기구를 형성한다. 그러나 카르텔의 경우 독립적 소유주체들 사이에 분쟁이 발생한다.

부과된 결합행동 아래에서 효율적 생산자일수록 생산의 제약은 더 클 것이다. 왜냐하면 더 효율적인 생산자들은 그들보다 덜 효율적인 경쟁자들을 위해 피난처를 제공하는 족쇄들과 쿼터들에 의해 묶여있기보다는 그들의 사업을 적극적으로 팽창시킬 것이기 때문이다. 분명히, 더 효율적인 기업들은 그 카르텔을 부수는 기업일 것이다. 시간이 지나고 카르텔이 처음 형성된 때로부터 조건이 변함에 따라 이는 점점 더 사실이 될 것이다. 처음에는 시샘하며 이루어진 생산할당 합의가 이제 더 효율적인 기업들에게는 참을 수 없는 제약이 될 것이며, 그 카르텔은 곧 붕괴한다. 일단 한 기업이 그 카르텔을 부수고 나가서 생산량을 팽창시키고 가격을 낮추면, 다른 기업들도 뒤따를 것이기 때문이다.

만약 카르텔이 내부로부터 붕괴되지 않는다면, 외부에서 그렇게 할 가능성은 더 높다고까지 할 수 있다. 그 카르텔이 평상시와 다른 독점이윤을 얻는 정도까지, 외부 기업들과 외부 생산자들은 동일한 생산분야에 뛰어들 것이다. 한마디로 외부기업들은 더 높은 이윤에 편승하려고 달려든다. 그러나 일단 하나의 강력한 경쟁자가 카르텔에 도전하면, 그 카르텔은 실패할 운명에 직면한다. 왜냐하면, 카르텔 내부의 기업들이 생산할당에 의해 제한받으므로, 이들은 새로운 경쟁자들이 가속적으로 팽창하고, 이들로부터 판매를 앗아가는 것을 지켜보아야 하기 때문이다. 그 결과, 그 카르텔은 신참자들의 경쟁압력 아래 붕괴할 것임에 틀림없다.[13]

5) 자유경쟁과 카르텔

카르텔 행동을 비난하는 카르텔 반대론자들은 이밖에도 다른 주장들을 사용한다. 그 중 하나는 종전에는 경쟁하던 기업들이 이제 통합하는 것, 즉 생산을 제한하거나 교역을 제약하는 행동 속에는 어떤 사악한 것이 존재한다는 단언이다. 그와 같은 제한은 소비자의 선택의 자유를 침해하는 것으로 가정된다. 허트(Hutt)가 이것을 앞서 언급한 그의 논문에서 다음과 같이 표현하고 있다. "소비자들은 자유롭다.…소비자 주권은 대체의 힘이 존재하는 정도까지만 실현될 수 있다."

그러나 확실히 이것은 자유의 의미를 완전히 잘못 개념화한 것이다. 무인도에서 협상하는 크루소와 프라이데이는 선택의 범위 혹은 선택의 힘이 거의 없다. 그들의 대체의 힘은 제약되어 있다. 그러나 만약 그 누구도 다른 사람의 인격 혹은 자산에 대해 간섭하지 않는다면, 각자는 절대적으로 **자유롭다**. 이와 다르게 주장한다는 것은 자유를 풍요, 혹은 선택의 범위와 혼동하는 오류를 범하는 셈이다. **아무 개별 생산자도 다른 사람의 대체할 힘에 대해 책임을 지거나 질 수 없다**. 어떤 커피 재배자나 철강 생산자도, 혼자 혹은 결합하여 행동하든 상관없이, 그가 더 이상 생산하지 않기로 결정하였다고 해서 그 누구에 대해서도 책임지지 않는다. 만약 교수 X나 소비자 Y가 충분한 수의 커피 생산자들이 존재하지 않는다거나 그들이 충분히 생산하지 않고 있다고 믿고 있다면, 이 비판자들은 얼마든지 커피나 철강사업에 자유롭게 뛰어들고, 그래서 경쟁자의 수와 생산된 재화의 양을 늘릴 수 있다.

만약 소비자 수요가 진정 더 많은 경쟁자 혹은 더 많은 생산물 혹은 더 다양한 생산물을 정당화할 정도로 크다면, 기업가들이 이 수요를 충족시킴으로써 이윤획득의 기회를 잡았을 것이다. 어떤 주어진 경우에 이런 일이 발생하지 않았다는 사실은 그와 같은 충족되지 않은 소비자 수요가 존재하지 않았다는 것을 말해준다. 그러나 만약 이것이 사실이라면, **그 어떤 인간의 행동도 소비자 수요를 방해받지 않은 시장에서 행해진 것보다 소비자 수요의 만족을 더 잘 개선시킬 수 없다**는 결론이 따르게 된다. 자유와 풍요의 잘못된 혼동은 **자연에 의해 주어진 조건들과 자연을 변형시키기 위해 인간이 한 행동**을 구별하지 못한 데에 기인한다. 원래 자연상태에서 풍요란 존재하지 않는다. 사실 재화가 있더라도 소수의 재화가 있을 뿐이다. 크루소는 **절대적**

으로 자유롭지만 기아상태에 있다. 물론 만약 자연이 준 조건들이 더 풍부하다면, 이는 모든 사람에게 즐거운 일이겠지만 이것은 헛된 환상에 불과하다. 현실의 자연과 마주하여, 이것이 유일하게 가능한 것이기 때문에 이것이 모든 **가능한** 세상들 가운데 최선**이다**. 지상에서 인간의 조건은 그가 주어진 자연조건들에 작용하여 **인간행동으로** 이 조건들을 개선하는 것이다. "모든 사람이 굶주릴 자유가 있다"는 것은 자유시장이 아니라 자연을 반영한 말이다.

경제학은 자유사회의 자유시장에서 상호관계를 맺는 개인들이—그리고 **오직** 그런 관계들 속에서—스스로와 사회전체의 풍요를 마련할 수 있다는 것을 보여준다('자유롭다'는 용어는 언제나 이 책에서는, 다른 사람에 의해 괴로움을 당하지 않는다는 개인 상호간의 의미에서 사용되고 있다). 그 자체가 풍요와 동등한 것으로 자유의 개념을 채용하는 것은 이런 진실을 이해하지 못하게 방해한다.

이 세상의 자유시장은, 자유사회에서는 누구나 자유롭게 경쟁할 수 있고, 그가 선택한 그 어떤 분야에서도 생산할 수 있다는 의미에서 '자유경쟁'(free competition) 혹은 '자유진입'으로 명명할 수 있을 것이다. '자유경쟁'은 자유를 생산의 분야에 적용한 것이다. 구매하고, 판매하고, 외부의 힘에 의한 폭력적 간섭 없이 자신의 자산을 변형시킬 자유.

우리는 위에서 자유경쟁체제에서는 주어진 자연조건들 아래에서 소비자 만족이 언제나 가능한 한 극대가 되는 경향이 있다는 것을 살펴보았다. 최선의 예측가들이 지배적 기업가들로 출현하는 경향이 있을 것이며, 만약 누군가가 기회가 간과되고 있음을 알아챈다면, 그는 자유롭게 그의 우월한 선견지명을 활용할 수 있다. 그러므로 소비자 만족을 극대화하는 경향을 지닌 체제는 **단순명료한 자유경제**일 뿐이며 그 외 '순수 경쟁', 혹은 '완전경쟁'(perfect competition), 혹은 "카르텔 행위가 배제된 경쟁"[14] 등 그 어떤 것도 아니다.

일부 비판가들은 자유시장에서 '실질적' 자유진입 혹은 자유경쟁이 존재하지 않는다고 공격한다. "효율적 공장들이나 기업들에 투자하기 위해 어마어마한 양의 화폐가 필요한 분야에 어떻게 누군가가 경쟁하거나 진입할 수 있는가?" 하고 이들은 묻는다. 카트를 끄는 행상'산업'에 '뛰어드는' 것은 하찮은 자본만 있으면 되므로 쉽지만, 자본이 크게 필요한 새로운 자동차기업을 세우는 것은 거의 불가능하다는 것이다.

이 주장은 자유와 풍요 사이의 흔한 혼동의 또 다른 변형에 불과하다. 이 경우 풍요는 어떤 한 사람이 모을 수 있었던 화폐자본에 관한 것이다. 모든 사람은 야구선수가 될 완전한 자유를 누린다. 그러나 이 자유는 그가 다른 사람만큼 좋은 야구선수일 것이라는 점을 의미하지는 않는다. 그의 능력과 자산의 교환가치에 달려 있는 어떤 한 사람의 행동범위나 힘은 그의 자유와는 완전히 구별되는 별개의 것이다. 우리가 말한 것처럼 자유사회는 장기적으로 일반적 풍요로 나아갈 것이고, 자유사회가 이런 풍요를 위한 필요조건이다. 그러나 이 두 가지는 개념적으로 구별되어야 하며, '실질적 자유'(real freedom) 혹은 '진정한 자유'(true freedom)와 같은 구절들로 인해 혼돈해서는 안 된다. 그러므로 모든 사람이 어떤 산업에 진입할지 여부는 그의 **자유**라는 사실은 사람들이 개인적 자질이나 화폐자본의 측면에서 모두 다 **유능하다**는 것을 의미하지는 않는다. 더 많은 자본을 필요로 하는 산업들에서는, 더 적은 자본을 필요로 하는 산업들에 진입하는 사람들보다 더 적은 수의 사람들이 새로운 기업을 설립할 자유를 활용할 것이다. 이는 고도의 숙련이 필요한 직업에서는 잔심부름하는 일자리에서보다 소수의 노동자들이 그 직업에 진입할 자유를 활용할 것이란 사실과 다를 바 없다.

사실 실제 불가능성의 정도는 사업경쟁의 경우에서보다 노동자의 경우에 더 잘 적용된다. 주식회사와 같은 현대적 제도는 단지 크고 작은 부를 지닌 많은 사람들에 의해 자본이 모이도록 하는 수단에 불과한가? 새로운 자동차기업에 투자하는 '어려움'은 총투자에 필요한 수억 달러의 단위로서가 아니라 주식 한 주를 구입하는 데 드는 50달러로서 고려되어야 한다. 그러나 자본은 이렇게 가장 작은 단위들로부터 시작하여 모집될 수 있으나, 노동의 능력은 자본이 모집되는 것과 같은 식으로 가장 작은 단위로 나뉘어져 하나의 공동 풀로 수집될 수 없다.

때로는 그 주장이 불합리한 정도까지 도를 넘기도 한다. 예를 들어, 이제 이 현대 세상에서는 기업들이 너무나 커서 그런 자본이 모집될 수 없으므로, 새로운 사람들은 경쟁이나 그 산업에 "진입할 수 없다"고 단언되고는 한다. 이 비판가들은 총 모집된 자본과 개인들의 부가 새로운 기업을 발진시키는 데 필요한 부의 증가와 동반하여 향상되었다는 사실을 알지 못하는 것 같다. 사실, 이는 같은 동전의 양면이다. 몇 세기 전에 소매점을 시작하기 위해 자본을 모으는 것이 현재 자동차기업을 세우려고 자본을 모으는 것보다 더 쉬웠을 것이라고 가정할 이유가 전혀 없다. 만약 현존하는 대기업들의 재원을 조달하기 위한 충분한 자본이 있다고 한다면, 하나 더 세우기 위해 자원을 조달할 수 있을 정도의 자본은 더 있을 것이다. 사실, 만약 그럴 필요가 있다면 자본은 기존의 대기업들로부터 인출되어 새로운 기업들로 이동될 수 있다. 물론, 만약 새로운 기업이 소비자들에게 봉사할 수 없어 이윤을 내지 못한다면, 자유시장에서는 왜 그런 모험의 시도를 꺼리는지는 어렵지 않게 알 수 있다.

자유시장에서 능력 혹은 화폐소득의 차이가 있다는 점은 아무도 놀라게 하지 않는다. 우리가 위에서 살펴본 것처럼 사람들은 그들의 선호, 관심, 능력, 혹은 입지에서 '같지' 않다. 자원들은 지구상에 '똑같이' 분포되어 있지 않다.[15] 이 능력과 자원분포상의 불평등 혹은 다양성은 자유시장에서 소득의 불평등을 보증한다. 그리고 한 사람의 자산은 그의 혹은 그의 조상의, 시장에서 소비자에게 봉사하는 능력들로부터 도출되기 때문에 화폐적 **부**(wealth)에도 마찬가지로 불평등이 존재한다는 것은 놀라운 일이 아니다.

그렇다면 '자유경쟁'이란 용어는 자유로운 행동, 즉 개인의 의지에 따라 경쟁하거나 혹은 경쟁하지 않을 자유를 의미하는 것으로 이해되지 않는 한 오해를 불러일으킬 것이다.

'독점가격'의 수립 혹은 카르텔 행동이 소비자 자유에 반한다고 특별히 비난받을 이유가 없으며, 소비자 자유를 파괴하지 않는다는 사실은 지나간 논의로부터 이제 명백해졌을 것이다. 카르텔 행동은 만약 이것이 자발적이라면 경쟁의 자유를 침해할 수 없으며, 만약 이것이 이윤을 내는 것으로 판명난다면 소비자를 침해하는 것이 아니라 소비자들에게 **혜택을 주는** 것이다. 카르텔 행동은 개인적 자기 주권을 지니고, 소비자들에게 봉사함으로써 화폐를 획득하는 자유사회와 완벽하게 조화가 된다.

터커(Benjamin R. Tucker)가 카르텔과 경쟁을 다루면서 재기 넘치게 결론내린 것처럼:

> 협동할 권리는 경쟁할 권리만큼 의문의 여지가 없는 것이다. 경쟁할 자유는 경쟁을 자제할 권리를 내포하고 있다. 협동은 경쟁의 수단일 때가 많고, 경쟁은 언제나 더 큰 관점에서 보면 협동의 한 방법이다.…협동과 경쟁은 각각 동등한 자유라는 사회적 법칙 아래 개인들의 의지가

타당하고 질서있고 남을 침해하지 않으며 작동하는 것이다.…반박할 수 없는 명제들에 비추어볼 때, 트러스트는 그렇다면, 집합적으로 그 결합의 각 구성원이 개인적으로 노력했을 것 이외에는 아무것도 하려고 하지 않는 모든 여타 산업적 결합과 마찬가지로, 그 자체로는 나무랄 데 없는 조직이다. 이것을 그 자체로 경쟁의 부정이라는 근거로 습격하거나 통제하거나 이런 형태의 협동을 부인하는 것은 터무니없는 일이다. 이것이 터무니없는 까닭은 이것이 너무 많은 것을 증명하고 있기 때문이다. 경쟁 자체가 경쟁의 부정이라는 의미, 바로 그런 의미에서만 트러스트는 경쟁의 부정이다. 트러스트는 트러스트 외부에 있는 자들이 생산하고 판매할 수 있는 것보다 더 저렴하게 생산하고 판매함으로써만 경쟁을 부인한다. 그러나 이런 의미에서는 모든 성공적 개별 경쟁자도 마찬가지로 경쟁을 부인한다.…사실은 모든 사람의 권리인 경쟁에 대한 하나의 부인이 있으며, 또 아무의 권리도 아닌 경쟁의 또 다른 부인이 있다는 점이다. 우리 모두는 트러스트 외부에 있건 혹은 내부에 있건, 경쟁으로서 경쟁을 부인할 권리를 지니고 있으나, 아무도 트러스트 내부에 있건 외부에 있건, 자의적 법령으로 자발적 노력에 대한 간섭을 통해 창업에 대한 강력한 억압을 통해 경쟁을 부인할 권리는 지니고 있지 않다.[16]

이것은 물론 결합적 협동이나 결합이 반드시 기업들 사이의 경쟁보다 "더 좋다"는 것을 의미하지는 않는다. 우리는 단지 자유시장에서 기업 **내부의** 범위 혹은 기업들 **사이의** 영역의 상대적 범위는 정확하게 소비자들과 생산자들의 복지에 가장 공헌하는 정도일 것이라고 단순히 결론내릴 뿐이다. 이것은 기업의 규모는 소비자들에게 가장 봉사하는 수준에서 결정되는 경향을 보일 것이라는 종전의 결론과 같다.[17]

6) 유일한 거대 카르텔의 문제

사악한 카르텔의 미신은 "하나의 거대 카르텔"이라는 악몽의 이미지에 의해 크게 강화되었다. 누군가 이렇게 말할지 모른다. "다른 것들은 다 좋다. 그러나 한 나라의 모든 기업들이 통합되거나 카르텔을 통해 유일한 거대 카르텔(One Big Cartel)이 되었다고 해보자. 그렇게 되면 얼마나 가공할 존재가 되는가?"

그 대답은 제9장(p.125 이후)에서 얻을 수 있다. 우리들은 앞에서 자유시장은 기업의 규모에 확실한 제약을, 즉 시장에서 **계산가능성**이라는 한계를 부여한다는 것을 알았다. 각 부서의 이윤과 손실을 계산하기 위해, 한 기업은 각 내부활동을 다양한 요소들 각각과 중간재들에 대한 **외부시장들**을 참조할 수 있어야 한다. 이 외부시장들 가운데 그 어느 하나가, 모든 것이 한 기업의 영역 **내부로** 흡수되어 사라질 때 계산가능성이 사라지며, 이에 따라 그 기업이 특정분야에 요소들을 합리적으로 배분할 방법이 없어진다. 이 한계들이 더 많이 잠식될 때마다 불합리성의 영역은 점점 더 커질 것이며, 점점 더 손실을 피하기 어려워질 것이다. 하나의 거대 카르텔은 생산재를 전혀 합리적으로 배분할 수 없고, 따라서 심각한 손실을 피할 수 없을 것이다. 결과적으로, 그런 유일한 거대 카르텔은 결코 실제로 설립될 수 없을 것이며, 설사 설립을 시도하더라도 빠르게 여러 개로 분할될 것이다.

생산분야에서 사회주의는 국가에 의해 강제로 조직되고 통제되는 유일한 거대 카르텔에 상응한다.[18] 소비자 필요를 더 효율적으로 생산하는 방법으로 사회주의 '중앙계획'을 주창하는 사람들은 다음의 질문에 답하여야 한다. 만약 이 중앙계획이 더 효율적이라면, 왜 자유시장에서 이윤을 추구하는 개인들에 의해 유일한 거대 카르텔이 설립되지 않았는가? 이것이 자발적으로 형성되지 않았으며, 이의 형성은 국가의 강제력을 필요로 한다는 사실은, 이것이 도저히 소비자 욕구를 충족시키는 가장 효율적 방법이 될 수 없다는 것을 보여준다.[19]

잠시 유일한 거대 카르텔이 자유시장에서 설립될 수 있으며, 계산문제가 발생하지 않는다고 가정해보자. 이것의 경제적 귀결은 무엇일까? 그 카르텔이 어떤 사람을 '착취할' 수 있을까? 우선, 소비자들은 '착취될' 수 없다. 왜냐하면 소비자 수요곡선은 경우에 따라 여전히 탄력적이거나 비탄력적일 것이다. 우리가 조금 더 아래에서 볼 것처럼, 어떤 한 기업에 대한 소비자 수요곡선은 자유시장 균형가격보다 더 위의 부분에서는 언제나 탄력적이기 때문에, 그 카르텔은 가격을 올리거나 소비자들로부터 더 많이 벌어들일 수 없을 것이다.

생산요소들은 어떻게 되나? **생산요소들의** 소유자들이 카르텔에 의해 착취당할 수 있지 않을까? 우선, 보편적 카르텔이 효과적이기 위해서는 토지의 소유자들을 포함하여야 할 것이다. 그렇지 않으면 그들이 얻을 이득은 모두 토지로 전이될 것이기 때문이다. 이것을 가장 강한 용어로 표현하면, 모든 토지와 자본재를 가진 보편적 카르텔은 체계적으로 노동자들에게 할인한계가치생산보다 더 적게 지불함으로써 노동자들을 '착취할' 수 있는가? 그 카르텔의 구성원들이 이 근로자들에게 매우 낮은 액수를 지불하기로 동의할 수 있지 않겠는가? 그러나 그런 일이 벌어지면 기업가들이 카르텔 외부에서 진입하거나 혹은 그 카르텔로부터 부수고 나와 더 높은 임금을 주고 근로자들을 고용함으로써 이윤을 얻을 수 있는 기회가 창출된다. 이 경쟁은 이중의 효과를 가진다. ① 그 보편적 카르텔을 부수는 효과와, ② 노동자들에게 그들의 한계생산만큼 임금을 주는 경향을 다시 만드는 효과가 바로 그것이다. 경쟁이 자유롭고 정부의 제한에 의해 방해받지 않는 한에서는 그 어떤 보편적 카르텔도 노동자를 착취하면서 오랫동안 보편적 형태로 유지될 수 없다.[20]

3. 독점가격의 환상

지금까지 우리는 독점가격에는 그것이 한 기업 혹은 하나의 카르텔에 의해 설정된 것이든 상관없이 아무런 '잘못'이 없다는 것을 확인하였다. 사실 자유시장이 (폭력이나 폭력의 위협에 의해 방해받지 않으면서) 확립하는 그 어떤 가격도 '최선의' 가격일 것이다. 우리는 또한 카르텔 행동들에서 '독점화 행동'(monopolizing)을 효율성 고려들로부터 분리하거나 혹은 기술을 일반적 이윤획득가능성으로부터 분리하는 것이 불가능함을 보았다. 그리고 우리는 카르텔 형태가 지닌 커다란 불안정성을 살펴보았다.

이 절에서는 우리는 더 나아가 다음의 문제를 탐색할 것이다. 독점가격들에 아무런 잘못도 없다는 것을 인정한다면, 자유시장에서 '독점가격'이란 개념 자체가 얼마나 지지될 수 있겠는가? 독점가격이 그 반대편 극단이라는 '경쟁가격'(competitive price)으로부터 도대체 구별될 수 있는가? 이 질문에 대답하려면 우리는 독점가격의 이론이 도대체 무엇에 관한 것인지부터 탐색해보아야 할 것이다.

1) 독점의 정의

독점가격의 이론을 조사하기 전에 우리는 **독점**을 정의하는 데서 출발하여야 한다. 독점문제들이 경제 저술들 가운데 엄청난 분량을 차지하고 있다는 사실에도 불구하고, 정의가 명확하지 않거나 정의 자체가 별로 존재하지 않는다.[21] 사실, 이 주제에는 엄청난 애매함과 혼돈이 존재하고 있다. 일관적이고, 의미 있게 독점을 정의하고 있는 경제학자들은 거의 없다.

혼란한 정의의 공통적 예는 다음과 같다. "어떤 한 기업이 그 가격에 대한 통제력을 지니고 있을 때 독점이 존재한다." 이 정의에는 혼돈과 불합리성이 뒤섞여 있다. 우선, 자유시장에서는 교환에서 가격에 대한 '통제'와 같은 것은 존재하지 않는다. 어떤 교환에서이건 판매가격은 양 당사자들에 의해 **자발적으로** 합의된 것이다. 양 당사자 어느 측에 의해서도 '통제'가 행사되지 않았다. 유일한 통제는—그의 자기주권으로부터 나오는—각 개인의 자기 자신의 행동에 대한 통제이다. 그리고 결과적으로 그는 어떤 가상적 가격에서 교환할 것인지 여부에 대한 자신의 결정을 통제한다. 가격은 **상호적** 현상이므로 가격에 대한 직접적 통제는 존재하지 않는다. 다른 한편, 각 개인은 그 자신의 행동에 대한 **절대적** 통제력을 가지고 있으며, 따라서 특정재화에 대해 부과하고자 **시도할** 가격에 대해서는 절대적 통제력을 가지고 있다. 어떤 사람도 그가 판매하는 어떤 재화의 어떤 수량에 대해 어떤 가격이든 부과할 수 있다. 문제는 그 가격에 구매자들을 발견할 수 있는가 여부이다. 물론 이와 마찬가지로 그 어떤 구매자도 어떤 재화를 구매할 가격을 결정할 수 있다. 문제는 그 가격에 판매자를 찾을 수 있느냐이다. 시장에서 매일 가격들이 형성되는 것은 바로 이런 구매가격과 판매가격들의 호가과정을 통해서이다.

그러나 만약 우리가 예컨대, 헨리 포드와 조그만 밀 재배 농부를 비교한다면 둘 사이의 통제력에 엄청난 차이가 있다는 너무나 통속적인(all-too-common) 가정이 있다. 밀 농부는 그의 가격이 그에게 "주어졌다"는 것을 발견하는 반면, 포드는 그 자신의 가격을 "관리하거나" "정할 수 있다"고 믿고 있다. 밀 농부는 시장의 비인적(impersonal) 힘들, 궁극적으로는 소비자들 아래 놓여있는 반면, 포드는 크건 작건 그 자신이 운명의 주인이라는 것이다. 이에 더해 포드의 '독점력'은 자동차시장에 비해

'크다'는 사실로부터 나오며, 이에 반해 농부는 그가 밀의 총공급량에 비해 '작기' 때문에 '순수 경쟁자'라고 믿고 있다. 일반적으로 포드는 '절대적' 독점자는 아니지만 애매한 "일정한 정도의 독점력"을 지닌 사람으로 간주된다.

우선, 가격에 대한 통제에서 그 농부와 포드가 다르다고 말하는 것은 완전히 잘못이다. 둘 다 정확하게 똑같은 정도의 통제와 비(非)통제를 한다. 즉, 둘 다 자신들이 생산하는 수량과 그들이 받고자 하는 가격에 대해 완전한 통제를 행사한다.[22] 그리고 최종적으로 발생하는 가격과 수량에 대해서는 완전한 비통제를 행사한다. 그 농부는 포드가 그런 것처럼, 자신이 원하는 그 어떤 가격이든 자유롭게 가격을 요청할 수 있으며, 그 가격에서 구매자를 찾을 자유를 누린다. 그는 만약 그가 다른 곳에서 더 낫게 팔 수 있다면, 그의 생산물을 조직화된 '시장들'에서 팔도록 전혀 강요당하지 않는다. 모든 생산물의 모든 생산자는 자유시장사회에서 그가 소유하거나 구매할 수 있는 것을 가지고 그가 원하는 만큼 얼마든지 자유롭게 생산할 수 있으며, 그가 얻을 수 있는 그 어떤 가격에서건, 그가 찾을 수 있는 누구에게건 이것을 팔려고 자유롭게 시도할 수 있다.[23] 자연스럽게 모든 판매자는, 우리가 반복적으로 말하였지만 그의 생산물을 가능한 한 가장 높은 가격에 판매하려고 할 것이고, 마찬가지로 모든 구매자는 가능한 한 재화들을 가장 낮은 가격에 사려고 시도할 것이다. 소비재와 생산재들에 대한 전체 공급과 수요구조를 만들어내는 것은 바로 정확하게 이 구매자들과 판매자들의 자발적 상호작용이다. "상황이 허락하는 한 최대한 가격을 부과하는 행위"(charging whatever the traffic will bear)에 대해 포드 혹은 여타 어떤 생산자를 비난하고 이를 독점의 신호로 받아들이는 것은 완전한 난센스이다. 왜냐하면 이것은 정확하게, 조그만 밀 농부, 노동자, 지주 등, 경제 내의 모든 사람들이 하는 행동이기 때문이다. "상황이 허락하는 한 최대한 가격을 부과하는 것"은 단지 자유롭게 획득될 수 있는 한 높은 가격을 부과한다는 것에 대한 감정적 동의어이기 때문이다.

어떤 교환에서 누가 공식적으로 그 가격을 "정하였느냐"는 완전히 사소하고 문제의 핵심에서 벗어난 기술적 질문일 뿐이다―경제적 분석의 대상이 아닌 제도적 편의의 문제일 뿐이다. 메이시(Macy) 백화점이 매일 게시한다고 해서 이것이 메이시 백화점이 소비자들에 대해 그 가격에 대한 어떤 신비스런 '통제'를 한다는 것을 의미하지 않는다.[24] 마찬가지로, 원료들의 대규모 산업구매자들은 자주 입찰가격을 게시하는

데, 이것이 원료소유자들(혹은 재배자들)에 대한 추가적 통제를 의미하지는 않는다. 통제의 수단으로 작용하기보다는 사실, 가격의 게시는 단순히 잠재적 구매자들 혹은 잠재적 판매자들에게 필요한 정보를 제공한다. 가치척도들의 상호작용을 통한 가격결정 과정은 시장여건의 구체적 세부사항과 제도적 조건들과 상관없이 정확하게 마찬가지 방식으로 일어난다.[25]

각 개별 생산자는 그렇다면, 그 자신의 행동에 대해 주권을 지닌다. 그는 자유롭게 구매하고 생산하며, 원하는 무엇이든 구매하려는 누구에게나 자유롭게 판매할 수 있다. 그 농부는 어떤 특정한 시장에서 팔아야 한다거나 혹은 반드시 팔아야 할 의무가 없다. 이는 포드가 만약 그럴 의사가 없으면(예컨대, 그가 다른 곳에서 더 높은 가격을 얻을 수 있으므로) 존 브라운에게 팔아야 할 의무가 없는 것과 마찬가지이다. 그러나 우리가 살펴보았듯이 어떤 한 생산자가 그의 화폐수입을 극대화하기를 원하는 한, 그는 소비자들의 통제에 스스로 따르며 이에 맞추어 그의 산출량을 정한다. 이것은 농부, 포드 혹은 지주, 노동자, 서비스생산자, 생산물소유자 등 경제 내의 여타 누구에게서도 마찬가지이다. 그렇다면 소비자에 대해 농부가 가진 정도보다 포드가 더 큰 '통제'를 행사하지 않는다.

하나의 공통된 반론은, 그의 생산물이 농부는 가지지 못한 잘 알려진 브랜드 네임 혹은 상표를 지니고 있어서, 포드가 '독점력'(monopoly power) 혹은 '독점적 힘'(monopolistic power)을 획득할 수 있다는 것이다. 그러나 이것은 확실히 마차를 말 앞에 두는 것과 같은 불합리한 논리이다. 브랜드 네임과 그 브랜드에 대한 광범위한 인지도는 그 특별한 브랜드에 붙여진 그 제품에 대한 소비자들의 욕구로부터 나오며, 따라서 이는 소비자들에 대한 어떤 유형의 '독점력'에 대한 이미 존재하던 수단들의 결과가 아니라 소비자 수요의 **결과**이다. 사실, 농부 히람 존스는 그의 제품에 '히람 존스 밀'이라는 브랜드 네임을 찍고, 그것을 시장에 팔 완전한 자유가 있다. 그가 그렇게 하지 않는다는 사실은 그의 생산물의 구체적 시장조건에서는 그런 행위가 이윤획득에 도움이 되지 않을 것임을 시사하고 있다. 주요 논점은 어떤 경우에서는 소비자들과 낮은 생산단계의(lower-order) 기업가들이 개별 브랜드 네임을 **특별한**(unique) 생산물로 간주하는 반면, 다른 경우들에서는 어떤 한 기업—한 생산물소유자 혹은 한 집합의 생산물을 결합적으로 운영하는 소유자들—의 생산물을 여타 기업들의 생산물과 사용가치에서 동일하다고 간주한다는 사실이다. 어느 쪽의 경우가 실현될지는 완전히 구매자들의 각 구체적 경우에서의 가치평가에 달려 있다.

이 장의 후반에서 우리는 다양한 '독점적 경쟁'이론들에 얽혀있는 여러 가지 오류들을 자세하게 분석할 것이다. 여기에서는 우선 독점 **그 자체**의 정의에 도달하려고 시도해 볼 것이다. 독점의 일관된 정의로는 세 가지가 가능하다. 그 하나는 언어학적 뿌리로부터 도출된다. 'monos'(유일한)와 'polein'(팔다), 즉 **어떤 주어진 재화의 유일한 판매자**(정의 1). 이것은 확실히 타당한 정의이다. 그러나 이것은 지나치게 광범위한 정의이다. 개별 제품들 사이에 조금이라도 차별화가 있으면, 그 개별 생산자와 판매자는 '독점자'가 된다. 법률가 존 존스는 자신의 법률서비스에 대한 '독점자'이다. 의사 탐 윌리엄스는 자신의 독특한 의료서비스에 대한 '독점자'이다. 엠파이어스테이트 빌딩(Empire State Building)의 소유자는 그의 빌딩 임대서비스에 대한 '독점자'이다. 그러므로 이 정의는 소비자의 개별 제품들간 모든 구별을 '독점'으로 이름붙인다.

오직 소비자들만이 시장에 나온 두 상품들이 하나의 재화인지 두 가지 서로 다른 재화들인지 결정할 수 있다는 점은 반드시 기억되어야 한다. 이 이슈는 그 제품에 대한 물리적 검사로 결정될 수 없다. 그 재화의 기초적 물리적 속성은 단지 그 속성들 가운데 **하나**에 불과하다. 대개의 경우, 어떤 특정한 기업의 브랜드 네임, 영업권 혹은 가게의 더 쾌적한 환경은 많은 고객에게 그 경쟁자로부터 그 제품을 차별화시킬 것이다. 그렇게 되면 그 소비자들에게는 그 제품들은 **서로 다른** 재화들이 된다. A에 의해 팔리는 상품이 시장에서 B에 의해 팔리는 똑같은 기본적 물리적 재화를 시장에서 동질적인 것으로 간주될 것인지 그 어떤 경제학자도 미리 확신할 수 없다.[26][27]

그래서 '독점'의 정의 1이 성공적으로 사용될 수 있는 방법은 별로 없는 것 같다. 이 정의는 우리가 '동질적 재화'를 어떻게 선택하느냐에 의존하게 되며, 이는 결코 경제학자에 의해 결정될 수 없다. 무엇이 '동질적 재화'(즉, 한 산업)를 구성하는가?—넥타이, 나비넥타이, 점박이 나비넥타이 등, 혹은 존스가 만든 나비넥타이, 어디까지가 동질적 재화인가? 오직 소비자들만이 결정할 것이며, 서로 다른 소비자들로서 각 구체적인 경우에 서로 다르게 결정할 가능성이 있다. 그러므로 정의 1의 사용은 아마도 독점을 **각 개인의 자기 자산에 대한 배타적 소유권**이라는 무익한 독점의 정의로 축소시킬 것이고, 터무니없게도 이는 모든 사람을 독점자로 만들 것이다![28]

그래서 정의 1은 일관성이 있지만 매우 부적절하다. 이 정의의 유용성은 지극히 제약되며, 이 용어는 정의 1과는 크게 다른 정의들을 과거에 사용함에 따라 나온 매우 감정적인 뉘앙스들을 안게 되었다. 아래에 자세히 제시될 이유들로 인해, '독점'이란 용어는 대부분의 사람들에게 사악하고 불길한 함축을 지니고 있다. 정의 1로 '독점자'를 정의하는 것은 언어의 일반적 남용이다. '독점자'란 용어를 적어도 엄청나게 광범한 대다수 사람들에게, 그리고 아마도 모든 사람에게 적용한다는 것은 혼란을 초래할 것이며 익살스런 느낌마저 줄 것이다.

두 번째 정의는 첫 번째 정의와 연관되어 있으나 매우 중요한 의미에서 다르다. 사실, 이것이 독점의 **원래** 정의이며, 바로 이 정의가 일반대중의 마음에 독점이라는 용어 속에 사악한 함축을 지니게 한 것이다. 17세기의 위대한 법률가 코크(Lord Coke) 경의 고전적 표현을 살펴보자.

> 독점은 왕에 의해, 그의 양도(*grant*), 직권(*commission*), 혹은 여타 방법 등으로, 어떤 사람 혹은 사람들, 정치적 혹은 사업적 단체들에게 주어진 유일한 구매, 판매, 제조, 근로, 혹은 사용을 가능하게 하는 제도 혹은 허용이다. 이로 인해 그 어떤 사람, 혹은 사람들, 정치적 혹은 회사단체들은 종전에 누렸던 그 어떤 자유(*freedom* 혹은 *liberty*)가 제약되거나 합법적 자유교역에서 방해받도록 독점이 추구된다.[29]

다시 말해, 이 정의에 의하면 **독점은 국가에 의해 특정인 혹은 집단에게 주어지는, 특정한 생산분야를 이들에게 유보해 주는 특별한 특권의 부여**이다. 다른 이들은 그 분야로의 진입이 금지되며, 이 금지조치는 국가의 사법·경찰기구에 의해 강제된다.

이 독점의 정의는 보통법으로 거슬러 올라가며, 영국에서 16~17세기에 커다란 정치적 중요성을 획득하였다. 당시에 자유주의자들과 왕 사이에 생산과 기업의 자유에 반하는 독점의 부여를 두고 역사적 투쟁이 벌어졌었다. 이런 독점의 정의 아래에서는, 일반대중의 마음에 '독점'이 사악한 의미를 띠고 있었음은 놀라운 일이 아니다. 국가에 의해 선택된 자들에 대한 독점 카스트제도의 확립뿐만 아니라 생산과 교역에 대한 엄청난 제약들은 수세기 동안 격렬한 공격의 대상이었다.[30]

이 정의가 예전에 경제분석에서 중요했다는 것은 최초의 미국 경제학자의 한 사람인 프랜시스 웨이랜드(Francis Wayland)로부터 다음의 인용을 보면 명백하다.

> 독점은 한 사람 혹은 한 독점 집단의 사람들에게 부여된, 그들의 노동 혹은 자본을 어떤 특정한 방식으로 고용할 수 있는 배타적 권리이다.[31]

명백히 이런 유형의 독점은, 국가의 간섭에 의해 방해받지 않는 자유시장에서는 **결코** 출현하지 않는다. 자유경제에서는 이 정의에 의하면 아무런 '독점의 문제'도 존재할 수 **없다**.[32]

이에 대해 많은 저술가들은 일반적으로 자유시장의 일부로 간주되는 브랜드 네임이나 트레이드마크가 실질적으로는 국가에 의한 특별한 특권의 부여에 해당한다고 반론을 펼친다. 허쉬(Hershey)초콜릿회사 이외에는 그 어떤 기업도 초콜릿을 생산하고, 이것을 허쉬초콜릿이라고 이름붙여서 허쉬초콜릿과 '경쟁할' 수 없다.[33] 이것은 국가가 부여한 진입자유에 대한 제한이 아니고 무엇인가? 어떻게 그와 같은 조건들에서 '진정한' 진입의 자유가 있을 수 있는가?

그러나 이 주장은 자유와 재산권을 잘못 개념화하고 있다. 자유사회에서 모든 개인은 **자기 자신**(own self)에 대한 소유의 권리와 그 자신의 재산에 대한 배타적 사용의 권리를 가지고 있다. 독특하게 그의 것이고 그를 확인해 주는 언어학적 라벨인 그의 **이름**도 그의 재산에 포함되어 있다. 이름은 어떤 사람의 정체성의 본질적 부분이며, 따라서 그의 재산이다. 어떤 사람이 그의 이름에 대한 '독점자'라고 말하는 것은 그가 그 자신의 의지 혹은 재산에 대한 '독점자'라고 말하는 것과 다르지 않다. 그리고 '독점자'란 단어를 이처럼 세상의 모든 사람에게 확대하는 것은 그 용어의 터무니없는 사용법이다. 자유사회의 존속에 결정적인 인격과 재산의 방어라는 '정부' 기능은, 그 어떤 사람들이 이를 침해할 성향이 있는 한에서는 각 사람의 특정한 이름 혹은 트레이드마크를 **위조**(forgery) 혹은 **협잡**(imposture)의 사기로부터 방어하는 것을 포함한다. 이것은 존 스미스가 걸출한 법률가 조지프 윌리엄스인 양 행동하여, 자신이 윌리엄스의 서비스를 팔고 있다고 말한 다음 실은 자신의 법률서비스를 파는 것을 불법화한다는 것을 의미한다. 이런 사기는 암묵적 소비자들에 대한 절도일 뿐만 아니라,

조지프 윌리엄스 자신의 특유의 이름과 개성에 대한 재산권을 오용하는 것이다. 그리고 어떤 다른 초콜릿회사에 의한 허쉬상표의 사용은 사기와 위조라는 침략행위를 범하는 것에 해당할 것이다.[34]

이 독점의 정의를 타당한 것으로 채택하기 전에, 우리는 마지막 대안을 고려해 보아야 한다. **독점가격을 달성한 사람**을 독점자로 정의하는 것(정의 3). 이 정의는 명시적으로 설명된 적은 없지만, 이 주제에 관한 가장 가치 있는 신고전파 저술들에 암묵적으로 나타나 있다. 이 정의는 독점가격, 그 속성, 그리고 그 결과라는 중요한 경제적 질문에 집중하게 하는 장점을 지니고 있다. 이와 관련하여, 우리는 이제 신고전파 독점가격이론을 탐색하고, 이 이론이 얼핏 보유하는 듯이 보이는 내용을 실제로 지니고 있는지 검토해 볼 것이다.

2) 신고전파 독점가격이론[35]

앞 절에서 우리는 독점자나 혹은 생산자 카르텔에 의해 확립된 가격을 독점가격으로 지칭했었다. 여기에서는 우리는 독점가격이론을 좀더 자세히 조사해볼 필요가 있다. 독점가격의 간명한 정의는 미제스에 의해 제시되고 있다.

> 만약 독점자가 그의 생산물을 더 높은 가격에 더 적은 양을 판매함으로써 더 높은 순 수입을 확보할 수 있도록 조건들이 형성되어 있다면, 독점이 없을 때 나타났을 잠재적 시장가격보다 더 높은 독점가격이 출현한다.[36]

독점가격 원칙은 다음과 같이 요약될 수 있을 것이다. 어떤 재화의 특정 수량이 생산되고 팔릴 때, 시장에서 **경쟁가격**을 만들어낸다. 독점자 혹은 기업들의 카르텔은, 만약 **수요곡선이 경쟁가격 지점에서 비탄력적이면**, 극대 수익의 지점에 도달하기 위해 판매를 제한하고 가격을 인상할 수 있다. 만약, 이와 달리 수요곡선이 독점자나 카르텔이 보기에 경쟁가격에서 탄력적이면, 그 독점자는 더 높은 가격을 받기 위해 판매를 제한하지 않을 것이다. 그 결과, 미제스가 지적하는 것처럼, (위의 정의 1의 의미에서) '독점자'에 대해 관심을 기울일 필요가 없을 것이다. 그가 어떤 한 상품의 유일한 생산자인지 여부가 교환학적 문제에서 중요하지 않고 또 이 문제와 무관하다. 이것이 중요해지는 것은 단지 그의 수요곡선의 전체 윤곽이 판매를 제한하여 독점가격에서 더 높은 소득을 얻도록 해줄 경우뿐이다.[37]

만약 그가 너무 많은 총공급량을 잘못 생산한 후 수요곡선이 비탄력적임을 뒤늦게 발견한다면, 그는 총공급량의 일부를 파괴하거나 시장에 내놓는 것을 보류하여야 한다. 그렇게 한 다음, 그는 그 상품의 생산을 가장 수지가 맞는 수준으로 제한한다.

독점가격 분석은 〈그림 10-1〉에 그려져 있다. 기본적 가정은 보통 암묵적이지만, 어떤 확인할 수 있는 총공급량 예컨대, OA가 있으며, **경쟁**조건들로부터 나타날 어떤 확인할 수 있는 시장가격 예컨대, AC가 있다는 것이다. 그렇다면 AB는 '경쟁' 아래 총공급량을 표시하는 선이다. 이렇게 하여 독점가격이론에 따르자면, 만약 수요곡선이 이 가격 위에서 **탄력적**이면 판매를 제한하여 더 높은 혹은 '독점'가격을 받으려는 경우는 없을 것이다. 그와 같은 수요곡선이 DD이다. 다른 한편, 만약 그 수요곡선이 D'D'에서처럼, 그 경쟁적 가격 위에서 비탄력적이면, 그 독점자가 판매를 제한하여 예컨대, OA'로(A'B'로 대변되는 공급선) 줄이고 독점가격 A'M을 달성할 것이다. 이것이 그 독점자에게 최대의 화폐소득을 낳을 것이다.[38]

〈**그림 10-1**〉 신고전파 원리에 의한 독점가격의 형성

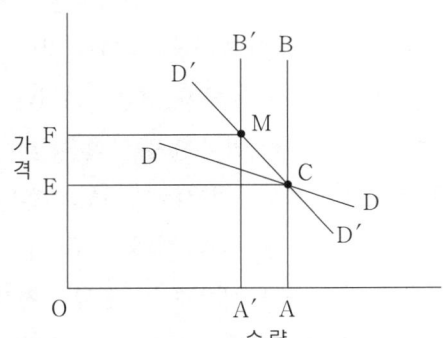

독점화의 기회를 제공하는 비탄력적 수요곡선은, 주어진 제품 하나의 독점자에게 혹은 서로 다른 생산자들의 카르텔이 조직되면, "어떤 한 산업 전체"에 제시될 수 있

을 것이다. 후자의 경우, **각 기업에 제시된 것으로서의 수요곡선은 탄력적이다.** 경쟁적 가격에서 만약 한 기업이 그 가격을 올리면, 고객들은 압도적으로 그 기업의 경쟁자들로 구매선을 바꾼다. 다른 한편, 만약 기업들이 카르텔을 형성하고 있다면 많은 경우 소비자들에 의한 더 적은 범위의 대체가능성이 **그 카르텔이 직면하는 수요곡선을 비탄력적으로** 만들 것이다. 이 조건이 위에서 검토한 카르텔 형성의 추진력으로 작용한다.

3) 독점가격이론의 결과들

(1) 경쟁적 환경

독점가격이론 자체에 대한 비판적 분석에 들어가기 전에, 우리는 이 독점이론으로부터 나오거나 혹은 나오지 않는 결과들 일부를 탐구해 볼 수 있을 것이다. 이 절에서 우리는 잠시 독점가격이론이 근거가 확실하다고 가정한다.[39] 우선 '독점자'(여기에서는 정의 3의 의미에서 사용된 **독점가격을 받는 자**)는 경쟁의 영향으로부터 떨어져 있거나 소비자들을 자기 뜻대로 지시할 힘을 지니고 있다. 독점가격 이론가들 가운데 최고의 이론가는 독점자가 다른 기업들과 마찬가지로 경쟁의 힘 아래 놓여있다는 것을 시인한다. 독점자는 가격들을 그가 원하는 만큼 높게 책정할 수 없으며, 소비자 수요의 형태에 의해 제약을 받는다. 정의상 독점자가 직면하는 수요곡선은 **독점가격 위에서는 탄력적이 된다.** 모든 곡선은 범위에 따라 다양한 정도의 탄력성, 혹은 비(非)탄력성으로 변해가는 서로 다른 **범위들**을 가지고 있다. 그러나 불행하게도 저술가들은 이런 사실을 지적하지 않은 채, "탄력적 수요곡선" 혹은 "비탄력적 수요곡선"이라고 부르는 경향이 있다. 정의상 독점가격 지점은 그 기업의 혹은 카르텔의 소득을 극대화하는 점이다. 그 가격 위에서는 생산이나 판매의 더 이상의 '제한'은 그 독점자의 화폐소득을 줄일 것이다. 이는 마치, 시장에서 성립되는 **경쟁가격** 지점 위에서는 수요곡선이 탄력적이 되듯이, **독점가격 지점 위로는 수요곡선이 탄력적이 될 것이**라는 것을 의미한다. 소비자들은 그들의 여타 재화의 구매로 대체하는 힘으로 그 곡선을 탄력적으로 만든다. 많은 여타 재화들이 '직접적으로' 소비자들에게 그들의 사용가치에서 경쟁한다. 만약 어떤 기업 혹은 기업들의 결합이 예컨대, 조각비누에 대한 독점가격을 달성한다면, 주부들은 합성세제들로 옮겨갈 수 있고, 그래서 그 독점가격의 높이를 제한한다. 그러나 이에 더하여 모든 재화들은, 예외 없이 소비자들의 돈 혹은 골드 온스를 두고 경쟁을 벌인다. 만약 요트의 가격이 너무 높으면, 소비자들은 대저택에 대한 지출로 바꿀 수 있거나, TV수상기 대신 책으로 바꿀 수 있다.[40]

이에 더해 시장이 발전해가면서 자본이 투자되고 시장이 점점 더 전문화되고, 이에 따라 각 제품의 수요곡선은 점점 더 **탄력적**으로 되는 경향이 있다. 시장이 발전하면서 사용가능한 소비재의 범위가 엄청나게 증가한다. 소비재가 더 많이 출시될수록, 더 많은 재화들이 소비자들에 의해 구매될 수 있게 되며, **다른 조건이 같다면** 각 재화에 대한 수요곡선은 더 탄력적이 되는 경향을 가질 것이다. 그 결과, 독점가격의 성취가능성이 시장과 '자본주의적' 방법들이 발전하면서 감소하는 경향을 보일 것이다.

(2) 독점가격 대 생산요소의 독점적 이득

많은 독점가격 이론가들은 독점가격의 달성은 독점자가 영구적 '독점이윤'을 얻을 수 있다는 것을 의미한다고 공언하였다. 그리고서는 이것이 '경쟁'이윤과 손실에 대비된다. 앞에서 살펴본 것처럼, 이 '경쟁'이윤과 손실은 항등순환경제에서는 사라진다. '경쟁' 아래에서는 만약 한 기업이 특정 생산과정에서 큰 이윤을 얻는 것으로 보이면, 다른 기업들이 예견되는 기회들을 활용하기 위해 몰려들고, 그 이윤은 사라진다. 그러나 독점자의 경우에는, 그의 독특한 지위가 그가 이런 이윤들을 영구히 누릴 수 있도록 허용해준다고 별다른 논증도 없이 단언되고 있다.[41]

그와 같은 용어를 사용하는 것은 '이윤'과 '손실'의 속성을 잘못 생각하는 것이다. 이윤과 손실은 순전히 기업가적 활동의 결과이며, 이 활동은 미래의 불확실성의 결과이다. 기업가정신은 생산요소의 판매가격과 구매가격 사이의 추정된 불일치를 활용하는 시장에서의 행동이다. 더 나은 예측은 이윤을 낳고, 잘못된 예측은 손실을 입게 한다. 모든 사람이 변함없는 활동의 주기를 반복하는 것으로 귀착된 항등순환경제에서는, 시장에서 아무런 불확실성도 없기 때문에 이윤이나 손실은 아무것도 존재할 수 없다. 독점자에 대해서도 이 점은 마찬가지이다. 항등순환경제에서는, 그는 기업가로서가 **아니라** 그가 판매하는 생산물의 소유자로서 "특정한 독점이득"을 얻는다. 그의 독점이득은 그의 독점화된 생산물에 추가된 소득이다. 개별기업에 대해서든 혹은 카르텔에 대해서든, 공급의 제한을 통해 더 많은 소득을 버는 것은 이 생산물이다.

다음과 같은 의문이 발생한다. 다른 기업가들이 왜 그런 이득을 볼 수 있는 기회를 잡을 수 없는가? 왜 이 재화의 생산에 진입함으로써 그 기회를 배제하는 경향을 보이지 않는가? 카르텔의 경우, 언제나 지배적이 되고 독점가격 지위의 붕괴로 이어지게 하는 것이 바로 이 경향이다. 그 산업으로 새로이 진입하는 기업들이 예전의 카르텔에서 생산량 할당을 받고서 '매수'되고, 신참 기업들과 과거 기업들이 생산과 소득의 할당에 합의할 수 있게 된다고 하더라도, 그와 같은 행동들은 그 카르텔을 유지하기에 충분하지 않다. 왜냐하면 신참 기업들이 독점이득에서 지분을 획득하려는 유혹을 받게 될 것이고, 너무나 많은 기업들이 지분에 참여하는 바람에 전체 카르텔 작동이 이윤을 남기지 않을 때까지 점점 더 많은 신참 기업들이 설립될 것이기 때문이다. 그와 같은 상황에서 더 효율적인 기업들이 카르텔과의 결합을 느슨하게 하고, 수많은 비효율적 기업들에 대해 편안한 피난처를 더 이상 제공하는 것을 거절하게 하는 압력이 더 강해질 것이다.

하나의 독점자의 경우, 그의 브랜드 네임과 소비자들에 대해 지닌 성가(聲價)로 인해 다른 이들이 그의 독점이득을 탈취해갈 수 없거나 그렇지 않다면, 그는 정부로부터 특별한 독점의 특권을 수여받은 경우이다. 후자의 경우, 다른 생산자들은 같은 재화를 만들지 못하게 강제된다.

우리의 독점이득 분석은 더 추구되어야 한다. 우리는 독점이득이 어떤 한 제품의 판매소득으로부터 도출된다고 말하였다. 그러나 이 제품은 요소들에 의해 생산되어야 하며, 우리는 어떤 제품에 대한 수익이 이것을 생산한 **요소들**에 대한 수익으로 분해된다는 것을 살펴보았다. 그와 같은 시장에서의 '전이'는 독점이득에 대해서도 발생할 것이 틀림없다. 예컨대, 스톤턴 세탁기회사가 그 제품에 대해 독점가격을 달성할 수 있었다고 해보자. 독점이득이 세탁기들을 생산하는 기계들, 공장 등에 귀속될 수 없는 것은 분명하다. 만약 스톤턴회사가 이 기계들을 다른 생산자들로부터 구매했다면, 그 어떤 독점이득도 장기적으로는 기계들이 대체됨에 따라 그 기계들의 주인에게로 귀속될 것이다. 기업가적 이윤과 손실이 사라지고 한 제품의 가격과 그 요소들의 가격들의 합이 같아지는 항등순환경제에서는 모든 독점이득은 어떤 제품이 아니라 **생산요소**에 귀속될 것이다. 게다가 시간소득을 제외한 **그 어떤** 소득도 자본재의 소유자에게 **귀속되지 않을 것이다**. 왜냐하면 모든 자본재는 더 높은 생산단계의 생산요소들에 의해 생산되어야 하기 때문이다. 궁극적으로, 모든 자본재는 **노동**, **토지**, 그리고 **시간**요소들로 분해될 수 있다. 그러나 만약 스톤턴 세탁기회사가 스스로 독점가격으로부터 독점이득을 달성할 수 없다면, 이 이득을 얻기 위해 생산을 제한함으로써 분명히 혜택을 보지 않는다. 그래서 항등순환경제에서 그 어떤 소득도 특정하게 자본재의 소유자들에게 귀속될 수 없는 것과 마찬가지로, 특정한 독점이득도 그렇게 될 수 없다.

그렇다면, 독점이득은 노동 아니면 토지요소에 전이(impute)되어야 한다. 예컨대, **브랜드** 네임의 경우 **일종의** 노동요소 같은 것이 독점화되고 있다. 앞에서 보았듯이 이름은 어떤 사람(혹은 협조적으로 행동하는 사람들로 이루어진 한 집단)의 독특한 개성을 확인해 주는 딱지이고, 그 **인격** 혹은 에너지의 속성을 말한다. **일반적으로** 고려할 때, 노동은 그 구체적 내용이 무엇이든 개인적 에너지의 생산적 노력을 가리키는 용어이다. 그러므로 브랜드 네임은 노동력, 특히 그 기업의 소유자 혹은 소유자들의 **노동력의 속성**이다. 혹은 교환학적으로 고려할 때, 브랜드 네임은 그 소유자와 그의 이름에 귀속되는 **의사결정 지대**(decision-making rent)를 대변한다. 만약 독점가격이 미키 맨틀(Mickey Mantle)의 빼어난 야구솜씨에 의해 달성된다면, 이것은 노동요소에 귀속되는 특정한 독점이득이다. 이 두 경우 모두 독점가격은 최종제품의 유일한 소유로부터 도출되는 것이 아니라 더 기본적으로는 **최종제품에 반드시 필요한 요소들 가운데 하나를 유일하게 소유함**으로써 도출된다.

독점이득은 또한 유일한 천연자원 혹은 '토지'요소의 소유권에 돌아갈 수도 있다. 그래서 다이아몬드의 독점가격은, 궁극적으로 다이아몬드가 만들어질 원재료를 생산하는 다이아몬드 광산들의 독점으로부터 나올 수 있다.

독점가격에 대해 분석해보면, 항등순환경제에서는 '독점이윤'과 같은 것은 존재할 수 없다. 단지 노동 혹은 토지요소의 소유자에게 돌아가는 특정한 독점이득이 있을 뿐이다. 그 어떤 독점이득도 자본재의 소유자에게 돌아갈 수 없다. 만약 독점가격이 국가에 의해 독점특권의 부여로 인해 부과된 것이라면, 그 독점이득은 이 특별한 특

권에 기인하고 이에 돌아갈 몫이다.[42]

(3) 독점가격들의 세계?

독점가격이론의 틀 안에서 **모든 가격들이 독점가격**일 가능성이 있다고 단언할 수 있을까?[43] 모든 판매가격들이 독점가격들일 수 있을까? 우리가 이 문제를 분석할 수 있는 두 가지 길이 있다. 하나는 독점산업에 우리의 관심을 돌리는 것이다. 우리가 살펴본 것처럼, 독점가격을 지닌 산업은 그 산업에서의 생산을 제한하고(카르텔 혹은 한 기업에 의해), 그렇게 함으로써 다른 생산분야로 들어갈 수 있도록 비특화(non-specific)요소들을 풀어놓는다. 그러나 독점가격들의 세계를 상상할 수 없다는 것은 확실하다. 왜냐하면 이것은 사용되지 않은 비특화요소들이 쌓이는 것을 의미하기 때문이다. 욕구들이 만족되지 않은 채 남아 있지 않을 것이므로, 노동과 여타 비특화요소들은 다른 어디에선가 사용될 것이며, 더 많은 생산요소들을 획득하고 더 많이 생산하는 산업들은 독점가격산업들이 될 수 없다. 그들의 가격들은 경쟁적 가격수준보다 **낮게** 될 것이다.

우리는 또한 소비자 수요를 고려할 수 있다. 우리는 독점가격의 확립을 위한 필요조건이 경쟁가격 위에서는 비탄력적인 소비자수요스케줄이라는 것을 살펴보았다. 명백히, **모든** 산업들이 그와 같은 비탄력적 수요스케줄을 가지는 것은 불가능하다. 왜냐하면 '비탄력적'이란 정의가 소비자들이 가격이 더 높아질 때 그 재화에 대해 더 많은 화폐지출을 한다는 것이기 때문이다. 그러나 소비자들이 어떤 한 시점에 소비지출에 배분할 수 있는 양뿐만 아니라 그들의 화폐자산과 화폐소득의 총량은 주어져 있다. 만약 그들이 어떤 재화에 대해 더 많이 지출하면, 그들은 다른 재화들에 대해 지출할 것을 더 적게 지니게 된다. 그러므로 그들은 모든 재화들에 대해 더 많이 지출할 수 없으며, 모든 가격들이 독점가격들일 수 없다.

그래서 독점가격이론을 가정한다고 하더라도, 독점가격들의 세계는 결코 존재할 수 없다. 소비자들의 화폐총량이 고정되어 있고, 방출된 요소들의 고용이 있으므로 경제의 산업들에서 약 반에서보다 더 많이 독점가격이 형성될 수 없다.

(4) '과당'경쟁

경제학 문헌에서 인기 있는 주제 중의 하나가 '과당경쟁'(cutthroat competition)의 해악이다. 흥미롭게도 비판가들은 목을 따는, 즉 '지나친' 경쟁이 독점가격의 달성과 연계되어 있다고 단언한다. 일반적 공격은 하나의 '거대' 기업이 예컨대, 의도적으로 가장 이윤이 나는 가격보다 낮은 수준에서 심지어 손실을 입는 정도까지 판매한다. 그 기업은 같은 생산물을 판매하는 다른 기업이 마찬가지로 그 가격을 낮추도록 강요하기 위해 그렇게 특이하게 행동한다. 그런 다음, 손실을 참아낼 자본자원들을 지닌 '더 강한' 기업은 '더 약한' 기업을 그 분야에서 몰아내고 독점지위를 확립한다.

우선, 그와 같은 독점(정의 1)이 무엇이 문제인가? 소비자들이 비효율적 기업의 후원자가 되기를 거부하는 반면, 자신들에게 더 효율적으로 봉사하는 기업이 그 사업 분야에서 살아남는 것이 무슨 문제인가? 어떤 기업이 손실을 입고 있다는 것은 그 기업이 다른 기업들보다 소비자들의 소망에 봉사하는 데 성공적이지 못하다는 것을 뜻한다. 그러면 생산요소들은 비효율적 기업들로부터 이동한다. 어떤 기업이 시장에서 퇴출되는 것은 그 기업이 고용하는 어떤 생산요소의 소유자에게도 해를 주지 않으며, 단지 그의 사전(事前) 생산결정 과정에서 잘못 계산한 기업가에게만 손실을 입힌다. 어떤 한 기업의 도산은 바로 기업가적 손실을 입기 때문에, 즉 소비자에게 판매로부터 얻은 화폐적 수입이 생산요소들의 소유자들에게 먼저 지불한 돈보다 더 적기 때문에 발생한다. 그러나 그 요소들은 다른 곳에서 그 정도 벌 수 있었기 때문에 그만큼의 돈이 요소들에게 지불되어야 했다. 즉, 비용이 너무 높았다. 만약 이 기업가가 그 요소들을 주어진 가격에서 이윤이 나도록 고용할 수 없었다면, 그 이유는 요소소유자들이 다른 기업들에게 그들의 서비스를 팔 수 있었기 때문이다. 그 기업 제품의 가격이 감소함에 따라 요소들이 그 기업에 특화된 정도만큼, 그리고 그 소유자들이 감소된 가격과 소득을 받아들일 정도까지 총화폐비용은 감소될 수 있으며, 그 기업의 활동이 지속될 수 있을 것이다. 그러므로 기업들에 의한 실패는 오로지 예측에서의 기업가적 실수와 소비자들에게 성공적으로 봉사하는 기업들보다 요소가격을 더 높게 제시함으로써 생산요소를 확보해 내지 못한 기업가적 무능으로 인한 것이다.[44] 그래서 비효율적 기업들의 배제는 요소소유자들에게 피해를 주거나 요소의 '실업'으로 귀결될 수 없는 것이다. 그들의 실패는 바로 여타 기업들이 더 매력적인 경쟁적 가격을 제시하였기 때문이다(혹은, 일부의 경우에서는 시장 이외에서의 여가나 생산과 같은 대체적 용도로 인한 것이기 때문이다). 그들의 실패는 또한 낭비적 생산자들로부터 효율적 생산자들에게로 자원을 이전시킴으로써 소비자들을 돕는다. 자발적으로 택한 위험을 통해 안게 된 실수로부터 고통받는 사람은 대부분 바로 기업가 자신이다.

'과당경쟁'의 비판자들이 기이하게도 일반적으로 동시에 시장에서 '소비자주권'의 전복에 대해 불평한다. 매우 낮은 가격에서 제품을 판매하는 것은, 생산자가 단기적 손실을 감수하는 경우라 하더라도 소비자들에게는 뜻밖의 큰 행운이고, 소비자들에게 내려지는 이런 선물에 대해 탄식할 이유가 전혀 없기 때문이다. 여기에 더해, 만약 소비자들이 이런 형태의 경쟁에 대해 정말 분개하고 있었다면, 이 선물을 받아들이기를 냉소적으로 거절하고 대신 "희생양이 된" 경쟁자의 제품을 계속해서 구매했을 것이다. 소비자들이 그렇게 하지 않고 대신 염가판매 제품을 얻기 위해 서두를 때, 그들은 이런 상태에 완전히 만족하고 있다는 것을 드러내고 있다. 소비자주권 혹은 개별주권의 관점에서 보면, "피나는 경쟁"에 아무런 문제도 존재하지 않는다.

유일하게 상정해 볼 수 있는 문제는 보통 인용되는 다음의 경우이다. 즉, 단 하나의 기업이 지속적으로 매우 낮은 가격에 판매함으로써 모든 다른 기업을 그 사업에서 몰아낸 후, **그 다음에는** 최종적 독점자가 판매를 제한하고 가격을 독점가격으로 올리는 경우이다. 잠시 동안 독점가격 개념의 지지가능성을 인정한다고 하더라도, 이것은 일어날 개연성이 별로 높지 않다. 우선, 지금은 특히 우리가 '독점' **그 자체**(정의 1)를 악(惡)으로 간주할 수 없다는 것을 알았으므로, 독점가격이 확립된 **이후**에 불평해도 늦지 않을 일이다.[45]

둘째, 어떤 한 기업이 독점가격을 달성하는 것이 언제나 가능하지는 않을 것이다. ① 그 산업에 있는 모든 여타 기업들이 쫓겨날 수는 없는 경우이거나, 혹은 ② 수요곡선이 독점자들이 독점가격을 달성할 수 없는 그런 경우를 포함하여 모든 그와 같은 경우에서, '피나는 경쟁'은 아무런 해로운 효과가 없는 순수한 축복이다. 첨언하자면 대규모 기업들이 '가격인하 전쟁'에서 언제나 가장 강점을 지니지는 않을 것이다. 구체적 상황에 따라서는, (특히 경영이라는 노동에서처럼 생산요소들이 그 기업에 더 특화된 것일수록) '비용절감'을 할 수 있고 더 큰 대규모 기업을 능가할 수 있는 기업은, 엄청난 투자에 따른 부담을 지니지 않은 더 작고 더 융통성이 있는 기업인 경우가 많다.

물론 그와 같은 경우에서 독점가격 문제와 같은 것은 존재하지 않는다. 수세기 동안에 걸쳐 초라한 노천 행상인들이 더 귀족적이고 더 크게 자본화된 경쟁자들의 부탁을 받은 정부폭력에 의해 공격당했으나 살아남았다는 사실은 그와 같은 상황의 실질적 가능성들을 입증해준다.[46]

그러나 이 길고 비용이 많이 드는 과정이 지난 이후에 어떤 기업이 "피나는 경쟁"의 길을 통해 마침내 독점가격을 달성할 수 있었다고 가정해보자. 이제 그 무엇이 이 독점이득을 알아챈 다른 기업가들이 기존 기업보다 더 가격을 인하하여 스스로를 위해 그 독점이득의 일부를 얻으려는 노력을 막는가? 무엇이 신규기업이 진입하여 가격을 경쟁적 수준으로 다시 인하하도록 하는 것을 막는가? 그 기업은 "살인적 경쟁"을 재개하고 종전과 같은 손실을 누적하는 과정을 한 번 더 재개할 것인가? 그 경우, 우리는 그 재화의 소비자들이 독점가격에 직면하는 것보다 더 자주 선물을 받는 것을 보게 될 가능성이 훨씬 더 크다.[47]

리먼(Leeman) 교수는 다음과 같이 지적하였다.[48] '살인적 경쟁'에서 몰려난 더 작은 기업은 그저 문을 닫고 더 큰 대규모 기업이 더 높은 '독점가격'으로 예상이득을 수확하기를 기다려 그때 다시 문을 열면 된다! 더 중요한 것은, 비록 소규모 기업이 도산되더라도, 그 기업의 **물리적 공장**은 그대로 남아 있고, 새로운 기업가에 의해 헐값에 매입될 수 있다는 점이다. 그 결과, 새로운 기업은 더 낮은 비용에서 생산할 수 있을 것이고, '승리자' 기업에 매우 큰 손실을 입힐 수 있다. 이런 위협을 피하기 위해서는 대규모 기업은 그 작은 공장이 마모되거나 무용지물이 될 때까지 걸리는 매우 긴 시간 동안 가격을 올리는 것을 지연시켜야 할 것이다.

리먼은 또한 대규모 기업이 단지 살인적 경쟁의 **위협**만으로는 새로운 소규모 기업들을 계속 시장 밖에 있도록 할 수 없다는 것을 보여주었다. 왜냐하면, ① 신규기업들은 아마도 '독점자'에 의해 부과되는 높은 가격을 이윤에 대한 무르익은 기회를 제공하는 비효율성의 신호로 이해할 것이며, ② '독점자'는 오직 **실제로** 장기간 동안 낮은 가격들에서 판매함으로써만 그의 힘을 만족스럽게 보여줄 수 있기 때문이다. 따라서 '승자' 기업은 오직 비용을 낮추고 가격을 낮게 유지함으로써만, 즉 독점가격을 뽑아내지 **않음**으로써만 잠재적 라이벌들을 시장 안으로 들어오지 못하게 할 수 있다. 그러나 이와 같은 살인적 경쟁은, 독점가격의 길이 되기는커녕 소비자들에게

순수한 선물이 되고, '승자'에게는 순수한 손실이 된다는 것을 의미한다.[49]

그러나 무엇이 '살인적 경쟁'의 비판자들에 의해 내세워지는 표준적 문제인가? 대규모 기업은 단지 새로운 라이벌의 공장을 전부 매입하고 생산할 수 없도록 만들어서 효율적인 소규모 기업들의 진입을 막을 수 있지 않은가? 아마도 살인적 가격인하의 짧은 기간은 신규 소규모 기업들에게 기업매각의 이점을 확신시킬 것이고, 따라서 독점자는 앞에서 언급한 장기간의 손실을 피할 수 있지 않은가?

그러나 아무도 그와 같은 매입이 수반할 고비용을 깨닫지 못하는 것처럼 보인다. 리먼은 진정으로 효율적인 소규모 기업은 그 기업의 자산에 대해 자산매입의 전 과정이 금지적으로 비쌀 정도로 높은 가격을 요구할 수 있을 것이라는 점을 지적한다. 그리고 더 나아가서, 나중에 그 대규모 기업이 독점가격을 부과하여 손실을 만회하려는 그 어떤 시도를 하더라도 이는 단지 여타 기업들에 의한 새로운 진입을 초대할 뿐이며 값비싼 기업매입의 과정을 또다시 반복하게 할 것이다. 그래서 경쟁자를 매입해버리는 것은, 우리가 알게 된 것처럼 이윤이 나지 않는 단순한 살인적 가격인하 경쟁보다 더 비용이 많이 들 것이다.[50][51]

'살인적 경쟁'의 원칙에 대한 최종적 반론은 **이런 경쟁이 벌어지는지 그렇지 않은지 결정할 수 없다는 것이다**. 나중에 독점이 뒤따를지 모른다는 사실은 그 동기를 성립시키지도 않으며, 확실히 살인적 절차의 **기준**인 것은 아니다. 하나의 제시된 기준은 '비용 이하'의 판매이다. 그 중 가장 설득력이 있는 것은 보통 '가변비용'이라는 용어로 불리는 것, 즉 고정된 공장에 종전에 매몰된 투자를 가정하고 요소를 사용하는 비용 이하로 판매하는 것이다. 그러나 이것은 전혀 기준이 아니다. 우리가 이미 선언했듯이, **일단 그 재고가 생산되고 나면** (더 높은 미래가격에 대한 투기적 예상과는 별개의) **비용과 같은 것은 전혀 존재하지 않는다**. 비용은 생산결정의 길을 따라서 발생한다—요소에 대한 (돈과 노력의) 투자가 이루어지는 그 길을 따라 나 있는 각 단계에서 발생한다. 생산요소의 배분, 잃어버린 기회들은 미래 생산결정이 이루어져야 하고 일정한 방식에 매달리기로 작정하여야 하는 각 단계에서 발생한다. 그러나 일단 일정한 재고가 생산되고 나면 (그리고 가격상승에 대한 예상이 없으면), 그 판매는 **비용이 들지 않는다**. (그 판매를 하는데 드는 비용이 여기에서는 단순화를 위해 무시할 수 있을 정도라고 본다면) 그 제품을 판매함으로써 잃어버리는 이점들은 존재하지 않기 때문이다. 그러므로 이미 생산된 재고는 받을 수 있는 그 어떤 가격에서도 팔리는 경향이 있다. 그래서 이미 생산된 재고를 "비용 이하로 팔기"와 같은 것은 존재하지 않는다. 가격인하도 '살인적 경쟁'으로 인한 것일 수도 있지만 마찬가지 정도로 더 높은 가격으로 재고를 처분할 수 없다는 사실에 기인할 수 있다. 외부관찰자가 이 두 가지 요소들을 분리하는 것은 불가능하다.

4) 독점가격의 환상과 간섭받지 않는 자유시장

지금까지 우리는 신고전파 독점가격이론을 설명하고 다양한 오해들과 그 결과들에 대해 지적하였다. 우리는 또한 독점가격에 특별히 나쁜 점이 없으며, 독점가격은 그 어떤 방식으로든 타당하게 이해된 개인의 주권 혹은 소비자주권조차 침해하지 않는다는 것을 보여주었다. 그러나 경제학 문헌에는 이 모든 이슈에 대해 제대로 다루지 않고 있어 커다란 공백이 나타나고 있다. 즉, **독점가격이라는 개념 전체에 대한 환상**을 깨닫지 못하고 있다.[52]

만약 우리가 위의 독점가격의 정의나 혹은 〈그림 10-1〉로 돌아가 보면, 우리는 제한적 행동의 결과인 더 높은 '독점가격'에 대비된 '경쟁가격'이 있다고 가정하고 있음을 발견하게 된다. 그러나 만약 우리가 이 문제를 면밀하게 분석해보면, 이 모든 대비가 환상이라는 것이 분명해진다. 시장에서는 구별할 수 있고 확인가능한 경쟁가격이 존재하지 않으며, 그래서 개념적으로조차 그 어떤 주어진 가격도 '독점가격'으로 분별해낼 수 있는 방법이 없다. 이른바 '경쟁가격'이라고 단언된 것도 생산자 자신에 의해서건 아니면 이해관계가 없는 관찰자에 의해서건 실제로 경쟁가격인지 확인될 수 없다. 어떤 한 재화의 생산을 고려하는 어떤 한 기업을 예로 들어보자. 그 기업은 유일무이한 독특한 제품을 생산한다는 의미에서 '독점자'일 수 있거나 소수의 기업들 사이의 '과점자'(oligopolist)일 수도 있다. 그 지위가 무엇이든 그것은 중요하지 않다. 왜냐하면 우리는 단지 그 기업이 경쟁가격에 대비되는 독점가격을 달성할 수 있는지 여부에 관심이 있기 때문이다. 이것은 다시 그 기업에 제시된 것으로서 수요곡선의 **어떤 범위에 걸친** 탄력성에 달려 있다. 예컨대, 그 기업이 자신이 어떤 한 수요곡선에 직면해 있다고 해보자(〈그림 10-2〉참조).

그 생산자는 재화를 얼마나 생산하고 미래에—즉, 그 수요곡선이 의미 있게 되는 시점에—팔 것인지 결정하여야 한다. (여타 심리적 요인들이 동일하다고 하면) 그는 각 생산량에서 필요한 화폐적 생산경비를 감안하여, 그의 화폐소득을 극대화하는 점에서 그의 생산을—즉, 각각의 투자된 화폐량에 대해 생산될 수 있는 수량을—정할 것이다. 기업가로서 그는 이윤을 극대화하고자 할 것이며, 노동소유자로서 그는 화폐소득을 극대화하고자 할 것이며, 토지소유자로서 그 요소로부터의 화폐소득을 극대화하고자 할 것이다.

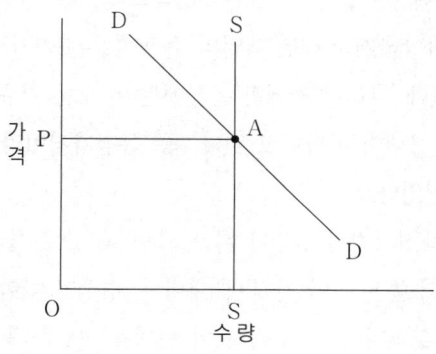

〈그림 10-2〉 자유시장에서의 가격형성

이 행동논리를 기초로 하여, 그 생산자는 어떤 수량을 생산하고, 요소소유자로서 서비스의 양, 예컨대 OS를 판매하는 투자를 정한다. 그가 자신의 수요곡선을 정확하게 추정하였다고 가정하면, 두 가지의 교차가 시장균형가격 OP 혹은 SA를 만들어낼 것이다.

결정적 질문은 이것이다. 시장가격 OP가 '경쟁가격'인가 아니면 '독점가격'인가? 대답은 **알 방법이 없다**는 것이다. 이론의 가정과는 대조적으로 어디에선가 확실하게 확립되어 있고, 우리가 OP와 비교할 기준이 되는 '경쟁가격'은 존재하지 않는다. 수요곡선의 탄력성도 그 어떤 기준도 되지 못한다. 수요곡선을 발견하고 확인하는 모든 어려움들이 보류된다고 하더라도 (그리고 물론 이 확인은 오직 생산자 자신에 의해서만 이루어질 수 있으며, 단지 잠재적 추계의 형식으로만 이루어질 수 있다), 우리가 살펴보았듯이 만약 정확하게 추계된다면, 그 가격은 언제나 판매자에 의해 **시장가격보다 높은 범위가 탄력적이 되도록** 정해질 것이다. 생산자 자신을 포함해서 그 누가 어떻게 이 시장가격이 경쟁적인지 혹은 독점인지 여부를 알 수 있는가?

OS를 생산하고 난 다음, 그 생산자가 만약 다음 기간에 그 재화를 더 적게 생산하면 더 큰 돈을 벌 수 있을 것이라고 판단하고 있다고 해보자. 이런 생산감축으로부터 얻는 더 높은 가격이 반드시 '독점가격'인가? 왜 이것이 **경쟁가격 이하의** (subcompetitive) 가격으로부터 경쟁가격으로의 복귀라고 당당하게 말할 수 없는가? 현실세계에서 수요곡선은 단순히 생산자에게 "주어져 있지" 않으며, 추정되고 발견되어야 한다. 만약 어떤 생산자가 한 기간에 너무 많이 생산하였고, 더 많은 소득을 벌기 위해 다음 기간에 더 적게 생산한다면, **이것은 그 행동에 대해 말할 수 있는 모든 것이다.** 왜냐하면 그가 이른바 '경쟁가격' **아래의 수준**에서부터 옮겨가는 것인지 아니면 경쟁가격으로부터 **더 높은 수준**으로 움직이는 것인지 결정할 아무런 기준이 없기 때문이다. 그래서 우리는 "생산의 제한"을 독점가격 대 경쟁가격의 테스트로 사용할 수 없다. 경쟁가격 이하로부터 경쟁가격으로의 이동도 역시 이 재화의 '생산제한'을 포함하고 있다. 물론 이 생산의 제한은 이 재화의 생산으로부터 빠져나온 요소들에 의한 여타 재화들의 생산 팽창을 가져온다. **그와 같은 '제한'과 이에 동반되는 (여타 재화 생산의) 팽창을 '독점가격' 상황으로부터 구별할 수 있는 방법은 전혀 존재하지 않는다.**

만약 '제한'이 시장에서 일부 여타 재화의 생산증가가 아니라 노동요소 소유자의 증가된 여가와 동반된다면, 이것도 역시 소비재—여가—생산의 팽창이다. 이 경우에도 여전히 그 '제한'이 '독점'가격과 '경쟁'가격 가운데 무엇을 초래했는지, 그리고 어느 정도로 그 '제한'에 여가증대의 동기가 개재되었는지 확정할 방법이 없다.

따라서 독점가격을 더 적은 양의 제품을 판매함으로써 얻게 되는 더 높은 가격으로 정의하는 것은 의미가 없다. 똑같은 정의가 경쟁 이하의 가격과 대비된 '경쟁가격'에 적용되기 때문이다. '독점가격'을 정의할 방법도 없다. 독점가격이 참조하여야만 할 '경쟁가격'을 정의할 방법도 또한 없기 때문이다.

많은 저술가들이 독점가격을 경쟁가격으로부터 구별할 수 있는 기준을 확립하고자 시도하였다. 일부는 어떤 기업에 영구적이고 장기간의 '독점이윤'을 달성시키는 가격을 독점가격이라고 부른다. 이 가격이 항등순환경제에서 이윤이 사라지는 '경쟁가격'과 대비된다. 그러나 우리가 이미 살펴보았듯이, 영구적 독점이윤은 결코 존재하지 않으며, 단지 토지 혹은 노동요소의 소유자에게 독점이득이 존재할 뿐이다. 생산요소를 구매해야 하는 기업가가 부담하는 화폐비용은 항등순환경제에서는, 그 가격이 경쟁가격이건 독점가격이건 상관없이 화폐수입과 같아지는 경향이 있을 것이다. 그러나 독점이득은 노동 혹은 토지요소들의 소득으로 확보된다. **그러므로 독점이득의 부재에 대한 기준을 제공할 수 있는 확인가능한 그 어떤 요소도 결코 존재하지 않는다**. 독점이득으로 그 요소의 소득은 더 커질 것이다. 독점이득이 없으면 그 소득은 더 작다. 그러나 '타당한' 수요와 공급의 이유들로부터 발생한 어떤 요소소득의 변화로부터 이 독점이득을 구별하는 기준은 어디에 있는가? 어떻게 요소소득의 단순한 증가로부터 '독점이득'을 구별할 것인가?

또 하나의 이론은 독점이득을 또 다른 유사한 요소에서 받는 소득보다 더 큰 어떤 한 요소의 소득으로 정의하려고 시도한다. 그래서 미키 맨틀이 다른 외야수보다 더 큰 화폐소득을 받으면, 그 차액은 그의 독특한 능력의 자연독점으로부터 기인하는 '독점이득'을 나타낸다. 이 접근법의 결정적 애로점은 이 이론이 암묵적으로 모든 다양한 토지요소들뿐만 아니라 노동요소들을 아무튼 동질적인 것으로 다루는 과거 고전학파의 오류를 답습하고 있다는 것이다. 만약 모든 노동요소들이 어떻게든 하나의 재화라면, 각자에게 귀속되는 소득의 차이들은 일종의 '독점적' 요소 혹은 여타 신비스런 요소와 관련하여 설명되어야 한다. 그러나 동질적으로 공급되는 재화는 이 책의 서두에서 살펴보았듯이 모든 단위들이 서로 대체가능할 때 비로소 하나의 **재화**이다. 그러나 맨틀과 여타 외야수가 시장에서 다르게 취급된다는 바로 그 사실이, 그들이 같은 재화가 아니라 **서로 다른** 재화들을 팔고 있다는 것을 의미한다. 유형상품들에서와 마찬가지로, (다른 생산자에게 팔리건 아니면 소비자들에게 직접 팔리건 무관하게) 개인적 노동서비스들에서도 이 점은 마찬가지이다. 각 판매자는 독특한 재화를 팔고 있을 수 있으며, 여전히 그는 다소간의 대체가능성을 지니고서 여타 판매자들과 소비자들의(혹은 낮은 생산단계 생산자들의) 구매를 두고 서로 '경쟁하고' 있다. 그러나 각 재화나 서비스는 독특하므로, 우리는 그 어떤 두 재화나 서비스의 가격차이가 일종의 '독점가격'을 대변하는지 말할 수 없다. 경쟁가격에 대비된 독점가격은 오로지 **동일한**

재화에 대한 여러 가격에 대해서만 적용될 수 있을 뿐이다. 미키 맨틀은 진정으로 독특한 능력을 지닌 사람일 수 있으며, 자신의 재능의 처분에 관해(여타 모든 사람이 그렇듯이) '독점자'일 수 있다. 그러나 그가 자신의 서비스로부터 '독점가격'을 (그리고 따라서 독점이득을) 달성하는지의 여부는 결코 확정될 수 없다.

이 분석은 토지에도 똑같이 적용될 수 있다. 엠파이어스테이트 빌딩의 입지와 농촌의 일반 가게의 입지 사이의 차이를 '독점이득'이라고 덮어씌우는 것은 똑같은 개념을 미키 맨틀의 소득에 적용하는 것과 마찬가지로 타당하지 않다. 두 지역 모두 토지라는 사실이 이 둘을 시장에서 동질적인 것으로 만들지 않는다. 이는 미키 맨틀과 조 도크스(Joe Doakes)가 둘 다 야구선수들이라는 더 큰 범주로 보면, 둘 다 노동자들이라는 사실이 이 둘의 노동을 동질적으로 만들지 않는 것과 마찬가지이다. 각자가 서로 다른 가격과 소득으로 보상받는다는 사실은 시장에서 이들이 다르게 고려된다는 것을 의미한다. 서로 다른 재화들에 대한 서로 다른 이득을 '독점이득'의 사례로 간주하는 것은 그 용어의 의미를 상실케 하는 것이다.

유휴자원의 존재를 생산요소의 독점적 '유보'의 기준으로 확립하고자 하는 시도도 마찬가지로 전혀 더 유효하지 않다. 유휴 노동자원은 언제나 증가된 여가를 의미할 것이고, 따라서 '독점적' 동기에 대한 그 어떤 단정에도 여가동기가 언제나 함께 뒤섞일 것이다. 그러므로 이들을 분리하는 것은 불가능하다. 유휴토지의 존재는 언제나 이용가능한 토지에 비해 노동이 상대적으로 희소하다는 사실에 따른 것일 수 있다. 이 상대적 희소성은 다른 영역이 아니라 특정 영역의 토지에 노동을 투자하는 것이 소비자들에게 더 봉사할 수 있도록 하고, 따라서 더 많은 보상을 얻게 만든다. 잠재적 소득을 발생하기에 가장 비생산적인 토지영역들은 유휴인 채로 남겨지지 않을 수 없을 것이며, 그런 토지의 양은 노동공급이 얼마나 이용가능한가에 달려있게 될 것이다. 농촌지역들뿐만 아니라 도시입지들과 천연자원들을 포함하여 모든 '토지'—즉, 모든 자연이 준 자원—에 이런 점이 개재되어 있다는 점을 강조할 필요가 있다. 토지에 노동을 배분하는 것은 크루소가 어느 땅에 그의 은신처를 건설하고, 또 어느 냇가에서 고기를 잡을지 결정하는 것에 비교될 수 있다. 크루소의 노동노력에는 자발적 한계뿐만 아니라 자연적 한계들이 있기 때문에, 최고의 효용을 얻을 지역만이 경작될 것이며, 나머지는 유휴지로 남겨질 것이다. 이 요소도 역시 그 어떤 독점적 요소라고 단정된 것들로부터 분리될 수 없다. 왜냐하면 만약 어떤 사람이 '유보된' 토지가 사용중인 토지와 **동질적**이며, 따라서 독점적 제한이 있다고 반론을 펼친다면, 두 토지는 **필연적**으로—여타 모든 점에서 같더라도 **입지**에서는—다르며, 시장에서 두 토지가 다르게 취급된다는 바로 그 사실 자체가 이 차이를 확인해 주는 경향이 있다고 언제나 답할 수 있을 것이다. 그렇다면 그 어떤 신비스런 기준으로, 외부 관찰자가 두 토지가 경제적으로 동일하다고 단언한단 말인가? 자본재의 경우 이용 가능한 노동공급의 제약이 자주 노동에 의해 고용될 수 있는 다른 자본재에 비해 더 적은 수익을 낳을 것이 예상되는 자본재를 유휴상태로 두게 한다는 것도 또한 사실이다. 여기에서의 차이는 유휴 자본재는 언제나 생산자들이 범한 종전 **실수**의 결과라는 점이다. 왜냐하면 만약 현재 사건들—수요, 가격, 공급—이 모든 생산자들에 의해 정확하게 예측되었더라면 그와 같은 유휴상태로 둘 필요가 없었을 것이기 때문이다. 그러나 실수는 불행한 것이지만, 수익을 낳지 않는 자본을 유휴상태로 두는 것이 최선의 길이다. 이것이 예측이 완전했더라면 벌어졌을 상황이 아니라 **현존하는** 상황에 대처하는 최선의 방법이다. 물론 항등순환경제에서는 유휴자본재는 결코 존재하지 않을 것이다. 오직 유휴토지와 (여가가 자발적으로 화폐소득보다 더 선호되는 정도까지) 유휴노동만이 존재할 것이다. 그 어떤 경우에도 순수하게 '독점적으로' 유보하는 행동을 구분해낼 수 없다.

독점가격을 경쟁가격으로부터 구별하는 이와 유사하게 제안된 기준은 다음과 같은 논리를 구사한다. 경쟁적인 경우에 한계요소는 아무런 임대료도 생산하지 않는다. 그러나 독점가격의 경우에는, 독점화된 요소의 사용이 제한되어서 그 요소의 한계적 사용으로 임대료를 **얻을 수 있다**. 우선, 우리는 모든 요소가 경쟁의 경우에 언제나 **아무런** 임대료도 **전혀** 얻을 수 없을 정도까지 이용될 것이라고 말할 아무런 이유도 없다고 대답할 수 있을 것이다. 이와는 반대로, 모든 요소가 고용되는 영역은 그 요소의 한계생산물이 **하락하고 있지만**, 영이 아닌 양의 영역에서이다. 정말 우리가 위에서 보여주었듯이, 만약 생산요소 한 단위의 가치생산물이 영이라면 이 요소는 전혀 이용되지 않을 것이다. 요소의 모든 단위가 사용되는 것은 이것이 가치생산물을 생산하기 때문이다. 그렇지 않으면 생산에 사용되지 않을 것이다. 그리고 만약 이것이 가치생산물을 생산한다면, 이것은 할인가치생산만큼의 소득을 벌 것이다.

더 나아가 이 기준은 결코 독점화된 노동요소에 적용될 수 없을 것이다. 어떤 노동요소가 경쟁시장에서 **영**의 임금을 버는가? 그러나 많은 독점화된(정의 1) 요소들은—상표, 독특한 서비스, 사업에서의 의사결정능력 등과 같은—노동요소들이다. 토지는 노동보다 더 풍부하며, 따라서 일부 토지들은 유휴상태로 있을 것이고 영의 임대료를 받는다. 그러나 여기에서도 영의 임대료를 받는 것은 오직 한계 **이하의** 토지들뿐이다. 사용되는 **한계**토지들은 아무리 작더라도 어느 정도 임대료를 받는다.

이에 더해, 한계토지들이 영의 임대료를 받는 것이 사실이라고 치더라도, 이 사실은 우리의 논의와 무관하다. 이것은 단지 더 생산적인 토지에 비해 "더 열악하거나" "더 열등한" 토지에만 적용될 뿐이다. 그러나 독점가격 혹은 경쟁가격의 기준은 서로 다른 질의 요소들이 **아니라** 동질적 요소들에 적용되어야 한다. 독점가격 문제는 **하나의** 동질적 요소의 공급문제이지 토지라는 광범위한 범주에 속하는 다양한 서로 다른 요소들의 문제가 **아니다**. 이 경우 우리가 언급한 것처럼, 모든 요소는 한계생산물이 감소하는 영역에서 영이 아닌 일정한 가치생산물을 벌어들일 것이다.[53]

'경쟁'의 경우에는, 사용되는 모든 요소들이 임대료를 벌 것이므로, '경쟁'가격을 '독점'가격과 구별하는 근거는 여전히 존재하지 않는다.

경쟁가격과 독점가격을 구분하려는 또 하나의 매우 공통된 시도는 이상적 가격설정방법이라고 단언된 '한계비용가격설정'(marginal-cost pricing)에 근거하고 있다. 가격을 한계비용과 일치시키도록 책정하지 못하는 것이 '독점'행동의 사례로 간주된다. 이런 분석에는 몇 가지 치명적 실수가 존재한다. 우선, 우리가 아래에서 더 살펴볼 것처럼, 생산물에 대한 수요곡선이 무한 탄력적인 가상적 상태인 '순수 경쟁'과 같은 것은 전혀 **존재할 수 없다**. 오직 이런 결코 존재하지 않을 세계에서만 균형에서 가격이 한계비용과 일치한다. 그렇지 않다면 한계비용은 ERE에서 '한계수입'—즉, 주어진 비용증가가 그 기업에 만들어주는 수입—과 같다(오직 수요곡선이 완벽하게 탄력적인 경우에만, 한계수입이 결국 '평균수입' 혹은 가격이 될 것이다). 한계비용이 **모든** 경우에 한계수입과 같아지는 경향이 있을 것이므로, 이제 '경쟁'상황을 '독점'상황으로부터 구별할 방법은 없다.

둘째, 이 동등성은 단지 경쟁으로부터 귀결되는 경향성에 불과하다. 이 동등성은 경쟁의 **전제조건**이 아니다. 이것은 시장경제가 언제나 그 방향으로 움직이지만 결코 도달할 수는 없는 항등순환경제(ERE)의 균형이 지닌 성질이다. 이것을 현실세계에 대한 "복지적 이상"(welfare ideal)—그렇게 많은 경제학자들이 그렇게 잘못 생각한 것처럼, 현존하는 조건들을 이에 대비해 측량하는 이상—으로 떠받드는 것은 완전히 시장과 경제학 자체의 속성을 오해한 결과이다.

셋째, 기업들이 한계비용에 대해 고려하는 데에서 한 걸음이라도 뒤로 물러나야 할 이유가 전혀 없다. 기업들은 순 수입의 극대화에 목표를 두고 있으므로 스스로 이런 고려들을 처리할 것이다. 그러나 하나의 단순하고도 확정적인 '한계비용'은 존재하지 않는다. 왜냐하면, 우리가 위에서 본 것처럼, 현재의 이론에 의해 가정되는 것과 같은 그런 어떤 확인이 가능한 '단기'의 기간은 존재하지 않기 때문이다. 기업은 투자와 요소의 사용에 대해 결정할 때 직면하는 시간의 고려는 (그냥 단기가 아니라 실제로는) 변하는 시간 길이의 전 영역에 걸친 것이며, 그 기업의 가격책정 및 생산결정들은 그 기업이 고려하는 미래의 시간 길이에 따라 달라진다. 그 기업이 새로운 기계를 구입하고 있는가 아니면 재고로 쌓여있는 과거 생산물을 팔고 있는가? 두 경우에 한계비용에 대한 고려들은 다를 것이다.

기업의 경쟁행위와 독점행위를 구별하는 것은 확실히 불가능하다. 카르텔의 경우라고 해서 독점가격을 말하는 것이 더 가능하지도 않다. 우선, 다음 기간의 생산량을 지금 미리 결정할 때, 카르텔은 단 하나의 기업과 **정확하게 똑같은** 위치에 있다. 카르텔은 화폐소득을 극대화시킬 것으로 믿는 지점에서 생산량을 정한다. 여전히 독점가격을 경쟁가격 혹은 경쟁 이하 가격으로부터 구별할 방법은 없다.

이에 더해, 우리가 살펴보았듯이 카르텔과 기업합병 간, 혹은 화폐자산을 가진 생산자들의 합병과 종전에 존재하던 자본자산들을 지닌 생산자들의 파트너십과 회사를 형성하기 위한 합병 간에 본질적 차이가 없다. **기업**을 **한 사람의** 개인 기업가 혹은 생산자와 동일시하는(현재의 문헌으로도 확인되는) 전통의 결과, 우리는 대개의 현존 기업들이 화폐자산들의 자발적 합병을 통해 형성되고 있다는 사실을 간과하는 경향이 있다. 이 유사성을 좀더 추구하기 위해, 기업 A가 생산을 확장하고자 한다고 해보자. 기업 A가 새로운 토지와 빌딩을 구매하는 것과 다른 기업이 소유하는 예전의 공장을 구매하는 것 사이에 차이가 있는가? 그러나 후자의 경우는, 만약 그 공장이 기업 B의 자산 전부라면, 사실 두 기업들의 합병을 의미할 것이다. 생산시스템의 다양한 부분들의 합병 혹은 독립의 정도는 전적으로 관련된 생산자들에게 가장 이윤을 남기는 방법이 무엇이냐에 달려있다. 이것은 또한 소비자들에게 가장 봉사할 수 있는 방법일 것이다. 아울러 카르텔, 합병, 그리고 하나의 대규모 기업을 서로 구분할 방법은 없다.

여기에서 실제 현실세계에서 순수한 형태로 분리될 수 없지만, 그래도 유용한 정말 불가결한 이론적 개념들이 많이 있다고 반론이 제기될 수 있다. 그래서 실제로는 이자율이 이윤으로부터 엄격하게 분리될 수 없고, 이자율의 다양한 구성요소들도 실제로는 분리될 수 없지만 분석에서는 분리될 수 있다. 그러나 이 개념들은 **각각 서로 독립적 용어로 정의될 수 있다**. 그래서 '순수' 이자율은 실제로는 결코 존재할 수 없지만, 시장이자율은 이론적으로, 순수 이자율, 가격예상요소, 위험요소와 같은 그 구성요소들로 분석될 수 있다. 이렇게 분석될 수 있는 것은 이 구성요소들이 각각 복잡한 시장이자율과 **독립적으로 정의될 수 있고**, 더 나아가 **인간행동학의 공리들로부터 독립적으로 도출될 수 있기** 때문이다. 순수 이자율의 존재와 결정은 엄격히 인간행동의 원리들, 시간선호 등으로부터 도출될 수 있다. 이 구성요소들 각각은 시장이자율 그 자체와 관련하여 **선험적으로** 도달되며, 인간행동에 대한 종전의 확립된 진리들로부터 도출될 수 있다. 모든 경우에 구성요소들은 독립적으로 확립된 이론적 기준들을 통해 정의될 수 있다. 그러나 우리가 보았듯이, 이 경우 **우리가 '독점가격'을 정의내리고 이를 '경쟁가격'으로부터 구별할 수 있는 아무런 독립적 방법도 없다**. 이를 구별할 때 우리를 안내할 이용가능한 기존 규칙도 없다. 수요의 윤곽이 경쟁가격 위에서는 비탄력적일 때 독점가격이 형성된다고 말하는 것은 우리에게 아무것도 말해 주지 않는다. 왜냐하면 우리는 '경쟁가격'을 독립적으로 정의할 방법이 전혀 없기 때문이다.

되풀이하자면, 경제이론의 여타 영역들에서 겉보기에 확인할 수 없는 요소들은 인간행동의 공리들로부터 독립적으로 도출될 수 있다. 시간선호, 불확실성, 구매력의 변화 등은 모두 앞선 추론(prior reasoning)에 의해 독립적으로 확립될 수 있으며, 그들의 상호관계들은 정신적 구축물들의 방법(method of mental constructions)을 통해 분석될 수 있다. 항등순환경제는 우리의 행동방향의 분석을 통해, 항상 움직이는 시장의 목표로 볼 수 있을 것이다. 그러나 여기에서 우리가 인간행동의 종전 분석으로부터 알고 있는 모든 것은 개인들이 시장에서 협력해서 생산요소를 사고팔고, 이 요소들을 제품으로 변형시키며, 그 제품을 다른 이들에게—궁극적으로 최종소비자들에게 팔 것으로 예상한다는 사실이다. 그리고 생산요소들이 팔리며, 기업가들은 그들의 제품판매로부터 화폐소득을 얻기 위해 생산에 착수한다. 어떤 한 사람이 일정한 재화나 서비스를 얼마나 생산할지는 여타 심리적 고려들이 같다고 하면, 그의 최대화 폐수입에 대한 예상에 의해 결정될 것이다. 그러나 이런 인간행동의 분석에서는 그 어디에서도 이른바 '제한적' 행동이라고 단정된 것을 비제한적 행동으로부터 개념적으로 분리하는 것이 가능하지 않다. 그리고 그 어디에도 그 어떤 점에서든 **자유시장가격**과 다른 '경쟁가격'을 정의하는 것이 가능하지 않다. 마찬가지로, 개념적으로 **자유시장가격**으로부터 '독점가격'을 구별할 방법이 없다. 그러나 만약 어떤 개념이 현실에서 가능한 근거를 전혀 가지고 있지 않으면 이는 공허하고 환상적인 것이며, 의미 있는 개념이 아니다. 자유시장에서는 '독점가격'을 '경쟁가격' 혹은 '경쟁 이하 가격'(sub-competitive price)으로부터 구별할 방법, 혹은 어떤 변화가 하나의 가격에서 다른 가격으로의 이동인지 확인할 방법이 존재하지 않는다. 그와 같이 구분할 기준을 발견할 수 없다. 그러므로 경쟁가격과 구별되는 독점가격의 개념은 지지될 수 없다. 우리는 단지 **자유시장가격**(free-market price)을 말할 수 있을 뿐이다.

그래서 우리는 '독점가격'에 특별히 '잘못된' 것은 아무것도 없을 뿐만 아니라, 개념 전체가 의미가 없다는 결론에 이른다. 독특한 상품 혹은 서비스의 유일한 판매자(정의 1)라는 의미에서의 '독점'은 많이 존재한다. 그러나 우리가 살펴보았듯이 이것은 부적절한 용어이고, 더 나아가 교환학적 의미도 전혀 지니고 있지 않다. '독점'은 오직 독점가격에 이르게 될 때에만 중요할 것이다. 그리고 우리가 살펴보았듯이 시장에는 독점가격 혹은 경쟁가격과 같은 것은 존재하지 않는다. 오직 '자유시장가격'만이 존재할 뿐이다.

5) 환상에 불과한 독점가격이론에서의 문제들

(1) 입지독점

입지독점(location monopoly)의 경우에는 독점가격이 자유시장에서의 경쟁가격으로부터 구별될 수 있다고 반론이 제기될지 모른다. 시멘트의 경우를 고려해보자. 예컨대, 로체스터에 사는 시멘트 소비자들이 있다고 해보자. 로체스터에 있는 시멘트 기업은 경쟁적으로 톤당 X골드그램의 공장가격(*mill price*)을 부과할 수 있다. 로체스터에 있는 시멘트기업은 경쟁적으로 톤당 X골드그램을 부과할 수 있었다. 가장 가까운 경쟁자가 알바니에 입지해 있고 알바니에서 로체스터까지 운송비용이 톤당 3골드그램이다. 로체스터 기업은 그러면 로체스터 소비자들로부터 시멘트 톤당 가격을 (X+2)골드그램으로 올려받을 수 있다. 이 입지적 이점이 그 기업에게 독점을 부여해주고, 이 높은 가격이 독점가격이 아닌가?

첫째, 우리가 위에서 살펴보았듯이, 우리가 고려해야 할 재화는 소비자들의 손에 있는 재화이다. 그 로체스터의 기업은 입지적으로 로체스터 시장에 대해 우월하다. 알바니의 기업이 경쟁할 수 없다는 사실은 로체스터 기업이 비난받아야 할 문제가 아니다. 입지도 역시 생산요소이다. 이에 더해 만약 원했다면 다른 기업이 로체스터에 경쟁하기 위해 입지할 수 있었다.

그러나 입지독점 이론가들에게 너그러워져 어떤 의미(정의 1)에서는 이 독점이 그 어떤 재화나 서비스이든 이를 파는 모든 개별 판매자들에 의해 누리고 있다고 하자. 이렇게 되는 **까닭은 어떤 한 시점에 어떤 한 장소에는 하나의 물건만이 존재할 수 있다**는 인간행동의, 더 넓게는 진정으로 모든 물질의 영원한 법칙 때문이다. 5번가의 소매 식료품점은 **5번가**에 대해 야채판매에서 독점을 향유하고. 4번가의 식료품점은 **자기의 거리**에 대해 식료품 서비스의 독점을 누린다. 같은 구역에 함께 몰려있는 가게들 예컨대, 라디오 판매점의 경우에도, 라디오 판매점 주인 각자가 입지독점을 행사할 수 있는 몇 발자국 거리의 보도가 여전히 존재한다. 능력이 각 개인들마다 특유하듯이, 입지는 어떤 기업이나 공장마다 특유한 것이다.

이 입지요소가 시장에서 그 어떤 중요성을 지닐 것인지의 여부는 소비자 수요의 형태와 구체적인 경우에 각 판매자에게 어떤 가격정책의 채택이 가장 많은 이윤을 거둘 것인지에 달려있다. 어떤 경우에는 예컨대, 식료품상이 자신의 구역에 대한 독점으로 그의 재화에 대해 다른 식료품점보다 더 높은 가격을 부과할 수 있을 것이다. 이 경우, 그의 "5번가에서 살 수 있는 달걀"이라는 재화에 대한 독점은 그의 구역에 있는 소비자들에게는 일정한 중요성을 가지고 있어서, 그가 이 달걀들에 4번가 식료품점보다 더 높은 가격을 받고서도 소비자들이 여전히 계속 사러오는 것이다. 다른 경우들에서는, 그는 그렇게 할 수 없을 것이다. 왜냐하면 4번가의 가격이 낮으면 대부분의 소비자들이 그를 버리고 이웃 4번가 식료품점으로 갈 것이기 때문이다.

만약 소비자들이 그 단위들에 똑같은 식으로 가치를 주면, 그 재화는 이제 동질적이다. 이런 조건이 충족되면 그 재화의 단위들은 시장에서 동일한 가격에 팔릴 것이다(혹은 빠르게 동일한 가격에 팔리는 경향을 지닐 것이다). 만약 이제 다양한 식료품점들이 동일한 가격을 지켜야 한다면, 이제 입지독점은 **존재하지 않는**다.

그러나 5번가 식료품점이 그의 경쟁자보다 더 높은 가격을 부과할 수 있는 경우는 어떤가? 우리는 여기에서 확인가능한 독점가격의 명백한 경우를 가지는 것이 아닌가? 우리는 동일한 재화에 대해 경쟁자보다 더 높은 가격을 붙일 수 있는 5번가 식료품점이—경쟁가격을 이웃 가게가 부과하는 가격이라고 하면—이 '경쟁가격' 위의 어떤 영역에서 그의 제품에 대한 수요곡선이 비탄력적이라는 것을 발견했다고 말할 수 없는가? 이 행동에는 "소비자주권의 침해"가 전혀 없다는 것을 우리가 인식하고 있지만, 소비하는 고객들의 특수한 기호로 인한 것이므로 이렇게 말할 수 있지 않은가? 그 대답은 단호한 "아니다" 이다. 그 까닭은 경제학자는 결코 어떤 재화를 그 재화의 물리적 재료와 동일시할 수 없기 때문이다. 우리는 재화가 동질적 단위들의 공급으로 분할될 수 있는 수량이 아니라는 점을 기억해야 한다. 되풀이하면, 이 동질성은 소비하는 대중의 마음속에 있는 것이지 그 재화의 물리적 구성요소에 있는 것이 아니다. 만약 간이식당에서 소비되는 엿기름으로 처리한 우유가 우아한 고급식당에서의 엿기름으로 처리한 우유와 소비자들의 마음속에서 같은 재화라면, 그 우유의 가격은 두 장소에서 모두 같을 것이다. 다른 한편, 우리는 소비자가 물리적 재화뿐만 아니라, 그 재화의 이름, 포장, 그리고 소비되는 곳의 분위기를 포함한 그 물건의 속성들을 구매한다는 것을 살펴보았다. 만약 대부분의 소비자들이 한 곳에서 다른 곳보다 더 높은 가격이 부과될 수 있을 정도로 고급식당에서 소비되는 음식과 간이식당에서 소비되는 음식을 충분히 차별하고 있다면, 그 음식은 각각의 경우에 서로 다른 재화이다. 고급식당에서 소비되는 엿기름 처리한 우유는 상당히 많은 소비자들에게는 간이식당에서 소비되는 엿기름 처리한 우유와 다른 재화가 된다. 브랜드 네임에 대해서도 비록 소비자들 일부가 몇 가지 브랜드들을 '실질적으로' 동일한 재화로 간주하는 경우에도 마찬가지 상황이 발생한다. 대다수 소비자들이 이들을 서로 다른 재화로 간주하는 한에서는 이들은 서로 다른 재화들이며, 그리고 그 가격도 서로 다르다. 이와 유사하게 재화들이 물리적으로 서로 다를지라도 소비자들이 같다고 간주하는 한에서는 이들은 동일한 재화이다.[54]

동일한 분석이 입지의 경우에도 적용된다. 5번가 소비자들이 5번가에 있는 식료품점을 4번가에 있는 식료품점들보다 상당히 더 나은 재화로 간주하는 경우에는, 이들은 추가적으로 4번가까지 걷기보다는 조금 더 지불할 용의를 가지고 있고, 그래서 **이 두 식료품점은 서로 다른 재화가 될 것이다**. 입지의 경우에는, 그 두 가지가 서로 다른 재화가 되는 경향이 언제나 있을 것이지만, 아주 흔히 입지는 시장에서 중요하지 않을 것이다. 왜냐하면 어떤 소비자는 거의 언제나 다음 골목의 식료품점보다 자기 골목의 식료품점을 더 선호할 수 있지만, 이 선호만으로는 근거리의 식료품점에 대한 더 높은 가격을 극복하기에 **충분하지 않을** 때가 많을 것이기 때문이다. 만약 대부분의 소비자들이 자기 골목의 식료품점이 더 높은 가격을 제시하거나 다음 골목에 있는 식료품점을 선호한다면, **이 시장에서 그 둘은 같은 재화가 될 것이다**. 그리고 우리가 관심을 가지는 것은 시장에서의 행동, 실제 행동이지 소비자들에 의한 중요하지 않은 순수한 가치평가가 아니다. 인간행동학에서는 우리는 선호 그 자체가 아니라 단지 **실제 선택**으로 귀결되고 드러나는 선호에만 관심을 가질 뿐이다.

그 어떤 것도 시장에서의 소비자 선호와 별개로 재화로 확정될 수 없다. 5번가의 식료품점들은 5번가의 소비자들에 대해 4번가 식료품점들보다 더 높은 가격을 받을지 모른다. 만약 그렇다면, 5번가 식료품점들이 소비자들에게 다른 재화이기 때문이다. 마찬가지로, 로체스터의 시멘트는 **알바니**에 있는 시멘트보다 로체스터의 소비자들에게 그 가격이 더 높을 수 있지만 이들은 입지에서의 차이를 지닌 서로 다른 재화들이다. 그리고 로체스터 혹은 5번가의 가격이 '독점가격' 혹은 '경쟁가격'인지, 그리고 '경쟁가격'이 얼마였을지 결정할 아무런 방법도 존재하지 않는다. 경쟁가격은 확실히 다른 곳의 다른 기업이 부과하는 가격은 아닐 것이다. 그 까닭은 이 가격들은 진정으로 서로 다른 재화에 대한 가격이기 때문이다. 우리가 단순한 입지의 위치에 따른 소득을 입지에 따른 '독점'소득으로부터 구별할 수 있는 이론적 방법은 아무것도 없다.

제10장 독점과 경쟁 647

입지적 독점가격에 관한 그 어떤 이론도 기각해야 할 또 다른 이유가 있다. 만약 모든 입지들이 입지적 가치에서 완전히 특수적이라면, 이들이 '독점 임대료'를 얻는다고 말하는 의미가 사라진다. 독점가격이론에 따르면, 독점가격은 오직 더 적은 수량을 판매하고 그래서 더 높은 가격을 얻음으로써 확립될 수 있다. 그러나 그 어떤 장소의 경우에도 입지적 성격들은 입지가 다르기 때문에 **모두** 질에서 서로 다르다. 따라서 입지의 경우에는 입지의 **일부**를 판매하지 않고 유보할 수 없기 때문이다. 그 어떤 장소이든 그 입지적 요소가 생산에 모두 이용되거나 아니면 유휴상태에 있다. 그러나 유휴상태에 있는 장소들도 입지가 사용중인 장소와 필연적으로 다르며, 이에 따라 **그들의 가치생산성이 열등하기 때문에** 유휴상태에 있다. 그들은 어떤 동질적 공급 가운데 일부가 '독점적으로' 유보되어서가 아니라 한계 이하(submarginal)이기 때문에 유휴상태에 있다.

입지독점가격 이론가는 그래서, 그가 돌아서는 방향에서마다 그 오류를 논박당한다. 만약 그가 입지독점에 관해 좁은 견해(정의 1의 의미에서)를 채택하고 있다면, 그리고 이를 로체스터 대 알바니와 같은 예로 한정한다면, 그는 결코 독점가격의 기준을 확립할 수 없을 것이다. 왜냐하면 또 다른 기업이, 실제로 혹은 잠재적으로 로체스터에 진입할 수 있고, 처음 기업이 벌지 모르는 그 어떤 입지적 이윤도 사라지게 만들 것이기 때문이다. 그의 가격들은 경쟁자들의 가격과 비교될 수 없다. 왜냐하면 이들은 서로 다른 재화이기 때문이다. 만약 그 이론가가 입지독점에 대해 광범위한 견해—즉, 모든 입지는 필연적으로 다른 입지와 다르다는 사실을 감안하는 견해—를 가지고 있고 몇 발자국 떨어진 입지들을 비교한다면 '독점가격'을 운운한다는 것은 말이 되지 않는다. 그 까닭은, ① 서로 다른 입지에서의 재화는 서로 다른 재화이므로, 어떤 한 입지에서 재화의 가격은 다른 입지에서의 가격과 정확하게 비교될 수 없고, ② 각 장소는 입지적 질에서 서로 다르고, 따라서 그 어떤 장소도 장소의 개념적으로 서로 다른 동질적 단위로 분할될 수 없기 때문이다—일부는 팔고 일부는 시장으로부터 유보할 수 없기 때문이다. 각 장소는 그 자체로 하나의 단위이다. 그러나 동질적 단위로의 분할은 독점가격이론에서 필수적 부분이다.

(2) 자연독점

'독점' 비판가들이 가장 좋아하는 목표는, "경쟁이 자연적으로 달성될 수 없는" 이른바 '자연독점'(natural monopoly) 혹은 '공익시설'(public utility)이다. 전형적으로 인용되는 경우가 도시의 물 공급이다. 어떤 도시에 물을 공급하는 일은 오직 하나의 물 회사만 기술적으로 가능한 것으로 상정된다. 그러므로 그 어떤 다른 기업도 경쟁할 수 없으며, 이 시설에 의한 독점가격의 책정을 막기 위해 특별한 간섭이 필수적이라고 단정된다.

우선, 그와 같은 '제한된 공간독점'(limited-space monopoly)은 단지 어떤 분야에서 오직 한 기업만이 이윤을 낼 수 있는 경우에 불과하다. 얼마나 많은 기업들이 어떤 생산분야에서 이윤을 낼 것인지는 제도적 질문이며, 소비자 수요의 정도, 판매하는 제품의 종류, 생산공정의 물리적 생산성, 요소의 공급과 가격결정, 기업가들의 미래예상 등과 같은 구체적 여건에 달려있다. 공간적 제약은 별로 중요하지 않을지 모른다. 식료품점들의 경우에서처럼, 공간적 제약은 단지 가장 좁은 '독점'—그 판매자가 소유하는 골목의 일부에 대한 독점—만을 허용할 뿐일 것이다. 다른 한편, 어떤 산업에서는 그 조건이 오직 하나의 기업만이 그 산업에서 가능하게 할 수 있다. 그러나 우리가 살펴보았듯이, 이것은 적절한 관심사가 아니다. '독점'은 독점가격이 달성되지 않으면 의미 없는 명칭이며, 다시 한번 말하지만 그 재화에 대해 부과되는 가격이 '독점가격'인지 아닌지를 결정할 방법은 아무것도 없다. 그리고 이 사실은 전국적인 전화기업, 지역 수도회사, 혹은 뛰어난 야구선수를 포함하여 모든 상황에 적용된다. 이 모든 사람들 혹은 기업들은 그들의 '산업' 안에서는 '독점'일 것이다. 그리고 모든 경우에 '독점가격'과 '경쟁가격'이라는 이분법은 여전히 환상적 구분이다. 이에 더해, 우리가 어떤 별개의 분야를 '공익시설'로 따로 보전할 수 있고, 이 분야를 특별히 괴롭힐 수 있는 합리적 근거도 존재하지 않는다. '공익시설'산업은 개념적으로 그 어떤 여타 분야와 다르지 않으며, 우리가 여타 산업들은 그렇지 않은 반면, 어떤 산업들을 "공공의 이익이라는 옷을 입히도록" 지목할 수 있는 비자의적 방법은 존재하지 않는다.[55]

따라서 그 어떤 경우에도 자유시장에서는 '독점가격'이 개념적으로 '경쟁가격'으로부터 구분될 수 없다. 자유시장에서 모든 가격들은 경쟁적이다.[56]

4. 노동조합

1) 노동에 대한 공급제한가격의 책정

노동조합이 자유시장에서 더 높은 임금률을 강요하는데, 이것이 확인가능한 독점가격의 달성이 아니냐고 반론이 제기될지 모른다. 여기에서는 두 가지 **확인가능한** 대조되는 상황들이 존재한다. ① 개인들이 스스로 그들의 노동을 판매하는 상황, 그리고 ② 개인들이 노동조합의 조합원이며, 노동조합이 그들을 대신해서 그들의 노동에 대해 협상하는 상황. 이에 더해 카르텔이 성공하려면, 카르텔이 소비자들에게 봉사하는 데 있어 경제적으로 더 효율적이어야 한다는 것은 분명한 데 반해, 노동조합들에서는 그런 정당화를 찾을 수 없다. 일을 하는 사람은 언제나 개별 노동자이므로, 아울러 조직의 효율성은 그 업무를 위해 고용되는 경영진으로부터 나오므로, 노동조합을 결성한다고 해서 **결코** 개인의 일의 생산성이 개선되지는 않는다.

노동조합이 확인가능한 상황을 제공하는 것은 사실이다. 그러나 노동조합의 임금률이 독점가격이라고 불릴 수 있는 것은 결코 **아니다**.[57] 왜냐하면 독점자의 특성은 정확하게 그가 생산요소 혹은 상품을 독점화하는 데 있다. 독점가격을 얻어내기 위해, 그는 다만 공급의 일부만 판매하고, 나머지 부분은 시장에 내놓지 않는다. 비탄력적 수요곡선에서 더 적게 공급하면 그 가격을 올릴 수 있기 때문이다. 그러나 노동이 독점화될 수 없다는 점이 자유사회에서 노동의 가장 독특한 특성이다. 각 개인은 자기 소유자이며 다른 개인 혹은 집단에 의해 소유될 수 없다. 그러므로 노동분야에서는, 그 어떤 개인이나 집단도 노동의 총공급을 소유하고 시장으로부터 총공급의 일부를 유보할 수 없다. 각자는 자기 자신을 소유한다.

어떤 독점자의 생산물 총공급을 P라고 부르자. 그가 P-W단위에 대해 독점을 이루기 위해 W단위를 시장에 공급하지 않으면, 그가 P-W단위로부터 얻는 증가된 수입은 W단위만큼 팔지 않아서 겪게 되는 손실을 보상하고도 남아야 한다. 어떤 독점자의 행동은 언제나 유보된 공급으로부터 잃게 되는 수입에 의해 제약된다. 그러나 노동조합의 경우에 이 제약은 적용되지 않는다. 각 개인은 그 자신을 소유하고 있으므로 '유보된' 공급자들은 증가된 소득을 얻는 사람이 아닌 **다른 사람들**이다. 만약 노동조합이 이런저런 방법으로 조합원이 개별적 판매에 의해 얻을 수 있었을 가격보다 더 높은 가격을 달성한다면, 노동조합의 행동은 '유보된' 노동자들이 겪을 수입의 손실에 의해 제어되지 **않는다**. 만약 노동조합이 더 높은 임금을 달성하면 일부 노동자들이 더 높은 가격을 얻는 반면, 여타 노동자들은 시장에서 배제되어 벌 수 있었을 수입을 얻지 못하는 어려움을 겪는다. 그와 같은 높은 가격(임금)은 **공급제한가격**(restrictionist price)이라고 불린다.

공급제한가격은, 그 어떤 상식이 통하는 기준으로 본다고 해도, '독점가격'보다 더 '열악'하다. 왜냐하면 공급을 제한하는 노동조합은 배제되는 노동자들에 대해 걱정할 필요가 없고, 그와 같은 배제가 이루어진다고 하더라도 아무런 수입손실을 겪지 않으므로, 제한주의적 행동은 노동에 대한 수요의 탄력성에 의해 억제되지 않는다. 왜냐하면 노동조합은 단지 현재 취업중인 조합원의 순 임금을 최대화하거나 아니면 정말 단지 노동조합 관료 자체의 순 수입을 극대화하면 되기 때문이다.[58]

어떻게 노동조합이 공급제한가격을 달성할 수 있는가?〈그림 10-3〉이 이를 설명할 것이다. 수요곡선은 어떤 한 산업에서의 노동요소에 대한 수요곡선이다. DD는 그 산업에서 노동에 대한 수요이고, SS는 공급곡선이다. 두 곡선은 수평축의 노동자 수와 수직축의 임금률을 연관시킨다. 시장균형에서, 그 산업에서 자신들의 일을 제안하는 노동자들의 공급은 노동에 대한 수요곡선과 노동자수 OA와 임금률 AB에서 교차할 것이다. 이제 노동조합이 이 노동시장에 들어와 조합원들이 AB보다 더 높은 임금, 예컨대 OW를 고집하기로 결정한다고 해보자. 노동조합이 하는 일은 사실 그 산업에서 그 수준 아래에서는 일하지 않을 최저임금률을 고집하는 것이다.

노동조합결정의 효과는 그 산업에서 이용가능한 노동에 대한 공급곡선을 WW'의 임금률에서 수평이 되고, E에서 SS곡선과 만난 후 증가하는 공급곡선으로 변화시키는 것이다. 그 산업에서 노동에 대한 최저유보가격이 올랐으며, 그래서 더 낮은 가격을 받고도 일하고자 하는 더 낮은 유보가격을 지닌 노동자들이 존재하지 않게 된다. 공급곡선이 WE로 변화하면서, 새로운 균형점은 B가 아닌 C가 될 것이다. 고용되는 근로자의 수는 WC, 그리고 임금률은 OW가 될 것이다.

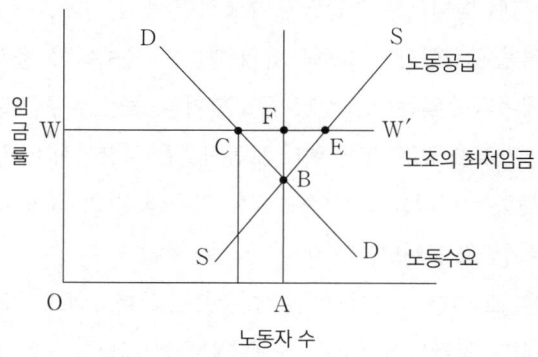

〈그림 10-3〉 제한임금의 결정

 그래서 노동조합은 공급제한임금률을 달성하였다. 공급제한임금률은 단지 수요 곡선이 하락하기만 하면 수요곡선의 모양과 관계없이 달성될 수 있다. 어떤 요소의 하락하는 DMVP와 그 제품의 한계효용하락으로 수요곡선은 하락한다. 그러나 희생이 치러졌다—구체적으로, 이제 CF만큼 더 적은 수의 노동자들이 고용된다. **그들에게 어떤 일이 벌어지는가?** 이 노동시장에서 이탈된 근로자들은 이 과정에서 주된 패자들이다. 노동조합은 노동시장에 남아 있는 근로자들을 대변하기 때문에, 독점자일 때 그렇듯이 이 노동시장 이탈 근로자들에 대해 관심을 가질 필요가 없다. 기껏해야, 이들은 여타 다른—노조가 조직되지 않은—산업으로 이동하여야 한다(비특화요소이므로 이들은 그렇게 할 수 있다). 그러나 문제는 그 근로자들이 새로운 산업에 덜 적합하다는 점이다. 이제 노조화된 산업에 있었다는 것은 그 산업에서 그들의 DMVP가 그들이 옮겨가야만 하는 산업에서보다 더 높았다는 것을 시사한다. 결과적으로 그들의 임금은 이제 더 낮다. 이에 더해, 그들의 여타 산업으로의 진입은 이미 거기에 있는 근로자들의 임금률이 낮아지도록 압박한다.

 결과적으로 기껏해야 노동조합은 오직 경제 내의 여타 모든 근로자의 임금률을 낮추는 희생을 치를 때에만 조합원에 대해 더 높은 공급제한임금률을 달성할 수 있다. 경제 내의 생산이 또한 왜곡된다. 이에 더해 노동조합의 활동과 제한의 범위가 넓을수록, 근로자들이 일할 수 있는 비노조화된 피난처를 발견하여 그쪽으로 지역과 직업을 바꾸기가 더욱 어려워질 것이다. 그리고 일자리를 잃은 근로자들이, 일하려는 열의는 강하나 비제한적 고용기회를 찾을 수 없어서 영구적으로 혹은 준영구적으로 실업상태가 되는 경향이 더욱더 커질 것이다. 노동조합주의의 범위가 클수록 영구적 대량실업이 발생하는 경향이 점점 더 커질 것이다.

노동조합은 일자리를 잃은 근로자들이 직업을 찾을 수 있는 모든 탈출구들을 막기 위해 비조합주의의 모든 '구멍들'을 메우려고 최대한 열심히 노력한다. 노조는 이것을 "비조합주의, 저임금 노동의 불공정경쟁의 종식"이라고 부른다. 보편적 노동조합의 통제와 제한주의는 영구적 대량실업을 의미할 것이다. 노동조합이 얼마나 이 제한을 엄격하게 하느냐에 비례하여 대량실업의 규모가 커질 것이다.

오직 과거유형의 '특수공예' 노동조합—그들의 직업집단을 의도적으로 상대적으로 소수의 숫자로 제한하는—만이 노동의 공급을 제한할 수 있을 뿐이라는 것은 일반적 미신이다. 이들은 회원이 되기 위해 필요한 엄격한 기준과 그 업종으로 들어오는 노동공급을 감축시키기 위한 다양한 방법들을 유지할 때가 많았다. 이런 직접적인 공급제한은 의심할 바 없이 그 업종에 남아 있는 근로자들이 더 높은 임금률을 얻기 쉽도록 한다. 그러나 신유형의 '산업'노조들은 공급을 제한하지 않는다고 믿는 것은 커다란 잘못을 범하는 것이다. 그들이 산업에서 가능한 한 많은 회원을 환영한다는 사실이 그들의 공급제한정책을 숨긴다. 결정적 사실은 노동조합이 최저임금률을 노동조합이 없었더라면 주어진 노동요소에 대해 달성할 수 있었을 것보다 더 높은 최저임금률을 고집한다는 점이다. 그렇게 함으로써, 우리가 〈그림 10-3〉에서 보았듯이, 노조들은 고용자가 고용할 수 있는 사람의 수를 필연적으로 줄인다. 그들의 정책은 노동공급을 줄이지만, 그들은 경건하게 공예조합주의의 속물주의적 '귀족들'과는 대조적으로 자신들은 모두를 받아들이는 민주적 노조라고 주장한다.

사실, 산업노조주의의 결과는 공예노조주의보다 더 파괴적이다. 공예노조들은 그 범위가 작고, 단지 소수의 근로자들에게 일자리를 얻지 못하게 하고 이들의 임금을 낮춘다. 산업노조들은 더 거대하고 포괄적이며 대규모 근로자들의 일자리를 잃게 하고 그들의 임금을 압박하며, 이보다 더 중요하게 영구적 대량실업을 초래할 수 있다.[59]

공개적으로 제한주의적인 노조가 이보다 개방적인 노조보다 실업을 오히려 덜 초래할 또 다른 이유가 있다. 회원을 제한하는 노조는 그 산업에 들어가기를 희망하는 근로자들에게 노조가입이 허용되지 않음을 공개적으로 경고하는 셈이기 때문이다. 그 결과, 그들은 재빨리 일자리를 얻을 수 있는 다른 곳을 찾아볼 수 있다. 그러나 노조가 민주적이라고 모든 이에게 개방되어 있다고 해보자. 그러면 노조의 활동은〈그림 10-3〉으로 묘사될 수 있다. 그 노조는 일자리를 가진 회원에 대해 OW의 높은 임금률을 달성하였다. 그러나 그와 같은 임금률은 SS곡선에서 볼 수 있듯이, 더 많은 근로자들을 그 산업으로 유인한다. 다시 말해, OA만큼의 근로자들이 그 산업에서 종전(비노조) 임금 AB에서 고용될 수 있었으나, 이제 노조가 OW만큼의 임금을 쟁취하였다. 이 임금에서는, 단지 WC만큼의 근로자들만이 그 산업에 고용될 수 있다. 그러나 이 임금은 또한 종전보다 더 많은 WE만큼 근로자들을 이 산업으로 유인한다. 그 결과, 단지 노조의 공급제한임금률로 CF만큼의 근로자들이 실업이 되는 것이 아니라 이보다 더 많은 CE만큼의 근로자가 그 산업에서 실업상태가 될 것이다.

그래서 공개노조는 폐쇄노조(closed union)가 지닌 하나의 미덕, 즉 일자리를 잃은 근로자들을 노조가 조직된 산업으로부터 빠르게 배제하는 '미덕'을 가지지 않는다. 그 대신 공개노조는 그 산업으로 종전보다 더 많은 근로자를 유인하며, 그래서 실업을 악화시키고 그 양을 부풀린다. 시장신호가 왜곡되면, 근로자들이 더 이상의 일자리가 그 산업에서 나오지 않는다는 것을 깨닫기까지 더 오랜 시간이 걸릴 것이다. 그 경제에서 개방노조의 범위가 더 넓을수록, 또 시장의 임금률과 노조의 공급제한임금률 사이의 차이가 클수록 실업문제가 더 위험하게 된다.

공급제한임금률이 야기하는 노동의 실업과 오(誤)배치는 언제나 직접적으로 눈에 보이는 것은 아니다. 그래서 어떤 산업은 제품에 대한 소비자 수요의 증가로 인해, 혹은 생산공정에서의 비용절감 혁신에 따라 특별히 이윤이 나고 번성할 수 있다. 노조가 없을 때, 그 산업은 새로운 시장조건에 반응하여 팽창할 것이고, 더 많은 근로자를 고용할 것이다. 그러나 만약 노조가 공급제한임금률을 부과하면, 이것이 현재 그 산업에 고용된 근로자의 실업은 야기하지 않을지 모르지만, 그 대신 소비자 수요와 시장조건의 변화에 반응하여 팽창하지 못하도록 한다. 여기에서 한마디로 그 노조는 생성중인 **잠재적** 일자리를 파괴하고 팽창을 막음으로써 생산의 오(誤)배분을 강제한다. 노조가 없었으면, 그 산업은 팽창의 **과정에서** 임금률을 높일 것임은 사실이다. 그러나 만약 노조가 처음부터 더 높은 임금률을 강제하면, 팽창은 일어나지 않을

것이다.⁶⁰

노조주의의 일부 반대자들은 노조들이 결코 자유시장 현상이 될 수 없고 언제나 '독점적'이거나 강제적인 제도라고 주장하는 극단으로 치닫기도 한다. 이것이 실제로 사실이라고 하더라도, 반드시 사실인 것은 아니다. 노동조합들이 자유시장에서 발생하여 공급제한임금률까지 얻어내는 것은 충분히 가능한 일이다.

자유시장에서 어떻게 노동조합들이 공급제한임금률을 획득할 수 있는가? 그 대답은 직장을 잃는 근로자들을 고려해보면 나올 수 있을 것이다. 핵심적 문제는 다음과 같다. 왜 근로자들이 노동조합의 WW 최저임금에 의해 스스로 자신의 직장을 잃게 **방관하는가**? 그들이 WW보다 더 적은 임금에서도 일하고자 하였는데, 왜 그들이 이제 온순하게 해고당하고 종전보다 더 열악한 보수의 일자리를 찾는가? 왜 일부는 지나치게 높은 임금률에 고용되기를 기다리면서 준영구적 실업상태의 빈 지갑 속에 계속 머무는 데 만족하는가? 강제가 없는 상태에서 가능한 단 하나의 대답은, 그들이 **노동조합의 임금률을 깎아내리는 행동을 하지 않는다**는 목표를 그들의 가치척도에서 아주 높은 자리에 두고 이 목표를 채택했다는 것이다. 노동조합은 자연적으로 일반대중뿐만 아니라 노조원 및 비노조원들에게 노조 임금률보다 낮은 임금에서 일하는 것이 벌받을 짓이라고 설득하는 데 가장 열심이다. 이것은 노조원들이 일정한 최저임금 (혹은 여타 고용조건) 아래에서는 계속 일하기를 거부하는 상황에서 가장 분명하게 드러난다. 이것이 **파업**이라고 알려진 현상이다. 파업에 관해 가장 기이한 사실은 노조들이 사회 전체에 파업하는 노조원들이 비록 의도적으로 자랑스럽게 그렇게 하기를 **거부하고 있음**에도 불구하고, 여전히 '진정으로' 그 회사를 위해 일하고 있다는 믿음을 퍼뜨릴 수 있었다는 점이다. 고용자의 자연스런 대응은 물론 다른 곳으로 눈을 돌려 제시된 조건에서 일하기를 **정말** 원하는 노동자들을 고용하는 것이다. 그러나 그와 같은 고용조건을 수락하는 사람—'파업파괴자'(strikebreaker)—은 누구나 가장 열등한 인생을 사는 것이라는 생각을 사회전반에 퍼뜨리는 데 노동조합들은 놀랍도록 성공적이었다.

그래서 비노조 근로자들이 "파업을 파괴하는 것" 혹은 다른 형태로 노조가 제시한 임금을 깎아내리는 것을 부끄럽게 여기거나 심지어 죄를 짓는 일로 생각하는 정도까지 이르게 되어 직장을 잃거나 실업상태인 근로자들은 그들 자신의 운명에 묵종하고 있다. 결과적으로, 이 근로자들은 자발적으로 더 열악하고 더 불만스런 일자리로 쫓겨나게 되고 오랜 시간 동안 실업상태로 **자발적으로** 남는다. 이는 그들이 자발적으로 "피켓라인을 넘지 않는다"거나 혹은 파업파괴자가 되지 않아야 한다는 **미신**을 받아들인 결과이고, 따라서 자발적인 것이다.

경제학자**로서만** 철저하자면, 노동조합 결속을 유지하는 것이 더 좋은 직업을 가지는 것보다 더 중요하다는 결론에 자발적으로 도달한 사람과 언쟁을 벌일 수 없다. 그러나 경제학자가 **할 수 있는** 일이 하나 있다. 그는 그 사람의 자발적 결정의 결과를 지적할 수 있다. 피켓라인을 넘지 않고, "노조에 충실한" 자신의 행동이 자신의 직업을 잃게 하여 실업상태를 초래할 수 있다는 사실을 깨닫지 못한 무수한 근로자들이 있다는 것은 의심의 여지가 없다. 그들은 이 점을 깨닫지 못하고 있다. 이를 알기 위해서는 (우리가 여기에서 따라가고 있는 것과 같은) 인간행동학의 연쇄적 추론에 대한 지식이 필요하기 때문이다. 향유할 서비스를 직접 구매하는 소비자는 경제학자에 의해 계몽될 필요가 없다. 그는 의류 혹은 자동차 혹은 식료품이 향유할 만한지, 쓸모가 있는지 알아보는 데 긴 추론의 고리들을 필요로 하지 않는다. 그는 눈으로 실제로 어떤지 볼 수 있다. 마찬가지로 자본가-기업가는 그에게 어떤 행동이 이윤을 내고 혹은 손실을 보게 할지 말해 주는 경제학자를 필요로 하지 않는다. 그는 이윤과 손실이라는 수단을 통해 이를 알 수 있고 테스트해 볼 수 있다. 그러나 시장에서 정부의 간섭, 혹은 노조활동의 결과를 파악하기 위해서는, 인간행동학의 지식이 필수적이다.[61]

경제학은 윤리적 판단에 대해 결정할 수 없다. 그러나 윤리적 판단을 합리적으로 내리기 위해서는, 사람들은 자신의 다양한 대체적 행동방안들의 결과들을 알아야 한다. 정부간섭이나 노조행동의 문제에서 경제학은 이런 결과들에 대한 지식을 제공한다. 그래서 경제학의 지식은 정부간섭과 노조행동의 분야에서 합리적인 윤리적 판단을 내리기 위해 비록 충분하지는 않지만 반드시 필요하다. 노동조합에 관해 대부분의 사람들은 노조활동의 결과들(예컨대, 자신 혹은 다른 이들의 직장상실 혹은 실업)이 제대로 이해되면, 이를 불행한 일로 여길 것이다. 그러므로 이 결과들에 대한 지식이 광범하게 퍼질 때 '친(親)노동조합'적이거나 '비노조' 경쟁자들에 대한 적의를 지닌 사람은 소수에 불과하게 될 것이다.[62]

그와 같은 결론은 우리가 사람들이 노동조합 활동의 또 다른 결과를 배우게 될 때 더욱 강화될 것이다. 이 결과는 바로 공급제한임금이 그 산업 내 기업의 생산비용을 인상시킨다는 사실이다. 이는 그 산업에서 한계적 기업들—기업가들이 겨우 임대료만을 얻고 있는 기업들—이 도산할 것임을 의미한다. 이 한계기업들의 비용은 이제 시장에서 겨우 이윤을 얻는 **기존의** 가격을 넘어서기 때문이다. 시장에서 이들 기업의 퇴출과 그 산업에서 평균비용의 일반적 상승은 생산성과 생산량의 일반적 하락을 의미하며, 따라서 소비자들에게 손실이 발생하였음을 의미한다.[63]

노조의 활동은 직장상실과 실업은 물론 소비자들의 일반적 생활수준을 손상시킨다. 노조들은 여타 중요한 경제적 결과를 초래한다. 노조들은 **생산을 담당하는** 조직이 아니다. 그들은 자본가를 위해 생산을 개선하는 일을 하지 않는다.[64]

오히려 그들은 근로자들이 고용자를 희생하여 그들의 운명을 더 낫게 만들 수 있다고 근로자들을 설득하려고 시도한다. 결과적으로, 그들은 변함없이 한 경영자의 지시들을 방해하는 근로규칙을 확립하려고 최대한 시도한다. 이 근로규칙들은 근로자들과 장비들을 적합하게 여겨지는 방식으로 배치하는 것을 막는다. 다시 말해, 급여를 받고 그 교환대가로 경영진의 근로지시에 순응하는 대신, 근로자는 이제 최저임금뿐만 아니라 근로규칙을 정해 이에 근거하지 않으면 일하기를 거부한다. 이런 규칙의 효과는 모든 노조 근로자들의 한계생산성을 낮추는 것이다. 한계가치생산 스케줄을 낮추는 것은 두 가지 중첩적 결과를 낳는다. ① 이것은 그 자체로 다양한 결과들로 공급제한임금척도를 확립한다. 그 까닭은 한계가치생산이 하락한 반면, 노조는 임금률이 종전과 같아야 한다고 주장할 것이기 때문이다. ② 소비자들은 생산성과 생활수준의 일반적 하락으로 손실을 본다. 따라서 제한적 근로규칙들은 또한 생산량을 낮춘다. 그러나 만약 노조가 그 어떤 강제력도 행사하지 않았다는 것이 언제나 충족된다면, 이 모든 것은 개인주권의 사회와 완전하게 일관된 것이다.

이 근로규칙들의 강제철폐를 주창하는 것은 교환적 소비자들의 명령에 근로자들이 문자 그대로 노예화됨을 암시할 것이다. 그러나 다시 한번 되풀이하지만, 노조활동의 다양한 결과들에 대해 알게 되면 많은 근로자들과 여타 사람들이 노조주의의 **미신적 처방**을 자발적으로 고수하는 일은 크게 약화될 것임은 틀림없다.[65]

그러므로 노동조합들은 이론적으로 순수하게 자유로운 시장의 존재와 양립할 수 있다. 그러나 실제로 노동조합이 특히 파업파괴자와 고용자의 재산에 강제력을 행사하여 그들의 모든 권력을 획득한다. 이 점은 그 어떤 유능한 관찰자에게도 명백하다. 노동조합이 파업파괴자에 대해 폭력을 범하는 것을 묵인해 주는 것은 실제로 보편적 현상이다. 경찰은 보통 파업파괴자가 괴롭힘을 당할 때 '중립'을 유지하거나, 자신들에 대한 공격을 '자극시켰다'고 파업파괴자를 비난한다. 확실히 노동조합에 의한 대중 피케팅(picketing) 제도는 단지 지나가는 사람에게 파업의 사실을 광고하는 방법일 뿐이라고 가장하는 사람은 별로 없다. 그러나 이 문제들은 이론적 문제들이라기보다는 경험적 문제들이다. 비록 경험적으로는 그들의 범위가 얼마나 될 것인지 의문을 제기하더라도, 이론적으로는 자유시장에서 노동조합들이 존재할 수 있다.

분석적으로 우리는 또한, 노동조합들이 폭력에 의존하도록 허용될 때 국가 혹은 여타 강제집행기구가 암묵적으로 강제력을 노동조합에 위임하였다고 말할 수 있다. 이렇게 되면, 노동조합은 '사적 국가'가 된다.[66]

이 절에서 우리는 노동조합이 공급제한가격들을 달성하는 결과들에 대해 조사하였다. 그러나 이것은 노동조합이 **언제나** 집단협상에서 그와 같은 가격들을 달성한다는 것을 시사하는 것은 아니다. 정말, 노동조합들이 노동자들을 소유하고 따라서 그들의 노동을 판매하는 것이 아니므로, 노동조합의 집단협상은 노동시장에서 '개별협상'의 부드러운 작동을 인위적으로 대체한 것이다. 비(非)노동조합 노동시장의 임금률이 언제나 부드럽고 조화로운 방식으로 균형으로 향하는 경향을 지니는 데 반해, 이를 집단협상으로 대체하게 되자 협상자들은 무엇이 적절한 임금률일 것인지에 대한 방향타나 안내도 별로 가지지 않은 상태가 되었다. 양측이 모두 시장임금률을 발견하려고 노력한다고 하더라도, 협상 양측 어느 쪽도 주어진 임금합의가 너무 높은지, 너무 낮은지, 혹은 적절하게 올바른지 확신할 수 없을 것이다. 이에 더해, 거의 불변으로 노동조합은 시장임금률을 발견하려고 **노력하는** 것이 아니라, 다양한 임금결정의 인위적 '원칙들'을 부과하고자 노력한다. 이런 원칙들로는 '생활비용 감당', '생활임금', 여타 기업들 혹은 산업들에서 비교대상 노동의 '현행 임금률', 연평균 '생산성' 증가분, '공정한 차이' 등과 같은 것들이 있다.[67]

2) 노동조합을 찬성하는 몇 가지 주장들: 비판

(1) 불확정성[68]

위의 분석에 대해 노동조합 주장자들이 가장 선호하는 반응은 이것이다. "오, 그것은 모두 맞는 말이지만, 당신은 임금률의 불확정성(indeterminacy)을 간과하고 있다. 임금률은 한계생산성에 의해 하나의 점이 아니라 하나의 **영역**으로 결정된다. 그리고 그 영역 안에서, 실업 혹은 노동자의 더 열악한 직업으로의 이동과 같은 인정하지 않을 수 없는 불쾌한 효과를 내지 않으면서도, 노동조합들이 집단적으로 임금인상의 협상을 벌일 기회를 가진다." 많은 저술가들이 엄밀한 가격분석을 통해 부드럽게 진행하다가 갑자기 임금률에 와서는 불확정성, 즉 가격이 아무런 차이를 가져오지 않는 엄청난 영역 등을 크게 강조하는 것은 기이하다.

우선, 불확정성의 범위는 현대세계에서는 매우 작다. 우리가 위에서 살펴본 것처럼, 2인 물물교환 상황에서는 어떤 재화의 일정수량에 대해 구매자의 최고수요가격과 판매자의 최저공급가격 사이에는 커다란 불확정성의 영역이 있을 가능성이 높다. 이 영역 안에서, 우리는 다만 가격의 결정을 협상에 맡겨둘 수밖에 없다. 그러나 이 영역들이 점점 더 좁아지고 중요성을 잃어가는 것이 바로 진전된 화폐경제의 특성이다. 이 영역은 오직 구매자들과 판매자들의 '한계적 짝들'(marginal pairs) 사이에서만 존재하며, **시장에서의 사람과 대체재들의 수가 증가함에 따라 이 영역은 끊임없이 줄어든다**. 그러므로 성장하는 문화는 언제나 불확정성의 중요성을 좁히고 있다.

둘째, 왜 가격의 불확정성 영역이 여타 재화의 시장에서보다 노동시장에서 더 중요한지 전혀 그 이유를 찾을 수 없다.

셋째, 노동시장에 불확정성의 영역이 **존재한다**고 해보자. 아울러 노동조합은 존재하지 않는다고 가정해보자. 이는 그 길이가 그 요소의 할인한계가치생산의 영역과 일치하는 어떤 영역이 존재한다는 의미이다. 이런 영역의 존재는 부가적으로 말하자면, 소비재에 대한 영역의 존재보다도 훨씬 더 그 가능성이 낮다. 왜냐하면 노동시장의 경우에는 추정되어야 할 구체적인 양 DMVP가 있기 때문이다. 그러나 그 상정된 영역의 **최대**는 임금이 DMVP와 일치하는 가장 높은 점이다. 이제 고용자들간의 경쟁이 요소가격을 정확하게, 이윤이 없어지는 그 최고의 높이로 인상시키는 경향이 있을 것이다. 다시 말해 임금은 DMVP의 그 어떤 영역에서도 **최대**로 인상되는 경향을 지닐 것이다.

임금이 관습적으로 한 영역의 바닥에 위치하고 있어서, 노동조합들에게 임금을 꼭대기까지 올릴 황금의 기회를 제공한다기보다는 사실은 그 반대이다. 거의 일어나기 어려운 경우를 가정하더라도, 임금은 **꼭대기**로 향하는 경향을 지닐 것이며, 그래서 유일하게 남게 되는 불확정성은 좁아질 것이다. 이에 따라 노동조합이 불확정성의 영역 안에서 임금을 인상할 여지가 없어질 것이다.

(2) 수요독점과 수요과점

노동의 구매자들—고용자들—이 일종의 독점을 지니고 있어서 독점이득을 얻고 있으며, 그래서 노동조합이 다른 노동자에게 피해를 주지 않고도 임금을 올릴 여지가 있다고 자주 단정되곤 한다. 그러나 그와 같은 노동의 '수요독점'(monopsony)은 사회의 모든 기업가들을 포함하여야 할 것이다. 만약 그렇지 않다면, 비(非)특화요소인 노동은 다른 기업들과 다른 산업들로 이동할 수 있을 것이다. 그리고 우리가 보았듯이, 하나의 거대 카르텔은 시장에서 존재할 수 없다. 그러므로 '수요독점'은 존재할 수 없다.

'수요과점'(oligopsony)의 '문제'—노동의 매입자가 '소수'라는 '문제'—는 가짜 문제이다. 과점적 매입자가 존재하는 한, 경쟁하는 고용자들은 임금률이 노동의 DMVP들이 같아질 때까지 임금률을 끌어올리는 경향을 보일 것이다. 경쟁자의 수는 관계가 없다. 경쟁자의 수는 시장의 구체적 조건들에 따라 달라진다. 아래에서, 우리는 '독점적' 혹은 '불완전'경쟁의 오류를 알게 될 것이다. 이것은 그 오류들 가운데 한 예이다. 간략하게 말해서 '수요과점'의 문제라는 것은 노동에 대한 수평적—무한 탄력적—공급곡선을 가진 '순수' 혹은 '완전'경쟁의 경우와 덜 탄력적이라고 상정되는 '불완전'한 수요과점 공급곡선의 경우의 구별에 근거를 두고 있다. 사실, 사람들이 한 덩이로(en masse) 모두가 한꺼번에 움직인다고 해서 공급곡선이 결코 무한하게 탄력적으로 되지 않으며, 그 구분도 적절성이 없다. 오직 자유경쟁이 있을 뿐이며, 순수 경쟁과 수요과점의 구분과 같은 여타 이분법들은 성립될 수 없다. 이에 더해 공급곡선의 형태는 노동 혹은 여타 생산요소가 시장에서 그것의 DMVP를 얻는 경향이 있다는 사실에 아무런 영향을 주지 못한다.

(3) 더 큰 효율성과 '리카도 효과'

노동조합을 찬성하는 통상적 주장의 하나는 고용자에게 고임금을 강요함으로써 노동조합들이 경제에 도움을 준다는 것이다. 고임금에서 근로자들이 더 효율적이 되고, 그 결과 그들의 한계생산성이 향상된다는 것이다. 그러나 만약 이것이 사실이라면, 그 어떤 노동조합도 필요하지 않을 것이다. 언제나 더 큰 이윤을 얻고자 열성인 고용자들은 이 점을 알고서 미래에 단언되는 증가된 생산성의 혜택을 수확하기 위해 지금 고임금을 지불할 것이다. 사실, 고용자들은 나중에 증가된 생산성의 혜택을 얻기 위해 근로자들에게 이들의 현재 한계생산이 정당화하는 임금보다 더 높은 임금을 지불하면서 이들을 훈련시키기도 한다.

이 주제의 더 세련된 변형이 리카도에 의해 제시되었으며, 하이에크에 의해 재생되었다. 이 리카도 효과(Ricardo effect)의 원칙은 노동조합에 의한 고임금이 고용자들에게 노동 대신 기계를 대체하도록 유발한다는 것이다. 이 추가된 기계류가 노동자 1인당 자본을 증가시키고 노동의 한계생산성을 증대시키며, 그렇게 함으로써 더 높은 임금을 지불하게 한다. 여기에서의 오류는 오직 증가된 저축만이 더 많은 자본의 이용을 가능하도록 할 수 있다는 점을 간과한 데 있다. 자본투자는 저축에 의해 제한된다. 노동조합의 임금인상은 이용가능한 자본의 공급을 증가시키지 않는다. 그러므로 노동생산성의 일반적 향상은 발생할 수 없다. 대신 자본의 잠재적 공급이 (증가되는 것이 아니라) 다른 산업들에서 고임금 산업들로 **이전**된다. 이는 비노동조합 조건들 아래에서는 상대적으로 이윤을 내기 어려웠을 산업들로의 이전이다. 유도된 고임금이 자본을 그 산업으로 이전한다는 사실은 경제적 진보를 나타내는 것이 아니라, 결코 완전히 성공적인 적이 없었던 더 높은 비용으로 그 제품을 제조하게 되는 경제적 퇴보를 상쇄하려는 시도를 의미한다. 그러므로 그런 자본의 이전은 '비경제적'이다.

이와 관련된 하나의 주제는 고임금이 고용자들이 노동을 더 효율적으로 만드는 신기술에 투자하도록 박차를 가한다는 것이다. 그러나 여기에서도 다시, 자본재의 공급은 이용가능한 저축에 의해 제약되며, 아무튼 자본의 투자를 기다리는 한 묶음의 기술적 기회들이 대개 언제나 존재한다는 점을 기억해야 한다. 이에 더해, 노동조합주의의 추가적 부담을 지우지 않더라도, 고객을 유지·증가시키려는 생산자의 희망과 경쟁의 박차는 그 기업의 생산성을 증가시키려는 충분한 인센티브로 작용한다.[69]

5. 독점적 혹은 불완전경쟁이론

1) 독점적 경쟁가격

독점가격이론은 일반적으로 '독점적'(monopolistic) 혹은 '불완전' (imperfect)경쟁이론에 대한 문헌으로 대체되었다.[70] 예전의 이론에 비해 후자는 그들의 범주에 대한 확인가능한 기준을 설정하는 장점을 지니고 있다—순수 경쟁에 대해서는 완전하게 탄력적인 수요곡선과 같은 기준. 그러나 불행하게도 이 기준들이 완전히 오류를 지닌 것으로 드러나고 있다.

본질적으로, 불완전경쟁이론들의 주요 특징은 그들이 '경쟁' 혹은 '자유경쟁'보다는 '순수 경쟁'의 상태를 그들의 '이상적' 상태로 떠받드는 데에 있다. **순수 경쟁**은 경제 내 각 기업의 수요곡선이 **완전하게 탄력적인**, 즉 수요곡선이 그 기업에게 완전히 수평인 형태로 제시되는 상태로 정의되고 있다. 이렇게 상정된 원시적 상태에서는 그 어떤 기업도 자신의 행동을 통해 자신의 제품에 대한 가격에 그 어떤 영향도 미칠 수 없다. 그래서 그 가격은 시장에 의해 '정해'진다. 각 기업이 생산하는 그 어떤 수량도 이 지배적 가격에 팔릴 수 있고 또 팔릴 것이다. 일반적으로, 최근 가장 정교한 분석이 행해진 것은 이런 상태 혹은 불확실성이 없는 이런 상태('완전경쟁')에 대해서이다. 순수 경쟁이 상당히 실물경제를 잘 대변한다고 믿는 사람들, 그리고 순수 경쟁을 단지 실제의 '독점적' 상태를 대비해보는 이상에 불과한 것으로 간주하는 사람들, 이 둘 모두에 대해 마찬가지로 적용되는 점이 있다. 두 진영 모두 순수하게 경쟁적 세계로부터 이탈하게 될 때 발생하는 매우 애매한 '독점과 비슷한' 상태들에 대비되는 순수 경쟁을 일반 복지의 이상적 시스템으로 떠받드는 점에서는 공통적이다.

그러나 순수 경쟁이론은 지극히 잘못된 것이다. 이 이론은 실제로 결코 현실화될 수 없으며, 말하자면 목가적인 것과도 동떨어진 터무니없는 상태를 상정하고 있다. 우선, 제품의 가격에 영향을 전혀 **주지 않는** 기업과 같은 것은 결코 존재할 수 없다. 독점적 경쟁 이론가는 이 이상적 기업을 가격의 결정에 일정한 영향을 주고, 그래서 어느 정도 '독점적인' 기업들과 대비하고 있다. 그러나 어떤 한 기업의 수요곡선이 전 구간에 걸쳐 완벽하게 탄력적**일 수 없다**는 것은 명백하다. 일부 지점들에서, 그 수요곡선은 아래쪽으로 내리막을 이루어야 한다. 왜냐하면 공급의 증가는 시장가격을 낮추는 경향이 있을 것이기 때문이다. 사실, 우리의 수요곡선을 만드는 과정으로부터 분명하게 드러나듯이, (공급곡선의 경우에는 작은 수직적 부분이 나타날 수 있지만) 아무리 작은 구간이라고 하더라도, 수요곡선이 수평이 되는 구간과 같은 것은 **전혀** 존재할 수 없다. (개별 수요곡선들을) 시장수요곡선으로 합해나가면서, 우리는 각각의 가상적 가격에서 소비자들이 일정한 수량을 구매하기로 결정할 것이라는 사실을 알았다. 만약 생산자들이 더 많은 수량을 팔고자 한다면, 그들은 더 많은 수요를 끌어들이기 위해 더 낮은 가격에서 판매하여야 한다는 결론에 도달한다. 공급이 아주 조금만 증가하더라도 이는 아마도 아주 작지만 가격인하로 이어질 것이다. 개별기업은, 아무리 작더라도, 항상 총공급에 감지가 가능할 정도의 영향은 언제나 미친다. ('순수 경쟁'의 암묵적 모델인) 소규모 밀 농장으로 구성된 산업에서, 각 소규모 농장은 총공급의 일정부분에 기여하며, 각 농장의 기여가 없이는 총공급이 있을 수 없다. 그러므로 각 농장은 감지할 수 있는, 비록 매우 작다고 하더라도 영향을 지니고 있다. 그래서 완전하게 탄력적인 수요곡선은 그와 같은 경우에서조차 가정될 수 없다. '완전한 탄력성'을 믿는 오류는 '2차의 극소'(second order of smalls)와 같은 수학적 개념—이 개념에 의해 무한히 작아서 무시할 수 있을 정도의 단계가 가정될 수 있다—의 사용에서 비롯된다. 그러나 경제학은 실제 인간행동을 분석하며, 그와 같은 행동은 언제나 불연속적인 감지가능한 단계들과 관계가 있으며, '무한정 작은'(infinitely small) 단계들과는 전혀 관계가 없다.

물론, 각 소규모 밀 농장의 수요곡선은 매우 높게, **거의** 완벽하게 탄력적일 가능성이 있다. 그러나 이것이 '완벽하게' 탄력적이지 **않다**는 사실은 순수 경쟁의 개념 전체를 파괴한다. 예컨대 허쉬초콜릿회사의 수요곡선도 또한 탄력적이라면, 어떻게 이 상황이 허쉬초콜릿회사와 다른가? 일단 기업에 대한 모든 수요곡선들이 우하향

한다는 것이 인정되고 나면, 독점적 경쟁이론은 더 이상의 분석적 구분을 할 수 없게 된다.

우리는 **탄력성의 크기**를 근거로 비교하거나 분류할 수 없다. 그 까닭은, 일단 순수 경쟁의 경우가 기각되고 나면, 챔벌린-로빈슨의 독점적 경쟁이론에는 혹은 그 문제에 관한 인간행동학의 그 어떤 부분에도 우리가 그렇게 하도록 허용해 주는 것이 아무것도 없기 때문이다. 왜냐하면 인간행동학은 단지 **질적** 법칙들을 확립할 수 있을 뿐, **수량적** 법칙들을 확립할 수 없기 때문이다. 정말, 독점적 경쟁 이론가들이 유일하게 의지하는 것은 '비탄력적' 대 '탄력적' 수요곡선의 개념에 기대는 것일 뿐이며, 이런 의존이 정확하게 그들을 곧바로 과거 독점가격 대 경쟁가격의 이분법으로 되돌려 놓는다. 그들은 예전의 독점가격 이론가들과 함께 만약 그 기업의 수요곡선이 균형점에서 탄력성이 1보다 더 크면, 그 기업은 '경쟁'가격에 그대로 남아 있을 것이라고 말해야 할 것이다. 만약 그 곡선이 비탄력적이면, 그 기업은 독점가격 지위로 올라설 것이다. 그러나 우리가 이미 자세히 살펴본 것처럼, 독점-경쟁가격의 이분법은 지지될 수 없다.

독점적 경쟁 이론가들에 따르면, 순수 경쟁의 존재가능성을 방해하는 두 가지 영향들은 '제품의 차별화'(product differentiation)와 '과점'(oligopoly)이다. 여기에서 과점은 소수의 기업들만 존재하여 한 기업이 다른 기업들의 행동에 영향을 주는 상황을 말한다. 제품차별화와 관련하여 생산자들은 일반대중의 마음에 제품들 사이에 인위적 차별화를 창출하여 스스로를 위해 독점의 일부를 조작하고 있다고 비난받는다. 그리고 챔벌린(Chamberlin)은 원래는 '약간' 차별화된 제품들을 판매하는 생산자 '집단들'을 동일한 제품들을 만드는 기업들의 '산업들'로부터 구별하고자 시도하였다. 이 시도들 가운데 그 어떤 것도 유효하지 않다. 만약 어떤 한 생산자가 다른 생산자의 제품과 다른 제품을 만들고 있다면, 그는 하나의 독특한 '산업'이다. 다양화된 생산자들을 하나의 집단으로 분류하는 것을 특히 그들의 수요곡선들을 합하는 것을 정당화하는 그 어떤 합리적 기초도 존재하지 않는다. 이에 더해, 소비하는 일반대중이 그 가치척도들에서 제품들의 차별화에 대해 결정한다. 차별화에 관해 그 어떤 '인위적인' 것도 존재하지 않으며, 진정으로 이 차별화는 소비자들의 다양한 욕구들을 좀 더 가깝게 만족시켜보려는 데 기여한다.[71] 물론 포드가 포드자동차의 판매에서 독점력을 지니고 있다는 것은 사실이다. 그러나 이것은 '독점적'(monopolistic) 경향이 아니라 완전한 '독점'이다. 또한 특히 우리가 일단 순수 경쟁과 완전한 탄력성의 미신을 버리고 나면, 동일한 제품을 생산하는 기업의 수로부터 어떤 차이를 도출할 수 있는지 알기도 어렵다. 실로 과점들 사이의 전략들, '복지' 등에 대한 많은 소동이 벌어졌지만 그와 같은 논의들에서 명확한 논점은 별로 없었다. 기업들은 서로 독립적이고 따라서 경쟁하거나 아니면 그들은 결합적으로 행동하고 그래서 카르텔을 형성한다. 제3의 대안은 존재하지 않는다.

일단 완전탄력성의 미신이 기각되자 기업들의 수와 규모, 그리고 그룹들, 차별화 등에 대한 모든 지루한 논의는 현실적합성이 없다는 것이 분명해졌다. 이것은 단지 경제학사에 관련해서만 적합할 뿐 경제분석에서는 적합하지 않다.

과점의 문제도 상당히 있다고 반론이 있을 수 있다. 과점 아래에서 각 기업은 경쟁하는 기업들의 반응을 고려하여야 하는 반면, 순수 경쟁 혹은 과점이 아닌 차별화된 제품들 아래에서는 각 기업이 그 어떤 경쟁자도 자신의 행동을 고려하지 않거나 혹은 자신의 행동에 따라 그들의 행동을 변화시키지 않을 것이라는 축복받은 인식 속에서 경영할 수 있다. 소규모 밀 농부인 히람 존스(Hiram Jones)는 에즈라 스미스가 자신의 정책이 무엇인지 알아냈을 때 자신은 어떻게 대응할지 고민하지 않으면서 그의 생산정책을 정할 수 있다. 이에 반해, 포드는 반드시 제네럴모터스의 반응을 고려하여야 하며, 또 제네럴모터스도 **마찬가지이다**. 사실 많은 저술가들은 경제학은 단지 이 '과점' 상태들에 적용될 수 없을 뿐이며, 이 상황들은 "어떤 일도 벌어질 수 있는" 불확정 상황들이라고 주장하기에 이르기도 하였다. 이들은 **경쟁기업들에 의한 반응이 전혀 없다고 가정하고서** 그 기업에 제시되는 구매자들의 수요곡선을 정의한다. 그래서 "소수의 기업들"만 존재하고 각 기업이 다른 기업들의 반응들을 고려하므로, 이들은 실제세계에서는 모든 것이 경제분석으로는 이해할 수 없는 혼돈이라는 결론까지 나아간다.

그러나 이렇게 단언된 어려움들은 실은 존재하지 않는다. 어떤 한 기업의 수요곡선이 다른 기업들의 예상된 반응을 **포함할** 수 없는 이유는 전혀 없다.[72] 어떤 한 기업의 수요곡선은 어떤 한 시점에 소비자들이 각각의 대체적 가격들에서 그 제품을 얼마나 많이 구매할 것인지에 대한 어떤 한 기업의 예상들의 집합이다. 생산자의 관심은 각 가격에서 소비자 수요들의 가상적 집합이다. 그는 존재하지 않는 상황들의 다양한 집합들에서 소비자 수요가 어떨 것인가에 대해서는 관심이 없다. 그의 예상들은 그가 다양한 대체적 가격들을 부과하면 어떤 일이 실제로 벌어질 것인지에 대한 그의 판단에 기초한 것이다. 만약 그의 라이벌들이 그가 더 높은 가격 혹은 더 낮은 가격을 부과하는 데 대해 어떤 방식으로 반응할 것이라면, 이런 관계가 그 기업의 특정 제품에 대한 구매자의 수요에 영향을 주는 한에 있어 이를 예측하고 감안하는 것은 각 기업이 할 일이다. 다른 기업들의 반응이 그 기업의 제품에 대한 수요와 관련이 있는데, 이를 무시하거나 반대로 다른 기업들의 반응이 별 영향이 없는데도 이를 고려하는 것은 별로 상식에 맞지 않는 일일 것이다. 그러므로 어떤 한 기업의 추정된 수요곡선은 이미 라이벌들의 그 어떤 반응도 포함하고 있다.

적절한 고려는 기업의 수가 소수라는 점, 혹은 기업들 사이에 존재하는 적의나 우의가 아니다. 과점을 포커게임이나 전쟁에 적용되는 용어들로 논의하는 저술가들은 완전히 잘못하는 것이다. 생산이란 기초적 업무는 화폐이득을 위해 소비자들에 대한 서비스이지, **생산자들 사이의** 어떤 유형의 '게임' 혹은 '전쟁' 혹은 생존투쟁과 같은 것이 아니다. 몇몇 기업들이 동일한 제품을 생산하는 '과점'에서는, 하나의 기업이 다른 기업들에 비해 더 높은 가격을 부과하는 상황이 지속될 수 없다. 왜냐하면 각각의 동일한 제품에 대해 단일가격이 형성되는 경향성이 언제나 존재하기 때문이다. 기업 A가 그 제품을 종전에 지배적이던 가격에 비해 높거나 낮은 가격으로 팔려고 할 때마다 그 기업은 현재상태의 소비자 수요에 맞추어 "시장을 발견하고자", 즉 균형시장가격이 무엇인지 알아내고자 시도하는 것이다. 만약, 그 제품의 어떤 가격에서 소비자 수요가 공급보다 더 많다면, 그 기업은 그 가격을 올리는 경향이 있을 것이고, 만약 생산된 재고가 다 팔리지 않으면 **그 반대로 되는** 경향이 있을 것이다. 이 익숙한 균형으로 가는 과정에서, 그 기업이 팔고자 하는 모든 재고는 달성될 수 있는 가격들 가운데 가장 높은 가격에서 "시장의 공급량과 수요량이 같도록 청산한다." '과점'산업들에서 벌어지는 가격을 조정하여 올리거나 내리는 것은 신비한 형태의 전쟁이 아니라, 시장균형을—공급되는 수량과 수요되는 수량이 일치될 가격을—찾으려는 눈에 보이는 과정이다. 실제로 이와 동일한 과정이 '비(非)과점' 상태의 밀 혹은 딸기시장과 같은 그 어떤 시장에서도 벌어진다. 비과점시장인 후자의 경우에 그 과정이 관찰자에게는 더 '비(非)개성적'(impersonal)으로 보인다. 왜냐하면 더 '과점적' 산업들에서보다 어느 한 개인 혹은 기업의 행동들이 중요하거나 눈에 두드러지게 띄지 않기 때문이다. 그러나 그 과정은 본질적으로 동일하다. 우리는 자주 접하는 시장의 "자동적 메커니즘"(automatic mechanism) 혹은 "시장에서의 영혼이 빠진 비개성적 힘"과 같은 부적절한 은유에 유도되어 이 과정을 다르게 생각하지 말아야 한다. 시장에서의 모든 행동은 필연적으로 **개인적**인 것이다. 기계들은 움직이지만 의도적으로 **행동**하지는 않는다. 그리고 과점의 상황에서 라이벌의식, 즉 한 생산자의 그의 경쟁자들에 대한 감정들이 역사적으로 아주 극적일 수 있으나, 이것은 경제분석에서는 중요하지 않다.

아직도 그 어떤 분야에서 생산자들의 숫자와 관련하여 경쟁적 장점을 테스트하고 싶은 사람들에게, 우리는 (동질성을 증명하는 문제를 논외로 하더라도) 다음과 같이 질문을 던질 수 있다. 시장이 어떻게 충분한 수를 창출할 수 있는가? 만약 무인도에서 크루소가 물고기를 프라이데이의 통나무와 교환한다면, 이들은 둘 다 서로 이득을 보는 것인가, 아니면 이들은 서로에게 독점가격을 부과하고 착취하는 '쌍방 독점자들'인가? 그러나 이 경우, 국가가 크루소 혹은 프라이데이의 체포를 감행하는 것이 정당화될 수 없다면, 어떻게 명백히 더 **많은** 경쟁자들이 있는 과점일 때 국가가 시장에 강제력을 행사하는 것이 정당화될 수 있겠는가?

결론적으로 경제분석은 어떤 제품에 대한 자유시장가격의 그 어떤 요소에 대해서도 이들을 분리하는 기준을 마련하지 못한다. 어떤 한 산업에서의 기업 수, 기업들의 규모, 각 기업이 만드는 제품의 유형, 기업가들의 개성과 동기, 공장의 입지 등과 같은 질문들은 전적으로 특정한 경우의 구체적 조건들과 여건에 의해 결정된다. 경제분석은 이에 대해 아무런 이야기도 할 수 없다.[73]

2) 과잉설비의 역설

아마도 독점적 혹은 불완전경쟁이론의 가장 중요한 결론은 (각 기업이 직면한 수요곡선이 필연적으로 우하향하는) 독점적 경쟁의 현실세계가 (그 어떤 기업도 자신의 가격에 영향을 미칠 수 없는) 순수 경쟁의 이상적 세계에 비해 열등하다는 것이다. 이 결론은 〈그림 10-4〉

에서와 같이 순수 경쟁과 독점적 경쟁의 조건들 아래에서의 두 가지 최종균형상태들을 비교함으로써 간단하고도 효과적으로 표현되고 있다.

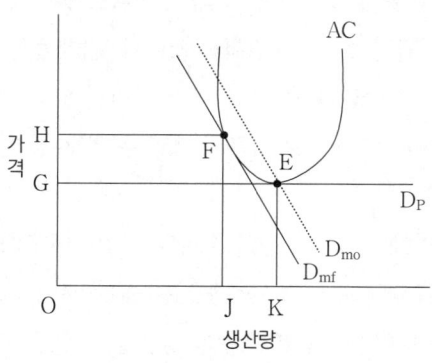

〈그림 10-4〉 순수 경쟁과 독점적 경쟁조건 아래서의 최종균형상태

AC는 어떤 한 기업의 평균 총비용(그 기업의 단위당 대체적 달러 비용) 곡선이다. 여기에서 생산량은 수평축에 (비용을 포함하여) 가격은 수직축에 그려져 있다. 평균비용곡선을 그리는 데 필요한 유일한 가정은 생산의 그 어떤 분야에서도 각 공장에 대해 생산의 **최적**지점, 즉 평균단위비용이 최저가 되는 어떤 생산수준이 존재할 것이라는 점이다. 최적보다 낮거나 높은 모든 수준의 생산은 더 높은 평균비용을 가진다. 어떤 기업의 수요곡선 D_p가 완전히 탄력적인 순수 경쟁에서는, 각 기업은 궁극적으로 균형에서 AC곡선이 D_p의 기울기와 같아지도록—이 그림의 경우에는 E점에서—조정되도록 할 것이다. 왜냐하면 만약 평균수입(가격)이 평균비용보다 더 크면, 경쟁이 그 곡선들이 서로 접할 때까지 다른 기업들을 불러들일 것이기 때문이다. 만약 비용곡선은 회복할 수 없을 정도로 수요보다 더 높다면, 그 기업은 도산할 것이다. 접점은 E점이고, 가격은 OG에서, 그리고 생산량은 OK에서 이루어질 것이다. 그 어떤 최종 균형의 정의에서와 마찬가지로, 총비용은 총수입과 같고 이윤은 영이 될 것이다.

이제 이 그림을 독점적 경쟁의 그림과 대비해 보자. 수요곡선 D_{mf}가 이제 우하향하기 때문에, 동일한 AC곡선이 주어져 있는 상태에서, 어떤 지점(F)에서 접해야 한다. 이 지점에서는 순수 경쟁 아래에서보다 가격(JF)은 더 높고 생산(OJ)은 더 낮다. 한

마디로 독점적 경쟁은 순수 경쟁보다 더 높은 가격과 더 낮은 생산을 낳는다. 즉, 낮은 생활수준을 낳는다. 이에 더해, 생산량은 최저평균비용의 지점—분명히 하나의 사회적 '최적'의 지점에서 이루어지지 않을 것이며, 각 공장은 최적수준보다 더 적게 생산할 것이다. 즉, 각 공장은 '과잉설비'(excess capacity)를 지니게 될 것이다. 이것이 독점적 경쟁 이론가들의 '복지'에 관련된 견해이다.

최근의 수정과정에 의해 일부는 이 이론의 창안자들 스스로에 의한 수정에 의해, 독점적 경쟁이론은 수선이 불가능할 정도로 의문투성이가 되고 있다. 앞에서 살펴본 것처럼, 챔벌린과 여타 사람들은 만약 우리가 다양성에 대한 소비자 욕구를 충족시켜야 할 재화라고 보게 되면 이 분석이 적용되지 않는다는 것을 보여주었다.[74] 여타 많은 효과적이고도 건전한 공격들이 서로 다른 방향에서 이루어졌다. 그 한 기본적 주장은 순수 경쟁과 독점적 경쟁의 상황이 서로 비교될 수 없다는 것이다. 그 까닭은 AC곡선들은 사실 서로 같지 **않을 것이기** 때문이라는 것이다. 챔벌린은 그의 수정주의를 이 분야에도 추구하였으며, 이런 비교가 전적으로 타당하지 않다고 선언하였다. 그는 예컨대, 순수 경쟁의 개념을 현존하는 기업들에게 적용하는 것은 동일한 제품을 생산하는 엄청나게 많은 수의 유사한 기업을 가정하는 것을 의미한다고 보았다. 순수 경쟁을 예컨대, 제너럴모터스에 적용했다면, 이것은 GM이 개념적으로 무수한 조각들로 분할되어야 하는 것을 **의미하거나 아니면** 복제되어야 한다는 것을 의미한다. 만약 분할된다면, 이제 단위당 비용들은 의심의 여지가 없이 더 높아질 것이며, 그렇게 되면 그 조각으로 분할된 '경쟁기업'은 더 높은 비용을 감당해야 하고, 높은 가격에서 겨우 연명해야만 할 것이다. 이것은 분명히 소비자들에게 손해를 입히고 생활수준을 떨어뜨릴 것이다. 그래서 챔벌린은 '독점적' 기업이 그 기업의 '순수 경쟁적' 대응기업보다 아마도 더 낮은 비용을 가질 것이라는 슘페터의 비판을 수긍한다. 다른 한편, 만약 우리가 현재 규모를 지닌 제너럴모터스사의 다수의 복제를 상정해본다면, 우리는 아마도 현재세계에는 이것을 연관시키기가 불가능할 것이며, 전체 비교는 터무니없게 될 것이다.[75]

이에 더해, 슘페터는 혁신과 진보에서의 '독점적' 기업의 우월성을 강조하였으며, 클락(Clark)은 다양한 방법으로 이 정태적 이론을 동태적 현실세계에 적용할 수 없음을 보여주었다. 그는 최근 가격과 질에 대하여 독점적 경쟁이론이 지닌 잘못된 비대

칭성을 보여주었다. 하이에크와 라흐만(Lachmann)은 또한 우리가 위에서 드러낸 것처럼, 독점적 경쟁이론이 동태적 현실에 가한 왜곡을 지적하였다.[76]

두 번째 주요 공격방향은 이 비교들이 통상적 그림들에서 시사하는 것보다 훨씬 덜 중요하다는 것을 보여주었다. 왜냐하면 비용곡선들이 경험적으로 교과서에서보다 훨씬 더 평평하기 때문이다. 클락은 기업들이 **장기적** 고려들을 다루고 있으며, 장기비용과 수요곡선들이 둘 다 단기에서보다 더 탄력적이라는 점을 강조하였다. 그러므로 E점과 F점의 차이들은 무시할 정도로 작고 존재하지 않을지 모른다는 것이다. 클락과 여타 사람들은 그 산업 내부 혹은 외부 기업들로부터 독점가격의 잠재적 수혜자에 대한 **잠재적** 경쟁의 중요성과 산업들 사이의 대체재들의 경쟁을 강조하였다. 아울러 장기와 단기의 문제를 예외로 하더라도 비용곡선들이 경험적으로 현실적합성이 있는 범위 안에서 평평하다는 것이 이들의 주장이다.[77]

이 모든 주장들은 위에서 주어진 우리의 분석에 보태져서 독점적 경쟁이론을 결과적으로 붕괴하고 있지만 아직 더 언급될 것이 남아 있다. 잘못된 '비용곡선' 접근법을 논외로 하더라도, 그 자체 내부적으로 보더라도 전체 구조 자체에 매우 기이한 점이 있으며, 실질적으로 아무도 독점적 경쟁이론의 이런 여타 심각한 결함들을 지적하지 않았다. 대부분이 "독점적으로 경쟁적인" 경제에서, 어떻게 모든 기업이 너무 적게 생산하고 너무 많이 가격을 부과하는 것이 가능한가? 잉여생산요소들에는 어떤 일이 벌어지는가? 이 요소들은 무엇을 하고 있는가? 이런 질문들의 제기에 실패한 것은 오스트리아학파의 일반적 분석에 대한 현대경제학의 무관심, 그리고 전체경제로부터 분리된 기업 혹은 분리된 산업에 대한 지나친 집중으로부터 비롯된 것이다.[78]

잉여생산요소들은 어딘가는 가야 하며, 그 경우 이들도 다른 독점적으로 경쟁적인 기업들에 가지 않겠는가? 그렇게 되는 경우, 독점적 경쟁이론의 주제는 자기 모순이 발생하여 붕괴한다. 그러나 이 이론의 지지자들은 탈출구를 마련하였다. 먼저, 그들은 E점에서 균형을 이루는 순수 경쟁의 경우를 든다. 그런 다음, 그들은 각 기업에 대한 수요곡선이 이제 우하향하도록 하여 독점적 경쟁의 조건들에 갑작스런 변화를 가정한다. 수요곡선이 이제 D_p로부터 D_{mo}로 이동한다. 그런 다음, 그 기업은 생산을 제한하고 이에 따라 가격을 올려 이윤을 얻고 새로운 기업들이 그 산업으로 진입하도록 유인한다. 새로운 경쟁은 각 기업에 의해 판매될 수 있는 생산량을 감소시키고, 수요곡선은 좌하향 방향으로 이전하여 마침내 F점에서 AC곡선과 접점을 이룬다. 그러므로 독점적 경쟁 이론가들은 독점적 경쟁이 각 기업에서의 너무 적은 생산으로부터 지나친 비용과 가격이라는 문제를 일으킨다고 말하고 있을 뿐만 아니라, 또 각 산업에서 너무 많은 기업들의 존재로 문제를 일으킨다고 말한다. 여기에서 이것이 과잉생산요소들에 벌어진 일이다. 생산요소들은 너무 많은 비경제적 기업들 속에 갇혀 있게 된다.

이것은 이 사례 전체가 속임수로 구축되어 있다는 것을 깨달을 때까지는 그럴 듯해 보인다. 만약 우리가 한 기업이나 한 산업을 분리하면, 이 사례에서처럼 우리는 독점적 경쟁의 지위로부터, F점에서 출발한 다음 갑자기 순수 경쟁의 조건으로 이동하더라도 순수 경쟁으로부터 출발할 때와 다를 바 없이 괜찮을 것이다. 이 두 가지는 확실히 비교의 기초로서 마찬가지로 타당하거나 타당하지 않을 것이다. 〈그림 10-5〉에서 보는 것처럼, 각 기업의 수요곡선은 이제 D_{mf}로부터 D_{po}로 이동한다. 이제 각 기업이 그 생산량을 확대하는 것이 이윤을 남기는 일일 것이고, 그렇게 해서 이윤을 벌 것이다. 새로운 기업들이 그 산업으로 유인될 것이고, 수요곡선은 수직방향으로 떨어져 마침내 E점에서 AC곡선과 접점을 이룰 것이다. 우리는 여기에서 독점적 경쟁에서보다 순수 경쟁 아래에서 한 산업에 더 많은 기업들이 있다는 것을 '증명'하고 있는가?[79]

〈그림 10-5〉 독점적 경쟁에서 순수 경쟁으로 변화한 결과

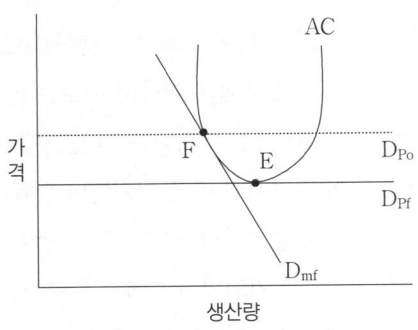

여기에서의 근본적 실수는 가정들에 의해 확립된 조건들 아래에서는 이윤발생의 가능성을 열어주는 어떤 변화도 새로운 기업들을 그 산업으로 불러들인다는 것을 보지 못한 데 있다. 그러나 이론가들은 두 가지 서로 다른 순수 경쟁과 독점적 경쟁의 정태적 균형들을 비교하는 것으로 상정되며, 하나의 균형으로부터 다른 균형으로 가는 길을 논의하지 않고 있다. 그래서 독점적 경쟁 이론가들은 잉여생산요소들의 문제를 결코 해소하지 못하고 있다.

그러나 이 점을 논외로 하더라도, 그 이론에는 더 많은 애로점들이 놓여있으며, 자신이 이 이론의 창안자 가운데 한 사람인 로이 해로드(Roy Harrod) 경은 잔존하는 중심적 애로점의 본질을 파악한 유일한 사람이다. 해로드가 말하듯이:

> 만약 기업가가 그의 이윤이 나는 생산이 적당한 시점이 오면 x-y단위로 제한하게 될 사건의 추이를 예견한다면, 왜 과잉생산으로 걱정을 사서하지 말고 처음부터 x-y단위를 가장 저렴하게 생산할 공장을 가질 계획을 세우지 않는가? x-y단위의 생산량을 유지하는 것만이 가능할 것이라는 사실을 알고 있으면서 x단위를 생산하는 공장을 세우려고 계획하는 것은 확실히 정신분열증을 앓는 것이다.

그러나 해로드는 난감해 하면서 다음과 같이 단언한다. "이 (독점적 경쟁이라는) 수용된 원칙"(accepted doctrine)은 명백히 "기업가이면서 정신분열증으로부터 고통받지 않는 것을 불가능하게 한다!"[80] 한마디로 그 이론은 장기적으로 F점에서 생산해야 하는 어떤 한 기업이 여전히 E점에서 최저비용을 가진 공장을 건설할 것이라고 가정한다. 분명히 여기에 뚜렷한 모순이 존재한다. 무엇이 잘못되었는가? 해로드 자신의 대답은, '장기'를 언제나 기업가적 계획수립에서 하나의 생산요소로 취급하는, 장기수요곡선과 단기수요곡선 사이의 차이에 대한 뛰어나고 새로운 논의가 이런 모순을 해결해 줄 것이라는 희망이었다. 그러나 그는 정확하게 이 질문에 대답하지 않고 있다.

그 역설은, 우리가 모든 것이 수학적인 전문적 기법에 달려 있다고 완전하게 깨닫게 될 때, "점점 더 호기심을 불러일으킨다." 어떤 한 기업이 결코 최적비용의 지점에서 생산할 수 없는 이유는, ① 그 기업이 균형에서는 수요곡선과 평균비용곡선이 접하는 곳에서 생산하여야 하고, ② 만약 그 수요곡선이 우하향하면, 그 수요곡선은

U-자형 비용곡선에 최저점보다 더 높고 더 왼쪽인 점에서만 비용곡선과 접할 수 있다는 것이다. 우리가 이제 더 보태려는 두 가지 고려사항들이 있다. 첫째, 비용'곡선'이 사실 곡선이어야 할 이유가 없다. 예전 교과서의 수요곡선은 곡선들이었으나, 이제 직선들일 때가 많다. 비용곡선들이 모난 직선들의 집합이라고 믿을 이유들이 더 많이 있다. 물론 곡선은, ① 그림으로 그리기가 더 편리하고, ② 연속적 곡선이 수학적 표현에 불가결하지만, 수학의 근사함에 맞추기 위해 현실을 부정해서는 안 된다. 사실, 모든 인간행동이 불연속적이듯이 생산은 일련의 불연속적 대안들이며, 생산은 부드럽게 연속적일 수 없다. 즉, 생산은 무한정 작은 단계들을 거쳐 하나의 생산수준에서부터 다른 수준으로 이동할 수 없다. 그러나 우리가 일단 이런 비용곡선의 불연속적이고 모가 진 성격을 깨닫고 나면, 과잉설비의 '문제'는 당장 사라진다(〈그림 10-6〉). 그래서 '독점적' 기업이 직면한 우하향하는 수요곡선, D_m은 이제 최저비용점인 E점에서 AC곡선에 '접할' 수 있고, 최종균형에서도 그럴 것이다.

 이런 가짜 문제가 사라지게 하는 다른 방법이 있으며, 이것은 접점(tangency)의 전체 가정에 대해 의문을 제기하는 것이다. 균형에서의 평균비용과 수요의 접점은 균형의 속성으로부터 나오는 것처럼 보인다. 즉, 손실뿐만 아니라 이윤이 영이 될 것이기 때문에 그 기업의 총비용과 총수입이 같아진다는 속성. 그러나 핵심적 질문은 간과되었거나 잘못 다루어졌다. 만약 그렇게 함으로써 전혀 버는 것이 없다면, 그 기업은 **그 어떤 것이든** 왜 생산하는 것인가? 그러나 균형에서 그 기업은 무엇인가를 벌 것이고, 이것은 **이자**수익일 것이다. 현대 정통 경제학은 이 오류에 빠졌다. 그 한 가지 이유를 들자면, 기업가들이 또한 자본가들이라는 사실과 비록 항등순환경제에서는 엄격하게 기업가적 기능은 더 이상 요구되지 않더라도, 자본을 먼저 내놓아 투자하는(capital advancing) 기능은 여전히 그야말로 필요할 것이라는 사실을 깨닫지 못했기 때문이다.

 현대 이론은 또한 이자수익을 기업에의 **비용**으로 간주하는 경향이 있다. 이렇게 되면, 자연히 이자율의 존재는 사정을 바꾸지 않는다(그리고 여기에서 우리는 독자에게 앞의 장들을 참조할 것을 권한다). 이자율은 그 기업의 **비용**이 아니다. 이것은 기업에 **의한** 하나의 소득이다. 이를 소득으로 보지 않는 이와 대조되는 믿음은 첫째 대부이자율과, 둘째, 기업가와 자본가의 근거 없는 분리에 피상적으로 집중한 데에 근거한다.

실제에서 대부는 중요하지 않으며, 단지 기업가-자본가의 투자의 또 하나의 법률적 형태일 뿐이다. 한마디로, 항등순환경제에서는, 그 **기업**은 사회적 시간선호에 의해 정해지는 '자연'이자율 수익을 얻는다. 그러므로 〈그림 10-6〉은 〈그림 10-7〉의 그림으로 변화되어야 한다(곡선과 각도들 간의 문제를 논외로 하더라도). 그 기업은 최저평균비용 KE에서 최적생산수준인 OK를 생산할 것이다. 그 기업의 수요곡선과 비용곡선은 서로 접하는 것이 **아니라**, EFGH지역에 의해 대변되는 균형이자수익의 공간을 허용할 것이다(일부가 제기하는 반론처럼 이 수정된 독점경쟁이론에서도 그 가격이 종전보다 더 높지는 않을 것이다. 왜냐하면 이 AC곡선이 전체에 걸쳐 비용에 이자수익을 포함하고 있는 종전의 것보다 더 낮을 것이기 때문이다. 만약 종전의 것들이 이자를 포함하지 않았고, 그 대신 이자가 ERE에서 영이라고 가정되었다면, 위에서 우리가 지적한 것처럼, 이것들은 잘못되었다).[81]

그래서 독점적 경쟁이론의 역설은 마지막으로, 그리고 완전하게 매장되었다.[82]

〈그림 10-6〉 최저비용 지점에서 가격의 결정

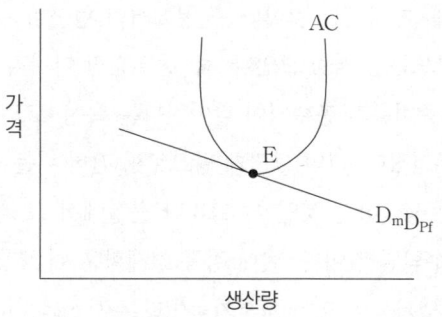

〈그림 10-7〉 가격구성요소로서의 균형이자수익

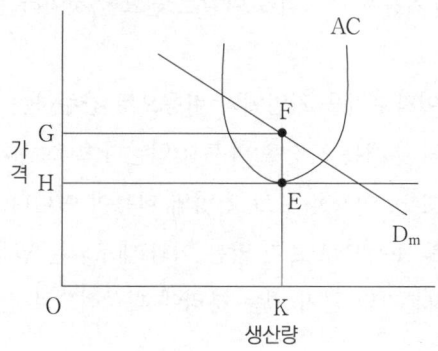

3) 챔벌린과 판매비용

챔벌린 교수의 가장 중요한 기여 가운데 하나는 그의 '판매비용'(*selling cost*)과 '생산비용'(*production cost*)의 날카로운 구분이라고 단정되고 있다.[83] '생산비용'은 주어진 소비자 수요스케줄을 충족시키기 위해 공급을 증가할 때 필요한 타당한 경비들이라고 상정되고 있다. 이에 반해 '판매비용'은 소비자들에게 영향을 주어 그들의 그 기업에 대한 수요스케줄을 증가시키는 데 영향을 주려고 쓰이는 타당하지 않은 경비라고 상정된다.

이 구분은 완전히 외양상의 것일 뿐이다.[84] 왜 사업가가 돈을 투자하여 **그 어떤** 비용이건 이를 부담하는가? 그의 제품에 대해 기대되는 수요를 공급하기 위해서이다. 그가 그의 제품을 개선할 때마다, 그는 소비자들이 그들의 수요를 증대하는 반응을 보여주기를 기대한다. 사실, 원료에 지출된 **모든** 비용들은, 이런 비용들이 없었을 때 나타날 수준을 상회하여 소비자 수요를 증대시키기 위한 시도에서 이루어진 것이다. **그러므로** (앞에서 상정된 판매비용의 정의를 되새겨보면) **모든 생산비용은 '판매비용'이다**.

역으로, 판매비용은 독점적 경쟁 이론가들이 보통 가정하는 것처럼 그저 낭비되는 것이거나 심지어 사악한 행동이 결코 아니다. '판매비용'으로 명명된 다양한 비용들은 대중들에게 확실한 서비스를 수행한다. 기본적으로 이 비용들은 대중들에게 그 판매자의 재화에 대한 정보를 제공한다. 우리는 그 누구도, 특히 무수히 많은 이용가능한 제품들에 직면해 있는 소비자들 가운데 제품에 대한 '완전한 지식'을 가지고 있지 않는 그런 세계에 살고 있다. 그러므로 판매비용은 그 기업뿐 아니라 제품에 대한 정보를 제공하는 데 중요한 기능을 한다. 어떤 경우에는 예컨대, 전시의 경우 '판매비용'이 직접 소비자의 마음속에 있는 그 제품의 질을 개선한다. 소비자들이 단순히 **물리적 제품**을 사는 것이 아니라는 점은 언제나 상기할 필요가 있다. 소비자는 또한 '분위기', 위신 등을 구매하고 있으며, 이것들은 그에게 실체적 의미를 지니고 있으며, 그 의미에 따라 그는 이것들의 가치를 평가한다.[85]

판매비용은 아무튼 '독점적 경쟁'에 따라 추가적으로 발생하는 인위적 비용이라는 견해는 '순수 경쟁'의 기이한 가정으로부터 비롯된다. 순수 경쟁의 '이상적' 세계에서는 각 기업의 수요가 무한정 탄력적으로 **주어져** 있으며, 그래서 주어진 가격에서 원하는 만큼 모두 팔 수 있다고 가상되고 있음을 기억할 필요가 있다. 그와 같은 상황에서는 자연히 그 어떤 판매비용도 필요하지 않다. 제품에 대한 시장이 자동적으로 확보되어 있기 때문이다. 현실세계에서는, 그러나 완전한 지식은 존재하지 않으며, 수요곡선들이 주어져 있지도 않거니와 무한하게 탄력적이지도 않다.[86]

그러므로 기업들은 그들의 제품에 대한 수요를 증가시키고 자신들을 위한 시장영역을 개척하기 위해 노력하여야 한다. 챔벌린은 광고와 같은 판매비용이 소비자 수요를 '창출'한다고 암시하는 또 다른 잘못을 저지르고 있다. 이것은 결정론적 오류이다. 자기 소유자로서 모든 사람은 자유롭게 자신의 가치평가의 척도를 결정한다. 자유시장에서는 아무도 다른 사람에게 그의 제품을 선택하라고 강제할 수 없다. 그리고 여타 그 어떤 개인도 다른 사람을 대신하여 그의 가치를 '창출'할 수 있었던 적은 결코 없었다. 각 개인들은 스스로 자기 자신의 가치를 채택하지 않을 수 없다.[87]

6. 복수가격들과 독점

지금까지 우리는 시장이 어떤 주어진 시점에, 어떤 재화에 대해, 경쟁적 혹은 독점조건들 아래에서, 언제나 하나의 단일한 가격을 형성하려는 경향이 있다는 것을 살펴보았다. 그러나 때때로 지속적으로 보이는 하나의 현상은 복수가격들(*multiform prices*)이다(물론 우리는 실제로 동질적 재화를 고려하여야 한다. 그렇지 않으면 서로 다른 재화에 대한 가격의 차이가 있을 뿐이다). 그렇다면, 어떻게 단일가격이 아니라 복수가격들이 나타날 수 있으며, 그런 여러 가격들의 존재는 어떤 의미에서는 자유시장사회의 작동 혹은 윤리를 어기는 것인가?

우리는 가장 먼저 재화들을 다음의 두 가지 종류로 분리하여야 한다. **재판매가 가능한** 재화들과 그렇지 않은 재화들. 후자의 범주에 직접 소비되거나 생산과정에서 모두 소모되는 모든 무형 서비스들이 들어간다. 어떤 경우이건 이들은 스스로 첫 번째 구매자에 의해 재판매될 수 없다. 재판매될 수 없는 서비스들은 또한 유형재화의 임대사용을 포함한다. 왜냐하면 이 경우 그 재화 자체는 구매된 것이 아니라 오히려 일정기간 동안 그것의 단위서비스가 구매되었기 때문이다. 그 예로는 화물차의 공간 '임대'를 들 수 있을 것이다.

먼저 재판매가 가능한 재화들을 살펴보자. 언제 그와 같은 재화들의 지속적 복수가격들이 있을 수 있는가? 하나의 필요조건은 분명히 일부 판매자 혹은 구매자들의 **무지**이다. 예컨대, 어떤 종류의 강철의 시장가격은 톤당 1골드 온스일 수 있다. 그러나 어떤 한 판매자가 완전한 무지로 인해, 톤당 2분의 1골드 온스에 계속 팔 수 있다. 어떤 일이 벌어질까? 우선, 어떤 기업가적인 사람이 그 강철을 이 둔한 친구로부터 살 것이고, 이것을 시장가격에 다시 팔 것이다. 이렇게 하여 결과적으로 단일가격을 형성하게 된다. 둘째, 여타 구매자들도 싼 물건을 사기 위해 첫 번째 구매자보다 좋은 조건을 내세우며 달려들 것이며, 이렇게 해서 판매자에게 그가 너무 낮게 가격을 책정했음을 알게 만들 것이다. 마지막으로, 지속적으로 무지한 판매자는 그 사업에서 오래 남아 있지 않을 것이다(물론, 그 판매자가 '박애'를 이유로 시장가격보다 더 낮은 가격으로 팔려는 강력한 동기를 가지고 있을 수 있다. 그러나 만약 그가 이를 지속한다면, 그는 단지 자선이란 소비재를—그 자신에게—구매하고 더 낮은 수입을 통해 그 가격을 지불하는 것이다. 그는 여기에서 마치 그가 이윤이 줄어드는 대가를 치르고 신통치 못한 조카를 고용할 때처럼 기업가라기보다는 소비자로서 행동하고 있다. 그래서 이것은 재화가 **언제나** 동질적이어야 하는 복수가격책정의 진정한 사례라고 할 수 없을 것이다).

다른 조건에 있는 구매자도 마찬가지로 그렇지 않다. 만약 강철의 시장가격이 1골드 온스일 때, 어떤 한 구매자가 이에 대해 무지하여 톤당 2골드 온스에 계속 사고 있다면, 일부 다른 구매자들은 그에게 그 강철을 훨씬 더 싼값에 다시 팔고자함으로써 곧 그의 실수에 대해 그 구매자에게 알려줄 것이다. 만약 단지 하나의 판매자만 있다고 하더라도, 더 싸게 산 구매자는 시장가격을 몰랐던 구매자에게 여전히 더 높은 가격으로 이윤을 남기면서 다시 판매할 수 있다. 그리고 지속적으로 무지한 구매자는 그 사업에서 결국 쫓겨날 것이다.

재판매가 가능한 재화에 대해 복수가격이 아마도 확립될 수 있는 유일한 경우는 다음과 같다. 즉, 그 재화가 최종적 구매자인 소비자들에게 팔리고 있는 경우이다. 기업가적 구매자들은 가격차이에 대해 민감하고 더 낮은 가격에서 재화의 구매자가 다른 구매자들에게 더 높은 가격으로 재판매할 수 있는 반면, 최종적 소비자들은 한

번 구매하고 나면 보통 재판매를 고려하지 않기 때문이다. 고전적인 경우가 중동의 재래시장에서 쇼핑하는 미국 여행객의 사례이다.[88] 그 여행객은 소비자시장에 대한 철저한 조사를 할 시간이나 뜻도 가지고 있지 않으며, 그래서 각 여행객은 어떤 재화의 현행가격에 대해 알지 못한다. 그래서 판매자는 각 구매자를 분리하여 같은 재화에 대해 가장 구매의사가 강한 구매자들에게 최고가격을 부르고, 구매의사가 그 다음으로 강한 구매자들에게는 최고가격보다는 조금 낮은 가격을, 한계적 구매자들에게는 훨씬 낮은 가격을 부를 수 있다. 이런 식으로 그 판매자는 일반적으로 모든 판매자들이 꿈꾸지만 이루지 못하는 목적을 달성한다. 구매자들이 "소비자 잉여"를 더 많이 뽑아내는 것. 여기에서 두 가지 조건이 충족되고 있다. 소비자들이 현행가격에 대해 무지할 것, 그리고 시장에서 재판매하지 않을 것.

복수가격책정이 자주 공격을 받듯이, 생산구조를 왜곡하고 어떤 방식으로든 부도덕하고 착취적인가? 어떻게 해서 이것이 부도덕한 것인가? 판매자는 언제나 그렇듯이 자발적 교환에서 그의 소득을 최대화하고자 하고 있으며, 확실히 소비자들의 무지가 그의 책임은 아니다. 만약 구매자들이 스스로 정보를 알고자 수고하지 않는다면, 그들은 그들의 심리적 잉여의 일부가 판매자의 판매협상에 의해 잃게 될 것을 각오하고 있다고 볼 수 있다. 구매자 입장에서도 이런 행동이 비합리적인 것도 아니다. 왜냐하면 우리는 **구매자들이 시장조건들에 대해 알기 위해 노력하거나 돈을 쓰지 않고 그냥 무지한 채 있기를 더 선호하고 있다**고 소비자행동으로부터 추론할 수 있기 때문이다. 어떤 분야의 지식을 획득하기 위해서는 시간이 걸리고, 돈이 들 때도 많다. 그래서 어떤 주어진 시장에서 어떤 한 개인이 가격에 대해 그의 운에 맡기고 그의 희소한 자원을 가격조사가 아닌 다른 방향에 사용하고자 하는 것은 완벽하게 합리적이다. 이런 선택은 휴가를 즐기는 여행객의 경우에는 수정처럼 명확하지만, 그 외 다른 시장에서도 마찬가지로 가능하다. 더 높은 가격을 받아들이고 시장에 대해 배우는 데 시간과 돈을 쓰지 않고자 하는 일정에 쫓기는 여행객, 그리고 중동의 재래시장에 대한 집중적 연구로 시간을 보내는 동반 여행객, 이 두 사람 모두 그들의 선호를 드러내고 있을 뿐이다. 인간행동학은 이 두 사람 가운데 누가 더 합리적인지 말해 주지 않는다. 거기에다 이 두 여행객의 경우 잃거나 얻은 소비자 잉여를 측정할 방법이 전혀 존재하지 않는다. 그러므로 우리는 재판매가 가능한 재화들의 경우, 복수가격책정이 전혀 생산요소의 배분을 왜곡하지 않는다고 결론내려야 한다. 왜냐하면, 오히려 복수가격책정이 소비자 선호의 만족과 일치하며, 여행객의 경우에는 소비자 선호의 만족과 일치하는 **유일한** 가격책정이기 때문이다.

여기에서 재래시장에서의 그 판매자가 소비자의 심리적 잉여를 얼마나 뽑아갔는지에 상관없이 그것을 **모두** 뽑아가지는 않았다는 점이 강조되어야 한다. 그렇지 않다면, 판매가 전혀 이루어지지 않았을 것이다. 교환이 자발적이었으므로, 양측 모두 교환을 통해 여전히 이득을 얻고 있다.

만약 그 재화가 다시 판매할 수 없는 것이라면 어떻게 되는가? 그 경우, 복수가격책정이 성립되기 위해 무지가 필요한 것이 아니기 때문에 복수가격책정의 여지는 훨씬 더 크다. 판매자는 무형의 서비스를 B보다 A에게 더 높은 가격으로 팔 때, B가 A에게 다시 더 낮은 가격으로 판매할 수 있다는 걱정을 하지 않아도 된다. 그래서 대부분의 경우 복수가격책정은 무형재의 영역에서 발생한다.

이제 판매자 X가 그의 고객들에 대해 복수가격들을 확립할 수 있었다고 해보자. 그는 예컨대 변호사인데, 같은 법률서비스에 대해 가난한 고객보다 부유한 고객에게 더 높은 수수료를 부과할 수 있다. 판매자들 사이에 경쟁이 여전히 존재하므로, 또 다른 변호사 Y가 이 분야로 들어와 X의 부유한 고객에 대한 가격보다 더 낮은 가격을 제시하지 않을 이유가 있겠는가? 사실, 이것이 일반적으로 벌어지는 일이다. 고객들 사이에 "분리된 시장들"을 확립하고자 하는 시도는 더 이윤이 나는 고가의 분야로 다른 경쟁자들이 참가하도록 하고 이에 따라 결국 가격을 낮추도록 하여 수입이 감소되고 하나의 가격이 다시 형성되도록 만든다. 만약 어떤 판매자의 서비스가 통상적인 것이 아니며 그에게 필적할 유효한 경쟁자들이 없다는 사실이 일반적으로 인식되고 있으면, 그는 아마도 복수구조를 유지할 수 있을 것이다.

복수가격책정을 확립하기 위해 충족되어야 할 조건 가운데 아주 단순하지만 매우 중요한 조건 하나를 아직 언급하지 않았다. 이것은 복수로부터의 총수입이 단일형태보다 더 커야만 한다는 조건이다. 구매자 한 사람이 단지 어떤 한 재화 한 단위만을 살 수 있을 때 이것은 전혀 문제가 되지 않는다. 만약 재판매할 수 없는 재화의 판매자가 단지 한 사람이거나 한 사람일 수밖에 없고, **아울러** 각 구매자가 한 단위 이상 구매할 수 없으면, (경쟁자들에 의한 가격인하를 막게 되어) 복수가격책정이 확립되는 경향이 있을 것이다. 왜냐하면 그 판매자의 총수입은 언제나 각 구매자의 소비자 잉여를 더 많이 뽑아냄으로써 더 커질 것이기 때문이다.[89]

그러나 만약 어떤 한 구매자가 한 단위 이상을 살 수 있다면, 수입이 문제가 된다. 왜냐하면 그렇게 될 때, 더 높은 가격이 부과되면, 각 구매자가 그의 구매를 줄일 것이기 때문이다. 이렇게 되면 팔리지 않은 재고가 남게 되고, 판매자는 지금까지 한계 이하 구매자들의 수요를 이끌어내기 위해 그의 가격을 가상적 단일가격보다 더 낮게 책정하여야 재고를 처분할 수 있을 것이다. 그래서 어떤 한 재화의 단일가격이 단위당 10골드 그레인이고 그 가격에서 100단위가 팔렸다고 해보자. 그 판매자는 이제 각 구매자를 분리된 시장으로 분할하고 소비자 잉여들을 더 많이 뽑아가기로 결정한다. 거의 한계적 구매자들 이외에도 모든 여타 구매자들이 자신의 가격이 인상되었음을 발견하게 될 것이다. 그들은 구매를 예컨대 85단위로 줄일 것이며, 나머지 15단위는 지금까지 한계 이하 구매자들이었던 새로운 사람들에게 가격을 인하함으로써 팔릴 것이다.

복수가격제는 오직 총수입이 단일가격제가 제공하는 것보다 더 클 경우에 한해서만 성립될 수 있다. 이 조건이 항상 충족되는 것은 결코 아니다. 왜냐하면 한계 이하의 구매자들에게서 얻을 수 있는 수입이 보상해 주는 것 이상으로 한계 이상의 구매자들이 그들의 구매를 줄일 수 있기 때문이다.[90]

복수가격책정은 경제학자들과 일반인들로부터 기이한 대접을 받아왔다. 어떤 경우에는, 이것이 소비자들에 대한 사악한 착취로 간주되었다. 다른 경우들에는(예컨대, 의약과 교육) 이것은 칭송할 만하고 인간적이라고 간주되었다. 실제로는 이것은 그 어느 쪽도 아니다. 확실히 가장 원하는 사람이 그들의 소망의 크기[실제에서 보통 그들의 부(富)에 의해 측정되는]에 비례하여 **지불한다**는 것이 **규칙**은 아니다. 왜냐하면 그렇게 되면 모든 사람이 모든 것에 대해 그의 부에 비례하여 지불할 것이며, 전체 화폐경제체제는 붕괴될 것이기 때문이다. 이 경우 화폐는 더 이상 기능하지 않는다(아래 제12장 참조). 만약 일반적으로 이것이 분명하다면, 왜 특정한 재화들은 이런 취급을 받도록 특별히 지정되어야 하는지 선험적 이유를 발견하기 어렵다. 다른 한편, 복수가격이 이루어지고 있다고 해서 소비자들이 '착취당하고' 있는 것이 아니다. 한계구매자 및 한계 이하 구매자들이 착취당하지 않고 있다는 것은 분명하다. 한계 이하 구매자들은 명백히 이득을 얻는다. 소비자잉여를 더 적게 얻게 되는 한계 이상 구매자들은 어떤가? 일부의 경우에는 이들은 이득을 얻는다. 왜냐하면 '가격차별'에 의해 제공되는 더 큰 수입이 없이는 그 재화가 전혀 공급되지 않았을 것이기 때문이다. 예를 들어, 단일가격에 의해 제공되는 낮은 수입으로 연명하기에 급급하다면 농촌지역을 떠나고자 하는 시골의사를 고려해보자. 그리고 만약 그 의사의 서비스가 여전히 제공되고 있다고 하더라도, **한계 이상**의 구매자들이 아무튼 그 판매자로부터 구매함으로써 계속 그의 후원자가 되고 있다는 **사실은** 이 구매자들이 겉보기에 차별적 가격책정에 만족하고 있음을 가리킨다. 그렇지 않다면, 그들은 금방 개인적으로 혹은 집단적으로 그 판매자를 보이콧하고, 그 판매자의 경쟁자의 후원자가 될 것이다. 그들은 단순히 한계 이하 구매자들보다 더 지불하기를 거절할 것이며, 이는 판매자가 재빨리 그의 가격을 낮추도록 유도할 것이다. 그들이 그렇게 하지 않는다는 사실은 그들이 특정한 경우 단일가격보다 복수가격을 **선호한다**는 것을 보여준다. 그 일례가 사립학교교육이다. 사립학교교육에서 흔히 유능하나 가난한 젊은이들이 장학금으로 다니고 있으며, 명백하게 수업료 전부를 지불하는 부유한 부모들이 이것을 부당하다고 생각하지 않는다. 그러나 만약 그 판매자가, 한계 이상의 구매자들에게 서비스를 제공하는 데 있어 경쟁을 제한할 수 있도록 해주는 정부로부터의 독점적 특권을 부여받았으면, 그들은 구매자들이 명백하게 선호를 즐기지 않는 경우에도 복수가격을 형성할 수 있을 것이다. 왜냐하면 여기에서 정부의 강제가 들어와 선호의 자유로운 표현을 막기 때문이다.[91]

지금까지 우리는, 소비자시장에서 판매자에 의한 (소비자 잉여를 뽑아내는) 가격차별에 대해 논의하였다. 생산재시장에서도 그런 차별이 가능한가? 오직 그 재화가 재판매될 수 없고, 총수입이 복수가격 아래에서 더 크고, **아울러** 한계 이상의 구매자들이 지불하고자 하는 경우에 한해서만 그렇다. 한계 이상 구매자의 지불의사는 이 구매자들이 그 재화에 대해 자기 기업에서 여타 구매자들이 그들의 기업에서보다 더 높은 DMVP를 가질 때 발생할 수 있다. 이 경우, 복수가격 아래에 있는 그 재화의 판매자는 한계 이상의 구매기업이 벌던 임대료를 흡수하고 있다. 그런 가격책정의 가장 두드러진 경우가 철도화물운송회사가 여타 기업들보다 단위 무게당 고가인 화물을 운송하는 기업들에 대해 '차별'하는 것이다. 물론 그런 이득은 장기적으로는 철도화물회사에 남는 것이 아니라 철도회사의 토지와 노동요소에 의해 흡수된다.

그 재화가 재판매가능하지 않을 때 (그리고 판매자들 사이의 무지가 가정되지 않을 때) **구매자들**에 의한 가격차별이 있을 수 있는가? 아니다. 그럴 수 없다. 왜냐하면, 예컨대 한 노동자에 의해 부과되는 최저유보가격(minimum reserve price)은 그가 다른 곳에서 잃게 된 기회비용에 의해 결정되기 때문이다. 한마디로, (비록 그는 전혀 아무것도 벌지 않는 것보다는 2온스를 택하겠지만) 만약 어떤 사람이 기업 A에서 그의 노동서비스에 대해 일주일에 5골드 온스를 받고 있다면, 그는 주당 2온스를 수락하지 않을 것이다. 왜냐하면 그는 거의 5온스를 다른 곳에서 벌 수 있기 때문이다. 그리고 판매자에 대한 가격차별의 의미는 어떤 한 구매자가 그 판매자가 (운송비용 등을 제외하고) 다른 곳에서 벌 수 있는 것보다 같은 재화에 대해 더 적게 지불할 수 있다는 것이다. 그래서 판매자들에 대한 가격차별은 전혀 존재할 수 없을 것이다. 만약 재래시장에서의 무지한 소비자들의 경우에서처럼, 판매자들이 무지하다면 우리는 판매자들이 시장에 대해 더 많이 알기 위한 비용과 고생보다 더 낮은 소득을 선호한다고 추론할 수밖에 없다.

7. 특허와 저작권

이제 특허권과 저작권으로 돌아와서, 다음과 같이 질문을 던져보자. 이 두 가지 가운데 어느 것이 순수한 자유시장과 조화를 이루는가, 그리고 어느 것이 국가에 의한 독점특권을 부여하는 것인가? 여기에서는 우리는 순수 자유시장의 경제학을 분석하고 있다. 순수 시장경제에서는 개별 인격과 재산은 간섭의 대상이 아니다. 그러므로 특허권 혹은 저작권이 순수 자유, 비침해적 사회에서 발생할 것인지 혹은 정부간섭의 기능인지에 대해 판단하는 것이 중요하다.

거의 모든 저술가들은 특허권과 저작권을 함께 일괄적으로 다룬다. 대부분은 두 가지 모두를 국가에 의한 배타적 독점특권의 부여로 간주한다. 소수의 저술가들만이 두 가지를 자유시장에서 재산권의 일부이고 한 꾸러미로 보았을 뿐이며, 대부분이 특허권과 저작권을 동등한 것으로 간주하였다. 즉, 하나는 기계발명 분야에서의 배타적 재산권을 주는 것이고, 다른 하나는 글로 된 창작분야에서 배타적 권리를 주는 것으로 보았다.[92] 그러나 특허권과 저작권을 하나로 취급하는 것은 전적으로 잘못된 것이다. 두 가지는 자유시장에 대한 관계에서 서로 완전히 다르다.

어떤 하나의 특허권이나 하나의 저작권이 둘 다 배타적 재산권이라는 것은 옳다. 그리고 그들이 둘 다 혁신에서의 재산권이라는 것도 또한 옳다. 그러나 그들의 **법집행**(legal enforcement)에서는 결정적 차이점이 존재한다. 만약 저자 혹은 작곡자가 그의 저작권이 침해받고 있다고 믿는다면, 그리고 그가 법적 행동을 취한다면, 그는 "피고가 침해받았다고 주장되는 작품에 '접근'했다는 것을 증명하여야 한다. 만약 피고가 원고의 저작과 동일한 어떤 것을 우연히 만든다면, 거기에는 침해가 없다."[93]

다시 말해, 저작권들은 암묵적 절도의 기소에 그 기초를 가지고 있다. 원고는 피고가 전자의 창작에 대해 그 혹은 다른 사람의 원래 판매자와의 계약을 어기고 그것을 재생산하고 스스로 판매함으로써 훔쳤다는 것을 증명하여야 한다. 그러나 만약 피고가 독립적으로 같은 창작에 도달하였다면, 원고는 피고를 그의 생산물을 사용하고 판매하는 것을 방지하는 저작권 특권을 가지지 않는다. 이에 비해, 특허권은 완전히 다르다. 그래서:

> 당신은 당신의 발명에 대해 특허를 냈고, 당신은 신문에서 당신의 마을로부터 2천 마일 떨어진 곳에 사는 존 도가 동일한 혹은 유사한 장치를 발명하였고, 이를 EZ회사가 제조하도록 라이선스계약을 하였다는 기사를 읽었다.…존 도나 EZ회사는…당신의 발명에 대해 전혀 들어보지 못했다. 이들 모두가 존 도가 새로운 독창적 장치의 발명자라고 믿고 있다. 그들은 모두 당신의 특허침해라는 죄가 있을 수 있다.…진정한 사실에 대한 무지와 고의적이지 않았다는 사실이 이를 정당화하지 않는다.[94]

그래서 특허권은 암묵적 절도와 아무 상관이 없다. 특허권은 최초의 발명자에게 배타적 권리를 부여하며, 만약 다른 사람이 상당히 독립적으로 같은 혹은 유사한 기계나 제품을 발명한다고 하더라도 후자는 폭력에 의해 이를 생산에 사용하는 것이 금지될 것이다.

우리는 제2장에서 어떤 관행 혹은 법이 자유시장과 조화되는지 그 여부를 판단하는 신랄한 테스트는 바로 다음의 것임을 살펴보았다. 불법화된 관행이 암묵적 혹은 명시적 절도인가? 만약 절도라면, 자유시장은 그것을 불법화할 것이다. 만약 그렇지 않다면, 이를 불법화한 것 자체가 정부의 자유시장에 대한 간섭이다. 저작권을 고려해보자. 한 사람이 어떤 책을 쓰거나 어떤 음악을 작곡한다. 그가 그 책 혹은 한 곡을 출판하면서 첫 페이지에 '저작권'이라는 단어를 인쇄한다. 이것은 이 제품을 구매하고자 동의하는 사람은 또한 그 교환의 일부로서 이 작품의 판매를 위해 다시 복사하거나 복제하지 **않겠다**는 데 동의한다는 것을 나타낸다. 다시 말해, 저자는 그의 재산권을 그 구매자에게 몽땅 다 넘기지 않는다. 그는 그 구매자가 판매를 위해 복제하지 않겠다는 **조건**에서 이것을 판매한다. 그 구매자는 그 재산권을 완전히 구매하지 않고 단지 이 조건 아래에서 구매하였으므로, 그 혹은 그 이후의 구매자에 의한 계약의 침해는 **암묵적 절도**이며, 자유시장에서는 이에 상응하게 처리될 것이다. 그러므로 저작권은 자유시장에서의 논리적 장치이다.

특허 보호의 일부는 이제 발명가에 의해 자유시장에서 '저작권' 보호의 방식으로 달성될 수 있을 것이다. 그래서 발명가가 이제 그들의 기계들에 특허가 된 것임을 **표시하여야** 한다. 그 표시는 구매자들에게 그 발명은 특허가 되어 있으며, 그들은 그 특허를 판매할 수 없다는 것을 알려준다. 그러나 이와 동일한 효과가 특허권 없이도 저작권을 확대하여서도 달성할 수 있다. 순수 자유시장에서 발명가는 그의 기계에 **저작권**을 표시할 수 있고, 그 기계를 사는 사람은 이윤을 얻기 위해 그와 같은 기계를 복제하거나 판매하지 않는다는 **조건**으로 구매한다. 이 조건의 그 어떤 침해도 암묵적 절도가 될 것이고, 자유시장에서는 이에 상응하게 처벌될 것이다.

특허권은 그와 같은 저작권을 넘어서는 정도만큼 정확하게 자유시장과 양립할 수 없다. 그와 같은 기계를 구매하지 않았던 사람이 독립적으로 똑같은 발명을 하였다면 자유시장에서는, 그는 발명을 완전하게 사용하고 판매할 수 있을 것이다. 특허권은 모든 재산권이 그의 것이고, 그가 그 발명을 명시적으로든 암묵적으로든 처음 발명가로부터 훔치지 않았음에도 불구하고, 어떤 사람이 자신의 발명을 사용하는 것을 막는다. 그러므로 특허권은 국가에 의한 배타적 독점특권의 부여이며 시장에서의 재산권을 **침해한다**.

특허권과 저작권의 결정적 차이는, 하나는 기계에 관한 것이고 다른 하나는 저작에 관한 것이 아니다. 그런 식으로 적용되었다는 사실은 역사적 우연일 뿐이며, 이들 사이의 결정적 차이를 드러내주지는 않는다.[95] 결정적 차이점은 저작권은 자유시장에서 재산권의 논리적 속성인 반면, 특허권은 독점특권의 부여를 통한 재산권 침해라는 점이다.

특허권을 기계발명에 적용하고 저작권을 문학적 저술들에 부여하는 것은 특히 적절하지 못하다. 거꾸로 하는 것이 자유시장과 더 보조를 맞추는 것이 될 것이다. 왜냐하면, 문학적 창작물들은 개인의 독특한 제품이기 때문에, 이 제품들이 독립적으로 다른 사람에 의해 복제된다는 것은 거의 불가능하기 때문이다. 그러므로 문학적 저술들에 대해서는 저작권 대신 특허권을 주더라도 실제에서는 별 차이가 없을 것이다. 한편, 기계적 발명들은 개인적 창조물이기보다는 자연법칙의 발견들이며, 따라서 유사한 독립적 발명들이 언제나 출현한다.[96]

동시적 발명은 익숙한 역사적 사실이다. 그래서 만약 자유시장을 유지하기 원한다면, 기계의 발명에 대해 특허권이 아니라 저작권을 허용하는 것이 특별히 중요하다. 보통법은 자주 자유시장과 조화되는 법에 대한 좋은 길잡이가 되었다. 따라서 보통법의 저작권이 **미(未)발간** 원고들에 대해 존재했던 반면, 보통법의 **특허권**과 같은 것은 존재하지 않는다는 것은 놀라운 일이 아니다. 보통법에서는, 발명가는 또한 그의 발명을 발표하지 않고 절도로부터 안전하게 지킬 권리를 가지고 있다. 즉, 그는 발표하지 않은 발명에 대한 저작권에 상응하는 권리를 지니고 있다.

그러므로 자유시장에서는 특허권과 같은 것은 존재하지 않는다. 그러나 그 어떤 발명가나 창조자에게는 자신의 창조물을 사용할 저작권이 존재할 것이며, 이 저작권은 영구적이고, 어떤 일정한 수의 연도로 제한받지 않는다. 명백히, 완전하게 어떤 한 개인의 재산이 되려면, 어떤 재화는 영구적으로, 그리고 지속적으로 그 사람과 그의 상속인과 양도인의 재산이어야 한다. 만약 국가가 어떤 한 사람의 재산권이 특정한 날짜에 종료된다고 천명한다면, 이것은 그 국가가 실질적 소유자이며, 국가가 단순히 그 사람에게 재산의 사용을 일정기간 동안 부여한다는 것을 뜻한다.[97]

일부 특허권의 옹호자들은 특허권이 독점특권이 아니라 단지 발명 혹은 '아이디어'에 대한 재산권이라고 단언한다. 그러나 우리가 살펴본 것처럼, 모든 사람의 재산권은 특허권이 없이도 자유주의 법률에서 방어된다. 만약 어떤 사람이 어떤 한 아이디어를 가지고 있고 발명품을 만들고 이것이 그의 집에서 도둑맞았다면, 이 도둑질은 일반적 법 아래에서 불법적인 절도행위이다. 다른 한편, 특허권들은 어떤 아이디어 혹은 발명품을 특허권자 이후에 그런 발견을 한 **독립적** 발견자들의 재산권을 실제로 **침해한다**. 그러므로 특허권들은 재산권을 방어하기보다는 침해한다. 특허가 아이디어에 대한 재산권을 보호한다는 주장이 외양상으로만 그럴 듯하다는 사실은 모든 유형이 아니라 단지 일정한 유형의 아이디어들과 혁신들만이 특허가 가능하다는 사실에 의해 설명된다.

특허를 지지하는 또 하나의 공통된 주장은 '사회'가 그 발명의 비밀을 이용할 수 있도록 단순히 그 발명가와 그의 비밀을 구매하는 계약을 맺는다는 것이다. 우선, '사회'는 그 발명가에게 직접적 보조금, 혹은 가격을 지불할 수 있었다. 사회는 모든 후발 발명가들이 이 분야에서 그들의 발명품들을 시장에 내놓지 못하도록 막을 필요는 없었을 것이다. 둘째, 자유경제에서 어떤 개인이나 집단이 비밀 발명품들을 그들의 창작자들로부터 구매하는 것을 막는 것은 아무것도 없다. 그 어떤 독점적 특허권도 필요하지 않다.

경제학자들 사이에서 가장 잘 알려진 특허 지지 주장은 일정한 햇수 동안의 특허가 발명과 생산방식 및 제품의 혁신을 위한 충분한 양의 연구지출을 장려하기 위해 필요하다는 공리주의 주장이다.

이것은 매우 기이한 주장이다. 왜냐하면 당장 다음과 같은 의문을 일으키기 때문이다. 어떤 기준으로 당신은 연구지출이 "너무 많다"거나 혹은 "너무 적다" 아니면 아주 적당하다고 판단하는가? 이는 **모든** 정부의 시장생산에 대한 간섭이 직면하는 문제이다. 사회의 자원들—양질의 토지, 노동자들, 자본재들, 시간—은 제약되어 있으며, 이 자원들은 무수히 많은 다른 용도들에 사용될 수 있다. 무슨 기준으로 일부 사람들이 특정한 용도들이 "과도하며" 어떤 용도들이 "불충분하다"고 단언하는 것인가? 어떤 사람이 애리조나에는 투자가 별로 이루어지지 않는 반면, 펜실베이니아에는 많은 투자가 이루어지고 있다는 것을 관찰하였다. 그는 분연히 애리조나는 더 많은 투자를 받을 자격이 있다고 단언한다. 그러나 그는 이런 주장을 하기 위해 어떤 기준을 사용할 수 있는가? **시장**은 합리적 기준을 **가지고 있다**. 가장 높은 화폐소득과 가장 큰 이윤. 왜냐하면 이 두 가지는 오직 소비자 욕구를 가장 잘 충족시켰을 때 달성될 수 있기 때문이다. 소비자와 생산자 모두에 대한—즉, 모든 사람에 대한—최고의 서비스 원칙은 겉보기에 신비스런 시장의 배분과정을 지배한다. 한 기업 혹은 다른 기업에, 한 분야 혹은 다른 분야에, 현재 혹은 미래에, 하나의 재화 혹은 다른 재화에, 다른 투자형태에 대비한 연구지출에, 얼마나 자원을 투여할 것인지를 결정한다. 이런 배분을 비판하는 관찰자는 의사결정을 위한 그 어떤 합리적 기준도 가질 수 없다. 그는 단지 자의적 변덕을 가질 뿐이다. 이는 특별히 **생산**관계들에 대한 비판에 특히 잘 적용된다. 화장품을 너무 많이 구매한다고 소비자들을 비난하는 어떤 이가 있다면, 그는 옳든 그르든 그의 비판의 어떤 합리적 근거를 가지고 있을 수 있다. 그러나 어떤 자원이 더 많이 혹은 적게 어떤 방식으로 사용되어야 한다든가 혹은 어떤 기업들은 "너무 크다" 혹은 "너무 작다"든가 혹은 연구나 새로운 기계에 너무 적은 돈이 투자되고 있다고 생각하는 사람은 그의 비판에 그 어떤 합리적 근거도 가지고 있지 않다. 한마디로 기업들은 시장을 위해, 그 시장에서 소비자들의 궁극적 가치평가에 인도받으면서 생산하고 있다. 외부관찰자들은 만약 그들이 원한다면, 소비자들의 궁극적 가치평가를 비난할 수 있을지 모르지만—비록 만약 그들이 이 가치평가들에 근거해서 소비에 간섭한다면, 소비자들의 효용의 손실을 강제하는 것이지만—그러나 그들은 **수단**에 대해 정당하게 비판할 수 없다. 즉, 이 목적들(가치평가들)에 봉사하는 생산관계들, 요소들의 배분 등의 수단에 대해 정당하게 비판할 수 없다.

자본기금들은 제한되어 있으며, 다양한 용도들에 배분되어야 한다. 이 용도들 가운데 하나가 연구지출이다. 시장에서는 연구지출을 확정할 때 불확실한 미래에 대한 최선의 기업가적 예상에 맞추어 합리적 결정들이 이루어진다. 강제로 연구지출을 장려하는 것은 시장에서 소비자들과 생산자들의 만족을 왜곡하고 간섭하는 결과를 초래할 것이다.

많은 특허권 지지자들은 시장의 통상적 경쟁조건이 새로운 생산방법의 선택을 충분히 장려하지 않으며, 그래서 발명이 정부에 의해 강제적으로 장려되어야 한다고 믿는다. 그러나 시장은 새로운 지리적 지역의 산업화 속도를 결정하는 것과 꼭 마찬가지로, 새로운 생산방법의 도입속도를 결정한다. 사실—가치 있는 새로운 생산방법들의 도입을 허용하는 데 시장과정만으로는 충분하지 않다고 보는—이 특허의 주장은 관세를 지지하는 유치산업보호론과 매우 유사하다. 그리고 이 두 가지 주장 모두에 대한 대답은 마찬가지이다. 사람들은 새로운 생산방법의 우월성을 이를 설치하는 데 드는 비용에 대비하여—즉, 이미 건설되어 존재하는 종래의 생산방법이 지닌 장점들에 대비하여—균형을 맞추어야 한다. 강제적으로 혁신들을 특권화하는 것은 불필요하게 가치 있는 기존의 공장들을 허물게 하고, 소비자들에게 과도한 부담을 부과할 것이다. 왜냐하면 그렇게 되면 소비자들의 욕구들이 가장 저렴한 방식으로 충족되지 않을 것이기 때문이다.

특허들이 연구지출을 북돋우어 절대량을 증대시키는지는 결코 자명하지 않다. 그러나 확실히 특허들은 실행되는 연구지출의 **유형**을 왜곡한다. 왜냐하면 **최초의** 발견자가 그 특권들로부터 혜택을 보는 것은 사실인 반면, 경쟁자들이 오랜 기간 동안 그 분야에서의 생산으로부터 배제되는 것 또한 사실이기 때문이다. 그리고 하나의 특허는 같은 분야에서 연관된 것을 기초로 하여 부가되는 것이므로, 흔히 경쟁자들이 그 특허에 의해 보호받는 일반적 분야에서 **더 이상** 연구지출을 하지 않도록 무한정 위축될 수 있다. 게다가 특허를 받는 사람 자신이 이 분야에서 더 이상 연구하지 않게 될 수 있다. 왜냐하면, 특허를 받은 전 기간 동안 그 어떤 경쟁자도 자신의 영역을 침해하지 않는다는 확신으로 특허의 특권이 그 자신의 영예에 안주하도록 할 가능성이 높기 때문이다. 더 이상의 연구에 대한 경쟁압력이 배제된다. 그래서 연구지출은 아무도 특허를 받기 이전에는 **과도하게 자극을 받는** 반면, 특허 부여 이후에는 특허기간 동안 연구지출이 **과도하게 제한된다**. 이에 더하여, 일부 발명들은 특허를 얻을 수 있는 것으로 간주되는 반면, 다른 발명들은 그렇지 않다. 그래서 특허체제는 **특허 가능** 분야의 연구지출을 인위적으로 자극하는 반면, **특허 불가능** 분야의 연구를 인위적으로 제한하는 효과가 있다.

제조업자들이 이견이 전혀 없이 무조건 특허를 선호했던 것은 결코 아니다. 19세기 동안 흥성하던 영국의 특허폐지운동의 지도자였던 맥피(R. A. Macfie)는 리버풀상업회의소(the Liverpool Chamber of Commerce)의 회장이었다.[98] 제조업자 브루넬(I. K. Brunel)은 상원의 한 위원회에서 특허가 특허를 낼 수 있는 아직 시도되지 않은 발명들을 찾기 위해 자원을 낭비하게 하는 효과가 있다고 탄식하며 증언하였다. 그 자원들은 생산에 더 유용하게 쓰일 수 있었다. 그리고 오스틴 로빈슨(Austin Robinson)은 많은 산업들이 특허가 없이도 잘 작동된다는 점을 지적하였다.

실제에서는, 특허 독점들의 강제는 매우 어려울 때가 많다.…그래서 어떤 산업들에서는 경쟁 제조업자들끼리 특허들을 공동의 풀에 두는 것을 더 선호하기도 한다. 그리고 기술적 발명에 대한 충분한 보상을 더 초기의 실험들이 보통 가져다주는 우위선점의 이점에서, 그리고 이로부터 발생할 수 있는 성가가 제고되는 것에서 찾는 것을 선호하기도 한다.[99]

아놀드 플랜트가 경쟁적 연구비지출과 혁신들의 문제를 요약한 것처럼:

만약 기업가들이 그들의 발명의 사용에 대한 독점특권을 잃는다면, 발명가들이 고용되기를 중지할 것이라고 가정할 수 없다. 기업들은 이제 특허를 낼 수 없는 발명들을 위해 그들을 고용하며, 이 기업들은 단순히 우선권이 확보해 주는 이윤을 위해서만 그렇게 하는 것이 아니다. 활발한 경쟁에서는…그 어떤 기업도 경쟁자에 뒤쳐질 여유를 가질 수 없다. 기업의 명성은 앞서 나가서, 제품의 새로운 개선에서 선두주자가 되고 가격을 먼저 낮출 수 있는 능력에 달려 있다.[100]

마지막으로, 물론 시장 그 자체는 어떤 방향으로 충분한 지출이 이루어지지 않고 있다고 느끼는 사람들에게 쉽고 효과적인 길을 제공한다. **그들은 스스로 이런 지출을 할 수 있다.** 더 많은 발명이 이루어지고 활용되는 것을 보기 원하는 사람들은 그래서 자유롭게 서로 모여서 그들이 최선이라고 생각하는 방식으로 그런 노력을 지원할 수 있다. 이런 식으로 그들은 소비자로서 연구와 발명사업에 자원을 보낼 수 있다. 그리고 독점승인을 주고 시장의 배분을 왜곡함으로써 다른 소비자들이 효용을 잃도록 강제하지 않을 것이다. 그들의 자발적 지출은 **시장의 일부**가 될 것이고, 궁극적인 소비자 가치평가를 표현할 것이다. 게다가 나중의 발명가들은 제한받지 않을 것이다. 발명의 친구들은 국가의 지원을 호소하고, 이에 따라 많은 수의 사람들에게 손실을 부과하는 누를 끼치지 않고서도 그들의 목표를 달성할 수 있을 것이다.

NOTES

1 이것은 특정 유형의 재화들뿐만 아니라, 소비자들의 시간선호에 상응한 현재재와 미래재 사이의 배분에도 적용된다.

2 물론, 우리는 이 모든 심리적 요소들과 가치평가들이 '소비'를 구성하며, 그래서 '소비자주권'의 개념이 여전히 유효하다고 단언함으로써 형식적으로는 '소비자주권'의 개념을 구출할 수 있다. 그러나 (여기에서 논의중인 영역인) 시장의 교환학적 맥락에서는 '소비'를 교환가능한 재화의 향유라는 의미를 유지하는 것이 더 적절해 보인다. 자연적으로 마지막 의미에서, 모든 사람은—교환가능한 재화와 그렇지 않은 재화 모두의—궁극적 소비자이다. 그러나 시장은 정의상 단지 교환가능한 재화들만을 다루며, 우리가 시장을 기준으로 소비자와 생산자를 분리할 때, 우리는 교환가능한 재화들의 수요를 공급으로부터 구별하게 된다. 그래서 교환 불가능한 재화를 이 특별한 맥락에서는 소비의 대상으로 간주하지 않는 것이 더 적절하다. 이 점은 개별 생산자들이 아무튼 다른 개인들—'소비자들'의 주권적 지배 아래 놓여 있다는 주장을 논의하기 위해 중요하다.

3 W. H. Hutt, "The Concept of Consumers' Sovereignty," *Economic Journal*, March, 1940, pp.66~77. 허트는 이 용어를 1934년 논문에서 처음 창출하였다. 유사한 개념에 대한 흥미로운 논의로는, Charles Coquelin, "Political Economy," in *Lalor's Cyclopedia*, III, pp.222~223을 참조.

4 일관성이 있으려면, 현재 유행중인 이론에 따르면 크루소와 프라이데이를 서로에게 '독점가격'을 부주하게 부과하는 사악한 '쌍방독점자'들이므로, 국가간섭에 적합하다고 비난하여야 할 것이다!

5 미제스 교수의 말을 인용하면, 상품 p의 생산이 실제보다 더 크지 않은 것은 팽창에 필요한 보완적 생산요소들이 다른 상품들의 생산에 고용되어 있다는 사실에 기인한다.…p의 생산자가 의도적으로 p의 생산을 제한한 것도 아니다. 모든 기업가의 자본은 제한되어 있다. 그는 일반대중의 가장 시급한 수요를 채움으로써 가장 높은 이윤을 낳을 것으로 예상하는 프로젝트들에 자본을 고용한다. 예를 들어, 100단위의 자본을 처분할 기업가는 50단위는 p의 생산을 위해, 그리고 50단위는 q의 생산을 위해 고용한다. 만약 두 생산라인이 모두 이윤을 낸다면, 그가 p의 생산을 위해 예컨대 75단위만큼 되도록 더 고용하지 않았다고 비난하는 것은 이상하다. 그는 q의 생산을 줄임으로써만 p의 생산을 증가시킬 수 있었다. 그러나 q와 관련하여, 불평가들은 마찬가지 비난을 할 수 있었을 것이다. 만약 누군가가 더 많은 p를 생산하지 않았다고 그 기업가를 비난하려면, 그는 또한 더 많은 q를 생산하지 않았다고 비난하여야 한다. 이것이 의미하는 바는 비난하는 사람이 생산요소의 희소성이 있으며, 지구가 환각의 땅이 아니라고 그 기업가를 비난하는 셈이 된다는 것이다. Mises, *Planning for Freedom*, pp.115~116.

6 *Ibid.*, p.115.

7 만약 경제학자들이 페리(Arthur Latham Perry)의 다음과 같은 말을 잘 귀담아들었더라면 많은 오류를 피할 수 있었을 것이다. "수익을 예상하며, 다른 사람의 욕구를 충족시키려고 노력하는 모든 사람은…생산자이다. 라틴어 'producere'는 어떤 것을 판매에 내놓는다는 뜻이다.…우리는 이것이 오직 물질형태에만 적용된다는…그리고 오직 어떤 것을 변형한다는 것만을…의미한다는 개념을 처음부터 제거하여야 한다.…어원의 근본적 의미는, 라틴어에서와 영어에서 모두 판매와 관련된 노력이다. 생산물은 즉각 행해질 수 있는 서비스이다. 생산자는 즉각 팔릴 수 있는 어떤 것을 얻어서 이것을 파는 사람이다." Perry, *Political Economy*, pp.165~166.

8 코즈(R. H. Coase)는 애매함을 밝혀주는 논문에서, 거래가 어떤 한 기업 안에서, 그리고 기업들 사이에 발생하는 정도는 가격기구를 사용하는 데 필요한 비용과 어떤 한 기업 내부에 생산구조를 조직하는 데 드는 비용을 비교형량하는 데 달려 있다고 지적하였다. Coase, "The Nature of the Firm."

9 이 가짜 구별은 베블렌(Thorstein Veblen)이 널리 유통되게 만들었으며, 1930년대 초의 다행히 단기에 끝난

'테크노크라시'(technocracy) 운동에서 계속되었다. 베블렌 전기작가에 의하면, 이 구별은 모든 베블렌 저술들의 기초였다. Joseph Dorfman, *The Economic Mind in American Civilization* (New York: Viking Press, 1949), III, pp.438ff 참조.

10 '정통경제학'의 비용한계에 대한 경시에 대해서는, Robbins, "Remarks upon Certain Aspects of the Theory of Costs"를 참조.

11 Mises, *Human Action*, p.367.

12 벤햄(Benham) 교수가 언급하듯이, 과거에 상대적으로 많은 몫의 생산을 해왔던 기업들은 미래에도 동일한 몫을 요구할 것이다. 팽창하고 있는―예컨대, 특별하게 효율적인 경영으로―기업들은 과거에 얻었던 시장의 몫보다 더 많은 것을 요구할 것이다. 그들의 공장…규모로 측정된 더 큰 생산'설비'를 지닌 기업들은 이에 상응한 더 큰 몫을 요구할 것이다. Benham, *Economics*, p.232. 카르텔이 직면하는 어려움에 대해서는, Bjarke Fog, "How Are Cartel Prices Determined?" *Journal of Industrial Economics*, November, 1956, pp.16~23; Donald Dewey, *Monopoly in Economics and Law*(Chicago: Rand McNally, 1959), pp.14~24; and Wieser, *Social Economics*, p.225를 참조.

13 카르텔 역사의 불안정성에 대한 설명으로는, Fairchild, Furniss, and Buck, *Elementary Economics*, II, pp.54~55; Charles Norman Fay, *Too Much Government, Too Much Taxation*(New York: Doubleday, Page, 1923), p.41; *Big Business and Government*(New York: Double-day, Page, 1912); A. D. H. Kaplan, *Big Enterprise in a Competitive System* (Washington, D.C.: Brookings Institute, 1954), pp.11~12 참조.

14 이 용어들은 아래에서 설명될 것이다.

15 확실히 '동등하다'는 용어를 여기에서는 사용할 수 없다. 변호사 존스의 능력이 교사 스미스와 '같다'고 하는 것은 무엇을 의미하는가?

16 시카고에서 1899년 9월 13~16일에 열린 "트러스트에 관한 시민연합회의" (*the Civic Federation Conference on Trusts*)에서의 그의 연설에 대해서는, *Chicago Conference on Trusts*(Chicago, 1900), pp.253~254를 참조. 이 글은 Benjamin R. Tucker, *Individual Liberty*(New York: Vanguard Press, 1926), pp.248~257에 재수록되어 있다. 이 회의에서 한 변호사는 다음과 같이 말했다. "가격의 통제를 영구적으로 행할 수 있는 경우란 단지 성공적으로 경쟁을 허용하지 않을 정도로 제조방법에서 우월성을 유지할 때뿐이다. 경쟁자들이 합리적 이윤을 낼 수 있도록 해주는 조합에 의해 확립된 그 어떤 가격이 곧 그와 같은 경쟁을 촉발시키고 그 가격을 낮출 것이다." Azel F. Hatch, *Chicago Conference*, p.70. 또한 와일(A. Leo Weil)의 뛰어난 논문을 보라. *Ibid.*, pp.77~96; W. P. Potter, *Ibid.*, pp.299~305; F. B. Thurber, *Ibid.*, pp.124~136; Horatio W. Seymour, *Ibid.*, pp.188~193; J. Sterling Morton, *Ibid.*, pp.225~230 참조.

17 우리의 논의는 도르프만이 공격하였듯이(J. Dorfman, *Economic Mind in American Civilization*, III, p.247), "무엇이든 현존하는 것은 모두 다 옳다"는 것을 암시하는가? 우리는 이 시점에서 경제학의 윤리학과의 관계에 대한 논의로 들어갈 수는 없다. 그러나 우리는 간략하게 자유시장에 관한 우리의 대답이 조건을 단 "그렇소"라는 것을 언급할 수는 있다. 구체적으로 우리의 언급은 다음과 같다. 개인들의 가치척도들이 그들의 실제 행동들에 의해 드러나는 것처럼 주어졌다면, 각 개인의 이들 목적의 최대한의 충족은 오직 자유시장에서만 달성된다. 개인들이 '적절한' 목적들을 가지고 있느냐의 여부는 완전히 다른 질문이며, 경제학에 의해 결정될 수 없다.

18 만약 모든 요소들과 자원이 국가에 의해 절대적으로 통제된다면, 법률적으로 이 자원들을 국가가 소유하는지의 여부는 별 의미가 없다. 왜냐하면 소유권은 통제를 내포하고 있으며, 만약 명목상의 소유자가 강제적으로 통제력을 상실한다면, 이 자원의 실제 소유자는 그 통제자이기 때문이다.

19 우리의 지식으로는 유일한 거대 카르텔을 잠재적 이상으로 예견한 유일한 저술은, Heath, *Citadel, Market, and Altar*, pp.184~187이다.

20 Mises, *Human Action*, p.592.

21 독점에 관한 법률에도 마찬가지의 혼동이 존재하고 있다. 애매함에 대한 헌법상의 경고에도 불구하고, 셔먼 반독점법(*the Sherman Anti-Trust Act*)은 한 번도 그 개념을 정의하지 않고 '독점화 행동'을 불법화하고 있다.

오늘날까지 무엇이 불법적인 독점적 행동에 해당하는지에 대한 분명한 입법적 결정은 아직 이루어지지 않고 있다.

22 물론 우리는 여기에서 기후 등으로부터 기인하는 농업의 특별한 불확실성들은 고려하지 않고 있다.

23 더 이상의 논의는, Murray N. Rothbard, "The Bogey of Administered Prices," *The Freeman*, September, 1959, pp.39~41 참조.

24 이와는 대조적으로, 소비자들은 메이시(Macy) 백화점이 화폐소득을 원하는 정도까지 그 백화점을 통제한다. 이에 관해서는, John W. Scoville and Noel Sargent, eds., *Fact and Fancy in the T. N. E. C. Monographs*(New York: National Association of Manufacturers, 1942), p.312 참조.

25 "가격에 대한 통제"를 소규모 밀 재배자가 아니라 포드자동차에 돌리는 이유로 자주 제시되는 것 가운데 하나는 포드자동차가 너무나 커서 그의 행동이 시장가격에 영향을 주는 데 반해 농부들은 너무나 작아서 그의 행동이 가격에 영향을 주지 않는다는 것이다. 이에 관해서는 아래의 "독점이론"의 비판을 참조.

26 경제학자들은 예를 들어, 똑같은 재화에 대해 더 안락한 환경의 가게에서 더 높은 가격을 지불하는 소비자들이 '비합리적으로' 행동한다고 비판하였다. 사실, 그들은 결코 비합리적으로 행동하지 않고 있다. 왜냐하면 소비자들은 물리적 콩 통조림 깡통만을 사는 것이 아니라 어떤 점원에 의해 어떤 가게에서 판매되는 콩 통조림 깡통을 사고 있다(비록 어떤 재화인지는 그들의 구매에 영향을 주지만). 그와 같은 '비물리적' 고려들은 사업가들에게 훨씬 덜 영향을 주는 까닭은 그들이 '더 합리적인' 소비자여서가 아니라, 그들이 소비자들과 마찬가지로 구매할 때 그들 자신의 가치척도에 더 관심을 가지기 때문이다. 위에서 살펴본 것처럼, 사업가는 일반적으로 순전히 재화들이 시장에서 가져올 예상수입에 의해 동기가 부여된다. '동질적 재화'를 훌륭하게 다루고 있는 논문으로는, G. Warren Nutter, "The Plateau Demand Curve and Utility Theory," *Journal of Political Economy*, December, 1955, pp.526~528 참조. 또한 Alex Hunter, "Product Differentiation and Welfare Economics," *Quarterly Journal of Economics*, November, 1955, pp.533~552 참조.

27 아보트(Lawrence Abbott) 교수는 또한 최근의 뛰어난 이론적 저술 가운데 하나에서, 문명과 경제가 진보함에 따라 생산물들이 점점 더 다양화하고 점점 더 덜 동질적이 되어간다는 사실을 보여주었다. 우선 하나를 들면, 더 큰 다양화는 생산자가 아닌 소비자 수준에서 발생하며, 팽창하는 경제는 한때 소비자 자신에 의해 만들어지던 재화의 더 많은 부분을 차지하며, 이에 따라 소비자들에게 종전에 비해 원료보다는 더 많은 최종재화를 공급한다(밀가루보다는 빵을, 털실보다는 스웨터를 공급한다). 그래서 다양화의 더 큰 기회가 존재한다. 이에 더해, 기업광고가 원래 소비자의 마음에 '진정으로' 존재하지 않았던 제품차별화를 만들어내는 경향이 있다는 친숙한 공격에 대해, 아보트는 그 반대가 더 사실일 가능성이 높으며 진보하는 문명은 종전에는 알지 못했던 차이에 대한 소비자의 인식과 차별을 강화한다고 간결하게 대답하고 있다. 아보트는 다음과 같이 적고 있다. "사람이 점차 문명화됨에 따라, 그는 질적 차이에 대한 인식의 힘을 더 키워간다. 객관적 동질성이 존재하지 않을 때에도 구매자들이 거의 동일한 재화들의 차이를 구별하는 능력이 없거나 구별하려는 마음이 없어서 주관적 동질성이 존재할 수도 있다.…사회가 성숙되고 교육이 개선됨에 따라, 사람들은 더 날카로운 차별의 능력을 개발할 줄 알게 된다. 그들은…예컨대, 단순히 백포도주에 대한 선호가 아니라 1948년산 샤블리스에 대한 선호를 가지게 되는 등 선호를 개발하기 시작한다.…사람들은 그들이 전문가가 아닌 분야에서의 일반적으로 명백한 사소한 차이의 중요성을 과소평가하는 경향이 있다. 음악성이 부족한 사람은 스타인웨이 피아노와 치커링 피아노 사이에 어떤 음률의 차이가 있다는 것을 인정하기를 꺼린다. 그 스스로 이것을 찾을 줄 모르기 때문이다. 골프를 치지 않는 사람은 프로 골프선수에 비해 모든 브랜드의 골프 공이 실질적으로 같다고 믿는 경향이 더 강하다." Lawrence Abbott, *Quality and Competition*(New York: Columbia University Press, 1955), pp.18~19, and chap.I; *Ibid*., pp.45~46; Edward H. Chamberlin, "Product Heterogeneity and Public Policy," in *Towards a More General Theory of Value*(New York: Oxford University Press, 1957), p.96 참조.

28 기이하게도 독점에 관한 엄청난 문헌에도 불구하고, 독점을 정의하는 문제에 고민한 경제학자는 별로 없으며, 이에 따라 이 문제들은 간과되었다. 로빈슨(Joan Robinson) 여사는 그녀의 유명한《불완전경쟁의 경제학》(*Economics of Imperfect Competition*)의 서두에서 이의 어려움을 알았으나 그 책의 나머지 부분에서 그 문제를 회피하고 있다. 그녀는 세심하게 분석해보면, 독점이 모든 생산자의 자기 제품에 대한 통제로 정의될 수도 없거나, 아니면 독점은 단순히 자유시장에서는 전혀 존재하지 않는다고 시인한다. 엄격하게 동질적인 품목은 거의

없는 반면, 소비자의 달러를 얻기 위해 모든 제품들 사이에 경쟁이 벌어지기 때문이다. 로빈슨 여사는 '상식'에 의존하여 독점을 그 제품과 소비자들이 구매할 수 있는 여타 대체품 사이에 '두드러진 차이'가 존재하는 것으로 정의하는 데 의지하여 내림으로써 그와 같은 문제를 회피하기 위해 노력한다. 그러나 이것으로 문제가 해결되지 않는다. 경제학은 무엇보다 우선, 그 어떤 수량적 법칙을 제공할 수 없으며, 그래서 그 차이의 규모에 대해 우리가 말할 수 있는 것은 아무것도 없다. 언제 그 차이가 '두드러지게' 되는가? 둘째, 그와 같은 '법칙들'이 의미가 있다고 하더라도, 수요의 교차탄력성, 제품들 사이의 대체탄력성 등을 측정할 아무런 방법도 존재하지 않는다. 이들 대체탄력성은 언제나 변화하며, 그들이 변하지 않는다고 하더라도 성공적으로 측정될 수 없다. 모든 경제적 요소들이 고정될 수 있는 실험실이 존재하지 않는다. 이 이후 로빈슨 여사는 제품의 이질성에 대한 논의에서는 실질적으로 모든 것을 잊는다. Joan Robinson, *Economics of Imperfect Competition*(London: Macmillan & Co., 1933), pp.4~6; Hunter, "Product Differentiation and Welfare Economics," pp.547ff 참조.

29　Richard T. Ely and others, *Outlines of Economics*(3rd ed.; New York: Macmillan & Co., 1917), pp.190~191에 인용되어 있음. 블랙스톤(Blackstone)은 거의 같은 정의를 하였으며, 독점을 "왕에 의해 허용된 면허 혹은 특권"이라고 불렀다. A. Leo Weil, *Chicago Conference*, p.86 참조.

30　여왕 엘리자베스 1세와 찰스 1세에 의한 엄청난 수의 독점부여는 왕에게 추종하는 판사들로부터도 저항을 불러일으켰으며, 1624년에 의회는 다음과 같이 선언하였다. "모든 독점은 완전히 이 영역의 법들에 완전히 배치되며 따라서 무효이며 앞으로도 무효일 것이다." 이 반독점 정신은 미국에 깊이 스며들었으며, 원래의 매릴랜드(Maryland) 헌법은 독점들이 "가증스러우며, 상업의 원칙에…반한다"고 선언하였다. Ely, *Outlines of Economics*, pp.191~192; Francis A. Walker, *Political Economy*(New York: Henry Holt & Co., 1911), pp.483~484 참조.

31　Francis Wayland, *The Elements of Political Economy*(Boston: Gould & Lincoln, 1854), p.116. 페리(Arthur Latham Perry)에 의한 이 나중의 정의는 다음과 같다. "독점은 그 단어의 도출이 시사하듯이 정부에 의해 어떤 서비스에 대해 부과된 제한이다." Perry, *Political Economy*, p.190. 최근 이 정의는 거의 사라졌다. 최근의 드문 예는 다음과 같이 독점을 정의하고 있다. "독점은 정부가 그 강제력으로 특정한 한 사람 혹은 한 조직 혹은 이들의 결합에 특정한 재화나 서비스를 팔 수 있는 권리를 제한할 때 존재한다.…이는 생계를 꾸려갈 권리의 침해이다." Heath, *Citadel, Market, and Altar*, p.237.

32　와일(Weil)이 언급하고 있듯이, "독점은 연합이나 합의에 의해 창출될 수 없다. 이런 경우에는 배타적 권리를 주는 특허권이 부여되어 있지 않다. 따라서 산업결합의 효과에 적용될 때, 독점이란 용어를 사용하는 것은 완전히 정당화될 수 없다." Weil, *Chicago Conference*, pp.86f.

33　예를 들어, Edward H. Chamberlin, *Theory of Monopolistic Competition* (7th ed.; Cambridge: Harvard University Press, 1956), pp.57ff., 270ff 참조.

34　이 개념들이 애매하여 문제들을 야기할 것이라는 반론이 있을 수 있다. 문제들은 실제로 일어나지만 극복할 수 없는 것이 아니다. 그래서 만약 어떤 한 사람이 조지프 윌리엄스라고 이름이 지어지면, 이것이 다른 사람이 같은 이름을 지니는 것을 배제하며, 미래의 그 어떤 조지프 윌리엄스는 범죄자로 간주될 것인가? 그 대답은 명백히 다른 이로 위장하고자 하는 의도가 없는 한에서는 "아니다". 한마디로, 어떤 한 개인이 소유하는 것은 이름 그 자체라기보다는 그의 인격의 부속물로서의 이름이다.

35　독점가격이론의 분명한 설명으로는, Mises, *Socialism*, pp.385~392; id., *Human Action*, pp.278, 354~384 참조. Menger, *Principles of Economics*, pp.207~225; Fetter, *Economic Principles*, pp.73~85, 381~385; Harry Gunnison Brown, "Competitive and Monopolistic Price-Making," *Quarterly Journal of Economics*, XXII(1908), pp.626~639; Wieser, *Social Economics*, pp.204, 211~212 참조. 이 특별한 경우에서는, '신고전학파'는 '오스트리아학파'를 포함한다.

36　Mises, *Human Action*, p.278.

37　그래서 독점의 단순한 존재는 그 어떤 것도 의미하지 않는다. 저작권이 있는 책의 출판사는 독점자이다. 그러나 그는 아무리 가격을 낮추어도 한 권의 책도 팔지 못할 수 있다. 독점자가 독점화된 상품을 판매하는 모든 가격이 독점가격은 아니다. 독점가격들은 단지 경쟁적 시장이 허용하는 한도까지 판매를 팽창할 때에 비해 독점자가

판매될 총량을 제한하는 것이 더 유리한 그런 경우의 가격에 국한된다. Mises, *Human Action*, p.356.

38 여기에서 우리는 화폐적 지출 혹은 '화폐비용'의 고려들로부터 추상하고 있다. 생산자가 이미 생산된 공급량의 판매를 고려할 때, 그와 같은 과거의 화폐적 지출들은 전혀 적절한 고려의 대상이 아니다. 그가 미래의 판매를 위한 현재와 미래의 생산을 고려할 때, 현재의 화폐비용에 대한 고려가 중요하며, 그 생산자는 최대 순 수익을 위해 노력한다. 실제 화폐비용의 모양이 어떻게 되든, 아무튼 '경쟁지점'(competitive point)을 가장 이윤이 남도록 해줄 정도로 정말 충분히 빠르게 평균화폐비용이 이 지역에서 하락하지 않으면, 어떤 A'평균비용의 지점이 생산지점으로 정해질 것이다. 어떤 산업에서건 하나의 주어진 기업이 이 조건으로 인해 '독점'으로 성장할 수 있다는 데 관심을 가졌던, 반독점 저술가들에게 가장 큰 근심거리가 하락하는 평균비용의 조건이라는 사실은 기이하다. 그러나 만약 특히 중요한 것이 독점이 아니라 '독점가격'이라면, 그와 같은 근심은 명백히 근거가 없는 것이다. 독점이론에서의 비용 고려들이 일반적으로 중요하지 않다는 사실에 대해서는, Chamberlin, *Theory of Monopolistic Competition*, pp.193~194 참조.

39 독점가격이론과 그 결과들의 분석에 많은 공간을 할애하는 까닭은 그 이론이 비록 자유시장에 대해서는 쓸모없는 것이지만, 정부에 의한 독점의 부여결과를 분석하는 데 매우 유용하기 때문이다.

40 미제스가 경고하듯이, 독점가격과 경쟁가격 사이의 대조로부터 독점가격이 경쟁의 부재로부터 나온 것이라고 추론하는 것은 심각한 실수일 것이다. 시장에서는 언제나 교환학적(catallactic) 경쟁이 존재한다. 교환학적 경쟁은 경쟁가격의 결정에서 못지 않게 중요한 독점가격 결정에서의 한 요소이다. 독점가격의 출현을 가능하게 하고, 독점자의 행위를 안내하는 수요곡선의 모양은 구매자의 달러에 대해 경쟁하는 모든 상품들의 경쟁에 의해 결정된다. 독점자가 그가 판매하려고 하는 가격을 높일수록, 더 많은 잠재적 수요자들이 그들의 돈을 다른 상품으로 돌릴 것이다. 시장에서는 모든 상품이 모든 다른 상품과 경쟁한다. Mises, *Human Action*, p.278.

41 여기에서 우리는 독점이윤이 그 기업의 주식가격에 자본이득으로 자본화된다는 일반적으로 시인되는 점을 논의하는 것이 아니다.

42 독점가격에 도달하기 위해서는, 요소소유자가 두 가지 조건을 충족시켜야 한다. ① 그는 (정의 1의 의미에서) 그 요소에 대한 독점자여야 한다. 만약 그가 그렇지 않다면 독점이득은 그 분야로 진입하는 경쟁자들이 더 나은 조건을 경쟁적으로 제시함에 따라 사라질 것이다. 그리고 ② 그 요소에 대한 수요곡선이 경쟁가격 지점 위에서 비탄력적이어야 한다.

43 이것이 조안 로빈슨 여사의 *Economics of Imperfect Competition*에 깔려있는 가정이다.

44 같은 산업들의 기업들 사이에서 뿐만 아니라 다양한 산업들에서 무수한 기업들 사이에 호가(呼價)가 벌어지고 있다.

45 이런 관심의 한 즐거운 사례가 서독 산업주의자에 의한 의무적 법적 카르텔화에 대한 다음과 같은 주장이다. "이른바 제한되지 않은 경쟁이 강한 산업들이 약한 산업을 파괴하고 독점을 스스로 확립하는 재앙을 만들 것이다." 나중에 효율적 독점을 피하기 위해 이제 비효율적 독점을 만들어라! M. S. Handler, "German Unionism Supports Cartels," *New York Times*, March 17, 1954, p.12. 그와 같은 사례에 대해서는, Charles F. Phillips, *Competition? Yes, but*…(Irvington-on-Hudson, N. Y.: Foundation for Economic Education, 1955) 참조.

46 비용에 무감각하도록 만드는 대기업의 엄청난 '재정적 힘'은 어떻게 할 것인가? 재기가 넘치는 논문에서 리먼(Wayne Leeman) 교수는 대기업이 또한 더 큰 수량을 가지며, 그래서 비용보다 더 낮게 팔 때에는 더 큰 손실을 입을 것이라는 점을 지적하였다. 더 큰 수량을 가지기 때문에 대기업은 잃을 것이 더 많다. 그러나 의미 있는 것은 경쟁하는 기업의 재정적 자원의 절대적 규모가 아니라, 판매와 지출의 양과 관련한 그들의 자원규모이다. 그리고 이것이 통상적인 그림을 극적으로 바꾼다. Wayne A. Leeman, "The Limitations of Local Price-Cutting as a Barrier to Entry," *Journal of Political Economy*, August, 1956, pp.331~332.

47 (특히 '생사가 걸린' 경쟁조건 아래에 있는) 가솔린 소매산업에서의 조건들을 조사한 후, 한 경제학자는 다음과 같이 선언하였다. 일부 사람들은 선두 시장점유자들이 가끔씩 나중에 독점을 향유하려고 경쟁을 몰아내기 위해 가격을 인하한다고 생각한다. 그러나 한 석유업계 사람이 표현하듯이, "이것은 앉아있을 마른땅을 구하려고 마치 바다를 쓸어내리고 노력하는 것과 같다.…" (경쟁자들은)…결코 겁먹지 않으며, 오래 주저하지 않고, 유일한

시장점유자가 그의 손실을 만회할 틈을 주지 않고, 가격이 회복되면 즉각 들어온다. Harold Fleming, *Oil Prices and Competition*(American Petro-leum Institute, 1953), p.54.
48 Leeman, "The Limitations of Local Price-Cutting," pp.330~331.
49 선도적 석유기업 경영자가 리먼에게 말하였다. "우리는 이 분야에서 공장과 설비에 너무 많이 투자하여, (높은 가격을 부과하지 않을 수 없게 되고, 이에 따라), 높은 가격의 우산 밑에서 많은 경쟁자를 불러들였다." *Ibid*., p.331(괄호 안은 이해를 돕기 위해 역자가 삽입).
50 리먼은 이것이 정확하게 록펠러(John D. Rockefeller)에게 일어난 것이라는, 우리 시대의 미신 가운데 하나를 현저하게 반박하면서 다음과 같이 지적하였다. "널리 수용된 견해에 의하면, 록펠러가 석유산업에서 치열한 가격경쟁 기간에 소규모 경쟁자들을 누그러뜨려, 이들을 헐값으로 매수하였으며, 그런 다음 그의 손해를 만회하기 위해 소비자들에게 가격을 인상하였다. 실제 매수과정은 작동하지 않았다.…왜냐하면 록펠러는 보통 상당한 액수를…지불하고서 기업매수를 마감했기에 소규모 석유회사의 판매자들은 자주 기존의 약속을 파기하고서 귀찮게 함으로써 다시 또 그들의 은인으로부터 보상을 다시 한번 얻고자 또 다른 공장을 세워나갔기 때문이다.… 록펠러는 일정 시간이 지난 후 '협박'에 대해 …지불하는 데 지쳤고…그가 원했던 지배적 지위를 유지하는 최선의 길이 자신의 이윤을 언제나 낮게 유지하는 것임을 깨달았다." *Ibid*., p.332; Marian V. Sears, "The American Businessman at the Turn of the Century," *The Business History Review*, December, 1956, p.391 참조. 이에 더해 맥기(McGee) 교수는 집중적 연구를 한 후, 스탠드 오일이 '약탈적 가격인하'(*predatory price-cutting*)를 시도한 적이 한 번도 없었음을 보여주어 스탠드 오일 신화를 단번에 무너뜨렸다고 하였다. John S. McGee, "Predatory Price-Cutting: The Stan-dard Oil(New Jersey) Case," *The Journal of Law and Economics*, October, 1958, pp.137~169.
51 리먼은 상당히 정확하게 다음과 같은 결론을 내리고 있다. 소규모 기업보다는 대규모 기업들이 많은 시장을 지배하는 것은 목표는 경쟁의 승리와 독점적 가격책정의 결과가 아니라 대규모 생산의 낮은 단가의 이점을 활용하고 실제 라이벌뿐만 아니라 잠재적 라이벌을 두려워하여 가격을 낮게 유지한 결과이다. Leeman, "The Limitations of Local Price-Cutting," pp.333~334.
52 문헌에서는 이 환상을 발견한 단 하나의 힌트만을 발견하였다. Scoville and Sargent, *Fact and Fancy in the T. N. E. C. Monographs*, p.302; Bradford B. Smith, "Monopoly and Competition," *Ideas on Liberty*, No.3, November, 1955, pp.66ff 참조.
53 고갈될 수 있는 천연자원의 경우, 그 자원의 용도를 어떻게 배분하든 (그 자원을 동질적이라고 간주하더라도) 그 자원의 일부를 현재 사용하고 나머지를 미래용도에 배분하기 위해 '유보하는 것'(withholding)을 포함한다. 그러나 그와 같은 유보를 '독점적' 유보로부터 개념적으로 구별할 방법과 이에 따른 '독점가격'을 논의할 방법은 아무것도 존재하지 않는다.
54 위의 각주 27의 Abbott, *Quality and Competition* 참조.
55 전력산업에 적용된 '자연독점' 원칙에 대해서는, Dean Russell, *The TVA Idea*(Irvington-on-Hudson, N.Y.: Foundation for Economic Education, 1949), pp.79~85 참조. 공익시설의 규제에 관한 뛰어난 논의로는, Dewing, *Financial Policy of Corporations*, I, pp.308~368 참조.
56 미제스에 의하면 가격들은 시장현상이다.…가격들은 시장데이터, 시장사회 구성원의 행동과 반응들의 어떤 배열의 결과이다. 만약 이 결정요인들 가운데 일부가 달랐더라면 어떤 가격들이 나타났을지 상상해보는 것은 무의미하다.…어떤 가격들이었어야 했는지 곰곰이 생각해보는 것도 결코 덜 헛된 것이 아니다. 모든 사람은 자신이 사고자 하는 물건의 가격이 하락하면 즐거워한다.…시장에서 결정된 그 어떤 가격도 시장에서 작동하고 있는 힘, 즉 수요와 공급의 상호작용의 필수적 결과물이다. 이 가격을 낳은 시장상황이 무엇이었든 상관없이, 이에 관해 그 가격은 언제나 적절하며, 진짜이며, 실제적이다. 즉각 더 높은 가격을 제시할 경합자가 나타나지 않으면 시장가격은 더 높아질 수 없으며, 더 낮은 가격에 즉각 물건을 내놓고자 하는 사람이 없으면, 시장가격은 낮아질 수 없다. 오로지 기꺼이 팔거나 사는 그와 같은 사람들의 출현만이 가격들을 변화시킬 수 있다. 경제학은…그 누구에게 구매자들과 판매자들의 상호작용에 의해 시장에서 정해지는 가격과 다른 '정확한' 가격을 계산해낼 수 있도록 하는 공식을 개발하지 않는다.…그 어떤 '사실발견'으로 단정된 방법과 그 어떤 안락의자에서의 사색도

수요와 공급이 같아지는 또 다른 가격을 발견해내지 못한다. 공익시설이라는 제한된 공간독점에 대해 만족할 만한 해결책을 발견해내려는 모든 실험들이 실패로 끝난 것은 명백히 이 사실을 증명한다. Mises, *Human Action*, pp.392~394.

57 노동조합의 '독점 임금률'이란 통상적 설명에 들어있는 오류를 처음으로 지적한 사람은 미제스 교수이다. 그의 이 문제에 대한 뛰어난 논의는, *Human Action*, pp.373~374에 있다. 또한 P. Ford, *The Economics of Collective Bargaining*(Oxford: Basil Blackwell, 1958), pp.35~40 참조. 포드는 또한 노동조합이 노동의 판매자들로서 서비스를 수행한다는 최근 '시카고 학파'에 의해 제기된 주장을 논박하고 있다. 그러나 노동조합은 그 자체로 상품, 노동을 생산하지 않으며, 이에 대한 지급을 받지도 않는다.…노조는…개별 노조원들이 개별 고용자들에게 그들의 서비스를 판매할 때 허용되는 임금률과 여타 조건들을 고정한다는 것이 노조에 대한 더 적합한 묘사이다(*Ibid*., p.36).

58 독점가격이 아니라 공급제한가격이 달성될 수 있는 까닭은, 개별 노동자의 노동시간 변화에 비해 노동자의 수가 개별 노동자의 노동시간 변화를 무시할 수 있을 정도로 너무나 중요하기 때문이다. 그러나 만약 총노동공급이 원래 소수의 사람들로 제한되어 있다면, 부과된 더 높은 임금률은 직장을 가진 근로자들로부터 구매되는 시간의 수를, 아마도 공급제한가격이 그들에게 이윤이 남지 않을 정도로 지나치게 감축시킬 것이다. 그와 같은 경우에는 '독점'가격이라고 보는 것이 더 적절할 것이다.

59 Mises, *Human Action*, p.764.

60 Charles E. Lindblom, *Unions and Capitalism*(New Haven: Yale University Press, 1949), pp.78ff., 92~97, 108, 121, 131~132, 150~152, 155; Henry C. Simons, "Some Reflections on Syndicalism," in *Economic Policy for a Free Society*(Chicago: University of Chicago Press, 1948), pp.131f., 139ff.; Martin Bronfenbrenner, "The Incidence of Collective Bargaining," *American Economic Review, Papers and Proceedings*, May, 1954, pp.301~302; Fritz Machlup, "Monopolistic Wage Determination as a Part of the General Problem of Monopoly," in *Wage Determination and the Economics of Liberalism*(Washington, D.C.: Chamber of Commerce of the United States, 1947), pp.64~65 참조.

61 Murray N. Rothbard, "Mises' Human Action: Comment," *American Economic Review*, March, 1951, pp.183~184 참조.

62 점차 더 큰 정도로 시장에서 정부의 간섭조치들도 마찬가지이다. 아래 제12장을 참조.

63 James Birks, *Trade Unionism in Relation to Wages*(London, 1897), p.30 참조.

64 James Birks, *Trades' Unionism: A Criticism and a Warning*(London, 1894), p.22 참조.

65 우리는 여기에서 단지 노동조합주의의 직접적인 시장적 결과들만을 다룰 수 있다. 조합주의는 또한 많은 이들이 심지어 더 탄식할 만하다고 여길 다른 결과들을 가지고 있다. 그 가운데 두드러진 것이 유능한 사람과 무능한 사람을 하나의 집단 속에 녹이는 것이다. 예를 들어, 연장자 규칙은 노조들이 가장 선호하는 것이다. 노조들은 덜 유능한 근로자들에 대해 제한적으로 더 높은 임금을 정하고 모든 사람의 생산성을 낮춘다. 그러나 그들은 또한 더 유능한 근로자—일자리와 승진에서 연장자 우선이라는 어리석은 행진에 속박될 유능한 사람들—의 임금을 낮춘다. 연장자 우선은 또한 근로자들의 이동성을 감소시키고 피고용자가 일했던 시간의 길이에 따라 일자리의 기득권을 확립시킴으로써 일종의 산업노예제를 창출한다. David McCord Wright, "Regulating Unions," in Bradley, *Public Stake in Union Power*, pp.113~121 참조.

66 노동조합의 제자들은 거의 보편적으로 노동조합들의 체계적 폭력행사를 무시하였다. 반가운 예외로 Sylvester Petro, *Power Unlimited*(New York: Ronald Press, 1959); F. A. Hayek, "Unions, Inflation, and Profits," p.47 참조.

67 임금결정의 다양한 기준들의 성격과 결과에 대해서는, Ford, *Economics of Collective Bargaining*, pp.85~110 참조.

68 이에 대한 뛰어난 비판으로는, Hutt, *Theory of Collective Bargaining* 참조.

69 리카도 효과에 대해서는, Mises, *Human Action*, pp.767~770 참조. 아울러 다음의 글에서 포드가 행한 자세한 비판을 보라. Ford, *Economics of Collective Bargaining*, pp.56~66. 포드는 또한 제한적 근로규칙을 부과하고

새로운 장비로부터의 잠재적 이득을 빠르게 흡입하기 위해 빠르게 조치를 취함으로써 기계화를 방해한 노조를 지적하고 있다.

70 특히, Edward H. Chamberlin, *Theory of Monopolistic Competition*, 그리고 Joan Robinson, *Economics of Imperfect Competition* 참조. 두 저작에 대한 명료한 논의와 비교로는, Robert Triffin, *Monopolistic Competition and General Equilibrium Theory*(Cambridge: Harvard University Press, 1940) 참조. '독점적' 경쟁과 '불완전' 경쟁의 이론화 사이의 차이는 여기에서 중요하지 않다.

71 최근 챔벌린 교수는 이 점을 시인하였으며, 일련의 훌륭한 논문들에서 복지적 이상으로서 순수 경쟁의 개념을 거부함으로써 그의 추종자들을 놀라게 하였다. 챔벌린은 이제 다음과 같이 선언한다. "복지적 이상 그 자체는… 독점적 경쟁의 하나로서 정확하게 묘사된다.…(이것은) 인간이 선호와 욕구에서 개별적이고 다양하며, 이에 더해 지역적으로 널리 퍼져 있다는 인식으로부터 아주 직접적으로 나오는 결론이다." Chamberlin, *Towards a More General Theory of Value*, pp.93~94; also, *Ibid.*, pp.70~83; E. H. Chamberlin and J. M. Clark, "Discussion," *American Economic Review, Papers and Proceedings*, May, 1950, pp.102~104; Hunter, "Product Differentiation and Welfare Economics," pp.533~552; Hayek, "The Meaning of Competition," in *Individualism and the Economic Order*, p.99; and Marshall I. Goldman, "Product Differentiation and Advertising: Some Lessons from Soviet Experience," *Journal of Political Economy*, August, 1960, pp.346~357. 또한 위의 주 27 참조.

72 기업에 대한 수요곡선의 이 정의는 비록 로빈슨 여사에 의해 최근 부정되었으나, 그녀의 뛰어난 공헌이었다. 트리핀(Triffin)은 '과점적 불확정성'을 비켜간 점에 대해 로빈슨 여사를 혹평하였던 반면, 실제로는 그녀가 이 가짜 문제를 깔끔하게 풀었다. Robinson, *Economics of Imperfect Competition*, p.21 참조. 과점의 여타 측면들에 대해서는, Willard D. Arant, "Competition of the Few Among the Many," *Quarterly Journal of Economics*, August, 1956, pp.327~345 참조.

73 독점적 경쟁이론에 대한 날카로운 비판으로는, L. M. Lachmann, "Some Notes on Economic Thought, 1933~1953," *South African Journal of Economics*, March, 1954, pp.26ff., 특히 pp.30~31 참조. 라흐만은 경제학자들이 일반적으로 '완전' 혹은 '독점적' 경쟁을 정태적 시장형태로 취급하는 반면, 경쟁은 실제로 동태적 과정임을 지적하고 있다.

74 하락하는 수요곡선과 함께 연상되는 제품차별화는 생산비용의 상정된 상승을 상쇄하고도 남을 만큼 (소비자 지식을 개선할 뿐만 아니라) 배포와 검사의 비용을 낮출 수도 있다. 한마디로, 위의 AC곡선은 총비용곡선이라기보다는 실제적으로는 배포비용을 무시한 생산비용이다. Goldman, "Product Differentiation and Advertising" 참조. 이에 더해, 진짜 총비용곡선은 그 기업의 수요곡선과 독립적이지 않을 것이며, 그래서 통상적 '비용곡선' 분석을 무효화시킬 것이다. Dewey, *Monopoly in Economics and Law*, p.87 참조. 아울러 아래의 3절을 참조.

75 Chamberlin, "Measuring the Degree of Monopoly and Competition" and "Monopolistic Competition Revisited," in *Towards a More General Theory of Value*, pp.45~83.

76 J. M. Clark, "Competition and the Objectives of Government Policy," in E. H. Chamberlin, ed., *Monopoly and Competition and Their Regulation*(London: Macmillan & Co., 1954), pp.317~327; Clark, "Toward a Concept of Workable Competition," in *Readings in the Social Control of Industry*(Philadelphia: Blakiston, 1942), pp.452~476; Clark, "Discussion," *loc. cit.*; Abbott, *Quality and Competition, passim*; Joseph A. Schumpeter, *Capitalism, Socialism and Democracy*(New York: Harper & Bros., 1942); Hayek, "Meaning of Competition," *loc. cit.*; Lachmann, "Some Notes on Economic Thought, 1933~1953."

77 위의 클락에 의한 인용 참조. 또한 Richard B. Heflebower, "Toward a Theory of Industrial Markets and Prices," in R. B. Heflebower and G. W. Stocking, eds., *Readings on Industrial Organization and Public Policy* (Homewood, Ill.: Richard D. Irwin, 1958), pp.297~315 참조. 더 의심스런 주장―관련된 범위 안에서의 기업에 대한 수요곡선의 평평함―은 다른 경제학자들, 특히 다음의 저술들에서 강조되었다. A.

J. Nichol, "The Influence of Marginal Buyers on Monopolistic Competition," *Quarterly Journal of Economics*, November, 1934, pp.121~134; Alfred Nicols, "The Rehabilitation of Pure Competition," *Quarterly Journal of Economics*, November, 1947, pp.31~63; 그리고 Nutter, "Plateau Demand Curve and Utility Theory."

78 Abbott, *Quality and Competition*, pp.180~181 참조.
79 저자는 처음 이 특별한 분석을 번즈(Arthur F. Burns) 교수의 강의에서 배웠으며, 내가 아는 바로는 이것이 아직 출판되지 않았다.
80 Harrod, *Economic Essays*, p.149 참조.
81 이 결론에 도달한 후, 저자는 이자가 수익이며 비용이 아니라는 점을 지적하고, 비용곡선이론에 대해 이 사실이 시사하는 바를 보여주는 눈부시지만 무시되어온 논문에 마주치게 되었다. 그러나 이 논문은 이 이론을 독점적 경쟁의 문제에 만족할 정도로 적용하지 않고 있다. Gabor and Pearce, "A New Approach to the Theory of the Firm," and *id.*, "The Place of Money Capital" 참조. 소수의 유사성이 있지만, '과잉시설' 원칙에 대한 듀이(Dewey) 교수의 비판은 본질적으로 우리의 비판과는 매우 다르며, 훨씬 더 '정통경제학'의 고려들에 근거하고 있다. Dewey, *Monopoly and Eco-nomics in Law*, pp.96ff 참조.
82 잘못되었지만 유명한 갈브레이스(J. K. Galbraith)의 '길항력'(*countervailing power*) 이론은 독점적 경쟁이론에 동조하고 있으므로 여기에서 이것을 논의할 필요가 있다. 길항력 이론의 무수한 오류들에 대한 보다 자세한 비판으로는, Simon N. Whitney, "Errors in the Concept of Countervailing Power," *Journal of Business*, October, 1953, pp.238~253; George J. Stigler, "The Economist Plays with Blocs," *American Economic Review, Papers and Proceedings*, May, 1954, pp.8~14; and David McCord Wright, "Discussion," *Ibid*., pp.26~30 참조.
83 Chamberlin, *Theory of Monopolistic Competition*, pp.123ff 참조. 챔벌린은 판매비용에 광고비, 판매경비, 그리고 가게 진열 등을 포함시키고 있다.
84 Mises, *Human Action*, p.319; Kermit Gordon, "Concepts of Competition and Monopoly—Discussion," *American Economic Review, Papers and Proceedings*, May, 1955, pp.486~487 참조.
85 포장된 재화에 붙은 밝은 색 리본을 '생산비용'이라고 부르고, 이에 반해 그 재화를 파는 가게를 장식하는 밝은 색 리본을 '판매비용'이라고 이름붙이는 것은 확실히 매우 자의적이다.
86 Alfred Nicols, "The Development of Monopolistic Competition and the Monopoly Problem," *Review of Economics and Statistics*, May, 1949, pp.118~123 참조.
87 미제스는 다음과 같이 말한다. "전설에 의하면 소비자들은…'고압적' 광고에 무기력하다. 정말 그렇다면, 사업에서의 성공 혹은 실패는 광고의 방식에만 달려있게 될 것이다. 그러나 아무도 광고의 종류만 잘 선택했더라면 양초제조업자들이 전구에 대항하고 마부들이 자동차에 대항하여 각자가 그 분야를 지킬 수 있었다고 믿지 않는다.…그러나 이것은 광고된 상품의 품질이 광고캠페인의 성공을 가져오는 데 핵심적이라는 것을 시사한다.…양질의 제품을 파는 사람들이 열악한 제품을 파는 사람보다 다양한 광고의 책략들을 쓸 수 있다. 그러나 단지 전자만이 자신의 제품의 더 나은 품질로부터 얻는 이득을 누릴 수 있을 뿐이다." Mises, *Human Action*, pp.317~318.
88 Wicksteed, *Common Sense of Political Economy and Selected Papers*, I, pp.253ff 참조.
89 현실의 세계에서, 그와 같은 ('완전한 가격차별'이라고 불리는) 구매자에게 가해진 제한이 적용될 것으로 여기기는 어렵다. 로빈슨 여사는 납치범에게 무는 몸값을 한 예로 인용하고 있으나, 이것은 물론 납치를 배제하는 손상받지 않은 자유시장에서는 일어날 수 없다. Robinson, *Economics of Imperfect Competition*, p.187n 참조.
90 Mises, *Human Action*, pp.385ff.
91 그 한 예는 약품이다. 정부는 약품의 공급을 도와 가격인하를 막는다. 다음의 계몽적 논문 참조. Reuben A. Kessel, "Price Discrimination in Medicine," *The Journal of Law and Economics*, October, 1958, pp.20~53. 아울러 제12장의 '독점특권의 부여'에 관한 부분을 보라.
92 헨리 조지(Henry George)는 유명한 예외이다. 이에 대한 그의 다음의 논의를 보라. Henry George, *Progress*

     and Poverty(New York: Modern Library, 1929), p.411n.
93 Richard Wincor, *How to Secure Copyright*(New York: Oceana Publishers, 1950), p.37 참조.
94 Irving Mandell, *How to Protect and Patent Your Invention*(New York: Oceana Publishers, 1951), p.34.
95 이는 저작권을 얻거나 혹은 특허를 얻을 수 있는 디자인 분야에서 볼 수 있다.
96 저작권과 독점의 적절한 구분에 관한 법률적 힌트에 관해서는, F. E. Skone James, "Copyright," in *Encyclopedia Britannica*(14th ed.; London, 1929), VI, pp.415~416 참조. 특허에 관한 19세기 경제학자들의 견해에 관해서는, Fritz Machlup and Edith T. Penrose, "The Patent Controversy in the Nineteenth Century," *Journal of Economic History*, May, 1950, pp.1~29; Fritz Machlup, *An Economic Review of the Patent System*(Washington, D.C.: United States Government Printing Office, 1958) 참조.
97 물론 그들이 원한다면 발명가 혹은 그 상속자들이 자발적으로 이 재산권을 포기하고 이것을 '공공의 영역'에 내던지는 것을 막을 것은 아무것도 없다.
98 이 주제를 조명해 주는 다음의 논문을 참조. Machlup and Penrose, "Patent Controversy in the Nineteenth Century," pp.1~29.
99 Edith Penrose, *Economics of the International Patent System*(Baltimore: Johns Hopkins Press, 1951), p.36; *Ibid*., pp.19~41 참조.
100 Arnold Plant, "The Economic Theory concerning Patents for Inventions," *Economica*, February, 1934, p.44.

제11장

화폐와 구매력

1. 서론

    화폐는 지금까지 우리가 했던 거의 모든 논의에 포함되었다. 제3장에서 우리는 경제가 어떻게 물물교환에서 간접적 교환으로 진화하는지 살펴보았다. 우리는 화폐경제에서 이루어지는 간접교환의 패턴, 그리고 소득과 지출의 유형에 대해 알아보았다. 제4장에서 우리는 화폐가격과 화폐가격의 형성에 대해 논의하였으며, 어떻게 화폐이론이 화폐회귀정리(*money regression theorem*)를 통해 효용이론 아래 통합될 수 있는지 보여주었다. 제6장에서 우리는 어떻게 시장에서의 화폐적 계산이 복잡하고 발달된 경제에 필수불가결한 것인지 알아보았으며, 시간시장에서 소득 후, 그리고 소득 전 화폐에 대한 수요와 공급을 분석하였다. 그리고 제2장부터 계속 우리는 화폐교환경제를 다루었다.

    마침내 우리가 여기저기에서 행하였던 분석의 실타래들을 함께 엮어서 화폐와 경제 내에서 화폐관계 변화의 효과에 대한 연구를 마무리할 시간이 왔다. 이 장에서 우리는 자유시장의 틀 안에서 분석을 계속할 것이다.

2. 화폐관계: 화폐의 수요와 공급

화폐란 일반적 교환의 매개수단으로 쓰이는 상품이다. 따라서 화폐의 교환은 경제 시스템 전체에 퍼져 있다. 화폐는 비록 특수한 상황으로 인해 많은 독특한 측면들을 지니고는 있으나, 모든 상품과 마찬가지로 시장수요와 시장공급을 가지고 있다. 우리는 제4장에서 화폐의 '가격'이 시장에서 특별한 표현을 지니고 있지 않다는 점을 살펴보았다. 여타 상품들은 모두 화폐의 단위로 표시될 수 있고, 따라서 그 상품에 특유한 확인할 수 있는 가격을 지니고 있다. 그러나 화폐상품은 모든 여타 상품들로서만, 즉 시장에서 화폐로 살 수 있는 모든 재화와 서비스들로서만 표현될 수 있다. 이 일련의 상품들의 배열을 하나로 표현할 수 있는 유일한 단위를 가지고 있지 않으며, 우리가 보게 될 것처럼 이 배열의 변화는 측정될 수 없다. 그러나 화폐의 '가격' 혹은 '가치'의 개념, 혹은 '화폐단위의 구매력'이란 개념은 이 여타 상품들의 가격이나 가치개념에 비해 결코 덜 실질적인 것도 아니며 덜 중요한 것도 아니다. 우리가 제4장에서 살펴본 것처럼, 화폐의 가치배열을 표현할 수 있는 유일한 '가격수준'이나 측정할 수 있는 단위가 존재하지 않는다는 점만 명심하면 된다. 이 화폐의 교환가치는 또한 특이한 중요성을 지니고 있는데, 왜냐하면 다른 상품들과 달리, 화폐상품의 주요 목적은 지금 혹은 미래에 직접 소비되는 재화나 생산에 사용되는 재화와 교환되기 위한 것이기 때문이다.

시장에서 **화폐에 대한 전체 수요**는 두 가지 부분으로 구성되어 있다. **화폐에 대한 교환수요**(화폐를 구매하고자 하는 화폐 이외의 모든 여타 재화의 판매자에 의한 수요), 그리고 **화폐에 대한 예비수요**(reservation demand, 이미 화폐를 보유하고 있는 사람들에 의해 보유될 화폐에 대한 수요). 화폐는 시장 전반에 퍼져 있고, 끊임없이 모든 이가 공급하고 수요하는 상품이기 때문에, 그리고 기존의 화폐량이 신규생산에 대해 차지하는 비율이 높기 때문에, 화폐에 대한 공급과 수요에 대해 제2장에 나와 있는 수요재고(demand-stock) 분석방법을 사용하여 분석하는 것이 편리할 것이다.[1]

여타 상품들과는 대조적으로 시장의 모든 사람들은 화폐에 대해서는 교환수요와 예비수요를 함께 지니고 있다. 교환수요는 그의 **소득 전(前) 수요**(pre-income demand)

이다(위의 제6장을 보라). 노동, 토지, 자본재의 판매자로서 각자는 화폐소득을 얻기 위해 이 재화들을 공급하고 그 교환으로 화폐를 수요한다. 투기적 고려를 배제하면, 이미 만들어진 재화의 판매자는 우리가 살펴본 것처럼 완전하게 비탄력적인 (수직의) 공급곡선을 가지는 경향을 지닐 것이다. 왜냐하면 그는 그 재화에 대한 예비적 용도를 전혀 지니고 있지 않기 때문이다. 그러나 화폐를 얻기 위해 제공되는 어떤 한 재화의 공급곡선은 공급되는 재화단위로 측정한 화폐에 대한 (부분) 수요곡선과 동등하다. 그러므로 토지, 자본재, 그리고 소비재의 단위로 잰 화폐에 대한 (교환) 수요곡선은 완전하게 비탄력적인 경향이 있다.

노동서비스에 대해서는 상황이 더 복잡하다. 노동은 우리가 살펴본 것처럼, 별도의 용도—여가로 사용—를 가지고 있다. 노동요소의 일반공급곡선은 화폐의 한계효용과 잃어버린 여가의 한계비(非)효용에 따라, "앞쪽으로 기울어져" 있거나 "뒤로 휘어져" 있을 수도 있다. 그러나 노동의 화폐에 대한 수요곡선을 결정할 때에는 우리는 좀더 확신할 수 있다. 왜 그런지 이해하기 위해 어떤 한 노동요소의 (일반적 용도에서의) 공급곡선의 가상적 예를 들어보자. 시간당 5골드 그레인의 임금률에서 주당 40시간의 노동서비스가 팔릴 것이다. 이제 임금률이 시간당 8골드 그레인으로 올랐다고 가정해보자. 노동을 하고 여가를 희생할 더 큰 화폐적 유인이 생겼으므로 일부 사람들은 더 많은 시간 동안 일할 것이다. 그들은 아마 주당 50시간 동안 일할 수 있다. 다른 이들은 돈을 좀 희생하고 더 커질 소득의 일부를 더 커진 여가로 취할 수 있다. 그들은 아마도 30시간만 일할 수 있다. 이 가격범위에서 전자는 "앞쪽으로 기울어진" 노동의 공급곡선을, 후자는 "뒤로 휘어진" 노동의 공급곡선을 대변한다. 그러나 양자 모두 하나의 공통점을 가지고 있다. 이제 다양한 상황에서 노동자가 얻을 총화폐소득을 구하기 위해 각각의 임금률에다 일한 시간을 곱해보자. 원래의 경우, 노동자는 40 곱하기 5, 즉, 주당 2백 골드 그레인을 번다. 뒤로 휘어진 공급곡선을 지닌 사람은 30 곱하기 8, 즉 주당 240골드 그레인을 벌 것이다. 앞으로 기울어진 공급곡선을 지닌 사람은 50 곱하기 8, 즉 주당 4백 골드 그레인을 벌 것이다. 두 경우 모두, **그 사람은 더 높은 임금률에서 더 많은 돈을 벌고 있다.**

이것은 언제나 사실일 것이다. 첫 번째의 경우, 더 높은 임금률이 그 사람에게 더 많은 노동을 팔도록 유도한다. 그러나 후자의 경우에서도 이것은 마찬가지로 사실이다. 정확하게 그가 **증가된 화폐소득**을 얻고 있다는 **바로 그 사실로 인해**, 더 높은 화폐소득은 사람들에게 더 많은 여가를 가지려는 욕구도 함께 충족하는 것을 허용해 주기 때문이다. 그러므로 어떤 사람의 뒤로 휘는 공급곡선은 결코 그가 더 높은 임금률에서 **더 적은 돈**을 벌 정도로 "뒤로 휘지는" 않는다.

그래서 사람은 언제나 더 높은 임금률에서 더 많은 돈을, 더 낮은 임금률에서 더 적은 돈을 벌게 될 것이다. 그러나 **돈을 버는 것**은 단지 **돈을 사는 것**의 또 다른 이름에 불과한가? 정확하게 그렇다. 사람들은 그들이 지니고 있거나 창출할 수 있는 재화와 서비스를 팔고서 화폐를 **산다**. 우리는 이제 다양한 대체적 구매력 혹은 화폐의 '교환가치'와 관련하여 화폐에 대한 수요스케줄에 도달하도록 시도할 것이다. 화폐의 낮은 교환가치는 화폐단위로 본 높은 재화가격에 해당한다. 역으로, 화폐의 높은 교환가치는 낮은 재화가격에 해당한다. 노동시장에서 화폐의 높은 교환가치는 낮은 임금률로 번역되며, 화폐의 낮은 교환가치는 높은 임금률로 번역된다.

따라서 노동시장에서, 우리의 법칙은 다음처럼 번역될 수 있을 것이다. **화폐의 교환가치가 높을수록 화폐수요량은 적어질 것이다. 화폐의 교환가치가 낮을수록 화폐수요량은 늘어날 것이다**(즉, 임금률이 낮을수록 벌어들이는 돈은 적을 것이고, 임금률이 높을수록 벌어들이는 돈은 많을 것이다). 그러므로 노동시장에서 화폐에 대한 수요스케줄은 수직선이 아니라 화폐의 교환가치가 증가함에 따라 여타 수요곡선과 마찬가지로 떨어진다.

노동시장에서 우하향하는 수요곡선에다가 여타 교환시장들에서 화폐에 대한 수직의 수요곡선을 보태어, 우리는 화폐에 대한 우하향하는 교환수요곡선에 도달한다.

화폐에 대한 시장 총수요 가운데 더 쉽게 변하기 때문에 더 중요한 것이 화폐를 보유하려는 **예비적**(reservation) 수요이다. 이것은 모든 사람의 **소득 후**(post-income) 수요이다. 모든 사람이 자신의 소득을 획득한 후, 그는 우리가 살펴보았듯이 그의 화폐를 세 가지 방향으로 배분하여야 한다. 소비지출, 투자지출, 그리고 그의 현금잔고의 증대(화폐저장의 증가). 이에 더해, 그는 자신의 현금잔고에서 인출하는 추가적 대안을 가지고 있다(화폐저장의 감축). 현금잔고로 얼마를 보유할지에 대한 결정은 전적으로 그의 가치척도에서 현금잔고 속의 화폐의 한계효용에 달려있다. 지금까지 우리는 자세하게 소비재와 생산재에 대해 그 효용과 수요의 원천에 대해 다루었다. 이제 나머지 재화, 즉, **현금잔고 속의 화폐**에 대해 그 효용과 수요에 대해 다룰 차례이다.

현금잔고에 대한 수요의 원천에 대해 논하기 전에 우리는 화폐에 대한 예비적(혹은 '현금잔고') 수요곡선의 형태를 결정할 수 있을 것이다. 한 사람의 한계효용이 그가 일정기간 동안 그의 현금잔고에 10온스를 가지기 원한다고 해보자. 이제 화폐의 교환가치, 즉 화폐 한 단위의 구매력이 다른 조건이 일정할 때 증가한다고 해보자. 이는 그의 10온스가 구매력(Purchasing Power of Money: PPM)의 변화 이전보다 지금 더 많은 일을 할 수 있게 한다는 의미이다. 그 결과, 그는 현금잔고에서 10온스의 일부를 제거하여 재화에 지출하려는 경향이 있을 것이다. 재화의 가격은 이제 하락하였다. 그러므로 **PPM(화폐의 교환가치)이 높을수록 현금잔고로 수요되는 화폐의 수량은 낮아질 것이다.** 역으로 더 낮은 PPM은 더 높아진 재화의 가격이 재화의 구매를 억제하는 반면, 종전의 현금잔고의 가치가 실질단위로 보아 더 작아졌다는 의미이다. 그 결과 PPM이 낮아질수록 현금잔고로 수요되는 화폐의 수량은 더 커질 것이다.

그 결과 **현금잔고로서의 화폐에 대한 예비적 수요곡선은 화폐의 교환가치가 증가할수록 떨어진다.** 이 우하향하는 수요곡선은 화폐에 대한 교환수요곡선에 보태어져서, 여타 재화들에서와 마찬가지로 익숙한 형식으로 우하향하는 시장의 **총화폐수요곡선**을 이룬다.

언급할 가치가 있는 세 번째 화폐재화에 대한 수요곡선이 있다. 이것은 화폐재화의 **비화폐적 용도들**에 대한 수요이다. 선진화폐경제에서는 상대적으로 덜 중요할 것이지만, 그럼에도 불구하고 이에 대한 수요는 존재할 것이다. 금의 경우, 이는 장식에서처럼 소비용도를 의미하거나 산업에서처럼 생산용도를 의미할 것이다. 아무튼 이 수요곡선도 PPM이 증가함에 따라 하락한다. 화폐의 '가격'(PPM)이 증가하면, 한 단위의 화폐를 지출하여 더 많은 재화를 획득할 수 있다. 그 결과, 비화폐적 목적에 금을 사용하는 기회비용이 증가하며, 그 목적에 대한 수요가 감소한다. 역으로, PPM이 떨어지면 금을 직접 사용하려는 인센티브가 커질 것이다. 이 수요곡선이 화폐에 대한 총수요곡선에 보태어져 화폐상품의 총수요곡선을 이룬다.[2]

일정 시점에는 화폐상품의 **총재고량**(given total stock)이 **주어져** 있다. 어떤 시점에서이든 이 재고는 누군가의 **소유**이다. 어빙 피셔(Irving Fisher) 이래, 미국 경제학자들의 관행은 화폐를 아무튼 '순환하는' 것으로 취급하거나 심지어 '순환하는 화폐'와 '쉬고 있는 화폐'(idle money)로 나누는 것이었다. 그러나 이런 불행한 관행을 따르는 것은 오해를 불러일으킨다.[3] 이 개념은 전자가 언제나 어디에선가 움직이고 있는 반면 후자는 '저장'되어 한가하게 앉아 있는 이미지를 떠올리게 한다. 이것은 심각한 오류이다. 실제로 '순환하는' 것은 없으며, 화폐가 '움직이는' 신비스런 경기장은 존재하지 않는다. 어떤 시점에 모든 화폐는 누군가에 의해 소유되고 있다. 즉, 누군가의 현금잔고에 들어 있다. 그러므로 화폐의 재고가 얼마이건, 사람들의 행동은 화폐를 보유하고자 하는 총수요에, 즉 우리가 방금 논의한 총수요에 그 재고를 맞추도록 해야만 한다. 교환에서 획득된 소득 전 화폐(*pre-income money*)조차 적어도 다른 사람의 잔고로 이전되기 전까지는 순간적으로는 누군가의 현금잔고에 들어있어야 한다. 그러므로 모든 총수요는 보유를 위한 것이며, 이것은 제2장 총수요에 관한 우리의 분석과 일치한다.

총화폐재고는 결국 시장에서 화폐 총수요량과 일치하도록 유도되어야 한다. 이 상황이 〈그림 11-1〉에 나타나 있다.

수직축에 PPM이 나타나 있으며, 수평축에 화폐량이 나타나 있다. D_e는 화폐에 대한 총교환수요곡선인데 우하향하며 비탄력적이다. D_r은 화폐에 대한 예비적 혹은 현금잔고 수요이다. D_t는 화폐를 보유하려는 총수요이다(금에 대한 비화폐적 용도의 수요는 편의를 위해 생략되었다). 그 사회의 총화폐재고—그림에서 OS만큼 주어진—곡선 SS 수직선이 D_t곡선을 어디 한 점에서 절단한다.

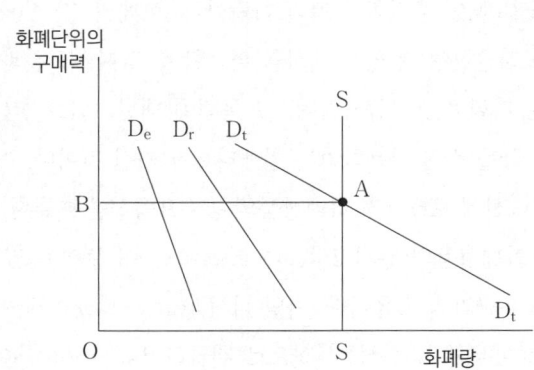

〈그림 11-1〉 화폐의 교환가치 균형점의 결정

뒤의 두 곡선들의 교차로 균형점 A—그 사회 화폐의 교환가치—가 결정된다. 교환가치 혹은 PPM이 OB에서 정해질 것이다.

이제 PPM이 OB보다 약간 더 높다고 해보자. 그 점에서의 화폐에 대한 수요는 화폐재고보다 더 적을 것이다. 사람들은 그 교환가치에서 화폐를 보유하려고 하지 않게 될 것이고, 다른 재화를 얻고 화폐를 팔려고 할 것이다. 화폐의 판매는 균형점이 도달될 때까지 재화의 가격을 높이고, PPM을 낮출 것이다. 한편, PPM이 OB보다 낮다고 해보자. 이 경우에는 더 많은 사람들이 현재의 화폐재고보다 더 많이 교환수요 혹은 예비적 수요를 위해 화폐를 수요할 것이다. 이에 따라 나타나는 공급을 넘어서는 초과수요는 PPM을 다시 OB로 높일 것이다.

3. 화폐관계의 변화

그러므로 화폐의 구매력은 두 가지 요소에 의해 결정된다. 화폐를 보유하려는 총수요스케줄과 현재 존재하는 화폐의 재고. 이 결정요소가 변화하면 어떤 일이 벌어지는지는 그림으로 살펴보는 것이 편리하다. 총수요스케줄이 증가한다고, 즉 오른쪽으로 이동한다고 가정해보자. 그러면 〈그림 11-2〉에서 보듯이, 화폐에 대한 총수요곡선은 D_tD_t에서 $D_t'D_t'$로 이동한다. 종전의 균형 PPM점, A에서 이제 화폐에 대한 수요는 이용가능한 화폐재고를 AE만큼 초과하게 된다. 수요 경합은 PPM을 위로 끌어올려 마침내 균형점 C에 도달하게 된다. 총수요곡선이 왼쪽으로 이동하는—총수요스케줄의 감소—경우에도 반대의 경우가 사실일 것이다. 총수요스케줄의 감소에 따라 PPM은 하락할 것이다.

수요곡선이 그대로인 채 총재고의 변화가 주는 효과는 〈그림 11-3〉에 나타나 있다. 총재고량이 OS에서 OS'으로 증가한다. 새로운 재고 수준에서 총화폐수요를 넘어서는 과잉재고가 AF만큼 발생한다. 사람들이 이를 보유하도록 유도하기 위해 더 낮아진 PPM에서 화폐가 판매될 것이고, PPM은 새로운 균형점 G에 도달할 때까지 하락할 것이다. 역으로, 만약 화폐재고가 감소하면, 현재의 PPM에서는 화폐에 대한 초과수요가 발생할 것이고 PPM은 새로운 균형점이 도달될 때까지 증가할 것이다.

화폐량의 교환가치에 대한 효과는 그래서 단지 우리의 분석과 그림에서 이루어지고 있다. 화폐이론들을('공급과 수요이론', '수량이론', '현금잔고이론', '상품이론', '소득과 지출이론'과 같이) 상호배타적 분파로 나누는 것은 어리석은 일이라는 사실이 이제 분명해졌을 것이다.[4] 왜냐하면 이 모든 요소들이 이 분석에서 발견되기 때문이다. 화폐는 상품이다. 그 수요와 공급은 그 교환가치를 결정하는 데 중요하다. 현금잔고를 위한 화폐수요는 역시 이 목적을 위해 중요하다. 아울러 우리의 분석은 소득과 지출상황에도 적용될 수 있다.

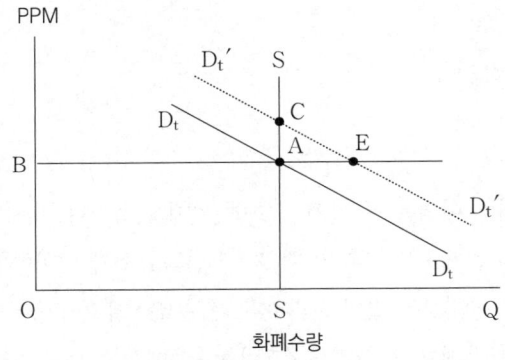

〈그림 11-2〉 화폐에 대한 총수요 변화의 효과

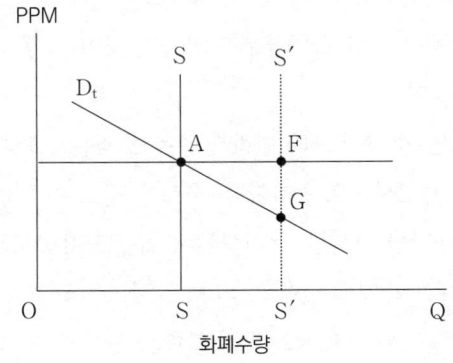

〈그림 11-3〉 총화폐재고 변화의 효과

4. 일정 수량의 화폐가 주는 효용

소비재의 경우, 우리는 사람들이 왜 어떤 재화를 더 선호하는지 조사하기 위해 그들의 가치척도 위의 주관적 효용의 배후까지 들어가지 않는다. 경제학은 선호의 순서가 정해지면 거기에서 멈춘다. 그러나 화폐의 경우에는 우리는 다른 문제에 직면해 있다. 왜냐하면 화폐의 효용은 전적으로 (화폐상품의 비(非)화폐적 사용을 제외하고는) 교환의 일반적 매개물로서 장래의 사용에 달려있기 때문이다. 따라서 화폐의 주관적 효용은 화폐의 객관적 교환가치에 달려있으며, 우리는 화폐수요에 대한 분석을 여타 재화의 경우보다 한 단계 더 나아가야 한다.[5] 화폐수요와 PPM을 연결하였던 위의 그림은 특별히 적절하다. 여타 재화의 경우, 시장에서의 수요가 소비자의 수중에 상품이 들어오게 하는 수단이다. 이에 반해 화폐의 경우, 화폐의 '가격'이 바로 정확하게 수요스케줄이 어떻게 될지 좌우하는 변수이고, 그 가격에 거의 모든 화폐에 대한 수요가 결정되는 핵심변수이다. 다르게 표현하자면, 가격 혹은 객관적 교환가치가 없으면, 화폐 이외의 그 어떤 재화도 환영받는 공짜선물로 낚아채질 것이다. 그러나 화폐는 가격이 없으면 전혀 사용되지 않는다. 화폐 전체의 용도는 시장에서 다른 재화를 구매(지배)할 수 있는 능력에 있기 때문이다. 화폐의 유일한 사용은 다른 재화로 교환되는 것이다. 가격이 없어 교환가치를 가지지 못하면 교환될 수 없을 것이고, 더 이상 사용되지 않을 것이다.

이제 우리는 하나의 위대한 경제법칙의 문턱에 서 있다. 이 법칙은 역사 전체를 통해 이를 경시하여 발생한 해악을 고려할 때, 그 중요성을 지나치게 강조하기가 어렵다. 생산재의 공급증가는 **다른 조건이 같다면**, 소비재의 공급을 증가시킨다. 소비재의 증가는 (다른 재화의 공급감소가 없었을 때) 확실히 **사회적 편익**(social benefit)이다. 누군가의 '실질소득'이 다른 이의 실질소득의 감소 없이 증가하였기 때문이다.[6]

화폐는 이에 반해, 오직 교환목적으로만 유용하다. 화폐는 **그 자체로는** 소비될 수 없으며 생산재로 생산과정에 직접 사용될 수 없다. 그러므로 화폐는 그 자체로는 비생산적이다. 이것은 죽은 재고이며, 아무것도 생산하지 않는다. 토지와 자본은 항상 어떤 특정한 재화의 형태, 특정한 생산도구의 형태로 존재한다. 화폐는 언제나 누군가의 현금잔고로 남아 있다.

재화는 유용하며 희소하다. 재화의 증가는 사회적 혜택이다. 이에 비해 화폐는 직접적으로 유용하지 않으며, 단지 교환에서 그러할 뿐이다. 우리가 방금 보았듯이 사회에서의 화폐재고가 변화하면, 화폐관계가 다시 균형을 이룰 때까지 화폐의 객관적 교환가치가 (반드시 비례적인 것은 아니지만) 역으로 변화한다. 화폐가 더 적어지면 화폐단위의 교환가치는 증가한다. 화폐가 더 많아지면 화폐의 교환가치가 감소한다. 우리는 '너무 적은' 혹은 '너무 많은' 화폐와 같은 것은 존재하지 않는다는 결론을 내리게 된다. 즉, **사회적 화폐재고가 얼마이든 화폐의 이득은 언제나 최대한 활용된다**고 결론짓게 된다. 화폐공급의 증대는 그 어떤 사회적 혜택도 전혀 주지 않는다. 이것은 단순히 다른 사람의 희생 아래 어떤 일부 사람들에게 혜택을 줄 뿐이다. 마찬가지로 화폐재고의 감소는 전혀 사회적 손실을 의미하지 않는다. 화폐는 단지 교환에서의 구매력을 위해 사용될 뿐이며, 화폐재고의 증가는 각 화폐단위의 구매력을 감소시킬 뿐이기 때문이다. 역으로, 화폐재고의 감소는 각 단위의 구매력을 증가시킨다.

흄(David Hume)의 유명한 예는 화폐재고의 변화효과에 대한 과도하게 단순화된 견해를 제공하지만, 현재의 맥락에서는 화폐의 공급증가가 사회적 혜택을 준다거나 경제적 희소성을 완화해준다는 믿음이 터무니없음을 보여주는 유효한 설명이다. 모든 사람이 어느 날 아침 일어나 보니 그의 화폐자산이 두 배가 된 신비한 상황을 생각해 보자. 사회의 부(wealth) 혹은 실질소득이 두 배가 되었는가? 분명히 아니다. 사실 실질소득—공급된 실제 재화와 서비스—은 변하지 않았다. 변한 것은 단지 화폐단위이다. 희석된 화폐단위의 구매력은 새로운 화폐관계를 균형으로 만들기 위해 충분히 떨어질 것이다(즉, 재화들의 가격은 오를 것이다).

이로부터 도출되는 가장 중요한 경제법칙 가운데 하나는, **"화폐의 모든 공급은 언제나 최대한 활용된다. 그래서 화폐의 공급을 증대함으로써 얻을 수 있는 사회적 효용은 전혀 없다"**는 것이다.

일부 저술가들은 이 법칙으로부터 화폐공급의 증가가 사회적 혜택을 주지 않으므로 금의 채굴에 투입된 생산요소들은 모두 비생산적으로 사용되는 것이라고 추론하였다. 이로부터 그들은 정부가 금의 채굴량을 제한하여야 한다고 결론짓는다. 그러나 이 비평가들은 화폐**상품**인 금이 화폐로서 뿐만 아니라 소비 혹은 생산에서 비화폐적 목적으로도 사용되고 있다는 점을 깨닫지 못하고 있다. 금 공급의 증가는 화폐적 혜택을 주지 못하지만, 직접적 용도의 금 공급을 증대시킴으로써 사회적 혜택을 제공한다.

5. 화폐에 대한 수요

1) ERE와 시장에서의 화폐

우리가 말한 것처럼 화폐의 유일한 용도가 교환에 있다는 것은 사실이다. 그러나 이로부터 일부 저술가들처럼 이 교환이 **즉각적이어야** 한다고 추론되어서는 안 된다. 사실, 화폐에 대한 예비적 수요가 존재하고 현금잔고가 유지되는 이유는 개인들이 자신의 돈을 **미래**교환을 위해 남겨두고 보유하는 데 있다. 교환할 좋은 기회를 기다리는 것, 그것이 현금잔고의 기능이다.

ERE가 도달되었다고 가정해보자. 그와 같은 확실성의 세계에서는, 투자로 손실을 볼 위험은 전혀 없을 것이고, 위급한 소비자 지출의 발생을 대비하여 현금을 보유할 필요도 전혀 없을 것이다. 그러므로 모든 사람이 자신의 선호체계에 따라 현재재나 미래재를 구매하는 데 자신의 화폐재고를 완전히 배분할 것이다. 아무도 그의 돈을 현금잔고 속에 놀게 두지 않을 것이다. 그가 6개월 후 소비에 확정된 액수의 돈을 쓰고자 할 것이라는 것을 알고 있어서, 그 사람은 돈을 쓸 시점에 정확하게 상환되도록 그 기간 동안 자신의 돈을 빌려줄 것이다. 그러나 만약 아무도 순간적인 것보다 더 오래 현금잔고를 유지하지 않으려 한다면 보유될 화폐도 없을 것이고, 화폐재고가 사용될 곳도 없을 것이다. 한마디로 확실성의 세계에서는 화폐가 쓸모가 없거나 거의 무용지물이 될 것이다.

ERE와 대조되는 불확실성의 현실세계에서는, 현금잔고 속에 유지되면서 '쉬고 있는' 화폐조차 그 소유자에게 자신의 기능을 행사한다. 진정으로 그와 같은 쓸모를 발휘하지 않는다면, 그의 현금잔고 속에 그 돈이 남아 있지 않을 것이다. 화폐의 용도는 개인이 무엇에, 정확하게 미래 어느 시점에, 돈을 쓸 것인지 확실하지 않다는 바로 그 사실에 바탕을 두고 있다.

경제학자들은 기계적으로 다양한 원천으로 화폐수요를 추적하려고 시도하였다.[7] 그러나 그와 같이 기계적으로 화폐수요가 결정되는 것이 아니다. 각 개인은 스스로 자신의 기준에 의해 현금잔고의 전체 수요를 결정한다. 그리고 우리는 단지 경제적 사건들이 그 수요에 미칠 다양한 영향들을 추적할 수 있을 뿐이다.

2) 투기적 수요(Speculative Demand)

화폐의 수요에 대해 미치는 가장 명백한 영향들 중 하나는 **화폐 교환가치의 미래 변화에 대한 예상**이다. 그래서 미래의 어떤 시점에 화폐의 PPM이 급격하게 떨어질 것으로 예상되고 있다고 해보자. 화폐에 대한 수요스케줄이 이제 어떻게 반응하는가는 이런 예상을 하는 사람들의 수와 그런 예상의 강도에 달려 있다. 또 이것은 그런 변화가 발생하리라고 예상되는 미래가 얼마나 먼 미래인지에도 달려 있다. 그 어떤 경제적 사건도 먼 미래에 일어나는 것일수록 현재에는 이자율에 의해 그 영향이 더 할인될 것이다. 그러나 그 영향력의 정도가 무엇이건, **PPM의 미래 하락에 대한 예상은 현재의 PPM을 낮추는 경향이 있다**. 왜냐하면 PPM의 예상된 하락은 현재의 화폐단위들이 미래에서보다 더 가치가 있을 것이라는 것을 의미하고, 이 경우 사람들이 미래에서보다 현 시점에서 더 많이 지출하려는 경향이 있어서 화폐에 대한 수요의 스케줄이 하락할 것이다. PPM의 급박한 하락을 일반적으로 예상하게 되면, 화폐에 대한 수요스케줄이 지금 하락하고 이에 따라 현재 PPM이 하락하는 경향이 있다.

역으로 가까운 장래에 PPM의 상승이 예상되면, 그들의 화폐단위의 교환가치가 곧 상승할 것으로 예상해서 사람들이 "화폐를 저장하려고"(현금잔고에 돈을 더 보태려고) 할 것이므로 화폐에 대한 수요는 상승하는 경향이 있다. 그 결과는 PPM의 **현재 상승**일 것이다. 장래 PPM의 예상된 하락은 지금 PPM을 하락시킬 것이며, 예상된 상승은 당장의 상승으로 이끌 것이다. 화폐에 대한 투기적 수요는 여타 그 어떤 재화에 대한 투기적 수요와 마찬가지 방식으로 기능한다. 미래 시점의 예상은 경제를 그 미래 시점으로 적응하는 속도를 높이게 한다. 어떤 재화에 대한 투기적 수요가 균형점으로의 조정을 가속화하듯이, PPM의 변화에 대한 예상도 마찬가지로 그 점으로의 시장조정을 가속화한다. 이에 더해 재화의 경우에서와 마찬가지로, 이 투기적 예상의 오류들은 "스스로를 교정한다." 많은 저술가들은 **화폐**의 경우에는 그와 같은 자기 교정이 없다고 믿고 있다. 그들은 재화에 대해서는 '실질적' 혹은 배경이 되는 재화에 대한 수요가 있는 반면, 화폐는 소비되지 않으므로 그와 같은 배후수요가 존재하지 않는다고 단언한다. PPM과 화폐에 대한 수요는 영구적이고 차라리 의미 없는 고양이와 쥐의 달리기로 설명될 수 있는데, 이 달리기에서 모든 사람이 다른 사람의 예상을 예견하기 위해 노력할 뿐이라고 선언한다.

이런 선언과는 달리, 화폐에 대한 '실질적' 배후에 깔린 수요가 **존재한다**. 화폐는 물리적으로 소비될 수 없지만 사용되고 있으며, 그래서 현금으로 보유될 때 효용을 지닌다. 그와 같은 효용은 PPM의 상승에 대한 투기적 예상 이외의 것들도 포함한다. 이것은 사람들이 PPM의 하락을 예상할 때조차 현금을 **지금 보유하고자 한다**는 사실에 의해 설명된다. 그와 같은 보유는 줄어들 수 있으나 여전히 존재하며, 우리가 보았던 것처럼, 이것은 불확실한 세계에서는 그럴 수밖에 없다. 사실, 현금을 보유하려는 의사가 없이는 그 어떤 화폐교환경제도 전혀 존재할 수 없다.

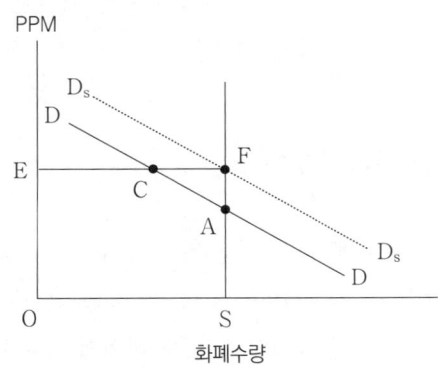

〈그림 11-4〉 화폐에 대한 수요의 투기적 예상의 자기 교정

따라서 투기적 수요는 투기적 예상의 근거나 영감이 무엇이었건 관계없이 배경이 되는 비(非)투기적 수요를 예측하고 있다. 이제 공급과 수요에 반영되지 않은 PPM의

상승(가격들의 하락)에 대한 일반적 예상이 있다고 해보자. 처음에는 이 일반적 예상이 다른 조건이 동일하다면, 화폐에 대한 수요와 PPM을 증대시키는 것은 사실이다. 그러나 이런 상황은 지속되지 않는다. 왜냐하면 이제 유사 '균형'(pseudo 'equi-librium')이 도달되었으므로, 화폐에 대한 수요를 '진정으로' 증가시키지 않았던 투기적 예상자들이 그들의 이득을 실현하기 위해 그들의 화폐를 팔기(재화를 사기) 때문이다. 그러나 이것은 배경이 되는 수요가 전면에 나서는 것을 의미하며, 이것은 그 PPM에서의 화폐공급량보다 적을 것이다. 지출에 대한 압력이 이제는 PPM을 다시 진정한 균형점으로 낮춘다. 이것은 〈그림 11-4〉에서처럼 그림으로 설명될 수 있을 것이다.

화폐재고는 OS이고, 그리고 배경이 되는 화폐수요는 진정한 균형점을 A에 둔 DD이다. 이제 사람들이 시장에서 진정한 수요가 가까운 장래에 PPM이 OE까지 높아지는 것이라고 잘못 예상하고 있다고 해보자. 화폐에 대한 총수요곡선은 이제 D_sD_s로 이동하고, 새로운 총수요곡선은 투기적 수요를 포함하게 된다. PPM은 예상했던 것처럼 OE로 이동한다. 그러나 투기적 예상을 했던 사람들의 진정한 화폐수요는 실제로는 D_sD_s가 아니라 DD를 반영하기 때문에, 이제 그들은 거둔 이득을 수확하려고 움직인다. 새로운 가격 OE에서, 사실 수요량보다 더 많은 화폐 초과공급량이 CF에 해당하는 만큼 존재한다. 판매자들은 서둘러 그들의 화폐재고를 팔고 재화를 산다. 그리고 PPM은 다시 균형점으로 하락한다. 그래서 구체적 재화의 분야뿐만 아니라 화폐분야에서도 투기적 예상들은 자기 교정적이며, '자기 완성적'이 아니다. 투기적 예상은 시장조정의 과정을 더 빠르게 만든다.

3) 화폐수요에 대한 장기적 영향

성장하는 경제에서 화폐에 대한 수요에 미치는 장기적 영향들은 여러 겹으로 되어 있으며, 양쪽 방향 모두로 향하는 경향이 있다. 한편으로는, 성장하는 경제는 더 많은 재화들이 시장에 나오고 생산단계의 수가 증가하면서 새로운 교환기회를 점차 더 많이 제공한다. 이 더 커진 기회들은 화폐에 대한 수요스케줄을 크게 증가시키는 경향이 있다. 경제가 나빠지면 교환의 기회들이 더 적어질 것이고, 이 원천에 따른 화폐에 대한 수요는 하락할 것이다.

이런 추세를 역전시켜 화폐에 대한 수요의 하락을 가져오는 주요한 장기적 요인은 청산시스템(clearing system)의 성장이다.[8] 청산은 화폐가 절약되는 장치이며, **물리적으로 현존하지 않으면서도** 교환의 매개기능을 수행한다.

단순화된 형태의 청산은 두 사람 사이에서 일어날 수 있다. 예컨대, A는 B로부터 3골드 온스를 주고 시계를 살 수 있다. 동시에 B는 A로부터 한 켤레의 구두를 1골드 온스를 주고 살 수 있다. 두 번에 걸친 화폐이전이 일어나고 4골드 온스가 주인을 바꾸는 대신, 이들은 청산절차를 이행하기로 결정한다. A가 B에게 2골드 온스의 돈을 지불하고, 그들은 시계와 구두를 바꾼다. 그래서 청산이 이루어지고, 단지 순 화폐량만 실제로 이전될 때, 모든 거래 참여자들은 같은 가격에 동일한 거래에 참여할 수 있지만 훨씬 더 적은 현금을 사용한다. 그들의 현금수요는 하락하는 경향을 지닌다.

그러나 모든 거래가 **현금**거래들인 한에서는 분명 청산의 여지는 별로 없다. 왜냐하면 사람들이 서로의 재화들을 **동시에** 거래하여야 하기 때문이다. 그러나 **신용**거래가 작동하게 되면 청산의 여지는 엄청나게 증대된다. 이 신용은 아주 단기일 수 있다. 그래서 A와 B가 서로 한 해 혹은 한 달 동안 자주 거래한다고 해보자. 그리고 그들이 현금으로 서로에게 즉각 지불하지 않기로 하고 그 대신 각 달의 월말까지 신용을 서로에게 제공한다고 해보자. 그러면 B는 A로부터 어느 날 구두를 구매하고, A는 B로부터 다른 날 시계를 구매할 수 있을 것이다. 그 기간 말에 부채들이 청산되고 순 채무자가 순 채권자에게 한꺼번에 지불한다.

일단 신용이 우리의 화면에 들어오면, 여러 개인들이 이것이 편리하다는 것을 알게 될 것이므로 청산시스템은 확장될 수 있다. 더 많은 사람들이 [통상 '청산소'(clearinghouses)라고 불리는 곳에서] 청산활동에 참여하게 될수록, 더 많은 채무와 채권의 상쇄가 일어나고, 더 많은 화폐가 절약될 것이다. 예컨대, 주말에 다섯 명의 사람들이 청산에 참여하게 될 것이고, A는 B에게 10온스를 빚지고 있고, B는 C에게 10온스, C는 D에게 10온스를 빚지고 있고, 마지막으로 E는 A에게 10온스를 빚지고 있다. 그와 같은 경우에 50온스 가치의 채무거래와 잠재적 현금거래들이 단 1온스의 현금이 사용되지 않고도 청산될 수 있다.

그래서 청산은 상호적인 금전적 채무의 상쇄과정이다. 청산은 화폐의 실제소유와 거래 없이도 어마어마한 수량의 화폐거래를 가능하게 하고, 그렇게 함으로써 화폐수요를 크게 줄인다. 그러나 청산은 모든 것을 포괄할 수는 없다. 왜냐하면 거래를 청산하기 위해 사용될 수 있었을 어떤 물리적 화폐가 반드시 있어야 하고, 100% 상쇄는 드물기 때문이다.

4) 무제한적 화폐수요?

잘 알려진 한 오류는 "화폐에 대한 수요" 개념을 무색하게 한다. 왜냐하면 이 오류를 따르자면 화폐수요는 언제나 무제한적이라고 단언되기 때문이다. 이 개념은 바로 수요의 본질 그 자체를 오해하고 있으며, 화폐와 부(wealth) 혹은 소득을 혼동하고 있다. 이 오류는 "사람들이 얻을 수 있는 한 많은 돈을 원한다"는 개념에 근거하고 있다. 우선, 이것은 모든 재화에 대해 사실이다. 사람들은 그들이 지금 획득할 수 있는 것보다 훨씬 더 많은 재화를 가지고 싶어한다. 그러나 시장에서의 **수요**는 사람들의 가치척도에서 모든 가능한 품목을 말하는 것이 아니다. 시장에서의 수요는 **유효**(effective)수요, '수요되었다'는 것에 의해, 즉 그것 대신 다른 어떤 것이 '공급되었다'는 사실에 의해 유효하게 된 욕구를 말한다. 그렇지 않으면 이것은 팔리지 않도록 그 재화를 보류하는 형태를 띠는 예약(유보)수요이다. 분명히, 화폐에 대한 유효수요는 무제한적이 아니며 그렇게 될 수 없다. 유효화폐수요는 어떤 사람이 교환으로 팔 수 있는 그 재화의 평가가치에 의해, 아울러 그 개인이 그의 현금잔고로 보유하기보다는 지출하고자 하는 화폐의 수량에 의해 제한된다.

이에 더해, 물론 그가 원하고 수요하는 것은 **본연의** '화폐'가 아니라 화폐의 구매력 혹은 '실질'화폐, 즉 아무튼 그 화폐로 구매할 수 있는 것들로 표현될 어떤 것이다(이 화폐의 구매력은, 우리가 아래에서 살펴볼 것처럼 측정될 수 없다). 만약 구매력이 화폐의 수량에 상응하여 희석된다면, 더 많은 화폐는 그에게 아무런 도움이 되지 않는다.

5) 화폐의 구매력과 이자율

우리는 화폐를 논하는 중이고 이 절에서 균형점들을 비교·분석함으로써 계속 그렇게 할 것이다. 다만 아직은 어떤 한 균형점에서 다른 균형점으로의 변화가 어떻게 일어나는지 한 걸음씩 추적하는 것은 보류할 것이다. 우리는 곧 화폐가격의 경우에 여타 다른 가격들과는 대조적으로 균형으로의 길은 불가피하게 균형점을 변동시키는 변화들을 수반한다는 것을 보게 될 것이다. 이것은 중요한 이론적 결과를 낳는다. 그러나 아직은 화폐가 '중립적'(neutral)인 것처럼, 즉 그와 같은 변화를 유발하지 않는 것처럼 보아도 무방하다. 이 중립성의 가정은 지금까지 분석된 문제들을 완벽하게 잘 다루기 때문이다. 이 점은 본질적으로 우리가 구체적으로 '화폐의 구매력'을 특정한 배열의 재화들로 정의내리려고 노력하지 않으면서도 이 일반적 개념을 사용할 수 있다는 사실에 기인한다. PPM이란 개념은 그 구체적 내용이 변화하며 측정될 수 없지만 적절하며 중요하기 때문에, PPM의 보다 정확한 개념이 필요하지 않는 한, 화폐가 중립적이라고 가정하는 것이 정당화된다.

우리는 화폐관계의 변화가 어떻게 PPM을 변화시키는지 살펴보았다. 이자율의 결정에서, 우리는 이제 우리의 종전 제6장에서의 논의를 개인 자신의 현금잔고에 더 보태거나 인출함으로써 개인의 화폐재고를 배분하는 것을 고려하여 수정하여야 한다. 어떤 한 사람은 그의 돈을 소비, 투자, 혹은 그의 현금잔고의 증가에 배분할 수 있다. 그의 시간선호는 한 개인이 현재재와 미래재에, 즉 **소비**와 **투자**에 헌신하는 비율을 지배한다. 이제 한 사람의 화폐에 대한 수요스케줄이 증가한다고 해보자. 그래서 그가 그의 화폐소득의 일부를 그의 현금잔고를 증대시키는 데 배분하기로 했다고 해보자. **이 증가가 소비/투자비율에 영향을 줄 것이라고 가정할 이유는 전혀 없다.** 이것이 영향을 줄 수 있었을 것이다. 그러나 만약 그렇다면, 그것은 그의 화폐에 대한 수요뿐만 아니라 **시간선호스케줄**의 변화를 의미한다.

만약 화폐에 대한 수요가 증가한다고 했을 때, **화폐수요의 변화가 반드시 이자율을 조금이라도 변화시켜야만 할 이유는 전혀 없다.** 화폐에 대한 수요의 증가가 이자율을 증가시키거나 하락시켜야 할 필연성은 전혀 없다. 물론 반대의 경우에도 필연성은 없다. 사실, 두 가지 사이에 인과적 관계는 전혀 없다. 하나는 화폐에 대한 가치평가에 의해 결정되며, 다른 하나는 시간선호에 대한 가치평가에 의해 결정된다.

이제 제6장의 시간선호와 개인의 화폐재고에 대한 절로 되돌아가 보자. 거기에서 우리는 개인의 화폐재고의 증가가 유효 시간선호비율을 시간선호스케줄을 따라서 **낮추고** 역으로 화폐재고의 감소는 시간선호비율을 높이는 것을 보지 않았던가? 왜 여기에서는 이것이 적용되지 않는가? 이것은 단순히 우리가 각 개인의 화폐재고를 다루고 있기 때문이며, 각 화폐단위의 '실질'교환가치가 동일하게 유지되었다고 가정하기 때문이다. 그의 시간선호스케줄은 단순히 화폐 그 자체뿐만 아니라 '실질'화폐단위들에 관련된다. 만약 사회적 화폐재고가 변하거나, 혹은 만약 화폐에 대한 수요가 변한다면, 화폐단위의 객관적 교환가치(PPM)도 마찬가지로 변화할 것이다. 만약 PPM이 하락하면 개인의 수중에 있는 더 많은 화폐가 반드시 그의 시간선호비율을 낮추지는 않을 것이다. 왜냐하면 더 많은 화폐는 단지 그에게 PPM의 하락에 대해 보상할 뿐이며, 그의 '실질화폐재고'는 종전과 마찬가지일 수 있다. 이것은 다시 화폐관계는 시간선호와 순수 이자율에 **중립적**이라는 것을 보여준다.

증가된 화폐수요는 시간선호 혹은 순수 이자율을 변화시키지 않으면서 모든 가격들을 낮추는 경향이 있다. 그래서 총사회소득은 100인데, 70이 투자에 30이 소비에 할당된다고 가정해보자. 사람들이 총 20만큼 화폐로 저장하기로 결정함에 따라 화폐에 대한 수요가 증가한다. 이제 지출은 100이 아니라 80이 될 것이다. 20은 현금 잔고에 보태진다. 다음 기의 소득은 단지 80일 것이다. 왜냐하면 한 기간에서의 지출이 다음 기에 배분될 지출과 동일한 크기의 소득을 낳을 것이기 때문이다.[9] 만약 시간선호가 종전과 같다면, 사회의 소비에 대한 투자의 비율은 대략 종전 수준을 유지할 것이다. 즉, 56이 투자되고 24가 소비될 것이다. 가격들과 명목화폐가치들, 그리고 소득은 그 선을 따라서 하락하고, 동일한 자본구조, 동일한 **실질**소득, 동일한 이자율 등이 남게 된다. 유일하게 변화한 것들은 하락하게 된 명목가격들과 증가하게 된 화폐소득에서의 총현금잔고의 비율이다.

하락한 화폐수요는 역의 효과를 가진다. 음의 화폐저장(dishoarding)은 지출을 증가시키고 가격을 올리며, **다른 조건이 같다면** 실질임금과 자본구조를 종전과 같이 유지시킨다. 유일한 변화는 화폐소득에서의 현금비율이 **낮아진다**는 점이다.

그래서 화폐에 대한 수요스케줄의 변화에 따른 유일한 필연적 결과는 정확하게 총화폐소득에서 총현금잔고의 비율, 그리고 현금잔고의 실질가치, 이 두 가지의 같은 방향으로의 변화이다. 화폐재고가 주어지면, 현금에 대한 더 높아진 쟁탈전은 단지 실질화폐잔고에서 원하던 증가가 도달될 때까지 화폐소득을 낮출 뿐이다.

만약 화폐에 대한 수요가 하락하면 역의 움직임이 일어난다. 현금잔고를 감소시키려는 소망은 화폐소득의 증가를 초래한다. 총현금은 종전과 같지만 소득에 대한 현금잔고의 비율은 그 실질가치와 마찬가지로 하락한다.[10]

6) 퇴장과 케인지언시스템

(1) 사회소득, 지출, 그리고 실업

무수한 저술가들에게는 '퇴장'(hoarding)—화폐에 대한 수요의 증가 —은 영락없는 재앙이었다. '퇴장'이란 용어 자체가 경제학에서 가장 부적합한 것이다. 왜냐하면 사악한 반사회적 행동이란 함축을 안고 있기 때문이다(이 책의 번역에서는 'hoarding'이 가진 이런 함축을 없애기 위해 필요한 경우를 제외하고는 '화폐저장'이라고 번역하였다—역주).

그러나 '퇴장'과 '음의 퇴장' 어느 것에도 반사회적인 것은 전혀 없다. '퇴장'은 단지 화폐에 대한 수요의 증가일 뿐이며, 이런 가치평가의 변화결과는 사람들이 그들이 원하는 것을, 즉 그들의 현금잔고와 화폐단위의 실질가치의 증가를 얻게 된다는 것이다.[11] 역으로, 만약 사람들이 그들의 실질현금잔고나 화폐단위의 가치하락을 원한다면, 그들은 이것을 '음의 퇴장'을 통해 달성할 수 있을 것이다. 다른 어떤 중요한 경제관계—실질임금, 자본구조 등—도 전혀 변할 필요가 없다. 퇴장과 음의 퇴장의 과정이 의미하는 것은 단지 사람들이 그들의 현금잔고 혹은 화폐단위의 실질가치가 증가 혹은 감소하기를 원하며, 실제로 이 결과를 얻을 수 있다는 점일 뿐이다. 이런 과정에서 무엇이 잘못되었다는 말인가? 우리는 여기에서 단지 자유시장에서 소비자 혹은 개인 주권이 또 다르게 발현함을 볼 수 있을 뿐이다.

이에 더해, '퇴장'을 어떤 사람의 일정기간 동안 현금잔고의 증가 이상으로 정의할 수 있는 이론적 방법이 전혀 없다. 그럼에도 불구하고 대부분의 저술가들은 어떤 애매한 기준이 있고, 그 아래에서는 현금잔고가 정당하지만 그 기준을 넘어서는 것은 반사회적이며 사악한 것임을 암시하면서 이 퇴장이란 용어를 규범적 방식으로 사용한다. 그러나 혹시라도 화폐에 대한 수요에 어떤 수량적 제약이 가해진다면 이는 완전히 자의적이며 부당한 것이다.

(1930년대와 1940년대의 경제학계를 휩쓴 후 다행히 쇠퇴하는) 케인지언시스템의 두 가지 주요 기둥 가운데 하나는 저축이 오직 사회소득(Social Income)의 감소라는 무서운 길을

통해서만 투자와 같아진다는 선언이다. 케인지언주의의 (암묵적) 기초는 총사회소득의 일정 수준에서는 이 소득으로부터의 총사회적 지출이 소득보다 더 낮을 것이고 나머지는 퇴장될 것이라는 단언이다. 이것은 총사회소득을 낮출 것이다. 왜냐하면 우리가 본 것처럼, 어떤 한 '날짜'에서의 총소득은 종전 '날짜'에서의 총지출과 같아지고, 종전 '날짜'의 총지출에 의해 결정될 것이기 때문이다.

케인지언 '소비함수'는 총소득 수준 예컨대 A, **그 위로는** 지출이 소득보다 적어지고(순 퇴장), **그 아래에서는** 지출이 소득보다 더 커지는[순 음의 퇴장(*net dishoarding*)] 총소득 수준이 존재한다는 단언된 법칙을 확립하는 데 일정한 역할을 한다. 그러나 기본적인 케인지언 걱정은 총소득이 감소해야 할 때의 퇴장이다. 이 상황은〈그림 11-5〉로 설명될 수 있을 것이다.

이 그래프에서, 화폐소득은 수평축과 수직축에 나타나 있다. 그래서 두 축 사이의 45도 직선은 사회소득과 같다.[12] 설명해 보면, 수평축에서의 사회소득 100은 수직축에서의 사회소득 100에 상응할 것이다. 이 그림들의 동등소득들은 두 축 사이에서 등등거리(*equidistance*) 점들에서 만날 것이다. 케인지언 법칙은 사회지출이 점 A의 위쪽에서는 사회소득보다 더 낮고, 점 A 아래쪽에서는 사회소득보다 높아서 점 A가 사회소득이 사회지출과 같아지는 균형점이 될 것이라고 단언하고 있다. 사회소득이 A보다 더 크면, 사회지출이 소득보다 낮을 것이고, 이에 따라 소득이 첫날로부터 다음 날까지 균형점 A에 도달할 때까지 하락하는 경향을 지닌다. 사회소득이 A보다 작으면, 음의 퇴장이 발생하고, A가 다시 도달할 때까지 지출이 소득보다 클 것이다.

〈그림 11-5〉 케인스가 본 사회소득과 사회지출의 관계

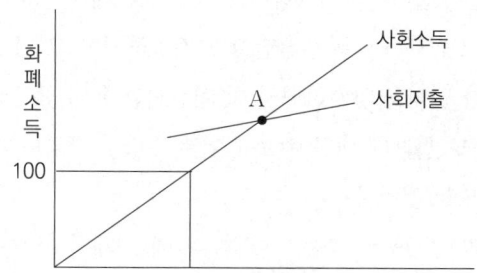

아래에서 우리는 이 단언된 법칙과 이 법칙이 근거하는 '소비함수'의 타당성을 검토할 것이다. 여기에서는 일단 그와 같은 법칙의 타당성을 인정한다고 해보자. 적절치 않은 논평만이 가능하게 된다. 그래서 무엇이 문제라는 것인가? 국민소득이 하락하면 왜 문제라는 것인가? 그런 하락이 **화폐**단위로 잰 것일 뿐이고, 실질소득, 실질자본 등은 종전과 마찬가지일 터인데 왜 경계하는 것인가? 유일한 변화는 화폐를 저장하는 사람들이 실질현금잔고를 증가시키고 화폐단위의 실질가치를 높이려는 목적을 달성했다는 것이다. 이 전체 모습이 균형에 도달할 때까지의 이행과정에서는 좀더 복잡한 것은 사실이며, 이에 대해서는 아래에서 좀더 자세히 다룰 것이다(비록 최종적 결론은 마찬가지이지만). 그러나 케인지언시스템은 그 균형점의 유해성을 확립하고자 하고 있지만 그렇게 할 수 없다.

그러므로 자유시장 지출이 제한될 것이라는—즉, 소비가 '함수'에 의해 제한되어 있고, 투자는 투자기회들의 정체와 '유동성 선호'에 의해 제한되어 있다는—점을 보여주려는 케인지언들의 정교한 시도는 별 의미가 없다. 왜냐하면 케인지언들이 (실제로는 그렇지 않지만) 설사 옳았다고 하더라도, 그 결과는 무의미하기 때문이다. 퇴장과 음의 퇴장, '낮은' 혹은 '높은' 수준의(이 수준이 높고 낮음이 무엇을 의미하든 상관없이) 사회 화폐소득에는 잘못된 것이 전혀 없다.

케인스 학설의 의미를 구하기 위한 시도는 오직 하나의 논점—케인지언시스템의 두 번째 주요 기둥—에 달려있다. 이것은 **화폐적 사회소득과 고용수준은 상관관계를 가지며, 후자는 전자의 함수**라는 논제이다. 이는 어떤 '완전고용' 수준의 사회소득이 존재하며, 그 수준 아래에서는 실업이 상응하여 나타난다고 가정하고 있다. 이것을 나타낸 것이 〈그림 11-6〉이다.

앞의 그림에 수직선 FF가 덧붙여졌다. 이 수직선은 '완전고용' 사회소득이라고 단언된 소득수준을 나타낸다. 만약 교점 A가 FF선 왼쪽에 있으면, A가 그 선에서 모자라는 거리에 상응하는 영구적 실업이 있게 된다.

케인지언들은 또한 별 성공을 거두지 못했지만, A가 FF선 오른쪽에 떨어지는 균형점을 인플레이션과 동일시하면서 이에 의미를 부여하려고 시도하였다. 인플레이션은, 우리가 아래에서 보게 될 것처럼, 동태적 과정이며, 그 본질은 변화이다. 케인지언시스템은 균형점 근방에 몰려 있으며, 그래서 인플레이션 상황을 분석하기에 적합한 도구를 지니고 있지 않다.

자유시장경제에 대한 케인지언 비판의 핵심은 너무 낮은 사회지출과 소득에 의해 야기된다고 단언되고 있는 비자발적 실업에 있다. 하지만 앞에서 설명하였듯이 자유시장에서는 비자발적 실업이 전혀 존재할 수 없는데, 어떻게 그럴 수 있는가? 그 대답은 분명해졌다(이는 케인지언 저술 가운데 가장 지적인 저술에서 인정되고 있다). 케인지언 '**불완전 고용균형**'은 단지 **화폐임금률이 하방경직적인 경우**에만, 즉 노동의 공급곡선이 '완전고용' 아래에서는 무한 탄력적인 경우에만 발생한다.[13]

〈그림 11-6〉 케인스에 의한, 완전고용에 대한 사회소득과 사회지출의 관계

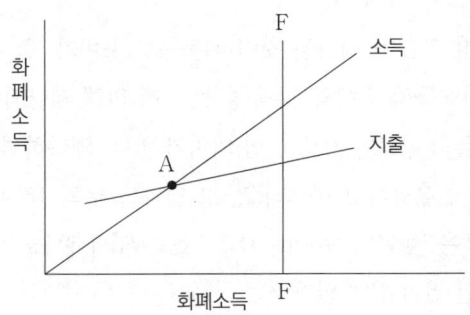

그래서 '퇴장'(증가된 화폐에 대한 수요)이 있고, 사회소득이 하락한다고 가정하자. 그 결과 여타 재화들에 대한 화폐적 수요곡선들과 마찬가지로 노동요소에 대한 화폐적 수요곡선이 하락한다. 우리는 노동요소의 일반적 공급곡선이 수직선이 될 것으로 예측할 것이다. (구매력을 기준으로 한) 실질임금률들이 불변인 채, 오직 화폐임금률들만 변하기 때문에, 노동/여가 선호에는 어떤 변화도 없을 것이고, 시장에 공급되는 노동의 총량도 동일할 것이다. 아무튼, 그 어떤 비자발적 실업도 일어나지 않을 것임은 확실하다.

그렇다면 어떻게 케인지언을 지지하는 경우(Keynesian case)가 발생할 수 있는가? 어떻게 과거 화폐임금률에서 노동의 공급이 수평인 채 유지될 수 있는가? 단지 두 가지 방법으로만 가능하다. ① 사람들이 자발적으로, 과거 임금률보다 낮은 임금률

에서는 고용되기를 거부하는 노동조합에 찬성할 때. 판매가격이 하락하고 있으므로, 과거 임금률의 유지는 더 높은 실질임금을 요구하는 것에 해당한다. 우리는 위에서 노동조합의 실질임금률 인상의 요구가 실업을 야기한다는 것을 살펴보았다. 그러나 실업은 **자발적**이다. 왜냐하면 근로자들이 더 높은 최저실질임금률의 부과에 동의하고 노조가 정한 임금률보다 낮은 가격에서 일하기를 거부하고 고용을 받아들이지 않을 것이기 때문이다. 혹은 ② 노동조합들과 정부가 강제적으로 최저임금률을 부과할 때. 그러나 두 번째 경우는 자유시장이 아니라 간섭받는(hampered) 시장의 사례이다. 상황 ① 혹은 ②는 〈그림 11-7〉처럼 나타낼 수 있을 것이다.

노동에 대한 원래 수요곡선은 DD이다(설명의 단순화를 위해 우리는 일반적 "노동에 대한 수요"가 의미 있는 것으로 가정한다). 사회에서의 총노동공급량은 OF이다. 아니면 이것이 적어도 시장에 나오는 총노동공급량이다. 이제 화폐에 대한 수요의 증가는 모든 화폐가격들이 하락함에 따라 모든 수요곡선을 아래로 이동시킨다. 만약 임금률이 자유롭게 하락한다면, 교점이 H에서 C로 움직일 것이고 명목임금률도 따라서 FH에서 FC로 감소할 것이다. 여전히 OF의 수준에서 '완전고용'이 나타날 것이다. 그러나 이제 노동조합이 최저화폐임금률을 OB(혹은 FH)로 정한다고 해보자. 그러면 노동공급곡선은 BHG가 된다. FG까지는 수평이고 그 후부터 수직이다. 새로운 수요곡선 D'D'는 이제 점 C 대신 점 E에서 노동공급곡선과 교차할 것이다. 이제 고용된 총노동량은 BE로 줄어들었으며, EH는 노동조합의 행동결과로 이제 실업상태가 된다.

〈그림 11-7〉 자유시장 임금률보다 높은 화폐임금의 고정에 따른 실업

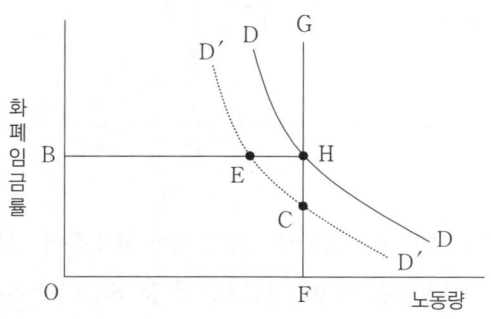

케인스 자신은 실질사회소득, 실질지출 등 화폐단위보다는 실질단위로 설명하는 경향이 있었다.[14] 그와 같은 분석은 동태적 고려들을 흐리게 만든다. 왜냐하면 적어도 시장에서는 표면적으로 화폐단위로 거래가 이루어지기 때문이다. 그러나 우리가 분석을 직접 실질단위로 한다고 하더라도 우리 분석의 본질적 결론은 변하지 않는다. **실질**단위의 수요곡선들은 하락하는 대신 종전과 마찬가지로 유지될 것이다. 이는 노동시장에 대해서도 마찬가지이다. 기존 임금률에서 수평선으로 그려지는 대신, 노동조합 행동의 효과는 (판매가격들이 하락하는 데 반해 화폐임금을 종전과 같게 유지하는 결과) 수평적으로 부과된 실질임금률의 **인상**으로 나타나야 할 것이다. 〈그림 11-8〉에 이에 관한 그림이 나타나 있다. 이 그림에 묘사된 사실들은 종전의 그림에서와 마찬가지이다. 노동조합이 너무 높은 실질임금 OB를 고집함으로써 EH만큼의 실업을 야기한다.

'케인지언 혁명'의 요체는 자유시장에서 실업균형이 존재**할 수 있다**는 주장이었다. 우리가 살펴본 것처럼, 이것이 사실인 상식에 맞는 유일한 경우는 케인스 훨씬 이전에 알려져 있었다. 즉, 노동조합이 과도하게 높은 임금률을 광범하게 유지하는 것이 실업을 초래한다는 주장이다.

〈**그림 11-8**〉 자유시장보다 높은 실질임금률의 고정으로 인한 실업

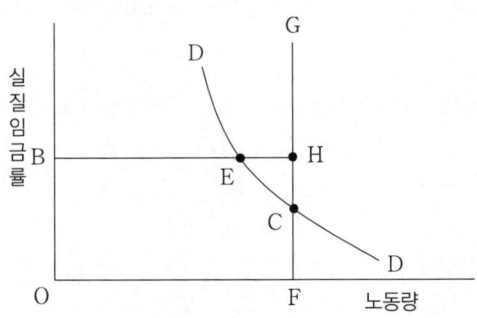

케인스는 가격들을 포함하여 경제시스템의 여타 요소들이 기본적으로 실질단위로 정해지는 반면, 근로자들은 **화폐**임금단위로만 궁극적 의미에서도 협상한다고 믿었다—노동조합이 하방경직적 최저화폐임금을 주장하고 화폐임금률은 그대로인 채

여타 상품가격들이 상승하는 형태로 실질임금의 하락을 수동적으로 받아들일 것이라고 믿었다. 그래서 실업을 배제하기 위한 케인지언 처방은 구체적으로 '화폐환상'(money illusion)에 달려있다—노동조합이 최저화폐임금률을 부과하지만 너무나 어리석어서 최저실질임금률 **그 자체**는 부과하지는 않는 데 달려있다. 그러나 노동조합은 구매력 문제와 화폐임금률과 실질임금률의 구별에 대해 학습하였다. 실제로 이 구별을 간파하는 데 그렇게 높은 지성이 요구되지 않는다.[15]

역설적이게도 케인스의 '화폐환상'에 기초한 인플레이션 주창은, 인플레이션 기간 동안 판매가격들이 임금률보다 더 빨리 상승하였던 역사적 경험에 바탕을 둔 것이었다(이 역사적 경험에 대해서는 아래에서 더 자세히 다룰 것이다). 그러나 노동조합이 최저임금률을 부과하는 경제는 바로 노동조합이 자신들의 화폐임금뿐만 아니라 실질임금에도 민감한 그런 경제이다. 그러므로 인플레이션은 실업을 제거하도록 노동조합을 속이는 수단으로 사용될 수 없다.[16] 케인스주의는 적어도 '현실적' 체제라고 칭찬받았다. 그 이론적 결함이 무엇이든 상관없이 현대 노동조합주의의 세계에 적합한 것으로 단정되었다. 그러나 케인스주의가 가장 적합하지 않고 실제적이지 못한 곳은 정확하게 바로 현대의 세계이다.[17]

케인지언들은 경직적 화폐임금률을 하방으로 유연화하는 것이 재화에 대한 화폐적 수요를 더 낮추며, 그래서 화폐소득을 낮춘다고 반대한다. 이것은 **임금률**(wage rates)과 **총임금지불액**(aggregate payroll) 혹은 임금으로 들어가는 총소득을 완전히 혼동한 것이다.[18] 전자의 하락은 후자의 하락을 의미하지 않는다. 정반대로 우리가 보았듯이, 총소득은 앞 기간 동안의 총지출에 의해 결정된다. 더 낮은 임금률은 과거의 지나치게 높았던 임금률에 의해 고용되지 못했던 사람들이 고용되도록 할 것이다. 이제 노동이 토지요소에 비해 상대적으로 저렴하다는 사실은 투자자들로 하여금 종전보다 토지에 비해 노동에 더 큰 부분을 지출하도록 유인한다. 그리고 실업상태였던 노동의 고용은 생산을 증가시키고 그래서 총실질소득을 높인다. 게다가 비록 임금 총지급액이 하락한다고 하더라도 가격들과 임금률은 조정될 수 있다. 이 부분은 유동성 선호에 대한 다음 절에서 취급될 것이다.

(2) 유동성 선호

자신들의 시스템에 심각한 어려움이 있음을 인지한 케인지언들은 물러서서 그들의 활에서 남은 마지막 화살—'유동성 선호'—에 의지하였다. 이지적 케인지언들이라면 비자발적 실업은 드문 '특별한' 경우라고 양보할 것이다. 린달(Lindahl)은 더 나아가 비자발적 실업이 단지 **단기적**일 뿐이며 장기균형현상은 될 수 없다고 말하고 있다.[19]

그러나 케인지언시스템, 특히 '유동성 선호' 원리에 대해, 모딜리아니(Modigliani)나 린달 모두 철저하게 비판하지 못하고 있다. 케인스 추종자들에 의해 주어진 케인지언시스템의 수학적 묘사로부터 분명히 알 수 있듯이, 케인지언시스템은 '상호결정'(mutual determination)이라는 수리경제학의 오류로부터 자유롭지 못하다. 마음대로 가역적으로 쓸 수 있는 수학적 함수의 사용은, 관찰된 움직임들의 원인을 알지 못하는 물리학에 적합하다. 우리가 원인들에 대해 알지 못하므로 이 움직임들을 묘사하고 설명하는 어떤 수학적 법칙도 가역적일 것이다. 그리고 우리가 관심을 가지는 범위 안에서는, 함수 속의 변수들 중 그 어느 것도 다른 변수와 마찬가지 정도로 '원인'이라고 할 수 있다. 그러나 인간의 행동을 다루는 학문인 인간행동학에서는, 우리는 원래의 원인—개인들이 동기를 가지고 행한 행동—을 **알고 있다**. 이 지식은 우리에게 진정한 공리들을 제공한다. 이 공리들로부터 진정한 법칙들이 연역된다. 이 공리들은 한 걸음씩 논리적 원인과 결과 관계로 도출된다. 최초의 원인들이 알려져 있으므로, 이 원인들의 결과적 효과들도 역시 알려진다. 경제학은 그래서 비선형적 원인과 결과 관계들을 추적하는 학문이지 애매한 "서로를 결정하는" 관계들을 추적하는 학문이 아니다.

이 방법론적 주의사항은 특별히 케인지언 이자율이론에 적용된다. 왜냐하면 케인지언은 이자율이, ① 투자를 **결정**하는 것으로, 아울러 ② (유동성 선호에 따른) '투기적 동기로' 보유하고자 하는 화폐에 대한 수요에 의해 결정되는 것으로 간주하기 때문이다. 그러나 실제에서는 케인지언들은 후자가 이자율을 결정하는 것이 **아니라**, 이자율에 의해 **결정된다**고 주장한다. '상호결정'의 방법론은 완전히 이 교활한 손놀림을 모호하게 만들었다. 케인지언들은 모든 수요와 공급곡선들이 가격과의 관계에서 "서로를 결정하고 있다"고 반론을 제기할지 모른다. 그러나 이 간편한 단언은 정확하지 않다. 수요곡선들은 효용척도들에 의해 결정되며, 공급곡선들은 투기적 예상과 (주어진 노동과 토지요소들에 의해 생산된) 재화의 재고에 의해 결정되는데, 이는 궁극적으로 시간선호들에 의해 지배된다.

케인지언들은 이자율을 자신들이 믿는 것처럼 유동성 선호에 의해 결정되는 것으로 취급하는 것이 아니라 스스로를 경제시스템의 다른 요소들 위에 부과하는 어떤 신비하고 설명되지 않은 힘인 것처럼 다룬다. 그래서 케인지언의 유동성 선호에 관한 논의는 이자율의 등락에 따른 '현금보유 동기'를 중심으로 이루어진다. 유동성 선호이론에 의하면, 이자율의 하락은 '투기적 동기'(유동성 선호)를 위해 수요되는 현금의 수량을 증가시키고, 이자율의 상승은 유동성 선호를 낮춘다.

이 개념의 첫 번째 오류는 화폐에 대한 수요를 두 개의 부분으로 자의적으로 분할한 데 있다. 화폐에 대한 수요를 사회소득의 크기에 의해 결정되는 것으로 가정하는 '거래적 수요'와 이자율에 의해 결정되는 '투기적 수요'로 분할하는 것이 바로 이것이다. 우리는 화폐의 수요에 미치는 모든 종류의 영향들이 실제로 화폐수요에 영향을 준다는 것을 알게 되었다. 그러나 이 영향들은 단지 개인들의 가치척도를 **통해서** 작동함에 불과하다. 오직 화폐에 대한 **단 하나의** 최종적 수요가 존재할 뿐이다. 왜냐하면 각 개인은 하나의 가치척도만 가지고 있기 때문이다. 수요를 두 개의 부분으로 나누고, 이들을 독립적 개체로 말할 수 있는 방법은 전혀 없다. 게다가 수요에 미치는 영향은 두 가지보다 훨씬 더 많다. 최종적 분석을 해보면, 화폐에 대한 수요는 모든 효용과 마찬가지로 단순한 결정인자들로 환원될 수 없다. 화폐에 대한 수요는 자유롭고 독립적인 개인들의 가치척도의 결정 결과이다. 그래서 소득의 크기에 의해서만 결정되는 화폐에 대한 '거래적 수요'는 따로 존재하지 않는다.

'투기적 수요'는 정말 이상한 것이다. 모딜리아니는 이 '유동성 선호'를 다음과 같이 설명하고 있다.

> 우리는 이자율의 그 어떤 하락도…그들의 자산을 증권보다는 화폐의 형태로 보유하고자 하는 잠재적 투자자들의 수가 증가하도록 유도할 것이다. 다시 말해, 우리는 이자율의 하락이 자산으로서의 화폐에 대한 수요를 증가시킬 것으로 예측해야 한다.[20]

우리가 본 것처럼, 이는 여기에서 이자율을 **결정하는** 요인이고 **그 자체가** 어떤 원인에 의해 설명되지 않는다는 비판 아래 놓이게 된다. 게다가 무엇이 이 말을 의미하는가? 케인지언들에 따르면, 이자율의 하락은 더 적은 이자가 채권으로부터 수취되고, 그래서 현금을 보유하려는 더 큰 유인이 있게 된다는 것을 의미한다. 이것은 (우리가 스스로 이자율을 어떤 것에 의해 **결정되는** 것이 아니라 어떤 것을 **결정하는** 그 무엇이라고 생각하도록 허용하는 한) 정확하지만 매우 부적절하다. 왜냐하면 만약 더 낮은 이자율이 더 큰 현금보유를 '유발한다면', 소비도 역시 더 매력적이 될 것이기 때문에 이것은 또한 더 큰 **소비**를 유발한다. 사실, 유동성 선호 접근법의 가장 심각한 결함 가운데 하나는 케인지언들이 결코 한꺼번에 결정되는 **세 가지** '마진'을 가지고 생각하지 않는다는 점이다. 케인지언들은 단지 한 번에 두 가지를 가지고 생각한다. 그래서 모딜리아니에 의하면, "소비-저축 계획을 하고서, 그 개인은 그가 소유할 자산들에 관한 결정을 해야만 한다." 즉, 그런 다음 그는 화폐와 증권들 가운데 자산을 배분한다.[21] 다시 말해, 사람들이 소비와 투자(소비하지 않는다는 의미에서의) 사이에 먼저 결정을 내리고, 그런 다음 그들은 그들의 저축을 투자할지 화폐로 저장할지 결정한다. 그러나 이것은 터무니없을 정도로 자의적인 구축물이다. 사람들은 그들의 세 가지 대안들 모두에 대해 하나를 다른 각각에 대해 재보면서 한꺼번에 결정한다. 사람들이 먼저 소비와 소비하지 않는 것을 결정하고, 그런 다음 퇴장과 투자 사이에 선택한다고 말하는 것은 사람들이 먼저 얼마나 퇴장할지 결정하고 그런 다음 소비와 투자 사이에 결정한다고 말하는 것만큼이나 오해를 야기한다.[22]

그러므로 사람들은 자신들의 화폐를 소비, 투자, 그리고 퇴장에 배분한다. **소비와 투자의 비율은 개인적 시간선호를 반영한다.** 소비는 현재재에 대한 욕구를 반영하며, 투자는 미래재에 대한 욕구를 반영한다. 화폐에 대한 수요의 증가는 소비와 투자 사이의 비율(즉, 시간선호)이 종전과 같이 유지된다면 이자율에 영향을 주지 않는다.

반복해서 강조하지 않을 수 없는 사실은 이자율은 이 시간선호에 의해 **결정된다**는 것이다. 시간선호는 또 소비와 투자의 비율을 결정한다. 이자율이 저축의 크고 작음을 결정한다거나 퇴장을 '유도한다고' 생각하는 것은 문제를 완전히 오해하는 것이다.[23]

그렇다면 시간선호가 소비와 투자의 비율을 결정한다는 것과 화폐에 대한 수요가 소득 가운데 퇴장되는 비율을 결정한다는 것을 인정한다면, 화폐에 대한 수요가 이자율을 결정하는 데 역할을 하는가? 케인지언들은 이자율과 현금에 대한 '투기적' 수요 사이에 관계가 있다고 단언한다. 후자의 스케줄이 혹시라도 상승한다면 이자율도 상승할 것이다. 그러나 이것은 반드시 사실인 것은 아니다. 저장된 자금 가운데 더 큰 비중이 다음 세 가지 대체적 원천으로부터 나올 수 있다. ① 종전에 소비로 가던 자금, ② 투자로 가던 자금, 그리고 ③ 종전의 소비/투자비율을 유지한 채 행해진 두 가지의 혼합. 조건 ①은 이자율의 하락을 초래할 것이다. 조건 ②는 이자율의 상승을 야기할 것이고, 조건 ③은 이자율을 그대로 유지할 것이다. 그래서 화폐저장은 **시간선호**가 동시에 상승하였는지, 하락하였는지 혹은 불변으로 남아 있는지에 따라 이자율의 상승, 하락, 혹은 불변 가운데 그 어느 것도 동반할 수 있다.

케인지언들은 현금에 대한 투기적 수요가 이자율에 달려 있으며, 동시에 이자율을 결정한다고 다음과 같은 방식으로 주장한다. 만약 사람들이 가까운 장래에 이자율이 상승할 것이라고 예상한다면, 그들의 유동성 선호가 커져서 이런 상승을 기다린다. 그러나 이것은, 케인스가 확립하려고 노력하는 그런 유형의 장기적 **균형이론**의 일부가 될 수 있다고 하기 어렵다. 투기적 예상은 그 본성상 ERE에서는 사라지며, 그래서 그 어떤 근본적 인과이론도 투기적 예상에 근거를 둘 수 없다. 게다가 이자율이란 **무엇인가**? 하나의 심각하고도 근본적인 케인지언의 오류는 이자율을 생산단계들 사이의 가격차이로 보지 않고 대부에 대한 계약비율로 간주하기를 고집하는 것이다. 우리가 살펴보았듯이, 이자율은 단지 생산단계들 사이의 가격차이의 반영일 뿐이다. 급속한 이자율의 상승에 대한 강력한 예상은 가격차이 혹은 순 수익률(rate of net return)의 상승에 대한 강력한 예상을 의미한다. 가격들의 하락은 기업가들이 요소가격들이 가까운 장래에 요소의 판매가격들보다 더 하락할 것이라고 일반적으로 예상한다는 것을 의미한다. 그러나 이 현상을 설명하기 위해 케인지언의 복잡한 미로 같은 설명이 필요하지 않다. 우리가 직면해 있는 것은, 요소가격들이 곧 하락할 것이라고 예상하는 기업가들이 투자를 그만두고 이 행복한 사건이 일어나서 그들의 수익이 더 커질 것을 기다리는 상황이다. 이것은 '유동성 선호'가 **아니라, 가격변화에 대한 투기적 예상**이다. 이 가격변화에 대한 투기적 예상은, 가격들과 화폐에 대한 수요의 관계에 대한 앞에서의 논의의 변경 및 심화와 관계되는 문제이다. 가격과 화폐와의 관계에 대한 논의를 심화할 필요성이 발생하는 것은 우리가 곧바로 더 자세히 탐색하게 될 사실, 즉 가격들은 똑같이, 그리고 비례적으로 변하지 않는다는 사실 때문이다.

하락하는 요소가격에 대한 예상은 균형을 향한 움직임과 이에 따른 시간선호에 의해 결정되는 순수 이자관계를 향한 움직임을 가속화한다.[24]

만약 예컨대, 노동조합들이 임금률을 인위적으로 '완전고용'이 유지될 수 있는 균형임금률보다 항상 더 높게 유지하면 '퇴장'이 증가할 것이다. 이 유도된 퇴장은 요소에 대한 화폐적 수요를 감소시키고 실업을 더 확대시키지만 이는 임금의 경직성으로 인한 것일 뿐이다.[25]

마지막 케인지언의 까닭 없는 근심은 사람들이 화폐에 대한 무제한적 수요를 가지게 되고, 그래서 퇴장이 무한하게 증가할 것이라는 우려이다. 이것은 '무한' 유동성 선호로 불린다. 이것은 모딜리아니와 같은 네오-케인지언들이 비자발적 실업이 가격과 임금의 자유와 양립할 수 있다고 믿는 유일한 경우이다. 케인지언들은 사람들이 증권가격의 하락을 두려워해서 채권을 사는 대신 화폐를 저장할 것이라고 걱정한다. 이것을 더 중요한 '자연스런' 용어로 번역하면, 이것은 우리가 말했던 것처럼 곧 닥칠 자연이자율의 증가를 예상하여 사람들이 투자하지 않는 것을 의미할 것이다. 이 예상은 뒤이은 조정을 방해하는 장애물로 작동하는 것이 아니라 이를 **가속화한다**. 게다가 사람들이 그들의 예상이 어떤지와 상관없이 언제나 소비를 계속해야 하므로, 화폐에 대한 수요는 결코 무한정일 수 없다. 현재 수준의 소비는 다시 일정한 수준의 투자를 필요로 할 것이다. 생산적 활동이 지속되는 한, 화폐저장의 정도와 상관없이 지속적 실업의 필요성이나 가능성은 존재하지 않는다.[26]

화폐를 보유하려는 화폐수요는 시장의 일반적 불확실성으로부터 유래한다. 그러나 케인지언들은 유동성 선호를 일반적 불확실성이 아니라 특정한 미래 채권가격의 불확실성에 따른 것으로 본다. 확실히 이것은 매우 피상적이고 제한적인 견해이다.

우선, 이 유동성 선호의 원인은 매우 불완전한 증권시장에서만 발생했을 수 있다. 라흐만이 수년 전 주목받지 못한 한 논문에서 지적했듯이, 케인스의 인과적 패턴—'유동성 선호'(현금에 대한 수요)와 높은 이자율을 야기하는 '곰과 같은 보수성'(bearishness)—은 오직 조직화된 선물시장(先物市場, forward market) 혹은 **퓨처마켓**

(futures market)이 없을 경우에만 발생할 수 있다. 만약 그와 같은 시장이 존재한다면, 채권시장에서 채권시세가 하락할 것으로 보는 사람들(bears)과 시세가 오를 것으로 보는 사람들(bulls) 모두 자신의 예상을 선물거래를 통해 표현할 수 있는데, 이 거래에는 어떤 현금도 필요하지 않다. 증권에 대한 시장이 시간에 대해 완전히 조직화된 곳에서는, 이자율의 상승을 두려워하는 4% 채권의 소유자는 이것을 현금으로 교환할 인센티브를 전혀 가지고 있지 않다. 왜냐하면 그는 언제나 그 채권을 선물로 판매함으로써(selling them forward) '헤징'을 할 수 있기 때문이다.[27]

미래에 대한 비관적 전망(bearishness)은 선물채권가격의 하락을 초래할 것이고, 즉시 현물가격의 하락이 뒤따를 것이다. 그래서 투기적 비관은, 물론 적어도 일시적으로 이자율의 상승을 초래할 것이지만, 이것은 현금수요의 증가를 **전혀 수반하지 않고서** 일어난다. 그래서 유동성 선호(혹은 현금에 대한 수요)와 이자율 사이에 시도된 연계성은 실패로 끝난다.

그와 같은 증권시장이 과거에 조직되지 않았다는 사실은 시장거래자들이 케인스가 믿었던 정도만큼 증가하는 이자율에 대해 걱정하지 않았다는 것을 의미한다. 만약 그들이 그렇게 걱정했고, 이 근심이 중요한 현상으로 드러나기 시작했다면, 확실히 증권에서 퓨처마켓이 발전하였을 것이다.

게다가 우리가 살펴본 것처럼 대부에 대한 이자율은 단지 가격차이의 반영에 불과하며, 그래서 더 높은 이자율의 예측은 진정으로 더 낮은 가격들에 대한 예상을 의미한다. 특히 더 커진 화폐에 대한 수요로 인해 귀결되는 더 낮은 비용의 예상을 의미한다. 그리고 자유시장에서의 모든 투기적 예상은 스스로 교정되는 것이며, 경제문제를 야기하기보다는 조정을 가속화한다.

7) 이자율의 구성요소: 구매력과 교역조건

어빙 피셔를 필두로 많은 경제학자들은 시장이자율이 순수 이자율에 더해 특정한 기업가적 요소를 포함하고 있을 뿐만 아니라 '가격' 혹은 '구매력 요소'를 포함하고 있다고 단언하고 있다. 화폐의 구매력이 일반적으로 상승할 것으로 예상될 때, 그 이론은 시장이자율이 이에 상응하여 하락할 것으로 단언한다. PPM이 하락할 것으로 예상되면, 그 이론은 시장이자율이 이에 상응하여 상승할 것으로 선언한다.

이 경제학자들은 자연이자율(수익률)이 아니라 **대부이자율**(loan rate)에 집중하는 잘못을 저질렀다. 이 이론의 배경이 되는 추론은 다음과 같다. 화폐의 구매력이 변화할 것으로 예상되면, 순수 이자율(시간선호에 의해 결정되는)은 더 이상 '실질단위로' 종전과 같지 않을 것이다. 현재의 100골드 온스가 지금부터 1년 후의 105골드 온스와 교환된다고 해보자. 즉, 이자율이 5%이다. 이제 갑자기 화폐의 구매력이 상승할 것이라고 일반적으로 예상되고 있다고 하자. 이 경우, 되돌려 받는 양이 **더 작더라도**, 예컨대 102온스라도 구매력으로는 5%의 실질이자율에 해당할 수 있다. 구매력 상승의 일반적 예상은, 현재의 시장이자율을 낮출 것인 반면, 구매력 하락에 대한 일반적 예상은 이 이자율을 올릴 것이다.[28]

이 일반적으로 받아들여지고 있는 추론에는 치명적 결함이 있다. 예컨대, 다음 해에 가격들이 일반적으로 50% 하락할 것으로 예상되고 있다고 해보자. 어떤 사람이 100골드 온스를 지금부터 1년 후의 53온스와 교환하기 위해 빌려줄 것인가? 이것은 분명 5%의 실질이자율을 유지할 것이다. 그러나 그렇다면 왜 잠재적 대부자들이 그들의 화폐를 그냥 보유하고 가격하락의 결과 그들의 실질자산을 **두 배로 만들지 않**는단 말인가? 그리고 이것이 정확하게 그들이 하려는 바로 그것이다. 비록 그들의 자산이 종전보다 더 커질 것이라고 하더라도, 그들은 분명 돈을 내다버리려 하지 않을 것이다, 피셔는 단순히 구매력 프리미엄은 이자율을 결코 음의 이자율로는 만들지 않을 것이라고 이 점을 무시해버렸다. 그러나 이 결함은 전체 이론을 무효화시키고 있다.

이 어려움의 근저에는 자연이자율의 무시가 놓여 있다. 이자율을 이런 식으로 고려해보자. 1년 후 5온스의 이자와 5%의 이자율에 해당하는 105골드 온스에 팔릴 생산물로 변화될 생산요소들에 대해 100온스가 지불된다고 해보자. 이제 지금부터 1년 후 가격들이 **반으로 떨어질** 것이라는 일반적 예상이 발생한다. 그 제품의 판매가격은 1년 후 53온스가 될 것이다. 지금 어떤 일이 발생할까? 기업가들이 오직 실질이자율이 유지되기 때문에 생산요소들을 100온스에 사서 53온스에 팔 것인가? 분명히 아니다. 그들이 구매력에 변화를 전혀 예상하지 않는 경우에만 그렇게 할 것이다. 그러나 구매력의 변화가 **예상되는** 정도까지 그들은 생산요소들을 구매하기보다는 화폐를 보유할 것이다. 이것은 곧장 요소가격을 그들의 미래 예상수준으로, 예컨대 100에서 50으로 낮출 것이다.

대부이자율에 어떤 일이 발생할 것인지는 분석적으로 별로 중요하지 않다. 대부이자율은 단순히 자연이자율의 반영일 뿐이며, 사람들의 대부시장에 대한 예상들과 판단이 어떻게 주식시장과 여타 시장들에 비교되느냐에 달려 있다. 자유시장에서는 대부시장을 별도로 분석하는 것은 의미가 없다. 피셔 문제―이자율의 가격변화와의 관계―의 분석은 **자연**이자율에 집중하여야 한다. 가격동향들과 (자연)이자율 사이의 관계에 대한 논의는 두 개의 부분으로 나뉘어야 한다. 먼저 '중립적 화폐'(neutral money)를―모든 가격들이 똑같이 동시에 변한다고―가정하고, 두 번째로, 요소와 생산이 서로 다른 이자율들에서 변화하는 조건들을 분석하여야 한다. 그리고 이 변화들은 먼저 시장에서 사람들에 의해 예견되었다고 보지 않은 채 분석되어야 한다.

먼저, 모든 가격들이 똑같이 동시에 변한다고 가정하자. 대부시장에서 빌린 100온스라고 생각하는 대신 자연이자율을 고려하자. 투자자가 기간 1에 요소들을 구매하고, 생산물을 예를 들어, 기간 3에 판다고 해보자. 우리가 보았던 것처럼 시간은 생산구조의 핵심이다. 모든 생산과정은 시간이 걸리며, 자본가는 생산과 판매에 앞서 생산요소의 소유자들에게 먼저 지불한다. 생산요소들이 생산물의 판매 이전에 구매되므로, 일반적 가격상승(즉, 구매력 하락)의 시기의 효과는 무엇일까? 그 결과는 기업가가 명백한 추가적 이윤을 획득한다는 것이다. 그 기업가가 통상 본원적 생산요소들을 100온스에 구매하며, 생산물을 2년 후 연 10%의 이자수익에 상당하는 120온스에 판매한다고 해보자. 이제 화폐에 대한 수요의 감소 혹은 화폐재고의 증가가 가격의 일반적 상승을 불러일으켜 모든 가격들이 2년 후 2배가 된다고 해보자. 그러면, 단지 시간의 경과로 인해 지금 생산요소들을 100온스에 구매한 기업가는 2년 후의 시기에 이 생산요소들을 240온스에 팔 것이다. 20온스의 순 수익, 즉 연 10%의 수익률 대신 그는 140온스, 즉 연 70%의 수익률을 얻는다.

가격들의 상승이 단순히 보다 정확한 미래예측에 대한 개인적 보상이라고 할 수 없는 대규모 이윤에 대한 경향을 창출하는 것처럼 보인다. 그러나 보다 세심하게 분석해보면, 이것은 추가적 이윤이 결코 아니라는 것을 알 수 있다. 왜냐하면, 지금으로부터 2년 후의 240온스는 구매력 기준으로 보면 지금의 120온스와 대략 같다. 화폐의 서비스에 기초한 **실질** 순 수익률은 언제나 그랬던 것처럼 종전과 마찬가지로 10%이다. 이보다 더 낮은 그 어떤 순 수익률도 실질수익의 하락에 해당할 것이라는 점은 분명하다. 예컨대, 단지 120온스만의 수익은 극적인 음의 실질수익에 해당할 것이다. 왜냐하면 100온스가 단지 60온스의 총수익에 상응하는 것을 얻기 위해 투자된 것이기 때문이다. 가격상승의 시기에는 기업가들이 그들의 증가된 화폐이윤이 실질이득인 것으로 오인하도록 한다고 자주 제시되곤 한다. 예를 들어, '교체비용' (replacement costs)—기업가들이 생산요소에 대해 지금 지불해야 하는 가격들—을 고려해 보자. 100온스의 투자에서 240온스를 버는 자본가가 불행하게도 그의 요소 묶음을 구매하려면 이제 100이 아니라 2백 온스가 든다는 사실을 간과했다. 그와 같은 상황 아래에서 자신의 화폐적 이윤을 실질이윤으로 간주하고 이를 소비한 사업가는 곧 그들 자신의 자본을 소비하고 있다는 사실을 알게 될 것이다.

하락하는 가격의 경우에는 그 반대현상이 발생한다. 자본가가 기간 1에 생산요소들을 구매하고, 전반적으로 모든 가격들이 더 낮은 기간 3에 생산물을 판매한다. 만약 가격들이 2년 후 반으로 떨어진다면, 100의 투자에 60의 판매가 뒤따를 것이지만 겉보기처럼 혹독한 손실을 본 것이 아니다. 왜냐하면 60의 총수입은 일반화된 구매력으로 보거나 혹은 생산요소 대체의 관점에서 볼 때 종전의 120온스에 해당하기 때문이다. 그의 실질수익률은 종전과 마찬가지이다. 그 결과는 가격축소의 시기에는 기업가들이 **자신의 손실을 과장하기** 쉽다는 것이다. 아마도 이것이 일반적 가격팽창의 시기에는 언제나 이득을 보고, 일반적 가격위축의 시기에는 손실을 본다는, 대부분의 사업가들이 지닌 뿌리 깊은 믿음의 주요한 이유 가운데 하나일 것이다. 이 믿음은 순전히 환상적인 것이다.

이 예들에서 시장에서의 자연이자율은, 일반적 팽창의 시기에는 화폐적으로 양의 방향에서, 그리고 일반적 위축의 기간에는 음의 방향으로 바로 잡아주는 구매력 요소를 포함하고 있었다. 대부이자율은 자연이자율에서 일어나는 것의 단순한 반영에 불과하다. 지금까지는 우리의 분석은, 이것들이 예상된 변화가 아니라 **실제** 변화의 효과라는 점과 피셔의 논제는 음의 이자율의 경우를 감안할 수 없다는 점을 제외하고는 피셔의 분석과 유사하다. 우리가 앞에서 살펴보았듯이 기업가들이 실질수익이 종전과 마찬가지더라도 화폐적 손실을 택하기보다는 생산요소의 가격들이 장래의 낮은 수준으로 즉각 떨어질 때까지 생산요소의 구매를 보류할 것이다. 그러나 이 예상가격변동의 과정은 '음'의 수익이 전망되는 극단적 경우에만 발생하는 것은 아니다. **이런 과정은 가격변화가 예상될 때에는 언제나 발생한다**. 그래서 모든 기업가들이 일반적으로 가격이 2년 후 2배가 된다고 예상한다고 해보자. 가격상승이 예상되고 있다는 사실이 **지금 당장** 가격수준의 상승을 초래할 것이고, 가격이 2배의 가격수준으로 즉각 접근하게 할 것이다. 생산요소 가격의 예견된 하락은 이 가격의 즉각적 하락을 초래할 것이다. 만약 모든 변화들이 모든 사람들에 의해 예견된다면, 이자율에 구매력 요소가 전개될 여지가 사라질 것이다. 가격들은 단지 미래의 수준으로 즉각 떨어질 것이다.

그렇다면 구매력 요소는 흔히 여겨지는 것처럼 구매력 변화에 대한 예상의 반영이 **아니다**. 이것은 변화 자체의 반영이다. 정말 **만약 변화가 완전히 예견된다면, 구매력은 즉각 변화할 것이고, 이자율에 구매력 요소가 들어설 여지는 전혀 없을 것이다**. 실제로는 변화된 조건에 대한 완전하지는 못하지만 부분적 예견이 PPM을 이 변화된 조건에 조정과정을 재촉한다.

지금까지 우리는 자연이자율의 세 가지 구성요소들을(모두 대부이자율에 반영되는) 구분하였다. 하나는—경제 전체를 통해 일정해지는 경향이 있는 개별 시간선호들의 결과인—**순수 이자율**이다. 두 번째는 구체적인 기업가적 이자율들이다. 이 이자율들은 기업들마다 다르며 일정하지 않다. 이것들은 미리 예상되며, 투자자가 이 분야에 들어오기 전에 받을 것으로 예상하여야 하는 비율이다. 특별히 '위험한' 벤처는 아무튼 성공하기만 한다면, 일반적으로 '안전한' 벤처라고 예견되는 것보다 더 많은 순수익을 버는 경향이 있을 것이다. 자연이자율의 세 번째 구성요소는 생산에서의 불가피한 시간격차로 발생하는 일반적 PPM의 변화를 감안하여 조정되는 구매력 요소이다. 이것은 팽창기에는 양일 것이고, 수축기에는 음일 것이지만 일시적일 것이다. PPM의 변화가 더 많이 미리 예견될수록 구매력 요소는 덜 중요해질 것이고, PPM **자체**의 조정은 더 빨라질 것이다.

자연이자율에는 아직 열거하지 않은 네 번째 구성요소가 있다. 이것은 화폐변화가 중립적이지 **않은** 정도만큼 존재한다(화폐는 결코 중립적이지 않으며 중립적일 수 없다). 때로는 생산물 가격들이 요소가격들보다 더 빠르게 상승·하락하며, 때로는 가격변동의 양상은 혼합되어 있어서 일부 요소가격들과 생산물 가격들이 더 빠르게 상승한다. 생산물 가격들과 본원적 생산요소들의 가격들 사이에 일반적 간격이 있게 되면 언제나 **거래조건**(terms-of-trade) 구성요소가 자연이자율에 출현한다.

역사적으로, 생산물 가격들이 본원적 생산요소들의 가격들보다 더 빠르게 상승하고 더 빠르게 하락한 적이 많았다. 전자의 경우에 이행기간 동안 교역조건에서 유리한 변화가 자본가들에게 일반적으로 발생한다. 왜냐하면 생산물의 판매가격이 본원적 생산요소들을 구매하는 가격들보다 **더 빠르게** 상승하기 때문이다. 이것은 일반적 수익률을 상승시킬 것이고, 이것이 자연이자율에서 일반적으로 양의 교역조건 구성요소를 이룬다. 물론, 이것은 대부이자율에 반영되는 경향이 있을 것이다. 수축기에는 생산요소 가격들의 더 완만한 하락이 이자율에서 교역조건 구성요소를 만들어낸다. 이 구성요소들은 생산요소 가격들이 생산물 가격들보다 더 빠르게 변화할 때는 언제나 정확하게 그 반대이다. 자본가-기업가에게 '거래조건'의 일반적 변화가 없을 때에는 언제나 그 어떤 구성요소도 전혀 이자율에 나타나지 않을 것이다.

여기에서 논의되는 거래조건의 변화는 순전히 변화하는 조건들에 대한 반응속도에서의 차이로부터 기인하는 것들뿐이다. 이 거래조건의 변화들은 우리가 위에서 논의한 것과 같은 시간선호의 변화로부터 야기되는 거래조건에서의 기본적 변화들을 포함하지 **않는다**.

순수 이자율을 제외한 모든 이자율 구성요소들—기업가적 요소, 구매력 요소, 그리고 거래조건 요소—은 '동태적'이며 불확실성의 결과이다. 이런 구성요소들은 ERE에서는 그 어떤 것도 존재하지 않으며, 그래서 ERE에서의 시장이자율은 오직 시간선호에 의해서만 결정되는 순수 이자율과 같을 것이다. ERE에서는 유일한 순소득은 일정한 순수 이자율 수익과 노동에 대한 임금일 것이다(토지임대료는 이자수익으로 자본화할 것이다).

6. 화폐의 공급

1) 화폐상품의 재고

한 사회 안의 화폐 총재고는 현재 쓸 수 있는 화폐상품의 총수량(총 온스)이다. 이 책 전체를 통해 우리는 의도적으로 '달러' 혹은 화폐에 대한 여타 이름 대신 '골드 온스'라는 단위를 사용하고 있다. 이는 자유시장에서는 금 혹은 은의 **무게단위**를 대신하는 달러 등이 혼란을 초래하는 단위에 불과하다는 바로 그 이유 때문이다.

총재고는 한 기간에서 다른 기간으로 새로운 생산이 이루어짐에 따라 증가하고[산업생산에 비(非)화폐적 생산요소로서 혹은 주화의 사용에 따른 마모로 인해] 사용되어 없어짐에 따라 감소할 것이다. 화폐상품의 특성 가운데 하나가 내구성이므로, 화폐공급이 장기적으로 증가하고, 이에 따라 PPM의 점진적 하락이 귀결되는 일반적 경향이 있을 것이다. 이것은, 더 많은 금 혹은 은이 **비화폐적** 목적들에 사용될 수 있게 되는 한에서는 사회적 효용을 증진시킨다.

우리는 제3장에서 화폐상품의 물리적 형태는 아무런 차이를 가져오지 않는다는 것을 살펴보았다. 화폐의 형태는 비화폐적 사용에서는 보석의 형태일 수 있으며, 금괴의 형태일 수도 있고, 주화의 형태일 수도 있다. 자유시장에서는, 금을 하나의 형태에서 다른 형태로 바꾸는 것은 다른 사업과 마찬가지로 그 서비스에 대해 가격을 부과하고 ERE에서는 순수 이자수익을 버는 사업일 것이다. 금은 금괴로 시작해서 금화로 끝나고, 금괴는 금화를 만드는 자본재이므로, 금화가 동일한 무게의 금괴에 비해 조금의 프리미엄을 가질 것이다. 그러나 때로는 금화가 대규모 거래를 위해 금괴로 다시 녹여진다. 그래서 금화에 대한 프리미엄은 확실한 것은 아니다. 만약, 일반적으로 발생하는 것처럼, 주화의 제조가 용해보다 비용이 많이 든다면, 금화는 금괴에 대해 이에 상응하는 프리미엄을 얻을 것이다. 이 프리미엄은 **화폐주조료**(brassage)라고 불린다.

경제학이 어떤 시장의 구조가 어떻게 될지 그 세부내용을 예측하지는 못한다. 사적으로 발행된 금괴시장이 마치 밀시장처럼 동질적으로 발전할 수도 있다. 혹은 주화들이 주화제조자들에 의해 그 제품의 질을 보증하기 위해 스탬프나 소인을 찍었을 수도 있다. 아마도 일반대중은 정확한 질을 확보하기 위해 소인이 찍힌 주화만 구매할지 모른다.

자유로운 사적 주화에 대한 반대의 하나는 주화의 소액단위의 강제적 표준화가 자유체제 아래에서 나타날 주화의 다양성보다 더 편리하다는 것이다. 그러나 만약 시장에서 그런 표준화가 편리하다는 것이 알려지면, 사적 주조는 소비자들의 수요에 이끌려 표준화된 소액단위들을 주조할 것이다. 한편, 만약 더 큰 다양성이 선호된다면, 소비자들은 다양한 수의 주화를 요구하고 얻게 될 것이다.[29]

2) 화폐에 대한 청구권: 화폐창고

제2장에서 "현재재화에 대한 청구권"과 "미래재화에 대한 청구권" 사이의 차이를 묘사하였다. 물물교환에서처럼 화폐에도 마찬가지의 분석이 적용된다. 미래화폐에 대한 청구권은 **교환어음**(bill of exchange)—신용거래의 증거—이다. 그 어음의 소지자—채권자—는 상환일자에 채무자에 의해 지불되는 화폐와 교환하여 그 어음을 돌려준다. 그러나 현재화폐에 대한 청구권은 완전히 다른 재화이다. 이것은 어음처럼 미래재화에 대한 현재재화의 교환인 **완결되지 않은** 거래의 증거가 아니다. 이것은 **현재재화의 소유**에 대한 단순한 증거이다. 이것은 아직 완결되지 않은 것이 아니다. 즉, 시간시장에서의 교환이 아니다. 그러므로 되돌려 받기 위해 소유의 증거를 제시하는 것은 거래의 **종결**이 아니거나 채권자가 그의 대부상환을 요구하는 것과 동등하지 않다. 이것은 단순히 그 사람 자신의 재화를 **회수하는 것**(repossessing)일 뿐이다. 제2장에서 우리는 현재재화에 대한 청구권의 예로서 창고영수증(warehouse receipts)과 주식의 지분을 제시하였다. 그러나 주식의 지분은, 그 회사들이 협조적 모험을 시작하며 스스로 정한 소유의 규칙으로 공장의 고정자산의 일부분으로 상환될 수 없다. 게다가 그와 같은 자산들이 고정된 화폐가치를 가질 것이라는 보장도 없다. 그러므로 우리는 재화의 청구권을 화폐의 공급과 더 관계를 가지는 **창고영수증**에 한정하여 논의할 것이다.

어떤 사람이 창고에 재화를 맡길 때, 영수증을 받고 창고의 주인에게 보관서비스에 대해 일정액을 지불한다. 그는 그 자산의 소유권을 여전히 보유한다. 창고의 소유주는 단지 그를 대신하여 그 자산을 지키고 있다. 창고영수증이 제시되면, 창고 소유주는 맡긴 재화를 회복시켜 줄 의무가 있다. 화폐에 전문화하는 창고가 바로 '은행'으로 알려진 곳이다.

시장에서는 재화에 대한 청구권이 바로 그 재화 자체인 것처럼 취급될 때가 자주 있다. 만약 사기나 절도의 의심이 없다면, 창고에 있는 재화에 대한 소유권의 증거는 그 재화 자체와 동등하게 간주된다. 종이가 이 사람에게서 저 사람으로 이전하기에 더 편리하고, 그 재화들을 운반하는 비용이 들지 않는다. 그러므로 존스가 스미스에게 그의 밀을 팔 때, 그 밀을 한 장소에서 다른 장소로 옮기는 대신 단지 창고영수증을 존스로부터 스미스에게로 이전하기로 합의할 수 있다. 스미스가 그 재화가 필요하거나 혹은 그 영수증이 다른 사람에게로 이전될 때까지 그 재화는 같은 창고에 남아 있다. 물론, 스미스는 이런 저런 이유로 그 재화를 자신의 창고에 보관하기를 더 선호할 수도 있으며, 이 경우에는 그 재화들이 한 창고에서 다른 창고로 옮겨진다.

이제 창고가 수탁창고회사(Trustee Warehouse Company)에 의해 소유되는 경우를 생각해보자. 그 회사는 다양한 재화들을 지하금고에 안전하게 보관하고 있다. 이 회사가 매우 믿을 만하고 절도를 하지 않는다는 명성을 쌓았다고 해보자. 결과적으로 사람들은 그들의 재화를 자주 사용하지 않는 재화의 경우에는 상당히 긴 기간 동안 이 수탁창고회사에 맡기는 경향이 있을 것이고, 심지어 **재화증명서**(goods-certificates, 창고영수증, 혹은 재화소유 증명서)를 이전하고 재화 자체를 상환받지 않는 경향조차 있을 것이다. 그래서 재화증명서는 교환에서 재화대체재로서 작용한다. 수탁회사가 이런 일이 일어나는 것을 안다고 해보자. 이 회사는 사기행위를 할 좋은 기회가 출현했다는 것을 깨닫는다. 이 회사는 위탁자들이 맡겨두어서 보관하는 재화들을 시장 사람들에게 빌려줄 수 있다. 이 회사는 이 대부로부터 이자를 벌 수 있다. 위탁자들의 일부만이 그 증명서를 어떤 한 시점에서 상환을 요구하는 한, 이 회사보다 더 현명한 사람은 아무도 없다. 혹은 그 대신, 그 회사는 창고에 존재하지 않는 재화에 대한 위조 창고영수증을 발행하여 이 영수증을 시장에 빌려줄 수 있다. 이것은 더 정교한 수완이다. 위조영수증들은 표면에 적법한 것인지에 대해 표시가 전혀 없으므로 시장에서 진짜 영수증과 마찬가지 조건에서 교환될 것이다.

이 방법은 명백한 사기임이 분명하다. 다른 사람의 자산이 창고회사에 의해 탈취되어 그 회사의 돈벌이 목적에 사용되었다. 화폐의 사용에 대해 이자가 지불되지 않기 때문에 이것은 **대부받은** 것이 아니다. 혹은, 만약 위조 창고영수증이 인쇄된다면, 그런 재화가 존재하지 않는데도 불구하고 **재화의 증거**(evidences of goods)가 발행되고 팔리거나 대부되는 것이다.

화폐는 이런 음모에 가장 취약한 재화이다. 왜냐하면 화폐는 우리가 살펴본 것처럼 일반적으로 직접 사용되지 않으며 단지 교환을 위해 사용되기 때문이다. 게다가 화폐는 크게 동질적 재화이므로 1온스의 금은 다른 1온스의 금과 상호 교환될 수 있다. 금을 지니고 다니는 것보다 종이를 이전하는 것이 편리하기 때문에, 일반대중의 신뢰를 쌓은 화폐창고들(혹은 은행들)은 사람들이 드물게 자신들의 증명서를 상환한다는 것을 알게 된다. 은행들은 특히 사기를 저지를 유혹에 빠져서 위조 화폐증명서를 발행하여 진짜 화폐증명서와 같이 수용될 수 있는 화폐 대체물로서 순환되게 하기 쉽다. 화폐가 동질적 재화라는 사실은 사람들이 그 화폐를 자신이 돌려 받는 것이 그들이 맡겨두었던 본래의 화폐인지 여부를 상관하지 않는다. 이것이 은행의 사기가 쉽게 달성되도록 한다.

물론 '사기'는 가혹한 용어이다. 현행법과 위조 창고영수증을 발행하는 이들은 이 관행을 '사기'로 인식하지 않고 있지만, 이는 이 관행을 묘사하는 정확한 용어이다. 사실 위조영수증의 발행과 다른 사람의 자산 착복, 혹은 더 직접적으로 공공연한 횡령, 혹은 위조 사이에 경제적 혹은 도덕적 차이를 발견하기 어렵다. 대부분의 현행 법체제는 이 관행을 불법화하지 않고 있다. 사실 이것은 기본적 은행절차로 간주되고 있다. 그러나 자유시장의 자유주의(libertarian) 법이라면 이를 금지하여야 할 것이다. 순수 자유시장은 용어의 정의상 절도와 사기(암묵적 절도)가 불법이며, 존재하지 않는다.

물론 수탁해 두었던 재화 혹은 화폐를 내주는 것 혹은 가짜 창고영수증을 발행하는 것은 법이 이를 허용하는 경우에도 위험한 사업이다. 만약 창고가 계약적 의무를 만족시키는 데 실패하면 사기가 드러날 것이고, 일반적 창고 혹은 은행으로부터 공황상태의 '인출'이 뒤따를 것이다. 그러면 이 회사는 금방 도산에 내몰릴 것이다. 그러나 그와 같은 도산은 보통의 투기적 사업을 하는 기업의 실패와 유사하지 않을 것이며, 오히려 자신이 '빌린' 자금을 갚기 전에 도망하다가 잡힌 도망자와 유사할 것이다.

영수증의 표면에 창고회사가 지하금고에 수탁한 물건을 보관할 것을 보증한다고 적혀있지 않더라도 그와 같은 계약은 영수증의 발행 자체에 **암묵적으로** 내포되어 있다. 만약 그 어떤 위조영수증이 발행된다면, 은행이 영수증을 모두 상환하는 것이 즉각 불가능해지고, 그래서 사기가 즉각 범해지는 것이라는 점은 분명하기 때문이다. 어떤 한 은행이 지하금고에 예금자 소유의 20파운드의 금을 가진 반면, 예금자가 요구하면 갚아야 할 금 증명서를 30파운드 발행했다면, 10파운드 가치의 약속어음은 사기에 해당한다. 총 30파운드 가치의 여러 영수증들 가운데, **어떤** 특정한 영수증이 사기성을 지니는지는 (모두가 동질적이어서 평상시는 알 수 없고) 예금인출경쟁(bank run)이 발생하고 늦게 온 청구권자가 상환받지 못한 후에야 결정될 수 있다.

용어의 정의상 사기가 일어날 수 없는 순수 자유시장에서는 모든 은행영수증은 진성(眞性)일 것이다. 즉, 모든 영수증이 오직 지하금고에 있는 실제 금 혹은 은을 대변할 것이다. 이 경우 모든 은행의 **화폐대체물들**(창고영수증들)은 또한 **화폐증명서**(money certificates)일 것이다. 즉, 각 영수증은 실제로 지하금고에 그 돈이 존재한다는 것을 진정으로 확인해 줄 것이다. 은행 지하금고에 상환목적으로 보관된 금의 양은 '지불준비금'(reserves)이라고 불리며, 따라서 단지 진성영수증만을 발행하는 정책은 요구불 지불채무(요구하면 지불해야 하는 채무)에 대한 현금 '100% 지불준비' 정책이다.[30] 그러나 '지불준비금'이라는 용어는 오해를 불러일으킨다. 이 용어는 마치 은행이 금을 소유하고 있고 얼마를 손에 들고 있을지 독립적으로 결정하는 것처럼 가상하고 있다. 그러나 실제에서는 금을 소유하는 측은 은행이 아니라 은행의 예금자들이다.[31]

화폐영수증의 물리적 형태에 대한 엄청난 문헌이 발간되었지만, 물리적 형태는 아무런 경제적 중요성도 지니지 않는다. 그것은 **지폐**(paper note), **토큰 주화**(본질적으로 지폐 대신 주화에 각인된 약속어음), 혹은 은행에의 **장부신용(요구불 예금)**의 형태일 수 있다. 요구불 예금은 그 소유자에 의해 유형으로 확인할 수 있는 방법으로 보유되지 않지만, 은행에 대한 서면명령으로 그가 원하는 그 누구에게라도 이전될 수 있다. 이 명령이 **수표**(check)라고 불린다. 예금자는 자신이 편리하게 느끼는 대로 영수증의 형태를 선택할 수 있다. 어떤 형태가 선택되느냐는 아무런 경제적 차이도 초래하지 않는다.

3) 화폐대체물과 화폐의 공급

화폐대체물들은 시장에서 화폐로서 교환되므로, 우리는 화폐대체물을 화폐공급의 일부로 간주하여야 한다. 그래서 (넓은 의미의) 화폐―일반적 교환의 매개물―와 **본래의 화폐**(money proper)를 구별할 필요가 있다. 본래의 화폐는 궁극적 교환의 매개물 혹은 **표준화폐**(standard money)인 반면, (넓은 의미의) 화폐공급은 모든 표준화폐 더하기 개인들의 현금수지에서 보유된 화폐대체물이다. 위에서 언급된 경우들에서, 금은 본래의 화폐 혹은 표준화폐이며, 이에 반해 영수증―금에 대한 지불청구권―은 화폐대체물이다.

이 요소들 사이의 관계는 다음과 같이 설명될 수 있다. A, B, C 세 사람의 공동체와 X, Y, Z 세 개의 화폐창고가 있다고 해보자. 각 개인은 100온스의 금을 보유하고 있으며, 아무도 창고에 맡기고 있지 않다고 가정하자. 그 공동체에서는, 그러면:

본래 화폐의 총공급	=	3백 온스(A+B+C)
화폐대체물의 총공급	=	000 온스
총화폐공급 (광의의 의미)	=	3백 온스

총화폐공급은 여기에서 본래 화폐의 총공급과 동일하다.

이제 A와 B가 각각 그의 100온스의 금을 창고 X와 Y에 맡긴 반면, C는 그의 금을 직접 보유하고 있다고 해보자. 화폐의 총공급은 언제나 개인의 현금보유의 합과 같다. 그 구성은 이제:

A― X화폐대체물 100온스

B― Y화폐대체물 100온스

C― 본래의 금화폐 100온스

(광의의) 총화폐공급=총현금보유=2백 온스의 화폐대체물+100온스의 본래 화폐.

창고 혹은 은행에 본래 화폐의 적립효과는 현금에서 화폐공급의 **구성**을 변화시키는 것이다. 그러나 총공급량은 3백 온스로 그대로이다. 다양한 은행들의 화폐대체물이 개인들의 현금보유에서 표준화폐를 대부분 대체하였다. 이와 유사하게 만약 A와 B가 그들의 예금을 인출하려고 하더라도, 총량의 구성이 원래의 패턴으로 되돌아가겠지만 총량은 변하지 않을 것이다.

은행의 지하금고에 있는 2백 온스의 금은 어떻게 되는가? 이것은 더 이상 금 공급의 일부가 아니다. 이 금들은 미결제 화폐대체물에 대한 **지불준비**로 보유되고 있다. 지불준비로 있는 동안에는 이 금들은 그 어떤 개인의 현금수지의 일부가 될 수 없다. 현금수지는 금으로 이루어지지 않고, 금의 소유에 대한 증거들로 이루어지고 있다. 단지 은행 지불준비금이 아닌 본래적 화폐만이 개인의 현금수지의 일부를 형성하며, 따라서 공동체의 화폐공급의 일부가 된다.

그래서 화폐대체물이 완전한 화폐증명서인 한에서는 미결제 화폐대체물의 증감은 화폐의 총공급에 영향을 전혀 미치지 않는다. 다만 공급의 구성만이 영향을 받으며, 그와 같은 **구성**의 변화는 어떤 경제적 중요성도 지니지 않는다.

그러나 은행이 법률적으로 100% 지불준비를 하지 않아도 되도록 허용되어 위조영수증을 발행하게 되면 경제적 효과는 매우 다르다. 우리는 진정한 화폐증명서가 아닌 화폐대체물을 **지불이 보장되지 않은**(uncovered) 화폐대체물이라고 부를 수 있을 것이다. 이들은 진정으로 화폐를 대변하는 것이 아니기 때문이다. 지불준비가 안된 화폐대체물의 발행은 개인들의 현금수지를 늘리고 따라서 총화폐공급을 늘린다. 지불준비가 안 된 화폐대체물은 새로운 화폐저장에 의해 상쇄되지 않으므로 총공급은 증가한다. **지불준비가 안 된 화폐대체물의 증감은 반드시 같은 정도로** (넓은 의미의) **총화폐공급을 증가 혹은 감소시킨다.**

그래서 총화폐공급은 다음의 요소들로 구성된다. **지불준비금 이외의 본래적 화폐의 공급+화폐증명서의 공급+지불준비가 안 된 화폐대체물의 공급**. 화폐증명서의 공급은 화폐공급의 규모에 아무런 영향을 주지 않는다. 이 요인에서의 증가는 단지 첫 번째 요인의 규모를 감소시킨다. 본래적 화폐의 공급과 그 규모를 결정하는 요인들은 이미 논의하였다. 이것은 연간 소모와 마모에 대비된 연간생산에 의존하며, 그래서 간섭받지 않는 시장에서는, 본래적 화폐는 단지 서서히 변화한다. 지불보장이

안 된 화폐대체물의 경우, 이것은 본질적으로 자유시장이라기보다는 간섭받는 시장의 현상이므로, 그 공급을 지배하는 요인들은 아래 제12장에서 더 논의될 것이다.

그러나 그동안 100% 지불준비와 부분지불준비은행 사이의 차이에 대해 더 분석해 보자. 스타은행은 100% 지불준비은행이라고 해보자. 이 은행은 그 주주들이 빌딩과 장비에 100골드 온스의 자본이 투자되어 설립되었다. 왼쪽의 자산과 오른쪽의 부채와 자본이 나타나는, 우리에게 익숙한 자본수지 장부에는, 그 은행의 상황이 이제 다음과 같이 나타난다.

I. 스타은행

자산	부채
장비 ········ 100온스	자본 ········ 100온스

스타은행은 운영을 시작할 준비가 되어 있다. 이제 몇 사람들이 와서 금을 그 은행에 예치하고, 이에 대해 은행은 (예치된 금의 진정한 소유자인) 예치자들에게 언제든지 요구하면 자신의 자산을 상환받을 권리를 주는 창고영수증을 발행한다. 몇 개월 후 그 은행에 5천 골드 온스가 예치되고 지하금고에 보관되었다고 가정해보자. 이제 그 은행의 수지표는 다음과 같이 나타난다.

II. 스타은행

자산	부채
금 ········ 5,000온스	창고영수증 ······ 5,000온스
장비 ········ 100온스	
5,100온스	자본 ········ 100온스
	5,100온스

창고영수증은 은행에 저장된 금에 더 보태는 것이 아니라 이를 **대체하여** 화폐대체물로 기능하고 교환된다. 모든 창고영수증은 화폐증명서이며, 100% 지불준비가 유지되고, 그리고 자유시장에 대한 어떤 침해도 일어나지 않았다. 창고영수증은 인쇄된 티켓(어음)의 형태를 지닐 수도 있고 혹은 명시적으로 적힌 명령 혹은 '수표'에 의

해 다른 사람에게 이전될 수 있는 장부신용(*book credit*, 요구불 예금)의 형태를 지닐 수도 있다. 두 가지는 경제적으로 동일하다.

그러나 이제 법집행이 느슨하고 은행이 음모를 꾸밈으로써, 즉 예치자의 금 일부를, 이것을 빌리기를 원하는 사람들에게 대출해줌으로써, (혹은 존재하지 않는 금에 대한 위조 창고영수증을 발행하고 이를 빌려줌으로써) 쉽게 돈을 벌 수 있다는 것을 알게 되었다고 해보자.[32] 스타은행이 창고서비스에 대한 요금으로 버는 조그만 이자수익에 만족하지 못해, 천 온스의 위조 창고영수증을 발행하고, 이를 신용시장에서 돈을 빌리려는 사업체들과 소비자들에게 빌려준다고 해보자. 이제 스타은행의 대차대조표는 다음과 같다.

III. 스타은행

자산		부채	
금	5,000온스	창고영수증	6,000온스
채무자로부터의 I.O.U.	1,000온스		
장비	100온스		
	6,100온스	자본	100온스
			6,100온스

창고영수증은 시장에서 여전히 화폐대체물로 작동한다. 그리고 은행에 의해 새로운 화폐가 마치 요술처럼 느닷없이 창조된다는 것을 알게 된다. 이 화폐창출의 과정은 '부채의 화폐화'(*monetization of debt*)라고도 불리고 있는데, 매우 적합한 용어이다. 왜냐하면 이것은 **채무**(*liability*)가 최상의 **자산**인 화폐로 변형될 수 있는 유일한 경우를 묘사하고 있기 때문이다. 은행이 더 많은 화폐를 창출할수록, 더 많은 이윤을 얻을 것이다. 왜냐하면 새로이 창출된 화폐에 대해 얻은 소득은 전부가 이득이기 때문이다. 그 은행은 구매, 채광, 혹은 선물에 의해서만 화폐가 획득될 수 있는 자유시장 체제를 변경시킬 수 있었다. 이 각각의 경로에서 화폐를 획득하기 위해서는—그 사람 자신의, 혹은 자신의 조상의, 혹은 선물을 주는 사람의—생산적 서비스가 필요하였다. 은행의 인플레이션적 간섭이 화폐에 대한 또 하나의 길을 만들었다. 존재하지 않은 금에 대한 영수증을 발행함으로써 느닷없이 새로운 화폐를 창출하는 것.[33][34]

4) 100% 준비제도에 대한 비판에 관한 노트

100% 지불준비에 대한 흔한 비판의 하나는, 그렇게 하면 은행이 어떤 소득을 벌거나 보관, 인쇄 등의 비용을 감당할 수 없다고 공격한다. 이런 주장과는 대조적으로 은행은 여타 재화들의 창고처럼, 즉 고객들에게 제공한 서비스에 대해 수수료를 받아 운영에 대한 통상적 이자수익을 얻음으로써 완벽하게 운영될 수 있다.

또 하나의 흔한 반대는 100% 지불준비정책은 모든 신용을 배제할 것이라는 사실이다. 어떻게 사업가들이 단기투자에 대한 자금을 빌릴 수 있을 것인가? 그 대답은 사업가들이 여전히 어떤 개인 혹은 기관으로부터도 **저축된 자금**을 빌릴 수 있다는 것이다. '은행들'은 그들 자신의 저축된 자금들(자본스톡과 축적된 잉여)을 대부할 수 있거나 개인들로부터 자금을 빌리고 이를 다시 기업들에게 빌려주고 이자차익을 벌 수 있을 것이다.[35]

화폐를 빌리는 것(예컨대, 채권을 발행하는 것)은 신용거래이다. 한 개인이 그의 현재의 화폐를 채권―미래화폐에 대한 청구권―과 교환한다. 빌리는 은행은 그에게 이 대부에 대해 이자율을 지불하고, 그렇게 모은 화폐를 이제는 돈이 필요한 사업가들에게 미래에 돈을 지불하겠다는 약속과 교환한다. 이것은 진전된 신용거래이며, 이 경우 은행은 대부자로, 기업은 대출자로 행동한다. 은행의 소득은 두 가지 유형의 신용거래 사이의 이자차이이다. 이자차이는 일반대중의 저축을 투자로 연결해 주는 은행의 매개자로서의 서비스에 대한 지불이다. 게다가 여타 시장에 비해 단기 신용시장이 신용창조의 특권에 의해 보조받아야 할 특별한 이유가 전혀 없다.

마지막으로, 정부가 100% 지불준비를 강제하는 정책에 대한 중요한 비판이 있다. 이에 따르면 이 조치가 비록 그 자체로는 유익할지라도 이것이 정부명령(*government edict*)에 의한 100% 지불준비라는 요구조건의 변화를 포함하여 화폐시스템에 대한 여타 정부간섭의 전례가 된다는 것이다. 이 비판가들은 '자유은행제도'(*free banking*), 즉 채무의 지불을 강제하는 것 이외에는 정부의 간섭이 전혀 없어야 한다고 주장하면서, 은행들이 그들이 원하는 어떤 가공의 화폐대체물도 발행하도록 허용되어야 한다고 생각한다. 그러나 자유시장은 사기나 여타 형태의 절도를 범할 자유를 의미하는 것은 아니다. 오히려 정반대이다. 100% 지불준비요건을 정부의 자의적인 행정적 명령이 아니라, 사기에 대한 재산권의 일반적 법적 방어의 일부분으로 부과함으로써 이 비판은 제거될 수 있다. 제본스(Jevons)가 말한 것처럼, "존재하지 않는 재화에 대한 그 어떤 현재의 선물 혹은 배분은 법적 효력을 지닐 수 없다는 것이 일반적 법의 지배와 부합한다."[36] 그리고 단순히 이 일반적 법치의 원칙을 되살려 집행하는 것으로 가공의 화폐대체물은 불법화된다. 그러면 은행업은 완전히 자유롭게 될 수 있으면서도, 여전히 100% 지불준비로부터 이탈하지 않을 것이다.[37]

7. 화폐관계 변화 속에서의 이득과 손실

화폐관계의 변화는 필연적으로 이득과 손실을 내포하고 있다. 화폐는 중립적이 아니며 가격변화는 동시에 일어나지 않기 때문이다. 화폐관계의 변화로부터 귀결되는 최종균형점이—이는 실제로는 거의 일어나지 않을 것이지만—화폐의 구매력을 제외하고는 (상대가격, 개인가치들 등) 모든 측면에서 종전 균형과 동일하다고 가정해보자. 우리가 보게 될 것이지만, 실제로 새로운 균형상황에서는 이들 요인들에도 많은 변화가 발생할 것임은 거의 의심의 여지가 없다. 그러나 비록 그런 변화가 없다고 하더라도, 하나의 균형점으로부터 다음 균형점으로 향하는 가격들의 **움직임**은 부드럽게 동시적으로 발생하지 않을 것이다. 이는 데이비드 흄과 존 스튜어트 밀의 유명한 예, 즉 모든 사람이 아침에 깨어보니 밤새 화폐공급이 두 배로 늘어나 있는 것을 알게 되는 예에 따라 발생하지 **않을** 것이다. 화폐 혹은 화폐재고에 대한 수요의 변화는 한 단계씩, 먼저 경제 내의 한 분야에 영향을 미치고 그런 다음 다른 곳에 영향을 미치는 식으로 나타난다. 시장은 복잡하게 상호작용하는 네트워크이며, 그리고 일부 사람들은 다른 사람들보다 더 빨리 반응하므로, 가격들의 움직임은 변화된 상황에 대한 반응속도에 따라 다를 것이다.

우리가 위에서 암시한 것처럼, 다음과 같은 법칙이 제시될 수 있을 것이다. 화폐관계의 변화가 가격인상을 가져오면, 구매가격보다 판매가격이 오르게 된 사람은 이득을 보고, 구매가격이 먼저 오른 사람은 손해를 본다. 이행기간 동안 가장 큰 이득을 보는 사람은 판매가격이 가장 먼저 오르고 구매가격이 가장 나중에 오르는 사람이다. 역으로 가격이 떨어질 때 구매가격이 그의 판매가격보다 먼저 떨어지는 사람은 이득을 보고 판매가격이 구매가격보다 먼저 떨어지는 사람은 손해를 본다.

우선 명백히 상승하는 가격이 이득을 초래하고, 하락하는 가격이 손해를 초래하는 것은 아니다. 가격상승 혹은 가격하락 그 어떤 상황이건, 이런 변화로부터 어떤 사람은 이득을 보고, 어떤 사람은 손해를 본다. 이득을 얻는 사람들은 판매가격과 구매가격 간의 가장 크고 긴 양의 차이를 경험하며, 손해를 본 사람들은 이 가격들의 움직임에서 가장 크고 긴 음의 차이를 경험한다. 어떤 주어진 변화로부터 누가 이득을 얻으며 누가 손해를 보는지는 화폐관계의 요소가 변화한 장소, 화폐관계, 제도적 조건들, 반응속도 등에 달려 있는 경험적 문제이다.

이제 화폐재고의 증가로부터 이득을 얻는 자와 손해를 보는 사람을 고려해보자. 우리가 화폐균형점으로부터 출발한다고 가정한다. 모든 사람의 화폐관계는 그의 화폐재고와 이에 대한 수요가 동일한 균형상태에 있다. 이제 존스 씨가 종전에는 전혀 알려지지 않았던 새로운 금을 발견했다고 해보자. 존스에게 주어진 여건이 변화하였다. 그는 이제 그의 현금잔고에서 그의 현금에 대한 수요를 초과하는 금의 재고를 가지게 된다. 존스는 그의 초과현금잔고를 지출하려고 행동한다. 이 새로운 화폐가 예컨대, 스미스의 생산물에 지출되었다고 해보자. 스미스는 그의 현금잔고가 그의 화폐수요를 초과한다는 것을 알고 다른 사람의 생산물에 그의 초과화폐재고를 지출한다.

존스의 증가된 공급은 또한 스미스의 판매가격과 소득을 상승시킨다. 스미스의 판매가격은 그의 구매가격이 상승하기 이전에 상승하였다. 스미스는 그의 돈을 로빈슨의 생산물에 지출하고, 그래서 대부분의 구매가격들이 상승하지 않았을 때 로빈슨의 구매가격을 상승시킨다. 그 화폐가 손에서 손으로 거쳐가면서 구매가격들이 점차 상승한다. 로빈슨의 판매가격은 상승하지만 예컨대, 로빈슨의 구매제품들 가운데 하나—스미스의 생산물—는 이미 가격이 상승하였다. 이 과정이 지속되면서 더 많은 구매가격들이 상승한다. 그 새로운 돈을 받는 사람들의 '리스트상에서' 더 멀리 아래쪽에 있는 개인들일수록 그들의 판매가격은 아직 오르지 않았지만, 그들의 구매가격은 이미 올랐다는 것을 발견하게 된다.

물론, 화폐공급과 물가의 변화는 별로 크지 않을 수 있다. 그러나 비록 화폐재고의 변화가 크든 작든 이 과정은 일어난다. 분명 화폐재고의 증가가 클수록 **여타 조건이 동일하다면**, 가격에 대한 영향도 더 클 것이다.

우리는 위에서 화폐재고의 증가가 PPM의 하락을 초래하고, 화폐재고의 감소가 PPM의 증가를 유발한다는 것을 살펴보았다. 그러나 PPM의 증가와 하락은 결코 단순하면서도 평범한 경우란 없다. 화폐재고의 변화는 자동적으로 동시에 이루어지지 않기 때문이다. **새로운 화폐는 그 경제시스템에 특정 지점에서 들어오며**, 그런 다음 이런 식으로 경제 전체로 퍼져나간다. 새로운 화폐를 가장 먼저 받는 개인들은 그 증가된 화폐로부터 가장 큰 이득을 얻는 사람들이다. 그것을 가장 나중에 받는 사람들이 가장 큰 손해를 보는 사람들이다. 그들의 구매가격들 모두가 그들의 판매가격에 앞서 이미 상승하였기 때문이다. 화폐적으로 새로운 화폐의 수령자들 가운데 대략 처음 반의 이득이 나머지 반의 손실에 의해 정확하게 상쇄된다는 것은 분명하다. 역으로 만약 화폐가 예컨대, 마모나 분실 등으로 경제시스템으로부터 사라진다면, 최초로 손해를 보는 사람은 그의 지출을 줄이며 가장 큰 손실을 보는 반면, 감소한 화폐공급의 충격을 가장 나중에 느끼는 사람은 가장 큰 이득을 본다. 왜냐하면 화폐공급의 감소는 구매가격들이 낮아지기 전에 판매가격의 하락을 겪어야 하는 최초 소유자들은 손실을 입지만, 그들의 소득이 감소되기 이전에 구매가격들이 하락하게 된 마지막 사람들은 이득을 본다.[38]

이 분석은 화폐의 공급증가에는 아무런 사회적 효용이 없으며, 화폐공급의 감소에도 아무런 사회적 비효용이 없다는 우리의 단언을 지지해준다. 이것은 이행기에도 마찬가지 사실이다. 금의 증가는 이것이 금의 비화폐적, 직접적 사용을 가능하게 하는 정도까지만 사회적으로 유용하다(즉, 다른 사람에게 드러나게 해를 입히지 않으면서 일부 사람들에게 혜택을 준다).

만약 우리가 가정하고 있듯이 상대가격들과 가치평가들이 이행기간 동안 종전과 같이 유지된다면, 새로운 균형은 모든 가격변화를 제외하고는 종전의 균형과 동일할 것이다. 그와 같은 경우 이득과 손실들은 일시적이며, 새로운 균형의 출현과 함께 사라진다. 그러나 실제로는 이런 일은 결코 일어나지 않을 것이다. 비록 사람들의 가치평가가 변하지 않고 얼어붙었다고 하더라도, 이행기간 동안의 상대적 화폐소득의 변화 그 자체가 수요의 구조를 변화시킨다. 이행기간 동안 부(wealth)를 더 늘이는 사람들은 부를 잃게 되는 사람들과 선호구조와 수요가 다를 것이다. 그 결과 수요 자체가 구조적으로 변할 것이며, 새로운 균형은 종전과 다른 집합의 상대가격을 가지게 될 것이다. 마찬가지로 그 변화는 아마도 시간선호에 대해서도 중립적이지 않을 것이다. 영구적으로 이득을 보는 사람들은 영구적으로 손해를 보는 사람들과 다른 시간선호를 가지고 있음은 의심의 여지가 없으며, 그 결과 일반적 시간선호에서도 영구적 이동이 발생할 수 있다. 그런 이동이 어떤 것이며, 어떤 방향일 것인지는 물론 경제학이 말해 줄 수 없다.

밤새 모든 사람의 현금잔고의 공급이 자동적으로 두 배로 늘어난 동화 같은 화폐변화의 경우에도 이와 같은 '변화의 동력'이 내재한다는 사실에 주목할 필요가 있다. 모든 사람의 화폐재고가 배증된다는 사실이 **모든 가격들**이 자동적으로 두 배가 된다는 것을 전혀 의미하지 않기 때문이다! 각 개인은 서로 다른 모양의 화폐수요스케줄을 가지고 있고, 각자의 스케줄이 **어떻게** 될 것인지 예측하는 것은 불가능하다. 일부는 그들의 새로운 화폐보다 비례적으로 더 많이 지출할 것이고, 다른 사람들은 그들의 현금잔고에서 비례적으로 더 많이 보유할 것이다. 많은 사람들은 그들의 새로운 현금잔고를 종전에 그들의 과거 화폐로 구매했던 것과는 다른 재화들에 지출하는 경향이 있을 것이다. 그 결과 수요의 구조는 변할 것이고, 하락한 PPM은 모든 가격을 두 배로 올리지는 않을 것이다. 일부는 두 배보다 더 많이 오르고, 일부는 두 배보다 더 적게 오를 것이다.[39]

8. 가격들의 결정: 재화와 화폐의 측면

우리는 이제 재화의 가격들을 결정하는 모든 가닥들을 한꺼번에 모아 놓을 수 있는 위치에 있다. 제4장에서부터 제9장까지 우리는 특정 재화들의 모든 가격결정요인들을 분석하였다. 이 장에서 우리는 화폐 구매력의 결정요인을 분석하였다. 이제 우리는 결정요인의 두 집합이 어떻게 서로 혼합되는지 알 수 있다.

우리가 살펴본 것처럼 특정 가격은 그 재화에 대한 총수요(교환과 예약)와 그 재화의 총공급에 의해 결정되며, 전자가 상승함에 따라 상승하고, 후자가 상승함에 따라 하락한다. 그래서 우리는 수요를 가격의 '상승요인'이라고 부르고, 공급을 '하락요인'이라고 부를 수 있을 것이다. 각 재화에 대한 **교환**수요—그 재화를 교환하면서 지출될 화폐의 수량—는 그 사회에서의 화폐재고에서 다음을 뺀 것과 같다. 모든 여타 재화에 대한 교환수요와 화폐에 대한 예비적 수요. 한마디로 X재에 지출된 화폐수량은 총화폐공급 빼기 여타재화에 지출된 수량 빼기 현금잔고로 보유되는 수량이다.

개재된 개념적 문제들을 잠시 접어두고 이제 '모든 재화들'의 가격, 즉 화폐 구매력의 역수를 고려해보자. 재화 일반의 가격은 이제 모든 재화에 대한 화폐적 수요(상승의 요인)와 모든 재화의 공급(하락의 요인)에 의해 결정될 것이다. 이제 모든 재화들이 고려될 때, 재화에 대한 교환수요는 화폐재고 빼기 화폐에 대한 예비적 수요와 같아진다(특정 재화와는 대조적으로 사람들의 **여타** 재화들에 대한 지출을 뺄 필요가 없다). 그래서 재화들에 대한 총수요는 화폐재고 빼기 화폐에 대한 예비적 수요 더하기 모든 재화들에 대한 예비적 수요와 같다.

모든 재화들의 가격에 대한 궁극적 요인은, 화폐재고와 재화에 대한 예비적 수요(상승의 요인들), 그리고 모든 재화들의 재고와 화폐에 대한 예비적 수요(하락의 요인들)이다. 이제 그 이면인 PPM을 고려해보자. 우리가 살펴보았듯이 PPM은 화폐에 대한 수요(상승의 요인), 그리고 화폐재고(하락의 요인)에 의해 결정된다. 화폐에 대한 교환수요는 모든 재화의 재고 빼기 모든 재화에 대한 예비적 수요이다. 그러므로 PPM의 궁극적 결정요인들은 다음과 같다. 모든 재화들의 재고, 그리고 화폐에 대한 예비적 수요(상승의 요인), 그리고 화폐재고와 재화에 대한 예비적 수요(하락의 요인). 우리는 이것이—PPM의 역수인—모든 재화들의 가격결정요인의 정확한 역이라는 것을 알게 된다.

그래서 가격의 화폐 측면과 재화 측면의 분석은 완전히 조화가 된다. 더 이상 물물교환 유형의 상대 재화가격들과 PPM의 전체적 분석이라는 자의적 구분이 필요하지 않다. 우리가 하나의 재화 혹은 모든 재화들을 다루건 상관없이 **다른 조건이 일정하다면**, 화폐의 재고가 증가하면 하나의 가격 혹은 여러 가격들은 **상승하며**, 재화 혹은 재화들의 재고가 증가하면 **하락한다**. 화폐에 대한 예비적 수요가 증가하면 **하락하며**, 재화 혹은 재화들에 대한 예비적 수요가 증가하면 **증가한다**. 왜냐하면 각 개별 재화는, 그 가격이 또한 그 재화에 대한 구체적 수요가 증가하면 상승할 것이지만, 이것이 화폐에 대한 사회적 예비수요의 하락을 반영한 것이 아니면, 이 변화된 수요는 또한 어떤 다른 재화에 대한 감소된 수요를 의미할 것이며, 이에 따라 귀결되는 후자의 가격하락을 의미할 것이다. 그래서 구체적 수요의 변화는 PPM의 가치를 변화시키지 않을 것이다.

진보하는 경제에서, 네 가지 결정요인들에 대한 장기적 추세는 다음과 같을 가능성이 크다. 금 생산이 종전의 총생산량에 더 보태짐에 따라 **화폐의 재고**가 증가하고, 자본투자가 축적됨에 따라 **재화의 재고**가 증가하며, 단기투기가 장기적으로 사라짐에 따라 **재화에 대한 예비적 수요**가 사라지는 경향이 있고(왜냐하면 단기투기가 재화에 대한 예비적 수요의 주요 이유이므로), **화폐에 대한 예비적 수요**는 알 수 없다. 예컨대, 청산기능의 발전에 따라 예비적 수요는 줄어들지만 더 많아진 거래는 이를 증가시키는 경향이 있기 때문이다. 그 결과, 비록 최선의 요약적 추측은 PPM이 증가된 재화재고의 영향으로 증가할 것이라는 것이지만, 우리가 진보하는 경제에서 얼마나 PPM이 움직일 것인지 정확하게 말할 수 없다(원문은 증가된 재화재고로 PPM이 하락하는 경향이 있다고 되어 있으나, 이는 탈자로 인한 오류로 판단됨—역주). 확실히 **재화** 측면의 영향은 하락하는 가격의 방향이지만, 화폐 측면에 대해서는 우리는 예측할 수 없다.

그래서 구체적 가격들뿐만 아니라 PPM의 궁극적 결정요인들은 개인들의 주관적 **효용**들(수요의 결정요인들)과 주어진 재화의 객관적 재고들이다. 이렇게 함으로써 오스트리아학파와 빅스테드(Wicksteed)의 가격이론은 재화뿐만 아니라 화폐에 이르기까지 경제시스템의 모든 측면에 적용된다.

마지막 경종으로 우리는 **화폐가 결코 중립적일 수 없다**는 것을 기억하여야 한다. PPM을 상승시키는 경향이 있는 한 집합의 조건들은 결코 이것을 낮추는 경향을 지닌 요인들의 집합효과를 정확하게 상쇄시킬 수 없다. 그래서 재화공급량의 증가가 PPM을 상승시키는 경향이 있으며, 이와 동시에 화폐공급의 증대가 이를 낮추는 경향이 있다고 해보자. 어떤 변화는 한 집합의 가격들을 다른 집합의 가격들보다 더 낮출 것이고, 다른 변화들은 전체 가격들 가운데 다른 집합의 가격들을 올릴 것이다. 두 경우들에서 변화의 정도들은 특정 재화들과 이에 관련된 개인들과 이들의 구체적 가치평가들에 달려 있다. 그래서 우리가 PPM이 대략 종전과 같이 유지되었다는 역사적(경제과학적이 **아니라**) 판단을 할 수 있다고 하더라도, 가격관계들은 이 전체 가격들 안에서 이동하며, 그래서 이 판단은 결코 정확할 수 없다.

9. 지역간 교환

1) 화폐 구매력의 지리적 통일성

그 어떤 상품의 가격도 이를 사용하는 전 지역에 걸쳐 동일해지는 경향이 있다. 우리는 예컨대, 조지아의 솜이 뉴욕의 솜보다 낮은 가격에 팔린다고 해서 이 규칙성이 침해되는 것이 아님을 살펴보았다. 뉴욕의 솜이 소비재라면, 조지아의 솜은 뉴욕의 솜과 관련해서는 **자본재**이다. 조지아의 솜은 뉴욕의 솜과 같은 상품이 아니다. 왜냐하면 재화는 먼저 한 곳에서 가공되어야 하며, 그런 다음 소비될 곳으로 운송되어야 한다.

화폐도 이 규칙성의 예외가 아니다. 사실, 화폐상품의 사용범위는 더 넓다. 여타 상품들은 어떤 센터들에서 생산되어 이들이 소비되는 여타 센터들로 운송되어야 한다. 그래서 이 상품들은 서로 다른 지리적 입지에서는 같은 '재화'들이 아니다. 생산센터들에서는 이 상품들은 자본재들이다. 화폐도 먼저 채광되어 사용처로 운반되어야 한다는 것은 사실이다. 그러나 일단 만들어지면 화폐는 교환을 위해서만 사용된다. 이 목적을 위해 세계시장을 통해 화폐가 이리저리로 운송된다. 그러므로 화폐에 대해 소비재 입지와 구별되는 정말로 중요한 자본재 입지가 존재하지 않는다. 여타 모든 재화들은 먼저 생산되고 난 후 이것이 사용되고 소비되는 곳으로 운송되는 반면, 화폐는 전체 시장영역을 통해 이리저리 자리를 환류하면서 상호교환되고 사용된다. 그러므로 화폐의 구매력에서 지리적 동일성은 물리적 상품인 금 혹은 은에 대해 유효하며, 그 상품이 한 장소 혹은 다른 장소에서 다른 재화로 취급될 필요는 전혀 없다.

화폐의 구매력은 그러므로 전 지역을 통해 동일할 것이다. 뉴욕에서의 PPM이 혹시라도 디트로이트에서의 PPM보다 더 낮다면, 뉴욕에서 재화에 대한 교환을 위한 화폐의 공급이 줄어들고 디트로이트에서는 증가할 것이다. 재화의 가격들이 디트로이트에서보다 뉴욕에서 더 높아진다면, 이런 변화는 화폐의 움직임에 반영될 것이다. 이는 뉴욕에서 화폐의 구매력을 올리고 디트로이트에서 화폐의 구매력을 낮추어 두 곳의 화폐 구매력이 같아지도록 하는 경향이 있을 것이다. 이런 식으로 화폐의 구매력은 화폐가 사용되는 모든 지역에서, 어쩌다 국경이 개입되건 되지 않건 상관없이 동일하게 유지되는 경향이 있을 것이다.

이와 반대로 어떤 사람들은 장소마다 구매력에서의 영구적 차이가 **존재한다**고 주장한다. 예컨대, 그들은 레스토랑의 음식가격들이 페오리아(Peoria)에서보다 뉴욕시에서 더 높다고 지적한다. 그러나 대개의 사람들에게 뉴욕은 페오리아에 비해 확실한 장점이 있다. 뉴욕은 소비자들에게 극장, 콘서트, 대학, 고품질의 보석과 의류, 증권업 등, 엄청나게 넓은 범위의 재화와 서비스를 제공한다. "뉴욕에서의 레스토랑 서비스"라는 상품과 "페오리아에서의 레스토랑 서비스" 상품 사이에는 커다란 차이가 존재한다. 전자는 구매자가 뉴욕에 머무르도록 하고 다양한 이점을 누리도록 해준다. 그래서 이 두 가지는 별개의 재화이다. 그리고 뉴욕에서 레스토랑 서비스의 가격이 더 높다는 사실은, 시장에서 훨씬 더 많은 개인들이 뉴욕의 레스토랑 서비스를 더 높게 평가하고, 더 높은 품질의 상품으로 간주하고 있다는 것을 의미한다.[40]

그러나 운송비용은 이 분석에 일정한 제한을 부과한다. 디트로이트에서의 PPM이 로체스터에서의 PPM보다 약간 높다고 해보자. 우리는 금이 로체스터에서 디트로이트로 흘러들어가고, PPM들이 같아질 때까지 디트로이트에서의 재화에 대한 지출이 상대적으로 더 많아질 것으로 예상할 것이다. 그러나 만약 디트로이트에서의 PPM이 로체스터로부터 금을 운송하는 데 드는 운송비용보다 더 적은 폭만큼 더 높다면, 상대적인 PPM들은 금의 운송비용 범위 안에서 달라질 수 있는 여지를 가진다. 그렇게 되면, 더 높은 PPM을 활용하기 위해 디트로이트로 금을 운송하는 것은 너무 비싸게 된다. 지역간 PPM은 이 운송비용의 한계범위 안에서 어느 쪽으로든 움직일 수 있다.[41]

많은 비평가들은 어떤 재화들은 한 지역에서 다른 지역으로 운반될 수 없으므로, PPM은 전 세계에 걸쳐 결코 **동일할** 수 없다고 단언한다. 예컨대, 타임스퀘어 혹은 나이아가라 폭포는 한 지역에서 다른 지역으로 이전될 수 없다. 그들은 그 지역에 특화되어 있다. 그러므로 동일화 과정은 "지역간 교역에 들어가는" 재화들에 한해서만 발생할 수 있다고 단언된다. 이것은 일반적 PPM에 적용되지 않는다.

그럴 듯하게 보이지만, 이 비판은 완전히 잘못된 것이다. 우선, 본질적으로 공통점이 없는 타임스퀘어와 다른 도시의 주요 거리는 **다른** 재화들이며, 그래서 이들이 같은 가격을 가질 것이라고 기대할 아무런 이유도 없다. 둘째, **하나의** 상품이 교역될 수 있는 한, PPM은 동등화될 수 있다. PPM의 **구성**은 변화할 수 있지만, 이것이 균형화의 사실을 반박하지는 않는다. 동등화의 과정은 PPM의 구성이 종전과 동일하게 유지되지 않으므로 PPM이 **측정될** 수 없다고 하더라도 인간행동의 사실로부터 도출될 수 있다.

마지막으로 어떤 재화도 교역될 수 있다. 무엇이 예컨대, 오쉬코쉬(Oshkosh)의 자본이 타임스퀘어에 있는 빌딩을 사지 못하게 막는가? 오쉬코쉬 자본가들은 이를 사서 투자로부터 돈을 벌기 위해 문자 그대로 오쉬코쉬로 재화를 옮겨갈 필요가 없다. 그래서 모든 재화는 "지역간 교역에 들어간다." '국내' 재화와 '지역간'(혹은 '국경간') 재화를 구분할 수 없다. 그래서 PPM이 오쉬코쉬에서 뉴욕에서보다 더 높다고 해보자. 그러면 뉴요커들은 오쉬코쉬에서 더 많이 사려는 경향이 생기며, 오쉬코쉬에 사는 사람들은 뉴욕에서 더 적게 사려는 경향이 발생한다. 이것은 단지 뉴욕이 오쉬코쉬 밀을 더 많이 사고 오쉬코쉬가 뉴욕 의류를 더 적게 살 것이라는 사실을 의미할 뿐인 것은 아니다. 이것은 뉴요커들이 오쉬코쉬에 있는 부동산 혹은 극장에 투자하는 반면, 오쉬코쉬에 사는 사람들은 그들의 뉴욕에 있는 지분들의 일부를 팔 것이라는 사실을 의미한다.

2) 지역간 교환의 청산

한 장소에서 다른 곳으로 화폐를 운송하는 비용이 매우 클 가능성이 높으므로 청산은 특히 지역간 거래에 적절하다. 각 타운의 교역어음들(즉, 각 타운에 의해 소유되고 있는 I.O.U.들)은 상호 상쇄될 수 있다. 예컨대, 두 거래자 A와 B가 디트로이트에 있으며, 로체스터에는 C와 D 두 거래자가 있다고 해보자. A는 C에게 냉장고를 2백 골드 그램에 팔고, D는 B에게 TV수상기를 2백 골드 그램에 판다. 두 부채들은 청산될 수 있으며, 어떤 화폐도 한 곳에서 다른 곳으로 운송될 필요가 없다. 이에 반해, D의 TV 수상기 판매가 총 120골드 그램일 수 있다. 잠시 동안 이 두 사람이 두 공동체들 사이의 유일한 거래자들이라고 해보자. 그러면 80골드 그램이 로체스터에서 디트로이트로 운반되어야 한다. 후자의 경우 디트로이트의 시민들이 순 잔고에서 그들의 현금보유를 늘리기로 결정한 반면, 로체스터에 사는 사람들은 그들의 현금보유를 줄이기로 결정하였다.

경제학자들은 자주 지역간 거래를 "금 수출점들"(gold export points)과 "금 수입점들"(gold import points)이란 용어로 묘사하였다. 그러나 그와 같은 표현들의 사용은 두 지역이 모두 금 화폐를 사용한다고 하더라도, 한 지역 화폐의 다른 지역 화폐에 대한 '환율'(exchange rate)을 말하는 것이 이치에 닿는다고 가정하고 있다. 이 환율은 화폐를 수송하는 비용에 의해 고정되는 마진들—'금 수입'과 '금 수출' 지점들—사이에 정해진다. 그러나 이것은 자유시장에서는 유효하지 **않다**. 그와 같은 시장에서는, 모든 주화와 금괴들은 금의 무게로 표현되며, 다른 지역의 같은 화폐에 대한 한 지역 화폐의 '환율'을 말하는 것은 이치에 닿지 않는다. 어떻게 금 1온스에 대한 금 1온스의 '환율'을 말할 수 있겠는가? 그 어떤 법정통화(legal tender)나 여타 법률도 한 지역 주화의 가치를 다른 지역의 주화로부터 구별할 수 없을 것이다. 그러므로 각 장소에서의 PPM에 금 운송비의 범위 안에서 약간의 차이가 있을 수 있지만, 지역간 '환율'이 액면동가(額面同價)에서 이탈하는 일은 결코 있을 수 없을 것이다. 왜냐하면 자유시장에서는 두 개 혹은 더 이상의 공존하는 화폐상품들이 있는 경우를 제외하고는 환율이 존재하지 않기 때문이다.

10. 지급수지

제3장에서 우리는 개인의 지급수지(balance of payment)에 대해 광범한 분석을 하였었다. 거기에서 우리는 개인의 소득을 그의 수출이라고 부를 수 있으며, 그의 소득의

물리적 원천들을 **그의 수출재화**(goods exported)라고 부를 수 있다는 점을 알게 되었다. 한편 그의 지출은 그의 **수입**이라고 부를 수 있고, 구입된 재화를 그의 **수입재화**(goods imported)라고 부를 수 있다.[42] 우리는 또한 만약 어떤 사람이 그의 소득의 일부를 그의 현금잔고를 늘리는 데 사용하기로 선택하면, 그의 교역수지(balance of trade)를 '좋다'(favorable)고 부르고, 만약 그가 그의 현금잔고에서 인출하기로 하여 소득보다 지출이 더 크면, 교역수지가 '좋지 못하다'(unfavorable)고 부르는 것은 상식에 닿지 않음을 알게 되었다. 모든 행동과 교환은 그 행동을 하는, 즉 거래를 실행하는 사람의 관점에서는 '좋은' 것이다. 그렇지 않다면 그는 그런 행동을 취하지 않았을 것이다. 더 나아가 내릴 수 있는 결론은 어떤 사람도 다른 사람의 교역수지에 대해 걱정할 필요가 없다는 것이다.

한 사람의 소득과 지출이 그의 '교역수지'를 구성하는 반면, 그의 신용거래들은 이 수지에 보태져서 '지급수지'를 형성한다. 신용거래들은 수지를 복잡하게 할지 모르지만, 그 본질을 변화시키지는 않는다. 채권자가 대부할 때, 그는 미래에 지불하겠다는 약속의 구매에 대한 지불액인 대부금액만큼 그의 '지불화폐'란에 보탠다. 그는 현재 현금잔고의 일부를 채무자에게 이전하는 대신 교환을 통해 그 채무자의 지불약속을 구입하였다. 그 채무자는 미래에 지불한다는 약속의 판매로부터 수령액을 그의 '수령화폐'란에 보탠다. 이 지불약속들은 그 채권자와 그 채무자에 의해 결정된 어떤 미래의 날짜에 기한이 도래할 것이다. 일반적으로 이 기한은 하루로부터 수년에 이르는 범위를 가진다. 그 날짜에 채무자가 대출을 상환하여 그의 현금잔고의 일부를 채권자에게 이전한다. 이것은 채무자의 '지불화폐'란에—부채상환으로—등장할 것이고, 채권자의 '수령화폐'란에—부채의 상환으로부터 받은 돈으로—나타날 것이다. 채무자에 의해 이루어진 이자지불은 마찬가지로 각각의 지급수지에 반영될 것이다.

지급수지에 대해 실질적으로 경제학의 여타 측면에 대한 것들보다 더 비상식적인 주장들이 제기되었다. 이는 경제학자들이 **개별** 지급수지에 대한 분석의 기초를 만들고 이를 구축하는 데 실패한 데 기인한다. 그 대신 그들은 '국가'국제수지(national balance of payment)와 같은 애매하고 전체주의적 개념을 개인의 행동과 수지에 기초를 두지 않은 채 채용하였다.

지급수지는 많은 개인들에 대해 통합될 수 있고, 어떤 집단적 분류도 가능하다. 이런 경우에 지급수지는 **단지 그 그룹과 여타 개인들 사이의 화폐적 거래를 기록할 뿐이지만, 그 그룹 내부 개인들의 교환을 기록하지는 못한다.**

예를 들어, 우리가 존스빌에 위치한 앤틀러 숙박소의 통합수지를 살펴본다고 해보자. 그 숙박소에는 A, B, 그리고 C 3명의 구성원이 있다. 그들의 개인적 수지가〈표 11-1〉에 나타난 것과 같다고 해보자.

앤틀러 숙박소의 통합수지표에서 구성원들 사이의 화폐지불은 반드시 상쇄된다. 그래서:

- 앤틀러 숙박소의 통합수지

'외부인들'로부터의 화폐소득(수출) ············ 75온스	'외부인들'의 재화에 대한 화폐지출(수입) ········ 78온스
'외부인들'에게로의 이전에 따른 현금잔고의 감소 ······ 3온스	
78온스	

〈표 11-1〉 앤틀러 숙박소의 개인별 수지

	A	B	C	통합수지
숙박소의 여타 회원들로부터의 소득	5온스	2온스	3온스	10온스
'외부인'들로부터의 소득	20온스	25온스	30온스	75온스
총화폐소득	25온스	27온스	33온스	75온스
숙박소의 여타 회원들의 재화에 대한 화폐지출	2온스	8온스	0온스	10온스
'외부인들'의 재화에 대한 화폐지출	22온스	23온스	33온스	78온스
총화폐지출	24온스	31온스	33온스	88온스
현금잔고의 변화	+1온스	-4온스	0온스	-3온스

통합수지는 개인별 수지에 비해 그 집단의 활동에 대해 훨씬 덜 알려준다. 그 집단 **내부의** 거래들은 드러나지 않기 때문이다. 이 차이는 통합수지에 집단화된 사람들의 숫자와 함께 증가한다. 미합중국과 같은 거대국가 국민들의 통합수지는 쿠바 국민들의 통합된 수지에 의해 드러나는 것보다 훨씬 더 적은 정보를 알려준다. 마지막으로, 만약 우리가 거래하는 세계시민들을 함께 묶는다면, 그들의 통합된 재정수지는 정확하게 영이다. 모든 교환들은 그 집단 안에서는 내부적인 것이고, 통합수지는 그 집단에 대해 아무런 정보도 주지 않는다. 함께 집단으로 묶으면, 세계의 사람들은 '외부'로부터 영의 소득을 얻을 것이며, '외부재화들'에 대해 영의 지출을 할 것이다.[43]

만약 우리가 지급수지가 단지 통합된 개별 거래들 위에 구축되어 있는 데 불과하며, 국가수지들도 단지 한편에서는 **개인별** 수지들과 다른 한편에서는 세계 지급수지 사이에서 자의적으로 어떤 점에서 중지한 데 불과하다는 사실을 이해한다면 외국무역에 대한 생각 속의 많은 오류들은 사라질 것이다. 예컨대, 무역수지가 영구적으로 "좋지 않아서" 금이 바닥이 날 때까지 그 지역으로부터 유출될 것이라는 되풀이되는 우려가 있다. 그러나 금의 유출은 신(神)의 신비스런 행동이 아니다. 금의 유출은 전체 순 수지로 볼 때 사람들이 이런저런 이유로 그들의 금의 현금잔고를 감축하려고 하는 **의지**가 나타난 결과이다. 수지의 상황은 단순히 특정 지역 혹은 특정 집단에서의 자발적인 현금잔고의 감축이 눈에 보이게 나타난 것이다.

국가수지에 대한 걱정은 교환의 통계가 다른 경우에 비해 국가적 경계 사이에 훨씬 더 이용이 용이하다는 우연한 사실의 잘못된 잔재이다. 미국의 수지에 적용되는 원칙들이 미국의 한 지역, 한 주(州), 한 도시, 한 구(區), 한 가정, 혹은 한 사람에도 그대로 적용된다는 점은 분명하다. 명백히 그 어떤 사람 혹은 그 어떤 집단도 '좋지 않은' 수지로 고통받지 않는다. 그는 혹은 그 집단은 단지 소득이나 자산이 낮은 수준이어서 고통받을 수 있을 뿐이다. 화폐가 미합중국에 "보관되어야 하며," "미국 국민들이 값싼 외국의 노동생산물들로 휩싸여서는 안 된다"는 등 겉보기에 그럴 듯한 외침들이 있다. 그러나 이런 외침들은 우리가 이것을 예컨대 세 명의 존스 씨 형제들의 가족에게 적용해보면 새로운 시각으로 생각해보게 된다. 각 형제들이 다른 형제들에게 "존스가 만든 제품을 사고, 화폐를 존스 씨 가족 안에서 순환되는 상태를 유지하고," 존스 씨 가족보다 더 적게 버는 다른 사람들에 의해 만들어지는 제품들을 삼가라고 열심히 타이른다고 해보자. 두 경우 모두 주장의 원칙은 정확하게 같다.

또 하나의 유명했던 주장이 채무자 집단 혹은 채무국가는 "무역수지가 근본적 불균형 상태이고, 내재적으로 무역역조이므로" 도저히 그 부채를 상환할 수 없다는 것이다. 이것은 국제문제에서 심각하게 받아들여지고 있다. 그러나 빌려준 돈에 대해 채무불이행을 하고서 이런 변명을 늘어놓는 개별 채무자를 우리는 어떻게 대접할 것인가? 채권자는 채무자에게 "당신의 말은 전부 당신의 화폐소득과 자산을 부채를 상환하지 않고 즐길 만한 재화와 서비스에 써버리겠다는 것이로군요"라고 당연히 쌀쌀맞게 말할 것이다. 통상적인 전체적(*holistic*) 분석을 예외로 하면, 우리는 국제채무에 대해서도 우리의 분석이 마찬가지로 유효하다는 것을 알게 될 것이다.

11. 재화의 화폐적 속성

1) 준(準)화폐

우리는 제3장에서 매우 쉽게 시장에서 교환되는 하나 혹은 그 이상의 상품들이 시장에 의해 교환의 매개로 선택되며, 그렇게 해서 이 상품들의 시장(교환)성을 크게 증대시키고 마침내 화폐로 불리게 될 때까지 점점 더 일반적으로 사용되었다는 것을 살펴보았다. 우리는 암묵적으로 하나 혹은 둘의 완전한 시장성(*marketability*)이 있는 —언제나 팔 수 있는—교환의 매개와 단지 화폐를 받고 팔릴 뿐인 여타 상품들이 존재한다고 가정하였다. 우리는 이 재화들의 시장성 정도에 대해 언급하는 것을 생략하였다. 일부 재화들은 다른 재화들보다 더 쉽게 시장에서 교환될 수 있다. 그리고 일부 재화들은 너무나 쉽게 시장에서 교환될 수 있어 실제에서는 **준(準)화폐**(*quasi-money*)의 자격까지 획득한다.

준화폐는 그 국가의 화폐공급의 일부를 형성하지는 않는다. 결론적 테스트는 이들이 채무를 결제하는 데 쓰이지 않으며, 지불수단과 액면상 동일한 가치의 청구권이 되지 않는다는 점이다. 그러나 이들은 개인들에 의해 자산으로 보유되며, 너무나 쉽게 시장에서 교환될 수 있어 이들에 대한 추가적 수요가 시장에서 발생한다. 이들의 존재는 화폐에 대한 수요를 낮춘다. 이를 보유한 사람들이 이 재화들을 자산으로 보유함으로써 경제적으로 행동할 수 있기 때문이다. 이 재화들의 가격은 그들의 준화폐적 지위로 그렇지 않을 때에 비해 더 높다.

동양에서는 보석이 전통적으로 준화폐로 보유되었다. 선진국에서는 준화폐는 보통 넓은 시장을 지니고 있으면서 쉽게 시장에서 받을 수 있는 것 가운데 가장 높은 가격에 판매할 수 있는 단기채권들 혹은 증권들이다. 준화폐는 고품질의 사채(debenture), 일부 주식(stock), 그리고 일부 도매상품들이다. **준화폐로 사용되는 사채는 그렇지 않은 경우에 비해 더 높은 가격을 가지며, 그래서 여타 투자들에 귀속될 이자보다 낮은 이자를 가지게 된다.**[44]

2) 교환어음

앞의 절들에서 우리는 교환어음(bills of exchange)은 화폐대체물이 아니라 **신용도구**(credit instrument)라는 것을 알았다. 화폐대체물은 창고영수증과 동등한 **현재**화폐에 대한 청구권이다. 그러나 일부 비판가들은 유럽에서 19세기로 들어설 무렵 어음이 화폐대체물로 유통되었다고 주장한다. 이 어음들은 만기일에 앞서서 액면가치가 만기에 이르기까지 남은 기간에 대해 할인되어 최종 지불수단으로 순환되었다. 그러나 이들은 화폐대체물이 아니다. 어음의 보유자는 채권자이다. 그 어음을 받은 사람들 각자는 지불을 배서(背書)하여야 하며, 그 어음의 건전성을 판단하기 위해 배서(背書)한 사람 각자의 신용평판이 점검되어야 한다. 한마디로 미제스가 말한 것처럼, 어음의 배서는 사실 최종적 지불이 아니다. 이것은 채무자를 제한된 정도까지만 자유롭게 한다. 만약 그 어음이 지불되지 않으면, 그의 채무는 종전보다 더 큰 정도로 되살아난다.[45]

그래서 어음은 화폐대체물로 분류될 수 없다.

12. 공존하는 화폐들간의 교환비율

지금까지 우리는 시장을 하나의 유일한 화폐와 그 구매력을 중심으로 분석하였다. 이 분석은 시장에 존재하는 모든 유형의 교환매개물 각각에 대해 유효하다. 그러나 만약 시장에서 **하나 이상의** 매개물들이 동시에 존재한다면 무엇이 다양한 매개물 사이의 교환비율을 결정할까? 방해받지 않는 시장에서는 하나의 유일한 화폐가 점진적으로 확립되는 경향이 있다고 하더라도, 이 경향은 매우 천천히 작동한다. 만약 둘 혹은 그 이상의 상품들이 훌륭한 편의를 제공하고 모두 특별히 시장에서 용이하게 교환된다면, 이들은 화폐로서 공존할 수 있다. 각각은 사람들에 의해 교환의 매개물로 사용될 것이다.

수세기 동안 금과 은은 화폐로 공존하였던 두 상품이었다. 둘 다 희소성, 비화폐적 목적에 대한 쓰임새, 이동성, 내구성 등에서 유사한 장점들을 지니고 있었다. 그러나 금은 무게단위당 상대적으로 훨씬 더 가치가 있어서 상대적으로 대규모 거래에 유용하고, 은은 소규모의 거래에 적당한 것으로 밝혀졌다.

시장이 금과 은을 무한정 계속 사용했을지 혹은 하나가 다른 하나를 일반적 교환의 매개로부터 점차 추방하였을지 예측하는 것은 불가능하다. 왜냐하면, 19세기 후반 대부분의 서구국가들은 하나의 금속표준을 강제로 확립하기 위해 은에 반대하는 **쿠데타**를 결행했기 때문이다.[46] 금과 은은 동일한 국가나 세계시장 전체를 통해 바로 곁에서 공존할 수 있었다. 때로는 하나가 한 국가에서, 다른 하나는 다른 국가에서 화폐로 기능할 수 있었다. 교환비율에 관한 우리의 분석은 두 경우 모두 동일하다.

무엇이 두 (혹은 그 이상의) 화폐들 사이의 교환비율을 결정하는가? 두 가지 다른 종류의 화폐는 **그 화폐로 구매할 수 있는 모든 여타 경제재들의 단위로 본 각 화폐의 구매력 비율**에 상응하는 비율로 교환될 것이다. 그래서 두 가지 공존하는 화폐, 금과 은이 있다고 가정하고, 금의 구매력이 은의 두 배, 즉 각 상품의 화폐가격이 금의 단위일 때에 비해 은의 단위일 때 두 배라고 해보자. 1온스의 금은 50파운드의 버터와 교환되며, 1온스의 은은 25파운드의 버터와 교환된다. 그러면 1온스의 금은 2온스의 은과 교환되는, 즉 금과 은의 교환비율은 1:2가 되는 경향이 있다. 만약 그 비율이 어느 때고 1:2로부터 벗어나면, 시장의 힘이 이들간 구매력과 교환비율 사이의 평형을 재확립시키는 경향이 있다. 두 화폐 사이의 이 균형환율이 구매력 평가(購買力 平價, *purchasing power parity*)라고 불린다.

그래서 금과 은의 교환비율이 3온스의 은이 1온스의 금과 교환되는 1:3이라고 해보자. 동시에 1온스의 금의 구매력이 은의 **두 배**라고 하자. 이제 사람들에게 상품을 팔고 금을 받고, 금을 은으로 교환하고 난 다음 그 은을 다시 상품으로 교환함으로써 확실한 중재(*arbitrage*)이득을 얻을 수 있다. 예컨대, 사람들은 50파운드의 버터를 금 1온스를 받고 팔고 그 금을 3온스의 은으로 교환하고 그 은으로 75파운드의 버터와 교환한다. 이렇게 하면 25파운드의 버터만큼 이득을 얻는다. 여타 모든 상품들에 대해서도 마찬가지로 유사한 이득이 발생할 것이다.

이런 중재거래로 은과 금의 교환비율은 구매력평가 수준으로 회복할 것이다. 금의 보유자들이 중재행동으로 이윤을 얻기 위해 은에 대한 수요를 증가시킨다는 사실은 은을 금에 대해 더 비싸게 만들 것이고, 역으로 금을 은에 비해 더 싸게 만들 것이다. 그래서 금과 은의 교환비율은 1:2의 방향으로 움직일 것이다. 이에 더해, 상품의 보유자들은 중재의 기회를 활용하기 위해 점점 더 금을 수요할 것이며, 이것이 금의 구매력을 높인다. 은의 보유자들은 중재이윤을 얻기 위해 더 많은 상품을 구매할 것이며, 이런 구매로 은의 구매력은 낮아질 것이다. 그러므로 금과 은의 구매력 비율은 1:2에서 1:3의 방향으로 움직일 것이다. 금과 은의 교환비율이 다시 구매력 평가와 같게 되고, 이에 따라 중재이득이 사라질 때 비로소 이 과정은 멈춘다. 중재이득은 스스로를 배제하고 균형을 가져오려는 경향이 있다.

유의하여야 할 점은 장기적으로는 구매력의 변동은 아마도 균형화 과정에서 중요하지 않을 것이라는 사실이다. 중재이득이 사라지고 나면, 수요는 아마도 종전의 수준으로 되돌아갈 것이고 구매력의 원래 비율이 회복될 것이다. 위의 경우에 균형비율은 아마도 1:2로 유지될 것이다.

그래서 두 화폐의 교환비율은 구매력 평가와 같아지려는 경향이 있다. 그 평가로부터 그 어떤 이탈도 그 자체를 배제하고 평가비율을 재확립하려는 경향이 있다. 이 점은 주로 서로 다른 지역에서 사용되는 화폐들을 포함하여 그 어떤 화폐들에 대해서도 유효하다. 화폐들 사이의 교환이 같은 혹은 다른 지역의 시민들 사이에 일어나는지 여부는 운송비를 제외하고는 아무런 경제적 차이도 가져오지 않는다. 물론, 만약 두 화폐들이 완전히 분리된 지역들에서 사용되며 주민들 사이에 전혀 거래가 없다면, 화폐 사이의 교환비율도 존재하지 않는다. 그러나 만약 교환이 **실제로** 발생하면 언제나 교환비율은 구매력 평가수준에서 정해지는 경향을 보일 것이다.

화폐시장이 자유롭게 방해받지 않았더라면, 금과 은이 화폐로서 공존하며 순환되었을지 그 여부에 대해 경제학이 말해줄 수는 없다. 화폐의 역사를 보면, 화폐들이 자유롭게 변동하는 교환비율들에서 순환되도록 허용하기를 이상하게도 꺼려왔다. 화폐 가운데 하나, 혹은 둘 다 계산단위로 사용되었을지 여부는 그 편리성에 따라 시장에서 결정될 문제이다.[47]

13. 교환방정식의 오류

화폐의 구매력과 화폐현상의 변화와 결과를 설명하는 기초는 개인행동의 분석이었다. 화폐에 대한 총수요와 총공급과 같은 총량변수들의 움직임은 개별 구성요소들로부터 구축되었다. 이런 식으로 화폐이론은 일반 경제학과 통합되었다. 그러나 미국 경제학에서의 화폐이론은 (우리가 다른 곳에서 논의한 케인지언시스템과는 별개로) 전혀 다른 방식으로—즉, 특히 어빙 피셔로부터 도출된 준(準)수학적, 전체적 교환방정식(the Equation of Exchange)으로—제시되었다. 이 잘못된 접근방식이 광범위하게 알려져 있어서 이에 대한 자세한 비판이 필요하다.

교환방정식의 고전적 설명은 어빙 피셔의《화폐의 구매력》(Purchasing Power of Money)에 있다.[48] 피셔는 이 책의 주요 목적을 "화폐의 구매력을 결정하는 원인들"을 조사하는 것이라고 말하고 있다. 화폐는 일반적으로 받아들여지는 교환의 매개이며, 구매력은 "어떤 주어진 재화의 수량으로 살 수 있는 여타 재화들의 수량"이라고 올바로 정의되어 있다.[49] 그는 재화들의 가격이 낮아질수록, 주어진 수량의 화폐로 살 수 있는 그 재화들의 수량이 더 커질 것이며, 따라서 화폐의 구매력이 더 커질 것이라고 설명한다. 만약 재화들의 가격이 상승하면 거꾸로 될 것이다. 이것은 옳다. 그러나 다음과 같은 앞뒤가 맞지 않는 추론이 튀어나온다. "한마디로 말해 화폐의 구매력은 물가수준의 역수이다. 그래서 화폐의 구매력에 대한 연구는 물가수준의 연구와 동일하다."[50] 여기에서부터 계속 피셔는 '물가수준'의 원인들 조사로 나아간다. 그래서 그 단순한 '한마디로' 피셔는 '가격수준'이라는 가공의 세계로 나아간다. 즉, 그는 그와 같은 개념이 직면할 심각한 어려움에 대한 논의를 생략한 채 무수한 수의 구체적 재화들의 개별가격들이라는 현실세계로부터 '가격수준'이라는 오해를 불러일으키는 가공의 세계 속으로 뛰어든다. '물가수준' 개념의 오류에 대해서는 더 아래에서 다룰 것이다.

'물가수준'은 다음 세 가지 총량요인들에 의해 결정되는 것으로 단언되고 있다. 순환중인 화폐의 양, '순환의 속도'—화폐 한 단위가 재화로 교환되는 평균 횟수—그리고 화폐로 구매되는 재화의 총량. 이들은 다음과 같은 유명한 교환방정식에 의해 연관되어 있다. MV=PT. 이 방정식은 피셔에 의해 다음과 같은 방식으로 구축되었다. 먼저, 다음과 같은 개인적 교환거래를 고려해 보자. 스미스가 10파운드의 설탕을 파운드당 7센트에 산다.[51] 스미스가 70센트를 존스에게 포기하고 존스가 스미스에게 10파운드의 설탕을 이전하면서 교환이 이루어진다. 이 사실로부터 피셔는 아무튼 "10파운드의 설탕이 70센트와 같다고 간주되었으며" 이 사실은 다음과 같이 표현될 수 있다고 추론한다. "70센트=10파운드 곱하기 파운드당 7센트."[52] 이 즉각적인 동등의 가정은 피셔가 생각하는 것처럼 그렇게 자명하지 않으며, 오류와 부적절성이 혼재되어 있다. 누가 10파운드의 설탕을 70센트와 같다고 "간주하였는가"? 명백히 설탕을 구매한 스미스는 아니다. 그가 그 설탕을 산 이유는 바로 두 수량이 가치에서 같지 않다고 여기는 데 있다. 그에게 설탕의 가치는 70센트의 가치보다 더 크며, 이것이 그가 교환한 이유이다. 이에 반해, 설탕의 판매자인 존스가 교환한 이유는 바로 두 재화의 가치가 반대방향으로 같지 않기 때문이다. 즉, 그는 70센트를 그 설탕보다 더 가치가 크다고 여겼다. 그래서 두 참여자 측에서 볼 때 결코 가치의 동등성은 존재하지 않는다. 교환은 어떤 종류의 동등성을 전제로 하고 있다는 가정은 아리스토텔레스 이후 내려온 경제이론의 망상이며, 많은 측면에서 주관적 가치이론을 피력한 피셔가 이런 고대의 함정에 빠졌다는 것은 놀라운 일이다. 확실히 교환되는 두 재화들 사이 혹은 이 경우처럼 화폐와 재화 사이의 가치 동등성이란 전혀 존재하지 않는다. 어떤 다른 데에서 동등성이 존재하며, 그와 같은 동등성을 발견하여 피셔의 원칙을 구제할 수 있는가? 명백히 아니다. 무게, 길이, 혹은 여타 그 어떤 크기에서도 동등성이 존재하지 않는다. 그러나 피셔에게는 그 동등성이 '화폐' 측면과 '재화' 측면 사이의 동등성을 나타내는 것이었다. 그래서 피셔는 다음과 같이 말하고 있다.

> 지불된 총화폐는 그 가치에서 구매된 재화의 총가치와 동등하다. 방정식은 그래서 화폐 측면과 재화 측면을 가지고 있다. 화폐 측면은 지불된 총화폐이다.…재화 측면은 교환된 재화의 수량과 각각의 가격들을 곱해서 합한 값이다.[53]

그러나 우리는 개별 교환에서조차, 그리고 '총교환'이라는 전체를 함께 다루는 문제를 제외하더라도, 경제생활의 사실에 대해 우리에게 무엇인가를 말해 주는 그와 같은 '동등성'이 존재하지 않는다는 것을 알았다. '재화가치 측면'과 똑같은 가치를 지닌 '화폐가치 측면'이란 존재하지 않는다. 피셔의 방정식에서 등호(=)는 타당하지 않다.

그렇다면, 등호와 방정식에 대한 일반적 수용을 어떻게 설명할 것인가? 그 대답은, 수학적으로 그 방정식은 물론 명백하게 자명하다는 점이다. 70센트=10파운드의 설탕×설탕 1파운드당 7센트. 다시 말해, 70센트=70센트이다. 그러나 이 자명한 동어반복의 사실은 경제적 사실에 대한 지식을 아무것도 전달하지 않는다.[54] 정말, 그와 같은 방정식들에 기초해서 비밀스런 논문들과 책들이 출판될 수 있었던 무수한 사례를 발견할 수 있다. 그래서:

$$70센트 = 100알의 모래 \times \frac{한\ 교실의\ 학생수}{100알의\ 모래} + 70센트 - 한\ 교실의\ 학생\ 수$$

그렇다면 우리는 화폐의 양을 결정하는 "인과적 요인들"(causal factors)은 다음과 같다고 할 수 있다. 모래알의 수, 학급의 학생수, 그리고 화폐의 양. 한마디로 우리가 피셔의 방정식에서 가지는 것은, 각 측면이 다른 측면과 동일한 두 화폐적 측면들이다. 사실 이것은 방정식이 아니라 항등식(identity)이다. 그와 같은 방정식이 별로 계몽적이 아님은 자명하다. 이 방정식이 경제생활에 대해 우리에게 말해 주는 것이라고는 **거래에서 받은 총화폐는 거래에서 포기된 총화폐와 같다는 사실뿐이다**. 이것은 분명 별로 흥미롭지 않은 뻔한 사실이다.

가격이 우리 관심의 중심이므로 가격의 결정요인들이라는 점에서 방정식의 요소들을 다시 고려해보자. 피셔의 개별거래에 대한 교환방정식은 다음과 같이 다시 정렬될 수 있다.

$$\frac{7센트}{1파운드의\ 설탕} = 그리고 \frac{1,000센트}{1개의\ 모자}$$

피셔의 생각으로는 이 방정식은 팔린 재화의 총공급으로 나눈 지출된 총화폐에 의해 가격이 결정된다는 중요한 정보를 준다. 실제로는 물론 이 방정식은 방정식 자체로서는 가격의 결정에 관해 아무것도 말해 주지 않는다. 그래서 우리는 마찬가지로 당연히 옳은 방정식을 만들 수 있다.

$$\frac{7센트}{1파운드의\ 설탕} = \frac{70센트}{100부셸의\ 밀} \times \frac{100부셸의\ 밀}{10파운드의\ 설탕}$$

이 방정식은 다른 방정식과 마찬가지로 수학적으로 옳으며, 피셔 자신의 수학적 기초에서 우리는 피셔가 "중요한 밀의 가격을 그 방정식으로부터 빠트렸다"고 설득력 있게 주장할 수 있을 것이다. 우리는 가격을 '결정하는' 무한한 수의 복잡한 요인들에 대한 무수한 방정식들을 쉽게 추가할 수 있을 것이다.

우리가 가격의 결정요인들에 대해 가질 수 있는 **유일한** 지식은 인간행위학의 공리들로부터 논리적으로 도출될 수 있는 지식이다. 수학은 기껏해야 우리의 종전 지식을 **더** 이해되기 어려운 형태로 번역할 수 있을 뿐이다. 혹은 보통은, 수학은 지금의 경우처럼 독자가 오해하도록 만들 것이다. 설탕거래에서의 가격은 어떤 수의 동어반복적 방정식들의 어떤 수와도 같도록 만들 수 있다. 그러나 설탕의 가격은 거래 참여자들의 공급과 수요에 의해 결정되며, 수요와 공급은 다시 이 두 재화들의 거래 참여자들의 가치척도에서의 효용에 의해 지배될 것이다. 메마른 수학적 접근방법이 아니라 오히려 **이것이** 경제이론에서 결실이 많은 효과적 방법이다. 만약 우리가 교환방정식을 가격의 결정요인들을 드러내주는 것으로 생각한다면, 피셔가 결정요인들이

'70센트', 그리고 '10파운드의 설탕'이라고 암시하는 셈이 된다. 그러나 **사물들**이 가격들을 결정할 수 없다는 것은 분명하다. 화폐조각이든 설탕조각이든, 아니면 그 어떤 다른 물건이든 상관없이, **사물들**은 결코 행동할 수 없다. 그들은 가격들 혹은 공급과 수요스케줄을 정할 수 없다. 이 모든 것들은 **인간행동**에 의해서만 이루어질 수 있다. 오직 개별 행위자들이 구매할지 말지 결정할 수 있다. 오직 그들의 가치척도들만이 가격들을 결정한다. 피셔의 교환방정식 오류의 근원에는 이와 같이 깊은 잘못이 깔려 있다. 인간행동은 그 그림에서 완전히 추상화되어 사라졌으며, **사물들**이 경제생활을 통제하는 것으로 가정되고 있다. 그래서 교환방정식은 하찮은 뻔한 사실일 뿐이거나 아니면 경제학과 가격들의 결정에 관해 중요한 몇몇 진리들을 전해 주는 것으로 상정된다. 전자의 경우 이것은 수백만 여타 동어반복의 방정식들보다 전혀 나을 것이 없으며, 단순성과 방법의 경제성에 근거하는 과학에서 아무런 자리도 차지하지 못할 것이다. 후자일 경우 원인들에 대한 인간행동에 기초한 정확한 논리적 분석을 버리고 오해를 불러일으키는, 사물들에 의한 행동에 기초한 가정들로 바꾸는 심각한 오류를 저지르고 있다. 최선의 경우, 피셔의 방정식은 불필요한 사소한 것이다. 최악의 경우, 비록 피셔 자신은 이것이 중요한 인과적 진실에 대해 알려주고 있다고 믿고 있지만, 이것은 틀렸으며 오해를 초래한다.

그래서 피셔의 교환방정식은 개별거래에 대해서조차 유해하다. 그가 이것을 '경제 전체'로 확대할 때 얼마나 더 그렇겠는가! 피셔로서는 이것도 역시 너무나 간단한 단계였다. "교환방정식은 단지" 한 기간 안에 일어난 "모든 개별거래들과 관계된 방정식들의 합이다."[55] 주장을 선명하게 하기 위한 목적을 위해, 피셔의 개별 방정식들에 아무런 문제가 전혀 없다고 가정하고, 경제 전체의 총방정식에 도달한 그의 '요약'을 고려해보자. 또 어떤 특정한 역사적 상황에서의 실제규모들을 발견하기 위해 개입되는 통계적 어려움들을 추상화하여 이로부터 벗어나기로 하자. 피셔가 총교환방정식을 구축하려고 노력하는 종류의 몇 가지 개별 거래들을 살펴보자.

(1) 70센트를 10파운드의 설탕과 교환한다.
(2) 10달러를 1개의 모자와 교환한다.
(3) 60센트를 1파운드의 버터와 교환한다.
(4) 5백 달러를 1개의 TV수상기와 교환한다.

무엇이 이 네 사람으로 구성된 공동체의 '교환방정식'인가? 물론 명백히 지출된 화폐의 양을 합하는 데는 아무런 문제가 없다(511.30달러). 그러나 그 방정식의 다른 쪽은 어떤가? 물론, 우리가 의미 없이 동어반복을 하고자 한다면, 우리는 힘들게 쌓아올리는 작업을 하지 않고 그 방정식의 다른 쪽에다가 그냥 511.30달러라고 쓸 수 있을 것이다. 그러나 만약 우리가 단지 이렇게 한다면, 지금까지의 전체 과정이 아무런 의미가 없게 된다. 게다가 피셔는 가격들, 혹은 '가격수준'의 결정에 관한 문제에 도달하고자 하기 때문에, 그는 이런 하찮은 단계에서 만족하고 머물 수 없다. 그러나 그는 동어반복적 수준에서 계속하고 있다.

$$511.30\text{달러} = \frac{7\text{센트}}{1\text{파운드의 설탕}} \times 10\text{파운드의 설탕}$$

$$+ \frac{10\text{달러}}{1\text{개의 모자}} \times 1\text{개의 모자} + \frac{60\text{센트}}{1\text{파운드의 버터}}$$

$$\times\ 1\text{파운드의 버터} + \frac{5\text{백 달러}}{1\text{대의 TV수상기}} \times 1\text{대의 TV수상기}$$

이것이 피셔가 하고 있는 것이며, 이것은 여전히 "지출된 총화폐는 지출된 총화폐와 같다"는 마찬가지의 동어반복이다. 이 동어반복성은 p×Q, p'×Q' 등을 언급하면서 각 p가 가격을 말하며, 각 Q가 재화의 수량을 말하고, 그래서, E=총화폐지출=pQ+p'Q'+p''Q''+⋯등이라고 말한다고 해서 없어지지 않는다. 이 방정식을 이런 기호의 형태로 쓴다고 그 중요성과 유용성이 높아지지는 않는다.

가격수준의 원인들을 찾고자 시도했던 피셔는 여기에서 더 나아가야 했다. 개별거래의 경우에서조차 방정식 p=(E/Q)(가격이 지출된 총화폐를 팔린 재화의 수량으로 나눈 값과 같다)가 단지 하찮은 동어반복에 불과하며, 이것을 가격의 결정요인들을 분석하는 데 사용하고자 하면 오류에 빠진다는 것을 우리는 이미 살펴보았다(이것은 피셔식의 기호를 사용한 설탕의 가격에 대한 방정식이다). 전체 공동체에 대해 그와 같은 방정식에 도달하고, 신비스런 '가격수준'의 결정요인들을 발견하고자 이 방정식을 사용하려고 했던 피셔의 시도가 얼마나 더 문제투성이겠는가! 단순화를 위해, A와 B의 설탕과 모자에 대한 두 건의 거래를 취해보자. 총 지출된 화폐 E는 명백히 10.70달러와 같고, 이것은 물론 수령된 총화폐 pQ+p'Q'와 같다. 그러나 피셔는 가격수준을 설명하는 방정식을 찾고 있다. 그래서 그는 E가 PT와 같도록 상정되게끔 '평균가격수준' P와 팔린 총재화의 양 T라는 개념을 들고 나온다. 그러나 하찮은 동어반복인 $E=pQ+p'Q'\cdots$로부터 방정식 $E=PT$로의 이행은 피셔가 믿는 것처럼 그렇게 부주의하게 이루어질 수 없다. 정말, 만약 우리가 경제적 삶에 대한 설명에 관심이 있다면, 이런 설명이 제시될 수는 없다.

예컨대, 두 거래들에서 **무엇이 T인가**? 어떻게 10파운드의 설탕이 한 개의 모자에 보태져서 T에 도달할 수 있는가? 명백히 그와 같은 덧셈은 전혀 이루어질 수 없으며, 따라서 피셔의 전체주의적 방법에 따른 T, 교환된 모든 재화들의 총수량은 의미 없는 개념이며 과학적 분석에 사용될 수 없다. 만약 T가 의미 없는 개념이라면, P 또한 분명 그렇다. 만약 E가 변화하지 않고 그대로이면, 둘은 역으로 변화하기 때문이다. 그리고 정말 P는 또 어떤가? 여기에서 우리는 설탕 1파운드당 7센트, 모자 한 개당 10달러 등 가격들 전체 리스트를 가지고 있다. 가격**수준**이 무엇인가? 분명 여기에는 아무런 가격수준도 없다. 존재하는 것이라고는 오직 특정 재화들의 개별 가격들뿐이다. 그러나 바로 여기에서 실수가 지속될 가능성이 높다. 우리가 가격수준을 정의할 수 있도록 가격들이 어떤 방식으로든 '평균화'될 수 없는가? 이것이 피셔의 해결이다. 어떤 방식으로든 P, 그 다음 $P=(E/T)$에 도달하기 위해 다양한 재화들의 가격들 평균이 산출된다. 그리고 남는 것은 T에 도달하는 어려운 '통계적' 작업이다. 그러나 가격들의 평균이란 개념은 흔히 범하는 오류이다. 서로 다른 재화들에 대한 **가격들이 결코 평균화될 수 없다**는 것을 보여주는 것은 쉽다. 우리는 우리의 예에서 단순평균을 사용할 것이지만, 동일한 결론이 피셔이건 혹은 다른 누구이건 그가 추천한 어떤 종류의 '가중평균'에도 적용된다.

평균이란 무엇인가? 깊이 생각해 보면, 몇 가지들의 평균을 내기 위해서는 먼저 이들을 합쳐야 한다는 것을 알 수 있다. 그렇게 함께 합하려면, 이들이 어떤 **공통된 단위**를 가지고 있어야 하며, 합하는 것은 이 단위이다. 오직 동질적 단위들만이 함께 합할 수 있다. 그래서 만약 한 물체가 10야드의 길이를 가지고 있고, 두 번째는 15야드, 세 번째는 20야드의 길이를 가지고 있으면, 우리는 야드 수를 합하고 이것을 3으로 나누어 평균길이 15야드를 구할 수 있다. 이제 화폐가격들은 단위들의 비율로 표시된다. 설탕 1파운드당 센트, 모자 1개당 센트, 버터 1파운드당 센트 등. 우리가 앞의 두 가격들을 택한다고 해보자.

$$\frac{7센트}{1파운드의 설탕} \quad 그리고 \quad \frac{1,000센트}{1개의 모자}$$

이 두 가격들이 어떤 방식으로든 평균화될 수 있을까? 우리가 두 가격 1,000과 7 을 합해 1,007센트를 얻고 난 다음 가격수준을 얻기 위해 이 1,007센트를 무엇으로 나눌 수 있겠는가? 명백히 그 무엇으로도 나눌 수 없다. 단순한 산수는 그 비율들을 센트의 단위로 더할 수 있는 유일한 방법은 다음과 같다는 것을 알려준다(센트 이외에 확실히 이용할 수 있는 다른 어떤 공통된 단위도 없다).

$$\frac{(7개의 모자와 1,000파운드의 설탕)센트}{(모자의 개수)(설탕의 파운드수)}$$

명백히, 분자도 분모도 이치에 닿지 않는다. 그 단위들은 같이 비교할 수 없는 성질의 것이다.

피셔의 더 복잡한 개념인 판매된 각 재화들의 수량에 의해 가중치를 준 가중평균은 분자의 단위문제는 해결하지만 분모의 단위문제는 해결하지 못한다.

$$P = \frac{pQ + p'Q' + p''Q''}{Q + Q' + Q''}$$

pQ들은 모두 화폐이다. 그러나 Q들은 여전히 서로 다른 단위들이다. 그래서 그 어떤 평균가격수준의 개념도 버터, 모자, 설탕 등 완전히 다른 단위의 재화들의 양을 보태고 곱하는 것을 내포하고 있으며, 따라서 의미가 없고 타당하지 않다. 일정 파운드의 설탕과 버터조차도 같이 합해질 수 없다. 왜냐하면 이들은 서로 다른 재화들이며, 그들의 가치평가는 완전히 다르기 때문이다. 그리고 만약 파운드 단위를 수량의 공통단위로 사용하고자 유혹을 받는다면, 콘서트 혹은 의료 및 법률서비스의 파운드 무게는 무엇인가?[56]

교환방정식에서 PT는 완전히 틀린 개념이라는 것은 명백하다. 개별교환에 대한 방정식 E=pQ는 별로 계몽적이지는 못하지만 적어도 하찮은 동어반복이라 할 수 있는 반면, 전체 사회에 대한 방정식 E=PT는 **틀린** 것이다. 어느 P도 T도 의미 있게 정의될 수 없으며, 이 방정식이 그 어떤 유효성을 지니기 위해서는 이런 의미 있는 정의가 필요할 것이다. 이제 단지 E=pQ+p'Q' 등 개별거래에 대한 방정식만 남게 되었는데, 이것은 우리에게 E=E라는 의미 없는 동어반복을 해주고 있을 뿐이다.[57]

'물가수준' P 개념은 완전히 잘못된 것이므로, 피셔가 가격들의 결정요인들을 드러내 보이려고 이 방정식을 사용한 것 역시 잘못이다. 만약 E가 두 배가 되고, T가 그대로 종전과 같이 유지된다면, P―가격수준―는 반드시 두 배가 되어야 한다고 피셔는 말하고 있다. 전체적 수준에서 이것은 동어반복적 사실조차도 아니다. 이것은 잘못된 것이다. P도 T도 전혀 의미 있게 정의될 수 없기 때문이다. 이 방정식에서 우리는 단지 E(총지출)가 두 배가 되면, E(총지출)가 두 배가 된다는 것만 확실하게 말할 수 있을 뿐이다. 개별거래에 관한 한 이 방정식은 적어도 의미가 있다. 만약 어떤 한 사람이 지금 1.40달러를 10파운드의 설탕에 지출한다면, 그 가격이 7센트에서 14센트로 두 배가 되는 것은 명백하다. 여전히 이것은 실질적 힘들에 대해 전혀 아무것도 말해 주지 않는 수학적 동어반복에 불과하다. 그러나 피셔는 한번도 이 개별 방정식을 개별가격들의 결정요인들을 설명하는 데 사용하고자 시도하지 않았다. 그는 공급과 수요의 논리적 분석이 여기에서 훨씬 더 우월하다는 것을 인식하고 있었다. 그는 단지 **경제 전체에 대한** 방정식을 사용했을 뿐인데, 그는 이 방정식이 가격수준의 결정요인들을 설명하며, 그와 같은 설명에 적합하도록 특별히 잘 변용되었다고 느꼈다. 그러나 이 전체적 방정식은 잘못이며, 가격수준은 완전히 신화(神話), 정의할 수 없는 개념으로 남아 있다.

이제 방정식 E=MV의 다른 쪽인 MV(어떤 기간에 순환중인 화폐의 평균수량 곱하기 순환의 평균속도)를 고려해보자. V는 터무니없는 개념이다. 피셔조차도 여타 크기들에 대해서는 개별교환들로부터 총규모를 쌓아올릴 필요성을 인식하였다. 그는 개별 Q들로부터 T를 쌓고 개별 p들로부터 P를 쌓는 데 성공하지 못하였다. 그러나 그는 적어도 그렇게 하려고 **시도하였다**. 그러나 V의 경우에는 **무엇이 개별거래의 속도인가**? 속도는 독립적으로 정의되는 변수가 아니다. 피셔는 사실, V를 오직 모든 경우와 모든 기간에 E/M과 같은 것으로서만 도출할 수 있다. 만약 내가 어떤 시간에 모자 하나에 10달러를 쓰고, 그 시간 동안 평균 현금잔고(혹은 M)를 2백 달러 가지고 있었으면, 정의상 나의 V는 20분의 1과 같다. 나는 평균 현금잔고 2백 달러를 가지고 있었으며, 각 달러는 평균 20분의 1번 회전하였고, 결과적으로 나는 이 기간에 10달러를 썼다. 그러나 **방정식의 어떤 자리가 그 방정식 속의 여타 항들과 독립적으로 정의될 수 있지 않으면**, 그 자리에 위엄을 부여하는 것은 불합리하다. 피셔는 M과 V를 E의 독립적 결정요인으로 세워둠으로써 터무니없는 것을 합성해내고 있다. 이렇게 함으로써 그는, M이 두 배가 되고, V와 T가 불변이면, P—가격수준—도 역시 두 배가 될 것이라는 원하던 결론으로 나아갈 수 있었다. 그러나 V는 E/M과 같다고 정의되므로, 우리가 실제로 가지게 되는 것은, M×(E/M)=PT 혹은 단순히 E=PT, 즉 우리의 원래 방정식이다. 그래서 가격수준이 대략 화폐의 수량에 비례한다는 수량방정식에 도달하려는 피셔의 시도는 헛된 것이었다는 점이 다른 방법으로도 판명되었다.

일부 케임브리지 경제학자들—피구(Pigou), 로버트슨(Robertson) 등—은 V를 배제하고 이를 화폐의 총공급이 화폐에 대한 총수요와 같다는 개념으로 대체함으로써 피셔의 방정식을 복원시키고자 시도하였다. 그러나 그들의 방정식은 피셔의 방정식에서 특별히 더 진전된 것이 아니다. 왜냐하면 그들은 P와 T 같은 잘못된 전체적 개념들을 유지하고 있고, 그들의 k는 단지 V의 역수일 뿐이며 V의 결함들을 그대로 물려받고 있기 때문이다.

사실, V는 독립적으로 정의될 수 없는 변수이므로 V뿐만 아니라 M도 방정식에서 배제되어야 하며, 피셔방정식(그리고 케임브리지 방정식)은 '화폐수량설'(quantity theory of money)을 논증하는 데 사용될 수 없다. 그리고 M과 V가 사라져야 하므로, 이 총량변수들을 사용하는 무수한 수의 여타 "교환방정식들은 전혀 가격수준의 결정요인들"을 보여주지 않는다고 할 수 있다. 그래서 경제 전체 설탕의 총공급은 S라는 기호로 나타낼 수 있고, 총 설탕재고에 대한 E의 비율은 '평균 설탕 회전률'(average sugar turnover), 혹은 U라고 불릴 수도 있다. 이 새로운 '교환방정식'은 다음과 같을 것이다. SU=PT. 그러면 설탕의 재고는 갑자기 가격수준의 주요 결정요인이 될 것이다. 혹은 우리는 다음과 같이, A=그 나라의 외판원 숫자, 그리고 X=외판원당 총지출, 혹은 '외판원 회전율' 등으로 대체할 수도 있을 것이고, 새로운 방정식에서 새로운 '결정요인들'의 집합에 도달할 것이다.

이 예는 경제이론에서 방정식의 오류를 드러낸다. 피셔의 방정식은 수년 동안 유

제11장 화폐와 구매력

명하였다. 왜냐하면 이것이 유용한 경제지식을 전달한다고 여겨졌기 때문이다. 이 방정식은 (다른 근거들로 인해) 그럴 듯한 화폐수량설을 논증하는 것처럼 **보인다**. 실제로는 이는 오해를 불러오고 있었을 뿐이다.

이외에도 피셔에 대해 다른 유효한 비판들도 있다. 기껏해야 한 변수의 변화를 측정할 수 있을 뿐이지만 그 변수의 실제 위치를 결코 정의하지 않는 지표들을 사용한 점, P의 단위로 정의된 T와 T의 단위로 정의된 P라는 지표를 사용한 점, 화폐가 상품이라는 것을 부인한 점, 불변의 상수가 존재할 수 없고 그래서 수량적 예측이 존재하지 않는 영역에 수학적 방정식을 사용한 점. 특히, 비록 교환방정식이 모든 다른 측면들에서 유효하다고 하더라도, 이것은 단지 정태적(靜態的)으로 평균기간의 조건들을 묘사할 수 있을 뿐이다. 이것은 결코 한 정태적 조건에서 다른 조건으로 옮겨가는 경로를 묘사할 수 없다. 피셔조차도 M에서의 변화가 언제나 V에 영향을 줄 것이며, 그래서 M의 P에 대한 영향력은 분리될 수 없게 된다고 시인함으로써 이 점을 인정하였다. 그는 이런 '이행'기간을 지난 후, V는 다시 상수로 되돌아갈 것이며, P에 대한 효과는 비례적일 것이라고 주장하였다. 그러나 이 단언을 지지할 그 어떤 추론도 존재하지 않는다. 아무튼 우리는 지금까지 교환방정식을 경제학 문헌에서 없애는 것을 보증하기에 충분할 만큼 논의하였다.

14. 구매력 측정과 구매력 안정화의 오류

1) 측정

경제과학이 발전되기 전인 아주 옛날에는, 사람들은 순진하게 화폐의 가치는 항상 불변이라고 가정하였다. '가치'는 사물들과 사물들의 관계들 속에 내재하는 객관적 수량이며, 화폐는 재화들의 가치와 그 변화의 표준이고 고정된 척도라고 여겼으며, 화폐단위의 가치, 여타 재화들에 대한 화폐의 구매력은 고정되어 있다고 가정하였다.[58] 자연과학에 익숙한 측정의 고정된 표준(무게, 길이 등)이라는 비유를 별 생각 없이 인간행동에 적용하였다.

경제학자들은, 화폐는 가치가 안정되게 유지되지 않는다는 것을, 즉 PPM이 고정된 채 유지되지 않는다는 것을 발견하고 이를 명확히 하였다. PPM은 화폐의 공급과 화폐에 대한 수요의 변화에 대응하여 변할 수 있고, 또한 변한다. 화폐의 공급과 화폐에 대한 수요의 변화는 다시 재화의 재고와 화폐에 대한 총수요로 분해될 수 있다. 개별 화폐가격들은 우리가 위의 8절에서 보았듯이, 각 재화의 재고와 그 재화에 대한 수요뿐만 아니라 화폐재고와 화폐에 대한 수요에 의해 결정된다. 그렇다면, 화폐관계와 각 개별재화에 대한 수요와 그 재화의 재고는 각각의 특정한 가격거래에서 서로 얽혀 있다. 그래서 스미스가 모자를 2골드 온스에 구매할지 여부를 결정할 때, 그는 모자의 효용을 2온스에 대비해 저울질한다. 그래서 각 가격에는 그 재화의 재고, 화폐의 재고, 그리고 (둘 다 근본적으로는 개인의 효용에 근거한 것이지만) 화폐와 그 재화에 대한 수요가 관계를 맺는다. 화폐관계는 특정 가격에 내포되어 있어서, 재화에 대한 수요와 공급이 실제로는 이 화폐관계로부터 분리될 수 없다. 그렇다면 만약 화폐의 공급이나 이에 대한 수요에 변화가 있으면 이 변화는 중립적이지 않을 것이며, 반대로 재화들에 대한 서로 다른 구체적 수요와 서로 다른 가격들에 일정하지 않은 비율로 영향을 미칠 것이다. PPM에서의 변화와 재화들의 구체적 가격들에서의 변화들을 구별하여 측정할 수 있는 방법은 존재하지 않는다.

교환의 매개로 화폐를 사용하면 화폐에 대비된 교환되는 서로 다른 재화들 사이의 상대적 교환비율들을 계산할 수 있도록 해준다는 사실은 일부 경제학자들을 오도하여 가격들의 변화와는 별도로 PPM을 측정하는 것이 가능하다고 잘못 믿도록 하였다. 그래서 우리는 하나의 모자가 100파운드 설탕의 "가치가 있다"거나 TV수상기 한 대가 50개의 모자와 교환될 수 있다고 말할 수 있다. 그렇다면 이 교환비율들은 순전히 가상적인 것이며, 실제로는 단지 화폐교환들을 통해서만 실현될 수 있다는 것을 잊어버리고 이것들을 그 자체로 어떤 물물교환 세계를 구성하는 것으로 간주하려는 유혹이 있다. 이런 신비스런 세계에는 다양한 재화들 사이의 교환비율들은 아무튼 화폐거래들로부터 분리되어 결정된다. 이런 세계에 들어서게 되면, 화폐의 가치를 어떤 상대적 가치들로부터 분리하고 화폐의 가치를 불변의 척도로 확립하는 어떤 종류의 방법이 발견될지 모른다는 생각이 종전보다 그럴 듯해진다. 그러나 이런 물물교환 세계란 완전한 가공의 세계이다. 이 상대적 비율들은 화폐에 의해서만, 그리고 화폐를 가지고서만 실행될 수 있는, 단지 과거 거래들의 역사적 표현들일 뿐이다.

이제 다음을 1일의 PPM에서 가격들의 나열이라고 가정해보자.

    10센트(설탕 1파운드당)
    10달러(모자 1개당)
    5백 달러(TV수상기 1대당)
    5달러(변호사 존스 씨의 법률서비스 1시간당)

이제 2일자의 동일한 재화들의 가격들이 다음과 같다고 해보자.

    15센트(설탕 1파운드당)
    20달러(모자 1개당)
    3백 달러(TV수상기 1대당)
    8달러(변호사 존스 씨의 법률서비스 1시간당)

이제 두 기간 사이에 PPM에 무슨 일이 일어났는지에 대해 경제학은 무엇이라고 할 수 있는가? 우리가 정당하게 말할 수 있는 것은 이제1달러가 다음의 것을 살 수 있다는 사실뿐이다.

    $\frac{1}{10}$개의 모자 대신 $\frac{1}{20}$개의 모자,
    $\frac{1}{500}$대 TV수상기 대신 $\frac{1}{300}$대의 TV수상기 등.

그래서 우리는 (그 숫자들을 안다면) 시장에서의 각 개별 가격배열에 무슨 일이 일어났는지 묘사할 수 있다. 그러나 모자의 가격상승 중 얼마만큼이 모자에 대한 수요의 증가에 따른 것이고, 얼마만큼이 화폐에 대한 수요의 감소에 따른 것인가? 그와 같은 질문에 답할 수 있는 방법은 전혀 없다. **우리는 PPM이 증가했는지 혹은 감소했**

는지조차 확실하게 알지 못한다. 우리가 아는 것이라고는 화폐의 구매력이 설탕, 모자, 그리고 법률서비스의 단위로 볼 때 하락하였고, TV수상기의 단위로 볼 때 상승하였다는 것이다. 배열된 모든 가격들이 상승하였더라도, 우리는 PPM이 **얼마나** 하락했는지는 알지 못하고, 그런 변화 가운데 얼마만큼이 화폐에 대한 수요의 증가에 따른 것이고, 얼마만큼이 재고의 변화에 따른 것인지 알지 못할 것이다. 만약 화폐공급이 이 사이에 변화한다면, 우리는 그 변화 가운데 얼마만큼이 증가된 공급으로 인한 것인지, 그리고 얼마만큼이 여타 결정요인들로 인한 것인지 알지 못할 것이다.

이 결정요인들 각각에서 언제나 변화가 일어나고 있다. 인간행동의 현실세계에서, 고정된 기준지표로 사용될 수 있는 하나의 결정요인은 존재하지 않는다. 전체 상황이 자원들과 생산물들의 재고 변화에 따라, 그리고 시장에서 모든 개인들의 가치평가 변화에 따라 변화를 계속한다. 사실, 다양한 집단의 수리경제학자들의 주장들을 고려할 때 무엇보다 다음과 같은 하나의 교훈을 유념하여야 한다. **인간행동에는 그 어떤 수량적 상수(常數)들도 존재하지 않는다.**[59]

이로부터 나오는 필연적 추론은, 모든 인간행동학적-경제학적 법칙들은 질적이며, 수량적이 아니라는 사실이다. PPM의 변화를 측정하는 **지수**(index-number)방법은, 교환비율이 그 사이에서는 불변인 어떤 종류의 재화들의 총체를 만들어내려고 하고 있다. 그렇게 해서 일종의 일반적 평균을 냄으로써 PPM 자체의 변화를 분리할 수 있도록 하고자 한다. 그러나 우리는 이미 그와 같은 분리나 측정이 불가능하다는 것을 살펴보았었다.

조금이라도 그럴 듯한 지수를 사용하려는 유일한 시도는 기준 기간 동안 고정된 수량가중치를 구축하는 것이다. 각 가격은 기준 기간에 구매된 재화의 수량에 의해 가중된다. 여기에서 가중된 수량들은 그 기간에 구매된 재화들의 전형적 '시장 바스켓' 비율을 나타낸다. 그러나 그와 같은 시장 바스켓 개념은 극복할 수 없는 어려움들을 지니고 있다. 위에서 언급한 고려들과는 별도로, 우선 **평균 구매자** 혹은 **평균 가정주부**는 존재하지 않는다. 단지 개별 구매자들이 있을 뿐이며, 각 구매자는 서로 다른 비율과 유형의 재화들을 구매하였다. 만약 한 사람이 TV수상기를 한 대 산다면, 다른 사람은 극장에 간다. 각 활동은 서로 다른 가치척도들의 결과이며, 각 활동은 서로 다른 재화들에 대해 서로 다른 효과를 지닌다. 부분적으로 극장에 가고, TV

수상기 일부를 사는 '평균인간'은 존재하지 않는다. 그러므로 재화들 총체의 일부 주어진 비율을 사는 '평균적 가정주부'는 존재하지 않는다. 재화들이 전체로 화폐를 주고 구매되지만, 이는 단지 개별거래들에서 개인들에 의해서 이루어진다. 따라서 개별거래들을 결합시킬 과학적 방법이 존재할 수 없다.

둘째, 시장 바스켓 개념이 설령 의미가 있다고 치더라도, 바스켓 비율들 자체들뿐만 아니라 바스켓에 들어있는 재화들의 효용들은 언제나 변화하고 있으며, 이런 변화는 가격변화들을 측정할 척도로 쓰일 의미 있는 상수의 가능성을 완전히 배제한다. 이것이 가능하기 위해서는 실제로 존재하지 않는 전형적 가정주부가 고정된 가치평가들을 지니고 있어야만 할 것이지만, 이것은 변화하는 현실세계에서는 불가능한 일이다.

모든 종류의 지수들은 이런 어려움들을 극복해보려는 헛된 노력에서 비롯된 것이었다. 지수를 내려고 하는 각 연도마다 선택된 수량가중치들은 해마다 변하며, 산술평균, 기하(geometrical)평균, 조화(harmonic)평균들이 변하기도 하고 고정되기도 한 가중치들로 만들어졌다. '이상적' 산출식이 모색되었지만, 모두 이런 노력들의 무익함을 깨닫는 데 그쳤다. 가격들과 수량들을 분리하고 측정하려는 그 어떤 지수나 시도도 결코 타당할 수 없다.[60]

2) 안정화

화폐의 구매력이 변할 수 있다는 지식은 일부 경제학자들로 하여금 안정되고 일정한 구매력을 지닌 화폐단위를 어떻게든 창출함으로써 자유시장을 개선해보려는 시도로 이끌었다. 모든 이런 안정화(Stabilization)계획들은 물론, 이런저런 방식으로 금 혹은 여타 상품기준에 대한 공격을 포함하고 있었다. 왜냐하면 금의 공급과 금에 대한 수요가 끊임없이 변화하고, 그 결과 금의 가치가 변동하기 때문이다. 안정화주의자들은 정부가 지수가 떨어지면 화폐를 경제 내부에 펌프질해 넣고, 지수가 상승하면 화폐를 경제 내부에서 빼냄으로써, 자의적 물가지수를 일정하게 유지하기를 원한다. '안정된 화폐'의 저명한 주창자인 어빙 피셔는 다음의 자서전 구절에서 그의 안정화에 대한 강한 욕구에 대한 이유를 드러내고 있다. "나는 점차 더 가치의 안정된

척도에 대한 절박한 필요를 의식하게 되었다. 나는 수리물리학(mathematical physics)으로부터 경제학으로 들어왔다. 그런데 수리물리학에서는 측정의 고정된 단위들이 본질적 출발점으로 기여하고 있다."[61] 명백히 피셔는 물리학과 의도를 지닌 인간행동과학의 본질에 근본적 차이가 있을 수 있다는 점을 깨닫지 못하였다.

안정된 화폐가치의 이득이 무엇인지 이해하기는 참으로 어렵다. 예를 들어, 가장 자주 인용되는 이득 가운데 하나는 채무자들이 더 이상 화폐가치의 예기치 못한 상승으로부터 피해를 보지 않을 것인 반면 채권자들이 더 이상 그 가치의 예기치 않은 하락으로부터 손해를 보지 않을 것이라는 점이다. 그러나 만약 채권자와 채무자가 미래의 변화들에 대해 위험을 피하는 그와 같은 안전장치를 원한다면, 자유시장에서는 그들은 쉬운 해결책을 가지고 있다. 그들이 계약을 맺을 때, 상환이 화폐가치에서 어떤 합의된 지수에 의해 교정된 화폐의 합으로 이루어지도록 합의할 수 있다. 안정화주의자들은 오랫동안 그와 같은 사업계약을 위한 자발적인 **도표화된 기준**(tabular standard)을 주창하였다. 안정화주의자들은 그들에게 너무나 유익한 길이 실제 사업관행에서는 거의 채택되지 않는다는 것을 발견하고 당황하였다. 이 경제학자들에 의해 사업가들에게 제안된 무수한 지수들과 여타 방식들에도 불구하고, 채권자들과 채무자들은 아무튼 이를 활용하지 않았다. 그러나 가장 혜택을 볼 것으로 생각되었던 집단 사이에 국가 강제력을 동원해서 안정화계획을 집행하려는 그들의 열정은 꺾이지 않았다.

사업계획에서 도표화된 기준을 채택하지 않은 데에는 두 가지 기본적 이유들이 있는 것으로 보인다. ① 우리가 살펴본 것처럼, 화폐가치의 변화를 측정할 그 어떤 과학적이고 객관적인 방법이 전혀 없다. 과학적으로, 그 어떤 하나의 지수는 여타 지수들과 마찬가지로 자의적이고 또 문제를 지니고 있다. 그래서 개별 채권자들과 채무자들은 구매력 변화의 측정치로서 준수할 하나의 지수에 대해 합의할 수 없었다. 각자는 자신의 이해에 따라 서로 다른 재화들을 서로 다른 비중으로 그의 지수에 포함시키려고 주장할 것이다. 그래서 밀 농부인 채무자는 화폐의 구매력 지수에서 밀의 가격에 아주 큰 가중치를 주고자 할 것이다. 나이트클럽에 자주 가는 채권자는 나이트클럽 입장료 등에 안전장치를 하고자 할 것이다. ② 두 번째 이유는 사업가들이 자의적 안전장치에 합의하기보다는 투기적 세계에서 그들의 기회를 잡는 것을 선호할 것이라는 점이다. 주식투기자들과 상품투기자들(commodity speculators)은 끊임없이 미래가격을 예측하려고 시도하고 있으며, 정말 모든 기업가들은 시장의 불확실한 조건들을 예측하는 일에 종사하고 있다. 명백히, 사업가들은 여타 변화뿐만 아니라 구매력의 미래변화를 예측하는 데에서도 기업가이기를 원하고 있다.

기업가들이 자발적으로 어떤 종류의 도표식 기준을 채택하지 못한 것은 강제적 안정화계획들은 장점이 전혀 없다는 것을 보여준다. 그러나 이 주장을 예외로 하고, 아무튼 **특정 재화들**의 가격들은 자유롭게 변하고 불확실하게 하면서 동시에 화폐의 구매력에 확실성을 만들어낼 수 있다는 안정화주의자들의 주장을 검토해보자. 이것은 때로는 다음과 같은 언급으로 표현된다. "개별가격들은 자유롭게 변하게 놓아두어야 한다. 그러나 가격수준은 일정하게 고정되어야 한다." 이 주장은 특정 거래들에서의 구체적 가격들과 마찬가지 정도로 어떤 종류의 화폐의 일반적 구매력 혹은 어떤 종류의 물가수준이 존재한다는 미신에 근거하고 있다. 우리가 살펴보았듯이, 이것은 완전히 잘못된 생각이다. '물가수준'이란 존재하지 않으며, 화폐의 교환가치가 재화들의 구체적 구매, 즉 구체적 가격들과 별개로 드러날 수 없다. 두 개념을 분리할 방법은 전혀 없다. 특정 가격들은 한번에, 그리고 동시에 하나의 교환관계, 혹은 한 재화와 다른 재화 사이의, 그리고 화폐와 재화 사이의, 객관적 교환가치를 확인하고 있으며, 이 요소들을 수량적으로 분리할 방법은 존재하지 않는다.

그래서 화폐의 교환가치가 수량적으로 재화들의 교환가치로부터 분리될 수 없다는 것은 분명하다. 일반적 교환가치, 혹은 화폐의 PPM은 수량적으로 정의되어 역사적 상황으로부터 분리될 수 없으며, 그 변화들이 정의되거나 측정될 수 없다. 따라서 화폐의 교환가치는 안정적으로 유지될 수 없다. 우리가 무엇인지도 모르면서, 어떤 것을 불변으로 유지하도록 행동을 취할 수는 없다.[62]

화폐의 안정된 가치라는 이상이 도달 불가능하며, 정의를 내리는 것도 불가능하다는 것을 살펴보았다. 그러나 그 이상이 설령 도달가능하다고 하더라도 그 결과는 무엇일까? 예를 들어, 화폐의 구매력이 상승하였다고 해보자. 그리고 그 상승을 측정하는 문제를 잠시 무시해보자. 만약 이것이 방해받지 않은 시장에서 행동의 결과라면, 왜 우리가 이것을 **나쁜** 결과라고 간주하여야 하는가? 만약 공동체에서의 총화폐 공급이 그대로 유지되고 있다면, 화폐에 대한 수요증가로 혹은 생산성 증가의 결과로서 재화공급의 증가로 가격하락이 야기될 것이다. 화폐에 대한 증가된 수요는 개인들의 자유로운 선택 예컨대, 더 어려운 미래 혹은 미래가격의 하락에 대한 예상 등에 따른 선택으로부터 나온다. 안정화는 사람들에게 그들의 **실질**현금잔고 보유와 자유로이 상호 합의된 행동들을 통해 달러의 실질가치를 증가시킬 기회를 박탈할 것이다. 자유시장의 그 어떤 여타 측면들에서처럼, 성공적으로 증가된 수요를 예측한 기업가들은 이득을 얻을 것이고, 잘못 판단한 사람들은 그들의 투기에서 손실을 입을 것이다. 그러나 후자의 손실조차 그들이 자발적으로 떠맡은 위험의 결과이다. 이에 더해, 생산성의 증가로부터 나타나는 가격들의 하락은 모두에게 혜택을 주며, 바로 이것이 자유시장에서 산업진보의 과실이 퍼져나가는 수단이다. 하락하는 가격들에 대한 그 어떤 간섭도 진보하는 경제의 과실이 전파되는 것을 막는다. 그리고 그렇게 되면, 자유시장에서처럼 경제 전반에 걸쳐서가 아니라 실질임금은 단지 특정한 산업들에서만 증가할 수 있다.

마찬가지로, 만약 그들의 화폐에 대한 수요가 감소한다면, 안정화정책은 사람들에게 그들의 현금잔고 보유와 달러의 실질가치를 **감소시킬** 수 있는 기회를 박탈할 것이다. 사람들은 미래가격 증가에 대한 그들의 예상에 따라 행동하지 못하게 된다. 이에 더해, 만약 재화의 공급이 감소한다면, 안정화 정책은 공급감소를 해소하기 위해 다양한 시장들에서 가격의 상승이 필요해졌음에도 불구하고 이를 막을 것이다.

일반적 구매력과 구체적 가격들이 얽혀져 있다는 사실이 또 다른 고려를 하게 한다. 왜냐하면 화폐가치의 상승을 상쇄시키기 위해 화폐를 경제시스템 내부로 주입하면 필연적으로 종전의 다양한 재화들 사이의 교환가격들을 왜곡하지 않을 수 없기 때문이다. 우리는 앞에서 재화들에 대해 화폐가 중립적일 수 없으며, 따라서 화폐공급에 그 어떤 변화라도 발생하면 전체 가격구조는 변하지 않을 수 없다는 것을 알게 되었다. 그래서 상대가격들을 왜곡하지 않으면서, 화폐가치 혹은 가격수준을 고정하려는 안정주의자의 정책은 운명적으로 반드시 실패하게 되어 있다. 이는 불가능한 정책이기 때문이다.

그래서 화폐의 구매력 변화를 정의하고 측정하는 방법이 혹시 있다고 하더라도, 이 가치의 안정화는 안정화 주장자들이 생각해도 바람직하지 않은 효과를 발생시킬 것이다. 그러나 크기 자체도 정의될 수 없으며, 안정화는 어떤 종류의 자의적 지수에 의존할 것이다. 어떤 상품들과 가중치들이 구매력 지수 속에 포함되든 상관없이, 가격체계와 생산은 왜곡될 것이다.

안정화주의자의 이상의 핵심에는 화폐의 본질에 대한 오해가 깔려있다. 화폐를 단순한 **뉴메레르**(numeraire, 측정단위)에 불과하다고 보거나 혹은 웅장한 가치의 척도라고 간주하고 있다. 망각하고 있는 진실은 바로 화폐가 비록 교환의 매개로서만 사용된다고 하더라도 사람들이 이를 소망하며 유용한 상품으로 수요하고 있다는 점이다. 어떤 사람이 그의 현금잔고에 화폐를 보유하고 있으면, 그는 이로부터 효용을 얻고 있다는 것을 시사한다. 이 사실을 간과한 사람들은 금본위제도를 원시적 시대착오라며 비웃지만 '화폐의 저장'이 유용한 사회적 기능을 수행한다는 점을 깨닫지 못하고 있다.

15. 경기변동

현실세계에서는 소비자 선호와 수요의 변화, 가용자원의 변화, 기술의 변화 등에 따라 나타나는 경제활동 패턴의 변화는 끊임없이 지속될 것이다. 가격들과 생산물들은 파동을 일으킬 것이 예상되며, 따라서 이런 파동의 부재가 오히려 비정상적일 것이다. 특정 가격들과 산출물들이 수요와 생산조건의 변동 영향에 따라 변화할 것이다. 생산의 일반적 수준은 개인의 시간선호들에 따라 변화할 것이다. 화폐관계에 변화가 발생할 때마다 서로 다른 재화들의 가격들은 서로 다른 방향으로 움직이지 않고, 같은 방향으로 움직이는 경향이 있을 것이다. 오직 화폐공급 혹은 화폐에 대한 수요의 변화만이 그 영향력을 경제 전체를 통해 퍼뜨려나갈 것이고, 가격들을 다양한 속도이기는 하지만 비슷한 방향으로 움직일 것이다. 일반적 물가변동은 오직 화폐관계의 분석으로만 이해될 수 있다.

그러나 단순한 변동과 변화는 지난 한 세기 반에 그렇게 두드러졌던 무서운 현상, '경기변동'을 설명하기에 충분하지 않다. 경기변동은 스스로를 다시 한번 드러내는 특정한 특징들을 지니고 있다. 첫째, 가격들과 생산활동이 팽창하는 붐 기간이 있다. 중(重)자본재들(heavy capital-goods)과—산업원료, 기계, 건설과 같은—고차(higher-order)산업들, 그리고 주식시장과 부동산과 같은 재화들에 대한 권리를 거래하는 자산시장에서 더 큰 붐이 발생한다. 그런 다음 갑자기 경고도 없이 '추락'이 발생한다. 예금인출경쟁을 포함한 금융공황이 뒤를 잇고, 가격들은 가파르게 하락하며, 팔리지 않은 재고가 갑자기 쌓이고, 특히 고차 자본재 산업에서 과잉시설이 드러난다. 대량 실업을 수반한 청산과 도산이라는 고통스런 기간이, 점차 경제가 정상조건으로 회복될 때까지 그 뒤를 잇는다.

이것은 현대 경기변동의 경험적 패턴이다. 역사적 사건들은 인과적 연관들을 분리해내는 인간행동학의 법칙들로 설명될 수 있다. 이 사건들 중 일부는 우리가 배운 법칙들에 의해 설명될 수 있다. 일반적 가격상승은 화폐공급의 증가 혹은 수요의 하락으로 발생하고, 실업은 실질가치가 갑자기 증가한 임금수준을 유지하려는 고집 때문에 발생하며, 실업의 감소는 실질임금 등의 하락에 기인할 수 있었다. 그러나 한 가지는 자유시장의 경제학에 의해 설명될 수 없었다. 이것이 위기의 핵심적 현상이다. 왜 사업상의 착오들이 한꺼번에 갑작스럽게 드러나는가? 갑자기 모든 사업가들이 그들의 투자와 추정이 오류였으며, 그들이 자신들의 생산물들을 예상했던 가격에 팔 수 없다는 것을 발견한다. 이것이 경기변동의 핵심적 문제이며, 이것이 적절한 경기변동이라면 반드시 설명하여야 할 문제이다.

현실세계의 그 어떤 기업가도 완벽한 예견능력을 갖추고 있지 않다. 모든 사람들은 실수를 범한다. 그러나 자유시장의 과정은 정확하게 최소의 실수만 하는 능력을 지닌 사업가들을 보상한다. 왜 갑자기 한꺼번에 실수덩어리가 발생하는가? 게다가 왜 특별히 자본재 산업들에 이런 실수들이 광범하게 나타나는가?

때로는 갑작스런 화폐저장의 급증이나 갑작스런 시간선호의 상승과 같은 가파른 변화, 그리고 이에 따른 저축의 감소가 실수의 위기를 초래하며 예기치 않게 발생할 수 있다. 그러나 18세기 이래 일관되게 언제나 붐과 화폐와 가격들의 팽창을 뒤이어 실수덩어리들이 나타나는 정규적 패턴이 나타났다. 중세에서 17세기와 18세기로 내려올 때까지는, 경기위기들이 이 방식으로 붐을 뒤이어 나타난 적이 거의 없다. 경기위기들은 일상활동 중에 어떤 명백하고도 확인할 수 있는 외부사건의 결과로서 갑자기 발생하였다. 그래서 스콧(Scott)은 16세기와 17세기 초기 영국에서의 위기들을 비정규적이며 다음에 열거된 것과 같은 명백한 사건에 의해 야기된 것으로 정리하고 있다. 그는 이 사건으로 기근, 흑사병, 전쟁에서 재화의 약탈, 흉작, 왕실의 조작결과로 나타난 의류무역에서의 위기, 왕에 의한 금괴의 강점 등을 들고 있다.[63] 그러나 17세기 말, 18, 19세기에 앞에서 언급한 경기변동의 패턴이 발전하였으며, 위기와 뒤이은 경기침체는 더 이상 어떤 유일한 외부사건이나 하나의 정부행동 탓으로 돌릴 수 없게 되었다.

그 어떤 사건이 위기와 침체를 설명할 수 없게 되자, 관찰자들은 자유시장경제 **내부에** 위기와 경기변동을 야기하는 어떤 깊이 뿌리박은 결함이 있을 것이라고 이론화하기 시작하였다. '자본주의시스템' 그 자체를 비난받아야 할 대상으로 보았다. 자유시장경제의 부산물로 경기변동을 설명하는 많은 교묘한 이론들이 제시되었다. 그러나 그 어떤 것도 핵심적인 것을 설명하지 못하였다. 붐 이후의 실수덩어리들. 사실, 그와 같은 설명은 결코 발견될 수 없는데, 이는 자유시장에서라면 결코 그런 실수덩어리들이 나타날 수 없기 때문이다.

그런 한 설명 중 가장 근접한 시도가 사업가 집단에서의 '지나친 낙관주의'와 '지나친 비관주의'의 일반적 교체를 강조하였다. 그러나 그런 식으로 제시되면, 그 이론은 마치 무슨 문제든 다 해결할 수 있는 **신의 힘**(deus ex machina)처럼 보이게 된다. 왜 이윤을 극대화하려고 노력하도록 훈련받은 냉정한 사업가들이 갑자기 그와 같은 급작스런 심리적 변동의 희생물이 되는가? 사실, 위기는 특정 기업가들의 감정적 상태와 무관하게 도산을 가져온다. 우리는 제12장에서 낙관의 느낌은 일정한 역할을 **실제로 하지만**, 이런 감정은 어떤 객관적 경제조건에 의해 **유발된다**는 것을 보게 될 것이다. 우리는 기업가들이 "지나치게 낙관적이" 되도록 만드는 객관적 이유들을 찾아야 한다. 그리고 자유시장에서는 그런 이유들을 찾을 수 없다.[64] 그래서 경기변동의 실제적 설명은 다음 장으로 연기할 것이다.

16. 슘페터의 경기변동이론

조지프 슘페터의 경기변동이론은 경기변동과 경제시스템 전체를 통합하려는 매우 드문 시도 가운데 하나이다. 그의 경기변동이론은 그 핵심이 1912년에 출간된 그의 《경제발전론》(Theory of Economic Development)에 제시되어 있다. 이 분석이 1939년에 두 권으로 출간된《경기변동》(Business Cycles)에 제시된 좀더 정교한 원칙의 '첫 번째 근사'(first approximation)의 기초가 되었다.[65]

그러나 1939년에 간행된 두 번째 책은 첫 번째 책으로부터의 분명한 퇴보이다. 왜냐하면 두 번째 책은 경기변동을 세 개의 겹쳐진 사이클(각각은 그의 '첫 번째 근사'에 따라 설명될 수 있는)로 설명하려고 시도하고 있기 때문이다. 이 사이클들의 각각은 대략 그 길이에서 주기적이라고 가정되고 있다. 이들은 슘페터에 의해 3년의 '키친'(Kitchin) 주기, 9년의 '주글라'(Juglar)주기, 그리고 매우 긴 (50년의) '콘드라티에프'(Kondratieff) 주기라고 단언되고 있다. 이 사이클들은 독립적 실재로 간주되어, 다양한 방식으로 결합되어 총 사이클 패턴을 발생시키고 있다.[66] 그와 같은 '다(多)사이클' 접근방식은 개념실재론(槪念實在論)의 오류를 채택한 탓으로 보아야 한다. 독립적이라고 단언된 여러 '사이클'의 집합들에는 전혀 현실성도 의미도 존재하지 않는다. 시장은 하나의 서로 의존하는 단위이며, 시장이 발전할수록 시장요소들 사이의 상호관계는 더 커진다. 그러므로 몇 개의 혹은 여러 독립적 사이클들이 독립적(self-contained) 단위들로 공존한다는 것은 불가능하다. 경기변동이 모든 시장활동에 영향을 미치게 된다는 사실은 정확하게 경기변동의 특성이다.

많은 이론가들이 연속적인 각 사이클의 주기가 때로는 정확한 개월 수에 이를 정도로, 일정한 주기를 지닌 사이클의 존재를 가정하였다. 주기에 대한 탐색은 물리학의 법칙에 대한 터무니없는 동경이다. 인간행동에는 그 어떤 수량적 상수(常數)도 존재하지 않는다. 인간행위학적 법칙들은 단지 그 본질에서 질적일 수 있을 뿐이다. 그러므로 경기변동의 길이에 그 어떤 주기도 존재하지 않을 것이다.

그렇다면, 슘페터의 다(多)사이클 도식을 완전히 기각하고, 그가 자신의 일반적 경제분석으로부터 도출하고자 시도하고 있는, 그의 더 흥미로운 방식인 사이클 '근사'(그의 먼젓번 책에 제시된)를 고려하는 것이 최선이다. 슘페터는 경제에 대한 연구를 '순환' 균형('circular flow' equilibrium), 즉 ERE의 모습에 해당하는 것에서 출발한다. 이것은 적절하다. 우리가 정신적으로 경기변동의 인과적 요인들을 분리할 수 있는 것은 가상적 균형상태의 교란을 가설적으로 조사함으로써만 가능하기 때문이다. 먼저 슈페터는 ERE를 묘사한다. ERE에서는 모든 예상들이 실현되며, 모든 개인과 경제요소는 균형상태에 있고, 이윤과 손실은 영이다—모든 것이 주어진 가치들과 자원들 위에 기초한다. 그런 다음 슈페터는 묻고 있다. 무엇이 이 상황에서 변화를 추진하는가? 첫째, 소비자 선호와 수요에서의 가능한 변화들이 있다. 이것은 슈페터에 의해 중요하지 않은 것으로 세부검토 없이 그대로 무시된다.[67] 인구의 변화가 있을 수 있으며, 이에 따른 노동공급이 변할 수 있다. 그러나 이들은 점진적이며, 기업가들은 여기에 즉각 적응할 수 있다. 셋째, 새로운 저축과 투자가 있을 수 있다. 현명하게도 슈페터는 저축-투자의 변화는 전혀 경기변동을 암시하지 않는다고 본다. 새로운 저축은 지속적 성장을 초래할 것이다. 갑작스런 저축률의 변화는 시장에 의해 예상되지 않았을 때, 물론 여타 **그 어떤** 갑작스런 예기치 않은 변화와 마찬가지로 혼란을 야기할 수 있다. 그러나 이 효과에 관해 그 어떤 **주기적**이거나 신비스런 것도 전혀 존재하지 않는다. 이 조사로부터 슈페터는 자유시장에서는 전혀 경기변동이 있을 수 없다고 결론내려야 했지만, 그는 그 대신 네 번째 요소로 눈을 돌린다. 그로서는 이 네 번째 요소, 즉 생산기법에서의 **기술혁신**은 경기변동뿐만 아니라 모든 성장의 원동력이었다.

우리는 위에서 기술혁신이 경제의 핵심적 동인으로 간주될 수 없다는 것을 살펴보았다. 기술혁신은 오직 저축과 투자를 **통해서만** 그 효과를 발휘할 수 있고, 또 언제나 현존하는 지식체계 **안에서** 생산기법을 개선할 수 있지만, 적당한 저축의 부족으로 그렇게 되지 못하는 무수히 많은 투자들이 존재하기 때문이다. 이런 고려만으로도 슈페터의 경기변동이론은 충분히 무력화된다.

이외에 더 고려할 점은 슈페터 자신의 이론이 구체적으로 기술혁신의 자금조달을 새로이 팽창된 은행신용, 은행들에 의해 발행된 새로운 화폐에 의존한다는 사실이다. 슈페터의 은행신용이론과 그 결과에 대해 더 깊게 천착하지 않고서도 슈페터가 간섭받고 있는 시장을 가정하고 있다는 것은 분명하다. 왜냐하면 우리가 살펴보았듯이 자유시장에서는 그 어떤 화폐적 신용팽창도 존재할 수 없기 때문이다. 그래서 슈페터는 순수한 자유시장에 대한 경기변동이론을 확립할 수 없었다.

마지막으로, 기술혁신을 경기변동을 촉발하는 방아쇠로 보는 슈페터의 설명은, 각 경기활황의 기간에 **한 묶음**의 기술혁신들이 정기적으로 되풀이해서 발생한다고 가정하고 있다. 왜 그와 같은 기술혁신들의 묶음들이 있을 수 있는가? 왜 기술혁신들이 더 혹은 덜 연속적일 것으로 예상할 수 없는가? 슘페터는 이 질문에 만족스럽게 대답할 수 없다. 대담한 소수들이 혁신을 시작하고 모방자들이 뒤를 따른다는 사실이 기술혁신의 무리들을 만들어내지는 않는다. 왜냐하면 이 과정은 새로운 혁신들이 출현하면서 지속적일 수 있기 때문이다. 슘페터는 경기활황 국면의 말미에 혁신활동이 완화되는 데 대해 두 가지 설명을 제공한다(혁신의 완화는 그의 이론에 핵심적이다). 한편으로는, 신규투자에 의해 생산된 신제품의 출시가 종전의 생산자들에게 어려움을 만들어내고 불확실성의 기간으로 이끌고 가며 '휴식' 기간이 필요해진다. 이와 대조적으로 균형 기간들에서는 실패와 불확실성의 위험이 다른 기간에 비해 더 적다. 그러나 여기에서 슘페터는 ERE라는 보조적 구축물을 현실로 오인하는 잘못을 저지른다. 실제로 그런 확실성의 기간은 **결코 존재하지 않는다. 모든 기간들이 불확실하며**, 증가된 생산이 더 큰 불확실성이나 어떤 애매한 휴식의 필요성을 생성할 그 어떤 이유도 없다. 기업가들은 항상 이윤을 벌 기회들을 찾고 있으며, 따라서 '기다림' 혹은 '수확'의 기간이 경제시스템에서 갑자기 생성될 이유도 전혀 없다.

슘페터의 두 번째 설명은, 기술혁신은 단지 하나 혹은 소수의 산업들에 몰려있으며, 이 기술혁신의 기회들이 제한되어 있다는 것이다. 일정기간 후 이 기회들은 소진된다. 이것은 어떤 시점에 제한된 수의 '투자기회들'—여기에서는 기술혁신의 기회들—만 존재한다고 단언되고 있다는 의미에서, 그리고 이 기회들이 소진되고 나면 더 이상 투자 혹은 혁신의 여지가 일시적으로 존재하지 않게 된다고 단언하고 있다는 의미에서 명백히 한센의 정체론(stagnation thesis)과 관련되어 있다. 그러나 이런 맥락에서 '기회'라는 개념 전체는 의미가 없다. 욕구가 완전히 충족되지 않은 한 '기회'에는 한계가 존재하지 않는다. 투자 혹은 혁신에 대한 유일한 다른 한계는 사업에 뛰어들기 위해 사용할 수 있는 저축된 자본이다. 그러나 이것은 "소진되어 없어지는" 애매하게 활용이 가능한 기회들과는 아무런 상관이 없다. 저축된 자본의 존재는 지속적 요인이다. 혁신과 관련하여, 혁신이 지속적이지 못하거나 많은 산업들에서 발생하지 않아야 할 이유는 전혀 없으며, 혁신의 속도가 반드시 완화되어야만 할 이유도 없다.

사이먼 쿠츠네츠(Simon Kuznets)가 보여준 것처럼, 혁신의 클러스터는 기업가적 능력의 집적을 또한 가정하여야 하는데, 이는 분명 보증할 수 없는 것이다. 슘페터의 제자들인 클레멘스와 두디(Clemence and Doody)는 기업가적 능력은 새로운 기업을 설립하는 행위를 하면서 소진된다고 반박하였다.[68] 그러나 기업가정신을 단순히 새로운 기업의 설립으로 보는 것은 완전히 근거가 없다. 기업가정신은 단순히 신기업의 설립뿐만 아니며 단순한 기술혁신이 아니다. 이것은 불확실하고 변화하는 미래 조건들로의 조정이다.[69] 이 조정은 필연적으로 언제나 발생하며, 한 번의 투자행위로 소진되지 않는다.

우리는 일반 경제분석으로부터 경기변동이론을 도출하려는 슘페터의 칭찬받을 만한 시도가 실패였다고 결론짓지 않을 수 없다. 슘페터가 유일하게 가능한 다른 설명이 기업가들에 의한 **실수덩어리**(a cluster of errors)라고 언급했을 때 그는 올바른 설명에 거의 명중할 뻔하였다. 그러나 그는 결코 그와 같은 기업가들의 실수덩어리를 초래할 그 어떤 이유나 객관적 원인을 찾지 못하였다. 자유롭고, 방해받지 않는 시장에서는 그 말이 전적으로 옳다!

17. 케인지언시스템의 여타 오류들

위에서 살펴보았듯이 케인지언 함수들이 옳고, 사회적 지출이 어떤 지점 위에서는 소득보다 낮게 떨어지고, 또 그 지점 아래에서는 반대라고 하더라도, 이것은 경제에 그 어떤 불행한 결과도 초래하지 않는다. 국민화폐소득의 수준과 결과적인 화폐저장의 수준이 너무 낮을까 걱정하는 것은 상상 속의 불안이다. 이 절에서 우리는 케인지언시스템에 대한 분석을 진행하고 그 시스템 자체에 내재해 있는 아직 언급되지 않았던 심각한 오류들을 밝힐 것이다. 다시 말해, 우리는 소비함수와 투자가 사회소득의 궁극적 결정요인이 아니라는 것을 보게 될 것이다(이에 반해, 우리는 위에서 이들이 결정요인인지 여부가 특별한 차이를 초래하지 않는다는 것을 살펴보았다).

1) 이자율과 투자

투자는 비록 케인지언시스템에서 동태적이고 매우 가변적인 요인이지만, 또한 케인지언시스템에서 따돌림을 받고 있다. 케인지언들은 투자의 인과적 결정요인에 대해 의견이 분분하다. 원래 케인스는 투자를 자본의 한계효율(marginal efficiency of capital), 혹은 순 수익의 전망과 대비된 이자율에 의해 결정되는 것으로 보았다. 이자율은 화폐관계에 의해 결정되는 것으로 상정되었다. 우리는 이것이 잘못이라는 것을 살펴보았다. 실제에서 균형 순 수익률은 바로 이자율, 즉 채권수익률이 수렴해 가는 자연이자율**이다**. 앞에서 살펴보았듯이 투자의 변화를 야기하는 이자율에서의 변화라기보다는 시간선호의 변화가 소비-투자의 결정에 반영된다. 이자율과 투자에서의 변화는 모두가 개별 가치평가들과 시간선호들에 의해 결정되는 동전의 양면이다.

이자율을 투자변화의 원인이라고 부르고 화폐관계에 의해 결정된다고 보는 오류를 범하기는 피구(Pigou)와 같은 케인지언시스템의 비판자도 마찬가지이다. 피구는 하락하는 가격들이 이자율을 낮추기에 충분한 현금을 풀어줄 것이고 투자를 자극하며, 마침내 완전고용을 회복시킬 것이라고 단언한다.

현대 케인지언들은 이자와 투자 사이의 복잡한 관계를 포기하고 단지 투자를 결정하는 요인들에 대해 알 수 없다고 스스로 선언하고 마는 경향이 있다. 케인지언들은 소비의 추정된 결정에다 자신들의 입장의 기초로 삼고 있다.[70]

2) '소비함수'

만약 케인지언들이 투자에 대해 불확실해한다면, 그들은 아주 최근까지 소비에 대해서는 매우 단호하였다. 투자는 변하기 쉽고 불확실한 지출이다. 이에 반해 총소비(aggregate consumption)는 바로 직전 사회소득의 수동적이고 안정적인 '함수'이다. 어떤 한 기간 동안의 총 순 소득을 결정하고 이와 같게 되는 총 순 지출(생산단계들 사이의 총지출들은 불행하게도 논의에서 제외된다)은 투자와 소비로 구성된다. 게다가 소비는 언제나 어떤 소득수준 아래에서는 소득보다 더 높게 되도록 움직이며, 그 수준 위에서는 소비가 더 낮게 될 것이다. 〈그림 11-9〉는 소비, 투자, 지출, 그리고 사회소득 사이의 관계를 묘사하고 있다.

소득과 지출 사이의 관계는 〈그림 11-5〉에 나타난 것과 같다. 이제 우리는 왜 케인지언들이 지출곡선이 소득보다 더 작은 기울기를 가지고 있다고 가정하는지 알게 된다. **소비**는 지출과 동일한 기울기를 가지는 것으로 가정된다. 왜냐하면 투자는 그 결정요인들이 알려져 있지 않으므로, 소득과 관련이 없기 때문이다. 그래서 투자는 소득과 아무런 함수적 관련이 없는 것으로 묘사되며, 지출과 소비선 사이의 일정한 간격으로 대변되고 있다.

능동적 투자의 쉽게 변하는 성격과 대조되는 수동적 소비함수의 안정성은 케인지언시스템의 초석이다. 이 가정은 너무나 많은 심각한 오류들로 가득 차 있어서 한 번에 하나씩 다룰 필요가 있다.

(1) 어떻게 케인지언들은 〈그림 11-9〉에서와 같은 모양의 안정적 소비함수(*Consumption Function*)의 가정을 정당화하는가? 그 한 통로는 '가계예산에 대한 연구들', 즉 어떤 주어진 한 해 동안 가계소득과 소득집단에 의한 지출 사이의 관계에 대한 횡단면(*cross-section*) 분석을 통해서이다. 1930년대 중반의 국가자원위원회(National Resources Committee)가 행한 것과 같은 연구들은, 일정 지점 아래에서는 화폐의 음의 저장(즉, 지출)이 증가하고, 그 위에서는 화폐의 저장이 증가하는(즉, 지출이 감소하는)—즉, 일정 지점 아래에서는 소득이 지출보다 작고, 그 위에서는 지출이 소득보다 작은—여러 비슷한 '소비함수들'을 만들어냈다.

〈**그림 11-9**〉 케인지언체제에서의 소비, 투자, 사회지출 및 사회소득 사이의 관계

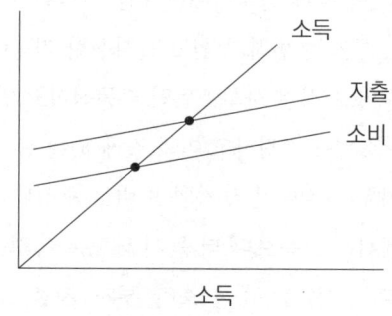

이것은 '음의 저축', 즉 음의 화폐저장을 하는 사람들은 생존수준 아래에 있는 빈곤한 사람들로, 채무로 적자를 보고 있다는 것을 암시하는 것으로 가정되었다. 그러나 이것이 얼마나 지속되는 것으로 가정할 수 있는가? 어떻게 적자가 지속될 수 있는가? 누가 이 사람들에게 돈을 계속 빌려줄 것인가? 음의 저축자들이 그들의 종전에 축적해둔 자본을 "까먹고 있다"고 가정하는 것이, 즉 적자로 지출하는 사람들이 그해 손실을 입었던 부유한 사람들이었다고 가정하는 것이 더 합리적이다.

(2) 가계예산 연구들이 잘못 이해되고 있다는 사실 이외에도, 여기에는 심각한 오류들이 개재되어 있다. 왜냐하면 그 연구에 의해 주어진 곡선은 케인지언 소비함수와 그 어떤 관련도 전혀 없기 때문이다! 가계예산 연구는 기껏해야 가계지출계급들과 한 해 동안의 소득 사이의 관계의 횡단면을 보여준다. 케인지언 소비함수는 **그 어떤** 해이건 그해 동안의 총사회소득과 총사회소비 사이의 관계가 가상적 사회소득들의 범위에서 옳다고 보고 이를 확립하고자 한다. 기껏해야 하나의 전체 가계예산곡선은 케인지언 소비함수의 단지 **하나의 점**을 만들어내는 것으로 요약될 수 있다. 그러므로 이 연구들은 케인지언 가정들이 옳다는 것을 결코 증명할 수 없다.

(3) 또 하나의 케인지언 소비함수를 검증하는 매우 유행하는 장치가 2차 세계대전 중에 인기가 절정에 달했었다. 이것은 일정한 기간 동안의, 통상 1930년대의 국민소득과 소비의 역사적-통계적 상관관계였다. 그리고서 이 상관방정식이 '안정적' 소비함수라고 가정되었다. 이 방법의 오류들은 무수하다. 우선, 그와 같은 안정적 관계를 가정한다고 하더라도, 이것은 단지 **역사적** 결론일 뿐이지 **이론적 법칙**이 아닐 것이다. 물리학에서는, 실험적으로 결정된 법칙은 여타 동일한 상황들에서는 일정하다고 가정될 수 있다. 그러나 인간행동에서는 역사적 상황들은 결코 동일하지 않으며, 따라서 그 어떤 불변의 수량적 상수는 존재하지 않는다! 조건들과 개인들의 가치평가들은 언제라도 변할 수 있으며, '안정적' 관계들도 변할 수 있다. 여기에서는 안정적 소비함수의 그 어떤 증명도 존재하지 않는다. 이 가정에 근거하여 이루어진 (전후 실업에 대한 예측과 같은) 예측들의 암울한 성적은 결코 놀라운 일이 아니다.

게다가 안정적 관계는 확립되지 못했다. 소득은 소비와, 그리고 투자와 상관관계를 가진 것으로 나타났다. 소비가 (순) 투자보다 훨씬 더 큰 규모이므로, 회귀방정식 주변으로부터 이탈하는 비율이 더 적은 것은 놀랄 일이 아니다! 게다가 여기에서 소득은 80~90% 자기상관이 되고 있으며, 그래서 자연스럽게도 그 '안정성'이 엄청나게 높다. 만약 소득이 투자와 마찬가지로 더 작은 규모인 **저축**과 상관되어 있었다면, 소득-저축함수에서는 결코 '소득-투자함수'에서보다 더 높은 안정성이 나타나지 않을 것이다.

세 번째로, 소비함수는 필연적으로 사전적(事前的) 관계이다. 소비함수는 소비자들이 어떤 총소득이 주어졌을 때 얼마나 지출할 **의사가 있는지**에 대해 말해 주는 것으로 여긴다. 이에 반해 역사적 통계들은, 사전적인 것과는 완전히 다른 것인 단지 사후적(事後的) 통계데이터일 뿐이다. 예컨대, 그 어떤 **주어진 기간**에 대해서건 화폐의 저장과 음의 저장은 **사후적으로** 기록되지 않을 수 있다. 사실, 복식부기에서는 사후적으로 총사회소득은 언제나 총사회지출과 일치한다. 그러나 동태적인 **사전적** 의미에서는, 케인지언 이론에서 결정적 역할을 하는 것은 정확하게 총사회소득과 총사회지출 간의 **차이**(화폐의 저장, 혹은 음의 화폐저장)이다. 그러나 사후적 데이터의 연구로는 케인지언이 믿는 것처럼 이 차이들이 결코 드러날 수 없다. 사실, 사후적 저축은 언제나 투자와 일치하며, 사회적 지출은 언제나 사회소득과 일치하므로 사후적 지출곡선은 소득곡선과 겹친다.[71]

(4) 실제에서는 안정적 소비함수의 생각 전체는 비록 케인지언들이 아직 이를 충분히 인식하고 있지는 않지만, 이제 불신임을 받고 있다.[72]

사실, 총소비는 소득이 상승함에 따라 상승하므로 장기적으로 소비함수는 안정적이지 않다는 것을 케인지언 자신들이 시인하였다. 그리고 단기적으로도 총소비가 모든 종류의 변화하는 요인들에 의해 영향을 받으므로 안정적이지 않다는 것을 시인하였다. 만약 소비함수가 단기적으로도 안정적이지 않고, 장기적으로도 안정적이지 않다면, 도대체 소비함수가 어떤 종류의 안정성을 지니고 있다는 말인가? 또 그것은 무슨 쓸모가 있다는 말인가? 우리는 오직 정말 중요한 기간들은 즉각적 순간과 그것이 움직이는 방향성을 보여주는 장기에 국한한다는 것을 살펴보았다. 이런저런 별도의 '중간적' 상황은 아무런 쓸모가 없다.

(5) 그의 추종자들과 대조적으로 케인스 자신이 안정적 소비함수에 대해 제시했던 이유들을 살펴보는 것은 교훈적이다. 이것은 정말 혼란스런 설명이 아닐 수 없다.[73]

케인스에 따르면 주어진 소득으로부터의 '소비성향'(*propensity to consume*)은 '객관관적', 그리고 '주관적' 요인들이라는 두 가지 집합의 요인들에 의해 결정된다. 그러나 이 요인들이란 순전히 주관적 결정들이어서 별개의 객관적 결정요인들은 전혀 존재하지 않는다는 것은 분명해 보인다. 주관적 요인들을 분류하면서, 케인스는 화폐저장과 투자의 동기들을 조심(precaution), 예지(foresight), 개선(improvement) 등과 같은 별개 범주의 '원인들' 아래 놓여있는 것으로 처리하는 실수를 저지른다. 사실, 우리가 살펴본 것처럼 화폐에 대한 수요는 궁극적으로 모두 불확실성과 연계되어 있는 모든 종류의 이유들로 각 개인에 의해 결정된다. 투자에 대한 동기들은 장래의 생활수준을 유지하고 향상시키려는 것이다. 사실들에 의해 완전히 지지되지 않은 채 능숙한 솜씨의 주장으로, 케인스는 이 모든 주관적 요인들이 장기에서는 변화한다는 것을 인정하지만 단기에는 단지 주어졌다고 가정해버린다(만약 장기에 변한다면, 그의 시스템은 어떻게 균형점을 만들어낼 수 있는가?). 그는 주관적 동기들을 현재의 경제조직, 관습, 생활수준 등으로 축소해버리고 이들이 주어져 있다고 가정한다.[74] '객관적 요인들'(시간선호의 변화, 예상 등 실제로는 주관적인)은 (뜻밖의 자본가치의 변화와 같은) 소비함수에서 단기적 변동을 야기할 수 있다고 인정된다. 소득의 장래변화에 대한 예상은 그 개인의 소비에 영향을 줄 수 있다. 그러나 케인스는 이 요인에 대해서는 그 영향력에 대한 논의는 하지 않은 채, 이것이 "공동체 전체로서는 평균화되어 영향력을 주지 않을 가능성이 크다"고 단지 단언하고 만다. 이자율과 시간선호가 별개로 영향을 주지 않고 소비성향에 영향을 주는 것으로 가정된 채, 시간선호가 매우 혼란스런 방식으로 논의되고 있다. 여기에서도 다시 단기적 변동들은 별 영향을 주지 않는 것으로 가정되며, 케인스는 단지 소비성향은 단기적으로 '상당히'(fairly) 안정적 함수라는 결론으로 도약해버린다.[75]

(6) 소비함수이론의 실패는 단순히 특정 이론의 실패에 불과한 것이 아니다. 이것은 동시에 심각한 인식론적 실패이다. 왜냐하면 소비함수라는 개념은 경제학에서 전혀 그 자리를 차지할 수 없기 때문이다. 경제학은 **인간행동학**이다. 즉, 그 명제들과 공리들이 주어졌을 때 절대적으로 참이다―기초적 공리는 인간행위 그 자체의 존재이다. 그러므로 경제학은 실증주의자의 의미에서 '경험적'이지 않으며 경험적일 수 없다. 즉, 경제학은 진실일 수도 있고 아닐 수도 있으며, 단지 기껏해야 개략적으로 진실이라고 할 수 있을 뿐인 경험적 가설을 확립할 수 없다. 수량적인 경험적-역사

적 '법칙들'은 경제학에서 쓸모가 없다. 이것들은 단지 복잡한 사실의 우연한 동시적 일치일 뿐이며, 장래에도 진실로서 유효한 그런 분리될 수 있고, 반복될 수 있는 법칙들이 아니다. 소비함수의 개념은 많은 점들에서 잘못된 것일 뿐만 아니라 경제학에 부적절한 것이다.

게다가 바로 그 '함수'란 용어는 인간행동의 연구에 부적절하다. 함수는 수량적, 결정적 관계성을 암시하지만, 인간행동을 결정하는 인과적이고도 불변인 외부적 결정요인들은 존재하지 않는다. 사람들은 행동하며 언제라도 그들의 행동을 변화시킬 수 있다. 그 어떤 인과적이고 불변의 외부적 결정요인은 전혀 존재할 수 없다. '함수'라는 용어는 유기체가 아닌 물질의 운동, 즉 동기가 없으며, 반복되는 운동에만 적합할 뿐이다.

결론적으로, 어떤 지점에서는 지출이 소득보다 더 낮을 것인 반면, 더 낮은 지점들에서는 지출이 소득을 상회할 것이라고 가정할 그 어떤 이유도 존재하지 않는다. 경제학은 **사전적(事前的)으로** 어떤 지출이 소득과 관계를 가질 것인지에 대해 알지 못하며 또 알 **수 없다**. 어떤 지점에서 지출이 소득과 같을 수도 있고, 혹은 순 화폐의 저장 혹은 음의 화폐저장이 있을 수도 있다. 최종적 결정들은 개인들에 의해 이루어지는 것이며, 과학에 의해 결정될 수 있는 것이 아니다. 그러므로 그 어떤 안정적 지출함수도 존재하지 않는다.

3) 승수

한때 높은 존경을 받던 '승수'(*multiplier*)가 이제 다행스럽게도 유명도가 시들었다. 경제학자들이 승수는 단지 안정적 소비함수의 표면이라는 것을 깨달았기 때문이다. 그러나 경제학자들은 아직 승수가 완전히 터무니없는 개념임을 제대로 인식하지 못하고 있다. '투자승수'의 이론은 대개 다음과 같이 전개된다.

사회소득(*Social Income*)=소비(*Consumption*)+투자(*Investment*)

소비는 통계적 상관 등에 의해 드러나듯이 소득의 안정적 함수이다. 단순화를 위

해 소비는 언제나 소득의 80%, 즉 0.80×(소득)이라고 하자.[76] 이 경우,

　　소득=0.80×(소득)+투자
　　0.20×(소득)=투자 혹은
　　소득=5×(투자)

이 '5'가 '투자승수'이다. 이제 사회적 화폐소득을 필요한 수준까지 끌어올리기 위해 우리가 필요한 모든 것이란 투자를 그 수량의 5분의 1만큼 증대시키기만 하면 된다. 그러면 승수마법이 나머지를 해결해줄 것이다. 초기 "펌프 도화선주의자들"(pump primers)은 사적 투자를 자극함으로써 이 목표에 도달할 수 있다고 믿었다. 나중에 케인지언들은 만약 투자가 소득을 결정하는 데 적극적 영향을 미치지만 쉽게 변하는 요인이라면, 정부지출이 덜 능동적이지도 않고 더 확실하므로 정부지출이 필요한 승수효과를 제공하도록 정부투자에 의존하여야 한다고 깨달았다. 새로운 화폐를 창출하는 것이 가장 효과적일 것이다. 이 경우 정부는 확실히 사적 펀드를 줄이지 않아도 되기 때문이다. 그래서 모든 정부지출을 '투자'로 부르는 기초가 세워졌다. 이것이 수동적으로 소득에 연계되지 않기 때문에 '투자'이다.

다음의 예시는 투자승수보다 더 강력하고 효과적인 '승수'로 케인지언 논거에 따라 제시되었다. 투자승수이론을 승인하는 **케인지언 논거에 기초해서는 이 예시에 대해 그 어떤 반대도 있을 수 없다.** 정말 **터무니없는 것**(reductio ad absurdum)이지만, 이것은 케인지언 방법에 따르고 있기 때문에 단순한 풍자가 아니다.

　　사회소득(Social Income)=(아무나, 예컨대 독자의) 소득+나머지 모든 사람들의 소득.
　　심볼들을 사용하기로 하자.

　　사회소득=Y
　　독자의 소득=R
　　나머지 모든 사람들의 소득=V

우리는 V가 Y의 완전히 안정적 함수라는 것을 알고 있다. 두 가지를 좌표 위에 기

입하라. 그러면 우리는 이들간의 역사적 일대일(one- to-one) 대응을 발견한다. 이것은 '소비함수'보다 훨씬 더 안정적인 함수이다. 한편 R을 Y 위에 그려 넣어라. 여기에서 우리는 이 선들의 변동하는 독자의 소득과 사회소득과의 사이에 완전한 상관관계 대신 단지 가장 먼 관련성을 발견한다. 그러므로 독자의 소득은 사회소득에서 능동적이며 변하기 쉽고, 불확실한 요소인 반면, 모든 다른 이들의 소득은 수동적이고, 안정적이며 사회소득에 의해 결정된다.

도달된 방정식이 다음과 같다고 하자.

$$V = 0.99999\,Y$$

그러면
$$Y = 0.99999\,Y + R$$
$$0.00001\,Y = R$$
$$Y = 100,000\,R$$

이것이 투자승수보다 훨씬 더 강력한 독자 자신의 개인적 승수이다. 사회소득을 증대시키고 그렇게 해서 경기침체와 실업을 치유하기 위해 정부가 달러를 인쇄해서 이 라인들에 있는 독자에게 주기만 하면 되는 것이다. 독자의 지출이 국민소득을 10만 배 증대시키는 처음 펌프질이 될 것이다.[77]

18. 가속도원리의 오류

'가속도원리'(acceleration principle)는 일부 케인지언들에 의해 그들의 투자설명으로 채택되었으며, 그후 '승수'와 결합되어 경기변동의 다양한 수학적 '모델들'을 만들어냈다. 그러나 가속도원리는 케인지언주의를 앞서는 것이며, 그 자체로 검토될 수 있다. 경기변동에서 투자행태를 설명하기 위해 가속도원리는 거의 언제나 사용되었다.

가속도원리의 핵심은 다음의 설명으로 요약될 수 있을 것이다.

어떤 한 기업 혹은 산업을 예로 들어보자. 이왕이면 소비재의 일류 생산자가 좋겠다. 그 기업이 일정기간 동안 그 재화를 100단위 생산하고 있고, 이 생산에 일정한 유형의 기계가 10대 필요하다고 가정하자. 만약 그 기간이 1년이면, 소비자들은 1년에 100단위의 생산량을 수요하고 구매한다. 그 기업은 10대의 기계를 가지고 있다. 그 기계의 평균수명이 10년이라고 해보자. (그 기업이 매년 새로운 기계 1대를 계속 사서 10대까지 만들었다고 가정할 때) 균형에서 그 기업은 낡은 것을 대체하기 위해 매년 1대를 구매한다.[78] 이제 그 기업의 생산물에 대해 소비자 수요가 20% 증가했다고 해보자. 소비자들은 이제 120단위를 사고자 한다. 자본투자 대 생산량이 고정되어 있다고 가정하면, (기계 1대: 1년간 생산물 10단위를 유지하기 위해) 이제 기업은 12대의 기계가 필요하다. 12대의 기계를 지니기 위해 그 기업은 2대를 추가로 사야 한다. 이 새로운 수요를 통상적 수요인 1대의 기계에다 보태면, 우리는 그 기계에 대한 수요가 200% 증가했다는 것을 알 수 있다. 그 제품에 대한 수요 20% 증가가 자본재 수요를 200% 증가시켰다. **그러므로** 가속도원리의 주창자들은 **일반적** 소비수요의 증가가 자본재에 대한 훨씬 더 확대된 수요를 초래한다고 말한다. 일반적 수요의 증대가 긴 **내구성**을 지닌 '고정'자본재에 대한 확대된 증가를 야기한다고 하는 편이 더 낫겠다. 명백히 1년만 쓸 수 있는 자본재는 아무런 확대효과도 받지 않을 것이다. 가속도원리의 핵심은 증가된 수요와 내구재의 낮은 교체수준과의 관계이다. 그 재화가 더 내구적일수록 확대효과는 더 크고, 그래서 가속도 효과도 더 클 것이다.

이제 다음 해에 생산물에 대한 소비자 수요가 120단위로 유지되고 있다고 해보자. 소비자 수요는 (100에서 2백으로 변화했던) 두 번째 연도에서 세 번째 연도로 바뀌면서 전혀 변화하지 않았다. 그리고 가속도주의자들은 무서운 일이 고정자본에 대한 수요에서 벌어지고 있다고 지적한다. 이제 교체를 위해 필요한 것 이외에는 더 이상 새로운 기계를 살 필요가 없게 되었다. 교체를 위해 필요한 것은 1년에 1대뿐이다. 그 결과, 소비재에 대한 수요가 전혀 변화하지 않았으나, 자본재에 대한 수요는 200% 감**소**한다. 그리고 전자(소비재 수요의 불변)가 후자(자본재의 수요감소)의 원인이다. 장기적으로 상황은 120단위의 생산과 1대의 교체라는 균형으로 안정화될 것이다. 그러나 단기적으로 소비자 수요가 20% 증가한 결과, 먼저 고정자본에 대한 수요가 200% 증가하고 다음에 다시 200% 감소하였다.

가속도원리의 지지자들에게 이 예시는 경기변동의 주요 특징들에 대한 열쇠를 제공한다. 소비재산업에 비해 훨씬 더 큰 고정자본재산업의 변동폭, 그리고 위기에 의해 드러나는 투자재산업들에 집중되어 나타나는 실수한 판단들. 가속도원리의 주창자들은, 모든 사람이 소비가 활황기에는 증가하는 것을 알고 있다고 말한다. 소비의 증가가 투자의 증가를 가속화하고 확대한다. 그리고는 소비의 증가속도가 낮아지고, 고정자본에 대한 투자도 감소한다. 게다가 만약 소비수요가 감소하면 고정자본에서 '과잉설비'—경기침체 국면의 또 다른 특징—가 나타나게 된다.

가속도원리는 많은 오류를 지니고 있다. 그 원리의 핵심에 있는 중요한 오류는 허트 교수에 의해 밝혀졌다.[79] 우리는 소비수요가 20% 증가하였다는 것을 알았다. 그러나 왜 2대의 추가적 기계가 **1년 안**에 구입되어야 하는가? **1년**이 소비수요의 증가와 무슨 상관이 있는가? 우리가 이 문제를 세밀하게 분석해보면, 우리는 연도라는 것은 이 예 자체 안에서 보더라도 완전히 자의적이며 부적절한 단위라는 것을 알게 된다. 우리는 대상 기간으로 한 해 대신 한 **주**를 한 해만큼이나 이의 없이 채택할 수 있을 것이다. 그러면 우리는 소비자 수요(아무튼 지속적으로 발생하는)가 첫 번째 주 동안 20% 증가하고, 그래서 첫 번째 **주**에 기계에 대한 수요가 200% 증가(혹은 만약 기계교체가 정확하게 첫 번째 주에 일어나지 않았다면, 기계에 대한 투자가 영에서 증가한 것이므로 **무한한** % 증가)하게 만들고, 그 다음 주에 200%(혹은 무한한) 감소가 나타나며, 그 이후에는 안정되도록 할 것이라고 말할 것이다. 가속도원리 주창자들은 한 번도 한 주를 단위로 이야기한 적이 없다. 그렇게 되면, 실제세계에서는 몇 주일 안에 그와 같은 엄청난 변동을 볼 수 없고, 이에 따라 이 가속도원리를 실제 삶에 현란할 정도로 적용할 수 없을 것이기 때문이다. **그러나 한 주는 한 해보다 더 자의적인 것이 아니다**. 사실, 선택할 수 있는 유일한 **자의적이지 않은** 기간은 그 기계의 수명(예컨대, 10년)일 것이다. 10년 동안 기계에 대한 수요는 종전에 10이었으며, 지금의 10년, 그리고 이어지는 10년간에 기계수요는 10 더하기 추가적 2, 즉 12일 것이다. 한마디로, 10년 동안에 기계에 대한 수요는 **정확하게 소비재 수요의 증가와 같은 비율로** 증가할 것이고, 확대효과는 그 어떤 것도 전혀 발생하지 않을 것이다.

기업들이 그들 장비의 내구기간에 해당하는 계획된 기간들 동안 구매하고 생산하므로, 시장이 가속도원리의 모델에 의해 만들어지는 불규칙한 변동 없이 생산을 적절하고 부드럽게 계획하지 않을 것이라고 가정할 아무런 이유도 존재하지 않는다. 사실, 증가된 소비가 즉각적으로 더 많은 기계의 생산을 **필연적으로** 초래할 것이라고 말하는 것은 타당성이 전혀 없다. 반대로 미래에 소비재 생산의 증가를 **가능케 해주는** 것은 오로지 엄격하게 예상이윤에 기초해서 기업가들이 선택한 시점에서 증가된 저축과 기계에 대한 투자일 뿐이다.

두 번째로, 가속도원리는 개별기업 혹은 개별산업에서 전체 경제로 전혀 정당화되지 않은 도약을 하고 있다. 경제 내 한 지점에서 소비수요의 20% 증가는 다른 곳에서의 20% 하락을 의미한다. 도대체 일반적 소비수요가 어떻게 증가할 수 있단 말인가? 일반적 소비수요는 오로지 저축으로부터의 이동을 통해서만 증가될 수 있다. 그러나 저축이 감소하면 투자를 위한 자금이 줄어든다. 만약 투자를 위해 이용할 수 있는 자금이 **더 적어지면**, 어떻게 투자가 소비보다 **더 많이** 증가할 수 있는가? 사실, 소비가 증가하면 투자를 위한 자금은 **더 적어진다**. 소비와 투자는 자금의 사용을 두고 서로 경쟁한다.

또 다른 중요하게 고려해야 할 점이 가속도원리의 증명이 **화폐**단위가 아니라 **물리적** 단위로 표현되어 있다는 사실이다. 실제로 자본재에 대한 수요뿐만 아니라 소비수요, 특히 **총**소비수요는 물리적 단위로 표현될 수 없다. 총수요는 화폐단위로 표시되어야 한다. 그 까닭은 재화에 대한 수요는 교환시장에서 화폐**공급**의 역이기 때문이다. 만약 소비자 수요가 하나의 재화 혹은 모든 재화에 대해 증가하면, 소비자 수요가 화폐적 단위로 증가하는 것이며, 그래서 소비재의 가격을 올린다. 그러나 우리는 가속도원리에서 가격들 혹은 가격관계에 대한 논의가 전혀 없다는 것을 알 수 있다. 이런 가격관계의 무시는 그 자체로 전체 원리를 무효화하기에 충분하다.[80]

가속도원리는 단순히 물리적 단위로 설명되고 나서는 화폐적 단위로서의 결론으로 치닫고 있다. 게다가 가속도원리는 대체가능성, 생산물의 범위, 일정 정도 존재하는 요소의 집중적 활용 정도의 변경가능성을 무시하고, '고정된' 자본과 생산량과의 변화하지 않는 관계를 가정하고 있다. 이 원리는 또한 새로운 기계들이 실제로 순간적으로 생산된다고 가정하여 생산에 필수적인 생산기간을 무시하고 있다.

사실, 가속도원리 전체는 불합리하게 기계적인 것으로, 기업가들이 **현재의** 여건에 기계적으로 반응한다고 가정하고 있으며, 그래서 기업가정신에 대한 가장 중요한 사실을 무시하고 있다. 즉, 기업가정신은 **투기적**이며, 그 본질이 불확실한 미래의 여건에 대해 추정하는 것이라는 사실을 무시하고 있다. 그러므로 기업가정신은 단순히 과거의 여건에 맹목적으로 반작용하는 것이 아니라, 미래에 대한 판단을 포함하고 있다. 왜 기업가들이 완화되는 수요를 예견하고 이에 따라 그들의 투자를 조정할 수 없는가? 사실, 그것이 그들이 하는 일이다. 만약 가속도원리에 대한 지식으로 무장한 경제학자가 일반적으로 성공적 기업가보다 더 잘 이윤을 벌 수 있도록 이끌고 나갈 수 있다면, 왜 그 자신이 기업가가 되어 성공의 보상을 거두지 않는가? 자유시장에서의 일반적 기업가적 실수들을 설명하고자 하는 모든 경기변동이론가들은 이 문제에서 실패하고 만다. 그들은 결정적 의문에 대해 답하지 않는다. 미래를 판단하는 데 가장 유능한 모든 사람들이 왜 갑자기 예측실수에 빠져드는가?

올바른 경기변동이론의 단서는 화폐공급이 활황기에, 특히 은행에 의한 신용팽창을 통해 팽창한다는 가정이 모든 경기변동이론들의 각주나 중요하지 않은 항목 속의 어딘가에 묻혀 있다는 사실 속에 숨어있다. 이것이 모든 이론들에 있는 필요조건이라는 사실은 우리가 이 요인을 더 자세하게 탐구하도록 한다. 아마도 이것은 동시에 충분조건일지 모른다. 그러나 우리가 위에서 살펴본 것처럼, 자유시장에서는 은행신용팽창은 전혀 존재할 수 없다. 왜냐하면 이 신용팽창은 부정한 창고영수증의 발급과 동등하기 때문이다. 완전한 자유시장에서는 경기변동이 있을 수 없으므로, 경기변동이론에 대한 적극적 논의는 (정부개입에 관해 논의하는) 다음 장으로 미룰 것이다.

경기변동이론가들은 언제나 일반 경제이론가들보다 더 '현실적'이라고 주장했다. 미제스와 하이에크, 그리고 슘페터를 제외하고는 아무도 일반경제분석으로부터 자신의 경기변동이론을 추론하고자 시도하지 않았다(미제스와 하이에크는 정확하게 추론한 반면, 슘페터는 잘못 추론했지만 말이다).[81] 경기변동을 만족스럽게 설명하기 위해 이런 시도가 필요하다는 것은 분명하다. 사실, 일부 학자들은 경기변동의 연구에서 명시적으로 경제분석을 완전히 내다버리기도 하였던 반면, 대개의 저술가들은 개인의 행동에 대한 경제분석과는 아무 상관이 없는 총량 '모델'을 사용하였다. 이 모든 것들은 '개념실재론'(conceptual realism)의 오류—즉, 실제 개인의 행동과 관련시키지 않으면서 총량개념들을 사용하고 자의적으로 이를 뒤섞고서는 실제세계에 대해 무엇인가를 말했다고 믿는 오류—를 범하고 있다. 경기변동이론가는 사인곡선들, 수학적 모델들, 그리고 모든 유형의 곡선들에 대해 숙고한다. 그는 수식들과 상호작용을 뒤섞고 그가 경제시스템에 관해 혹은 인간행동에 관해 무엇인가를 말하고 있다고 생각한다. 실제로, 그는 그가 생각하는 일을 하고 있지 않다. 현재 경기변동이론의 압도적 대다수가 경제학이 전혀 아니며, 수학적 방정식들과 기하학적 도형들의 무의미한 조작일 따름이다.[82]

NOTES

1. Edwin Cannan, "The Application of the Theoretical Analysis of Supply and Demand to Units of Currency," in F. A. Lutz and L. W. Mints, eds., *Readings in Monetary Theory*(Philadelphia: Blakiston, 1951), pp.3~12; Cannan, *Money*(6th ed.; London: Staples Press, 1929), pp.10~19, 65~78 참조.
2. 이 다음부터는 편의성을 위해 이 비화폐적 수요가 "화폐에 대한 총수요"에 포함될 것이다.
3. Irving Fisher, *The Purchasing Power of Money*(2nd ed.; New York: Macmillan & Co., 1913) 참조.
4. 그런 전형적 분류는, Lester V. Chandler, *An Introduction to Monetary Theory*(New York: Harper & Bros., 1940) 참조.
5. Mises, *Theory of Money and Credit*, p.98 참조. 책 전체가 화폐의 분석에 필요불가결하다. 또한 Mises, *Human Action*, 제17장과 제20장 참조.
6. 사회적 혜택과 사회적 효용의 개념에 대한 논의는 제12장 참조.
7. 케인스(J. M. Keynes)의 *Treatise on Money*(New York: Harcourt, Brace, 1930)는 이런 유형의 분석의 고전적 사례이다.
8. 청산시스템에 관해서는, Mises, *Theory of Money and Credit*, pp.281~286 참조.
9. 누군가 다른 사람이 그의 서비스에 대해 화폐적 지출을 할 때까지 아무도 화폐소득을 받을 수 없기 때문에 그렇다(제3장 참조).
10. 엄격하게 말해, 다른 조건이 같다는(*ceteris paribus*) 조건은 침해되는 경향이 있을 것이다. 화폐에 대한 증가된 수요는 화폐가격들을 낮추는 경향이 있으며, 따라서 금 채광의 비용을 낮출 것이다. 이는 다시 이자수익이 여타 산업들에서와 마찬가지가 될 때까지, 금 채광을 자극할 것이다. 그래서 화폐에 대한 증가된 수요는 또한 수요를 충족시키기 위해 새로운 화폐를 불러들인다. 화폐에 대한 감소된 수요는 금 채광의 화폐적 비용을 증가시킬 것이고, 적어도 새로운 금 생산의 속도를 낮출 것이다. 마모율 아래로 새로운 생산속도가 떨어지지 않으면, 이는 실제로 총화폐재고를 감소시키지는 않을 것이다. Jacques Rueff, "The Fallacies of Lord Keynes' General Theory," in Henry Hazlitt, ed., *The Critics of Keynesian Economics*(Princeton, N.J.: D. Van Nostrand, 1960), pp.238~263 참조.
11. W. H. Hutt, "The Significance of Price Flexibility," in Hazlitt, *Critics of Keynesian Economics*, pp.383~406.
12. 일반적으로 사용되는 용어는 '국민'소득이다. 그러나 자유시장경제에서는 국가는 더 이상 촌락이나 지방보다 중요한 경제적 경계가 아닐 것이다. 지역의 문제를 다른 분석을 위해 따로 떼어두고 총사회소득(*aggregate social income*)에 집중하는 것이 더 편리할 것이다. 지방정부가 자유시장에 간섭을 시작할 때까지 지방들이 경제이론에 문제를 제기하지 않으므로, 이는 특별히 그렇다.
13. Franco Modigliani, "Liquidity Preference and the Theory of Interest and Money," in Hazlitt, *Critics of Keynesian Economics*, pp.156~169; Erik Lindahl, "On Keynes' Economic System—Part I," *The Economic Record*, May, 1954, pp.19~32; November, 1954, pp.159~171; Wassily W. Leontief, "Postulates: Keynes' General Theory and the Classicists," in S. Harris, ed., *The New Economics*(New York: Knopf, 1952), pp. 232~242. 가정된 케인지언의 총생산과 고용 간의 상응(*correspondence*)에 대한 경험적 비판으로는, George W. Wilson, "The Relationship between Output and Employment," *Review of Economics and Statistics*, February, 1960, pp.37~43 참조.
14. 이것은 케인스의 '임금단위들'(*wage units*)의 논의가 의미하는 바이다. Lindahl, "On Keynes' Economic

System—Part I," p.20 참조.
15 Lindahl, "On Keynes' Economic System—Part I," pp.25, 159ff 참조. 린달의 논문은 케인지언시스템에 대한 비판일 뿐만 아니라 훌륭한 요약이다.
16 이에 더해 유연한 임금률에 비하면 인플레이션은 기껏해야 비효율적이고 왜곡적인 대안이다. 왜냐하면 인플레이션은 경제 전체와 그 가격들에 영향을 미치는 반면, 특정 임금률은 특정한 노동요소에 대한 시장을 '청산'하기 위해 필요한 정도까지만 떨어질 것이기 때문이다. 그래서 자유롭게 변하는 임금률은 오직 특정한 영역 내에서 실업을 배제하기 위해 필요한 그런 분야에서만 하락할 것이다. Henry Hazlitt, *The Failure of the "New Economics"* (Princeton, N.J.: D. Van Nostrand, 1959), pp.278ff 참조.
17 L. Albert Hahn, *The Economics of Illusion*(New York: Squier Publishing Co., 1949), pp.50ff., 166ff., and *passim*.
18 Hutt, "Significance of Price Flexibility" 참조.
19 로렌스 클라인(Lawrence Klein)의 *The Keynesian Revolution*에 대한 린달(Lindahl)의 다음 비판을 참조. Lindahl, "Keynes' Economic System—Part I," p.162; Leontief, "Postulates: Keynes' General Theory and the Classicists."
20 Modigliani, "Liquidity Preference and the Theory of Interest and Money," pp.139~140 참조.
21 *Ibid.*, p.137.
22 그레이다누스(Tjardus Greidanus)의 다음과 같은 케인지언 원칙에 대한 비판을 참조. Tjardus Greidanus, *The Value of Money*(2nd ed.; London: Staples Press, 1950), pp.194~215; 로버트슨(D. H. Robertson)의 유동성 선호이론에 대한 비판으로는, D. H. Robertson, "Mr. Keynes and the Rate of Interest," in *Readings in the Theory of Income Distribution*, pp.439~441 참조. 이자율이 "유동성과 결별하는 대가"(the reward for parting with liquidity)라는 케인스의 유명한 구절과는 대조적으로, 소비재를(케인스의 이자의 의미에서 생산재조차도) 구매하는 것은 유동성을 희생하지만 이자 '대가'를 전혀 벌지 않음을 그레이다누스는 지적하고 있다. Greidanus, *Value of Money*, p.211; Hazlitt, *Failure of the "New Economics,"* pp.186ff 참조.
23 Mises, *Human Action*, pp.529~530.
24 허트(Hutt)는 결론짓기를 균형은, 모든 서비스와 생산물들의 가격이, ① 사람들의 지갑의 돈이 미치는 범위 안에 있거나(즉, 기존의 화폐소득으로 구매가 가능하거나) 혹은 ② 예측가격이 이들에 대한 지출의 연기가 유발되지 않도록 될 때 확보된다. 예를 들어, 투자재의 제조에 사용된 생산물들과 서비스들의 가격이 예상되는 미래의 화폐소득으로 새로운 장비의 서비스와 감가상각을 충당하거나 이의 대체를 충당할 수 있도록 책정되어야 한다. Hutt, "Significance of Price Flexibility," p.394.
25 "(구매의) 연기가 일어나는 것은 비용(혹은 여타 가격들)의 절감이 궁극적으로 발생해야 할 수준보다 적거나 비용의 하락률이 충분히 빠르지 않기 때문이다." *Ibid.*, p.395.
26 허트가 지적하는 것처럼, 만약 우리가 무한하게 탄력적인 유동성 선호의 상태(그와 같은 상태는 결코 존재한 적이 없다)를 상정할 수 있다면, "우리는 자원의 완전고용이 계속해서 유지되면서도, 가격변화의 예상과 보조를 맞추어 가격들이 빠르게 하락하지만 결코 영에는 도달하지 않는 것을 상정할 수 있다." *Ibid.*, p.398.
27 L. M. Lachmann, "Uncertainty and Liquidity Preference," *Economica*, August, 1937, p.301.
28 Irving Fisher, *The Rate of Interest*(New York, 1907), ch.5, 9; *id.*, *Purchasing Power of Money*, pp.56~59.
29 사적 주조의 달성가능성에 대한 개진으로는, Spencer, *Social Statics*, pp.438~439; Charles A. Conant, *The Principles of Money and Banking* (New York: Harper & Bros., 1905), I, pp.127~132; Lysander Spooner, *A Letter to Grover Cleveland*(Boston: B. R. Tucker, 1886), p.79; B. W. Barnard, "The Use of Private Tokens for Money in the United States," *The Quarterly Journal of Economics*, 1916~1917, pp.617~626 참조. 사적 주조에 호의적인 최근의 저술가들로는 다음의 학자들이 있다. Everett Ridley Taylor, *Progress Report on a New Bill of Rights* (Diablo, Calif.: the author, 1954); Oscar B. Johannsen, "Advocates Unrestricted Private Control over Money and Banking," *The Commercial and Financial*

Chronicle, June 12, 1958, pp.2622f.; Leonard E. Read, *Government—An Ideal Concept*(Irvington-on-Hudson, N.Y.: Foundation for Economic Education, 1954), pp.82ff. 시장-통제 상품화폐에 대해 적대적이었던 한 경제학자는 최근 상품표준 아래에서 사적 주조의 실현이 가능함을 인정하였다. Milton Friedman, *A Program for Monetary Stability* (New York: Fordham University Press, 1960), p.5.

30 저축성 예금은 법적으로 미래 청구권이다. 왜냐하면 은행들은 지불을 30일 동안 연기할 법적 권한을 가지고 있기 때문이다. 이에 더해, 이들은 최종적 교환매개로서 유통되지 않는다. 그러나 후자의 사실은 결정적이지 않다. 왜냐하면 화폐대체물에 대한 보장된 청구권은 그 자체로 화폐공급의 일부이다. 마치 금괴가 주화보다 더 '유휴'형태의 화폐인 것처럼, '유휴' 현금수지가 '저축성 예금'으로 보유된다. 결정적 요인은 아마도 30일 제한이 실질적으로 사문화된다는 점이다. 왜냐하면, 만약 한 '저축'은행이 이를 강제하고자 하면, 도산을 유발하는 '예금인출경쟁'이 뒤따를 것이기 때문이다. 이에 더해, 실제지불은 때로는 저축성 예금에 대한 '수표'(cashiers' check)로 이루어진다. 그래서 '저축성' 예금은 이제 요구불 예금으로 기능하며 화폐공급의 일부로 간주되어야 한다. 만약 은행들이, 신용을 차입하고 대부하는 진정한 저축은행으로 행동하기를 원한다면, 그들은 특정한 미래일자에 만기인, 구체화된 기간 동안의 I.O.U들을 발행할 수 있다. 그렇게 되면, 혼동이나 잠재적 '위조'의 문제는 발생하지 않을 수 있다.

31 선하(船荷)증권(bills of lading), 전당표(pawn tickets), 그리고 선창보증(dock warrants)과 같은 품목들은 동질적 재화가 상환될 수 있는 느슨한 '일반적 보관'(general deposit)과 대조적으로, 맡겨둔 구체적 대상들에 근거한 창고증서들이다. W. Stanley Jevons, *Money and the Mechanism of Exchange*(16th ed.; London: Kegan Paul, Trench, Trübner & Co., 1907), pp.201~211 참조.

32 우리는 은행의 소유자들에게 왜 진정으로 그 이권들을 누리고 그 돈을 스스로에게 빌려주지 않느냐고 물을 수 있을 것이다. 그 대답은 초기 미국은행의 역사가 보여주는 것처럼, 그들이 한때 통 크게 그렇게 했었다는 것이다. 법적 규제를 통한 강제가 은행들이 이런 관행을 버리게 하였다.

33 이 논의는 은행가들이 특히 현대에 와서 언제나 교활하게 부정한 관행을 저지르고 있다는 것을 암시하고자 하는 것은 아니다. 정말 이 관행들은—언제나 세련되었지만 잘못된 경제원칙들뿐만 아니라 법의 재가를 받고 있는데—너무나 뿌리박혀서, 은행가들 가운데 부분지준비라는 현재의 표준적 직업적 절차를 사기라고 여기는 사람은 거의 없다.

34 부분지불준비은행제도에 관한 훌륭한 논의로는, Amasa Walker, *The Science of Wealth*(3rd ed.; Boston: Little, Brown & Co., 1867), pp.138~168, 184~232 참조.

35 스위스 은행들은 오랫동안 성공적으로 사채(社債)를 일반대중에게 다양한 만기로 발행했으며, 벨기에와 네덜란드의 은행들이 이를 뒤따르고 있다. 완전한 자유시장에서는 그런 관행들이 의심의 여지없이 크게 확장될 것이다. Benjamin H. Beckhart, "To Finance Term Loans," *The New York Times*, May 31, 1960 참조.

36 Jevons, *Money and the Mechanism of Exchange*, pp.211~212.

37 제본스는 말한다. "만약 금전적 약속들이 언제나 특별한 성격이라면, 약속어음(promissory notes)의 발행에 완전한 자유를 허용하는 것은 아무런 잠재적 손해도 없을 것이다. 발행인은 단지 각각의 어음을 곧바로 지불할 수 있도록 각 어음에 상응하는 각각의 특정 주화보관소를 보유하지 않을 수 없을 것이다." Ibid., p.208.

38 Mises, *Theory of Money and Credit*, pp.131~145 참조.

39 Mises, *Human Action*, pp.413~416 참조.

40 이 문제를 명쾌하게 한 미제스의 공헌을 올바로 평가하기 위해서는, Wu, *An Outline of International Price Theories*, pp.127, 232~234 참조.

41 그러나 우리가 아래에서 보게 될 것처럼 지역간 청산은 이 한계들을 크게 좁힌다.

42 "수출(輸出)이 수입(輸入)을 지불한다"고 말하는 것은 단지 소득이 지출을 지불한다고 하는 것일 뿐이다.

43 이런 방식을 따라 이루어진 국제수지에 관한 뛰어난 독창적 분석으로는, Mises, *Human Action*, pp.447~449 참조.

44 Mises, *Human Action*, pp.459~461.

45 Mises, *Theory of Money and Credit*, pp.285~286.

46 미국에서의 이런 행동이 의도적인 "은에 대한 범죄"였으며 순전한 사고가 아니었다는 최근의 증거에 대해서는, Paul M. O'Leary, "The Scene of the Crime of 1873 Revisited," *Journal of Political Economy*, August, 1960, pp.388~392 참조. 그와 같은 행동을 찬성하는 하나의 주장은 정부가 그렇게 해서 경제에서의 계좌들을 단순화한다고 평가한다. 그러나 시장은 모든 계좌들을 금으로 유지함으로써 쉽게 그렇게 했을 것이다.
47 Mises, *Theory of Money and Credit*, pp.179ff.; Jevons, *Money and the Mechanism of Exchange*, pp.88~96. 그와 같은 복본위제(*parallel standards*)의 옹호로는, Isaiah W. Sylvester, *Bullion Certificates as Currency* (New York, 1882); and William Brough, *Open Mints and Free Banking*(New York: G.P. Putnam's Sons, 1894) 참조. 100% 정화지불준비통화제도를 지지했던 실베스터(Sylvester)는 미국 시금소(試金所)(the United States Assay Office)의 관료였다. 복본위제의 성공적 작동에 관한 역사적 설명으로는, Luigi Einaudi, "The Theory of Imaginary Money from Charlemagne to the French Revolution," in F. C. Lane and J. C. Riemersma, eds., *Enterprise and Secular Change*(Homewood, Ill.: Richard D. Irwin, 1953), pp.229~261; Robert Sabatino Lopez, "Back to Gold, 1252," *Economic History Review*, April, 1956, p.224; Arthur N. Young, "Saudi Arabian Currency and Finance," *The Middle East Journal*, Summer, 1953, pp.361~380 참조.
48 Fisher, *Purchasing Power of Money*, pp.13ff.
49 *Ibid.*, p.13.
50 *Ibid.*, p.14.
51 우리는 여기에서 금의 무게단위 대신에 '달러'와 '센트'를 쓰고 있는데, 이는 단순성을 위해, 그리고 피셔 스스로가 이 표현들을 사용하고 있기 때문이다.
52 Fisher, *Purchasing Power of Money*, p.16.
53 *Ibid.*, p.17.
54 그레이다누스(Greidanus)는 "동등가치주의자들(*equivalubrist*)이 짜 맞추어 놓은, 원형방정식들의 모든 불합리성 속의" 이런 종류의 방정식을 정당하게도 "경제학자가 아니라 장부 부기계원의" 현대적 양상이라고 불렀다. Greidanus, *Value of Money*, p.196.
55 Fisher, *Purchasing Power of Money*, p.16.
56 동일 단위로 잴 수 있는 단위가 존재하지 않음에도 불구하고 평균을 낼 때 발생하는 교란적 효과들에 대한 뛰어난 비판으로는, Louis M. Spadaro, "Averages and Aggregates in Economics," in *On Freedom and Free Enterprise*, pp.140~160 참조.
57 Clark Warburton, "Elementary Algebra and the Equation of Exchange," *American Economic Review*, June, 1953, pp.358~361; Mises, *Human Action*, p.396; B. M. Anderson, Jr., *The Value of Money*(New York: Macmillan & Co., 1926), pp.154~164; Greidanus, *Value of Money*, pp.59~62 참조.
58 통상적 회계관행은 화폐단위의 고정가치에 근거를 두고 있다.
59 미제스 교수는, 그들의 과업이 인간행동에서 '무수한 변수들'의 존재로 어려워졌다는 수리경제학자들의 단언은 엄청나게 그 문제를 낮추어본 것이라고 지적하였다. 왜냐하면 초점은 결정요인들이 모두 가변적이고 자연과학과는 대조적으로 변함없는 상수들이 전혀 존재하지 않는 데 있기 때문이다.
60 지수에 대한 뛰어난 비판으로는, Mises, *Theory of Money and Credit*, pp.187~194; R. S. Padan, "Review of C. M. Walsh's Measurement of General Exchange Value," *Journal of Political Economy*, September, 1901, p.609 참조.
61 Irving Fisher, *Stabilised Money*(London: George Allen & Unwin, 1935), p.375.
62 화폐단위의 구매력이 수량적으로 정의될 수 없다는 사실이 그 존재를 부정하지는 않는다. 구매력의 존재는 분석 이전의 인간행동학적 지식에 의해 확립된다. 그래서 이것은 예를 들어, 인간행동학의 추론에 의해 확립될 수 없는, '경쟁가격-독점가격' 이분법과는 다르다.
63 Wesley C. Mitchell, *Business Cycles, the Problem and Its Setting*(New York: National Bureau of Economic Research, 1927), pp.76~77.

64   바시(V. Lewis Bassie)에 의하면, 경기변동의 심리적 이론 전부는 진정한 인과적 연속의 추론을 뒤엎는 것 이상이 되기 어려워 보인다. 예상들은 객관적 조건들을 만들어내기보다는 이 객관적 조건들로부터 더 가까이 도출된다.… 시절이 좋게 만드는 것은 낙관주의의 물결이 아니다. 좋은 시절이 거의 반드시 좋은 시절과 함께 낙관주의의 물결을 불러온다. 다른 한편, 하강국면이 오면, 이것은 누군가 확신을 잃기 때문이 아니라 기본적 경제적 힘들이 변화하고 있기 때문이다. V. Lewis Bassie, "Recent Development in Short-Term Forecasting," *Studies in Income and Wealth*, XVII (Princeton, N.J.: National Bureau of Economic Research, 1955), pp.10~12.

65   Joseph A. Schumpeter, *The Theory of Economic Development*(Cambridge: Harvard University Press, 1936) and id., *Business Cycles*(New York: McGraw-Hill, 1939).

66   듀이(Dewey)와 다킨(Dakin)뿐 아니라 워렌(Warren)과 피어슨(Pearson)도 경기변동을 각 분야의 생산활동과는 독립적인 주기적 사이클들로 이루어져 있다고 개념화하고 있다. George F. Warren and Frank A. Pearson, *Prices*(New York: John Wiley and Sons, 1933); E. R. Dewey and E. F. Dakin, *Cycles: The Science of Prediction*(New York: Holt, 1949).

67   혁신에서 소비자의 역할을 무시하는 경향에 대해서는, Ernst W. Swanson, "The Economic Stagnation Thesis, Once More," *The Southern Economic Journal*, January, 1956, pp.287~304 참조.

68   S. S. Kuznets, "Schumpeter's Business Cycles," *American Economic Review*, June, 1940, pp.262~263; Richard V. Clemence and Francis S. Doody, *The Schumpeterian System*(Cambridge: Addison-Wesley Press, 1950), pp.52ff.

69   혁신이 연구개발이란 정규화된 사업절차인 한에서는 혁신으로부터의 임대료는 기업가적 이윤이 아니라 기업들에서 연구개발 근로자들에게 귀속될 것이다. Carolyn Shaw Solo, "Innovation in the Capitalist Process: A Critique of the Schumpeterian Theory," *Quarterly Journal of Economics*, August, 1951, pp.417~428 참조.

70   일부 케인지언들은 투자를 '가속도원리'(*acceleration principle*)로 설명한다(아래를 보라). 한센(Hansen)의 '정체'가설('*stagnation*' *thesis*)—투자가 인구성장, 기술진보율 등에 의해 결정된다는—은 다행히 과거의 물건이 되었다.

71   Lindahl, "On Keynes' Economic System—Part I," p.169n 참조. 린달은 케인지언들이 하듯이 사후적 소득선(*income line*)을 사전적 소비와 지출과 함께 뒤섞을 때 나타나는 어려움을 보여주고 있다. 린달은 또한, 만약 예상소득과 실제소득의 격차가 스톡이 아니라 (유량인) 소득에 영향을 주면, 지출과 소득선이 일치한다는 것을 보여준다. 그러나 이것은 재고에 영향을 줄 수 없다. 왜냐하면 케인지언의 단정과는 반대로 화폐퇴장(*hoarding*) 혹은 "화폐재고의 의도하지 않은 증가"로 이어지는 그 어떤 다른 예기치 않은 사건과 같은 것은 존재하지 않기 때문이다. 재고의 증가는 결코 의도하지 않을 수 없다. 왜냐하면 판매자는 시장가격으로 그 재화를 판매하는 대안을 가지고 있기 때문이다. 그의 재고가 증가한다는 사실은 그가 미래의 가격상승을 기대하면서 자발적으로 더 큰 재고에 투자하였다는 것을 의미한다.

72   소비함수에 대한 환상의 깨우침을 요약·정리하고 있는 두 개의 중요한 논문으로는, Murray E. Polakoff, "Some Critical Observations on the Major Keynesian Building Blocks," *Southern Economic Journal*, October, 1954, pp.141~151; Leo Fishman, "Consumer Expectations and the Consumption Function," *Ibid*., January, 1954, pp.243~251 참조.

73   Keynes, *General Theory*, pp.89~112.

74   *Ibid*., pp.109~110.

75   이 '상당히'(*fairly*)란 용어는 도대체 무엇을 의미하는가? 어떻게 이론적 법칙이 '상당한' 안정성에 기초할 수 있는가? 다른 함수들보다 더 안정적인가? 이 가정의 근거들 특히, 인간행동법칙으로서의 근거들은 무엇인가? *Ibid*., pp.89~96.

76   실제로는 케인지언 함수의 형태는 일반적으로 '선형'(*linear*)이다. 즉, 소비=0.80(소득)+20. 그러나 교과서에서 주어진 형태는 그 본질을 변경시키지 않으면서 설명을 단순화한다.

77   Hazlitt, *Failure of the "New Economics,"* pp.135~155.

78 가속도원리에 필수적인 이 교체패턴은 오로지 규모 면에서 빠르게 계속해서 성장하고 있는 기업들이나 산업들에만 적용될 수 있는데, 이 점은 보통 간과되고 있다.
79 가속도원리에 대한 뛰어난 비판은 허트의 다음 책에서 볼 수 있다. W. H. Hutt, *Coordination and the Price System*[출판되지 않았으나 뉴욕주 어빙턴-온-허드슨(Irvington-on-Hudson)에 소재한 '경제교육재단'(the Foun-dation for Economic Education)에서 볼 수 있음], 1955, pp.73~117.
80 가격들과 가격관계들에 대한 경시가 엄청나게 많은 경제적 오류들의 핵심에 존재하고 있다.
81 Mises, *Human Action*, pp.581f.; S. S. Kuznets, "Relations between Capital Goods and Finished Products in the Business Cycle," in *Economic Essays in Honor of Wesley Clair Mitchell*(New York: Columbia University Press, 1935), p.228; Hahn, *Commonsense Economics*, pp.139~143.
82 예거(Leland B. Yeager)는 다음의 논문에서 신(新)정체주의 케인지언들이 변형한 신판—가속도원리를 이용하고 있는—해로드(Harrod)와 도마(Domar)의 '성장경제학'에 대해 뛰어난 비판을 가하고 있다. Yeager, "Some Questions on Growth Economics," pp.53~63.

제12장
시장에 대한 폭력적 간섭의 경제학

1. 서론

지금까지 우리는 사회에서 개인의 신체(person)와 재산(property)에 대한 폭력적 침해(violent invasion)가 전혀 발생하지 않는다고 가정하였다. 우리는 사람들이 결코 폭력을 행사하지 않고 오로지 평화롭게 거래하는 자유사회, 자유시장에 대해 분석하였다. 우리가 지금까지 분석한 것은—아마도 완전하게 고려되지는 못했겠지만—바로 경제학의 역사를 통해 핵심적 연구대상이 되었던 순수 자유시장의 이론적 구축물 혹은 모델이었다.

그러나 우리는 세계의 경제적 그림을 완성하기 위해서는, 시장에 대한 간섭과 전면적인 시장의 철폐(즉, 사회주의)를 포함해서 사회에 존재하는 폭력적 행동과 상호관계의 성격 및 그 결과까지 확장하여 경제분석을 하여야 한다. 시장간섭과 사회주의에 대한 경제분석은 자유시장에 대한 분석에 비해 최근에 와서야 발달하기 시작하였다.[1] 이 책에서는 지면상의 제약으로 자유시장의 경제학에 대해 다루었던 정도로 깊이 시장간섭의 경제학을 다룰 수는 없다. 그 대신 우리는 시장간섭에 대해 이 책의 마지막 장인 이 장에서 간결하게나마 축약해서 다룰 것이다.

경제학이 자유시장에 관심을 집중하는 이유 가운데 하나는 자유시장에서 겉으로 보기에 '무정부적이고', '계획성 없어 보이는' 행동들로부터 질서가 출현하고 이를 설명할 필요가 있기 때문이다. 경제학적 훈련을 받지 않은 일반사람들은 자유시장에서 무정부적 생산(anarchy of production)이 나타나리라고 생각하지만, 실제로는 모든 개인들의 욕구를 충족하면서도 변화하는 조건들에 대한 적응이 잘 이루어지는 질서 잡힌 패턴이 출현한다. 이런 식으로 우리는 자유로운 개인들의 자발적 행동들이 어떻게 가격, 소득, 화폐, 경제계산, 이윤과 손실, 그리고 생산의 형성과 같은 매우 신비스럽게 보이는 과정들이 질서를 이루며 결정되는 데 서로 관련을 맺고 있는지 알게 되었다.

각 개인들이 자기이익(self-interest)을 추구하면서 다른 모든 이들의 이익도 증진시킨다는 사실은 경제분석의 **결론**이지 경제분석이 기초하는 **가정**이 아니다. 많은 비판가들은, 경제학자들이 자유시장경제를 편드는 '편견'에 빠져있다고 비난한다. 그러나 이 결론 혹은 그 어떤 다른 경제학의 결론도 편견 혹은 '미리 내린 결론'(prejudice)이 아니라, 루트(E. Merrill Root) 교수의 재치 있는 표현을 사용하자면, "나중에 내린 결론"(post-judice)이다. 즉, 연구하기 이전에 내린 결론이 아니라 연구하고 난 이후에 내려진 결론이다.[2] 더구나, 분석가의 개인적 취향은 분석절차의 유효성과는 상관없는 문제이다. 분석가의 개인적 취향이 어떠한가는 경제학의 관심사가 아니다. 중요한 것은 분석에 동원한 방법 자체가 유효한지 여부일 뿐이다.

2. 간섭의 유형

간섭은 공격적인 물리적 힘이 사회에 침입한 것이다. 이것은 강제력이 자발적 행동을 대체한 것을 의미한다. 구체적으로 어떤 개인이 혹은 어떤 집단이 그 힘을 휘두르는가는 인간행동학 연구에서는 별 차이를 가져오지 않는다는 점을 기억할 필요가 있다.

경험적으로 국가에 의해 엄청난 규모의 간섭들이 행해졌다. 왜냐하면 국가가 사회 안에서는 합법적으로 폭력을 행사할 수 있는 유일한 조직이고, 또 국가가 강제징수로부터 수입을 획득하는 유일한 기구이기 때문이다. 우리가 잊지 말아야 할 사실은 사적 개인들도 불법적으로 폭력을 사용할지 모른다는 점과 특정 사적 집단이 다른 집단에 속한 개인의 신체나 재산에 대해 폭력을 사용하는 것을 정부가 공개적으로 혹은 은밀히 눈감아 줄 수 있다는 점이지만, 편의상 여기에서는 우리가 다룰 주제를 정부의 시장간섭으로 한정할 것이다.

한 개인 혹은 집단은 어떤 종류의 간섭을 저지를 수 있을까? 간섭의 체계적 유형을 구축하려는 시도는 거의 혹은 전혀 없었으며, 지금까지는 경제학자들이 단순히 가격통제, 면허, 인플레이션 등 공통점이 없는 별개의 주제들을 논의하는 정도에 그쳤다. 간섭의 유형을 체계화해보면 간섭은 3개의 광의의 범주로 분류될 수 있다. 간섭자(intervener)의 행동들이 직접적으로는 어떤 개인의 신체나 재산에만 '국한하여' 관계되고 있을 때, 우선, 간섭자 혹은 침입자, 혹은 공격자―폭력적 간섭을 시작하는 개인―는 어떤 일을 하거나 하지 않도록 예속된 어떤 개인에게 명령할 수 있다. 한마디로 간섭자가 다른 사람과의 교환이 개재되지 않은 채 그 국민이 자신의 재산을 사용하는 것을 제한할 수 있다. 이것은 고립형 간섭(autistic intervention)이라고 부를 수 있을 것이다. 여기에서는 구체적 명령이나 지시가 그 국민 자신에게만 한정된다. 두 번째로, 간섭자는 그 개인과 자기 자신과의 교환을 강요하거나 그 국민으로부터 '선물'을 강제할 수도 있다. 이 경우 헤게모니적 관계가 간섭자와 국민 두 사람 간에 형성되어 있으므로 우리는 이것을 쌍방형 간섭(binary intervention)이라고 부를 수 있을 것이다. 세 번째로, 간섭자는 아마도 국민들 쌍방간의 교환을 강제하거나 금지할 수도 있다(교환은 항상 '두' 사람간에 일어난다). 이 경우 삼각관계형 간섭(triangular intervention)이 발생한다. 헤게모니적 관계가 간섭자와 실제적 혹은 잠재적 거래당사자간에 형성되었다. 이 모든 간섭은 계약적 관계 혹은 자발적 상호이득이 이루어지는 자유시장 관계에 대조되는 헤게모니 관계(제2장을 보라)―명령과 복종의 관계―의 예들이다.

고립형 간섭은 간섭자가 재화나 서비스를 대가로 받지 않으면서 국민들을 강제할 때 발생한다. 단순살인이 그 예이다. 인사, 연설 혹은 종교적 의식 등을 의무화하거나 금지하는 것도 그 예가 된다. 간섭자가 국가이더라도 명령 그 자체는 여전히 고립적이다. 왜냐하면 강제력의 방향이 말하자면, 국가로부터 각 개인에게로만 향하고 있기 때문이다. 간섭자인 국가가 피간섭자인 국민에게 교환하거나 선물을 국가에 내놓도록 강제력을 행사하는 쌍방형 간섭은 조세, 강제징집, 강제적 배심원 서비스 등으로 대변된다. 노예제도는 노예주인과 노예 간의 쌍방형 강제적 교환의 또 다른 예이다.

간섭자가 서로 다른 두 거래당사자에게 교환을 강제하거나 금지하는 것을 의미하는 삼각관계형 간섭의 예는 가격통제와 면허이다. 가격통제 아래에서는 국가는 어떤 개인들간에도 일정하게 고정된 비율 이하 혹은 이상으로 거래하는 것을 금지한다. 면허는 어떤 개인들이 다른 사람들과 특정 교환행위(*specified exchange*)를 불법화한다. 이상하게도 정치경제학 연구자들은 세 번째 유형의 간섭만을 '간섭'으로 인식하였다. 경제학자들이 고립형 간섭을 간과한 것은 이해할 만하다. 사실 경제학은 화폐적 교환의 네트워크 바깥에서 일어나는 사건들에 대해서는 별로 할 말이 없기 때문이다. 그러나 쌍방형 간섭에 대한 경제학자들의 무관심은 변명하기 어렵다.

3. 간섭이 효용에 미치는 직접효과

간섭의 효과를 추적할 때, 우리는 직접적 결과뿐만 아니라 간접적 결과까지 모두 연구하여야 한다. 우선 간섭은 간섭에 연루된 사람들의 효용에 직접적이고 즉각적인 결과를 초래한다. 한편으로는 사회가 자유롭고 간섭이 없었으면, 모든 사람은 항상 자신의 효용이 극대화될 것이라고 생각하는 방식으로 행동할 것이다. 즉, 각자는 (만약 우리가 '효용'을 기수적으로 이해하지 않도록 조심한다면) 자신의 가치눈금 가운데 자신을 가장 높은 곳에 올려놓으려고 할 것이다. 한마디로 모든 이의 효용은 사전적으로는 항상 '극대화'될 것이다. 자유시장에서는 그 어떤 교환이든, 그 어떤 행동이든 그것이 행해지는 까닭은 진정 이에 관계된 각 당사자들이 이득을 얻을 것으로 기대하기 때문이다. 만약 '사회'라는 용어를 모든 개별적 거래들의 네트워크인 이 패턴을 지칭하기 위해 사용한다면, 우리는 자유시장이 사회적 효용을 극대화한다고 말할 수 있다. 왜냐하면 모든 이들의 효용이 자신의 자유로운 행동으로부터 증가하기 때문이다.[3]

한편, 강제적 간섭은 그 자체로 강제된 한 개인이나 개인들이 간섭자에 의해 지금 강요되고 있는 것을 자발적으로는 하지 않았을 것이라는 것을 의미한다. 어떤 것을 말하도록 혹은 말하지 않도록 강제되고 있거나, 간섭자와 혹은 제3자와 교환하도록 혹은 하지 않도록 강요당하는 사람은 폭력의 위협으로 그가 선택한 행동이 바뀌었다. 따라서 강제를 당하는 사람은 간섭의 결과로 항상 효용이 줄어든다. 그의 행동이 간섭의 영향으로 강제로 변하였기 때문이다. 고립형 간섭과 쌍방형 간섭에서 개별 피(被)간섭자들은 효용을 잃는다. 삼각관계형 간섭에서는 적어도 거래에 참여했었을 당사자 가운데 한쪽이, 때로는 양 당사자 모두가 효용을 잃는다.

누구의 효용이 사전적으로 증가하는가? 그것은 명백히 간섭자의 효용이다. 그렇지 않다면 그런 간섭을 하지 않았을 것이다. 쌍방형 간섭의 경우, 그는 직접교환이 가능한 재화나 서비스를 간섭당하는 국민으로부터 얻는다.[4] 고립형 간섭과 삼각관계형 간섭의 경우, 간섭자는 다른 이들에게 규제를 강제함으로써 (혹은 아마도 다른 이들을 위한다는 겉모습을 간섭의 정당화로 삼으면서) 심리적 만족감을 얻는다. 자유시장과는 대조적으로 간섭은 모든 경우 한 집합의 사람들이 다른 집합의 사람들을 희생하여 이득을 얻는다. 쌍방형 간섭의 경우, 직접적 이득과 손실은 교환이 가능한 재화나 서비스의 형태를 띠며, 이는 '가시적'이다. 다른 경우에는 직접적 이득은 간섭자가 느끼는 거래대상이 아닌 심리적 만족들이고, 직접적 손실은 적극적으로 고통스런 유형의 행동은 아니더라도 덜 만족스런 유형의 행동을 강요당한다는 점이다.

경제학이 발전하기 이전에는 사람들은 교환이나 시장을 항상 거래상대방의 희생으로 다른 상대방이 이득을 얻는 것으로 생각하는 경향이 있었다. 이것이 시장에 대한 중상주의적 견해의 뿌리이다. 시장에서는 거래 양측이 모두 이득을 얻을 것이므로, 루드비히 폰 미제스는 이를 '몽테뉴 오류'(Montaigne fallacy)라고 불렀다.[5] 시장에는 착취와 같은 것이 있을 수 없다. 강제력을 행사하는 국가나 개인이 시장에 간섭하면, 간섭자는 효용을 잃는 피(被)간섭자들의 희생으로 이득을 보기 때문에 이해의 갈등은 언제나 실제로 존재한다. 시장에서는 모든 것이 조화롭다. 그러나 이런 조화로운 풍경에 간섭이 등장하면 곧바로 갈등이 발생한다. 이 진흙탕 싸움에 참여하는 각자나 각 집단이 순 손실을 입는 자가 되기보다는 순 이득을 얻는 자가 되고자 하기 때문이다. 말하자면 각자는 희생양 가운데 하나가 되기보다는 간섭하는 팀의 일원이 되고자 한다. 예컨대, 과세제도는 일부 사람들은 순 이득계급이 되고 다른 사람들은 순 손실계급이 되도록 한다.[6] 모든 국가행동은 과세라는 근본적 쌍방형 간섭에 기초하고 있으며, 이로부터 어떤 국가행동도 사회효용을 증대시킬 수 없다는, 즉 그 국가행동으로부터 영향받는 개인들의 효용을 증대시킬 수 없다는 사실이 도출된다.[7] 간섭과는 극명하게 대조되는 방식으로 자유시장은 사회 내의 모든 개인의 효용을 증대시킨다. 이 결론에 대한 통상적 반론은 자신의 제품이 갑자기 팔리지 않게 된 기업가의 운명을 지적한다. 일반대중의 수요가 마차에서 자동차로 이전되는 상황에 직면한 마차제조업자를 상정해 보자. 그는 자유시장의 작동으로부터 효용을 잃는 것이 아닌가? 그러나 우리는 그 제조업자의 행동으로 드러난 현시(顯示)효용(demonstrated utility)에 의해서만 이를 판단할 수 있다는 점을 깨달아야 한다.[8]

소비자들이 마차를 수요했던 제1의 시점에서와 마찬가지로 소비자들이 자동차로 옮겨간 제2의 시점에서도 그 제조업자는 자유시장에서 그의 효용을 극대화하기 위해 행동한다. 되돌아보아서 제1의 시점에서의 결과를 더 좋아한다는 사실은 역사가에게는 흥미로울지 모르지만, 경제이론가에게는 적절한 관심사가 아니다. 왜냐하면 그 제조업자는 더 이상 제1의 시점에서 살고 있지 않다. 그는 항상 현재의 조건들 아래에서 그의 동료들의 현재 가치체계와 관련하여 살고 있다. 자발적 교환들은 그 어떤 시점에도 모든 이의 효용을 증가시킬 것이며, 그러므로 사회효용을 극대화할 것이다. 그 마차제조업자는 다른 이들에게 그들의 교환들을 강요하지 않는 한, 제1 시점에서의 조건들과 결과들을 재생시킬 수 없었다. 또 혹시 그렇게 강요했더라면, 그의 침해적 행위로 사회효용은 더 이상 극대화될 수 없었을 것이다. 일부 저술가들은 자유교환의 자발적 성격과 상호이득을 부정하려고 노력하였다. 이와 마찬가지로 또 다른 일부 저술가들은 국가의 행동들에 자발적 성격을 부여하려고 노력하였다. 일반적으로 이런 시도는 국가의 행동을 신나게 보증하고 지지하는 '사회'라는 행위주체가 존재한다는 생각에 기초하고 있다. 이런 생각이 아닌 경우에는 다수가 국가의 행동을 지지하고 있으며, 이는 보편적 지지를 의미하는 것으로 보아도 된다거나, 최종적으로는 아무튼 저 깊숙한 차원에서는 반대하는 소수도 국가의 행동을 보증하고 있다는 견해에 기초해 있다. 이런 잘못된 가정들로부터 그들은 국가가 사회효용을 적어도 시장만큼 증대시킬 수 있다고 결론내린다.[9, 10]

자유시장의 만장일치와 조화뿐만 아니라 간섭에 의해 창출된 갈등과 손실을 설명한 후 이제 다음과 같은 질문을 던져보자. 사적 범죄자들, 즉 사적 강제교환 부과자(imposer)에 의한 시장에서의 간섭을 억제하는 데 정부가 사용된다면 어떻게 되는가? 이런 '경찰'기능이 간섭행위는 아닌가, 그리고 자유시장은 그 자체로 필연적으로 그와 같은 간섭의 '틀' 위에 기초하는 것은 아닌가? 그리고 자유시장의 존재는, 따라서 정부에 의해 벌을 받게 되는 범죄자들의 효용손실을 요구하고 있는 것은 아닌가?[11] 우선, 우리는 순수 자유시장에서 무수한 쌍의 두 사람간의 자발적 거래가 펼쳐진다는 점을 기억하여야 한다. 만약 그 시장에 범죄적 간섭의 위협이 없다면―예컨대, 모든 이들이 다른 이들의 사적 재산을 존중하는 것을 의무로 느끼고 있기 때문에―그 어떤 역(逆)간섭(counter-intervention)의 '틀'도 필요하지 않을 것이다. 그러므로 '경찰'기능은 순전히 2차적 파생문제이지 시장의 전제조건의 하나인 것은 아니다.

두 번째로, 만약 정부―혹은 그 문제에 관한 사적 에이전시들―가 범죄자들에 의한 간섭을 억제하고 이와 맞서 투쟁하기 위해 고용된다면, 이런 투쟁은 그 범죄자들에게 효용의 손실을 가하게 될 것임은 명백하다. 그러나 이런 방어행위들은 우리의 용어상 거의 '간섭'이라고 할 수 없다. 왜냐하면 효용의 손실은 평화로운 시민들에게 효용의 손실을 가하려는 사람들에게만 부과될 것이기 때문이다. 한마디로 개인의 자유를 방어하는 데―즉, 시민들의 신체와 재산을 방어하는 데―경찰이 사용하는 폭력, 이것은 진정한 애초의 간섭에 대한 역간섭이다. 그의 특정행위를 막으려는 행동은 '사회적 효용'―개인들간의 행동들에 관계하는 사회의 모든 개인의 효용―은 극대화할 수 없겠지만, 비(非)범죄자들의 효용, 즉 다른 사람들에게 손해를 입히지 않고 평화롭게 자신의 효용을 극대화하는 사람들의 효용을 극대화한다. 이와 같은 방어기구들(defense agencies)은 완벽하게 주어진 과업을 해내고 모든 간섭을 배제한다면, 이들의 존재는 사회효용의 극대화와 완벽하게 양립할 수 있다.

4. 사후적 효용: 자유시장과 정부

자유시장에서 개인들은 자신의 사전적 효용을 극대화한다. 간섭이 있게 되면 간섭자의 효용증대는 피(被)간섭자의 시현된 효용손실의 희생에 의해서만 이루어지기 때문에, 자유시장에서처럼 각 개인은 자신의 사전적 효용을 극대화할 수 없다. 우리는 위에서 이에 대해 살펴보았다. 그러나 사후적 효용은 어떻게 되는 것일까? 사람들이 의사결정할 당시에는 이득을 얻을 것으로 예상하고 있었을지 모르지만, 실제결과로부터도 이득을 얻을까? 사전적 계획과 사후적 결과로의 결정적 통로를 여행함에서 자유시장과 간섭은 어떻게 대조되는 것일까?

자유시장에 관한 대답은 시장이 실수를 최소로 줄이도록 구축되어 있다는 것이다. 우선 빠르게 작동하는, 매우 정확한 쉽게 이해될 수 있는 테스트가 있다. 이 테스트는 기업가들과 소득수입자들에게 그들이 소비자들의 욕구를 충족시키는 데 성공했는지 혹은 실패했는지를 알려준다. 불확실하고 변화하는 소비자 욕구에 적응하는 것이 주된 과제인 기업가로서는, 그 테스트는 특별히 신속하고 확실한 이윤 혹은 손실을 의미한다. 대규모 이윤은 그가 올바른 길에 들어서 있었다는 신호이고, 손실은 그가 잘못된 길에 들어서 있었다는 신호이다. 이윤과 손실은 소비자 수요에 신속하게 적응하도록 박차를 가한다. 동시에 이윤과 손실은 돈이 비효율적 기업가의 손에서 빠져 나와 더 나은 기업가의 손에 들어가게 한다. 좋은 기업가들이 번창하고 자본을 증식하며, 열등한 기업가들이 퇴출된다는 사실은 조건의 변화에 대한 종전보다 더 부드러운 시장의 적응을 보장한다. 이와는 좀더 약한 정도이지만, 이와 유사한 방식으로 토지와 노동요소들도 그 소유자가 더 높은 소득을 얻고자 하는 욕구에 따라 움직인다. 고도로 가치생산적 요소들은 가치생산성에 따라 보상을 얻게 된다.

소비자들 역시 시장에서 기업가적 위험을 부담한다. 많은 시장비판가들은 자본가-기업가의 '전문성'(*expertise*)을 인정하는 반면, 사전적으로 기대되던 효용을 사후적으로 얻지 못하게 만드는 소비자들의 만연된 무지에 대해 몹시 슬퍼하는 경향이 있다. 전형적 예를 들자면, 미첼(Wesley C. Mitchell)은 그의 유명한 에세이의 제목을 "낙후된 돈쓰기 기술"(*The Backward Art of Spending Money*)이라고 붙였다. 미제스 교수는 간섭주의자들의 패러독스를 날카롭게 지적하였다. 간섭주의자들은 소비자들이 너무나 무지하고 무능해서 제품을 영리하게 구매하지 못한다고 주장하면서 동시에 똑같은 사람들이 그들이 모르는 정치가나 거의 이해하지 못하고 있는 정책들에 대해서 지지 혹은 반대의 투표를 하게 하는 민주주의에 대해서는 그 미덕을 칭송한다. 이를 다르게 표현하자면, 간섭주의자들은 개인들이 자신의 일조차 잘 경영할 줄 모르고, 그들에게 충고해줄 전문가를 고용할 만큼 유능하지 못하다고 가정하지만, 동시에 똑같은 이 개인들이 투표에서는 이들 전문가들을 투표로 선별해낼 만큼 유능하다고 가정한다. 무능하다고 예단된 소비자들이 자신들뿐만 아니라 사회의 유능한 개인들 위에 군림할 정치가를 선택함에서는 유능하다는 것이다! 사정이 이러함에도 불구하고, 일반국민의 일상사에 대한 '민주적' 간섭을 위한 모든 정책의 밑바탕에 이런 앞뒤가 맞지 않는 가정들이 깔려 있다.[12]

실제에서는 대중인기에 영합하는 이데올로기와는 정반대가 진실이다. 소비자들은 확실히 전지하지 못하다. 그러나 그들은 자신의 지식을 획득하고 검토하는 직접적 테스트를 한다. 그들은 특정 브랜드의 아침 식사용 음식을 사서 먹어보고 별로 좋지 않으면, 다시 사지 않는다. 그들은 특정 자동차 모델을 사서 타보고, 성능이 마음에 들면 다음에 또 산다. 두 경우 모두 그들은 새롭게 알게 된 지식을 친구들에게 말한다. 다른 소비자들은 미리 소비자에게 조언해 주는 소비자 연구단체의 고객이 된다. 아무튼 모든 경우에 소비자들은 그들의 장래 구매행위에 길잡이가 되어줄 테스트를 직접 해나간다. 그리고 소비자들을 만족시킨 기업은 팽창하고 '명성'을 얻는다. 소비자를 만족시키지 못하는 기업은 파산하여 그 사업에서 퇴출된다.[13]

한편, 정치가와 공공정책에 대한 투표는 완전히 다른 문제이다. 여기에서는 어떤 종류의 성공을 거두고 있는지 혹은 실패하고 있는지 알 수 있는 직접적 테스트가 존재하지 않는다. 정부결정이 미치는 결과, 특히 간접적으로 교환과정에 미치는 결과를 파악하기 위해서는, 복잡한 인간행동학적 추론의 연쇄적 과정을 이해하여야 한다. 특히 슘페터가 지적한 것처럼 극소수의 투표자들만이 그와 같은 추론을 수행해낼 능력과 정치적 상황에 대한 관심을 가지고 있을 뿐이다. 행동과 그 결과의 연관성이 너무나 멀게 느껴질 뿐만 아니라 그 결과에 대해 어떤 한 개인이 미칠 수 있는 영향력이 너무나 미미하여, 사람들은 정치적 문제나 주장에 대해 별 관심을 가지지 않게 된다.¹⁴ 성공 혹은 실패에 대한 직접적 테스트가 없으므로 투표자는 가장 성공확률이 높은 정책을 제안하는 정치인을 지지하는 것이 아니라, 오히려 정치선전을 효과적으로 '팔' 수 있는 능력을 지닌 정치인을 지지하는 성향이 있다. 복잡한 논리적 추론을 파악할 능력과 의도가 없는 대부분의 투표자는 그들의 정치적 지배자가 저지르는 오류들을 발견할 수 없다. 이 제12장 뒷부분 한 절에 있는 예를 미리 빌려서, 정부가 화폐공급을 팽창하려고 해서 물가의 인상을 피할 수 없게 된 상황이라고 해보자. 정부는 물가인상을 사악한 투기자들이나 외국인 암거래상인들에게 전가할 수 있다. 이때 일반대중이 경제학을 모른다면, 지배자가 내세운 논리 속의 오류를 발견할 수 없을 것이다.

광고의 간계와 유혹에 대해 불평하는 사람들이, 그들의 비판을 그 비판이 정말 잘 맞는 분야, 즉 정치가의 광고에 결코 적용하지 않는 것은 참으로 희한한 일이다. 슘페터는 다음과 같이 말하였다.

> 지금까지 살아있었던 최고의 미녀를 찍은 사진도 장기적으로는 맛없는 담배의 판매를 유지하는 힘을 지니지 못한다. 정치적 의사결정의 경우에는 이와 같은 정도로 효과적 안전장치가 존재하지 않는다. 운명을 가를 정도의 중요성을 지닌 정치적 의사결정들이라 하더라도 많은 경우, 일반대중들이 이 결정에 대해 여가시간에 적당한 비용을 들여서 실험해 볼 수 없는 성격을 지니고 있다. 그것이 가능하다 하더라도 그 효과들을 해석하기가 담배의 경우만큼 쉽지 않기 때문에 일반적으로 이에 대한 판단을 내리기가 쉽지 않다.¹⁵

조지 슐러(George J. Schuller)는 슘페터의 주장을 반박하기 위해, "소비자들이 현명하게 자동차나 TV세트를 고르려면 복잡한 추론의 과정이 필요하다"고 항변한다."¹⁶ 그러나 그와 같은 지식이 반드시 필요하지는 "않다". 왜냐하면 슘페터의 핵심적 논지는 소비자들이 언제나 자기의 구매결정이 성공적이었는지에 대해 그 제품이 작동하는지, 또 잘 작동하는지를 간단하고 실용적으로 테스트할 수 있다는 데 있기 때문이다. 그러나 공공정책의 문제들에서는, 그와 같은 테스트가 존재하지 않는다. 왜냐하면 아무도 경제학의 선험적 추론(*a priori reasoning*) 없이는 특정 정책이 "잘 작동했는지" 여부를 알 수 없기 때문이다.

평균적 투표자들은 인간행동학적 추론이 필요한 이슈들에 대해 결정할 수 있을 만큼 유능할 수는 없지만, 마치 그 사람이 무수한 분야에서 사적으로 조언해줄 전문가를 선별할 수 있듯이 그 이슈들에 대해 결정할 전문가—정치가—를 선별하는 데에는 유능하다는 반론이 있을 수 있다. 그러나 중요한 문제는 시장에서와는 달리 바로 정부부문에서는 개인이 고용한 전문가가 성공적이었는지 실패했는지에 대해 아무런 직접적인 개인적 테스트도 할 수 없다는 데에 있다. 시장에서는 개인들은 그 충고가 성공적이었던 전문가들의 단골고객이 된다. 좋은 의사나 변호사들은 자유시장에서 더 큰 보상을 얻는다. 변변치 못한 의사나 변호사들은 실패한다. 개인적으로 고용된 전문가들은 자신의 능력에 따라 번창한다. 이에 반해 정부에서는 그 전문가의 성공에 대한 시장에서와 같은 테스트가 존재하지 않는다. 정부에서는 직접적 테스트가 존재하지 않으며, 투표자가 정치인 혹은 전문가와 개인적 접촉이나 관계를 가질 기회가 정말 별로 없거나 전혀 없기 때문에, 투표자가 자신이 지지표를 던지는 사람의 전문성을 재볼 수 있는 방법이 없다. 사실 후보들이 거의 모든 중요한 이슈들에 대해 동의하기 때문에, 이슈거리가 없는 현대의 선거에서 투표자들은 특정 이슈가 있고 이에 대해 투표하는 경우에 비해 더 큰 어려움에 처한다. 아무튼 추론에 적합한 이슈에 대해 투표자들은 만약 그 이슈에 대해 그럴 의사와 능력이 있다면 배우고 결정할 수 있다. 그러나 가장 똑똑한 투표자라 하더라도 특히 모든 중요한 이슈가 제거된 선거라고 한다면, 개별 후보들의 전문성과 유·무능에 대해 알 수 있을까? 그 투표자가 투표결정을 위해 의지할 수 있는 것이라고는 완전히 외부적인 선전된 후보들의 '인격', 그들의 매력적인 미소 등과 같은 것을 빼고는 전혀 없다. 그 결과 후보들에 대해서만 투표하는 것은 이슈에 대해 직접 투표하는 것보다 오히려 더 비합리적이 될 뿐이다.

정부분야는 적당한 전문가들을 뽑는 성공적 테스트가 없을 뿐만 아니라, 투표자는 소비자들에 비해 더 무지할 수밖에 없고, 정부분야 그 자체에 전문가와 관리의 선발을 더 열악하게 만드는 메커니즘이 내재해 있다. 그 한 예를 들자면, 정치인과 정부 전문가는 그들의 수입을 시장에서 자발적으로 구매되는 서비스로부터 얻는 것이 아니라 주민들에게 부과되는 강제징수로부터 얻는다. 이 관리들은 그렇다면 일반대중에 대해 적절하고 유능하게 봉사하려고 신경을 쓸 직접적인 금전적 유인이 결여되어 있다. 게다가 적자생존은 시장에서와 마찬가지로 정부분야에서도 적용된다. 그러나 그 기준은 매우 다르다. 시장에서 적자(適者)란 소비자들에게 가장 잘 봉사하는 자를 말한다. 정부분야에서 적자(適者)란, ① 강제력을 가장 잘 휘두른 사람, 혹은 ② 관료의 경우에는 정치지도자의 비위를 가장 잘 맞추는 사람, 혹은 ③ 정치가라면, 일반 투표자에게 가장 잘 호소할 줄 아는 사람[17]을 의미한다.

시장에서의 행동과 민주적 투표행위 간의 또 하나의 큰 차이는 이것이다. 즉, 투표자는 앞으로 그에게 영향을 줄 결정들을 다음 선거 때까지는 제약받지 않으면서 해나갈 잠재적 통치자들 가운데 선택할 힘이 천억분의 1에 불과하다는 것이다. 이에 반해 시장에서 행동하는 개인은, 힘이라고도 할 수 없는 천억분의 1이 아니라 그의 재산에 관한 한 절대적 주권을 행사할 수 있다. 게다가 소비자로서 그 개인은 구매할지 말지, 판매할지 말지, 그의 재산에 관해 절대적 결정을 해나감으로써 끊임없이 그런 결정을 내린다. 투표자는, 특정 후보에게 투표함으로써 한두 다른 잠재적 통치자에 비해 상대적으로 선호한다는 것을 드러낸다. 그리고 그 투표자는 강제적 지배의 틀 안에서 이런 선택을 해야 한다는 점을 잊지 말자. 즉, 그가 투표를 하든지 하지 않든지 상관없이 후보자들 가운데 한 사람은 반드시 다음 몇 년 동안 투표자 위에서 통치할 것이다(우리는 또한 비밀투표에서 투표자는 이러한 제약되고 제한된 선호조차도 드러낼 수 없다는 점을 잊지 말자).

회사의 주주투표도 이와 비슷한 애로에 봉착한다고 항변할지 모른다. 그러나 주주는 그렇지 않다. 주식회사가 그 자금을 강제적 부과로 얻은 것이 아니라는 근본적 사실 이외에도 주주는 여전히 자신의 주식을 자유시장에서 내다 팔 수 있다는 점에서 자신의 재산에 대해 절대적 권력을 행사한다. 이것은 분명 민주제도 아래서의 투표자들이 할 수 없는 것이다. 게다가 주주는 주식회사에서 그 회사의 공동자산에 대한 자신의 재산권 정도에 비례하는 투표권을 가지고 있다.[18]

그래서 자유시장은 사전적으로 예상된 효용이 사후적 효용으로 실제로 나타나고 결실을 맺게 하는 부드럽고 효율적인 메커니즘을 가지고 있다. 자유시장은 항상 **사전적** 사회효용을 극대화한다. 자유시장은 항상 **사후적** 사회효용도 마찬가지로 극대화하는 경향이 있다. 이에 반해 정치적 행동의 영역, 즉 대부분의 간섭이 일어나는 이 영역에서는 그와 같은 메커니즘이 존재하지 않는다. 정치적 과정은 참으로 예상된 이득의 실현을 지연시키고 위축시키는 경향을 태생적으로 안고 있다. 그래서 자유시장과 간섭 사이의 사후적 결과의 간극은 사전적 효용 사이에 나타난 간극보다도 훨씬 더 크다. 사실, 그 간극은 우리가 드러낸 것보다 더 크다. 왜냐하면, 이 장 후반부에서 다룰 간섭의 간접적 결과들을 분석하게 되면, 우리는 모든 경우에 간섭의 결과는 그 최초의 지지자들 중 많은 이들의 눈에도 나쁘게 보일 것이기 때문이다. 그래서 우리는 가격통제의 간접적 효과는 그 제품의 예상치 못한 부족을 야기하는 것임을 알게 될 것이다. 사후적으로 간섭자들 중에서도 다수가 효용을 얻기는 고사하고 잃게 되었다고 느끼게 될 것이다.

요약하자면, 자유시장은 언제나 모든 참여자들에게 혜택을 주며, 사전적 사회효용을 극대화한다. 사후적 사회효용도 극대화하는 경향이 있는데, 그 까닭은 예상을 빠르게 현실로 바꾸는 효율적 메커니즘을 가지고 있기 때문이다. 간섭을 통해 일부 집단은 다른 집단을 희생하여 직접적으로 이득을 얻는다. 그래서 사회효용은 극대화되지 않으며 심지어 증가하지도 않는다. 예상을 결실로 빠르게 바꾸는 메커니즘도 없다. 정말 정반대일 뿐이다. 그리고 마지막으로 우리가 앞으로 살펴보겠지만, 간섭의 간접적 결과들은 간섭자 자신들도 사후적으로 효용을 잃도록 할 것이다. 이 장의 나머지 부분에서 우리는 다양한 유형의 간섭의 성격과 '간접적' 결과를 추적할 것이다.

5. 삼각관계형 간섭: 가격통제

삼각관계형 간섭은 간섭자가 한 쌍의 사람들에게 거래하도록 강제하거나 거래하지 못하도록 금지할 때 발생한다. 강제력 행사의 대상은 거래조건일 수도 있고, 거래될 제품 가운데 하나 혹은 양쪽 모두의 성격일 수도 있으며, 거래하는 사람일 수도 있다. 앞의 유형의 것을 가격통제라고 부른다. 왜냐하면, 구체적으로 교환이 이루어지는 조건, 즉 가격을 다루고 있기 때문이다. 후자의 유형은 구체적으로 제품이나 제조자의 성격을 다루고 있으므로 제품통제(*product control*)라고 부를 수 있을 것이다. 가격통제의 예를 들면, 아무도 어떤 제품을 1킬로그램에 X원 이상으로(혹은 반대로 그 이하로) 팔아야 하거나 살 수 없다는 정부에 의한 행정명령(government decree)을 들 수 있다. 제품통제의 예를 들면, 어떤 제품의 판매금지 혹은 정부에 의해 선별된 사람 이외의 판매금지를 들 수 있다. 두 가지 유형의 통제 모두 분명히 그 제품의 가격과 성격 모두에 대해 다양한 파급효과를 초래할 것이다.

가격통제는 효과적일 수도 있고 그렇지 않을 수도 있다. 만약 그 규제가 시장가격에 아무런 영향을 미치지 못한다면 그것은 비효과적이다. 그래서 만약 자동차가 시장에서 100골드 온스에 팔리고 있고, 정부가 3백 온스 이상으로 팔지 못하며, 명령을 어긴 사람에게 처벌의 고통을 주는 행정명령을 내린다면, 그 명령은 당장 그 효과에 대한 완전한 분석이 가능하며 비효과적이다.[19] 그러나 혹시 어떤 한 고객이 판매자가 3백 온스 이상을 요구할 맞춤형 자동차를 주문하고자 한다면, **이제** 그 규제는 효력을 발휘하며, 실제의 거래가 자유시장에서 있었을 거래와는 달라지게 만든다.

두 가지 유형의 효과적 가격통제가 존재한다. **최고가격** 통제는 어떤 재화가 특정가격 이상으로 거래되는 것을 금지한다. 그리고 **최저가격** 통제는 거래가 특정가격 아래에서 이루어지는 것을 금지하는데, 여기에서 특정가격은 시장가격보다 **높게** 책정된다. 〈그림 12-1〉은 최고가격 통제에 놓여있는 재화의 수요와 공급곡선을 나타내고 있다. DD와 SS는 각각 그 재화의 수요와 공급곡선을 나타낸다. FP는 시장에 의해 주어진 균형가격이다. 이제 정부가 최고가격 OC를 부과하여 그 이상의 가격에서 판매를 불법화하였다고 해보자. 통제가격에서는 결코 시장의 균형이 이루어지지 않는다. 수요량이 공급량을 AB만큼 초과한다. 이런 식으로 이 재화의 부족이 인위적으로 조장된다. 공급이 부족할 때에는 언제나 소비자들은 그 가격에 구할 수 없는 재화를 구하려고 법석을 떨게 된다. 그래서 일부 소비자들은 불법 '암'시장에서 판매자들이 처하게 된 위험에 대해 프리미엄을 지불하지 않고도 그 재화를 구하겠지만, 다른 소비자들은 암시장의 고객이 되어야만 그 재화를 구할 수 있게 된다. 가격상한제의 주요 특징은 길게 늘어선 줄이다. 충분하게 공급되지 않아서 뒤편에 선 사람들에게는 돌아갈 것이 없는, 재화를 기다리는 끝없는 줄 말이다. 한때는 시장에 의해 공급과 수요의 청산이 자연스럽게 이루어졌으나, 이제는 그 재화를 구하려고 안달인 사람들이 모든 종류의 속임수들을 동원하여 그 재화를 공급받고자 한다. "테이블 밑" 거래, 뇌물수수, 기존 고객들에 대한 봐주기 등은 최고가격에 의해 재갈이 물

린 시장에서 피할 수 없이 나타나는 현상이다.[20]

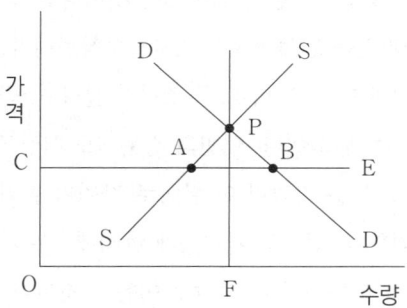

〈그림 12-1〉 최고가격 통제의 효과

어떤 재화의 재고가 최소한 가까운 장래까지는 고정되어서 공급곡선이 수직선이라고 하더라도 이런 인위적 부족은 여전히 발생하며, 또 이 모든 결과가 뒤따르게 된다는 점에 주목할 필요가 있다. 다른 조건이 같다면, 공급이 더 '탄력적'일수록, 즉 생산으로부터 더 많은 자원이 이전될수록 그 부족사태는 더 악화될 것이다. 생산을 포기하는 기업은 한계에 가까운 기업들이다. 만약 가격통제가 '선별적'(selective)이라면, 즉 하나 혹은 소수의 제품들에만 이루어진다면, 그 경제는 일반적 최고가격제 아래에서만큼은 혼란에 빠지지 않겠지만, 특정 부문에 창출된 인위적 공급부족사태는 오히려 더 심할 것이다. 왜냐하면 기업가들과 생산요소들이 다른 제품들(대체품들)의 생산과 판매 쪽으로 이동할 수 있기 때문이다. '초과수요'가 흘러들어와 최고가격 통제를 받는 제품의 대체품 가격은 상승할 것이다. 이 사실에 비추어볼 때, 선별적 가격통제에 대한 전형적 정부의 변명—"우리는 이 필수품에 대해 공급부족이 계속되는 한 통제를 멈출 수 없다"—은 거의 익살에 가까운 오류임이 밝혀졌다. 진실은 그 반대이다. 가격통제는 그 제품에 대해 인위적 공급부족을 야기하며, 통제가 지속되는 한 없어지지 않는다. 사실, 자원들이 여타 제품으로 이동해 갈 시간이 있게 되므로 공급부족사태는 더 악화된다. 만약 정부가 정말 어떤 제품의 공급부족을 염려한다면 최고가격 통제를 하지 않아야 하며, 또 이를 없애기 위해 나서야 할 것이다.

일반적 최고가격제의 효과를 더 검토하기 이전에 최저가격 통제, 즉 자유시장가격보다 더 높은 가격의 강제에 대해 분석해보자. 이것은 <그림 12-2>로 나타낼 수 있을 것이다. DD와 SS는 각각 수요곡선과 공급곡선을 나타낸다. OC는 통제가격이며, FP는 시장균형가격이다. OC에서 수요량은 공급량보다 AB만큼 적다. 그래서 최고가격의 효과가 인위적 공급부족을 만들어내는 것이라면, 최저가격은 팔리지 않은 AB만큼의 인위적 공급과잉을 만들어낸다. SS가 수직선이라고 하더라도 팔리지 않은 공급물량이 존재하게 된다. 그러나 다른 조건이 같다면, 공급이 더 탄력적일수록 팔리지 않은 물량의 문제는 악화된다. 이번의 경우에도 시장불균형은 해소되지 않는다. 처음에는 인위적으로 높은 가격이 이 분야로 자원이 몰려들게 만들지만 동시에 구매자들의 수요를 저해한다. 선별적 가격통제 아래에서는 자원들이 자신과 소비자들에게 이득이 되던 여타 부문에서 이 분야로 이동할 것이며, 이 분야에서는 과잉생산과 손실이 발생한다.

이것은 정부가 시장에 참견하여 기업가적 손실을 야기하는 간섭의 재미있는 예를 보여준다. 기업가는 일정한 기준의 기초 위에서 행동한다. 자유시장에 의해 확립된 가격들과 이자율 등이 그 기준들이다. 이런 신호들에 대한 간섭은 끊임없는 조정을 향한 시장의 작동을 파괴하고 손실을 발생시키며, 소비자들의 욕구를 만족시키는 자원배분의 왜곡을 초래한다.

<그림 12-2> 최저가격 통제의 효과

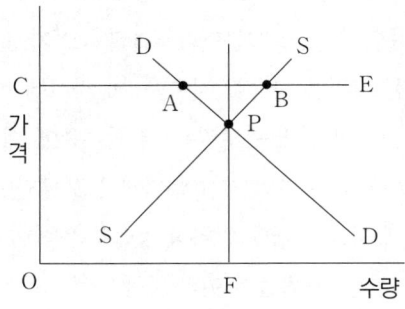

일반적인 모든 가격에 대한 최고가격제도는 경제 전체를 혼란에 빠뜨리고 소비자들에게 대체재들마저 향유할 수 없도록 한다. 일반적인 최고가격제도는 실제로

는 화폐공급을 대규모로 늘리는 주체가 정부임에도 불구하고 거의 변함없이 '인플레이션의 방지'라는 선전된 목적을 위해 부과되는 것이 보통이다. 전반적인 최고가격제도는 PPM에 최소한을 부과하는 것과 동일하다(〈그림 12-3〉참조). OF는(혹은 S_m은) 사회의 통화량이다. D_m은 화폐에 대한 사회적 수요이다. FP는 시장에서 결정된 균형 PPM(*purchasing power of the monetary unit*, 화폐 한 단위의 구매력)이다. 시장에서 결정된 구매력(OC)을 상회하는 최소한의 구매력 PPM은 시장의 "공급과 수요가 맞춰지는 균형화" 기능을 저해한다. 그 결과 사람들은 GH만큼의 화폐량을 "팔리지 않은 과잉"으로서 지니게 된다. 사람들은 그들의 화폐를 재화들을 구매함으로써 팔려고(처분하려고) 하지만 그렇게 할 수가 없다. 그들의 돈은 마비상태가 된다. 정부의 전반적인 최고가격제도가 효과적인 정도만큼 사람들이 지닌 돈의 일정 부분은 교환될 수 없기 때문에 쓸모없게 된다. 그러나 사람들이 자기의 돈이 쓰일 수 있도록 하려고 뛰어들면서 광적 쟁탈전이 벌어진다.[21] 과잉화폐를 처분하는 '암'시장(즉, 시장)에 대한 강한 압력과 함께 정실주의, 줄서기, 뇌물공여 등이 넘쳐나게 된다.

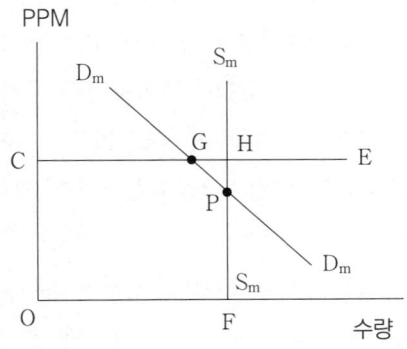

〈**그림 12-3**〉 일반적 최고가격 부과의 효과

보편적 최저가격제는 PPM에 대해 상한을 부여하는 통제와 동일하다. 이것은 충족되지 않은, 현재 쓸 수 있는 통화량을 넘어서는 화폐에 대한 초과수요를—더 구체적으로는 모든 분야에서, 재화들의 팔리지 않은 재고의 형태로, 초과수요를—만들어낸다.

최고가격과 최저가격 통제의 원칙들은 어떤 가격에도 적용된다. 그 가격이 소비재, 자본재, 토지, 노동서비스 혹은 우리가 앞에서 보았듯이, 화폐의 '가격' 등 그 무엇의 가격이든 상관없이 이 통제의 원칙들이 적용된다. 이 원칙들은 예를 들어, 최저임금(最低賃金)법에도 적용된다. 최저임금법이 의미를 지닐 때—최저임금법이 일정한 등급의 노동의 시장가치(그 노동자의 할인한계가치생산)보다 더 높은 임금을 강제할 때—노동서비스의 공급은 이에 대한 수요를 초과하고, 노동서비스의 "팔리지 않은 과잉" 재고는 비자발적 대규모 실업을 의미한다. 일반적 최저임금률에 대비된 선별적 최저임금률은 특정 산업에 실업을 창출하며, 높은 임금에 따라 이 분야에 노동을 유인하게 되어 이런 막다른 상황을 지속시키는 경향이 있다. 노동은 궁극적으로 보수가 더 낮고, 더 가치를 적게 생산하는 분야로 고용되지 않을 수 없게 된다. 이 분석은 최저임금이 국가에 의해서 가해지든 혹은 노동조합에 의해 가해지든 상관없이 적용된다.

자발적 노조에 의해 부과된 최저임금이라는 희귀한 예에 대한 분석은 제10장에 나와 있으니 참조하기 바란다. 우리는 최저임금이 실업을 만들어내고, 보수가 더 적고 가치생산도 더 적은 분야의 고용으로 노동을 이동시키지만, **그럼에도 불구하고** 이 결과들은 자발적으로 취급되어야 한다는 것을 알게 되었다. 사람들이 노조에 가입하거나 자발적으로 노조임금률과 노조주의의 **신화**에 동의하는 것을 금지하는 것은 소비자들의 명령에 강제로 노동자들을 복종시키고, 노동자들에게 후생손실을 입히는 것을 의미한다. 그러나 우리가 앞에서 말했듯이, 노동자들 사이에 인간행동학의 지식이 퍼져나가 노조연대는 실업을 야기하고 많은 노동자들에게 더 낮은 임금을 초래하게 된다고 깨닫게 되면, 이런 노조연대는 상당히 약화될 것이다. 한편 경험적으로 볼 때, 노조주의가 효력을 지니는 대부분의 경우는 노조가 강제집행을 할 때, 즉 노조가 시장에 대한 간섭을 통해 노조주의를 강제한 경우임을 알 수 있다.[22]

노조간섭의 효과는 동일한 정도의 정부간섭이 지녔을 효과와 같다. 앞서 지적한 것처럼, 간섭의 분석은 폭력을 행사하는 주체가 누구이든, 즉 사적 주체이든 정부 주체이든 상관없이 적용된다. 이 경우 많은 근로자들이 비자발적으로 실업에 직면하고, 더 비효율적이고 보수가 적은 일자리로 재배치되는 상황이 초래된다. 미제스가 재기 넘치게 보여주었듯이, 다른 화폐로 잰 어떤 한 화폐의 가격(환율)에 대한 통제에 대해서도 우리의 분석이 마찬가지로 적용된다.[23] 이 점은 초창기에 발견된 경제법칙들 가운데 하나인 그레샴의 법칙(Gresham's Law)에서 부분적으로 드러나고 있다. 그러나 그레샴의 법칙이 가격통제의 일반적 결과의 특별한 한 예에 불과하다는 사실을 깨닫고 있는 사람은 드물다. 아마도 그 까닭은 그레샴의 법칙이 곡해하기 쉽도록 제시되었기 때문일 것이다. 그레샴의 법칙은 보통 다음과 같이 표현된다. "악화가 양화를 시장의 순환과정으로부터 몰아낸다"(Bad money drives good money out of circulation). 이 그레샴의 법칙을 액면 그대로 받아들이면, 이것은 소비자를 만족시키는 최선의 방법이 열악한 것들을 이겨내는 경향이 있다는 시장의 일반법칙을 위반하는 역설적인 경우가 된다. 이 표현은 사람을 현혹하는 방식이었기에 일반적으로 자유시장을 지지하는 사람들조차 이를 금화와 은화주조의 국가독점을 정당화하는 데 그대로 사용하였다. 실제로는 그레샴의 법칙은 다음과 같이 표현되어야 한다. "국가에 의해 과대평가된 화폐가 국가에 의해 과소평가된 화폐를 시장에서 몰아낸다." 국가가 다른 화폐에 비해 어느 한 화폐에 인위적 가치나 가격을 강제함으로써 언제나 한 화폐에 대해서는 최저가격 통제를 하고, 다른 화폐에 대해서는 최고가격 통제를 가하는 효과를 낳게 된다. 여기에서 통제를 받는 '가격'이란 화폐 사이의 교환조건을 말한다. 예컨대, 이것이 금은복본위제(bimetallism)의 본질이다. 금은복본위제 아래에서 국가가 금과 은을 화폐로 인정하였으나 이들간에 인위적 가격, 즉 인위적 교환비율을 정하였다. 만약 이 인위적 가격이 자유시장의 가격과 다르게 될 때—정부의 인위적 가격은 종전 상태를 유지하는 반면 시장가격은 변하므로, 시간이 지나면서 점점 그렇게 될 가능성이 커진다—당연히 정부에 의해 하나의 화폐는 실제보다 과대평가되고 다른 화폐는 과소평가된다. 그래서 한 국가가 금과 은을 화폐로 사용하고 정부가 두 화폐의 교환비율을 은 16온스와 금 1온스의 비율로 고정한다고 해보자. 시장가격은 아마도 가격통제가 있었을 무렵 16:1이었겠지만 그후 15:1로 변했다고 해보자. 어떤 결과가 초래될까? 은이 이제 인위적으로 정부에 의해 과소평가되고 금이 인위적으로 과대평가된다. 다시 말해, 은은 시장에서 금의 단위로 평가된 가치에 비해 더 싼 가격에 고정되고, 금은 은의 단위로 평가된 가치에 비해 실제보다 과대평가되도록 강제된다. 정부가 은에 대해서는 최고가격의 통제를, 금에 대해서는 최저가격의 통제를 서로의 단위로 평가된 가격에 부과하였다.

이때, 어떤 의미 있는 가격통제와 다를 바 없는 똑같은 결과가 나타날 것이다. 은에 대한 최고가격 통제로 은에 대한 금의 수요는 이제 금에 대한 은의 수요를 초과할 것이다(반대로 금에 대한 최저가격 통제로 금에 대한 은의 수요는 은에 대한 금의 수요보다 더 적을 것이다). 금은 팔리지 않은 과잉공급으로 은에 대해 구걸할 것인 반면, 은은 귀해질 것이고 통용되지 않고 시장에서 사라질 것이다. 은은 다른 나라로 혹은 자유시장가격에서 교환될 수 있는 영역으로 사라질 것이다. 그리고 이번에는 금이 그 나라로 흘러 들어갈 것이다. 만약 복본위제도가 전 세계적으로 행해지고 있다면, 은은 '암시장'으로 사라지고, 공식적인 공개된 교환결제는 단지 금으로만 이루어질 것이다. 그러므로 어떤 나라도 실제로는 복본위제도를 유지할 수 없게 된다. 왜냐하면 한 화폐가 다른 화폐단위로 보아 언제나 과소평가되거나 과대평가될 것이기 때문이다. 과소평가된 후자가 더 희소하므로 과대평가된 것이 언제나 다른 과소평가된 것을 대체한다.

불환지폐(fiat moneys)에 대해 인위적 교환비율을 정하거나 신(新)주화와 닮은 구(舊)주화 사이에 눈에 띌 정도로 중량이 다른데도 인위적으로 1:1로 동등한 교환비율을 강제하는 것도 가격통제에 해당하며, 유사한 결과를 초래한다(아래 참조).

가격통제에 대한 우리의 분석을 요약해 보자. 직접적으로는 최소한 어떤 한 집단의 교환당사자들은 가격통제로 효용을 잃는다. 간접적으로는 우리가 분석을 확장하여 살펴보았듯이 통제를 강제하면 숨겨진, 그러나 확실한 효과들이 발생하여 이로부터 효용을 얻으리라고 생각한 사람들에게 손실을 입힌다. 최고가격 통제의 표면적 목표는 소비자들에게 재화를 더 낮은 가격으로 공급하여 소비자들에게 혜택을 주는 것이다. 그러나 객관적 효과는 다수의 소비자들이 그 재화를 전혀 가지지 못하게 막는 것이 된다. 최저가격 통제의 표면적 목표는 판매자들에게 더 높은 가격을 보장하는 것이다. 그러나 그 효과는 대다수 판매자들이 자신의 초과공급된 잉여분을 전혀 팔지 못하게 막는 것이다. 게다가 가격통제는 경제 내에 존재하는 자원과 생산요소의 생산과 배분을 불가피하게 왜곡한다. 그렇게 함으로써 대부분의 소비자 이익을 해친다. 아울러 우리는 조세라는 쌍방형 간섭으로 재원을 마련해야 하고 무수한 규제를 관리하고 강제해야 하는 관료집단을 간과하지 말아야 한다. 이 집단은 존재하는 것 자체만으로도 노동자를 생산적 노동으로부터 관료제 속으로 편입시킬 뿐만 아니라 남아 있는 생산자들이 경제적 부담을 지도록 한다. 그렇게 함으로써 관료에게는 이득을 주지만 여타 사람에게는 손실을 입힌다.

6. 삼각관계형 간섭: 생산통제

교환에 대한 삼각관계형 간섭은 교환의 조건을 변화시키거나 그 외 생산품의 성격 혹은 거래자의 성격을 어떤 방식으로든 변화시킬 수 있다. 후자의 간섭, 즉 생산통제는 생산 자체를 규제하거나(예를 들어, 주류의 전면적 판매금지법) 그 생산물을 매매하는 사람들을 규제한다(예를 들어, 회교도에 대한 주류매매금지법).

생산통제는 명백하고도 확실하게 교환의 모든 당사자들에게 손해를 끼친다. 소비자들은 그 제품을 구매할 수 없고, 이에 따라 가장 시급한 욕구를 충족할 수 없게 되므로 효용을 잃는다. 생산자들은 이 분야에서 보수를 얻을 수 없고, 그래서 다른 곳에서 더 낮은 보수에 만족하여야 한다. 특히 노동자와 그 업종과 관계된 토지 소유주가 영구적으로 낮은 소득을 받아들여야 하므로, 생산자가 입는 손실은 특히 이들에게 귀속된다(기업가적 이윤은 아무튼 단기적인 것이고, 자본가들은 그 경제 전반에 걸쳐 일정한 이자율을 획득하는 경향이 있다). **가격통제**에서는, 사람들이 적어도 통제로부터 이득을 얻는 어느 한쪽—자유시장가격보다 더 낮게 강제로 책정된 가격에서 사는 소비자들과 더 높은 가격에 팔 수 있게 된 생산자들—을 상정할 수 있지만, 생산통제는 거래당사자 양측 모두에게 예외 없이 손실을 입힌다. 생산통제의 직접적 수혜자들은 그 규제를 관리하는 정부관료들이다. 부분적으로는 그 규제가 창출하는 조세창출 직업으로부터, 또 부분적으로는 아마도 다른 이들에 대해 강제력을 행사하는 것 자체로부터 (심리적) 효용을 누린다.

생산의 금지는 물론 대부분의 경우 가격통제에서와 마찬가지로 불법적 시장, 즉 '암시장'을 재형성하려는 압력을 만들어낸다. 암시장은 그 불법성으로 항상 어려움에 처해 있다. 법을 어길 때 생산자들이 입을 위험으로 상품은 항상 모자라고 또 비쌀 것이다. 금지와 벌칙이 엄하면 엄할수록 그 제품은 더 모자랄 것이고 더 비쌀 것이다. 게다가 불법성으로 인해 그 제품의 시장의 존재를 소비자들에게 알리는 (예컨대 광고의 방법과 같은) 상품판매정보의 과정이 크게 방해받는다. 그 결과, 시장의 조직은 더 비효율적이 될 것이고, 소비자들에 대한 서비스는 열악하게 될 것이며, 이 이유만으로도 가격은 합법적 시장이었을 경우보다 더 높게 된다. 아울러 '암시장'에서

비밀엄수의 프리미엄은 눈에 더 띄고 그래서 법집행에 더 취약한 대규모 사업일수록 불리한 영향을 받도록 한다. 역설적으로, 생산 혹은 가격통제는 암시장거래자들에게 독점을 부여하는 것과 동일한 효과를 주기 쉽다(아래 참조). 왜냐하면 이들은 합법적 시장에서 성공했을 기업가들과는 완전히 다른 유형의 기업가들일 가능성이 높다(여기에서 프리미엄은 탈법을 교묘하게 잘하고, 정부관리들에게 뇌물공여를 잘하는 등의 기술에 대해 붙여진다).[24]

생산금지는 미국의 1920년대 금주법(禁酒法)처럼 절대적일수도 있지만 부분적으로 시행될 수도 있다. 부분적 금지의 예로는 일정량 이상의 소비를 금하는 강제배급이 있다. 배급의 효과는 명백히 소비자들에게 손해를 끼치고 생활수준을 낮추는 것이다. 배급은 특정 소비품목에 법정상한을 두기 때문에 소비자의 지출 패턴을 왜곡시킨다. 소비자 지출은 가장 심하게 강제배급되는 재화들로부터 그 정도가 약한 재화로 옮겨간다. 게다가 배급표는 보통 이전할 수 없으므로, 소비자의 지출 패턴은 더욱더 왜곡된다. 왜냐하면 특정 상품을 원치 않는 사람도, 이에 대한 배급쿠폰을 다른 사람이 가진―그 사람은 원하지 않고, 자신은 원하는―다른 어떤 재화의 배급쿠폰과 교환하는 것이 허용되지 않기 때문이다. 한마디로 말해, 비(非)흡연자는 그의 담배쿠폰을 자동차를 가지지 않은 사람에게 주어진 가솔린 쿠폰과 교환하지 못한다. 그러므로 배급표는 정규적 화폐 이외의 구매에 사용되어야 하는, 새로운 유형의 매우 비효율적인 준(準)'화폐'를 도입하는 셈이므로 시스템 전체를 절름거리게 만든다.[25]

부분적 생산금지의 또 하나의 형태는 특별히 '선별된' 기업들 이외에는 모든 기업에 특정 제품의 판매를 금지하는 것이다. 그와 같은 부분적 제외는 선별기업에게 정부가 예외적 특권을 교부하는 것을 의미한다. 그와 같은 특권이 한 사람 혹은 한 기업에게 부여된다면, 우리는 이를 독점전매권(專賣權)의 부여라고 부를 수 있다.[26]

두 가지 유형의 특권부여는 **독점적**(*monopolistic*)이라고 부를 수 있을 것이다. 이런 유형의 특권부여의 예는 면허가 있다. 정부로부터 면허나 공급을 거부당한 사람들은 모두 그 직종에 종사하거나 사업을 할 수 없게 된다. 또 하나의 다른 사례로는 한 국가의 지역적 경계를 넘어서는 경쟁을 막는 보호관세 혹은 수입쿼터를 들 수 있다. 물론 한 기업에 혹은 특정한 산업의 강제 카르텔에 독점권을 부여하는 것은 분명 독점특권을 주는 것이다. 이들과 경쟁하는 자들은 폭력에 의해 그 분야로 진출할 수 없기 때문에 독점권 부여는 명백히 독점자나 준(quasi)독점자에게 직접적이고 즉각적인 혜택을 준다. 잠재적 경쟁자들 또한 이 분야보다 더 보수가 낮고 가치생산이 더 적은 분야를 받아들이지 않을 수 없다는 점에서 확실히 손실을 보고 있다. 소비자들도 분명히 자유로웠을 경우 더 선호했을 경쟁자들로부터 제품을 구매할 수 없다는 점에서 마찬가지로 손해를 보고 있다. 아울러 우리는 특혜의 부여가 가격에 미치는 영향과는 별개로 이런 손해가 발생한다는 점을 기억할 필요가 있다.

제10장에서 우리는 독점가격이론의 오류를 밝혀내 이를 땅에 묻었었다. 이제 그 독점이론을 부활시킬 때가 왔다. 거기에서 전개된 독점가격이론은 자유시장에 적용시켰을 때는 우리를 착각에 빠뜨리는 것이었으나, 독점 및 준독점의 특권을 부여하는 경우에는 그 독점이론이 모두 적용된다. 여기에서 우리는 확인가능한 하나의 구별방식을 가지게 되었다. 즉, '경쟁'(competitive)가격과 '독점'(monopoly) 혹은 '독점적'(monopolistic) 가격이라는 가짜 구별이 아니라 '자유시장' 가격(free-market price)과 '독점'가격의 구별이 바로 그것이다. 자유시장가격은 개념적으로 확인할 수 있고 정의를 내릴 수 있는 반면, '경쟁가격'은 그렇지 않다. 그러므로 독점가격은 자유시장가격에 대비되는 것이 적절하며, 독자는 이제 여기에 적용될 수 있는 독점가격이론에 대해서는 제10장으로 돌아가 참조하면 될 것이다. 독점자는 만약 그의 수요곡선이 자유시장가격의 윗부분에서 비탄력적이라면 독점가격을 부과할 수 있을 것이다. 우리는 위에서 자유시장은 어떤 한 기업에게 **모든** 수요곡선이 자유시장가격 윗부분에서는 **탄력적**이라는 사실을 살펴보았다. 만약 혹시라도 그렇지 않다면, 그 기업은 그 가격을 올려서 수입을 늘릴 수 있는 동기가 발생할 것이다. 그러나 독점특권의 부여는 소비자들에게 여타 잠재적 경쟁자들의 대체품을 살 기회를 박탈하기 때문에 소비자 수요곡선을 더욱 비탄력적이 되게 한다. 이런 탄력성의 저하가 그 기업의 수요곡선을 비탄력적이도록 만들기에 충분할지 여부는 (그래서 총수입이 자유시장가격보다 더 높을 것인지는) 구체적인 역사적 여건에 달려 있으며, 경제분석만으로는 최종적으로 말할 수 없다.

그 기업의 수요곡선이 탄력적일 때(그래서 총수입이 자유시장가격보다 더 높은 가격에서는 오히려 더 작아질 경우에는), 독점자는 독점특혜의 부여로부터 어떤 독점이득도 얻을 수 없을 것이다. 그렇지만 소비자들과 경쟁자들은 그 업종에서 사업하는 것이 금지되기 때문에 여전히 손해를 보는 반면, 독점자는 소득과 이득이 종전보다 더 크지 않기 때문에 이득을 보지 못한다. 이에 반해, 만약 그의 수요곡선이 비탄력적이면 자기의 수입을 극대화하는 독점가격을 설정한다. 더 높은 가격을 받기 위해서는 생산이 줄어들어야 한다. 해당 제품의 생산감축과 가격인상은 모두 소비자들에게 손실을 발생시킨다. 여기에서 제10장의 주장은 역전되어야 한다. 이제 우리는 (자발적인 카르텔에서와 같은) 생산의 제한이 가장 가치생산적인 점에 도달함으로써 소비자들에게 이득을 준다고 더 이상 말할 수 없게 되었다. 정반대로 소비자들은 자신들의 자유로운 선택이 허용되었더라면 자유시장가격이 초래되었을 것이므로 (자유시장가격과 다른 가격을 지불하고 있다는 의미에서) 이제 손해를 보게 된다. 국가에 의해 적용된 강제력으로 소비자들은 기꺼이 판매할 의사가 있는 모든 이들로부터 구매할 수 없게 되었다. 다시 말해, 자유시장 균형가격과 균형생산량으로 **접근하는** 어떤 변화도 소비자들에게 이득이 되고, 그래서 생산자들에게도 마찬가지로 이득이 된다. 자유시장가격과 생산량으로부터 **이탈하는** 그 어떤 변화도 소비자들에게 손해가 된다. 독점특권의 부여는 독점가격을 자유시장가격으로부터 이탈하게 한다. 이는 소비자들이 자유롭게 거래할 수 있었더라면 형성되었을 생산량보다 실제 생산량이 줄어들게 하고, 그런 가격보다 실제가격이 높게 책정되게 한다.

그리고 우리는 이런 경우 소비자들이 수요곡선을 비탄력적으로 만들었기 때문에 생산제한이 자발적이라는 주장을 사용할 수 없다. 왜냐하면 소비자들은 단순히 자유시장에서 형성되는 수요곡선에 대해 완전하게 책임질 뿐이며, 이 자유시장에서의 수요곡선만이 온전하게 소비자들의 자발적 선택의 표현으로 취급될 수 있기 때문이다. 정부가 간섭하러 들어와 거래를 금지하고 독점권을 부여하는 순간, 이제 더 이상 완전히 자발적인 행동은 사라지게 된다. 소비자들은 일정 범위의 구매에 대해 독점자들과 거래하지 않을 수 없도록 은연중 강요받고 있기 때문이다.

독점가격 이론가들이 자발적 카르텔에 잘못 붙여준 모든 효과는 정부의 독점부여에 그대로 적용된다. 생산이 제한되고 생산요소들이 다른 분야의 생산을 위해 풀려난다. 그러나 이제 우리는 이 생산이 소비자들을 자유시장의 조건에서보다 덜 만족시킬 것이며, 더 나아가 생산요소들도 다른 직업에서보다 덜 벌게 될 것이라고 말할 수 있다.

제10장에서 살펴보았듯이 영원히 지속되는 독점이윤이란 있을 수 없다. 왜냐하면 이윤은 일시적이고 궁극적으로는 일정한 이자수익 정도로 줄어들기 때문이다. 장기적으로는 독점수익은 어떤 생산**요소**로 귀속될 것이다. 이 경우 독점화될 요소는 무엇일까? 이 생산요소가 이 산업으로 진입할 수 있는 **권리**일 것임은 자명하다. 자유시장에서는 이 권리는 모든 이에게 제약 없이 주어지며, 그래서 그 누구에게도 소유권이 주어지지 않는다. 모든 이들이 이 권리를 가지고 있으므로 이 권리는 시장에서 가격을 지불해야 살 수 있는 것이 아니다. 그러나 여기에서 다룬 경우에서는 정부가 진입과 판매에 대해 특별한 특권을 부여하고 있다. 그리고 이것은 독점가격으로부터 추가적 독점이익을 얻게 해주고 우리가 그 이득의 원천으로 생각하는 특별한 특권 혹은 권리이다. 독점자는 진정으로 생산적 요소를 소유하고 있어서가 **아니라** 정부에 의해 부여된 특권을 소유하고 있기 때문에 독점이득을 얻는다. 이 이득은 이윤과는 달리 장기적 ERE에서도 사라지지 않는다. 이것은 그 특권이 살아있는 한, 그리고 소비자들의 가치평가가 종전과 같이 유지되는 한 영구적이다.

물론 독점이득은 그 기업의 자산가치에 자본화될 수도 있다. 이런 자본화가 발생한 후 그 기업을 인수한 나중의 소유자로서는 단지 똑같은 이자수익을 얻을 것이다. 독점(혹은 준독점)의 자본화가 발생한, 눈에 띄는 사례는 뉴욕시의 택시산업이다. 모든 택시는 면허를 얻어야 하지만, 뉴욕시는 더 이상의 면허, 혹은 '메달리언'(*medallions*)을 발급하지 않기로 결정하였다. 그래서 새로운 택시의 소유자는 반드시 메달리언을 종전의 소유자들로부터 구매하여야 했다. 시장에서의 메달리언의 높은 가격은 독점특권이 자본화된 가치이다.

우리가 살펴본 것처럼, 이 모든 것은 독점자에게 뿐만 아니라 준독점자(*quasi monopolist*)에게도 똑같이 적용된다. 준독점자의 숫자도 마찬가지로 특권의 부여로 줄어들고, 이에 따라 그의 수요곡선이 더 비탄력적이 되기 때문이다. 물론 다른 조건이 같다면 독점자는 준독점자보다 더 나은 위치에 있다. 그러나 얼마나 더 많이 이득을 보는지는 순전히 특정한 경우의 구체적 상황에 달려 있다. 보호관세와 같은 경우에는 진입의 자유가 단지 외국기업들에게만 제한되기 때문에 준독점자는 장기적으로 아무것도 얻지 못하는 것으로 마감한다. 관세에 의해 새롭게 보호되는 기업들에게 귀속되는 높은 수익이 더 많은 국내자본을 이 산업으로 유인한다. 그래서 종국적으로는 이 새로이 진입한 자본이 그 산업의 수익률을 모든 산업에 보통 나타나는 이자율 수준으로 인하시키고 독점이득은 경쟁적으로 사라질 것이다.[27]

독점 부여는 강제적 카르텔이나 면허처럼 직접적이고 명확하게 드러날 수도 있고, 관세처럼 덜 직접적일 수도 있으며, 매우 간접적이지만 강력할 수도 있다. 예를 들어, 특정 시간대에 영업을 금지하거나 보따리 장사나 가정방문 세일즈맨을 불법화하는 명령은 강력하게 경쟁을 배제하고 그래서 독점특권을 부여한다. 이와 유사하게 반(反)트러스트법과 이에 따른 처벌은 겉보기에는 "독점에 대해 투쟁하고 경쟁을 도모하는" 것처럼 보이지만, 실제로는 그 반대의 역할을 한다. 왜냐하면, 그들은 강제적으로 효율적인 시장구조와 행위를 처벌하고 강하게 억압하기 때문이다. 이처럼 징병과 같이 겉으로 보기에는 우리의 논의와 무관한 것 같은 행동도 실은 젊은 이들을 노동시장으로부터 몰아내어 그들의 경쟁자들에게 독점임금―공급제한임금(restrictionist wage)이라고 부르는 것이 더 적당할 것 같지만―을 제공해 주는 효과를 가지고 있다.[28]

불행하게도 우리는 징병이나 기타 교훈적 경우들을 다룰 공간이 별로 없다.

7. 쌍방형 간섭: 정부예산

쌍방형 간섭은 우리가 살펴보았듯이, 간섭자가 누군가의 재산을 그에게 이전하도록 강제할 때 발생한다. 모든 정부는 즈세의 강제부과에 의존하며, 따라서 조세는 쌍방형 간섭의 대표적 사례이다. 정부간섭은 결과적으로 가격통제에서처럼 삼각관계형일 수 있을 뿐만 아니라, 조세처럼 쌍방형일 수 있으며, 정부와 정부활동의 성격 자체에 내재해 있다.

공공재정 연구가들은 수년 동안 '중립적 조세'(neutral tax), 즉 자유시장을 그대로 유지해 주는 조세체계가 무엇인지 탐색했다. 이런 탐색의 대상은 실존하지 않는 완전히 환상적인 것이다. 예를 들어, 경제학자들은 각 개인이나 적어도 같은 소득계층에 속하는 각자가 동일한 조세부담을 지는 조세들의 단일성을 추구할 때가 많다. 그러나 우리가 이미 살펴보았듯이, 칼훈(Calhoun)의 설명처럼 한 공동체는 납세자와 조금도 납세를 한다고 볼 수 없는 조세소비자들로 분할되지 않을 수 없다. 따라서 조세의 단일성은 내재적으로 불가능하다. 칼훈의 날카로운 분석에 의하면(위의 각주 6 참조), "그 반대로 될 수 없다. 각 개인으로부터 조세의 형태로 수거되는 모든 것이 지급의 형태로 각 개인에게 되돌려 주지 않는 한—혹시라도 그렇게 한다면 과세는 쓸모없고 어리석은 일이 되겠지만—그 반대가 될 수 없다." 한마디로 관료들은 조세를 부담하지 않는다. 그들은 조세수입을 소비한다. 만약 만 달러를 버는 시민이 2천 달러를 조세로 지불한다면, 만 달러를 버는 관료도 마찬가지로 **정말** 2천 달러를 조세로 **지불하는 것이 아니다**. 그가 하는 것은 단지 가공적 회계에 불과하다.[29] 그는 **실질적으로는** 8천 달러의 소득을 벌면서 전혀 조세를 지불하지 않고 있다.

관료들이 조세소비자들인 반면, 조금 덜한 정도이기는 하지만 인구의 다른 사적 구성원들도 조세소비자들이 될 수 있다. 예를 들어, 정부가 시민들이 보석을 사는 데 썼을 천 달러를 조세로 징수해서 정부 사무실에 드는 종이를 구입하는 데 썼다고 해보자. 이로 인해 보석에 대한 수요는 종이에 대한 수요로 이동하고, 보석류 가격의 인하와 그 산업으로부터 자원이 빠져나가도록 유도한다. 거꾸로 말하면, 종이가격은 상승하는 경향이 발생하고 자원은 종이산업으로 흘러들어갈 것이다. 보석류산업에서의 소득은 떨어지고, 종이산업에서의 소득은 올라갈 것이다.[30] 그래서 종이산업은 어느 정도 정부예산, 즉 정부의 조세지출 과정의 수혜자가 될 것이지만, 종이산업만 그런 것은 아니다. 왜냐하면, 종이제조 기업이 받은 새로운 돈은 종이제조 기업의 원료 공급자와 본원적 생산요소 소유자들에게 지불되고 이런 식의 과정이 경제의 여타 부문으로 파급되어 나갈 것이기 때문이다. 이에 반해, 수입이 없어진 보석류산업은 생산요소에 대한 수요를 감소시킬 것이다. 그래서 조세지출 과정의 부담과 이득은 첫 번째 만남의 장소, 즉 여기에서는 보석류와 종이산업에 가장 큰 충격을 주면서 경제 전체로 퍼져나갈 것이다.[31]

이 사회의 모든 사람은 서로 다른 정도로 순수 납세자(net taxpayer)이거나 조세소비자(tax-consumer)이며, 어떤 특정인이나 산업이 이 분배과정에서 어디에 위치하는지는 특정 경우마다 구체적 사정에 따라 달라질 것이다. 하나 확실한 것은 자리를 유지하는 관료나 정치가는 그의 정부로부터 소득의 100%를 조세수입으로부터 얻고 있으며, 그 대가로 진정한 의미의 조세를 지불하지는 않고 있다는 사실이다.

그러므로 조세-정부지출의 과정은 생산요소들, 생산될 재화의 유형, 그리고 소득 패턴의 배분을 자유시장이었더라면 이루어졌을 것과는 다르게 왜곡하지 않을 수 없다. 조세와 지출의 '수준'이 높아질수록, 즉 정부예산의 규모가 커질수록 그 왜곡의 정도 또한 커진다. 게다가 시장활동과 관련된 예산이 클수록 정부가 경제에 주는 부담은 더 커진다. 즉, 사회의 더 많은 자원들이 생산자들로부터 정부의 호주머니로 흡입되어, 이것이 정부를 파는 사람들, 정부가 좋아하는 집단들을 보조하는 데 쓰인다. 한마디로, 정부의 상대적 수준이 커질수록, 생산자들의 기반은 좁아지고, 생산자들로부터 수용해 가는 자들의 '몫'은 커진다. 정부의 규모가 커질수록, 생산에 기여했던 소비자들의 욕구를 만족시키는 데 쓰이는 자원은 더 적어질 것이고, 생산에 참여하지 않은 소비자들의 욕구를 충족시키는 데 쓰일 자원은 점점 더 커질 것이다.

조세의 분석을 어떻게 접근해갈 것인가에 대해서는 무수한 논쟁이 있었다. 과거의 마셜리언(Marshallian)들은 특정 유형의 조세만을 분리해서 그 효과를 따져보는 '부분균형'분석을 주장하고 있다. 이에 반해 현재 더 유행을 타고 있는 왈라시언(Walrasian) 접근법은[이탈리아 공공재정 전문가인 고(故) 마르코(Antonio De Viti De Marco)로 대표되는] 조세가 분리되어 고려될 수 없으며, 그 수입으로 정부가 무엇을 하는가와 함께 분석될 수 있을 뿐이라고 주장한다. 이 와중에 '오스트리안' 접근법이 발전되었더라면 이것은 어떤 모습일까에 대한 노력은 미약하였다. 이 두 가지 접근법은 모두 조세과정을 완전하게 분석하기 위해 필요하다. 한마디로, 조세지출의 수준이 분석되고 피할 수 없는 재분배적, 자원배분 왜곡적인 효과도 논의될 수 있다. 그리고 이 조세의 총량 안에서, 조세의 개별유형에 대한 분석이 분리되어 행해질 수 있을 것이다. 부분분석과 일반분석 중 그 어느 것도 간과되어서는 안 된다.

조세와 정부지출 가운데 정부의 어떤 활동이 사적 부분에 부담을 주는지에 대한 쓸모없는 논쟁도 또한 무수히 있었다. 이 두 가지는 부담과 재분배의 똑같은 두 과정이기 때문에 이들을 분리한다는 것은 실질적으로는 무의미하다. 그래서 정부가 각 부처에 공급할 종이를 구매하려고 구장견과(betel-nut, 구장은 후추과의 식물이름)산업에다 백만 달러의 조세부담을 지웠다고 해보자. 백만 달러 가치의 자원들이 구장견과에서 종이로 넘어간다. 이런 과정은 말하자면 자유시장에 대한 원투펀치의 공격에 해당하는 두 가지 단계를 거쳐서 이루어진다. 먼저, 구장견과산업은 그 돈을 빼앗기게 되므로 더 가난해진다. 그리고 정부는 자기가 쓰려는 종이를 시장에서 취하기 위해 그 돈을 사용한다. 그래서 두 번째로 자원(여기에서는 종이)을 취해 간다. 이 과정의 양면은 모두 부담이다. 어떤 의미로는, 구장견과산업은 사회로부터 종이의 탈취를 위해 지불하도록 강요받는다. 적어도 지불의 직접적 부담을 감당한다. 그러나 그와 같은 조세들이 구장견과산업에 의해 다른 사람들에게로 전가되는지 여부나 어떻게 전가되는지와 같은 '부분균형' 문제를 고려하지 않더라도, 우리는 구장견과산업이 유일한 부담자가 아니라는 점에 유의하여야 한다. 종이가격이 인상되므로 종이의 소비자들도 분명 부담자들 가운데 하나이다.

이 과정은 우리가 조세와 정부지출이 동일하지 않을 때, 같은 동전의 다른 쪽 이면이 아닐 때, 어떤 일이 벌어질 것인지 고려하게 되면 더 분명해진다. 조세가 정부지출보다 적으면, (그리고 당분간 정부가 일반대중으로부터 빌려오는 것을 가정하지 않는다면), 정부는 새로운 화폐를 창출한다. 여기에서 정부지출이 주요 부담이라는 점은 분명하다. 정부지출로 더 많은 양의 자원이 정부부문으로 빨려 나갔기 때문이다. 사실, 우리가 인플레이션의 쌍방형 간섭을 다룰 때 알게 되겠지만, 새로운 화폐를 창출하는 것은 아무튼 과세의 일종이다.

그러나 비록 드물기는 하지만 조세가 정부지출보다 더 많은 경우는 어떤가? 재정흑자가 정부의 금 공급에 저장(hoard)되거나 그 화폐가 디플레이션으로 청산된다고 해보자(아래를 참조). 그래서 백만 달러가 구장견과산업으로부터 취해지고 단지 60만 달러가 종이산업에 쓰였다고 가정해보자. 이 경우 정부지출보다 조세가 더 큰 부담이다. 조세가 차출된 종이뿐만 아니라 저장되거나 파괴된 화폐에 대해서도 지불하고 있다. 정부가 60만 달러 가치의 자원만을 경제로부터 뽑아내 쓰고 있는 반면, 구장견과산업은 백만 달러만큼의 잠재적 자원을 잃게 된다. 정부의 예산과정으로 발생하는 부담을 합할 때 견과산업의 손실을 잊지 말아야 할 것이다. 한마디로 정부지출과 수입은 다르며, 사회에 주는 '재정부담'(fiscal burden)은 더 큰 쪽의 합계로 아주 개략적으로 측정될 수 있다.

조세는 정말 모두에게 똑같을(uniform) 수 없기 때문에 정부는 조세지출의 예산과정에서 불가피하게 갑으로부터 징수해서 을에게 주게 된다(을은 물론 정부를 포함한다).

그러므로 예산과정은 자원의 배분을 왜곡하는 데 그치지 않고 소득을 재분배한다. 혹은 소득을 분배한다고 하는 편이 더 정확할 것이다. 왜냐하면 자유시장은 소득을 분배하지 않으며, 소득은 생산과 교환과정에서 자연적으로 부드럽게 발생하기 때문이다. 그래서 생산과 교환과정과 별개로 존재하는 '분배'라는 개념 자체가 오직 정부의 쌍방향성 간섭으로부터만 나올 수 있다. 자유시장은 "어떤 특정한 현존하는 소득분배가 주어졌을 경우에만" 모든 이들의 효용과 모든 소비자들의 만족을 극대화한다는 비판이 자주 제기되고 있다. 그러나 이런 비판은 부정확하다. 자유시장에서는 모든 개인의 자발적 생산과 교환활동과 분리되어 '가정되는 분배'란 존재하지 않는다. 시장에서 주어진 유일한 것은 모든 사람의 그 자신의 신체와 그가 발견하고 생산하거나 창조한 것으로서의 재산권 혹은 자신의 생산물을 자발적 교환을 통해 획득하거나 생산물을 만든 이로부터 선물로 얻은 재산권이 있을 뿐이다.

한편, 정부예산이라는 쌍방향성 간섭은 모든 이의 생산물에 대한 재산권을 손상시키고, 분배라는 별개의 과정과 분배의 '문제'를 만들어낸다. 이렇게 되면, 더 이상 소득과 부(wealth)가 순전히 시장에서 제공된 서비스로부터만 흘러나오지는 않게 된다. 소득과 부는 이제 국가에 의해 창출된 특별한 특권으로부터 흘러나오며, 국가에 의해 특별히 부담을 지게 된 계층은 소득을 잃게 된다.

'자유시장'을 단지 삼각관계형 간섭에서 벗어난 것으로만 간주하는 경제학자들이 많이 있다. 조세와 같은 쌍방형 간섭은 '자유시장'의 순수성에서 벗어난 간섭으로 간주되지 않는다. 프랭크 나이트를 필두로 한, 시카고학파의 경제학자들은 특히 인간의 경제활동을 쪼개고 '시장'을 매우 좁은 반경으로 한정하는 데 능숙하다. 그래서 그들은 조세와 보조금처럼 시장에서 결정되는 소득을 '재분배'하는 쌍방형 간섭을 지지하면서도, 가격통제와 같은 삼각관계형 간섭을 반대하기 때문에 '자유시장'을 선호할 수 있게 된다. 한마디로 말해, 시장은 어떤 한 분야에서는 '자유롭게' 놓여지는 반면, 다른 분야에서는 외부적 강제에 의해 끊임없는 침해와 재편(perpetual harassment and reshuffling) 아래 놓이게 된다. 이처럼 자유로운 분야와 외부적 강제가 가능한 분야로 나누는 개념은 사람도 이처럼 분할될 수 있다고 가정한다. 즉, '시장 인간'(market man)은 '정부에 예속된'(subject-to-government) 인간으로서 자신에게 어떤 일이 일어날지에 대해 무관심하다고 가정하고 있다. 이것은 분명 허용되기 어려운 신화이며, 우리는 이것을 '조세착각'(tax illusion)—사람들이 과세 후 소득을 고려하지 않으며 단지 과세 이전의 소득만 고려한다는 생각—이라고 부를 수 있을 것이다. 한마디로 만약 A는 시장에서 1년에 9천 달러, B는 5천 달러, 그리고 C는 천 달러를 벌고 정부가 각자의 연소득이 5천 달러씩이 되도록 소득의 재분배를 유지하기로 결정한다고 해보자. 이것을 알게 된 각 개인들은 그들이 종전 소득을 여전히 벌고 있다고 어리석은 생각을 계속하지는 않을 것이다. 사람들은 이제 조세와 보조금을 계산서 속에 포함시킬 것이다.[32]

그래서 우리는 정부예산 과정이 자원과 소득을 시장의 생산자로부터 비(非)생산자에게로 강제적으로 이전하는 것이란 점을 알게 된다. 그것은 또한 정부를 구성하는 이들에 의한 개인의 자유로운 선택에 대한 강제적 간섭이다. 아래에서 우리는 정부지출의 성격과 결과를 더 자세하게 분석할 것이다. 당분간, 정부는 어떤 식으로든 자원을 솟아나게 하는 샘물이 될 수 없다는 사실을 확실하게 기억하도록 하자. 정부가 지출하는 모든 것은 즉, 너그럽게 나누어주는 모든 것은 먼저 수입(revenue)으로 획득되어야 한다. 즉, '민간부문'(private sector)으로부터 먼저 추출되어야 한다. 정부수입의 대부분은, 다시 말해 정부의 힘과 본질의 핵심은 과세(taxation)이다. 이 과세의 문제가 다음 절에서 다룰 몫이다. 정부수입의 또 다른 방법은 아래에서 자세히 다루겠지만 인플레이션, 즉 새로운 화폐의 창출이다. 세 번째 방법은 민간으로부터 빌리는 것인데, 이에 대해서는 아래의 부록 A에서 간략하게 다룰 것이다.[33]

8. 쌍방형 간섭: 과세

1) 소득과세

우리가 살펴보았듯이 과세는 생산자로부터 취해서 다른 이들에게 주는 것이다. 어떤 조세이든 조세부과의 증가는 생산자들로부터 탈취해서 살아가는 이들의 자원과 소득을 증가시키고, 이와 함께 보통 이런 사람들의 숫자를 팽창시키는 반면, 이들이 생계를 얻어내는 생산베이스를 축소시킨다. 이것은 궁극적으로 분명히 자기 패배적 (self-defeating) 과정이다. 감소하는 생산자 수로 그 이상은 더 이상 감당할 수 없는 최고과세부담이 엄연히 존재한다는 한계가 있다. 또한 인센티브를 없애는 조세의 효과로 생산(과세)베이스는 더욱 좁아진다. 생산자들—조세부담자들—에게 부과되는 조세의 부담이 커질수록 근로의 한계효용은 떨어진다. 근로로부터의 수익이 강하게 축소되고 잃어버린 여가의 한계효용은 확대될 것이기 때문이다. 그뿐만이 아니다. 조세를 내야 하는 조세부담자의 지위로부터 전업관료 혹은 정부의 보조수취인과 같은 조세소비자의 지위로 옮겨가려는 인센티브가 더 커진다. 그 결과, 사람들이 일보다는 여가를 택해 조세부담으로부터 달아나려 하거나 특권을 지닌 조세소비자의 계층에 속하려고 애쓰게 되고 이에 따라 생산은 더욱 줄어든다.[34]

시장경제에서는 순 소득은 임금, 이자, 지표토지 임대료(ground rent), 그리고 이윤으로부터 도출된다. 그리고 이들 소득원천으로부터 조세를 거두어 가면, 이런 소득을 벌려는 노력이 약화될 것이다. 자신의 임금에 가해지는 조세에 직면하여, 노동자들은 더 열심히 일하려는 동기가 약화된다. 자신의 이자 혹은 이윤에 부과되는 조세에 직면하여 자본가들은 저축하고 투자하기보다는 소비해버리려는 동기를 가지게 된다. 자신의 임대료에 부과되는 조세에 직면하여, 지주들은 자신의 토지를 더 효율적으로 배분하려는 의지가 약해진다. 이에 대한 반론은 어떤 한 사람이 지닌 화폐자산의 한계효용은 화폐량을 적게 가지고 있을수록 증가하기 때문에 더 낮은 화폐소득을 얻게 될 때 소득의 한계효용은 증가한다는 것이다. 그 결과, 화폐소득에 대한 조세가 근로를 싫어하고 여가를 선호하도록 하는(혹은 저축을 싫어하고 소비를 선호하도록 하는) '대체효과'(substitution effect)와 대체효과와는 반대방향으로 작용하는 '소득효과'를 창출한다. 이것은 사실이다. 소득효과가 대체효과를 압도하는 경험적으로 매우 드문 경우도 있을 것이다. 평범한 말로 하자면, 사람의 노력에 추가적 처벌이 가해지면 일반적으로 이런 노력을 게을리 하게 될 것이다. 그러나 매우 드물지만 어떤 경우에는 이런 부담을 상쇄하기 위해 더 열심히 노력할 것이다. 그러나 후자의 경우 '여가'라는 가치 있는 소비재를 상실하고 있음을 명심하여야 한다. 이제 그는 선택이 자유로웠을 때보다 더 적은 여가를 누려야 한다. 일에 대한 벌칙이 존재할 때 더 열심히 일하는 것은, 생산자들을 뜯어먹고 사는 그래서 조세로부터 이득을 얻는 사람의 입장에서 보면 환영해마지 않을 일일 뿐이다. 비록 근로자들이 더 열심히 일하겠지만, 당연히 포함되어야 할 여가를 고려한 근로자들의 생활수준은 하락한다.

소득세는 투자로부터 소득을 탈취해감으로써, 자유시장 시간선호가 얻게 해줄 수익을 종전보다 낮게 만들기 때문에 저축과 투자를 위축시킨다. 순 이자수익이 더 낮아질수록 사람들은 그들의 저축-투자를 새로운 현실에 적응시킨다. 한마디로 말해, 더 높은 수익에서 이루어졌던 한계저축과 한계투자는 수익이 낮아진 이제는 소비보다 낮게 평가될 것이고, 따라서 더 이상 이루어지지 않을 것이다.

소득세가 특별히 소비보다 저축과 투자를 벌하는 아직 듣지 못한 또 다른 이유가 있다. 소득세는 한 사람의 소득의 일정부분을 앗아갈 뿐이며 나머지에 대해서는 소비와 투자 사이에 사람들이 자유롭게 배분하도록 놓아두기 때문에, 시간선호스케줄이 주어져 있는 채 변하지 않는 한, 저축에 대비된 소비의 비율은 변하지 않고 유지될 것으로 혹시 생각할지도 모른다. 그러나 이것은 담세자의 실질소득과 그의 화폐자산의 실질가치가 조세를 지불함에 따라 낮아졌다는 사실을 무시하고 있다. 우리가 제6장에서 살펴보았듯이, 한 사람의 시간선호 스케줄이 주어지면, 그의 실질화폐자산의 가치가 낮아질수록 그의 시간선호율은 더 높아질 것이고, 이에 따라 그의 투자에 대한 소비의 비중이 더 높아질 것이다. 조세부담자의 지위는 〈그림 12-4〉에 나타나 있다. 이 그림은 기본적으로 제6장의 개인 시간시장 그림의 역이다. 현재 우리가 다루는 이 경우에서는, 우리가 수평축을 따라 오른쪽으로 움직임에 따라 화폐자산이 증가한다. 이에 반해 제6장에서 화폐자산들은 감소하였었다. 조세부담자의 최초 위치는 화폐재고 OM이라고 해보자. tt는 그의 주어진 시간선호곡선이다. 그의 소비/투자비율을 결정할 그의 유효시간선호율은 t_1이다.

이제 정부가 그가 지출을 시작하는 때에 그의 최초 화폐자산을 OM'로 감소시키는 소득세를 부과한다고 해보자. 그의 유효시간선호율은 tt와 M'선이 만나는 지점이 t_2가 될 것인데, 이 점은 이제 종전보다 높다. 그는 소비의 비중이 더 높고 저축과 투자의 비중이 낮아지는 데로 이동한다.[35]

우리는 소득세가 사회적 소비/투자 비중을 소비가 많아지고 저축과 투자가 적어지는 방향으로 이동하게 만드는 두 가지 이유를 살펴보았다. 정부관료들과 이들에 의해 보조금을 지급받는 사람들은 조세수입(tax revenues)을 얻으며 조세부담자의 화폐재고의 감소분만큼 그들의 화폐저고가 증가하기 때문에 시간선호 이유는 유효하지 않다고 반대할지 모르겠다. 그러나 우리는 아래에서 살펴보게 되겠지만, 어떤 진정하게 생산적인 저축과 투자도 정부, 정부의 고용인, 혹은 정부보조금 수취인들에 의해서는 전혀 이루어질 수 없다.

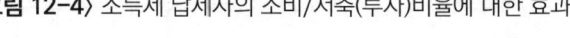

〈그림 12-4〉 소득세 납세자의 소비/저축(투자)비율에 대한 효과

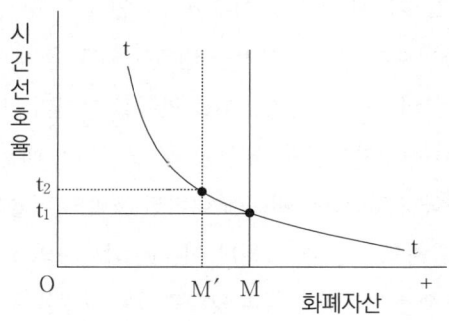

일부 경제학자들은 소득세는 사회에서의 저축과 투자를 아직 언급하지 않은 제3의 방식으로 감소시킨다고 주장한다. 그들은 소득과세는 소비과세와 달리 그 성격상 저축-투자에 '이중'과세를 부과한다고 단언한다.[36] 그 논리전개는 다음과 같다. 저축과 소비는 정말 대칭적이 아니다. 모든 저축은 미래에 더 많은 소비를 향유하고자 한다. 그렇지 않다면 저축하는 의미가 없어질 것이기 때문이다. 미래 특정 시점에 더 늘어난 소비를 기대하여 저축은 현재의 소비를 참는 것이다. 자본재 그 자체를 원하는 사람은 아무도 없다. 자본재는 미래의 증가될 소비가 체화된 것(눈에 보이게 드러난 존재)일 뿐이다. 저축-투자란 로빈슨 크루소가 후일 더 많은 사과를 따기 위해 과일 따는 작대기를 만드는 것을 말한다. 저축-투자는 나중에 더 높은 수준의 소비로 결실을 맺는다. 그래서 소득세의 부과는 소비에 대한 '이중적' 과세이며, 과도하게 저축과 투자를 벌한다.[37]

이런 추론은 투자-소비의 과정을 정확하게 설명한다. 그러나 이런 추론은 중요한 결함을 지니고 있다. 이것은 과세문제에 적절하게 연관된 문제가 아니다. 저축이 결실을 맺게 해주는 계기를 만들어주는 것은 사실이다. 그러나 문제는 모든 사람이 이

사실을 알고 있다는 점이다. 그것이 바로 사람들이 저축하는 이유이다. 그러나 사람들이 저축이 나중에 결실을 맺는다는 것을 알고 있음에도 불구하고 소득을 모두 저축하지는 않는다. 왜 그럴까? 바로 현재 소비에 대한 시간선호 때문이다. 모든 개인은 그의 현재 소득과 가치체계 아래에서 자신의 소득을 가장 소망스런 비율로 소비, 투자, 그리고 현금보유의 증가에 배분한다. 그 어떤 다른 배분도 그의 욕구를 더 잘 충족시켜 주지 못하며, 그의 가치체계상에서 그를 더 낮은 위치로 이동시킨다. 그가 이런 배분결정을 할 때 저축이 후일 결실을 가져다주는 힘을 가지고 있다는 점은 이미 고려되었다. 그러므로 소득세가 이중적으로 저축-투자를 벌한다고 말할 이유가 없다. 소득세는 현재의 소비, 미래의 소비와 화폐보유를 모두 포함하는 그 개인의 전체 생활수준을 저하시킨다. 소득세는 그 자체로 소득을 다른 형태로 배분하는 것보다 저축하는 것을 더 벌하지는 않는다.

이런 피셔의 주장은 자유시장경제에 헌신하는 경제학자들 사이에 나타나는 매우 흥미로운 경향, 즉 소비를 억제하는 정부조치보다 저축과 투자를 벌하는 정부의 조치들에 대해 더욱 우려하는 경향을 반영하고 있다. 물론 자유시장을 선호하는 경제학자는 시장에서 나타나는 자발적 소비/저축배분이 최적이며, 이 소비/저축비율에 대한 그 어떤 정부의 간섭도, 그것이 소비를 억제하든 혹은 저축-투자를 억제하든 상관없이 모두 시장과 소비자들의 욕구를 충족시키는 생산을 왜곡한다는 점을 인정해야 한다. 아무튼 저축을 특별히 신성시해야 할 이유는 없다. 저축은 단지 미래의 소비로 향해 나있는 길이다. 그렇다면 저축이 현재의 소비보다 더 중요하다고 할 수도 없으며, 소비와 저축의 배분은 모든 개인들의 시간선호에 의해 결정될 뿐이다. 자유시장에서의 소비에 대한 간섭을 대할 때보다 시장경제의 저축에 대한 간섭에 직면해서 더 우려하는 경제학자는 암묵적으로 반대방향의 국가주의적 개입조치를 옹호하는 것이 된다. 그는 암묵적으로 더 낮은 소비와 더 높은 투자 쪽으로 강제적 자원배분을 요청하는 셈이다.[38]

2) 중립조세의 달성을 위한 시도

우리는 지금까지 한 개인에 대한 조세의 영향에 대해 그 개인 자신에 의해 고려된 입장에서 논의하였다. 마찬가지로 중요한 것이 조세에 의해 창출되는 시장에서의 요소가격과 요소소득의 패턴에 대한 왜곡이며, 이것이 서로 다른 많은 사람들에게 영향을 미친다. 자유시장은 복잡하고 거의 무한하게 널려있는 가격들, 비율들, 그리고 소득들의 구조를 결정한다. 서로 다른 조세들을 이 구조 위에 부과하면 이 패턴을 무너뜨리게 되고, 자원과 생산의 배분이라는 시장기능을 불구로 만든다. 그래서 만약 어떤 특정 유형의 노동에 대해 기업 A는 한 해에 5천 달러를 지불하고, 기업 B는 3천 달러를 지불한다면, 노동자들은 기업 B에서 A로 옮겨가는 경향이 있을 것이고, 그렇게 함으로써 보다 효과적으로 소비자들의 욕구에 봉사하게 된다. 그러나 만약 기업 A에서 번 소득에 연 2천 달러 세금이 부과되고, 기업 B에서는 거의 없거나 전혀 없다면, 기업 B에서 A로 이동시키는 시장의 유인은 완전히 혹은 실질적으로 사라지게 되며, 생산적 자원의 잘못된 배분이 계속되고, 기업 A는 성장뿐만 아니라 더 나아가 존속마저 위험하게 된다.

위에서 살펴보았듯이, **중립조세**—즉, 시장에 중립적이어서 조세가 부과되기 이전과 거의 같은 상태를 유지시켜 주는 조세—의 모색은 헛수고이다. 왜냐하면 사회 내의 어떤 사람들은 특권을 지닌 조세소비자들인 반면, 또 다른 사람들은 필연적으로 조세부담자들일 수밖에 없을 때, 조세를 지불하는 데 있어 균일성(uniformity)이란 존재할 수 없기 때문이다. 그러나 만약 우리가 이런 반대들을 무시하고 정부의 조세수입 지출이 지닌 재분배적 효과를 고려하지 못하는 경우에서도, 우리는 중립조세체제에 도달할 수 없다.[39]

많은 저술가들은 모든 사람에 대한 일률적인 비례소득세가 중립조세를 낳게 할 것이라고 주장한다. 왜냐하면 그럴 때 사회 내 소득의 상대적 비율이 종전과 같이 유지될 것이기 때문이다. 그래서 한 해에 A는 6천 달러, B는 3천 달러, 그리고 C는 2천 달러를 벌고 각자에게 10% 세금을 물린다면, 다음과 같은 '배분'이 초래될 것이다. A 5천4백 달러, B 2천7백 달러, C 천8백 달러—상대적 비율은 종전과 똑같다[물론 이것은 조세가 각 개인에게 미치는 반(反)유인효과가 없다고, 아니 더 정확하게는 사회 내의 개인에게 동일한 비율의 반유인효과를 미친다고 가정하고 있다—가장 일어날 개연성이 없기는 하지만]. 그러나 문제는, 이 '해결책'은 중립조세가 반드시 지녀야 할 성질에 대해 오해하고 있다는 데에 있다. 조세가 진정으로 자유시장에 대해 중립적이라는 것은 종전과 같은 소득패턴을 그대로 두게 하는 것이 아니다. **그것은 마치 조세가 진짜 자유시장가격이었더라면 일어났을 것과 같은 방법으로 소득패턴과 여타 다른 경제 측면에 영향을 주는 것이어야 한다.** 이것은 매우 중요한 수정이다. 우리는 어떤 서비스가 자유시장에서 특정한 가격으로 팔린다면 이 판매는 소득을 종전과 마찬가지로 유지되게 놓아두지 **않는다**는 것을 확실하게 깨달아야 한다. 왜냐하면, 보통 시장가격들은 각 사람들의 소득이나 부에 비례적이지 **않으며**, 그의 소득이나 부와 상관없이, 혹은 그가 얼마나 그것을 원하느냐에 상관없이 **모든 사람에게 동일하다는 의미에서** 일률적이기 때문이다. 한 조각의 빵은 백만장자에게 보통사람들에 비해 천 배 더 비싸지 **않다**. 만약, 정말 시장이 이런 식으로 움직인다면, 얼마 지나지 않아서 더 이상 시장이 존재하지 않을 것이다. 왜냐하면 돈을 버는 이득이 전혀 없기 때문이다. 더 많은 돈을 벌수록 비례적으로(pari passu), 그에게는 모든 재화의 가격이 더 비싸질 것이다. 그러므로 문명화된 화폐경제 전체와 이 화폐경제에 근거한 생산과 분업의 체제는 허물어질 것이다. 비례소득세가 따르는 원칙은 자유시장에 대해 '중립적'이기는커녕 이것을 일관되게 적용했다가는 시장경제와 화폐경제 전체를 뿌리 채 뒤흔들 것이다.

모든 사람에 대한 동일한 과세—이른바 '인두세'(head tax)—는 중립성의 목표에 훨씬 더 가깝다. 그러나 인두세에서조차, 조세납부자-조세소비자라는 어쩔 수 없는 양분(兩分)과는 완전히 별개의 이유로 발생하는 중대한 결함이 존재한다. 그 하나를 들면, 자유시장에서 재화와 서비스는 시장가격에서 이를 자유롭게 구입하고자 하는 사람들에 의해서만 구매된다. 조세는 자유로운 구매가 아니라 강제적 부과이므로, 사회의 구성원 모두가 각자 자유시장에서처럼 똑같은 액수를 정부에 지불하였을 것이라고 결코 가정할 수 없다. 사실, 조세의 강제적 성격은 자발적으로 행해졌더라면 정부에게 지불되었을 수입이 훨씬 더 적었을 것이라는 사실을 암시한다. 그러므로 동일한 조세는 적어도 세 집단에 대해 온당치 못한 징수를 강제함으로써 시장을 왜곡할 것이다. 즉, 빈자, 무관심한 자, 그리고 적대적인 자—즉, 이런저런 이유로 정부에 동일한 금액을 자발적으로 지불하지 않았을 사람들이 바로 그들이다.

단일세(single tax)를 자유시장가격과 유사한 것으로 취급할 때 발생하는 또 하나의 심각한 문제는 우리가 정부의 어떤 '서비스'를 사람들이 '구매하리라고' 볼 것인지에 대해 알 수 없다는 점이다. 예컨대, 만약 정부가 특정한 선호집단을 보조하기 위해 조세를 사용한다면, 인두세 납부자들이 정부의 이런 행동으로부터 어떤 종류의 '서비스'를 얻는지 알기 어렵다. 그러나 겉으로 보기에 순수 서비스의 명백한 예로 보이는 경찰보호를 생각해보자. 그리고 인두세가 경찰보호를 위한 지출의 재원으로 쓰인다고 해보자. 자유시장의 규칙은 동일한 서비스에 대해 동일한 가격이 지불되는 것이다. 그러나 여기에서 무엇이 '동일한 서비스'인가? 물론 경찰보호의 서비스가 도시의 범죄소굴에서 범죄가 드문 한적한 벽지에서보다 더 클 것임은 분명하다. 경찰보호는 범죄가 넘치는 곳에서 분명 더 많은 비용을 발생시킬 것이다. 그래서 만약 경찰보호가 시장에서 공급된다면 우범지역에서 내야 하는 가격은 벽지에서보다 더 높을 것이다. 게다가 범죄의 특별한 위협 아래에 있는 사람, 더 큰 감시가 필요한 사람은 더 높은 경찰요금을 부담해야 할 것이다. 동일한 조세는 우범지역에서는 시장가격보다 낮을 것이고, 평화로운 지역에서는 시장가격보다 높을 것이다. 그래서 조세가 중립성에 근접하려면, 조세는 서비스의 **비용**에 맞추어 변화해야 하며 동일해서는 안 된다.[40]

이것이 간과되었던 조세의 **비용원칙**이다. 그러나 비용원칙은 중립적이라고 보기 어렵다. 피할 수 없는 조세납부자-조세소비자 문제를 논외로 하더라도, 어떻게 '서비스'를 정의하고 분리하느냐의 문제가 있다. 피터에게서 폴에게로 재분배하는 경우 이것이 주는 '서비스'는 무엇인가? 그리고 피터에게 사정(查定)되어 할당될 '비용'은 무엇인가? 우리가 논의를 경찰보호와 같은 공통된 서비스로 한정한다고 하더라도 여전히 심각한 결함이 있다. 우리가 아래에서 더 살펴보게 되겠지만, 무엇보다 먼저 첫째, 정부의 비용은 자유시장에서의 비용보다 어쩔 수 없이 훨씬 더 크게 되어 있다. 둘째, (시장이 아닌) 국가는 잘 계산할 수 없고, 그래서 그 비용을 정확하게 측정할 수 없다. 셋째, 비용은 가격과 균형상태에서만 동일하다. 현실경제는 결코 균형상태에 있지 않으므로, 비용은 자유시장가격만큼 정확한 추계가 될 수 없다. 그리고 마지막으로, 동일세(equal tax)에서와 마찬가지로, 그리고 자유시장에서와는 대조적으로, 납세자는 결코 특정한 정부의 행위로부터 그가 얻은 혜택을 **드러낼 수 없다**. 그냥 그 가격에 그 조세납부자가 그 서비스를 구매했다고 가정해버리고 마는 것이다.

중립조세에 대한 또 하나의 시도는 **수혜원칙**(benefit principle)이다. 수혜원칙이란 각 개인이 정부서비스로부터 얻는 혜택의 크기만큼 조세가 부과되어야 한다는 원칙을 말한다. 이 원칙이 의미하는 바가 항상 잘 인식되는 것은 아니다. 예컨대, 복지혜택(welfare benefit)의 수혜자들은 이 혜택의 모든 비용들을 지불해야 할 것이다. 정부복지의 수혜자 각자는 받는 것보다 **더 많이** 지불해야만 할 것이다. 왜냐하면, 정부관료의 '처리'비용도 지불해야 할 것이기 때문이다. 만약 수혜원칙이 유지된다면, 그와 같은 복지 혹은 여타 보조금 지급은 사라지게 될 것이다. 여기에서도 논의를 경찰보호와 같은 서비스로 한정한다고 하더라도 심각한 결함은 여전히 남는다. 사라지지 않는 조세납부자-조세소비자의 양분문제는 또다시 무시하기로 하자. 우리는 혜택을 측정할 수 없거나 혹은 혜택이 존재하는지 여부에 대해 알 수 없기조차 하다. 인두세와 비용원칙에서처럼, 여기에서는 사람들이 교환으로부터 자신이 포기하는 재화의 가치보다 더 큰 혜택을 본다는 것을 **드러낼 수** 있는 그런 자유시장이 없다. 사실 조세는 강제로 부과되므로 사람들이 정부로부터 얻는 혜택이 그들이 지불하는 양보다 **더 적다**고 여긴다는 것은 분명하다. 만약 강제되지 않는 자유로운 상태라면, 그들은 정부에 덜 낼 것이기 때문이다. 그렇다면 '혜택'은 단지 정부관료에 의해 자의적으로 가정된 것에 불과하다.

게다가 심지어 혜택의 크기가 자유롭게 표출될 수 있다고 하더라도, **수혜원칙**은 자유시장 과정을 흉내낼 수 없을 것이다. 왜냐하면, 되풀이하지만 각 개인은 자유시장에서 주관적 혜택의 정도와 상관없이 **똑같은 가격**을 지불한다. "카멜 담배 1갑을 위해 1마일도 걷고자 하는" 사람도 그 정도로 원하지 않는 사람보다 더 많이 내지 않는다. 모든 이들을 그 자신이 받는 혜택에 따라 조세를 부과하는 것은 시장원칙과는 완전히 정반대되는 것이다. 마지막으로, 만약 모든 이의 혜택이 조세로 징수되어 없어진다면, 그로서는 이런 교환을 하거나 정부서비스를 받아야 할 이유가 없다. 시장에서는 모든 사람이, 한계구매자(marginal buyers)**조차**, 그들이 보는 혜택을 전부 지불하는 것은 아니다. 한계구매자를 넘어서는 구매자들은 측정할 수 없는 잉여혜택을 보고 있으며, 이것은 한계구매자도 **마찬가지이다**. 왜냐하면 그와 같은 잉여가 없다면 그들은 그 제품을 구매하지 않을 것이기 때문이다. 게다가 경찰보호와 같은 서비스에 대해 수혜원칙을 적용하는 것은 빈자와 약자가 부자와 강자보다 **더 많이** 지불할 것을 요구한다. 전자가 경찰보호로부터 더 많은 혜택을 본다고 말할 수 있을 것이기 때문이다. 마지막으로, 만약 정부로부터 받는 각자의 혜택이 조세로 징수되어 없어진다면, 정부로부터 모든 소득을 얻는 관료들은 정부에 봉급을 반납하여야 할 것이고, 그래서 무급으로 일해야 할 것이다.[41]

우리는 이제 어떤 조세원칙도 자유시장에 대해 중립적일 수 없다는 것을 알게 되었다. 각자가 그의 소득에 비례하는 정도보다 더 많이 지불하는 **누진**세는 물론 중립성을 달성하려고 시도하지 않는다. 비례세가 전체 시장경제와 화폐경제 자체에 파괴적 원칙을 내포하고 있다고 한다면 누진세는 파괴성의 정도가 더 심하다. 왜냐하면 누진세는 유능하고 효율적인 것에 대해 상대적 유능성과 효율성보다 더 큰 비율로 벌하고 있기 때문이다. 누진율은 특히 뛰어난 솜씨나 기업가정신에 대해 반(反)유인으로 작용한다. 그리고 그와 같은 특출성은 소비자에게 봉사하는 데 쓰이므로, 누진세는 소비자들에게도 특별한 부담을 부과한다.

소득세가 저축을 벌하는 위에서 논의된 두 가지 방법에 더해서, 누진세는 또 다른 벌을 부과한다. 왜냐하면, 경험적으로 대개의 경우 부자들은 저소득 집단에 비해 비례 이상으로 저축과 투자를 하기 때문이다. 그러나 이것이 항상 그럴 것이라는 필연적인 인간행동학적 이유는 없다. 예컨대, 부자들이 보석류를 사는 반면, 빈자들은 검약하고 투자하는 나라에서는 이런 경험적 규칙은 유효하지 않다.

누진의 원칙이 분명히 시장에 매우 파괴적인 것은 사실이지만, 대개의 보수적 자유시장을 옹호하는 경제학자들은 그 효과를 과도하게 평가하고, 비례세의 파괴적 효과를 과소평가하는 경향이 있다. 비례세는 누진세와 마찬가지의 결과를 가져오는 경우가 많고, 그래서 소득세의 **수준**이 얼마나 높으냐가 일반적으로 누진의 정도보다 더 중요하다. 그래서 사회 A가 모든 사람이 소득의 50%를 내야 하는 비례소득세를 가지고 있고, 사회 B가 가난한 사람은 0.25%, 그리고 최고부자는 10%를 내도록 한다고 해보자. 부자는 조세가 누진적이라 **하더라도** 분명 사회 B를 더 좋아할 것이다. 이것은 소득세의 수준만큼 누진성이 부자에게 부담이 되는 것은 아니라는 것을 보여준다.

첨언하면, 자신에게 낮은 세금이 부과되는 가난한 생산자도 역시 사회 B를 더 좋아할 것이다. 이것은 "누진세는 빈자가 부자를 약탈하기 위한 수단"이라는 보수 논객이 표출하는 누진세에 대한 일반적 불평이 안고 있는 오류를 보여준다. 앞의 예에서 빈자이든 부자이든 모두 누진세를 택하지 않았는가! 그 이유는 누진세 아래에서 '빈자'가 '부자'를 강탈하는 것이 아니라 조세를 통해, 비례세이든 누진세이든, 둘 모두를 '약탈'하는 것은 국가이기 때문이다.

빈자들이 세수로부터 국가의 지출과 보조금을 통해 혜택받고 있으므로 간접적으로 '약탈하고' 있다고 반론을 펼칠지 모른다. 그러나 이것은 국가가 그 돈을 많은 다른 방식으로 쓸 수 있다는 사실을 간과하고 있다. 국가가 특정 산업의 제품을 소비할 수도 있고, 국가가 부자 중 일부 혹은 전부에게 보조금을 줄 수도 있고, 가난한 사람 중 일부 혹은 전부에게 보조금을 줄 수도 있다. 누진성이 **그 자체로** '빈자'들이 전체로(en masse) 보조금을 받는다는 것을 의미하는 것은 아니다. 만약 빈자 중 일부가 보조를 받는다면, 다른 빈자들은 보조받지 못할 것이다. 그리고 이들 순수 조세납부자들이 부자들과 함께 '약탈'당할 것이다. 사실, 보통 부자보다 빈자가 훨씬 더 많기 때문에, 빈자가 누진세체제에서도 가장 큰 부담을 질 가능성이 아주 높다.

모든 가능한 조세유형들 중 가장 시장의 작동을 망치고 파괴하려고 고안된 것이 **초과이윤세**(excess profits tax)이다. 왜냐하면 모든 생산적 소득 가운데 이윤은 비교적 총액이 작지만 어마어마한 중요성과 영향력을 지닌 것이다. 이윤은 전체 시장경제의 동력기관, 추진력이다. 이윤과 손실의 신호는 변화하는 조건 아래에서 소비자들의 변화하는 기호를 충족시키도록 사회의 생산적 자원들을 가능한 한 가장 좋은 방법과 조합으로 쓰이도록 재조정하는 기업가와 자본가를 분발시킨다. 이윤추구가 장애를 일으키면, 이윤과 손실이 더 이상 유효한 인센티브, 즉 시장경제에서 경제계산의 수단으로 작동하지 않게 된다.

전시에 유효한 생산체제를 유지하는 것이 시급할 때, "전쟁으로부터의 이윤을 몰수하자는" 외침이 변함없이 커지는 것은 참으로 이상하다. 이런 열정이—기업가들의 이윤에 대한 것을 빼고는—전쟁으로 인해 고임금을 누리는 철강근로자의 '이윤'에 가혹하게 적용되는 사례는 없다. 전쟁노력을 불구로 만드는 이보다 더 좋은 방법은 분명히 없을 것이다. 게다가 '초과' 개념은 정상상태에 대한 개념이 있어야 가능하며, 이에 따라 정상상태보다 더 큰 이윤에 대해 과세할 수 있게 된다. 이 정상상태는 일정한 율의 이윤이 될 수도 있을 것이지만, 각 기업에서 이윤과 자본투자를 측정하는 데 무수한 애로요인이 개재되어 있을 것이다. 혹은 이 정상상태는 전쟁이 발발하기 이전 기준시점에서의 이윤을 말할 수도 있을 것이다. 후자는 **전쟁**이윤을 상쇄시키므로 일반적으로 선호되는 것이지만, 경제를 더 혼란하게 만든다. 왜냐하면 정부는 더 많은 **전쟁**생산을 위해 압박을 가하는 데 반해, '초과'이윤세는 전쟁생산을 더 적게 더 비효율적으로 하려는 모든 우인을 만들어내기 때문이다. 한마디로 말해, 초과이윤세는 평화시의 기준시점과 마찬가지로 전시에도 생산과정을 동결하는 경향이 있다. 그래서 전쟁이 지속되는 한, 기준시점의 산업구조는 점점 더 쓸모없고, 더 비효율적이 된다.

3) 전가와 귀착: 산업에 대한 과세

아무리 간략하다 하더라도 조세에 관한 논의가 조세의 '전가와 귀착'에 대한 유명한 문제를 간과할 수는 없다. 요약하자면, 누가 조세를 지불하는가? 조세가 부과된 바로 그 사람인가, 아니면 이 사람이 그 조세를 '이전'시킬 수 있는 또 다른 사람인가? 믿어지지 않지만 아직도 과거 19세기의 '동일 파급'(equal diffusion) 조세이론을 준수하는 경제학자들이 있다. 이 이론은 "모든 조세는 모든 이들에게로 전가된다"라고 선언하여 특별히 각 개인에 대한 효과를 분석할 필요를 없애기 때문에 조세의 전가와 귀착의 문제에 눈을 감게 만든다.[42] 이런 반(反)계몽주의적 경향은 '전가'를 너무 광범위하게 취급함에 따라 더 배양되었다. 그래서 만약 소득세가 존스에게 80% 부과된다면, 이것은 존스 **한 사람에게만** 손해가 되는 것이 아니라, 또한—존스의 능력뿐만 아니라 인센티브를 약화시켜서—존스의 일과 저축이 줄어들어서 다른 소비자들에게도 손해를 안겨준다. 그러므로 조세의 효과들은 과세대상의 중심에서 바깥쪽으로 퍼져나가는 것은 사실이다. 그러나 이것은 존스가 단순히 조세부담을 다른 사람의 어깨 위로 전가시킬 수 있다고 말하는 것과는 완전히 다르다. 여기에서는 '전가'의 개념을 조세의 지불이 직접 원래 납부자**로부터** 다른 사람에게로 직접 전가될 수 있고, 또 다른 사람이 원래의 납세자에 더해 손실을 입는 경우로 한정할 것이다. 후자는 '조세의 간접효과'라고 불릴 수 있을 것이다.

전가의 첫 번째 원칙은 **소득세는 전가될 수 없다**는 것이다. 이 전가에 대해 경제학에서 수용된 진실이 이제 흔히 알려진 가정에 의해 역습을 받고 있다. 즉, 이 흔한 가정은 예컨대, 임금에 대한 조세가 노동조합에게 그 조세를 상쇄할 수 있도록 더 높은 임금을 요구하도록 자극하고, 그래서 임금에 대한 조세가 '앞쪽으로' 고용자에게 전가되고, 고용자는 다시 소비자들에게 전가한다는 것이다. 그러나 이 일반적으로 주장되는 과정의 모든 단계는 터무니없는 오류이다. 우선, 근로자나 노동조합이 조세가 자신들이 고임금을 요구하도록 할 때까지 조용히 기다린다고 생각하는 것은 불합리하다. 근로자들은 **언제나** 더 높은 임금을 원한다. 노동조합은 언제나 조금 더 요구한다. 문제는 다음과 같다. 그들이 더 얻을 것인가? 그들이 더 얻을 것이라고 생각할 이유가 전혀 없다. 노동자들은 그의 노동의 할인된 한계생산력의 가치만큼만 얻을 수 있을 뿐이다. 그 어떤 소란을 피운다고 해서 생산성이 올라가지는 않는다. 그래서 아무도 그의 고용자로부터 그가 버는 임금을 올릴 수 없다. 노동조합의 고임금 요구는 평상시와 같이 취급될 것이다. 즉, 그 산업에서의 노동인구 일부가 실업이란 비용을 치러야만 충족될 것이다. 그러나 이것은 임금에 과세가 되느냐와 상관없이 사실이다. 조세는 시장에서 정해지는 최종임금과 아무런 상관이 없다.

고용자에 의해 증가된 비용이 소비자들에게 전가될 것이라는 생각은 조세에 관한 가장 널리 퍼진 하나의 오류를 설명해준다. 이 오류란 사업가는 단순히 더 높아진 비용을 전방으로 소비자들에게 더 높아진 가격의 형태로 전가할 수 있다는 생각을 말한다. 이 책에서 설명된 모든 경제이론은 이 원리의 잘못을 보여준다. 왜냐하면 주어진 제품의 가격은 소비자들의 수요곡선에 의해 정해지기 때문이다. 더 높아진 비용들 혹은 더 높아진 조세들 그 어떤 것도 **그 자체로** 이 수요곡선을 증가시키지는 않는다. 그러므로 판매가격에서의 그 **어떤** 변화도, 더 높아졌건 아니면 더 낮아졌건, 관계되는 사업의 수입을 **감소시킬** 것이다. 왜냐하면, 각 기업은 시장에서 언제나 소비자들에 관해 '최대이윤지점'에 위치해 있는 경향을 지니고 있기 때문이다. 가격은 이미 그 사업에 최고의 수입을 주는 점에 있다. 그러므로 그 기업에 가해지는 더 높은 조세 혹은 다른 비용들은 소비자들에게 부드럽게, 그리고 쉽게 전가되기보다는 순수입을 감소시킬 것이다. 그래서 우리는 이런 중요한 결론에 도달한다. **그 어떤 조세도**(소득세뿐만 아니라) **결코 전방으로 전가될 수 없다.**

특히—그 어떤 유형이건—중과세가 특정 산업, 예컨대 주류산업에 부과되었다고 가정해보자. 그 효과가 무엇일까? 앞에서 지적했듯이 그 조세는 단순히 소비자들에게 '전가'되지는 않을 것이다.[43] 그 대신, 술의 가격은 마찬가지일 것이다. 기업들의 순소득은 줄어들 것이다. 이것은 자본과 기업에 대한 이득이 경제의 여타 산업들에 비해 낮을 것이라는 뜻이다. 한계적 주류생산기업은 손실을 볼 것이고 퇴출될 것이다. 그리고 일반적으로, 모든 종류의 생산적 자원들은 주류산업에서 여타 산업으로 유입될 것이다. 그러므로 **장기적 효과**는 생산된 술의 공급을 줄이고, 그래서 수요와 공급법칙에 의해 시장에 나온 주류의 가격을 인상시킬 것이다. 그러나 우리가 위에서 말한 것처럼, 이 과정—이런 손실이 경제 전체로 확산되는 것—은 '전가'라고 하기 어렵다. 왜냐하면 조세는 단순히 "다른 데 넘겨지는 것"이 아니다. 그것은 과세를 당하는 산업에 피해를 주는 것을 **통해** 소비자들에게로 침투할 뿐이다. 최종결과는 생산요소들의 왜곡일 것이다. 소비자들이 주류시장에서 선호했을 정도보다 더 적은 양의 재화들이 이제 생산될 것이다. 그리고 여타 산업에서는 재화들이 주류에 비해 상대적으로 너무 많이 생산될 것이다.

조세들은 한마디로 전방보다는 더 쉽게 "후방으로 전가될" 수 있다. 엄밀하게 말해, 최종결과는 전가가 아니다. 왜냐하면 이것은 고통이 없는 과정이 아니기 때문이다. 후방과정(생산요소들로의 후방)은 소비자들에 대한 효과보다 더 빨리 직접적으로 발생한다는 것은 분명하다. 왜냐하면 주류기업들이 보는 손실 혹은 줄어든 이윤은 즉각 토지, 노동 및 자본 등의 생산요소에 대한 수요를 줄일 것이기 때문이다. 이 줄어든 생산요소에 대한 수요계획은 주류산업에서 얻던 임금과 임대료를 인하시킬 것이다. 그리고 이렇게 낮아진 소득은 노동, 토지, 자본이 주류산업에서 이탈하여 여타 산업으로 유입하도록 유인하게 된다. 빠르게 발생하는 '후방이전'(backward-shifting)은 이 책에서 전개된 오스트리아학파의 소비와 생산이론과 조화를 이룬다. 왜냐하면 생산요소의 가격들은 이 요소들이 생산하는 재화들의 판매가격에 의해 결정되며 **그 반대가 아니기** 때문이다[단순한 '전방이전'(shifting-forward) 원칙은 그 반대가 결론이어야만 타당하다].

어떤 경우에는 간접적이지만 효과적인 독점특권을 한계 이상(supra-marginal) 기업들에게 부여해 주기 때문에, 그 산업 자체가 산업에 가해지는 조세를 환영할 수도 있다는 점에 유의해야 한다. 그래서 동일 금액의 면허세(flat licence tax)가 상대적으로 더 쉽게 면허료를 지불할 여유를 가질 수 있는, 더 자본화가 심한 기업들에게 특권을 부여해 주는 셈이다.

4) 전가와 귀착: 일반판매세

전방으로 전가되는 것으로 가정되는 조세의 가장 잘 알려진 예는 **일반판매세**(general sales tax)이다. 확실히 예컨대, 정부가 일률적으로 20% 조세를 모든 소매판매에 부과한다면, 그리고 과세가 모든 곳에서 마찬가지로 잘 집행된다고 단순화를 위해 가정하는 경우, 기업은 모든 가격의 20% 증가를 소비자들에게 '넘길' 것이다. 그러나 사실 가격이 오를 방법은 전혀 없다! 한 특정 산업의 경우에서처럼, 가격들은 그 기업으로서 최대 순 수익 점들에서 이전에 정해지거나 아니면 대략 그렇다. 재화나 요소의 공급량은 아직 변하지 않았으며, 그리고 수요곡선들도 변하지 않았다. 그렇다면 어떻게 가격이 상승할 수 있을 것인가? 게다가 만약 우리가 일반판매세를 다룰 때 적합한 방식으로 가격들의 일반적 분포를 보면, 재화와 화폐 측면으로부터 가격들은 화폐에 대한 수요와 공급에 의해 결정된다. 일반적으로 분포된 가격들이 상승하려면, 화폐공급의 증가가 있거나 화폐에 대한 수요의 감소가 있거나 아니면 둘 다 있어야만 한다. 일반판매세에는 이런 결정요인들의 변화를 야기할 수 있는 아무것도 존재하지 않는다.[44]

게다가 가격들에 대한 일반판매세의 장기적 효과는 일반판매세에 상응하는 부분물품세(partial excise tax)의 경우에 비해 더 작다. 주류와 같은 특정 산업에 대한 조세는 자원이 이 산업으로부터 유출되어 다른 산업으로 유입되도록 압력을 행사한다. 그러므로 세금이 붙는 상품의 상대적 가격은 궁극적으로 상승한다. 그러나 일률적으로 강제되는 판매세에는 그와 같은 자원이동의 여지가 없다.[45]

판매세가 전방으로 전가될 수 있다는 미신은 노동조합이 부과한 일반적 임금인상이 소비자들이 지불하는 더 높은 가격을 야기하고, 그래서 '인플레이션'을 야기하는 방식으로 다른 이들에게 전가될 수 있다는 미신에 필적한다. 여기에 일반적 가격들이 상승할 수 있는 방법은 전혀 존재하지 않으며, 그런 임금인상의 가능한 결과는 단지 대규모 실업일 뿐이다.[46]

일반판매세를 고려할 때 대다수 사람들은 소비자가 지불하는 가격에 일반판매세가 반드시 포함된다는 사실로 인해 오도(誤導)되곤 한다. 만약 누군가가 극장에 가서 1달러 입장료를 지불하면서 이 1달러에는 85센트의 가격과 15센트의 조세가 포함되어 있다는 눈에 잘 띄게 적혀있는 정보를 본다면, 그는 그 '가격'에 조세가 단순히 보태진 것이라고 결론내리는 경향이 있을 것이다. 그러나 1달러가 가격이지 85센트가 가격인 것은 아니다. 후자는 단순히 조세 이후 그 극장에 귀속될 수입을 나타내는 금액일 뿐이다. 그 극장의 수입은 결과적으로 조세를 지불해야 하므로 **감소되었다**.

이것이 정확하게 일반판매세의 결과이다. 일반판매세의 즉각적 충격은 그 조세만큼 기업들의 총수입을 줄인다. 물론 장기적으로는 기업들이 조세를 지불할 수 없다. 장기적으로는 총수입의 감소분은 후방으로 자본가의 이자수입에 귀속되고, 본원적 생산요소(original factors)—노동과 토지(ground land) 소유자의 임금과 임대료에 귀속된다. 소매기업들의 총수입 감소는 모든 고차(higher-order) 기업들의 제품에 대한 감소된 수요로 다시 반영된다. 일반판매세 부과의 주요 결과는 본원적 생산요소에 귀속되는 순 수입의 일반적 감소이다. 판매세는 본원적 생산요소의 수입에—이자에, 모든 임금에, 토지임대료에—**후방으로 전가**되었다. 모든 원천생산요소는 더 이상 할인된 한계생산만큼 벌지 못한다. 원천생산요소는 이제 할인된 한계가치생산(DMVP)보다—정부에 지불하는 판매세의 크기만큼—**더 적게** 벌게 된다.

이제 일반판매세의 귀착에 대한 분석을 조세의 혜택과 부담에 대한 앞서의 분석과 통합해 보자. 이런 통합은 조세수입이 결국 정부에 의해 지출된다는 것을 상기함으로써 이루어진다. 정부가 자신의 활동을 위한 자원을 얻기 위해 돈을 지출하는지 혹은 단순히 정부가 보조금을 지불하는 사람들에게 돈을 이전하는지와 상관없이, 정부 지출의 효과는 사적인 사람들의 손으로부터 소비와 투자수요를 정부 혹은 정부가 지지하는 개인들에게로 조세수입액만큼 **이전**(shift)하는 것이다. 조세는 궁극적으로 본원적 생산요소들의 소득에 부과되고 징수된 금액은 정부의 수중으로 넘어간다. 정부와 정부에 의해 보조받는 사람들의 소득은 생산자들이 부담하는 세금의 대가로 증대되었으며, 그래서 시장의 소비와 투자는 생산자로부터 조세액만큼 수용자들에게로 이전된다. 그 결과, 화폐단위의 가치는 변함이 없을 것이지만(조세납부자와 조세소비자 간의 화폐수요 차이를 제외하면), 수요의 변화에 따라 **상대가격체계도** 변화할 것이다. 그래서 만약 시장이 의류에 대해 집중적으로 지출하고, 정부가 무기구매에 대부분의 세

입을 지출한다면, 의류의 가격하락과 무기가격의 상승이 발생할 것이고, 특정 생산과정에 특화되지 않은 생산요소들은 의류의 생산으로부터 무기류의 생산으로 이동하는 경향이 나타날 것이다.

그 결과, 가정되었음직한 것처럼 20%의 일반판매세를 부과한 결과, 최종적으로 생산요소 소득이 비례적인 20% 하락을 나타내지는 않을 것이다. 민간에서 정부수요로 바뀌면서 사업이 종전보다 못해진 산업에 특화된 생산요소들은 비례 이상으로 소득의 손실이 발생할 것이고, 수요가 늘어나는 산업들에 특화된 생산요소들은 비례보다 더 적게 소득이 감소할 것이다―일부는 증대되는 폭이 충분히 커서 이런 변화로부터 소득이 오히려 상승할 것이다. 비(非)특화(non-specific) 생산요소들은 비례적인 만큼 영향받지는 않을 것이지만 이들도 한계가치생산에서의 구체적 변화가 가져다 줄 차이에 따라 손해를 보기도 하고 득을 보기도 할 것이다.

우리는 일반판매세가 **소비에 대한 징벌실패**(failure to tax consumption)의 현저한 예라는 점을 주의 깊게 인식할 필요가 있다. 판매세는 소득이나 자본보다는 소비를 벌하는 것으로 보통 **가정**되고 있다. 그러나 우리는 판매세가 소비만이 아니라 본원적 생산요소의 소득도 감소시킨다는 것을 알게 되었다. 비록 우연히 그렇게 되긴 했지만, **일반판매세는 결국 소득세이다.** 많은 '우익' 경제학자들이, 일반판매세가 저축-투자가 아니라 소비에 대해 과세한다는 것을 근거로 삼아 소득세에 반대하고 일반판매세를 주장하였다. 많은 '좌익' 경제학자들이 판매세를 같은 이유로 반대하였다. 양쪽이 모두 잘못 생각하고 있다. 판매세는 소득세이다. 비록 소득세치고는 우연하고도 불확실한 세금부담을 지닌 것이긴 하지만. 일반판매세의 주요 효과는 소득세의 효과와 같다 ―소비를 감소시키고 **아울러** 납세자들의 저축-투자를 감소시킨다.[47]

사실, 앞에서 살펴보았듯이 소득세는 그 속성상 소비보다는 저축-투자에 더 나쁜 영향을 주기 때문에, 우리는 역설적이고도 중요한 결론에 도달한다. 소비에 대한 조세는 궁극적 귀결에서는 소비보다 **저축-투자**에 더 나쁜 영향을 줄 것이다(소비세는 궁극적으로 소득세이므로―역주).

5) 토지가치에 대한 조세

조세가 가해지면 어디에서나 시장의 생산적 활동이 위축되고, 방해받고 왜곡된다. 임금에 대한 조세는 분명 노동력의 배분을 왜곡할 것이고, 이윤에 대한 조세는 경제의 이윤-손실의 동력을 마비시킬 것이며, 이자에 대한 조세는 자본의 소비를 조장하는 경향이 있을 것이다. 이 규칙에 대해 보통 인정받는 예외는 헨리 조지(Henry George)의 원칙, 즉 지표토지 소유자(ground landowner)는 아무런 생산적 기능을 수행하지 않으며, 그래서 정부는 안전하게 시장의 생산적 서비스의 공급을 줄이지 않으면서 입지가치(site value)에 대해 과세할 수 있다는 원칙이다. 이것은 이른바 유명한 '단일세'에 대한 도덕적 합리화와 구별되는 **경제적** 합리화이다. 불행하게도 이 기본적 가정에 대해 도전한 경제학자는 거의 없으며, 단일세의 제안이 일반적으로 순전히 실용적 근거—즉, "입지(site)가치를 토지가치의 증가로부터 구별해낼 실질적 방법이 별로 없다"는 근거—에서 혹은 보수적 근거—즉, "토지소유자들로부터 수용하기에는 이미 너무나 많은 것이 토지에 투자되어 있다"는 근거—에서 거부되고 있다.[48]

그러나 이 중심적 주장은 완전히 잘못된 것이다. 지표토지(ground land)의 소유자는 매우 중요한 생산적 서비스를 수행한다. 그는 입지들(land sites)을 발견하고, 사용되게 하며, 이것을 가장 가치생산적 호가를 제시하는 사람에게 배분한다. 우리는 토지의 물리적 총재고(stock)가 일정한 한 시점에서는 고정되어 있다는 사실에 현혹되지 말아야 한다. 토지의 경우, 다른 원자재와 마찬가지로 팔리는 것은 물리적 재화뿐만 아니라 이것과 더불어 제공되는 서비스의 전체 묶음이 팔리는 것이다. 그 가운데에는 판매자로부터 구매자에게 소유권을 이전하는 서비스, 그리고 그것을 매우 효과적으로 하는 서비스가 포함되어 있다. 지표토지는 그저 존재하는 것이 아니다. 그 소유자에 의해 사용자에게로 **서비스되어야만** 한다(물론, 토지가 수직적으로 통합되어 있으면, 한 사람이 두 가지 기능을 수행할 수 있다).[49]

토지소유자는 그 입지를 가장 가치생산적인 사용에, 즉 소비자들이 가장 원하는 사용처에 배분함으로써 최고의 지표토지 임대료를 얻는다. 특히, 우리는 **위치**(location)를 확실하게 가장 생산적인 장소가 되도록 확정하는 데 있어 입지소유자가 하는 서비스의 중요성을 간과해서는 안 된다. 장소들이 사용되게 하는 것과 그 위치를 결정하는 것은 '진실로' 생산적인 것이 아니라는 견해는 과거 고전학파의 견해, 즉 물리적인 것을 눈에 보이게 '창출하지' 않는 서비스는 '진정' 생산적인 것이 아니라는 견해의 잔재이다.[50] 실제로, 이 기능은 여타 어떤 기능과 마찬가지로 생산적이며, 결정적으로 중요하다. 이 기능의 방해와 파괴는 시장경제를 난파시킨다.[51]

6) '과잉 구매력'에 대한 과세

이런 조세이론의 정점에 있는 이론들에 대한 필연적인 주마간산격 개관에서, 우리는 단지 하나 더 논평할 공간밖에 가지고 있지 않다. 호황기에는 정부가 "과잉 구매력을 빨아들이기 위해" 조세를 증대시켜야 하며, 그리고 그렇게 함으로써 인플레이션을 정지시키고 경제를 안정화시켜야 한다는 아주 흔한 견해에 대한 비판이 그것이다. 우리는 인플레이션, 안정화정책, 그리고 경기변동의 문제를 아래에서 다룰 것이므로 여기에서는 **조세**가 아무튼 **가격**보다 사회적 비용이 더 적고, 부담이 더 적다고 가정하는 발상법의 어색함에 주목하자. 호황기에 A, B, C씨가 수중에 있는 돈으로 어떤 특정 시장가격, 예컨대 하나에 10달러 하는 어떤 상품—예컨대, 파이프—에 일정액을 지출한다고 가정하자. 정부가 이것이 가장 불행한 상황이며—어떤 자의적이고 공표되지 않은 기준에 의해—시장가격이 너무 높고, 따라서 국민으로부터 이들의 돈을 가져가는 과세를 함으로써 국민을 도와야만 한다고 결정한다. 정말 A, B, C가 파이프 가격을 8달러로 낮출 정도로 충분히 세금을 내게 되었다고 해보자. 이제 조세가 국민들의 자금이 축소된 만큼 커졌는데, 도대체 어떤 추론을 통해 국민들이 더 잘 살게 되었는가? 한마디로, '조세가격'(tax price)이 다른 재화들의 가격이 하락하도록 하기 위해 상승하였다. 구매자들이 자발적으로 지불하고 판매자들이 받아들인 가격이 도대체 왜 구매자들에게 '나쁘다'거나 혹은 부담을 준다고 할 수 있는가? 동시에 도대체 왜 이에 반해 동일한 구매자들이 필요하다는 것을 드러내지 않았던 의심스런 정부서비스에 대해서는 강제적으로 부과된 '가격'이 아무튼 '좋다'고 할 수 있는가? 왜 높은 가격은 부담스러운 것이지만 높은 조세는 그렇지 않다는 것인가?

9. 쌍방형 간섭: 정부지출[52]

1) 정부지출의 '생산적 기여'

정부지출은 사적 생산자들로부터 정부관료들이 선호하는 용도로의 강제적 이전이다. 정부지출을 두 가지 범주로 분류하는 것이 관례적이다. 자원사용(resource-using)과 이전(transfer). 자원사용 지출은 솔직하게 자원을 사회의 사적 개인들의 용도로부터 정부의 용도로 이전한다. 이것은 정부를 위해 일할 관료를 고용하는 형태를 취할 수도 있고 ―이런 고용은 노동자원을 직접 이전한다― 혹은 사기업으로부터 재화를 구입하는 형태를 취할 수도 있다. 정부가 폴에게 주기 위해 피터의 것을 가져갈 때, 이 이전지불(transfer payments)은 순수한 보조금 지출이 된다. 후자의 경우 정부가 '폴'에게 자신이 원하는 대로 돈을 배분하도록 돈을 주는 것은 사실이며, 어떤 의미에서는 우리는 두 가지 유형을 따로 분석할 수 있을 것이다. 그러나 여기에서 두 가지 유형의 유사성이 차이점보다 더 크다. 왜냐하면, 두 가지 경우 모두 자원이 사적 생산자들에게서 탈취되어 정부관료가 가장 좋다고 생각하는 용도로 이전되기 때문이다. 결국, 관료가 정부급료를 받을 때, 이 지불은 같은 의미에서 납세자들로부터의 '이전지불'(transfer payment)이며, 그 관료는 또한 수중에 있는 소득을 앞으로 어떻게 배분할지 자유롭게 결정할 수 있다. 두 가지 경우 모두, 돈과 자원은 생산자들로부터 이를 소비하거나 다르게 사용할 비(非)생산자들에게로 이전된다.[53]

정부에 대한 이런 유형의 분석은 별로 이루어지지 않았는데, 이는 경제학자들과 통계학자들이 정부지출은 정부의 사회에 대한 생산적 기여를 보여주는 지표라고, 상당히 경솔하게 가정하는 경향이 있었기 때문이다. 경제의 '사적 부문'에서 생산적 산출물의 가치는 소비자들이 그 산출물에 대해 자발적으로 지출하고자 하는 돈에 의해 민감하게 측정된다. 이에 반해, 기묘하게도 정부의 '생산적 산출물'은 정부에 대한 민간의 지출에 의해서가 아니라 정부 자체가 쓰는 것에 의해 측정된다! 정부지출의 단순한 증가가 정부의 경제에 대한 '생산적 기여'를 제고하는 서비스를 정말 제공한다면, 정부지출의 특별한 생산적 힘에 대한 터무니없는 엄청난 주장이 종종 제시

되는 것도 그리 놀랄 일이 아닐 것이다.[54]

그렇다면 도대체 정부의 생산적 기여는 **무엇인가**? 정부의 가치는 시장에서 평가되지 않고 정부에 대한 지불은 자발적이지 않으므로, 정부의 가치는 측정이 불가능하다. 그 지불이 순전히 자발적인지, 정부에 얼마가 지불되어야 하는지, 혹은 아예 각 지리적 지역에 하나의 중앙정부만 존재해야 할 것인지 그 여부를 안다는 것은 불가능하다. 그렇다면 우리가 아는 유일한 것은 과세하고 지출하는 과정이 소득과 자원을 사람들이 '사적 부문'에서 하였을 것으로부터 이탈하게 만든다는 사실이다. 그렇기 때문에, 우리가 내릴 수밖에 없는 결론은 정부의 경제에 대한 생산적 기여는 정확하게 영이라는 것이다. 게다가 정부서비스가 **어떤 정도의** 가치는 있다고 반론을 펼친다 하더라도, 우리는 다시 바스티아(Bastiat)가 지적한 다음의 오류에 빠지게 된다는 사실에 주목해야 한다. **보이지 않는 것**을 경시한 채 오직 **보이는 것**만 강조하는 것. 지금 운영되는 정부의 수력발전소는 눈에 보인다. 그러나 사적 개인들이 포기하도록 강요된 그 돈으로—소비재를 사든 아니면 생산재에 투자를 하든—하였을 것들은 눈에 보이지 않는다. 사실, 사적 소비자들은 그 돈으로 다른 어떤 것, 좀더 원했던 것, 그러므로 자신들의 관점에서 더 **생산적인** 어떤 것을 했을 것이기 때문에 우리는 정부의 과세와 지출로 발생한 생산성의 손실이 정부가 그 돈으로 하였던 그 어떤 기여보다 더 크다는 것에 대해 확신할 수 있다. 요컨대, 엄격하게 말해 사회에 생산성 하락을 초래하기 때문에 정부의 생산성은 영이 아니라 음이라고 할 수 있다.[55]

정부지출은 종종 '자본'을 창출하는 '투자'로 간주되기도 한다. 그리고 우리는 최근에 소비에트와 여타 다년도 계획경제국가가 정부활동을 통한 '자본'의 구축에 분주하다는 말을 많이 듣고 있다. 그러나 정부지출에 대해 '자본'이라는 용어를 사용하는 것은 적절하지 않다. 자본은 최종적 소비로 향한 길 위에 있는 생산적 재화의 지위이다. 어떤 유형의 분업경제에서도, 자본재는 발명가에 의해 그 자신을 위해서가 아니라 저차의 재화 혹은 궁극적으로 소비재를 만드는 데 사용하기 위해서 만들어진다. 한마디로, 투자지출의 성격은 문제의 재화가 투자자의 필요가 아니라 다른 사람—소비자—의 필요를 충족시키기 위해 사용된다. 그러나 정부가 자원을 사적 시장경제로부터 강제로 징발하는 것은 바로 정확하게 소비자들의 소망을 무시하는 것이다. 정부가 어떤 재화에 투자할 때 이것은 정부관료의 변덕에 봉사하기 위한 것이지 소비자들의 소망에 봉사하려는 것이 아니다. 그러므로 그 어떤 정부지출도 진정한 '투자'로 간주될 수 없으며, 그 어떤 정부소유 자산도 자본으로 볼 수 없다. 정부지출은 두 부분으로 나눌 수 있다. 정부관료와 정부보조금 수취인과 여타 비생산적 수취인들에 의한 **소비**지출, 그리고 정부관료가 정말 그들이 '자본'에 '투자'하고 있다고 믿고 있을 때 발생하는 **낭비**지출. 이 낭비지출은 **쓰레기** 자산(waste assets)을 만들어낸다.[56]

물론 정부로부터 특권을 부여받은 사람들의 소비는 사적 소비와는 다른 범주에 속한다. 왜냐하면 이 소비는 필연적으로 생산자의 사적 소비를 **희생하여 그 대가로** 얻어진 것이기 때문이다. 그러므로 우리는 전자를 '반(反)생산적 소비'라고 부를 수 있다.[57]

2) 보조금과 이전지급

이제 정부지출의 유형에 대해 좀더 깊게 살펴보자. 이전지출 혹은 보조금은 비효율적인 사람의 이득을 위해 효율적인 사람을 강제로 벌하기 때문에 시장을 왜곡한다(그리고 보조금을 받는 기업이나 개인이 보조금이 없었을 때 효율적이었더라도 시장왜곡이 발생하게 된다. 보조금을 받는 이들의 활동이 가장 경제적인 수준보다 더 많이 유발될 것이기 때문이다). 보조금은 비효율적 기업들의 생명을 연장시키고 시장의 유연성이 소비자 욕구를 충족시키는 것을 막는다. 정부보조금의 정도가 클수록 시장의 작동이 장애를 받게 되며, 자원이 비효율적 방식에 갇혀있게 되고, 모든 이의 생활수준이 낮아진다. 이에 더해, 정부가 간섭하고 보조금을 더 많이 지급할수록 사회에 계급갈등이 더 많이 만들어진다. 왜냐하면, 특정 개인과 집단이 서로 다른 개인이나 집단의 **희생 아래** 이득을 볼 것이기 때문이다. 과세, 그리고 보조금 지급의 과정이 더 광범위할수록, 사람들이 생산을 포기하고 생산 바깥에서 강제력에 의존해 살아가는 집단에 참여할 유인이 더 커진다. 생산이 아닌 정치에 더 많은 정력을 쏟게 되고, 정부가 점차 왜소해지는 생산기반에다가 국가-특권부여 계층의 소비를 감당할 더 크고 무거운 짐을 지우게 됨에 따라 생산과 생활수준은 점점 더 낮아질 것이다. 이 과정은 점차 가속이 붙게 될 것이다. 왜냐하면 그 어떤 활동에서이든 성공한 사람들은 변함없이 그것을 수행하는 데 가장 적합한 사람들인 경향이 있기 때문이다. 그러므로 자유시장에서 특별히 번영하는 사람들은 생산하고 동료들에게 서비스하는 데에 가장 정통한 사람들일 것이다. 이에 반해 보조금을 획득하는 정치적 투쟁에서 성공하는 사람들은 강제력을 휘두르거나 강제력을 지닌 자의 호의를 얻어내는 데 가장 정통한 사람들일 것이다. 일반적으로 서로 다른 사람들은 자신의 특기를 특화하여 서로 다른 범주에서 성공한 사람 속에 포함될 것이다. 게다가 양쪽에 모두 솜씨가 있는 사람에 대해, 조세보조금체제는 약탈적 솜씨를 장려하는 반면, 생산적 솜씨에 대해 벌을 준다.

흔히 보는 직접이전보조금의 사례가 정부의 **빈곤구제**(*poor relief*)제도이다. 국가빈곤구제는 분명히 **빈곤에 대한 보조금**(*subsidization of poverty*)이다. 왜냐하면, 사람들이 이제 자신의 빈곤으로 자동적으로 국가로부터 돈을 받을 자격을 얻기 때문이다. 그래서 여가로 인해 잃어버린 소득의 한계비(非)효용은 감소하고 빈곤은 증가하는 경향을 띤다. 이렇게 되면 빈곤의 증대는 이제 납세자들로부터 짜내서 충당해야 하는 보조금의 크기를 증대시킨다. 그래서 법률적으로 보조금을 받는 빈곤은, 경감시키고자 했던 바로 그 빈곤을 더욱 초래하는 경향이 있다. 일반적으로 그렇듯이, 빈민층에 대한 보조금이 아이의 수에 따라 더 커지면, 그렇지 않았을 경우에 비해 더 많은 수의 아이를 낳을 유인을 제공하며, 그래서 더 많은 수의 빈민들—그리고 더 의존적인 빈민들—을 만들어낸다.[58]

국가가 빈자에 대한 자선을 장려할 의도의 진실성은 정부의 두 가지 영속적인 강한 충동으로 측정된다. '자선소동'(*charity rackets*)을 억제하고, "정부가 거지들 개개인에게 충분한 먹거리를 주기 때문에"[59] 이들을 길거리로부터 몰아내려는 충동이 그것이다. 두 가지 조치들의 효과는 자발적인 개인적 자선을 작동하지 않게 만들고, 관료에 의해 승인된 통로나 이들과 연결된 경로를 통해서만 국민들이 다른 사람에게 선물을 줄 수 있도록 강제하는 것이다. 마찬가지로, 정부의 **실업구제**(*unemployment relief*)가 실업을 치유하는 데 도움을 주는 것으로 생각하는 경우가 많지만 실제효과는 정반대이다. 실업구제는 실업에 보조금을 주고 실업을 강화시킨다. 우리는 노동자들과 노동조합들이 제약받지 않는 시장에서 얻을 수 있었을 임금보다 더 높은 최저임금을 정할 때 실업이 발생한다는 것을 살펴보았다. 조세지원은 이 비현실적 최저수준을 유지하는 것을 도와주며, 그래서 실업기간을 연장시키고 문제를 악화시킨다.

3) 자원사용 활동

이제, 국가가 국민들에게 일종의 서비스를 제공한다고 공언하는, 자원을 사용하는 정부의 활동으로 돌아가 보자. 정부 '서비스'는 사용자들에게 무료로 제공되거나 혹은 일정 가격에 판매될 수 있다. 특히 '무료'서비스가 정부의 특징이다. 경찰과 군대의 보호, 소방, 교육, 공원, 그리고 물 공급 등이 그 예로 우리의 마음속에 떠오른다. 유의해야 할 첫 번째 점은 물론 이 서비스들이 진정으로 **무료**도 아니며 무료일 수 없다는 사실이다. 이 책 초반에서 살펴보았듯이 자유재(free good)는 재화일 수 없으며 따라서 인간행동의 대상이 아니다. 이것은 모든 이들을 위해 너무나 풍성하게 존재하고 있을 뿐이다. 만약 어떤 재화가 모든 이를 위해 충분히 풍부하게 존재하지 않는다면 이 자원은 희소하고, 이것을 공급하는 것은 사회가 여타 재화를 포기하는 비용을 치르게 한다. 그래서 이것은 공짜일 수 없다. '무료' 정부서비스를 제공하기 위해 필요한 자원들이 여타 생산으로부터 차출되어야 한다. 그러나 서비스에 대한 지불은 사용자에 의해 자발적 구매를 기초로 이루어지는 것이 아니라 납세자들에 대한 강제징수에 의해 이루어진다. 그 결과 **서비스에 대한 지불**과 **서비스 받기** 사이에 기본적 괴리가 존재한다. 이 괴리는 모든 정부활동에 내재되어 있다.

이 괴리와 '무료'서비스로부터 심각한 결과가 무수하게 발생한다. 가격이 자유시장가격보다 낮게 강제되는 모든 경우에서처럼, 그 재화에 대해 현재 공급할 수 있는 수준을 훨씬 넘어서는 어마어마한 초과수요가 자극을 받는다. 결과적으로, 무료재화에 대한 만성적 '공급부족,' 공급부족에 대한 끊임없는 불평, 초만원의 혼잡 등이 언제나 나타나게 될 것이다. 경찰부족, 특히 우범지역에서의 경찰부족, 공립학교시스템에서의 교사와 학교의 부족, 정부소유의 도로와 고속도로 등에서의 교통혼잡에 대한 마르지 않는 불평들이 그 실례이다. 자유시장의 어느 분야에서도 공급부족, 불충분, 저질의 서비스에 대한 그와 같은 만성적 불평이 있는 곳은 없다. 사기업의 모든 분야에서 기업은 소비자들이 자신의 제품을 더 많이 사도록 유혹하고 설득하려고 노력한다. 한편 정부가 소유하고 운영하는 곳에서는, 변함없이 소비자들에게 인내하고 희생하라고 요구하는 것을 볼 수 있으며, 공급부족과 결함이 항상 넘쳐난다. 그 어떤 사기업이 한 번이라도 뉴욕시 정부나 여타 정부들이 했던 일을 감히 할 수 있을지 의

심스럽다. 이들은 소비자들에게 물을 **덜** 쓰라고 열심히 타일렀다. 물 부족사태가 발생하면 그 부족에 대해 비난받아야 할 사람이 정부가 아니라 **소비자들**인 점이 정부운영의 또 하나의 특징이다. 희생하고, 덜 사용하라는 압력이 소비자들에게 가해지는 반면, 사기업 분야에서는 더 공급하라는 (기꺼이 받아들일) 압력이 기업들에게 가해진다.[60]

아마도 민간서비스 전통의 결여로 발생하는 정부(공)기업의 잘 알려진 비효율성은 경험적 우연에 불과한 것이 **아니다**. 이 비효율성은 모든 정부기업에 **본래 내재하고 있으며**, 무료 혹은 인위적으로 낮은 가격의 책정으로 조장된 초과공급은 이 조건의 많은 이유들 가운데 하나일 뿐이다.

무료공급은 이 서비스를 사용치 않는 납세자의 희생 아래 서비스 사용자에게 보조금을 주는 것일 뿐만 아니라, 또한 가장 필요한 곳에 그 서비스를 공급하는 데 실패하게 함으로써 자원을 잘못 배분한다. 비록 그 정도는 덜하지만, 가격이 자유시장가격보다 낮은 곳에서도 마찬가지이다. 자유시장에서는 소비자들이 가격결정을 좌우할 수 있고, 그래서 자신들이 필요한 것을 공급하도록 생산적 자원이 가장 잘 배분되는 것을 확보할 수 있다. 정부기업에서는 이것이 이루어질 수 없다. 무료서비스의 경우를 다시 들어보자. 가격의 책정이 없고 그래서 한계 이하의 사용자들(submarginal users)을 배제할 길이 없으므로, 정부가 비록 원한다고 하더라도 그 서비스를 가장 중요한 용도와 가장 적극적으로 원하는 구매자에게 배분할 수 없다. 모든 구매자, 모든 용도는 인위적으로 구분되지 않은 채 동일한 평면 위에 유지된다. 그 결과, 가장 중요한 용도들은 경시될 것이다. 정부는 **스스로 만족시키기 위해서도** 풀 수 없는, 극복할 수 없는 배분문제에 직면한다. 예를 들어, 정부는 다음과 같은 문제에 맞부딪칠 것이다. 우리는 도로를 A지점에 지어야 하는가, 아니면 B지점에 지어야 하는가? 정부가 이 결정을 내릴 수 있는 근거로 사용할 합리적 방법은 전혀 존재하지 않는다. 도로의 사적 소비자들을 최선의 방법으로 도와줄 수 없다. 통치관료의 변덕에 따라, 즉 마치 국민들이 아니라 **정부관료**가 '소비'하는 듯이 결정할 수 있을 뿐이다.[61] 만약 정부가 국민들에게 최선인 것을 하기 원한다면, 스스로 불가능한 과제를 떠안은 셈이다.

4) '사업방식'으로 운영되는 정부의 오류

정부는 서비스를 의도적으로 무료로 나눠줌으로써 보조금을 지불하거나 아니면 진정한 시장가격을 찾으려고, 즉 "사업방식으로 운영"하려고 정말 노력할 수도 있다. 후자는 종종 보수주의자에 의해 제기되는 외침—정부기업은 그 뿌리를 사업성에 두어야 하며, 재정적자가 종식되어야 한다는 등—이다. 대부분 이것은 가격인상을 의미한다. 그렇지만 이것이 합리적 해결책인가? 사적 시장부문에서 운영되고, 사적 시장으로부터 그 자원을 구매하는 정부기업은 그 서비스들에 대해 가격을 책정할 수 있고 자원을 효율적으로 배분할 수 있다고 하는 사람들이 있다. 그러나 이것은 정확하지 않다. 정부기업 내부에는 생각해볼 수 있는 모든 형태의 깊숙이 퍼져있는 **치명적 결함이 존재하며**, 이로 인해 불가피하게 비합리적 가격결정과 비효율적 자원배분을 하게 된다. 이 결함 때문에 정부기업은 정부의 의도가 아무리 강렬하더라도 **결코** '사업성'(*profitability*)에 기초해서 운영될 수 **없다**.

무엇이 이 치명적 결함인가? 이것은 정부가 실질적으로 거의 무제한적인(즉, 사회 전체의 부존자원에 의해서만 제약되는) 자원을 강제적 과세의 힘이라는 수단으로 획득할 수 있다는 사실을 말한다. 사기업은 반드시 그들의 자금을 사적 투자자들로부터 획득하여야 한다. 시간선호와 예측에 기초한, 투자자에 의한 자금의 배분은 가장 이윤이 많이 나고, 그래서 가장 서비스할 만한 용도로 자금을 '배급'한다. 사기업들은 자금을 **오로지** 소비자들과 투자자들로부터만 얻을 수 있다. 다시 말해, 사기업들은 그들의 서비스에 가치를 두는 사람들과 이윤을 기대하여 자신들이 저축한 자금으로 투자의 위험을 감수하려는 사람들로부터만 자금을 얻을 수 있다. 반복해 말하지만, 한마디로 시장에서는 대가의 지불과 서비스가 분리할 수 없을 정도로 연결되어 있다. 한편, 정부는 원하는 만큼 돈을 구할 수 있다. 그러므로 자유시장은, 우리가 자세하게 분석하였던 미래와 현재의 소비에 자금을 배분하고 모든 사람들에 대해 가장 가치생산적인 용도들에 자원을 향하게 하는 하나의 '메커니즘'을 제공한다. 그렇게 함으로써 자유시장은 최적용도를 보장하기 위해 사업가들에게 자원을 배분하고 서비스에 가격을 책정하는 수단을 제공한다. 그러나 정부는 자신을 묶어둘 고삐를 가지고 있지 않다. 즉, 자금획득을 허용받기 위해 이윤-손실 혹은 소비자에 대한 가치 높은 서비스와 같은 테스트를 충족시켜야 한다는 전제조건이 전혀 없다. 사기업의 자금획득은 오로지 가치를 알아주는 만족한 고객들, 그리고 현재와 예상되는 미래 이윤과 손실에 근거해서 투자하는 투자자들로부터만 가능하다. 정부는 스스로의 변덕에 따라 더 많은 자금을 얻을 수 있다.

고삐가 풀린 상태에서, 정부가 합리적으로 자원을 배분하고자 하는 계기도 역시 풀려 사라진다. 어떻게 정부가 도로 A와 도로 B 가운데 어느 것을 건설해야 할지, 혹은 도로와 학교 가운데 어디에 '투자'해야 할지 알 수 있겠는가—사실, 정부의 모든 활동을 위해 총 얼마를 써야 할지조차 어떻게 알 수 있겠는가? 정부가 자금을 배분하거나 더 나아가 얼마의 자금을 가질 것인지를 결정하는 것조차 그 어떤 합리적 방법도 존재하지 않는다. 선생들 혹은 학교교실 혹은 경찰 혹은 도로가 부족할 때, 정부와 그 지지자들은 단지 하나의 대답만을 가지고 있다. 더 많은 돈. 국민들은 자신들의 더 많은 돈을 포기하고 정부에 양도해 주어야 한다. 왜 자유시장에서는 이런 유형의 대답이 결코 제공되지 않는가? 그 이유는 돈이 항상 다른 여타 소비 혹은 투자의 용도로부터 인출되어야만 하고, 또 이 인출이 정당화되어야 하기 때문이다. 시장에서는, 이 정당화가 이윤과 손실의 테스트—소비자들의 가장 시급한 욕구들이 충족되고 있다는 표시—에 의해 제공된다. 만약 기업 혹은 제품이 그 소유자들에게 높은 이윤을 벌어주고 있고, 이 이윤이 지속될 것으로 예상된다면, 더 많은 돈이 **들어올 것이다**. 만약 그렇지 않고 손실을 입고 있다면, 돈은 그 산업으로부터 **빠져나갈 것이다**. 이윤-손실 테스트는 생산적 자원의 흐름의 물꼬를 잡아주는 핵심적 안내자 역할을 한다. 정부에는 그와 같은 안내자가 없으며, 그래서 총지출규모와 구체적 분야별로 **얼마나 많은** 돈을 지출해야 할지 결정할 합리적 방법이 없다. 더 많은 돈을 정부가 지출할수록, 물론 더 많은 서비스를 공급할 수 있다—그러나 어디에서 멈출 것인가?[62]

정부기업의 옹호자는 정부가 단지 사무국에 지시를 내려 마치 이윤을 내는 기업인 **것처럼** 행동하고 스스로 사기업과 같은 방식으로 자리를 잡으라고 하면 된다고 응수할지 모른다. 이 이론에는 두 가지 기본적 결함이 있다. ① 기업을 **흉내내는** 것은 불가능하다. 기업을 한다는 것은 자신의 돈을 투자의 위험에 내맡기는 것을 의미한다. 관료적 매니저들과 정치인들은 기업가적 능력을 개발하고 소비자 수요에 진정으로 적응하려는 실질적 동기를 가지고 있지 않다. 그들은 그 기업에서 자신의 돈을 잃어버릴 위험을 짊어지지 않는다. ② 인센티브의 문제를 제쳐 두더라도 가장 열성적인 매니저들이라 하더라도 사업가처럼 **기능할 수 없다**. 왜냐하면, 그 기업이 설립된 **이후**, 그 운영에 어떤 정성을 쏟든 그것과 상관없이 그 기업의 **최초** 설립은 정부 돈으로 이루어지고, 또한 강제적 징수에 의해 이루어진다. 치명적으로 자의적 요소가 그 기업의 생명 속에 처음부터 "구조화된다." 게다가 지출에 관한 장래의 결정들은 조세기금으로부터 이루어질 것이며, 따라서 동일한 결함에 노출되어 있다. 돈을 얻기 쉽다는 것은 본질적으로 정부기업의 운영을 왜곡할 것이다. 게다가 정부가 기업 E에 '투자'한다고 가정해 보자. 간섭받지 않고 그냥 두었을 때, 자유시장에서도 똑같은 기업에 투자가 일어났을 수도 있고 일어나지 않았을 수도 있다. 만약 투자가 이루어졌다면, 그 경제는 최소한 중간단계의 관료집단에게로 들어가는 '몫'으로 피해를 볼 것이다. 그럴 확률이 거의 확실하지만, 만약 투자가 이루어지지 않았다면, E에 대한 지출은 시장에서의 사적 효용의 왜곡이다—어떤 다른 쪽으로의 지출이 더 큰 화폐적 수익을 가져왔을 것이라는 것이 바로 논리적으로 뒤따른다. 정부기업은 사기업의 조건들을 복사해낼 수 없다는 것이 되풀이되는 논리적 귀결이다.

이에 더해, 정부기업의 설립은 사기업들에 대한 '불공정한'(*unfair*) 경쟁우위를 만들어낸다. 적어도 그 정부기업의 자본 일부는 서비스가 아니라 강제에 의해 획득되었기 때문이다. 정부가 보조금으로 사기업을 그 분야로부터 몰아낼 수 있다는 것은 분명하다. 동일한 산업에 대한 사적 투자는 크게 줄어들 것이다. 미래 투자자들은 특권적 정부 경쟁자들로부터 손실을 볼 것을 예상할 것이기 때문이다. 게다가 모든 서비스들은 소비자의 돈을 두고 경쟁하기 때문에 이 분야 이외의 투자를 포함한 모든 사적 투자가 어느 정도는 영향을 받고 방해를 받을 것이다. 새로운 정부기업이 시작되면, 이 기업의 존재가 두려움을 발생시킨다. 다른 산업의 기업가들이 이제 자신의 산업에도 정부기업이 들어설지 모르며, 이 산업 속의 기업들이 자산을 몰수당하거나 정부보조금을 받는 기업과 경쟁하지 않을 수 없게 되리라는 두려움을 가지게 될 것이다. 이 두려움은 생산적 투자를 억압하고 그래서 일반적 생활수준을 한층 더 하락시킨다.

정부소유의 '좌파' 옹호자에 의해 상당히 정확하게 사용되는 또 다른 주장은 이렇다. 만약 기업경영이 너무나 바람직스럽다면, 왜 그처럼 구불구불 둘러가는 길을 택하는가? 정부소유를 해체해버리고 전체 경영을 사기업에 완전히 맡겨버리면 되지 않는가? 그와 같이 명백한 이상(사적 소유)이 직접 추구될 수 있는데, 왜 이 이상을 그와 같이 정교하게 흉내내려고 하는가? 그러므로 정부 내부에 기업원칙들의 도입에 대한 요구는, 비록 요구 자체는 성공할지 모르지만 거의 이치에 닿지 않는 것이다.

많은 '기준들'이 저술가들에 의해 정부서비스들에 대한 안내자로서 제시되었다. 하나의 기준은 '한계비용'에 따른 가격결정을 지지한다. 그러나 우리가 위에서 밝힌 것처럼 이것은 거의 전혀 기준이 아니며, 비용에 의한 가격결정이라는 고전적 오류에 근거하고 있다. '한계'는 조사된 기간에 따라 변한다. 그리고 비용들은 사실 정태적인 것이 아니라 유동적이다. 비용은 가격들에 따라 변하므로 가격을 결말짓는 데 사용될 수 없다. 게다가 가격들은 최종균형에서만 평균비용과 같아지며, 현실세계에서는 균형은 이상적인 것으로 간주될 수 없다. **시장이 이 균형이라는 목표를 향해 움직이는 경향이 있을 뿐이다.** 마지막으로 정부운영비용은 자유시장에서 유사하게 운영하는 것에 비해 더 높을 것이다.[63]

정부기업은 그 기업이 속한 산업과 경제 전반에 걸쳐 사적 투자와 기업가정신을 방해하고 억압한다. 이뿐만 아니라 노동시장 전반을 분쇄시킨다. 왜냐하면 정부는, ① 잠재적으로 생산적 노동을 관료로 흡수해감으로써 생산과 그 사회의 생활수준을 저하시킬 것이고, ② 몰수한 자금을 사용하여 노동시장의 임금률보다 더 많이 지불할 수 있을 것이고, 그래서 정부 일자리를 탐색하는 사람들이 비생산적 관료기구를 팽창하라는 여론의 아우성을 만들어낼 것이며, ③ 정부의 세금으로 지지되는 높은 임금은 이것이 사적 산업에서의 시장임금을 반영하는 것으로 오인하도록 잘못 유도함으로써 원치 않는 실업을 만들어낸다.

정부경영의 비효율성들은 몇 가지 여타 요인들로 더 복잡해진다. 우리가 살펴보았듯이, 어떤 한 산업에서 경쟁하는 정부기업은 보통 사적 소유자들을 몰아낼 수 있다. 정부는 스스로에게 여러 가지 방식으로 보조금을 지불할 수 있고, 필요할 때 스스로에게 무제한의 자금을 공급할 수 있기 때문이다. 정부기업이 이런 조건들 아래에서조차 경쟁할 수 없는 경우에는 강제로 경쟁자들을 몰아내는 강제적 독점권을 정당한 이유 없이 스스로에게 귀속시킬 수 있다. 이것이 미국에서 우체국의 경우에 행해진 것이다.[64] 정부가 그래서 스스로에게 독점권을 부여하는 경우, 무료서비스와는 완전히 극단적인 반대방향으로 갈 수도 있다. 그 기업은 독점가격을 부과할 수 있다. 독점가격의 부과—이제 확인할 수 있을 정도로 자유시장가격과는 다른 가격의 부과—는 자원을 다시 왜곡시키고 특정 재화를 인위적으로 희소하게 만든다. 이것은 또한 엄청나게 저하된 질의 서비스를 허용하게 할 것이다. 정부독점기업은 고객들이 다른 곳으로 갈지 모른다거나 비효율성이 그 기업의 도산을 의미할 수 있다고 걱정할 필요가 없다.[65] 정부기업이 독점으로 작동하는 곳에다가 '사업원칙들'(business principles)을 요구하는 것은 특히 터무니없는 짓이다. 예컨대, 우체국이 '사업성' 아래 경영되어야 하며, 납세자에 의해 지불되어야 할 적자를 종식시켜야 한다는 요구가 주기적으로 제기되곤 한다. 그러나 내재적으로 또 필연적으로 비효율적인 정부기업의 적자를 종식시키는 것은 사업성에 기초하여 운영된다는 것을 의미하지 않는다. 비용을 감당하기 위해서는 가격이 독점가격에 도달할 만큼 충분히 높아서 정부의 비효율성을 위장하고 보상할 수 있어야 한다. 독점가격은 우편서비스의 사용자들에게 초과부담을 부과한다. 특히 그 독점은 강제된 것이기 때문에 더욱 그렇다. 한편, 우리는 앞서 독점자들조차도 소비자들의 수요스케줄을 지켜야 한다는 것을 알아보았다. 만약 이 수요스케줄이 충분히 탄력적이라면, 독점가격은 수입을 크게 감소시키거나 가격상승에 비해 수요를 너무나 감소시켜 더 높은 가격이 적자를 감소시키기보다는 오히려 이를 **증가시킬 것이다**. 그 현저한 사례가 최근 뉴욕시의 지하철시스템이었다.[66]

5) 계산혼란의 중심지

하나의 카르텔 혹은 하나의 기업은 경제 전체의 모든 생산수단을 소유하게 되면 합리적 방식으로 가격을 계산할 수 없고, 생산요소를 배분할 수 없기 때문에 그렇게 될 수 없다는 것을 제10장에서 살펴보았다. 그리고 이것이 국가사회주의가 왜 합리적으로 계획할 수 없고 자원을 배분할 수 없는지 설명해 주는 이유라는 것을 알았다. 더 나아가 우리는 시장에서 두 가지 혹은 더 많은 단계들이 수직적으로 완전히 통합될 수 없다는 것을 확인하였다. 왜냐하면 완전한 통합은 시장 전체의 일부분을 배제하기 때문에 계산적, 배분적 대혼란의 섬, 즉 이윤과 소비자의 최대만족을 위한 최적의 계획을 불가능하게 하는 섬을 만들어 낼 것이기 때문이다.

단순한 정부소유의 경우, 여전히 이 논제의 또 다른 확장은 자명해진다. 왜냐하면 정부기업마다 **각각 자신의** 대혼란의 섬을 경제 내부에 도입하기 때문이다. **완전한 사회주의가 대혼란의 효력을 발휘하기 시작하도록 기다릴 필요가 전혀 없다.** 그 어떤 정부기업도 생산요소들과 기금들의 가격들과 비용들을 합리적으로, 즉 후생을 극대화하는 방식으로 결정할 수 없거나 이들을 배분할 수 없다. 그 어떤 정부기업도 비록 그런 욕구가 혹시 존재한다고 하더라도 결코 '사업'으로는 확립될 수 없었을 것이다. 그래서 그 어떤 정부운영도 혼란의 요소를 경제 내부에 주입한다. 그리고 모든 시장은 경제 내에 서로 연관되어 있으므로, 모든 정부의 활동은 생산요소의 가격과 소비/투자비율 등의 가격결정과 생산요소의 배분을 무너뜨리고 왜곡한다. 모든 정부기업은 자금의 배분을 대중이 원하는 목적들과는 다른 목적들에 배분하도록 강제함으로써 소비자들의 사회적 효용을 낮출 뿐만 아니라 시장을 왜곡하고 계산적 혼란을 확산시킴으로써 (일부 관료의 효용을 포함하여) 모든 이의 효용을 낮춘다. 물론, 정부소유의 범위가 더 클수록 그 충격은 더 커질 것이다.

6) 갈등과 명령의 지위

순수한 경제적 효과를 제외하고도, 정부소유는 사회에 다른 종류의 나쁜 영향을 준다. 정부소유는 필연적으로 자유시장의 조화를 갈등으로 대체한다. 정부서비스는 한 집합의 정책결정자들에 의한 서비스를 의미하기 때문에 획일적 서비스를 의미하게 되었다. 직접 혹은 간접적으로 정부서비스에 대해 지불하도록 강제된 모든 사람의 욕구는 충족될 수 없다. 단지 일부 형태의 서비스가 정부기관에 의해 생산될 수 있고 생산될 것이다. 그 결과, 정부기업은 최선의 서비스 형태에 대해 서로 다른 생각을 지닌 시민들 사이에 엄청난 특권계급을 만들어낸다. 최종적 결과로 정부기업은 모든 다른 이의 가치들을 그 기업 자체의 가치나 혹은 한 집합의 고객가치로 대체하는 데 거의 실패하지 않는다. 자유시장이 무수한 개인들의 다양한 선호에 알맞게 공급하는 높은 품질의 다양한 서비스와는 대조적으로 인위적으로 표준화된 조악한 질의 서비스—정부 취향 혹은 행정적 편의에 짜 맞춘 서비스—가 지배할 것이다.

최근 몇 년 동안 미국의 국공립학교는 그와 같은 문제와 갈등의 인상적 사례였다. 일부 학부모들은 인종적으로 분리된 학교를 선호한다. 다른 이들은 인종적으로 통합된 교육을 선호한다. 일부 학부모들은 자녀가 사회주의를 교육받기 원한다. 다른 이들은 학교가 반(反)사회주의 교육을 해주기 원한다. 정부가 이런 갈등을 해결할 수 있는 방법은 전혀 없다. 정부는 단지 한 집단의 의지를 강제로 강요하고 다른 이들이 불만족하고 불행하도록 내버려둘 수 있을 뿐이다. 어떤 유형의 학교가 선택되든 상관없이 일부 학부모는 고통받을 것이다. 한편, 수요가 있는 서비스라면 어떤 유형의 것이라도 공급하는 자유시장에서는 그런 갈등이 없다. 시장에서는 인종분리, 혹은 인종통합, 친사회주의 혹은 개인주의 학교를 원하는 사람들이 자신의 욕구를 충족시킬 수 있다. 그러므로 사적 서비스 제공에 대비된 정부에 의한 서비스의 제공은 많은 인구의 생활수준을 하락시킨다.

경제 전반에서 정부소유의 정도는 나라마다 다르지만, **모든** 나라에서 국가가 그 사회에 명령하는 지위(command posts)에 해당하는 핵심적 신경센터들의 소유와 독점을 확보하고 있다. 국가가 이 명령지위들에 대한 강제적인 독점적 소유를 획득하였으며, 증명도 하지 않은 채 이들 분야에서는 사적 소유와 사기업은 단지, 그리고 선험적으로 불가능하다고 언제나 단언한다.

그와 같이 중요한 명령적 지위란 국방, 화폐(주조와 최근에는 지폐 발행), 강과 연근해, 차도와 고속도로, 토지 일반—'공공영역'(public domain)과 '토지수용력'(power of eminent domain)—그리고 우체국을 말한다. 시민들로부터 조세를 받아내기 위한 능력은 물리력의 실질적 독점에 달려있기 때문에 국방기능은 국가의 존재에 특히 결정적이다. 비록 항상 독점화되는 것은 아니지만, 국가가 차지하는 또 다른 중요한 명령지위는 교육이다. 정부교육은 젊은이의 영혼에 앞으로 그 통치 아래 살아야 할 정부의 미덕과 정부간섭 원칙의 미덕을 수용하도록 영향을 줄 수 있기 때문이다. 국공립학교에서의 '사회주의 성향의' 교육을 공격하는 보수주의자들은 특히 공격의 방향을 완전히 잘못 잡은 것이다. 왜냐하면, 극공립학교가 존재하고 따라서 이것이 좋은 것이라고 예단된다는 바로 그 사실이 거의 무료인 수업료를 정부소유의 미덕으로 실례로서 가르치기 때문이다. 그리고 만약 정부소유가 좋은 것이며 학교교육에서는 정부

소유가 더 선호할 만한 것이라면, 다른 교육적 매체—예컨대 신문과 같은 매체—나 다른 중요한 사회적 서비스에 대해서는 정부소유로 하지 않을 이유가 있는가?

정부가 학교교육에 대한 강제적 독점을 가지지 않은 곳에서조차, 정부는 모든 아동을 국공립학교 혹은 정부에 의해 승인된 사립학교에 강제로 다니게 함으로써 이 강제적 독점의 이상에 근접하고자 하고 있다. 의무교육은 학교교육을 원치 않거나 이로부터 득을 볼 수 없는 사람들까지 학교로 오게 하고, 이들을 여가나 취업과 같은 경쟁적 분야에서 강제로 몰아낸다.

7) '공공'소유의 오류

최종적으로 정부소유는 '공공'(public)소유라고 자주 언급되곤 한다['공공영역', '공립학교'(public schools), '공공부문'(public sector)]. 그 시사점은 정부가 어떤 것을 소유할 때 일반대중의 모든 구성원이 그 자산의 동등한 몫을 소유한다는 것이다. 그러나 우리는 소유의 중요한 측면은 법적 형식성이 아니라 실질적 규칙이며, 정부소유 아래 그 자산을 통제하고 지시하는, 따라서 '소유'하는 사람은 정부의 관리이다. 자신이 그 자산을 소유하고 있다고 생각하는 '일반대중' 가운데 그 누구든지 정부자산 중 자신의 등분 부분을 개인적 용도를 위해 충당하려고 시도해 보면, 자신의 이론을 시험할 수 있을 것이다.[67, 68]

정부의 지배자들이 '공공'자산을 소유하는 반면, 이들의 소유권은 장기적으로 확보된 것이 아니다. 왜냐하면 그들은 언제나 선거에서 패할 수 있고, 그 자리에서 쫓겨날 수 있기 때문이다. 그래서 정부관료는 자신들을 '공공'자원들에 대한 유일한 임시적 소유자로 간주하는 경향이 있다. 사적 소유자는 자신의 자산과 그 자본가치를 확실히 지니고 있어서 자신의 자원의 용도를 장기에 걸쳐 계획할 수 있는 반면, 정부관리는 '그의' 자산을 가능한 한 재빨리 착취하여야 한다. 재직(보유)기간에 대한 확실성을 가지고 있지 않기 때문이다. 그리고 가장 안정적으로 기반을 굳힌 국민의 봉사자라 하더라도 틀림없이 현재의 용도에 집중할 것이다. 왜냐하면 관리들은 보통 사적 소유자들과는 달리 그들의 자산의 자본화된 가치를 자신의 것으로 현금화할 수 없기 때문이다. 한마디로, 물려받는 군주의 '사적 자산'(private property)의 경우를 제외하고는 정부관리들은 자원의 자본가치가 아니라 현재 **용도**를 소유한다. 그러나 만약 어떤 자원이 그 자체로서는 소유될 수 없는 반면 그 현재 용도만을 소유할 수 있으면, 그 자원의 비경제적 고갈이 빠르게 뒤따르게 될 것이다. 왜냐하면 그 자원을 긴 기간 동안 보존하는 것은 그 누구의 이득도 되지 않을 것이지만, 그것을 빨리 사용하는 것이 각 소유자의 이득이 되기 때문이다. 그렇다면, 거의 모든 저술가가 앵무새처럼 다음과 같은 개념을 되풀이하는 것은 특별히 기이한 일이다. 시간선호를 지닌 사적 소유자들이 그들의 자원을 사용함에서 '단기적 견해'를 지니고 있음에 틀림없지만, 오직 정부관료들만이 '장기적 관점'을 발휘하기에 적합한 사람이다. 진실은 정확하게 그 반대이다. 자본소유를 확보하는 사적 개인이야말로 자신의 자원의 자본가치를 유지하는 데 대한 관심으로 장기적 관점을 취할 여유를 가지고 있다. 취할 것을 취하고 달아나야 할, 자신이 지시를 내리는 위치에 있는 동안 재빨리 그 자산으로부터 이익을 빠르게 취할 사람은 바로 정부관료이다.[69]

8) 사회보장

구체적 정부활동에 대한 논의를 마치기 전에, 우리는 매우 특이하게 대중적 인기를 얻고 있는 정부지출 유형에 주목할 필요가 있다. '사회보장'. 사회보장은 임금근로자의 소득을 몰수한 다음, 임금근로자 스스로 할 수 있는 것보다 더 현명하게 그 돈을 투자하여 나중에 임금근로자가 노인이 되었을 때 그 돈을 지불해 주는 것으로 대부분의 사람들이 생각하고 있다. '사회보험'으로 간주된다면 사회보장은 전형적 정부기업의 예이다. 프리미엄(기여금)과 혜택 사이에 아무런 연관이 없으며, 혜택은 정치적 압력의 영향 아래 해마다 바뀐다. 자유시장에서는 원하는 사람은 누구나 보험연금에 투자하거나 주식이나 부동산에 투자할 수 있다. 모든 사람들에게 자신의 자금을 정부에 이전하도록 강제하면 그 사람은 효용을 잃게 된다. 그래서 액면 그대로 보더라도, 사회보장 프로그램의 대중적 인기를 이해하기 어렵다. 그러나 사회보장 프로그램의 진정한 본질은 대중들이 생각하는 이미지와는 크게 다르다. 왜냐하면 정부는 세금(사회보장기여금)으로 거둬들인 그 기금을 투자하는 것이 **아니기** 때문이다. 정부는 정부 자신에게—나중에 혜택을 줘야 할 만기가 돌아오면 현금화되어야 하는

―자신이 발행한 채권을 주면서 단지 그 돈을 지출할 따름이다. 혜택으로 나눠줄 그 현금은 물론 **다시 추가적** 과세를 통해서만 획득될 수 있다. 그래서 일반대중은 사회보장의 한 번의 지불을 위해 두 번 지불해야 한다. 이 프로그램은 본질적으로 저소득, 임금근로자 집단의 일반적 조세를 더 입에 맞도록 하려는 것일 뿐이다.

9) 사회주의와 중앙계획경제

정부소유와 통제가 전체 생산시스템으로 확대되면, 그 경제시스템은 **사회주의**라고 불린다. 사회주의는 한마디로 국가에 의한 시장의 과격한 철폐, 국가에 의한 생산분야 전체의 독점화이다. 어떤 경제이건 이 경제가 조직되는 방식은 단 두 가지만 있을 뿐이다. 하나는 자유와 자발적 선택에 의한 것―시장의 방식―이다. 다른 하나는 강제와 명령에 의한 것―국가(the State)의 방식―이다. 경제학에 무지한 사람들에게는 시장의 방식이 무정부적 혼돈과 혼란일 뿐이고, 이에 반해 국가의 방식은 진정한 조직화와 '중앙계획'인 것처럼 보인다. 그러나 이와는 정반대로 우리는 이 책에서 시장이 모든 개인들의 욕구를 충족시키는 데 얼마나 놀랍고도 유연한 메커니즘인지 알게 되었다. 한편 국가의 운영 혹은 간섭은 훨씬 더 비효율적이며, 많은 파생되고 축적되는 자체문제들을 만들어낸다. 이에 더해, 진정한 생산재 시장과 생산재의 가격결정이 배제된 사회주의 국가는 계산**할 수 없고**, 그래서 매우 혼란된 방식으로 생산시스템을 운영할 수밖에 없다. 사회주의 경제학―사회주의에 관한 경제학 전체―은 여기에서 제대로 다룰 수 없으며, 조금만 건드릴 수밖에 없다. 사회주의 아래에서 경제계산의 불가능성에 대한 미제스의 논증이 결코 논박된 적이 없었는데, 사회주의 경제학의 대혼란은 이 점을 언급하는 것으로 충분할 것이다.[70]

여기에서 우리는 사회주의 경제학에 대해 몇 가지만 언급해도 될 것이다. 그 하나는, 소유가 **실제에서는**(de facto) 자원의 통제이기 때문에, 나치, 파시스트, 혹은 여타 '중앙계획' 체제는 공식적으로 재산을 국유화하는 공산주의체제 만큼이나 '사회주의'이다.[71] 둘째, 오늘날의 세계에서 사회주의의 정도는 미합중국과 같은 나라에서는 **과소**평가되고 있는 반면 소비에트 러시아에서는 **과대**평가되고 있다. 미합중국에서 민간기업들에게 **대출해 주는** 정부의 팽창이 일반적으로 간과되고 있기 때문에 사회주의의 정도가 과소평가되고 있다. 이 책의 앞쪽에서 밝혔듯이, 대출자는 그의 법적 지위와 상관없이 기업가이자 부분적 소유자이기 때문이다. 사회주의의 정도가 과대평가되는 것은 대부분의 저술가들이 사회주의 국가라 하더라도 구소련은 세상의 여타 부분에서 존재하는 자유시장을 참조할 수 있는 한, 완전한 사회주의를 할 수 없다는 점을 간과하기 때문이다. 한마디로, 단 하나의 사회주의 국가 혹은 사회주의 국가 블록은 불가피하게 계획하는 데 있어 엄청난 곤란과 낭비를 경험하는 반면, 실제 구소련은 세계시장을 참고할 수 있으며 그래서 적어도 그 시장으로부터 일종의 생산재의 합리적 가격책정을 흐릿하게나마 추정해볼 수 있다.[72] 이런 부분적 사회주의 계획의 잘 알려진 낭비와 잘못들은, 하나의 **세계** 사회주의 국가였더라면 벌어졌을 **총체적** 계산혼란 아래 경험했을 것에 비하면 아무것도 아니다. 사회주의 국가에서 계획의 정도를 감소시키는 또 하나의 별로 주목받지 못하는 요인이, 특히 숨기기 쉬운 상품들(캔디, 담배, 스타킹 등)의 '암시장' 활동이다. 더 부피가 나가는 상품들, 기록위조와 광범위한 뇌물공여는 일종의 제한된 시장―모든 사회주의 계획들을 어지럽히는 시장―을 만들어낼 수 있다.[73]

이에 더해, 중앙집권적으로 '계획된' 경제는 중앙집권적으로 **금지된** 경제라는 점에 주목해야 한다. 사회영역에서는 계획되는 것이 공학적 청사진의 무생명의 기계가 아니라 사람이기 때문에 이른바 '사회공학'이라는 개념은 우리를 현혹시키는 은유이다. 그리고 모든 개인은 본성에서 항상 법률에 의해서는 아니라고 하더라도 스스로 소유하는 자(self-owner)이고, 스스로 시작하는 자(self-starter), 즉 스스로 활력을 만드는 자(a self-energizer)이기 때문에, 이것은(사회주의 아래에서는 반드시, 강제력과 폭력에 의해 뒷받침되어야 하는) 중앙의 지시들이 실질적으로 모든 개인들로 하여금 자신이 가장 원하거나 자신에게 가장 적합하다고 생각하는 것을 하지 못하게 **금지한다**는 의미이다. 한마디로, 만약 중앙계획위원회가 X와 Y에게 핀스크에서 트럭운전수로 일하라고 명령한다면, 이것은 X와 Y는 효과적으로, 그리고 강압적으로 이들이 자발적으로 하였을 일을 하는 것을 **금지당한다**는 의미이다. 아마도 X는 항만노동자가 되려고 레닌그라드에 갔을 수 있고, 아마도 Y는 그의 일터에서 땜질을 하려고 자신이 살던 곳 주변에 머물며 매우 유용한 새로운 설비를 발명했을 수 있다.

이 점은 중앙계획의 또 다른 심각한 결함을 보여준다. 발명들, 혁신들, 기술적 발전들, 이런 것들은 그 속성상 또 정의상 미리 예측될 수 없으며, 따라서 중앙집권적으로, 관료적으로 **계획될 수 없다**. **언제 무엇이** 발명될지 아무도 알 수 없을 뿐만 아니라 누가 그 발명을 할지 아무도 알 수 없다. 어떤 한 시점에 **정해진** 목적들과 **정해진** 수단과 기술들에 대해서도, 중앙집권적으로 금지된 경제는 명백히 너무나 불합리하고 비효율적이지만, 만약 발명과 신개발의 흐름이 사회에서 바람직하다면, 이 금지경제는 훨씬 더 무능력할 것이다. 관료주의, 이것은 변화가 없는 정체체제를 계획하기에도 너무나 무능력하지만, 진보하는 체제를 계획하는 데 있어서는 망막할 정도로 무능하다.[74][75]

10. 성장, 풍요, 그리고 정부

1) 성장의 문제

최근 몇 년 동안 경제학자들과 저널리스트들은 다 같이 새로운 개념 '성장'을 매우 강조하고 있고, 경제저술도 '우리'가 몇 % 성장률을 다음 해, 혹은 다가 올 십 년에 이룰 것인지에 대한 '숫자놀음'에 몰두하고 있다. 그런 저술들은 X국가의 더 높은 성장률과 비교하고, '우리'가 서둘러 대응해야 한다는 등의 논의로 가득 차 있다. 이런 성장에 대한 관심 속에 거의 다루어지지 않은 많은 중요한 문제들이 있다. 무엇보다도 먼저 지적될 수 있는 것은 매우 간단한 질문이다. "성장이 무엇이 그렇게 좋은 것인가?" 경제학자들은 과학적으로 성장에 대해 탐구하면서 부적절하게도 그들의 과학에 윤리적 판단을 은밀히 불러들였다. 분석되지 않은 채 남아 있는 윤리적 판단이 마치 자명한 것처럼 취급한 것이다. 그러나 왜 성장이 우리가 달성하려고 노력해야 할 가장 고귀한 가치일까? 그 윤리적 정당성은 무엇인가? 성장, 생물학으로부터 또 하나의 의심스러운 은유로부터 받아들인 성장은 대개의 사람들에게 좋은 것으로 '느껴지지만', 이것은 적절한 윤리분석이 되기 힘들다. 많은 것들이 바람직한 것으로 받아들여진다. 그러나 자유시장에서는 모든 사람이 바람직한 것 가운데 서로 다른 양을 그 가격과 비교하여 선택하거나 선택을 포기한다. 마찬가지로 성장은, 우리가 지금 보게 되겠지만, 성장과 서로 경쟁하는 가치들 사이에 균형이 잡히고 중요성이 저울질되어야 한다. 적정한 고려를 해보면, 성장을 '유일한' 절대적 가치로 여기는 사람은 별로 없을 것이다. 만약 그렇다면 왜 연간성장률을 5% 혹은 8%에서 멈추는가? 왜 50%면 안 되는가?

진정한 경제학자라면 그저 성장을 지지하는 것과 같은 완전히 부적절한 일을 할 수 없다. 경제학자가 할 수 있는 일은 성장이 다양한 사회조건들에서 의미하는 것들을 대비하는 것이다. 예를 들어, 자유시장에서 모든 사람은 자신이 '현재 소비'에 비해 얼마 정도의 미래 성장을 원하는지 결정한다. '성장', 즉 미래 생활수준의 향상은 이 책을 통해 암묵적으로 분명히 해온 것이지만, 단지 몇 가지 정의할 수 있는 방식으로만 달성될 수 있다. 더 많고 더 좋은 자원이 발견될 수 있거나, 혹은 더 많고 더 나은 사람들이 태어날 수 있거나, 기술이 개선될 수 있거나, 아니면 자본재 구조가 장기화되고 자본이 증대되어야 한다. 실제에서는 자원은 이를 발견하고 개발하려면 자본이 필요하다. 또 기술진보도 생산에 적용되려면 자본투자를 통해서만 가능하다. 아울러 기업가적 재능도 투자를 통해서만 적용될 수 있다. 또 노동공급의 증가는 단기적인 경제적 고려들과는 상대적으로 독립적이고, 1인당 생산물을 낮춤으로써 맬서스가 말한 방식으로 다시 불리한 결과를 가져올 수 있다. 이런 점들을 감안할 때 결국 성장을 이룰 수 있는 유일한 실행가능한 길은 저축과 투자의 증대뿐이다. 자유시장에서는 각 개인은 현재 얼마를 소비하기 원하는지에 대비하여 얼마나 저축할 것인지, 얼마나 미래의 생활수준을 높일 것인지 결정한다. 이런 자발적인 개인의 결정들의 순 결과가 그 국가 혹은 전 세계의 자본투자율이다. 이 총계는 모든 소비자, 모든 개인의 자발적인 자유로운 결정의 반영이다. 그러므로 '성장'을 하나의 목적으로 간주하는 것을 보증해 주는 것은 경제학자가 할 일이 아니다. 만약 그렇게 한다면, 특히 이를 정당화하는 윤리이론을 제시하지 않는다면, 그는 이를 통해 경제학에 비과학적이고 자의적인 가치판단을 주입하는 것이다. 그는 단순히 자유시장에서 모든 이가 획득하고자 선택하는 정도만큼 '성장'을 얻고 있고, 더 나아가 사람들 전체는 저축하고 투자하는 다른 사람들의 자발적 저축으로부터 크게 이득을 보고 있다고 말하여야 한다.

만약 정부가 보조금 혹은 정부의 직접소유를 통해 사회적 성장률에 박차를 가하려고 한다면 어떤 일이 벌어질까? 그러면 경제학자는 전체 상황이 바뀐다는 것을 지적하여야 한다. 이제 더 이상 각자가 그가 생각하기에 최선이라고 보는 **성장**을 선택하지 않는다. 이제 강제저축과 투자가 일어나고 있어서 투자는 어떤 개인들의 **강요된** 저축이라는 대가를 지불하고서 이루어질 수 있다. 한마디로, 만약 A, B와 C가 강제투자로부터 생활수준이 상승하고 있기 때문에 **성장**하고 있다면, 그들은 강제로 저축하게 된 D, E와 F의 희생의 대가로 그런 것이다. 이제 더 이상 우리는 활동중인 각자의 사회적 생활수준이 상승하고 있다고 말할 수 없다. 강제성장 아래에서는 일부 사람들—즉, 강제적으로 저축을 당한 사람들—은 확실히, 그리고 드러나게 **손실**을 본다. 그들은 뒤쪽으로 **성장**한다. 여기에 정부의 간섭이 사회의 성장률을 **결코** 높일 수 없는 하나의 이유가 있다. 왜냐하면 개인들은 시장에서 자유롭게 행동할 때 행동하는 모든 이가 모든 이에게 혜택을 줄 수 있으며, 그래서 성장은 진정하게 '사회적'이 된다. 즉, 사회의 모든 이에 의해 참여된 채 성장이 일어난다. 그러나 정부가 성장을 강제하면, 다른 이들의 후퇴의 대가로 일부 사람들만이 성장한다. 따라서 이런 경우에 대해 **가치중립적** 경제학자는 '사회'가 성장한다고 전혀 말할 수 없다.

  그러므로 성장은 모든 이에게 적용되는 유일한 절대적 가치가 아니라는 점은 명백하다. 사람들은 모두 시장에서 일을 여가에 대비하여, 모든 재화를 다른 재화들에 대비하여 그 가치를 저울질하는 것과 마찬가지로, 성장을 소비와 대비하여 그 가치를 저울질한다. 만약 우리가 '사회'라는 존재가 개인들과 별개로 존재할 수 없다는 것을 완전하게 깨닫는다면, '사회'는 그 구성원 일부 혹은 대부분에게 손실을 부과하면서 성장할 수 없다는 것은 분명하다. 예를 들어, 인구 대부분이 '성장'을 원하지 않는 어떤 한 공동체가 있다고 해보자. 그들은 차라리 매우 열심히 일하려 하지 않고 또 많이 저축하지 않는 대신 나무 아래 늘어져 쉬고, 딸기를 따고 게임하기를 원한다고 해보자. 여기에 미래 어느 시점에 '성장'하기 위해 이 사람들에게 일과 저축을 강요하는 '정부'를 편드는 것은 현재와 가까운 장래에 인구 대부분의 생활수준을 강제로 낮추는 것을 지지한다는 의미가 된다. 어떤 식의 것이든 달성된 생산은 이런 구조 아래에서는 아무리 그 크기가 크더라도, 사회를 위한 '성장'이 아닐 것이다. 반대로 일부 사람들뿐만 아니라 대부분의 사람들에게 이것은 퇴보일 것이다. 실제로는 그 자신의 윤리적 견해—즉, 열심히 일하고 저축하는 것이 여가보다 낫다는 견해—를 사회의 '다른' 구성원들에게 강제로 부과하는 것이므로, 경제학자는 '과학적으로' 강제성장을 주장할 수는 없다. 사람들은 그 결과 효용을 크게 잃게 된다.

더 나아가 강제저축의 경우에 '저축하는 사람'이 자신의 희생의 혜택을 수확하는 것이 아니라 이들 대신 정부관료들 혹은 다른 수혜자들이 누리게 된다는 점을 강조할 필요가 있다. 이런 것들이 자유시장과 대조되는 사실들이다. 자유시장에서는 사람들은 '자신들이' 원하는 어떤 구체적 보상을 거둘 것이기 때문에, 정확하게 바로 그것 때문에 저축하고 투자한다.

강제성장체제에서는 '사회'는 성장할 수 없고, 그 체제 아래에서의 조건들은 자유시장 아래에서와는 완전히 다르다. 정말 강제성장체제가 지닌 것은 자유시장에 반대하고 정부에 찬성하는 일종의 '무임승차자' 주장이다. 이 체제에서는 다양한 '무임승차자'들이 무리를 지어 함께 '다른' 사람들에게 절약하도록 강제한다—자신들이 무임승차하여 혜택을 볼 수 있도록.[76]

우리가 이 문제들을 논외로 하더라도, 강제력을 휘두르는 무임승차자들이 강제저축과 같은 방법으로 얼마나 많이 혜택을 볼 수 있을지는 의심스럽다. 위에서 다룬 많은 고려들이 이제 그 위력을 드러낸다. 우선, 강제적 무임승차자들의 성장과 성공은 생산을 위축시키고 더 많은 사람들과 에너지를 생산으로부터 착취, 즉 강제적 무임승차 쪽으로 이동시킨다. 둘째, 만약 정부 자체가 다른 이들의 강제저축을 가져가서 '투자'한다면 그 결과는 많은 이유로, 진정한 투자가 아니라 자산 '낭비'이다. 강제저축들로부터 구축된 자본은 소비자들에게 혜택을 주는 것이 아니라, 대개 낭비되고 흩어져 없어진다. 정부가 다양한 민간투자에 보조금을 주는 데 그 돈을 사용한다 하더라도, 그 결과는 여전히 심각하다. 그 투자들이 진정한 소비자들의 수요와 시장의 이윤-손실신호에 비춰볼 때 비경제적이어서 오(誤)투자('잘못된' 투자)가 되어버리기 때문이다. 정부가 보조금들을 철폐하고 모든 자본이 소비자들에게 봉사하는 데 있어 동등하게 경쟁하도록 하는 순간, 이 투자들 가운데 얼마나 살아남을 것인지 의문이다.

여기에서 구(舊)소련의 경제성장과 같은 경험적 문제를 다룰 의도는 없지만, 우리는 그러리라고 여겨지는 소련의 엄청난 성장률에 대해 최근 제기된 법석을 언급함으로써 우리 분석에 대한 예증을 할 수 있다. 기이하게도 '성장'이 거의 전적으로 철제와 철강, 수력발전소 등과 같은 자본재에서 일어나고 있는 데 반해, 이런 성장이 평균적 소련 소비자의 생활수준으로까지 밑으로 스며든 것은 거의 없거나 전혀 없다. 소비자의 생활수준은 전 생산과정의 궁극적 목적이자 종착점이다. '생산'은 '소비'를 위한 수단이 아니라면 아무런 의미가 없다. 자본재에 대한 투자는 증가된 소비로 가는 '필요한 중간 경유지'로서 의미를 가질 뿐이다. 자본투자가 자유시장에서 일어날 때에는, 다른 이들의 소비재를 박탈하는 것이 아니다. 현재의 일부 소비보다는 투자를 자발적으로 선택한 사람들이 저축한다. 원하지 않음에도 불구하고, 현재의 소비를 희생하도록 강요당하는 사람은 아무도 없다. 그 결과, 모든 이의 생활수준은 지속적으로 부드럽게 투자가 증가함에 따라 향상된다. 그러나 소련 혹은 여타 강제투자의 체제는 대부분의 사람들의 생활수준을—확실히 가까운 장래의 생활수준을—'저하시킨다'. 최종적으로 생활수준이 향상되어 (약속했던) '하늘 위의 파이'(pie-in-the-sky)를 먹는 날은 대부분 도달하지 않을 것이라는 조짐은 무수히 많다. 한마디로 정부 '투자'는 위에서 살펴본 것처럼, 정부관료들에 의한 특별한 형태의 낭비적 소비임이 드러났다.[77]

또 다른 고려도 우리의 결론에 힘을 보탠다. 라흐만 교수는 끊임없이 경제학자들이 일반적으로 망각하는 것을 일깨워주고 있다. 즉, '자본'은 거기에 더 보태지거나 뺄 수 있는 동질적 반죽과 같은 것이 아니라는 것이다. 자본은 자본재들이 복잡하고도 미묘하게 서로 뒤얽힌 '구조'이다. 이 구조의 미묘한 밧줄의 가닥들은 서로 정확하게 조화되어야 한다. 그렇지 않으면 오(誤)투자가 일어난다. 시장은 그런 조정이 일어나는 거의 자동적인 조정장치이다. 우리는 이 책 전반을 통해 어떻게 자유시장이 가격체제와 이윤-손실기준을 가지고 생산과 서로 다른 생산의 가닥들을 조정하고, 그 어떤 가닥도 앞뒤가 맞지 않게 크게 벗어나지 않도록 해주는지에 대해 알아보았다.[78]

그러나 사회주의 혹은 대대적 정부투자 아래에서는 그와 같이 조절하고 조화시키는 장치가 없다. 자유로운 가격체계와 이윤-손실기준이 없는 상태에서는 정부는 단지 올바른 분야들에, 올바른 제품들을 혹은 올바른 장소들에 적절하게 투자할 수 없기 때문에 계속 실수를 저지르게 될 뿐이다. 멋진 지하철이 지어질 것이지만 기관차를 움직이는 바퀴를 구할 수 없을 것이다. 거대한 댐이 지어지지만 전기를 보낼 구리 전선을 구할 수 없을 것이다. 정부계획에 너무나 특징적인 이런 갑작스런 공급과잉이나 부족들은 정부에 의한 대규모 오(誤)투자의 귀결이다.[79] 성장에 대한 현재의 논쟁은 어떤 의미에서는 '우익' 경제학자들이 '좌익' 적수들과 끝없는 논쟁의 와중에 저지른 결정적 실수의 결과이다. 가장 고귀한 '정치적' 목적으로서 자유와 자유로운 선택을 강조하는 대신, 우익 경제학자들은 저축, 투자, 그리고 경제성장을 조장하는 **공리주의적 수단**(utilitarian means)으로서 자유의 중요성을 강조했다. 우리가 위에서 살펴보았듯이 누진 소득세의 보수주의적 반대자들이 저축과 투자를 소비보다 더 크고 높은 선(善)으로 여기고, 그래서 암묵적으로 자유시장의 저축/소비비율을 비판하는 오류의 함정에 자주 빠졌었다. 여기에서도 우리는 자유시장에 대한 암묵적이면서 자의적인 비판으로 빠진 마찬가지 실수의 또 다른 예를 보게 된다. 강제성장에 대한 현대 '좌파' 지지자는 보수주의자들의 '훌륭한' 주장을 보수주의자를 공격하는 부메랑으로 사용하여 결과적으로 반대파에게 다음과 같이 말한다. "잘 알았어. 너는 저축과 투자가 성장과 경제진보로 이끌기 때문에 결정적으로 중요하다고 주장했어. 그래 맞아. 그러나 너희 자신들도 암묵적으로 인정한 바이지만 자유시장의 저축과 투자비율은 정말 너무나 낮아. 그렇다면 왜 시장에 의존하려고 하지? 왜 정부를 이용해서 더 많은 저축과 투자를 강요하게 해서 성장에 속도를 내는 건 어때? 자본도 더 빨리 축적되도록 하는 건 어때?" 보수주의자들이 그들의 친숙한 주장들을 반복함으로써 역공할 수 없다는 것은 분명하다. 여기에서 적절한 대응은 우리가 설명하고 있는 분석이다. 요약하자면, ① 어떤 권리를 가지고 너는 사람들이 자신들이 자발적으로 원하는 정도보다 더 빨리 성장'해야만' 한다고 주장하는 거지? ② 강요된 성장은 사회 전체를 자유롭게 선택된 성장만큼 이롭게 하지 않아. 그래서 그건 '사회적 성장'이 아니야. 어떤 사람은 이득을 보겠지만—그것도 어떤 먼 장래에—다른 사람의 퇴보의 희생 아래에서이지. ③ 정부투자 혹은 정부보조가 들어가는 투자는 오(誤)투자이거나 투자가 전혀 아니야. 단지 정부관료들의 위신을 위한 자산낭비 혹은 낭비적 '소비'이지.

그렇다면 실제로는 무엇이 경제'성장'인가? 그 어떤 적절한 정의도 반드시 사람들의 목적들을 위해 사용할 수 있는 경제적 수단의 증가를 확실히 포함하고 있어야 한다. 요약하자면, 사람들의 만족의 증가 혹은 바우어(P. T. Bauer)의 표현처럼, "사람들에게 열려있는 효과적인 대안적 수단들의 범위의 증가"가 있어야 한다. 그와 같은 정의를 쓸 때, 강제저축은 사람들의 유효한 선택의 대안들을 강제로 없애거나 제한하는 것은 경제성장을 앞당길 수 없다. 그리고 자발적인 사적 소비를 소홀히 하는 정부 '투자'가 사람들이 선택할 수 있는 대안들을 늘린다고 말하기는 매우 어렵다. 오히려 거의 정반대이다.[80]

마지막으로, '성장'이라는 용어 그 자체가 생물학으로부터의 은유가 인간행위의 분야로 부적절하게 수입된 것이다.[81] '성장'과 '성장률'은 어떤 유형의 자동적 필요성 혹은 불가피성을 내포하고 있고, 많은 사람들에게는 자명하게 바람직한 것이라는 '가치가 실린' 의미를 담고 있다.[82]

성장에 대한 법석과 함께 '저개발국'에 대한 엄청난 문헌이 생성되었다. 우리는 여기에서 단지 몇 가지 고려에 대해서만 언급할 수 있다. 첫째, 널리 퍼져있는 인상과는 달리 '신고전파' 경제학은 그 어떤 국가들과 마찬가지로 저개발국에도 완전하게 적용된다. 사실, 바우어가 강조한 것처럼, 저개발국에서는 많은 사람들이 화폐경제에서 물물교환경제로 되돌아가는 추가적 대안을 가지고 있다는 점에서 어떤 의미에서는 경제원리가 저개발국가들에서 더 엄격하게 적용된다. 저개발국도 더 발전된 국가와 마찬가지 방식으로만 성장할 수 있다. 즉, 대개 자본투자를 통해. 이 책을 통해 그 윤곽을 보여주었던 경제법칙들은 특정 공동체, 혹은 국가경제의 구체적 내용과 독립적이며, 따라서 그 발전수준과도 독립적이다. 둘째, 저개발국들은 특히 제철소 혹은 댐과 같은 프로젝트에 대한 낭비적이고, 극적이며, 거대한 정부 '투자'를 하기 쉽다. 이런 정부투자는 개선된 농기구에 대한 투자처럼 경제성이 있지만 극적이지 않은 사적 투자에 크게 대비된다.[83, 84] 셋째, '저개발'이라는 용어는 특정 국가들이 어떤 종류의 부과된 수준보다 더 낮은 '너무 적은' 수준에 머물러 있다는 것을 암시하기 때문에 분명 가치판단이 깔려 있으며, 중립적이지 않다. 위긴스(Wiggins)와 쇼익(Schoeck)이 지적하는 것처럼 '비(非)개발'이 더 객관적 용어일 것이다.[85]

대중적 인기가 엄청나게 폭발했기 때문에 최근 나타난 로스토우(Rostow) 교수의 '경제성장 단계들'에 대해 무언가 언급할 필요가 있다. "맑스에 대한 그 대답"으로서 강력하게 추천된(마치 맑스에 대해 종전에는 '대답'이 없었던 것처럼) 로스토우의 경제성장 단계론은 경제성장을 각각의 근대국가가 통과하는 다섯 단계로 나누고 있다. 이 단계들은 '이륙'(take-off) 주변에 몰려있으며, 이륙의 '조건들'을 포함하고 있고, 이륙으로부터 '성숙'(maturity)으로 나아가고, 그리고 마지막 단계로 '고도 대중소비'(high mass-consumption)단계에 접어든다.[85] 로스토우는 어떤 종류의 자동적 성장률을 가정하는 흔한 오류에다가 다음과 같은 그 자신만의 많은 다른 오류들을 보태고 있다. ① 존재하지도 않는 '역사의 법칙들'에 대한 성과를 낼 수 없는 근대적 탐구를 재개하고, ② 19세기 말 독일사상의 진부한 오류를 통해 그와 같은 '법칙들', 즉 (각각의 자의적 단계는 아무튼 자동적으로 다음 단계로 넘어가게 운명이 정해져 있는) '역사의 단계'를 발견하고, ③ 순전히 **기술**을 경제발전의 **원천**으로 지나치게 강조하였는데, 이 점은 다른 방식에서처럼 대부분의 비판가들이 깨닫고 있는 것보다 맑스와 더 밀접한 부분이며, ④ 정부와 사기업을 동등한 '기업가정신'의 역량을 지닌 것처럼 의도적으로 둘을 혼합하였다. 그리고 ⑤ '이륙'하기 이전에는 주로 정부에 의해 공급되어야 할 '사회간접자본'(social overhead capital)이라는 잘못된 개념에 의존하였다. 사실, 우리가 살펴본 것처럼 경제의 각 단계마다 각 단계의 특유한 법칙 아래 놓이게 되는 그런 서로 다른 단계들은 존재하지 않는다. 각 단계는 그 어떤 발전단계에도 적용되며 어떤 정도의 '성장'도 설명하는 하나의 경제학 아래에 놓여 있을 뿐이다. 로스토우의 최종단계인 '대중소비'단계는 특히 의심스럽다. 영국의 산업혁명이란, 대중소비단계보다 더 앞선 '이륙'단계 때 공장에서 만든 값싼 섬유제품들로의 생산의 이동보다 더 특징적이었던 것은 무엇이었는가? 대중소비는 산업혁명이 시작되면서부터 이미 산업혁명의 특징이었다. 대중소비는 널리 퍼진 신화와는 달리, 1950년대에 새로이 나타난 조건이 아니다.[87, 88]

2) 갈브레이스 교수와 풍요라는 죄

20세기 초엽, 지식인들이 자본주의체제를 고발한 주요 내용은 근거 없이 주장된 '독점'의 만연이었다. 1930년대에는 대규모 실업과 빈곤(한 국가의 3분의 1)이 전면에 부상하였다. 현재에는 점증하는 풍요와 번영이 빈곤과 실업의 주제를 매우 희미하게 만들었고, 유일하게 심각한 '독점'은 노동조합의 독점인 듯하다. 두 가지 모순되는 비판이 이제 무르익고 있다. ① 자본주의가 충분히 빠르게 '성장'하지 않는다는 것과, ② 자본주의의 고민은 우리를 너무 '풍요롭게' 만든다는 것이다. 부의 과잉이 자본주의의 비극적 결함으로서 갑자기 빈곤의 자리를 대신 차지하게 되었다.[89] 얼핏 보면 이 후기 비판들이 모순되어 보인다. 왜냐하면 자본주의가 동시에 너무 많은 재화를 생산한다고 단죄를 받으면서 충분히 빨리 재화의 생산을 증대시키지 못한다고 고발당하고 있기 때문이다. 특히 대표적 풍요의 죄에 대한 비판가인 갈브레이스 교수가 그렇게 한 것처럼, 동일인이 두 가지 측면에서 공격할 때 이 모순이 더 명백하게 드러나는 것 같다.[90] 그러나《월스트리트저널》에서 지적한 것처럼 이것은 전혀 모순이 아니다. 왜냐하면 지나친 풍요는 모두 '사적 부문', 즉 소비자들에 의해 향유되는 재화들이 그렇다는 것이고, 결핍 혹은 '기아'는 더 성장될 필요가 있는 '공공부문'에 있기 때문이다.[91]《풍요로운 사회》(The Affluent Society)는 논리적으로 추론된 주장 대신 독단적 단언과 통시대적으로 쓰이는 수사적 도구들에 의해 뒷받침되고 있는 오류들로 가득 차 있지만,[92] 이 책의 엄청난 인기는 우리가 이 책을 고려해 볼 필요가 있음을 말해준다. 경제학을 공격하는 대부분의 '경제학자들'의 경우처럼 갈브레이스 교수는 경제이론이 인간본성에 대한 영원한 사실들에 기초하는 것이 아니라 서로 다른 역사적 시기에 따라 어떤 형태로든 달라지는 상대적인 것이라고 믿는 역사주의자이다. '통상적'(conventional) 경제이론은 현재 이전의 '빈곤'시대에서는 참이었다고 단언한다. 그러나 이제 우리는 수세기 동안의 긴 빈곤의 시대로부터 뛰쳐나와 '풍요의 시대'로 접어들었고, 그와 같은 시대에는 완전히 다른 경제이론이 필요하다는 것이다. 갈브레이스는 또한 개념들이 본질적으로 "사건들에 의해 논박된다고"(refuted by events) 믿는 철학적 오류를 범하고 있다. 정반대로 인간행위에서는 자연과학들과 대조적으로 개념들은 단지 '다른' 개념들에 의해 논박될 수 있다. 사건들 자체는 단지 올바른 개념들에 의해 이해될 필요가 있는 복잡한 결과들일 뿐이다.

그의 저작 전편에 걸쳐 퍼져 있는 갈브레이스의 가장 큰 오류는 '빈곤'과 '풍요'라는 카테고리의 자의성이다. 그는 어느 곳에서도 이 용어들이 의미하는 바를 정의하고 있지 않다. 그래서 그는 그 어느 곳에서도 우리가 이론적으로조차 '빈곤'과 '풍요'라는 마법적 경계선을 언제 지나게 되는지 알 수 있는 기준을 제시하고 있지 않다. 이런 기준의 제시는 완전히 새로운 경제이론이 탄생되어야 가능한 것이다. 이 책과 대부분의 다른 경제학 저술은 경제과학이 어떤 자의적 부(富)의 수준에 의존하지 '않는다'는 것을 명확하게 하고 있다. 기본적 인간행동학의 법칙은 모든 사람에 대해 모든 시대에 걸쳐 적용되는 사실이고, 교환경제에서의 교환법칙들은 교환이 일어나는 곳에서는 어디에서나 적용되는 사실이다.

갈브레이스는 다른 경제학자들에 의해서는 억제되었으나 자신이 그 중요성을 발견했다고 믿는 것, 즉 재화의 한계효용은 그 사람의 소득이 증가함에 따라 감소하며 그래서 한 사람의 마지막 천 달러는 그에게 그의 생존의 한계인 처음 천 달러만큼 가치를 지니지 않는다는 사실을 자주 이용한다. 그러나 이 사실은 대개의 경제학자에게 친숙한 것이며 예를 들어, 이 책도 이를 포함하고 있다. 재화의 한계효용은 확실히 소득이 증대됨에 따라 감소한다. 그러나 사람들이 마지막 천 달러를 위해 계속 일하며, 기회가 주어지면 더 많은 돈을 벌기 위해 일한다. 바로 이 사실은 결론적으로 재화의 한계효용이 일하기 때문에 잃어버리게 된 여가보다 여전히 더 크다는 것을 보여준다. 갈브레이스의 숨겨진 오류는 **수량적** 가정(quantitative assumption)에 들어 있다. 재화의 한계효용이 어떤 사람의 소득이 높아지고 부가 쌓이면서 **떨어진다**는 단순한 사실로부터 갈브레이스는 아무튼 재화의 한계효용이 이미 **거의** 혹은 **실제로** 영으로 떨어졌다고 결론짓고 있다. 한계효용이 감소한다는 사실은 우리에게 이 **감소**의 정도에 대해서는 아무것도 말해 주지 않음에도 불구하고 갈브레이스는 거의 전부가 감소한다고 자의적으로 가정하고 있다. 모든 경제학자들, 가장 **통상적인** 경제학자조차 현대에 소득이 증가함에 따라 근로자들이 이 소득의 더 많은 부분을 여가의 형태로 가지기를 선택했다는 것을 알고 있다. 이것은 경제학자들이 이른바 재화의 한계효용이 그 공급이 늘어남에 따라 일반적으로 감소하는 경향이 있다는 이른바 억압된 진실에 대해 오랫동안 친숙했다는 증거일 것이다. 경제학자들이 여가가 소비재란 점은 인정하지만 다른 재화들은 공급이 늘어남에 따라 그 가치가 감소한다는 점을 인정하지 **않고 있다**고 갈브레이스는 재반박한다. 이것은 확실히 잘못된 주장이다. 경제학자들이 아는 것은 문명이 재화의 공급을 팽창시킴에 따라 재화들의 한계효용이 감소하고, **이와 동시에** 잃어버린 여가의 한계효용(노동의 기회비용)은 증가하며, 이에 따라 더 많은 실질소득이 여가의 형태로 "취해진다"는 점이다. 이 친숙한 사실 속에 놀랍거나 파괴적이거나 혹은 혁명적인 그 어떤 것도 없다.

갈브레이스에 의하면, 경제학자는 의도적으로 '욕망의 포화상태'란 망령을 무시한다. 그러나 경제학자들은 매우 적절하게 그렇게 하고 있다. 왜냐하면 욕구들이—혹은 교환할 수 있는 재화에 대한 욕구들이—정말 포화되면, 우리는 모두 그것을 곧 알게 될 것이기 때문이다. 욕구포화상태의 점에서는 모든 사람이 일하기를 멈출 것이고, 토지를 최종적 소비재로 변형시키려는 노력을 중지할 것이다. 생산을 계속할 필요도 없을 것이다. 소비재(consumers' goods)에 대한 모든 필요가 공급되었거나 아니면 최소한 생산될 수 있거나 교환될 수 있는 모든 소비재에 대한 필요가 공급되었기 때문이다. 이 시점에서 모든 이가 일하기를 멈출 것이고, 시장경제—정말, **모든 경제**—가 멈출 것이고, 수단이 목적과 관련해서 더 이상 희소하지 않게 될 것이며, 모든 이들이 천국에서 느긋이 몸을 녹일 것이다. 나는 이런 시점이 아직 오지 않았으며 오리라는 아무런 징조도 없다는 것이 자명하다고 생각한다. 만약 이런 일이 어느 날 벌어진다면, 경제학자들은 대부분의 사람들과 마찬가지로 저주가 아니라 기쁨으로 반겨 맞을 것이다. '우울한 과학'의 연구자로서 훌륭한 평판에도 불구하고 경제학자들은 자원의 희소성을 주장한다고 해서 심리적이든 여타의 것이든 아무런 기득권도 얻을 것이 없다.

  희소성이 사라지는 일이 벌어지기 전까지 이 세상은 여전히 희소성의 세상이다. 희소한 수단들이 여러 대체적 목적들에 적용되어야 한다. 노동은 여전히 필요하다. 사람들은 소득의 마지막 천 달러를 얻기 위해 여전히 일하고, 만약 다시 천 달러가 제시되면 이를 기쁘게 받아들일 것이다. 우리는 또 하나의 예측을 과감하게 해보려 한다. 사람들에게 추가적 (실질) 연간소득 몇 천 달러를 주면 받아들일지, 이것으로 무엇을 할 것인지를 묻는 비공식적 여론조사를 하면, 지나친 풍요나 욕구의 포화로—혹은 그 외 어떤 이유로든—이 제안을 거부할 사람은 아무도 없을 것이다. 그들의 증가된 부를 어떻게 처분해야 할지 난감해할 사람은 거의 없다. 물론, 갈브레이스 교수는 이 모든 것에 대해 대답을 가지고 있다. 그는 말한다. 이런 욕구들은 실제적이거나 진정한 것이 아니며, 이것들은 광고업자들과 그 고객들인 제조업자들에 의해 대중에게 '창출된' 것이다. 생산 그 자체가 그와 같은 광고를 통해 그 생산이 공급하고자 하는 욕구를 '창출'한다.

  갈브레이스의 과잉풍요의 이론 전체는 이처럼 소비자 욕구가 사업 자체에 의해 인위적으로 만들어졌다는 취약한 단정 위에 근거해 있다. 이 이론은 반복되는 단언에 의해서만 뒷받침될 뿐—아마도 갈브레이스의 세정제와 꼬리지느러미에 대한 분명해 보이는 혐오를 제외하고는 —그 어떤 증거로도 뒷받침되지 못한 근거 없는 주장이다. 더구나, 욕구를 창출하고 소비자의 존엄성을 낮추는 사악한 광고에 대한 공격은 확실히 반(反)자본주의자의 무기창고 속에 있는 통상적 무기 중 가장 진부한 것이다.[93]

갈브레이스의 광고에 대한 관습적 공격에는 많은 오류가 있다. 우선, 광고가 소비자 측에 욕구와 수요를 '창출한다'는 것은 옳지 않다. 광고는 분명 소비자들이 그 제품을 구매하도록 설득하기 위해 노력한다. 그러나 광고가 욕구나 수요를 **창출**할 수는 없다. 왜냐하면 사람은 자신의 행동을 결정할 근거가 되는 생각이나 가치를—그 생각이나 가치가 건전한 것인지 아닌지—스스로 **채택**하여야만 하기 때문이다. 여기에서 갈브레이스는 단순한 형태의—광고가 소비자들에게 미치는—결정론을 가정하고 있으며, 모든 결정론자들과 마찬가지로 그는 그 자신과 같은—설명이 되지 않은 채 광고에 의해 영향**받지 않는**—사람들에 대한 암묵적 탈출조항을 남겨두고 있다. 만약 광고에 의한 결정론이 사실이라면, 어떻게 일부 사람들은 돌진해서 그 제품을 사지만, 이에 비해 갈브레이스 교수는 광고에 결연히 의분으로 저항하고 광고를 비난하는 책을 쓸 수 있는가?[94]

둘째, 갈브레이스는 우리에게 어떤 욕구가 그렇게 '창출된' 것이고, 어떤 것이 정당한 것인지에 대한 어떤 기준도 제시하지 않고 있다. 그가 빈곤에 대해 강조하는 것으로 보아, 독자들은 그가 생존수준을 상회하는 욕구는 가짜이며, 광고에 의해 창출된 것이라고 생각한다고 볼 수 있다. 물론, 그는 이런 견해에 대한 증거는 아무 것도 제시하지 않는다. 그러나 우리가 아래에서 더 살펴보겠지만, 이런 그의 견해는 공공 혹은 정부에 의해 유도되는 욕구에 관한 그의 견해와 일관되지 않는다.

셋째, 갈브레이스는 주어진 욕구를 더 잘 충족시키는 것과 새로운 욕구를 유발하는 것을 구별하지 못하고 있다. 우리가 생존선상을 넘어서는 **모든** 욕구는 '창출'된 것이라는 극단적이고 근거 없는 견해를 취하지 않는 한, 우리는 갈브레이스의 가정들에 의해 사업가에게 붙여진 차라리 기이한 행동에 주목할 필요가 있다. 왜 사업가가 소비자들이 **이미** 가지고 있는 욕구를 더 낫고 싼 방법으로 충족시키는 방법을 찾는 것이 훨씬 더 손쉬운데, 도대체 왜 비용을 부담하면서 **새로운** 욕구를 창출하려고 애태우는가? 소비자들이 예를 들어, 이미 "문지르지 않아도 되는 세정제"에 대한 뚜렷하고 발견될 수 있는 욕구를 지니고 있다고 해보자. 그렇다면 이 세정제를 생산하고 광고하는 것이 완전히 새로운 욕구—말하자면, 특별히 **새파란** 세정제—를 창출하려고 열심히 일하고 많은 돈을 들여 광고하는 것보다 더 손쉽고 비용도 덜 들 것이다.[95] 사람들에게 새파란 것은 '하늘색이므로' 혹은 다른 인위적 이유 때문에 새파란 세정제가 필요하다고 설득하는 어려운 일을 왜 하는가?

한마디로 사업과 마케팅시스템에 대한 갈브레이스의 견해는 전혀 혹은 거의 말이 되지 않는다. 비용이 많이 들고 불확실하며, 그리고 본질적으로 불필요한 일인 소비자들의 새로운 욕구를 발견하기 위해 노력하는 일을 하기보다는 기업은 소비자들이 이미 가지고 있는 욕구를 충족하려 하거나 그 제품이 나오면 소비자들이 가질 것으로 상당히 확신하는 욕구를 충족시키려는 경향이 있을 것이다. 그래서 광고는, ① 소비자들에게 그 제품이 이제 나왔으며, 그 제품으로 무엇을 할 수 있는지에 대해 정보를 전달하고, ② 구체적으로 소비자들에게 이 제품은 그들의 주어진 욕구를 **확실히** 충족시킬 것이라는—즉, 문지르지 않아도 되는 세정제라는—것을 확신시키려고 노력하는 수단으로 사용된다. 정말, 우리의 견해는 기업이 쓰는 점증하는 거대 마케팅 비용을 설명할 수 있는 유일한 것이다. 만약 선전을 통해 소비자들의 욕구를 창출하기만 하면 된다면 도대체 왜 소비자들이 **무엇을** 정말 원하는지 세밀하게 조사하려고 신경을 쓰는가? 만약 사실, 갈브레이스가 주장하는 것처럼 생산이 광고를 통해 그 수요를 **정말** 창출한다면, 기업이 손해나 파산에 대해 혹은 그 어떤 양을 생산하기로 자의적으로 선택하더라도 다 팔리지 않을까 걱정할 필요가 없을 것이다. 확실히 마케팅조사나 소비자들이 무엇을 구매할지에 대한 걱정은 할 필요가 없게 될 것이다. 이런 세상의 이미지는 실제 현실과는 정반대이다. 사람들의 생활수준이 생존수준을 훨씬 더 상회하는 방향으로 움직이고 있다는 바로 그 이유로 사업하는 사람들은 소비자들이 원하는 것이 무엇인지, 소비자들이 무엇을 구매할 것인지에 대해 점점 더 긴장하며 걱정하고 있다. 소비자들의 비위를 맞추고 소비자들의 관심을 끌기 위해 한마디로 광고에 사업가들이 종전 그 어느 때보다 긴장된 경쟁을 해야만 하는 까닭은 소비자들이 선택할 수 있는 재화의 범위가 수량, 질, 그리고 대체재의 폭 등에서 생존에 필요한 단순한 식량의 범위를 훨씬 넘어 팽창하고 있기 때문이다. 광고의 증

대는 소비자의 총애를 얻으려는 유효한 경쟁의 함수이다.[96]

  사업가들은 자신이 생각하는 소비자들의 주어진 욕구들을 충족하기 위해 생산하는 경향이 있을 뿐만 아니라, 우리가 위에서 살펴본 것처럼 투표자들과는 달리 소비자들은 그들이 직면하는 광고의 모든 것에 대해 직접적인 시장테스트를 한다. 만약 그들이 세정제를 사서 여전히 많이 문질러야 닦인다는 것을 알게 되면, 그 제품은 곧 망각될 것이다. 그래서 어떤 시장을 차지하고 있다는 광고의 주장도 소비자들에 의해 즉각 테스트될 수 있다. 이런 사실에 직면해서, 갈브레이스는 문지르는 것을 싫어하는 것은 **그 자체가** 광고에 의해 어떤 신비하고 사악한 방식으로 창출된 것이라고 주장할 수 있을 뿐이다.[97]

  광고는 갈브레이스가 흥미롭게도 자기모순을 크게 드러내면서 사적 영업을 정부활동과 다르게 취급하는 분야 가운데 하나이다. 갈브레이스에 따르면, 기업은 광고를 통해 소비자 욕구를 '창출'하고 인위적 풍요를 만들어내는 데 비해, 이와 동시에 우리의 관심을 얻지 못하는 '공공부문'이 점점 더 곤궁해지고 빈약해진다. 갈브레이스는 분명 **정부의** 정책선전에 대해 들어보지 못했거나 그 존재의 인정을 거부하고 있다. 그는 정부 대리인들을 위해 일하면서, 납세자들에게 정부정책을 지지하지 않을 수 없게끔 홍수처럼 정부정책을 선전해 대는 언론홍보담당자, 선전담당원, 정책선전가에 대해서는 전혀 언급하지 않고 있다. 정책선전의 상당한 부분은 점증하는 특정 정부관료의 활동 증대를 지지하기 위한 것이다. 정부관료들 G는 G를 위해 정부정책을 선전할 더 많은 선전가들을 고용하기 위해 대부분의 납세자들 T의 재산의 일부를 가져가며, 선전가들은 다시 더 많은 자금을 납세자들로부터 정부로 이전할 것을 설득하러 나서는데, 정책선전가의 존재는 이런 과정이 반복된다는 것을 의미한다. TV에서의 세정제와 자동차 광고물에 대해서는 분개하면서도, 갈브레이스 교수가 정부로부터 자기에게 쏟아지는 '공공서비스 광고'의 지루함을 견딜 필요가 없었다는 것은 참으로 이상한 일이다. 우리는 정부의 정책을 민초들에게 전달하는 '전달벨트' 역할을 하는 영향력 있는 민간조직들의 워싱턴회의, 그리고 유사한 기능을 하는 '내부 브리핑', 납세자들에 의해 보조되고 정부에 의해 발행되는 엄청난 양의 인쇄물과 같은 것들은 세심히 보지 못하고 빠뜨릴지 모른다.

  정말 갈브레이스는 정부정책선전을 인위적 욕구창출로 간주하지 않을 뿐만 아니라(그리고 이것은 소비자들이 그 제품에 대해 **시장테스트를 할 수 없는** 분야란 점을 명심하도록 하자), 그의 주요한 제안 가운데 하나는 자기가 "사람에 대한 투자"라고 이름붙인 방대한 프로그램인데, 이것은 다름 아닌 시민들의 욕구와 기호를 높이기 위한 대규모 정부 '교육'이었다. 한마디로 갈브레이스는 사회의 목적이 "교육과 지적, 문학적, 문화적, 그리고 예술적 수요에 대한 교육의 궁극적 효과를 염두에 둔…" 의도적 '신계급'(New Class, 대략 자신의 일을 정말 즐기는 유일한 사람들로 경솔하게 가정되는 지식인들)의 확장을 원한다.[98]

자유시장과 사업이 인위적으로 소비자 욕구를 창출한다고 비난하면서 그 신발이 바로 갈브레이스 자신의 발에 신겨져 있다는 것은 분명해 보인다. 소비자들이 자유롭게 선택한 욕구들을 기꺼이 차단하고 억제하려는 사람, 그리고 소비자들을 '교육'하여 갈브레이스 교수가 그렇게 좋아하는 그들의 욕구를 세련되고 예술적인 방향으로 틀어놓고 "인간에 투자하여" 정부가 인위적 욕구를 창출하기 위해 대규모 강제적 시도를 하여야 한다고 제창하는 사람이 바로 **갈브레이스**이다. 모든 사람은 모든 이가 (**풍요로운 사회**에서처럼, 예를 들어) 책을 읽도록 강제당하기 위하여 자신의 상어꼬리지느러미 요리를 포기해야 할 것이다.

갈브레이스의 정부에 대한 접근방식은 또 다른 중대하고 기본적인 오류들을 범하고 있다. 특히, 빈곤이 정복되면 재화들의 한계효용이 더 낮아진다는 사실에 대해 그렇게 법석을 떨고 난 후, '정부의 필요'(governmental needs)에 관한 한 모든 것이 그 반대로 작동한다고 보고 있다. 정부의 필요는 신비한 방식에 의해 효용체감의 법칙으로부터 제외된다. 그 대신, 말하는 것도 이상하지만(mirabile dictu) 정부적 필요들은 사회가 점점 더 풍요로워질수록 그 시급성이 **증대**한다. 이런 말이 안 되는 풀리지 못한 모순에서 출발하여, 갈브레이스는 정부가 피상적인 사적 필요로부터 결핍되는 공공의 필요로 자원을 대규모로 이전하도록 강제하여야 한다는 결론으로 논리비약을 하고 있다. 그러나 한계효용체감이라는 근거만으로는 그와 같은 자원의 이전을 전혀 정당화할 수 없다. 왜냐하면 더 높은 실질소득에서의 **모든** 욕구들은 가난에 찌들었을 때의 욕구들에 비해 더 낮은 효용을 지닐 것이기 때문이다. 그리고 우리가 만약 '창출된' 욕구들에 대해 무엇인가 말하고자 한다면 정부의 정책선전은 민간기업에 비해 욕구를 '창출'할 가능성이 훨씬 더 크다는 것을 깨달을 때, 갈브레이스 자신의 눈으로 보더라도 갈브레이스가 주장한 것과는 정반대, 즉 정부부문으로부터 민간 부문으로 자원을 이전시키자는 주장을 정당화시킬 수 있을 것이다. 그리고 마지막으로 궁핍화되고 사회적으로 혜택을 보지 못한 공공부문에 대한 그의 한탄에서 갈브레이스는 아무튼 독자들에게 어떤 통계가 사용되든 과거 반세기 동안 정부활동은 사적 활동에 비해 크게 증대하였다는 점을 알려주지 않고 있다. 정부는 종전에 비해 국민생산의 더 큰 몫을 흡수하고 압수하고 있다. 갈브레이스의 방식으로 따지더라도 정부활동의 '효용'이 얼마나 더 낮을 것이고, 얼마나 정부**로부터** 민간으로의 자원이전이 더 큰 정당성을 얻게 되었을까!

갈브레이스는 또한 많은 정부서비스들이 '집합재'(collective goods)이며, 따라서 단순히 민간기업에 의해서는 **공급될 수 없을** 뿐이라고 많은 다른 저술가들과 마찬가지로 경솔하게 가정하고 있다. 이 분야에서 민간기업이 바람직한지에 대한 의문을 더 이상 깊게 탐구하지 않더라도 우리는 갈브레이스가 상당히 잘못 생각하고 있다는 것을 알 수 있다. 그의 핵심적 개념은 단순히 사실에 의해 뒷받침되지 않는 과감한 단언일 뿐만 아니라, 그의 생각과는 반대로 정부에 의해서만 **유일하게** 공급될 수 있는 것으로 일반적으로 가정되는 그 어떤 서비스도 역사적으로 민간기업에 의해 공급되었다. 여기에는 교육, 도로건설과 보수, 주화주조, 우편배달, 방화(防火), 경찰보호, 사법재판, 그리고 군대방어를 포함하고 있다. 그럼에도 불구하고 이 모든 것이 마치 분명하고도 필연적으로 정부의 배타적 영역 안에 있는 것인 양 자주 여겨졌다.[99]

갈브레이스의 책에는 그 외에도 많은 오류들이 있지만, 아무튼 풍요로운 사회의 중심주제에 관련된 오류에 대해서는 논의한 셈이다. 그래서 그가 현재의 대규모 소비가 매우 위험하다고 보는 이유들 가운데 하나는 소비의 많은 부분이 관습적 방식의 소비자 신용에 의해 자금이 조달되고 있는데, 이것이 '인플레이션적'이며 불안정과 불황으로 이어질 것으로 여기기 때문이다. 그러나 우리가 더 살펴보겠지만, 화폐공급을 늘리지 않는 소비자 신용은 인플레이션적이 **아니다**. 그것은 단지 소비자들에게 그들이 원하는 것을 더 많이 사고 그 가치척도에서 더 높은 자리로 올라가도록 그들의 소비패턴을 **재조정하도록** 해줄 뿐이다. 한마디로 비(非)내구재로부터 내구재로 지출의 방향을 재조정할지 모른다. 이것은 지출의 힘(spending power)을 **이동**하는 것이지, 인플레이션적 증가는 아니다. 소비자 신용제도는 매우 생산적인 장치이다.

우리가 예견할 수 있듯이, 갈브레이스는 인플레이션에 대한 수요-공급을 통한 설명, 특히 본래적인 화폐적 설명에 대해 '신비주의적' 설명이라고 이름을 붙이고 많은 경멸감을 쏟아 붓고 있다. 그의 불황에 대한 견해는 순전히 케인지언의 것이며, 불황이 총수요의 결핍으로 인한 것이라고 가정한다. '인플레이션'은 가격들의 증가이다. 갈브레이스는 이를 고율의 과세를 통해 총수요를 감축하거나 아니면 중요한 임금이나 가격들에 대한 선별적 통제나 가격고정이나 강제적인 중재를 함으로써 싸워나가야 한다고 생각한다. 만약 총수요 억제라는 처음의 길이 선택되면, 케인지언으로서 갈브레이스는 실업이 뒤따를 것으로 믿는다. 그러나 갈브레이스는 정말 걱정지지는 않는다. 왜냐하면 그는 소득을 생산으로부터 분리시키는 혁명적 조치를 취할 것이기 때문이다. 생산은 단지 소득을 제공하기 때문에 중요한 것처럼 보인다(우리는 정부활동이 상당한 정도로 생산과 소득의 분리를 초래한다는 것을 앞에서 살펴보았다). 그는 정부에 의해 제공되는 불확정 규모의 실업보험이 불황에는 호황기보다 더 커지고 보험지급액이 일반적으로 거의 지배적 임금만큼 되도록 커지도록 하자고 제안한다[갈브레이스는 실업자가 직장을 얻으려는 데 주는 역(逆)인센티브 효과에 대한 마음에 남아 있는 두려움으로 일반적 임금만큼 정확하게 높게 주려고는 하지 않는다]. 그는 이것이 단지 불황기에 실업을 악화시키고 실업기간을 늘리고 간접적으로 시장보다 상회하는 노동조합 임금수준에 보조금을 지불하는 것에 불과한 방법이라는 것을 깨닫지 못하는 것 같다. 귀한 자원을 고갈시키는 데 대한 통상적 보존주의자의 관심—물론 갈브레이스의 사적 소비자에 대한 일반적 공격과 일관되는 입장—의 채택과 같은 그의 여타 이상한 돌발적 생각들을 강조할 필요는 없을 것 같다.[100]

우리가 위에서 제시한 것처럼, '공공부문'의 문제라는 것이 **존재한다**. 예를 들어, 청소년 비행, 교통체증, 과잉학급, 주차장 부족 등과 같은 희소성과 갈등이 정부서비스에서는, 그리고 이 분야에서만 계속해서 발생한다. 이미 위에서 언급하였듯이, 정부활동의 지지자들이 제시할 수 있는 유일한 처방은 민간에서 공공활동 분야로 더 많은 자금을 이전하라는 것이다.

그러나 우리가 살펴보았듯이 그와 같은 공급부족과 비효율은 정부의 그 어떤 활동의 작동에서도 본래 내재해 있는 것이다. 마치 정부관료가 식수부족에 대해 **소비자들**을 비난하는 것과 마찬가지로, 갈브레이스와 같은 저술가는 정부산출물의 비효율성을 경고하는 대신, 그 비난의 화살을 납세자와 소비자에게 돌린다. 그는 언제나 비효율성의 병을 앓고 있는 공공부문을 **민간부문으로 전환시킴으로써** 그 병을 치유할 가능성 자체를 전혀 고려하지 않는다. 갈브레이스는 도대체 어떻게 그의 이른바 바람직한 '사회적 균형'이 도달되었는지를 **알 것인가**? 그는 민간으로부터 공공활동으로 **얼마나 많은** 자원이전이 이루어져야 할지에 대해 우리를 안내할 어떤 기준들을 도대체 가지고 있는가? 그 대답은 **전혀 없음**이다. 갈브레이스는 흔쾌하게 최적균형점을 찾는 방법이 전혀 없다고 물러선다. "어떤 테스트도 적용될 수 없다. 왜냐하면 그런 테스트는 전혀 존재하지 않기 때문에." 그러나 갈브레이스에게 아무튼 정확한 정의들, '정확한 균형'은 중요하지 않다. 왜냐하면 그에게는 민간활동에서 공공활동으로 '상당히 많이' 옮겨가야 하는 것은 수정처럼 투명하기 때문이다. 우리는 '사회적 균형'이 언제 도달하는지 알게 될 것이다. 왜냐하면 그 시점이 되면 공공부문이 풍요 속에서 햇볕을 쬐는 여유를 지닐 것이기 때문이다. 그리고 갈브레이스가 완벽하게 이성에 맞고 논리적인 이론인 인플레이션에 대한 화폐이론을 '신비주의적'이고 '밝혀지지 않은 마법'인 양 죄를 씌우는 것을 생각해 보라![101]

풍요의 문제와 경제체제 전체의 바로 그 목표인 소비에 대한 최근의 공격에 대한 논의를 마치기 전에 사치재 소비, 특히 부유층에 의한 소비의 숨겨져 있지만 중요한 기능에 대한 두 가지 지적 자극을 주는 연구를 언급하고자 한다. 하이에크는 부자들의 사치재 소비가 새로운 소비방식을 선구적으로 보여주고 그렇게 함으로써 대다수 소비자들에게 그런 '소비혁신'(consumption innovations)에 대한 길을 열어놓는다는 중요한 기능을 지적하였다.[102] 그리고 쥬브넬(Bertrand de Jouvenel)은 세련된 미적, 문화적 취향들은 정확하게 사회의 더 여유로운 구성원들에게 집중된다는 사실을 강조하면서, 마찬가지로 이 시민들이 자유롭고도 자발적으로 다른 사람에게 많은 고마운 (그러나 무료이기 때문에 국가소득 통계에도 잡히지 않는) 서비스들을 제공하는 사람들이라는 것을 지적한다.[103]

11. 쌍방형 간섭: 인플레이션과 경기변동

1) 인플레이션과 신용팽창

제11장에서 우리는 순수 자유시장의 화폐체제가 어떻게 작동하는지 묘사하였다. 자유화폐시장은 '표준' 혹은 **본원통화**(money proper)로서 금 혹은 은을 정화(specie)로 채택한다. 화폐단위는 단순히 화폐재료의 무게단위이다. 화폐상품의 총량(total stock)은 새로운 생산(채굴)이 이루어지면 증가하고, 마모가 일어나거나 산업생산에 쓰이면 줄어든다. 일반적으로, 위에서 분석한 효과로 화폐재고의 점진적인 장기적 증가가 발생한다. 어떤 사람의 부(wealth)는 증가하고 다른 이들의 부는 감소하며, 화폐의 공급증가로부터 그 화폐적 사용에서 어떤 사회적 효용도 발생하지 않는다. 그러나 증가된 화폐재고는 화폐금속의 **비화폐적** 수요를 충족시킴으로써 생활수준과 복지를 증대시킨다.

화폐시장에 대한 간섭은 보통 가짜 화폐대체물 창고영수증의 발행이라는 형태를 띤다. 제11장에서 보았듯이 예금증서나 은행권과 같은 요구불 채무들은 자유시장에서 사용될 수 있겠지만, 예치된 정화의 실제가치 혹은 무게와 일치하는 정도까지일 것이다. 요구불 채무는 그렇다면 진정한 창고영수증 혹은 진짜 화폐증서(true money certificates)이며, 시장에서 실제 화폐의 대변자, 즉 화폐대체물로서 유통된다. 가짜 창고영수증은 예치되어 있는 정화의 실제무게를 초과하여 발행된 것을 말한다. 자연스럽게도 이런 영수증의 발행은 이윤이 남는 사업일 수 있다. 진짜 증명서처럼 겉모습을 하고 있어서 이 가짜 영수증은 비록 정화에 의해 담보되는 것이 아니지만 화폐대체물로 기능한다. 이것들은 남을 속이는 가짜이다. 왜냐하면 이것들은 액면가치대로 정화로 지불해줄 것을 약속하고 있지만, 이 약속은 모든 예금주들이 동시에 자신의 재산권을 요구한다면 충족될 수 없기 때문이다. 오직 대중의 안심과 무지만이 이 상황이 지속되도록 한다.[104]

광범하게 말해, 그와 같은 간섭은 정부 혹은 '은행' 혹은 화폐보관소(money-warehouse)로서의 역할을 하는 사적 개인들과 기업들에 의해 저질러질 수 있다. 가짜 창고보관증을 발행하는 과정, 혹은 더 정확하게 말해 **정화(正貨)의 양의 증가를 넘어서는 화폐를 발행하는 과정을 인플레이션**이라고 부를 수 있다.[105]

(정화의 순수 감소라는 있을 수 있는 경우를 제외하고는) 어떤 기간 동안 발행된 화폐공급의 축소는 **디플레이션**이라고 부를 수 있다. 분명히 디플레이션이 아니라 **인플레이션**이 화폐적 간섭의 주된 사건이자 주된 목적이다. 종전의 어떤 기간에 발생하였던 인플레이션이 없는 디플레이션은 있을 수 없다. 선험적으로, 거의 모든 간섭은 인플레이션적이다. 왜냐하면, 모든 화폐적 간섭은 인플레이션으로 **시작할** 뿐만 아니라 인플레이션으로부터 얻을 수 있는 커다란 이득은 발행자가 새로운 화폐를 순환시키는 데에서 나오기 때문이다. 이윤은 실질적으로는 거의 비용을 들이지 않고 얻을 수 있다. 왜냐하면 모든 다른 사람들이 재화나 서비스를 팔고 금을 사거나 아니면 금을 캐내야 하는 반면, 정부 혹은 상업은행은 문자 그대로 무(無)에서 돈을 만들어내기 때문이다. 이들은 돈을 구입할 필요가 없다. 이 마술적 돈의 사용은 그 발행자에게는 명백한 이득이다. 새로운 정화가 시장에 들어가면서 발생시키는 것처럼, "정화로 담보되지 않는" 화폐대체물도 마찬가지로 파급효과(diffusion effect)를 지니고 있다. 새로운 화폐의 최초 수령자는 가장 큰 이득을 얻고, 다음은 그보다는 조금 적게 얻는 등, 이런 이득을 보는 과정은 중간지점이 도달할 때까지 지속되다가 그 이후부터는 각 수령자가 새로운 화폐를 기다리면서 조금씩 더 많은 손실을 본다. 왜냐하면 첫 번째 개인들의 판매가격들은 솟아오르는 반면 구입가격들은 거의 그대로 유지되기 때문이다. 그러나 나중에는 구입가격들은 오르는 반면 판매가격들은 변화하지 않은 채 유지되기 때문이다. 그러나 결정적으로 중요한 차이가 화폐대체물의 증가를 정화의 증가로부터 구별하게 한다. 새로운 지폐 혹은 새로운 요구불예금은 사회적 기능을 전혀 가지고 있지 않다. 이것들은 시장사회에서 다른 이들에게 드러나게 손해를 입히지 않고서는 어떤 이에게 혜택을 베풀지 않는다. 증가하는 화폐공급은 단지 사회적 낭비이고, 다른 사람들의 희생 아래 어떤 이들을 유리하게 할 수 있을 뿐이다. 그리고 혜택들과 부담들이 방금 개관한 것과 같은 방식으로 분배된다. 일찍 탄 사람들은 늦게 탄 사람들의 희생 아래 득을 본다. 확실히 은행으로부터 대부받은 은행의 고객인 기업과 소비자들은 새로운 화폐로부터 (적어도 당분간은) 커다란 혜택을 본다. 왜냐하면 그 돈을 처음 받는 사람들이기 때문이다.

만약 인플레이션이 금 혹은 은의 사용가능한 공급량의 증가에 필적하지 **않는** 화폐공급의 증가라면, 방금 묘사한 인플레이션의 방법은 **신용팽창**(credit expansion)—신용시장에서 경제로 들어오는 새로운 화폐대체물의 창출—이라고 부를 수 있다. 아래에서 보게 되겠지만, 은행에 의한 신용팽창은 새로운 화폐의 즉각적 지출에 비해 훨씬 더 절제되고 존중될 만한 것으로 **보이는** 것은 사실이지만, 실제로는 경제체제에 대부분의 사람들이 특별히 바람직하지 않다고 보는 훨씬 더 심각한 결과를 가져온다. 이 인플레이션적 신용은 **상품신용**(commodity credit)이라고 불리는 **저축된 기금**(saved funds)의 대부와 구별하여 **순환신용**(circulating credit)이라고 부른다. 이 책에서 '신용팽창'이라는 용어는 순환신용의 증가에만 적용될 것이다.

신용팽창은 물론 어떤 종류의 인플레이션과도 마찬가지 효과를 지닌다. 화폐공급이 증가함에 따라 가격들이 오르는 경향이 있다. 어떤 인플레이션과 마찬가지로 이것은 재분배의 과정이며, 이 과정에서 인플레이션을 일으키는 사람(inflator)과 그들에게 가장 먼저 판매하는 경제 내의 일부 사람들은 지출과정의 선상에서 뒷줄에 선 사람들의 희생 아래 이득을 본다. 이것은—득을 보는 사람으로서는—인플레이션의 매력이다. 특히 현대의 은행과정은 은행의 작동으로부터 멀리 떨어져 있어서 손해를 보는 사람들에게 그 중요한 의미가 숨겨져 있었기 때문에 인플레이션이 왜 그렇게 인기가 있는지 알 수 있다. 인플레이션을 일으키는 사람이 얻는 이득은 눈에 띄고 극적인 반면, 다른 이들이 입는 손실들은 숨어있고 보이지 않지만 실질적 효력은 다르지 않다. 경제의 반이 납세자이고 반은 조세소비자들인 것과 마찬가지로, 경제의 반은 인플레이션 지불자이고 나머지 반은 인플레이션 소비자들이다.

대부분의 이런 이득과 손실은 '단기적'이고 '일회성'이다. 이득과 손실이 인플레이션 과정에서 발생할 것이지만, 새로운 화폐적 균형이 이루어지고 난 후에는 멈출 것이다. 인플레이션을 일으킨 사람들은 이득을 얻는다. 그러나 새로운 화폐공급이 경제 전체로 확산되고 나면, 인플레이션적 이득과 손실은 끝난다. 그러나 우리가 제11장에서 보았듯이 인플레이션으로부터 발생하는 **영구적** 이득과 손실도 있다. 과거 '화폐수량설'을 주장한 경제학자들은 새로운 화폐적 균형은 화폐공급의 추가로 단순히 모든 관계와 수량에서 예전 균형이 그 추가된 비율만큼 몇 배로 곱해진 것에 불과하다고 가정하였으나 실은 그렇지 않기 때문이다. 일시적 이득과 손실을 보는 개인들의 가치평가들은 다를 것이다. 그러므로 각 개인은 자신의 이득과 손실에 대해 다르게 반응할 것이고, 이에 따라 상대적 지출패턴을 바꿀 것이다. 이에 더해 새로운 화폐는 어떤 이의 현금수지(cash balance)를 높일 것이고, 다른 이들의 현금수지는 낮출 것이며, 그 결과 지출패턴에 다양한 변화가 일어날 것이다. 그러므로 모든 가격은 새로운 균형에서 똑같이 상승하지 **않을** 것이다. 화폐단위의 구매력이 하락하지만, 교환가치 전체 배열에서 모두 똑같은 비율로 하락한 것은 아니다. 일부 가격들은 다른 가격들보다 더 상승하였으므로, 인플레이션으로부터 일부 사람들은 **영구적으로** 이득을, 일부 사람들은 손해를 본다.[106]

물론 특별히 인플레이션으로부터 심한 고통을 받는 사람들은 긴 기간이 지나서야 손해를 끝낼 수 있거나 아예 이를 만회할 길이 없는 상대적으로 '고정된' 소득을 얻는 집단이다. 고정된 화폐소득을 받기로 계약한 연금생활자나 연간배당금의 수령자는 영구적 혹은 단기적 피해자의 사례들이다. 생명보험 혜택은 영구적으로 삭감되어 버렸다. 보수적인 반(反)인플레이션주의자들의 '과부와 고아들'에 대한 불평은 종종 비웃음의 대상이 되기도 하지만, 결코 웃음거리는 아니다. 왜냐하면, 인플레이션의 공격을 정면에서 맞이하는 사람들은 바로 다른 사람들이 아닌 과부와 고아들이기 때문이다.[107] 그리고 이미 빌려준 기간을 연장해 주었으나 자신들의 이자에 구매력 프리미엄을 부과하기엔 너무 늦어버린 대출자들 역시 손실을 보게 된다.

인플레이션은 또한 시장의 소비/투자비율을 변화시킨다. 피상적으로 보면, 신용팽창이 되면 새로운 화폐가 마치 대출을 위한 새로운 저축인 양 시장에 들어오기 때문에, 신용팽창이 자본을 크게 증대시키는 것처럼 보인다. 새로운 '은행화폐'는 신용시장에서 저축의 공급에 보태지기 때문에 기업들은 이제 더 낮은 이자율로 빌릴 수 있게 된다. 그래서 인플레이션적 신용팽창은 추가적 자본의 마르지 않는 샘일 뿐만 아니라 이상적 시간선호로부터의 탈출방식인 것처럼 보인다. 실제에서 이 효과는 환상에 불과하다. 오히려 반대로 인플레이션은 저축과 투자를 감소시키고, 그 결과 사회의 생활수준을 하락시킨다. 인플레이션은 심지어 대규모 자본소비의 원인이 될 수도 있다. 우선, 우리가 방금 살펴본 것처럼 기존의 대출자들은 손해를 본다. 이는 장래의 대출을 위축시키고, 그래서 저축-투자를 위축시키는 경향이 있을 것이다. 둘째, 우리가 제11장에서 보았듯이 인플레이션 과정은 내재적으로 구매력 이윤을 사업가에게 발생시킨다. 왜냐하면 그는 생산요소를 구입하고, 이 생산요소들(이 생산요소로 만든 상품)을 모든 가격들이 오른 다음 판매하기 때문이다. 기업가는 인플레이션으로부터 손해도 보지 않고 이득도 얻지 않으면서 가격인상에 보조를 맞춰갈 수 있을지 모른다(우리는 여기에서 가격인상과 교역조건의 구성요인의 다양한 차이들을 고려하지 않고 있다). 그러나 기업회계는 전통적으로 화폐단위가 안정적인 세계에 맞추어져 있다. 구입한 자본재는 자산항목에서 '비용에'(at cost), 즉 이들을 구입한 가격으로 잡혀있다. 나중에 그 기업이 이 자본재를 팔 때 발생하는 추가적 인플레이션 이득은 진정한 이득이 전혀 아니다. 왜냐하면 교체된 자본재를 더 높은 가격으로 사면서 이득이 흡수될 수밖에 없기 때문이다. 그러므로 인플레이션은 사업가를 속게 한다. 인플레이션은 사업가의 주요한 표지판들 가운데 하나를 파괴해버리고 자본을 교체할 수 있는 데 불과한데도 추가적 이윤을 얻은 것으로 착각하도록 만든다. 이에 따라 사업가가 이 이윤을 소비하고 그래서 무의식중에 자본도 이와 마찬가지로 소비하도록 유혹받게 된다는 것은 의심할 여지가 없다. 그래서 인플레이션은 저축-투자를 억제하는 동시에 자본의 소비가 일어나도록 하는 원인이 되는 경향이 있다.

인플레이션으로부터 발생하는 회계실수는 여타 경제적 결과를 발생시키기도 한다. 가격들이 가장 낮았을 때 자본장비를 압도적으로 많이 구입해 가지고 있는 기업들이 가장 큰 실수를 범하게 된다. 인플레이션이 상당기간 동안 지속되면, 이 기업들은 가장 낮은 장비를 지니게 된다. 그들의 외양상 고(高)이윤은 다른 기업들을 이 분야에 진입하게 하여, 이 분야에 정당화될 수 없을 정도로 터무니없는 투자의 팽창이 발생할 것이다. 이와 반대로, 다른 분야에서는 투자의 부족이 일어날 것이다. 그래서 이 실수는 시장의 자원배분시스템을 왜곡시키고, 소비자들을 만족시키는 능력을 감소시킨다. 이 실수는 제품에 비해 자본장비의 비중이 높은 기업에서 크게 나타날 것이며, '자본화'가 집중된 산업에서의 과잉투자, 여타 분야에서의 과소투자를 통해 유사한 왜곡효과가 발생할 것이다.[108]

2) 신용팽창과 경기변동

우리는 이미 제8장에서 순 저축-투자가 있을 때 어떤 일이 발생하는지 살펴보았다. 경제전체에서의 소비에 대한 총투자 비율의 증가가 바로 그것이다. 소비지출은 하락하고 소비재의 가격은 낮아진다. 한편, 생산구조는 장기화되고, 더 높은 단계에 전문화된 본원적 요소들의 가격은 상승한다. 자본재들의 가격은 지레받침 위 가운데에 중심을 둔 지렛대처럼 변화한다. 소비재의 가격은 가장 많이 하락한다. 1차 자본재의 가격은 조금 덜 하락한다. 고차 자본재의 가격은 가장 많이 상승하고 여타 자본재는 조금 덜 상승한다. 그래서 생산단계간의 **가격격차**는 모두 감소한다. 본원적 요소들의 가격들은 낮은 생산단계들에서는 하락하고, 높은 생산단계들에서는 상승하며, 비(非)특화된 본원적 요소들(대개 노동)은 낮은 생산단계로부터 높은 생산단계로 부분적으로 이동한다. 투자는 장기적 생산과정에 집중되는 경향이 있다. 우리가 살펴보았듯이 가격격차의 하락은 자연이자율의 하락과 **동등**한데, 이것은 물론 이에 상응하는 대출이자율의 하락을 초래한다. 조금 지나서 더 생산적인 기술의 과실이 나타나고, 모든 이의 실질소득이 상승한다.

그래서 시간선호의 하락으로부터 발생하는 저축의 상승은 이자율의 하락과 더 길고 좁은 생산구조를 지닌 또 다른 안정된 균형상태를 가져온다. 그러나 투자의 증가가 시간선호와 저축의 변화로 인한 것이 아니고 상업은행들에 의한 신용팽창으로 인한 것이었을 때 어떤 일이 발생하는가? 이것은 현재의 소비를 줄이지 않고도 손쉽게 비용을 들이지 않고 자본구조를 확장시키는 마법이 아닌가? 어떤 기간에 6백만 골드 온스가 투자되었고, 4백만 골드 온스가 소비되었다고 해보자. 이제 경제 내의 은행들이 신용을 팽창하고 2백만 온스만큼 화폐공급을 증가시켰다고 해보자. 어떤 결과가 초래되는가? 새로운 화폐는 기업들에게 대부된다.[109]

이 기업들은 이제 종전보다 더 낮은 이자율에서 그 돈을 얻을 수 있게 되어, 이제 더 높은 가격을 내세워 필요한 자원들을 자신들이 확보하기 위해 자본재시장과 본원적 요소시장에 들어간다. 어떤 주어진 시점에 재화의 총공급량은 고정되어 있으며, 새로운 2백만 온스는 생산재의 가격을 올리는 데 쓰이게 된다. 자본재의 가격상승은 본원적 요소들의 가격상승으로 귀속될 것이다. 신용팽창은 시장이자율을 감소시킨다. 제8장에서 살펴보았듯이 이것은 가격격차를 감소시키고, 가격격차의 감소는 생산의 높은 단계에서 가격을 인상시키며, 자원을 이 단계들로 이전시키고, 생산단계의 수를 증가시킨다. 그 결과, 생산구조는 장기화된다. 대부받는 기업들은 종전에는 수익성이 없던 사업에 뛰어들 수 있게 할 정도로 충분한 대부자금이 이용가능한 것으로 오인하게 된다. 자유시장에서는 투자는 언제나 소비자의 가장 시급한 욕구들을 충족시키는 사업에 가장 먼저 이루어질 것이다. 그런 후, 그 다음 가장 시급한 욕구가 충족되고, 그 다음 순으로 계속된다. 이자율은 그 시급성에 따라 사업의 시간상 순서를 규율한다. 시장에서의 낮은 이자율은 더 많은 사업들이 이윤을 내면서 시도될 수 있다는 신호이다. 자유시장에서 증가된 저축은 더 낮은 이자율에서의 안정된 생산균형으로 경제를 이끌고 간다. 그러나 신용팽창의 경우에는 그렇지 않다. 왜냐하면 **본원적 요소들이 이제는 증대된 화폐소득을 얻기 때문이다**. 이 절 서두에서 보았듯이, 자유시장의 순 저축-투자증가의 예에서는, 총화폐소득은 종전과 같게 유지되었다. **고차의 생산단계들에서 행해진 증가된 지출은 저차생산단계들에서의 하락한 지출에 의해 상쇄된다**. 생산구조에서의 '증가된 길이'(increased length)는 '좁아진 폭'(reduced width)에 의해 보상되었다. 그러나 신용팽창은 새로운 돈을 생산구조에 펌프질해 넣는다. 총화폐소득은 종전처럼 유지되는 것이 아니라 증가한다. 생산구조는 장기화되지만 소비지출의 축소가 없는 상태로 **종전만큼 그 폭을 유지한다**.

본원적 요소의 소유자들은 증가된 화폐소득으로 자연히 그들의 새로운 돈을 지출하려고 서두른다. 그들은 자신들의 시간선호에 맞게 이 지출을 소비와 투자 사이에 배분한다. 사람들의 시간선호스케줄이 변하지 않는다고 가정하자. 이것은 적절한 가정이다. 왜냐하면 사람들이 인플레이션으로 시간선호가 변한다고 가정할 이유가 전혀 없기 때문이다. 생산은 이제 더 이상 자발적 시간선호를 반영하지 않는다. 기업들은 신용팽창에 의해 마치 더 많은 저축이 이용가능한 **것처럼** 오해하고 더 높은 단계들에 투자하도록 유도된다. 실제로는 그렇지 않으므로, 기업들은 높은 단계에 과잉투자하고, 낮은 단계에 과소투자한다. 소비자들은 즉각적으로 행동하여 그들의 시간선호—그들이 선호하는 투자/소비의 비율과 가격**격차**—를 재확립한다. 그 가격**격차**들은 과거의 더 높은 수치에서 재확립될 것이다. 다시 말해, 이자율이 자유시장 크기로 되돌아올 것이다. 그 결과, 높은 생산단계에서의 가격들은 극적으로 하락할 것이고, 낮은 단계에서의 가격들은 다시 상승할 것이며, 높은 단계들에서의 완전히 새로운 투자는 포기되거나 희생되어야 할 것이다.

단지 **두 가지 단계들**만 있는, 지나치게 단순화된 예를 변경함으로써 우리는 이윤이 날 것으로 믿었던 가장 높은 단계들이 이윤이 나지 않는 것으로 판명된다는 것을 알게 된다. 소비자들의 소망을 반영하는 순수 이자율은 이 모든 과정 전반에 걸쳐 **진정** 더 높았다는 것을 알 수 있다. 은행들의 신용팽창이 필수불가결한 '신호'—기업가들에게 얼마나 많은 저축이 이용가능한지, 그리고 어느 정도 길이의 사업이 이윤을 낳을 수 있는지에 대해 말해 주는 이자율—를 부당하게 변경하였다. 자유시장에서 이자율은 시간차원에서 소비자 욕구의 시급성에 대한 필수불가결한 안내자이다. 그러나 시장에 대한 은행의 간섭은 이 자유가격을 혼란시킨다. 그 결과 기업가들은 소비자 소망을 적절하게 만족시키거나 소비자들에게 가장 혜택을 주는 시간-생산구조를 추정하지 못하게 된다. 소비자들이 그렇게 할 수 있는 순간, 즉 증가된 화폐가 그들의 수중에 들어가는 순간, 그들은 자신들의 시간선호와 따라서 종전의 가격격차(이자율 차이)와 투자-소비비율을 재확립시킬 기회를 가진다. 고차단계에서의 **과잉투자**와 저차단계에서의 **과소투자**는 이제 가장 두드러진 형태로 드러나게 된다. 그 상황은 자신이 실제로 지니고 있는 양브다 건자재를 더 많이 가지고 있다고 잘못 믿고 높은 빌딩을 지으려던 공사청부업자의 상황과 유사하다. 너무 넓은 기초(고차단계)를 만드는 데 자신이 지닌 건자재를 다 소진해버려 빌딩을 계속 지을 건자재가 더 이상 남지 않았다는 것을 갑자기 깨닫게 된 것이다.[110] 명백히, 은행신용팽창은 자본투자를 조금도 증가시킬 수 없다. 투자는 여전히 저축으로부터 나올 수 있을 뿐이다.

시장이 시장에서 선호되는 비율로 되돌아가는 경향을 지니고 있다는 것은 전혀 놀라운 일이 아니다. 동일한 과정이 우리가 살펴보았듯이 화폐재고의 변화 후 모든 가격들에서 벌어졌다. 증가된 화폐는 언제나 경제의 한 분야에서 시작해서 그곳의 가격들을 상승시키고, 궁극적으로는 전체 경제로 침투되고 확산되며, 그런 다음 대략 화폐가치에 일치하는 균형패턴으로 복귀한다. 만약 시장이 화폐공급의 변화 이후 시장에서 선호되는 가격비율로 회귀하는 경향이 있다면, 이것이 사회적 시간선호를 반영하는, 시장에서 선호되는 저축-투자비율로의 회귀를 포함하고 있다는 점은 명확하다.

물론 시간선호가 도중에 변화할 수 있다. 각 개인의 시간선호가 바뀔 수도 있고, 변화과정에서 발생하는 재분배의 결과 그렇게 될 수 있다. 이득을 본 사람들이 손실을 본 사람들이 했었을 저축보다 더 많이 혹은 더 적게 저축할 수 있다. 그러므로 마치 가격들이 정확하게 종전 패턴으로 돌아가지 않듯이 시장은 종전의 자유시장 이자율과 투자/저축비율로 정확하게 회귀하지는 않을 것이다. **현재의** 시간선호들에 의해 결정될 자유시장 이자율이 **지금** 얼마이든, 시장은 바로 그 이자율로 회귀할 것이다. 시장을 강제하여 사람들이 원하는 것보다 더 많이 저축하고 투자하도록 강제해야 한다고 주창하는 일부 사람들은 신용팽창을 '강제저축'(forced saving)과 이에 따른 자본-재화구조의 고도화가 유도되는 바람직한 것으로 환영한다. 그러나 이런 일은 신용팽창의 직접적 귀결로서가 아니라 단지 실질적 시간선호가 그 방향으로(즉, 시간선호스케줄이 이동하거나 낮은 시간선호를 지닌 사람들의 수중에 상대적으로 더 많은 돈이 들어가는 방향으로) 변했을 경우에만 일어날 수 있다. 신용팽창은 얼마든지 그 반대효과를 유도할 수 있다. 이득을 보는 사람들이 더 높은 시간선호들을 지니고 있는 경우 자유시장 이자율은 종전보다 더 높아질 것이다. 신용팽창의 이런 효과들은 완전히 불확실하고 특정한 경우 각각의 구체적 여건에 달려 있으므로, 강제저축의 지지자들은 그들이 원하는 재분배를 이루기 위해 차라리 **조세**를 활용하는 것이 더 설득력이 있다.

그러므로 시장은 자유시장 이자율의 왜곡에 대해 바로 그 비율을 역전시키는 방향으로 반응한다. 신용팽창에 의해 야기된 왜곡은 사업가들을 더 많은 저축이 이용가능한 것처럼 믿도록 속이며, 이들이 **잘못** 투자하도록(mal-invest)—소비자들이 자신의 진정한 선호를 다시 확립할 기회를 지니게 되면 이윤이 나지 않는 것으로 판명될 사업에 오(誤)투자하도록—유도한다. 이 재확립은 비교적 빠르게—요소소유자들이 그들의 인상된 소득을 받고 이를 지출하는 순간—일어난다.

이 이론은 오랜 역사를 지닌 다음과 같은 경제학자들의 논쟁을 해결할 수 있게 해준다. 화폐공급의 증가가 시장이자율을 낮출 수 있는가의 여부. 중상주의자들에게는—그리고 케인지언들에게는—(화폐수요가 주어진 상황에서) 증가된 화폐공급이 영구적으로 이자율을 인하한다는 것이 명확하였다. 고전학파들에게는 화폐공급량의 변화는 이자율이 아니라 화폐단위의 가치에 영향을 줄 수 있을 뿐이라는 것이 명확하였다. 그 해답은 화폐공급의 증가는 신용팽창의 형태로 시장에 들어오게 되면 이자율을 **실제로** 낮출 수 있지만 일시적으로만 그렇다는 것이다. 장기적으로(이 장기는 매우 '긴' 기간이 아니다), 시장은 자유시장 시간선호 이자율을 재확립하고 그 변화를 제거한다. 장기에는 화폐량의 변화가 단지 화폐단위의 가치에만 영향을 줄 뿐이다.

이에 더해, 이 과정이—시장이 다시 시장에서 선호되는 이자율로 회귀하고 신용팽창에 의해 야기된 왜곡을 제거하는 이 과정이—다름 아닌 바로 **경기변동이다**! 그러므로 우리의 분석은 화폐와 이자 사이의 이론적 문제뿐만 아니라 지난 한 세기 반을 넘게 사회를 감염시켰던 문제—두려운 경기변동—에 대한 해결책을 제공한다. 이 경기변동이론은 이제 경제에 대한 일반이론의 세부분야로 볼 수 있다.

이 왜곡-역전과정의 현저한 특징들에 주목하자. 첫째, 화폐공급이 신용팽창을 통해 증가한다. 그리고는 기업들이 오(誤)투자를 할—높은 단계의 생산과정과 과정이 긴 생산과정에 과잉투자를 할—유혹을 받는다. 다음, 본원요소들의 가격과 소득이 증가하고 소비가 증가하며, 기업들은 높은 단계 투자들이 낭비적이었으며 이윤이 나지 않는다는 것을 깨닫는다. 첫째 단계는 '붐'의 대표적 징표이며, 두 번째 단계—낭비적 오(誤)투자임을 인식하는 것—는 '위기'(crisis)국면이다. **침체**(depression)는 다음 단계이다. 이 단계에서 오(誤)투자된 기업들은 도산하며, 본원적 요소들은 낮은 생산단계로 갑자기 이동하여야 한다. 불건전한 기업들과 오(誤)투자된 공장의 '유휴시설'의 청산, 갑자기 한꺼번에 낮은 생산단계로 이동해야 하는 본원적 요소들의 '마찰적'(frictional) 실업—이것들이 침체국면의 대표적 징표이다.

우리는 제11장에서 경기변동의 설명되지 않은 특징이 대규모의 실수, 실수의 집중, 자본재 산업에서의 교란 등이라는 점을 살펴보았다. 우리의 경기변동이론은 이 두 가지 문제 모두 해결한다. 갑자기 드러난 기업가들이 저지른 실수덩어리는 주요 시장신호—이자율—에 대한 간섭적 왜곡에 기인한 것이다. 자본재산업에서 교란이 집중되는 것은 붐의 기간 동안 이루어진, 이윤이 나지 않는 고차재(高次財)에 대한 투자에 박차를 가한 결과로 설명된다. 그리고 경기변동의 여타 특징들이 이 이론에 의해 설명된다는 것을 방금 살펴보았다.

하나의 논점이 특별히 강조될 필요가 있다. 다름 아니라 **침체**국면은 실제로는 **회복**(recovery)국면이라는 점이다. 대부분의 사람들은 인플레이션의 이득이 눈에 띄고, 손실은 숨겨져 있어서 눈에 잘 띄지 않는 붐의 시기를 유지하면 행복할 것이다. 이 붐의 행복감은 인플레이션 환상에 불과한 회계장부상의 이윤을 통해 조장하는 자본소비에 의해 제고된다. 사람들이 불평하는 단계들은 위기국면과 침체국면이다. 그러나 이 국면들이 어려움을 만들어낸 것이 아니라는 점은 확실히 해둘 필요가 있다.

오(誤)투자들과 왜곡들이 일어나는 붐 기간 중에 어려움이 만들어진다. 위기-침체국면은, 사람들이 이미 발생했던 오(誤)투자를 인식하도록 강제된 후 치료하는 시기이다. 그러므로 침체의 시기는 반드시 필요한 회복의 시기이다. 잘못된 투자가 청산되고 오인했던 기업가들이 시장을 떠나는 시기이다―'소비자주권'과 자유시장이 스스로의 권리를 주장하고 나서면서 다시 모든 참가자들에게 최대한 혜택을 주는 경제를 확립하는 시기이다. 침체기는 자유시장 균형이 복구되고 팽창적 왜곡이 배제될 때 끝난다.

침체과정에 대한 어떤 정부간섭도 단지 침체기간을 연장시킬 수 있을 뿐이며, 그래서 거의 모든 사람의 관점에서 보았을 때 사태를 악화시킬 뿐이라는 점을 분명히 할 필요가 있다. 침체과정은 회복과정**이므로**, 이 과정을 멈추게 하거나 늦추려는 그 어떤 시도도 회복의 출현을 저해한다. 침체기의 재조정은 회복이 완전해질 때까지 스스로 해결해야 한다. 이 재조정이 지연될수록, 침체의 기간은 더 길어지고 완전한 회복은 더 오래 연기된다. 예컨대, 만약 정부가 임금률을 높게 유지하면 영구실업을 초래한다. 만약 가격을 높게 유지하면 팔리지 않은 잉여재고를 불러온다. 그리고 만약 정부가 신용팽창에 다시 박차를 가하면, 새로운 오(誤)투자와 뒤이은 침체가 잉태된다.

많은 19세기 경제학자들은 이 경기변동에 대해, 붐을 알코올 혹은 마약도취로 비유하고, 이에 대한 고통스러우나 필요한 치료로 경기침체를 비유하는 등 생물학적 은유를 사용하면서 경기침체에 대한 어떤 간섭도 회복을 지연시킬 뿐이라고 단언하였다. 그들은 현대경제학자들에 의해 크게 조롱을 받았다. 그러나 그 조롱은 방향을 잘못 잡은 것이다. 이 경우 생물학적 비유가 정확하기 때문이다.

우리의 분석으로부터 도출되는 하나의 명백한 결론은 '과소소비주의자'의 경기침체에 대한 처방들―위기가 과소소비에 의해 야기되었으며 경기침체를 치유하는 방법은 소비지출을 자극하는 것이라는 생각―이 터무니없다는 것이다. 그 반대가 진실이다. 위기가 초래된 것은 바로 기업가적 투자가 더 큰 저축이 있을 것으로 잘못 예상하였으며, 이 실수가 소비자들이 자신들이 원하는 소비의 비율을 재확립하면서 밖으로 드러나게 된다는 사실에 있다. 비록 신용팽창에 의해 시장이 왜곡된 후 단지 자신의 선호를 회복하고자 했을 뿐인 소비자들에게 그 잘못을 돌리는 것은 결코 공정하지 않지만, '과잉소비' 혹은 '과소저축'이 위기를 불러왔다. 경기침체라는 치유과정을 재촉하는 유일한 방법은 사람들이 더 많이 저축하고 투자하며, 소비를 덜 하는 것이다. 그렇게 할 때, 오(誤)투자 가운데 일부는 최종적으로 다시 정당화되고, 이루어져야 할 조정의 정도가 완화될 것이다.

하나의 문제가 아직 설명되지 않았다. 우리는 회귀의 기간(reversion period)이 짧고 요소소득이 비교적 빠르게 상승하며, 자유시장 소비/저축비율을 회복시키기 시작한다는 것을 살펴보았다. 그러나 왜 붐들이 역사적으로 몇 년간 지속되는가? 무엇이 회귀의 과정(reversion process)을 지연시키는가? 그 대답은 붐이 신용팽창의 주입으로부터 소멸되기 시작하면서 은행들이 또 추가적으로 한 방울 더 주입한다는 데 있다. 한마디로, 침체-조정과정의 개시를 **피하는** 유일한 방법은 화폐와 신용의 팽창을 지속하는 것이다. 오직 새로운 화폐의 신용시장으로의 지속적 주입만이 붐이 꺼지지 않고 유지되도록 하며, 새로운 단계들이 이윤을 남기도록 해줄 것이기 때문이다. 이에 더해, **점점 더 증대하는** 주입량만이 붐을 빠르게 할 수 있고, 이자율을 더 낮출 수 있으며, 생산구조를 팽창시킬 수 있다. 가격들이 상승하면서 더욱더 많은 돈이 동일한 일을 하는 데 들어갈 것이기 때문이다. 신용팽창이 일단 멈추면, 시장비율들은 재확립되고 겉보기에 굉장했던 새로운 투자들은 모래 위에 지은 집과 같은 오(誤)투자였음이 밝혀진다.

얼마나 오래 붐은 지속될 수 있으며, 서로 다른 상황들 아래에서 붐에 어떤 한계들이 존재하는가? 이 의문에 대해서는 아래에서 논의될 것이다. 그러나 점점 더 커지는 신용팽창의 주입으로 붐을 연장시키는 것은 단지 하나의 결과, 즉 불가피하게 뒤따를 침체를 더 길고 더 고단하게 만드는 결과를 초래할 것이다. 붐의 시기에 저질러진 오(誤)투자와 실수의 범위가 더 클수록, 침체기의 재조정 임무는 더 크고 길어진다. 그렇다면 침체를 방지하는 방법은 간단하다. 붐을 조장하는 것을 피하라. 필요한 모든 것인 붐의 조장을 피하는 방법은 화폐분야에서 진정한 자유시장정책을, 즉 은행과 정부가 100% 정화준비정책을 추구하는 것이다.

신용팽창은 언제나—다른 경향성들이 그 작동을 가리는 경우에 있어서조차—경기변동과정을 발생시킨다. 그래서 많은 사람들은, 만약 가격들이 오르지 않거나 실제로 기록된 이자율이 떨어지지 않으면 모든 것이 잘되고 있다고 믿는다. 그러나 가격들은 어떤 중화시키는 힘—재화공급의 증가 혹은 화폐수요의 증가와 같은—으로 인해 오르지 않을 수 있다. 그러나 이것은 붐-침체의 사이클이 발생하지 않는다는 것을 의미하지는 않는다. 붐의 본질적 과정들—왜곡된 이자율들, 오(誤)투자들, 도산들 등—은 저지되지 않는다. 이것이 왜 경기변동을 통계학적 관점에서 접근하고, 그런 식으로 이론에 도달하고자 하는 사람들이 가망이 없을 정도로 잘못에 빠지는지 그 이유를 설명한다. 그 어떤 역사적-통계적 사실도 수많은 인과적 영향들의 복합적 결과물이며, 인과적 이론을 구축하는 단순한 요소로 사용될 수 없다. 신용팽창은 **자유시장에서였더라면 형성되었을 수준을 상회하여** 가격들을 상승시키고, 그래서 경기변동을 만들어낸다. 마찬가지로 신용팽창은 반드시 이자율을 **종전에** 기록된 수준보다 낮추는 것은 아니다. 신용팽창은 **자유시장에서였더라면 형성되었을 이자율 수준 아래로** 이자율을 더 낮추고, 그래서 왜곡과 오(誤)투자를 만들어낸다. 붐의 기간에 기록된 이자율들은 사실 시장이자율을 구성하는 **구매력 부분**으로 인해 일반적으로 **상승한다**. 가격들의 상승은 우리가 살펴보았듯이 자연이자율에 정(正)의 구매력 구성부분—즉, 시장에서 기업가가 번 수익률—을 발생시킨다. 자유시장에서는 이것은—우리가 살펴본 것처럼 완전히 자연이자율에 의존하는—대부이자율에 재빨리 반영될 것이다. 그러나 순환신용의 지속적 유입은 대부이자율이 자연이자율을 따라잡는 것을 막고, 그래서 경기변동 과정을 발생시킨다.[111]

   은행이 창출한 대부이자율과 자연이자율 간 괴리발생의 또 다른 결과는 대부시장에서의 대출자가 채무자—주식시장에서의 자본가들 혹은 기업을 소유한 사람들—의 이득을 위해 희생된다는 것이다. 채무자는 붐 기간 동안의 대부이자율과 자연이자율 차이만큼의 이득을 얻는 데 반해, 채권자(스스로 자신의 돈을 창출하는 은행을 제외한)는 채무자의 이득만큼 손실을 보게 된다. 붐의 기간이 끝난 후, 오(誤)투자를 어떻게 하여야 하는가? 그 대답은 향후 사용할 때 얻을 수익성(*profitability*), 즉 범했던 실수의 정도에 달려있다. 일부 오(誤)투자는, 소비자 수요로부터 얻는 수입이 운영을 위한 현행 비용도 감당할 수 없기 때문에 포기되어야 한다. 여타 오(誤)투자는, 비록 실패의 기념비이고 마모되어 없어지면 신규투자로 대체할 필요가 있을 정도로 이윤을 남기지는 않는다 하더라도, 운영비용을 넘어서는 수입을 낼 수 있을 것이다. 일시적으로 이런 사업을 운영하는 것은 비록 나쁜 거래라 하더라도 항상 최선으로 활용한다는 경제원칙을 충족한다.

그러나 오(誤)투자로 인해 붐은 언제나 일반적 **곤궁**으로 귀결된다. 즉, 그런 붐이 없었더라면 이루었을 수준보다 오히려 생활수준을 더 낮게 만든다. 왜냐하면 신용팽창은 희소한 자원과 희소한 자본을 낭비하도록 하기 때문이다. 일부 자원들은 완전히 낭비될 것이고, 계속 사용되는 오(誤)투자는 신용팽창이 없었더라면 나타났을 경우보다 소비자들을 덜 만족시킬 것이다.

3) 경기변동의 2차적 현상

앞의 절에서 우리는 경기변동의 기본과정을 제시하였다. 이 과정은 종종 경기변동에 의해 유발된 여타 진전 혹은 '2차적' 현상으로 더 부각되기도 한다. 그래서 화폐공급의 팽창과 가격들의 상승은 화폐수요를 낮출 가능성이 높다. 많은 사람들은 더 높은 가격들을 예상하기 시작하고, 그래서 화폐를 처분할 것이다. 낮아진 화폐수요는 가격들을 더 인상시킨다. 팽창의 추진력은 먼저 자본재에 대한 지출에서 나타나고 나중에 소비에서 나타나기 때문에, 이 낮아진 화폐수요의 "2차적 효과"는 먼저 생산재산업들에서 효력을 나타낼 수 있다. 이것은 가격-이윤격차를 더욱 좁히고, 그래서 이자율이 붐의 시기에 자유시장 이자율 아래로 떨어지는 격차를 더욱 넓힐 것이다. 그 조정은 아무튼 생산재 가격들에서 일부 하락을 야기할 것이다. 왜냐하면 조정의 본질은 가격격차를 상승시키는 것이기 때문이다. 추가적 왜곡은 회복이 완성되기 이전에 생산재 가격의 더욱 가파른 하락이 필요하도록 만든다.

사실, 화폐수요는 인플레이션 초기에 일반적으로 **상승한다**. 사람들은 화폐단위의 가치가 결코 손상되지 않는 신성한 것이며, 가격들은 어떤 '관습적' 수준에 머물 것이라고 습관적으로 여기는 경향이 있다. 그래서 가격들이 처음에 오르기 시작할 때, 대부분의 사람들은 곧 움츠러들 순전히 일시적 현상으로 믿는다. 이 믿음이 당분간 가격상승의 정도를 완화한다. 그러나 궁극적으로 사람들은 신용팽창이 지속되었고, 의심의 여지없이 앞으로 지속될 것이라는 점을 깨닫게 되며, 사람들의 화폐에 대한 수요는 쇠퇴하여 원래의 수준보다 낮아진다.

위기가 도달하고 침체가 시작된 후, 다양한 2차적 현상들이 종종 발생한다. 특히,

아래에서 더 자세히 논의될 이유들로 위기는 신용팽창의 정지에 의해서 뿐만 아니라, 실제적 **디플레이션**—화폐공급의 축소—에 의해 드러나는 경우가 자주 있다. 디플레이션은 가격들의 추가적 하락을 야기한다. 그 어떤 화폐수요의 증대도 더 낮은 가격들로의 조정을 가속화할 것이다. 게다가 이에 더해 디플레이션이 대부시장에서 처음으로 발생하면, 즉 대개 항상 그렇듯이 은행들에 의한 신용긴축(credit contraction)이 시작되면, 이는 침체-조정과정을 가속화시키는 유익한 효과를 지닐 것이다.

왜냐하면 신용긴축은 더 큰 가격격차를 창출하기 때문이다. 그리고 필요한 조정의 핵심은 더 큰 가격격차로, 즉 더 높은 '자연'이자율로 회귀하는 것이다. 게다가 디플레이션은 아직 언급하지 않았던 방식으로 조정을 재촉한다. 왜냐하면 인플레이션이 유발하는 회계상의 실수가 여기에서 역전되어, 사업가들이 실제보다 손실은 더 크게, 이윤은 더 작게 생각할 것이기 때문이다. 그래서 사업가들은 그들이 정확한 회계를 했더라면 실행했을 정도보다 더 많이 저축할 것이며, 증가된 저축은 필요한 저축의 결핍을 공급해줌으로써 조정에 속도를 내도록 할 것이다.

디플레이션 과정이 자유시장 균형점을 지나치도록 할 수 있고, 가격격차와 시장이자율을 시장균형점보다 높게 올릴 수 있다는 것은 사실이다. 그러나 만약 그렇다면, 어떤 피해도 가해지지 않는다. 왜냐하면 신용긴축은 아무런 오(誤)투자도 발생시킬 수 없고, 그래서 또 하나의 붐-거품붕괴(boom-bust) 사이클을 발생시키지 않기 때문이다.[112]

그리고 시장은 그 실수를 빠르게 고쳐나갈 것이다. 그와 같은 지나친 긴축이 있고 저축에 비해 소비가 너무 높으면, 사업가들의 화폐소득은 줄어들고 생산요소들—특히 고차생산단계에 있는 생산요소들—에 대한 지출도 하락한다. 본원요소의 소유자들은 더 적은 소득을 받게 되면 소비지출을 줄일 것이고, 가격격차들과 이자율은 다시 낮아질 것이며, 자유시장 소비/투자비율들이 빠르게 복원될 것이다.

인플레이션이 일반적으로 마취효과로 대중들에게 인기가 있는 것처럼, 디플레이션은 언제나 반대의 이유로 대중들에게 매우 인기가 없다. 화폐긴축은 눈에 잘 보인다. 구매가격이 먼저 떨어지는 사람들, 그리고 마지막으로 돈을 처분하는 사람들이 얻는 혜택은 숨겨져 눈에 띄지 않는다. 그리고 디플레이션이 주는 회계장부상 손실을 본 것 같은 착각효과는 기업들이 실제보다 자신들의 손실을 더 크게, 이윤은 더 작게 생각하도록 만들고, 이것은 사업전망상의 비관주의를 악화시킨다.

디플레이션이 인플레이션과 마찬가지로 하나의 집단으로부터 가져와서 다른 집단에게 나눠주는 효과를 지니는 것은 사실이다. 그러나 신용긴축은 회복을 가속화하고 붐의 시기에 만들어진 왜곡을 중화시킬 뿐만 아니라, 넓은 의미에서 처음에 강제적 이득을 본 사람들로부터 가져와 처음 강제적 피해자들에게 혜택을 나눠준다. 비록 신용팽창의 재분배효과의 경우와는 역의 순서로 진행되고, 확실히 모든 경우에 그렇지는 않겠지만, 넓은 의미에서 대개 동일한 집단들이 이득을 얻었다가 손실을 볼 것이다. 고정소득집단들, 과부들과 고아들은 이득을 볼 것이고, 종전에 인플레이션으로부터 이득을 보던 사업가들과 본원적 요소의 소유자들은 손실을 볼 것이다.[113]

일부는 디플레이션이 실업의 '원인'이 된다고 반대할지 모른다. 그러나 우리가 위에서 살펴본 것처럼 디플레이션은 정부나 노동조합이 임금률을 노동의 할인한계가치생산을 상회하여 유지하는 경우에만 지속적 실업으로 유도할 수 있다. 임금률이 자유롭게 하락하도록 허용된다면, 그 어떤 지속적 실업도 발생하지 않을 것이다.

마지막으로, 디플레이션적 신용긴축은 필연적으로 지극히 제한적이다. 신용은 (아래에서 논의되는 경제적 한계들이 존재하지 않는다면) 실질적으로 무한까지 팽창할 수 있는 반면, 순환되는 신용은 단지 순환중인 정화 총량으로까지만 긴축될 수 있을 뿐이다. 한마디로, 최대한 가능한 긴축이란 종전의 신용팽창을 모두 제거하는 수준까지로 제한된다.

여기에 전개된 경기변동분석은 본질적으로 루드비히 폰 미제스와 그의 제자 일부에 의해 시작되고 발전된 '오스트리아학파'의 이론이다.[114] 이 이론의 대표적 비판은 "완전고용의 존재를 가정하고 있다"거나 그 분석이 단지 '완전고용'이 도달된 **이후에만** 유효하다는 것이다. 이 논점에 앞서 비판가들은, 신용팽창이 유익하게도 이 생산요소들을 일하게 하며 더 이상의 오(誤)투자나 경기변동(사이클)을 야기하지 않을 것이라고 말한다. 그러나 무엇보다 먼저, 인플레이션은 고용되어 있지 않던 그 어떤 생산요소도, 다음 조건이 충족되지 않는 한 일하도록 만들지 않을 것이다. 한계가치생산보다 높은 화폐가격을 끈질기게 요구하던 생산요소의 소유자들이, 화폐가격의 실질가격은 '생활비'의 상승으로 위장되어 있을 때, 필연적으로 더 낮아진 이 실질가격을 장님처럼 만족하며 받아들이지 않는 한 인플레이션은 실업을 고용으로 전환시키지 않을 것이다. 그리고 그 어떤 신용팽창이라도 이는 고용되지 않은 생산요소의 존재 유무와는 상관없이 추가적 경기변동을 발생시킨다. 신용팽창은 더 많은 왜곡과 오(誤)투자를 만들어내고, 종전 붐으로부터 회복하는 과정을 무한정 지연시키고, 궁극적으로 종전의 오(誤)투자뿐만 아니라 새로운 오(誤)투자들에도 훨씬 더 고통스러운 회복과정이 필요하도록 만든다. 만약 유휴 자본재가 이제 실제로 작업에 투입되었다면, 이 '유휴시설'은 종전의 낭비적 오(誤)투자들의 잔류효과이며, 그래서 진정으로 한계 이하의 가치밖에 없어서 생산에 유입될 가치가 없었던 것이었다. 그 자본을 생산에 투입하는 것은 단지 왜곡을 배가시킬 뿐이다.[115]

4) 신용팽창의 한계

신용팽창의 결과를 조사하였으므로, 이제 우리는 다음의 중요한 질문에 대해 논의해 보아야 한다. 만약 부분준비은행제도가 합법적이라면 은행에 의한 신용팽창에 어떤 자연스런 **한계**들이 존재하는가? 물론, 하나의 기본적 한계는 고객이 요구할 때 은행이 은행의 화폐대체물(money-substitutes)을 갚아줄 필요성이다. 금본위제 혹은 은본위제 아래에서, 은행들은 정화로 상환해 주어야 한다. 정부의 불환지폐제도(아래를 읽어보라) 아래에서는 은행들은 정부지폐로 상환해 주어야 한다. 어떤 경우이건 은행들은 표준화폐 혹은 표준화폐와 실질적으로 동일한 것으로 갚아주어야 한다. 그러므로 모든 부분지불준비은행은 그 존재 자체를 일반대중—특히 자신의 **고객들**—에게 모든 것이 좋은 상황이며, 고객이 요구하면 언제나 은행권이나 저축한 것을 상환할 수 있다는 것을 설득하는 데 달려 있다. 이것은 명백하게 사실이 아니기 때문에 은행들에 대한 지속적 신뢰는 심리적으로 경이로운 것이다.[116]

아무튼 일반대중 사이에 인간행동학에 대한 지식이 더 광범위해지면, 은행제도에 대한 신뢰를 크게 약화시킬 것은 분명하다. 왜냐하면 은행들은 내재적으로 취약한 위치에 놓여 있기 때문이다. 소수의 고객들이 신뢰를 잃게 되어 은행들에 상환을 요구하기 시작한다고 해보자. 그리고 이것으로 인해 **다른 고객들도** 은행 문이 아직 열려있을 때 확실하게 그들의 돈을 찾으려는 법석이 촉발될 것이다. 은행들의 명백한 —그리고 정당화할 수 있는—공황상태는 어떤 유형이든 '예금인출경쟁'을 만들어내고 다른 고객들도 같은 일을 하도록 촉발시키며, 예금인출경쟁 은행을 한층 더 악화시킨다. 아무튼 예금인출경쟁은 물론 대혼란을 야기하고, 만약 일관되게 추진된다면 그 나라의 모든 은행을 단 며칠 안에 문닫게 할 수 있다.[117] 그러므로 예금인출경쟁과 그것이 일어날 수 있다는 끊임없는 위협은 신용팽창의 가장 주요한 한계 가운데 하나이다. 예금인출경쟁은 경기순환위기 동안 부채들이 이행되지 않고 파산이 확실해질 때 자주 일어나기도 한다. 예금인출경쟁과 이런 일의 발생에 대한 두려움은 디플레이션적 신용의축을 촉발하는 것을 돕기도 한다.

예금인출경쟁은 상존하는 위협일 수 있으나 일반적으로 효과적 제한장치로는 작동하지는 않는다. 예금인출경쟁이 실제로 발생하면, 이는 은행들을 회복불능상태로 파괴시킨다. 어떤 은행이 아무튼 존재하고 있다는 사실은 예금인출경쟁이 진행되지 않았다는 것을 의미한다. 보다 적극적이고 일상적인 한계는 어떤 한 은행이 확보할 수 있는 고객의 **범위가 상대적으로 좁다는** 점이다. 한 은행의 고객은 본원화폐 대신 (그 화폐대체물인) 예금이나 증서들을 기꺼이 보유하려는 사람들로 구성되어 있다. 대개의 경우 하나의 은행이 시장사회에서 모든 사람들의 후원, 혹은 정화 대신 은행화폐의 사용을 선호하는 사람들로 범위를 좁히더라도 이들 모두의 후원을 받지는 않는다는 것은 하나의 경험적 사실이다. 더 많은 은행이 존재할수록 어떤 한 특정 은행의 고객은 더 제약될 것이라는 점은 분경하다. 사람들은 어느 은행을 사용할지 많은 근거들 위에서 결정한다. 성실성의 명성, 서비스의 친절성과 가격, 그리고 입지의 편리성 등이 모두 일정한 역할을 한다.

어떤 한 은행이 지닌 고객의 좁은 범위가 어떻게 신용팽창의 잠재성을 제한하는가? 새로 발행된 화폐대체물들은 물론 은행의 고객들에게 대출된다. 그러면 고객은 이 새로운 돈을 재화와 서비스에 지출한다. 이 새로운 돈은 사회 전체로 순환되기 시작한다. 궁극적으로—보통 매우 빠르게—이 새 돈은 **다른** 은행을 사용하는 사람들의 재화와 서비스에 지출된다. 스타은행이 신용을 팽창했다고 해보자. 새로 발행된 스타은행권 혹은 예금이 시티은행을 이용하는 존스의 수중에 들어간다. 두 가지 대안이 발생할 수 있는데, 두 가지 중 그 어느 것도 동일한 경제적 효과를 지닌다. ① 존스가 스타은행권 혹은 예금을 받아들이고 이를 시티은행에 예금하고, 시티은행은 스타은행에 상환을 요구한다. 혹은 ② 존스가 스타은행의 은행권을 받아들이기를 거부하고 존스로부터 어떤 것을 구매한 그 스타은행 고객—예를 들어, 스미스 —에게 그 은행권을 받아들일 수 있는 표준화폐로 지불할 것을 끝까지 주장한다.

그래서 금 혹은 은은 시장 전반에 걸쳐 받아들일 수 있는 반면, 은행의 화폐대체물들은 자신의 고객들만 받아들인다. 분명히, 단일 은행의 신용팽창은 제한되어 있고, 이 제한의 강도는, ① 그 고객의 범위가 더 좁을수록, 그리고 ② 화폐대체물의 발행이 경쟁은행들에 비해 상대적으로 더 클수록 더 강하다. 첫 번째 논점을 예로 설명하기 위해 각 은행이 단지 하나의 고객만 가지고 있다고 가정해보자. 그렇다면 신용팽창의 여지는 거의 없을 것이라는 점은 분명하다. 이와 극단적인 반대상황으로 만약 한 은행이 경제 내의 모든 사람들에 의해 이용되고 있다면, 고객들의 비(非)고객으로부터 구매에 따른 상환요구도 전혀 없을 것이다. 다른 조건이 같다면, 고객수가 더 적을수록 신용팽창은 더 제약된다.

두 번째 논점과 관련해서, 어떤 한 은행에 의한 상대적 신용팽창의 정도가 클수록, 상환—그리고 잠재적 파산—의 날은 더 빨리 다가올 것이다. 경쟁은행이 아무도 그렇게 하지 않았는데 스타은행만이 신용을 팽창했다고 해보자. 이것은 스타은행의 고객이 그들의 현금보유가 상당히 늘어났다는 것을 의미한다. 그 결과 화폐 각 단위의 보유에 따른 한계효용은 하락하고, 새로운 돈의 더 큰 부분을 지출하도록 압박을 받게 된다. 증가된 지출의 일부는 스타은행 고객 서로간의 재화와 서비스에 대한 것이지만, 신용팽창이 클수록 그들의 지출이 비(非)고객의 재화와 서비스로 '흘러넘칠' 가능성은 분명 더 커질 것이다. 이 흘러넘치거나 '다 써버리는' 경향성은 고객들의 여타 고객들의 재화와 서비스에 대한 증가된 지출이 가격을 올릴 때 크게 제고된다. 그동안 비(非)고객이 팔던 재화들의 가격은 종전처럼 유지된다. 그 결과, 고객들은 비(非)고객들로부터 더 많이 구매하고 고객들 서로로부터는 덜 구매하도록 압력받게 된다. 한편 비(非)고객들은 고객들로부터 덜 구매하고 비(非)고객들 서로로부터 더 많이 구매한다. 그 결과, 고객들로부터 비(非)고객들에게로의 '불리한' 교역수지가 발생한다.[118] 화폐가 시장 전체를 관통하여 동일한 교환가치 수준을 찾아가려는 경향성이 새 화폐(이 경우 새로운 화폐대체물들)가 시장을 통해 보급되는 과정의 한 사례라는 점은 분명하다. 그 은행에 의한 상대적 신용팽창의 정도가 클수록, (새로운 돈의 그 은행으로부터의) 유출이 더 크고 빨라질 것이그, 결과적으로 팽창하는 은행에 대한 상환압력도 더 크고 빨라질 것이다.

은행들이 금고에 정화준비금을 보유하는 목적은 (아무런 법정지출준비가 없다고 가정할 때) 이제 확실해졌다. 이는 예금인출경쟁에 대비하려는 것이 아니다. 왜냐하면 어떤 부분지불준비은행도 예금인출경쟁을 감당할 수 없기 때문이다. 이는 비(非)고객들로부터 나오는 상환요구를 충족시키기 위해서이다.

영국 통화학파(the British Currency School)와 19세기 고전학파 '국제무역' 이론가들이 이 세분된 과정(subdivision)을 발견하였다는 것을 미제스는 아주 훌륭하게 보여주었다. 이 과거 경제학자들은 어떤 특정지역이나 국가의 모든 은행들이 신용을 함께 팽창한다고 가정하였다. 그 결과는 그 나라에서 생산된 재화가격의 상승이었다. 또 다른 결과는 '불리한' 무역수지, 즉 다른 나라로의 정화유출이었다. 다른 나라들에서는 신용을 팽창하는 국가의 은행들을 후원하지 않았으므로, 그 결과는 신용을 팽창하는 국가로부터의 '정화유출'(specie drain)과 그 은행들에 대한 상환압력의 증가였다.

지나치게 강조되고 과도하게 정교한 '국제무역'이론의 모든 부분이 그러하듯이, 이 분석은 단지 '일반'경제이론의 특별한 분과에 불과하다. 그리고 그것을 '국제무역'이론이라고 분류하는 것은, 미제스가 설명한 것처럼 그 진정한 중요성을 과소평가하게 만든다.[119][120]

그래서 은행들이 더 자유롭게 경쟁할수록, 그리고 은행의 숫자가 많을수록, 비록 은행이 간섭받지 않고 신용팽창을 할 수 있더라도 은행들이 신용화폐(fiduciary media)를 팽창할 수 있는 능력은 더 감소된다. 제11장에서 유의해서 본 것처럼 그와 같은 시스템은 '자유은행제도'라고 알려져 있다.[121] 자유은행제도에 대한 주요 반론은 은행 '카르텔'의 문제였다. 만약 은행들이 담합하여 그들의 신용을 동시에 팽창하기로 합의하면, 경쟁은행에 대응한 고객한계는 제거될 것이고, 각 은행의 고객은 결과적으로 모든 은행이용자들을 포함하도록 커질 것이다. 그러나 미제스는 더 높은 부분지불준비금을 지닌 건전한 은행들이 자행의 고객들이 지닌 선의를 잃어버리기를 원치 않을 것이고, 더 취약한 은행들과 담합함으로써 예금인출경쟁의 위험을 자초하지는 않을 것이라고 지적한다.[122] 이 고려는 그와 같은 담합에 한계가 있다는 것을 보여주지만, 완전히 그 가능성을 배제하지는 않는다. 왜냐하면, 아무튼 어떤 부분지불준비은행도 **진정으로** 건전하지는 않으며, 만약 일반대중이 예컨대, 80% 정화준비가 건전하다고 믿도록 유도될 수 있다면, 일반대중은 60% 정화준비 혹은 10% 정화준비에 대해서도조차 마찬가지로 믿을 수 있기 때문이다. 정말, 취약한 은행들이 일반대중에 의해 아무튼 존재하도록 허용된다는 사실은 더 보수적인 은행들이 그들과 함께 신용을 팽창하기로 합의하더라도 명성을 별로 잃지 않을 수 있음을 보여준다.

미제스가 설명한 것처럼 인플레이션과 신용팽창의 반대자 입장에서 보면 자유은행제도가 중앙은행제도(아래를 보라)보다 더 우월하다는 점은 의문의 여지가 없다. 그러나 워커(Amasa Walker)가 언급한 것처럼:

> 자유은행제도의 바람직함에 대해 서로 다른 시기에 여러 가지가 언급되었다. 농사나 그 어떤 분야에서의 사업만큼 자유롭게 어떤 사람이 은행업을 해보려는 것을 허용하는 것의 적절함과 올바름에 대해서는 의심의 여지가 있을 수 없다. 그러나 현행체제에서는 은행업이 불환지폐의 발행을 의미하는 동안에는, 더 많이 감시받고 제한될수록 더 낫다고 할 수 있다. 그러나 불환지폐의 발행이 완전히 금지되고 오직 주화보증서와 동등한 액수만큼의 지폐만 발행된다면, 은행업은 중개업처럼 자유롭게 될 수 있다. 유일하게 확보되어야 할 것은 보관중인 정화에 기초한 것을 제외하고는 그 어떤 발행도 없다는 점일 것이다.[123]

5) 신용팽창 주도자로서의 정부

역사적으로 각국의 정부들은 신용팽창을 주도해왔고 크게 북돋우었다. 각국 정부들은 은행신용팽창에 대해 시장이 부여해 놓은 제약을 **약화시킴으로써** 신용팽창을 주도하였다. 제약 약화의 한 가지 방법은 예금인출경쟁의 위험에 대해 무감각해지도록 만드는 것이다. 19세기에 미국정부는 은행이 위기에 빠지면 계속 영업을 지속하면서 정화결제(*specie payment*)를 미룰 수 있도록 허용하였다. 은행들은 일시적으로 부채를 갚아야 하는 계약적 의무로부터 벗어날 수 있었고, 대부를 계속하고, 심지어 채무자들에게 자신들의 은행권으로 부채를 갚도록 강제할 수 있었다. 이것은 신용팽창에 대한 제약을 제거하는 하나의 강력한 방법이다. 은행들은 이제 자신들이 너무 지나쳤을 경우에도, 정부가 채무변제라는 그들의 계약적 의무이행을 가볍게 피할 수 있도록 허용해 줄 것임을 알기 때문이다.

불환화폐제도 아래에서 정부(혹은 정부의 중앙은행)는 표준화폐를 발행하여 경영상황이 좋지 않은 은행을(혹은 주요 은행을) 구제하는 것을 임무로 삼을 수도 있다. 19세기에 중앙은행이 실패할 위험에 처한 은행들에게 자유롭게 돈을 빌려주는 '최종대부자'(lender of last resort)의 역할을 해야 한다는 원칙이 일반적으로 수용되었다. 또 하나 미국에서 나온 은행신용에 대한 제약을 철폐한 방법은 '예금보험'(deposit insurance)이다. 이 예금보험에 의해 정부가 은행들의 요구불예금 지불책임을 구제하기 위해 지폐를 공급할 것을 보장한다. 이런 유형의 장치들은 과격한 신용팽창에 대한 시장의 브레이크를 제거한다.

두 번째 방법, 어떤 나라에서나 이제 너무나 정당화되어서 이런 제도가 없으면 구제불능일 정도로 '후진적'이라고 여겨지는 방법은 중앙은행제도이다. 중앙은행은, 종종 명목상으로는 민간인이나 민간은행들에 의해 소유되지만 중앙정부가 직접 경영한다. 그 목적은 항상 명시적으로 언급되지는 않지만, 다수의 독립적 은행들의 존재로 인해 제공되는 은행신용에 대한 경쟁적 억제를 제거하는 데 있다. 중앙은행의 목표는 그 나라 모든 은행이 조정되고, 그래서 정부의 의지에 따라 함께 팽창 혹은 긴축정책을 취하도록 하는 데 있다. 앞에서 보았듯이 이런 조율된 팽창은 시장이 부과하는 한계들을 크게 약화시킨다.

정부가 상업은행시스템에 대한 중앙은행의 통제를 확립한 가장 결정적 방법은 그 은행에 국내 화폐발행 **독점권**을 부여하는 것이었다. 우리가 살펴본 것처럼 화폐대체물들은 은행권 지폐(note)나 예금증서(book deposits)의 형태로 발행될 수 있다. 경제학적으로는 두 가지 형태는 동일한 것이다. 그러나 두 가지를 구분하는 것이 편리하다는 것을 알게 되었고, 민간은행들에 의해 발행된 모든 은행권을 불법화시켰다. 그와 같은 은행권 발행사업의 국유화는 상업은행들이 자신의 고객들이 요구불예금을 종이은행권으로 교환하기를 원할 때마다 중앙은행에 가지 않을 수 없도록 만들었다. 고객들에게 줄 은행권을 얻기 위해 상업은행들은 중앙은행으로부터 이 은행권을 사지 않을 수 없다. 그런 구매는 자신들의 금화 혹은 여타 표준화폐를 팔거나 중앙은행에 예치한 저축구좌로부터 인출하는 수밖에 없다.

대중은 언제나 화폐의 일정부분을 지폐나 요구불예금의 형태로 보유하고자 하기 때문에, 은행들은 지폐의 공급을 확보하기 위해 중앙은행과 지속적 관계를 맺어야 한다. 은행의 가장 편리한 절차는 중앙은행에 요구불예금계좌를 만드는 것이고, 그래서 중앙은행은 '은행의 은행'이 된다. 이 요구불예금은(은행의 금고에 금과 함께 추가하여 보관되는) 그 은행들의 지불준비금(reserve)이 된다. 중앙은행은 또한 더 자유롭게 금에 의해 100% 보증되지 않는 요구불채무를 창출할 수 있고, 이런 증가된 부채들은 그 은행에 보관된 지불준비금이나 요구불예금에 보태지거나 발행된 중앙은행권을 증가시킨다. 그 나라 전체를 통해 은행지불준비금의 증대는 은행들이 신용을 팽창하도록 자극을 주게 되며, 이에 반해 이 지불준비금의 그 어떤 감소도 신용긴축을 유발할 것이다.

중앙은행은 한 나라 은행들의 지불준비금들을 세 가지 방법으로 증가시킬 수 있다. ① 은행들에 그저 지불준비금을 빌려줌으로써, ② 은행들의 자산들을 구매하여 은행의 중앙은행 저축계좌를 직접 증가시켜줌으로써, 혹은 ③ 일반대중으로부터 I.O.U.를 구매함으로써—일반대중은 중앙은행에 대한 이 I.O.U.를 일반대중을 직접 상대하는 다양한 은행들에 적립할 것이고, 그래서 이 일반은행들이 중앙은행에 있는 신용들을 사용하여 그들의 지불준비금을 증가시킬 수 있게 된다. 두 번째 과정은 할인율(discounting)이라고 알려져 있으며, 후자는 **공개시장구매**(open market purchase)라고 알려져 있다. 마치 **공개시장판매**(open market sales)가 그런 것처럼. 대부의 만기가 다가옴에 따라 할인의 감소(lapse in discounts)가 지불준비금을 낮출 것이다. 공개시장판매에서는, 사람들은 은행에 있는 자신의 계좌에서 인출한 수표로 구입한 중앙은행의 자산에 대해 중앙은행에 지불할 것이다. 그리고 자신의 장부에 은행지불준비금들을 감소시킴으로써 그 지불을 거두어 갈 것이다. 대개의 경우, 공개시장에서 구매 혹은 판매된 자산들은 정부의 부채(I.O.U.)들이다.[124]

그래서 은행시스템은 정부의 후원 아래 조정된다. 중앙은행은 그 창조자인 정부로부터 언제나 커다란 위신을 부여받는다. 정부는 중앙은행 발행지폐를 법정화폐로 삼는 경우가 많다. 금본위제도 아래에서 중앙은행이 지배하는 광범위한 자원은 전 나라가 그 고객이라는 사실과 함께, 그 은행이 부채들을 금으로 이행하는 데 있을 수 있는 애로사항을 무시할 수 있도록 만들어준다. 이에 더해, 그 어떤 정부도 자신의 중앙은행을 (즉, 그 자신을) 부도가 나도록 내버려두지 않을 것이다. 중앙은행은 언제나 심각한 어려움에 처한 시기에도 정화지불을 연기하도록 허용될 것이다. 그래서 중앙은행은 (할인율을 다시 정하고 공개시장구입을 통해) 스스로 신용을 부풀리고 팽창시킬 수 있으며, 은행들에 지불준비금을 보태줌으로써 그 나라 전체를 통한 **복합적** 신용팽창에 박차를 가할 수 있다. 은행들이 일반적으로—비(非)고객 상환(nonclient redemption)의 추정에 기초하여—지불준비금/부채의 일정 비율을 유지할 것이고, 지불준비금의 일반적 증가는 신용화폐가 그 몇 배 이상 팽창되도록 유발할 것이기 때문에 그 효과는 다중적이다. 사실, 모든 은행들이 조정되어 있고 함께 팽창한다는 지식이 비(非)고객 상환(nonclient redemption)의 가능성을 낮추고, 동시에 각 은행이 보유하고자 하는 지불준비금의 비율도 낮추기 때문에, 그 팽창배수 자체조차도 증가할 것이다.

정부가 금본위제를 '불이행하게' 되면, 중앙은행의 지폐가 법정화폐(legal tender), 실질적 표준화폐가 된다. 그러면 중앙은행은 부도가 날 수 없게 되고, 물론 이것은 실질적으로 신용팽창의 한계들을 제거한다. 예를 들어, 오늘날 미국에서는 불환지폐기준(fiat standard)—또한 "제한된 국제금괴기준"으로도 알려져 있음—은 기본적으로 만기상환의 압력을 실질적으로 배제한다. 이에 반해 예금보험뿐만 아니라 중앙은행의 지불준비금의 즉각적 마련은 은행실패의 위협을 제거한다.[125] 정부에 의한 은행들의 중앙집중화된 통제를 보증하기 위해, 미국은 은행들에 예금에 대해 일정한 최소 지불준비금(거의 전부가 중앙은행에의 적립금) 비율을 강제하고 있다.

한 나라가 어떤 의미에서는 '금본위제에 있는 한' 인플레이션이 너무 심해지게 되면, 중앙은행과 은행시스템은 정화의 외부유출에 대해 걱정하여야만 한다. 무제한적 금본위제 아래에서는, 중앙은행은 은행을 사용하지 않는 사람들의 수요로부터 발생하는 내부유출에 대해 걱정하여야 한다. 예금(deposit)으로부터 지폐로 일반대중의 선호이동은 비록 중앙은행은 아니라고 하더라도 상업은행들을 당황하게 할 것이다. 그러나 은행제도의 편리성에 대한 끈질긴 홍보는 은행을 사용하지 않는 사람들의 지위를 소수의 불만인 사람들에 블과하도록 감소시켰다. 그 결과, 신용팽창의 유일한 제약은 이제 외부적인 것뿐이다. 물론 정부는 언제나 화폐팽창을 유도할 수 있는 그들의 권력에 대한 모든 제어장치를 제거하기를 열망한다. 외부적 위협을 제거하는 하나의 방법은, 모든 정부들과 중앙은행들이 그들의 화폐공급을 일정한 비율로 팽창하도록 국제적 협력을 하는 것이다. 물론 무제한적 인플레이션의 '이상적'(ideal) 조건은 세계중앙은행이나 여타 정부기구에 의해 발행되는 세계불환지폐(a world fiat paper money)이다. 국내 수준의 순수 불환지폐는 대부분의 목적에 봉사할 것이지만, 여타 화폐에 비해 평가절하되는 국가화폐들이 당혹스러워질 것이고, 수입(輸入)이 훨씬 더 값비싸질 것이다.[126]

6) 궁극적 한계: 런어웨이 붐

국가 혹은 세계국가에 의한 불환지폐가 확립되면 신용팽창, 혹은 인플레이션에 대한 모든 한계들은 배제되는 것처럼 보일 것이다. 중앙은행은 땅속에서 금을 캘 필요에 의해 제약을 받지 않으면서 지폐의 명목단위를 무한정 발행할 수 있다. 정부로 보아서는 즐겁게도 이 지폐의 신용을 높이기 위해 지폐들이 은행에 공급될 수 있다. 내부적 혹은 외부적 고갈의 문제는 존재하지 않는다. 그리고 만약 세계은행과 세계불환지폐를 지닌 세계국가(a World State) 혹은 협조적 국가카르텔이 존재하고, 아울러 금 혹은 은화폐가 불법화된다면 그 세계국가는 아무런 외환이나 외국무역에서 애로를 겪지 않으면서, 시장의 선택으로부터 자신이 가장 좋아하는 방식으로 자발적 생산자들로부터 지배계급에게로 부(富)를 영구히 재분배하면서 화폐공급을 팽창시킬 수 있지 않겠는가?

많은 경제학자들과 대부분의 사람들은 그 국가는 이 목표를 달성할 수 있으리라고 가정한다. 실제로는 그 국가는 인플레이션에는 궁극적 한계가 있기 때문에 그렇게 할 수 없다. 그리고 그 한계는 확신하건대 매우 폭넓은 것이지만, 마지막에는 어떤 인플레이션도 정복하는 엄청난 한계이다. 역설적이게도 이 궁극적 한계란 바로 **런어웨이 인플레이션**(runaway inflation) 혹은 **하이퍼인플레이션**(hyper-inflation) 현상이다.

정부와 은행시스템이 팽창을 시작할 때, 일반대중은 보통 부지불식간에 이 과업을 하는 그들을 지원할 것이다. 이 과정의 진정한 성격에 대해 인식하지 못하는 일반대중은 가격들의 상승이 일시적이며 가격들이 곧 '정상'으로 돌아올 것이라고 믿는다. 위에서 우리가 주의를 기울인 것처럼, 사람들은 더 많은 화폐를 쌓아둔다. 즉, 그들의 소득 가운데 더 많은 부분을 현금잔고의 형태로 유지한다. 화폐에 대한 사회적 수요는 한마디로 상승한다. 그 결과, 가격들은 화폐량의 증가보다 비례적으로 덜 상승하는 경향이 있다. 정부는 일반대중으로부터 예상했던 것보다 더 많은 **실질적** 자원들을 획득한다. 일반대중의 자원들에 대한 수요는 감소하였기 때문이다.

궁극적으로 일반대중은 무엇이 일어나고 있는지 깨닫기 시작한다. 정부가 인플레이션을 영구적 형태의 조세로 사용하려고 시도하는 것처럼 보인다. 그러나 일반대중은 이 화폐가치 하락에 대항해서 싸울 무기가 있다. 사람들이 정부가 인플레이션을 지속할 것이라고 깨닫기만 하면, 그래서 가격들이 계속해서 상승하기만 하면, 사람들은 재화의 구매를 서두를 것이다. 그들은 화폐단위의 가치가 더 낮아지고 가격이 더 높아지는 미래의 어떤 날까지 기다리는 대신 지금 구매하는 것이 이득이라는 사실을 깨달을 것이기 때문이다. 다시 말해, 화폐의 사회적 수요는 하락하고 가격들은 이제 다시 화폐공급의 증가보다 더 바르게 상승하기 시작한다. 이런 일이 벌어지면, 인플레이션의 정부에 의한 몰수효과 혹은 인플레이션의 '조세'효과는 정부가 예상한 것보다 더 낮아질 것이다. 왜냐하면 증가된 화폐의 구매력은 가격들이 화폐의 증가보다 더 큰 폭으로 상승함으로써 떨어질 것이기 때문이다. 인플레이션의 이런 단계가 하이퍼인플레이션 혹은 고삐풀린 붐(런어웨이 붐)의 시작이다.[127]

화폐에 대한 낮아진 수요는 정부가 뽑아낼 수 있는 자원을 더 적게 허용한다. 그러나 시장이 그 화폐를 계속 사용하는 한, 정부는 여전히 자원을 얻을 수 있다. 가속화된 가격상승은 사실 화폐의 부족에 대한 불평을 야기하며, 정부가 인플레이션을 위해 더 큰 노력을 기울이도록 자극함으로써 가격상승을 한층 더 부채질하도록 만든다. 그러나 이 과정은 오래 지속되지 않을 것이다. 가격상승이 지속됨에 따라 일반대중은 '화폐로부터의 탈출'(flight from money)을 시작한다, 즉, 거의 그 **어떤** 재화이든 미래의 가치 저장소로서 실제 재화에 투자하기 위해 가능한 한 빨리 화폐를 제거하기 시작한다. 이 미친 화폐로부터 도망가려는 쟁탈전은 화폐에 대한 수요를 실질적으로 영으로 떨어뜨리면서 가격들이 천문학적 비율로 상승하게 한다. 화폐단위의 가치는 실질적으로 영으로 하락한다. 런어웨이 붐이 사람들 사이에 만들어내는 황폐화와 거대한 파괴력은 실로 엄청나다. 상대적 고정소득 집단들은 말살되어버린다. 사람들이 일할 인센티브를 잃어버림에 따라 생산은 급격하게 축소된다(그래서 가격을 한층 더 올려놓는다). 왜냐하면 그들은 화폐를 제거하기 위해 그들의 많은 시간을 할애해야 하기 때문이다. 사람들의 주된 희망사항은 그것이 무엇이든 상관없이 실제 재화를 보유하는 것이며, 화폐를 받자마자 써버리는 것이다. 이런 런어웨이 단계가 도달되면 그 경제는 사실 붕괴하고, 시장은 실질적으로 끝장나며, 그 사회는 실질적 물물교환과 완전한 곤궁상태로 거꾸로 돌아간다.[128]

이렇게 되면 상품들이 천천히 교환의 매개로서 확립되어 간다. 일반대중은 인플레이션의 부담을 그 궁극적 무기—즉, 화폐수요를 정부의 화폐가 아무 가치가 없을 정도가 되도록 줄여버리는 것—로 제거해버린 것이다. 모든 다른 제한들과 다양한 유형의 설득이 실패할 경우에도, 이것은 일반대중이—혼돈과 경제적 파괴를 통해—자유시장의 '경화상품화폐'(hard commodity money)로 귀환하도록 강제하는 유일한 방법이다. 가장 유명한 런어웨이 인플레이션은 1923년 독일의 경험이다. 세계의 가장 발달된 산업국가들 중 하나인 곳에서 일어났기 때문에 이 경험은 특별히 더 교훈적이다.[129] 그러나 독일 하이퍼인플레이션과 여타 가속화된 붐들의 혼란스런 사건들은 단지 세계국가 인플레이션(a World State inflation) 아래에서 어떤 일이 일어날지에 대한 아주 옅은 그림자에 불과하다. 독일은 여타 기존의 화폐들(금과 외국지폐)에 기초하여 새로운 통화를 제도화할 수 있었기 때문에 완전한 화폐시장경제로 빠르게 회복하고 회귀할 수 있었다. 그러나 우리가 살펴본 것처럼 미제스의 회귀정리(regression theorem)는 종전에 존재하는 화폐(이는 다시 물물교환에서의 상품으로 궁극적으로 과거로 연관되지만)와 교환될 수 있었던 경우를 제외하고는 그 어떤 화폐도 확립될 수 없다는 것을 보여준다. 만약 세계국가가 금과 은을 불법화시키고 단일의 불환지폐를 확립한다면, 그래서 런어웨이 붐이 이 불환지폐를 파괴할 때까지 이 불환지폐의 팽창과정을 밟는다면, 시장에는 기존의 화폐는 **전혀 존재하지 않을 것이다**. 그렇게 되면 재건의 과업은 정말 어마어마하게 더 어려울 것이다.

7) 인플레이션과 '보정적' 재정정책

인플레이션은 최근에 와서 일반적으로 가격들의 인상으로 정의된다. 이것은 매우 불만족스런 정의이다. 가격들은 무수한 서로 다른 인과적 요인들에 의해 영향을 받는 매우 복잡한 현상이다. 가격들은 재화 측면에서—즉, 그 시장에서 재화공급에서의 변화 결과로서—오르기도 하고 내리기도 한다. 가격들은 보유하려는 화폐의 사회적 수요의 변화에 의해서도 오르기도 하고 내리기도 한다. 혹은 가격들은 화폐공급의 변화에 의해 오르기도 하고 내리기도 한다. 이 모든 요인들을 한 덩이로 뭉치는 것은 서로 다른 영향들을 분리하는 것이 과학의 목표임에도 불구하고 이를 구별하지 않기 때문에 우리를 오해하게 만들 수 있다. 그래서 화폐공급이 증가하고 있지만, 동시에 재화의 공급증가의 형태로 화폐에 대한 사회적 수요가 그 재화의 측면으로부터 증가하고 있을 수 있다. 각각의 효과가 일반적 가격변화는 일어나지 않은 채 다른 효과를 상쇄시킬 수 있다. 그럼에도 불구하고 두 과정 모두 각각의 효과를 발생시키고 있는 것이다. 인플레이션의 결과, 자원들이 여전히 이전될 것이고, 신용팽창에 의해 야기된 경기변동도 여전히 나타날 것이다. 따라서 인플레이션을 가격들의 상승으로 정의하는 것은 매우 부적절하다.

재화공급과 화폐수요스케줄에서의 움직임들은 모두 시장에서 선호의 자발적 변화에 따른 결과들이다. 금 혹은 은 공급의 증가에 대해서도 마찬가지가 적용된다. 그러나 신용화폐 혹은 불환화폐의 증가는 시장에서 시장참여자를 속이는 간섭의 행위들이며, 자발적 선호뿐만 아니라 소득과 부의 자발적 결정을 왜곡한다. 그러므로 '인플레이션'의 가장 적절한 정의는 우리가 위에서 설정했던 "정화(specie)의 증가를 넘어선 화폐의 공급증가"이다.[130]

"인플레이션과 싸우겠다"는 다양한 정부정책의 터무니없음은 이제 명백해졌다. 대부분의 사람들은 정부관료들이 인플레이션이란 적과 싸우기 위해 엄청나게 다양한 '통제'프로그램들로 무장한 채 수비벽을 쉴 새 없이 지키고 있다고 믿는다. 그러나 정말 인플레이션을 막기 위해 필요한 전부는 정부와 은행이 (오늘날 거의 완전히 정부에 의해 통제되는) **팽창**을 멈추는 것이다.[131]

'인플레이션 압력'이란 용어의 불합리성도 역시 분명해졌다. 정부가 아니면 은행들이 인플레이션을 일으키거나 혹은 일으키지 않는다. 세상에는 '인플레이션 압력'과 같은 것은 존재하지 않는다.[132] 정부가 "잉여 구매력(excess purchasing power)을 빨아들이기 위해" 일반대중에게 조세를 부과하는 의무를 지니고 있다는 생각은 특히 익살맞다.[133] 만약 인플레이션이 진행중이라면 그 '잉여 구매력'은 정확하게 종전의 정부 인플레이션의 결과이다. 한마디로 정부가 일반대중에게 두 번의 부담을 주어야 하는 것으로 상정되고 있다. 한 번은 화폐공급을 팽창시킴으로써 사회의 자원을 유용하면서 부담을 주고, 또 다시 한번 일반대중으로부터 새로운 화폐를 과세로 수취해가면서 부담을 준다. 그렇다면 활황기의 조세잉여(tax surplus)는 '인플레이션 압력'을 억제하는 것이 아니라 일반대중에게 단지 추가적 부담을 줄 뿐이다. 만약 조세들이 추가적 정부지출을 위해 쓰이거나 혹은 일반대중에 대한 부채를 갚는 데 쓰인다면 디플레이션적 효과조차도 없을 것이다. 만약 그 조세들이 은행보유 정부부채를 갚는 데 쓰인다면 디플레이션 효과는 신용위축이 아닐 것이며, 따라서 종전의 인플레이션에 의해 야기된 잘못된 조정을 바로잡지 못할 것이다. 그래서 이것은 정말 그 자체로 더 심한 혼란과 왜곡을 불러올 것이다.

케인지언과 네오케인지언의 '보정적 재정정책'(compensatory fiscal policy)은 정부가 인플레이션 기간 동안 디플레이션 정책을 취하고, 디플레이션 기간 동안 경기침체와 싸우기 위해 (은행으로부터 빌려서 재원을 마련하여 적자재정을 펼치는) 인플레이션 정책을 취하라고 주장한다. 정부의 인플레이션은 그 과정이 소유자들을 더 낮아진 **실질**가격이나 임금을 받아들이도록 속이는 경우에 한해서만 실업과 팔리지 않은 재고를 줄일 수 있음은 분명하다. 이 '화폐환상'(money illusion)은 화폐의 소유자들이 너무나 무지해서 그들의 실질소득이 감소했다는 것을 깨닫지 못한다는 데 달려 있다―치유의 근거가 되기에는 너무나 박약한 기초가 아닌가! 이에 더해, 인플레이션은 나머지 사람들의 희생으로 일부 대중들이 이득을 얻게 할 것이고, 그 어떤 신용팽창도 단지 또 다른 '붐-거품붕괴'의 사이클이 시작되도록 할 뿐이다. 케인지언들은 자유시장의 화폐-재정시스템을 운전대가 빠진 것으로 묘사한다. 이들에 의하면, 자유시장경제는 다른 점들에서는 즉각 조정되지만, 한편에서는 경기침체와 실업, 다른 한편에서는 인플레이션 사이에 불안하게 매인 줄 위를 끊임없이 걷는다. 그래서 정부가 지혜를 발휘하여 간섭하러 들어와서 중간코스로 그 경제를 운전하는 것이 필요하다는 것이다. 그러나 화폐와 경기변동을 완전히 분석하고 난 후, 이제 진정한 그림은 케인지언의 묘사와는 거의 완전히 반대임이 명백해졌을 것이다. 간섭받지 않는 자유시장은 인플레이션, 디플레이션, 경기침체, 혹은 실업의 고통을 겪을 위험에 처하지 않을 것이다. 이에 반해 정부의 간섭은 그 반대로 경제가 줄타기 곡예를 하게 만들고, 때로는 부지불식간이기는 하지만 끊임없이 경제를 이들 함정으로 밀어 넣는다.

12. 결론: 자유시장과 강제

우리는 이제 자유시장에서의 자발적이고 자유로운 행동과 그 결과와 경제간섭에서의 폭력적이고 강제적인 행동과 그 결과에 대한 분석을 마쳤다. 피상적으로 많은 사람들에게 자유시장은 혼란스럽고 무정부적인 장소로 비치는 반면, 정부간섭은 이런 무정부상태에 질서와 공동체적 가치를 부여하는 것처럼 비친다. 그러나 실제로 인간행동학—경제학—은 우리에게 진실은 거의 정반대에 가깝다는 것을 보여준다. 우리는 우리의 분석을 직접적이고 피부로 느낄 수 있는 효과들과 간접적이고 숨겨진 효과들로 나누어 볼 수 있다. 직접적으로는 자발적 행동—자유로운 거래들—은 거래 양 당사자 모두에게 상호적 혜택을 가져다준다. 간접적으로는 우리의 연구가 보여주었듯이 생산적 자원들을 배분하고, 가격들을 보고 결정을 내리며, 부드럽지만 재빨리 모든 소비자들의 욕구를 가능한 한 최대한 만족시키는 방향으로 경제체제를 안내하는 데 있어 사회에서의 자유로운 거래들의 망(網)—'자유시장'이라고 알려진—은, 섬세하고 경외심을 불러일으키기조차 하는 조화, 조정과 정밀성의 메커니즘을 창출한다. 한마디로, 자유시장은 모든 참여자들에게 직접 혜택을 주고, 이들을 자유롭고도 강제당하지 않는 상태로 놓아둔 것으로 그치는 것이 아니다. 자유시장은 또한 사회질서를 창출하는 강력하고도 효과적인 도구이다. 프루동이 "자유는 질서의 어머니다. 딸이 아니다"라고 했을 때, 그는 자신이 아는 것보다 더 잘 표현하였다.

한편, 강제는 이와는 완전히 정반대되는 측면들을 지니고 있다. 직접적으로는 강제는 다른 사람들의 희생을 통해 한쪽이 이득을 얻는다. 자유시장은 **자연**만을 착취하며 협력적 교환을 하는 체제인데 비해, 강제적 교환은 "사람에 의한 사람의 착취"가 이루어지는 체제이다. 강제적 교환은 어떤 사람이 다른 이의 희생의 대가로 살아간다는 것을 의미할 뿐만 아니라, 간접적으로는 우리가 방금 살펴보았듯이, 강제는 또 다른 문제들을 만들어내며, 어려움이 쌓이면서 예측할 수 없는 어려움으로 우리를 끌고 간다. 겉으로 보기에 질서 있는 것 같지만 강제는 착취적일 뿐만 아니라 매우 심각하게 **무질서하다**.

　인간행동학—경제학—의 주요 기능은 서로 다른 형태의 인간행동의 이런 간접적이고 숨겨진 결과를 세상에 드러내는 것이다. 자발적인 자유시장의 숨겨진 질서, 조화와 효율성, 강제와 간섭의 숨겨진 무질서, 갈등, 그리고 커다란 비효율성. 이것은 경제과학이 자명한 공리들로부터 연역적으로 분석함으로써 우리에게 드러내 준 것이다. 인간행동학은 그 자체로 윤리적 판단이나 정책결정을 할 수 없다. 인간행동학은 **가치중립법칙**(Wertfrei laws)을 통해 우리에게 자발적 원칙들과 자유시장의 작동이 예외 없이 자유, 번영, 조화, 효율, 그리고 질서로 이끌고, 강제와 정부간섭은 예외 없이 주도권 쟁탈, 갈등, 사람에 의한 사람의 착취, 비효율, 빈곤, 그리고 혼돈으로 이끈다는 것을 알려준다. 이것만을 알려주고 여기에서 인간행동학은 자리를 뜬다. 이제 자신이 소중하다고 여기는 가치들에 따라 자신의 정치적 향방을 결정하는 것은 이제 시민—윤리의 판단자—의 몫이다.

:: 부록 A: 정부채무

정부수입의 주요 원천은 조세이다. 또 다른 원천은 정부부채(government borrowing)이다. 은행으로부터의 정부채무는 정말 인플레이션의 한 형태이다. 이것은 새로운 화폐—정부의 수중에 처음 들어갔다가 각 지출단계에서마다 점차 경제 전체로 확산되는 화폐대체물(money-substitutes)—를 창출한다. 위의 본문에서 논의되었지만 인플레이션은 일반대중으로부터 빌리는 것과는 완전히 다른 과정이다. 대중으로부터의 기채는 새로운 펀드를 만들어내는 것이 아니라 저축된 펀드를 민간에서 정부의 수중으로 이전시키는 것이며, 그래서 인플레이션을 유발하는 것이 아니다. 그 경제적 효과는 소비자들이 가장 원하는 흐름으로부터 저축의 사용처를 바꾸어 관료가 가장 원하는 사용처로 옮기는 것이다. 그래서 소비자의 관점에서는, 일반대중으로부터 빌리는 것은 저축의 낭비를 뜻한다. 이런 낭비의 결과는 그 사회의 자본구조를 낮추고 현재와 미래의 일반적 생활수준을 낮추는 것이다. 저축을 투자로부터 멀어지게 하고 낭비하는 것은 이자율이 그렇지 않았더라면 형성되었을 수준보다 높게 한다. 이제는 민간에서 쓰려는 사용처와 정부의 필요가 서로 자금의 사용을 두고 경쟁해야 하기 때문이다. 국가채무(public borrowing)는 조세보다 더 효과적으로 개인의 저축에 타격을 가한다. 왜냐하면 국가채무는 일반적 소득과세에 비해 특별히 저축하지 않도록 유인하기 때문이다.

정부에 빌려주는 것은 그 성격이 자발적이며, 따라서 정부에 대한 어떤 자발적 기부나 마찬가지로 민간에서 정부로의 자금 '전용'은 소비자들이 원하는 것이며, 그래서 사회가 원하는 것이라는 반론이 있을지 모른다.[134] 그러나 이 과정은 단지 일방적 측면에서만 '자발적'이다. 우리는 정부가 강제의 수행자로서, 그리고 상환자금 획득을 위해 그 강제력을 사용할 것임을 보장하면서 시간시장(자본시장)에 들어왔다는 것을 잊어서는 안 된다. 정부는 시장의 모든 다른 사람들에게는 허용되지 않는 결정적 힘을 지닌 강제력으로 무장해 있다. 정부는 조세 혹은 인플레이션으로 자금을 항상 확보할 수 있다. 그러므로 정부는 저축자들로부터 상당한 자금을 상대적으로 더 낮은 이자율로 끌어올 수 있다. 정부가 지불하는 이자 가운데 위험 프리미엄이 다른 채

무자보다 낮을 것이기 때문이다.[135]

정부에 빌려주는 것은 그래서 자발적인지 모르지만, 전체 과정을 모두 생각해보면, 이것을 자발적이라고 부르기 어렵다. 이것은 정부에 의해 행해지는 미래의 강제징수에 대한 자발적 참여라고 할 수 있다. 정부에 대부하는 것은 사실상 두 번에 걸친 사적 자금의 정부로의 이전을 포함하고 있다. 첫 번째는 대부가 이루어져 사적 자금이 정부지출로 전환될 때, 그리고 두 번째는 대부상환용 자금을 마련하기 위해 정부가 과세하거나 혹은 인플레이션적 정책을 취하거나 다시 기채(起債)할 때이다. 그래서 다시 한번 사적 생산자들로부터 정부로의 강제적 자금이전이 일어나며, 이런 서비스들을 처리하는 관료에 대한 비용을 지불하고 난 후 남는 돈은 정부채권을 소지하는 사람들에게 돌아간다. 정부채권의 소지자들은 그래서 국가기구의 일부가 되고 '국가의 친척'으로서 조세를 지불하는 생산자들과 관계를 맺게 된다.[136]

"우리가 우리 자신에게 빚지고 있기 때문에"(we owe it to ourselves) 국가채무는 문제가 될 게 없다는 교묘한 슬로건은 분명 터무니없는 것이다. 핵심적 질문은 이것이다. "누가 '우리'이며, 누가 '우리 자신'이냐?" 세상에 대한 분석은 개인을 분석단위로 삼아야 하며, 전체를 하나로 뭉뚱그려서는 안 된다. 어떤 사람들이 어떤 또 다른 사람들에게 돈을 빚지고 있으며, 바로 이 사실이 과세과정뿐만 아니라 채무행위를 중요하게 만든다. 왜냐하면 우리는 똑같은 이유로 조세는 중요하지 않다고 말할 수 있기 때문이다.[137]

국가채무를 반대하는 많은 '우익'은, 한편 국가채무의 위험을 크게 과장하고 긴급한 '파산'에 대해 줄기찬 경고를 해왔다. 정부가 사적 시민들처럼 '부도위험'에 처할 수 없다는 것은 자명하다. 일반시민은 그렇지 못하지만, 정부는 언제나 강제로 돈을 구할 수 있기 때문이다. 이에 더해, 정부가 "국가채무를 줄인다"는 주기적 선전이 망각하고 있는 사실은, 공공연한 지급중단을 제외하고는 그 국가채무가 오직 적어도 일정기간 동안 그 사회에서의 조세 혹은 인플레이션을 **증대시킴**으로써만 감소된다는 점이다. 그러므로 **지급중단**(repudiation)의 방법을 **제외하고는** 채무감축으로 사회효용은 증대될 수 없다. 지급중단은 재정강제의 증대를 동시에 수반하지 않은 채 국가채무를 줄일 수 있는 단 하나의 방법이다. 지급중단은 또한 (자유시장의 관점에서 보면) 장래의 모든 정부신용에 대해 믿을 수 없게 하여, 정부가 더 이상 손쉽게 저축을 정부의 용도로 이전할 수 없도록 하는 또 하나의 장점을 지니고 있다. 그러므로 자유시장의 옹호자라는 '우익'이 정부부채의 지급중단을 가장 강하게 공격하고, 국가채무를 가능한 한 빨리 갚아야 한다고 주장하였는데, 이 사실이 정치-경제 사상사의 가장 흥미롭고도 일관되지 못한 측면 가운데 하나이다.[138]

:: 부록 B: '집합재'와 '외부편익': 정부활동을 옹호하는 두 가지 주장

최근 세기에서 가장 중요한 철학적 문제 가운데 하나는 윤리학이 합리적 학문인지 아니면 완전히 자의적인 비과학적 개인가치의 집합인지 그 여부에 관한 것이다. 어느 쪽을 택하든, 일반적으로 확실히 합의된 것으로 보이는 것은 경제학—혹은 인간행동학(praxeology)—이 그 자체로 윤리적 혹은 정치-윤리적 학문으로 성립되기에는 충분하지 않다는 점이다. 그러므로 경제학은 **그 자체로는** 윤리적 판단에 개입하지 않는 **가치중립적**(Wertfrei) 과학이다. 그러나 경제학자들은 일반적으로 이 단호한 언명에 동의하는 반면, 정부의 다양한 활동과 지출에 대해서는—약간 뒤틀리고, 그럴듯하게 과학적이고 가치중립적인 방식으로—이를 정당화하려고 엄청나게 많은 에너지를 쏟아 부었다는 것은 확실히 기묘한 일이다. 그 결과는 분석되지 않고, 방어되지 않은 윤리적 판단들을 당연히 가치중립적 경제학체제에 광범위하게 밀수입하는 것이었다.[139][140]

정부활동과 정부기업에 대한 외양상 과학적으로 보이는 정당화 가운데 가장 선호되는 두 가지는, ① '외부혜택'(external benefits)의 주장과, ② '집합재'(collective goods) 혹은 '집합적 욕구'(collective wants)의 주장이다. 겉보기에 과학적 혹은 유사 수학적 장신구를 벗겨내면, 첫 번째 주장은 A, B와 C가 D에게 혜택을 주지 않고는 어떤 일을 할 수 없고, D는 지불해야 할 '정당한 몫'을 피하려고 할지 모른다는 논점으로 집약된다. 이것과 여타 '외부혜택'의 주장은 곧 논의될 것이다. '집합재'(collective goods)

의 주장은 표면적으로 더 과학적이다. 단순히 어떤 재화나 서비스는 그 본성에서 반드시 '집합적으로' 공급되어야 하며, '따라서' 정부가 반드시 조세수입으로부터 이들을 공급해야 한다고 단언되고 있다.

그러나 이 겉보기에 단순하고 실존적인 언급은 상당히 많은 분석되지 않은 정치-윤리적 가정들을 옷자락에 숨기고 있다. 우선, '집합재'가 있다고 하더라도, 이로부터 ① 하나의 대리인이 이 재화들을 공급해야 한다거나, 혹은 ② 집합 속의 모든 개인이 이 재화들에 대해 지불하도록 **반드시** 강제되어야 한다는 주장 가운데 그 어느 하나도 반드시 도출되는 것이 아니다. 한마디로 만약 X가 어떤 공동체에서 대부분의 사람들에게 필요한 집합재이고, 이것이 개별적으로는 공급될 수 없고 단지 모두에게만 공급될 수 있다고 하더라도, 이 사실로부터 모든 혜택을 받는 이가 그 재화에 대해 돈을 지불하도록 강제되어야 한다는 결론이 도출되는 것은 결코 아니다. 어쩌면 그는 그 재화를 원하지 않았을 수조차 있다. 요약하자면, 우리는 정확하게 외부혜택에 대한 윤리적 문제로 돌아와 이에 직면하고 있다. 이에 대해 아래에서 논의할 것이다. '집합재' 주장은 이를 분석해 보면 외부혜택의 주장으로 환원된다. 더구나, 하나의 주체가 그 재화를 공급해야 한다고 하더라도, 어떤 자발적 민간단체 혹은 어떤 민간회사가 아니라 **정부**가 그 재화를 공급할 수밖에 없다는 것이 증명되지 않았다.[141]

두 번째로, '집합재'의 개념 바로 그 자체가 매우 의심스러운 개념이다. 우선, 어떻게 '집합체'(collective)가 원하고, 생각하고, 행동할 수 있는가? 개인들만이 존재하며, 이런 일도 할 수 있다. 욕구를 지니고 있고 재화를 수령하는 것으로 상정된 '집합체'의 존재론적 준거가 현실에는 존재하지 않는다. 그럼에도 불구하고 정부운용에 대한 겉보기에 엄격한 과학적 정당화를 마련하고 '집합재'의 개념을 구제해보려는 많은 시도가 있었다. 예를 들어, 몰리나리(Molinari)는 국방을 집합재로 확립하기 위해 노력하면서 다음과 같이 단언하였다. "경찰력은 경찰이 행동하는 자치구 범위 안의 모든 주민에게 봉사한다. 그러나 단순한 빵집의 설립은 모든 주민의 배고픔을 편안하게 해소하지 않는다." 그러나 이 단언과는 반대로, 경찰이 어떤 지역 내의 **모든** 주민을 방어해야 할 절대적 필요성이 있는 것이 아니며, 더구나, 똑같은 **정도**의 보호를 각자에게 제공할 절대적 필요가 있는 것도 더욱 아니다. 더구나, 그 지역에 사는 완전한 비(非)폭력을 신봉하는 절대적 평화주의자는 자신이 경찰로부터 보호받고 있으며 방어서비스를 받고 있다고 생각하지 **않을** 것이다. 오히려 반대로 그는 자신의 지역 내에 있는 그 어떤 경찰도 자신의 평화를 해치는 방해물로 간주할 것이다. 따라서 방어는 '집합재' 혹은 '집합적 욕구'로 간주될 수 없다. 댐과 같은 프로젝트도 마찬가지이며, 따라서 단순히 그 지역의 모든 사람에게 혜택을 준다고 가정될 수 없다.[142]

마르코는 '집합적 욕구'(collective wants)를 두 가지 범주로 구성되는 것으로 정의하였다. 한 개인이 분리되어 있지 않을 때 발생하는 욕구, 그리고 이해의 충돌과 연계된 욕구. 그러나 첫 번째 범주는 너무나 광범위하여 대부분의 시장제품을 포함한다. 예컨대, 일정한 수의 사람이 보러오기 전에 연극을 공연하거나 일정한 정도의 시장이 없는데 신문을 발행하는 것은 의미가 없다. 그렇다면 이 산업들을 국유화하고 정부에 의해 독점화시켜야 하는가? 두 번째 범주는 추정컨대 방어에 적용되는 것을 의도한 것이다. 그러나 이것은 부정확하다. 방어 그 자체는 이해의 충돌이 아니라 **침략**의 위협을 반영하며, 이에 대항하여 방어가 필요한 것이다. 이에 더해, 만장일치가 될 가능성이 가장 적은 바로 그런 욕구를 '집합적' 욕구로 부르는 것도 상식에 닿는다고 보기 어렵다. 왜냐하면 강도들이 이것을 원한다고 보기는 어려울 것이므로![143]

다른 경제학자들은 마치 방어가 반드시 집합적이어야 하는 것처럼 쓰고 있다. 그 논리는 빵, 자동차 등은 물질적으로 나눌 수 있고, 개인들에게 판매될 수 있는 반면, 이것은 무형의 서비스라는 것이다. 그러나 시장에 넘쳐나는 것이 개인에게 제공되는 '무형의' 서비스이다. 콘서트 공연도 무형의 서비스이므로 국가에 의해 독점적으로 공급되어야 하는가? 최근 사무엘슨(Samuelson) 교수는 이른바 정부지출의 '순수' 이론에서 자신의 '집합적 소비재'(collective consumption goods)의 정의를 내리고 있다. 그에 의하면, 집합적 소비재는 "각 개인의 그 재화에 대한 소비가 다른 사람의 그 재화에 대한 소비를 줄이지 않는다는 의미에서 모든 사람들이 즐기는" 재화이다. 어떤 이유로, (적어도) 이 재화들은 자유시장이 아니라 정부가 제공하는 것이 적합한 재화로 간주되고 있다.[144]

사무엘슨의 범주는 제대로 공격받았다. 예컨대, 엔케(Enke) 교수는 —고속도로, 도서관, 사법서비스, 경찰, 화재, 병원, 그리고 국방을 포함하여—대개의 정부서비스는 사무엘슨의 분류에 맞아떨어지지 않는다는 점을 지적하였다. 사실, 우리는 더 나아가 **그 어떤** 재화도 사무엘슨의 '집합적 소비재'의 범주에 들어가지 않는다고 말할 수 있을 것이다. 예를 들어, 마르골리스(Margolis)는 사무엘슨을 비판하지만, 국방과 등대를 이 범주에 넣는 것을 인정하고 있다. 그러나 '국방'은 확실히 하나의 단위공급만을 지닌 절대적 재화가 아니다. 이것은 확정적이고 구체적인 방식으로 사용된 특정 자원들로 구성되어 있으며, 이 자원들은 당연히 희소한 것들이다. 예컨대, 뉴욕 주변의 방어진지는 샌프란시스코 주변에 가능했을 진지들의 양을 감소시킨다. 이에 더해, 등대는 단지 고정된 일정 구역만을 비춘다. 이 구역 안에 있는 배들이 다른 배들이 이 구역 안으로 들어오는 것을 막을 뿐만 아니라, 한 곳의 등대 건설은 다른 곳의 건설을 제한한다. 사실, 만약 어떤 재화가 정말 사무엘슨의 의미에서 기술적으로 '집합적'이라면 **재화가 전혀 아니라**—모든 이에게 너무나 풍부하고, 그래서 아무에 의해서도 **소유되지 않은**—공기처럼 인간복지의 자연적 조건이다. 정말 '집합적 소비재'이고, **그래서** 아무도 소유하지 않은 채 남아 있는 재화란 **등대** 같은 것이 아니라—뱃길이 혼잡하지 않을 때의—**대양 그 자체** 같은 것이다. 정부든 혹은 다른 그 누구든 대양을 생산하고 배분하기 위해 필요하지 않다는 것은 확실하다.[145]

티부(Tiebout)는 정부지출의 최적치를 확립하는 '순수한' 방법이 전혀 없다는 점을 인정하고, **지방**정부에 대해 그와 같은 이론을 구출해보려고 노력하고 있다. 조세부과, 그리고 투표과정조차도 정부부문에서는 소비자의 선택을 자발적으로 드러내는 길을 배제해버린다는 것을 깨닫고, 그는—마치 우리가 자유시장에서 기업들의 지출이 '최적'이라고 말할 수 있듯이—분권화와 국가 내부에서 이주의 자유가 주민들이 자신이 원하는 대로 전입하고 전출할 수 있으므로 지방정부의 지출을 다소 적정수준으로 만들 것이라고 주장한다. 확실히 만약 소비자들이 즉각 고율의 조세에서 벗어나서 저율의 조세공동체로 전입할 수 있다면 그들은 더 나은 복지를 누린다는 것은 사실이다. 그러나 이것은 소비자들을 단지 어느 정도로만 도와줄 뿐이다. 이것은 정부지출의 문제를 해결하지 않는다. 어느 정도의 도움을 제외하면 중요한 문제는 그대로 남는다. 정말 사람들이 주거선택을 할 때 정부 이외에도 여러 요인들을 고려한다. 충분한 수의 사람들이 이런저런 이유들로 특정 지역에서 쉽게 벗어날 수 없으며, 정부는 이들이 다른 지역으로 이주하기 전에 많은 약탈을 할 수 있다. 게다가 주요한 문제는 세계의 총토지지역이 고정되어 있고, 어느 정부나 모든 땅을 선취(先取)하여

일반적으로 소비자들에게 부담을 지우고 있다.[146]

우리는 이제 외부혜택의 문제—경제학자들에 의해 설명되는 정부활동에 대한 주요한 정당화라 할 수 있는—를 다룰 차례이다.[147] 개인들이 단순히 그들의 행위에 의해 자신에게 도움이 되면 많은 저술가들은 자유시장이 완전하게 방해받지 않은 채 남겨질 수 있다고 인정한다. 그러나 사람들의 행위는 종종, 심지어 그럴 뜻이 없었던 경우에서조차, 다른 사람들에게 혜택을 주기도 한다. 어떤 사람은 이것을 즐거워해야 할 원인으로 생각할지도 모르겠지만, 비판가들은 이 사실로부터 많은 악(惡)이 흘러나온다고 비난한다. A와 B가 상호혜택을 보는 자유로운 교환은 모두에게 완전히 좋을 수 있다고 이 비판적 경제학자들은 말한다. 그러나 만약 A가 자발적으로 자신에게 뿐만 아니라 B에게도 혜택을 주는 어떤 일을 자발적으로 한다면, 또 이에 대해 B가 아무것도 그 대가를 치르지 않는다면?

자유시장에 대한 공격은, 일반적으로 두 가지 계통의 외부혜택을 비판의 초점으로 사용한다. 시장을 공격하는 주장과 정부개입 혹은 정부기업을 옹호하는 주장들은 서로를 합쳐두면 서로 상쇄시킨다. 그러나 각각은 공평하게 말하자면, 별도로 나뉘어 검토되어야 한다. 첫째 유형의 비판은 **A가 B를 위해 충분히 공급하지 않는다고 공격한다**. 은혜를 베푸는 사람은 결과적으로 자신의 이기적 이해관계만 배타적으로 고려하였고, 그래서 눈에 띄지 않는 곳에서 잠재적인 간접적 수혜자를 감안하지 않았다고 비난받고 있다.[148] 둘째 유형의 비판은 **B가 A에게 대가를 지불하지 않으면서 혜택을 받아들인다고** 공격한다. 수혜자가 은혜를 모르는 사람이고 이 공짜선물을 받아들임으로써 도둑이나 진배없다고 비난받는다. 그리고는 자유시장은 이 두 공격집단이 그려낸 부정의(injustice)와 왜곡이 있다고 단죄된다. 첫 번째 집단은 인간의 이기심이 A가 B에게 혜택을 주는 방식으로 행동하지 않을 것이라고 믿는다. 두 번째 집단은 B가 지불하지 않으면서 너무 많은 '불로혜택'(unearned increment)을 보고 있다고 믿는다. 어떤 식으로 보든 이를 교정하는 국가의 행동을 요청하고 있다. 한편으로는 A가 B를 돕는 방식으로 행동하도록 강제하거나 유도하기 위해 국가가 폭력을 사용하기를 요청하고 있으며, 다른 한편으로는 B가 A에게 선물을 주도록 국가가 강제하기를 요청하고 있다.

일반적으로 이 윤리적 견해들은—이 두 가지 경우에 자유시장행위는 더 이상 최적이 아니라 국가의 교정행위에 의해 최적상태로 돌려져야 한다는—'과학적' 의견이라는 옷을 입고 있다. 그와 같은 견해는 경제학이 자유시장행동이 언제나 최적이라고 단언하는 방식을 완전히 잘못 이해하고 있다. 자유시장행위는 어떤 한 경제학자의 개인적인 윤리적 관점으로부터 최적인 것이 아니라 자유롭고 자발적인 행위를 하는 시장참여자들의 관점에서 자유롭게 표출된 소비자들의 필요를 충족하는 데 있어 그렇다는 의미이다. 그러므로 정부간섭은 필연적으로, 그리고 언제나 그와 같은 최적으로부터 더 멀어지도록 할 것이다.

아주 흥미롭게도 각 계통의 공격이 상당히 광범위하게 퍼져있지만, 각 공격은 다른 편 공격의 핵심논점을 이용하여 성공적으로 반격될 수 있다! 첫 번째, **베푸는 사람에 대한 공격**을 예로 들어보자. 베푸는 자를 비난하고 암묵적으로 불충분한 좋은 행위에 대한 국가의 처벌을 요청하는 것은 수혜자들에 의한 베푸는 자에 대한 도덕적 청구권을 감히 내세우는 것과 같다. 이 책에서 우리는 궁극적 가치들에 대해 주장할 의도는 없다. 그러나 이 입장을 채택한다는 것은 B가 A에게 B 자신에게 도움이 되는 어떤 것을 요구하고, B는 이에 대해 그 대신 어떤 것도 지불하지 않을 확정적 자격을 지니고 있다고 말하는 것과 같다는 점을 명확하게 이해하여야 한다. 우리는 두 번째 계통의 ('무임승차'에 대한) 공격에 대해 전부 일일이 다 검토할 필요는 없으나, 아마도 무임승차자가 그의 위엄과 명령의 지위의 자리에 대한 권리를 단언하는 것은 뻔뻔스러운 짓이라고 말할 수 있을 것이다. 왜냐하면 첫 번째 계통의 공격은 B의 A로부터 선물을 강요할, 필요하다면 강제로 강요할 도덕적 권리를 단언하고 있기 때문이다.

강제적으로 절약하게 하는 것 혹은 충분히 저축해서 투자하지 않는다고 잠재적 저축자에 대해 비난하는 것 등은 이런 계통의 공격 예들이다. 또 다른 것으로는 고갈되는 천연자원의 사용자에 대한 공격이다. 그와 같은 자원을 그 정도가 얼마이든 조금이라도 사용하는 사람은 누구나 미래 후세대가 이를 사용하는 것을 '박탈한다'고 비난한다. 그래서 '환경보존주의자'들은 그와 같은 자원들을 미래에 더 많이 사용하기 위해 현재 덜 사용할 것을 주장한다. 이런 의무적 선행은 첫 번째 계통의 공격사례일 뿐만 아니라, 만약 이 주장이 채택된다면 논리적으로 고갈되는 자원은 **전혀** 사용될 수 없을 것이다. 왜냐하면 후세대가 성년이 되면, **이 세대도 역시** 후세대의 문제에 직면할 것이기 때문이다. 그러므로 이 계통의 주장 전체는 아주 특이하게 불합리한 것이다.

둘째 계통의 공격은 정반대의 형터를 띤다. '선물' 수취인의 탄핵. 선물을 받는 사람은 '무임승차자', 사악하게 다른 사람의 생산적 행위가 주는 '불로혜택'을 즐기는 사람이라고 비난받는다. 이것도 역시 기묘한 방식의 공격이다. 이것은 첫 번째 유형의 공격에 대한 반대로서 방향을 잡았을 때에만, 즉 **의무적 무임승차를 원하는** 무임승차자를 공격할 때 힘을 얻는 주장이다. 그러나 여기에서 우리가 직면하는 것은 순전히 자기 자신에게 혜택이 되기 때문에 취해진 A의 행동이, **또한 다른 사람에게도** 혜택을 준다는 즐거운 효과를 가지는 상황이다. 사회를 통해 행복이 확산되기 때문에 우리가 분개하고 있는 것인가? 어떤 이의 행동으로부터 하나 이상의 사람이 혜택을 보고 있기 때문에 우리는 비판적인 것인가? 아무튼 무임승차자(無賃乘車者)는 태워주기를 요청하지 않았다. 그는 요청하지 않았음에도 A가 자신의 행위로부터 이득을 향유하기 때문에 운 좋은 혜택을 얻게 되어 승차하게 되었다. 둘째 계열의 공격은 사회에서 너무 많은 사람들이 행복하기 때문에 헌병대에서 처벌을 적용하도록 요청하는 셈이다. 요컨대, 나는 내 이웃의 잘 가꾸어진 정원을 바라보는 것을 즐기는 데 대해 세금을 내어야 하는가?[149]

이 두 번째 계열의 공격의 인상즈 사례가 헨리 조지스트 입장의 요점이다. 지표토지(ground land)의 자본가치 상승으로부터 도출된 '불로이득 증가분'(unearned increment)에 대한 공격. 우리는 위에서 경제가 진보함에 따라 실질토지임대료는 실질임금과 함께 상승할 것이고, 그 결과 토지의 실질자본가치가 상승할 것이라는 점을 살펴보았다. 자본구조와 노동분업, 그리고 인구가 성장하면서 입지적 위치를 상대적으로 더욱 희소하게 하고, 가치를 상승시키는 경향이 있다. 조지스트들의 주장은 토지의 가치상승이 토지소유와 무관한 사건들로부터 발생하기 때문에 토지주인은 이에 대해 도덕적으로 그 몫을 주장할 수 없다는 것이다. 그러나 토지소유자가 이득을 누린다. 그래서 이들에 따르면 토지소유자는 무임승차자이며 그의 '불로이득증가분'(unearned increment)은 '정당하게' '사회'에 귀속시켜야 한다. 사회의 현실이라는 문제와 '사회'가 어떤 것을 소유할 수 있는지를 논외로 하더라도, 여기에는 무임승차 상황에 대한 도덕적 공격이 개재되어 있다.

이 주장에 내재된 문제는 이 주장이 너무 많은 것을 증명하고 있다는 것이다. 만약 다른 사람들의 행동들로부터 도출하는 외부적 혜택이 전혀 없었더라면, 우리들 중 그 누가 우리의 현재소득과 같은 것을 벌겠는가? 구체적으로 말해서 지금 현재의 거대하게 축적된 자본재는 우리의 조상들이 해왔던 모든 순 저축의 유산이다. 이런 축적된 자본재가 없었더라면, 우리는 우리의 도덕적 성격의 자질과는 상관없이 우리는 원시정글에서 살고 있을 것이다. 우리 선조로부터 받은 화폐자본의 상속은 물론 단지 이 자본구조에 대한 몫의 상속이다. 그러므로 우리는 모두 과거에 대한 무임승차자이다. 우리는 또한 현재에 대한 무임승차자이기도 하다. 왜냐하면 우리 동료들의 지속적 투자와 시장에서 구입할 수 있는 그들의 전문화된 솜씨로부터 혜택을 보고 있기 때문이다. 확실히 우리 임금의 거대한 부분은 만약 그렇게 귀속시킬 수 있다면, 우리가 무임승차자로 타고 있는 이런 유산으로 인한 것이라고 할 수 있다. 토지소유자도 우리 가운데 그 어떤 이보다 더 '불로이득증가'를 더 많이 얻고 있지는 않다. 그러므로 우리 모두가 우리의 행복에 대해 몰수당하는 고통을 겪고 세금을 물어야 하는가? 그렇다면 약탈품은 도대체 **누가** 챙겨야 하는가? 자본에 투자함으로써 우리에게 베풀어주신 돌아가신 선조들인가?[150]

외부혜택의 중요한 사례가 '외부경제'(external economies)이다. 이 외부경제는 투자에 의해 어떤 산업 전체에서는 수취될 수 있으나 투자한 기업가에게는 귀속되지 않는다. 그와 같은 외부경제의 실제적 범위는 비록 명백하게 무시할 수 있는 정도이지만, 이에 관한 문헌에서 이루어진 긴 논의에 대해 여기에서 깊게 논의할 필요는 없다. 이런 투자들에 대해 보조금을 지급해서 '사회'가 외부경제를 얻을 수 있게 하여야 한다는 제안이 끊임없이 제기되었다. 보호관세를 찬성하는 여전히 지배적 '유치산업' 주장이 그렇고, 이뿐만 아니라 외부경제에 대해 보조금을 지급해야 한다는 피구의 주장이 그렇다.

외부경제투자에 대한 국가의 보조금 지급에 대한 요청은 **세 번째 계통**의 공격에 해당한다. 즉, **잠재적 수혜자인 B는 혜택을 베푸는 A가 B의 혜택을 생산하도록 A를 보조하도록 강요되어야 한다는** 것이다. 이 세 번째 계열의 공격은 경제학자들이 가장 선호하는 주장으로 그들은 이를 근거로 정부보조의 댐이나 간척사업(수혜자가 자신들의 혜택에 대해 지불하기 위해 과세되어야 한다) 혹은 의무교육(다른 사람들의 교육으로부터 납세자들이 궁극적으로 혜택을 볼 것이다) 등을 제안한다. 수혜자들이 다시 그 정책의 부담을 지고 있다. 그러나 여기에서 그들은 무임승차에 대해 비판받지는 않는다. 그들이 이제 어떤 혜택들을 획득하지 않았을 상황으로부터 '구제'되고 있다. 그들은 이것들에 대해 지불하지 않았을 것이므로, 그들이 정확하게 **무엇**으로부터 구제되고 있는지 이해하기가 어렵다. 그러므로 셋째 계열의 공격은 첫째 계열과 자유시장은 인간의 이기심 때문에 외부경제를 일으키는 행동을 충분히 만들어내지 않는다는 점에 동의한다. 그러나 이것은 이 상황을 고치는 비용을 원치 않는 수령인들에게 부과한다는 점에서는 두 번째 계열의 공격에 합류한다. 만약 이 보조금이 현실화되면, 수령인들은 더 이상 무임승차자가 아니다. 그들은 정말 단지 자유로운 선택에 의했더라면 지불하지 않았을 혜택을 구입하도록 강제당하고 있을 뿐이다.

세 번째 접근법의 터무니없음은 다음의 질문을 음미해보면 드러난다. 누가 제안된 정책으로부터 혜택을 보는가? 혜택을 베푸는 A가 보조금을 받는다는 것은 맞다. 그러나 A가 보조금을 받지 않는다면, A가 다르게 행동하였을 것이고, 다른 방향으로 투자했을 것이기 때문에 그가 보조금의 혜택을 보는지는 의심스러울 때가 많다. 국가는 단지 그가 받았을 손실에 대해 그에게 보상하였고, 그가 잃어버린 기회와 동등한 것을 받도록 수익을 조정하였다. 그러므로 A가 만약 기업이었다면 이득을 얻지 않는다. 수령인으로서 그들은 국가에 의해 그들이 그렇지 않았더라면 구입하지 않았을 혜택에 대해 지불하도록 강제당한다. 그렇다면 어떻게 우리가 그들이 "이득을 본다"고 말할 수 있는가?

이에 대한 전형적 대답은, 수령인들은 그들이 그것을 자발적으로 구입하기 원했더라도 구할 수 '없었을 것'이라는 반응이다. 여기에서 첫 번째 문제는 어떤 신비한 과정에 의해 이 비판가들은 수령인들이 그 '혜택'을 구매하고 싶어했을 것이라는 사실을 알게 되었는가 하는 점이다. 우리가 선호척도의 내용을 알게 되는 유일한 방법은 이 척도들이 실제의 구체적 선택을 통해 발현되는 것을 보는 것이다. 구체적 선택이 그 혜택을 구매하는 것이 **아니었으므로** 외부인이 B의 선호척도가 '정말' 그의 행동으로 드러나지 않았던 것과 달랐다고 단언하는 것은 전혀 정당화될 수 없다.

두 번째로, 장래의 예정 수령인들이 그 혜택을 **구입할 수** 없었을 아무런 이유도 없다. 모든 경우에 생산된 혜택은 시장에서 판매될 수 있고 소비자에게 제공하는 그것의 가치생산을 벌 수 있다. 혜택을 생산하는 것이 투자자에게 이윤이 남지 않을 것이라는 사실은 소비자들이 대체적 생산라인들에서의 특화되지 않은 요소들이 쓰일 때 부여하는 가치만큼 이것을 가치 있게 여기지 않는다는 의미이다. 비용이 예상 판매가격보다 높다는 것은 비(非)특화된 요소들이 **다른** 생산공정에서 더 많이 번다는 것을 의미한다. 이에 더해, 일부 소비자들이 시장에서 생산되는 혜택의 범위에 대해 만족하지 못하는 그런 경우가 가능하겠지만, 그런 경우에는 이 소비자들이 **스스로** 투자자들에게 보조금을 줄 자유는 얼마든지 주어져 있다. 그와 같은 자발적 보조금은 그 혜택에 대해 더 높은 시장가격을 지불하는 것과 동일할 것이고, 그 가격을 지불하고자 하는 의사를 드러낼 것이다. 아무튼, 그와 같은 보조금이 출현했다는 사실은 정부에 의한 강제적 보조금에 대한 그 어떤 정당화도 배제한다. 사실, 세금을 과세당하는 '수혜자들'에게 혜택을 제공하기보다는, 강제된 보조금은 그들에게 손실을 입힌다. 왜냐하면, 그들은 자신의 돈을 더 큰 효용을 주는 재화와 서비스에 쓸 수 있었을 것이기 때문이다.[151]

NOTES

1   일부의 경제학자, 특히 에드윈 카난(Edwin Canan)은 과격한 간섭행위에 대해 적용될 수 있다는 것을 부정하였다. 그러나 반대로, 경제학은 인간행위들에 대한 행위흐적 분석이고, 과격한 상호관계들도 행동의 형태들이므로 분석이 가능하다고 본다.

2   그렇다면 모두 종교적인 사람들이었던 초기 경제학자들이 자유시장에 퍼져있는 조화에 대한 획기적 발견에 놀라고, 이런 은혜(beneficence)를 '숨겨진 손' 혹은 신의 조화로 돌리는 경향이 있었던 것이 그리 놀라운 일일까? 이런 그들의 열정에 대해 놀라기는 쉬울지 몰라도 이런 열정이 그들의 분석의 유효성을 손상시키지 않는다는 점을 깨달아야 할 것이다. 예컨대, 보통 비판가들은 19세기 프랑스 '낙관주의' 학파가 순진한 신에 의해 예정된 조화라는 신비한 개념(Harmonielebre)에 빠져 있었다고 비판한다. 그러나 이런 비판은 프랑스 낙관주의자들의 주장이 자유시장에서의 자발적 교환은 조화롭게 모두의 이익으로 이끈다는 매우 건전한 '후생-경제학적' 통찰에 근거하고 있다는 사실을 망각하고 있다. 예를 들어, 아부(About)의《사회경제 핸드북》(Handbook of Social Economy), pp.104~112 참조.

3   간섭 혹은 비간섭의 효용에 대한 직접적 결과에 대한 연구는 특별히 '후생경제학'의 영역이다. 후생경제학의 재구축에 대한 비판과 개관은 라스바드의 다음을 참조하라. Rothbard, "Toward a Reconstruction of Utility and Welfare Economics."

4   아마도 우리는 여기에서 개인의 욕구충족 수단으로서 '정치적' 수단에 반대되는 의미로서 '경제적' 수단을 서로 대비시킬 수 있듯이, 독일 사회학자 프란츠 오펜하이머(Franz Oppenheimer)는 자유시장과 쌍방형 간섭을 구별했다는 점을 지적할 필요가 있다. 생명유지의 자양분이 필요한 자신의 욕구들을 충족시키기 위해 필요한 수단들을 획득하도록 내몰리는 기본적으로 반대되는 두 가지 수단들이 있다. 이것은 일과 강도 짓, 자신의 노동과 다른 사람의 노동에 대한 강제적 약탈이다.…나는 자신의 노동과 다른 사람의 노동에 상응하는 교환을 '필요충족의 경제적 수단'이라고 부르자고 제안한다. 반면 다른 사람의 노동에 대해 보상하지 않은 착복은 '정치적 수단'이라고 불릴 것이다.…국가는 조직화된 정치적 수단(an organization of the political means)이다. Oppenheimer, The State, pp.24~27.

5   이런 오류의 뿌리의 하나는 교환에서 서로 교환되는 두 물건은 그 가치가 '같다'거나 '같아야 한다'는 생각, 그리고 가치의 불일치(inequality)는 '착취'가 있음을 시사한다는 생각이다. 우리가 보았듯이 이런 생각과는 정반대로 어떤 교환도 구매자와 판매자 간에는 그 상품의 가치에 대한 불일치가 있을 수밖에 없으며, 이런 이중적 가치의 불일치가 있기 때문에 교환이 일어나게 된다. 이 오류를 강조한 사례로는 사이몬의 잘 알려진 다음의 책을 들 수 있다. Yves Simon, Philosophy of Democratic Government(Chicago: University of Chicago Press, 1951), chap.IV.

6   존 칼훈(John C. Calhoun)을 맑스 계급이론의 선구자라고 단언하는 것이 유행처럼 되고 있다. 그러나 실제로는 칼훈의 '계급들'은—국가간섭 그 자체의 창조물인—카스트들이다. 특히 칼훈은 조세의 부과라는 쌍방형 간섭이 공동체의 일부 사람들이 조세펀드들의 순수 지불자가 되고, 다른 사람들은 수취자가 되게 하는 식으로 항상 쓰였다는 것을 알았다. 칼훈은 후자를 지배계급 전자를 피지배계급으로 정의하였다. 그래서 비교적 조세수입의 배타적 수령자인 공동체 구성부분은 정부의 대리인과 피고용인들은 별로 많지 않다.…그러나 이들은 그 공동체의 일부분만을 구성하므로 재정과정(fiscal process)의 행동은 조세부담자와 조세수입의 수령자들 사이에 불평등하다는 추론이 가능하다. 그 반대일수가 없다. 각 개인으로부터 조세의 형태로 수집된 것이 지불(disbursement)의 형태로 그에게 다시 돌려지지 않는 한, 만약 그렇다면 그런 과정 자체가 쓸모없고 말도 안 되는 짓이 되게 할 것이지만, 공동체의 일부분의 사람들은 돌려받는 것보다 더 많은 조세를 지불하는 반면

다른 일부분의 사람들은 조세로 내는 것보다 더 많이 돌려받을 것이라는 것이 논리적으로 추론된다. 그렇다면 조세는 결과적으로 조세로 내는 것보다 더 많이 돌려받는 측에게는 하사품이고 받는 것보다 더 세금을 내는 다른 사람들에게는 하사품이 아니라 부담임에 틀림없다. 이런 결과는 피할 수 없다. 이런 결론은, 아무리 조세를 평등하게 부과한다고 하더라도 재정과정의 속성 그 자체로부터 도출되는 것이다. 그러면 정부의 불평등한 재정행동으로 공동체가 두 가지 큰 계급으로 나뉘는 것이 그 필연적 결과이다. 하나는 실제로 조세를 지불하고 물론 정부를 지지하기 위한 지출을 배타적으로 부담하는 사람들, 다른 하나는 정부의 지급을 통해 조세수입을 수령하고 사실 정부에 의해 보조를 받는 사람들로 구성된다. 결과적으로 정부의 재정행동으로 볼 때 이 둘은 서로 대립적 관계가 된다.…조세와 정부지급이 커질수록 한 집단의 이득과 다른 집단의 손실은 더 커진다. 혹은 그 반대도 성립한다. John C. Calhoun, *A Disquisition on Government*(New York: Liberal Arts Press, 1953), pp.16~18.

7   Rothbard, "Toward a Reconstruction of Utility and Welfare Economics." 국가행동에 대한 분석으로는, Gustave de Molinari, *The Society of Tomorrow*(New York: G.P. Putnam's Sons, 1904), pp.19ff., 65~96 참조.

8   우리는 위에서 인간행동학은 효용에 대해 이것을 단지 인간의 구체적 행위들로부터 추론되는 것으로서만 다룰 수 있다는 것을 알 수 있었다. 우리는 다른 곳에서는 이 효용을 '현시선호'(*demonstrated preference*)라고 이름붙였고 그 역사를 더듬어 보았으며, 유사한 개념들에 대해 비판적으로 검토하였다. Rothbard, "Toward a Reconstruction of Utility and Welfare Economics," pp.224ff.

9   첫 번째 가정에 대한 비판은, Murray N. Rothbard, "The Mantle of Science," in Helmut Schoeck and James W. Wiggins, eds., *Scientism and Values*(Princeton, N.J.: D. Van Nostrand, 1960) 참조. 두 번째 주장에 대해서는, Rothbard, "Toward a Reconstruction of Utility and Welfare Reconstruction," pp.256ff 참조.

10 국가에 대해 자발적 성격을 부여하는 오류에 대한 슘페터의 통찰은 우리가 관심을 기울일 가치가 충분하다. 왕후들의 소득이 별로 중요해지지 않기 시작하면서부터, 국가가 사적 목적들을 위한 사적 분야에서 만들어진 수입에 의지하여 살아가게 되었고, 국가는 정치적 힘에 의해 이들 목적으로부터 굴절되지 않으면 안 되게 되었다. 클럽회비, 혹은 예컨대 의사의 서비스 구매에 빗대어 조세를 설명하는 이론은 이 분야의 사회과학이 정신의 과학적 습관과 얼마나 동떨어져 있는가를 증명해줄 뿐이다. Schumpeter, *Capitalism, Socialism and Democracy*, p.198 and 198n.

11 나는 이들 의문들을 제기함에 있어 라흐만(Ludwig M. Lachmann) 교수, 골드블라트(L. D. Goldblatt) 씨, 그리고 남아프리카의 위트와터스란드대학(University of Witwatersrand) 경제학과에 개설된 라흐만 교수의 고급세미나의 다른 참석자들 등 여러분의 이 위에 제시된 나의 "Toward a Reconstruction of Utility and Welfare Economics" 논문에 대한 토론으로부터 많은 도움을 받았다.

12 민주주의 대신 독재로 대체하더라도 이런 모순은 사라지지 않는다. 일반대중이 독재 아래에서 투표하지 않더라도 일반대중이 독재자와 그가 고른 전문가들의 지배와 이에 따른 그들의 (다른 일상사의 분야에 대비한) '정치적' 분야에 대한 독특한 유능함에 대해 동의한다는 점이 가정되어야 한다.

13 Rothbard, "Mises' Human Action: Comment," pp.383~384; George H. Hildebrand, "Consumer Sovereignty in Modern Times," *American Economic Review, Papers and Proceedings*, May, 1951, p.26.

14 슘페터는 다음의 책에서 일상의 삶과 정치의 삶에 대한 매우 훌륭한 논의를 하고 있다. Schumpeter, *Capitalism, Socialism and Democracy*, pp.258~260.

15 *Ibid*., p.263.

16 Schuller, "Rejoinder," *op. cit.*, p.189.

17 이것은 하이에크의《노예의 길》(*The Road to Serfdom*)(Chicago: University of Chicago Press, 1944)에 나오는 유명한 제10장 "왜 가장 사악한 자들이 최고의 권력을 잡게 되는가"(*Why the Worst Get on Top*)에 깔려있는 통찰력이라고 할 수 있다. 허쉬라이퍼의 다음의 논문도 참조. Jack Hirshleifer, "Capitalist Ethics—

Tough or Soft?" *Journal of Law and Economics*, October, 1959, p.118.
18 '민주주의'에 대한 흥미로운 정의에 대해서는, Heath, *Citadel, Market, and Altar*, p.234 참조.
19 물론 완전히 비효과적인 삼각관계형 통제는 그 문제를 다루는 정부관료제를 확장시키고, 따라서 납세자에 대한 '쌍방향' 간섭의 총량을 증대시킬 확률이 높다. 그러나 여기에 대해서는 나중에 좀더 자세히 다룬다.
20 여기에서 '뇌물'은 단지 구매자에 의한 시장가격의 지불일 뿐이다.
21 아이러니하게도 사람들이 지닌 화폐의 구매력을 정부가 일부 파괴하는 것은 거의 언제나 정부가 새로운 화폐를 경제에 집어넣고 자신의 목적들을 위해 그 돈을 쓰고 난 후 일어난다. 정부가 일반대중에게 가하는 상처는 이중적이다. ① 정부는 통화를 팽창함으로써 일반대중으로부터 자원을 앗아간다(아래를 참조하라). 그리고 ② 그 화폐가 일반대중에게까지 스며든 이후에는 정부는 그 화폐의 유용성의 일부를 파괴한다.
22 현재 미국에서 정부에 의해 노조 대신 강제력을 행사하는 과제의 많은 부분이 행해지고 있다고 가정되고 있다. 이것은 1935년 이래 토지법인 와그너법(the Wagner Act)의 본질이다[태프트-하트리법(Taft-Hartley Act)은 단지 법 규칙으로 계속되는 와그너법의 상대적으로 별로 중요하지 않은 수정일 뿐이다). 이 법의 핵심적 내용은, ① 고용자와의 협상에서 만약 다수의 근로자들이 동의한다면, 어떤 한 노조가 어떤 한 생산단위[정부에 의해 자의적으로(ad hoc) 정의된]의 모든 근로자들을 강제적으로 대표되도록 하고, ② 고용자가 노조원들 혹은 노조 조직자들의 고용을 거절하는 것을 금지하고, 그리고 ③ 고용자가 그 노조와 협상하도록 강제하는 것이다. 그래서 노조들은 정부의 권위를 입게 되었고, 정부의 강한 완력은 근로자와 고용자 모두 마찬가지로 노조와 관계하도록 강제하였다. 노조에 대해 주어진 강제력의 특권에 대해서는, Roscoe Pound, "Legal Immunities of Labor Unions," in *Labor Unions and Public Policy*(Washington, D.C.: American Enterprise Association, 1958), pp.145~173; Frank H. Knight, "Wages and Labor Union Action in the Light of Economic Analysis," in Bradley, *Public Stake in Union Power*, p.43 Petro, *Power Unlimited*; 그리고 이 책의 제10장 참조.
23 Mises, *Human Action*, pp.432n., 447, 4€9, 776.
24 예컨대 금주법에 의해 만들어진 카스트 계급인 주류밀매업자들은 미국에서 금주법의 철폐에 반대하는 주된 집단이라는 사실은 악명이 높다.
25 (일반적 사회주의체제)분만 아니라 배급제도가 어떻게 작동하는지에 대해서는 헨리 해즐릿(Henry Hazlit)의 《위대한 생각》(*The Great Idea*)이 그 어떤 책보다 정말 생생하게 그리고 있다.
26 우리는 후자를 과점권 부여(oligopoly grant)라고 부를 수 있을지 모르지만 이것은 기존의 과점이론과의 혼돈을 야기하고 이를 막을 방도가 없을 수 있다. 후자에 대해서는 제10장 참조.
27 독점특권은 단지 영토의 범위 안에서만 강제력을 가지는 정부에 의해 부여된다. 그래서 특정 지역 안에서 달성되는 독점가격은 항상, 시장에서 다른 국가들로부터 파괴적 경쟁에 직면한다. 이런 경향은 문명이 진보하고 운송비용이 줄어들면서 더 격심해지고 국지적 독점들이 다른 지역들로부터 점점 더 큰 경쟁위협에 직면하게 한다. 그래서 어떤 국내적 독점도 외국의 경쟁까지도 제한하고자 독점을 확장하고 효율적인 지역간 거래를 차단하고자 하는 경향이 있다. 이를 위해 동원되는 관세가 '트러스트들의 어머니'(The Mother of Trusts)라고 불리는 것은 놀랄 일이 아니다. 우리는 여기에서 진정으로 자유로운 시장에서는 별개의 '국제무역이론'이 필요하지 않다는 점을 지적해두고자 한다. 국경은 화폐적 간섭이든 아니면 무역장벽을 통해서건 정부의 간섭이 있어야만 경제적으로 의미를 지닌다.
28 사업에 대한 독점적 특권들은 그 기업의 수요곡선의 탄력성에 따라서 독점가격을 부여해 줄 수 있다. 이와는 대조적으로 근로자들에 대한 특권들은 항상 자유시장 생산물보다 더 적은 생산량 수준에서 더 높은 공급제한가격을 부여한다. 그 이유는 기업이 자유롭게 그 생산을 늘리거나 줄일 수 있다. 만약, 소수의 기업들에게 특정 분야에서 생산의 특권이 주어지고 조건이 적당해지면, 그 기업들은 생산을 늘릴 수 있고 총공급을 줄이지 않을 수 있기 때문이다. 이에 반해 별로 유연하게 변할 수 없는 일하는 시간을 차지하고라도, 노동시장 진입에 대한 제한은 항상 그 산업에서의 노동 총공급을 감소시킬 수밖에 없어서 공급제한가격을 가능하게 한다. 물론, 자연보존법과 같은 직접적 생산제한은 항상 공급을 줄임으로써 공급제한가격을 가능하게 하지만 말이다.
29 이 절에서는 금화 온스보다 달러를 사용하는 것이 더 편리할 것이다. 그러나 우리는 여전히 달러와 금의 무게를

30 완전히 동등한 것으로 가정할 것이다. 우리는 이 장의 마지막 부분에서야 처음으로 화폐적 간섭을 고려할 것이다.
30 이것이 자원이 보석류산업에서 종이산업으로 직접 흘러들어갈 것이라는 의미는 아니다. 특정산업으로 흘러들어가거나 흘러들어오는 자원의 흐름은 직업적으로나 지리적으로나 서로 비슷할 것이고, 한 산업에서 옆 산업으로 한 단계씩 조정되어 나갈 것이다.
31 물론 장기적 ERE에서는 모든 산업들의 모든 기업들이 동일한 이자수익을 벌고, 이득과 손실 대부분은 원래의 구체적 생산요소들에 귀속될 것이다.
32 조세의 경제적 효과에 대한 보다 깊은 논의는 다음 절을 참조.
33 네 번째 방법인 정부의 재화와 서비스의 판매로부터의 수입은 과세의 특별한 한 형태이다. 최소한 이런 '사업'을 벌이기 위한 원래의 자산을 얻기 위해서도 과세가 필요하다.
34 화폐경제가 물물교환체제로부터 아직도 진전되는 저개발국에서는 어떤 수량의 과세일지라도 여전히 극적으로 큰 효과를 초래한다. 왜냐하면 과세로 '화폐'소득의 가치가 떨어지게 될 것이며, 그래서 사람들이 과세가 되지 않는 물물교환으로부터 돈을 벌려는 노력을 기울이게 될 것이기 때문이다. 과세는 물물교환경제로부터 화폐경제로 이전하는 것을 결정적으로 지연시키고, 심지어 그 과정을 반전시킬 수 있다. C. Lowell Harriss, "Public Finance," in Bernard F. Haley, ed., *A Survey of Contemporary Economics* (Homewood, Ill.: Richard D. Irwin, 1952), p.264 참조. 보다 실제적인 적용의 예로는, P. T. Bauer, "The Economic Development of Nigeria," *Journal of Political Economy*, October, 1955, pp.400ff 참조. 만약 정부가 현물로 과세하면, 과세와 민간부문으로부터 물리적 자원의 실제 차출 사이에는 시간적 간격이 존재하지 않을 것이다. 현물과세의 경우에는 과세와 차출이 함께 벌어지기 때문이다.
35 이런 이동이 일어나려면 화폐단위로 잰 명목수량뿐만 아니라 개인의 '실질'화폐자산이 감소해야 한다. 만약, 이 조세 대신 사회에 디플레이션이 발생한다면, 그리고 화폐단위의 가치가 모든 곳에서 대략 비례적으로 상승한다면, 각 개인의 화폐재고(stock)의 '명목'수량이 하락하는 것은 '실질적' 하락이 아닐 것이며, 그래서 실효 시간선호비율은 변하지 않을 것이다. 소득과세의 경우에는 디플레이션은 일어나지 않을 것이다. 정부가 화폐공급을 줄이기보다는 조세수입을 지출할 것이기 때문이다(모든 조세화폐가 정부에 의해 변제되는 경우라 할지라도, 과세된 개인들은 다른 사람들보다 더 손실을 볼 것이고, 그래서 어느 정도 실질화폐자산에 손실을 입을 것이다).
36 Irving and Herbert W. Fisher, *Constructive Income Taxation*(New York: Harper & Bros., 1942). '이중적'이라는 용어는 수학적으로 두 번이라는 뜻이 아니라 두 가지 예들이라는 의미로 쓰였다.
37 이들 경제학자들이 일반적으로 내리는 결론은 소득이 아니라 유일한 '실질'소득이라고 할 수 있는 소비만이 과세되어야 할 대상이다.
38 투자 혹은 '성장'을 현재 소비보다 더 중시하는 편견은 현재 소비에 대한 보존주의자의 공격과 유사하다. '미래' 소비가 '현재' 소비에 비해 무엇이 그렇게 가치가 있다는 것일까? 아마도 우리가 여기에서 보는 것은 프로테스탄트 윤리 가운데 덜 합리적인 측면이 암묵적으로 경제학에 잠입한 결과라 할 수 있다. 여기에 관련된 많은 문제들 가운데 하나만 언급한다면 다음과 같다. 일단 자유시장의 결정을 기각하고 난 다음, 경제학가가 세울 수 있는 어떤 자의적이지 않은 절약의 수량적 기준은 존재하지 않는다.
39 우리가 가계 내부에서 이루어지는 가사노동에 추정된 화폐적 가치를 고려하여 '소득'의 정의에 도달하고, 여러 해 동안에 들쑥날쑥한 소득을 평균치로 잡는 등과 같은 일에 뒤따르는 개념적 애로사항들을 무시한다 하더라도 이 점은 여전히 사실이다.
40 우리는 여기에서 '비용'이 '가격'을 결정한다고 양보하고 있다. 최종가격들(general array of final prices)이 비용가격들(general array of cost prices)을 결정한다. 그러나 그렇다면 기업의 생존가능성은 사람들이 그들의 특정한 제품들에 대해 지불하고자 하는 가격들이 (시장을 통해 결정되는) 비용들을 다 감당할 수 있느냐의 여부에 달려있다.
41 아담 스미스 이래로 경제학자들은 사람들이 '사회'로부터 자신의 소득에 비례하여 혹은 비례 이상으로 혜택을 본다는 근거에서 비례세, 심지어 누진세를 정당화하기 위해 수혜원칙을 사용하고자 노력했으나 잘못된 것이다. 부자는 자신의 경호를 위해 지불할 여유가 있기 때문에 경찰보호와 같은 서비스로부터 부자가 빈자보다 덜 혜택을

본다는 것은 분명하다. 그리고 부자는 복지지출로부터 아무런 혜택도 얻지 않는다. 그러므로 부자는 빈자에 비해 정부로부터 얻는 혜택은 별로 없다. 이런 이유로 수혜원칙은 비례세나 누진세를 정당화하기 위해 사용될 수 없다. 그러나 이것은 반대될 수 있을 것이다. 모든 이는 정부로부터는 아니라 할지라도 '사회'로부터 그의 소득에 비례하는 혜택을 받을 자격이 있다고 말할 수 없겠는가? 우선 첫째, 이 점은 확립될 수 없다. 사실, 그 반대되는 주장이 더 정확하다. A와 B 둘 다 사회와 그 혜택에 참여하고 있으므로, A와 B 사이의 어떤 소득격차도 사회덕택이 아니라 그들의 특별한 가치덕분이다. 확실히 사회로부터의 동등한 혜택은 비례세를 시사하는 데 사용될 수 없다. 그리고 더 나아가 그 주장이 사실이라고 하더라도, 어떤 궤변으로도 '사회'가 국가와 동등하다고 할 수 없지 않은가? 만약 시장생산자인 A, B, C가 '사회'로서 서로의 존재로부터 혜택을 본다면, 어떻게 정부인 G가 이 사실을 A, B, C의 부에 대한 청구권을 주장하는 근거로 쓸 수 있는가?

42　이 원칙에 대한 비판으로는, E. R. A. Seligman, *The Shifting and Incidence of Taxation*(New York: Macmillan & Co., 1899), pp.122~136 참조.

43　사업가는 특히 이 '전가' 주장에 취약하다—아마도 소비자들에게 그들이 그 산업에 대한 어떤 조세도 지불하고 있다는 것을 확신시키려는 의도에서. 그러나 그 주장은 각 산업이 그 조세를 낮추려거나 조세인상을 막으려고 투쟁하려는 열정을 보면 거짓임이 드러난다. 만약 조세들이 그렇게 쉽게 전가될 수 있고 사업가가 단순히 무급의 정부 징세대리인이라면, 사업가들은 결코 자신의 산업에 대한 조세에 대해 저항하지 않을 것이다(아마도 이것은 왜 자기의 근로자들에 대한 원천과세에 대한 징세대리인이 되는 것을 대부분의 사업가들이 저항하지 않았는지에 대한 이유가 될 것이다!).

44　판매세가 모든 기업들에 대한 일반적 상승이기 때문에 기업들이 이 판매조세를 다른 경제주체에게 전가시킬 수 있다는 반론이 있을 수 있다. 어떤 관계되는 일반적 요소(화폐수요, 공급)도 증가하지 않았다는 사실을 제외하고도, 개별기업은 여전히 개별 수요곡선에만 관심을 가지고 있고, 이 곡선들은 이동하지 않았다. 조세를 인상한다고 해서 이것으로 인해 더 높은 가격을 부과하면 조세인상이 있기 전에 비해 이윤이 더 많이 나도록 하는 그 어떤 효과도 미치지 않는다.

45　자원은 이제 고용된 데에서 휴식하는 것으로만(혹은 물물교환하는 것으로만) 이동할 수 있다. 이런 일이 물론 일어날 수 있고 아마도 일어날 것이다. 왜냐하면, 우리가 좀더 살펴보겠지만, 판매세는 소득에 대한 조세이며, 여가의 기회비용 증가는 일부 근로자들을 쉬도록 유도할 수 있고, 그래서 생산된 재화의 양을 감소시킬 수 있다. 이런 정도까지만 가격들은 궁극적으로 상승할 것이다. 비록 이 상승이 부드럽고, 즉각적이며, (노동에서 휴식으로의) '이전'과 비례하는 방식은 아니겠지만 말이다. Harry Gunnison Brown, "The Incidence of a General Output or a General Sales Tax," reprinted in R. A. Musgrave and C. S. Shoup, eds., *Readings in the Economics of Taxation*(Homewood, Ill.: Richard D. Irwin, 1959), pp.330~339 참조. 이 논문은 판매세가 전방으로 전가된다는 오류에 대한 처음의 근대적 공격에 해당하는 반면, 브라운은 불행하게도 이 주제의 시사점을 그의 논문의 말미에서 약화시키고 있다.

46　물론, 만약 임금인상 후 화폐공급이 증대되고 신용이 확대된다면, 화폐임금이 다시 할인된 한계가치생산보다 더 커지지 않도록 가격들이 상승할 수 있다.

47　프랭크 코도로프(Frank Chodorov) 씨는, 그의 책, *The Income Tax—Root of All Evil*(New York: Devin-Adair, 1954)에서 자유시장 관점에서 어떤 다른 유형의 조세가 소득세보다 '더 나을' 것인지를 지적하지 못하고 있다. 우리의 논의로 볼 때 자유시장의 관점으로부터 소득세보다 더 나쁘지 않은 조세는 거의 없다는 점은 분명하다. 판매세 혹은 물품세(*excise taxation*)는 확실히 이런 요구를 충족시키지 못할 것이다. 코도로프는 더 나아가 소득세와 상속세를 개인의 재산권에 대한 특별한 부정이라고 이름붙이고 있으나 이는 확실히 잘못이다. 그 어떤 조세이건 재산권을 침해한다. 그리고 '간접세'라고 해서 그런 침해를 덜 분명하게 하는 것이라고는 아무것도 없다. 소득세가 납세자들에게 기록을 지속하게 만들고 그의 개인적 거래를 드러내도록 강요하는 것은 사실이다. 그래서 납세자의 효용에 추가적 손실을 가져다준다. 그러나 판매세도 마찬가지로 기록을 강요한다. 그 차이는 정도의 문제이지 종류의 문제가 아니다. 왜냐하면 여기에서 직접성은 단지 인구 대부분이 아니라 소매상인에게만 해당하기 때문이다.

48　그래서 하이에크와 같은 저명한 경제학자조차도 최근에 다음과 같이 적고 있다. 토지의 사회화를 위한 이

체제(단일세)는 그 논리에서, 아마도 가장 유혹적이며, 모든 사회주의 계획들 가운데 가장 그럴 듯하다. 만약 이 체제가 근거하는 실제의 가정들이 올바르다면, 즉 토지의 "영원하고도 파괴시킬 수 없는 힘"을 토지의 개선에 따른 가치를 구별할 수 있다면, 그 체제의 채택을 위한 주장은 매우 강력할 것이다. F. A. Hayek, *The Constitution of Liberty*(Chicago: University of Chicago Press, 1960), pp.352~353. 오스트리아학파 경제학자 폰 비저(von Wieser)가 약간 다른 각도에서 인정하는 부분에 대해서는, Friedrich Freiherr von Wieser, "The Theory of Urban Ground Rent," in Louise Sommer, ed., *Essays in European Economic Thought*(Princeton, N.J.: D. Van Nostrand, 1960), pp.78ff 참조.

49 나는 예전에 조지스트(*ex-Georgist*)였던 스펜서 히스(Spencer Heath) 씨만큼 토지소유자의 생산성을 분명히 표현한 사람을 보지 못했다. Spencer Heath, *How Come That We Finance World Communism?*(mimeographed MS., New York: Science of Society Foundation, 1953); id., *Rejoinder to 'Vituperation Well Answered'* by Mr. Mason Gaffney(New York: Science of Society Foundation, 1953); id., *Progress and Poverty Reviewed*(New York: The Freeman, 1952).

50 스펜서 히스는 헨리 조지에 대해 다음과 같이 평하고 있다. 토지소유자의 서비스에 관련된 곳에서는 어디에서나, 그(헨리 조지)는 모든 가치들은 물질적이라는 그의 단정에서 확고하였다.…(토지소유자에 의해) 수행되는 교환서비스, 즉 토지소유자의 입지와 자원의 사회적 배분에서, 그 어떤 물질적 생산이 개입되는 것이 아니다. 그러므로 토지소유자들이 물질적 물건들의 배분에서 일정한 몫의 권리를 가진다는 것을, 그리고 그들이 받는 임대료는…단지 비강제적 분배서비스 혹은 교환서비스에 대한 보답에 불과하다는 것을…헨리 조지는 볼 수 없었다. 그는 자유계약과 교환에 의해 (토지)배분에서 수행되는 가치의 창출을 배제하고 있다. 자유계약과 교환은 폭력적이고 무질서한 분배 혹은 자의적이고 폭군적인 토지분배에 대한 유일한 대안이다. Heath, *Progress and Poverty Reviewed*, pp.9~10.

51 이 '(토지)단일세'의 효과와 이외의 비판에 대해서는, Murray N. Rothbard, *The Single Tax: Economic and Moral Implications*(Irvington-on-Hudson, N.Y.: Foundation for Economic Education, 1957); Rothbard, "A Reply to Georgist Criticisms"(mimeographed MS., Foundation for Economic Education, 1957); 그리고 Frank H. Knight, "The Fallacies in the 'Single Tax,'" *The Freeman*, August 10, 1953, pp.810~811 등을 참조. 가장 재미나는 반대 가운데 하나는 조지스트 경제학자들의 수장인 브라운(Harry Gunnison Brown) 박사의 것이다. 조지스트들은 그들의 경제적 주장을 토지의 소유와 그 토지에 대한 개선에 대한 소유를 날카롭게 구분하는 것을 자신들 근거의 대부분을 차지하고 있음에도 불구하고, 브라운은 토지와 이의 개선이 아무튼 동일인에 의해 소유되고 있다고 가정함으로써 단일세의 파괴적인 경제적 효과를 논박하고자 하고 있다! 물론 실제적으로는 파괴적 효과는 남는다. 개인들 혹은 기업들이 생산단계들을 수직적으로 통합한다고 하더라도 경제원칙이 각 생산단계, 혹은 통합된 단계들 전부에 적용되지 않게 만들 수는 없다. Harry Gunnison Brown, "Foundations, Professors and 'Economic Education,'" *The American Journal of Economics and Sociology*, January, 1958, pp.150~152 참조.

52 정부지출은 정부수입으로부터 이루어진다. 앞의 절에서 우리는 정부수입의 주요 원천인 조세에 대해 다루었다. 아래에서 우리는 인플레이션, 혹은 화폐창출에 대해 다룰 것이다. 이 절에서는 정부 '기업'에 대한 논의가 포함된다. 부록 A에는 정부수입의 최종적 원천—일반국민으로부터 빌려오기—에 대한 간략한 논의가 이루어지고 있다.

53 관료들은 생산자가 아닌 반면, 보조금을 받는 다른 '폴'들은 가끔 기본적으로 시장에서의 생산자라고 반론을 펼칠지 모른다. 그러나 정부로부터 보조금을 받는 한에서는 그들은 비생산적이며 강제력에 의해 원래의 그 생산자들을 밀어내고 있다. 요컨대, 중요한 것은 그들이 그들의 동료들에 대해 국가의 입장에 선 관계에 있다는 점이다. 이 책에서 '국가'(*state*)는 의인화된 것이 아니다. '국가'는 진정 체계적으로 '국가적인'(*stateish*) 관계로 서로에 대해 행동하는 사람들을 의미한다. 나는 '국가의 관계'(*relation of State*)라는 개념에 대해 시카고대학의 랄프 라이코(Ralph Raico) 씨에게 지적 빚을 지고 있다.

54 원래 사이먼 쿠츠네츠 교수가 단지 조세들만이 정부의 생산적 산출물의 척도가 되어 사기업들에서처럼 수입에 의해 산출물을 측정하게 된다고 주장하였다. 그런데 조세는 강제로 징수되기 때문에 생산적 척도가 될 수 없다.

현재의 국민소득계정과는 대조적으로 쿠츠네츠였다면 정부의 '생산적 기여'(*productive contribution*)에서 모든 정부 적자를 제외했을 것이다.

55 이 분석을 받아들이지 않는 사람들에서조차 경험적으로 정부에서의 낭비가 지출의 50%를 넘는다고 믿는 사람이라면, 우리의 가정이 정부에 의한 100% 생산성이라는 현재 저술들의 가정보다는 더 정확하다는 데 동의할 것이다.

56 만약 정부가 소유한 쓰레기 자산이 사기업에 팔린다면, 그 자산의 전부 혹은 일부가 자본재가 될 수 있을 것이다. 그러나 이 가능성이 있다는 사실이 정부에 의해 사용되는 동안 이 재화를 자본으로 만들지는 못한다. 시장에서 가격을 받는 정부'기업'에 의해 사용될 때 정부구매가 진정한 투자라고 반대할지 모르겠다. 그러나 우리는 기업이 아니라 기업놀이를 하는 것이라는 것을 알게 될 것이다. 쓰레기 자산에 개재된 낭비에 대한 더 자세한 아래의 논의를 참조하라.

57 이것은 고전학파의 '비생산적 소비'(*nonproductive consumption*)의 개념과는 구별되어야 한다. 고전학파의 비생산적 소비란 노동자의 생산적 능력을 유지하는 데 필요한 것을 넘어서는 모든 소비를 말한다.

58 토머스 맥캐이(Thomas Mackay)가 아주 적절하게 표현하고 있다. "그 나라가 지불하고자 선택하는 만큼 정확하게 더 많은 빈민들을 만들어낼 수 있다. Thomas Mackay, *Methods of Social Reform*(London: John Murray, 1896), p.210. 이에 반해, 빈자에 대한 사적 자선은 동일한 악순환 효과를 가지지 않을 것이다. 왜냐하면, 빈자는 부자에 대해 지속적인 강제적 권리를 가지지 않을 것이기 때문이다. 사적 자선이 '그럴 만한'(*deserving*) 빈자에게만 주어질 때 특히 그런 악순환은 일어나지 않을 것이다. cf. Barbara Wootton, *Social Science and Social Pathology*(London: George Allen & Unwin, 1959), pp.51, 55, and 268ff.

59 독자는 그와 같은 국가의 추진력을 찬미하는 자에 의한 다음의 일화로부터 그의 고객과 국가 가운데 누가 불쌍한 오르간 연주자의 진정한 친구인지 헤아려보기 바란다.

오르간 연주자들(그들 대부분은 단지 면허받은 거지들이다)의 거리를 없애는 사회운동을 하는 과정에서, 한 여인이 사회관청에 가서 라가디아(LaGuardia)에게 그녀의 마음에 가장 들었던 오르간 연주자를 쫓아내지 말 것을 호소하였다.

"어디에 사시오?" 그가 그녀에게 물었다.

"파크 애비뉴에요!"

라가디아는 빈민구제사업가들의 탄원에도 불구하고 거리의 오르간 연주자들과 행상인들을 몰아내려는 그의 계획을 밀어붙이는 데 성공하였다. Newbold Morris and Dana Lee Thomas, *Let the Chips Fall*(New York: Appleton- Century-Crofts, 1955), pp.119~120.

60 Murray N. Rothbard, "Government in Business," in *Essays on Liberty* (Irvington-on-Hudson, N.Y.: Foundation for Economic Education, 1958), IV, pp.186ff. 그러므로 소비자를 아첨을 해야 할 '왕'이 아니라 '사회적' 생산물을 고갈시키는 문제아로 취급하는 것은 정부소유와 정부'기업'의 특징이다.

61 그래서 정부관료나 정치가는 자신이나 그의 동지들에게 더 많은 표를 얻게 해줄 도로를 선택할지 모른다.

62 Ludwig von Mises, *Bureaucracy*(New Haven: Yale University Press, 1946), pp.50, 53.

63 사적 행동과 국가행동 사이를 결정하는 기준으로서 다양한 잘못된 기준들이 내세워졌다. 하나의 공통된 규칙은 '한계사회비용'(*marginal social costs*)과 혜택을 '한계사적 비용'과 혜택에 대비해 견주어 보는 것이다. 다른 결함들 이외에도 사회를 구성하는 개인들과 별개로 존재하는 '사회'라는 주체는 없으므로 이 선호되는 기준은 그저 무의미할 뿐이다.

64 코도로프가 쓴 흥미로운 소책자, *The Myth of the Post Office*(Hinsdale, Ill.: Henry Regnery Co., 1948) 참조. 영국에서의 유사한 상황에 대해서는, Frederick Millar, "The Evils of State Trading as Illustrated by the Post Office," in Thomas Mackay, ed., *A Plea for Liberty*(New York: D. Appleton Co., 1891), pp.305~325 참조. 미국에서 우편요금을 정하는 데 있어 체계적으로 경제적 고려들을 왜곡시킨 정치적 요인들에 대한 묘사로는, Jane Kennedy, "Development of Postal Rates: 1845~1955," *Land Economics*, May, 1957, pp.93~112; Kennedy, "Structure and Policy in Postal Rates," *Journal of Political Economy*, June, 1957, pp.185~208 참조.

65 오직 정부만이 절약을 위해 서비스를 감축한다는 스스로 만족한 발표를 할 수 있다. 사기업에서는 절약은 서비스의 개선과 동의어가 되어야 한다. 대부분 여타 분야에서는 사적 서비스를 개선하는 와중에 나온 정부서비스 감축의 최근 예는 미국의 우편배달에서 이틀에서 하루로의 감소이다. 물론 늘 있듯이 더 높은 요금에 대한 요구와 함께 이루어진 것이지만 말이다. 프랑스가 서부철도시스템을 1908년에 국유화하였을 때, 화물은 점점 더 많이 손상되었으며, 열차들은 더 느려졌고, 사고는 너무나 가파른 속도로 증가하여 한 경제학자는 이를 프랑스 정부가 계속 증가하는 독점 리스트에 철도사고를 더 보탰다고 빈정대듯이 말하였다. Murray N. Rothbard, "The Railroads of France," *Ideas on Liberty*, September, 1955, p.42 참조.

66 너무나 역설적이게도 더 높아진 지하철 요금이 많은 고객들로 하여금 자가용을 사고 이를 몰고 다니도록 만들었고, 그래서 언제나 있는 교통문제(정부 도로면적의 부족)를 한층 더 악화시켰다. 이것은 스스로의 문제를 만들어내고 이를 확대재생산한 정부간섭의 또 다른 사례가 아닌가! 지하철에 대해서는, Ludwig von Mises, "The Agony of the Welfare State," *The Freeman*, May 4, 1953, pp.556~557 참조.

67 회사 주식의 개인 보유자들이 마찬가지로 이렇게 할 수 없다고 반박할지 모르겠다. 예컨대, GM(General Motors)의 주식보유자는 현찰배당금 혹은 그의 주식 대신 차를 취하는 것이 허용되지 않는다고. 그러나 주식보유자들은 그들의 회사를 실제로 소유하며, 이 예는 정확하게 우리의 논점을 증명하고 있다. 왜냐하면, 그 개별 주식보유자는 그의 회사와의 계약을 파기할 수 있기 때문이다. 그는 자기 몫의 GM 소유분을 다른 이에게 팔 수 있다. 정부의 피지배자들은 정부와의 계약을 파기할 수 없다. 예컨대, 그는 GM주식과 같은 주식을 가지고 있는 것이 아니므로 우체국에 대한 자신의 '몫'을 팔 수 없다. 하퍼(F. A. Harper)가 간명하게 말한 것처럼, "소유권의 필연적 귀결(*corollary*)은 비소유의 권리이다. 그래서 만약 내가 어떤 것을 팔 수 없으면, 내가 그것을 진정으로 소유하고 있지 않다는 것은 분명하다." Harper, *Liberty: A Path to Its Recovery*, pp.106, 32; Isabel Paterson, *The God of the Machine*(New York: Putnam's, 1943), pp.179ff.; T. Robert Ingram, *Schools: Government or Public?*(Houston: St. Thomas Press, n.d.) 참조.

68 헨리 조지의 이론구조에서 모든 잘못된 강령들에 대해 우리가 설사 양보하더라도, 그의 단일세 프로그램(*the Single Tax program*)은 여전히 그 전제들로부터 논리적으로 도출되지 않을 것이다. 벤자민 터커(Benjamin Tucker)가 몇 년 전 멋지게 보여주었듯이 잠재적으로 확립될 수 있는 최대한이란—국가의 전체 가치에 대한 권리가 아니라—모든 토지 지번의 입지가치에 대한 각자의 아주 작은 등분의 몫에 대한 각 개인의 '권리'일 것이다. Tucker, *Individual Liberty*, pp.241~243.

69 개인들은 죽을 운명이지만 "정부는 죽지 않는다"(*governments are immortal*)고 반론을 펼치는 사람들은 정말 가장 두드러지게 개념 실재론의 오류에 빠져있다. '정부'는 실제적 행동주체가 아니다. 오히려 정부는 실제 개인들에 의해 채택되는 사람들 사이의 특정 유형의 행위라고 보는 것이 옳다.

70 사회주의 경제학에 대해서는 위 제10장에서 언급된 문헌과 함께 다음을 참조. John Jewkes, *Ordeal by Planning*(New York: Macmillan & Co., 1948). 소비에트의 실제관행에 적용한 것으로는, Boris Brutzkus, *Economic Planning in Soviet Russia*(London: Routledge, 1935); G. F. Ray, "Industrial Planning in Hungary," *Scottish Journal of Political Economy*, June, 1960; E. Stuart Kirby, "Economic Planning and Policy in Communist China," *International Affairs*, April, 1958; P. J. D. Wiles, "Changing Economic Thought in Poland," *Oxford Economic Papers*, June, 1957; Alec Nove, "The Politics of Economic Rationality," *Social Research*, Summer, 1958; Nove, "The Problem of 'Success Indicators' in Soviet Industry," *Economica*, February, 1958 참조. 성장과 저개발과 관련하여 사회주의 계획에 대해서는 이 책에서 아래에 더 적어놓은 것들을 보라.

71 대표적 차이는 형식적 공산주의식 몰수는 후일 다시 사회화를 해제하는 것을 더 어렵게 만든다는 점이다.

72 루드비히 폰 미제스가 그의 책《인간행위》(*Human Action*), pp.698~699에서 처음으로 이것을 지적하였다. 미제스의 지적이 공산주의 계획을 다룬 와일즈(Wiles)의 글에 실제경험으로 제시되고 있는 점은 특별히 흥미롭다. 실제로는 '세계가격들'(*world prices*)이, 즉 자본주의 세계가격들이 (소비에트) 블록의 내부교역에서 사용된다. 이 가격들이 루블로 번역되고⋯쌍방 청산계좌로 입력된다. "만약 자본주의 세계가 전혀 없다면, 당신은 무엇을 할 것인가?"라는 질문에 대해 단지 다음과 같은 대답만이 나왔다. "우리는 우리가 자본주의 세계에 왔을 때,

우리는 그 다리를 건널 것이다"(*We'll cross that bridge when we come to it*). 전기(電氣)의 경우 그 다리는 이미 그들의 다리 밑에 와 있었다. 세계시장이 없었기 때문에 전기의 가격을 책정하는 데 엄청난 어려움이 있었다(Wiles, "Changing Economic Thought in Poland," pp.202~203). 세계시장가격을 사용하는 데 있어 소비에트 블록이 처한 어려움들에 대해서는 특히 다음을 참조. Horst Mendershausen, "The Terms of Soviet-Satellite Trade: A Broadened Analysis," *Review of Economics and Statistics*, May, 1960, pp.152~163.

73 비록 불법적이지만 지방정부 관료의 수뢰에 의해 보호받고 있는, 소비에트 러시아에서 조직화된 사기업의 최근 성장에 대한 흥미로운 설명으로는, Edward Crankshaw, "Breaking the Law in a Police State: Regimentation Can't Curb Russians' Anarchic Spirit," *New York Herald-Tribune*, 1960.8.17 참조.

74 최근의 연구들은 근대의 발명들과 응용기술의 발전들이 거대 규모이자 중앙계획방식이기조차 한 실험실에서 일어날 수 있다는 보통의 견해가 오류임을 보여주고 있다. John Jewkes, David Sawers, and Richard Stillerman, *The Sources of Invention*(London: Macmillan & Co., 1958); John R. Baker, *Science and the Planned State*(New York: Macmillan & Co., 1945) 참조. 이 분야의 최근 문헌에 대한 유용한 요약으로는, Richard R. Nelson, "The Economics of Invention: A Survey of the Literature," *The Journal of Business*, April, 1959, pp.101~127 참조. 소비에트 과학은 물론 서구의 성취를 복사할 수 있었다. 그러나 소비에트 과학의 비효율성에 관해서는, Baker, *Science and the Planned State*; Baker, *Science and the Sputniks*(London: Society for Freedom in Science, December, 1958) 참조. 다음은 정부의 군사 리서치가 지닌 내재적 비효율성에 관한 흥미로운 자료이다. the Hoover Commission Task Force Report, Subcommittee of the Commission on Organization of the Executive Branch of Government, *Research Activities in the Department of Defense and Defense-Related Agencies*(Washington, D.C.: April, 1955). 원자에너지와 정부에 관해서는 앞에서 언급한, Jewkes, Sawers, and Stillerman의 책 이외에 다음을 참조. Alfred Bornemann, "Atomic Energy and Enterprise Economics," *Land Economics*, August, 1954. 실질적으로 하이에크의《자유헌정론》(*Constitution of Liberty*)의 핵심주제는 가장 넓은 의미에서 자유와 진보의 중요성이다.

75 경제학자들이 가장 선호하는 정부를 지지하는 두 가지 주장은 '집합재'(*collective goods*)와 '외부편익'(*external benefit*)인데, 이에 대한 비판은 이 책의 부록 B를 참조하라.

76 이것은 아래 부록 B에서 분석된 정부간섭의 주장의 첫 번째 줄이다.

77 많은 경우, 이 '투자들'은 단순히 관료적 실수일 뿐만 아니라, 정부관료들에게 '위신'의 증대라는 반가운 선물을 준다. 모든 '저개발' 정부는 예컨대 자신의 제철소 혹은 댐과 같은 것을 그것이 경제적이든 아니든 고집하는 것처럼 보인다(그러므로 보통 경제적이 아니다). 프리드먼 교수는 이를 기민하게 지적하고 있다. 파라오들은 피라미드를 건설하기 위해 엄청난 자본을 모집하였다. 이것은 어마어마한 규모의 자본형성이었다. 이것은 분명 이집트 일반대중의 생활수준의 스스로 지지되는 성장에 기여했는가라는 근본적 의미에서 경제발전을 촉진하지 않았다. 정부 후원 아래 현대의 이집트는 제철소를 지었다. 여기에는 자본형성이 내재되어 있다. 그러나 이것은 이집트의 경제적 자원의 고갈을 의미한다.…왜냐하면 이집트에서 철을 만드는 비용은 다른 곳에서 사오는 비용에 비해 훨씬 더 크기 때문이다. 이것은 유지비용이 더 크다는 점을 제외하고는 현대판 피라미드에 필적한다고 할 수 있다. Milton Friedman, "Foreign Economic Aid: Means and Objectives," *Yale Review*, Summer, 1958, p.505 참조.

78 Cf. L. M. Lachmann, *Capital and Its Structure*; P. T. Bauer and B.S. Yamey, *The Economics of Under-Developed Countries*(London: James Nisbet and Co., 1957), pp.129ff 참조.

79 강제저축과 정부투자의 주제에 관해서는 다음의 주목할 만한 논문을 참조할 것. P. T. Bauer, "The Political Economy of Non-Development," in James W. Wiggins and Helmut Schoeck, eds., *Foreign Aid Reexamined*(Washington, D.C.: Public Affairs Press, 1958), pp.129~138. 바우어는 다음과 같이 적고 있다. "…만약 개발이 바람직한 과정으로서의 의미를 가진다면, 그것은 원하는 생산물의 증가를 뜻하여야 한다. 저축을 정부가 모아서 투자하는 것은 시장가격에서 자발적 구매의 테스트 아래 놓이지 않은 생산을 귀결시킨다.…이런 방법을 통해 증가된 생산물은 기껏해야 경제개선에 대한 애매한 지표이다.…만약 자본이 자발적으로 제공된

것이 아니라면, 이는 일반대중이, 그것이 현재 소비 혹은 다른 형태의 투자이든 상관없이, 자원들을 다른 대체적 용도로 사용하는 것을 더 선호한다는 사실을 시사한다." *Ibid.*, pp.133~134.

80 P. T. Bauer, *Economic Analysis and Policy in Underdeveloped Countries* (Durham, N.C.: Duke University Press, 1957), pp.113ff. 소비에트 경제의 성장에 대해서는 Bauer와 Yamey는 다음과 같은 유익한 코멘트를 하고 있다. 너무나 큰 부분의 생산이 시장에서 소비자들의 선택에 의해 지배되지 않는 경제에서는, 국민소득, 산업생산, 자본형성의 의미도 또한 논쟁거리이다. 특히 소비자들의 가치평가를 근거하지 않은 채 정부에 의해 행해진 엄청난 자본지출에 대해서도 이해하기 어렵다는 것은 명백하다. Bauer and Yamey, *Economics of Under-Developed Countries*, p.162; Friedman, "Foreign Economic Aid," p.510 참조.

81 자연과학으로부터 경제학에 부당하게, 그리고 오도하는 방식으로 수입된 여러 가지 비유들에 대한 비판으로는, Rothbard, "The Mantle of Science" 참조.

82 암세포도 지나친 성장의 결과라는 사실은 예컨대, 일반적으로 간과되고 있다.

83 바우어(Bauer) 교수의 다작들은 특히 저개발국가의 문제에 대한 분석의 유용한 원천이다. 위의 참조문헌에 더하여 특히 그의 훌륭한 다음 글들을 참조. Bauer, *United States Aid and Indian Economic Development*(Washington, D.C.: American Enterprise Association, November, 1959); 그의 *West African Trade*(Cambridge: Cambridge University Press, 1954); "Lewis' Theory of Economic Growth," *American Economic Review*, September, 1956, pp.632~641; "A Reply," *Journal of Political Economy*, October, 1956, pp.435~441; P. T. Bauer and B. S. Yamey, "The Economics of Marketing Reform," *Journal of Political Economy*, June, 1954, pp.210~234. 바우어의 인도에 대한 연구로부터 인용된 다음 부분은 개발뿐만 아니라 중앙계획에 대한 분석에 교훈적이다. 정부를 위해 경제의 큰 (그리고 증가하는) 부문을 유보해두는 당연한 결과로서, 인디아와 외국 모두의 사기업과 투자는 광범위한 산업 및 상업활동을 할 수 없게 되었다. 이 제한들과 장벽들은 인디아의 민간투자뿐만 아니라 외국자본, 외국기업, 외국기술의 진입에 영향을 주며, 이는 불가피하게 경제발전을 지연시킨다. 그와 같은 조치는 경제진보에 대한 단언된 강조라는 관점에서 볼 때 역설적이다. Bauer, *United States Aid*, p.43 참조. 바우어의 대표적 결함은 경제발전에서 자본의 역할을 경시하는 경향이다.

84 소비에트 러시아가 완전한 사회주의와 강제적 산업화에 치닫기 이전인, 1925~1926년에 소비에트 지도자들과 경제학자들이 중앙계획과 강제적 산업화를 공격하고 사적 농부(*private peasantry*)에 경제적으로 의존할 필요성을 강조하고 있음을 발견한다. 이런 발견은 매력적이지만, 아쉽게도 1926년 이후, 소비에트 계획경제는 자급자족적 사회주의를 구축하기 위해 의도적으로 강제적 중공업화를 비경제적으로 기획하였다. Edward H. Carr, *Socialism In One Country*, 1921~1926(New York: Macmillan & Co., 1958), I, pp.259f., 316, 351, 503~513 참조. 헝가리의 경험에 대해서는, Ray, "Industrial Planning in Hungary," pp.134ff 참조.

85 Wiggins and Schoeck, *Scientism and Values*, p. v. 이 심포지움에서 저개발의 전체 문제에 대한 많은 점들을 일깨워주는 논문들이 발표되었다. 앞에서 언급한 바우어의 논문 이외에도 특히 Rippy, Groseclose, Stokes, Schoeck, Haberler와 Wiggins의 논문들을 참조할 것. 아울러 저개발의 개념에 대한 비판으로는, Jacob Viner, *International Trade and Economic Development*(Glencoe, III.: Free Press, 1952), pp.120ff 참조.

86 W. W. Rostow, *The Stages of Economic Growth*(Cambridge: Cambridge University Press, 1960). 아마도 이 책이 유명하게 된 일부 원인은 '이륙'(*take-off*)이라는 우리의 항공우주시대에 잘 조율된 용어 때문인 듯하다.

87 '역사법칙'에 대한 탐색에 개재된 복합적 오류들에 대해서는, Ludwig von Mises, *Theory and History*(New Haven: Yale University Press, 1957) 참조; 경제사의 초기 '단계이론'에 대한 비판으로는, T. S. Ashton, "The Treatment of Capitalism by Historians," in F. A. Hayek, ed., *Capitalism and the Historians*(Chicago: University of Chicago Press, 1954), pp.57~62 참조. '사회간접자본'(*social overhead*) 개념의 오류들은 비록 슈미트(Schmidt) 자신은 몇 가지 개념을 여전히 포기하지 못하고 있지만, 슈미트의 다음의 글에 논박되어 있다. Wilson Schmidt, "Social Overhead Mythology," in Wiggins and Schoeck, *Scientism and Values*, pp.111~128. 정부기업가정신과 혁신에 대한 사기업가정신과 혁신의 우월성, 그리고 발전에서의

중요성에 대해서는, Yale Brozen, "Business Leadership and Technological Change," *American Journal of Economics and Sociology*, 1954, pp.13~30; Brozen, "Technological Change, Ideology and Productivity," *Political Science Quarterly*, December, 1955, pp.522~542 참조. 또 하나의 로스토우의 오류는, 강한 중앙집권 국가가 서구자본주의 출현의 필요전제조건이라는 19세기 후반 독일의 이론을 채택한 데 있다. 이에 대한 부분적 비판으로는, Jelle C. Riemersma, "Economic Enterprise and Political Powers After the Reformation," *Economic Development and Cultural Change*, July, 1955, pp.297~308 참조. 마지막으로, 강제적 발전의 여러 측면에 대한 날카롭고도 선구적인 논의에 대해서는, S. Herbert Frankel, *The Economic Impact of Under-Developed Societies*(Oxford: Basil Blackwell, 1953) 참조. 자유시장의 길과 대비하여 연구한 것으로는, F. C. Benham, "The Growth of Manufacturing in Hong Kong," *International Affairs*, October, 1956, pp.456~463 참조.

88 기술과 정치적 기구를 창출하는 결정적 아이디어들을 간과하면서 역사에 대한 기계론적 관점과 기술적 결정론을 강조하는 로스토우에 대한 비판으로는, David McCord Wright, "True Growth Must Come Through Freedom," *Fortune*, December, 1959, pp.137~138, 209~212 참조.

89 이런 성과는 슘페터가 다음과 같이 선언했던 것을 사람들이 믿도록 이끌고 있다.…자본주의는 주머니에 사형선고를 가지고 있는 판사들 앞에서 재판을 받기 위해 법정에 서 있다. 그 판사들은 그 어떤 변론을 듣더라도 선고를 그대로 밀고 나갈 것이다. 성공적 변론으로 유일하게 바랄 수 있는 것은 형량의 변화뿐이다. Schumpeter, *Capitalism, Socialism and Democracy*, p.144.

90 John Kenneth Galbraith, *The Affluent Society*(Boston: Houghton Mifflin Co., 1958).

91 "Fable for Our Times," *Wall Street Journal*, April 21, 1960, p.12. 그래서 Galbraith(앞의 책)는 미국의 풍요를 공격하는 한편, 정부가 성장을 도모하기 위해 과학자들과 과학연구에 "더 이상 투자하는 데" 실패하고 있다고 탄식한다. 실제로 갈브레이스는 아무런 상업적 적용을 할 수 없는, 바로 그런 종류의 연구를 더 많이 원하고 있다.

92 갈브레이스의 주요한 수사학적 도구는 '지속적 냉소'라고 이름붙일 수 있을 것이다. 이런 지속적 냉소 속에 포함된 것으로는, ① 반대의견을 너무나 냉랭하게 취급하여 마치 추론을 통한 반박이 필요 없는 것처럼 비치게 하는 것, ② 예를 들어, '관습적 지혜'(conventional wisdom)와 같은 베블렌 식의 비하하는 이름을 주조하고 이를 반복하기, 그리고 ③ 더 나아가 반대에 대해 심리적으로 지성보다 감성에 호소하여, 즉 반대자가 그들의 터무니없는 원칙들에 심리적으로 기득의 이해관계를 가지고 있다고 조롱하기─이런 식의 공격은 이제 비판하고자 하는 경제학자들이 경제적으로 매수되었다는 과거식의 고발방식보다 더 유행하고 있지만, 갈브레이스가 '관습적 지혜'라고 동의하지 않는 거의 모든 것이 포함되어 있다.

93 갈브레이스에 의하면 사악한 광고에 더해, 자기 이웃을 흉내냄으로써 욕구는 인위적으로 창출된다. "존스네 가족을 따라하기 위해". 그러나 무엇보다 먼저 그와 같은 흉내내기가 갈브레이스의 윤리적 지지를 받지 못했다는 것을 제외하면, 도대체 무엇이 잘못이란 말인가? 갈브레이스는 그의 이론을 자신의 사적 윤리판단 위에 근거하고 있지 않은 것처럼 여긴다. 그러나 단순한 남 흉내내기가 생산자들의 기능이 아니며, 소비자들 자신의 기능이다. 만약 흉내내기 역시 광고에 의해 촉발된 것이 아니라면 말이다. 그러나 이것은 교재에서 논의된 광고에 대한 비판으로 환원된다. 그리고 두 번째로, 맨 처음 존스네 가족은 그의 욕구를 어디에서 얻게 되었는가? 얼마나 많은 사람들이 자신의 욕구를 남을 흉내내서 가졌던 상관없이, 어떤 사람 혹은 사람들은 그 자신들의 진정한 필요로서 이들 욕구들을 원래 가지고 있었음에 틀림없다. 그렇지 않으면, 그 주장은 구제받을 길이 없을 만큼 순환논리에 빠진다. 이 점을 인정하고 나면, 경제학이 어느 정도로 각 욕구가 흉내에 의해 영향을 받았는지 결정하는 것은 불가능하다.

94 결정론과 인간행위의 과학에 대해서는, Rothbard, "Mantle of Science"와 Mises, *Theory and History* 참조.

95 아보트 교수는, 경쟁, 제품의 질, 사업체제에 관한 그의 중요한 책에서 다음과 같이 표현하였다. "생산자는 일반적으로 기존의 선호에 되도록 비슷하게 제품을 적응시키고, 그 제품이 이미 잘 충족시키는 사람들에게 직접 광고하는 것이 인간을 그 제품에 어울리도록 변화시키려고 시도하는 것보다 훨씬 더 쉽고 비용이 덜 드는 판매고 증대방법이라는 것을 알게 될 것이다." Abbott, *Quality and Competition*, p.74 참조.

96 마케팅 전문가들의 지금 일어나고 있는 '마케팅 혁명'에 관한 최근의 저술들은 정확하게 바로 이런 소비자의 총애를 획득하기 위한 점증하는 경쟁과 구애를 강조하고 있다. Robert J. Keith, "The Marketing Revolution," *Journal of Marketing*, January, 1960, pp.35~38; Goldman, "Product Differentiation and Advertising: Some Lessons From Soviet Experience," 그리고 Goldman, "Marketing—a Lesson for Marx," *Harvard Business Review*, January-February, 1960, pp.79~86.

97 근거 없이 제기되는 기업광고의 위력에 대해 루드비히 폰 미제스가 가한 다음과 같은 신랄한 비판은 기억할 만하다. "숙련된 광고가, 광고하는 사람이 소비자들이 사기 원하는 모든 것을 구매하게끔 할 수 있다는 것은 널리 퍼진 오류이다.…그러나 아무도 어떤 광고를 하더라도 이것이 양초제조자가 전구제조업자보다, 마차가 자동차보다, 거위깃털 펜이 철제 펜과 나중의 만년필보다 더 유리한 위치를 차지하게 해줄 수 있다고 믿지는 않는다." Mises, *Human Action*, p.317. '숨어있는 설득자'(hidden persuaders)의 개념에 대한 비판으로는, Raymond A. Bauer, "Limits of Persuasion," *Harvard Business Review*, September-October, 1958, pp.105~110 참조.

98 Galbraith, *Affluent Society*, p.345. 이 지식계급의 대규모 창출을 제안하면서 갈브레이스는 실질적으로 사람들을 그들의 관심, 능력, 그리고 얻을 수 있는 직업기회를 넘어서서 교육시키는 것이 자의적 성격을 가지고 있음을 무시하고 있다.

99 이것을 더 언급하려면 우리가 집중하는 주제를 너무 이탈하게 할 것이므로, 여기에서는 하나의 참고문헌을 언급하는 데 그치고자 한다. 민간도로, 운하, 그리고 항운회사들에 의해 이루어진 18세기 영국의 도로와 운하망의 성공적 발전에 대한 문헌. T. S. Ashton, *An Economic History of England: The 18th Century*(New York: Barnes and Noble, n.d.), pp.72~81. 그리고 정부에 의해서만 공급될 수 있는 '집합재'라는 관념의 오류에 대해서는 이 책의 부록 B를 참조.

100 갈브레이스의 남아 있는 서로 엉킨 오류들과 실수들 가운데 하나를 언급할 수도 있다. 폰 미제스 교수가 사업가라는 그의 이상한 암시가 그것이다. 먼저 갈브레이스는 오랜 역사를 지닌 사업가와 지식인 사이의 적대감에 대해 이야기하고, 이를 많은 지식인들에 대해 비판적인 미제스의 말을 인용함으로써 뒷받침한다. 그리고서 "대부분의 사업가들"이 미제스를 "상당히 극단적"이라고 간주할 것이라고 한 발짝 물러선다. 그러나 미제스는 확실히 사업가가 아니므로, 그의 언급이 사업가와 지식인의 갈등의 증거로 사용되는 것은 이상하다. Galbraith, *Affluent Society*, pp.184~185 참조. 이런 이상한 실수는 갈브레이스가 긍정적으로 인용하는 하버드의 갈브레이스의 동료들도 범하고 있는데, 이들은 헨리 해즐릿(Henry Hazlitt)과 하퍼박사(Dr. F. A. Harper)와 같은 비사업가들을 '고전적 사업신조'(classical business creed)의 대변자로서 인용하기를 고집하고 있다. Francis X. Sutton, Seymour E. Harris, Carl Kaysen, and James Tobin, *The American Business Creed*(Cambridge: Harvard University Press, 1956) 참조.《풍요로운 사회》(*The Affluent Society*)는 풍자하기에 적합한 저술이며, 이런 풍자가 실제로 영리하게 해낸 것이 다음에 실려 있다. "The Sumptuary Manifesto," *The Journal of Law and Economics*, October, 1959, pp.120~123.

101 다음에는 갈브레이스의 주제가 더 간략하고 대담한 형태로 나타나 있다. John Kenneth Galbraith, "Use of Income That Economic Growth Makes Possible…," in *Problems of United States Economic Development*(New York: Committee for Economic Development, January, 1958), pp.201~206. 같은 에세이 모음에서 아브라모비츠(Moses Abramovitz) 교수는 어떤 면에서는 동일한 입장을 더 극단적으로 말하고 있다. 그는 우리에게 "우리 삶에 풍미를 주는…소량의 의도적인, 자제하는 행위"를 박탈하려고 위협하는 것으로 여가를 비난할 만큼 한 걸음 더 나가고 있다. Moses Abramovitz, "Economic Goals and Social Welfare in the Next Generation," *Ibid.*, p.195. 여기에서 아마도 진정으로 '인간에 투자'할 수 있는 유일한 사회는 노예상태가 만연된 사회라는 것을 언급할 뿐만 아니라 아울러 여가의 강제적 박탈과 노예제 간의 강력한 유사성에 유의하는 것이 아주 적절할 것 같다. 사실, 갈브레이스는 그의 책에서 이런 이유로 거의 노예제를 동경하는 듯이 쓰고 있다. *Affluent Society*, pp.274~275 참조. 갈브레이스와 아브라모비츠에 더해 CED(*Committee for Economic Development*) 심포지엄에서 발표된 다른 '갈브레이스학파' 논문으로는 라이즈만(David Riesman) 교수의 논문과, 특히 영국 광고업자들에게 화가 난 해로드(Roy Harrod) 경의 논문이 있다. 갈브레이스와 마찬가지로,

아마도 해로드는 사람들에게 어떻게 그들의 여가를 적절하게 세련되고 심미적 방식으로 써야 할지를 '가르치는' 대규모 정부 교육프로그램에 찬성했을 것이다. 이 점은 확장되는 여가 대신 긴장을 강화하는 규율로 대체하고자 하는 아브라모비츠와는 대조된다. 그러나 다시 한번, 대부분의 사람들은 해로드 방식의 강제적 심미적 태도가 마찬가지로 규율적이라고 느낄 것으로 의구심을 가질 것이다. Galbraith, *Problems of United States Economic Development*, I, pp.207~213, 223~234.

102 Hayek, *Constitution of Liberty*, pp.42ff. 하이에크가 표현했듯이 부자들의 지출 대부분은 이 목적을 의도한 것은 아닐지라도, 새로운 것에 대한 실험비용을 부담하는 서비스를 하고, 그 결과 이 새로운 것들이 나중에 빈자들도 쓸 수 있게 된다. 우리가 이미 소량을 비싸게 생산할 줄 알았던 것을 대규모로 싸게 생산하는 것을 조금씩 배워간다는 데에만 부자들의 지출의 중요성이 있는 것이 아니다. 욕구에 대한 앞선 실험의 결과로부터 비로소 다음 범위의 욕구들과 가능성들이 보이기 시작하고, 그래서 새로운 목표들을 선별하고 그 성취를 위한 노력이 다수의 대중이 이를 이루기 위해 노력하기 훨씬 이전에 이미 시작될 것이라는 데에도 중요성이 있다. *Ibid.*, pp.43~44. 또한 미세스가 30년 전에 이와 유사한 점을 지적한 것으로는 다음의 글이 있다. Ludwig von Mises, "The Nationalization of Credit," in Sommer, *Essays in European Economic Thought*, pp.111f; Bertrand de Jouvenel, *The Ethics of Redistribution*(Cambridge: Cambridge University Press, 1952), pp.38f.

103 De Jouvenel, *Ethics of Redistribution*, pp.67 이후 참조. 만약 모든 주부들이 갑자기 자신의 가사를 멈추고 옆집에 고용된다면, 비록 각 가계의 실제적 소득증대는 거의 없겠지만, 통계학적으로 측정된 국민소득의 증대는 어마어마할 것이다. 이 점에 관한 더 이상의 논의는, de Jouvenel, "The Political Economy of Gratuity," *The Virginia Quarterly Review*, Autumn, 1959, pp.515ff 참조.

104 비록 이것은 명백한 제3자 효과를 가지고 있지만, 이런 유형의 간섭은 본질적으로 쌍방형 간섭이다. 왜냐하면 발행자 혹은 간섭자가 법정화폐 보유자의 희생 아래 이득을 보고 있기 때문이다. '힘의 선'(*lines of force*)이 간섭자로부터 손실을 보는 사람들 각자에게로 펼쳐나간다.

105 이 책에서 인플레이션은 명시적으로 정화의 증가를 배제하는 것으로 정의되고 있다. 이런 정화의 증가는 재화들의 가격을 인상키키는 유사한 효과가 있는 반면, 다른 효과에서는 다음과 같은 매우 상반된 다른 효과들을 가지고 있다. ① 정화의 단순한 증가는 특정집단을 벌하고 다른 집단에게 보조하는 그런 자유시장에 대한 간섭이 아니다. 그리고 ② 이것은 경기변동의 과정을 야기하지 않는다.

106 Cf. Mises, *Theory of Money and Credit*, pp.140~142.

107 케인스의 인플레이션 정책의 공인된 목표는 '금리생활자의 안락사'(*euthanasia of the rentier*)였다. 케인스는 그가 전체 인구 가운데 가장 노동에 적합하지 않은 집단—한계가치생산이 거의 전적으로 그들의 저축으로만 구성된 집단—의 절멸을 주창하고 있다는 것을 깨닫고 있었을까? Keynes, *General Theory*, p.376.

108 회계실수의 일부 측면에 대한 흥미로운 논의로는, W. T. Baxter, "The Accountant's Contribution to the Trade Cycle," *Economica*, May, 1955, pp.99~112; Mises, *Theory of Money and Credit*, pp.202~204; *Human Action*, pp.546f 참조.

109 이 새로운 화폐가 기업들이 아니라 소비자들에게 대부되는 정도만큼, 이 절에서 논의하는 경기효과는 일어나지 않을 것이다.

110 Mises, *Human Action*, p.557.

111 빅셀(Knut Wicksell)이 이런 경기변동이론의 아버지 가운데 한 사람이므로, 우리의 '자연이자율'이 빅셀의 개념과 다르다는 것을 강조할 필요가 있다. 빅셀의 '자연이자율'은 우리의 '자유시장 이자율'에 가깝다. 우리의 '자연이자율'은 기업들이 기존의 시장에서 대부이자를 제외하고 얻는 수익률이다. 이것은 오해하기 쉽게 '정상이윤율'(*normal profit rate*)이라고 잘못 명명되기도 하지만 실제로는 기본이자율(*basic rate of interest*)이다. 앞의 제6장을 참조하라.

112 만약 일부 독자들이 왜 신용긴축이 붐과 정반대 유형의 오(誤)투자—저차 자본재에의 과잉투자와 고차재에의 과소투자—로 이끌지 않을 것인지를 묻고 싶다면, 그 대답은 고차 혹은 저차 재화에 대한 투자의 자의적 선택이 열려있지 않다는 것이다. 생산구조를 장기화하는 증가된 투자가 고차 재화에 이루어져야 한다. 하락한 투자량은

단지 고차 투자를 감축한다. 그래서 저차 재화들에 초과투자가 전혀 없을 것이며, 단지 그렇지 않았더라면 이루어졌을 경우보다 더 짧아진 생산구조가 나타날 뿐이다. 긴축은 팽창과는 달리 양의 오(誤)투자를 만들어내지 않는다.

113 만약 경제가 금 혹은 은본위제라면 많은 자유시장 주창자들은 다음과 같은 추가적 이유들로 신용긴축을 찬성할 것이다. ① 자신의 계약적 의무들을 지불한다는 원칙을 보존하기 위해, 그리고 ② 은행들을 신용팽창에 대해 벌하고 100% 정화준비정책으로 회귀하도록 강제하기 위해.

114 미제스는 그의 '오스트리안 이론'을 먼저 그의 책, *Theory of Money and Credit*의 매우 주목되는 한 절(pp.346~366)에서 제시하였다. 보다 발전된 서술로는 그의 책, *Human Action*(pp.547~583) 참조. 하이에크(F. A. Hayek)의 중요한 기여에 대해서는 특히 다음을 참조. Hayek, *Prices and Production, Monetary Theory and the Trade Cycle*(London: Jonathan Cape, 1933), and *Profits, Interest, and Investment*. 미제스의 전통 안에서 쓴 여타 저술로는, Robbins, *The Great Depression*, and Fritz Machlup, *The Stock Market, Credit, and Capital Formation*(New York: Macmillan & Co., 1940) 등이 있다.

115 Mises, *Human Action*, pp.577~578; Hayek, *Prices and Production*, pp.96~99.

116 아마도 은행시스템에 대한 지속적 신뢰의 원인 가운데 하나는 사람들이 일반적으로 사기(詐欺)가 정부에 의해 처벌받으며, 그래서 그렇게 처벌받지 않는 그 어떤 관행도 건전할 것임에 틀림없다고 믿는다는 점에 있는 것 같다. 정부는 진정 (아래에서 보게 될 것처럼) 은행제도를 지지하기 위해 항상 각별히 노력한다.

117 물론 이 모든 것은 정부가 부분지불준비은행제도를 허용하는 것 이상의 은행제도에 대한 간섭이 전혀 없다는 것을 가정하고 있다. 뉴딜 동안의 예금'보험'제도의 출현 이후 이 특별한 특권부여 행위에 의해 예금인출경쟁이 주는 한계는 실질적으로 제거되었다.

118 고객들의 종합수지(*consolidated balance of payments*)에서 비(非)고객들(수출)에게 판매하여 얻은 화폐소득은 감소하고, 비(非)고객들의 재화와 서비스에 대한 지출(수입)은 증가할 것이다. 고객들의 초과현금보유(*excess cash balances*)가 비(非)고객에게로 이전되었다.

119 예전의 경제학자들은 또한 '외부적 유출'(*external drain*)분만 아니라 '내부적 유출'(*internal drain*)을 구별하였으나 내부적 유출에 단지 은행이용자로부터 표준화폐를 고집하는 사람들로의 유출만을 포함시켰다.

120 Mises, *Human Action*, pp.434~435.

121 자유중앙은행제도에 대한 다양한 견해들에 대해서는, Vera C. Smith, *The Rationale of Central Banking*(London: P.S. King and Son, 1936) 참조.

122 Mises, *Human Action*, p.444.

123 Amasa Walker, *Science of Wealth*, pp.230~231.

124 중앙은행이 은행지불준비금을 증가시킬 수 있는 네 번째 방법이 있다. 은행들이 법정(法定)지불준비비율을 지켜야 하는 미국과 같은 나라들에서는 중앙은행이 그 법정비율을 낮출 수 있을 것이다.

125 외국 중앙은행들과 정부들은 여전히 금괴로 상환하는 것이 허용된다. 그러나 이것은 외국시민들이나 미국인들에게나 위안이 되기 어렵다. 결과는 금이 여전히 국민정부들 사이의 '균형을 잡는'(*balancing*) 품목이며, 그래서 정부들과 중앙은행들 사이의 국제거래에서 일종의 교환매체가 된다는 것이다.

126 만약 화폐단위를 지칭할 때 종전에 쓰인 온스, 그램, 기타 무게단위를 국가가 기각하고 이것을 달러, 마르크, 프랑 등으로 대체하면 금화에서 불환화폐로의 이전이 훨씬 부드러워질 것이다. 이렇게 되면 일반대중이 화폐단위를 무게와 연상하여 생각하는 것을 없애고, 일반대중에게 새로운 이름들을 스스로 가치 있게 여기도록 가르치는 것이 훨씬 쉬워질 것이다. 게다가 만약 각 국민정부가 자신의 독특한 이름을 지지한다면, 각 국가가 자신의 불환지폐의 발행을 절대적으로 통제하기가 훨씬 쉬워질 것이다.

127 케인스(John Maynard Keynes)가 그의 책, *A Tract on Monetary Reform* (London: Macmillan & Co., 1923) chap. ii, section 1에서 행한 분석을 참조.

128 런어웨이 인플레이션에 대해서는, Mises, *Theory of Money and Credit*, pp.227~231 참조.

129 브레시아니-푸로니(Costantino Bresciani-Turroni)의 책, *The Economics of Inflation*(London: George

Allen & Unwin, 1937)은 독일 인플레이션에 관한 아주 뛰어나고 결정적인 글이다.
130 여기에서 인플레이션은 화폐공급의 커다란 변화가 아니라 정화의 증가보다 더 큰 화폐공급의 증가로 정의된다. 따라서 이렇게 정의되면, '인플레이션'과 '디플레이션'이란 용어들은 인간행동학적 범주이다. Mises, *Human Action*, pp.419~420 참조. 아울러 미제스의 다음 책에서의 언급도 참조. Aaron Director, ed., *Defense, Controls, and Inflation*(Chicago: University of Chicago Press, 1952), p.3n.
131 George Ferdinand, "Review of Albert G. Hart, Defense without Inflation," *Christian Economics*, Vol.III, No.19(October 23, 1951).
132 Mises, in Director, *Defense, Controls, and Inflation*, p.334.
133 위의 8절 참조.
134 최근의 이런 유형의 반대는, James M. Buchanan, *Public Principles of Public Debt*(Homewood, Ill.: Richard D. Irwin, 1958), 특히 pp.104~105에 등장한다.
135 그러나 정부의 대부는 "위험이 없다"고 보고, 그래서 정부채권에 대한 이자가 순수 이자율로 간주되어야 한다고 말하는 것은 부정확하다. 정부들은 만약 원한다면, 자신의 의무를 언제나 철회할지 모른다. 혹은 정부는 다른 정부로 전복될 수 있고 새로운 계승자가 종전의 정부부채(I.O.U.)를 존중하지 않을지도 모른다.
136 그래서 뷰캐넌의 비판에도 불구하고, 밀과 같은 고전학파 경제학자들이 옳았다. 국가채무(*public debt*)는 자유시장에 이중적 부담이다. 현재, 자원들이 사적 부문에서 구축되어 비생산적인 정부에 고용된다. 그리고 미래, 사적 시민들이 그 부채를 지불하기 위해 과세된다. 정말 뷰캐넌이 옳기 위해서는, 그리고 국가채무가 전혀 부담되지 않으려면, 두 가지 극단적 조건들이 충족되어야 할 것이다. 즉, ① 채권보유자가 국가에 대한 대부가 정부에 대한 진정한 자발적 기부가 될 수 있도록 그의 채권을 찢어 없애야만 할 것이다. 그리고 ② 정부가 이 특별한 부채에 대해서 뿐만 아니라 나머지 사회와의 거래에서 모든 부채에 대해 자발적 지불에 의해서만 생존할 수 있을 정도로 완전히 자발적인 기구여야 할 것이다. Buchanan, *Public Principles of Public Debt* 참조.
137 마찬가지 방식으로 우리는 제2차 세계대전중 나치에 의해 학살된 유태인들이 진짜 자살했다고 단정해야만 할 것이다. "그들은 자신들에게 그것을 하였다"(*They did it to themselves*).
138 자유시장의 관점에서 지급중단의 장점을 인식한 자유주의자의 아주 예외적인 경우로는, Frank Chodorov, "Don't Buy Bonds," *analysis*, Vol.IV, No.9(July, 1948), pp.1~2 참조.
139 공공재정(위장된 윤리적 판단에 특별히 취약한 분야) 교과서에 끊임없이 사용되는 하나의 존경할 만한 사례는 아담 스미스가 제의한 조세에 관한 '정의의 규범'(*canons of justice*)이다. 흔히 '자명하다'고 가상되는 이 규범들에 대한 비판으로는, Rothbard, "Mantle of Science" 참조.
140 정부소유의 경제적 본질과 귀결에 대한 이 책에서의 분석은 가치중립적이며, 윤리적 판단이 개재되지 않았다. 예컨대, 정부소유의 커다란 비효율성을 드러내 주는 경제법칙을 아는 것이 반드시 정부소유보다 사적 소유를 선택한다고 믿는 것은 실수이다. 물론 당연히 그럴 수도 있겠지만 말이다. 예를 들어, 사회적 갈등과 빈곤 혹은 비효율성에 높은 도덕적 가치를 두는 사람들 혹은 다른 이들에게 관료적 권력을 휘두르고 싶은(혹은 사람들이 관료적 권력에 복종하는 것을 보고 싶은) 강한 욕구를 지닌 사람들은 정부소유를 더 열정적으로 선호할 수도 있다. 궁극적인 윤리적 원칙들과 선택은 이 책의 범위를 벗어난다. 물론 이것은 저자가 그 중요성을 과소평가한다는 의미는 아니다. 정반대로 저자는 윤리학이 합리적 학문이라고 믿고 있다.
141 Molinari, *Society of Tomorrow*, pp.47~95.
142 *Ibid*., p.63. 집합재의 오류에 대해서는, S. R., "Spencer As His Own Critic," *Liberty*, June, 1904; Merlin H. Hunter and Harry K. Allen, *Principles of Public Finance*(New York: Harpers, 1940), p.22 참조. 몰리나리는 그의 훌륭한, "De la production de la sécurité," *Journal des Economistes*, February 15, 1849와 Molinari, "Onzième soirée," in *Les soirées de la Rue Saint Lazare*, Paris, 1849에서 알 수 있듯이 '집합재'의 존재를 항상 믿지는 않았다.
143 Antonio De Viti De Marco, *First Principles of Public Finance*(London: Jonathan Cape, 1936), pp.37~41. De Viti의 첫 번째 범주와 유사한 것으로는 Baumol의 '결합적으로' 지불할 돈을 마련하는 재화가 있다. 이에 대한 비판으로는, Rothbard, "Toward A Reconstruction of Utility and Welfare Economics," pp.255~260 참조.

144 Paul A. Samuelson, "The Pure Theory of Public Expenditures," *Review of Economics and Statistics*, November, 1954, pp.387~389.

145 Stephen Enke, "More on the Misuse of Mathematics in Economics: A Rejoinder," *Review of Economics and Statistics*, May, 1955, pp.131~133; Julius Margolis, "A Comment On the Pure Theory of Public Expenditures," *Review of Economics and Statistics*, November, 1955, pp.347~349. 비판자들에 대한 대답에서 사무엘슨은 서둘러 자신이 정부의 분야를 집합적 재화만으로 한정하고자 한다는 그 어떤 시사점도 부인하고 난 후, 그의 범주는 진정 '극단적'(polar) 개념이라고 단언한다. 실제세계에서의 재화들은 공공재와 사적재라는 정반대 극단들의 혼합에 불과하다는 것이다. 그러나 이 개념들은, 사무엘슨 자신의 용어로도 확실히 극단적이 아니라 총망라하는 것이다. A의 한 재화의 소비는 B의 가능한 소비를 줄이거나 혹은 줄이지 않는다. 이 두 가지 대안들은 상호배타적이고 모든 가능성을 망라하는 것이다. 결과적으로 사무엘슨은 그의 범주를 이론적 도구로서도 혹은 실제적 도구로서도 모두 버렸다. Paul A. Samuelson, "Diagrammatic Exposition of a Theory of Public Expenditure," *Review of Economics and Statistics*, November, 1955, pp.350~356.

146 Charles M. Tiebout, "A Pure Theory of Local Expenditures," *Journal of Political Economy*, October, 1956, pp.416~424. 어떤 곳에서 티부는 그의 이론이 만약 모든 사람이 아무튼 "그 자신의 자치도시 정부"(*his own municipal government*)가 될 때에만 유효하다는 것을 인정하는 것처럼 보인다. *Ibid*., p.421. 정부경쟁의 개념에 대한 날카로운 비판의 와중에서 콜로라도 카제트-텔레그래프(the Colorado Springs *Gazette-Telegraph*)는 다음과 같이 적고 있다. "만약 납세자가 자신에게 유용하다고 생각하고 자신의 경제력의 범위 안에 있는 가격이 책정된 서비스만 구매할 수 있어서, 시장에서의 소비자들처럼 자유롭게 행동할 수만 있다면, 정부들 사이의 경쟁은 멋진 것이 될 것이다. 그러나 납세자는 소비자가 아니고 단지 통치되고 있기 때문에 그는 선택에 자유롭지 못하다. 그는 강제로 납부하여야 한다.…정부에 대해서는 생산자-소비자의 관계가 성립하지 않는다. 다만 통치하는 자와 통치받는 자 사이에 언제나 존재하는 관계만이 있을 뿐이다. 피치자는 통치자가 제공하는 서비스를 자유롭게 거절할 수 있었던 적은 결코 없었다.…통치되는 자들에게 어떤 정부가 가장 잘 봉사할 수 있는지를 보려고 노력하는 대신, 모든 정부는 그 정부의 조세수입의 기반을 더 차지하려고 다른 정부와 경쟁하기 시작하였다.…이 경쟁의 희생양은 항상 납세자였다.…납세자는 이제 연방정부, 주정부, 학교위원회, 카운티, 시정부에 의해 공격당하게 되었다. 이들 각자는 납세자가 가진 마지막 달러까지 더 가져가려고 경쟁하고 있다." Colorado Springs *Gazette-Telegraph*, July 16, 1958.

147 '외부비용'의 문제는 보통 외부혜택과 대칭적인 것처럼 다뤄지고 있으나 정말 그런 관계가 있는 것이 아니다. 외부비용은 재산권을 충분하게 보장해 주지 못하는 데 따른 결과이다. 만약 A의 행동이 B의 재산권을 침해하고, 정부가 그 행위를 저지하고 피해구제를 거부하면, 재산권과 결과적으로 자유시장은 완전하게 방어되고 유지되지 않을 것이다. 그러므로 외부비용(예컨대, 매연피해)은 시장의 결함을 의미하는 것이 아니라 완전히 자유로운 시장을 유지하지 못한 실패를 의미한다. Mises, *Human Action*, pp.650~653; de Jouvenel, "Political Economy of Gratuity," pp.522~526 참조.

148 어떤 설명되지 않은 이유로, B는 A의 행동에 의해 예기치 않게 덕을 볼 때, 그 난처한 위치에 있는 혜택들은 단지 간접적인 것들이다. A가 단순히 B에게 돈을 기부할 때처럼, 직접적 선물 혹은 자선은 외부혜택의 범주 아래 공격받지 않고 있다.

149 "만약 내 이웃들이 사적으로 경비원들을 고용한다면 그들은 간접적으로, 그리고 우연하게 나에게 혜택을 주고 있다. 만약 내 이웃이 멋진 집을 짓거나 정원을 가꾸면, 그들은 간접적으로 나의 여가에 만족을 준다. 이들은 내가 그들에게 이런 혜택들을 '양도해 줄 수 없기' 때문에 나에게 세금을 부과할 권리를 가지는가"(S. R., "Spencer As His Own Critic")?

150 벤자민 터커(Benjamin Tucker)의 비판에는 솔직함뿐만 아니라 정의감도 배어 있다. "무엇이 토지에 가치를 부여하는가?" (조지스트) 휴 펜테코스트 목사(Rev. Hugh O. Pentecost)는 묻는다. 그리고 그는 답한다. "인구공동체가 존재한다는 것. 그렇다면 임대료 혹은 토지의 가치는 도덕적으로 공동체에 속한다." 무엇이 펜테코스트 씨의 설교에 가치를 주는가? 인구공동체가 존재한다는 것. 그렇다면 그의 봉급, 혹은 그의 설교가치는

도덕적으로 공동체에 속한다. Tucker, *Instead of a Book*, p.357.

151 미제스가 말한 것처럼, "…정부가 손실을 보면서 공장을 운영하거나 혹은 수익성이 없는 사업을 보조하기 위해 필요한 수단은 반드시 납세자들의 지출하고 투자하는 능력으로부터 혹은 대부시장으로부터 가져와야만 한다.… 정부가 더 많이 쓸수록 민간은 더 적게 쓴다. 공공사업은…시민들로부터 가져간 돈으로 지불된다. 만약 정부가 간섭하지 않았다면, 시민들은 그 돈을 이윤을 기대할 수 있는 사업의 실현을 위해 썼을 것이다. 그런 사업의 미실현은 정부의 간섭 때문이다. 그러나 이 ㅁ 실현 사업은 이윤을 낼 수 있었다. 즉, 소비자들의 가장 시급한 필요에 따라 희소한 생산수단을 고용하는 데 쓰였을 것이다. 소비자의 관점에서 보면, 이런 생산수단을 이윤이 나지 않는 사업에 고용하는 것은 낭비이다. 이로 인해 소비자들은 정부지원사업에 비해 더 선호하는 것들을 통해 얻었을 만족을 박탈당한다." Mises, *Human Action*, p.655 참조. 엘리스와 펠너(Ellis and Fellner)는 외부경제에 관한 논의에서 이 외부경제에 대한 보조금지급이 다른 곳에서의 더 큰 만족을 위해 사용가능한 자금을 희생하여 얻어야 한다는 근본적 사실을 무시하고 있다. 그들이 깨닫지 못하는 것은 비용상승(*increasing-cost*)산업들이 과도하게 팽창한다는 피구의 명제(*the Pigou thesis*)에 대한 자신들의 논박이 비용감소산업들에 대한 보조금 지급에 대한 그 어떤 기초도 파괴하고 있다는 사실이다. Howard S. Ellis and William Fellner, "External Economies and Diseconomics," in *Readings in Price Theory*(Chicago: Blakiston Co., 1952), pp.242~263.

찾아보기

(용어)

ㄱ ~ ㄴ

《가격이론》*(Theory of Price)* 483
가격차별 683, 700
가격통제 13, 23, 813, 814, 823, 826
가치 29
가치척도*(scale of values)* 29
간섭주의자 13
거래조건*(terms-of-trade)* 738
게임이론 8
경기변동 550, 784, 787, 895, 899, 904, 907, 910
경제계산 575~576, 812, 875
경제사상*(economic thought)* 7
경제이론 7, 8, 89
경제지식 10
《경제체제》*(The Economic System)* 556
경제토지*(economic land)* 179
경험주의*(empiricism)* 10
계약사회*(contractual society)* 107
고용주*(employer)* 224
공급 22, 55, 129, 131, 133, 152

공급탄력성*(elasticity of supply)* 142
공기오염 186
공리*(axiom)* 9
공리주의 610, 688
과잉설비*(excess capacity)* 671
교환가치*(exchange-value)* 105~107, 615, 706~709
교환수단*(medium of exchange)* 197
교환조건*(terms of exchange)* 117
구매력*(purchasing power)* 241
구매력*(Purchasing Power of Money: PPM)* 707
국민총생산*(gross national product)* 387
균형가격*(equilibrium price)* 130
기업가 정신 81, 790, 884
기업의 규모 562, 571, 574, 579, 606, 611
기회비용 266, 349, 503, 563
노동*(labor)* 19, 22, 32~33, 37, 435, 458, 469, 481, 498~499, 504~505, 530, 532~533, 535~537, 543, 546
노동생산성 546, 579
노동조합 22, 536, 652~653, 655, 658, 660~661, 726

노예제도 99, 339
누진세 850~851

ㄷ~ㄹ

단일세(single tax) 847
담합(collusion) 605
독점가격 13, 597~599, 604, 605, 616, 619,
　　626~630, 634~635, 637, 638~641,
　　643, 645~646, 649~651, 653, 666,
　　692, 696~697
독점력(monopoly power) 622
독점이론 8, 628, 694
독점적 경쟁(monopolistic competition) 13
독점특권(monopoly grants) 13
디플레이션 839, 909, 923, 952

ㅁ~ㅂ

배타적 재산권 684
보이지 않는 손(invisible hand) 555
복지(welfare) 41
본원통화(money proper) 895
분배이론 581
분업 19, 110, 111, 262
불평등 117, 616
불확실성 520~521, 523, 583, 645
불환화폐제도 916
비교우위의 법칙(law of comparative advantage)
　　113
비용곡선 555, 557, 562, 589, 672, 699
빈곤구제(poor relief) 863

ㅅ~ㅇ

사회간접자본(social overhead capital) 884
상대가격 856
생산력(productive forces) 76
생산성 407, 433~434, 478, 480, 505,
　　546~547, 558
생산이론 12, 591
소득 503, 529, 539, 555, 568, 570, 595, 601
소득세 843, 844
소비 20, 35, 38~39
소비자의 수요(consumers' demand) 401
소비자주권(consumer sovereignty) 593
소비함수(Consumption Function) 792
소비혁신(consumption innovations) 894
소유권(ownership) 108
수요(demand) 128
수요곡선(demand curve) 134
수출(exports) 209
순수 이자율(pure interest rate) 489, 510~511,
　　518~520, 544, 577, 583
시간기능(time function) 365
시간선호(time preference) 12, 21, 39
시장가격 153, 177, 244, 357, 556, 627, 638
시장균형가격 248, 638
시장의 크기 111, 196
신용팽창(credit expansion) 897
실업 658, 661, 721, 725~726, 904, 923
실업가 216
암시장 824, 830~831, 876
액면가치 412, 425
오스트리아학파(Austrian school) 13
오(誤)투자(mal-investment) 537
완전경쟁(perfect competition) 614

외부경제(external economies) 935
외부비용(external costs) 186
욕망 167
유동성 선호 723, 728~733
유효(effective)수요 718
이윤 488, 490~491, 493, 504, 523~524, 566, 572
이자소득 342~343, 350, 360~361, 365, 368, 390
이자율(rate of interest) 341
인간행동 757
인간행동학(praxeological) 518, 812, 924~925, 928
인플레이션 13, 723, 727, 813, 841, 855, 859, 893, 897~899, 904, 908, 919, 921~923, 943, 950, 952
임대료 488, 530~531, 533~535, 538, 557, 564, 566, 569~570, 581, 583, 589, 650, 842, 953
임대시장(renting-out market) 289

ㅈ ~ ㅊ

자발적 교환 17, 110, 582
자본가들(capitalists) 213
자본시장(capital market) 468
자본이득(capital gain) 507
자본재(capital goods) 33
자유경쟁(free competition) 614
자유시장(free market) 12~14, 107, 456, 601, 614, 618, 637, 657, 723, 725
자유은행제도(free banking) 748
잠재적 경쟁 833
재산(assets) 103

재화(goods) 31
정부기업(government enterprise) 13
정부실패(failure of government) 186
정부재정지출 13
정부지출 797
조세가격(tax price) 859
주식(share) 412
중재이득(arbitrage gain) 133
지불준비 743, 918
지주(landlord) 206
직접교환(direct exchange) 12
착취(exploitation) 101
채권(bonds) 425
초과공급(excess supply) 131
초과수요(excess demand) 131
총생산구조 378, 379
총시장수요곡선(aggregate market-demand curve) 243
총저축(total gross) 385
총지출(total outlay) 139
최저판매가격 122~124, 127, 136
최적규모 561

ㅋ ~ ㅌ

카르텔 193, 574~575, 597~599, 602~603, 605~606, 611~614, 616, 617, 619, 628, 630, 632, 645, 693, 870, 914
토지(Land) 33
토지가치 585
투기(speculation) 539
투자(investment) 68
특허권 684, 686, 689
특화(specialized) 111

ㅍ~ㅎ

판매 118, 133
평균수익*(average revenue)* 477
한계가치생산 13, 438, 442, 454, 476, 500
한계기업 659
한계생산성 453, 500, 546, 556, 659
한계효용 하락의 법칙*(law of diminishing marginal utility)* 49
합병 605, 644, 645
행복 41
행위의 기초공리*(fundamental axiom of action)* 12
혁신 516, 656
현금잔고*(cash balance)* 209
협동조합*(co-operative)* 414
협력사회*(co-operative society)* 114
혼합경제*(mixed economies)* 108
화폐경제*(money economy)* 203
화폐상품 203, 704
화폐소득*(money income)* 202
화폐수량설*(quantity theory of money)* 775
화폐이론 13, 311
화폐투자*(monetary investment)* 361
화폐환상*(money illusion)* 727
효용*(utility)* 41
효용이론 8, 300, 703

찾아보기

(인명)

갈브레이스(J. K. Galbraith) 670, 884~894
두디(Doody) 429
라흐만(Lachmann) 15, 672, 881
레바수우르(Levasseur) 177
로버트슨(Robertson) 775
로스토우(Rostow) 883
로이 해로드(Roy Harrod) 675
록게(Rogge) 462
루드비히 라흐만(Ludwig Lachmann) 15
루드비히 폰 미제스(Ludwig von Mises) 9, 15, 269, 575
루트(E. Merrill Root) 812
류웰른 락웰 주니어(Llewellyn H. Rockwell, Jr.) 15
리먼(Leeman) 635
린달(Lindahl) 728
마르골리스(Margolis) 931
마르코(Antonio De Viti De Marco) 838
맥피(R. A. Macfie) 690
모딜리아니(Modigliani) 728
몰리나리(Molinari) 929
미첼(Wesley C. Mitchell) 818
미키 맨틀(Mickey Mantle) 631

바로네(Barone) 576
바스티아(Bastiat) 861
바우어(P. T. Bauer) 882
벌튼 S. 블루멀트(Burton S. Blumert) 16
벤 시클(Van Sickle) 463
벤햄(Benham) 74, 693
볼딩(Boulding) 113
뵘바베르크(Böhm-Bawerk) 5, 77, 357, 460, 461, 509
브루넬(I. K. Brunel) 690
빅스테드(Wicksteed) 8, 754
사무엘슨(Samuelson) 930
사이먼 쿠츠네츠(Simon Kuznets) 789
새클(G. L. Shackle) 15
쇼익(Schoeck) 883
슘페터(Schumpeter) 303, 516, 671, 786~790, 819
스콧(Scott) 785
아담 스미스(Adam Smith) 115
아버런 헐버트(Auberon Herbert) 188
알프레드 마셜(Alfred Marshall) 10
어빙 피셔 433, 707, 733

어빙 피셔(Irving Fisher) 707
엔케(Enke) 930
오스틴 로빈슨(Austin Robinson) 690
워커(Amasa Walker) 915
월오우스키(Wolowski) 177
웨일러(E. T. Weiler) 552
위긴스(Wiggins) 883
이스라엘 커츠너(Israel Kirzner) 15
인겔스(J. K. Ingalls) 181
잭슨(Jackson) 97
제본스(Jevons) 313, 749
조지 슐러(George J. Schuller) 820
조지 스티글러(George J. Stigler) 321, 556
쥬브넬(Bertrand de Jouvenel) 894
챔벌린 666, 677, 699
칼 멩거 5, 346, 354
케인스(Keynes) 11
코크(Lord Coke) 624

클락(Clark) 671
클레멘스(Clemence) 429
클레멘스와 두디(Clemence and Doody) 790
타우시그(Taussig) 8
터커(Benjamin R. Tucker) 616
티부(Tiebout) 931
폴 사무엘슨(Paul Samuelson) 11
프랜시스 웨이랜드(Francis Wayland) 625
프랭크 나이트(Frank H. Knight) 9, 95, 480
프랭크 페터(Frank A. Fetter) 8, 12
프레데릭 폰 비저 346
피구(Pigou) 775, 791
하이에크(F. A. Hayek) 14, 472, 493, 553, 802
허트 357, 594, 595, 613, 800, 805
헨리 조지(Henry George) 458, 858
화이트(Horace White) 511
흄(David Hume) 712

저자 약력

머레이 N. 라스바드(Murray N. Rothbard, 1926~1995)는 미국 컬럼비아대학 수학학사, 동 대학원 경제학 석사·박사 학위를 받았다. 대학원 재학 시절에 스승 루드비히 폰 미제스로부터 오스트리아학파의 경제학과 리버테리어니즘(libertarianism)을 수학했다. 라스바드는 1949년부터 자유시장경제 관점에서 글을 발표하기 시작했다. 그는 NYPI(New York Polytechnic Institute) 경제학과 교수(1966~1985), The Libertarian Forum 편집위원장, The Journal of Libertarian Studies 편집위원장, The Ludwig von Mises Institute의 학술 부문 Vice President, The Review of Austrian Economics 설립자 겸 편집위원장, UNLV(University of Nevada, Las Vegas) 석좌교수 등을 역임했다.

무엇보다도 라스바드는 루드비히 폰 미제스가 설립한 오스트리아학파의 경제학과 리버테리어니즘을 계승하고 전 세계에 확산시키는 데 일생을 바쳤다. 라스바드는 수많은 저작을 남겼는데 몇 가지만 나열하면, Man, Economy, and State(1962), Power and Market(1977), America's Great Depression(1964), The Ethics of Liberty(1983), For a New Liberty(1978), Conceived in Liberty(1975) 등이 있다. 그리고 라스바드는 너무 많은 논문을 발표하여 일일이 나열할 수 없다. 국내에는 이 책 말고도 ≪자유의 윤리≫, ≪정부는 우리 화폐에 무슨 일을 해왔는가≫ 등의 번역서가 있다.

역자 약력

전용덕(田溶德)은 고려대학교 경제학과를 졸업하고 미국 오하이오 주립대학교에서 경제학 박사학위를 받았다. 대구대학교 무역학과 교수로 재직하였고 퇴직하여 현재 같은 대학 명예교수이다. 한국하이에크소사이어티 회원으로, 자유주의 철학과 자유시장경제에 관한 연구, 강의, 발표 등에 관심과 노력을 쏟아왔다. 학술지 『자유와 시장』의 편집장을 맡았다. 자유경제출판문화상(제3회, 제6회, 제10회, 제24회)을 수상했다. 그리고 몇 권의 저작이 대한민국 학술원 우수도서(2018년, 2015년, 2014년)로 선정되었다. 근래에는 경제이론을 한국 경제사에 응용하는 일에 관심과 노력을 집중하고 있다. 주요 저서와 논문으로는 ≪신분제와 자본주의 이전 사회≫(2018년 학술원 우수도서), ≪교육도 경제행위다≫, ≪경기변동이론과 응용≫, ≪경제학과 역사학-오스트리아학파의 방법론과 인식론≫(2015년 학술원 우수도서), ≪복지국가의 미래-덴마크와 스웨덴의 고민≫(2014년 학술원 우수도서), ≪국제 금융위기와 신자유주의≫, ≪권리, 시장, 정부≫, ≪헌법재판소 판례 연구≫(공저), <A Note on Cartels>, <Conglomerates and Economic Calculation>(공저), <Gresham's Law in the Late Chosun Korea>(공저), <Land Reform, Income Redistribution, and Agricultural Production in Korea>(공저) 등이 있다. 역서로는 ≪자유의 윤리≫(공역), ≪정부는 우리 화폐에 무슨 일을 해왔는가≫, ≪오스트리아학파의 경기변동이론≫등이 있다.

김이석(金二石)은 서울대 경제학과를 졸업하고 미국의 뉴욕대학교에서 '하이에크 지식의 문제(Hayekian Knowledge Problem)'에 관한 논문으로 경제학 박사학위를 받았다. 그리고 한국경제연구원, 한국개발연구원, 국제문제조사연구소, 국회예산정책처, 경기개발연구원 등에서 연구하였다. 지금은 아시아투데이 논설실장으로 활동하고 있으며, 시장경제제도연구소 소장을 맡고 있다.
주요 저서로는 《번영은 자유주의로부터》, 《시장경제원론》, 《경제학, 더넓은 지평을 향하여》(공저) 등이 있고, 역서로는 《루드비히 폰 미제스》, 《화폐와 신용의 이론》, 《국민경제학의 기본원리》(공역), 《자유의 윤리》(공역) 등이 있다.

인간 경제 국가
스터디 가이드

CFE 자유기업원

자유주의시리즈 74

인간 경제 국가
스터디 가이드

2019년 6월 27일 초판 1쇄 인쇄
2019년 7월 8일 초판 1쇄 발행

저자_ 로버트 머피
역자_ 박진우
발행자_ 최승노
디자인_ 인그루출판인쇄협동조합
발행처_ 자유기업원
주소_ 서울시 영등포구 국회대로62길 9
전화_ 02-3774-5000

비매품

자유주의시리즈 74

인간 경제 국가
스터디 가이드

로버트 머피 / 박진우 역

Man, Economy, and State
Study Guide
by
Robert P. Murphy

Copyright @ 2006 by Ludwig von Mises Institute

All rights reserved. Written permission must be secured from the publisher to use or reproduce any part of this book, except for brief quotations in critical reviews or articles.
Published by the Ludwig von Mises Institute
518 West Magnolia Avenue, Auburn, Alabama 36832-4528.

이 책은 저작권자인 미제스 연구소(The Ludwig von Mises Institute)의 허락을 얻어 출판한 책입니다.

차 례

서문 ··· 7

제1장 인간행위의 기초들 ································· 9
제2장 직접교환 ··· 21
제3장 간접교환의 패턴 ·································· 33
제4장 가격들과 소비 ···································· 43
제5장 생산: 구조 ······································· 57
제6장 생산: 이자율과 그 결정 ···························· 69
제7장 생산: 요소들의 일반적인 가격설정 ··················· 81
제8장 생산: 기업가정신과 변화 ··························· 93
제9장 생산: 특정 요소의 가격과 생산소득 ················· 105
제10장 독점과 경쟁 ····································· 119
제11장 화폐와 구매력 ··································· 133
제12장 시장에 대한 폭력적 간섭의 경제학 ················· 151

서문

자유지선주의 정책과 오스트리아학파 경제학을 공부하는 학생들에게 라스바드의 《인간 경제 국가》는 분명 가장 중요한 책이다. 2004년 6월, 필자는 이 책에 대한 스터디 가이드가 필요하다는 것을 확신했다. 《인간 경제 국가》는 현존하는 도서 중에서 오스트리아학파 경제학에 대한 가장 포괄적인 설명을 담은 책이다. 비록 미제스의 《인간행동》이 그 자체로 완전하고도 아름다운 순수 지성의 산물이긴 하지만, 라스바드는 경제학을 좀 더 명확하게 우리에게 가르쳐 준다.

이 스터디 가이드의 챕터는 《인간 경제 국가》를 구성하는 열 두 챕터에 1대1로 대응한다. 부록 역시 각 챕터에서 다뤄진다. 각 챕터는 한 페이지 분량의 '요약'으로 시작한다. 이후 각 챕터의 상세한 '개요'가 이어진다. 아라비아 숫자로 분류를 나누고, 다시 알파벳으로 소분류를 나누는 라스바드의 형식을 그대로 차용했다. (따라서 《인간 경제 국가》의 각 챕터별 길이가 이 스터디 가이드의 개요 부분 길이에 영향을 준다.) 상세 개요 다음에는 각 챕터의 '기여'에 대한 설명이 이어진다. 어떤 경우에는 오스트리아학파 고유의 분석 방법이나 법칙을 다룬다. 어떤 경우에는 라스바드 스스로가 만들어 낸 독창적인 분석을 다룬다. 이 구분은 어느 챕터에서나 분명하게 느껴진다. 그 다음으로는 '기술적인 문제'를 다룬다. 고급 수준의 독자들, 특히 대학원생을 대상으로 삼았다. 전반적으로 이 부분에선 라스바드의 접근법과 주류경제학의 접근법을 대조하였다.

다만 어떤 경우에는 주류경제학에 대해 라스바드가 다루지 않은 반박을 다루거나, 라스바드가 본문에서 전개한 논의를 단순 심화하여 이어나간다.

마지막으로 스터디 가이드의 각 첩터는 10개의 예제를 포함한다. 일부 질문들은 본문을 충실히 독해하였는지 평가한다. 성실한 (그러나 책의 방대한 논의에 압도 당할 수도 있는) 독자들이 중요 논점들을 잘 흡수하도록 구성된 질문들이다. 그러나 고급 수준 독자들이 지적 자극을 받을 수 있도록, 몇몇 질문들은 '악마의 변호사' 접근법을 취하였으며, 얼핏 보기에 라스바드의 논의와 상충되거나 잘못되어 보이는 논점들을 질문 대상으로 한다. (답을 잘 하든, 하지 못하든, 일단 이런 질문들을 숙고해보고 난 뒤에는 틀림없이 라스바드의 논점을 더 잘 이해할 수 있게 될 것이다.)

오스트리아학파 경제학을 진지하게 받아들이고 있는 모든 이들이 라스바드의 저작을 섭렵하길 촉구한다. 그의 책을 섭렵하지 않고서는 스스로를 오스트리아학파 경제학자라고 칭할 자격이 없다. 방대한 분량에 지레 겁을 먹거나 좌절하는 사람들에게, 이 책이 적어도 "전체를 개관"할 수 있도록 하고, 나아가 가장 관심가는 부분에서부터 차근차근 공부를 시작해 나가는 데에 도움이 되었으면 한다.

마지막으로, 경력이 오래된 연구자들도 《인간 경제 국가》라는 역작을 다시 읽어보길 권한다. 필자 스스로도 대학 재학 당시 이 책을 처음부터 끝까지 완독하였으나, 그 후 다시 읽으면서 이 책이 이전보다도 훨씬 더 훌륭하게 느껴지는 데에 감탄했다. 스터디 가이드가 이러한 연구자들에게 유용한 참고서가 되길 바란다. 자본과 성장에 대한 라스바드의 미묘한 접근법을 다시 상기하는 데에, 필자 자신에게도 이 책이 도움이 되었다.

서문은 이 정도로 충분한 듯하다. 이제 책을 펴고 공부를 시작해보자!

Robert P.Murphy
2006년 1월

제1장

인간행위의 기초들

요약

　인간행동학은 '목적이 있는 행위'인 인간 행동을 과학적으로 연구하는 학문이다. 인간은 자신이 주관적으로 가치 있다고 여기는 어떤 목적을 달성하기 위해 수단을 사용할 때마다 행동한다. 인간 행동은 그래서 목적론적이고 의도적이다. 인간의 행동에는 이유가 있다. 따라서 인간행동학적 관점에서 보면, 인간의 모든 행위가 행동에 포함되는 것은 아니다. 최루가스에 노출되었을 때 나오는 재채기처럼, 순전히 반사적이고 무의식적인 신체적 움직임은 행동에 속하지 않는다. 인간행동학은 "인간은 존재하고 행동한다"는 부정할 수 없는 공리에서 시작하여, 그로부터 여러 명제들을 논리적으로 연역하여 얻어낸다. 이러한 연역 명제들은 순전히 '선험적'이다. 따라서 이 명제들은 물리학자가 제안된 "법칙"을 시험하는 것과 같은 방식으로 시험할 필요가 없다. 인간행동학적 명제가 올바르게 도출됐다면, 원래의 공리와 마찬가지로 반드시 진실일 수밖에 없다.

　모든 행동은 교환 또는 선택을 수반한다. 행동하는 인간은 다른 대안을 선택했을 때 얻을 수 있는 만족보다 더 큰 만족을 얻으려 노력한다. 이 때 행동의 편익은 '심리적인 수입'이다. 반면 행동의 비용은 행동하는 인간이 차선의 대안에 부여하는 가치가 된다. 행동하는 인간은 존재할 수 있는 여러 목적들을 가치 척도 상에 나열할 수 있다. 이것은 오직 서수적인 순위다. 즉, 어떤 목적이 최선이고, 어떤 목적이 차선이고, 어떤 목적이 그 다음인지 순서만 매길 수 있다는 뜻이다. 대안 A가 대안 B보다 8% 낫다는 식의 진술은 성립할 수 없다. 왜냐하면 행복의 기수적인 척도는 존재하지 않기 때문이다.

모든 행동은 각각의 행동이 초래할 서로 다른 목적들에 대한 가치 판단을 수반하고 있을 뿐만 아니라 행동하는 인간 스스로가 원하는 목적을 달성하는 데에 적절한 수단을 갖고 있다는 믿음을 수반하고 있다. (어떤 사람이 화창한 날씨를 비 오는 날씨보다 선호한다고 하더라도, 스스로가 날씨를 바꿀 수 있는 능력이 있다고 믿지 않는다면 이 사람은 어떠한 행동도 하지 않을 것이다.)

오직 개인만이 행동한다. 왜냐하면 오직 개인만이 가치 평가와 선택을 할 수 있기 때문이다. 따라서 "국민들이 대통령을 선출했다"거나 "독일이 프랑스를 공격했다"는 따위의 명제들은 순전히 은유적일 뿐이다. 물론 개인은 정치적 이념이나 장군의 명령 등을 이유로 특정한 방식으로 행동할 수 있다. 그럼에도 행동의 주체는 언제나 개인임이 자명하다.

모든 행동은 시간의 경과 속에서 이루어진다. 우리는 시간을 '행동 이전의' 시간과 '행동 중인' 시간과 '행동 이후의' 시간을 구분한다. 모든 행동은 미래 지향적이다. 행동하는 인간의 관점에서 보면, 행동은 더 바람직한 미래를 만들어내려는 목적에서 이뤄지기 때문이다. 모든 개인은 시간 선호를 갖는다. 시간 선호란 "동일한 만족이라면 미래에 얻는 것보다 지금 얻는 것을 선호한다"는 뜻이다.

개인은 한계 단위들에 따라 가치 판단을 내린다. 어떤 사람도 "다이아몬드" 전체와 "물" 전체를 두고 선택하지 않는다. '명확히 정해진 양'의 다이아몬드와 '명확히 정해진 양'의 물 사이에서 선택할 수 있을 뿐이다.

모든 행동은 미래에 대한 불확실성을 수반한다. (미래가 전적으로 알려져 있고, 결정되어 있다면, 행동할 여지가 없을 것이다.) 기업가정신은 미래를 예측함으로써 불확실성에 대처함을 수반하며, 따라서 어떤 행동에나 내재해 있다.

개요

1. 행위의 개념

인간에 대한 연구에 있어 두드러지는 특징 중 하나는 바로 목적이 있는 행위를 뜻하는 '행동'이다. (굴러 떨어지고 있는 바위는 "행동하고" 있는 것이 아니다. 왜냐하면 바위가 땅에 더 가까워지고자 "희망하는" 게 아니기 때문이다.) 하지만 경제학자들을 포함한 사회과학자들은 자신의 연구 대상(즉 행동하는 인간)에 반드시 주관적인 의도가 존재함을 전제하고 있어야 한다. 행동은 반드시 존재한다. 만약 어떤 존재가 전혀 목적성 없이 움직인다면, 그는 인간이 아니다.

인간행동학은 행동에 대한 과학적 연구다. 인간행동학은 인간이 존재하기 때문에 행동이 존재한다는 자명한 진실로부터 시작한다. (관찰자가 어떤 사물에 의도를 부여할 수 있게끔 그 사물이 의도적으로 행동하지 않는다면, 그 사물은 인간으로 분류되지 않을 것이다.) 인간행동학은 행동 공리로부터 논리적으로 연역하여 얻어지는 모든 명제들로 구성된다. 경제학은 인간행동학의 가장 발전된 하위 분야다. (몇몇 경제학의 명제들은 행동 공리 외에 보충 가정을 필요로 한다.)

2. 인간행위 개념의 첫 번째 함의

오직 개인만이 행동한다. "동아리에서 놀이공원에 간다"거나 "독일이 프랑스를 공격했다"는 말을 할 때, 사실은 어떤 개인들이 그렇게 행동했음을 짧게 말하는 것뿐이다. 이것은 순전히 방법론적인 이슈다. 많은 비판가들이 잘못 주장하곤 하지만, 이것은 경제학자들이 사회 집단의 존재를 부정하는 것이 아니다. 또한 경제학자들이 개인을 언제나 원자화되어 행동한다고 보는 것도 아니다. 물론 개인은 군중 속에 있을 때, 다르게 행동할 수 있다. 하지만 그럼에도 불구하고 "군중행위" 역시 그 군중을 구성하고 있는 개인들의 행위를 모두 합한 것이다. 화학자는 분자의 존재를 전혀 부정하지 않고도 모든 물질이 원자로 구성되어 있다고 말할 수 있다.

인간은 오직 특정한 상태에 도달하길 원하고 이에 더해 그 상태에 도달할 능력이 있다고 믿을 때에만 행동한다. 예를 들어, 어떤 사람은 화창할 날씨보다 비 오는 날씨를 원할 수 있다. 그러나 그러한 욕구가 곧바로 행동을 유발하지는 않는다. 이 사람이 어떻게 날씨를 바꿀 수 있는지 모른다면, 화창한 날씨에 대한 욕구만으로 행동하지는 않을 것이다.

인간은 그의 목적을 달성하기 위해 수단을 사용한다. 어떤 목적을 위해 특정 수단을 사용하면, 그는 다른 가능한 결과들을 달성하기 위해 같은 수단을 사용할 수 없다. 따라서 우리는 "수단이 희소하다"고 말할 수 있다. 반면, 어떤 재화나 조건이 충분하여 선택의 기로에 직면하지 않는다면, 이것은 수단이 아닌 '환경의 일반 조건'이 된다. (예를 들어, 공기는 행동에 필요하지단 그렇다고 공기를 어떤 목적을 달성하기 위한 수단으로 분류하지는 않는다.)

모든 행동은 시간의 경과 속에서 일어난다. 어떤 행동을 기준으로 한다면, 우리는 시간을 세 부분으로 나눌 수 있다. 행동이 있기 전의 시간, 행동을 하는 데에 걸리는 시간, 행동 이후의 시간이 그것이다. 시간은 희소하다. 미래는 불확실하다. 따라서 행동하는 인간은 미래 조건들과 존재할 수 있는 다양한 행동의 결과들을 투기적으로 예측함으로써 기업가정신을 발휘한다.

행동하는 인간은 가능한 목적들을 바람직한 정도에 따라 줄 세울 수 있다. 수단은 희소하므로, 행동하는 인간은 반드시 그가 가장 높게 평가하는 목적을 달성하는 데에 수단을 배분해야 한다. 즉, 행동하는 인간은 반드시 수단을 절약해야 한다. 비록 인간은 언제나 그의 수단을 가장 가치 있다고 생각하는 목적을 달성하는 데에 투입하지만, 불확실성 탓에 틀리곤 한다.

3. 추가적 함의들: 수단

욕구를 충족하기 위한 수단을 재화라고 한다. 직접적으로 욕구를 충족시키는 재화를 소비재 또는 1차재라고 한다. 욕구를 충족하는 데에 오직 간접적으로만 유용한 재화를 생산자재 또는 생산 요소 또는 고차재라고 한다. (맥락에 따라 이 단어들은 서로 바꿔서 쓸 수 있다.) 햄 샌드위치가 소비재라면, 빵과 (샌드위치를 만드는) 주부의 노동, 자르지 않은 햄 등은 1차 생산자재에 해당한다. 빵을 파는 빵 가게 점원의 노동과 같이 1차 생산자재들을 생산하는 데에 투입된 재화들을 2차 생산자재라고 한다. 이런 식으로 생산자재는 계속해서 n차로까지 확장될 수 있다.

두 가지의 본원적 생산 요소는 노동과 토지다. (토지는 일반적인 의미의 땅뿐만 아니라, 구리 광산과 같은 자연 자원을 포함하는 기술적인 용어다.) 이런 본원적 생산요소들에 더해 우리는 자본재를 갖고 있다. 자본재란 인간이 노동, 토지, 다른 자본재를 투입하여 생산해 낸 생산 요소다. 모든 자본재는 궁극적으로 분해해 나가다 보면 본원적 생산 요소로 환원된다.

생산자재의 가치는 그 생산자재를 투입하여 생산된 최종 소비재에 대하여 행동하는 인간이 부여하는 가치로부터 파생된다. 위의 사례에서 빵이 가치 있는 것은 빵이 햄 샌드위치의 생산에 기여하기 때문이다.

4. 추가적 함의들: 시간

행동이 시작되는 시점부터 끝나는 시점 사이의 시간을 생산기간(period of production)이라고 한다. 생산 기간은 다시 작업 시간과 숙성 시간으로 구분된다. 소비재 생산 기간에는 그 소비재를 생산하는 데에 투입된 자본재의 생산 기간이 포함되지 않는다. 경제학자들은 본원적 생산 요소와 생산된 생산 요소를 구분해야 하지만, 행동하는 인간은 과거의 과정에 관심을 갖지 않는다. 계획을 세울 때, 인간은 오직 노동과 토지, 그리고 현재 사용 가능한(이전에 생산된) 자본재만을 주어진 것으로 받아들인다.

모든 인간은 어떤 주어진 목적이 달성되는 것을 나중에 달성되는 것보다 선호한다. 이것은 시간 선호의 보편 법칙이다. 겉보기에 이 법칙을 거스르는 사례도 재화의 속성에 대한 혼란에서 비롯된 것일 뿐이다. 예를 들어, 겨울에는 사람들이 "현재의 얼음"보다 "미래의 얼음"을 선호한다고 하더라도, 이것은 시간 선호의 법칙에 위배되지 않는다. 왜냐하면 '여름의 얼음'과 '겨울의 얼음'은 서로 다른 재화이기 때문이다.

5. 추가적 함의들

1) 목적들과 가치들

모든 인간행동은 덜 만족스러운 상태를 더 만족스러운 상태와 교환하는 것을 목표로 삼는다. 개인은 행복, 효용, 만족 등을 기준으로 결과들의 순위를 매긴다고 말할 수 있다. 그 이름을 어떻게 붙이든 상관없이 이 용어들은 순전히 형식적인 것이고 쾌락주의나 조악한 벤담 류의 공리주의를 담고 있는 것은 아니다.

가치 평가는 언제나 기수적이지 않다. 행복이나 효용을 세는 단위는 존재하지 않는다. 따라서 우리는 단지 A를 B보다 선호한다고 말할 수 있을 뿐이다. A를 B보다 3배 선호한다는 말은 할 수 없다.

2) 한계효용의 법칙

재화는 1단위마다 구분되어 가치가 매겨진다. 인간은 "총"과 "버터" 사이에서 선택하지 않고, '총 한 단위'와 '버터 한 단위' 사이에서 선택한다. 재화의 총공급이나 총재고는 행동하는 인간의 관점에서 동등한 서비스를 제공하고 교환 가능한 단위들로 정의된다.

행동하는 인간이 점점 더 많은 단위의 재화를 획득함에 따라, 그는 점차 덜 시급한 목적에 그 재화를 배분한다. 즉, 그의 가치 척도 상에서 후순위에 있는 목적들에 재화를 배분한다. 따라서 재화의 한계 효용은 공급이 증가함에 따라 떨어진다. 이것이 한계효용체감의 법칙이다.

6. 생산요소들: 수확의 법칙

생산자재의 단위 역시 한계적으로 평가된다. 생산자재 1단위에 부여되는 가치는 그 생산자재의 추가적인 1단위를 투입하지 않았을 때 잃게 되는 소비재의 가치와 같다. 이것이 생산 요소의 '한계 생산물'이다.

특정한 소비재를 생산하는 데에 필요한 생산 요소를 보완적 생산 요소라고 한다. 수확의 법칙이란, 보완적 생산 요소들의 수량이 일정하게 유지될 때 언제나 가변 요소의 최적 투입량이 존재한다는 법칙이다.

7. 생산요소들: 전환가능성과 가치평가

생산 요소는 특수성에 차이가 있다. 즉, 생산 요소가 생산할 수 있는 소비재의 다양성에 차이가 있다. 노동은 완전히 비특수적이다. 왜냐하면 노동은 모든 소비재의 생산에 투입되기 때문이다. 특수성이 적을수록, 조건이 변해서 계획이 수정되어야 할 때 다른 용도로의 전환 가능성이 높아진다.

8. 생산요소들: 노동 대 여가

이 책 전반에 걸쳐, 인간은 노동을 힘겨워 한다고 즉, 개인은 여가를 소비재로 인식한다고 가정한다.

9. 자본형성

자본재는 오직 저축이라는 행동, 즉 그의 부(富)가 허용하는 것보다 현재 소비를 줄이는 행동을 통해서만 형성된다. 맨손으로 베리(berries)를 수확할 수 있는 무인도의 로빈슨 크루스를 예로 들어 보자. 만약 크루스가 그의 노동의 일부를 즉각적인 소비(베리 따기)가 아닌, 막대기와 같은 자본재 창출에 투자한다면, 그는 미래의 베리 소비를 늘릴 수 있다. 이것은 베리를 수확하기 위한 '우회적인 방법'이다. 일반적으로 이 우회 생산은 더 짧고 직접적인 생산 방법보다 물리적으로 더 생산적이다. 늘어난 산출물이 증가된 대기시간을 보상하고도 남는 한, 행동하는 인간은 더 길고 우회적인 생산방법을 선택할 것이다. 대기 시간의 상승은 시간 선호 탓에 그 자체로 비효용이기 때문이다.

주목할 만한 기여

- 미제스의 인간행동학은 오스트리아학파의 독특한 특징이다. 다른 학파들이 (방법론에 관심을 두는지 모르겠지만 그런 관심을 두는 정도까지) 일종의 실증주의나 제도주의를 받아들이는 반면, 오스트리아학파는 경제 법칙의 선험적이고 연역적인 성격을 강조한다.

- 생산 구조라는 개념 역시 오스트리아학파 고유의 개념이다. 재화를 1차, 2차, 3차 등 순서대로 구분함으로써, 오스트리아학파는 "생산에 시간이 소요된다"는 사실을 놓치지 않는다. 이런 방식으로 재화에 순서를 매기는 것은 멩거(Menger)까지 거슬러 올라가지만, 저축과 자본 축적의 역할을 완전하게 설명한 것은 뵘바베르크(Boehm-Bawerk)였다. 클라크(J. B. Clark)나 나이트(Frank Knight) 등 주류경제학자들은 현대 경제에서 생산 시간이 수행하는 역할을 과소평가했다. 그들은 생산 과정이 완전히 "동시화된다면"(synchronized), 투자와 소비 사이에 뚜렷한 시차가 존재하지 않는다고 본다. 즉, 고차 단계에서의 투입물과 다른 단계에서의 산출물이 완전히 대응하는 경제를 가정하고 있는 것이다. 이런 상황은 경제가 정체 상태인 경우에만 가능하다.

- "로빈슨 크루소"의 예시는 초기의 경제 서적에 많이 차용되었으나, "비현실적"이라는 비판을 받아왔다. 오스트리아학파는 사회 속의 인간에 대한 연구에 유용한 선험적 진실을 발견하기 위해 고립된 인간에 대한 연구의 중요성을 여전히 강조하고 있다.

- 라스바드와 미제스 사이에는 미묘한 철학적 차이가 존재한다. 미제스는 《인간행동》에서 인간이 '불편함을 제거하기 위해' 행동한다고 봤다. 반면 라스바드는 단지 '더욱 만족스러운 상태'에 도달하기 위해 행동한다고 주장한다. (즉, 라스바드의 입장이 미제스만큼 "비관적"이지 않다.)

기술적인 문제들

1. 한계생산물과 한계생산물가치를 구별할 필요가 있다. 라스바드는 명확하게 다음과 같이 적고 있다. "생산 요소 1단위에 부여되는 가치는 그 생산 요소의 한계생산물가치 또는 한계생산성과 같다." 주류경제학에서는 노동의 한계생산물을 '생산 함수를 노동에 대해 미분한 값'으로 정의한다. 즉, 기업이 노동 1단위를 추가적으로 고용했을 때 물리적 생산량이 얼마나 늘어나느냐는 것으로 정의한다. 그러나 이와 같은 정의는 물리적인 개념이고, 가치에 기초한 개념이 아니다. 노동의 가치는 물리적 생산물의 증가분에 부여된 가치이다.

2. 엄밀히 말해, 자본재를 "생산된 생산 요소"로 정의하는 것은 정확하지 않다. 오스트리아학파 경제학에서 재화를 자본재와 본원적 생산 요소로 구분하는 목적은 항등순환경제에서 오직 본원적 생산 요소만이 순임대료(net rents)를 벌기 때문이다. 이와 달리 자본재는 오직 총수익만을 벌어들인다. 자본재에 지불되는 임대료는 궁극적으로 (이자에 대한 적절한 고려가 이루어지면) 그 자본재를 형성하는 데 투입된 요소에 지불된다. 따라서 재생산이 불가능한 본원적 생산요소에 대비해서 자본재를 재생산이 가능한 생산요소로 정의하는 것이 더 낫다. (Frank A. Fetter의 《자본, 이자, 그리고 임대료》에 실린 라스바드의 서문을 참고하라.)

3. 햄 샌드위치를 소재로 한 라스바드의 논의는 분명 생산 단계의 개념을 소개하는 데에 유용하다. 그러나 여기서도 재화의 구분은 개인의 주관적인 계획에 의존한다. 1차, 2차, 3차 등의 순서에 있어서, 어떤 재화가 반드시 어떤 단계에 속해야 한다는 따위의 객관적인 기준은 없다. 이 구분은 단지 연관된 개인이 스스로 갖고 있는 수단-목적 분석 틀에 달려있다.

예제

1. 아기가 태어나자마자 울고 있다. 이것은 인간행동학적 관점에서 행동이라고 할 수 있는가. 몇 달이 지난 후 울음이 부모의 관심을 끌 수 있다는 사실을 아기가 인지하게 된 경우라면 어떨까?

2. 1800년대의 의사들은 치료를 위해 거머리를 사용했다. 이것을 인간행동의 한 사례라고 할 수 있는가?

3. 한 남자가 대도시의 인도 위에서 기타를 치고 있다 하자. 그의 목적은 오직 재미있는 음악을 듣기 위함이다. 이 때 기타는 어떻게 분류되어야 할까? 행인들이 그에게 푼돈을 주기 시작하고, 그가 기타를 돈을 버는 수단으로 본다면 어떻게 될까?

4. 한 소년이 6월 4일에 불꽃놀이 관람 제의를 받았다고 하자. 소년은 오늘 보는 것과 정확히 한 달 뒤에 보는 것 중에서 선택할 수 있다. 이 소년이 나중에 보는 것을 선택했다면, 그는 시간 선호의 법칙을 위반한 것인가?

5. 어떤 사람이 다음과 같이 말했다. "나는 스테이크가 햄버거보다 좋고, 햄버거가 핫도그보다 좋아. 그런데 햄버거 대비 스테이크를 좋아하는 정도가, 핫도그 대비 햄버거를 좋아하는 정도보다 훨씬 커." 이 진술에 대해 라스바드는 어떻게 말하겠는가?

6. 화학자가 두 개의 물병에 담긴 물의 양을 측정했더니, 첫 번째 병에 8,002온스가, 두 번째 병에 8,001온스가 들어있었다. 화학자는 두 물병이 분명히 다르다고 결론 내린다. 경제학자는 이 둘을 어떻게 평가할 것인가?

7. 자본이 생산성을 높이는 두 가지 경로는 무엇인가?

8. 소비, 저축, 투자를 정의하라.

9. 자본재가 노동 생산성을 높인다면, 왜 인간들은 가능한 한 많은 자본재를 생산하지 않는가?

10. 농부가 그의 수확 중 10%를 종자로 남겨둔다고 하자. 그의 아들이 다음과 같이 말했다. "그렇게 하는 건 어리석어요! 수확 전부를 팔아 가능한 한 많은 돈을 벌어야 해요!" 아들의 말을 그대로 따른다면 어떻게 될까?

제2장
직접교환

요약

　직접교환에서는 취득한 재화가 취득자의 직접 사용으로 이어진다. "직접 사용"에는 생산을 위한 재화의 사용 역시 포함된다. 즉, 고차재의 직접교환에 참여할 수도 있다. 그러나 만약 취득자가 그 재화를 또 다른 사람과 교환하려는 의도로 원한다면, 취득자는 다음 장에서 설명할 간접교환에 참여한 것이다.

　자발적인 교환은 재화에 대한 상반된 가치 평가를 내포한다. 각각의 거래 당사자는 교환을 통해 자신이 포기하는 것보다 자신이 취득하는 것을 더 높게 평가한다. 이 원리는 가치가 주관적이라는 사실을 강조한다. 만약 재화가 객관적이고 고유한 가치를 갖고 있다면, 오류가 있는 경우를 제외하고는 상반된 가치 평가가 가능할 수 없다. 이런 경우라면 교환되는 재화들은 동일한 가치를 갖게 되고, 따라서 교환이 이뤄질 수 없다. 아니면, 한 쪽이 다른 쪽을 희생해서 이득을 보게 된다. 하지만 현실은 그렇지 않다. 즉, 개개인은 재화에 대해 상이한 가치 평가를 내린다. 그래서 "교환으로부터의 상호 이득"이 존재하는 것이다. 각각의 거래 당사자는 자발적인 교환으로부터 이득을 얻거나, 이득을 얻을 것으로 기대한다.

교환 가능성으로 인해 재화는 직접적인 사용 가치뿐만 아니라 교환 가치로도 평가된다. 행동하는 인간은 이 두 가지의 가치 중 더 높은 가치로 재화를 평가한다. 예를 들어, 비흡연자도 핫도그보다 담배 한 갑을 더 선호할 수 있다. 만약 그가 담배 한 갑을 흡연자의 다른 것과 교환할 수 있다고 생각한다면 말이다. 교환은 또한 전문화와 노동의 분업을 촉진한다. 상대적으로 더 생산적인, 즉 비교 우위를 갖는 활동에 집중함으로써 행동하는 인간은 자신의 노동 생산성을 높이고, 교환이 없을 때 가능한 수준보다 많은 소비재를 누릴 수 있다.

A 재화를 기준으로 한 B 재화의 가격은 B를 1단위 얻기 위해 교환에서 제공되어야 할 A의 단위 수와 같다. 다른 조건이 같다면, 판매자는 가능한 한 가장 높은 가격을, 구매자는 가능한 한 가장 낮은 가격을 선호한다.

개인은 그들이 덜 가치 있게 여기는 재화를 더 가치 있게 여기는 재화로 교환하기 위해 시장에 참여한다. 판매자가 받고자 하는 최소 판매 가격이 구매자가 지불하고자 하는 최대 지불 가격보다 낮으면 교환의 여지가 생긴다. 시장 공급은 서로 다른 가격에서 공급될 재화의 양을 의미하고, 시장 수요는 서로 다른 가격에서 구매자가 구매하려 하는 재화의 양을 의미한다. 균형 가격은 수요량과 공급량을 일치시키는 가격이다. 시장에서 실제 가격은 균형에 접근하려는 경향이 존재한다. 그러나 정보의 변화가 이런 경향을 방해한다. 투기는 (만약 성공적이라면) 균형으로의 접근을 가속화한다.

폭력과 절도로부터 자유로운 '방해 받지 않는 시장'에서, 모든 재산은 자발적인 교환과 생산을 거쳐 궁극적으로는 소유되지 않은 미개척 토지의 최초 전용까지 거슬러 올라간다.

개요

1. 개인간 행동의 유형들: 폭력

제1장에서의 분석의 결과들은 모든 인간 행동에 대해 유효하다. 그러나 그 적용이 고립된 인간에게, 즉 자폐적 교환에 한정되었다. 인간행동학은 이제 개인 간의 행동(즉, 개인 간의 교환)을 분석하는 데에 사용된다.

A가 B의 의지에 반하여 B를 생산요소로 사용하여 만족을 얻는다면, A가 B를 착취한다고 말할 수 있다. 이러한 지배 종속적인 관계는 자발적인 방식과는 대척점에 있다. 정의 상, 노예는 주인과의 관계로부터 이익을 얻지 못한다. 만약 노예가 자신의 노동에 대해 상대적으로 안정적인 의식주를 제공받는 이익을 얻고 있다고 생각한다면, 이 관계를 유지하는 데에 폭력이 필요하지 않을 것이다.

2. 개인간 행동의 유형들: 자발적 교환과 계약사회

별도로 언급하지 않는 한, 이 책은 모든 교환을 자발적인 것으로 상정하고 있다. 아무도 다른 사람의 재산을 탈취하지 않는다. 이 때 재산이란, 신체에 내재한 재산을 포함한다. 이 책에서의 분석은 따라서 '방해 받지 않는 시장'에 대한 분석이다.

개인들은 각자 재화에 대한 상반된 가치 평가를 하고, 그 사실을 각자 인식하고 있는 경우에만 교환에 참여할 것이다. 첫 번째 조건을 이해하기 위하여, 스미스가 사과 한 개를 존스에게 주고, 대신 오렌지 한 개를 받는다고 하자. 교환은 자발적이므로, 이것은 틀림없이 스미스가 오렌지를 사과보다 가치 있게 평가한 것이다. 반면 존스는 오렌지보다 사과를 가치 있게 평가했다. 이 자체로는 교환이 성립하지 않음에 주의하라. 스미스와 존스는 서로의 존재를 알고 있어야 한다.

일반적으로 개인은 Y재의 한계효용이 X재의 한계효용보다 높은 한 X재를 몇 단위 내어 주고 Y재를 몇 단위 얻으려고 할 것이다. 더 많은 X재가 Y재로 교환될수록, X재의 한계 효용은 높아지고, Y재의 한계 효용은 낮아진다.

다른 사람과의 교환 가능성은 행동하는 인간이 직접적인 사용 가치뿐만 아니라, 교환 가치 또한 고려한다는 것을 의미한다. 한 재화의 한계 효용은 두 가지 가치 중 더 높은 가치다. 예를 들어, 자신이 소유한 추가적인 1단위의 재화가 갖는 교환 가치가 사용 가치보다 높다면, 이 사람은 교환을 계속할 것이다. 한계 효용 체감의 법칙 탓에, 가령 시장에서 판매하기 위해 생산을 하는 사람들처럼 어떤 재화를 대규모로 소유하고 있는 사람에게는 통상 사용 가치보다는 교환 가치가 더 의미가 있다.

3. 교환과 분업

교환 기회는 노동의 전문화와 분업으로 이끈다. 이는 교환에 참여한 모든 사람들에게 더 많은 소비를 가능하게 한다. 각각의 시장 참여자들이 특정 재화의 생산에 절대 우위를 갖고 있다면, 전문화는 더 많은 총생산과 1인당 소비를 가능하게 할 것이다. 만약 한 시장 참여자가 모든 생산 라인에서 절대 우위를 갖는다고 하더라도, 그는 상대 (혹은 비교) 우위를 갖는 상품에 전문화 하여 여전히 이득을 얻을 수 있다.

4. 교환조건들

A 재화를 기준으로 한 B 재화의 가격은 B를 1단위 얻기 위해 교환에서 제공되어야 할 A의 단위 수와 같다. 우리는 가격을 화폐 단위로 표시하는 데에 익숙하지만, 반드시 그럴 필요는 없다. 예를 들어, 어떤 사람이 소 두 마리를 베리 1,000개와 교환한다고 하자. 그러면, '베리로 표현한' 소 한 마리의 가격은 베리 500개다.

다른 조건이 같다면, 판매자는 가능한 한 가장 높은 가격을, 구매자는 가능한 한 가장 낮은 가격을 선호한다. 모르는 사람에게 차를 팔 때보다 친지들에게 더 싸게 파는 것처럼 보기에는 반대되는 사례같이 보이지만 사실 동일한 재화를 비교하고 있는 것이 아니다.

5. 가격결정: 균형가격

판매자가 받고자 하는 최소 판매 가격이 구매자가 지불하고자 하는 최대 지불 가격보다 낮을 때 교환이 성립한다. 최소 가격과 최대 가격은 시장에 참여한 개인들의 가치 척도에 의해 결정된다. 오직 두 사람만이 시장에 존재한다면, 가능한 가격의 범위가 존재할 것이다. 인간행동학은 어떤 가격이 선택될지에 대해 이야기 하지 않는다. 그것은 개개인의 상대적인 협상력에 달려있다. 더 많은 구매자와 판매자가 시장에 진입할수록, 결정 가능한 영역은 줄어들고, 오직 몇 개의 (혹은 가능한 하나의) 가격에서만 "시장 청산"이 이루어질 것이다.

재화에 대한 수요는 각각의 가상적인 가격에서 구매자가 희망하는 재화의 양을 의미한다. 재화의 공급은 각각의 가상적인 가격에서 판매자가 제공하려는 재화의 양을 의미한다. 수요와 공급은 표(스케줄)로 나타내거나 그래프에 점(곡선)을 그려서 나타낼 수 있다. 수요의 변화와 수요량의 변화를 구분하는 것이 중요하다. 전자는 수요 곡선의 이동을, 후자는 주어진 수요 곡선 상에서의 이동을 의미한다. 공급에 대해서도 마찬가지다.

균형 가격은 공급량과 수요량이 같아지는 가격이다. 그래프로 그려보면, 수요 곡선과 공급 곡선이 만나는 지점이 균형점이다. 시장은 균형을 향하는 경향이 있다. 현재 가격이 균형 가격보다 높다면, 초과 공급이 발생하고, 판매자는 요구하는 가격을 낮춘다. 현재 가격이 균형 가격보다 낮다면, 초과 수요가 발생하고, 구매자는 제시하는 가격을 높인다.

하나의 가격이 시장 전체를 규율하는 경향이 있다. 그렇지 않다면, 차익 실현의 기회가 발생한다. 중개자가 싸게 사서 비싸게 팔게 된다.

6. 수요의 탄력성

수요의 탄력성이란, 수요량의 변화율을 가격의 변화율로 나눈 것이다. 마이너스 부호는 제외된다. 탄력성이 1보다 크면, 재화의 수요가 "탄력적"이라고 한다. 반대로 탄력성이 1보다 작으면, 재화의 수요가 "비탄력적"이라고 한다. 수요가 탄력적이라면, 가격 상승은 재화에 대한 총지출 감소로 이어진다. 수요가 비탄력적이라면, 가격 상승은 재화에 대한 총지출 증가로 이어진다.

7. 투기, 그리고 공급스케줄과 수요스케줄

수요와 공급은 개인들의 판매 결정과 구매 결정에 영향을 미치는 모든 요소들을 고려한다. 특히 어떤 사람이 특정 가격에서 팔기를 거부한다면 그는 가까운 미래에 가격이 오를 것이라 예상하고 있는 것이다. 만약 어떤 구매자가 구매를 거부한다면, 그는 곧 가격이 떨어질 것이라 예상하고 있는 것이다. 이러한 투기적 기대가 맞는다면, 투기는 수요 곡선과 공급 곡선을 "평탄화(flatten)" 하며, 균형으로의 조정을 가속화 한다.

8. 재고와 총보유수요

전통적인 수요와 공급의 분석이 아니라, 총재고와 총보유수요라는 개념을 통해 가격 형성을 이해할 수도 있다. 한 재화의 재고는 어떤 시점에 존재하는 해당 재화의 총량이다. 총보유수요는 구매자의 수요량과 현재 보유자가 판매하길 거부하고 유보하는 재화의 양을 더하여 계산된다. 후자를 유보수요(reservation demand)라고 한다. 균형가격은 총재고와 총보유수요를 일치시킨다.

이 접근법의 한 가지 단점은 시장에서의 교환의 크기를 제대로 알 수 없게 한다는 것이다. 재화를 현재 갖고 있는 사람이 처음에 재화를 갖고 있던 사람과 같은 사람인지 구분할 방법이 없다. 그러나 이 접근법은 수요와 공급 모두 궁극적으로 효용에 의해 결정된다는 점을 보여주는 데에 매우 유용하다. 주류경제학에서 공급은 효용이 아닌 "실질 비용"에 의해 결정되는 것으로 본다.

9. 시장들의 연속성과 가격들의 변화

실제 세계에서 시장은 정보의 변화에 의해 끊임없이 요동친다. 생산과 소비는 재화의 공급이 적절하게 변동하며 규율된다.

10. 특화와 재고의 생산

특화가 진행되면 될수록 재화의 원래 소유주가 느끼는 사용 가치는 체감한다. 생산자의 유보 수요는 순전히 투기적이다. 어떤 생산자가 가까운 미래에 가격이 높아질 것이라 예상한다면, 현재 가격에서는 재화를 팔지 않으려 할 것이다.

11. 교환가능한 재화들의 종류들

수요와 공급의 원리는 유형(tangible)의 재화, 서비스, 청구권 등 어떤 형태(types)의 재화이든 그 가격 형성을 설명하는 데에 적용될 수 있다.

12. 재산: 미개척 토지의 전유

방해 받지 않는 시장에서, 모든 재산의 기원은 자발적인 교환을 거쳐 궁극적으로는 소유자가 없는 자연 토지의 전유까지 거슬러 올라간다. 행동하는 인간은 합법적으로 소유자가 없던 토지의 일부에 "자신의 노동을 혼합"함으로써 그것을 자신의 소유로 만든다. 일단 소유권이 확립되면, 이 사람이 계속해서 해당 토지를 "사용"해야만 하는 것은 아니다.

13. 재산침해 다스리기

여기에서는 무엇이 재산권에 대한 침해인지 아닌지를 정의함으로써 이 책의 핵심 주제인 "방해 받지 않는 시장"의 정확한 의미를 분석한다.

주목할 만한 기여

- 주류경제학의 모형 설정 접근을 따르는 실증주의자와 달리, 오스트리아 학파는 현실 세계에서의 실제 시장 가격의 형성에 대해 설명하고자 한다.

- 그림 7은 교환 하에서의 전문화가 어떻게 이뤄지는지 독자들이 머릿속으로 그려보는 데에 도움이 된다.

- 라스바드는 공동체적 소속감과 이타주의는 노동의 분업에 의해 가능해진 사회적 협력과 높은 생산성의 (원인이 아닌) 결과라고 주장한다. 이 점에서 그는 미제스와 의견을 같이 한다.

- 가치 척도에 대한 묘사는 가격 형성에 대한 분석에 큰 도움이 된다.

- 주파수와 수로의 재산권을 둘러싼 라스바드의 논의는 당시로선 매우 선구적인 것이었다.

- "재산권 침해 다스리기"에서 라스바드는 사기, 협상 수단, 외부성, 명예훼손, 협박 등의 이슈에 대해 비정통적인, 그리고 다소 충격적인 통찰을 제공한다.

기술적인 문제들

1. 교환을 위한 충분조건들 중 일부는 사실 협상 계획상의 오류가 없을 때에만 유효하다. 예를 들어 라스바드는 꽃병과 타자기에 대한 A와 B의 상반된 가치평가와 자산에 대한 상호 인식이 교환을 이끌 것이라고 말한다. 그러나 예를 들어 B는 꽃병 1개에 베리 10개가 더해져야 교환한다고 고집하면서 A가 여기에 동의할 것이라고 생각할 수도 있다. 만약 A가 B에게 할 테면 해보라는 식으로 콧방귀를 뀐다면, 상반된 가치 평가와 자산에 대한 인식이 있더라도 교환이 일어나지 않을 수 있다.

2. '통나무 굴리기'의 사례는 노동의 분업을 둘러싸고 다소 애매한 지점을 남겨둔다. 어떤 일들은 통나무 굴리기나 가구 옮기기처럼 몇몇 개인들의 협력을 필요로 한다. 협력은 참여자 개개인의 노동 생산성을 높인다. 그러나 이것은 분업이나 전문화로 볼 수 없다. 각 참여자가 동일한 종류의 노동을 하기 때문이다. 소파를 옮기기 위해 두 이웃이 서로 돕는 경우보다는 한 이웃이 두 집의 정원 관리를 하고 다른 한 이웃이 두 집의 지붕 홈통을 교체하는 경우가 전문화에 더 적합한 예시일 것이다.

3. 주석 20에서 라스바드는 "단계별 특화는 다음 장들에서 논의할 간접교환의 채택을 필요로 한다"고 이야기 한다. 직접교환에서 각 개인은 해당 재화를 다른 사람과 교환하기 위해서보다는 자신이 실제로 사용할 수 있는 재화를 구하고자 한다는 점에 주목하라. 따라서 직접교환 하에서는 특정 생산 단계에 전문화 하는 것이 불가능하다. 왜냐하면 정의상 고차재는 즉각적인 소비에 적합하지 않기 때문이다. 모든 사람이 하나의 생산 단계에 전문화 되어 있다면, 광석을 채굴하는 스미스는 기껏 해야 광석을 제련하는 단 한 명의 구매

자 존스와 거래할 수밖에 없다. 하지만 스미스는 존스가 제공하는 제련된 광석을 직접적으로 사용할 수는 없다. 왜냐하면 우리의 가정에 따르면 스미스는 채굴에 전문화되어 있기 때문이다.

4. 개인은 자신의 심적 이윤이 아닌 심적 보상을 극대화 하려 노력한다. 가치 순위는 오직 서수적임을 기억하라. 1순위의 용도와 2순위의 용도 사이의 효용 "차이"를 측정하는 것은 아무 의미가 없다. 마찬가지로 심적 이윤을 측정하는 것도 아무 의미가 없다.

5. 그림 15는 독자들에게 혼란을 줄 수 있다. 추가적인 말들(horses)이 가치 척도상 더 위쪽에 위치하기 때문이다. 그러나 글에서 명확히 했듯, 이 말들은 연속적으로 '판매될' 말들이다. 따라서 행동하는 인간이 처음에 10마리의 말을 소유하고 있었다면, 이 상황에서는 '첫 번째 말' '두 번째 말'이 아니라, '9마리의 말' '8마리의 말'로 표현되어야 한다.

6. 비록 라스바드가 주석 27에서 공급의 탄력성이라는 개념의 사용을 폄하하기는 했지만, 계산에 의존하지 않고도 이 개념을 정의할 수 있다. 공급의 탄력성은 공급량의 변화율을 가격의 변화율로 나눈 것이다. 많은 주류경제학자들이 소비세의 상대적인 부담 같은 것을 연구하기 위해 이 개념을 사용한다. 그들은 또한 라스바드가 투기는 그림 19의 수요 곡선을 더욱 탄력적으로 만든다고 주장하는 것과 마찬가지로 투기가 그림 20의 공급 곡선을 더욱 탄력적으로 만든다고 할 수도 있을 것이다.

예제

1. 고립된 상황과 함께 사는 사회에 각각 다른 인간행동학적 법칙들이 적용되는가?

2. 라스바드는 사회를 어떻게 정의하는가?

3. 자폐적 교환의 예를 들어라.

4. 어떤 사람이 다음과 같이 말했다. "교환이 정당하기 위해서는 각 개인이 어떤 가치를 얻기 위해서는 그것과 동일한 가치를 포기해야 한다." 라스바드는 여기에 대해 무어라 말할까?

5. 소유권의 세 가지 원천은 무엇인가?

6. 제휴(association)의 법칙이란 무엇인가. 이 법칙이 의사와 그의 정원사를 둘러싼 보울딩(Boulding)의 예시와는 어떤 연관성을 갖는가?

7. 그림 16에서, 스미스는 베리 85개의 가격에서 몇 마리의 말을 수요하는가? 이 가격에서 스미스는 총 몇 개의 베리를 교환의 대가로 지불하고자 하는가?

8. 총보유수요가 재고보다 크면 가격이 어떻게 될까?

9. 이 장에서의 원리들이 소유권의 분할(shares of ownership)에 어떻게 적용될 수 있는가?

10. 헨리 조지에 대한 라스바드의 반론은 무엇인가?

제3장

간접교환의 패턴

요약

직접교환은 모든 사람에게 이롭지만, 그 범위가 매우 제한적이다. 가령 폴이 X재를 얻어 사용하고자 하며 이를 위해 Y재를 포기할 의사가 있고, 반면에 메리는 Y재를 얻어 사용하고자 하며 이를 위해 X재를 포기하고자 하는 것과 같은 "욕구의 동시 발생"이 존재하지 않는 한 직접교환은 일어날 수 없다. 직접교환 하에서는 노동의 분업이나 자본주의적 생산 과정이 발전할 여지가 매우 적다.

간접교환은 교환 당사자 중 적어도 한 명이 소비와 생산을 위한 직접 사용을 의도하지 않고 재화를 획득할 때 일어난다. 대신 그는 획득한 재화를 다른 사람과 교환하려 한다. 이 재화가 바로 교환 수단이다. 원칙적으로 한 경제에는 매우 다양한 유형의 교환 수단이 존재할 수 있는데, 각각은 매우 적은 사람들에 의해 사용될 것이다. 그러나 어떤 하나의 재화가 교환 수단으로 널리 받아들여진다면 (즉, 모든 사람들이 장래에 교환하기 위해 이 재화를 기꺼이 받아들인다면), 그 재화를 화폐라고 한다.

화폐의 출현은 자기 이익을 추구하는 개인들의 행동으로부터 비롯된 시장 현상이다. 교환의 초기 단계에서조차 상품들은 각기 다른 정도의 시장성 또는 판매 가능성을 가지고 있다. 결국 상대적으로 시장성이 떨어지는 재화의 판매자는 자신의 재화를 자신이 궁극적으로 원하는 것과 교환하는 대신, 자신의 재화보다 조금이라도 더 시장성이 있는 재화로 간접교환하는 것이 유리하다는 것을 알게 된다. 이러한 간접 경로는 시장성이 떨어지는 재화의 판매자가 스스로 사용하기 위해 궁극적으로 원하는 재화를 획득함에 있어 이전보다 유리한 고지를 점하게 해 줄 것이다.

상대적으로 더욱 시장성 있는 재화가 그 자체의 고유한 유용성뿐만이 아니라, 교환 수단으로도 수요됨에 따라, 점점 더 많은 사람들이 이 재화를 받아들이게 될 것이다. 따라서 이 재화의 시장성은 더욱 커진다. 이 과정은 자생적으로 일어나며, 궁극적으로 한 두 개 정도의 상품이 일반적으로 받아들여지는 교환 수단(화폐)이 될 때까지 계속된다. 화폐 상품은 분할 가능성이 높고, 운반이 용이하고 내구성이 높으며, 무게 당 교환 가치가 사용하기에 적당해야 한다. 역사적으로 금과 은이 화폐로 기능해왔다.

화폐의 단위는 일반적으로 중량 단위로 표현된다. 은의 파운드나 금의 온스가 대표적이다. 특정한 단위의 사용은 단지 편리성의 문제일 뿐, 특별히 조건이 있는 것은 아니다.

화폐의 출현은 노동의 완전한 분업과 우회 생산 과정의 확장을 가능하게 했다. 모든 상품이 화폐 상품으로 거래되고 공통의 계산 단위로 표현되면서, 경제 계산이 가능해졌다. 경영자들은 오늘날 화폐수입을 화폐지출과 비교하고, 그들의 경영 활동에 대한 양적인 평가를 할 수 있다. 이윤과 손실 계산은 경영자들로 하여금 다양한 부서와 프로젝트의 성공 정도를 평가할 수 있게 했다.

캐털랙틱스(Catallactics)는 화폐 교환 비율을 다루는 인간행동학의 한 분야다.

> 개요

1. 직접교환의 한계들

직접교환은 모든 참여자들에게 자급자족 경제에서 달성 가능한 수준보다 높은 만족을 준다. 그러나 직접교환은 분명한 한계가 있다. 직접교환에서는 참여자 자신의 소비나 생산을 위해 사용할 재화를 얻기 위해 자신이 가진 재화를 포기한다는 점에 주목하라. 따라서 "욕구의 동시발생"이 없다면, 두 사람은 교환에 참여할 수 없다.

이로 인해 직접교환의 범위는 굉장히 제한되어있고, 노동의 분업을 크게 방해한다. 예를 들어 치과 의사는 자신이 사과나 물, 또는 말 등을 원할 때 동시에 그것들의 소유자들도 치과 의사의 의료서비스를 원할 것인지에 대한 확신이 없는 한 전업 치과의사로 전문화할 수 없을 것이다. 또 다른 예로, 유명한 예술 작품과 같이 분할 불가능한, 하지만 매우 귀한 재화의 소유자를 생각해보자. 소유자가 이 작품을 직접교환으로 판매하는 것은 불가능에 가깝다. 작품 소유자는 스테이크, 자동차, 도자기 등 그가 원하는 다양한 상품들의 집합을 소유하고 있는 거래 상대방을 찾아야만 한다. 또한 그 거래 상대방이 이 상품 집합과 소유자의 작품을 거래할 의사가 있어야만 거래가 성사된다. 이런 사람을 찾을 가능성이 얼마나 될까.

마지막으로, 생산의 확장을 어렵게 하는 한계에 대해 살펴 보자. 주택 건축자가 직접교환만을 통해서 일을 제대로 할 수 있을까. 일꾼들과 목재, 지붕널, 못 등의 소유자들이 원하는 무수한 상품들을 정확히 담고 있는 재고 집합을 갖고 있지 않은 한, 집짓기는 시작조차 할 수 없을 것이다. (건축자가 시장으로 가서 재고 집합을 축적하는 것은 허용되지 않는다. 건축자가 일꾼, 다른 요소의 소유자들과 거래하려는 의도로 재화를 사들이는 것은 그자체로 간접교환이기 때문이다.) 집이 완성된 후에 건축자는 유명한 예술 작품의 소유자와 똑같은 불행한 위치에 놓인다. 건축자는 자신이 원하는 재화 집합을 보유한 구매자를 만나야 하며, 동시에 그 구매자가 자신의 재화 집합을 집과 교환하려 해야 한다. 명백히, 직접교환만으로 구성된 경제는 전문화와 자본주의적 생산을 확장하는 데에 극심한 한계가 있다.

2. 간접교환의 출현

서로 다른 재화는 상이한 정도의 시장성을 갖는다. 이것은 재화의 가치와는 구별되는 특징이다. 예를 들어, 유전은 대부분의 사람에게 금화보다 가치가 높지만, 유전이 금화만큼 시장성이 높지는 않다.

간접교환의 가능성은 개개인에게 더 큰 유연성을 제공한다. 계란을 신발과 교환하고자 하는 사람은 신발을 계란으로 교환하려는 상대방을 반드시 찾지 않아도 된다. (직접교환의 경우에는 반드시 찾아야 한다.) 대신 계란 판매자는 계란을 우선 버터와 교환하고, 다시 신발을 버터와 교환하려 하는 사람을 찾음으로써 자신의 목적을 간접적으로 달성할 수 있다.

판매자가 실제 제 3자를 염두에 두지 않더라도, 시장성이 낮은 재화를 시장성이 높은 재화로 교환하는 것이 유리하다는 것을 알게 된다. 이렇게 하면 이 판매자는 자신이 직접 사용하기 위해 구매하기를 원하는 상품을 파는 판매자를 찾는 데 보다 유리한 위치를 점하게 된다.

시간이 흐르면서, 직접교환 상태에서 시장성 있던 상품은 더욱 시장성 있는 재화가 된다. 예를 들어 밀과 버터가 망원경보다 더욱 시장성 있는 재화가 된다. 왜냐하면 모두가 밀과 버터를 구매하려 하는 반면, 망원경 시장은 매우 작기 때문이다. 그러나 이것은 심지어 밀과 버터를 직접 사용을 위해 원하지 않는 사람이라 하더라도 교환 수단으로 밀과 버터를 받아들일 가능성이 높다는 것을 의미한다. 왜냐하면 그들은 매우 시장성 높은 밀과 버터를 궁극적으로 원하는 다른 어떤 재화와도 교환하기 용이함을 알기 때문이다. 따라서 밀과 버터의 시장성은 간접교환의 가능성으로 인해 더욱 커진다.

결국 매우 적은, 또는 오직 하나의 상품만이 다른 경쟁 상품들을 제치고 일반적으로 받아들여지는 교환 수단이 된다. 이것을 화폐라 한다. 어떤 재화가 갖는 화폐로서의 적합성은 분할 가능성, 내구성, 운송의 편리함, 단위당 교환 가치의 적절성 등의 특징에 좌우된다. 역사적으로 금과 은이 화폐 상품으로서 각광받아 왔다. (집이나 차를 사기 위해서는 매우 많은 양의 밀이 필요하며, 버터는 빨리 썩는다. 따라서 이 상품들은 망원경보다 시장성이 있지만 화폐가 될 가능성은 없다.)

3. 화폐의 출현이 가진 함의들

화폐는 생산 단계에서의 전문화를 가능하게 한다. 기업가는 화폐를 이용해 노동자를 고용하고 자연 자원과 자본재를 구매할 수 있으며, 향상된 자본재를 저차 단계의 기업가에게 판매할 수 있다. 나아가 화폐는 기업가가 소비재를 구매하는 데에 사용될 수 있다. 화폐는 또한 기업가로 하여금 희소한 자원들을 효율적으로 사용하고 있는지 여부를 판단하기 위해 화폐지출과 화폐수입을 비교할 수 있게 해줌으로써 경제계산을 가능하게 한다.

4. 화폐단위

화폐가 자유 시장에 등장하면서, 화폐 상품은 온스, 파운드, 그램 등과 같은 무게 단위로 거래되었다. 가격을 표현하는 특정한 무게 단위는 오직 편리성에 의해 좌우된다. 백금은 온스 단위로 거래되지만, 철은 톤 단위로 거래된다. 화폐 상품이 거래되는 실제 형태도 편리성에 의해 좌우된다. 막대 형태의 금은 고가 거래에 사용되는 반면, 금화는 소규모 거래에 사용된다.

5. 화폐소득과 화폐지출

특정한 기간에 대하여 개인은 지급 수지를 기록하기 위해 총 화폐소득과 화폐지출을 기록할 수 있다. 개인은 재화와 서비스를 화폐와 교환함으로써 화폐를 "구매"할 수 있다. 화폐를 얻는 또 다른 방법은 금 채굴처럼 화폐를 직접 생산하는 것이다.

한 사람이 보유하고 있는 화폐 재고를 '현금 잔고'라고 한다. '순환 중인 화폐' 같은 것은 존재하지 않는다. 어떤 시점에 모든 화폐는 항상 누군가가 소유하고 있다. 일정 기간에 대하여 우리는 다음과 같은 방정식을 세울 수 있다.

화폐소득 = 화폐지출 + 현금 잔고의 순 증가분

6. 생산자들의 지출

사람들은 화폐를 소비재뿐만 아니라 고차재에도 지출할 수 있다. 자본가란 생산요소에 화폐를 투자하는 사람을 말한다.

7. 소득 극대화와 자원배분하기

다른 조건이 같다면, 사람들은 최대한 화폐소득을 얻기 위해 노력한다. 그러나 '다른 조건'들이 항상 같을 수는 없다. 어떤 개인은 일하는 시간이 좋아서 낮은 임금을 받고도 일을 할 수 있다. 어떤 투자자는 특정 회사에 푹 빠져서, 낮은 수익률에도 만족할 수 있다.

현금 잔고가 증가함에 따라 화폐의 한계 효용은 체감한다. 반면 여가가 감소함에 따라, 여가의 한계 효용은 증가한다. 다음 단위 여가의 한계 효용이 추가적인 1단위의 시간만큼 더 일하여 얻을 수 있는 화폐의 한계 효용보다 높아질 때까지, 노동자는 화폐를 얻기 위해 추가적인 노동을 공급할 것이다.

기업가는 "싸게 사서 비싸게 파는 방식으로" 화폐 이득을 얻는다. 이러한 행위는 비효율적인 자원 배분을 교정하는 경향이 있다.

모든 행동하는 인간은 그의 화폐를 소비 지출, 투자 지출, 현금 잔고의 증가 중 한 곳에 배분한다. 다음 장에서 실제 화폐가격의 결정에 대하여 살펴볼 것이다.

주목할 만한 기여

- 화폐의 기원에 대한 칼 멩거의 설명과 국가 기원설에 대한 그의 비판은 당대로선 매우 철저하고 엄격한 것이었다.

- 라스바드의 그림 30과 31은 간접교환의 패턴을 아주 잘 보여준다.

- 라스바드가 지적하고 있는 것처럼, 현대 주류경제학은 경제를 직접교환만을 분석하고 화폐를 나중에 추가적으로 끼워 넣는 경향이 있다. 실제로 전형적인 수리적 모형의 가정 하에서는 재화는 시장성의 차이를 갖지 않으며, 화폐의 필요성이 전혀 존재하지 않는다.

- 그림 32와 주류 거시경제학 교과서의 "순환 흐름도"를 비교해 보라. 오직 라스바드의 그림만이 생산 구조의 개념을 보여주고 있다.

기술적인 문제들

1. 라스바드는 물물 교환과 직접교환을 서로 대체 가능한 단어로 사용하고 있다. 그러나 몇몇 경제학자들은 물물 교환 경제를 화폐가 없는 경제로 정의한다. 그렇다면 기술적으로 볼 때 교환 수단들이 있지만 일반적으로 받아들여지는 수단이 없는 경우, 경제학자들은 그 경제를 물물 교환 경제라고 부를 것이다. 반면 라스바드는 그렇지 않을 것이다.

2. 위의 논의에서, 직접교환의 큰 단점을 묘사하기 위해 집짓기의 예시를 들었다. 그러나 직접교환에 제시된 걸림돌들이 모두 제거된 경우라 해도, 그것을 직접교환으로 볼 수 있는 것인지는 분명하지 않다. 한 건축자가 노동자와 목재소유자들이 제공하는 요소들로 집을 지은 후 그것을 다른 사람, 즉 미래의 주택 구입자와 교환하고자 하는 의도를 갖고 노동자와 목재소유자들과의 교환에 임했다고 가정해보자. 그러면 이 가상의 집 건축자는 여전히 간접교환에 참여하고 있는 것이다. 간접교환의 출현은 매우 자연스러운 것이며, 순수 직접교환을 상상하기조차 어렵다.

3. 시장성 (또는 "판매 가능성")에 대해 논의할 때, 멩거는 '경제적인 가격'에 신속히 팔릴 수 있는 재화를 시장성 있는 재화라고 규정했다. 이것은 매우 중요한 지점이다. 왜냐하면 종종 사람들은 팔릴 수 없는 재화를 시장성 없는 재화로 간주하기 때문이다. 그러나 요구하는 가격이 충분히 낮다면, 사실상 어떤 재화라도 팔릴 것이다. 그렇다 하더라도 예를 들어 망원경이 밀에 비해 시장성이 훨씬 떨어진다는 것은 분명하다. 따라서 망원경 판매자가 아주 괜찮은 가격을 받기 위해서는 수 주일 동안 고객을 기다려야 하겠지만, 밀 판매자는 불과 몇 시간 내에 최고의 거래를 할 수 있을 것이다.

4. 일반적으로 신고전파 경제 모형이 교환 수단의 역할을 배제하고 있는 것이 사실이다. 완전한 예측과 재화의 종류가 제한되어 있음을 가정하기 때문이다. 그러나 그럼에도 불구하고 멩거의 통찰을 담은 시장 과정을 모형화 하려는 몇몇 시도가 존재했었다. 특히 키요타키(Kiyotaki)와 라이트(Wright) ("On Money as a Medium of Exchange," Journal of Political Economy 97, no. 4 [August 1989]: 927-54)는 시장성이 서로 다른 재화들로 이루어진 모형을 만듦으로써 실제로 멩거의 선구적인 연구 성과를 인용하고 있다.

5. 라스바드는 화폐소득이 '화폐지출+현금 잔고의 순 증가 – 현금 잔고의 순 감소'와 같다고 했다. 이것은 다소 혼란스럽다. 일반적으로 '순' 개념은 현금 잔고의 증가와 감소를 둘러싼 여러 사건들을 하나의 총 숫자에 포함시킨 개념이기 때문이다. 바로 이러한 이유로 앞의 요약에서는 방정식의 마지막 항을 제외한 것이다.

예제

1. 직접교환에서의 서로 다른 두 가지 문제는 무엇인가?

2. 교환 수단이라는 용어를 설명하라.

3. 어떤 재화가 다른 재화보다 시장성이 높은 이유는 무엇인가?

4. 망원경의 시장성이 상대적으로 떨어지는 이유(즉 판매가 어려운 이유)는 무엇인가? 구매자를 찾을 때까지 가격을 낮추면 안 되는 것인가?

5. 화폐를 구매한다는 것의 의미는 무엇인가?

6. 화폐의 가격이란 무엇인가?

7. 라스바드는 화폐의 단위가 중량이라고 했다. 이것이 미국 달러에 어떻게 적용될 수 있을까?

8. 화폐 공급이 증가함에 따라 화폐의 한계 효용이 감소하는 이유는 무엇인가?

9. 자신을 위한 일을 할 것인지 타인에게 고용되어 일을 할 것인지를 어떻게 결정할까?

10. 내구재의 소유자들이 내구재를 빌려줄지 판매할지 어떻게 결정하는가?

# 제4장

가격들과 소비

요약

  화폐 경제에서 화폐 상품은 모든 거래의 한쪽 면을 차지하기 때문에 상대 가격들의 개수를 줄인다. 두 상품간의 직접교환 비율은 두 상품 각각이 가진 화폐가격들로부터 쉽게 계산될 수 있다. 화폐의 "가격", 즉 화폐의 구매력은 화폐 1단위로 교환할 수 있는 재화와 서비스의 집합이다.

  화폐 경제에서 개인의 수요 스케줄과 공급 스케줄은 물물 교환 경제에 적용되는 것과 동일한 원리에 의해 결정된다. 개인의 가치 척도는 다른 상품과 서비스뿐만 아니라 화폐 상품의 단위를 포함한다. 개인은 자신에게 최대 효용을 가져다주는 재화 집합을 얻기 위해 시장 교환에 참여한다. 이 재화 집합에는 당연히 화폐 상품이 포함되어 있다. 시장의 존재로부터 개인이 얻는 총 "잉여"가 얼마나 되는지 평가하려는 다양한 시도가 있었지만, 이런 시도들은 방법론적인 오류에서 벗어날 수 없다. 개인은 자발적 교환을 통해 이득을 얻지만, 효용을 기수적으로 측정할 수는 없으므로 이득의 크기가 얼마나 되는지 측정하고자 하는 것은 불합리하다.

화폐를 얻기 위해 재화 한 단위를 판매함으로써 얻는 효용은 추가적으로 얻게 된 화폐의 여러 용도(소비, 투자, 현금 잔고 증가) 중에서 가치 척도 상 가장 위에 있는 용도의 가치와 같다. 화폐로 재화 한 단위를 구매함으로써 얻는 효용은 추가적으로 얻게 된 재화의 여러 용도(소비, 생산, 미래 판매) 중 가치 척도 상 가장 위에 있는 용도의 가치와 같다.

다른 상품들과 다르게, 경제학자는 화폐가 개인의 가치 척도 상에서 정확히 어떤 위치에 있는지 부연할 필요가 있다. 쉽게 말해, 경제학자는 실물 재화 간의 상대 가격뿐만 아니라 각 재화의 절대적인 명목(화폐) 가격에 대해서도 설명해야 한다는 얘기다. 예를 들어 화폐가격이 실제보다 두 배, 혹은 절반이 되지 않는 이유는 무엇인가.

화폐의 현재 구매력(PPM)을 설명하기 위해, 경제학자들은 미래의 구매력에 대한 현재의 예상에 의존한다. 즉, 사람들은 머지않은 미래에 같은 화폐 1단위를 더 많은 재화와 교환할 수 있을 것이라 기대하여, 현재 다른 재화를 포기하고 화폐를 획득한다. 한편, 미래의 구매력에 대한 현재의 기대는 바로 직전 과거의 구매력에 대한 사람들의 기억에 의존한다. 오늘의 구매력은 어제의 구매력에 크게 영향을 받고, 어제의 구매력은 그저께의 구매력에 영향을 받는 식이다. 우리는 이러한 설명을 교환 수단이 없었던 시절까지 회귀할 수 있으며, 오늘의 화폐 상품이 과거에는 단지 소비나 생산을 위한 직접 사용의 가치만 지녔을 것임을 알 수 있다. 이것이 바로 유명한 미제스의 '회귀 정리'다.

내구재는 여러 기간에 걸쳐 서비스의 흐름을 창출한다. 서비스의 가격은 재화의 임대차료 또는 고용 가격이며, 이것은 해당 서비스의 한계 효용 또는 한계 생산성에 의해 결정된다. 내구재를 직접 구매하는 가격을 그 내구재의 자본 가치라고 한다. 내구재의 자본 가치는 앞으로 내구재가 창출할 것으로 기대되는 서비스의 흐름을 현재 가치로 할인한 값과 같다.

개요

1. 화폐가격들

화폐 경제의 큰 이점은 모든 거래의 일면에 화폐 상품이라는 똑같은 상품이 존재한다는 것이다. 물물 교환 경제에서는 두 재화 간의 상대적인 교환 비율이 분절적으로 존재할 뿐이다. 물물 교환 경제에서는, "TV의 가격이 얼마인가"라는 질문에 한 가지 답이 존재할 수 없다. TV는 베리 1,000개 또는 소 0.5마리, 라디오 5개와 교환될 수 있다. 질문에 답하기 전에 우리는 다음과 같은 추가적인 질문을 통해 원래의 질문을 명확히 해야 한다. "어떤 재화로 표현한 가격을 말하는 것인가?"

화폐 상품의 등장은 여러 일들을 크게 단순화시킨다. 사실상 모든 거래들이 그 일면에 화폐 상품을 수반하기 때문에, 어떤 재화의 가격이든 화폐상품과의 교환 비율로 표시될 수 있다. 따라서 상품의 숫자만큼만 가격들이 존재하게 된다. 또한 종류가 같은 상품의 가격은 시장에서 하나의 가격으로 수렴하는 경향이 있다.

어떤 재화이든 각 재화의 화폐가격만 알고 있다면, 두 재화 사이의 직접교환 비율을 쉽게 계산할 수 있다. 그렇다고 해서, 실제 세계에서의 화폐의 역할을 잊어버리는 오류를 범해서는 안 된다. 현대 경제에서 행동하는 인간은 상대방과 실물 상품을 직접교환하는 경우가 드물고, 교환 수단을 통해서만 거래한다.

화폐의 "가격"이라 말할 때, 그 의미는 바로 구매력이다. 따라서 화폐의 가격은 화폐 1단위와 교환할 수 있는 재화와 서비스의 총 집합을 말한다. (물물 교환 경제에서 모든 재화의 가격은 그 재화와 교환될 수 있는 모든 다른 재화들과의 교환비율의 총합이다.)

2. 화폐가격들의 결정

화폐가격은 개인의 행동에 의해 결정되며, 따라서 개인의 가치 척도를 준거로 설명되어야 한다. 시장에 참여한 각 개인은 화폐 상품을 포함한 여러 재화들을 서수적인 가치 척도 상에 순위대로 나열한다. 화폐가격들로 표현한 개인의 수요 스케줄은

2장의 물물 교환에서와 같은 방식으로 구성된다. 다만 이 스케줄에서는 하나의 재화가 일반적으로 받아들여지는 교환 수단이 되었다는 차이가 있을 뿐이다. (다음 절에서는 가치 척도 상에서 화폐 상품의 정확한 위치를 분석할 것이다.) 한계효용체감으로 인해 개인의 수요 곡선은 우상향 할 수 없다. 여러 잠재적 구매자들의 개별 수요 스케줄을 합치면 시장 수요 스케줄을 도출할 수 있다. 즉, 각각의 가상적인 화폐가격에서의 수요량을 알 수 있는 것이다. 시장 공급 스케줄의 결정은 물물 교환 경제에서와 마찬가지다. 균형 화폐가격은 수요량과 공급량이 만나는 지점에서의 (화폐) 가격을 말한다.

3. 공급스케줄들과 수요스케줄들의 결정

행동하는 인간이 시장에서의 균형 가격을 정확히 예측하는 능력이 높아진다면, 그들의 수요 스케줄과 공급 스케줄은 더욱 탄력적으로 변할 것이고, 이에 따라 균형으로의 이동이 빨라질 것이다. 주어진 상품 재고 하에서 공급 곡선은 수직에 가까워진다. 재고 소유자가 화폐를 받고 주어진 재고를 판매하는 것 이외에는 달리 할 수 있는 것이 없기 때문이다.

4. 교환의 이득

자발적 교환의 모든 참여자들은 이득을 얻는다. 각 참여자는 자신이 포기하는 것보다 자신이 취득하는 것의 가치를 더 높게 평가한다. 그러나 소비자 "잉여"나 생산자 "잉여"를 계산하는 주류경제학의 방법론은 완전히 오류투성이다. 이 접근법에 따르면 최대 10달러의 지불 용의가 있는 처음 1단위의 상품에 대해 5달러의 시장 가격만 지불했다면 이 소비자는 처음 1단위로부터 5달러의 잉여를 얻게 된다. 상품이 추가될 때 마다 잉여는 줄어든다. 이후 모든 잉여를 합치면 이 소비자가 누리는 총 잉여가 된다. 그러나 이런 절차를 거치기 위해서는 몇 가지 가정이 필요하다. 첫째, 행동으로 드러나지 않은 개인의 가치 척도로부터 정보를 연역해 낼 수 있다. 둘째, 화폐는 주관적인 가치를 평가하는 안정적인 잣대다. 셋째, "효용 단위들"을 더하는 것이 가능하다. 심리적 잉여를 측정하려는 다른 시도들은 개인 상호간의 효용 비교를 포함하고 있으며, 따라서 이것 역시 또 다른 오류를 내포한다.

5. 화폐의 한계효용

1) 소비자

다른 모든 상품과 마찬가지로, 소비자는 추가적인 화폐들을 충족되지 않는 목적들 중 가장 가치가 높은 목적에 배분한다. 화폐 상품은 직접 소비, 다른 소비재와의 교환, 생산 요소에 대한 투자, 현금 잔고 증가에 사용될 수 있다. 어떤 주어진 시점에, 경제 내부의 모든 화폐들은 반드시 누군가에 의해 보유되고 있다. 그러므로 "순환 중인 화폐" 같은 것은 존재하지 않는다.

직접 소비를 제외한 화폐 상품의 나머지 용도들은 분석 상의 문제를 야기한다. 화폐 1단위의 한계 효용은 그 화폐와 교환될 수 있는 여러 재화의 한계 효용에 크게 의존한다. 즉, 화폐의 한계 효용이 그 화폐의 예상되는 구매력에 의존한다. 그러나 화폐의 구매력을 설명하기 위해, 주관주의자는 화폐의 한계 효용을 준거로 삼는다. 즉, 사람들이 화폐를 받고 실물 재화와 서비스를 내어 주는 것은 내어 준 것보다 화폐를 가치 있게 여기기 때문이다. 종합해보면 위의 두 개의 설명은 화폐의 구매력이 결국은 화폐의 구매력에 의해 설명되는 순환논법을 포함하는 것처럼 보인다. 아래에서는 이러한 수수께끼를 풀어낸다.

2) 화폐회귀

화폐의 현재 구매력을 설명하기 위해서는 왜 사람들이 바로 지금 재화와 서비스를 포기하고 화폐로 교환하려 하는지 설명해야 한다. 그들이 그렇게 하는 이유는 추가적인 화폐로부터 얻는 한계 효용이 판매한 재화와 서비스의 한계 효용보다 높기 때문이다. 하지만 그렇다면, 화폐는 어떻게 효용을 주는 것인가? 화폐의 직접 소비를 제외하면, 화폐의 효용은 화폐 보유자가 미래에 화폐를 자신이 원하는 재화와 서비스로 교환할 수 있을 것이란 기대 하에 화폐를 보유하는 데에서 온다. 따라서 화폐의 현재 구매력(PPM)은 머지않은 미래의 구매력에 대한 기대의 영향을 받는다. 이렇게 시간 요소를 도입함으로써 순환 논법에 빠지지 않는다는 점에 주목하라.

그렇다면 미래의 구매력에 대한 기대는 어떻게 결정되는가? 미제스는 바로 직전 과거의 화폐 구매력에 대한 경험에 의해 좌우된다고 보았다. 이것이 강력한 상관관계를 갖는 것은 아니다. 사람들은 내일의 구매력이 어제의 구매력과 같을 것이라고 기계적으로 예측하지는 않는다. 그러나 화폐 1단위로 내일 교환할 수 있는 재화와 서비스의 양을 추정하려 시도할 때, 최근의 가격에 의존하는 것은 자연스러운 일이다.

이제 순환 논법의 문제가 무한 회귀의 문제로 변형된 것처럼 보인다. 오늘의 구매력은 어제의 구매력을 갖고 설명하고, 다시 어제의 구매력은 그저께의 구매력을 갖고 설명하는 식이다.

그러나 회귀는 무한히 지속되지 않는다. 미제스는 그 화폐 상품이 처음 교환 수단으로 대두하였을 때까지만 구매력 회귀가 가능하다고 주장했다. 그 이전은 직접교환 경제이기 때문에, 현재 화폐 상품이 된 재화의 구매력(교환 가치)은 그 재화의 소비 또는 생산에서의 한계 효용에 근거하여 설명할 수 있다.

3) 효용과 비용들

화폐를 받고 재화 1단위를 판매하여 얻는 효용은 추가적인 화폐가 배분될 용도(소비, 투자, 현금 잔고의 증가) 중에서 가장 높은 가치를 지닌 용도의 가치다. 재화를 판매하는 비용은 팔리지 않았더라면 그 재화가 기여할 수 있었을 대안들(소비, 생산, 또는 미래에 판매) 중에서 가장 높은 가치를 지닌 대안의 가치다.

화폐로 재화 1단위를 구매하여 얻는 효용은 그 재화가 기여할 수 있는 용도(소비, 생산, 미래 판매) 중에서 가장 높은 가치를 지닌 용도의 가치다. 화폐로 재화 1단위를 구매하는 비용은 그 화폐가 더 이상 충족시킬 수 없는 대안적 용도(소비, 투자, 현금 잔고의 증가) 중에서 가장 높은 가치를 지닌 용도의 가치다.

'사전(ex ante)'은 행동이 일어나기 전의 예상을, '사후(ex post)'는 행동이 일어난 이후의 판단을 의미한다. 따라서 행동하는 인간은 항상 사전적인 심적 수입을 극대화한다. 즉, 행동하는 인간은 그가 예상하기에 가장 높은 심적 수입을 가져다 줄 것으로 보이는 선택지를 선택한다. 그러나 행동하는 인간은 실수할 수 있으며, 사후적으로는 다른 선택을 했어야 한다고 판단하기도 한다.

4) 계획하기와 선택의 범위

시장 경제에서 개인은 (부분적으로) 다른 개인들이 어떻게 행동할지 예상하고, 여기에 기초하여 계획을 수립한다. "중앙 계획"이 더 나은, 혹은 더 질서 있는 결과를 야기할 것이라고 가정할 이유는 없다. 《인간 경제 국가》에서 말하는 바와 같이, 탈중앙화된 시장 가격 체계는 여러 개인들의 계획을 조정하는 체계적 경향성을 갖는다.

6. 소비재 가격들간의 상호관계

286쪽에 요약된 바와 같이, 재화들은 대체성 또는 보완성에 의해 서로 연관 관계를 갖는다. 어떤 재화의 대체성이 높을수록, 그 재화의 수요 스케줄의 탄력성은 더욱 높아질 것이다.

7. 내구재의 가격들과 그 서비스

생산자가 되었든 소비자가 되었든 내구재는 여러 기간에 걸쳐 서비스의 흐름을 창출한다. 서비스의 가격을 해당 재화의 임대차료 또는 고용 가격이라고 한다. 이 가격은 내구재를 주어진 기간만큼 사용할 때 지불해야 하는 가격이다. 재화가 생산자재라면 임대차료(고용 가격)는 서비스의 한계 생산성에 의해 결정되며, 재화가 소비재라면 임대차료(고용 가격)는 서비스의 한계 효용에 의해 결정된다.

내구재를 통째로 구매하는 가격을 내구재의 자본 가치라고 하며, 이것은 내구재가 미래에 창출할 것으로 기대되는 서비스의 총 흐름을 현재 가치로 할인한 값과 같다. 시간 선호로 인해 행동하는 인간은 똑같은 서비스 1단위라면 현재의 서비스를 미래의 서비스보다 선호할 것이다. 자본화 과정은 토지와 같은 영구한 내구재가 어떻게 유한한 가격을 가질 수 있는지 설명해준다.

8. 후생 비교와 소비자의 궁극적 만족

제 1장에 제시된 모든 인간행동학적 진실은 화폐 경제에서도 여전히 적용 가능하다. 경제학자들이 "소비재"라고 이름붙이는 것은 사실 소비자 입장에서는 고차재일 수 있다. 펩시 캔 콜라와 같은 소비재는 사실 '갈증의 해소'와 같은 더욱 궁극적인 목적을 달성하기 위한 수단에 불과하기 때문이다.

9. 효용과 관련한 몇 가지 오류

주류경제학자들은 각 재화의 한계 효용을 그 재화의 가격으로 나눈 값이 모든 재화에 똑같아야 한다는 균형 조건을 도출한다. 즉, 추가적인 1원이 어떤 재화에 쓰이든 상관없이, 동일한 크기만큼 효용이 증가해야 한다는 것이다. 만약 그렇지 않다면 지출을 조정하여 더 큰 총효용을 얻을 수 얻을 수 있기 때문이라고 한다. 여기서의 오류는 효용이 기수적으로 측정될 수 없다는 것이며, 따라서 어떤 재화의 "한계 효용"을 대수적인 방법으로 계산하는 것은 터무니없는 일이다.

:: 부록 A: 화폐의 하락하는 한계효용

화폐도 하나의 상품이므로 역시 한계 효용 체감의 법칙을 적용받는다. 화폐가 많아지면 많아질수록, 화폐 1단위의 한계 효용은 낮아진다. 화폐의 경우 '다른 조건은 동일하다(ceteris paribus)'는 가정을 유지하는 것이 중요하다. 예를 들어 100번째 단위의 화폐를 얻을 때와 101번째 단위의 화폐를 얻을 때 재화의 가격들이 바뀐다면, 100번째 화폐와 101번째 화폐가 주는 한계 효용의 추정치가 영향을 받을 것이다.

:: 부록 B: 가치에 대하여

가치라는 단어는 매우 다양한 용법을 가지고 있다. 현대 오스트리아학파 경제학에서, 이 단어는 개인이 재화에 부여하는 주관적인 가치를 의미한다. 그러나 이 장에서 말하는 내구재의 자본 가치는 시장에서의 객관적인 교환 가치를 의미한다. 즉, 내구재를 판매하여 얻을 수 있는 화폐의 단위 수를 의미한다. 경제학은 개인들에게 내재해있는 주관적인 가치 평가가 어떻게 시장 가격을 통해 객관적인 교환 가치로 드러나는지 연구하는 학문이다.

주목할 만한 기여

- 심리적 잉여의 측정에 대한 라스바드의 호된 비판은 여전히 유효하다.

- 미제스는 물물 교환 경제에 도입되었던 주관주의, 한계 효용 접근법을 화폐에 완전히 적용한 최초의 경제학자였다. 그의 회귀 정리는 초기 이론가들을 애먹였던 순환 논법의 문제를 논파했다. 미제스 이전의 경제학자들은 물물 교환 비율을 설명하는 데에 '미시 분석법'을 사용하고는 '물가 수준'과 총화폐재고를 포함하는 '거시 분석법'을 사용함으로써 화폐 가격을 추가시켜버렸다.

- 그림 38은 직접교환이 처음 이루어졌을 때부터 간접교환에 이르기까지의 금 가격이 내포한 시간적 요소를 보여주고 있다.

- 라스바드는 부르디우스의 당나귀 예시를 기발하게 다루고 있다. 부르디우스의 당나귀란 똑같은 거리에 있는 똑같이 매력적인 두 오아시스 중 어느 하나를 선택하지 못하고 목말라 죽는 당나귀를 말한다. 이 예시는 선택 불가능성(무차별성)을 보여주기 보다는 그저 멍청함을 보여줄 뿐이다. 사람이 아니라 당나귀이기 때문에 해당 상황에서 어느 것도 선택하지 못했을 것이다. 왜냐하면 가만히 서있는다는 것은 실제로 목말라 죽는 것을 "선택"하는 것이 되고, 이것은 명백하게 열등한 선택이기 때문이다.

기술적인 문제들

1. n개의 재화가 있는 물물 교환 경제에서는 이론적으로 두 개의 상품으로 이루어진 한 쌍의 묶음에 한 개의 가격이 존재하고, 전체적으로는 $_nC_2 = \frac{n(n-1)}{2}$ 개의 서로 다른 가격이 존재하게 된다. (예를 들어, 20개의 상품이 있는 물물 교환 경제에서는 190개의 서로 다른 가격들이 존재하게 될 것이다.) 이와 대조적으로 n개의 재화가 있는 화폐 경제에서는 n개의 가격만이 존재하며, 화폐 상품의 (화폐) 가격은 당연히 언제나 1이다.

2. 주류경제학자들은 한계 효용 체감의 법칙이 더 이상 수요의 법칙을 시사하지 않는다고 본다. 따라서 오스트리아학파는 주류경제학자들과 이 점을 논의할 때 주의를 기울일 필요가 있다.

3. 라스바드는 재화를 보유하는 첫 번째 이유로 "같은 재화를 추후에 더 높은 화폐가격으로 팔 수 있을 것이란 예상"을 들고 있다. 이러한 "투기적" 수요에는 특정 상품을 부를 저장하는 용도로 보유하고자 하는 욕구도 포함된다는 점을 놓쳐서는 안 된다. 나중에 팔려는 의도를 갖고 루비나 주식을 사는 사람이 반드시 미래에 더 높은 화폐가격을 예상하기 때문에 그런 것은 아닐 수 있다.

4. 라스바드가 주석 21에 밝힌 것처럼, 회귀 논법에서 회귀가 끝나는 "결정적 지점"은 화폐 상품이 일반적인 교환 수단이 되지 않는 때가 아니라, 그보다 훨씬 이전에 해당 상품이 교환수단이 아니었던 때이다.

5. 고전파 경제학자들은 토지, 노동, 자본 등 생산요소들은 각각 임대료, 임금, 이윤(이자)을 버는 것으로 이해했다. 오스트리아학파의 시각은 완전히 다르다. (토지, 노동, 자본재를 포함한) 모든 생산 요소는 임대차료를 벌고, 모든 내구재는 장기간에 걸쳐 이자를 번다. 토지 한

평이 소작인에게 연 1,000달러의 임대차료로 임대될 수 있다고 하자. 만약 이 토지의 자본 가치가 10,000달러라면, 연 1,000달러의 임대차료는 동시에 투자된 자본 펀드에 대한 연 10퍼센트의 이자 수익(interest return)이다. (이 예시는 어빙 피셔의 것을 인용한 것이다.)

6. 신고전파 경제학자들은 라스바드의 비판해 대해 주류경제학이 더 이상 기수적 효용을 받아들이지 않는다고 반박할 수 있다. 더 정확히 말하자면, 현대 신고전파 경제학자들은 자신들도 소비자 선호의 궁극적인 서수적 특성을 믿지만 "표현 정리(representation theorems)"를 이용함으로써 하나의 간편한 방법으로 기수적 효용함수를 이용할 수 있다고 생각하고 있다. 신고전파가 적어도 효용이 서수적임을 인식한 것은 바람직한 일이지만, 현대 오스트리아학파 경제학자들은 표현 정리가 주류경제학의 기수적 효용 함수를 정당화 할 수 없다고 본다.

예제

1. 화폐 경제에서 필요한 시장의 수가 크게 줄어든다는 사실이 갖는 중요성은 무엇인가?

2. 다른 재화들이 화폐 상품과 달리 상품 집합으로 구성된 구매력을 갖지 않는 이유는 무엇인가? 다시 말해 화폐 상품이 갖고 있는 특수성은 무엇인가?

3. 화폐를 "산다"는 것, 또는 "판다"는 것은 무슨 의미인가?

4. 개인이 현금 잔고를 보유하는 이유는 무엇인가?

5. 계란을 더 사면 버터의 한계 효용이 증가한다고 라스바드가 말한 이유는 무엇인가?

6. 화폐가격은 주관적인 가치를 평가하는 잣대인가?

7. 미제스 이전의 경제학자들이 한계 효용에 입각한 화폐 수요 설명에 어려움을 겪은 이유는 무엇인가?

8. 미제스의 화폐 회귀를 불태환 지폐에 적용해 볼 수 있겠는가?

9. 사후적으로라도 개인은 행동에 드는 진짜 비용을 알 수 있을까?

10. 화폐의 한계 효용 체감을 근거로 누진적 소득세가 사회의 총 효용을 증가시킨다고 할 수 있는가?

제5장

생산: 구조

요약

항등순환경제(ERE)는 미제시안(Misesian) 경제학에서 매우 중요한 도구다. 항등순환경제는 미래가 확실하고, 동일한 경제 활동이 끊임없이 반복되는 가상적인 구조물이다.

항등순환경제는 이윤과 이자를 구분하는 데에 사용된다. 기업가가 그의 경쟁자보다 미래를 더 잘 예견하면 이윤을 벌고, 그렇지 않다면 손실을 본다. 불확실성의 세계에서 어떤 사람이 새로운 상품의 수요를 남들이 예상하는 것보다 더 높을 것이라고 예측하고, 상품을 생산하는 데에 필요한 요소들을 구매하고 최종 상품을 소비자들에게 판매하게 되면 더 높은 금액을 수취한다. 이런 현상은 항등순환경제에서는 존재할 수 없다. 항등순환경제에서는 모든 경제 주체들이 상품이 앞으로 얼마나 팔릴지 정확히 알고 있기 때문이다. 그러나 자본가들은 미래에 소비자에게 제품을 팔기 위해 현재의 화폐를 요소 소유자들에게 먼저 지급 하므로, 생산에 기여한 요소 소유자들에게 지불한 것보다는 많은 화폐를 얻게 된다. 이 초과분은 회계사가 보기엔

"이윤"이겠지만, 경제학자에게는 아니다. 이것은 단지 자본가들이 투자 기금에 대해 벌어들인 이자다. 항등순환경제에서 단위 시간 당 수익률은 모든 생산 라인에 걸쳐 동일하게 될 것이다.

다양한 생산 요소에 지급되는 금액을 분석하는 데에 겪는 어려움은 사례를 단순화함으로써 피해갈 수 있다. 이 장에서는 모든 생산 요소가 전적으로 특수하다고 가정한다. 즉, 오직 하나의 재화를 생산하는 데에만 사용 가능하다. 또한 생산 요소의 소유자들이 생산물을 공동으로 소유하는 경우를 다룰 것이다. 즉, 노동과 토지의 소유자들이 각각 생산에 기여하고, 소비자가 그들의 재화를 구매하면 각자가 기여한 몫대로 나눠 갖는다. 이 분석에서 중요한 것은 자본가가 독립적인 수익을 가져가지 않는다는 점이다. 소비자로부터 창출된 모든 수입은 궁극적으로 본원적 생산 요소의 소유자들에게 귀속된다.

추후에 이 가정을 완화하여 자본가들이 노동과 토지의 소유자들에게 그들의 서비스에 대한 임대차료를 선불 지급하는 상황을 살펴볼 것이다. 대신에 노동과 토지의 소유자들은 생산 과정을 따라 이동하면서, 자본재에 대한 소유권을 포기한다. 이처럼 좀 더 현실적인 시나리오 하에서는 자본가들이 총 수입의 일정 부분을 가져간다. 그러나 수입은 자본가가 생산된 재화의 판매를 통한 수입 창출이 있기 전에 노동과 토지의 소유자들에게 그들이 제공한 서비스에 대한 임대차료를 선불 지급했다는 점에 기반한다. 본원적 생산 요소의 소유자들에게 그들의 몫을 할인해서 지급하는 것은 착취나 우월한 협상력의 결과가 아니다. 그것은 미래재를 현재재로 교환해주는 것에 대한 프리미엄이다.

비용은 주관적이고, 일시적인 개념이다. 행동의 비용은 행동하는 인간에 의해 즉각적으로 발생하며, 그 자신만이 알 수 있다. 알프레드 마셜과 같은 고전파 경제학자들은 가격이 "생산비용"의 영향을 받는다고 주장하는 오류를 범했다. 인과관계는 완전히 정반대다. 다이아몬드가 비싼 것은 그것을 생산하는 비용이 비싸기 때문이 아니다. 반대로, 소비자들이 다이아몬드에 높은 한계 효용을 부여하기 때문에 다이아몬드 채굴에 비용을 많이 투입하는 것이다. A가 어떤 재화를 생산하는 데에 10시간이 들고, B가 똑같은 상품을 생산하는 데에 5시간이 든다고 하자. A가 생산하는 데에 더 높은 "비용"이 들었다고 해서 시장에서 A가 더 높은 가격을 기대할 수는 없다.

개요

1. 행동의 몇 가지 근본원리

앞서 논의된 개념들에 대한 리뷰(review).

2. 항등순환경제

항등순환경제(ERE)는 모든 경제 활동이 완벽히 예측 가능한 방식으로 반복되는 가상의 지적 구조물이다. 항등순환경제는 모든 교란 요인들이 배제되었을 때 시장이 수렴해 나가는 궁극적인 최종 상태다.

항등순환경제에는 어떠한 불확실성도 없다. 항등순환경제는 이윤과 이자를 구별할 수 있게 해준다. 모든 것이 확실하므로 항등순환경제에는 이윤이나 손실이 없다. 그러나 시간 선호는 여전히 존재하므로, 이자는 존재한다.

3. 생산의 구조: 특수요소들의 세계

여기서는 각각의 재화가 몇몇 특수요소들에 의해 생산되는 가상적 세계를 분석한다. 즉, 각 생산요소는 오로지 하나의 재화를 만드는 데에 특화되어 있다. 그러므로 생산 요소의 배분을 결정해야 하는 "경제적 문제"(economic problem)는 존재하지 않는다. 일단 소비자가 어떤 재화를 수요할지 결정하고 나면, 적절한 방법으로 요소들을 고용하는 것은 간단한 문제다.

어떤 재화에 대한 소비자의 소비지출로부터 나온 총 수입은 그 재화의 생산에 사용된 요소들에 지급된 총소득이 된다. 이 총소득이 여러 다양한 보완적 요소들에 배분되는 것을 분석하기 위해 라스바드는 두 가지 가능한 경우를 다룬다. 요소 소유자들의 공동 소유와 자본가에 의한 소유가 그것이다. (각각 4번과 6번에서 다룬다.)

4. 요소들의 소유자들에 의한 생산물의 공동소유권

여기서 라스바드는 소비재의 생산에 투입된 (완전히 특수한) 생산요소의 소유자들이 최고 고차단계에서부터 최종 소비재에 이르기까지의 "파이프라인"을 따라 움직이면서 이 과정 속에 있는 재화들에 대한 공동 소유권을 유지한다고 가정한다. 이 분석의 주된 목적은 자본재의 소유자가 얻는 별도의 독립적인 수익이 없다는 점을 강조하기 위함이다. 최종 소비재의 판매 시점에 소비자로부터 얻는 모든 소득은 본원적 생산요소(노동, 토지)의 소유자들에게 흘러든다.

5. 비용

어떤 행동의 한계 비용은 그 행동 다음으로 순위가 높은 차선의 대안에 부여되는 가치다. 가치는 주관적이므로 비용도 전적으로 주관적인 개념이다. 어떤 외부 관찰자도 타인의 의사결정에 수반되는 비용을 결정할 수 없다. 더군다나 일단 인간이 행동하게 되면 곧바로 최선의 대안 코스(alternative course)는 더 이상은 달성될 수 없는 것으로 되어버린다는 의미에서 비용은 "일시적"이다. (만일 그렇지 않다면, 그 가치가 원래 행동의 진정한 비용이 아니게 된다. 사람은 일단 행한 행동을 뒤집을 수 없으며, 기껏해야 다른 행동을 할 수 있을 뿐이다.) 행동은 미래 지향적이므로, 생산 비용은 재화의 판매 가격에 영향을 줄 수 없다.

완전히 특수한 요소들이라는 특수한 경우에 생산비용은 존재하지 않는다는 점에 주목하라. 어떤 요소가 한 재화의 생산에만 적합하다면, 이 목적을 위해 사용함으로써 포기하는 다른 대안이 존재하지 않는다. 물론 현실 세계에서는 쇼핑몰을 짓는 데 이용하지 않는다면 아름다운 채 남아 있을 숲이나 또는 어떤 생산적인 목적에 투입되지 않는다면 여가로 활용했을 노동시간과 같은 경우처럼 생산요소들이 완전히 특수하지는 않으며, 따라서 생산비용이 존재하게 된다. 생산요소들이 경쟁하는 목적들 간에 배분되어야만 하기 때문이다.

6. 자본가들이 생산물의 소유권을 가짐: 융합단계

여기서 라스바드는 좀 더 현실적인 가정을 도입한다. 즉, 토지와 노동의 소유자들이 그들의 공동 생산물이 최종재가 되어 소득을 가져다 줄 때까지 기다리기보다, 자본가들이 각 생산 단계에서 본원적 생산 요소 소유자들에게 대가를 먼저 지급하는 것이다. 이렇게 되면 자본가가 최고 고차단계에서부터 최종 소비재에 이르기까지의 파이프라인을 따라 움직이면서 이 과정 속에 있는 재화들에 대한 소유권을 획득한다. 기업가적 오류가 없다면, 자본가들은 본원적 생산 요소의 소유자들에게 지급했던 총액보다 많은 금액을 소비자들로부터 받게 된다.

앞서 4번에서와 달라진 상황은 "착취" 때문에 발생한 것이 아니며, 자본가들이 그들만의 독립적인 수익을 획득한다는 것을 의미하는 것도 아니다. 4번에서 요소 소유자들은 소득을 얻기 위해 최종 생산물이 소비자들에게 팔릴 때까지 기다려야 했다. 예를 들어 광부들은 그들의 노고에 대한 소득을 얻기까지 수년을 기다려야 할 수도 있다. 그러나 자본가들이 노동자와 지주들에게 그들의 서비스에 대한 대가를 즉각적으로 지급한다. 그 서비스가 추후 최종 소비재를 산출하기도 이전에 말이다. 따라서 자본가들은 미래재(최종 소비재로 측정한 해당 생산요소의 한계생산물)를 현재재(화폐)로 바꿔준 것이다. 자본가가 소비자로부터 얻은 총 소득 중 본원적 생산 요소의 소유자들에게 지급된 부분을 제외한 나머지 초과금액은 자본가의 협상력이나 어떤 다른 것에 기반한 것이 아니고, 이자, 즉 시간선호에 기반한 것이다. 시간 선호에 의한 이자다.

7. 현재재들과 미래재들: 순 이자율

항등순환경제에서는 순 이윤이나 순 손실이 없다. 이윤은 미래의 조건을 다른 사람들보다 더 잘 예견한 사람에게 주어지는 것이지만, 항등순환경제에서는 불확실성이 존재하지 않기 때문이다. 그러나 현재재는 여전히 미래재에 대해 프리미엄이 붙어 거래된다. 그러므로 자본가들은 여전히 이자를 벌 수 있다. 항등순환경제에서 수익률은 모든 생산 라인에 걸쳐 동일하다. 만약 자본가들이 한 생산 라인에서 5%를, 다른 생산 라인에서 3%를 벌고 있다면, 후자로부터 빠져나와 전자로 이동할 것이다.

이동은 두 라인의 수익률이 동일해 질 때까지 계속된다. 이자율이 정확히 어떻게 결정되는지는 다음 장에서 다룬다.

고전파 경제학자들(그리고 오늘날의 일반인들)은 노동이 임금을, 토지가 임대료를, 자본이 이자를 번다고 생각했다. 이러한 삼분법은 완전히 틀렸다. 모든 생산 요소는 노동이든 토지든 기계든 상관없이 그들의 한계 생산성에 따라 단위 시간 당 총 임대차료나 "고용 가격(hire price)"을 번다.

8. 화폐비용과 가격과 알프레드 마셜

고전파 경제학자들은 가격이 생산 비용에 의해 결정된다고 봤다. 적어도 장기적으로 그리고 재생산이 가능한 재화에 대해서는 그렇다고 봤다. 1870년대에 주관주의 한계 혁명이 일어난 이후 오스트리아학파를 포함한 많은 경제학자들이 가격 결정에서 효용의 중요성을 강조했다. 알프레드 마셜은 공급 측의 비용과 수요 측의 효용 모두가 가격 결정에 영향을 미친다고 주장했다. 따라서 어떤 원인이 가격을 결정하는지 묻는 것은 가위의 어떤 날이 머리를 잘랐느냐고 묻는 것과 비슷하다고 했다. 마셜의 이러한 주장에 대한 오스트리아학파의 대답은 공급 곡선 조차도 궁극적으로 한계 효용에 의해 결정된다는 것이다. 객관적이고 기술적인 측면에서 분석할 수 있는 "실질 비용"이란 존재하지 않는다. 생산 결정을 비롯한 모든 행동은 한계 비용을 수반하는데, 한계 비용은 주관적인 가치 평가로부터 비롯된다.

항등순환경제에서 소비재의 화폐가격은 요소에 지불된 가격의 합과 같다. (이 때 요소는 이자를 버는 시간을 포함한 개념이다.) 하지만 이것은 화폐 비용이 화폐가격을 결정한다는 게 아니다. 재화의 소비자는 생산자가 생산에 얼마만큼의 돈을 지출했는지 관심이 없다. 재화의 가격은 오직 그 재화가 소비자에게 주는 한계 효용에 의해 결정된다. 어떤 소비재의 효용이 매우 낮아서 생산자가 그 재화를 생산하는 데에 필요한 요소를 구매할 수 없다면, 생산자는 요소를 덜 고용하고 재화를 덜 생산한다. 이것은 요소가 벌어들이는 임대차료를 낮추고, 재화의 공급을 줄일 것이다. 이러면 재화가 소비자에게 주는 한계 효용이 높아진다. 이 과정은 이자를 포함해 요소의 소유자들에 지급되는 금액과 소비재의 판매 가격이 같아질 때까지 계속된다. 이 과정을 통해

"가격이 비용과 같아지는" 경향을 설명할 수 있다.

9. 가격설정과 협상이론

지금까지의 분석은 전적으로 특화된 생산 요소를 가정하고 있었기 때문에, 각 단계에서 발생한 소득이 보완적 요소의 소유자들에게 어떻게 분배될 것인지에 대해서는 언급하지 못했다. 물론 한 단계에서의 총 소득이 현행 이자율로 할인될 것이라는 점은 알고 있지만 말이다. 요소 소유자들 사이의 어떤 자발적인 계약도 그들이 아무것도 생산하지 않았을 때보다는 나은 결과를 가져다 줄 것이다. 그러나 실제 계약이 어떻게 될지 예측하기는 어렵다. 결정 불가능의 영역이 존재하기 때문이다.

9절 말미에 라스바드는 노동이 토지보다 희소하다는 가정을 도입한다. 노동은 언제나 인간의 효용을 증진하는 다양한 사용처가 있다. 하다못해 노동자 자신을 위한 여가로 소비될 수도 있다. 반면 언제나 한계 미만의, 즉 불모의 토지와 자연 자원이 존재한다. 이런 토지와 자연 자원은 생산 과정에 투입되어 임대차료를 지급받지 못한다. 이 가정은 선험적인 공리가 아니라, 경험적인 관찰에 의한 것임을 유념하라.

주목할 만한 기여

- 미제스의 "항등순환경제" 개념은 그 자신이 만들어 낸 것이다. 다른 경제학자들은 정체 상태를 다루기는 하지만, 미제스는 이윤과 이자의 차이를 명백하게 구분하는 데에 이 항등순환경제 개념을 사용하고 있다. 불확실성과 이윤의 관계에 집중한 것은 오스트리아학파 뿐만이 아니다. (대표적으로 프랭크 나이트가 있다.) 하지만 비현실적인 구조물을 통해 위험과 메리트(merits)에 집중한 것은 매우 드문 것이다.

- 1장에서 말했듯, "생산구조 접근법"은 오스트리아학파 고유의 것이다. 생산 구조 접근법은 생산에 소요되는 시간의 역할을 명확히 하고 강조한다.

- 자본재가 순 수익을 벌어들이는 게 아니라는 뵘-바베르크(Boehm-Bawerk)식의 관점은 대부분의 주류 경제학자들이 낡은 이론이라고 여기는 오스트리아학파의 독트린이다. 대표적으로 폴 사무엘슨이 이 지점에서 조지프 슘페터를 조롱했다. 그러나 이것은 항등순환경제 분석의 완전한 논리적 귀결이다.

- 생산 요소에 대한 대가 지급의 문제를 둘러싼 라스바드의 단계적 접근법은 《인간 행동》에 나오지 않는 라스바드 고유의 착상으로서 매우 유용하다. 이 접근법은 완전히 특수한 생산 요소와 공동 소유를 가정하는 데에서 시작하여 공동 소유의 가정을 완화하며, 그 다음(다음 장에서 다룸)에는 완전한 특수성이라는 가정을 완화한다. 게다가 다양한 생산 단계에서 요소에 대한 대가 지급을 보여주는 그의 그림은 항등순환경제의 분석을 명확히 하는 또 다른 교육 도구다.

- 효용과 실질 비용 중 무엇이 가격을 결정하냐는 논쟁, 그리고 알프레드 마셜의 유명한 절충주의에 대한 오스트리아학파의 입장은 완전한 주관주의다. 칼 멩거 이래로 오스트리아학파는 모든 시장 현상을 그 기저에 깔린 인간의 가치 평가가 표면화 된 것으로 이해한다. 기술적 노하우, 자원 공급 등등 객관적인 사실들은 가치 평가가 드러나는 수단일 뿐이다.

기술적인 문제들

1. 주류경제학에서, 균형은 단지 순 이윤 기회가 없는 상태를 의미한다. 게다가 주류경제학자들은 완벽한 예측력과 변화하는 조건을 수반한 구조물을 도입하기도 한다. 예를 들어, 계절은 변한다. 따라서 겨울에는 파카 점퍼의 생산량이 늘어야 하고 여름에는 수영복의 생산량이 늘어야 한다. 하지만 이러한 변동이 완벽히 예측되는 한, 생산 요소의 가격은 할인된 한계 생산성을 정확히 반영할 것이다. 미제스의 항등순환경제 개념은 이러한 상황을 용이하게 다루기 어려우며, 항등순환경제에서는 참(true)이지만 완벽히 예측가능한 변화의 세계에서는 반드시 참이 아닐 수도 있는 결과를 일반화 하는 데에는 주의가 요구된다. 항등순환경제는 애로우-드브류(Arrow-Debreu)를 따른 일반균형의 한 특수한 경우다.

2. 항등순환경제에서 반드시 모든 사건들이 완벽하게 반복될 필요는 없다. 예를 들어 미제스는 《인간 행동》에서 효과들이 서로 상쇄되어 소비자들에 의해 수요되는 재화와 서비스들의 양에 아무런 영향을 주지 않는 한 항등순환경제에서 사람들이 죽고 또 새로운 아기들이 태어나고 하는 것은 아무런 문제가 되지 않는다고 말한다.

3. 라스바드의 협상이론(9절)에는 몇 가지 미묘하게 복잡한 것들이 있다. 우선, 완전히 특수한 요소들이 동시에 각각의 재화의 생산에 '필수불가결'한 것이기도 하다면, 커다란 차이가 생긴다. 만약 그런 경우가 아니라면, 각각의 생산요소가 완전히 특수하다고 할지라도 한계 원칙들이 가격설정 문제에 여전히 적용될 수 있다. 이 경우 요소 소유자는 최종 생산물에 대한 자기 몫의 시장가치 이상을 요구하지 못할 것이다. (예를 들어 스미스와 존이 오직 한 가지 종류의 베리 생산에만 적합한 동일한 크기의 토지를 소유하고 있다고 하자. 만일 스미스의 토지가 존의 토지

에 비해 두 배나 비옥하다면, 스미스는 반드시 존보다 높은 소득을 얻을 것이다. 물론 라스바드라면 이러한 경우에 "스미스가 생산한 베리"라고 하는 한 가지 타입의 재화와 "존이 생산한 베리"라고 하는 다른 타입의 재화로 구분함으로써 해결할 것이다.) 한편, 각 생산요소가 완전히 특수할 뿐만 아니라 최종 재화에 필수불가결하다면 (라스바드는 이 경우를 염두에 두고 있는 것 같다), 한계 원칙들은 전혀 도움이 되지 않는다. 왜냐하면 각 생산요소의 "한계 생산물"이란 정확히 생산된 총 생산물이기 때문이다. (예를 들어, 케익에 들어가는 여러 가지 재료들의 상대적 중요성을 평가함에 있어 한계 원칙들은 전혀 도움이 되지 않는다. 만일 계란을 빼버린다면, 케익을 덜(작게) 만드는 것이 아니라 아예 케익 자체를 만들 수 없다.)

예제

1. 오스트리아학파가 주류경제학의 비현실적 가정들을 비판하면서도, 라스바드는 어떻게 항등순환경제에 대한 연구를 정당화 하는가?

2. 항등순환경제가 비현실적이면서도 자기 모순적인 이유는 무엇인가?

3. 라스바드는 2차 자본재를 생산하는 재화들을 어떻게 구분하는가?

4. 완전히 특수화된 요소의 세계에서 생산 구조를 묘사하라.

5. 최종재가 다이아 반지인 상황에서, 공동 소유가 작동하고 있다고 하자. 다음의 사람들이 다이아 반지가 팔릴 때까지의 대기 시간에 따라 대가를 지급받는다고 할 때, 가장 많이 받을 순서대로 나열하라. (a) 다이아 반지를 보석 세공사에게 운반하는 트럭 기사 (b) 다이아를 채굴하는 노동자 (c) 다이아를 반지에 올리는 보석 세공사.

6. "굶을 자유" 논쟁에서 틀린 점은 무엇인가?

7. 판매에 비용이 수반되지 않을 수 있는가?

8. 공공 서비스 회사는 생산 비용에 일정 비율의 마진을 더하는 가격 설정 체계를 갖고 있다. 이 체계의 문제점은 무엇인가?

9. 항등순환경제에서 단 하나의 순 이자율이 드러나는 과정을 설명하라.

10. 토지 소유자는 항등순환경제에서 이자를 벌 수 있는가?

제6장

생산: 이자율과 그 결정

요약

   항등순환경제에서 자본가들은 투자한 재화나 생산 단계에 상관없이 기간 당 똑같은 수익률에 직면한다. 항등순환경제를 벗어나면 차익 거래가 이런 결과로 이끄는 경향이 있다.

   개인은 그들의 가치 척도 상에 여러 단위의 현재재들과 함께 미래재들도 나열한다. 예를 들어, 개인은 내년의 스테이크 두 덩이를 올해의 스테이크 한 덩이보다 선호할 수 있다. (시간 선호 탓에, 같은 양의 주어진 재화라면 언제나 지금 받는 것을 선호한다.) 그러나 또 다른 개인은 현재의 스테이크 한 덩이가 미래의 스테이크 두 덩이보다 더 큰 효용을 준다고 생각할 수 있다. 따라서 두 사람은 거래를 통해 이득을 볼 수 있다. 첫 번째 사람이 두 번째 사람에게 현재의 스테이크 한 덩이를 파는 대신 미래에 스테이크 두 덩이를 준다는 약속을 받을 수 있다. 현재재와 미래재 간의 교환 비율인 순 이자율은 다른 가격들이 형성되는 것과 같은 방식을 따라서 여러 개인의 시간 선호에 의해 결정된다.

순 이자율은 (계약에 의해 명시적으로 이자율이 정해지는) 공식적인 대부시장이든 아니면 투입물들의 집합과 그것들이 미래에 산출할 산출물 간의 가격 차액(price spread)에 의해 암묵적으로 정해지는 생산자재 시장이든 관계없이 "시간 시장" 어디서나 나타난다.

자본가의 역할은 요소 소유자들로부터 요소가 앞으로 생산해 낼 미래의 소비재를 받는 대신 대가를 "먼저" 지급하는 것이다. 현재재는 미래재와 교환될 때 프리미엄이 붙기 때문에 특정한 과정에 투자하는 자본가는 처음 투자할 때보다 더 많은 자본 기금을 갖게 된다. 이 "초과" 수익은 생산 요소의 생산성에서 비롯된 게 아닌, 현재재가 주관적으로 미래재보다 선호되기 때문에 비롯된 것이다. (비록 토지와 노동의 소유자들이 현재재를 받고 미래재를 팔기는 하지만, 이것은 '소득 전' 상태에서만 그렇다. 본원적 생산 요소 서비스에 대한 대가를 지급 받고 나서는 그들 스스로 미래재에 투자할 수 있다.)

항등순환경제에 대한 주류경제학의 시각은 매우 오도되어 있다. 각 단계의 부가가치에 집중하여, 주류경제학자들은 자본가에 의한 총투자의 중요성을 간과한다. 이로 인해 경제의 건전성을 평가하는 기준으로 소비 지출을 지나치게 강조하곤 한다. 하지만 소비 지출은 총투자에 비해서는 상대적으로 덜 중요하며, 굳이 중요성을 강조하지 않아도 스스로 유지된다. 진짜 문제는 생산이다. 일단 적절한 재화가 생산되고 나면, 사람들이 그것을 소비하도록 만드는 것은 어려운 일이 아니다.

이자율의 결정에 대한 주류경제학의 설명은 매우 표면적이다. "절충적"인 이론가들은 주관적인 시간 선호와 객관적인 수익률 사이의 상호 작용으로 이자율의 결정을 설명한다. 그러나 수익률은 단지 각 생산 단계에서의 가격 차액일 뿐이며, 그것 자체는 오직 시간 선호에 의해서만 설명될 수 있다.

다른 조건이 동일하다면, 개인의 시간 선호에 영향을 미치는 요인은 매우 다양하다. 예를 들어 개인의 현재재 공급이 감소함에 따라, 시간 선호는 상승한다.

개요

1. 많은 단계: 순 이자율

지금까지는 완전히 수직 통합된 생산 구조를 가정했다. 수직 통합이란 자본가들이 모든 생산 요소를 구매하고, 최종재가 팔릴 때까지 기다리는 것을 말한다. 하지만 현실에서 재화의 생산은 많은 생산 단계들로 분리되어 있고, 각각의 생산 단계에서 서로 다른 자본가들은 생산요소와 고차단계에서 생산된 자본재를 구입해서 여기서 생산된 결과물을 저차 단계에 있는 다른 사람들에게 판매한다. 여기서 자본가들은 생산물이 저차 단계로 넘어가는 시점마다 이자 소득을 수취하게 된다. 최종재 산출에 이르러 모든 생산 과정이 완료될 때까지 기다리지 않는다.

항등순환경제에서는 불확실성이 없고 따라서 순 이윤도 없다. 그러나 시간 선호는 상존하고, 따라서 미래재에 대한 할인을 피할 수 없다. 따라서 자본가들은 항등순환 경제에서조차 이자 소득을 번다. 자본 투자에 대한 시간당 수익률은 개별 재화에 대해서는 다를 수 있으나, 생산 단계별로는 모두 동일하다. 만약 어떤 생산 단계에서의 수익률이 더 높다면, 자본가들은 그쪽으로 이동할 것이고, 그 결과 생산요소의 가격은 상승하고 생산물의 가격은 하락할 것이다. 이 과정은 모든 단계의 수익률이 같아질 때까지 계속된다. 이러한 사실은 그림 41에 요약되어 있다.

오스트리아학파의 관점에서 자본가의 역할은 요소 소유자에게 대가를 "먼저" 지급하는 것이다. 즉, 그 요소가 산출할 미래의 재화를 현재의 대가로 바꿔주는 것이다. 예를 들어 밭에 거름을 주는 농부는, 비록 그의 노동이 농산물 산출로 이어질 때까지 수개월이 남았음에도, 임금을 먼저 지급받아 저녁 식사를 구매할 수 있다. 미래재를 현재재로 교환하는 데에는 지불해야 할 프리미엄이 있으므로, 이 생산 과정에 투자하는 자본가는 투자를 시작했을 때보다 더 많은 자본 기금을 갖게 된다. 이 "초과" 수익은 경작지의 생산성이나 농장에 사용된 트랙터와 같이 자본재의 생산성에서 비롯된 것이 아니다. 현재재가 미래재에 비해 주관적으로 선호된다는 사실에 기인한 것이다.

2. 순 이자율의 결정: 시간시장

순 이자율은 항등순환경제에서 현재재에 부여되는 프리미엄이다. 즉, 현재재의 가격을 똑같은 재화에 대한 미래 청구권의 가격으로 나눈 비율이다. 예를 들어 순 이자율이 연 5%라고 하자. 그러면 항등순환경제에서 오늘의 금 100온스는 1년 후 금 105온스와 교환된다. 이러한 순 이자율은 대부시장뿐만 아니라 생산요소 시장을 포함한 모든 "시간시장"에서 드러난다. 순 이자율은 궁극적으로 주관적인 시간 선호에 의해 결정된다.

3. 시간선호와 개인의 가치척도들

개인은 현재 시점에서 모든 재화에 우선 순위를 매길 수 있듯이, 앞으로 소유할, 혹은 지금 소유하고 있는 미래재를 그의 가치 척도 상에 순위 매길 수 있다. 어떤 사람은 오늘의 스테이크 한 덩이보다 내년의 스테이크 두 덩이를 선호할 수 있다. (시간 선호가 존재하므로, 똑같은 양의 똑같은 재화라면 당연히 현재에 얻는 것을 더 선호할 것이다.) 그러나 또 다른 사람은 오늘의 스테이크 한 덩이가 미래의 스테이크 두 덩이보다 더 큰 효용을 준다고 평가할 수 있다. 따라서 시점 간 거래를 통해 두 사람 모두가 얻을 수 있는 잠재적 이득이 존재한다. 즉, 첫 번째 사람이 두 번째 사람에게 스테이크 한 덩이를 내어주는 대신, 두 번째 사람은 내년에 스테이크 두 덩이를 준다고 약속하는 것이다. 현재재와 미래재의 교환 비율인 순 이자율은 다른 가격들이 정해지는 것과 마찬가지로, 여러 개인의 시간 선호에 의해 결정된다. 현재재에 대한 수요는 미래재에 대한 공급과 완전히 동일하다. 여러 개인들이 현재재와 미래재로부터 누리는 한계효용을 우리가 비교할 수는 없지만, 그들의 시간 선호 스케줄을 비교해 볼 수는 있다.

4. 시간시장과 생산구조

비록 앞에서는 투자 시간부터 그 결과 탄생하는 생산물이 저차재 생산 단계의 자본가 혹은 소비자에게 판매될 때까지 기다리는 시간 때문에 자본가가 얻는 순 수익을 별도로 분리할 수 있었지만, 주어진 생산과정을 지속적으로 유지하기 위해서는 자본가는 자신의 총 투자(gross investments)를 매 기간마다 반복할 것인지 여부를 결정해야만 한다는 점에 주목해야 한다. (주류경제학에서는 총투자 계산법이 GDP 계산법으로 '이중 계산'에 해당한다고 주장하여, 오직 순투자만을 중시한다.) 생산 과정은 자동적으로 지속되지 않는다. 각 생산 과정에 속한 자본가는 투자를 그만두고, 그들이 얻은 수입의 전부를 소비에 써버릴 수 있다. 학계나 언론계의 주류들이 소비 지출의 중요성을 강조하는 것은 완전히 잘못됐다. 생산 활동의 수익성은 소비 지출이 아닌, 가격 차액(=생산물의 가격 - 요소의 가격)과 그 가격 차액이 사회의 시간 선호율과 갖는 관계 속에서 결정될 뿐이다. 한 생산물에 대해 소비자가 지출하고자 하는 절대적인 화폐의 양 그 자체는 수익성과 아무런 연관이 없다. 소비 지출의 양은 수익성과 무관하다.

5. 시간선호, 자본가들, 그리고 개별 화폐재고

개인의 한계 시간 선호율은 개인의 현재의 현금잔고와 미래의 예상되는 현금잔고 모두를 포함하는 현금 잔고에 달려있다. 예를 들어, 어떤 사람이 현재재를 팔아 그보다 많은 양의 미래재를 얻기 위해 시간 시장에 참여한다고 하자. 이 때 현재재의 한계 효용은 증가하고, 미래재의 한계 효용은 감소할 것이다. 따라서 이 사람은 어떤 지점에 이르면 이자율이 얼마나 높든지 간에, 추가적으로 현재재를 팔려 하지 않을 것이다.

6. 소득발생 후 수요자들

소득 전 상태에 놓인 개인과 소득 후 상태에 놓인 개인이 시간 시장에서 어떤 결정을 내리는지 분석할 수도 있다. 예를 들어 토지 소유자가 금을 받기 위해 소작인에게 그의 땅을 빌려준다면, 그는 현재재를 얻기 위해 미래재를 판 것이다. 그러나 이 소득을 얻은 이후에 토지 소유자는 시간 시장에 참여하여 어떤 회사의 채권(미래재)을 사는 대신 현재재(금)를 지급할 수도 있다.

7. 생산자대부시장이 중요하다는 미신

오직 시간 선호에 의해서만 이자율을 설명하는 오스트리아학파의 완고한 시각과 달리, 주류경제학에서는 이자의 형성을 절충적으로 본다. 주류경제학의 관점에서 균형이자율은 주관적인 시간 선호와 객관적인 투자 기회 사이의 상호 작용에 의해 결정된다. 이러한 접근법은 405쪽에 있는 대부 시장을 나타낸 그림에 잘 드러나 있다. 이 그림에서 공급 곡선은 대부자의 시간 선호에 의해 결정되는 반면, 수요 곡선은 다양한 투자 프로젝트의 수익률에 의해 결정된다. 따라서 이자율이 5%라면, 경영자는 최소 5% 이상의 수익(매출-지출)이 나는 프로젝트에만 투자하려는 목적으로 자금을 차입하게 된다. 그보다 낮은 이자율에서는 더 많은 프로젝트들에 수익성이 생기므로 더 많은 자금을 빌리려 할 것이다.

여기서의 오류는 다양한 프로젝트의 '주어진 수익률'이라는 것이 결국 각 생산 단계에 존재하는 가격 차액에 지나지 않고, 가격 차액은 결국 시간 선호에 의해서 결정된다는 것이다. 수익률이 시간 선호에 의해 결정되는 게 아니라면, 모든 프로젝트의 수익률이 0이 되어야 할 것이다. 미래에 기대되는 매출이 있는 한, 생산 요소들에 지속적으로 높은 가격을 베팅할 것이기 때문이다. 사실, 공식적인 생산자 대부 시장이 없는 경제도 얼마든지 상상할 수 있다. 자본가들이 금융 중개를 거치지 않고 직접 생산 요소에 투자할 수 있지 않은가. 따라서 순 이자율은 생산자 대부 시장과는 근본적으로 전혀 관련이 없다.

8. 공동주식회사

여러 개인들은 그들의 자본을 한 데 모아, 회사를 차린 뒤 회사의 자산과 부채에 대한 공동 소유권을 행사할 수 있다. 이런 회사에 통제를 가할 방법은 다양하다. 가장 대중적인 방법은 각 주주들에게 1주 1표의 투표권을 부여하는 것이다.

9. 공동주식회사들과 생산자대부시장

항등순환경제에서 기업의 주주나 채권자 사이에는 근본적인 차이가 없다. 두 집단 모두 회사의 일부를 소유한다. 항등순환경제에서 계약이자율은 자연이자율과 같아진다. 즉, 대부자에게 지급되는 공식 계약상의 프리미엄이 요소 시장에서의 가격 차액이라는 암묵적인 프리미엄과 정확히 같아진다는 것이다. 하지만 만약 어떤 생산 라인이 특히 터부시 되거나, 특히 선호된다면, 수익률은 현행 계약이자율보다 높아지거나 낮아질 수 있다. 예를 들어 대부분의 투자자들이 담배를 혐오상품이라고 생각한다면, 테디 베어의 생산 라인에 투자하는 데에 요구하는 수익률보다 담배의 생산 라인에 더 높은 수익률을 요구할 것이다. (혐오의 효과가 수익률에 영향을 미치려면, 그러한 혐오가 매우 광범위해야 한다.)

10. 시간선호에 영향을 주는 힘들

인간행동학은 비록 궁극적인 가치 판단에 대해서는 설명할 수 없지만, '다른 조건이 같다면'이라는 조건을 이용한다면 선호에 관해 몇 가지 진술을 할 수 있다. 현재의 실질 소득이 높을수록, 시간 선호는 낮아질 것이다. 다른 한편, 만약 이번 주에 세상에 종말이 올 것으로 예상된다면, 모든 사람의 시간 선호는 극도로 높아질 것이다.

11. 이자율들의 시간구조

주류경제학자들은 장기이자율과 단기이자율을 대비시키고, 장기이자율을 예상 단기이자율의 함수로 표현한다. 하지만 이 접근법은 왜 처음부터 장기이자율과 단기이자율 사이에 차이가 발생하는지를 설명하지 못한다. 앞서 설명했듯이, 항등순환경제에서는 주어진 투자 기간에 대한 수익율은 동일해야만 한다.

:: 부록: 슘페터와 영의 이자율

슘페터는 장기균형에서는 생산물의 가격이 그 생산에 투입된 투입물들의 가격에 귀속되기 때문에 이자율이 0이 될 것이라는 유명하고도 논쟁적인 결론에 도달했다. 기술 혁신을 통해서만 양의 이자율을 유지할 수 있다는 것이다. 이와 대조적으로 오스트리아학파는 "정체"되어있는 항등순환경제에서조차 시간 선호는 존재하고, 따라서 투입물들과 생산물 사이에는 언제나 가격 차액이 존재함을 강조한다. 즉 자연이자율은 양(+)의 수가 될 수밖에 없다.

주목할 만한 기여

- 라스바드는 그림 41에서 자본과 이자에 대한 오스트리아학파적 접근법을 가장 경제적으로 표현해냈다. 주류경제학의 '순환흐름도'처럼 그림 41은 어떻게 항등순환경제에서 총 소비 지출(금 100온스)이 순 소득(자본가 17온스+노동·토지 소유자 83온스)과 같아지는지 잘 보여주었다. 그러나 그림 41은 생산 구조를 보여주었다는 측면에서 주류경제학의 전형적인 거시 순환흐름도와는 차원이 다르다. 즉, 본원적 생산 요소로부터 최종 소비재로 완성되기 까지 시간이 소요된다는 사실을 잘 보여주고 있다.

- GNP 개념에 대한 라스바드의 비판은 여전히 유효하다.

기술적인 문제들

1. 이 장의 곳곳에서 라스바드는 항등순환경제에서 다년간의 이자율이 연 이자율의 곱과 같아야 함을 주장한다. 예를 들어 균형 상태에서 2년이 소요되는 생산과정 또는 투자가 10퍼센트 수익을 얻는다면, 연 5퍼센트 이자율과 같다는 것이다. 이러한 단순화는 특히 고려 대상 기간이 짧을 때 경제학에서 일반적으로 쓰이는 방법이다. 그러나 엄밀히 말하면 복리 계산 때문에 2년 이자율은 10.25%가 되어야 한다.

2. 라스바드는 미래의 금을 10년에 걸쳐 수취하는 경우를 가정하고 있다. 그래서 그는 시장이자율이 (20퍼센트가 아닌) 2퍼센트라고 하면 이것은 "미래의 12온스의 금이 현재의 10온스 금의 가격"이라는 것을 의미한다고 말하고 있다. 앞서 말한 바와 같이 라스바드는 복리 계산을 무시하고 단순히 연 이자 2퍼센트에 10년이면 20퍼센트가 된다고 가정하고 있다.

3. 라스바드의 숫자 선택은 개인이 차입자도 아니고 대부자도 아닐 수 있는 흥미로운 가능성을 보여주고 있다. "이자율이 개인의 초기 시간선호율보다 높다면 그는 대부를 할 것이고, 반면에 이자율이 낮다면 차입을 할 것이다."는 내용을 기억하는 독자라면 다소 놀랄 수 있는 지점이다. (N+1)번째 단위의 한계효용과 (N-1)번째 단위의 한계효용에 차이가 있기 때문에, 이런 성급한 추론이 전적으로 타당한 것은 아니다.

4. 그의 논의가 다소 설득력 있긴 하지만, 라스바드는 항등순환경제에서 어떻게 투자 신탁이 존재하는지 설명하는 데에 실패했다. 어떠한 불확실성도 없다면, 그의 돈을 투자하기 위해 누군가에게 수수

료를 지불할 이유가 무엇인가?

5. 루츠(Lutz)의 이자율 구조 이론에 대한 라스바드의 비판은 항등순환 경제에서는 완전히 유효하다. 그러나 많은 주류경제학자들은 항등순환경제를 벗어날 경우, 10년 채권의 연 이자율이 1년 채권을 10년간 10번 운용하는 경우보다 높은 것이 합리적이라고 주장한다. 왜냐하면 10년 채권에 투자할 경우 1년 채권에 10번 투자하는 것보다 "유동성"이 떨어지기 때문이다. (물론 만기 이전에 채권을 판매하는 경우를 고려하면 이런 차이는 많이 줄어든다.)

6. 슘페터의 제자들이 시간 선호를 부정할 때, 그들은 라스바드가 말한 것과 같은 결론을 가정하지 않는 것에만 그치지 않는다. 그들은 시간선호를 미래 효용에 대한 주관적인 할인으로 정의하며, 미래재에 대한 할인에는 필요하지도 않고 또 충분하지도 않은 것으로 본다. 예를 들어 클레멘스와 두디(Clemence and Doody)가 말하는 것처럼 어떤 사람이 시간 선호를 갖고 있지 않을 수는 있다. 하지만 그럼에도 불구하고 여전히 미래의 사과보다는 현재의 사과를 선호할 수도 있다(어쩌면 예상되는 미래 사과의 공급이 그의 현재의 공급보다 훨씬 많기 때문에). 이런 접근법은 결국 효용에 대한 기수적 개념에 근거하고 있다(여기서 시간선호는 명백하게 현재효용에 대한 프리미엄으로 정의될 것이다). 그래서 본질적으로 오스트리아학파의 관점과는 괴리가 크다.

예제

1. 이전 장들에 비해 이 장에서의 분석이 더 일반적인 이유는 무엇인가?

2. 이자율의 단일화 경향은 왜 생기는가?

3. '고전적 삼분법'이란 무엇인가?

4. 어떤 의미에서 노동자가 미래재를 팔고 현재재를 구입한다고 할 수 있는가?

5. 개인들의 시간 선호 스케줄을 비교하는 것은 주관주의에 위배되는 것인가?

6. GNP에 대한 라스바드의 비판은 무엇인가?

7. 시간 시장의 구성 요소는 어떻게 되는가?

8. 주식 1주의 액면 가격은 무엇인가?

9. 배당과 "유보 이익" 사이에 차이가 있는가?

10. 시간 선호가 주관적이라면, 어떻게 하나의 자연이자율이 있을 수 있는가? 자연이자율도 사람마다 다르지 않을까?

제7장

생산: 요소들의 일반적 가격설정

요약

  이 장에서는 항등순환경제에서의 요소 서비스 단위당 가격이 어떻게 결정되는지 설명한다. 자본가는 임대차료가 할인 한계 가치 생산(DMVP)보다 낮은 한, 생산 요소를 추가적으로 구입하고자 할 것이다. 한계 가치 생산(MVP)은 생산 요소의 추가적인 1단위에 귀속되는 추가적인 수입이다. 할인 한계 가치 생산은 미래의 한계 가치 생산을 현재 시장 가치로 환산한 것이다. 예를 들어 추가적인 1단위의 노동이 1년 뒤에 110달러의 추가적인 수입을 창출한다고 하자. 이자율이 10%라면, 고용주는 이 노동자를 100달러 이상으로는 고용하지 않을 것이다.

  많은 학자들이 생산 투입물들의 비중이 다양하다는 점의 중요성을 강조한다. 하지만 이것은 실제로는 할인 한계 가치 생산을 유일하게 결정하게 되는 생산요소의 상대적 특수성에 다름 아니다.

  한계 가치 생산은 한계실물생산(MPP)에 생산물의 가격을 곱한 것이다. 즉, 요소 구매자는 추가적인 1단위의 요소가 물리적 산출량(판매량)을 얼마나 증가시킬지 추정하고, 증가분의 시장 가격을 증가분에 곱한다. 산출량이 증가함에 따라 시장 가격이 하락한다면, 실제 한계 가치 생산은 위의 계산법으로 얻은 값보다 낮아질 것이다.

토지는 자연으로부터 주어진 본원적 생산 요소로 정의되고, 자본재는 "생산된" 생산 요소로 정의된다. 그러나 완벽한 정의는 없다. 생산요소를 자본재처럼 재생산이 가능한 생산요소와 토지나 노동 등 여타 생산요소로 구분하는 것이 더 낫다. 특히 석유나 석탄과 같이 고갈되는 자원은 비록 그것들이 영구적인 것은 아니지만 토지로 분류되어야 한다. 지리적(geographic) 토지는 침식 방지 등 토지를 유지하기 위한 행동이 이루어지는 한 경제적 토지와 자본재로서의 성격을 모두 갖는다는 점에 주목하라. 항등순환경제에서는 고갈되는 자연자원을 다룰 수 없다. 항등순환경제에서는 재화의 총 재고가 변하지 않기 때문이다.

모든 생산 자산은 자본 가치를 갖는다. 항등순환경제에서 자본 가치는 그 자산에 대해 지급될 임대차료의 흐름을 현재 가치로 할인한 값과 같다. 따라서 어떤 의미에서는 항등순환경제에서 유일한 소득은 궁극적으로 노동 소득과 투자된 금융 자본에 대한 이자다. 어떤 사람이 1년에 10,000달러의 임대차료를 가져다주는 미개척 토지를 발견했다고 하자. 그렇지만 항등순환경제에서는 여기서부터 얻는 10,000달러의 수익은 그의 자본 "투자"에 대한 암묵적인 이자 수익인 셈이다. 5%의 이자율을 가정하면 그의 토지가 갖는 시장 가치는 200,000달러가 될 것이다. 따라서 발견자는 해마다 임대차료를 수취하거나 200,000달러의 현재재를 받고 그 토지를 팔아버릴 수 있다.

개요

1. 할인한계가치생산의 귀속

이 장에서는 요소 1단위 당 서비스의 가격이 항등순환경제와 실제 경제에서 어떻게 형성되는지 다룬다.

자본가는 생산 자원의 임대차료가 그것의 할인 한계 가치 생산보다 낮은 한, 그 자원을 추가적으로 고용하고자 할 것이다. 한계 가치 생산은 생산 요소의 추가적인 1단위에 귀속되는 추가적인 수입이다. 할인 한계 가치 생산은 미래의 한계 가치 생산을 현재 시장 가치로 환산한 것이다. 예를 들어 추가적인 1단위의 노동이 1년 뒤에 110달러의 추가적인 수입을 창출한다고 하자. 이자율이 10%라면, 고용주는 이 노동자를 100달러 이상으로는 고용하지 않을 것이다.

추가적으로 공급된 단위는 이전보다 덜 시급한 용도에 배분될 것이다. 따라서 요소의 한계 가치 생산과 할인 한계 가치 생산은 요소의 공급이 늘어남에 따라 감소한다.

여러 생산 라인에 투입될 수 있는 비특수(nonspecific) 생산 요소의 가격은 할인 한계 가치 생산에 따라 가격이 설정될 것이다. 즉 추가적으로 고용되는 1단위는 아직 충족되지 않은 목적 중 가장 생산적인 목적에 투입된다. 특수 요소의 할인 한계 가치 생산은 최종재의 1단위 가격에서 그 생산에 사용된 비특화 요소에 지출된 가격을 제한 값이다. 예를 들어 비특수 노동의 할인 한계 가치 생산이 시간당 10달러라고 하자. 그리고 어떤 약품 1단위는 한 시간의 노동과 어떤 베리 1파운드로 만들어진다고 한다. 이 베리는 이 약품에 사용되는 것 외에 어떠한 경제적 용도도 가지지 않는다고 하면, 이때 베리 1파운드의 할인 한계 가치 생산은 소비자의 한계 효용에 의해 결정되는 약품의 (할인된) 가격에서 노동자에게 지불한 10달러를 제한 값이다.

2. 할인한계가치생산의 결정

1) 할인하기

잠재적 요소 구매자가 요소의 한계 가치 생산을 알고 있다면 그는 할인 한계 가치 생산을 구하기 위해서 미래에 얻을 한계 가치 생산을 현행 이자율로 할인하기만 하면 된다. 예를 들어 현재 한 시간의 노동을 추가적으로 투입하면, 내년에 105달러에 팔릴 소비재를 추가적으로 얻을 수 있다고 하자. 만약 이자율이 5퍼센트라면 이 노동의 현재 시장가치(즉 항등순환경제에서 그것의 가격)는 100달러가 된다.

2) 한계실물생산

요소 서비스 1단위의 한계실물생산은 그 서비스가 산출하는 추가적인 재화의 양을 의미한다. 예를 들어 9명의 노동자가 셔츠 700개를 생산하고, 10명의 노동자가 셔츠 750개를 생산한다면, 10번째 노동자의 한계실물생산은 셔츠 50개다. 평균실물생산은(APP)은 총 생산물을 그 생산물을 만드는 데에 투입된 요소의 총량으로 나눈 것이다. 우리의 예시에서 10명의 노동자를 고용할 때 평균실물생산은 셔츠 75개이다.

수확의 법칙은 평균실물생산 곡선이 최대치를 갖는다는 점을 내포하고 있다. 즉, 어떤 지점을 지나면, 생산 요소의 추가적인 투입이 평균실물생산을 감소시킨다는 얘기다. 한계실물생산이 평균실물생산보다 클 때 평균실물생산은 요소 투입에 따라 증가한다. 한계실물생산이 평균실물생산보다 작을 때, 평균실물생산은 요소 투입에 따라 감소한다. 즉 평균실물생산은 한계실물생산과 평균실물생산이 같을 때 최대화된다. (이것은 학생의 학점을 예시로 설명 가능하다. 4-2학기 학점이 4-1학기까지의 누적 평균 학점보다 높으면 졸업 학점은 4-1학기까지의 누적 평균 학점보다 높을 것이고, 그 반대라면 낮을 것이다.)

3) 한계가치생산

한계실물생산을 안다면, 한계가치생산은 한계실물생산에 최종 생산물의 시장 가격을 곱해 얻을 수 있다. 위의 예시를 계속 차용해, 셔츠가 개당 20달러에 팔린다고 하자. 이 때 10번째 노동자의 MVP는 1,000달러가 된다. (다만 부록 1을 참조하라.)

3. 요소소득들의 원천

소득의 원천은 자본인가 소비인가? 모든 자본주의적 생산의 목표는 소비다. 게다가 모든 생산자는 궁극적으로 소비자의 지출 결정에 따라 행동하게 된다. 그러나 베리 따기처럼 직접 생산을 제외한다면, 생산은 그 이전의 저축을 필요로 한다. 특히 노동자는 자신의 노동이 최종 소비재를 산출하기도 전에 '지금 당장' 임금을 요구한다. "임금 기금"을 축적한 자본가만이 노동의 생산물이 산출되기에 앞서 임금을 지급할 수 있다.

4. 토지와 자본재들

자본재의 일반적인 정의는 '생산된 생산 요소'다. 그러나 자본재를 "재생산이 가능한" 생산 수단이라고 정의하는 것이 더 낫다. 토지와 노동을 동원한 재생산 과정이 있기 때문에, 자본재는 항등순환경제에서 순 수익을 벌어들이지 않는다. 바로 이러한 이유 때문에 자본과 노동을 구분하는 것이다.

지리적(geographic) 토지는 경제적 의미의 토지와 자본재의 결합이다. 예를 들어 농장은 침식 등이 되지 않도록 신중하게 유지관리되어야 한다.

5. 자본화와 임대차료

항등순환경제에서 내구 자산의 시장 가격 또는 자본 가치는 자산이 창출하는 서비스의 흐름에서 비롯되는 미래의 임대차료 수입의 합을 현행 이자율로 할인한 값이다. 오직 노동자만이 순 임대차료를 얻고, 소득은 임금과 이자로만 구분된다. 왜냐하면 토지도 자본 가치를 가지며, 따라서 토지 소유자에게 지불되는 임대차료는 (암묵적일지라도) 시간선호에 따른 이자 수익이기 때문이다. 어떤 사람이 1년에 10,000달러의 임대료를 가져다주는 미개척 토지를 발견했다고 하자. 여기서부터 얻는 10,000달러의 수익은 그의 자본 "투자"에 대한 이자인 셈이다. 5%의 이자율을 가정하면 그의 토지가 갖는 시장 가치는 200,000달러가 될 것이다. 따라서 발견자는 해마다 임대차료를 수취하거나 200,000달러의 현재재를 받고 그 토지를 팔아버릴 수 있다.

6. 자연자원의 고갈

영구적이고 재생산이 불가능한 생산 요소는 토지로 분류된다. 반면에 소모되지만 재생산이 가능한 요소는 자본재로 분류된다. 하지만 다이아몬드 광산처럼 영구적이지 않고, 재생산이 불가능한 생산 자원은 어떻게 분류할 것인가? 이러한 자연 자원이 노동과 토지를 사용해 재생산이 가능한지가 가장 중요한 판단 기준이며, 이에 따라 그 답은 당연히 '아니오'다. 따라서 석유나 천연가스처럼 소모성을 가진 자연 자원은 토지로 분류된다. 항등순환경제에서는 고갈되는 자연자원을 다룰 수 없다. 정의상 재화의 총 재고가 변하지 않기 때문이다.

:: 부록 A: 한계실물생산과 한계가치생산

 엄밀히 말해 한계가치생산은 한계실물생산에 생산물 가격을 곱한 것과 같지는 않다. 그 이유는 수요의 법칙에 따라 재화의 양이 증가하면 소비자들이 지불하고자 하는 가격이 하락하기 때문이다. 따라서 일반적으로 한계가치생산은 한계실물생산에 생산물 가격을 곱한 값보다 작다. 위의 예시를 계속 차용하여, 9명의 노동자가 셔츠 700개를 생산하고 있고, 셔츠의 개당 가격은 21달러라고 하자. 10번째 노동자를 고용하면 750개의 셔츠를 생산할 수 있지만, 이 때 셔츠의 개당 가격은 20달러가 된다. 그러므로 10번째 노동자를 고용하여 얻을 수 있는 추가적인 수입은 1000달러(=50×20)가 아닌, 300달러(=750×20-700×21)에 불과하다. 할인을 무시하면, 이 기업은 10번째 노동자에게 300달러만 지급하게 된다. 시장 가격이 낮아지면서 기존의 생산량인 700개에 대해 셔츠 1개당 1달러의 "손실"이 발생한다. 이 손실이 10번째 노동자의 한계실물생산에서 비롯된 1,000달러의 수입을 상쇄하게 되는 것이다.

:: 부록 B: 롤프 교수와 할인한계생산성 이론

 프랭크 나이트의 추종자인 롤프는 할인된 한계가치생산 접근법을 부정하고, 모든 생산 요소가 그 대가를 '직접' 지급받는다고 주장한다. 예를 들어 공장 건설 현장에서 일하는 노동자는 그들이 하루 동안 생산한 "생산물"(공장의 일부)에 대하여 그날 저녁에 임금을 받는다는 것이다. 즉, 어떤 할인도 존재하지 않는다. 그러나 여기에 대해 한 가지 의문을 제기하지 않을 수 없다. 완성되지 않은 공장이 어떻게 가격을 지불받아, 노동자의 임금을 충당할 수 있느냐는 것이다. 이것이 가능한 이유는 오로지 고차재 생산자들이 최종 재화를 최종 소비자들에게 판매할 것을 기대하는 저차재 생산자들로부터 수익을 얻을 것으로 기대하기 때문이다. 만약 공장이 지진 같은 이유로 가치를 잃는다면, 노동자는 가치를 갖는 재화를 전혀 "생산"하지 않은 것이다. 이 경우 노동자가 받은 임금은 오직 기업가적 오류 덕분에 받을 수 있었던 것이다.

주목할 만한 기여

- 라스바드는 요소 가격의 결정에 있어, 투입 비율이 고정이냐 가변이냐 보다는, 요소의 특수성이 갖는 중요성을 명확히 하고 있다.

- 토지의 정의를 다루는 라스바드의 논의는 명확성을 갖는다. 이전의 정의는 과거 회귀적인 기준에 의존하여 벼락맞은 나뭇가지로 좋은 창을 만드는 것과 같은 예외적인 경우를 다루지 못했다.

기술적인 문제들

1. "고정 투입비율"에 대한 주류 경제학자들의 걱정은 이 경우에 한계생산성 접근법을 채택하기 어렵다는 점에 기인한다. 비유하자면, 비틀즈 멤버들의 상대적인 중요성을 어떻게 평가할 수 있느냐는 것이다. 폴 매카트니를 빼면 음악의 질이 떨어진다. 링고를 빼도 마찬가지다. 드러머가 없다면 나머지 세 멤버의 음악이 썩 좋지 않을 것이다. 그런데 한계생산성 접근법은 비틀즈 음악이 갖는 전체 가치는 모두 링고로부터 나온다는 결론으로 이끌 수 있다. (투입 비율이 가변적인 경우에는 이러한 문제가 존재하지 않는다. 예를 들어 10대의 트랙터와 5명의 노동자가 밀 1,000달러어치를 생산하고, 반면에 10대의 트랙터와 9명의 노동자가 밀 900달러어치를 생산한다면, 5번째 노동자의 한계 가치 생산은 명백히 100달러이다.)

2. 위에서 든 사례와 유사한 경우를 라스바드는 pp. 459-60에서 다루고 있다. 주류경제학자들은 X 1단위의 MVP가 금 25온스라는 라스바드의 결론에 반대할지도 모른다. 같은 추론을 거치면, 2.5Y의 MVP와 0.5Z의 MVP도 똑같이 금 25온스가 되어야 하기 때문이다. 따라서 한계 생산성 접근법이 "이중 또는 삼중 계산"에 빠지는 것 아니냐는 의심이 생길 수 있다. 그러나 라스바드는 최초 3X, 7.5Y, 1.5Z를 소유한 기업이 X 한 단위를 추가로 고용하는 데에 금 25온스까지 지불한다고 말하고 있지 않다는 사실에 유의하라. 오히려 라스바드는 4X, 10Y, 2Z를 소유한 기업이 4번째 X의 고용을 유지하는 데에 금 25온스를 지불할 용의가 있다는 것이다. 만약 X를 한 단위 잃음으로써 Y와 Z를 덜 구매함에 따라 발생하는 지출 감소를 논의에 포함시킨다면, 금의 손실이 완화될 것이고, "이중 계산"의 의문은 제기되지 않을 것이다. 의사결정자가 실제 처한 상황을 명확하게 구체화 한다면, 한계 생산성 접근법은 올바른 답

을 내놓는다.

3. 라스바드가 부록 B에서 한 이야기가 모두 맞다 하더라도, 오스트리아학파는 일반적인 고용주는 스스로를 할인 한계가치에 따라 지불하는 사람이라고 여기지 않을 수 있다는 점을 기억해야 한다. 생산구조가 수직 통합되어있지 않다면, 각 생산자들은 요소를 사들인 다음, 그의 생산물을 생산 라인의 다음 생산자에게 팔 것이다. 이 때 이들 저차 생산자들은 사실상 "소비자"이며, 철광석의 판매자에게 자신의 철광석이 어떻게 가공될 것인지는 별로 중요하지 않다. 핵심은 고차재의 가격이 저차재의 가격에 의해 인과적으로 결정되는 것이지, 그 반대가 아니라는 점이다.

예제

1. 고정 투입 비율이 존재하는 생산과정이란 무엇인가?

2. 요소의 MVP는 왜 할인되어야 하는가?

3. 고도로 특수한 재화의 예를 들어라.

4. 요소 공급이 늘어남에 따라 DMVP가 줄어드는 이유는 무엇인가?

5. 요소의 "일반적인" DMVP 스케줄과 "특정한" DMVP 스케줄 사이에 존재하는 차이는 무엇인가?

6. APP가 감소하는 영역에서 고용이 이뤄지는 이유는 무엇인가?

7. 나이트 추종자들(Knightian)이 토지와 자본재의 구분을 거부하는 이유는 무엇인가?

8. 어떤 상황에서 숲이 토지로 분류되고, 어떤 상황에서 자본재로 분류될까?

9. 라스바드는 항등순환경제에서 토지가 순 임대료를 벌지 않는다고 이야기 하는가?

10. MVP가 MPP에 가격을 곱한 것과 같지 않다면, MVP의 정확한 정의는 무엇인가?

제8장

생산: 기업가정신과 변화

요약

　기업가적 이윤은 요소를 구입하여 생산물을 판매할 때 그 수익률이 현행 이자율보다 높은 경우 발생한다. 이윤을 보는 기업은 생산 요소에 대한 일반적인 과소평가의 이점을 취한 것이다. 만약 다른 사람들이 그 요소를 투입해 얻을 수 있는 생산물의 미래 판매 가격을 정확히 인지했더라면, 그들 역시 높은 수익률을 얻기 위해 시장에 참여했을 것이다. 반면 기업가적 손실은 그 반대의 과정을 거쳐 발생한다. 자본가들이 상대적으로 과대평가된 자원에 투자했다가 생산물의 판매 가격이 이자율만큼의 수익을 가져다주지 못하는 것이다.

　항등순환경제에서 미래는 정확히 알려져 있으므로, 과소평가나 과대평가가 존재할 수 없다. 모든 요소들은 그 할인한계가치생산(DMVP)에 맞게 대가를 지불받는다. 현실 세계에서는 기업가정신이 요소 가격이 올바르게 책정되도록 하는 경향으로 이끈다.

　장기 균형에서 시작하여 시간 선호가 낮아지는 상황을 가정해보자. 사람들은 현재 소비를 줄이고 더 많은 투자를 하게 될 것이다. 총투자는 이전보다 늘어나는데, 이것은 순투자가 양(+)이라는 것을 말한다. 이러한 변화는 저차 단계에 고용되어 있던 생산요소들이 고차 단계로 이동할 수 있도록 만든다. 이처럼 더 "길어진" 생산 구조를 "보다 고도화된" 자본주의적인 생산 과정이라 한다. 자연이자율이 낮아짐에 따라 생산단계와 생산단계 사이의 가격 차액도 감소한다. 이것은 시간선호의 감소와 일치한다.

순투자는 현재 소비의 일시적인 감소(즉, 저축)를 필요로 한다. 하지만 더 길어진 생산 구조를 통해 소비재들이 "산출되게 되면", 이전보다 총 산출량이 늘어난다. 따라서 자본가들은 더 많은 미래 소비를 위해 현재 소비의 일부를 포기하는 사람들이다.

특화 정도가 매우 높은 토지는 생산 구조의 재조직화 이후 소득이 감소할 수도 있다. 완전히 비특화된 요소라고 볼 수 있는 노동의 경우, 저축 증가의 수혜를 입게 된다. 역설적으로 투자자들은 일시적인 이득만을 얻을 뿐, 증가된 이윤은 요소 가격의 조정을 통해 완전히 사라진다.

진보하는 경제란 순 총이윤이 존재하는 경제를, 정체 경제란 총이윤이 총손실과 동일한 경제를, 그리고 퇴보하는 경제란 손실이 이윤을 초과하는 경제를 말한다. 진보하는 경제는 순투자가 이뤄지는 경제이며, 퇴보하는 경제는 총투자의 감소(음의 순투자)에 직면하는 경제다.

시간 선호가 하락하고 투자가 증가할 때, 자연이자율이 하락한다. 그 반대도 성립한다. 따라서 진보하는 경제는 이자율의 하락을 특징으로 하며, 퇴보하는 경제는 이자율의 상승을 특징으로 한다.

실제 시장 이자율은 시간 선호에 의한 순 이자율 외에 채무 불이행 위험이나 생산 과정에서의 낮은 수익률 위험 등을 포함한다.

위험은 알려지지 않은 결과 중에서, 계량화된 확률 분포를 가진 결과를 말한다.

개요

1. 기업가적 이윤과 손실

지난 장들에서 우리는 방해받지 않는 항등순환경제 하에서의 가격 형성을 살펴봤다. 여기서는 미래가 불확실한 경제에서의 가격 변동을 살펴본다. 항등순환경제와 비교했을 때 현실 경제에서 드러나는 현격한 차이는 바로 요소의 한계 가치 생산이 고용 시점에 자본가-기업가에 의해 추정된다는 것이다. 그러므로 항상 과오 추정의 가능성이 있으며, 이에 따른 이윤과 손실의 가능성도 상존한다.

기업가적 이윤은 요소를 구입하여 생산물을 판매할 때 그 수익률이 현행 이자율보다 높은 경우 발생한다. 이윤을 보는 기업은 생산 요소에 대한 일반적인 과소평가의 이점을 취한 것이다. 만약 다른 사람들이 그 요소를 투입해 얻을 수 있는 생산물의 미래 판매 가격을 정확히 인지했더라면, 그들 역시 높은 수익률을 얻기 위해 시장에 참여했을 것이다. 반면 기업가적 손실은 그 반대의 과정을 거쳐 발생한다. 자본가들이 상대적으로 과대평가된 자원에 투자했다가 생산물의 판매 가격이 이자율만큼의 수익을 가져다주지 못하는 것이다. (미래 수익이 요소에 대한 화폐지출을 초과한다고 해도, 이자율만큼의 수익이 나지 않는다면 손실을 본 것이다. 왜냐하면 그가 자신의 자금을 대부했다면 이자율만큼 벌 수 있었을 것이기 때문이다.)

기업가는 이윤과 손실 기회를 제거하는 경향이 있다. 높은 수익률을 내는 라인에 투자함으로써, 기업가는 요소 가격을 높이는 한편 생산물의 가격을 낮춘다. 이에 따라 수익률이 낮아진다. 반면 수익성이 없는 라인에서 이탈함으로써, 생산물의 가격은 높아지고 관련된 요소의 가격은 낮아져 수익률이 높아진다. 다른 조건이 동일하다면, 기업가의 이윤 추구는 모든 생산 라인의 수익률이 현재의 시간선호 수준과 일치하도록 만들 것이다.

기업가는 과소평가된 요소의 가격을 끌어 올리고, 과대평가된 요소의 가격을 끌어 내린다. 소비자의 선호를 최대한 충족하도록 자원을 배분한다는 관점에서 볼 때, 이윤과 손실의 매커니즘은 분명한 사회적 기능을 갖는다.

2. 순 투자의 효과

순 저축과 순 투자가 존재할 때, 즉 기존의 생산 구조를 유지하기 위한 수준보다 더 많은 총투자가 이뤄질 때, 경제에는 총 이윤이 드러난다. 이런 상황은 투자자들의 시간 선호가 감소하여, 미래 소비를 늘리려는 목적으로 현재 소비의 더 많은 부분을 포기할 때 발생한다. 현재 소비의 감소는 저차 단계에 고용돼 있던 생산 자원이 이탈하여 생산 구조 상의 고차 단계에 투입되는 것을 가능하게 한다. 저차 단계에서의 지출이 줄어들수록 고차 단계에서의 지출이 늘어난다. 또한 새로운 고차 생산 단계가 추가된다. 그 결과 생산 단계 사이의 가격 격차가 줄어든다. 자연이자율의 하락은 투자자들의 낮아진 시간 선호와 일맥상통한다. 라스바드가 사용했던 구체적인 숫자들을 이용하여 이러한 시간선호 하락의 효과들을 그림으로 나타내 보면 다음과 같다.

기존의 생산 구조 하에서 총소득은 418온스(=100+80+15+60+16+45+12+...)였다. 총 소비는 100온스, 총 투자는 그 차액인 318온스였다. 100온스의 순 소득 중에서 17온스는 자본가에게, 83온스는 노동자와 토지 소유자에게 귀속되었다. 자연이자율은 소수점을 반올림 하여, 모든 생산 단계에 거쳐 대략 5%였다. 중간 단계의 자본가는 중간재 구매에 45온스를 지출하고, 노동과 토지에 12온스를 지불한다. 그렇게 중간재를 생산하여 1년 뒤 60온스에 판매한다. 이 때 수익률은 대략 5퍼센트(≈3/57)이다. 최종적으로 6단계의 생산 단계가 있다.

두 번째 그림은 20온스의 순 저축과 순 투자가 이루어진 이후의 가상의 생산 구조를 보여준다. 즉, 100온스의 원래 소비에서 80온스만 현재 소비에 지출하기로 한 것이다. 따라서 총 소비는 80으로 줄어들고 총 투자는 338(20+318)로 늘어난다. 맨 밑줄의 80온스는 소비자들이 최종 소비재에 지출한 금액이며, 총투자(=67.7+10+64.1+1.6+50.9+11.3+...)는 338이다. 이 때 새로운 자연이자율은 3%다. 중간 단계에 있는 자본가는 고차 자본재 구매에 39.4온스를 지불하고, 노동과 토지에 10온스를 추가로 지불한다. 그렇게 생산한 생산물을 1년 후 50.9온스에 판매함으로써 수익률은 대략 3퍼센트(≈1.5/49.4)가 된다. 순소득 80온스 중에서 자본가들은 10.1온스를 이자 소득으로 얻고 토지와 노동의 소유자들은 69.9온스를 얻는다. (자본가들이 얻는 순소득은 왼쪽 줄에 있는 이자 소득의 합을 통해서도 알 수 있고, 아니면 총투자에 이자율을 곱해서도, 즉 338x0.3≈10.1을 통해서도 알 수 있다.) 한편 이제는 생산 구조에 총 7개의 생산 단계가 있다. 저축과 그에 따른 이자율 하락이 보다 더 자본주의적인 생산구조로 이끌었다.

	Income to Land and Labor Factors 83 ounces						
Interest Income 17 ounces	↑ ↑ 19 ounces ↑	↑	↑	↑	↑	↑	
1	← 20	8	↑				
2	←	30	13	↑			
2	←	45		12	↑		
3	←	60			16	↑	
4	←	80				15	
5	←	100 ounces					

Original Structure
(Figure 41 from page 369)

	Income to Land and Labor Factors 69.9 ounces							
Interest Income 10.1 ounces	↑ ↑ 17 ounces ↑	↑	↑	↑	↑	↑	↑	
0.5	←17.5	10	↑					
0.8	←	28.3	10	↑				
1.1	←	39.4		10	↑			
1.5	←	50.9			11.3	↑		
1.9	←	64.1				1.6	↑	
2.0	←	67.7					10	
2.3	←	80 ounces						

New Structure

3. 변화하는 경제에서의 자본가치와 총이윤

진보하는 경제란, 순 총이윤이 발생하는 경제다. 정체하는 경제는 총 이윤이 총 손실과 같은 경제이며, 퇴보하는 경제는 총 손실이 총 이윤보다 큰 경제다. 진보하는 경제는 순투자가 이뤄지는 경제이며, 퇴보하는 경제는 총투자의 감소(음의 순투자)에 직면하는 경제다.

4. 자본축적과 생산구조의 길이

뵘바베르크는 더 길고 현명하게 선택된 생산 과정은 더 짧은 과정보다 물리적으로 언제나 더 생산적임을 보였다. 즉, 생산 요소를 더 긴 과정에 투자함으로써, 동일한 생산 요소로부터의 물리적 산출량을 높일 수 있다는 것이다. 물론 이것은 더 긴 생산 과정 모두가 물리적으로 더 생산적임을 의미하는 것은 아니다. 더 길고 더 생산적인 그런 과정이 존재한다는 것을 의미할 뿐이다.

5. 신기술의 채택

다른 조건이 동일하다면 행동하는 인간은 현재의 소비를 가능한 한 빨리 달성하고 싶어 한다. 그래서 인간은 우선 가장 짧은 과정부터, 즉 기다리는 시간이 가장 짧은 과정부터 이용하기 시작한다. 주어진 자원을 더 긴 과정에 투자하는 유일한 이유는 그렇게 함으로써 더 많은 생산물을 얻어낼 수 있으리라 기대하기 때문이다. 생산 과정이 무한히 길어지지 않도록 "제동"을 거는 것은 바로 시간 선호다. 어떤 시점에서든 더 길고, 더 생산적인 과정이 선택지에 올라 있지만 그것이 선택되지 않는 이유는 바로 더 많은 생산물을 얻기 위해 요구되는 대기 시간 때문이다. 이런 이유로 새로운 저축과 투자는 대기 시간이 끝나고 나면 본원적 생산 요소에 대해 더 많은 산출량을 보장한다. 그러므로 과학적 발견이나 다른 기술 진보가 없더라도, 자본 축적만으로도 생산 수준의 영속적인 향상이 가능하다.

6. 저축-투자의 수혜자들

토지와 노동이 더 긴 생산 과정에 투자될 때, 그들의 물리적 산출량은 증가하고, 따라서 1인당 소비도 증가한다. 순 투자와 그에 따르는 총 이윤은 투자자에게 일시적인 소득을 안겨 주지만, 생산성 증가분은 궁극적으로 임대차료와 임금의 상승을 통해 노동과 토지의 소유자들에게 귀속된다.

7. 진보하는 경제와 순수 이자율

총투자의 증가(감소)는 그 이전에 시간 선호 하락(상승)이 있을 때에만 가능하며, 그 결과로 순수 이자율의 하락(상승)을 야기한다.

8. 시장이자율의 기업가적 구성요소

현실 세계에서 시장 이자율은 항등순환경제에서처럼 시간 선호에 따른 "순수" 이자율만을 반영하지 않는다. 투자 과정에 내재한 상이한 불확실성의 정도도 반영된다. 예를 들어, 한 은행이 수십 년 동안 존속한 대기업에 연 5%의 금리로 대출해 주는 반면, 이제 막 시작한 작은 벤처기업에는 연 8%의 금리로 대출해 준다고 하자. 이것은 은행이 후자의 경우에 더 높은 시간 선호를 갖고 있기 때문이 아니라 후자가 채무를 불이행할 가능성이 더 높기 때문이다.

9. 위험, 불확실성, 그리고 보험

위험과 불확실성을 구분한 프랭크 나이트의 선구적인 분석에 따르면, 위험은 알려지지 않은 결과 중에서 계량화가 가능한 확률분포를 가진 결과를 말한다. 위험은 보험을 통해 회피할 수 있지만, 불확실성은 그렇지 않다. 모든 기업가정신은 불확실성을 감내하며, 그것을 이전시킬 수 없다.

주목할 만한 기여

- 일반 "이윤율"이라는 개념의 오류를 지적하기 위해 라스바드는 일반 "손실율"이라는 개념을 도입했다. 그의 논지는 시장에서 정상 이윤이나 자동적인 이윤은 없다는 것이다. 생산물의 가격에서 요소에 대한 지출을 제한 표준적인 초과분은 이자에 기인한 것이지 기업가정신에 기인한 것은 아니다.

- '저축의 역설'이란 이것이다. 자본재를 축적하고 더 많은 생산물을 얻기 위해서는 현재 소비를 줄여야 한다. 그러나 만약 판매자들이 자신의 재화에 대한 수요가 줄어드는 것을 알고 있다면, 어떻게 미래의 더 많은 생산 능력을 위한 투자에 나설 것인가? 오스트리아학파와 같이 생산에서의 시간의 역할을 포함하고 있는 자본이론만이 이처럼 명백해 보이는 역설을 해결할 수 있다. 뵘바베르크가 케인지언 관점의 19세기적 버전에 대해 지적했듯이 사람들이 저축을 하는 것은 "소비에 대한 지출을 줄이는 것"이 아니라, 보다 많은 미래 소비 지출을 기대하고 현재 소비에 대한 지출을 줄이는 것이다.

- 라스바드는 진보하는 경제와 퇴보하는 경제를 총투자를 기준으로 정의하는 반면, 미제는 1인당 총투자를 기준으로 정의한다.

기술적인 문제들

1. 라스바드는 '화폐 이윤'을 일반이자율과 실제 투자 수익률의 차이로 정의하고 있다. 이것은 '화폐수입 - 화폐지출'로 정의되는 회계적 이윤과는 다른 것이므로 혼동해서는 안 된다. 주류경제학자들은 회계적 이윤과 경제적 이윤을 구분한다. 만약 어떤 회사가 1%의 회계적 이윤을 벌었다 해도, 이자율이 5%라면 그는 경제적 손실을 본 것이다. 주류경제학의 경제적 이윤은 라스바드의 화폐 이윤에 해당된다. 라스바드 본인은 경제적 이윤에 해당되는 화폐 이윤과 심적 만족을 구별한다.

2. 이자와 이윤을 구별한 것은 경제학의 진일보다. 오늘날의 대중들이나 고전학파 경제학자들은 '이윤'이라는 개념을 오늘날의 회계적 이윤과 동일한 개념으로 사용했다. 그래서 그들은 기저에 있는 이자율을 초과하는 수익을 별도로 구분할 수 없었다.

3. 이윤과 손실은 질적인 수단일 뿐만 아니라, 기업가가 시장 가격을 교정하거나 왜곡하는 정도에 대해 알아보는 양적인 수단이기도 하다는 점을 인지할 필요가 있다. 가격 구조의 차이를 잘 잡아내는 사람은 큰 이윤을 벌고, 소비자 수요에 대해 잘못 예측하는 사람은 손실을 본다.

4. 라스바드는 "어떤 균형 상태에서든 순저축은 정의상 영(0)이다 (왜냐하면 순저축이란 이전 기간 동안에 이루어졌던 총저축 수준의 변화를 의미하기 때문이다)."라고 말한다. 이러한 정의는 주류경제학의 접근법과 전적으로 일치하지는 않는다. 예를 들어, 표준적인 성장 모형에서는 매기마다 순 투자가 양수인 장기 균형이 존재한다. 이 경우, 순 투자는 단지 감가상각을 벌충하기 위해 필요한 투자를 뛰어 넘는 투자를 의

미한다. 즉, 순 투자란 자본 스톡의 성장을 의미하는 것이다. 이러한 정의의 차이가 생기는 이유는 자본재를 바라보는 관점의 차이에서 나온다. 오스트리아학파는 자본재를 "운전 자본" 혹은 "생산과정 속의 재화들"로 보는 반면, 신고전파는 고정 자본만을 자본재로 본다. 빵의 생산량을 유지하기 위해서 제빵사는 매기마다 밀가루를 사야 하지만, 새로운 오븐을 사지는 않는다는 것이다.

예제

1. 항등순환경제에서 이윤이 존재할 수 있는가?

2. 모든 생산 라인의 수익률이 단일해지지 못하도록 하는 요인은 무엇인가?

3. 진보하는 경제에서 요소 소득은 어떻게 되는가? (특화 요소와 비특화 요소 모두를 논하라.)

4. 진보하는 경제에 총 이윤이, 퇴보하는 경제에서 총 손실이 존재하는 이유는 무엇인가?

5. 항등순환경제는 정체하는 경제인가? 정체하는 경제는 필연적으로 항등순환경제인가?

6. "자본 절약적" 기술 진보가 생산 구조를 단축하는 투자를 만들어 낼 수 없을까?

7. 생산 구조가 길어지는 데에는 반드시 기술 진보가 수반되나?

8. 이자율 자체가 자본재 공급에 맞춰 조정되는가?

9. 진정한 의미의 실업 보험이라는 게 존재하는가?

10. 보험은 도박과 다른가?

제9장

생산: 특정 요소의 가격과 생산소득

요약

 이 장은 변화하는 경제에서 특화된 생산 요소의 가격에 대해 다룬다. 임대료는 요소 서비스 한 단위를 고용하는 데에 지불하는 가격이다. 항등순환경제에서 내구적 요소를 통째로 사들이는 가격은 그 요소가 받을 미래 임대료를 현재 가치로 할인한 값이다. 항등순환경제에서는 오직 토지와 노동만이 순 임대차료를 얻는다. 임금은 노동 서비스 한 단위를 고용할 때 지불하는 가격이다.
 특수하지 않은 일반적인 토지의 공급곡선은 수직선이다. 일반적인 토지에는 별도의 유보 용도가 존재하지 않는다. 그러나 특수한 용도로 사용될 수 있는 토지의 공급곡선은 우상향하는 기울기를 갖게 된다. 이러한 형태는 그 토지를 다른 용도로 사용할 때 발생하는 기회비용을 반영한 것이다.
 토지와 마찬가지로 특수한 용도를 가진 노동의 공급 곡선 역시 우상향 한다. 대체 용도가 존재하기 때문이다. 일반적인 노동의 공급 곡선은 후방 굴절된 모양을 가질 수 있다. 임금률이 어떤 수준에 이르면, 임금률이 증가할 때 노동의 공급량이 줄어드는 것이다. 케인스의 비판과는 달리 경제학은 완전 고용을 "가정"하지 않는다. 경제학은 단지 모든 사람이 충분히 낮은 임금률에서라도 일할 의지가 있다면 "일자리를 얻을 수 있다"고 말할 뿐이다.

가격이 비용을 결정하는 것이지, 그 반대가 아니다. 주류경제학에서 등장하는 다양한 공급 곡선은 고정된 요소 가격들을 가정하고 있고, 가격이 어떻게 출현하는지를 설명하지 못한다. '가격 수용자'로서의 기업으로부터 논의를 이어가기 때문이다.

기업 소유주의 총 소득은 투자한 자본에 대한 이자와 경영 활동에 대한 (암묵적) 임금, 주주로서의 의사 결정에 대해 받는 임대료로 나눌 수 있다. 항등순환경제를 벗어난다면 기업가적 이윤과 손실이 포함된다.

어떤 가상의 기업이 이 세상에 존재하는 다른 모든 기업과 합병한다고 해보자. 다양한 생산 요소를 거래하는 시장은 더는 존재하지 않을 것이며, 기업의 소유주들은 여러 생산 라인의 상대적인 수익성을 계산할 수 없다. 사회주의는 이러한 일반적인 현상의 단지 하나의 특수한 경우이다.

"동일한" 재화에 대해서는 동일한 가격이 나타날 것이다. 그러나 "동일한" 재화라는 정의는 소비자의 관점에서 정의된다. 따라서 플로리다의 오렌지와 뉴욕의 오렌지는 다른 재화이며, 두 지역의 오렌지 가격도 다를 것이다.

고전파 경제학자들의 접근법과 달리, 현대 경제학은 우선 재화가 생산되고 그리고 나서 "분배"되는 두 가지 과정으로 되어 있지 않다고 본다. 오히려 재화의 생산과 분배는 동시에 발생한다. 생산자가 받는 인센티브를 바꾸면, "파이"의 전체 크기가 바뀔 수 있다.

소비자의 가치 평가는 소비재의 한계 효용을 결정하며, 이 한계효용이 궁극적으로 다시 재화의 가격을 결정한다. 토지, 노동, 자본 등 생산 요소의 임대 가격은 재화의 가격을 바탕으로 생산 요소의 DMVP를 계산하여 결정된다. 순수 이자율은 개인들의 시간 선호 스케줄에 의해 결정되며, 이 이자율이 이미 알려져 있는 내구재의 미래 임대 가격에 기반하여 이 내구재의 자산가치를 계산하는 데 이용된다.

> 개요

1. 서론

이 장은 변화하는 경제가 특수한 요소 가격에 미치는 영향을 분석한다.

2. 토지, 노동, 그리고 임대료

1) 임대료

임대료는 요소의 단위 서비스를 고용하는 데에 지불되는 가격이다. 항등순환경제에서 내구적 요소를 통째로 사들이는 가격은 그 요소가 받을 미래 임대료를 현재 가치로 할인한 값이다. 임금은 노동의 단위 서비스에 대해 지불하는 가격이다. 순 임대료는 자본재의 총 임대료에서 그 자본재를 생산하는 데에 투입된 요소의 소유자들에게 지불된 총 임대료를 뺀 값과 같다. 항등순환경제에서는 오직 토지와 노동만이 순 임대료를 번다. 왜냐하면 자본재의 총 임대료는 자본재 형성을 위해 필요한 노동, 토지, 시간에 귀속되기 때문이다. 임금은 노동서비스 한 단위를 고용하는 가격이다. 노동시장에 참여한 "총 요소"의 자본 가치란 노예제를 의미하며, 따라서 자유시장에서는 존재할 수 없다. 노동이 토지보다 희소하다는 것은 중요한 경험적 사실이다. 한계 이하의 토지는 존재하지만 한계 이하의 (고용 불가능한) 노동은 존재하지 않는 이유가 바로 이것이다.

2) 노동의 속성

"경영"과 "노동" 사이에는 근본적인 차이가 없다. 둘 다 자본가에 의해 고용되어 자신의 역할을 수행한다. 그러나 여러 기업의 부사장들이 착취당하지 않기 위해 노동조합을 결성하자는 제안을 하는 사람은 없다.

3) 토지의 공급

특수하지 않은 일반적인 토지의 공급 곡선은 수직이다. 일반적인 토지에는 별도의 유보 용도가 존재하지 않는다. 그러나 특수한 용도로 사용될 수 있는 토지의 공급 곡선은 우상향 한다. 이러한 형태는 그 토지를 다른 용도로 사용할 때 발생하는 기회비용을 반영한 것이다. 경제적 의미에서 토지가 영구하다는 점을 전제로 하면, "투기적 유보"가 일어나는 이유는 하나뿐이다. 토지소유자가 해당 토지를 현재 생산에 사용하지 않고 미래에 더 가치 있는 생산에 사용하고자 사용을 연기하고 있는 것이다. 헨리 조지가 이야기하는 것과 반대로, 이것은 정확히 소비자들이 가장 원하는 용도로 토지를 배분하고 있는 것이다.

4) 노동의 공급

토지의 경우와 마찬가지로 특수한 용도를 가진 노동의 공급 곡선 역시 우상향 한다. 대체 용도가 존재하기 때문이다. 그러나 노동은 전적으로 비특화된 요소이므로, 개별 공급 곡선들은 토지의 그것보다 훨씬 탄력적이다. 일반적인 노동의 공급 곡선은 이론적으로는 후방 굴절된 모양을 가질 수 있다. 임금률이 어떤 수준에 이르면, 임금률이 증가할 때 노동의 공급량이 줄어드는 것이다. 이것은 임금 증가가 노동자로 하여금 여가를 더 소비하도록 할 때 가능한 현상이다.

임금률은 동일한 노동 단위에 대해 같아지는 경향이 있다. 그러나 노동자가 얻는 전체 보상에는 심리적 요소도 포함되는데, 이것이 화폐 임금의 균등화 경향을 방해할 수 있다.

5) 생산성과 한계생산성

자본재의 공급이 증가할 경우, 다른 조건이 동일하다면, 노동의 MPP가 증가한다. 따라서 1인당 실질 임금도 증가한다. 따라서 여러 기간에 걸친 실질 임금의 증가는 사실 노동자가 잘해서 많이 버는 것이 아니다. 예를 들어 자동차 산업에서의 투자 증가는 관련 노동자들의 물리적 산출량을 늘릴 것이다. 왜냐하면 노동자들이 더 많은, 그리고 더 좋은 도구를 갖고 일하기 때문이다. 이로 인해 자동차 산업에서의 임금률은 올라가고, 그 결과 다른 산업에 고용돼 있던 근로자들을 자동차산업으로 끌어들인다. 따라서 노동 공급이 감소한 다른 산업에서도 균형 실질 임금이 오른다. 결국 자동차 산업에 대한 자본가들의 투자가 식당 점원의 실질 임금까지 높이는 것이다. 이때 식당 점원의 임금이 오른 것은 일을 더 열심히 했거나 훈련을 더 잘 받은 결과가 아니다.

6) 명시적 임금률과 총임금률

고용주의 관점에서, 그가 지불한 총임금은 노동자의 DMVP를 넘을 수 없다. 따라서 연금, 건강 보험 등 노동자에게 제공되는 각종 혜택의 상승은 다른 조건이 동일할 경우 노동자의 가처분 소득을 줄인다.

7) 실업 '문제'

케인스의 비판과는 달리 경제학은 완전 고용을 "가정"하지 않는다. 경제학은 단지 모든 사람이 충분히 낮은 임금률에서라도 일할 의지가 있다면 "일자리를 얻을 수 있다"고 말할 뿐이다. 따라서 사람들의 목표는 단순히 일자리가 아니라 높은 임금을 받는 일자리이다. 이 목표를 달성하는 방법은 정부의 "경기 부양"이 아니라 노동의 DMVP를 높이기 위한 자본 축적이다.

3. 기업가정신과 소득

1) 기업의 비용

가격이 비용을 결정하는 것이지, 그 반대가 아니다 ("생산비용"은 대부분 요소 가격이라는 점을 상기하라). 주류경제학에서 빈번하게 등장하는 비용 곡선들은 요소 가격들이 고정되어 있다고 가정하고 있으며, 따라서 가격이 어떻게 출현하는지를 설명하지 못한다. '가격 수용자'로서의 기업으로부터 논의를 이어가기 때문이다.

단위 당 평균비용은 요소 투입물들의 불가분성으로 인해 산출물 수준에 따라 다를 수 있다.

2) 사업소득(Business Income)

기업 소유주의 총 소득은 투자한 자본에 대한 이자와 경영 활동에 대한 (암묵적) 임금, 주주로서의 의사 결정에 대해 받는 임대료로 나눌 수 있다. 항등순환경제를 벗어난다면 기업가적 이윤과 손실이 포함된다.

3) 개인적 소비자 서비스(Personal Consumer Service)

의사나 변호사처럼 어떤 기업가들은 자신의 노동을 최종 소비자에게 직접 판매한다. 이런 사람들은 자영업자라 하는데, 암묵적인 의미에서만 임금을 번다.

4) 시장계산과 암묵적 소득(Market Calculation and Implicit Earnings)

암묵적 소득은 어떤 주어진 행동에 대한 총소득과 비교할 수 있는 현실 시장에서의 명시적 가격들이 존재하는 경우에만 계산될 수 있다.

5) 수직적 통합과 기업의 규모

어떤 가상의 기업이 이 세상에 존재하는 다른 모든 기업과 합병한다고 해보자. 다양한 생산 요소를 거래하는 시장은 더는 존재하지 않을 것이며, 기업의 소유주들은 여러 생산 라인의 상대적인 수익성을 계산할 수 없다. 사회주의는 이런 일반적 현상 중 극히 하나의 특별한 (중요한) 경우이다.

4. 입지와 공간적 관계의 경제학

"동일한" 재화에 대해서는 동일한 가격이 출현할 것이다. 그러나 무엇이 동일한 재화인지는 소비자의 관점에서 규정된다. 따라서 플로리다의 오렌지와 뉴욕의 오렌지는 다른 재화이며, 두 지역의 오렌지 가격도 다를 것이다. 생산 거점을 정하는 기준에는 기술적인 효율성만 있는 게 아니다. 재화를 최종 소비자에게 운송하는 비용까지 고려되어야 한다. 생계비가 높은 지역에서의 화폐 임금률은 그에 따라 조정될 것이다.

5. '분배'의 오류에 관한 노트

고전학파 경제학자, 특히 리카도의 접근법과는 달리, 현대 경제학자들은 재화가 생산되고 분배되는 과정이 나누어져 분리되어 있다고 보지 않으며, 오히려 생산과 분배는 동시에 일어난다고 본다. 생산자가 받는 인센티브를 바꾸면, "파이"의 전체 크기가 바뀔 수 있다. 더 부자인 사람이 생산 과정의 결정에 있어 더 큰 목소리를 내는 것이 사실이다. 하지만 그들의 많은 부는 그 이전의 시장 활동의 결과이다. 자유 시장에서 모든 부는 개척이든, 생산이든, 선물 받았든, 그 이전의 어떤 행위를 통해 달성된 것이다.

6. 시장의 요약

항등순환경제에서 오스트리아학파 경제학자들은 논리적인 방법으로 모든 시장 가격의 높이를 설명한다. 소비자의 가치 평가는 소비재의 한계 효용을 결정하며, 한계 효용이 다시 재화의 가격을 결정한다. 토지, 노동, 자본 등 생산 요소의 임대 가격은 재화의 가격과 생산 기술의 수준을 바탕으로 생산 요소의 DMVP를 계산하여 결정된다. 순수 이자율은 개인들의 시간 선호 스케줄에 의해 결정되며, 이 이자율은 내구재의 알려진 미래 임대료들에 기반하여 내구재의 현재 자본가치, 즉 자산 가격을 계산하는 데 이용된다.

항등순환경제를 벗어나면, 실제 시장 가격은 재화의 최종 가치로 수렴하는 경향이 있다. 조건의 변화에 따른 불확실성은 예측 오류의 가능성을 남겨둔다. 이윤은 희소 자원을 소비자의 욕구를 만족시키는 데에 잘 배분한 기업가에게 귀속된다.

주목할 만한 기여

- 라스바드는 자신의 논의 중 상당수가 뵘바베르크 덕분이라고 했지만, 그의 '궁극적인 의사 결정 능력' 개념은 독창적인 것이다.

- 라스바드는 오스트리아학파의 임대료와 비용 개념을 마셜 개념의 준 임대료와 구분하려 주의를 기울인다. 또한 주류경제학의 공급 곡선에 대한 집착과도 거리를 두려 한다.

- 라스바드는 미제스의 계산논쟁을 "민간"기업들의 결합에까지 적용함으로써 미제스의 계산논쟁을 일반화시켰다.

기술적인 문제들

1. 몇몇 경제학자들은 노동 공급곡선의 후방 굴절은 기펜재의 예시라고 주장한다. 여가라는 재화의 가격을 임금률이라고 정의한다면, 공급곡선의 후방굴절은 여가의 가격이 높아질수록(제한된 영역에서나마) 소비자들이 더 많은 여가를 구매한다는 의미가 되며, 이것은 여가라는 재화에 대한 수요의 법칙에 명백히 위배된다.

2. "시장사회주의자들"은 왈라스적 분석을 이용하여 알려진 기술 수준, 자원 공급, 소비자 선호 등을 활용하게 되면 중앙 계획자가 최적 생산 계획을 도출할 수 있다고 보여줌으로써 미제스의 계산 논쟁에 반박했다. 하이에크는 이 해법이 이론적으로는 타당하지만, 실질적으로, 방정식의 수나 관련된 지식을 중앙 계획자에 전달하는 과정에서의 한계 등을 고려하면 적용 불가능한 이야기라고 주장했다. 라스바드와 다른 학자들은 하이에크의 "인정"조차 거부한다. 중앙 계획자가 생산 수단의 시장 가격 없이 경제 계산을 수행하는 것은 이론적으로도 불가능하다는 것이다.

3. 자유시장에서는 대규모 실업은 발생할 수 없으며, 임금률이 낮아지면 더 많은 노동자가 고용될 수 있다는 라스바드의 주장에 대해 케인즈 같은 몇몇 학자들은 반대할 것이다. 케인스는 그의 저서 《일반 이론》에서 이런 (그의 용어에 따르면) "고전적인" 관점은 1930년대 광범위했던 "비자발적" 실업의 경험적인 증거를 간과한다고 비판했다. 또한 전체로서의 노동자들이 자신들의 실질 임금을 낮출 수 없는 가능성을 간과했다고도 했다. 케인스는 개별 노동자는 낮은 화폐 임금(따라서 실질 임금)에 동의할 수 있지만, 모든 노동자들이 10% 임금 삭감에 동의한다면, 소비자들의 구매력이 감소하여 가격이 그만큼 떨어질 수 있다고 보았다. 결국 실질 임금이 그

만큼 떨어지지 않을 수 있다. (물론 여기에서 케인스의 분석을 지지하는 것은 아니다.)

예제

1. 라스바드는 인구 증가가 한편으로는 MVP의 하락을 가져와 임금을 낮추는 경향이 있지만, 노동 분업의 향상을 통해 그것을 극복할 수 있다고 봤다. 자본재에도 같은 논리를 적용할 수 있는가? "최적" 자본량이라는 것이 존재할까?

2. 토지에도 후방굴절 공급곡선이 존재할 수 있는가?

3. 라스바드는 심적 임금률은 '화폐 임금 + 심적 효용' 또는 '화폐 임금 − 심적 비효용'으로 균등화 된다고 한다. 이 원리가 개인 간의 효용 비교를 내포하는가?

4. 라스바드는 소기업이 효율적 산출 규모 이하로 기계를 가동하면 대기업과 경쟁하기 어렵다고 말한다. 하지만 왜 이런 문제가 효율적 산출 규모 이상으로 기계를 가동해야 하는 대기업에도 똑같이 적용되지 않을까?

5. 항등순환경제에서조차 "궁극적인 의사 결정 능력"으로 임대료를 벌 수 있는 이유는 무엇인가?

6. 라스바드가 하인을 자영업자로 브는 이유는 무엇인가?

7. 한 기업이 3차재를 100달러에 사들여 2년 뒤 1차재를 121달러에 판다고 하자. 또한 각 생산 단계가 완료되는 데에 1년이 걸린다고 하자. 나아가 2차재가 115달러에 팔린다고 하자. 만일 이자율이 10퍼센트라면, 이 기업은 이윤을 극대화 하고 있는가?

8. A도시의 모든 화폐가격들이 B도시의 그것들에 비해 두 배 높은 것을 제외하고는 모든 것이 동일하다면, 이 두 도시가 일치한다고 할 수 있는가? 라스바드라면 화폐 임금률이 소비재 가격의 차이를 고려해 조정되어야 한다고 하지 않겠는가?

9. 제조 공장이 인구 밀집 지역과 매우 가까이 위치해있다면, 그 소유주는 멀리 떨어진 공장을 갖고 있는 소유주에 비해 높은 이윤을 벌고 있다고 할 수 있을까? 생산 기술이 동일하다고 가정하면, 어떻게 답할 수 있을까?

10. 트랙터의 가격을 계산하기 이전에 이자율을 먼저 결정해야 하는 이유는 무엇인가?

제10장

독점과 경쟁

요약

  소비자의 선호는 시장 경제를 움직이는 궁극적인 힘이다. 많은 이들이 이것을 "소비자 주권"이라고 부른다. 그러나 이것은 적절치 않은 정치적 은유다. 자유 시장에서 개인은 자신의 신체와 재산에 대한 온전한 통제권을 갖는다.

  카르텔은 산출량을 사회적 최적 수준 미만에 머무르게 한다고 알려져 있다. 그러나 카르텔이 그의 제품 중 일부를 파괴하는 "최악의 경우"를 생각해보자. 여기에서 진정한 낭비는 파괴된 상품이 아니라, 그 상품에 투입된 희소 자원들이다. 카르텔이 미래에 이윤 극대화 산출량을 생산하면, 이 희소 자원들은 다른 곳으로 흘러들 수 있다. 게다가 카르텔의 형성은 기업의 설립이나 합병과 비슷하지만, 많은 사람들은 카르텔에 대해서만 비효율적이라고 바라본다.

  자유 시장에서 기업은 최적 규모가 되는 경향이 있다. 대규모 생산의 낮은 단위 비용은 기업의 규모를 증대시키는 경향이 있다. 그러나 기업의 관료제화에 따른 간접 비용이 이러한 경향에 제동을 가한다. 궁극적인 한계는 모든 기업이 하나가 되어 생산 요소와 생산물 가격이 없어지는 데에 따른 혼란에 있다. 산출량을 제한하고 가격을 높이기 위한 자발적인 카르텔은 본질적으로 불안정하다. 카르텔 협정을 위반하고 할당량보다 더 많이 생산하려는 유인이 상존한다. 카르텔에 속한 모든 기업이 약정을 맺고 거기에 따른다고 해도, 그리고 그들이 "정상 수익 이상"을 벌고 있다면, 외부자가 이 시장에 진입할 것이다.

독점은 어떤 재화나 서비스의 유일한 판매자, 혹은 정부의 특혜를 수취하는 자, 혹은 독점 가격을 달성할 수 있는 사업체로 정의될 수 있다. 첫 번째 정의는 그야말로 얼빠진 정의다. 이 정의에 따르자면, 모든 사람이 독점자다. 두 번째 정의는 합당하며, 후생을 해치는 주범으로서 정부 개입에 초점을 맞추고 있다. 세 번째 정의는 '독점 가격'이라는 게 존재하지 않는다는 점을 깨닫는다면 공허한 개념이다. 간단히 말해 "경쟁 가격"과 비교할 수 있는 "독점 가격"이란 존재하지 않는다. 이론적으로도 이런 개념을 정의할 방법은 없다. 우리가 논의할 수 있는 대상은 자유 시장에 출현하는 '방해 받지 않는 가격' 뿐이다.

비록 노동조합이 산출을 제한하고 가격이 높아지도록 만드는 적절한 예시이기는 하지만, 독점의 예시는 아니다. 특혜 받는 노조원들은 비노조원들을 희생하여 이득을 얻는다. 노동조합을 옹호하는 주된 논거는 실제 세계에서 한계 생산성에 따른 임금의 결정이 단일한 임금을 산출해 내지 않고 가능한 임금의 영역을 산출해 낸다는 것이다. 이러한 정당화의 문제점은 더 많은 사람들이 시장에 참여할수록 그러한 불확정성의 영역이 점차 줄어든다는 것이다. 게다가 노동조합은 경영진과의 "협상"에서 유리한 고지를 달성하기 위해 종종 폭력과 위협에 의존한다.

"완전경쟁" 산업의 중요한 특징은 개별 기업이 자신의 상품에 대한 수요를 수평선의 형태로 받아들인다는 점이다. 그러나 이것은 터무니없는 소리다. 이론적으로 보아도 모든 수요 곡선은 우하향 한다. 독점적 경쟁 시장에서의 "초과 생산능력"에 대한 논의는 완전히 합리성을 잃고 기하학적인 트릭에 의존한다. 부드러운 비용곡선이라는 가정을 버리게 되면, 논의는 완전히 허물어진다.

개요

1. 소비자주권의 개념

1) 소비자주권 대 개인적 주권

소비자의 선호는 시장 경제를 움직이는 궁극적인 힘이다. 많은 이들이 이것을 "소비자 주권"이라고 부른다. 그러나 이것은 적절치 않은 정치적 은유다. 자유 시장에서 개인은 자신의 신체와 재산에 대한 온전한 통제권을 갖는다. 소비자는 생산자에게 어떤 상품을 생산하라고 강요할 수 없다. 소비자는 단지 지출 결정을 통해 수익을 추구하는 생산자들에게 영향을 주려고 시도할 수 있을 뿐이다.

2) 허트 교수와 소비자주권

허트(Hutt)의 주장은 가장 포괄적이면서도, 논의를 미궁에 빠뜨린다. 생산자의 어떤 결정을 암묵적인 소비 행동으로 간주할 경우에만 소비자는 생산에 대한 "주권"을 행사한다. 이런 형식적 의미에서 소비는 언제나 생산을 지배한다. 그러나 이것은 시장에서의 교환 관계에 접근하는 유용한 관점은 아니다. 아무튼 허트는 일관성 없이 동어반복적인 접근법을 취하면서 소비자 주권을 긍정하지만 그것을 필요조건이 아닌, 현실 경제와 비교되는 이상적인 벤치마크로 긍정한다.

2. 카르텔과 그 결과

1) 카르텔과 '독점가격'

카르텔은 산출량을 제한함으로써 소비자 주권의 실현을 방해한다고 알려져 있다. 그러나 카르텔이 이윤을 높이기 위해 그의 제품 중 일부를 파괴하는 "최악의 경우"

를 생각해보자. 분명히 초과 생산은 실수였고, 다시 반복되지 않을 것이다. 나아가 카르텔이 과잉생산을 하고는 이 초과분을 파괴하기보다는 오히려 판매하고자 하는 양만큼만 생산할 것이다. 그렇다면 여기에서 진정한 "낭비"는 파괴된 상품이 아니라, 그 초과분에 투입되었던 희소 자원들이다. 카르텔이 미래에 이윤 극대화 산출량을 생산하면, 이 희소 자원들은 다른 곳으로 흘러 갈 것이다.

2) 카르텔, 합병, 그리고 회사들

카르텔을 비판하는 사람들이 합병이나 기업의 설립에 대해서는 이를 죄악시 하거나 비효율적이라고 하지 않는다. 그런데 이것들과 (자발적인) 카르텔의 형성 사이에 본질적으로 무슨 차이가 있는가?

3) 경제학, 기술, 그리고 기업의 규모

자유 시장에서 기업은 소비자의 관점에서 최적 규모가 되는 경향이 있다. 한편으로 대규모 생산의 낮은 단위 비용 덕분에 기업의 규모가 커지는 경향이 있다. 그러나 기업의 관료제화에 따른 간접비용이 이러한 경향에 제동을 가한다. 궁극적인 한계는 모든 기업이 하나가 되어 생산 요소와 생산물의 가격이 없어지는 데에 따른 혼란에 있다.

4) 카르텔의 불안정성

산출량을 제한하고 가격을 높이기 위한 (정부 규제에 의한 지원이 없는) 자발적인 카르텔은 본질적으로 불안정하다. 첫째, 카르텔 협정을 위반하고 할당량보다 더 많이 생산하려는 유인이 상존한다. 둘째, 더 효율적인 카르텔 멤버들이 시간이 지날수록 많은 할당량을 요구할 것이다. 비효율적인 경쟁자를 위해, 효율적인 경쟁자들이 스스로 산출량을 제한해야 할 이유가 무엇인가? 셋째, 카르텔에 속한 모든 기업이 약정을 맺고 거기에 따른다고 해도, 그들이 초과 수익을 얻고 있다면, 외부자가 이 시장에 진입할 것이다.

5) 자유경쟁과 카르텔

몇몇 비평가들은 카르텔이 선택지를 줄여 소비자들의 "자유"를 제한한다고 주장한다. 그러나 이런 주장은 자유와 (선택의) 힘을 혼동한 데에서 비롯된 것이다. 또 다른 주장의 근거는 몇몇 산업의 경우 시작 비용이 높다는 점이 "진입 장벽"으로 작용해 기존 기업에 장기적으로 높은 이윤을 보장해준다는 것이다. 그러나 어떤 개인도 자동차 산업에 진입하는 데에 2천만 달러를 필요로 하지 않는다. 무수한 개인들이 자신의 자산을 모아 기업을 세우면 된다.

6) 유일한 거대 카르텔의 문제

유일한 거대 카르텔에 대한 공포는 경제계산 문제를 간과하고 있다. (상대적으로) 자유로운 시장에서 거대 카르텔이 등장하지 않았던 이유는 무엇일까?

3. 독점가격의 환상

1) 독점의 정의

독점은 어떤 재화나 서비스의 유일한 판매자, 혹은 정부의 특혜를 수취하는 자, 혹은 독점 가격을 달성할 수 있는 사업체로 정의될 수 있다. 첫 번째 정의는 그야말로 얼빠진 정의다. 이 정의에 따른다면, 모든 사람이 독점자다. 두 번째 정의는 합당하며, 후생을 해치는 주범으로서 정부 개입에 초점을 맞추고 있다. 세 번째 정의는 '독점 가격'이라는 게 존재하지 않는다는 점을 깨닫는다면 그야말로 공허한 개념이다.

2) 신고전파 독점가격이론

신고전파의 독점 이론은 "독점" 가격 및 산출량과 비교할 수 있는 "경쟁" 가격 및 산출량을 알 수 있다는 가정에서 출발한다.

3) 독점가격이론의 결과들

신고전파의 독점 이론이 유효하다고 해도, 그 표준적이고 해로운 결론까지 유효한 것은 아니다. 독점자들은 여전히 소비자의 자발적인 지출 결정에 좌우되며, 지속적인 독점 이윤이란 없으며, 특정 생산 요소에 귀속되는 독점 이득만이 있을 뿐이다.

4) 독점가격의 환상과 간섭받지 않는 자유시장

간단히 말해 "경쟁 가격"과 비교할 수 있는 "독점 가격"이란 존재하지 않는다. 근본적으로도 이런 개념을 정의할 방법은 없다. 우리가 논의할 수 있는 대상은 자유시장에 출현하는 '방해 받지 않는 가격' 뿐이다.

5) 환상에 불과한 독점가격이론에서의 문제들

입지 독점이나 자연 독점처럼 "명백해" 보이는 사례들은 앞에서의 논의를 믿을 수 없게 만드는 것처럼 보인다. 그러나 이런 경우 역시 조금만 세심히 들여다보면, 독점은 어디에나 존재할 수 있고(개념이 잘못된 경우), 아니면 어디에도 존재하지(사례와 관련이 없는 경우) 않는다는 것을 알 수 있다. 오직 정부가 권력에 의해 특혜를 주는 경우에만 독점의 개념이 중요해진다.

4. 노동조합

1) 노동에 대한 공급제한가격의 책정

비록 노동조합이 산출을 제한하고 가격이 높아지도록 만드는 적절한 예시이기는 하지만, 독점의 예시는 아니다. 특혜 받는 노조원들은 비노조원들을 희생하여 이득을 얻는다.

2) 노동조합을 찬성하는 몇 가지 주장들: 비판

노동조합을 옹호하는 주된 논거는 한계 생산성에 따른 임금의 결정이 실제로는 단일한 임금을 산출해 내지 않고 가능한 임금의 영역을 산출해 낸다는 것이다. 이 견해에 따르면, 노동조합의 기능은 이 가능 임금 영역 내의 높은 지점에서 임금이 책정될 수 있도록 집단적인 협상력을 이용하는 것이다. 이러한 정당화의 문제점은 더 많은 사람들이 시장에 참여할수록 그러한 불확정성의 영역이 점차 줄어든다는 것이다. 게다가 노동조합은 경영진과의 협상에서 유리한 고지를 달성하기 위해 폭력과 위협에 의존한다.

5. 독점적 혹은 불완전경쟁이론

1) 독점적 경쟁가격

"완전경쟁"시장의 중요한 특징은 개별 기업이 자신의 상품에 대한 수요를 수평선 형태(즉 완전탄력적인 수요곡선)로 받아들인다는 점이다. 그러나 이것은 터무니없는 소리다. 이론적으로 보아도 모든 수요 곡선은 우하향 한다. 또한 완전경쟁기업은 가격 설정과 산출량 결정에 있어 경쟁자의 반응을 고려하지 않는 반면, 과점 기업은 그렇지 않다고 한다. 그러나 이것은 매우 비논리적이다. 수요 곡선은 그 정의상, 각각의 가상적인 가격에서 소비자들이 얼마만큼의 상품을 살 것인지를 나타낸다. 가격 인하가 경쟁자로 하여금 어떤 방식으로든 행동하도록 영향을 준다면, 수요 곡선은 이미 그 정보를 내포하고 있다.

2) 과잉설비의 역설

낮은 진입 장벽 탓에, 독점적 경쟁 산업에서 장기적으로는 이윤이 0(제로)이 될 것이다. 균형 산출량 수준에서 개별 기업이 직면하는 가격은 평균 총비용과 같아진다. 그런데 수요 곡선은 우하향 하기 때문에 간단한 기하학적 원리를 이용하면 개별 기업의 산출량은 평균 총비용을 최소화 하는 지점보다 낮다. 명백히 독점적 경쟁은 생산의 비효율성을 초래한다.

그러나 이 이론은 어불성설이다. 왜 기업이 계획된 장기 산출량 수준을 뛰어넘어 가장 낮은 비용에서 생산할 수 있도록 설비를 신중하게 건설하지 않는가. 신고전파의 주장에 담긴 기본적인 트릭은 경제학이 아닌 기하학에 의존하고 있다. 부드러운 비용 곡선의 가정을 없앤다면, 우하향 하는 수요 곡선과 최저 평균 총비용에서의 생산은 충돌하지 않는다.

3) 챔벌린과 판매비용

생산 비용과 판매비용 사이에는 중요한 차이가 없다. 광고를 한다고 해서 소비자들이 원하지 않는 제품에 대한 수요가 창출되지 않는다. 자유 시장에서는 그들이 얼마가 됐든 자신이 가진 돈을 자유롭게 지출할 권리가 있다.

6. 복수가격들과 독점

거래 비용을 고려하면 "동일한" 재화에 대해서도 다양한 가격이 형성될 수 있다. 그러나 이것이 소비자 주권을 침해하는 것은 아니다. 어떤 소비자들은 관련된 모든 판매자를 탐색하느라 시간을 소비하는 대신 더 높은 가격을 지불하는 위험을 택할 수도 있다.

7. 특허와 저작권

자유 시장에 특허권과 같은 것은 존재하지 않는다. 독자적으로 기술을 발견한 사람은 자유롭게 그것을 사용할 수 있다. 그러나 재화나 서비스를 판매하면서 다른 사람인 척 사기를 치는 것은 불법이라는 의미에서 저작권은 존재할 수 있다.

주목할 만한 기여

- 소비자 주권에 대한 라스바드의 비판은 매우 선구적이다. 비록 라스바드가 미제스의 개념이 허트의 개념보다는 낫다고 보았지만, 미제스조차도 소비자 주권이라는 용어를 받아들였다.

- 카르텔에 대한 그의 옹호와 득점 가격 이론에 대한 비판은 라스바드가 경제학에 행한 가장 훌륭한 기여들 중 하나다.

- 최근의 저술들(예를 들면 킨젤라(Stephan Kinsella)의 저술)에서는 저작권에 대해서조차 의문을 제기하고 있지만, 라스바드가 특허권과 저작권을 구분했던 것은 매우 혁명적인 일이었다.

기술적인 문제들

1. 독점에 대한 공포를 둘러싼 그의 비판에서 라스바드는 소비자는 "자발적 교환의 결과로부터 편익을 얻는다"고 하면서, 만약 교환이 정말로 소비자들에게 해가 된다면, 소비자들은 독점 기업을 보이콧 할 것이라고 말한다. 그는 또한 독점자의 동기라는 것이 다른 생산자의 동기와 차이가 없다고 지적한다. 이런 독특한 그의 주장은 모두 사실이지만, 주류경제학자들을 만족시키기는 어려울 것이다. 주류경제학자들의 주장은 독점자보다는 생산자가 아예 없는 것이 소비자들에게는 더 낫다는 것이 아니라, 완전경쟁시장에 비해 독점이 나쁘다는 것이다. 게다가 주류경제학자들은 독점자들이 딱히 더 사악한 동기를 갖는다고 이야기 하는 것도 아니다. 그들은 완전경쟁기업도 독점 기업과 같은 방식으로 이윤을 추구한다고 본다. 하지만 차이가 있다면, 완전경쟁의 시장 구조 하에서는 이기적인 생산자가 직면하는 최적 산출량이 사회적인 최적 산출량과 일치한다(P=MC=MR). 반면 독점자는 우하향 하는 수요 곡선에 직면하므로 P〉MC=MR인 지점에서 산출량을 결정한다. (물론 라스바드는 뒤에서 이 주장에 대해서도 다룬다.)

2. 거의 모든 주류 산업조직론이 단일 가격이라는 가정에 의존한다. 그러나 라스바드가 지적한 것처럼, P〉MC인 지점에서 생산하여 발생하는 "자중손실"은 시장 지배력을 갖고 있는 기업이 소비자들을 분리시키고 추가적으로 판매되는 것에 대해서는 낮은 가격으로 판매함으로써 언제든지 회피할 수 있을 것이다. 샘스 클럽(Sam's Club)과 같이 단일한(flat) 가입비를 받고 단위당 가격을 매우 낮게 책정하는 조직의 존재는 이런 방식이 이론에만 머무르지 않음을 보여준다.

3. 라스바드는 자유 시장 가격 이상의 가격에서 수요는 언제나 탄력적

이라고 주장한다. 그러나 주류경제학자들은 라스바드가 시장 수요 곡선과 개별 기업이 직면하는 수요 곡선을 뒤섞어 생각하고 있다고 반박할 수도 있다. 밀 농사를 짓는 개인 농부가 직면하는 수요곡선은 완전 탄력적인 반면에 밀에 대한 시장 수요곡선은 "경쟁" 가격에서 비탄력적일 수도 있을 것이다. (물론 라스바드는 이 장 다른 곳에서 이러한 관점을 비판한다.)

예제

1. 반(反)카르텔주의자들이 어떻게 카스트 제도를 옹호하는 꼴이 되는가?

2. 어떤 점에서 타이거 우즈를 독점자로 볼 수 있는가?

3. 뉴욕 시에서 택시 기사는 합법적으로 영업하기 위해 면허증을 받아야 한다. 이러한 규제가 택시 기사들로 하여금 장기적으로 이윤을 얻도록 해줄까?

4. 대기업이 작은 경쟁자와 "과당" 가격 전쟁을 벌일 경우, 불리할 수 있는 이유는 무엇인가?

5. 어떤 기업이 비용 이하에 물건을 팔았다면, 이것은 소비자를 만족시키기보다 경쟁자를 해하려는 의도의 전략적 행동인가?

6. 라스바드는 경쟁 가격의 일관성을 부정한다. 그것이 자유 시장 가격과 다르지 않다는 이유에서다. 그렇다면 순수 이자율은 어떨까? 실제로 오스트리아학파는 실제 이자율 중 얼마만큼이 시간 선호에 의한 것이고, 얼마만큼이 위험에 의한 것이고, 얼마만큼이 통화 팽창에 의한 것인지 구별하지 못한다.

7. 노조원들을 위해 산출량을 규제하고 높은 임금을 달성할 수 있는 자발적 노동조합이 존재할 수 있는가?

8. 라스바드는 임금에 불확정성 영역이 존재한다 하더라도, 고용주 사이의 경쟁이 임금을 이 영역 내에서 최대치로 끌어올릴 수 있다고 주장한다. 하지만 이것은 어떤 영역도 존재하지 않을 것이라는 말을 달리 한 것에 불과하지 않은가?

9. 라스바드는 판매자의 행동을 소비자의 암묵적인 행동으로 규정한다. 이것은 비슷한 방식으로 소비자 주권에 대해 논의한 허트(Hutt)의 시도와 유사하다. 그럼에도 라스바드는 허트(Hutt)를 비판하고 있는데, 일관성이 있는 것인가?

10. 라스바드의 관점에 따르자면, 블록버스터의 해적판을 만들기 위해 영화관에 몰래 비디오카메라를 들고 간 것이 범죄가 될 수 있을까? 여기에서 어떤 계약이 위반되었는가?

제11장

화폐와 구매력

요약

    다른 모든 재화와 마찬가지로 화폐의 가격 역시 수요와 공급의 상호작용에 의해 결정된다. 화폐는 그 "가격"이 하나가 아니라는 점에서 독특하다. 화폐 1단위의 가격은 시장에서 화폐 상품과 시장에서 교환가능한 다른 모든 재화 사이에 형성되는 교환 비율의 전체 '벡터(vector)'와 같다. 그래서 화폐의 구매력(PPM)이 화폐의 가격이다. 어떤 시점에 모든 화폐 단위는 반드시 누군가의 소유로서, 그 사람의 현금 잔고를 구성한다. 따라서 순환 중인 화폐 같은 것은 존재하지 않는다. 따라서 "화폐퇴장"(hoarding)을 비난하는 것도 자의적이다.

    화폐에 대한 수요가 증가한다는 것은 사람들이 실제 존재하는 화폐 재고보다 더 많은 현금 잔고를 보유하길 희망한다는 뜻이다. 현금 잔고의 부족은 구매력의 상승을 통해 사라진다. 화폐에 대한 수요가 감소하는 경우에도 동일한 논리로 분석이 가능하다. 화폐의 총 재고가 변하면, 구매력도 화폐의 수요량이 새로운 화폐 재고 수준과 같아질 때까지 조정된다. 화폐의 총재고는 채굴 등을 통해 증가하며, 마모를 통해서 그리고 산업적 목적이나 소비 목적으로 화폐 상품이 투입됨으로써 감소한다.

화폐는 구매력을 가지고 있을 때에만 유용하다. 다른 조건이 동일하다면, 소비재나 생산재는 다다익선이다. 그러나 화폐의 경우, 그 재고의 총량이 어떠하든 상관없이 교환 수단으로서의 기능을 완벽하게 수행할 수 있다.

화폐는 항등순환경제에서는 쓸모가 없거나 거의 무용지물이 될 것이다. 불확실성이 전혀 없는 세계에서 사람들은 그들의 현금 잔고를 빌려주고 자신들이 계획한 지출 시점에 정확하게 돌려받도록 계획하면 된다.

화폐의 구매력과 이자율 사이에는 본질적으로 아무런 관계도 없다. 화폐 수요가 증가(이것은 구매력을 높인다)하더라도, 만약 시간선호가 변하지 않고 그대로라면, (실질)이자율에는 전혀 영향을 주지 않을 것이다.

새로운 화폐는 언제나 특정 지점들(points)을 통해 경제에 주입된다. 일반적인 이론적 가정과는 달리, 모두의 현금 잔고가 갑자기 동일한 비율로 증가하는 일은 일어나지 않는다. 하물며 이같은 비현실적인 시나리오 하에서도 화폐는 "중립적이지 않다." 누군가는 다른 사람들보다 화폐를 빨리 지출할 것이고, 따라서 구매력이 새로운 화폐 재고에 맞춰 조정되게 되면 상대적인 이득을 본다.

둘 또는 그 이상의 일반적인 교환 수단이 존재한다면, 어떤 화폐를 다른 재화와 교환하여 얻을 수 있는 중재(arbitrage) 행동의 기회가 없도록 그들 사이의 교환 비율이 확립될 것이다. 이것을 구매력 평가(purchasing power parity)라고 한다. 예를 들어 금 1온스로 DVD 1,000개를, 백금 1온스로 2,500개를 살 수 있다면, 두 화폐의 균형 교환 비율은 백금 1온스 당 금 2.5온스가 될 것이다.

화폐는 가치의 척도가 아니다. 누군가 TV를 50달러에 샀다면, 그가 TV를 50달러의 가치로 평가했다고 결론 내려서는 안 된다. 오히려 그는 TV를 50달러보다 더욱 가치 있다고 생각한 것이다. 모든 가격 지수는 임의적이다.

정부에 의해 야기되는 구매력의 출렁임에 대하여 많은 경제학자들이 다양한 구매력 안정화 계획을 제안한다. 그러나 이러한 제안은 바람직하지 않으며, 작동할 수 없다.

개요

1. 서론

앞선 장들에서는 물물 교환 경제로부터 화폐의 출현과 화폐가격의 형성에 대해 다루었다. 이 장에서는 화폐적 관계의 변화가 방해 받지 않는 시장에 미치는 영향에 대해 분석한다.

2. 화폐관계: 화폐의 수요와 공급

다른 모든 재화와 마찬가지로 화폐의 가격 역시 수요와 공급의 상호작용에 의해 결정된다. 화폐는 그 가격이 하나가 아니라는 점에서 독특하다. 화폐 1단위의 가격은 시장에서 화폐 상품과 시장에서 교환가능한 다른 모든 재화 사이에 형성되는 교환비율의 전체 '벡터(vector)'와 같다. 그래서 화폐의 구매력(PPM)이 화폐의 가격이다.

화폐에 대한 수요는 화폐를 구매하기 위해 다른 재화들을 판매하는 판매자들에 의한 교환 수요, 그리고 이미 화폐를 보유하고 있는 사람들의 보유 수요로 나눌 수 있다. 다른 모든 재화와 마찬가지로 화폐 수요 곡선은 우하향 한다. 화폐의 구매력이 하락하면, 더 많은 화폐 상품을 수요한다.

어떤 시점에 모든 화폐 단위는 반드시 누군가의 소유로서, 그 사람의 현금 잔고를 구성한다. 따라서 순환 중인 화폐 같은 것은 존재하지 않으며, 따라서 "화폐퇴장"(hoarding)을 비난하는 것도 자의적이다.

주어진 시점에 화폐의 공급은 수직선이다. 구매력과 관계없이 시장에는 딱 그만큼의 화폐가 있다. (우리가 총 수요/총 재고 분석법을 사용하고 있음을 기억하라) 균형 구매력은 주어진 총 재고와 총 수요 곡선이 교차하는 지점에서 결정된다.

3. 화폐관계의 변화

화폐에 대한 수요가 증가한다는 것은 사람들이 실제 존재하는 화폐 재고보다 더 많은 현금 잔고를 보유하길 희망한다는 뜻이다. 현금 잔고의 부족은 구매력의 상승을 통해 사라진다. 만약 사람들이 더 많은 현금 잔고를 보유하길 희망한다면, 그들은 지출을 멈춘다. 그에 따라 새로운 균형이 달성될 때까지 다른 재화와 서비스의 명목 화폐가격이 떨어진다. 사람들이 관심을 갖는 것은 실질 현금 잔고임을 기억하라. 즉, 주어진 명목 화폐 재고는 구매력의 등락이 이루어짐에 따라 어떠한 실질 현금 잔고도 대표할 수 있다. 화폐에 대한 수요가 감소하는 경우에도 동일한 논리로 분석이 가능하다. 화폐의 총 재고가 변하면, 구매력도 화폐의 수요량과 새로운 총 재고가 같아질 때까지 변한다.

4. 일정 수량의 화폐가 주는 효용

교환의 매개물로서 화폐는 구매력을 가질 때에만 유용하다. 생산재나 소비재가 공짜에 가까울 정도로 많아진다면, 그것은 인류에 큰 축복이다. 그러나 화폐가 가격을 갖지 않는다면, 화폐는 완전히 쓸모가 없다. 다른 조건이 동일하다면, 소비재나 생산재는 다다익선이다. 그러나 화폐의 경우, 그 재고의 총량이 어떠하든 상관없이 교환수단으로서의 기능을 완벽하게 수행할 수 있다. 비화폐적 용도를 제외하면, 화폐 재고의 증가는 사회를 부유하게 할 수 없다. 단지 존재하는 부를 재분배할 뿐이다.

5. 화폐에 대한 수요

1) ERE와 시장에서의 화폐

화폐는 항등순환경제에서는 쓸모가 없거나 거의 무용지물이 될 것이다. 불확실성이 전혀 없는 세계에서 사람들은 그들의 현금 잔고를 빌려주고 자신들이 계획한 지출 시점에 정확하게 돌려받도록 계획하면 된다. 그러나 모두가 그렇게 한다면, 화폐

수요(현금 잔고 보유수요)는 사실상 존재하지 않을 것이다. 불확실성이 존재하는 현실 세계에서는 '놀고 있는' 현금 잔고조차도 계획되지 않은 지출에 대응하는 수단으로 유용한 기능을 제공한다.

2) 투기적 수요(Speculative Demand)

사람들의 화폐 수요는 미래의 구매력 변화에 대한 투기적 기대에 영향을 받는다. 예를 들어 일반 물가 수준이 향후 몇 달 간 크게 오를 것이라고 기대하는 사람이 있다고 하자. 이것은 그의 화폐 수요를 낮추고, 그로 하여금 더 많이 지출하게 할 것이다. 따라서 미래의 구매력 하락에 대한 그의 예상은 화폐의 현재 구매력을 떨어뜨린다.

3) 화폐수요에 대한 장기적 영향

경제가 성장함에 따라, 교환 기회가 많아진다. 따라서 다른 조건이 동일하다면, 화폐 수요가 높아진다. 반대로, 청산 시스템이 발달한다면 화폐 수요는 줄어든다.

4) 무제한적 화폐수요?

"모든 사람은 언제나 더 많은 화폐를 원한다"는 이유를 들어 화폐에 대한 수요 논의를 부정하는 사람들이 있다. 이것은 모든 생산재와 소비재에 대해서는 사실이다. 그러나 사람들이 언제나 더 많은 화폐를 원한다는 것은 사실이 아니다. 사람들이 비화폐적 자산을 보유하고 있다는 사실은 그들이 "더 많은 화폐"를 원하지 않는다는 점을 보여준다.

5) 화폐의 구매력과 이자율

화폐의 구매력과 이자율 사이에는 본질적으로 아무런 관계도 없다. 화폐 수요가 상승하면 화폐의 구매력이 높아지지만, 만약 시간선호가 변하지 않고 그대로라면 (실질)이자율에는 아무런 영향이 없을 것이다. 그 대신에 화폐 수요가 증가할 때, 개인은 기존의 시간 선호를 반영하는 비율대로 현재재와 미래재에 대한 지출을 줄여 현금 잔고를 증가시킬 것이다.

6) 퇴장과 케인지언시스템

케인지언의 관점에서 "퇴장"(hoarding)은 심각한 악이다. 케인지언 접근법에서는 거시 균형은 두 가지 조건을 만족할 때 달성된다. 첫 번째로 총 소득이 총 지출과 같아야 한다. 한 사람의 지출은 다른 사람의 소득이 되기 때문이다. 이러한 필요성은 그래프 상에서 45도 선으로 표현된다. 두 번째로 개인의 지출은 소득의 함수다. 소득이 전혀 없다 할지라도 사람이 먹는 데에는 지출을 해야만 한다. 따라서 얼마간의 지출은 있게 마련이다. 추가적인 소득이 생기면, 사람은 그 중 일부만 지출한다. 따라서 소득의 함수로 표현된 개인의 지출은 양의 절편과 0과 1사이의 기울기를 갖는 선이 된다. 사회의 지출곡선도 마찬가지이며, 이 사회의 지출 곡선이 45도선과 만나는 지점에서 균형 소득이 결정된다.

케인지언 시스템의 독특한 특징은 실질 소득이 완전 고용에 필요한 수준보다 낮은 지점에서도 거시 균형이 형성될 수 있다는 점이다. 고용주로 하여금 더 많은 노동자를 고용하도록 하기 위해, 사회 성원들은 더 많이 지출하고 더 적게 저축해야 한다. 이렇게 하면 지출 곡선의 기울기가 커지고, 따라서 45도선과의 균형점이 더 오른쪽에서 찍히게 되기 때문이다.

이러한 논리 전개의 가장 큰 문제는 임금률이 시장 청산 수준보다 높을 때에만 실업이 존재한다는 사실이다. 이런 경우는 노동조합의 압력에 의해서도 생길 수 있고, 정부의 강압에 의해 생길 수도 있다. 노동자가 실질 임금이 아닌 화폐 임금에만 관심을 갖는다고 가정할 때에만, 퇴장이 사악한 효과를 발휘한다.

7) 이자율의 구성요소: 구매력과 교역조건

어빙 피셔의 전통적인 견해에 따르면, 명목 이자율은 실질 이자율에 구매력 요소를 더한 것이다. 예를 들어 물가 상승률이 5%이고, 실질 이자율이 5%라면 명목 이자율은 10%가 된다는 것이다. 왜냐하면 대부자는 대부 기간 동안 발생하는 화폐 구매력의 하락에 대한 보상을 받아야 하기 때문이라는 것이다. 이 접근법의 심각한 문제점은 명목 이자율은 결코 음수(-)가 될 수는 없다는 것이며, 따라서 피셔의 설명은 심각한 디플레이션 기간을 설명하지 못한다는 점이다. 게다가 가격의 미래 변화가 예상된다면, 현재 가격이 바로 조정될 것이다. 즉, 구매력 요소는 흔히 생각하듯 구매력의 변화에 대한 '기대'를 반영하는 것이 아니라, 구매력의 변화 '그 자체'를 반영하는 것이다.

6. 화폐의 공급

1) 화폐상품의 재고

화폐의 총재고는 채굴 등을 통해 증가하며, 마모를 통해서 그리고 산업적 목적이나 소비 목적을 위해 화폐 상품이 투입됨으로써 감소한다.

2) 화폐에 대한 청구권: 화폐창고

보관소는 보관된 어떤 재화의 소유자에게 그 소유를 보장하는 증서를 발행해준다. 만약 사회 성원들이 원래 상품과의 교환 가능성에 의심을 갖지 않는다면, 증서는 그 재화의 대용물로서 돌아다니게 될 것이다. 화폐의 경우, 보관소는 자신들이 실제 보유한 것보다 더 많은 증서를 발행할 수 있다는 것을 깨닫게 된다. 이것이 "부분지급준비제도"이며, 은행의 부도의 취약성을 설명해준다. 자유 시장에서, 부분지급준비제도는 사기적 특징으로 인해 불법이다.

3) 화폐대체물과 화폐의 공급

사람들은 화폐 대체물을 원래의 화폐 상품과 같은 것으로 받아들이기 때문에, 대체물 역시 일반적인 교환 수단으로 인정되며, 따라서 화폐로 분류된다. "넓은 의미에서의 화폐"는 화폐 증서를 포함하여 사람들의 현금 잔고에 있는 총 화폐 공급(TMS)이다. 반면에 "본래의 화폐" 또는 "표준화폐"는 본래의 화폐 상품을 일컫는 용어다.

100% 지급준비제도 하에서, 은행 예금은 TMS에 영향을 주지 않고, 단지 증서와 본래의 화폐 사이의 구성 비율에만 변화를 준다. 그러나 부분지급준비제도 하에서는 본래의 화폐의 예금이 총 화폐 공급을 증가시킬 수 있다.

4) 100% 준비제도에 대한 비판에 관한 노트

100% 지불준비제도 하에서도 은행은 보관서비스(즉 계좌 관리)에 대한 수수료를 받아 소득을 얻을 수 있다. 저축자로부터 돈을 빌려 차입자에게 더 높은 이자율로 돈을 빌려주는 신용 중개자의 역할도 여전히 수행할 수 있다. 신용 중개 활동은 100% 지불준비제도와 전혀 충돌이 없다. 왜냐하면 100% 지불준비제도 하에서, 대부 기간 동안 저축된 자금은 대부자의 돈이 아니고, 예금자가 미래의 화폐를 위해 현재의 화폐를 판매한 것이기 때문이다. 미래 화폐에 대하여 현재 화폐를 판 것이다.

7. 화폐관계 변화 속에서의 이득과 손실

새로운 화폐는 언제나 특정 지점들을 통해 경제 시스템에 주입된다. 일반적인 이론적 가정과는 달리, 모두의 현금 잔고가 한 순간에 동일한 비율로 증가하는 경우는 있을 수 없다. 더군다나 이처럼 비현실적인 시나리오 하에서도 화폐는 "중립적이지 않다". 누군가는 다른 사람들보다 새로운 화폐를 일찍 지출할 것이고, 따라서 구매력이 새로운 화폐 재고에 맞춰 조정되게 되면 상대적인 이득을 본다.

8. 가격들의 결정: 재화와 화폐의 측면

구매력의 궁극적인 결정 인자는 모든 재화의 재고, 화폐에 대한 유보수요, 화폐의 재고, 모든 재화에 대한 유보수요다. 처음 두 가지는 화폐의 구매력을 높이고, 뒤의 두 가지는 낮춘다.

9. 지역간 교환

1) 화폐 구매력의 지리적 통일성

다른 재화와 마찬가지로, 화폐 상품 역시 시장에서 하나의 가격을 갖는 경향이 있다. 몇몇은 화폐의 구매력이 지역마다 다르다고 주장한다. 뉴욕(New York)의 영화표 가격이 보이즈(Boise)에서보다 높지 않느냐는 것이다. 그러나 뉴욕의 영화는 보이즈의 영화와 같은 재화가 아니다.

2) 지역간 교환의 청산

청산소의 존재는 지역 간 거래를 매우 용이하게 한다. 프랑스 소비자들이 러시아 물건을 구매하려 할 때마다, 금을 러시아로 운반해야 한다면, 또는 그 반대라면, 거래의 규모는 줄어들 것이다. 청산 과정이 있다면, 오직 순 초과분만큼의 금만 한 나라에서 다른 나라로 보내면 된다.

10. 지급수지

개인의 지급 수지는 현금 잔고와 신용 거래를 포함할 경우, 항상 균형을 이뤄야 한다. 일반적으로 개인은 가게 주인에게는 "무역 적자"를 보고, 그의 고용주에 대하여는 "무역 흑자"를 본다. 국가의 지급 수지는 단지 개별 국민들의 지급 수지를 합친 것에 불과하다.

11. 재화의 화폐적 속성

1) 준(準)화폐

보석이나 고품질의 사채(debenture) 같은 재화들은 매우 유동성이 높고, 따라서 준화폐로 기능하기도 한다. 그러나 이것들은 화폐로 볼 수 없다. 액면가로 채무를 청산하는 데에 사용될 수 없기 때문이다. 그럼에도 불구하고, 이 재화들의 높은 시장성은 이 재화들에 대한 수요를 높이며, 따라서 이 재화들에 대한 투자의 수익률은 낮다.

2) 교환어음

교환 어음은 신용 수단일 뿐, 화폐 대체물이 아니다.

12. 공존하는 화폐들간의 교환비율

두 개 혹은 그 이상의 일반적인 교환 수단이 동시에 존재한다면, 어떤 화폐를 다른 재화와 교환하여 얻을 수 있는 중재(arbitrage) 행동의 기회가 없도록 그들 사이의 교환 비율이 확립될 것이다. 이것을 구매력 평가(purchasing power parity)라고 한다. 예를 들어 금 1온스로 DVD 1,000개를, 백금 1온스로 2,500개를 살 수 있다면, 두 화폐의 균형 교환 비율은 백금 1온스 당 금 2.5온스가 될 것이다.

13. 교환방정식의 오류

화폐에 대한 전체론적 접근법은 MV = PT라는 교환방정식에 전형적으로 드러나 있다. 이것은 화폐 단위 수에 평균 회전율(유통 속도)을 곱한 것은 평균 가격 수준에 거래 수를 곱한 것과 같다는 것이다. 주관주의적 한계 이론으로부터 동떨어져 있는 문제와는 별개로 이 접근법은 심각한 오류들을 내포하고 있다. 유통 속도와 평균 가격 개념은 완전히 공허한 개념이다. 단지 방정식을 채우기 위한 가주어일 뿐이다.

14. 구매력 측정과 구매력 안정화의 오류

1) 측정

화폐는 가치의 척도가 아니다. 누군가 TV를 50달러에 샀다면, 그가 TV를 50달러의 가치로 평가했다고 결론 내려서는 안 된다. 오히려 그는 TV를 50달러보다 더욱 가치 있다고 생각한 것이다. 모든 가격 지수는 임의적이다.

2) 안정화

정부에 의해 야기되는 구매력의 출렁임에 대하여 많은 경제학자들이 다양한 구매력 안정화 계획을 제안한다. 그러나 이러한 제안은 바람직하지 않으며, 작동할 수 없다. 만약 경영자들이 화폐 상품 대신 다른 상품 집합을 표준적인 회계 단위로 삼고자 한다면, 계약을 통해 그렇게 할 수 있다.

15. 경기변동

개별 기업은 기업가적 판단의 오류로 얼마든지 실패할 수 있다. 그러나 경기 변동의 버스트 국면에서는, 광범위한 오류를 관찰할 수 있다. 방해 받지 않는 시장에서는 이런 일이 생길 수 없다. 여기에 대한 설명은 다음 장에서 다룰 것이다.

16. 슘페터의 경기변동이론

슘페터의 경기변동이론은 다른 사람들의 것보다는 낫지만, 겹쳐지는 여러 사이클들에 의존하는 결함이 있으며, 모든 것을 혁신의 탓으로 돌린다. 그러나 슘페터는 붐-버스트 사이클을 유발하는 혁신 덩어리들(clusters of innovation)이 왜 갑자기 등장하는지를 설명하지 못한다.

17. 케인지언시스템의 여타 오류들

1) 이자율과 투자

이자율과 투자는 인과관계를 갖지 않는다. 둘 모두 시간 선호에 의해 결정된다.

2) '소비함수'

투자와 달리, 케인지언들은 소비가 소득의 매우 "안정적인" 함수라고 보고, 둘 사이의 상관관계를 찾는다. 하지만 소비는 소득의 매우 큰 부분을 차지하므로, 그것은 신기한 일이 아니다. 만약 케인지언들이 소득과 투자 또는 소득과 저축을 비교하는 회귀 분석을 진행한다면, 아마도 그들은 투자가 "불안정하다"고 분류하지 않을 것이다.

3) 승수

케인지언의 논리를 그대로 차용하면, GDP를 100,000달러 늘리기 위해서는 이 글을 읽는 독자 한 명이 추가적으로 1달러를 쓰면 된다고 할 수 있을 것이다.

18. 가속도원리의 오류

가속도 원리는 다음의 사례에 잘 드러나 있다. 빨래방에 평균 수명이 10년인 건조기 10대가 있다. 그러면 평균적으로 빨래방 주인은 1년에 하나씩 새 기계를 사게 된다. 만약에 그의 빨래방에 대한 수요가 10% 증가하면, 이제는 11대의 건조기가 필요하므로, 그 다음 해에 두 대의 건조기를 사야한다. 건조기 수요가 1대에서 2대로 100% 늘어난 것이다! 따라서 소비 수요의 증가가 고차재에 대한 수요를 10배(=100%÷10%) 가속화 한 것이다. 그러나 허트(Hutt)가 처음 지적했듯이 이러한 시나리오는 고려 대상이 되는 시간 간격에 완전히 의존하고 있다. 기계를 1년에 1대씩이 아니라,

10대를 산 뒤 10년 뒤에 동시에 10대를 교체한다고 가정해보자. 그렇다면 기계를 바꾸는 시점에 빨래방 수요가 10% 증가할 경우, 건조기에 대한 수요도 10대에서 11대로 정확히 10% 증가한다. 어떠한 "가속효과"도 없는 것이다.

주목할 만한 기여

- 피셔의 이자율 관계에 대한 라스바드의 비판은 그다지 정통적이지는 않지만, 그렇다고 해서 부정될 수는 없다.

- 화폐의 자유 발행과 100% 지불준비제도에 대한 라스바드의 논의는 오늘날 존재하는 많은 오스트리아학파 자유지선주의의 저작들을 예견이나 한 듯하다.

- 피셔의 교환방정식과 여러 케인지언 개념에 대한 라스바드의 비판은 매우 뛰어나며, 오스트리아학파가 수학적 사고를 하지 못한다는 주장들을 잠재우는 것이다.

기술적인 문제들

1. 라스바드가 화폐에 대한 총 수요를 "교환수요"와 "유보수요"로 분해할 때, 전자는 기술적으로 화폐 상품에 대한 비화폐적 수요를 포함하고 있다. 예를 들어, 어떤 사람이 비록 자신이 획득한 금을 교환의 매개물로 사용할 의사가 없을지라도 자신의 치아를 때울 금을 얻기 위해 노동서비스를 제공한다면, 그는 화폐에 대한 "교환수요"를 행하는 것이다.

2. 케인스의 관점에서 화폐 수요는 구매력이 아닌 명목이자율에 대해 우하향하는 함수다. 이러한 생각은 명목이자율이 상승할 때 (예를 들어 채권에 투자하는 것과 달리) 화폐를 보유하면 기회비용이 상승한다는 것이다. 10% 이자율에서 10달러를 보유하는 것은 1달러의 미래 현금을 포기하는 것이고, 20% 이자율 하에서는 2달러의 미래 현금을 포기하는 것이다. 오스트리아학파는 이러한 설명을 부정한다. 그 이유는 우선, (순수) 이자율은 시간 선호에 의해 결정되고, 둘째로 화폐 보유의 진짜 기회비용은 채권의 가치뿐만 아니라, 그 화폐로 살 수 있는 모든 재화와 서비스의 가치이기 때문이다.

예제

1. 왜 라스바드는 화폐의 교환 수요 곡선이 완전히 비탄력적이 되는 경향이 있다고 하는가?

2. 화폐 총 공급 곡선을 구성하는 각각의 곡선들이 우하향 하는 이유는 무엇인가?

3. 화폐의 총 수요는 소득 전 교환 수요와 소득 후 유보수요의 합으로 구성된다. 한 사람이 차 한 대를 금 10온스에 팔았고, 이 10온스를 현금 잔고로 보관해 두기로 했다고 하자. 그의 화폐 수요는 20온스로 계산되는가?

4. 라스바드가 화폐 공급 곡선을 수직선으로 묘사하는 이유는 무엇인가? 화폐의 구매력이 상승하면, 사람들로 하여금 금을 더 채굴하도록 하지 않을까? 라스바드는 화폐는 다른 재화들과는 달리 우상향 하는 공급곡선을 갖지 않는다고 말하는 것인가?

5. 라스바드는 "화폐의 '가격'은 정확하게는 수요스케줄에 영향을 주는 변수들이다"고 말하고 있다. 모든 상품이 다 그렇지 않나?

6. 화폐에 대한 투기는 단지 "자기실현적 예언"일 뿐인가?

7. 화폐 수요가 변할 때, 구매력이 변하고 새로운 균형이 달성된다. 그런데 이것이 "실질" 관점에서 수행하는 역할이 있는가? 예를 들어 모든 개인이 현금 잔고를 두 배로 늘리면, 실질 관점에서 변하는 것이 있느냐는 것이다. 변하는 것이 없다면, 화폐 수요 변화가 개인들의 임의적인 변덕에 경제를 적응시키는 것 말고 달리 하는 역할이 있는가.

8. 케인스를 비판할 때, 라스바드는 "ERE에서는 투기가 사라지며...., 따라서 투기에 대한 근본적인 인과이론은 없다"고 주장한다. 이 주장은 주식 중개인이나 광고 전문가의 수익에 대한 라스바드의 주장을 배격하는 것은 아닌가?

9. 진보하는 경제에서 화폐의 구매력을 결정하는 4가지 요소의 장기적인 경향은 무엇일까?

10. 구매력 측정 지수가 갖는 문제점은 무엇인가?

제12장

시장에 대한 폭력적 간섭의 경제학

요약

　이 장에서는 경제 과학을 활용하여, 재산권 침해의 효과를 다룬다. 특히 국가의 기관화된, 광범위한 침해의 효과를 다룬다.

　간섭은 사회에 대한 공격적인 물리력의 침입이다. 고립형 간섭은 공격자가 어떤 개인에게 힘을 행사하되, 그 사람 이외에는 아무도 영향을 받지 않는 경우다. 쌍방형 간섭은 공격자가 그 자신과 피해자 사이의 패권적 관계를 구축하는 것이다. 삼각관계형 간섭은 공격자가 힘을 사용해 국민들 사이의 관계를 변경시키는 경우이다.

　자유 시장은 사전적(ex ante) 효용을 극대화 하며, 이러한 계획들이 사후적으로 달성될 수 있도록 해주는 메커니즘을 갖고 있다. 반면 정부의 모든 간섭은 적어도 한 쪽 상대방에 해를 입히며, 게다가 경제가 왜곡되어 나타나는 간접 효과로 인한 고통까지도 겪게 된다.

　가격 통제는 개인들이 재화와 서비스를 교환하는 조건을 힘을 이용해 임의로 변경하는 것이다. 최고가격제는 "부족", 즉 수요량이 공급량을 초과하는 상태를 만든다.

대표적인 예시로는 임대료 규제로 인한 아파트의 부족을 들 수 있다. 최저가격제는 "과잉", 즉 공급량이 수요량을 초과하는 상태를 만든다. 대표적인 예시로는 최저임금제로 인한 실업을 들 수 있다.

조세와 정부 지출 모두 경제를 왜곡한다. 전자는 자원을 민간 부문에서 빼내는 것이며, 후자는 자원들이 본래 배분되었을 상태와는 달리 배분되도록 왜곡한다. 중립조세란 존재하지 않는다. 세금은 그 자체로 강압적이며, 따라서 자발적인 가격과는 근본적으로 다르기 때문이다. 비례세는 시장가격과는 다르다. 왜냐하면 시장에서는 부유한 소비자들이라고 해서 그들의 소득에 비례하여 가격을 지불하지 않기 때문이다. 인두세는 시장가격에 가깝지만, 역시나 강압적이다. 어떤 납세자는 자신이 혐오하는 정부의 활동에 세금을 내도록 강요받기 때문이다.

기업에 부과되는 조세가 소비자에게 "전가된다"는 것은 미신에 불과하다. 기업이 새로운 세금을 상쇄하기 위한 추가적인 수입을 얻으려는 목적으로 가격을 올릴 수 있다면, 왜 그 전에는 그런 일을 하지 않았는가? 세금이 결과적으로 소비자가 지불하는 가격을 높이는 것은 사실이다. 하지만 그렇게 되는 것은 전가 때문이 아니라, 수익성이 낮아지고 공급이 줄어 균형 가격이 상승하기 때문이다.

경제학자들은 정부 지출의 크기를 기준으로 정부 활동의 "생산적 기여"를 측정하고자 한다. 그러나 이것은 시장적인 접근법과는 정 반대다. 시장적인 접근법에서는 소비자가 생산물에 얼마를 지출했는지를 기준으로 가치를 평가하지, 기업이 그것을 만드는 데에 얼마를 지출했는지를 기준으로 평가하지 않는다.

신용팽창을 통해 정부는 인위적으로 이자율을 낮춘다. 그 결과 고차 단계에서의 투자를 촉발한다. 이때가 바로 착시적 번영인 일시적인 "붐"의 기간이다. 저축이 진정으로 증가한 것이 아니기 때문에 생산 구조는 균형을 잃고, 결국 기업가들은 자신들의 계획을 달성할 수 없다는 사실을 깨닫는다. 기업들이 수익성 낮은 생산 라인의 조업을 중단하고 자원들이 그들의 적절한 사용처로 재배분되어야만 할 때 "버스트"가 나타난다.

개요

1. 서론

《인간 경제 국가》에서 다루는 내용 대부분은 모든 사람들이 재산권을 존중하는 자유 사회에 집중했다. 이 장에서는 경제 과학을 활용하여, 재산권 침해의 효과를 다룬다. 특히 국가의 기관화된, 광범위한 침해의 효과를 다룬다. 경제학은 자유 시장 경제를 "가정"하지 않으며, 자유 사회와 강압 사회 모두의 결과를 객관적으로 보여준다.

2. 간섭의 유형

간섭은 사회에 대한 공격적인 물리력의 침입이다. "사적" 강제에 대한 경제적 분석이나 정부의 강제에 대한 분석이나 동일하지만, 후자에 집중하기로 한다. 후자가 더 큰 영향력을 행사하며, 많은 옹호자들이 있기 때문이다. 고립형 간섭은 공격자가 어떤 개인에게 힘을 행사하되, 그 사람 이외에는 아무도 영향을 받지 않는 경우다. 쌍방형 간섭은 공격자가 그 자신과 피해자 사이의 패권적 관계를 구축하는 것이다. 삼각관계형 간섭은 공격자가 힘을 사용해 국민들 사이의 관계를 변경시키는 경우이다.

3. 간섭이 효용에 미치는 직접효과

자유 사회에서 사람들은 편익을 얻을 수 있다고 기대하는 경우에만 교환에 참여한다. 따라서 시장은 사회의 모든 개인의 사전적 효용을 "극대화"한다. 그러나 간섭은 공격자의 효용을 증가시키고, 영향 받는 대상들의 효용을 필연적으로 감소시킨다.

4. 사후적 효용: 자유시장과 정부

사람들은 언제나 자발적인 교환으로부터 편익을 얻을 것이라고 기대한다. 그리고 보통은 실제로도 그렇다. 특히, 비효율적 기업들은 곧바로 망하는 반면, 미래를 잘 예측하는 기업가는 이윤을 번다. 이와 대조적으로 정부 부문에서는 오류를 최소화하기 위한 메커니즘이 존재하지 않는다. 정부 정책이 설정한 목표를 달성하지 못할 때, 정치인들이 실제로 보는 피해는 없으며, 투표자들은 정책 실패의 진짜 원인을 인지할 만큼 지적 수준이 충분히 높지 않다.

5. 삼각관계형 간섭: 가격통제

가격 통제는 개인들이 재화와 서비스를 교환하는 조건을 힘을 이용해 임의로 변경하는 것이다. 정부가 최고가격을 설정하면, 이 가격 이상 지불하려는 모든 사람들에 대해 힘으로 위협하는 것이 된다. 최고가격제는 "부족", 즉 수요량이 공급량을 초과하는 상태를 만든다. 대표적인 예시로는 임대료 규제 탓에 아파트 부족 현상이 나타나는 경우를 들 수 있다. 정부가 최저가격을 설정하면, 특정 가격 이하로 지불하는 것을 불법화 하는 것이다. 최저가격은 "과잉", 즉 공급량이 수요량을 초과하는 상태를 만든다. 대표적인 예시로는 최저임금제로 인한 실업을 들 수 있다.

6. 삼각관계형 간섭: 생산통제

생산 통제는 생산 그 자체를 규제하거나 또는 교환에 참여하는 사람들을 규제하는 것이다. 이와 달리 가격 통제는 교환조건만을 통제한다.

7. 쌍방형 간섭: 정부예산

조세와 정부 지출의 효과를 분석할 때, 부분균형접근과 일반균형접근 모두를 취할 필요가 있다. 조세는 조세 대상 품목의 매력도를 떨어뜨리고, 소비자들을 가난하게 만들어 다른 시장에도 영향을 준다. 조세와 정부 지출 모두 경제를 왜곡한다. 전자는 자원을 민간 부문에서 빼내는 것이며, 후자는 자원들이 본래 배분되었을 상태와는 달리 배분되도록 왜곡한다.

8. 쌍방형 간섭: 과세

1) 소득과세

과세는 생산을 벌함으로써 자원들을 조세부담자들로부터 조세소비자들에게로 이전시킨다. 기생충이 숙주를 죽이지 말아야 하듯이, 과세에도 상한선이 있다. 소비와 저축에 대하여 형식적으로는 중립적이라 할지라도, 소득세는 결국 모두의 평생 소득을 낮춤으로써 시간 선호를 높이는 경향이 있다.

2) 중립조세의 달성을 위한 시도

라스바드는 중립 조세란 "마치 그것이 진짜 자유시장 가격이었더라면 일어났을 것과 같은 방법으로 소득패턴과 여타 다른 경제 측면에 영향을 주는 조세"로 정의한다. 그런데 그런 중립조세란 존재하지 않는다. 세금은 그 자체로 강압적이며, 자발적으로 형성되는 가격과는 근본적으로 다르기 때문이다. 비례세는 시장가격과는 다르다. 왜냐하면 시장에서는 뷰유한 소비자들이라고 해서 그들의 소득에 비례하여 가격을 지불하지 않기 때문이다. 인두세는 이 점에서 중립조세에 가깝지만, 역시나 강압적이다. 어떤 납세자는 자신이 혐오하는 정부의 활동에 세금을 내도록 강요받기 때문이다.

3) 전가와 귀착: 산업에 대한 과세

기업에 부과되는 조세가 소비자에게 "전가된다"는 것은 미신에 불과하다. 기업이 새로운 세금을 상쇄하기 위한 추가적인 수입을 얻으려는 목적으로 가격을 올릴 수 있다면, 왜 그 전에는 그런 일을 하지 않았는가? 세금이 결과적으로는 소비자가 지불하는 가격을 높이는 것은 사실이다. 하지만 그렇게 되는 것은 전가 때문이 아니라, 수익성이 낮아지고 공급이 줄어 균형 가격이 상승하기 때문이다.

4) 전가와 귀착: 일반판매세

일반판매세라고 하는 "잘 알려진" 경우에도 기업이 가격을 올려 소비자에게 전가한다는 것은 사실이 아니다. 조세는 (전방이 아닌) 후방으로(backward) 생산요소에 귀속되는 할인된 한계가치생산(DMVP)에게로 전가된다. 새로운 세금에 대해 기업은 소비자에 대한 상품 가격을 높이는 게 아니라 요소 소유자들에게 지급하는 대가를 낮춘다.

5) 토지가치에 대한 조세

많은 분석가들이 토지는 다른 자원들과는 달리 과세되는 산업에서 이탈할 수 없기 때문에 토지에 대한 조세는 경제를 왜곡하지 않는다고 생각한다. 하지만 이것은 사실이 아니다. 토지 소유자는 토지를 발견하고 가장 가치생산적 호가를 제시하는 사람에게 토지를 배분하는 매우 중요한 서비스를 수행하기 때문이다. 만약 정부가 지대에 100%의 세금을 부과한다면, 부동산이 물리적으로 사라지지는 않을 것이다. 그러나 영향을 받는 소유주들은 보다 더 높은 호가를 제시하는 사람을 찾기 위해 하던 광고를 하지 않을 것이고, 누구도 새로운 땅을 개척하려 들지 않을 것이다.

6) '과잉 구매력'에 대한 과세

케인지언들은 인플레이션에 대한 치료법으로 조세를 제안한다. 조세가 과잉 구매력을 "흡수한다"는 것이다. 그러나 이 주장에는 몇 가지 문제가 있다. 더 많은 세금보다 더 높은 가격이 더 해로운 이유가 무엇인가? 또한 정부가 조세 수입을 어떻게든 지출한다면, 정부의 행동이 총수요 감소에 효과가 있는 것인가? 케인지언의 주장은 인플레이션의 원인이 정부의 화폐 공급에 의한 인플레이션임을 간과한 것이기도 하다.

9. 쌍방형 간섭: 정부지출

1) 정부지출의 '생산적 기여'

경제학자들은 정부 지출의 크기를 기준으로 정부 활동의 "생산적 기여"를 측정하려 한다. 그러나 이것은 시장적인 접근법과는 정 반대다. 시장적인 접근법에서는 소비자가 생산물에 얼마를 지출했는지를 기준으로 가치를 평가하지, 기업이 그것을 만드는 데에 얼마를 지출했는지를 기준으로 평가하지 않는다. 정부의 지출로 이루어지는 프로젝트가 소비자의 미래 소비에 대한 욕구를 충족시켜 줄 것이라고 믿을만한 근거가 전혀 없기 때문에, 이른바 정부 "투자"라는 이름은 잘못 붙여진 이름이다.

2) 보조금과 이전지급

보조금은 자유 시장에서의 배분 결과와 비교했을 때, 자원 배분을 왜곡한다. 정부는 빈곤구제와 같이 '최소화하기 원하는' 것들에 보조금을 지급하는데, 이러한 것은 특히 아니러니가 아닐 수 없다.

3) 자원사용 활동

정부의 재화 공급은 소비자들이 다른 생산 라인에 투입되기를 원했을 희소 자원을 고갈시킬 뿐만 아니라, 한 걸음 더 나아가 인위적으로 낮은 가격을 책정함으로써 재화의 결핍을 초래한다. 하절기에 수돗물과 전기가 만성적으로 부족해지는 것이나, 매일 겪는 교통 체증 등은 이들 중요한 재화를 균형 가격 이하에 공급하기 때문이다.

4) '사업방식'으로 운영되는 정부의 오류

정부는 기업처럼 "사업방식"으로 운영될 수 없다. 왜냐하면 그들의 수입은 강압에 의해 얻어지는 것이기 때문이다. 게다가 정부기업들은 독점 특혜를 누리곤 한다.

5) 계산혼란의 중심지

아무리 작은 규모의 정부기업일지라도 미제스의 사회주의 비판이 적용된다. 소비자 만족과 매출 사이의 일반적인 관계를 끊어내기 때문에 정부 관료들은 피드백 메커니즘을 갖지 못하며, 사후적으로조차 그들이 잘 하고 있는지 평가할 수 없다.

6) 갈등과 명령의 지위

정부기업은 필연적으로 갈등을 유발한다. 예를 들어 공립학교에서 종교를 둘러싼 논란을 보자. 특성상 정부는 "사회"를 대신하여 행동하므로 어떤 이슈에 대해 만장일치가 이루어지지 않으면 갈등으로 이어지게 된다.

7) '공공'소유의 오류

정부기업은 그 이름에도 불구하고 "공공"적이지 않다. 시민들은 스스로 "공립"학교와 "공립"공원에 대한 통제력을 행사하거나 혹은 지분을 판매하려고 시도해봄으로써 이 이론을 시험할 수 있다.

8) 사회보장

사회보장 프리미엄(기여금)으로 구성되는 기금은 실제로는 투자되는 것이 아니라 정부의 즉각적인 소비에 지출될 뿐이다. 그래서 사회 보장은 진정한 보험이라고 할 수 없다.

9) 사회주의와 중앙계획경제

사회주의의 정도(extent)는 소련과 같은 공식적인 사회주의 국가에서는 과대평가되어 왔다. 실제로 그런 나라에는 자본재를 거래하는 암시장이나 해외 가격이 존재했기 때문이다. 반면 미국과 같은 공식적인 자본주의 국가에서는 사회주의의 정도가 기업에 대한 정부 대출 등으로 인해 과소평가되어 왔다. 오늘날의 분석에 따르면, 중앙집권적으로 계획된 경제는 중앙집권적으로 금지된 경제로 볼 수 있다.

10. 성장, 풍요, 그리고 정부

1) 성장의 문제

성장을 자극하려는 정부의 노력은 사람들로 하여금 그들의 시간 선호가 유도하는 것보다 더 많은 현재 소비를 (미래 소비를 위해) 포기하도록 하기 때문에 효용을 감소시킨다. 오스트리아학파의 이질적인 자본 구조 이론 또한 특정 자본재에 대한 정부의 자의적인 "투자"가 갖는 위험성을 보여준다.

2) 갈브레이스 교수와 풍요라는 죄

20세기 초반에 자본주의는 너무 적은 재화를 생산한다고 비판받았고, 현대에 와서는 ("공공 부문"을 희생시키면서) 필요치 않은 재화를 생산한다고 비판받는다. 갈브레이스의 주장처럼 기업들이 유혹적인 광고를 통해 욕구를 창출해낼 수 있다면, 기업들은 왜 소비자의 기호를 알아내기 위한 연구에 그렇게 많은 돈을 지출하고 있을까?

11. 쌍방형 간섭: 인플레이션과 경기변동

1) 인플레이션과 신용팽창

인플레이션은 인위적인 화폐 공급의 증가다. 신용팽창은 새로운 화폐가 신용 시장을 통해 경제에 주입되는 인플레이션의 일종이다. 모든 인플레이션은 가격을 높이고 시장을 왜곡한다. 그러나 신용팽창은 붐-버스트 사이클을 야기하기 때문에 특히나 치명적이다.

2) 신용팽창과 경기변동

신용팽창을 통해 정부는 인위적으로 이자율을 낮춘다. 그 결과 고차 단계에서의 투자를 촉발한다. 이때가 바로 착시적 번영인 일시적인 "붐"의 기간이다. 실제 저축에 의해 촉발된 진정한 팽창과는 달리 신용팽창의 경우에는 생산 구조는 균형을 잃고, 기업가들은 자신들의 계획을 달성할 수 없다는 사실을 깨닫는다. 기업들이 수익성 낮은 생산 라인의 조업을 중단하고 자원들이 그들의 적절한 사용처로 재배분되어야만 할 때 "버스트"가 나타난다.

3) 경기변동의 2차적 현상

화폐 수요는 경기 변동의 기간 동안 변화할 수 있으며, 이 때문에 조정 과정이 더 어려워질 수 있다.

4) 신용팽창의 한계

상품 본위 하에서 신용팽창은 본래 상품으로의 상환 요구로 인해 자연적으로 제한된다. 불태환 지폐의 경우에도, 개별 은행은 부도 위험에 직면한다. 그러나 중앙은행은 신용팽창의 범위를 굉장히 크게 확장할 수 있다.

5) 신용팽창 주도자로서의 정부

정부는 신용팽창의 한계를 약화시킴으로써 신용팽창을 주도한다. 예를 들어 예금에 대한 정부의 보증은 은행의 부도 위험을 낮춘다. 그리고 중앙은행은 모든 회원은행들이 함께 일사분란하게 신용팽창을 하도록 한다.

6) 궁극적 한계: 런어웨이 붐

하이퍼인플레이션에 직면하면, 불태환 지폐에 대한 대중들의 수요는 극심하게 하락하여, 모든 가격이 앙등한다. 이러한 가격 상승은 화폐 공급의 증가로부터 기대되는 수준을 훨씬 뛰어넘는다. 극단적인 경우, 화폐는 버려진다.

7) 인플레이션과 '보정적' 재정정책

"인플레이션 퇴치"를 내건 여러 정부의 계획들은 전적으로 부조리하다. 왜냐하면 가격 인플레이션은 전적으로 정부의 화폐 공급 증가에서 비롯된 것이기 때문이다.

12. 결론: 자유시장과 강제

일반적인 생각과 달리, 자유 시장은 혼돈에 빠져들거나 해롭지 않다. 오히려 가능한 최대 수준의 질서 있는 상업 체계를 달성하며, 모든 사회 성원들의 심적 효용을 극대화 한다. 반면 정부의 간섭은 언제나 적어도 한 쪽의 상대방에 해악을 끼치며, 게다가 경제가 왜곡되어 나타나는 간접 효과로 인한 고통까지도 겪게 된다.

:: 부록 A: 정부채무

 정부 부채는 그 자체로는 인플레이션을 유발하지 않는다. 그것은 단순히 지출의 사용처를 민간 자본재로부터 정부가 원하는 프로젝트로 이전할 뿐이다. 그러나 정부 부채가 신용팽창으로 조달된다면, 통상적인 부작용으로 인플레이션이 나타난다. 국가 채무는 그것이 없었다면 민간 투자에 쓰였을 자금을 빼돌리는 것이기 때문에 해롭다.

:: 부록 B: '집합재'와 '외부편익': 정부활동을 옹호하는 두 가지 주장

 주류경제학은 "공공재"에 대한 정부의 조치를 정당화 한다. 이때 공공재란 대가를 지불하지 않은 사람을 배제할 수 없고, 다른 사람이 느끼는 유용성을 감소시키지 않고 추가적인 사용자에게 편익을 줄 수 있는 재화를 말한다. 공공재의 일반적인 예시는 국방과 등대다. 하지만 이 이론은 심각하게 비판받을 여지가 있다. 국방, 도로 등 공공재라고 불리는 많은 것들이 사실 공공재의 기준에 맞지 않기 때문이다. 설사 기준에 맞는 공공재가 존재한다 하더라도, 정부만이 그것을 공급해야 할 이유는 없다.
 또 다른 정부 활동의 정당화 논거는 긍정적 (혹은 부정적) "외부성"이다. 외부성이란 두 사람의 시장 행위가 제 3자에게까지 영향을 미치는 것이다. 도덕적 측면에서, 다른 사람들의 자발적인 행동으로부터 누군가가 편익을 얻는다면 문제될 것이 있는가? 경제적 관점에서 이 접근법이 틀린 이유는 "시장실패"라고 볼 수 없는 모든 종류의 활동들까지 포함시킬 수 있기 때문이다. 예를 들어 누군가가 투자를 하면 자본 스톡이 늘어나고, 이것은 결국 모든 노동자들에게 긍정적인 외부 효과를 발휘한다. 그렇다고 해서 그들의 임금 중 일부를 투자자에게 되돌려 주어야 하는 것인가?

주목할 만한 기여

- 간섭에 대한 라스바드의 분류는 매우 독창적인 것이다.

- 시장과 간섭의 후생 효과에 대한 라스바드의 분석은 그의 역작 「효용의 재구조화와 후생 경제학에 대하여」에 기반을 두고 있다.

- 다른 시장 경제학자들과 달리, 라스바드는 자의적인 '친성장 편향'을 보여주지 않는다.

기술적인 문제들

1. 라스바드는 인간행동학과 경제학이라는 단어를 동의어로 사용하고 있는 듯하다. 엄밀히 말하자면, 경제학은 인간 행동을 연구하는 인간행동학의 한 분과다. 그렇다 해도 캐넌(Edwin Cannan)에 대한 라스바드의 입장은 여전히 옳다. (특히 국가가 만들어 내는) 폭력적인 연관관계는 교환 질서에서 존재할 수 있는 행동 유형이기 때문이다.

2. (생산 통제의 일환인) 독점권 부여에 대한 그의 논의에서, 라스바드는 일찍이 10장에서 무너뜨리기 위해 애썼던 바로 그 분석을 다시 활용한다. 하지만 그가 지적하듯이, 중요한 차이는 정부가 독점권을 부여하고 난 후의 결과에 대해서는 벤치마크로 삼을만한 자유 시장 가격과 산출량이 실제로 존재한다는 것이다. 반면 자유 시장에서는 독점의 결과와 비교할 만한 경쟁 가격과 산출량 같은 것은 존재하지 않는다.

3. 독점 이득은 자산의 가치에 자본화 되어 그 수익률은 다른 생산 라인과 동일해진다. 즉, (정부가 독점권을 보장하는 상황처럼) "독점 가격"이라는 단어가 의미 있는 경우에도, 지속적인 독점 이윤이란 존재하지 않는다.

4. 주류경제학자들은 라스바드는 과세 이후 변화된 인센티브를 간과하고 있다고 주장함으로써 조세 귀착에 대한 전통적 견해를 옹호할 수도 있을 것이다. 예를 들어 생산자는 세금 부과 전에는 가격을 올릴 수 없다. 그렇게 할 경우 경쟁자들은 저가로 공급할 수도 있기 때문이다. 그러나 세금 부과 이후에는 더는 그렇지 않다. 조세의 영향을 받는 산업에 속한 생산자는 아무도 기존의 가격에서 수지가 맞지 않기 때문에 가격을 올릴 수 있다.

5. 라스바드는 "자연 이자율"이 시장에서 기업이 획득하는 수익률로서, 대부 이자율과는 다르다는 점을 분명히 한다. 이것은 뵘바베르크의 근원적(originary) 이자율과 같다. 반면 빅셀(Knut Wicksell)은 "자연 이자율"을 자유 시장에서의 이자율, 즉, 왜곡적인 신용팽창이 존재하지 않는 상태에서의 이자율이라는 의미로 사용한다.

예제

1. 세 가지 유형의 간섭에 대해 각각의 예시를 들어라.

2. 라스바드가 자발적 교환은 언제나 효용을 증가시킨다고 말하는 이유는 무엇인가? 기업가의 경우, 경쟁에서 도태되어 자신의 상품이 팔리지 않는다면 효용을 잃는 것이 아닌가?

3. 삼각관계형 간섭에서 정부가 아닌 민간 주체가 이득을 볼 수도 있을까?

4. 그레샴의 법칙이란 무엇인가?

5. 생산 통제의 몇 가지 예를 들어라.

6. 국내 경쟁자가 관세를 통한 편익을 훼손할 수 있다면, 왜 기업은 보호주의 조치를 요구하는 것일까?

7. 과세의 "비용 원칙"에 대한 반대 논리를 요약하라.

8. 과세의 "편익 원리"에 대한 반대 논리를 요약하라.

9. 라스바드는 조세가 있다 하더라도 가격의 4가지 결정 요인에는 변화가 없으므로 조세가 전방으로 전가될 수 없다고 주장한다. 대신에 라스바드는 요소에 지급하는 대가가 줄어드는 형태로 조세가 후방으로 전가될 수 있다고 주장한다. 하지만, 임금과 임대료 등을 결정하는 결정요인들에는 변화가 없다고 주장할 수는 없는 것인가? 기업이 조세를 후방으로 전가할 수 있다면, 왜 조세 이전에 임금을 삭감하지 않았을까?

10. 갈브레이스에 대한 라스바드의 비판을 요약하라.